国富论

AN INQUIRY INTO THE NATURE AND
CAUSES OF THE WEALTH OF NATIONS

AN INQUIRY INTO THE NATURE AND CAUSES OF THE WEALTH OF NATIONS

国富论

(英) 亚当·斯密　著
孙善春　李春长　译

中国華僑出版社

图书在版编目(CIP)数据

国富论 / (英)亚当·斯密(Smith, A.)著;孙善春,李春长译.—北京:中国华侨出版社,2010.7

ISBN 978-7-5113-0526-8

Ⅰ.①国… Ⅱ.①亚… ②孙… ③李… Ⅲ.①古典资产阶级政治经济学 Ⅳ.①F091.33

中国版本图书馆 CIP 数据核字(2010)第 125106 号

国 富 论

作　　者:(英)亚当·斯密
译　　者:孙善春　李春长
责任编辑:文　臣
封面设计:李艾红
文字编辑:胡宝林
美术编辑:武　亿
经　　销:新华书店
开　　本:1020mm×1200mm　1/10　印张:44　字数:780 千字
印　　刷:廊坊市兰新雅彩印有限公司
版　　次:2010 年 9 月第 1 版　2010 年 9 月第 1 次印刷
书　　号:978-7-5113-0526-8
定　　价:29.80 元

中国华侨出版社　北京市安定路 20 号院 3 号楼 305 室　邮编:100029

法律顾问:陈鹰律师事务所

编 辑 部:(010)64443056　64443979
发 行 部:(010)58815874　传真:(010)58815857
网　　址:www.oveaschin.com
E-mail:oveaschin@sina.com

PREFACE

前　言

亚当·斯密的《国富论》发表于1776年，书中总结了近代初期各国资本主义发展的经验，批判吸收了当时的重要经济理论，对整个国民经济的运动过程做了系统的描述，为经济学确定了完整的架构，它的首次出版标志着经济学作为一门独立学科的诞生，是现代政治经济学研究的起点，因此《国富论》被誉为"第一部系统的伟大的经济学著作"、"经济学的百科全书"、"西方经济学圣经"，而亚当·斯密本人也赢得了"现代经济学之父"的美誉。

斯密的经济学体系几乎包括了我们今天所说经济学的全部内容，是一个逻辑井然、前后一贯的体系，其基本主题是国民财富的来源和增长。200多年以来，经济学家的任务就是在这个架构上做一些修补工作，完善、细化其分析，基本是用斯密的方法分析经济发展规律的。《国富论》也奠定了资本主义自由经济的理论基础，第一次提出了市场经济会由"看不见的手"自行调节的理论，后来的经济学家大卫·李嘉图进一步发展了自由经济自由竞争的理论；马克思则从中看出自由经济产生周期性经济危机的必然性，提出用计划经济理论解决的思路；凯恩斯则提出政府干预市场经济宏观调节的方法。目前的经济理论仍然处于不断探索不断完善的过程，尚没有任何一种尽善尽美可以完全解决经济发展的方法，但《国富论》仍然可以看作是用现代经济学研究方法写作的第一部著作，对经济学研究仍然起着重要作用，现代经济学研究都是在这部著作的基础上进行的，不论是发展它或反对它。今天，《国富论》中的许多学说虽已被后来的经济学家所突破，但斯密所确立的研究方向和方法影响深远，他富有预见性的洞察和诸多明确、实用的见解也总能引起后人的重新思考。

《国富论》不仅是经济学的奠基性著作，而且还广泛涉及经济学以外的诸多领域。在经济学各主题下，针对当时的社会状况，斯密的论述运用了大量的历史资料，涵盖了劳动史、货币史、银行史、制度史、贸易史、教会史、教育史、哲学史、军事史、殖民地史等诸多社会历史领域，这些如今或许要被分门别类的领域在斯密那里还是一个完整的整体。而且，对这些复杂的论述对象，斯密往往有着清晰明了的透彻分析。只是通过常识性的眼光和判断，有时再加上详尽的统计数据，他就使自己的论点具备了强大的说服力。作为道德哲学和经济哲学教授，同时在文学、修辞学、法学、语言学和科学等学科都有深厚造诣的斯密在每一个社会领域都有着出色的智慧和理解力。因此，《国富论》作为一部经典文化名著，具有一种"究天人之际，通古今之变，成一家之言"的雄厚魅力。《国富论》的编者马克斯·勒纳评论说："这是一本将经济学、哲学、历史、政治理论和实践计划以一种不可思议的方式综合在一起的书，是一本由有着高深学问和深邃见解的人所撰写的书。这个人有强大的能力，能对他所收集到的所有材料进行筛选，又有强大的综合能力，能按照新的和引人注目的方式将其重新组合起来。他对当时的学术领域的各种思想是极为敏感的，像后来的马克思一样，不是一个关在自己房子里的与世隔绝的学者，而是仿佛全身装着天线的超人，能收到并吸取其所有能接触到的一切信息。他在封建欧洲解体之末、近代世界开始之时写作，在这个世界中，封建制度仍以既得利益集团经常表现的顽固性在坚持。他正是为反对这种利益集团而写作的。结果是，他的书不只是为图书馆馆藏而写的，对经济理论和国家政策产生了深刻的影响，从而形成了我们今天身处其中的整个生活环境。"因此，不仅不同的人读《国富论》会有不同的收获，而且往往还会有意外收获。

通常说，写《国富论》的只是"半个"亚当·斯密，因为他还写下了另一部传世的伦理学著作《道德情操论》，在这本书中，斯密用同情的基本原理来阐释正义、仁慈、克己等一切道德情操产生的根源，说明道德评价的性质、原则以及各种美德的特征，并对各种道德哲学进行了介绍和评价，进而揭示出人类社会赖以维系、和谐发展的基础，以及人的行为应遵循的一般道德准则。长期以来，关于《道德情操论》和《国富论》的关系一直存在着所谓的“亚当·斯密问题”，即认为两部著作对比悬殊、相互矛盾，前者把同情作为社会行为的基础，而后者则把“利己”作为经济发展的前提。其实这两部书在大方向上是完全一致的，如果说《国富论》主要讲的是社会经济发展的动力和机制条件问题，那么，《道德情操论》主要讲的就是社会经济发展的目的和保障要求问题。具体点说，《国富论》讲的是建立在交换基础上的劳动分工是社会经济发展和财富增长的基本原因，其机制条件是充分发挥市场配置资源的作用，而尽可能地避免因政府权力的干涉所导致的扭曲；《道德情操论》讲的则是，社会经济发展的目的是国家富强和以全民共享经济发展成果为基础的生活幸福，而充分发挥市场配置资源作用的一个基本保障是道德，是生活在市场经济制度中的人们需要普遍地具有一种被他称之为“合宜感”的美德。从这个意义上来说，离开了《道德情操论》，就无法真正理解《国富论》，因为，离开了社会经济发展的目的问题，谈论社会经济发展的动力和机制条件问题就丧失了意义。可以说，面对现代社会，亚当·斯密通过《国富论》和《道德情操论》建造了理解社会生活的两根支柱，它们互为补充，相辅相成，正如美国诺贝尔经济学奖得主米尔顿·弗里德曼曾说过的：“不读《国富论》不知道应该怎样才叫‘利己’，读了《道德情操论》才知道‘利他’才是问心无愧的‘利己’。”因此，为了帮助读者更好地理解《国富论》的内涵，更全面地了解亚当·斯密的思想，我们将《道德情操论》与《国富论》一起出版。

CONTENTS

目　录

国富论

道德情操论

国富论

AN INQUIRY INTO THE NATURE
AND CAUSES OF THE
WEALTH OF NATIONS

第一篇 论劳动生产力进步的原因，兼论劳动产品在不同阶级人民之间自然分配的顺序

第一章 论劳动分工

劳动生产力最大的进步，以及劳动在任何地方的运用中体现的大部分的技能、熟练度和判断力似乎都是分工的结果。

通过研究劳动分工在某些具体制造业中所起的作用，我们可以更容易地理解它在社会一般产业中所产生的影响。人们一般认为，在某些微不足道的制造业中劳动分工实施得最细；可是这也许并不是因为小制造业真的比其他更大的制造业分工更细。在那些为少量需求作出供应的小制造业里的工人总数必定很少，不同工作部门的工人通常可以集中到同一个厂房中，同时受到观察者的注意。相反，大型制造业为大多数人供应巨大的需求，每一个工作部门都雇佣大量的工人，无法被集中在同一个工厂之内，我们在同一时间地点几乎只能看到在一个小部门中所雇佣的工人。因此，比起那些小制造业，这种制造业实际上分成了更多的部门，而分工却不是十分明显，因此较少被人注意。

所以我们且举一个微不足道的制造业为例，其劳动分工常常被人注意：制扣针业。即便再努力，一个没有业务经验且不会熟练使用机器（该机器之发明可能也是劳动分工的结果）的工人，一天可能 1 枚针也造不出来，更不要说 20 枚了。按照这种制造业的运行方式，不仅全部工作是一个专门的行业，而且其中大部分部门也都分成专门的行业。一人抽丝，另一人拉直，第三人切断，第四人削尖，第五个人磨光顶端以便安装针头；做针头就要求有两三道不同的操作；装针头是一项专门的业务，把针刷白，甚至将针装进纸盒中也是一项专门职业。这样，扣针的制造约分为 18 道工序。在一些工厂，这 18 道工序分由 18 个专门工人担任。当然，有时一人也兼任二三种。我见过一个这样的小厂，那里只雇佣了 10 个人，有些人必须担任两三道不同的工序。他们虽然很穷，必要的机器不足，却能每天造针 12 英磅，每英磅有中等大小的针将近 4000 枚。因此，10 个人每天能制针 4.8 万枚，就是说每人每天制针 4800 枚。如果他们全都独自分别工作，没有一个人受过专门训练，那他们每人每天肯定不能制造 20 枚针，或许连一枚也造不出来；这就是说，肯定不能完成他们现在由于适当分工和各种操作的结合所能完成的工作量的 1/240，甚至连 1/4800 也不能完成。

在其他各种工艺和制造业中，劳动分工的效果也总是与这种小制造业一样，尽管它们之中的许多行业中的劳动不能如此细分，每项工序也不能简化到如此简单的程度。但是在每一种工艺中，只要劳动采用了分工，生产力就能取得相应的增长。各种不同行业和职业的各自分立也是这一好处的结果。产业与生产力的增加程度很高的国家，其各种行业的分立一般也极其细化。在野蛮社会中一人从事的工作，在进步社会中一般都由数人从事。在所有进步的社会，农民一般只是农民，制造业者也只是制造业者。而为生产任何一种完全的制造品所需要的劳动，却往往分由许多劳动者合作完成。以麻织业和毛织业为例，从生产亚麻和羊毛，到漂白和烫平麻布，最后到呢绒的染色和整理都由不同的人担任。当然，农业的性质与制造业不同，不容许做那么细致的劳动分工，也不容许将一种工作同另一种截然分开。不可能把畜牧人的工作同谷农的工作彻底划分，像把木匠同铁匠普遍分开那样。纺纱工同织布工几乎总是由不同的人分担，而犁地、耙地、播种和收获则常常由同一个人进行；每年随季节重复着这些劳动，一个人不可能只专门从事一种劳动。农业不能采用完全的分工制度，这就是它的生产力的提高总比不上制造业的主要原因。最富强的国家在农业和制造业上当然都优于邻国，但制造业的优越程度必定远超过农业。富国的土地一般都管理得较好，在土地上投入的费用也比较多，农业产品也与土地面积、肥沃程度成正比。尽管生产量较大，但就比例而言，所得也不会大大超过所花费的较大劳动量和费用。在农业方面，富国生产力虽然都比贫国生产力高一些，但不像制造业那样悬殊。因此，如果品质相同，富国谷物在市

场上的售价一般不比贫国低廉多少。论富裕和进步的程度，波兰远不及法国，但波兰谷物的价格与品质同优良的法国谷物相同。法国也许比不上英格兰，但法国出产的谷物其品质和价格却大致和英格兰相同。然而，英格兰的谷田比法国耕种得好，法国的谷田比波兰耕种得好。贫国的农业管理尽管不及富国，但在品质及售价方面，贫国生产的谷物却能在相当程度上与富国竞争。但是在制造业上这是不可能的，特别是在富国的土壤、气候、位置都适宜制造业的情况下，贫国就无法与之竞争。法国绸比英格兰绸又好又便宜，就是因为至少在现在原丝进口税很高的条件下，织绸业不十分适合于英格兰，而更适合于法国气候。但英格兰的五金和粗毛织物却远胜于法国。就相同品质的物品来说，英格兰货在价格上比法国低廉许多。而波兰除了国家生存不可缺少的少数粗糙家庭制造业外，据说几乎没有什么制造业。

劳动分工使得同样数量的人们所能完成的工作量大大增加，这要归因于三种情况：第一，每一个工人的熟练程度提高；第二，节约了由一种工作转到另一种工作通常损耗的时间；第三，发明了很多的机器，便利和简化了劳动，使一个人能干许多人的活。

第一，劳动者熟练程度的提高势必增加他能完成的工作量。分工的结果使每个人的工作简化成某种简单操作，并使这种操作成为劳动者终生从事的唯一职业，也必然大大提高他的熟练程度。一个普通铁匠习惯使用锤子，但对于制造钉子很陌生，如果有必要让他试着去做，我相信他一天至多只能做出二三百枚钉子来，而且做出来的也是劣质品。即使惯于制钉的铁匠，如果不以制钉为主业，哪怕竭力工作，每人每天也制造不出 800 枚或 1000 枚钉子。我曾见过几个不满 20 岁的专业制钉工人，努力工作时每人每日能制造 2300 多枚。然而制钉决不是最简单的操作。如果只有一个人完成整个过程，他必须承担鼓炉、调火、烧铁、挥锤、打制，在打制钉头时还得调换工具。相比较而言，制扣针和制金属纽扣所需的操作要简单一些。而终生以此为职业的人熟练程度通常也高得多。因此，在这样的制造业中，有些操作迅速得简直难以置信，若非亲眼见过，谁也不会相信人手可以干得如此快速。

第二，从节约由一种工作转到另一种工作通常所丧失的时间中所得来的好处，比我们乍看之下所能想象的要大得多。工人不可能从一种工作很快地转到另一种在不同地点、使用不同工具的工作。一个农村织布匠如果同时耕种一小块土地，他必须从织布机转换到田野，又从田野转换到织布机，这必然要浪费大量的时间。如果两种工作能在同一地点进行，损失的时间无疑要少得多。但即使在同一地点场合，效果也是很差的。一个人把他的手从一种工作转向另一种工作时一般都要闲上片刻，当他开始新的工作时也很少能全神贯注；犹如人们所说的，他心不在焉，注意力并不集中在工作上，情愿干些无用之事，也不去干正经工作。如果一个农村劳力每隔半个小时就得改变工作，每天几乎要干 20 种活计，他必然会养成闲荡和漫不经心的习惯，几乎总是懒懒散散，就算最紧迫的情况下也不会让他全神贯注。因此，除了熟练方面的欠缺，单是这个原因也必然大大减少所能完成的工作量。

第三，即最后一点，我们肯定都知道，应用适当的机器能在多大程度上简化和方便劳动。这就不必举例了。使劳动得以如此便利和简化的发明最初似乎都是劳动分工所致。当一个人的注意力全部集中在单一目标，而不是分散在许多事物上时，他们就有可能更容易、更迅捷地达到目的。由于劳动分工，每个人的全部注意力自然而然地集中在某个非常简单的目的上。因此，我们自然可以预期，从事每一种具体劳动的劳动者中总会有某些人不久就会找出比较容易和迅速的方法去完成工作，只要工作的性质允许做出这种改进。在劳动分工最细的制造业，大部分使用的机器最初都是普通工人发明的，他们每个人都从事非常简单的操作，自然要用心去找出完成工作的最迅捷方法。参观这些制造业的人常常会看到一些非常精巧的机器，它们是工人们发明出来便利和简化工作的。最初使用蒸汽机时，工厂常常雇佣一个男孩，他在活塞上升或下降时负责打开或关闭汽锅与汽缸之间的通道。一个贪玩的孩子注意到如果用绳子把开闭通道活门的柄系在机器的另一部分上，活门就能自动开闭而不需要他的看管，他就可以和伙伴自由玩耍。自从这种机器发明以来，最大的改进之一就这样由一个想节约自己劳动的孩子发现了。

然而，机器改良决不是全由那些有机会使用机器的人发明的。当制造机器成为一个专门行业的时候，许多改进都来自机器制造者的聪明才智，也有些改进是出于所谓哲学家或思想家的才智，他们的职业不是做某一件事情，而是观察每一件事情——他们常常能把相距极远和极不相同之物的力量联系在一起。在社会进步的过程中，哲学家或思想家也像每一种其他职业那样，变成了某一类公民主要的或唯一的行业和职业。像每一种其他的行业或职业一样，哲学也能细分成很多不同的分支，兴趣不同的哲学家可以在其中找到不同的职业。而哲学行业的细分也像每一种其他行业一样提高了熟练程度，节约了时间。每一个人都变得对他自己那个特殊部分的工作更加在行，就整体而言也就完成了更多的工作，而用科学手法作统计的工作量也由此大大增加。

在治理良好的社会，分工使得各种行业的产量倍增，普遍的富裕可以惠及最底层的劳苦大众。除满足自身需要以外，一种产品的制造者还有大量产品可以销售；另外一种产品的制造者的境况也基本相同。如果需要，每个劳动者都能以自身生产的大量产物换得其他劳动者生产的大量产物，或换得与产品等值的货币。他能充分供给别人所需的物品；他自身所需的也能得到别人的充分供给。于是，社会各阶级也就普遍富裕起来。

在一个文明发达的国家中，如果看一下最普通的工匠使用的生活用品，你会知道，为了使他们能享用它，必须贡献自己工作的一小部分（哪怕只是很小的一部分）的人多得不可胜数。例如，尽管看起来很粗糙，工人穿的毛织品上衣也是大量工人一起劳动的结果。牧羊人、选毛人、梳毛人、染工、梳理工、纺工、织工、蒸洗工、缝纫工和许许多多其他的人，必须结合他们不同的手艺才能完成这种很常见的产品。此外，把材料运输到最遥远的地方需要有多少运输从业者啊！需要多少商业和航运，需要多少造船人、航海人、制帆人、制绳人，以便把染匠所使用的不同染料带到一起——这些染料常常来自世界各个最遥远的角落！可见，为生产最普通劳动者所使用的工具需要经过多少种类繁多的劳动！且不谈如航海人的船舶、磨坊工的磨坊，或是织布匠的织机那些复杂的机器，我们只来看看牧羊人用来剪羊毛的剪刀这一非常简单的机械，它的产生就需要各种不同的劳动。采矿工、熔炉制造工、伐木工、烧炭工、造砖人、泥水匠、炉工、铁铺的设计与建筑者、锻工、铁匠……必须把他们的不同手艺结合起来，才能生产出剪刀。假如我们用同样的方式来考察剪羊毛工人的衣着和家用器具，他贴身穿的粗麻衬衫、他脚上穿的鞋、睡的床以及床的所有不同部件；他准备膳食的厨房和炉灶，烧饭用的煤炭（这或许是通过遥远的海路或者陆路运来的），他厨房中所有的器皿，餐桌上所有的用具比如刀叉，用来盛饭菜的陶瓷和锡盘，他吃的面包喝的啤酒，抵御风雨、保持屋内温暖、照明房屋的玻璃窗户、发明玻璃所需要的知识和技艺（没有玻璃，在世界北方地区生活的人们就不可能拥有非常舒适的住所），连同生产这些便利品中所使用的所有工具；哎呀，假如我们考察一下所有这些物品，看看每一种物品要使用多少不同的劳动，我们就会明白，没有成千上万人的互助和合作，一个文明社会中最普通的工人也不可能得到他最简易的生活用品，即使根据我们的虚假想像他们是可以得到的。同富有人家的极度奢侈相比，他的生活用品无疑极其简单而平常；然而以下说法也许是真的，即一个欧洲君主的生活用品在数量上大大超过一个勤劳节俭的农民的生活用品，但是其超过程度却也比不上这农民的生活用品超过许多非洲君主的程度——这些君主可是数以万计生命与自由的绝对主宰。

第二章　论造成分工的原由

劳动分工有诸多好处，可是它最初却并不是由于人类智慧的结果，不是由于智慧预见到它可以带来普遍的富裕。它是人类某种倾向非常缓慢的发展的必然结果，这种倾向没有很强的功利性，而只是以物易物、以货换货和用某种东西交换另一种东西。

这种倾向是不是人性中一种无法深入解释的根本原则，或者更有可能是理性和语言出现的必然结果，这都不是我们的研究对象。所有的人都会有这种倾向，而动物就不懂交换或其他任何种类的契约。两只猎犬追逐同一只兔子，有时似乎在互相帮忙，每一只狗都把兔子赶向它的同伴，或在同伴把兔子赶向它时力图拦截。然而这并不是任何契约的效果，而只是在某个时候同一目标欲望的偶然一致。没有人看到过两只狗用两根骨头进行有意识的公平交换。没有人看到过一只动物通过姿势或嚎叫向另一只动物表示：这是我的，那是你的，我愿意用这个交换那个。当一只动物想要从人或另一只动物得到什么东西时，它除了获得对方的好感之外，没有其他的劝诱手段。

一只小狗向母狗摇尾乞怜，一只长毛垂耳狗做出千般姿态吸引餐桌上主人的注意以得到食物。人有时对他的同胞也使用相同的手段，百般奴颜婢膝、阿谀奉承，企图博得对方欢心。可是他不是每一次都这样去做的。只要在文明社会生活，他在任何时候都需要有大量的合作和别人的帮助，虽然他的整个一生中也许交不上几个朋友。在动物世界，每一个体当到成年时都是全然独立的，不需要其它动物的帮助。但是人总是需要其他同胞的帮助，而单凭别人的善意他是无法得到帮助的。如果激发别人的自利之心，向他们表明他要求他们所做的事情对他们自己是有好处的，他才更有可能如愿以偿。任何想与他人做买卖的人都是这样行事的。给我所需，你也得到所需，这就是每项交易的意义；我们正是通过这种方式得到自己所需的绝大部分帮助的。我们得到自己的食物并不是由于屠夫、酿酒师和面包师的恩惠，而是由于他们自利的打算。我们不是向他们乞求仁慈，而是诉诸他们的自利之心；我们从来不谈自己的需要，而只谈对他们的好处。除了乞丐之外，没有人完全依靠同胞们的好心来生活。即使乞丐也不完全依靠他人的仁慈，虽然乐善好施者的施舍为乞丐提供了全部的生存资源，但是没有也不可能随时随地满足他的需要。他的大部分日常需要是通过和其他人同样的方式去满足的，即通过契约、交换和购买。他用别人施舍的钱去购买食物，用别人给他的旧衣服去交换其他更合身的旧衣服，或者是住所、食物或钱，用这些他又能随意购买食物、衣服或住所。

所以，我们所需要的帮助大部分是通过契约、交换和买卖而互相取得的，而最初造成劳动分工的也正是这一互相交换的倾向。例如，在狩猎或游牧民族中，善于制造弓矢的人常拿自己制成的弓矢与他人交换家畜或兽肉。慢慢地，他发现与其亲自到野外捕猎，不如与猎人交换更方便，这样他便成为武器制造者。又比如，另外一个人能把小茅屋或可移动房屋的框架和屋顶建造得又快又好，就往往被人请去建造房屋，得到家畜和野兽的肉作为回报。他也渐渐地发现，如果全心全意从事这一工作自己便能从中获利，这样他就成为一个建筑工人。同样，有的人成为铁匠或铜匠，有人成为硝皮匠或制革匠，毛皮皮革是野蛮人类最初的主要衣料。这样，人们都一定能够用自己消费不完的剩余劳动产品，来换取自己需要的别人剩余的劳动产品。这就鼓励每个人投身于专门职业，并为之培养和完善各自的天赋之才。

实际上，人们天赋才能的差异比我们意识到的要小得多。对成年人来说，使人们从事不同职业的不同才能与其说是劳动分工的原因，不如说是劳动分工的结果。两个迥异之人间的差异，例如哲学家与一个普通街头搬运工之间的差异，似乎并非由于天赋，而是由于习惯、风俗和教育造成的。在 6 岁或 8 岁之前，他们很可能非常相像，他们的父母或伙伴看不出他们有什么显著的不同。随后不久，他们开始从事非常不同的职业。于是，才能的不同之处开始被他们自己意识到并逐渐扩大。直到最后，哲学家的虚荣不肯承认任何相似之处。但是如果没有互通有无、以物易物、彼此交换的倾向，每一个人就必须为自己筹办每一种生活必需品与便利品，所有的人都要履行相同的责任，做相同的工作，这样就不可能有职业上的巨大差异和任何重大的才能差异出现。

就像造成了不同职业的人们之间才能的巨大差异一样，交换倾向也使得才能差异变得有用。许多被认为属于同一种类的动物，其天资的差异比起人们在未受到风俗和教育熏陶以前所表现出的差异要显著得多。在天资方面，一个哲学家的天赋同一个街道搬运工的天赋之差异远远不及猛犬之于猎犬，或猎犬之于长毛垂耳犬，或长毛垂耳犬之于牧羊犬的差异。可是这些动物虽然属于同一类，却对彼此没有任何用处。猛犬的生活并不因猎犬的迅速、长毛垂耳犬的伶俐或是牧羊犬的驯良而有丝毫的改善。由于缺乏交易和交换的能力，这种天资和才能之间的差异不能变成一种共同的财富，使同种的动物得到较好的供应和便利。每一动物仍然不得不独自维护自己，丝毫得不到自然赋予它同伙的不同才能的好处。与之相反，在人类社会，最不同的才能也都有益于彼此。通过互通有无与以物易物，人们各自发挥才能创造的产品变成了一种共同财富，每个人都可以从其他人创造的产品中购买到自己所需的任何产品。

第三章　论分工受市场范围的限制

正如交换能力引起劳动分工，分工的程度必然受到交换能力大小即市场范围的制约。如果市场太小，就没有谁会完全投身于一种专门的职业。因为在这种情况下，他们不能用自己消费不完的剩余劳动产品来随意换得需要的别人的劳动产品。

有些种类的产业，哪怕低级，也只能在大城市而非别处进行。例如一个搬运工在城市之外就找不到工作供给自己衣食。对他来说，一个村庄过于狭小；即使是集市也很少大到让他维持稳定的职业。在那些散布在苏格兰高地荒凉地带的独家住宅或非常小的村落中，每一个农民必得为他和其家庭屠宰牲畜、烤面包和酿酒。在这种情况下，我们很难能找到一个铁匠、木匠或泥水匠，在 20 英里以内，更难找到另一个同行。离他们最近的人家也必须到 8 英里或 10 英里之外。农民们必须学会为自己干大量的零活。在人口较多的国家，他们可以叫那些工匠来帮忙。乡村工人几乎到处都要干大体上使用同一种材料的所有不同行业。一个乡村的木匠要做以木材为原料的每一种工作；一个乡村铁匠要做以铁为原料的每一种工作。前者不仅是木匠，他还是细木工、家具制造人、雕刻工、车轮制造者、耕犁制造者以及手推车和四轮马车的制造者。后者的行业更加多种多样。比如，在位于苏格兰高地的穷乡僻壤没有制钉这一行业。专业制钉工人每天能造 1000 枚铁钉，一年工作 300 天，按照这种速度，他每年能造 30 万枚铁钉。但在这种情况下，他不可能售出 1000 枚铁钉，即全年中一天的工作量。

水运为每一种行业开辟了陆运无法单独完成的更加广大的市场。因此，在海岸和在通航河道的两岸，各种产业开始自然而然地分工并不断得到改进。但是常常要等待很长的一段时间，这些改进才能推广到一国的内地。一部由 2 个人驾驭、8 匹马拉的宽轮运货马车，在大约 6 个星期之后才能在伦敦和爱丁堡之间来回运送将近 4 吨货物。大约在同一时间内，一艘由 6 人或 8 人驾驶的轮船却可以在伦敦和利斯两个港口间来回运送 200 吨货物。可见，借助水运，在同一时间内，6 个或 8 个人可以在伦敦和爱丁堡之间来回运送由 100 人驾驭、400 匹马拉动的 20 部宽轮运货马车所能运送的同样多的货物。因此，用伦敦至爱丁堡最廉价的陆运所能运输的 200 吨货物就要开支 100 个人 3 个星期的生活费，以及与这种生活费大体相等的 400 匹马和 50 部大车的损耗费。而水路运载的同一数量的货物，却只需开支 6 个或 8 个人的生活费、一艘载重 200 吨船只的损耗以及陆运和海运保险之间的差额。所以，如果两地间只有陆运没有水运，那么除了那些重量不大而价格很高的货物，其他的货物便不能由一地运至另一地了。受其制约，两地间的商业就会只存在有水运的情况下的一小部分，而这两地对彼此产业发展提供的便利也就只是如今的一小部分，而世界各地之间就不可能有多少商业存在，甚或根本没有。在伦敦与加尔各答之间，什么货物才能负担得起陆地运输的开支？即使有，又如何使其安全通过众多野蛮领域？可是，这两个都市现在就进行着大规模的贸易，相互提供市场，并可大大促进彼此的产业发展。

所以，由于水运的好处巨大，工艺和产业的改良都在水运便利的地方开始就是很自然的了。这种改良总要隔很久才能普及到内地。由于离河海太远，在很长时间内，内地只能在邻近地方销售其大部分产品，而不能运到很远的地方。因此，在长时间内，该国的市场范围必定也只能和邻近地域的财富与人口相称，其改良也总落后于临海、临河的国家和地区。我们在北美殖民地所开发的大种植园都沿着海岸和河岸延伸，很少扩展到离海岸或通航河道很远的地区。

根据最详实的记载，最先开化的国家就是那些地中海海湾各国。地中海是世界最大的内陆海，没有潮汐，如果没有风则波澜不兴，再加上岛屿众多，离岸很近，对于世界早期航海事业极为有利。那时由于还不知道有指南针，人们不敢离开海岸太远，又由于造船技术还不高明，人们不敢在惊涛骇浪中航行。在古代，航海穿过直布罗陀海峡长期被看做是最不可思议的、最危险的航行伟绩。就连当时以造船航海事业著名的腓尼基人和迦太基人，也是过了许久才敢尝试。而在很长的时间里，也只有他们才敢做此尝试。

在地中海沿岸各国中，埃及的农业和制造业似乎都取得了重大开发与改良。北埃及的繁华地带都分布在尼罗河两岸数英里内。尼罗河在南埃及的部分发展成了无数大大小小、分布全境的支流；只要略加整修，这些支流不但可在境内各大都市，而且可在各重要村落甚至在村野农家之间形成便利的水上交通网。这种情形与今日荷兰境内的莱茵河和麦斯河一样。如此广泛和便利的内陆航运正是埃及早期得以兴起的原因。

在东印度的孟加拉各省和中国东部的某些省份，农业和制造业的改进的历史也非常古老，虽然其古老的程度没有得到我们这一世界中的人信赖的历史权威的证实。在孟加拉省，恒河以及其他几条巨大河流形成了大量可以航行的河道，像尼罗河在埃及那样。在中国东部各省分布着几条大河，它们的各个支流形成了一个交错的河道网，为内陆航行提供了比尼罗河、恒河，甚至比两者加在一起更为广阔的领域。可是值得注意的是，不论是古埃及人、古印度人还是古中国人都不鼓励对外国的贸易，他们似乎全都从内陆航运获得其巨大财富。

非洲内陆、黑海和里海以北遥远的亚洲地区，古代的塞西亚、现今的鞑靼和西伯利亚，一直都处于落后的未开化状态，现在还是这样。鞑靼海是不能通航的冰洋，虽然也有若干世界著名大河流过鞑靼，却终因彼此距离很远而大大限制了商业和交通的发展。欧洲有波罗的海与亚得里亚海；欧亚之间有地中海与黑海；亚洲有阿拉伯、波斯、印度、孟加拉及暹罗诸海湾，这些海湾把海运和河运连接起来。非洲没有这样的大内海，也没有大的港湾，境内诸大河又相隔太远，较大规模的内地航行很难实现。另外，一国虽有大河穿过，但支流很少，其下游和出海口又属他国，这也是它商业不能大规模盛行的原因，因为上游国能否到达海洋不是自己单独能决定的，而要受到下游国的限制。这就是多瑙河对于巴伐利亚、奥地利和匈牙利各国作用甚微的原因。如果这三个国家的任何一国独自拥有该河流入黑海之前的流域，情况就会大不相同。

第四章　论货币的起源和作用

当劳动分工完全确立后，一个人自己的劳动产品就只能满足其需要的很小一部分了。他拿超出个人所需的劳动产品的剩余部分来交换自己需要的他人劳动产品的剩余部分，以此满足自己的绝大部分需要。这样一来，每一个人都靠交换为生，在某种程度上变成了商人，而社会本身也可以说就变成了商业社会。

但在分工伊始，这种交换力量往往受到种种阻碍。例如有人持有某种自己消费不了的商品，而另一个人所持有的这种物品却不够消费。这样，前者愿意出卖，后者乐于购买，但是如果后者没有前者想得到的物品，两者间的交换仍然不能实现。例如，屠户把自己消费不了的肉放在店里，酿酒师和做面包的师傅都想购买自己所需要的一份，但如果他们除了各自的产品外别无所有，即只有酒和面包，而屠户已有足够的的麦酒和面包，那么交易就无法完成了。屠户不能成为酿酒师和面包师傅的商人，酿酒师和面包师傅也不能成为屠户的顾客，这样就不能达到互相帮助。为了完成每一个交易，除自己的劳动产品外，聪明人还要随时携带一定数量的某种物品，这种物品在和任何人进行产品交换时都不会被拒绝。

为达此目的，人们先后想到并使用过许多商品。据说，原始社会曾把牲畜作为交换活动的通用媒介。虽然牲畜是非常不便的媒介，但我们却发现古代确实可以用牲畜交换各种物品。据荷马记载：迪奥米德的铠甲仅值 9 头牛，而格罗卡斯的铠甲却值 100 头。还有很多物品被作为媒介，例如阿比西尼亚以盐进行商业交易，印度沿海某些地方以某种贝壳为媒介；弗吉尼亚用烟草，纽芬兰用干鱼丁，我国西印度殖民地用糖，有一些国家则用兽皮或皮革。据说，现在苏格兰的某个乡村，还有工人会带着铁钉来买啤酒和面包。

然而，由于不可抗拒的理由，所有国家的人们都决定选用金属来完成这一职能。金属不仅能保存不受丝毫损失，也比任何东西更不容易损坏，而且还可以不受损失地分割成许多小块，又可以很容易地再把它们熔合起来。这种性质是任何其他同样耐久的商品所不具备的，而这种性质比起其他的任何性质来，使得金属更加适合作为商业和流通的工具。例如，想要购盐而又只有牲畜可以用来交换的人，不得不在同一个时候购入和一整头牛或一整头羊价值相等的盐。他无法少购，因为他可以用来交换的牲畜不可能不受损失地分割；如果他想多购盐，由于同一原因，他就不得不购入 2 倍或 3 倍的数量，即相当于两三头牛或两三头羊的盐。反之，如果他用来交换的不是牛羊而是金属，他就可以很容易地按他当时需要的商品的精确数量，相应地支付一定金属。

各国为此目的使用的金属各不相同。古斯巴达人用铁，古罗马人用铜，而所有富裕的商业国都使用金和银。用作交换媒介的金属最初似乎都是粗糙的条块状，未加任何印记，更没有经过铸造。普林尼援引古代历史学家蒂米阿斯的话说，直到瑟尔维乌斯·图利乌斯时代为止，罗马人还没有铸币，只用铜条来购买他们需要的所有物品。因此，这些粗糙的金属条就是当时的货币。

以这样粗陋的状态使用金属有两种极大的不便。第一是称量困难，第二是化验困难。如果使用比较粗糙的金属，发生一点误差关系不大，无需称量。但是贵金属一旦在分量上有少许差异，在价值上便会发生很大的差异。若要正确称量这类金属，至少需备有极精确的砝码和天平。尤其金的称量更是一种精细的操作。如果买卖值一个法新的货物，一个穷人也需每次称量这一个法新的重量，人们就会觉得麻烦极了。化验金属的过程更是困难和烦琐。如果不把金属的一部分放在坩埚里，用适当的熔剂熔解，就不能得出十分可靠的结论。在铸币制度尚未建立以前，只有通过这种又困难又烦琐的检验，否则就很容易发生极大的欺骗和伤害。人们售卖货物的所得中可能混有许多最粗劣最低贱的金属。为方便交易，避免此种弊端，促进各种工商业发展，发达国家都认为有必要在购买货物的特定金属上加盖印章。此即铸币制度和造币厂这种国家机构的起源。其性质类似于麻布呢绒检查官制度。检查官借此确定各种商品的数量与品质。

最早盖在货币金属上的公印，其作用似乎仅仅是确定金属的品质或纯度。当初的刻印，很像现在银器和银条上所刻的纯度标记，如西班牙式标记在金块上刻印，只附在物件的一边，而不盖住金属的整个表面。它只确定金属的纯度而不是重量。据记载，亚伯拉罕称了400舍克勒的银子交给以弗仑，支付自己同意支付的麦比拉的田价①。据说银子是当时商人通用的货币，它们用重量而不是按个数计算，就像现今的金条和银块。据说古代英格兰的撒克逊国王们的收入，不是用货币而是用实物即各种各样的食物和饮料来计算的。征服者威廉采用了用货币纳税的惯例。可是，这种货币在长时期内是按重量而不按个数计算的。

为了解决准确称量金属工作的麻烦和困难产生了铸币制度。铸币的两面完全覆盖印记，有时边缘也有印记，不仅用来确保金属的纯度，也用来确保它的重量。因此，这种铸币像现今那样按个数流通，省去了称量的麻烦。

这些铸币的名称，最初是表示所含金属的重量或数量。在罗马铸币的瑟尔维乌斯·图利乌斯时代，当时罗马币阿斯（As）或庞多（Pondo）包含1罗马磅的纯铜。它像我们的特洛伊磅一样，分为12盎司，每盎司包含十足的1盎司纯铜。在爱德华一世时代，每英镑包含1陶尔磅的一定纯度的白银。陶尔磅比罗马磅略重，比特洛伊磅轻。直到亨利八世第十八年，英格兰造币厂才采用特洛伊磅。查理曼大帝时代的法国货币利弗尔（Livre）含纯银1特鲁瓦磅。特鲁瓦是法国东北部香槟省的一个城市，欧洲各国人民时常出入它的市场，它影响很大，声誉很好，大家因此都熟悉并尊重这个有名市场所使用的度量衡。从亚历山大一世到罗伯特·布鲁斯时代，苏格兰币每镑都含有与1镑英币同重量同纯度的银。英格兰、法兰西和苏格兰的1便士货币最初都含有十足1便士的白银，即1盎司的1/20，或1磅的1/240。先令最初也是重量名称。当时亨利三世的法律规定：小麦1夸脱价值为20先令时，价值一个铜板的上等小麦面包应重12先令4便士。不同的是，先令对便士或先令对磅的比例似乎不像便士对磅的比例那么一致。法国古时的苏（Sou）或先令，在不同时间有5便士、12便士、20便士乃至40便士不等。在古代撒克逊人的某一个时期，1先令似乎只含5便士，它的含量的变化同邻国人即法兰克人的先令大抵类似。法国自查理曼大帝时代后，英格兰自征服者威廉一世时代以后，镑、先令或便士之间的比例，尽管没有多大变动，但它们各自的价值却变动很大。我相信，世界各国君主由于贪婪不公，背弃臣民的信任，把货币最初所含金属的实际分量逐渐减少。到了罗马共和国后期，罗马的阿斯减到原来金属重量的1/24，含量名为1磅，实际只有半盎司。英格兰的镑和便士，现今价值大约相当于原值的1/3；苏格兰镑和便士，大约仅相当于原值的1/36；法国的镑和便士，大约仅相当于原值的1/56。很明显，通过这种办法，君王和国家就能以少于原来的银去偿还债务并履行各种契约。

当然，这只是表面如此。实质却是国家政府的债权人因此被剥夺了一部分应得的权利。政府必须允许国内一切其他债务人拥有和君王相等的特权，使得他们同样能以新的贬值币偿还货币改铸前借来的旧币金额。所以，这种方法总是对债务人有利而有损于债权人；有些时候，这种措施在个人财产上造成的巨变比公共大灾祸所能造成的还要巨大和普遍得多。

① 《旧约全书·创世纪》，第二十三章第十六节。

正是通过这种方式，货币在所有的文明国家变成了普遍的商业媒介，所有货物都用它来进行买卖或交换。

我们现在要考察的是，人们在以货币交换货物或者货物交换货物时自然遵循哪些法则。这些法则决定了所谓的商品相对价值或交换价值。

应当注意，"价值"一词有两个不同的意思。它一方面表示特定物品的效用，一方面又表示由于占有某物而取得的对其他货物的购买力。前者可称为使用价值，后者可称为交换价值。使用价值很大的东西往往具有极小的交换价值或没有交换价值；相反，交换价值很大的东西往往具有极小的使用价值或没有使用价值。例如，没有什么东西比水更为有用，但它不能购到任何东西，也不会有任何东西和它交换。反之，钻石没有什么用途，但常常能购到大量的其他货物。

为了更清楚地探讨支配商品交换价值的原则，我将尽力说明以下三点：

第一，什么是交换价值的真实尺度，也就是说，是什么构成了一切商品的真实价格。

第二，构成真实价格的不同部分是什么。

第三，什么情况使某一部分或全部真实价格有时高于其自然价格或普通价格，有时又低于其自然价格或普通价格？换句话说，是什么原因阻碍了市场价格即商品市场价格，使之不能与其自然价格一致？

我将在以下三章尽可能详论这三个问题。在这方面我诚挚地乞求读者的耐心和注意，请他耐心地考察看似不必要的烦琐细节。在我尽可能作出充分的解释以后，这些东西某种程度上或许仍然是暧昧不明的。我常常宁愿喋喋不休，以确保说得明明白白；但是，由于题目性质的极端抽象，在我可以阐明之前，晦涩难懂可能仍然在所难免。

第五章　论商品的真实价格与名义价格，即用劳动表示的商品价格与用货币表示的商品价格

一个人是富还是穷，依照他所能享受的生活必需品、便利品和娱乐品的多少和品质而定。但自从劳动分工完全确立以后，人们所需要的物品只有极小部分来自自己的劳动，绝大部分必须仰仗他人的劳动。所以，他的贫富状况必然依照他所能支配的或能负担的他人劳动的数量而定。因此，对于占有某货物却不想自己消费而愿意用以交换其他货物的人来说，任何商品的价值就等于该商品能使他购得或支配的劳动量。因此，劳动是衡量一切商品交换价值的真实尺度。

每件物品的真实价格，即它对于想要得到它的人的实际价值，就是为获得它所付出的辛苦和麻烦。对于已经得到并想处理它或用它来交换别的东西的人来说，每一件东西的实际所值，是他能为自己省去或转于别人的辛苦和麻烦。以货币购买物品或以货物交换物品，实质就是用劳动购买，就如我们用自己的劳动获取产品一样。我们拥有的货币或货物，使我们能够免除生产许多其他产品的辛苦。它们含有一定的劳动量，我们可以用它来交换当时被认为具有同等劳动价值的物品。劳动是购买一切货物时付出的最初价格，是原始的购买货币。世间所有财富，最初都是用劳动而不是用金银购买的。因此，对于拥有财富并愿用它交换新产品的人来说，财富价值正等于它使他们能够支配或购买的劳动量。

正如霍布斯先生所说，财富即权力[①]。但是获得或继承了一宗巨大财产的人不一定就能获得或继承任何的政治权力，无论是在民事还是军事皆然。他的财产或许能使他有获得两者的手段，但是仅仅拥有财富并不一定能使他得到权力。财富给他带来的直接权力是购买力，一种对所有劳动或市场上所有劳动产品的支配能力。他的财产的多少与这种力量的大小完全成比例；就是说，财产的大小和他所能购买或所能支配的他人劳动量或他人劳动产品数量的多少成正比例。任何东西的交换价值，总是必须完全等于这物品带给其拥有者的这种力量。

但是，虽然劳动是所有商品的交换价值的真实尺度，商品的价值却通常并不是用劳动去衡量的。确定两种不同劳动量之间的比例常常非常困难。两种不同工作所费去的时间往往并不能成为

① 霍布斯，《利维坦》，第一篇第十章。

决定这一比例的唯一因素，工作时所忍受的不同程度的艰苦和所运用的不同程度的智力也必须加以考虑。一个小时的艰难工作比两个小时的容易工作可能包含更多的劳动；或者说，比起普通的职业来，要花费10年才能学到的职业，一个小时的操作比起前者一个月的勤劳可能包含更多的劳动。对于艰难程度或智力不可能找到任何精确的衡量方法。当然，在不同种类的劳动产品互相交换时，通常也对艰难程度或智力有相当的考虑。但这不是通过任何精确的尺度，而是通过市场上的讲价进行大体相当的调整。这虽不很准确，但已经足以使日常生意得以进行。

此外，商品更频繁地同其他商品而不是同劳动相交换，从而与其他商品而非劳动比较，因此，人们自然就以一种商品所能购得的另一种商品数量而非劳动量来衡量其交换价值，因为大多数人更加容易理解用一种具体商品的数量，而不是用劳动数量来表示的东西。前者看得见、摸得着，而后者则是一种抽象的概念，虽然它可以充分被人理解，却全然不够自然和明显。

当物物交换已经停止，货币已成为商业的普遍媒介时，任何具体商品就更多地是与货币而不是与别种商品交换。屠户需要面包或麦酒的时候，不是把牛肉或羊肉直接拿到面包店或酒店去交换，而是先把牛肉或羊肉拿到市场上去换取货币，然后再用货币换取面包或麦酒。他售卖牛羊肉所得的货币量决定他后来所能购买的面包和麦酒的数量和质量。因此，屠户在估计牛羊肉的交换价值时，自然就多用牛羊肉直接换来的货币量，而不是用牛羊肉间接换来的物品量即面包和麦酒的数量。我们说1磅家畜肉值3便士或4便士，比说1磅肉值3斤或4斤面包或值3夸脱或4夸脱麦酒更合适。所以，一个商品的交换价值多用货币量计算，而很少或不用它能换得的劳动量或任何其他的商品量来计算了。

然而像其他每一种商品一样，黄金和白银的价值也时刻处于变动之中，时贱时贵，时易买时难购。特定数量的金银所能购到的劳动数量或所交换到的其他商品数量，总是随交换时所已知的矿藏的丰饶贫瘠情况转移。16世纪，在美洲发现了丰富的矿藏，欧洲的金银价值就比原值下降了1/3左右。由于把矿藏从矿区送到市场所花费的劳动较少，所以当它们送到那里时，所能购买或支配的劳动也较少；这次金属价值的变动虽然或许是最大的，但根据历史记载，却也决不是唯一情况。作为数量的尺度，像一步之长、两臂之宽或一手所握之重这种不断变化的自然尺度，决不能作为衡量其他东西数量的精确尺度。因此，本身价值不断变化的一种商品也决不能成为其他商品价值的精确尺度。在所有的时间和地点，同等数量的劳动对劳动者来说具有同等的价值。按照他的健康、体力和精神状态、平均的技能和熟练程度，必然总是牺牲相同的安逸、自由和快乐。他所支付的价格也必然一样，不管他得到回报的货物数量如何。这种劳动所购到的货物数量可能时多时少；然而变动的是这些货物的价值，而不是用来购买它的劳动价值。无论何时何地，凡是不易得到或是要花费许多劳动才能得到的东西，价格就贵；凡是容易找到，或只花很少劳动就能得到的东西，价格就低。因此，只有本身价值绝对不变的劳动才是最终的真实标准，一切商品的价值在任何时候和地方都可以用它来衡量和比较。它是商品的真实价格，而货币只是其名义价格。

但是，虽然对劳动者来说，同等数量的劳动总是具有同等的价值，对于雇佣劳动者的人来说，这价值却是时大时小。换言之，雇主购买劳动需要付出的货物是时多时少的。对他来说，劳动力的价格也同所有其他货物的价格一样是变化的。从他看来，劳动力有时贵一些，有时贱一些。其实，那只是货物时贵时贱些罢了。

所以，就通常意义而言，劳动也像商品一样有真实价格和名义价格。真实价格就是付出劳动所获得的一定数量的生活必需品和便利品；名义价格就是交换劳动的一定数量的货币。劳动者的贫富，劳动报酬的高低是与他的劳动的真实价格而非名义价格成比例的。

真实价格和名义价格的区分不仅仅是一个理论问题，有时在实践上也具有重大的作用。同一真实价格总是具有同一价值；但同一名义价格的价值，却常常因金银价值变化而差别极大。所以，当一个人要以永久租佃为条件售卖地产时，如果想要使地租的价值尽可能保持不变，重要的就是不要把地租用一定数额的货币来规定。两个方面的原因都可能使货币的价值发生变化：第一，同一面值铸币各时代所含金银分量不同而产生的变化；第二，同量金银在不同时候价值不相同而产生的变化。

君主和国家常常幻想，减少铸币所包含的纯金属的数量可以得到暂时的利益，但几乎没想到，增加这种数量会有好处。我有理由相信，每个国家铸币包含的金属数量几乎都是不断减少而非增加的。因此，这种变化几乎总是在降低货币地租的价值。

美洲矿藏的发现降低了欧洲金银的价值。虽说我不知道有任何根据，一般认为这种降低仍在逐渐发生，可能还会持续一段很长的时间。所以，在这种情况下，即使地租不是用若干镑货币（例如，多少英镑）而是若干盎司纯银或某成色的银，货币地租的价值多半还是会降低而不是增加。

用谷物规定的地租比用货币更能保持地租的价值，即使在铸币面额未变之时，它也比货币地租更能保持原有价值。伊丽莎白第十八年法律规定，国内各学院地租之 1/3 必须要缴纳谷物，或按照当时最近市场上的谷价折合货币。由谷物折合货币的地租，原来只占全部地租的 1/3，而据布勒克斯顿博士计算，现在的价值已普遍接近货币地租的 2 倍了。这样算来，各学院的货币地租必定已经减到原值的 1/4 或其原值谷物的 1/4 了。但是，自菲利普和玛丽当政迄今，英格兰铸币面额几乎毫无变化，同一数量的镑、先令或便士纯银含量几乎相同。因此，各学院货币地租价值的跌落完全是因为银价的下降。

如果银价下跌，而且同一面额的铸币所含的纯银量又减少，损失就会更大。苏格兰的铸币面额比英格兰变化更大，而法国又大于苏格兰。这样，两国的古老地租以前具有很大的价值，现在却变得几乎一钱不值。

在不同的时候，较之用同量的金银或任何其他商品，同等数量的劳动更可能用同等数量的谷物（劳动者的生活资料）购得。所以，在不同时期里，等量谷物更可能保持几乎相同的真实价格。也就是说，持有谷物者更可能以等量谷物购买或支配他人的等量劳动。我只想说，等量谷物比等量其他商品更可能购买或支配等量劳动，因为等量谷物也不可能购买或支配绝对相等的劳动量。我在后面将要说明，在不同时期，劳动者的生活资料或劳动的真实价格是大不相同的。劳动者所享有的生活资料，在进步发展的社会比停滞不前的社会充足，停滞不前的社会又比衰落中的社会充足。在某一时间内，谷物以外其他任何商品所能购得的劳动量必然相当于它当时所能购得的生活产品量。所以，用谷物规定的地租只受一定分量谷物所能购买的劳动量变动的影响。但以其他任何物品缴纳的地租，不但要受一定分量谷物所能购买的劳动数量变化的影响，而且还要受这物品所能购换的谷物数量变化的影响。

不过应当注意，就世纪而论，谷物地租真实价值的变化比货币地租小得多，但是就年而论却要大得多。我将在下面说明，劳动的货币价格并不逐年随谷物的货币价格升降，它似乎并不和谷物的暂时或偶然价格适应，而是与谷物的平均或普通价格相适应。我们后面也要谈到，谷物的平均或普通价格受银价、银矿出产额以及送到市场上所必须使用的劳动量的支配，也受所必须消费的谷物量的支配。但是白银的价值，虽然有时从一个世纪到一个世纪变动很大，从一年到一年却变动不大，在半个甚至一个世纪中也常常不变或者几乎不变。所以，在这么长的时期内，谷物也具有相同或几乎相同的平均或普通货币价格。如果社会的其他方面全无变动或大体不变，劳动也会保持同样的货币价格。可是，谷物的暂时或偶然价格今年比去年高上 1 倍司空见惯。比如，今年每夸脱 25 先令，明年涨至 50 先令。也就是说，当谷物涨至每夸脱 50 先令时，谷物地租的名义价值和真实价值就比以前高出 1 倍，即所支配的劳动量或其他货物量多 1 倍。在这些变化中，劳动和大多数其他商品的货币价格都依然不变。

因此，只有劳动才是价值的唯一普遍且准确的尺度，只有用劳动作标准才能在任何时代和任何地方比较各种商品的价值。大家都承认，在一个世纪到另一世纪的时间里，我们不能用一种物品所能换得的白银数量来估计这物品的真实价值；在一年到一年的时间里，我们也不能用一种物品所能换得的谷物量来评定其真实价值。然而，我们可以用劳动的数量十分准确地衡量不同商品从一个世纪到一个世纪、从一年到一年的真实价值。就世纪而论，谷物是比白银更好的衡量尺度，因为等量的谷物比等量的白银更能支配等量的劳动。反之，就年来讲，白银就要比谷物更好了，因为等量的白银更能支配等量的劳动。

真实价格与名义价格的区分，对订立永久地租或缔结长期租地契约是有用的，对于日常生活中比较普通的买卖却没有什么用处。

在同一时间和地点，一切物品的真实价格与名义价格都成一定比例。例如，在伦敦市场上出卖一种商品所得的货币愈多，它所能购买或所能支配的劳动量也愈多；所得货币愈少，它所能购买或支配的劳动量也愈少。因此，在同一时间和地点，货币是所有商品的真实交换价值的准确尺度，但只在同一时间和地方才是如此。

在相隔很远的地方，商品的真实价格与货币价格并不保持一定比例，往来两地之间贩运货物的商人只考虑到了商品的货币价格，也就是说，他所考虑的只是购买商品所用的白银和出卖商品可换得的白银之间的差额。在中国广州，半盎司白银所能支配的劳动量或生活用品的数量比伦敦的1盎司白银还要更多一些。因此，在广州售价半盎司的商品，对拥有这种商品的广州人来说，比起在伦敦售价1盎司的商品对拥有这商品的伦敦人来说可能更有实际价值，且更有意义。可是，如果一个伦敦商人能用半盎司白银在广州购入一种商品，随后在伦敦以1盎司售出，他通过这笔买卖就获利100％，仿佛1盎司白银的价值在广州和伦敦完全一样。对他来说，广州的半盎司白银比在伦敦的1盎司能使他支配更多的劳动和更大数量的生活用品无关紧要。他只关心，伦敦1盎司白银总是比半盎司白银能支配2倍的劳动、生活必需品与便利品。

由于一切买卖行为的适当与否最终都取决于商品的名义价格或货币价格，日常生活中几乎每笔交易都受其支配调控，所以人们大都注意名义价格而不注意真实价格就无足为怪了。

但是，在我们本书中，比较特定商品在不同时间和不同地方的不同真实价值有时也是有益的。也就是说，必须比较特定商品在不同时期对其所有者所提供的支配他人劳动的不同能力。在这种情况下，我们所要比较的不是出售特定商品通常可得的白银量的多少，而是不同量的白银所能换得的劳动量的多少。然而，由于年代久远和地点变化，劳动的时价很难准确了解。谷物时价的正式记载虽然不多，但人们一般却更为了解，历史学家和其他学者也常常注意和提及。因此，一般说来，我们必须满足于使用谷物的时价；这不是因为它总是同劳动的时价保持完全相同的比例，而是因为它最接近我们所能得到的这一比例。我在下文还会进行若干这样的比较。

随着产业进步，商业国家发现几种金属铸币更为方便：大额付款用金币，价值一般的买卖用银币，数额更小的用铜币或别种粗金属。在这三种金属中，他们往往确定某一种作为主要的价值尺度，而他们所选定的似乎都是最先用作商业媒介的那种金属。一旦开始将其用作本位货币（在没有其他货币时，他们只有如此），他们一般会继续使用，即使原来的必要性消失时亦然。

据说，罗马在第一次布匿战争前5年才开始铸造银币，此前只有铜币。因此，铜似乎一直是罗马共和国的价值尺度。在罗马，所有账簿以及不动产的计算似乎都是用阿斯或塞斯特梯。阿斯是一种铜币的名称，一塞斯特梯阿斯相当于两个半阿斯。因此，塞斯特梯阿斯最初虽是一种银币，它的价值却是用铜来衡量的。在罗马，一个很有钱的人被说成是有很多别人的铜的人。

而那些建立在罗马帝国废墟上的北方国家，在开始定居时好像只使用银币，以后很长一段时间里也不知道金币和铜币。在为撒克逊人占领时，英格兰只有银币。直到爱德华三世时代，大不列颠才开始使用金币。詹姆斯一世之前没有任何铜币。因此，在英格兰以及所有近代欧洲国家，我相信是出于相同的原因，所有账簿的记录、所有货物和所有不动产的计算一般都用白银；要表明一个人的财产额时，我们不说它值多少几尼[①]，而说有多少英镑。

我认为，在所有的国家，本来只有被特别看做是价值标准或尺度的那种金属铸成的货币才是用于支付的法定货币。在英格兰，黄金在铸成货币很久之后还不被认为是法定货币。金币与银币之间的比例是由市场决定的，没有任何公共法律或公告的规定。如果债务人提出用金币还债，债权人可以完全拒绝，也可以按他和债务人同意的金价来换算。在今天，除了用来兑换小额银币之外，铜已不是法定货币。在这种情况下，本位金属与非本位金属的区分就不只是名义上的了。

随着时间流逝，人们已经习惯同时使用多种不同金属的铸币，也就非常熟悉各种铸币价值的比例了。我相信，大多数国家会认为用法律规定来确定这比例是很方便的。比如，规定一定纯度和重量的金几尼可以兑换21先令，并规定它可以作为法定货币偿还同额债务或购买物品。在这种情况下，在法定比例继续有效时，本位金属与非本位金属的区别就只是名义上的。

可是，由于法定比例的变化，这种区分又似乎变得不只是名义了。例如，如果1几尼的法定

① 几尼是旧时英国的金币，值21先令；英镑是银币，值20先令。——译者注。

价值降至 20 先令或升至 22 先令，所有用银币表示的账目以及几乎所有的债务大都可以和从前一样，用同一数量的银币支付，但是要求有数量大不相同的金币，在 20 先令时多付一些，在 22 先令时少付一些。银价似乎比金价更不易变动。黄金的价值似乎依存于它所能换得的白银的数量而非相反。可是，这种差别完全是由于记账的习惯，以及用银币而不是用金币来表示所有大小数额的习惯导致的。比如一张德拉蒙期票，若注明金币 25 几尼或是 50 几尼，在法定比例发生变动以后，仍旧可只像之前那样用同额金币付还，即支付 25 几尼或 50 几尼。但如果用银币支付，则所需银币数量必随法定比例的变动而有很大的不同。就这种期票的支付而言，与银价比较，金价又似乎不大变化，这似乎是以金衡量银的价值而非相反了。可见，如果账簿、期票或其他债务全都以金币来表示，被认为价值标准或价值尺度的金属就应该是黄金而非白银了。

实际上，如果在不同金属铸币本身的不同价值中有个法定比例持续不变，铸币的价值实际上就全是由那种最贵金属的价值来支配的。12 枚铜便士包含常衡（16 盎司为 1 磅）半磅的铜，那不是最好的铜，在铸成硬币以前不值 7 个银便士。但是，由于法律规定 12 个这样的便士可以兑换 1 先令，它们在市场上就被看做值 1 先令，在任何时候都可以用来兑换 1 先令。在大不列颠最近一次金币改革以前，金币，至少是在伦敦及其附近流通的那一部分金币，比起大部分的银币来，一般很少落到它们的标准重量以下。可是，磨损的银币 21 先令仍被视为很少损耗的 1 几尼金币。通过法律规定，最近英国政府已采取措施，金币也像别的国家的通用铸币那样尽量接近于标准重量。国家机构也有以重量接受黄金的命令，在此命令的有效期内，当可使金币的重量与其重量标准非常接近。银币仍像金币改革以前那样处于磨损状态。可是在市场上，磨损了的 21 先令银币仍被认为值 1 几尼的优良金币。

金币的改革显然提高了能和金币兑换的银币的价值。

英格兰造币厂以 1 磅金铸成 44.5 几尼，按 1 几尼为 21 先令计算，就等于 46 镑 14 先令 6 便士。因此，1 盎司这样的金币就值银币 3 镑 17 先令 10.5 便士。在英格兰，铸造货币时不必付铸币费，把重 1 磅或 1 盎司的标准金块送往造币厂可以分毫不少地换回重 1 磅或 1 盎司的铸币。因此，每盎司 3 镑 17 先令 10.5 便士被说成英格兰的黄金的造币厂价格，或造币厂对标准金块付给的银币数量。

在金币改革前，市场上标准金块的价格，许多年来都在每盎司 3 镑 18 先令以上，有时是 3 镑 19 先令，4 镑最为常见。但在当时磨损的 4 镑金币里，很少含有 1 盎司以上的标准金。金币改革以后，每盎司标准金块的市价很少超过 3 镑 17 先令 7 便士。改革前，其市场价格总是或多或少地高于造币厂价格；改革后，市场价格就一直低于造币厂价格。但不论以金币或以银币支付，市场价格都一样。所以，最近的金币改革不仅提高了金币的价值，同样也提高了银币与金块相比的价值。尽管大部分其他商品的价格还要受到许多其他因素的影响，但和这些商品相比，金币或银币的价值的涨幅并不是那么显而易见。

在英格兰的造币厂，1 磅重的标准银块可以铸成 62 先令，同样包含 1 磅重的标准银。因此，1 盎司合 5 先令 2 便士就是英格兰的白银的造币厂价格，也就是造币厂交换标准银块的银币数量。在金币改革以前，1 盎司标准银块的市场价格有时是 5 先令 4 便士，有时是 5 先令 5 便士，有时是 5 先令 6 便士，有时是 5 先令 7 便士，有时是 5 先令 8 便士，但 5 先令 7 便士似乎是最普遍的价格。自从金币改革以来，标准银块的市场价格偶尔落到每盎司 5 先令 3 便士、5 先令 4 便士和 5 先令 5 便士，可很少超过 5 先令 5 便士。虽然自从金币改革以来银块市价跌落得厉害，但还没有下降到造币厂价格那么低。

就英格兰货币中不同金属之间的比例来说，铜的估价远远高于其真实价值，而银则略低于其真实价值。在欧洲市场，就法国和荷兰的铸币来说，1 盎司纯金大约兑换 14 盎司纯银。就英格兰铸币来说，1 盎司纯金大约兑换 15 盎司纯银。但是即便在英格兰，铜价也不因铸币中铜的估价过高而上升，银价也不因铸币中银的估价略低而下降。银块仍保持着它对黄金的适当比例。同理，铜块也保持着它对白银的适当比例。

在威廉三世当政时的银币改革以后，银块价格仍然略高于造币厂价格。洛克先生认为，这是因为准许输出银块而禁止输出银币。他说，允许输出银块对银块的需求大于对银币的需求。然而，为了在本国进行买卖的普通用途而需要银币的人肯定要大大多于为了出口或其他用途的人。现在同样准许输出金块，禁止输出金币，而金块价格却落到了造币厂价格以下。但是说到英格兰的铸币，就与黄金的比例而言，白银估值当时也像现今一样过低；金币（在当时也未被认为有任何改革需要）在当时也像现在一样支配着全部铸币的真实价格。既然当时银币的改革未曾使银块的价格降低到造币厂的价格，现今同样的改革也很可能无法做到。

假如使银币像金币那样接近它的标准重量，那么根据现在的比例，一个几尼所能兑换的银币就可能多于所能兑换的银块。这时，把包含十足标准重量的银币熔化就有利可图，因为可以先售出银块以取得金币，然后用金币兑换银币，再将银币熔化。要防止这种流弊，唯一的办法就是略微调整当前的金银比例。

对于铸币中金银的适当比值来说，如果把现今低于这比值的银价估价得高于这比值，而且规定银币除了可以兑换几尼外不得充作法定货币，就像规定铜币除了可以兑换先令外不得充作法定货币一样，这样做或许会让流弊更为减少。这样，债权人不会因白银在铸币中的估值高而受到损失，就像他们不会因现时铜在铸币中的估值高而受到损失一样。这一规定只会使得银行家们吃亏。当遭遇挤兑时，他们有时用 6 便士的银币支付以赢得时间；这一规定会阻止他们使用这种不守信用的方法逃避立即支付。这就使得他们不得不经常在金柜中存留大笔现金。这对他们当然很不方便，但对债权人的利益却是很大的保障。

当然，即使在现今优良的金币中，3 镑 17 先令 10.5 便士——金的造币厂价格——也未必含有 1 盎司以上的标准金。因此，有人认为不应当购买更多的标准金块。但是金币比金块更方便，而且虽然在英格兰铸币是免费的，但在将金块送到造币厂以后，要等几星期才能得到金币。在现今造币厂工作繁忙的情况下要等待几个月。时间的拖延等于收取小额的铸币税，使得金币的价值略高于相同金块的价值。即使不对银币进行任何改革，假如在英格兰的铸币中按照白银同黄金的适当比例定值，银块的价值也可能降到造币厂价格以下，甚至现今磨损了的银币的价值也将受制于它所能兑换的优良金币的价值。

对铸造金银币征收小额铸币税，很可能使铸币金银的价值更进一步高出同量条块金银的价值。这时，铸造货币会按税额比例增加铸币金属的价值，就像把金银制成器皿会根据制造费用的大小增加价值一样。铸币价值高于块状金银不但可阻止熔解铸币，而且可以阻止铸币的出口。假如因当前某种需要而输出货币，其大部分也会不久流回本国。因为铸币在外国只能按照条块的重量出售，而在国内却具有高出其重量的购买力。也就是说，把输出的货币带回国内来是有利可图的。据说，法国对铸币课以 8%的铸币税，其输出的货币都又自动回到国内。

金银条块市场价格的偶然波动，其原因和所有其他商品一样。由于海陆运输的各种事故使得这些金属常常丢失，由于在镀金、包金、镶边和绣花中不断耗费这些金属，由于铸币和器皿的磨损，在所有不拥有矿藏的国家不得不持续不断地进口金银，以弥补这些损失和消耗。我们可以相信，进口商人也像所有其他商人一样，尽可能地使自己的进口符合他判断的当时的需求。可是，尽管他们十分注意，仍然会出现进口时多时少的情况。当进口的条块多出所需时，与其冒着重新出口的风险和麻烦，有时他们宁愿按低于普通价格的售价出售一部分。反之，当他们进口的比需要更少时，他们售出的就高出平均价格。但是，尽管有种种偶然的波动，金块或银块的市场价格却在数年之中持续稳定，或是略低于或略高于造币厂价格。我们可以肯定，那一定是铸币本身的某种情况，使得一定数量铸币的价值在这几年内高于或低于铸币中应含有的纯金或纯银含量。这种状态的稳定和持续呼应于造成这种状态的原因的稳定和持续。

在特定的时间和地点，任何一国的货币是否为价值的准确尺度，要看通用的铸币是否准确地符合它的标准，即是否准确地包含它所应包含的纯金纯银量。例如，在英格兰，如果 44.5 几尼恰好含有 1 磅标准金，即 11 盎司纯金和 1 盎司合金，则此种金币就可作为某一特定时间和地点所有的商品实际价值的正确尺度。44.5 几尼因磨损消耗，其所含标准金的重量必不到 1 磅，而且磨损的程度又参差不齐，那么这种价值尺度就会像其他各种度量衡一样不大准确。由于完全符合其标准的度量衡并不多见，商人就尽可能地调整自己货物的价格：不是按照这些度量衡所应当，而是按照自己从经验所知的平均实际情况。由于铸币中出现了这样的混乱，货物价格所调整也就不是根据铸币中所应包含的纯金或纯银量，而是凭经验发现的平均铸币的实际含量了。

应当指出，我所说的货物的货币价格皆是指它们出售所得到的纯金或纯银的数量，与铸币名称毫无关系。例如，我把爱德华一世时代6先令8便士的货币价格等同于现今1镑的货币价格，因为根据我们的可能判断，那时的6先令8便士和现在1镑的纯银含量相同。

第六章　论商品价格的组成部分

在资本累积和土地私有还未产生的早期野蛮社会状态中，获取各种物品所需付出的劳动量之间的比例应当是各种物品交换的唯一标准。例如，如果在以狩猎为生的国家中，杀死一只海狸的劳动通常为杀死一只鹿的劳动的2倍，一只海狸自然应当交换两只鹿，或者说值两只鹿。通常是两天或两小时劳动的产物的价值是一天或一小时劳动产物的2倍，这是很自然的。

如果一种劳动比另一种劳动更为艰苦，对于这种更加艰苦的情况自然要加以考虑。一小时较为艰苦的劳动的产品，经常可换得两小时不大艰苦的劳动的产品。

或者，如果某种劳动需要超出一般的熟练程度或技巧和智能，那么，出于对这种技能的尊重，对于他们的产品自然要给予较高的即超过他劳动时间所应得的价值。这种才能需要长期的实践才能够获得，给予其产品的较高价值只不过是对于获得这种才能所必须花费的时间与劳动的合理报酬。在进步社会中，对特别艰苦的工作和需要特别熟练及技术的劳动，一般都通过劳动工资加以补偿，这种做法在社会的初期和不开化的时候或许就已经存在。

在这种情形下，全部劳动产品属于劳动者；每种物品通常应可购换或支配的劳动量只取决于取得或生产这物品普遍所需要的劳动量。

资本一经在某些人手中积累，其中有些人自然会为了能从劳动产品的售卖或劳动在原材料增加的价值上得到一种利润，便把资本运用到勤劳的劳动人民身上，为他们提供原材料与生活资料，让他们工作。在用完全的制造品交换货币、劳动或其他货物时，除了所得足以支付原料的价格和工人的工资以外，必然还要多得一部分，作为他把资本投在这企业而得的利润。因此，在这种情况下，工人在原料方面增加的价值就分为两部分，一部分支付他们的工资，一部分支付他们雇主的利润，作为他所垫支的包括原料和工资在内的全部资本的报酬。除非他预期出售工人产品的所得比他所投入的资本的数额更多，否则他就不会有兴趣去雇佣工人；除非他的利润与其资本大小相应，否则他就不会进行更大规模的投资。

一种可能的设想是，资本的利润只是为某种特殊劳动支付的工资即付给监督和指挥工人劳动的工资的别名。然而，利润截然不同于工资，它受完全不同的原则支配，与所谓劳动监督与指挥的劳动数量、强度和智力根本不成比例。它完全受所运用的资本的价值支配，其大小与所运用的资本量成比例。比如某地有两种不同的制造业都雇佣20名工人，工资每人每年15镑，即每厂每年需支付工资300镑，此处制造业资本的普通年利润为10%。又假定一个厂每年所加工的粗糙原料只值700镑；另一个厂所加工的精细原料值7000镑。计算一下，一个厂每年投入的资本不过1000镑，而另一个却为7300镑。所以，按10%的年利润计算，一个厂的经营者每年预期100镑的利润；另一个经营者每年则预期730镑的利润。他们的利润额虽然差别那么大，他们的监督和指挥却完全无甚差别。在许多大工厂，这种监督和指挥的劳动几乎全部委托给一个重要的雇员。他的工资适当地表示了这种监督与指挥的劳动价值。在决定他的工资时，一般不仅考虑他的劳动和技能，而且要考虑他的责任，但与他所监管的资本是不成任何确定比例的；而这种资本的所有人尽管因此摆脱了几乎所有的劳动，却仍然预期他的利润会同他的资本成一定的比例。因此，在商品的价值中，作为一个与劳动工资完全不同的组成部分，资本的利润是受完全不同的原则支配的。

在此种情形下，全部劳动产品并不完全属于劳动者。在大多数情况下，他必须和雇佣他的资本所有者分享产品。在取得或生产任何商品中普通使用的劳动量也再不能单独决定这种商品平均所应购买、支配或交换的劳动量。显然，必须有一个额外的劳动量来生产利润，酬报垫付劳动工资并提供材料的资本。

任何国家的土地一旦变为私有财产，地主也像所有其他的人一样喜欢不劳而获，对土地的天然产物也要求地租。在过去土地公有时，森林中的木头、田野里的庄稼、大地上的各种自然果实，劳动者只须花时间采集而已，而现今却要为它们付出额外的固定价格。他必须把所采集或生产之物的一部分交给地主。这一部分东西或其价格构成了地租。这样，在更大多数商品的价格中，出现了第三个组成部分。

必须注意，价格的三个组成部分的实际价值是由各自所能购买或支配的劳动量来衡量的。劳动不仅衡量商品价格中工人劳动那一部分的价值即工资，而且衡量商品价格中的地租和利润那两个部分的价值。

在任何社会，每一种商品的价格最后均分解为这三部分的某一部分或所有部分；在发达社会，这三部分都或多或少地成为绝大部分商品价格的组成部分。

以谷物价格为例。一部分支付地主的地租，一部分支付在生产中所使用的劳动者的工资以及耕畜的维持费，第三部分支付农场主的利润。谷物的全部价格就直接或最终由这三部分构成。或许可以设想，还应该有第四部分，用来偿还农场主的资本，即补偿耕畜或其他农具的损耗。但是必须看到，任何耕种用具，例如耕畜的价格，也是由同样的三部分组成的：用来饲养它的土地的地租，牧马劳动的工资，再加上农场主垫付地租和工资资本的利润。因此，虽然谷物的价格可以支付耕畜的维持费和价格，整个价格仍然直接或最后分解为同样的三部分，即地租、劳动工资和利润。

再如面粉价格或其他粗粉的价格，我们必须将谷物价格、磨坊主的利润以及他们的雇员的工资加在一起。在面包的价格中，必须将面包师的利润和他的雇员的工资加上去；而在两者中还必须算上谷物从农场主的房屋运往磨坊主的房屋、从磨坊主的房屋运往面包师的房屋的劳动，这些劳动的工资和这种资本的利润也要包含在这两种商品的价格内。

亚麻的价格也像谷物一样分为三部分；其价格是由亚麻的价格以及洗理工、纺工、织工、漂白工等的劳动工资和各自雇主的利润一起组成的。

和地租部分比较，任何物品的制造工序越接近于完成，其价格中工资利润部分的比例就越大。在制造工艺的进展中，不仅各种利润的项目越来越多，而且每一种后面的利润都比前面的更大，因为它需要更多的资本。例如，雇佣织匠的资本必然比雇佣纺匠更大，因为它不仅要付还雇佣纺匠的资本及其利润，而且还要支付织匠的工资，而利润必然总与资本保持某种比例。

可是，即使在最进步的社会，也总是有少数商品的价格只分成劳动工资和资本利润两部分；还有更少数商品的价格纯由劳动工资构成。例如，海鱼的价格，一部分支付渔夫的劳动，另一部分支付捕鱼业运用的资本的利润。地租不计在内，虽然有时也占一部分，我将在下面说明。而内河渔业则完全不同，至少欧洲大部分地区是如此。鲑鱼业要支付租金，这种租金虽然不能真正称为土地的租金，却和工资与利润一样构成鲑鱼价格的一部分。在苏格兰的一些地方，穷人以在海岸边收集小彩石为职业，这些小石通常被称为苏格兰卵石。石雕匠付给他们的价格就只是他们劳动的工资，既不包含地租，也不包含利润。

所以，不论什么商品，它的总价格最终仍然要分成这三个部分或是其中的一部分。在商品价格中，除去土地的地租以及商品生产、制造乃至搬运等所需要的全部劳动的价格，剩下的部分就是某个人的利润。

单独来看，每一种具体商品的价格都可分解成为三部分中的某一部分或全部，同样，总体来看，构成一国劳动全部年产的所有商品的价格也必然分成同样的三部分，作为劳动的工资、资本的利润和土地的地租分配给该国的不同居民。每一个社会的劳动每年所获得或生产的全部东西，或者说这些东西的全部价格，最初就是这样在该社会的某些成员之间进行分配的。工资、利润和地租是所有收入和可交换价值的三个基本来源，所有其他收入最终都是来自这三种收入中的一个。

无论是谁，只要他的收入是从自己那里获得的，那他的收入就一定来自他的劳动、资本或土地。来自劳动的收入称为工资，来自经营资本的收入称为利润，有资本不自用而转借他人，借以取得的收入称为货币的利息或佣金。出借人既给借用人以获取利润的机会，借用人就支付利息作为酬劳。由借款获得的利润一部分当然属于冒险投资的借用人，另一部分则属于使借用人获得利润机会的出借人。利息总是一种派生收入，只要不是为还债而借债的浪子或不讲还债的恶棍，借用人偿还利息所用的钱款假如不是来自运用借款而得到的利润，就一定是来自他其他的收入。完全来自土地的收入称为地租，属于地主。农场主的收入一部分得自自己的劳动，另一部分则得自他的资本。对他来说，土地不过是使他能够获得劳动工资和资本利润的工具。所有赋税，所有以赋税为来源的收入，如所有薪俸、养老金和各种年金，最后都是从这三种原始收入来源中得来，是从劳动工资、资本利润和土地地租中直接或间接获取的。

当这三种不同的收入属于不同的对象时，辨别起来很容易，但当属于同一个人时，却常常混淆不清，至少在普通说法中是这样。

一个乡绅耕种他自己地产的一部分，在支付耕种费用以后，他应当得到地主的地租和农场主的利润。可是，他习惯将其全部所得称为利润，这样就把地租和利润混在一起了，至少在通常的说法中是这样。我国在北美和西印度的种植园主也是这样，他们大多数人耕种自己的地产，我们经常听他们说到种植园的利润，却很少说到种植园的地租。

大部分农场主都是自己指导农场的作业，很少雇人监工。他们也常常亲自做大量的工作，如犁田、耙地等等。因此，谷物在支付地租以后，剩下的不仅应当用来偿付在耕作中使用的资本与资本的普通利润，还应当用来支付他们作为工人与监工的工资。可是，在支付地租和维持资本以后，剩下的就称为利润。这个利润明显的含有工资。他没有付出那部分工资，工资就应该在他自己那里。因此，在这时候，工资又与利润混淆了。

假定一个独立的制造业者拥有足够的资本来购买原材料，并维持自己的生活和生产直到货物送往市场售出，那么，他所获得的利润应该来自两个方面：一是以工人劳动得到的工资；二是作为老板出售产品而获得的利润。可是他把全部所得称作利润。因此，工资和利润又混在一起了。

一个用自己的双手经营自己的花园的花匠，集三种不同人物于一身：地主、农场主和工人。因此，他的产品应当首先支付他作为地主的地租，其次支付他作为农场主的利润，然后支付他作为工人的工资。可是，习惯上他却把他的全部收入看做他的劳动酬劳。这时，地租和利润两方面又和工资混淆了。

在文明社会，由于交换价值纯由劳动构成的商品极少，大部分商品的交换价值主要来自利润和地租，因此该国劳动的年产物所能购买或支配的劳动量总是远远超过这些年产物在栽种、制造和运送市场时所使用的劳动量。假设社会每年能运用它每年所能购买的全部劳动，由于劳动量每年增加很大，后一年产品的价值就会远大于前一年。但是，没有一个国家把每年全部的产物用来维持劳动人民的生活。各地不事劳作之人消费了全部年产物的一大部分。国家每年产物的平均价值是增加、减少还是年年保持稳定，就完全取决于这一国家每年的产物分配给这两个阶级人民的比例。

第七章　论商品的自然价格和市场价格

在每一个社会或其邻近地区中，所有用途的劳动工资和所有用途的资本利润中都有一个普通率或平均率。我将在下文说明，这种比率部分受社会的一般情况即贫富情况和社会衰退、进步或停滞状况的调节，部分受到每种用途的具体性质的自然调节。在每个社会或其邻近地区中，同样有一个普通的或平均的地租率，我将在后面说明，这种比率部分受土地所在的社会或其邻近地区的一般情况、部分则受土地的自然或改良的肥沃程度调节。

这种普通的或平均的比率，可以称为在当时当地通行的工资自然率、利润自然率和地租自然率。

任何一种商品价格，假如不多不少正好等于生产、制造这商品乃至运送这商品到市场所使用的按自然率支付的地租、工资和利润，它就可以说是按它的自然价格出售的。

商品出卖的这种自然价格正好相当于其价值，或者说正好相当于出售这商品的人实际上所花的所有成本。虽然按照普通的说法，任何商品的所谓原始成本并不包括将其再行售出者的利润，然而如果按照不能让他在当地获得普通利润率的价格售出，他在这笔交易中显然会遭受损失；因为如果他用其他方法运用他的资本就会获得利润。此外，他的利润就是他的收入，是他的生活资料的正当来源。他在制造商品、把它送往市场去的过程中，不仅要垫付工人的工资或生活资料，也要垫付他自身的生活费用。这种自己的生活费用，大致相当于他希望从出卖商品中得到的利润。

所以，如果他未能从出卖商品中得到利润，就等于他的实际成本没有得到合适的偿还。

获得这种利润的价格，虽然并不总是商人通常卖出货物的最低价格，但却是他在相当长的时期内愿意卖出的最低价格。至少是在有完全自由的地方，或者在他可以经常随意改变行业的地方是这样。

商品一般出卖的实际价格称为市场价格。它可能低于或高于商品的自然价格，或与之恰好相等。

所有具体商品的市场价格，都取决于实际送到市场的数量与愿意支付商品自然价格的人，即愿意支付将商品送入市场所必需的地租、劳动（工资）和利润的全部价值的人的需求两者的比例。我们把愿意支付商品的自然价格的人称为有效需求者，把他们的需求称为有效需求，因为它可使商品的交换得以实现。它与绝对需求不同。一个穷人在某种意义上也许可以说有一辆六马拉大马车的需求，但他这种需求并不是有效需求，因为那马车不可能为满足他的这种需求而送往市场出售。

当送入市场的商品数量少于有效需求时，所有愿意支付将商品送入市场所必需的地租、工资和利润的全部价值的人就不能得到他们所需供给的量。其中有些人不愿罢休，宁肯出更高的价钱，他们中间也就开始了竞争，而市场价格必将或多或少地高出自然价格，这要依短缺的多少与竞争者的富有程度和奢侈习性所造成的竞争剧烈程度而定。但在同样富有和同样奢侈的竞争者之间，缺乏程度所能引起的竞争程度的大小要看这商品对求购者的重要性如何。因此，当城市被封锁或发生灾荒时，生活必需品的价格总是非常昂贵。

如果送入市场的商品数量超过有效需求，它就不能全部卖给那些愿意支付将商品送入市场所必需的地租、工资和利润的全部价值的人。有一些货物必须卖给那些出价较低者，这低价必然降低全部商品的价格。市场价格降到自然价格以下，降低的程度取决于超过的数额在多大程度上增加卖主的竞争，或依立即脱手对他们的重要性。易腐烂变质的商品输入过多比耐久性商品输入过多所引起的卖方竞争更激烈。例如，柑橘输入过多后的竞争比铁器更为激烈。

当市场上这种商品量正好满足它的有效需求时，市场价格就和自然价格完全相同或大致相同。商人持有的全部商品可以按这个价格售出，但不能更高。不同商人间的竞争使得他们不能不接受这个价格，但也无法使他们接受更低的价格。

每种商品送入市场的数量会自行适应有效需求。因为，商品量不超过有效需求，就有利于所有使用土地、劳动或资本而以商品供应市场者；商品量不少于有效需求则利于其他所有人。

一旦市场上商品量超过其有效需求，它的价格的某些组成部分的支付必将降到自然率以下。如果下降部分为地租，地主的利润必然促使他不久即撤回一部分土地；如果那是工资或利润，劳工或其雇主的利益就会促使他们从中撤回一部分劳动或资本。送入市场的商品数量不久就会变得只足以供给有效需求，价格中一切组成部分也都升到它们的自然水平，整体价格又与自然价格相一致。

相反，如果送入市场的商品数量少于有效需求，它的价格的某些组成部分的支付必然会高于自然率。如果上升部分为地租，其利益自然会促使所有其他地主准备更多的土地用来生产这种商品；如果上升部分是工资或利润，其利益自然会促使所有其他劳工或商人使用更多的劳动和资本去制造这种商品并将其送入市场，这样，市场上商品量不久就充分满足它的有效需求，价格中的一切组成部分也下降到它们的自然水平，整体价格降到自然价格。

因此，自然价格就和往常一样就是中心价格，所有商品价格都不断地向它靠拢。各种偶然事件有时使它们抬高到这一价格之上，有时又迫使它们下降甚至低于它。但是，不管有什么障碍阻止它们固定在这个中心，它们总是会趋向这个中心。

每年将各种商品送入市场所使用的劳动总量，自然也按这种方式自行适应有效需求。其目的当然始终是把准确的商品量送进市场，使之能够满足有效需求，而又不大于有效需求。

但在某些行业中，相同的劳动数量在不同的年份会生产出非常不同的商品数量；而在其他的行业，生产的商品数量总是一样或者非常近似。在农业中，同样多的劳动者在不同的年份会生产出数量非常不同的谷物、葡萄酒、油类和啤酒花等。但是，同样多的纺工和织工每年生产的麻布和呢绒数量却是相同或几乎相同。在前一种产业，只有平均产量才能在各个方面适应有效需求；但由于它的实际产量有时波动很大，所以送入市场的商品数量比起有效需求来就会有时超过很多，有时又缺少很多。因此，即使有效需求经常保持不变，商品的市场价格也会有巨大的波动，有时大大高于、有时又大大低于其自然价格。但在其他种类的行业中，由于同量劳动的生产量总是相同或大约相同，生产量能更准确地适应其有效需求。在有效需求保持同一状态时，商品市场价格也保持不变，和自然价格完全相同或大致相同。麻布和呢绒的价格不像谷价那样经常变动，即使变动也不像谷物那么大。因为麻布和呢绒的价格只随需求的变化而变化，而谷物的价格不仅随需求变化，还随着市场上供应需求的商品量的更巨大频繁的变化而变化。

任何商品的市场价格的偶然和暂时的波动，主要影响价格中的工资和利润两个组成部分，对地租部分则影响较小。用货币规定的地租，不论在价值上还是在比率上均不受影响。按天然产物的一定比例或一定数量规定的地租，由于天然产物的市场价格的偶然和暂时的种种波动，在其每年的价值上无疑会受到影响；但在每年的比率上则无影响。在确定租约条件时，地主和农场主均力图按照自己的最佳判断，努力使地租率适合生产物的平均价格，而不是按它暂时或偶然的价格去确定。

这种波动对工资和利润二者的价值和比率的影响，取决于市场上商品或劳动的积存多少、工作已经完成还是有待完成。一次国丧会提高黑布的价格（在这种情况下，市场的黑布存量几乎总是不足），增加持有大量黑布的商人的利润。它对织工的工资没有影响。因为这时市场上感到不足的是商品，而不是生产商品的劳动。换言之，是已经完成的工作的不足，而不是有待完成的工作的不足。它会提高裁缝的工资。市场上这种劳动积存不足，对更多的劳动、对完成更多的工作有着有效需求。它会降低彩色丝绸和白布的价格，从而减少了持有大量彩色丝绸和棉布的商人的利润，制造这些商品的劳动者的工资也会因此减少。因为这时候，对于这些商品和生产这些商品的劳动者的需求几乎会停止半年甚或一年。在这种情况下，这种商品与劳动都供过于求。

尽管所有商品的市场价格可以说有不断趋向自然价格的趋势，但有时由于特殊的意外，有时由于天然的原因，有时又由于特殊政策或国家的规定，许多商品可以使市场价格长期维持在远远超出自然价格的水平上。

当某一商品因有效需求增加而市价比自然价格高得多时，供给者通常都小心翼翼地隐瞒这种变化情况从而保守秘密。要是大家都知道，其丰厚的利润定会诱使许多新竞争者向这方面投资，其结果将是有效需求完全得到供给，这种商品的市场价格不久就降低到自然价格，有时甚至降低到自然价格之下。如果供应商离市场很远，他们有时能几年保守这个秘密，在这几年内，他们就可得到高出一般的利润而不致受到同行业对手的竞争。但是，必须承认，这种秘密不可能长期保守，一经泄露，超额利润也就不能保持。

制造业的秘密能比商业的秘密保持更久。一个染匠发现了用某种染料去生产某一种比普通所用染料便宜一半的颜色，只要经营得法，他可以终生享用这一发现，甚至将其传给子孙。这种超额利润是来自他私人劳动的高价格，或者可适当地说是他那种劳动的高工资。但由于他的全部资本一再得到这种利润，并且他的利润总额与其资本数量保持一定比例，因此我们一般不把它说成是劳动的高工资，而说成是资本的超额利润。

这样增高的市场价格显然是某种意外事件的结果，但它的作用有时也能持续多年。

有些自然产物对生产环境的要求很严格，要求特殊的土壤和位置，即使一个大国适于生产这些产物的土地全被使用，仍不足以供应有效需求。因此，送入市场的全部产品就有可能售给那些愿意支付更高价格的人。这种商品可能持续几个世纪按这种高价出售，其中支付的土地地租一般高于其自然率。提供这种珍贵产物的土地的地租，如法国某些具有特优土壤和位置的葡萄园的地租，和其邻近同样肥沃和同样精耕细作的其他土地的地租就不会保持某一正常的比例。不过，其价格中的劳动工资及资本利润和邻近地区却常常保持自然的比例。

这样增高的市场价格显然是自然的原因造成的。自然原因可能使有效需求永远得不到充分供给，因而可能永远进行下去。

给予个人或贸易公司的垄断权利，与商业或制造业中保守秘密的作用是一样的。垄断者通过使市场经常存量不足，通过决不使有效需求得到充分供给，就可以将其商品大大超出自然价格出售而获得报酬，无论是工资或是利润都大大超出其自然率。

在任何时期，垄断价格都是可能得到的最高价格。相反，自然价格或自由竞争的价格，虽不是在所有时候，但却是较长期间内所能接受的最低价格。在任何时期，垄断价格都是能向买者敲诈的最高价格，或是买者愿意支付的最高价格，而自然价格或自由竞争的价格却是卖者普遍能接受、可以继续营业的最低价格。

同业公会的排他特权、学徒法规，以及限制某种特殊职业上竞争人数的各种法律，在趋向和实质上完全等同于垄断，只是程度低些而已。它们是一种扩大了的垄断，经常可以在许多世代里使某些产业的所有商品的市价超过其自然价格，使其中的劳动工资和资本利润维持在比自然率略高的水平。

市价的这种提高显然是各种法规造成的。只要这些法规还有效，这种提高就必然会存在下去。

一种商品的市场价格虽可长期居于自然价格之上，却很少能长期处于自然价格以下。不论价格的哪个组成部分的所得低于自然率，利益受到影响的人会立即感到遭受了损失，因而会立即将用在上面的土地、劳动或资本撤出一部分，使其投入市场的数量不久就只足以供给有效需求。因此，它的市场价格不久就会升至自然价格，至少在交易完全自由的地方是这样。

在制造业繁荣时，同样的学徒法规与其他各种法规可以使劳动者的工资抬高到自然率以上；但一旦制造业衰微，它们却会使劳动者的工资大大降低到自然率以下。在前一情况下，这些法规把许多人排除在他的行业以外，在后一情况下，又把他排除在许多其他行业之外。可是，在使工人的工资降到自然率以下方面，这种法规的效果却不及将其提高到自然率以上那么持久。这些法规的作用在前一情况下可能维持许多世代，在后一情况下则只能维持行业兴旺时受到培训的那些工人的一生。当他们去世后，接受这种行业的教育的人在数目上就会自行适应有效需求。如果像印度和古埃及那样，宗教教义规定各个人都有义务继承父业，变动职业就是犯下最重的渎神罪，那么无论何种职业都不难使其劳动工资或资本利润连续几代降低到自然率以下。

关于商品的市场价格偏离自然价格，不论是偶然的或持久的偏离，我想我现在要说的就是这些了。

自然价格本身，随着其组成部分即工资、利润和地租的自然率而变动；但无论在什么社会，这种自然率都随着社会的贫富、进步、退步或停滞而变动。在下面四章，我力图尽可能地详述这些不同变化的原因。

首先，我将力图说明，什么情况自然地决定了工资率，这些情况又是以何种方式受到社会贫富、社会进步和停滞或衰落状态的影响。

第二，我将力图说明，什么情况自然地决定了利润率，这些情况又怎样受到社会贫富、社会的进步和停滞或衰落状态的影响。

虽然货币工资与货币利润因劳动及资本的用途不同而大不相同，但在所有不同行业中的货币工资，在所有不同用途中资本的货币利润，通常却似乎都存在某种比例。下文将要看到，这个比例部分依存于不同用途的性质，部分依存于所在社会的不同法律和政策。但是，这一比例虽然在许多方面依赖法律和政策，却很少受到社会贫富的影响，也很少受到社会进步、停滞或衰落状态的影响：在所有这些情况下，它始终保持不变或几乎不变。

第三，我将力图说明影响这个比例的所有不同情况。

第四也是最后，我将力图说明，什么情况影响土地的地租，并使一切土地生产物的实际价格上升或下降。

第八章　论劳动工资

劳动产品构成劳动的自然报酬或自然工资。

在土地私有和资本积累以前的原始社会状态下，劳动的全部产品属于劳动者，既无地主也无雇主要求同他分享。

如果这种状态继续，劳动工资会随着分工引起的劳动生产力的改进而提高。一切东西都会变得更加便宜，因为生产它们所需要的劳动量变小了。在这种状态下，等量劳动生产的商品自然会发生交换，购买各种商品就只需较少量的劳动产品。

可是，尽管一切物品实际上变得廉价，有些物品表面上却比以前昂贵，可以交换更大数量的其他货物。假定大多数产业的劳动生产力增加10倍，即现今一天劳动的生产量是以前的10倍，而某一种产业的劳动生产力却只增加一倍，即该产业现今一天劳动的生产量只是以前的2倍，在这种情况下，如果这大多数产业一天的劳动产品与后一产业一天劳动产品进行交换，那么，前者以原工作量的10倍就不过购入后者原工作量的2倍而已；因此，后者的任何数量，例如1磅重的产品，似乎都比以前贵5倍，尽管实际上它便宜了一半。购买这磅货物所需的其他货物量虽是从前的5倍，但生产或购买这磅货物所需的劳动量却仅仅等于以前的1/2。所以，现今获得此物就比以前容易了2倍。

但是，一到有了土地私有和资本累积，劳动者独享全部劳动生产物的原始状态就终结了。所以，远在劳动生产力作出更重大的改进以前，这种状态便已终止，它对劳动报酬或工资的影响如何也就无需再作追溯。

土地一旦成为私有财产，地主就要求劳动者从土地生产或采集到的几乎所有物品中分给他一定份额。他的地租构成了耕作劳动所得产物的第一种扣除。

种田的人很少能有维持到庄稼收割时的生活资料。他的生活费用一般由雇主，即雇佣他的农场主支付。除非能分享其劳动所得，或在收回资本时得到相当的利润，农场主不会雇佣劳动者。利润就成为从土地上的劳动的生产物中的第二种扣除。

几乎所有其他劳动产物也同样要扣除利润。在所有的手工业和制造业中，大部分的工人都需要有一个雇主为他们提供工作原料，并在完工以前为他们支付工资和生活费。雇主分享工人劳动的产物，换言之，分享劳动在其提供的原材料上增加的价值，而这一分享的份额便是他的利润。

诚然，有时候可能有这样一个独立的工人，他有足够的资本去购买工作所需的原料，并在完工以前维持自己的生活。他既是雇主，又是工人，能享受他自己劳动的全部产物或在原料上所增添的全部价值。因此，他的收入就包含通常属于两个不同身份的人所有的两种不同收入，即资本利润与劳动工资。

可是，这种情况并不常见。就全欧洲来说，其比例是在老板下面工作的工人有20个，自己独立工作的工人只有一个。对“劳动工资”一语的普遍理解是，劳动者是一个人，而雇佣他的资本所有人是另一个人时所说的那种工资。

劳动者的普通工资到处都取决于劳资两方所订的契约，而双方的利害关系绝不一致。劳动者盼望多得，雇主盼望少付。劳动者都想为提高工资而联合，雇主却想为减少工资而联合。

然而，不难预料，在普通情况下哪一方在争执中居于有利地位，就可以迫使对方屈服于自己的条件。雇主的人数较少，团结较易。此外，法律和政府机关不禁止他们的联合，却禁止工人的联合。我们没有任何由议会通过的法律反对联合起来去降低工作的价格；但却有许多法律反对联合起来去提高这种价格。在所有这类争议中，雇主们能撑得更久。地主、农场主、制造业主或商人，哪怕不雇佣一个劳动者也往往能靠积蓄资本维持一两年；而失业劳动者，能支持一星期生活的也不多见，能支持一月的更少，能支持一年的简直没有。就长时期来说，雇主需要劳动者的程度或许和劳动者需要雇主的程度相同，但雇主的需要却不像劳动者那样迫切。

我们常常听到工人们的联合，却很少听到雇主们的联合。但是如果有人就此认为雇主并不联合，那他就是既不明真相又不通世故。雇主们随时随地都有一种默契联合，不许把劳动工资提高到各种实际比率以上。如果一个雇主违反这种联合，就会在他的邻人和其他雇主的心目中受到谴责。我们是很少听到这种联合，因为这是一种平常的，也可以说是自然的状态。为了把劳动工资甚至降到这种比率之下，雇主们有时也参加特别的联合。这些联合总是不声不响地偷偷进行，直到采取行动的那一刻，此时工人们就只能束手就范了。他们自己虽然感到切肤之痛，别人却听不到他们的声音。可是，这种联合也常常受到工人的联合抵制；有时没有这种挑衅，他们也自动联合起来，以提高自己劳动的价格。他们的理由有时是食物昂贵，有时是雇主们从他们的工作获得了巨大利润。然而不管他们的联合是进攻性还是防御性的，他们总是酿成风潮。为了使问题得到迅速解决，他们总是大叫大嚷，有时使用最惊人的暴力。他们像亡命徒那样荒唐行事，他们要么就饿死，要么就要威胁雇主们立即接受他们的要求。在这种情况下，雇主一方也同样大叫大嚷，一刻不停地向官吏们高声呼救，要求严格执行那些已经通过的严厉对待仆人、工人和工匠联合的法律。因此，工人们从这种喧嚣的联合暴行中很少得到什么好处。部分由于官吏们的干预，部分因为雇主异常镇静，部分由于大多数工人为了目前的生存不得不屈服，这种暴行只是以工人领袖遭受惩罚或毁灭而告终。

不过，雇主虽在争议中经常居于有利地位，劳动工资却还是有一定的标准，即使最低级劳动者的普通工资似乎也不能长期降低到这一标准之下。

需要靠劳动过活的人，其工资至少须足够维持其生活。在大多数情况下，工资还得超过维持生活的程度，否则劳动者就无法养家糊口传宗接代。因此，坎梯隆推断说，为供养儿女二人，最低级的普通劳动者也至少须取得自身所需的生活费的两倍，而由于需要照料儿女，其妻子劳动所得只需够维持自己即可①。然而据一般计算，常有半数儿童在未成年以前死去。因此，按照上述计算，最贫穷的劳动者一般都想至少养育四个孩子，以便能有两个孩子活到成年。但坎梯隆认为，四个孩子的必要抚养费也许几乎等于一个成年人的生活费。他还说，计算起来，一个强壮奴隶劳动的价值是其生活费的两倍，而一个最低级劳动者劳动的价值也不会低于此奴隶劳动的价值。因此，以下这点看来似乎是肯定的：为赡养家属，即使最低级普通劳动者夫妇二人劳动所得也必须能超过维持他们二人生活所需要。但是，这种超过额是按上述比例还是其他比例而定，我就不想加以确定了。

可是，某些情况有时也使劳动者处于有利地位，并使他们得到大大超过上述比例的工资。很明显，以上所说的工资只是符合一般人道标准的最低工资。

当任何一国对靠工资生活者即各种工人、工匠、仆人的需求不断增长时，换言之，如果每年提供的就业机会都比前一年多，劳动者就没有必要为提高工资而联合。人手缺乏使雇主们彼此竞争，愿意出更高的价钱去得到工人，就自行打破了雇主们为阻止增加工资的自然联合。

很显然，对靠工资生活的人的需求的增长必然同预定用于支付工资的资金的增长成比例。这种资金有两种：一是超过生活费的必要收入；二是超过雇主自己必需使用的资本。

如果地主、年金领受者或有钱人认为自己的收入除维持身家外还有剩余，他们一定会把剩余额的全部或一部分用来雇佣一个或更多的仆人。剩余额增加，他们所雇佣的仆人数自然也随之增加。

如果所持的资本除了购买供自己使用的原材料并维持他在货品出售以前的生活之外还有剩余，织工、鞋匠这一类独立工作的劳动者自然会用这种剩余去雇佣一个或更多的工匠，以便从他们的工作中获利。这种剩余增加，他所雇帮工的人数自然也随之增加。

因此，对工薪劳动者的需求必然随一国收入和资本的增加而增加。收入和资本没有增加，对工薪劳动者的需求也决不会增加。而收入和资本的增加就是国民财富的增加。所以，对工薪劳动者的需求自然随着国民财富的增长而增长，而不可能脱离它而增长。

引起劳动工资的上升不是国民财富的实际大小，而是它的不断增长。因此最高的劳动工资不在最富的国家而是在最繁荣，即富裕最快的国家出现。英格兰现今肯定是比北美任何地区更富的国家。可是，北美的劳动工资比英格兰任何地区更高，在纽约地区，普通工人每天赚 3 先令 6 便士美币，合英币 2 先令；造船木工 10 先令 6 便士，外加值英币 6 便士的 1 品脱朗姆酒，共合英币 6 先令 6 便士；建房木工和泥瓦匠 8 先令，合英币 4 先令 6 便士；裁缝工人 5 先令，约合英币 2 先令 10 便士。这些价格全都高于伦敦。据说在其他各殖民地，工资也和纽约一样高。在北美各处，食物的价格比英格兰低得多。在那里从来没有听说过饥荒，即使在最坏的季节，他们也总是足够维持自己。因此，如果劳动的货币价格比在别处都高，劳动的真实价格，即给予劳动者的对生活必需品和便利品的实际支配能力，一定是比例更高。

虽然北美还不如英格兰富有，它却以更快的速度走向富裕。一个国家繁荣的最具有决定意义的标志是它的居民人数的增长。据统计，在大不列颠以及大多数其他欧洲国家，在将近 500 年中居民未能增加 1 倍。而在北美的不列颠殖民地，居民人数在 20 年或 25 年之内已经翻了一番。目前，北美人口的增加主要也不是由于新居民的不断移入，而是由于本地人口的大量繁衍。据说，健在的老年人常常亲眼看到自己的子孙后代多达 50 或者 100 个，有时更多。劳动的报酬在那里如

① 坎梯隆：《论一般商业的性质》，1755 年。

此丰厚，以至于子女众多对家庭来说不但不是负担，反而是父母富裕和幸运的源泉。根据计算，在离开父母以前，每个儿童的劳动能给他们带来100镑的净收入。一个带着四五个子女的中层或下层年轻寡妇在欧洲再婚的机会很少，而在北美却常常有人求婚，儿童被看做是一笔财产，是对婚姻最大的鼓励。因此，我们对北美人民早婚一般就不觉奇怪了。尽管早婚使人口大量增长，北美却依然抱怨人手不足。对劳动者的需求和维持劳动者资金的增加，似乎比可找到的劳动供给的增加快得多。

如果一个国家财富巨大但长久陷于停滞状态，我们就不能希望在那里找到极高的工资。预定用于支付工资的资金、居民的收入和资本，也许达到极大的数额，但这数额如果数世纪不变或几乎不变，那么每年所雇佣的劳动者人数就很容易供应下一年所需劳动者人数，甚或还有剩余。这样，劳动者既不缺少，雇主也不会为获得劳动者而相互竞争。在另一方面，劳动者的增加却自然会超过需要雇佣的人数，就业机会常感不足，于是劳动者就不得不为获得工作互相竞争。假如该国劳动者的工资本来足够养活他们各自的身家而且还有剩余，那么劳动者间的竞争和雇主们的利益不久就会使工资减少到合乎一般人道标准的最低工资。中国长期是最富的国家之一，是世界上土地最肥沃、耕种最好、人民最勤劳和人口最多的国家之一，可是它似乎长期处于停滞状态。今日旅行家关于中国耕作、勤劳及人口稠密状况的报告，与500年前观察该国的马可·波罗的记述比较几乎没有什么区别。中国或许早在马可·波罗的时代以前就已经达到了它的法律和制度所容许的充分富裕程度。旅行家们的记载在许多其他方面虽有不同，在这一点上却是一致的：中国劳动者的工资很低，工人难于养活家人。如果整天在地里干活，到晚上能购得少量大米，他就心满意足了。技工的状况可能更糟。他们不像在欧洲那样可以悠闲地呆在自己的作坊里，等待顾客上门，而是背着本行工具，像乞丐一样不断沿街奔走，叫卖服务。中国最下层人民的贫困远远超过了欧洲最穷的国家。在广州附近，一般的说法是有数以百计、千计的家庭在陆地没有房屋，经常生活在各种河道上的小渔船中。他们衣食极为贫乏，渴望捞起欧洲船只所抛下的最脏的垃圾。任何腐臭的肉，例如死狗或死猫，虽已腐烂发臭，他们也十分喜欢，就像欧洲国家的人民喜欢最卫生的食物那样。婚姻在中国受到鼓励，不是由于可以从儿童身上获利，而是由于有杀害儿童的自由。在各大都市，每夜总有若干婴孩被弃于街头巷尾，或者像小狗一样被溺死在水中，而这种可怕的勾当据说还是一部分人的公开谋生手段。

可是，中国虽然或许是处于停滞状态，却似乎并未走向倒退。那里没有被居民遗弃的都市，也没有抛荒的耕地。因此，指定用来维持劳动的资金也没有显著减少。所以，最下层劳动者的生活资料虽很缺乏，但尚可勉强支撑，使其阶级保持着原有的人数。

而在维持劳动的资金显著减少的国家里，情况就大不相同了。每年各等职业所需要的雇工和劳动者都一年少似一年。许多不能在上等职业中找得工作的上等阶级人民，也想在最下层的职业中找到工作。最低级的职业不仅充斥了本来的工人，而且其他阶级的人也流入进来，就业竞争十分剧烈，劳动工资降低到劳动者生活资料十分贫乏的最可怜的地步。即使按这种苛刻条件，许多人也找不到工作，他们要么挨饿，要么乞讨或者去干穷凶极恶的勾当。匮乏、饥荒、死亡会立即在那个阶级中流行，并从那里扩展到所有的上层阶级，直到该国的居民人数减少到残存的收入和资本容易维持的程度，而其他的收入和资本均已被苛政和灾难摧毁。这或许就是孟加拉、东印度某些其他英格兰殖民地的现状。在一个人口已经大量减少而土地肥沃的国家，获得生活资料并不十分困难，如果每年还有三四十万人饿死，我们可以肯定地说，那里用于维持劳动贫民的资金一定在迅速减少。用这两地的不同情况来说明英格兰保护和统治北美与压迫统治东印度的法律的不同性质，也许是再好不过的例子。

因此，丰厚的劳动报酬既是国民财富增加的必然结果，又是其自然征兆。反之，贫穷劳动者生活维持费不足是社会停滞不前的表征，而劳动者处于饥饿状态则是社会急速倒退的表征。

在大不列颠，现时的劳动工资显然多于劳动者赡养一个家庭所必需。为证明这一点，我们无须作烦琐的计算，来推断劳动者至少需要多少工资才能养活一家。有很多明显迹象表明，大不列颠各地劳动工资并不是以符合人道标准的最低工资为标准的。

第一，在大不列颠的差不多所有地方，即使是在最低级的那种劳动中也有夏季与冬季工资之分。夏季工资总是最高工资。然而由于燃料开支巨大，冬季家庭生活费是一年中最大的。当支出最低时工资却是最高的，显然工资不是受这种开支的必要性，而是受工作的数量和价值支配的。的确，一个劳动者应当储蓄一部分夏季工资以应付冬季，可是他的全年所得并未超过全年维持家庭所必需的数目。不过，就算一个奴隶，或是一个绝对依赖我们才能生活的人，也不会受到这种待遇。他的日常生活资料都要和他的日常需要成比例。

第二，大不列颠的劳动工资不随食品价格变动而变动。食品价格到处都年年变动，常常是每月变动。但在许多地方，劳动工资有时候半个世纪都保持不变。因此，如果在这些地方物价昂贵时，劳动贫民尚能赡养家庭，那么在东西比较丰富、物价适中的时候他们一定过得很舒适，而在物价极其低廉的时候则非常优裕。近十年来食物价格高昂，而劳动的货币价格并未随之显著提高。有些地方的劳动的价格是提高了，但那与其说是因为食物价格的上涨，倒不如说是由于劳动需求的增加。

第三，就不同年份说，食物价格的变动要大于劳动工资。而就不同地区说，劳动工资的变动则比食物价格的变动大。在不列颠的大部分地区，面包和肉类的价格一般相同或大体相同。这些以及其他大部分零售的东西（零买是劳动贫民购买一切东西的方式），在大城市同在边远地区一样或者更加便宜些，其理由我将有机会在下面说明。但大都市与其附近地带的劳动工资往往比数英里外的劳动工资高 1/5 或 1/4，即高 20%或 25%。伦敦及其附近劳动的普通价格是每日 18 便士；而在数英里以外即减少到 14 便士或 15 便士。爱丁堡及其附近劳动的普通价格是每天 10 便士，数英里以外就减少到 8 便士。8 便士是苏格兰低地一带大部分地方的普通劳动价格；在那里，价格的变动比英格兰小得多。这种价格上的差异似乎总是不足以驱使一个人从一个教区移居另一个教区，却必然会使体积最庞大的商品从一个教区运往另一个教区，甚至从国内或世界的一个角落运往另一个角落，因而不久就会使它们降到大体相同的水平。尽管人们常说人性善变，不能如一，但凭经验就可以知道，人们显然是安土重迁的。因此，如果劳动贫民能在劳动价格最低的地区维持家庭，那他们在劳动价格最高的地方就能过上富裕的生活。

第四，无论就时间说或就地方说，劳动价格的变动不但不与食品价格的变动一致，而且往往正相反。

谷物是普通人民的食品，它在苏格兰比在英格兰贵，前者从后者每年得到大量的供应。苏格兰购入谷物，英格兰供应谷物，谷物在苏格兰的售价一定比在英格兰贵。可是，同一质量的谷物，英格兰不可能比进入市场进行竞争的苏格兰谷物售价更高。谷物的质量主要取决于它在磨坊磨粉的数量，在这方面英格兰为优；虽然从表面上看，从与它的体积大小甚至同它的重量大小的比例来看，英格兰的谷物是贵了一些。可是，劳动的价格在英格兰比在苏格兰贵。因此，如果劳动贫民能在苏格兰养活家庭，那么在另一地区即英格兰一定可以过上富裕生活。燕麦面是苏格兰普通人民的大部分的也是最好的食物，但比起他们在英格兰的同一等级的人民的食物来要差得多。可是，他们的生活方式的不同并不是他们工资不同的原因，而是工资不同的结果；虽然出于一种奇怪的误解，许多人常常不可思议地颠倒因果。一个人富而其邻人穷，并不是由于他出门坐车而其邻居步行，而是因为他富才备得起马车，其邻居穷才不得不步行。

在上一世纪，英格兰、苏格兰两地谷物价格比本世纪要高，这是不容置疑的事实。如果有必要加以实证，那么苏格兰比英格兰更为明显，因为有政府档案可作证明。按市场实际状况，苏格兰每年依宣誓手续来估定所属各地各种谷物的价格。如果这种直接证据还需要间接证据作为旁证，那么我会说，法国甚或欧洲大多数地方的情况也是如此。就法国说，我们有最明确的证明。不过，上世纪英格兰、苏格兰两地谷物价格略高于本世纪，这虽无可置疑，但上世纪两地劳动价格也同样比本世纪低得多。因此，假如贫穷劳动者在上世纪能够维持他的家属的生活，那么，他现在必定能过得舒适得多。上世纪，在苏格兰大多数地方，普通劳动的最普通日工资为夏天 6 便士，冬天 5 便士。在苏格兰高地及西部各岛的一些地方，工资是一星期 3 先令或约 3 先令。现在，在苏格兰低地地区，普通劳动的最普通工资则是一天 8 便士。在爱丁堡附近，在邻近英格兰因而可能受英格兰影响的各州，在劳动需求最近已大大增加的格拉斯哥、卡隆和爱尔郡等处附近，普通劳动的最普通工资为一天 10 便士，有时为 1 先令。英格兰农工商业的改进远早于苏格兰。劳动的需求以及劳动的价格，必然随此改良而增加。因此，在上世纪和本世纪，英格兰的劳动工资高于苏格兰。而且从那时以来，英格兰的劳动工资大大增加，不过由于英格兰各地支付的工资在种类上比苏格兰多，所以要确定英格兰工资的增加率要比苏格兰困难。1614 年，一名步兵的军饷为一天 8 便士，与现今相同。当初规定这种饷额时，必然是以普通劳动者普通工资为标准，因为步兵大都征自这个阶级。查理二世时代写书的高等法院院长黑尔斯计算，一个劳工家庭的必要开支，包括父亲母亲，略能工作的子女两人，全不能工作子女两人，为一星期 10 先令，即一年 26 镑。他认为，如果不能靠劳动来赚得此数，他们就得靠乞讨或盗窃来凑成此数。黑尔斯对于这问题似乎作了一番研究。熟习政治数学、受到德维南博士称赞的格里高列·金也曾于 1688 年推算一般劳动者及佣工的普通收入，以为平均由三个半人员组成的家庭一年需要 15 镑。从表面上看，金的计算似与黑尔斯不同，其实却大体一致。他们都认为，这种家庭一星期的费用每人约为 20 便士。从那时以来，王国多数地方，这种家庭的货币收入与货币费用都有大的增加，不过有的地方增加多些，有的地方少些，而且所增加的也没有像最近刊布的关于现今劳动工资增高的那些夸张报告所说之多。必须指出，任何地方的劳动价格都不能得到极为精确的确定。因为，就是同一地方的同种劳动，也往往要依照劳动者能力以及雇主的慷慨与否来支付不同的价格。在工资没有法律规定的地方，我们只能凭经验来确定何为最普通的工资。而经验似乎表明，法律虽屡次企图规定工资，实际上却从未作出适当的规定。

在本世纪，劳动的真实报酬，即劳动者所能购买的生活必需品和便利品的真实数量或许比它的货币价格增长的比例更大。不仅谷物已经略为便宜，而且许多为勤劳贫民喜爱和卫生的食物也变得大为低廉。例如土豆在王国的大部分地区的价格比三四十年前便宜了一半。萝卜、胡萝卜、卷心菜也是一样。这些东西过去只有用锄头小面积种植，现在一般都用犁大面积种植了。各种蔬菜也都更加便宜。大不列颠消费的大部分苹果甚至洋葱，上个世纪都是从弗兰德①进口的。亚麻和呢绒粗制业的大大改进，使劳动者能得到价格较廉和质地较好的衣服；粗金属制造大大改进，使他们能得到较廉价却质较优的劳动工具与许多适宜和便利的家用器具。肥皂、盐、蜡烛、皮革和酵母酒的确已经变得大为昂贵，这主要是由于对它们征的税捐，可是，劳动贫民对这些东西必须消费数量很小，其价格上涨可以为许多其他东西的价格下落抵消而有余。普遍抱怨的奢侈之风已经波及最下层的人民，劳动贫民已经不再满足于从前满意的食物、衣着和住所，这就可以使我们深信，不仅是劳动的货币工资，而且劳动的真实报酬都已经增加了。

下层阶级生活状况的改善，应被视为对社会有利还是不利呢？一看就知道，这问题的答案极为明显。各种佣人、劳动者和工匠在任何大的政治社会中都占最大部分。社会最大部分成员境遇的改善决不能视为对社会全体不利。有大部分成员陷于贫困悲惨状态的社会决不能说是繁荣幸福。此外，只有那些为整个社会提供食物、衣服和住所的人，自己也能分得自己劳动产物的一部分，以便能得到勉强为生的食物、衣服和住所时，才算得上公平。

贫穷无疑不会鼓励人们结婚，但并不能永远阻止。它甚至似乎有利于生育后代。一个苏格兰高地的处于半饥饿状态的妇女常常生育 20 多个子女，而奢侈的上等社会妇女往往不能生育，或者一般只能生两三个。在上流社会的妇女中常见的不孕症在下层社会里极为罕见。女性的奢侈或许能刺激享乐的欲望，可是也往往削弱并常常摧毁生育能力。

贫困不能阻止生育，但极不利于子女的抚养。幼嫩的植物生长出来，但在土地寒冷和气候严酷的环境中不久就会枯死。我常听说苏格兰高地常有一个母亲生下 20 个孩子，活的却只有 1 个。有几个经验丰富的军官告诉我，在他们部队出生的士兵的子女远远不能补充本部队的士兵人数，甚至从来不能为它提供足够的吹鼓手。可是，在军营附近能见到别处所见不到的大量的可爱的儿童。他们似乎很少能活到十三四岁。在有些地方，出生的小孩有一半不满 4 岁就死去，许多地方不满 7 岁，在几乎所有的地方都不满 9 岁或 10 岁。可是，这样高的死亡率主要是在普通人民的孩子中看到，他们没有能力像处境较好的人那样抚养儿童。虽然他们结婚后一般能比上流社会的人更能生育子女，其子女能活到成年的却更少。与普通人相比，育婴堂及教区慈善会内收养的儿童的死亡率还要高。

各种动物的繁殖自然与其生活资料成比例，没有一种动物可以超过这个比例。然而在文明社

① 弗兰德，包括现今的比利时、法国和荷兰等地区。——译者注。

会中，只有在下层人民中才因生活资料的贫乏限制了人类的繁殖，其途径就是摧毁他们的婚姻所生的大多数子女。

丰厚的劳动报酬使劳动者能够改善他们对子女的供养，从而养大较多的儿童，这样势必会放宽和扩大上述限度。应该指出，上述限度扩大的程度必然会尽可能和劳动需求所需要的程度相称。如果劳动需求继续增加，劳动报酬必然鼓励劳动者结婚繁殖，使他们能够不断增加人口，供给不断增加的劳动需求。如果劳动报酬在任何时候比为此目的所需要的更少，人手缺乏不久就会使之提高；如其在任何时候多于所需，人口过度繁殖就会使之降到这个必要比率之下。在前一种情况下市场的劳动存量不足，在后一种情况则过多，不久均会迫使劳动价格回到社会情况所要求的适当比率。因此，和对其他商品的需求必然支配其他商品的生产一样，对人口的需求也必然支配其生产。生产过于迟缓时加以促进，生产过于迅速时则加以抑制。世界各地，不论在北美、欧洲或是中国，支配和决定人口繁殖程度的正是这一需求。在北美，这需求成为人口迅速增加的原因，在欧洲，则成为人口缓慢而逐渐增加的原因，在中国，就成为人口不增不减的原因。

有人说，一个奴隶的消费要由其主人承担，但是一个自由佣工的消费则是由他本人承担。但实际上，后者也像前者一样由其雇主承担。支付给工匠和各种佣工的工资，必须使他们能按照社会需求的增加、减少或停滞而维持其工种。但是，虽然自由佣工的消费同样也使雇主遭受损失，一般却比奴隶造成的损失少。或许可以这么说吧，用作维护或补偿奴隶的资金通常都由粗心雇主或疏忽的监工管理，但补偿自由佣工的资金却由自由佣工自己管理。资金由通常杂乱无章的富人管理，所以必然漫无秩序；另一个则是由处处节省的穷人自己管理，所以必定是精打细算。在不同的管理下，目的相同费用却大不相同。因此，从不同时代和国家的经验来看，我相信自由人所完成的工作终归要比奴隶价格低廉，即使在普通劳动工资很高的波士顿、纽约和费城亦然。

因此，劳动的丰厚报酬既是财富增长的结果，又是人口增加的原因。对充足的劳动报酬发出的怨言，就是对最大的公共繁荣的必然因果律的悲叹。

值得指出的是，正是在进步状态中，即不是在社会已经达到，而是在不断变得更加富裕的时候，劳动贫民即社会绝大多数人的生活状况是最幸福最舒适的。在社会处于停滞状态时生活艰苦，而处于衰落状态时生活悲惨。进步状态时则社会各阶级快乐满足；静止状态中社会枯燥乏味；衰落状态下则令人惨怛。

劳动的丰厚报酬鼓励人口繁殖，又增进普通人民的勤勉。劳动工资是对勤勉的激励；勤勉也像所有其他的人类品质一样，越受到鼓励就越加增进。丰富的生活资料会增加劳动者的体力；改善生活状况的美好希望、在丰衣足食中终其一生的前景促使劳动者最大限度地发挥自己的能力。因此，在工资高的地方，工人比在工资低的地方更加积极、勤劳和敏捷。例如，在英格兰就和在苏格兰不同，大城市周围就不同于穷乡僻壤。有些工人如果能在 4 天之内赚到一星期的生活费，的确就会 3 天不工作。然而，这决不是大多数人的情况。而当工人通过计件工资得到丰厚报偿时，却常常是操劳过度，在几年之内就损伤了自己的健康。在伦敦和一些其他地方，据说一个精力充沛的木匠不能工作 8 年以上。在按件计酬的许多其他行业也是与此相类，像在某些制造业或者工资较高的农村劳动中的工人也是一样。几乎每一类工匠都由于在自己的特殊工作中操劳过度，常患某种职业病。著名的意大利医生拉穆志尼曾经写了一部有关职业病的专门著作。我们一般不认为士兵是我们中间最勤勉的人，但是当士兵们从事某种具体工作并且通过计件得到丰厚报酬时，他们的军官们常常不得不为他们作出规定，使每天赚得的钱不得超过一定的数目。因为在规定以前，竞争和赚钱的欲望常常使他们工作过度，以致积劳成疾，损害了自己的健康。常常有人高声抱怨，一个星期中 4 天的紧张工作是另外 3 天偷懒的真正原因。大多数人在连续数天紧张的脑力或体力劳动之后，自然会强烈地想要休息。除非受到暴力或某种强烈需要的抑制，这欲望几乎难以遏制。在紧张劳动之后，人的天性要求某种程度的放纵，有时是悠闲自在，有时是娱乐消遣。如果得不到满足，结果常常很危险，有时甚至是致命的，并且迟早会产生职业上的特殊疾病。如果听从理性及人道主义的指令，雇主就不应常常鼓励劳动者勤勉，而应当要他们适度工作。我相信，人们可以发现，在各个行业中，一个能适度工作的人才能够持续不断工作，他不仅能长期保持健康，而且也可以在一年中完成比其他人更多的工作。

有人认为，在物价低廉的年份，工人们一般比通常懒惰，而在物价贵的年份则更勤勉。因此得出结论说，生活资料丰富会使他们的勤勉放松，而生活资料贫乏则会使之加倍。比普通略为丰富一些会使某些工人偷懒，这点无可怀疑；但若说大多数劳动者都会因此怠于劳作，或者一般人在吃得不好时比吃得好时工作更好，在意志消沉时比兴致勃勃时更好，在疾病时比健康时更好，就不大可靠了。应该指出，对一般人民而言，饥馑之年里的普通人民常常患病和死亡，而这必然减少他们的劳动产量。

在物资丰裕的年份，佣工往往离开主人，靠自己劳动来生活。但是同样的食物价格低廉也增加了预定用于佣工维持费的资金，因而鼓励雇主们，特别是农场主，去雇佣更多的佣工。在这种情况下，农场主期望用自己的谷物多维持几个劳动佣工，这会比将其在市场低价出售获得更多的利润。对佣工的需求增加，供应这需求的人数却在减少，所以劳动价格往往在物价低廉时上升。

在物资缺乏的年份，生计困难朝不保夕，所有这些劳动者都急于回到雇主身边。但是食物价格昂贵减少了预定用于维持佣工的资金，促使雇主们宁愿减少而不是增加现有雇工的人数。在物价昂贵的年份，贫穷的独立工人也常常消耗了用来为自己备办工作原料的少量资本，因而变成谋取衣食的雇工。工作岗位少而想要得到的人多，许多人愿按低于普通的条件去得到它，因而在物价贵的年份，佣工和帮工的工资常常降低。

因此，在物价贵的年份，雇主常常能比在物价贱的年份从他们的佣工得到更大的好处，发现他们比以前更加温顺、更加服从。因此，他们自然称赞物价贵的年份更有利于生产。此外，地主和农场主这两个最大的雇主阶级，还有另外的理由乐于看到物价贵的年份。因为地主的地租和农场主的利润在很大程度上依赖食物的价格。可是，设想人们在为自己工作时会比在为他人工作时一般要工作得少些却是最荒谬不过了。一般来说，一个贫穷的独立工人甚至比一个按件计酬的帮工还要勤勉。前者享受他自己勤劳的全部产品，而后者则要和雇主分享。前者处于独立状态，较少受不良同伴的引诱，这种同伴在大工厂中常常败坏他人的道德。比起那些按月或按年雇佣、不论做多做少工资和维持费都是一样的佣工来，独立工人的优越性可能更大一些。物价贱的年份会提高独立工人对帮工和各种佣工的比例，而物价贵的年份则会降低它。

麦桑斯先生是博学多才的法国学者，在圣艾蒂安选举中担任税收官。他企图通过比较在三种不同的制造业中所生产的货物的数量和价值，来表明穷人在物价贱的年份比在物价贵的年份能做更多的工作：一种是在埃尔伯夫进行的粗毛织业，一种是麻织业，一种是丝织业，后两者均在整个里昂地区进行。根据他从官署登记簿抄来的报告，在物价低廉的年份，这三种制造业中生产的货物的数量和价值一般要大于物价昂贵的年份；在物价最低的年份，产物的数量和价值最大；在物价最高的年份，产物的数量和价值最小。这三种制造业似乎都处于停滞状态。或者说，它们的产物虽然逐年略有不同，但总的说来却是既未后退也未前进的。

苏格兰的麻织业和约克郡西区的粗毛织业，都是正在发展的制造业，虽然每年生产略有变化，但大体上却在增长。可是，通过考察它们已经公布的年度生产报告，我没有发现它们产量变动与各时期的物价高低有显著关系。在物资非常不足的1740年，它们的产量看起来确实下降很大。但在另一个物资更加不足的1756年，苏格兰的制造业却比常年进展更大。美洲印花税法废除以后，约克郡的制造业确实生产下降了，直到1766年，产量才上升到1755年的水平。而在1766年及次年，其产量就大大超过往年，而且从那时起保持不断增长。

所有向远地出售产品的大型制造业的生产与其说依存于其所在国的各年物价的贵贱，倒不如说取决于消费国中影响商品需求的那些情况：和平或战争；其他竞争制造业的盛衰；主要顾客乐于购买与否。此外，也许在物价低廉时期制造的额外产品从来不进入制造业和公共登记册。离开雇主的男佣工变成了独立劳动者，妇女回到父母身边纺织，为自己和家人添置衣服。连独立劳动者也未必都制造售给公众的商品，而是受雇于邻人，从事家庭制造业。因此，他们的劳动产品常常不曾登记在公开记录上。这些记录有时十分夸张，而我们的商人和制造业者却常常根据这种虚假不实的记录，来宣布这个最大帝国的盛衰。

虽然劳动价格的变动不仅并不总与食物价格的变动一致，而且常常完全相反，我们却不能因此认为，食物的价格对劳动价格没有影响。劳动的价格必然受到两种情况的支配：一是对劳动的需求，二是生活必需品和便利品的价格。对劳动的需求，按照它是在增加、减少或不增不减，换言之，按照它所需要的是增加、减少或是不增不减的人口，而决定必须给予劳动者的生活必需品和便利品的数量；而劳动的货币价格则取决于购买这数量所需要的资金。所以，在食物低廉的情况下，有时劳动的货币价格很高，但是如果食物价格高而需求保持不变，这价格还会更高。

在丰年，劳动的价格有时上升，而在大荒之年则有时下落。这是因为在前一情况下劳动的需求增加，而在后一情况下则减少。在特殊的丰足年份，许多雇主手中的资金足够维持和雇佣比他们前一年更多的劳动者，而这些超过通常需要的劳动者未必总能雇到，于是要雇佣更多劳动者的雇主就会相互竞争，就常常使劳动的货币价格及真实价格抬高。

在突然发生的大荒之年，情形正好相反。预定用于雇佣工人的资金比上一年少。许多人失业，为获得职业而相互竞争，这时常使劳动的真实价格与货币价格都下落。1740 年是特别匮乏的一年，许多人只能为生存而工作。以后几年则是丰裕的年份，比较难于雇到佣工。

食品涨价会提高劳动的价格，而物价昂贵的荒年，由于减少了劳动需求又会降低劳动的价格。反之，通过对劳动需求的增加，价贱之年的丰裕倾向于提高劳动的价格，而食物的廉价则倾向于降低劳动的价格。在食品价格只有一般变动的情况下，那两种对立原因似乎会互相抵消。这或许就是比起食物价格来，劳动工资在哪里都更加稳定持久的部分原因。

劳动工资的增加，必然按照商品价格中工资那一部分增高的比例抬高许多商品的价格，从而趋向于减少国内外这些商品的消费。但是提高劳动工资的同一原因，即资本的增加，倾向于提高劳动生产力，使较少量的劳动能生产较大量的产品。为了自己的利益，雇佣大量劳工的资本所有人必然要极力将工作做适当的划分和分配，使之能生产出数量可能最大的产品。出于同样的原因，他力图向工人提供他自己或工人们所能想到的最好的机器。同理，在某一个工厂内劳动者间发生的事情也在整个社会的劳动者之间发生。劳动者的人数愈多，他们的职业和工种划分当然就愈加细密。更多人从事于发明对各人操作最适用的机械，这种机械就容易发明出来。由于有了这些机械的改良，许多物品就能用比以前少得多的劳动量生产出来。如此一来，劳动价格的提高就会被劳动数量的减少抵消而有余了。

第九章　论资本利润

资本利润的增减取决于使劳动工资增减的同一原因：社会财富的增减。但财富状态对两者的影响却全然不同。

资本增加一方面提高了工资，一方面也倾向于减少利润。在同一行业中，如有许多富商投下了资本，他们的相互竞争自然倾向于减少该行业的利润；而如果同一社会各种行业的资本全都同样增加，那么同样的竞争必然也对所有行业产生同样的结果。

前已述及，即使要确定某一特定地方和某一特定时间的劳动的平均工资也很困难。而且，我们所能确定的也只不过是最普通的工资。但就资本利润说，就连最普通的利润我们也很少能够确定。利润变动不定，经营某特定行业的人也未必都能够说出他的每年平均利润是多少。其利润不但要受他所经营的那些商品价格的变动，而且要受他的竞争者和顾客的财务状况好坏、商品在海陆运输上，甚或在仓库所可能遭遇的许许多多意外事故的影响。所以，利润率不仅年年变动，日日变动，甚至时时刻刻都在变动。要确定一个大国各行业的平均利润也就必然更加困难，要相当准确地确定以前某一时期的利润则是完全不可能。

不过，要相当准确地确定往昔或现今的资本平均利润虽不可能，但我们可以从货币的利息上得到一些相关信息。可以提出这样一个原则：在使用货币所获较多的地方，货币的使用通常支付较多的报酬；在使用货币所获较少的地方，货币的使用通常支付较少的报酬。我们由此确信，任何一国内资本的一般利润必随其市场的一般利息率的变动而变动。利息率下落，利润必随之下落；利息率上升，利润也必随之上升。所以，利息的变动情况可使我们对利润的变动情况略有了解。

亨利八世第三十七年，一切超过 10%的利息都被宣布为非法。可见，以前的利息时常在 10%以上。其后，受宗教的影响，热心宗教的爱德华六世禁止一切利息。但和同性质的其他各种禁令一样，这种禁令据说没产生效果，高利贷的弊害非但没有减少反而增加了。于是，由于伊丽莎白女王第十三年的法令第八条的规定，亨利八世的法令又发生效力了。此后，10%通常为法定利息率，直到詹姆士一世第二十一年，才限定为8%。复辟后不久，利息率减为6%。安妮女王第十二年，再减至5%。这一切法律的规定似乎极其适当。它们都是跟随市场利息率或有良好信用的人通常借款的利息率变动之后而非之前作出的。自安妮女王时代以来，5%的利息率似乎比市场利息率高而不是低。在最近一次战争以前，政府曾以3%的利息率借款。而王国首都及其他许多地方，资金信用良好者则以3.5%、4%或4.5%等利息率借款。

自亨利八世以来，我国的财富与收入都在不断增加，而且在这一过程中增加的速度似乎是逐渐提高而非降低。不仅是进步，而且进步得越来越快。这期间的劳动工资不断增加，而大部分不同行业的商业与制造业的资本利润却在不断减少。

在大都市经营一种行业，往往比乡村需要更多的资本。各种行业上所使用的资本的庞大充裕和竞争者人数的众多是都市资本利润率一般低于农村资本利润率的原因。但是，都市的劳动工资一般要高于农村。在繁荣的都市，拥有大量生产资本的人往往不能按所需人数雇到劳动者，所以他们要互相竞争，抬高劳动工资而减少资本利润。在没有充足资本雇佣所有劳动者的偏僻地方，一般人民为获得职业而相互竞争，于是劳动工资降低而资本利润增高。

苏格兰的法定利息率与英格兰相同，市场利息率却更高。该地信用良好的人通常不能以低于5%利息率借款。就连爱丁堡的私立银行，对于随时兑现全部或一部分的期票也给予4%的利息。伦敦的私立银行对于存入的资金不支付利息。在苏格兰，经营几乎所有行业所需资本都少于英格兰。所以苏格兰的普通利润率要高于英格兰。如上所述，苏格兰的劳动工资要低于英格兰。此外，苏格兰不仅比英格兰穷得多，其发展的速度也慢得多，尽管它也在显著地前进。

法国本世纪的法定利息率并不总是由市场利息率来调节的。1720年，法定利息率由1/20下降到1/50，即由5%落到2%。在1724年，提高到1/30，即提到3.33%。在1725年，再提到1/20，即提到5%。1766年，拉弗迪先生执政时又减到1/25，即4%。其后，神父特雷执政又恢复到原来的5%。一般认为，这样强行抑制法定利息率的目的是为降低公债利息率做准备，而这种目的有时确曾达到。就现在而论，法国也许没有英格兰那么富裕。法国的法定利息率一般比英格兰低，而市场利息率却一般要比英格兰高，这是因为像在其他国家一样，在法国也有很安全简易地回避法律的方法。据在英法两国经商的英格兰商人说，法国的商业利润比英格兰高。因此许多英格兰人才不想把资本投在重商的本国，而愿意投在轻商的法国。法国的工资比英格兰低。你如果从苏格兰到英格兰去，你所看到的这两地普通人民服装和脸色的差异就能够充分表明这两地社会状况的差异。然而，假如你从法国回到英格兰来，这种对照就更为鲜明。法国无疑比苏格兰富裕，但其发展速度却并非那么迅速。人们一般甚或一致认为，法国正在退步；但是，一个二三十年前看到过苏格兰而现在再次看到它的人绝不会认为它在倒退，这种见解即使对法国来说也没有根据。

另一方面，就领土面积与人口的比例来说，荷兰比英格兰富裕。荷兰政府以2%的利息率借款，而有良好信用的人民以3%的利息率借款。据说荷兰的劳动工资比英格兰高。大家知道，荷兰人经营生意所获利润要低于欧洲的其他任何国家。有些人说，现今荷兰的商业正在衰退。就商业的某些部门来说也许确是如此。但上述表征或许可以表明，该国商业并未普遍衰退。当利润减少时，商人们往往都埋怨说商业衰退了；可是利润减少，乃是商业繁盛的自然结果，或是所投资本比以前更多的自然结果。在最近的一次战争中，荷兰人乘机获得了法国的全部运输业务，而且直到现今还操控着一部分。英法的国债成为荷兰人的一宗巨额财产，据说英格兰的金额就有大约4000万镑（但我怀疑是过分夸大了）。此外，荷兰人还把巨额资金贷给利息率高于本国的外国私人，这些事实都无疑表明他们资本的过剩；或者说，他们的资本已增加到投在本国产业上不能得到适当利润的程度，但这并不能表示商业的衰退。由经营特定行业而获得的私人资本增加到不能全部投在这一行业上的程度，但这一行业仍在继续发展。一个大国的资本也可能是这样。

在我国北美及西印度的殖民地，劳动工资、货币利息和资本利润都高于英格兰。各殖民地的法定利息率和市场利息率是6%到8%。不过，劳动的高工资和资本的高利润同时存在是新殖民地特殊情况所特有的现象，这在其他地方颇为少见。在新殖民地中，资本与领土面积的比例以及人口对资本的比例在一定期间内必然低于大多数国家。他们所拥有的土地多于其资本所能耕作之数，所以，他们只把资本投在土质最肥沃和位置最适合的土地上，即投在海滨和通航河道沿岸各地。此外，购买这等土地的价格往往低于其自然生产物的价值。为购买并改良这等土地而投下的资本也就必然产生极大的利润，因而使他们能够支付非常高的利息。投在这种有利用途上的资本的迅速积累，使种植园所有者能雇佣的工人数很快增加到新殖民地不能提供的程度。这样，他们能在新殖民地雇佣到的劳动者的报酬也就极其优厚。但是，随着殖民地的扩展，资本利润就逐渐减少。土质最肥沃和位置最好的土地已经全被占有，耕作土壤和位置较差的土地所能取得的利润就比较少，用在土地上的资本，也只能提供较低的利息。在本世纪，我国殖民地大部分法定利息率和市场利息率都因此大大减少。随着财富、改良工作及人口的增进，利息降低了，而劳动工资却不与资本利润共同降低。不论资本利润如何，对劳动的需求都随资本增加而增加。利润减少，资本却不但继续增加，而且比以前增加得更为迅速。就这一点来说，勤劳的国家和勤劳的个人都一样。大资本利润虽低，一般来说却又比高利润的小资本发展得更为迅速。俗语说，钱生钱；已经取得了少许资金，你就不愁取得更多。最困难的是如何取得这最初的金钱。以上我已就资本的增加和劳动的增加，即资本的增加和对有用劳动之需求的增加之间的关系作了部分的说明，后面在论述资本积累时还会详加说明。

新领土的获得或新行业的开展也会提高资本利润，因而也会增加货币利息，即使在财富正在迅速增加的国家也是如此。由于这国家的资本不够应付这种新获得或新发展给各个人带来的全部业务，所以只把它投在能提供最大利润的行业上。以前投在其他行业上的资本必有一部分被撤回并投入到更有利的新行业中。所以，那些旧行业的竞争便没有以前那么剧烈，而市场上各种货物的供给也随之减少。货物减少，价格势必或多或少地上升，这就对经营者提供更大的利润，而他们也能以比从前高的利息率借款。在最近一次战争结束以后不久，有良好信用的个人乃至一些伦敦最大商号，一般都是以5%的利息率借款，而在战前，他们通常未曾支付过超过4%或4.5%的利息。我国占领北美和西印度曾增加我国领土与贸易这一事实就足以说明这一点，而不必设想我国资本存量已经减少。旧资本经营的业务增加得那么多，必然会使很多行业的资本量减少；这些行业由于竞争较小，利润也就必然增加。在下文我将论及，最近这次战争尽管开支甚巨，也并没使大不列颠的资本量减少。

但是，社会资本量即维持产业的资金的减少使劳动工资降低，因而使资本利润以及货币利息增高。由于劳动工资降低，社会上剩余的资本的所有者将货物提供给市场所需的费用就少于以前；又由于用来供应市场的资本比以前少，他们能够以高于先前的的价格出售货物。他们货物的成本比以前低，而所得却比从前高，他们的利润从两方面增加，因此也就能够支付更高的利息。在孟加拉及东印度其他英属殖民地，获得巨大资产之迅速、轻易这一事实足以证明这些贫苦地方的劳动工资非常之低，而资本利润却非常之大，相应地其货币利息也非常之高。孟加拉农人往往以40%、50%或60%的利息借入资金，并以下一季的收获物作为抵押。能够担负这种高利息的利润必然占据地主的几乎所有地租，而这样高的利息也必然占据利润的大部分。罗马共和国衰亡以前，各省在其导致毁灭的总督管理之下似乎都有同样高的利息。从西塞罗的书简可知，道德高尚的布鲁图斯也在塞浦路斯岛以48%的利息放款。

一国所获的财富，如已达到它的土壤、气候和相对于他国的位置所允许的最大限度，因而再无进步可能但尚未退步之时，在这种状态下，它的劳动工资及资本利润可能都非常之低。一国人口的繁殖，如已完全达到其领土所能维持或其资本可雇佣的限度，那么在这种状态下，职业上的竞争必然非常激烈，使劳动工资降低到仅可以维持现有劳动者人数的程度；而由于人口已经非常稠密，劳动者人数也不可能再有增加。一国的资本，如相对于国内各种必须经营的行业所需要的资本而言已达到饱和程度，各种行业所使用的资本就达到各行业的性质和范围所能使用的程度。这样，各地方的竞争就会非常激烈，普通利润降到最低程度。

然而，也许没有哪个国家的财富曾经达到这种程度。中国似乎长期处于静止状态，其财富也许在许久以前就已完全达到该国法律和制度所允许有的限度，但如果在其他法律和制度之下，中国土壤、气候和位置可允许的限度很有可能会远大于上述限度。一个忽视或鄙视对外贸易，只允许外国船舶驶入一二个港口的国家，无法经营在不同制度下能够经营的那么多贸易。此外，在这样一个国家，富人或大资本家在很大程度上享有安全，而穷人或小资本家不但不能享有安全，而且随时都可能被下级官吏借口执法而强加掠夺，该国国内所经营的各种行业都决不可能就各种行业的性质和范围所能容纳的程度投下足量资本。在各种行业中，压迫贫者必然使富者建立垄断。富者就能将全部贸易据为己有，从而获取极大利润。所以，中国的普通利息率据说是12%，而资本的普通利润必然足够担负这样高的利息。

一国法律上的缺陷，有时会使其利息率增高到大大超过其财富或贫富状况所要求的程度。它的法律如果不强制人们履行契约，那就使一切借款人所处的地位近乎法制健全国家中的破产者或信用不好者。债权人收回借款的不确定性使他索取破产者在借款时通常需要出的那么高的利息。许多世代以前，在蹂躏罗马帝国西部各地的蛮族中，履行契约全凭当事者的信用；他们君主的法院很少干预此事。当时利息率达到那么高，恐怕这也是部分原因。

要是法律完全禁止利息，那也不能收到效果。许多人必须借入资金；而债权人不仅对于这笔资金的使用要求相当的报酬，而且还会对回避法律的困难和危险要求相当的补偿。孟德斯鸠说，一切回教国家利息率高并不是因为他们贫穷，而是部分因为法律禁止利息，部分因为贷款难以收回①。

最低的普通利润率，除了要足够补偿投资容易遇到的意外损失以外，还须有剩余。只有这一剩余才是纯利润或净利润。普通所谓的毛利润除了包含这种剩余以外，还包含为补偿意外损失而保留的部分。借款人所能支付的利息只与纯利润成比例。

即使相当谨慎，出借资金也有意外损失的可能。和最低的普通利润率一样，最低的普通利息率除了补偿借贷容易遇到的意外损失外，还须有剩余。如果没有这一剩余，出借资金的动机就只能是善心或友情了。

在财富已达到顶点，而且用在各种行业上的资本都已达到最大限度的国家，普通纯利润率就会很低，这种利润所能负担的普通市场利息率也就很低。这样一来，除了最富有的人，任何人都不能靠货币利息生活。小有产者和中等有产者都不得不亲自监督资本的用途。几乎一切人都得成为商人，或有必要从事某种产业。荷兰的现状似与此相近：在那里，不是商人就不能算是时髦人物。必要性使得几乎每一个人都习以为常地去经营某种行业，习俗又到处支配时尚。不和别人穿上同样的服装便成为笑柄；不和别人同样从事经营在某种程度上也是一样。正如一个文官厕身行伍一样，一个无所事事者在商人之中自会感到很尴尬，甚至受到鄙视。

最高的普通利润率，在大部分商品价格中会完全占去应当归作地租的那一部分，仅余足够支付商品生产及送往市场所需的劳动工资，即在任何地方能支付劳动的最低工资，这只够维持劳动者的生存而已。在劳动者从事劳动之时，你总得设法养活他们。但地主却不一定总是得到支付。东印度公司职员在孟加拉经营商业的利润恐怕与这最高利润率相差不远。

通常来说，市场利息率对普通纯利润率所应有的比例必随利润升降而变动。在大不列颠，商人把两倍利息的利润看做良好、适中的或合理的利润。我认为，这就是所谓的普通利润。在普通纯利润率为8%或10%的国家，借用资金来经营业务的人以所利得润之半作为利息也许是合理的。资本由借用人担负风险，他好像是给债权人保险。在大部分行业中，4%或5%既可作为这种保险所冒风险的足够补偿，也可作为不辞辛苦运用这笔资本的足够报酬。然而，在普通利润率低得多或高得多的国家里，就不可能有像上述那样的利息和纯利润的比例。利润率低得多时，也许不能以一半作为利息；而利润率高得多时或许可以用一半以上。

在财富迅速增加的国家，许多商品的价格中的低利润率可以弥补劳动的高工资。这样，它们的商品就能与较不发达、劳动工资较低的邻国的商品以同样低廉的价格出售。

实际上，高利润比高工资更加容易提高产品价格。例如，麻布制造厂各种劳动者，如梳麻工、纺工、织工等的工资，如果每天各提高2便士，一匹麻布价格所必须增高的数额只等于生产这一匹麻布所雇的工作人数乘以工作日数再乘以2便士。在一切制造的阶段，商品价格中归于工资的那一部分只按算术级数依次增加。但雇佣这些工人的所有雇主的利润，如果都抬高5%，那么在全部制

① 孟德斯鸠，《论法的精神》，第十九章。

造阶段，商品价格中归于利润的那一部分则按几何级数递增。梳麻工的雇主在卖麻时，要求额外加上他所付给的材料和工人工资的全部价值的5%。同样，纺工的雇主也要求额外加上他所付给的麻价和纺工工资的全部价值的5%。推而广之，织工的雇主也同样要求另外加上5%。因此工资增高对商品价格抬高的作用正如单利对债务累积的作用一样，而利润增高的作用却像复利的作用一样。我国商人和制造者对于高工资提高物价，从而减少国内外销路的恶果大发抱怨，对于高利润的恶果却只字不提。他们对自己的利得产生的恶果保持沉默，却只对由他人的利得产生的恶果满腹牢骚。

第十章　论工资与利润随劳动与资本用途的不同而不同

劳动与资本有不同的用途，有的有利，有的不利；然而总的说来，在同一地方，利弊必然完全相等或不断趋于相等。在同一地方，假若某一用途明显地比其他用途更有利或更不利，就会有许多人离开比较不利的用途而争抢着挤进比较有利的用途。这样，这种用途的利益不久便会再和其他各种用途相等。至少，在各种事物都听任其自然发展的社会，即在一切都听其自由、各个人都能自由选择自己认为适当的职业并能随时自由改业的社会，情况确是如此。每个人的利益必然会促使他寻求有利而避开不利的用途。

欧洲各地的货币工资及货币利润都随劳动和资本用途的不同而大不相同，但这种不相同部分是由于各种用途本身的某些情况，这些情况，在实际上或至少在一般人的想象中，对某些职业的微薄货币利益有所补偿，而对另一些职业的优厚货币利益有所抵销；另一部分是因为欧洲各国的政策不能让事物完全自由地发展。

为了分别讨论这些情况和政策，我把本章分作两节。

第一节　起因于用途本身的性质的不平等

就我所能观察到的来说，有以下五种主要情况对某些职业的微薄金钱报酬给予补偿，另一方面又对别的职业的优厚金钱报酬加以抵销：第一，职业本身有令人愉快与不快者；第二，职业学习有难有易，学费有多有少；第三，工作有稳定与不稳定；第四，职业必须担负的责任有大有小；第五，成功的可能性有大有小。

第一，劳动工资因业务有难易、有污洁、有尊卑而不相同。例如，就整年计算，大多数地方的缝工比织工挣得少。这是因为缝工的工作较为容易。织工的所得又比铁匠少，这是因为织工的工作更加清洁。铁匠虽是一种技工，但12小时工作的收入却往往不及一个普通煤矿工8小时工作所得，这是因为铁匠的工作不像后者那么肮脏危险，而且他还是在地面上的太阳下工作。对于一切尊贵职业，荣誉可以说是报酬的大部分。考虑到各方面，就金钱利得说，从事这些职业的报酬一般都很有限，我将在下面说明这一点。反之，不体面的职业情形正相反。屠户的职业粗蛮可厌，但在许多地方，他们的利得却高于大部分的普通职业。刽子手的职业最让人厌恶，可是就其工作量而言，他的报酬却高于任何普通职业。

渔猎在未开化社会被视为最重要的职业，在发达社会却成为最愉快的娱乐。古代为必要而渔猎，今日却是为了消遣。所以在发达社会，把别人的消遣当做职业的人都非常贫困。自特奥克里塔斯时代以来，渔夫都极其贫困①。私猎者在英格兰各地都是赤贫者；而在严禁私猎的国家中，特许狩猎者的生活也好不了多少。许多人做这职业是由于他们的自然兴趣，而不是由于这职业能给他们提供优裕生活。而与其劳动量相比，他们劳动生产物的售价总是过于低廉；从事这样职业的人，只能维持最贫困的生活水准。

不愉快和不体面对资本利润的影响，和它们对劳动的影响相同。小旅馆或小酒店的老板决不能说是自己店铺的主人，他们不得不忍受各种醉汉的蛮横无理，他们所操的职业既不体面，也不愉悦。但在普通营业中，却又很少有像这样以小额资本得到大额利润的。

第二，劳动工资因业务学习有难易、学费有多少而不相同。

---

① 见《田园诗》第二十一章，它描写两个穷苦渔夫的生活。

人们安装高价机器，必然期望这机器在磨毁以前所完成的工作可以收回投下的资本，并至少获得普通的利润。一种职业要费去许多工夫和时间才学会，它需要特殊技巧和熟练，可以说它等于一台高价机器。在从事工作的时候，学会这种职业的人必然期望除获得普通劳动工资外还收回全部学费，并至少取得普通利润。考虑到人的寿命极不确定，所以还必须在合理的时间内做到这一点，正如考虑到机器的比较确定的寿命，必须于合理时间内收回成本并获得利润一样。

熟练劳动和一般劳动之间的工资差异就基于这个原则。

欧洲各国的政策，把机械师、技工和制造师的劳动看做熟练劳动，而把一切农村劳动者的劳动看做普通劳动。该政策似乎认为，前者的劳动比后者在性质上更为精细（在若干情况下或许如此，可是在大多数情况下却不尽然；这一点我会在下面加以说明。）。所以，为使某人有从事前一种劳动的资格，欧洲各国的法律和习俗都要求他先作学徒，但严格程度却因地区而有异。对于后一种劳动，人是自由的，不受限制。而在作学徒期内，学徒的全部劳动都归师傅所有。学徒的生活费多数还是依靠父母亲或亲戚，衣服也几乎都是由父母亲或亲戚购置。依照普通惯例，学徒还要付给师傅一些学费，无力支付金钱的就要付出时间。换言之，要做比一般年限更长的学徒。不过这对师傅未必有利，因为学徒往往习惯于怠惰，而这对学徒更为不利。而就农村劳动来说，劳力往往在被雇从事简易工作的时候就学会了比较繁难的工作。无论在受雇期中的什么阶段，他都能以自己的劳动维持生活。因此，欧洲各国的机械师、技工和制造师的工资，论理应稍稍高于普通劳动者的工资；而实际上也是如此。这就使他们成为地位较高的人。但是一般地说，他们这种优越也很有限。制造单色的亚麻布和呢绒这类普通制造品的工人，一日或一星期的收入平均计算起来也不过略多于普通劳动者。由于他们的工作比较稳定一贯，全年的总收入也许较多；但是，这也显然只够补偿他们教育开支而已。

美的艺术和自由职业的学习需要更长时间和更大费用。所以，画家和雕刻家、律师和医生的货币报酬理应更加丰厚，实际上也正是如此。

但资本利润却不大受使用资本的那一行业学习难易的影响。就学习难易的程度说，大都市通常所用的各种投资方法似乎完全相等。在国内贸易或对外贸易中，一个部门的业务大抵不会比另一部门繁难多少。

第三，各种职业的劳动工资因业务稳定与否而不相同。

有些职业比其他职业稳定得多。只要能够劳作，大部分制造业工匠一年中几乎每日都有工作。反之，泥水匠或砖匠在严寒或天气险恶时便完全没有工作。而且，即使在天气好的时候，他们有无工作仍须取决于顾客的临时要求。因此，他们可能常常没有工作。他们在被雇时的收入不仅要足够维持他们无工作时期的生计，还要对他在不稳定情况中不时遭受的焦虑和沮丧给予若干补偿。所以推算起来，大部分制造业工人的收入和普通劳动者日工资几乎相等，但泥水匠和砖匠所得却大约是他们工资的 1 倍半乃至 2 倍。普通劳动者一星期如可获得四五先令，泥水匠和砖匠就往往可得七八先令。前者如为 6 先令，后者常为 9 到 10 先令。像在伦敦那样，前者如为 9 到 10 先令，后者就常为 15 到 18 先令。但在各种熟练劳动中，泥水匠和砖匠那样的劳动似乎最容易学。据说在夏天，伦敦的轿夫有时就被雇为砖匠。所以，这类劳动者的高工资与其说是熟练的报酬，倒不如说是由于不稳定。

造房子的木匠的劳动比泥水匠的工作似乎更为精细。但在许多地方而非一切地方，造房子的木匠的日薪却比泥水匠略低。这是因为他工作的有无虽也在很大程度上取决于顾客的临时要求，但他却不像泥水匠那样完全取决于此，而且他也不像泥水匠那么容易受天气的影响。

如果一般可以提供稳定职业的行业在某一特定地方无法提供稳定职业，那么操这些职业的工人的工资就总会上升，并大大超过这些从业者的工资和普通劳动工资的通常比例。像其他各地的日佣工那样，伦敦一切下层技工每日每周都可能被雇主雇佣或解雇。因此，伦敦的最下层技工如裁缝工一天也能挣得半克朗①，尽管普通劳动的日工资是 18 便士。在小城和乡村，裁缝工的工资往往只是等于普通劳动者的工资；但在伦敦，裁缝工却动辄数周无事可干，夏天尤然。

---

① 克朗是英国的旧时银币，值 5 先令。——译者注。

如果工作不稳定而且艰苦、不愉快和不清洁，那么，即使这种工作是最普通的劳动，其劳动者的工资也会上升到超过最熟练技工的工资。在纽卡斯尔，按件计资的煤矿工一般可得到约2倍于普通劳动的工资。在苏格兰许多地方是3倍左右。他们得到高工资全是由于他们工作的艰苦、不愉快和不清洁。他们大都可以愿意工作多久就多久。就艰苦、不清洁和不愉快来说，伦敦运煤工人几乎和煤矿工相同，但由于炭船难免误点到达，大部分运煤工人的工作必定很不固定。所以煤矿工如果通常得到两三倍于普通劳动的工资，运煤工人有时则会得到4倍、5倍，这似乎不应该说不合理。依据数年前的调查，按照当时工资率，运煤工人每日能得到6先令至10先令。6先令大约是伦敦普通劳动者的工资的4倍，而不论何种职业，最低的普通报酬往往就是绝大多数从业者的报酬。不管他们的所得看起来有多高，只要除补偿职业上一切不如意情况之外还有剩余，那么在一个没有垄断特权的职业里不久就必然有许许多多竞争者出现，其工资率也就很快降低。

任何行业的资本的普通利润都不可能受资本使用的固定与否的影响。资本固定使用与否不取决于行业，而取决于这行业的经营人。

第四，劳动工资因劳动者必须负担之责任的大小而不相同。

金匠和珠宝匠的工资不仅到处比需要同样技巧的许多其他劳动者高，而且比需要更大技巧的许多其他劳动者也要高。这是因为他们处理的是贵重的材料。

我们把身体的健康委托于医生，把财产，有时甚至把生命和名誉委托于律师或辩护人。像这样重大的责任决不能随便委托给平庸低微的人，所以他们得到的报酬必须使他们能够保持这重大托付所需要有的社会地位。他们必须保持的社会地位，加上他们必须受的长期教育与必须花费的巨额费用，势必使他们的劳动价格更高。

如果一个人仅仅使用自己的资本经营生意，他就没有信任问题。而他能否由他人处取得贷款，这不取决于他所经营的行业的性质，而取决于他人对他的财产、正直和智虑有着怎样的意见。因此，不同行业中不同的利润率不可能起因于经营各行业者所负责任的不同。

第五，各种职业的劳动工资依其有无成功的可能性而有不同。

各个学习职业的人能否胜任所学，其可能性的大小因职业不同而大不相同。就大部分机械职业说，成功几乎都是有把握的，但自由职业却不然。例如，学作鞋匠的孩子无疑能学会制鞋，但是送去学法律的孩子就不一定学有所成，精通法律并能靠法律吃饭的可能性至多是1/20。就完全公平的彩票来说，中彩者应得到未中者的全部所失；就一人成功而20人不成功的职业来说，这成功的一人就理应享有不成功的20人所应得而不能得的全部。所以，如果律师大概要到将近40岁时才能从职业中取得一些收益，其报酬就应不仅足以补偿他自己为受教育所花的大量时间和费用，而且要足以补偿那些全无所得的20多人的时间与费用。律师的收费有时显得过高，但他的真正报酬其实远达不到这一水平。计算一下某一地方的鞋匠或织工这类普通工人一年间可能收入的总额和他们一年间可能支出的总额，你就会知道，他们的收入一般多于支出。如果你用同样的方法，合计各律师及各法学协会见习律师的支出与收入，你就会知道，他们的年收入只等于年支出的极小部分，即使你尽量提高对他们年收入的估计并尽量减少他们的年支出也是如此。所以，法律业这个彩票决不是完全公平的；与其他许多自由职业和体面职业一样，法律业所得金钱报酬显然也很不充分。

但这些职业能与其他职业保持相同水平。尽管上述之事令人沮丧，所有豁达之士还是争先恐后地向这些行业挤来。这是由于有两个鼓舞他们的原因：第一是名誉心，希望成为行业的翘楚；第二，所有人都对于自己的才能甚至幸运有着天生的、或多或少的自信心。

如果在一种做到平凡地步也不容易的职业里特别显露头角，一个人就显然具有所谓天才卓识；而由此博得的赞赏永远是他所得报酬的一部分。这部分报酬是大还是小要看赞赏的程度而定。对医生来说，它占到全报酬的大部分，对律师来说更大，而对诗人或哲学家来说则几乎占到全部。

世上有几种非常悦人的优美才能，拥有者必定能博得某种赞赏；而用它谋利，世人就会根据私意或偏见视之为出卖色相。因此，为谋利而运用这种才能的人，所得的金钱不但要补偿他学习这种技能所花的时间、工夫和费用，还要能补偿他因此而招致的声名损失。演员、歌剧演唱家、歌剧舞者等报酬极高，这是由于两个原因：一是才能罕有而美好；二是运用这才能而蒙受了声名的损失。我们鄙视其人格，在另一方面却又对其才能给予非常优厚的报酬；这乍看起来似乎很不合理，可实际却是，正因为鄙视他们的人格，我们才要重酬他们的才能。如果世人对这些职业的意见或偏见一旦改变，他们的金钱报酬很快就会减少。因为更多的人要从事这些职业，而竞争势必使他们劳动的价格很快降低。这类才能不是一般才能，但也绝不是像世人所想象的那么罕见。完全具有这种才能而不屑用以图利谋生的人其实不在少数。如果运用这种才能来谋生不至于损害名誉，更多人也能学得这种才能。

大多数人对于自己的才能总是过于自负，这是历代哲学家和道德家所说的一种古老的通病。但是，世人对于自己的运气的荒谬猜测却不大为识者注意。对自己的幸运妄加猜测，要是可以这样说的话，要比对自己的才能过于自负还要普遍。任何一个活人，只要身心健康，他对自己的幸运总不免抱有几分自信。对利得的机会，每一个人都或多或少地作了过高的评价；对损失的机会，大多数人却评价过低。身体健康、精神十足的人，对利得的估计大都比实际情况要高。

从购买彩票的人都认为能中彩这一事实可以看出，人们自然而然地把利得的机会估计得过高。完全公平的彩票，换言之，以全部利得抵偿全部损失的彩票从来没有过，以后也永远不会有。因为要是有，经营者便一无所得。就国营彩票说，彩票实际上并不具有等于购买者所支付的价格的价值，但市场通常按超过实际价值20％、30％乃至40％的价格售卖。彩票这种需求所以发生的唯一原因，不外是人们想中大彩的妄想。虽明知用以购买彩票的小额资金的实际价值比中彩机会的实际价值也许要高过20％或30％，一个很稳重的人也不认为以小额资金获取1万镑乃至2万镑的中彩机会是愚蠢的。奖金不超过20镑的彩票，纵使在其他方面比普通国营彩票更接近于完全的公平，想要购买这种彩票的人恐怕也会少得多。有的人为要增加得中大彩的机会同时购买数张彩票，有的人则购买更多的小额彩票。但是，你冒险购买越多的彩票，你就越可能是损失者，这是再确定不过的数学法则。假若你冒险购买全部彩票，你肯定会亏钱。你购买彩票的张数越多，你的损失就越接近于这一绝对的损失。

从保险业的微利可以看出，损失的机率往往被人们估计得过低，很少有人将其估得高于保险的价值。把火灾保险或海上保险当做一种事业经营，所收的普通保险费必须足以补偿普通的损失，支付经营的费用，并提供要是资本用于一般业务所能取得的利润。只支付这么多保险费的被保险人显然只支付危险的实际价值；换言之，只支付他有充分的理由设想到的最低保险价格。许多人从经营保险生意取得微利，但很少有人由此发大财。由此可见，一般利得与损失相抵的结果对保险业不像对那些使许多人发财的行业那么有利。然而，尽管保险费一般都很低廉，许多人还是非常轻视危险，不愿意购买保险。就全英格兰的房屋平均推算，20户中就有19户，甚或百户中有99户都未曾投保火险。在许多人看来，海上风险比火灾更为可怕，保险船只对未保险船只的比例比保险房屋对未保险房屋的比例要大得多。但是无论在什么时候，甚至在战争期间，都有许多未保险船只往来航行。这样的行为有时也不是由于轻率。一个大公司甚或一个大商人若有二三十只船同时航海，它们就可以说是相互保障，由此节约下来的保险费也许足够补偿在一般情况下可能遭受的损失而且有余。可是，在大多数情况下，船只不保海险、房屋不保火险都是没有精密计算的结果，其原因完全是轻率无知，轻视危险。

在人的一生中，轻视危险和奢望成功的心理在选择职业的青年时期最为活跃。在这时期，对不幸的恐惧抵不过对幸运的希望。较之上流社会青年热衷于从事所谓自由职业，这一点从普通青年欢欢喜喜地参军或出海可以看得更加明显。

普通士兵所可能蒙受的损失是很明显的。然而，青年志愿兵不顾危险，在新的战争开始时特别踊跃从军。升迁的机会虽几乎没有，但他们在青年的幻想中想到了许许多多可以获得，可事实上并不能获得的荣誉与立下战功的机会。这些空虚的希望就成为他们流血的全部代价。他们的报酬比普通劳动者低，而在实际工作上，他们的劳苦却又大得多。

总的说来，航海这个彩票并不像陆军那么不利。一个有声誉的工匠的儿子往往可以得到父亲的允许去航海；可是，如果他要参加陆军，就总要瞒着他的父亲。就前一职业来说，人们也看到几分成功的机会。而就后一职业来说，除了他自己，谁都不会认为有成功的机会。伟大的海军上将，不像伟大的陆军上将博得那么大的民众崇拜。海上服务最大成功所可得到的名利也不像陆上同样的成功那么显赫。海陆军上将以下的军官，都有这样的差别。依据等级的规定，海军上校与陆军上校属于同一阶层，但在一般的评价上却不是同样看待。由于彩票里的大彩比较少，小彩就比较多。因此，比起普通陆军士兵，普通水兵更经常地得到一定的利益与升迁。而获得中小彩的希望，正是一般人愿意充当水兵的主要原因。普通水兵的熟练与技巧比几乎所有技工的熟练与技巧都强得多，他们一生中不断地和困难与危险作搏斗。可是，尽管有那么大的熟练技巧，经历那么大的困难与危险，在继续充当普通水兵的时候，他们除了在运用熟练与技巧和克服困难与危险时有点快感外几乎没有得到其他报酬。他们的工资并不高于决定水兵工资率的港口普通劳动者。由于他们不断往返于各港口间，所以，由大不列颠各港口出航的水兵，每月工资比各港口任何其他劳动者的工资更趋于一致；而由于伦敦港水兵出入最多，所以他们的工资率便决定着其他各港口的水兵工资率。伦敦各级工人的工资大多约为爱丁堡同级工人的两倍。但由伦敦出航的水兵，每月所得工资却很少比由利斯港出航的水兵高出三四先令，而且差别常常还没有这么大。在和平时期，在商业航行中，这种劳动在伦敦的价格是每月 21 先令到大约 27 先令。然而伦敦普通劳动者以一星期 9 先令或 10 先令计算，每月可得到 40 先令乃至 45 先令。虽然水兵除工资外，还供有食粮，但其价值未必会超过他所得工资及普通劳动者所得工资的差额。即使有时超过了这差额，这超过额也不能算是水兵的纯利，因为水兵不能和其家庭分享这种食粮，而必须用他的工资来养活他的妻子。

冒险和九死一生的生活并不能挫伤青年人的勇气，有时似乎更加鼓励他们去选择这类职业。在下层阶级中间，慈母往往不愿把儿子送入海港城市的学校读书，因为害怕儿子看到海船，受到水手的谈话和冒险事迹的引诱去过海洋生活。在遥远将来可能发生的危险并不使我们有所畏慑，因为我们可以期望凭自己的勇敢与机智来摆脱它，因此这类职业的劳动工资也就不会提高。勇敢与机智不能有所用的职业就情形两样了。非常不卫生的职业的劳动工资总是特别丰厚。不卫生让人不愉快，它对劳动工资产生的影响应归入不愉快那个题目下探讨。

各种资本用途的普通利润率，或多或少地因收益的确定与不确定而有不同。一般地说，国内商业的收益不像对外贸易那么不确定，而对外贸易的一些部门又比另一些部门确定。例如，北美贸易的收益不像与牙买加贸易的收益那么不确定。普通利润率随危险程度增高而略有增高，但增高的程度和危险的程度似乎不成比例。换句话说，增高的利润不一定能完全抵偿危险。破产在最危险职业上最常见。最危险的事业要算走私了。在冒险成功的情况下利得丰厚，但这种冒险会无可避免地导致破产。成功的奢望在这情况中所起的作用，正如在其他情况一样，诱使那么多冒险家去做这种危险生意，以致他们的竞争使利润减少到不够补偿危险的程度。要使危险完全得到补偿，其普通收益应在资本普通利润外，不仅弥补一切不时的损失，还要能对冒险家提供一种与保险人的利润同性质的利润。但是，如果普通收益足够提供这些，那么这些行业的破产危险就和其他行业一样不常见了。

因此，使劳动工资各不相同的五种情况之中只有两种影响到资本利润：工作是愉快还是不愉快，是安全还是危险。就愉快或不愉快来说，大多数资本用途都相差不远或者全无差别，但对各种劳动职业来说却存在着很大的差异。而资本的普通利润虽随危险程度增高而增高，其增高程度却未必和危险程度都成比例。由此可见，在同一社会或其附近地方，各种资本用途的平均或普通利润率，比各种劳动的货币工资更接近于一个水平，事实上也正如此。普通劳动者和生意好的律师与医生收入的差异，明显地比任何两种行业的普通利润的差异大得多。况且，各种行业利润表面上的差异往往是靠不住的，这是因为我们未必都把应该算作工资和应当算作利润的部分区别开来。

“药剂师的利润”一语已成为超常规事物的代名词。但是这种表面上很大的利润往往只是合理的劳动工资。就技能说，药剂师比其他一切技工精巧得多。他所受付托的责任也重得多。他是贫民的医生，而在病痛或危险比较轻微的情况下也是富人的医生。所以，他的报酬应当和他的技能与他所受的付托相称，而且一般是包含在出售药品的价格中。在大商业都市中，生意最兴隆的药剂师，每年卖出的全部药品也不过花他三四十镑。他所卖的价格虽是三四百镑，即虽以10倍的利润出售，但一般地说，这利润也许只是他的合理工资，而除了加在药品价格上，它简直没有第二种方法取得。他的表面利润的大部分只是披上利润外衣的真实工资。

在一个海港小镇上，资本不过100镑的小杂货商人能获得40%或50%的利润；而当地资本万镑的大批发商人，却很少能够获得8%或10%的利润。杂货商的行业对该地居民的便利也许是必要的，而狭小的市场不允许更大资本投在这种营业上。可是，那小杂货商人须靠此过活，并过着和经营这业务所必须有的各种资格相称的生活。除具有小额资本外，他不仅须能写会算，还要能相当准确地判断五六十种商品的价格与品质以及能以最低廉价格购买这些商品的市场。简言之，他必须具备大商人所需具备的一切知识。他不能成为大商人，只因为他没有充足的资本。如此才干之人每年取得三四十镑作为劳动的报酬决不能说是过分。若从他的似乎很大的资本利润中除去上述报酬，剩余的部分恐怕不会多于普通利润。所以在这种情况下，大部分表面利润也不外是真实工资。

零售商表面上的利润与批发商表面上的利润之间的差异，在都市比在小市镇及农村小得多。在零售业能投资一万镑的地方，零售商人的劳动工资，对于这么大资本的真实利润，就不过是很小的一个附加部分。所以，在那种地方，富裕零售商表面上的利润比批发商表面上的利润更趋于一致。正由于这个原因，都市里的零售价格一般和小市镇及农村同样低廉，甚或往往低廉得多。例如，杂货一般是低廉得多；面包与家畜肉往往是同样低廉。把杂货运往都市的费用并不比运往小城市或农村多，而把谷物和牲畜运往都市的费用却大得多，因为它们大部分要从远得多的地方运来。都市和农村的杂货原价一样，所以，在货物价格中附加利润最少的地方便最低廉。面包和肉类的原价在大城市比农村高，所以，大城市的利润虽较低，这些物品的售价未必较低，却往往是同样低廉。就面包及肉类这类商品说，其表面利润减少的原因，就是其原始成本增加的原因。市场的扩大，一方面由于所用资本较多而减少其表面利润，另一方面，又由于依赖于远方的需要而增加其原始成本。这表面利润的减少与原始成本的增大，在许多情况下几乎可以互相抵消。谷物及牲畜的价格在王国各地很不相同，但一般地说，面包及肉类的价格在王国的大多数地方却几乎相同，其原因也许就在于此。

虽然在都市的零售商及批发商的资本利润一般要低于小市镇和农村，但在都市常常可看到以小资本开始经营而发大财的人，在小市镇和农村却寥寥无几。在小市镇和农村，由于市场狭隘，营业未必都随资本的增加而扩大。所以在这些地方，个别商人的利润率虽很高，利润的总额却不很大，而他们每年的积蓄额也就有限。反之，大城市的营业，能随资本的增加而扩大，而勤俭商人的信用，增加得比其资本的增加快得多。这样，他的营业随他的信用及资本这两者的增大而扩张；他的利润总额随他的营业的扩张而增加；他每年所积累的资金也随他利润总额的增加而加大。但是，即使在大城市，由于一种正规的、稳定的和为人所周知的行业而发大财的也很少见，发大财主要是由于长期的勤勉、节约和认真经营。大城市中往往有从事所谓投机生意而突然致富的，但投机商人并不是经营正规的、稳定的和为人所周知的业务。他今年是谷物商，明年是酒商，后年又是砂糖商、烟草商或茶商。不论何种行业，只要预见到这行业有超过普通利润的希望，他便马上加入；一旦预见到利润将要降落到和其他行业相等，他又马上离开。因此，他的利润和损失也就不能和其他任何正规的、稳定的和为人所周知的行业相提并论。大胆的冒险者，有时也许由于两三次投机的成功而获得很大财产，有时也许会由于两三次投机的失败而损失很大财产。除大城市外，这种生意在其他任何地方都无法进行。因为经营这种生意所需要的信息只存在于商务最繁盛和交易最频繁的地方。

上述五种情况虽使劳动工资与资本利润在很大程度上不平等，却并未使劳动或资本的不同用途实际上或想象中的总体利害变得不平等。这些情况的性质是：使一些货币的用途得到少量金额的补偿，使另一些更大的货币的用途损益抵消。

但是，要使不同用途的总体利害能有这样的平等，即使在最自由的地方也须具备三个条件：第一，这些用途在一地方及其附近必须人所共知而且长期稳定；第二，这些用途必须处在普通状态即所谓自然状态之下；第三，这些用途必须是使用者的唯一用途或主要用途。

第一，只有这些用途在当地人所周知而且长期稳定，才会产生这样的平等。

在其他情况都相同的地方，新行业的工资大都高于旧行业。当计划者想要设立一新制造业时，他最初必须提供高于其他行业或高于本行业应有的工资，把工人从其他行业吸引过来；他也要经过很长时间才敢把工资降到一般水平。有些制造品，其需要完全由于时尚和一时爱好产生，这些制造品总会不断变动，很少能持久，因而不能看做旧制品。反之，另一些制造品，其需要主要由于效用与必需而产生，它们不像上述制造品那么容易变动，其形式和构造可以历经数世纪还为人所需。所以，与后一类制造业比较，前一类制造业工资可能较高。伯明翰的制造业多半属于前一类，谢菲尔德的制造业多半属于后一类。据说，这两个地方的劳动工资很适合它们这样不同性质的制造业。

建立新的制造业、商业或农业经营总是一种投机，而计划人期望由此获得非常大的利润。这种利润有时是很大的，但有时也很小。不过一般说来，这种新行业的利润和当地其他旧行业的利润却没有正常的比例。如果计划成功了，利润在最初通常是很高的。但当这行业或营业一经稳定而人所共知的时候，竞争就会使其利润降到和其他行业相同的水平了。

第二，只在劳动和资本的不同用途处在普通状态即所谓自然状态下，这些用途的总体利害才会有这样的平等。

和平常相比，对各种劳动的需求有时较大有时较小。劳动在这种用途的收益，在前一情况增高到普通水平以上，在后一情况则减少到普通水平以下。对农村劳动的需求，在锄草期和收获期比一年中大部分时期都大，其工资也随着需求的增加而增高。在战争中，四五万原为商船服务的海员被迫而为国王服务，这样，商船海员的需求必然由于缺额而增加。而这时海员的工资，常由每月 21 至 27 先令上升到 40 到 60 先令。然而，日趋衰落的制造业却正相反，许多劳动者不愿舍去原有职业，所得工资虽比按照他们工作性质所应得的低，也只好自认满足。

资本的利润随使用资本所生产的商品的价格而变动。当任何一个商品的价格上升到普通或平均价格之上的时候，为出售这商品而使用的资本就至少有一部分，其利润上升到原有水平之上。当价格下降时，利润也降到原有水平之下。一切商品的价格都或多或少地变动，但有的商品变动得比其他商品大得多。就人类劳动生产物来说，每年所用的劳动量必然受每年需求的支配，以使每年平均产量都尽可能接近于每年平均消费量。前已述及，就同量劳动来说，有些用途总会生产同量或几乎同量的商品。例如在麻布或呢绒制造业，同一数量的劳动者，年年几乎制造同一数量的麻布或呢绒。所以，这类商品的市场价格变动只能是缘于需求上的偶然变动。国丧使黑布的价格增高，但对白麻布及呢绒的需求几乎没有变动，所以其价格也几乎没有变动。但有些用途，使用同量劳动却未必都生产同量商品。例如，谷物、葡萄酒、啤酒花、砂糖、烟草即是如此，同量劳动在各年中生产的数量大不相同。所以，这类商品的价格，不仅随需求的变动而变动，而且随数量方面更大和更频繁的变动而变动，因而也就变动非常大。而经营这类商品的一些商人的利润，必然随这类商品价格的变动而变动。一般投机商人的活动大都做这类商品。他们看到这种商品的价格将要上升就立即买入，看到它将要下落就立即卖出。

第三，只有在这些用途成为使用者的唯一或主要用途的情况下，劳动和资本的不同用途的总体利害关系才会有这样的平等。

当一个人靠某一种职业谋生，而那职业并不占有他的大部分时间时，他往往就愿意在闲暇期间从事另一种职业。就算他由此所得的工资低于按照那种工作性质所应得，他也愿意接受。

在苏格兰许多地方，迄今还有称为农场雇工的那一种人存在，只是现在比数年前减少了。他们是地主和农场主的外佣工，从雇主那里通常取得的报酬是一间住宅，一块小菜园，一块够饲养一头母牛的草地与一两亩劣田。当雇主需要他们的劳动时，他也许还每星期给他们约值 15 便士的两配克燕麦片。在一年中的大部分时间，雇主或者需要他们干点小活，或是全不需要；而他们自己在小耕地上的劳动也不会占去能由他自己随意支配的全部时间。所以据说当这些雇工比现今多的时候，他们都愿意在闲暇时间以极少的报酬为任何人工作，愿意以低于其他劳动者的工资劳作。在古代，这种雇工遍布于欧洲各地。在土地种得很坏而人口稀少的国家，要不是使用这办法，大部分的地主和农场主在需要特别多劳动者的季节就不能获利。这样的劳动者偶然得到的每天或每周的报酬显然不是他们劳动的全部价格。他们的小块租用地在他们劳动的全部价格中占一个很可观的部分；可是，那些收集往昔劳动及食品价格并喜欢把这两者的价格说得非常低的许多学者，似乎把这种劳动者偶然得到的每天或每周的报酬当做其劳动的全部价格了。

所以，这类劳动的生产物往往以低于应有的价格在市场出售。苏格兰许多地方编织的袜子的价格比任何地方用织机织成的袜子都要低廉得多。那是因为编织这样的袜子的劳动者都是从其他职业获得了他们的主要生活资料。每年谢德兰都有1000双以上的袜子输入利斯，其价格为每双5到7便士。我听说，在谢德兰群岛的小小首府利尔维克，普通劳动的普通工资是每天10便士。在这些岛屿上，他们编织的毛袜价值为每双1几尼以上。

在苏格兰，像织袜子一样，亚麻线纺织也是由主要做其他工作的雇工来进行的。这些人企图从两种工作中取得他们的全部生活费用，但只得到极微薄的生活费。在苏格兰，女纺工一星期能赚得20便士就算很不错了。

在富裕的国家，市场一般十分广阔，任何一种行业都足以运用从事这种行业的人的全部劳动和资本。靠一种工作生活，同时又从另一种工作获得微利之人的例子则主要是在穷国发生。可是下面的实例多少与之相似，却可以在一个非常富有的国家的首都看到。我相信，在欧洲没有一个城市的房租比伦敦更贵，但是我也知道，要租用一套布置整齐的房间，没有一个首都比伦敦更价廉。分租住房不仅伦敦比巴黎便宜得多，而且就同等质量的房屋而言，伦敦也比爱丁堡便宜得多。表面上似乎很怪的是，房租贵正是分租房屋便宜的原因。伦敦房租昂贵不仅是由于在所有大都会造成房租昂贵的原因，即劳动贵，建筑材料贵（一般需从遥远的地方运来），尤其是地租贵（每一个地主都是垄断者，对城市的1英亩坏土地常常索取比乡下100英亩最好的土地更高的租金），而且也部分地是由于人们的特殊风俗和习惯，它迫使每一个家长必须租用自上到下的整栋的房屋。英格兰的一所住宅意味着在同一个屋顶之下所包含的一切东西，而在法国、苏格兰以及欧洲许多其他地区，它常常只意味着单独一层楼房。一个商人在伦敦不得不租用他的顾客所在地段的一整栋房屋，店铺设在底层，他和家人则睡在阁楼上，他要租出中间两层给房客以负担部分房租。他期望靠生意而不是分租的租金来维持他的家庭生活。而在巴黎和爱丁堡，出租房屋给房客的人一般来说并无其他的生存手段；房客们的租金不仅须支付房租，而且须支付他一家的全部生活费用。

第二节　起因于欧洲政策的不平等

由此可见，即使在有最完全自由的地方，如果缺少上述三条件的任何一个，劳动和资本不同用途总体的利害就必然产生上述的那些不平等。但是，因为欧洲政策不让事物有完全自由的发展，便产生了比其他地方更多的不平等。

欧洲政策主要是用以下三种方式促成这样的不平等的：第一，限制某些职业中的竞争人数，使其少于原来愿意进入这些职业的人数；第二，增加另一些职业上的竞争并使其超越自然限度；第三，限制劳动和资本自由活动，使其不能由一职业转移到其他职业或由一地方转移到另一地方。

第一，欧洲的政策，由于限制一些职业上的竞争人数，使愿加入者不能加入，所以使劳动和资本用途的总体利害情况有了非常大的不平等。

同业公会的排外特权是欧洲政策限制职业竞争人数的主要手段。

有同业公会的行业的排外特权，必然在特权设立的城市中只许那些有经营此行业自由的人相互竞争。得到这种自由的必要条件，通常是在当地有一定资格的师傅门下做学徒。同业公会的规则有时限定各师傅所收学徒的人数，而且一般来说都规定学徒的年限。这两种规则的目的仍在于限制该行业上的竞争，使从业人数少于不加限制时准备加入这行业的人数。规定学徒人数是直接限制竞争，而长的学徒年限由于增加学习费用，也会间接限制竞争，取得同样的效果。

依同业公会规则，谢菲尔德的刀匠师傅，不得同时带一个以上的徒弟。在诺佛克和诺里奇，一个织匠师傅只能带两个学徒，违者每月向国王交纳5镑罚款。在英格兰任何地方，或在英格兰殖民地，一个帽匠师傅只能带两个学徒，违者每月罚款5镑，一半交国王，一半给在任何一个记录法庭投诉的人。这两项规定虽然是由王国的一项公法加以确认的，但显然是受制定谢菲尔德规则的同业公会精神的驱使。伦敦的丝织匠组织同业公会不到一年，就制定规则，限制师傅在一个时期只能带两个学徒。经过国会通过一项特别法律才废除了这一规则。

往昔，全欧洲大部分有组织的行业，似乎都把学徒期限定为7年。所有这样的组织，往昔都称为 university，这也是任何组织的拉丁文原名，如铁匠 university、缝工 university 等等，在古代都市的特许状中常可看见。今日特称为大学（university）的特殊团体获得文学硕士学位所必需的学习年限的规定在设立之初也明显地是根据以往同业公会对学徒年限的规定。一个人如果想在普通行业上获得称师受徒的资格，就得在具有适当资格的师傅门下做 7 年学徒。同样，一个人想在文科上成为硕士、教师或学者（这三者在从前是同义语），取得收受学生或学徒（这两者原来也是同义语）的资格，也同样得在具有适当资格的师傅门下学习 7 年。

伊丽莎白第五年所颁布的通常所说的学徒年限法令，规定此后无论何人，至少须做 7 年学徒，否则就不许从事当时英格兰所有的一切手艺、工艺或技艺。以前是许多同业公会自己的规则，现在变成了英格兰所有在城市中进行的行业的普遍的和公共的法律。虽然法律的文字很笼统，似乎是包括整个王国在内，但根据解释，它的效力只限于城市；因为在乡村，一个人可以从事几种不同的行业，尽管他在哪一种行业中都没有当过 7 年学徒，但为了居民的方便必须有这样的人，而且乡村人口不多，不足以为每种行业提供足够的人手。

而按照这法令的严格解释，则其适用范围又只限于伊丽莎白五年以前在英格兰境内建立的行业，而没有扩大到以后建立的新行业。这种限制造成了几个区别，作为政策的规定，这些区别真是愚不可及。例如，马车制造人不得自行制造车轮，也不得雇人制造，他必须向车轮匠购买，因为车轮制造业是伊丽莎白五年以前英格兰已有的行业。但即使没有在马车制造匠门下做过学徒，车轮匠也不妨制造马车或雇人制造，因为马车制造业在学徒法令颁布以后才在英格兰出现，所以不受该法令的限制。根据这种理由，在曼彻斯特、伯明翰和沃弗汉普顿等地的许多制造业就不受学徒法令的约束，因为它们是伊丽莎白五年以后在英格兰建立的。

就法兰西来说，学徒年限长短各市不同，各业不同。在巴黎，大多数行业以 5 年为期，但要想取得某种行业上的师傅资格，他就至少还须再做 5 年帮工。在以后这 5 年间，他被称为师傅的伙伴，而这五年时间则称为伙伴期。

就苏格兰说，对学徒年限没有普遍规定的法律。在不同的同业公会，年限并不相同。有的公会年限定得长，一般可通过支付少额款项来缩短期限。此外，在大多数城市中，只要支付极少款项便可买得任何同业公会的会员资格。而苏格兰的主要制造者，如亚麻布和大麻布的织工以及附属于这类制造业的其他各种技工，如车轮制造者、纺车制造者等，却不需支付款项即可在自治城市营业。在自治城市，在一星期内的法定日内，一切市民都可自由贩卖家畜肉。在苏格兰，学徒年限普通为 3 年，即使在一些需要非常精细的技艺的行业也是如此。据我所知，欧洲各国的同业公会法律一般都不像苏格兰那么宽大。

劳动所有权是一切其他所有权的主要基础，所以这种所有权是最神圣不可侵犯的。一个穷人所有的世袭财产就是他的体力与技巧，而阻止他用他认为合适而又不伤害他的邻人的方式去运用他的力量和技巧，就显然是对他最神圣的财产权的侵犯。这是对工人和对可能有意雇佣他的人的正当自由的明显侵犯。因为这妨碍了工人按他认为合适的方式去工作，另一方面又妨碍了其他的人按自己认为合适的方式去雇佣他。对于雇佣他是否合适的判断肯定应由有重大利害关系的雇主去裁夺，而法律制定者假装担心他们雇佣了不合适的人，显然是既无礼又苛刻的。

规定很长的学徒年限并不能保证不合格的制造品不会在市场出售。当出现这种产品时，一般是由于欺诈，而不是由于能力不足。最长的学徒年限也不能保证不出现欺诈。必须有非常不同的法规来防止这种流弊。器皿上的纯度标志，麻布和呢绒的检验印记比任何的学徒法律更能使购买者放心。他一般只看这些标记，而从来不想去过问究竟制造工人有没有当过 7 年学徒。

长期学徒制并不就自然有利于养成少年人的勤劳习惯。一个按件计酬的帮工可能是很勤勉的，因为他从自己的勤勉获得了全部好处。一个学徒可能是偷懒的，并且也几乎总是在偷懒，因为他的勤勉没有直接的利害关系。在低级的职业中，劳动的快乐全在于获得劳动报酬。凡是能最快地享受劳动快乐的人也会最快地怀有对劳动的兴趣，并早日养成勤劳的习惯。在长时期内不能从劳动中得到好处，青年人自然会厌恶劳动。由公共慈善团体送去当学徒的儿童，其年限通常比一般人更长，他们大多都变得非常懒惰无用。

古代没有学徒制度存在。在一切近代法典中，师傅和学徒间的各种相互义务都成为重要的一条，但罗马法对这样的义务却只字不提。我们现在归诸“学徒”一词的概念，即在一定行业中，在师傅将授予这一行业的技艺的条件下，佣工必须在一定年限内为师傅的利益而工作的概念，我无法从希腊或拉丁语中找出一个相应字眼来加以表达。我敢断定这两国文字中没有这种字眼存在。

漫长的学徒年限全无必要。比一般手艺高得多的技艺，如挂钟和手表的制造，也并不含有需要长期教授的神秘技术。尽管这些精巧机器甚至用以制造这些机器的一些器具的最初发明，无疑是经过长期与深刻思索之后才作出的作品，并且可以公正地称为人类发明才能的最可喜成果之一，但是，这些机器和器具一经发明与理解，要详详细细地给少年人讲解怎样使用与制造，大概不需要几星期以上的时间，也许几天的讲授就已足够。就一般机械工艺来说，几天一定就够了，虽然普通手艺要学得手的灵巧，非有大量实践和体验不可。但是一个青年如果一开头就作为一个帮工来工作，按他所完成的小量工作得到相应的报酬，对他有时由于笨拙和缺乏经验而损坏的原料负责赔偿，那他就会更加勤勉，更加用心，这种方式对他的教育一般会更加有效，并且也不那么令人生厌和费钱。师傅会遭受损失，损失一个学徒现在所节省的在 7 年之内的学徒工资；或许到头来，学徒自己也会遭受损失。在一个那么容易学的行业中，他会有更多的竞争者；当他成为一个完全的工人时，他的工资也会比现在少得多。竞争加剧既会减少师傅的利润，同样也会减少工人的工资；行业、手艺、秘诀，全都会遭受损失。但是公众将是获益者，因为这样一来市场上所有工匠的制造品全都要便宜得多。

同业公会以及大部分组织规则的设立，在于通过限制自由竞争来阻止价格的下降，从而阻止工资及利润的下降；而自由竞争势必引起这样的价格下降。以前在欧洲多数地方设立同业公会，只须取得组织所在地的自治城市的许可；而在英格兰，还须取得国王的特许状。不过，国王这种特权似乎不是为了防止这些垄断事业侵犯一般自由，而是为了要榨取臣民货币。一般地说，只要向国王交纳若干款项的人都很容易取得特许状。假若某一种类技工或商人，认为不经国王特许而设立组织是合适的，这些当时所谓不正当的同业公会也未必会因此受到取缔，只要每年向国王交纳若干罚金，就会得到允许来行使被剥夺的权利。一切公会及其认为应制定来管理自己的规则都归公会所在地的自治城市直接监督。所以，对公会的管制通常不是来自国王，而是来自那些由附属团体构成的更大团体。

自治城市的管理权完全操在商人和工匠手中。像他们自己所说的，他们中间每一个特殊阶级的明显利益都是要防止市场上他们自己的特种产品存货过多，实质上就是要使市场总是存货不足。每一个阶级都渴望订立合适的规章去达到这个目的；只要被允许，它也乐意每一个其他阶级也这样做。由于有了这种规章，每一个阶级都不得不向市内其他阶级以比普通略贵的价格购买自己需要的货物；但作为补偿，他们自己的货物也能同样卖得贵些。所以他们终归都是一样。在市内各个阶级之间的相互交易中，没有一个因为这些规章而遭受损失。但是在同乡村的交易中，他们都是巨大的获利者；而正是这种交易构成了使每一个城市得到支持和致富的全部贸易。

一切都市的生活资料与工业原料都依赖于农村。都市支付这些资料与原料的主要方法有二：第一是把那些原料中一部分加工制成成品送还农村；这样，那些物品的价格就因劳动工资及老板或直接雇主的利润而提高了。第二，把由外国输入或由国内遥远地方输入都市的粗制品或精制品的一部分送往农村；这样，那些物品的原价就因水陆运输的劳动者工资及雇佣这些劳动者的商人的利润而提高。都市由它的制造品取得的利益是它的第一种商业利得，它由对内及对外贸易获得的利益是第二种。劳动者的工资及各种雇主的利润，构成了这两种商业利得的全部。所以，不论何种规则，只要会使那些工资和利润比这样的规则制定以前有所增加，就会使都市能以较少的都市劳动量购买较多的农村劳动量。这样的规则，使都市商人和技工享有比农村的地主、农场主及农业劳动者更大的利益，因而破坏了都市与农村商业上应有的自然平等。因为社会劳动的全部年产品，每年都是在都市和农村人民中间分配的。由于有了这样的规则，都市居民就享有这规则制定前所不会有的较大份额，而农民却只享有较少的份额。

城市对每年输入的食物和原料所支付的真实价格，就是每年输出的制造品和其他货物的数量。售出后者贵，则购入前者便宜。城市的产业变得更有利，而乡村则变得更不利。

不必去进行精细的计算，一种非常简单的和明显的现象就可以使我们信服，在欧洲各处的城市的产业比乡村产业处于更有利的地位。在欧洲的每一个国家，我们看到，由小本经营商业和制造业这种属于城市的正当行业开始而最终发大财的，与从改良和耕作土地以生产天然产物这种属于乡村的正当行业开始而最终发大财的，两者的人数比例至少为 100 ∶ 1。因此，前一种情况和后一种情况相比，产业的报酬要优厚些，劳动工资和资本利润显然要高些。而资本和劳动自然会寻求最有利的用途。因此，它们自然会尽可能地去到城市、离开乡村。

都市居民群集一地就能够容易地结合在一起。结果，在某些地方，都市中最不足道的手工业也有同业公会；即在完全未有公会的地方，他们一般都有这种公会精神，即：他们嫉妒外乡人，不愿意收学徒把工艺上的秘密传授别人。这种同业精神往往教导他们通过自愿结合或协约，来阻止不能靠法令来禁止的自由竞争。劳动者人数有限的行业最容易形成这类结合。比如，使 1000 纺工和织工继续操作所需要的梳毛工，也许不过 6 人；通过联合不收学徒，这些梳毛工人不仅能够垄断这种工艺，使整个羊毛制造业成为他们的奴隶，而且他们劳动的价格也会大大超过其行业应得的工资。

乡村居民分散在遥远的地方，不容易联合起来。他们从来没有组织过同业公会，而且也从没有受过同业公会精神的影响。从来没有人想到要先当学徒然后才有资格从事耕作（耕作是国家最大的行业）。可是，在所谓艺术和自由职业以外，或许没有一个行业要求有这么种类繁多的知识和经验。用所有各种文字写出的有关农业的无数书籍，可以使我们相信，在最聪明最有学问的国民中，从来没有人把农业看做是很容易懂的事情。然而从这些书籍中，我们很难找到即使是普通农民一般也具有的关于农业的各种不同的和复杂的操作知识；其中一些书的十分可鄙的作者有时谈到一般农民时是何等轻蔑啊。反之，在任何一种普通的机械行业中，很少有全部操作不能用几页小册子就能清楚说明、用文字再附上图表实例就可以达到目的的。当今法国科学院正在刊行的工艺史中，有几种实际上就是这样做的。此外，必须随天气的变更以及许多意外事故而变更的操作方法，所需要的判断与熟虑，要远远多于永远相同或几乎完全相同的操作方法。

不仅农夫的手艺即耕种的一般操作方法，乡村的许多低级劳动部门也要求有比大多数机械行业更多的技能和经验。用铜和铁作为工作对象的人，他们使用的工具和原料的性能总是一样或者几乎是一样的，但是用一组马或牛去犁地的人，马牛的健康、力气和脾性在不同的情况下也非常不同，其使用的原料的状况也和他所使用的工具一样变化多端；二者均要求用更多的判断和考虑去处理。普通的犁地的人一般被认为是愚钝无知的人；但在这种对耕作的判断方面他们却很少是不合格的。诚然，他不像住在城市的机械工那样，习惯于社会交际，他的声音和语言比较粗鲁，没有听惯的人比较难于了解。然而他的理解力，由于习惯于考虑事物的更多的变化，一般比工人要高明得多，工人的注意力从早到晚一般都集中在从事一两种非常简单的操作上。凡是由于业务或好奇而曾经和这两种人多次交谈的人，个个都十分清楚乡村的下层人民比城里的人要高明多少。所以，在中国和印度，乡村劳动者的地位和工资据说比大多数工匠和制造业者的等级和工资都高。如果不是由于同业公会法律和同业精神的阻止，他们在其他各国也都会是那样。

不过，欧洲各地都市产业比农村产业优越，并不完全是由于同业公会及组织法规的存在，其他许许多多规定跟着也助长了这种优势。对外国制造品和对外国商人输入的一切货物收取高额关税都倾向于助长这种优势。同业公会法规使都市居民能够抬高他们的制造品价格，不必忧虑国人的自由竞争会降低其价格，而高关税的规定使都市居民不怕外人的竞争。不论何处，由这两种法规而产生的高价格都由农村的地主、农场主和劳动者负担。他们对于这种垄断权的建立，几乎未曾反抗。他们通常不想结成联合，也不适合于结成联合；商人和制造者的叫喊和诡辩很容易说服他们，使其相信社会中一部分处于从属地位的人的私人利益就是全社会的利益。

以前在大不列颠，城市产业对乡村产业的优越地位似乎比在现在更高。据说，比起上个世纪或在本世纪初的情况来，现在乡村劳动的工资更接近于制造业劳动的工资，在农业中运用的资本的利润更接近于贸易和制造业资本的利润。这种变化可以看做是特别鼓励城市产业的必然的（虽然是迟到的）结果。在城市产业中积累的资本到头来是如此巨大，以致不再能在城市特有的各种产业中获得往昔的利润。像其他产业一样，城市产业也有自己的限度；增加资本就会增加竞争，必然减少利润。城市利润的降低迫使资本流入乡村，通过创造对乡村劳动的新需求，必然抬高它的工资。于是，资本自行扩散到乡间，在农业中运用，因而部分地回到了乡村，而它大部分原先就是靠牺牲乡村，在城市积累起来的。我将在下面说明，欧洲各处乡村最大的改良，就是由于最初在城市积累的资本这样的流入；同时表明，虽然有些国家通过这种过程获得了更多的财富，这种过程本身却是缓慢的、不确定的，很容易受到无数意外事故的干扰和阻挠，在每一方面均与自然和理性的顺序相反。在本书第三篇和第四篇，我将尽可能详尽而明白地说明造成这种情况的利益、偏见、法律和风俗习惯。

即使为了娱乐或消遣，同业中人也很少聚集在一起，而他们谈话的结果往往不是阴谋对付公众便是筹划抬高价格。通过能实施的或不违反自由和正义的法律来阻止同业者这样的集会是办不到的，但法律不应该纵容这种集会，更不应该使这种集会非举行不可。

要同市一切同业者都把姓名住所登记在公共登记簿的规则，就使这种集会易于举行。因为这把本来也许无法结识的个别人联系起来，并使同一行业每一个人都能借此获知所有其他人的住址。要同一行业的人捐钱以救济同业中的贫者、病者以及孤儿寡妇的规则，由于要他们处理一个共同利益问题，就使这样的集会非举行不可。

同业公会不但使这种集会成为必要，而且使多数通过的决议案对全体有约束力。就自由行业说，除非同业者全体同意，否则不可能结成有效的组织，而且这组织只在各个人意见继续一致的时间内才能继续存在。而同业公会能依多数决议制定规则，并附有适当的惩罚条款，于是它限制竞争的作用比任何自由结合都更为有效持久。

有人说为了更好地管理行业就必须有同业公会，这种托词毫无根据。对工人实行的真实而有效的监督不是来自他的同业公会，而是来自他的顾客。正是对丧失顾客的恐惧才使他不敢造假，不敢疏忽，而一个排他的同业公会必然会削弱这种监督的力量。因为它们必须使用某些特定的工人，不管他们是好是坏。正是由于这个缘故，在许多大城市中找不到像样的工人，即使在某些最必要的行业中也是如此。如果想要使你的工作做得还像个样子，就要把它拿到郊区去做，那里的工人没有特权，只能依赖自己的质量，然后再把制成品尽可能地偷运进城市。

正是通过这种方式，欧洲的政策限制某些行业的竞争，使从业人数比有意进入这个行业的人数少，在劳动和资本不同用途的总体利害中造成了一种非常重大的不平等。

第二，欧洲的政策增加了某些行业中的竞争，使其超过了自然的限度，因而使劳动和资本的各种用途的总体利害有了另一种和上述不平等不同的不平等。

人们认为，给某些行业培养适当数目的人材是非常重要的，所以，公共团体或热诚的私人基金捐助者设置了许多奖金、助学金、奖学金、苦学生津贴等等，结果就使这些职业的人数大大超过自然的限度。我相信，一切基督教国家，大部分牧师的教育费都是出自这个来源。完全由自费受教育的并不多见。而那些自费受教育的人，所花的长久时间和巨大费用以及所下的苦功，未必都能获得相应的报酬，因为教会中挤满了愿意接受比他们应得报酬低得多的报酬的人。这样，富者应得的报酬就因贫者的竞争而被剥夺。我们把教区牧师助理或教堂牧师同一般行业的帮工比较未免有失体统，但教区牧师助理或教堂牧师的薪水与帮工的工资，却可正当地视为有同一性质的。这三种人，都按他们和其上司所订的契约获取工作报酬。按照几次全国宗教会议所公布的规定，英格兰教区牧师助理的薪水直到 14 世纪中叶还是 5 马克，其所含白银和现今 10 镑货币所含的大约相同。在同一时期，泥水匠师傅的工资一日 4 便士，泥水匠帮工的工资一日 3 便士，前者所含银量和现今 1 先令所含相同，后者相当于现今 9 便士。所以这两种劳动者，假如能持续被雇佣，其工资就比教区牧师助理优越得多。假若泥水匠师傅每年有 2/3 的时间劳动，其所得工资就和教区牧师助理的薪水相等。安妮女王第十二年第十二号法令宣称：“由于对副牧师缺乏充分的维持和鼓励，有些地方他们的给养很是贫乏。故特授权各地主教签字盖章，发放足够维持生活的俸禄或津贴，每年不得超过 50 镑，不得少于 20 镑。”从现在来看，教区牧师助理年得 40 镑的就算非常优裕。但尽管上述法令限定年薪不得少于 20 磅，许多教区牧师助理，每年俸金仍少于 20 镑。伦敦的制鞋帮工，有的却每年可得 40 镑；同市中，任何种类的勤勉劳动者，每年所得几乎都在 20 镑以上。当然，20 镑这个数额，不超过许多农村教区普通劳动者通常所得的数额。无论什么时候，要是法律企图规定工资，其结果总是使工资减少，而不是使它增高。可是法律曾经好多次企图抬高教区牧师助理的工资，并为保持教会的尊严，命令教区长，要给教区牧师助理以超过他们甘愿接受的极微薄生活费的报酬。在这两种情况下，法律似乎都不发生效力，从来没有能提高副牧师的工资，也没有能将劳动者的工资降低到政府预期的程度。因为它一方面不能阻止副牧师愿意接受比法定俸给更低的待遇，这是由于他们处境的贫困和他们的竞争者人数众多；另一方面不能阻止工人所得更多，因为那些希望从雇佣他们得到利润或快乐的人们之间也有竞争。

教会下级人员非常穷困，但大圣俸的优异和其他教会中的尊严却能保持教会的崇高地位。而且，这种职业所受到的尊敬正好补偿他们金钱报酬的低微。在英格兰及一切罗马天主教国家，在教会这一彩票上所能中的彩数要比所需要的多得多。苏格兰、日内瓦以及一些其他新教教会的实例使我们确信，就一个有那么大声誉而受教育机会又是那么容易取得的职业来说，能获得一般圣俸的希望吸引了相当多的有学问和品行端庄之士充当圣职。

如果全无常俸的律师和医师也有那么多的人由公费教育培养，那么这些职业上的竞争不久就会变得非常激烈，大大削减他们金钱上的报酬。这样一来，以自费接受教育的子弟，从事这些职业就不值得。这些职业，将完全由公共慈善团体所培养的人士充当。他们人数众多而且贫穷，一般都满足于极微薄的报酬，结果，律师和医师这些职业就不能像现在这样受尊重。

普通称做“文人”（men of letters）的那种不得意的人，现在正处于根据上述假设律师和医生或许将要落到的境地。在欧洲的所有地区，他们中间大多数人所受的教育都是为了进入教会，但由于各种原因未能获得圣职。他们的教育一般都是公费，而他们的人数又是那么多，所以他们劳动的价格通常也就极其低微。

印刷术发明以前，文人靠其才能获取报酬的唯一职业就是充当公共或私人的教师，换言之，把自己学得的深奥而有用的知识授予他人。比起印刷术发明以后为书商卖文的职业，这种职业的确是更有名誉，而且一般地说，甚至更可获利。但要做一个出色的教师所需要的时间与研究，所需要的天资、知识和勤勉，至少必与著名律师和医师相同。然而，出色教师的普通报酬，却比不上律师和医师所得的报酬。因为前者的职业挤满了靠公费受教育的穷苦的人，而后者的职业，则由自费受教育的少数人充任。不过，现今公共的或私人的教师的通常报酬虽然很少，但如果那些为面包而卖文的更贫苦文人加入竞争，这些教师的报酬无疑会比现今还要少。在印刷术发明以前，苦学生和乞丐几乎是同义语，当时各大学校长似乎常给他们的学生发乞讨特许证。

在从前还没设置这种奖学津贴以使贫困子弟为进入学术行业而受教育的时候，优秀教师的报酬似乎就比上述大得多。在所谓反诡辩学派的演说中，苏格拉底曾谴责当时教师的言行不一。他说：“他们对学生夸口许诺，说要把学生训练成为有智慧、幸福和公正的人，但对这样重大的功劳，他们只要求四五迈纳那么点儿报酬。”他继续说：“教人智慧，自己无疑地应当是有智慧的。但是，一个人以这样低的价格出卖如此高等商品的人肯定会被说成是大笨蛋。”在这里，苏格拉底对当时教师报酬确实没有夸张的意思。我们可相信，当时教师的报酬，正是他所说的那么多。4迈纳等于13镑6先令8便士；5迈纳等于16镑13先令4便士。可见，当时在雅典通常付给大多数优秀教师的报酬一定不少于这两个数目中最大的一个。苏格拉底本人要求每个学生付给他10迈纳即33镑6先令8便士。当他在雅典讲学时，据说有100个学生。我认为这是他在一次讲学时的学生数目，即我们所称的包括多次讲课的一个课程的人数。在雅典这样一个大城市，这样一位有名的教师，而他所讲授的又是当时所有科学中最时髦的科学即修辞学，这么多学生并不很特殊。因此，他每讲授一个课程一定赚到了1000个迈纳，即3333镑6先令8便士。因此，普卢塔克在别处说，1000迈纳是苏格拉底的讲课费，或通常的讲授价格。在那个时代，许多其他的优秀教师似乎都获得了大笔财产。高尔吉亚用纯金铸成自己的人像赠送给德尔菲神庙。当然，我想我们不应认为，这个人像和他本人一样大。柏拉图说高尔吉亚和另外两个当时的优秀教师希庇阿斯和普罗泰哥拉的生活相当奢华。据说柏拉图自己也过着极为豪华的生活。普遍的看法都认为，亚里士多德在担任亚历山大的导师以后，受到了亚历山大和他父亲菲力普的慷慨报偿，使他仍然回到雅典，恢复在学园的讲课。在那个时候，科学教师或许比三四十年后人数更少，三四十年后竞争或许已略为减少他们劳动的价格和对他们本人的景仰。可是其中最优秀的人似乎总是享受一定程度的尊敬，远远超过现今同一职业中的任何一个人。雅典人将学园派的卡米阿德和斯多亚派的第欧根尼作为庄严的使者送往罗马，虽然他们的城市已经从昔日的辉煌中衰落，却仍然是一个独立的重要的共和国。卡米阿德还是一个出生在巴比伦的人，鉴于没有一国的人民比雅典人更加嫉妒外国人担任公职，那他们对他的景仰就一定是甚高的了。

从整体看来，上述那样的不平等对社会大众也许是利多害少。公职教师的地位虽不免因此稍稍降低，但是文科教育的低廉肯定是一种好处，大大抵消了这种微不足道的不方便。如果在欧洲的大部分地区，进行教育的学校和大学的组织比现今更为合理，公众获得的好处就可能更大。

第三，欧洲政策妨碍劳动和资本的自由活动，使它不能由一职业移转到其他职业、由一地方移转到其他地方，从而使劳动和资本不同用途的总体利害有时候出现非常不便的不平等。

学徒法令妨碍劳动的自由活动，甚至使劳动在同一地方不能由一职业转到其他职业；同业公会的垄断特权妨碍劳动的自由活动，甚至使劳动在同一职业不能由一地方转到其他地方。

常常发生这样的事情：当一种制造业给予工人以高工资时，其他制造业的工人仍然不得不甘心接受最低的生活费。前者处于进步的状态，因而不断要求增加新手；而后者则处于衰落状态，人手过多的情况仍在不断加剧。这两种制造业可能有时在同一城市同一地区，却不能彼此有帮助。在这些情况下学徒法规和同业公会特权均起阻碍作用。然而，在许多不同的制造业中操作十分相似，如果没有这些荒谬的法律，工人们是很容易相互改变行业的。例如，织素麻布和织素丝绸的技术几乎完全相同。织素呢绒的技术有不同但差别不大，一个麻织工或丝织工可以在几天之内勉强学会制呢绒的技术。因此，如果这三种都市制造业中有任何一种正在衰落，工人们就可以在其他两种比较兴旺的制造业中找到工作，工人的工资在兴旺的制造业中不会升得太高，在衰落的制造业中也不会降得太低。麻织业在英格兰由于一项特殊的法律是对任何人开放的，但是由于它在全国大部分地区没有得到发展，它对其他处于衰落状态的制造业的工人也不能提供一般的出路。这些工人在学徒制法规起作用的地方，除了请求教区救济或充当普通劳工以外别无选择。不过，按照他们的习惯，他们更适合于在与他们自己行业类似的任何一种制造业中工作而非当普通劳工，所以，他们一般选择向教区求助。

妨害劳动者自由流动的东西也同样妨害资本的自由流动。因为一种行业上所能使用的资本量，在很大程度上取决于这行业所能使用的劳动量。不过，同业公会法规妨碍资本由一地移到另一地的自由流动，在程度上小于它妨碍劳动的自由流动。不论何处，富裕商人要在自治城市中获得经商的特权比贫穷技工在自由城市中获得劳动的特权容易得多。

我相信，同业公会法规妨碍劳动的自由移动是欧洲各地共有的现象；而据我所知，济贫法妨碍劳动的自由移动却是英格兰的特有现象。自济贫法实施以来，贫民除了在所属的教区内，就不易取得居住权或工作的机会。同业公会法规所妨害的只是技工和制造工人劳动的自由移动，获得居住权的困难却甚至妨害一般劳动的自由移动。英格兰的政治之乱恐怕以此为甚，值得对它的产生、发展和现状略加叙述。

英格兰贫民一向是靠修道院施舍，修道院破毁的结果就是贫民得不到这种施舍。后来，虽几经设法救济也均无效果。伊丽莎白女王三十四年颁布第二号法令，规定各教区有救济其所属贫民的义务，每年应指定穷人监管人，他应会同教会执事征收足以供应此种用途的教区捐税。

按这法令，各教区都不得不赡养所辖境内的贫民。但一个人怎样才算是所辖境内的贫民呢？这就成为一个相当重要的问题。在一定时间内，这个问题各有不同答案，最终由查理二世第十三年和第十四年的法律予以确定：任何人在任何教区连续不断地居住了40天时，即应获得户籍，但在此期间，两个治安推事根据教会执事或穷人监管人的申诉，命令任何新居民回到他最后合法定居的教区去是合法的，除非他租用了每年租金10镑的住房，或是能提供治安推事们认为满意的保证金，担保他放弃原居住教区的户籍。

据说，由于这项法律，产生了一些弄虚作假。教区官员有时贿赂自己的穷人，使之秘密去到另一教区匿居40天以取得该教区户籍，从而放弃他本来所属教区的户籍。于是，詹姆斯二世第一年的法律规定，任何人不间断地居住40天即应获得户籍的规定，只应从他将载有家庭住址和家属人数的书面通知送交教会执事之一或穷人监管人的时候算起。

然而，教区职员对待应被看做自己教区教民的人未必总是比他们对待应看做其他教区教民的人更诚实。对于这样闯进教区的人，他们有时只是默许，接受书面报告，而不是适当处置。由于教区各居民为了自身利益，都要尽可能阻止这样闯进的人，所以，在威廉三世第三年，又有以下的规定：那40天居住期只从那书面报告在教堂于星期日作礼拜后公布之日算起。

伯恩博士说："通过公布书面报告再继续居住40日而获得户籍的人毕竟寥寥无几。这样法令的目的不是使移住人获得户籍，而是使人不能潜入教区，因为报告书只是给这教区以迫令他迁回原教区的力量。如果一个人的情况使能否让他实际上离开成为疑问时，他提出通知就迫使教区要么让他继续居住40天，无争辩地给予他户籍；要么就着手行使权力，让他离开。"

因此，这种法令，使贫穷人几乎不可能按继续居住40日的老办法获得新户籍。为使一个教区普通人民不致因这法令而不能在另一个教区安家立业，又规定无须缴交或公布报告书也能取得户籍的其他四种办法：一、交纳教区的税；二、被推选为一年任期的教区职员，并供职一年；三、在教区当学徒；四、被教区雇佣，为期一年而且在这整年内连续做同一工作。

除了由教区采取公共行动，任何人均不能用头两种办法取得户籍，而教区的人都深知，通过课征教区税捐或选任教区公职去录用一个除劳力以外别无所有的新来者的后果如何。

凡是结过婚的人都不能通过后两种办法取得户籍。学徒很少是结过婚的；法律特别规定，凡是结过婚的佣工不能因雇佣一年而获得户籍。采用因雇佣而给予户籍办法的主要效果，就是在很大程度上取消古老的雇佣一年的方式，这以前在英格兰是一种习惯，甚至今天还是如此。如果没有商定具体期限，法律认定每个佣工雇佣一年。但雇主们常常不愿意因这种雇佣方式而给予其佣工以户籍，而佣工们也不愿意以这种方式被雇佣，因为，由于每一个最后的户籍会取消所有以前的户籍，他们可能因此丧失在他们老家即他们的父母和亲戚居住地的原有户籍。

显然，没有一个独立的工人——不论其为普通劳工还是工匠——能通过做学徒或被雇佣而获得新户籍。因此，当这样一个人带着他的技能来到一个新教区时，不论他是多么健康多么勤勉，他都会被任何一个教会执事或穷人监管人随意命其离去，除非他租用了每年租金10镑的房屋，而这对一个只能靠劳动为生的人是不可能的；或是能提供治安推事认为足够的保证金，以保证取消原教区的户籍。治安推事要求多少保证金完全凭他们说了算，但不会少于30镑。因为法律规定，购入不到30镑的终身享有或让予子孙的不动产不能使一个人获得户籍，因为这个金额不足以让其取消原来教区的户籍。但任何靠劳动为生的人就是这种保证金也都无法提供，何况他们还常常被要求更高得多的保证金。

为了在一定程度上恢复那几乎完全被上述法令所剥夺的劳动流动自由，当局想出了发证书的办法。威廉三世第八年及第九年的法令规定，不论是谁，只要持有他最后合法居住的教区发给的证书，由该区执事及贫民管理人签名、二名治安推事认可并注明任何教区都有收留他的义务，那么他所移向的教区就不得以他可能被起诉为理由令其退出，而只有在他实际上被起诉时才可令其迁移；而在这种情况下，发给证书的教区要负担其生活费和迁移费。为使持证者所要居住的教区能有最大的安全，同一法令又规定：移居者须租有一年租金10镑的土地，或自行给教区服务满一年才能取得户籍。这样他就不能通过报告书、被雇、做学徒或交纳教区税而取得户籍。安妮女王第十二年法令第一号第十八条进一步规定，持有这证书的人的佣工或学徒都不能在他所住教区内取得户籍。

这种发明在多大程度上恢复了为以前法律所几乎全部取消的劳动自由流通，我们可以从伯恩博士的明察中得知一二。他说："教区当然有种种理由责令新来者交出证书。持有证书而来居住的人，不能通过做学徒、被雇、缴交报告书或交纳教区税而取得户籍。他们的学徒和雇工不能取得户籍。如果他们被起诉，他们所居住的教区当然知道要把他们迁到什么教区去，而后一教区要担负他们的迁移资金及迁移期间的生活费。如果他们病了，不能迁移，发证的教区须担负他们的生活费。所有这些都非有证书不可。但所迁入的教区责令交出证书的理由，就是原教区一般不肯发给证书的理由。领证书的人大有被迁回的可能，而在他们迁回时，境况会比从前还要坏。"伯恩博士这段话的意思似乎是，贫民要迁入的教区要求交证书，而贫民要迁出的教区却不会轻易发证书。这个极有才智的学者在他所著《济贫法史》中又说："证书这件事上存在着许多残酷的事实。它使教区职员有权力把贫民可以说是终身幽禁起来，哪怕贫民在不幸获得所谓户籍的地方继续居住是那么不合适，而他自己所要移住的地方对他是那么有利。”

虽然证书只证明领证者所属的教区，并不能证明领证者的善良操行，但这证书是否发给和是否收纳却是完全由教区职员自由裁决的。据伯恩博士说，有一次，有人向高等法院建议颁发强制令，迫使教区执事及贫民管理人签发证书，但高等法院认为这是个非常离奇的建议而加以拒绝。

在英格兰，我们常常发现相距不远的地方劳动价格极不平等，这或许是由于户籍法阻止带着自己手艺的穷人不持证书地从一个教区去到另一教区。诚然，一个又健康又勤勉的单身汉有时受到宽容，没有证书也能住下来；但是如果一个带着妻子儿女的人想要这样做，在大多数教区肯定会被遣走，如果这单身汉以后结婚也是一样。因此，一个教区人手缺乏，不能总是从另一个教区的人手过剩得到缓解；可是，在苏格兰，以及我相信在所有其他没有居留困难的国家情形通常就不是那样。在这样的国家，虽然在一个大城市的邻近地区或对劳动有特别需求的地方工资可能有时略有上升，而距离增加时工资又逐渐下降，直至落到全国的普通水平，但我们从未在此遇到在英格兰有时看到的情形，即在邻近地区之间工资有那种突然的无法说明的差别：在那里，一个穷人要通过教区的人为边界有时比通过大海高山的天然边界更加困难（大海高山有时分开两个国家，使之具有非常不同的工资率）。

强迫一个没有犯过轻罪的人迁出他所愿居留的教区，显然是侵害天赋自由与正义。虽然英格兰的普通人民那么关注自己的自由，却也像其他大多数国家的普通人民一样，从来不知自由究竟是何物，而在100多年内一直甘受这种压迫而不加补救。尽管有思想的人也有时抱怨，户籍法是一种公共苦难，它却从来没有成为一般公众高声反对的目标，像反对通用搜查证那样，而后者虽无疑是一项过分的做法，但它却不可能形成普遍的压迫。我敢说，凡是英格兰的年届40岁的穷人，很少没有在一生中感受过这种拙劣的户籍法的残酷压迫的。

我将以下面的话结束这冗长的一章。在往昔常常规定工资，首先是根据推及全王国的一般法律，然后是每一个郡的治安推事的特别命令，但这两种办法现在已经完全废止了。伯恩博士说：“400余年来的经验告诉我们，把性质上不允许仔细限定的东西硬性加以精确厘定的做法现在应该废止了。如果所有同业工人都拿同额工资，一切竞争都会停止，而勤劳或才智也将失去施展余地。”

然而，时至今日，个别法案有时还企图规定个别行业和个别地方的工资。乔治三世第八年的法令规定，除国丧情况之外，伦敦及其附近5英里以内的裁缝业者每日不得支付2先令7便士以上的工资，而其雇工也不得接受超过此金额的工资，违者给以重罚。每当立法机关试图规定雇主与工人之间的争议的时候，总是以雇主为顾问。因此，当规定于工人有利时，它总是正当而公平的；当其于雇主有利时，则不是这样。例如，迫使几种不同行业中的雇主用货币而不是用货物支付他们的工人的法律是十分正当和公平的。它没有给雇主们造成真正的困难。它只是迫使他们用货币支付他们试图用货物支付的价值。这项法律是有利于工人的。但乔治三世第八年的法律则有利于雇主。当雇主们联合起来以便减少其工人的工资时，他们通常订立私下的同盟或合同，不给予一定数目以上的工资，违者给予处罚。而如果工人进入一种相反的联合，规定不准接受某种工资、否则给以处罚，法律却会极其严厉地惩罚他们。如果法律公平对待，它对待雇主也应如此。但乔治三世第八年的法律强制推行雇主们有时试图通过联合来建立的那种规定。劳动者常常抱怨这法律把最有能力和最勤勉的劳动者和普通劳动者同样看待，这种抱怨完全有根有据。

此外，以前常常通过规定食品及其他物品的价格来限定商人的利润。就我所知，面包的法定价格是这种古老习惯的唯一遗迹。在存在排他的同业公会的地方，规定首要的生活必需品的价格或许是正当的。但在没有这种组织的地方，竞争会比任何法定价格能调节得更好。乔治二世第三十一年的法律所建立的规定面包价格的方法，由于法律上的缺陷，在苏格兰就不能实行。它的执行依靠市场管理员的工作，而苏格兰没有这种职员。直到乔治三世第三年才弥补了这种缺陷。不存在法定价格并没有造成明显的不便，在现在还实行法定价格的少数地方也没有产生明显的好处，不过，在苏格兰的大多数城市都有面包师的同业公会，他们要求有垄断的特权，只是没有受到十分严格的保护。

上面已经指出，劳动与资本的不同用途中不同工资率和不同利润率之间的比例，似乎没有受到社会贫富和社会的进步、停滞或衰落状态的很大影响。这种公共福利方面的重大变化虽然影响了一般工资率和一般利润率，但最终必然在所有不同用途中给予它们以同等的影响。因此，不同用途上的工资率和利润率的比例必然仍然相同，至少在相当长的期间内不会因上述变化而变动。

第十一章　论地租

作为使用土地所支付的价格，地租自然是承租人在土地的实际情况下所能支付的最高价格。在确定租约条件时，地主力图使土地生产物留给承租人的份额，仅足以维持其用来提供种子、支付劳动、购买和维持牲畜及其他农具的资本，连同本地区农业资本的普通利润。这显然是承租人所能满意而不受损失的最小份额，地主无意留给他更多的东西。超过这个份额的那部分产物或那部分产物的价格，地主自然想要留给自己。因此，地租显然是租地人按照土地实际情况所能交纳的最高额。尽管，有时由于存心宽大，更经常是由于无知，地主接受比这一数额略低的地租；同样，有时也由于无知，租地人交纳比这一数额略高的地租，即甘愿承受比当地农业资本普通利润略低的利润。但这一数额仍可视为土地的自然地租，而所谓自然地租当然是大部分出租土地应得的地租。

也许有人认为，土地的地租只不过是地主用来改良土地的资本的合理利润或利息。无疑，有些时候，在一定程度上情况可说是这样，但在更大程度上却不是如此。地主对于未经改良的土地也要求地租，而所谓改良费用的利息或利润一般只是这原有地租的附加额。而且改良土地，未必都由地主出资本，有时是由租地人出资本。然而，即使如此，在续订租约时，地主通常仍要求增加地租，好像改良是由他出资进行的一样。

地主有时对完全无法进行人工改良的土地索取地租。大海藻是一种海草，在烧过以后，能提供一种碱盐，可以用于制造玻璃、肥皂及其他东西。它生长在大不列颠的几个地区，特别是苏格兰的处于高水位标志以下的那些岩石上，每天两次受海水浸泡，因此这种产物从来不能用人工去增加数量。可是，地主对他的由这种大海藻海岸所围绕的地产，也像对其谷地一样要求地租。

谢德兰群岛附近，极为丰富的鱼产成为居民食粮的大部分。但是，居民要从水产物获利，就不能不住在近海地带。因此，该地地主所收的地租，就不是和农民由土地上所能获得的利益成比例，而是和他由土地和海上这两方面所能获得的利益成比例。这种地租部分是以鱼交纳的。鱼这种商品价格中含有地租成分是很少见的，我们在这个地方就可以看见。

因此，地租作为使用土地而支付的价格是一种垄断价格。它根本不与地主为改良土地可能使用的资本成比例；或者说，它不与地主所能收取的、而是与农场主所能支付的成比例。

通常能送往市场的那部分土地产物，其普通价格必须足以偿还将其送往市场所运用的资本同这种资本的普通利润。如果普通价格超过此数，其剩余部分自然就是地租。如果不足此数，商品虽仍可送入市场，却不能为地主提供地租，而价格高低依需求为转移。

对土地产物的有些部分的需求，总是使它能卖得超过将它送往市场的原价的价格，另外的部分则或者可能或者不一定卖得这种较高的价钱。前者总是能为地主提供地租，后者则有时可能，有时不可能。这要依不同的情况而定。

所以应当注意，地租成为商品价格构成部分的方式是和工资与利润不同的。工资和利润的高低是价格高低的原因，而地租的高低却是价格高低的结果。商品的价格的有高有低是因为这一商品送往市场所须支付的工资与利润有高有低。但这商品能提供高地租，能提供低地租，或不能提供地租，却是因为这商品价格有高有低；而正是由于价格有高有低，可能比足以支付这些工资和利润的数目高出许多、高出一点点或不高不低，才使支付的地租或高或低，或根本没有。

本章分为三部分，特别要探讨三点：第一，总能提供地租的土地生产物；第二，有时能提供有时不能提供地租的土地生产物；第三，这两种不同的天然产物在相互比较和同制造品比较时，在不同的改良时期自然产生的相对价值的变化。

第一节　论总能提供地租的土地生产物

像所有其它动物一样，人类自然而然地与生活资料成比例地繁衍，所以总是或多或少地需求食物。食物总能购得或支配大一些或小一些数量的劳动，总能找到愿意为获得食物而做些事情的人。当然食物所购得的劳动量，并不总是等于按照最节约的方式进行管理时所能维持的劳动量，这是由于有时给予劳动的工资过高，但它总是能购得按照当地一般维持劳动的比率所能维持的劳动数量。

但是，就几乎任何位置的土地来说，其所产食物除足够维持使它进入市场所需的劳动（按最慷慨的方式算）外，还有剩余。而这剩余又不只足够补偿雇佣劳动的资本及其利润，还留有作为地主地租的余额。

挪威和苏格兰的最荒凉的旷野中总是有一种饲养牛羊的草地，牛羊奶和繁殖的幼畜除了足以维持饲养所需要的全部劳动及支付农场主或畜群所有人的普通利润以外，还可为地主提供少量地租。地租随草地的优良程度而增加。同一面积的优良土地不但能维持较大量的牲畜，而且由于将其集中在较小的范围内，饲养和收集其产品所需的劳动也较少。地主从两方面获利：产品的增加和必须用产品去维持的劳动的减少。

不问土地的生产物如何，其地租随土地肥沃程度而不相同；不问其肥沃程度如何，其地租又随土地位置的不同而不相同。都市附近的土地，比偏远地带同样肥沃的土地，能提供更多的地租。耕作后者，所费劳动量，与耕作前者所费劳动量虽相同，但偏远地方的产物运到市场，必然需要较大劳动量。因此，这偏远的地方必须维持较大数量的劳动，而农场主利润及地主地租所出自的剩余部分，势必减少。但是，前面说过，偏远地方的利润率一般高于都市，所以，在这减少的剩余部分中，属于地主的部分必定更小。

良好的道路、运河和通航河道由于减少了运输费用，使一国的偏远地区和城市的周围地区更接近于相同的水平。因此，在一切改良中，交通是最大的改良。偏远地区必是一国中范围最为广大的地方，交通便利就能促进这广大地区的开发，同时也打破了城市周围乡村的垄断地位，因而于城市有利，即使对这些乡村也是有利的。虽然它们将一些竞争性的商品引进了旧市场，它们也为旧市场的产品开辟了许多新市场。此外，垄断是良好经营的大敌，除了通过自由和普遍的竞争使每一个人为了自卫而不得不进行良好经营以外，这种良好经营绝对不能建立起来。约50年前，伦敦近郊一些州郡曾向议会提议，反对征收通行税的道路扩展到偏远州郡。他们的理由是，这样一来，由于劳动低廉，那些偏远州郡的牧草和谷物将以比附近州郡低的价格在伦敦市场出卖，而伦敦附近州郡的地租将因此下降，他们的耕作业也将因而衰退。然而，从那时起，他们的地租却增高了，其耕作事业也改善了。

中等肥沃程度的庄稼地为人类生产的食物，比最上等的同面积牧场所生产的多得多。耕作庄稼地需要大得多的劳动量，但在收回种子和扣除一切劳动维持费用以后所剩余的食物量也大得多。因此，如果说从来没有人认为1磅鲜肉比1磅面包所值更多，那这种较大的剩余在各处都具有较大的价值，构成了农场主利润和地租的较大来源。在农业的初级原始阶段，情况似乎普遍如此。

但是面包和鲜肉这两种不同食物的相对价值，在不同的农业发展时期是非常不同的。在农业草创的时候，占全国绝大部分面积的未经改良的旷野，全都听任牲畜生长。鲜肉比面包更多，因此，面包是竞争最大的食物，因而带来最高的价格。乌诺阿告诉我们，四五十年前，在布宜诺斯艾利斯的一头牛的普通诺斯艾利斯的一头牛的普通价格是4利尔即21.5便士，而且可以从二三百头牛中挑选。他没有提到面包的价格，或许他没有发现特别的地方。他说，那里一头牛的所值不比捕获它的劳动更多。但是没有大量的劳动，谷物在到处都不能种出，而在一个位于普拉特河流域的国家，当时又是欧洲前往波托西银矿的直接通道，劳动的货币价格是不会很廉价的。当该国大部分地区推广耕种以后，情形就不同了。那时面包会比鲜肉更多。竞争的方向改变了，鲜肉价格变得比面包价格更高。

此外，耕地扩大，未开辟原野就不够供应家畜肉的需求。许多耕地必须用于饲养牲畜。所以牲畜价格，不但要足够维持饲养所需要的劳动，而且要足够支付土地用作耕地时地主所能收得的地租及农场主所能收得的利润。可是，荒野地上所饲养的牲畜与改良地上所饲养的牲畜，在同一市场却按照品质和重量以同一价格出售。荒野地所有者，就乘此良机按照其牲畜的价格增加土地的地租。不到一世纪以前，苏格兰高地许多地方的家畜肉价格，和燕麦面包的价格相等，甚至更为低廉。后来，英格兰和苏格兰统一，苏格兰高地的牲畜在英格兰得到了市场。现在，苏格兰高地家畜肉的普通价格比本世纪初大约高3倍，同时高地许多土地的地租在这一时期内增加了三四倍。今日大不列颠各地，顶级家畜肉1磅约值顶级白面包2磅以上，而在丰年则可值3磅乃至4磅。

这样，在改良过程中，未经改良的草地的地租和利润在某种程度上受到改良草地的地租和利润的规定，而后者又受到庄稼地的地租和利润的规定。谷物一年一收，而鲜肉则需要有四年或五年才有收获。因此，同是一亩土地，家畜肉的出产额比谷物出产额少得多，家畜肉较低的产量必须以较高的价格得到补偿。假若价格的优越程度超过了这限度，那么就有更多的庄稼地改为牧场；假若价格的优越程度没达到这限度，那么已用作牧场的土地，一部分又必将改为庄稼地。但是，必须知道，牧草和谷物在地租和利润上这样的平等，直接生产牲畜食物的土地和直接生产人类食物的土地在地租和利润上的这种平等，只在一个大国的大部分已经改良的土地上才会发生。就某些特殊的地方说，情形却完全两样，牧场的地租和利润比耕地的地租和利润高得多。

在大都市附近，对牛奶及马粮的需求以及家畜肉的高价，使牧草价值增高得超过它对谷物价值的自然比例。很明显，这种地方性利益决不会扩及到偏远地区。

某些国家的特殊情况有时使其人口变得非常稠密，以致这些国家所有土地，像大都市附近地域一样，所生产的牧草及谷物不够满足其居民生活上的需要。因此，其土地，主要用以生产那体积较大、不易由远方输来的牧草，而人民所食的谷物，则依赖于外国。现今荷兰正处在这样的状态。在古罗马繁荣时代，古意大利把大部分土地用来生产牧草。西塞罗告诉我们，老加图说，饲养得好是私有地产管理中首要的和最有利可图的事情；饲养得还算好是次等；饲养得不好是第三位的，他把耕种只放在利得和好处的第四位。当然，在古意大利的邻近罗马的那个地区，耕种必然遭受挫折，因为罗马常常向人民无偿地或低价地分配谷物，这些谷物来自各被征服的省份，其中几个不纳租税，但须按规定价格（约6便士1配克）向共和国提供各自产品的1/10。向人民分配的这种谷物的低价必然降低了从罗马旧领土送往罗马市场的谷物价格，也必然抑制了这些地方的耕种。

此外，在以种谷物为主的开阔土地上，圈围草地的地租往往比附近庄稼地的地租高。圈围便于饲养耕畜，而圈围地这样高的地租，并不是由于草地生产物的价值，而是由于利用耕畜耕作的庄稼地生产物的价值。假若邻近土地全被圈围，那高地租就会跌落。现在苏格兰圈围地地租的高昂，似乎由于圈围地太少，圈围地一增加，其地租大概就会下降。圈围土地，对牧畜比对耕作更有利。它不但可节省看守牲畜的劳动，也使牲畜由于不受看管人或狗的惊扰而吃得更好。

但在没有这种地方性利益的地方，谷物或任何其他的普通蔬菜食物的地租和利润，在适于生产它的土地上必然规定草地的地租和利润。

同一面积的土地，仅仅使用天然牧草，所能饲养的牲畜便比较少，而使用芜青、胡萝卜、包菜等人工牧草，或使用其他已经用过的方法，所能饲养的牲畜便比较多，这样就可使进步国家中家畜肉本来高于面包的价格稍稍降低。实际情况似乎就是这样；至少在伦敦市场上，现今鲜肉价格对比面包价格比上世纪初要低得多。

伯奇博士在他所著《亨利亲王传》的附录中，详细记录了亲王日常支付的家畜肉的价格。重600磅的一头牛，通常只费他9镑10先令，即每百磅31先令8便士。亨利亲王死于1612年11月6日，年19岁。

1764年3月，国会对当时食物价格高昂的原因进行了调查。有一位弗吉尼亚商人提供的证词，说他曾于1763年3月为他的船只备办食物，100磅牛肉付出24或25先令，他认为这是普通价格；而在1764年这个昂贵年份，同样重量的牛肉他出过27先令。可是，1764年的高价比亨利亲王支付的普通价格还要便宜4先令8便士。而且还得看到，只有最好的牛肉才适于腌制，以供远途航海之用。

亨利亲王所支付的价格折合每磅3又4/5便士，那是包括整头牛的上等和下等肉块的平均价格。所以，推算起来，当时零售的上等肉每磅不可能少于4.5便士或5便士。

在1764年议会作调查时，作证人都说，当时上等牛肉的上好肉块的零售价格每磅为4便士到

4 又 1/4 便士，而下等肉块的价格，每磅由 7 法新到 2.5 便士或 2 又 3/4 便士。他们说，一般来讲，这种价格比三月间的普通市价，每磅约高半个便士。但是，连这样高的价格也比亨利亲王时代的普通零售价低得多。

上个世纪头 12 年间，温莎市场上等小麦的平均价格，每夸脱（合 9 温彻斯特蒲式耳）为 1 镑 18 先令 3 又 1/6 便士。

然而，在 1764 年之前的 12 年（包括 1764 年）内，同一市场上上等小麦的平均价格，每夸脱为 2 镑 1 先令 9.5 便士。因此，小麦价格在上世纪头 12 年内，比它在 1764 年前的 12 年（包括 1764 年在内）内低廉得多，而家畜肉价格却高得多。

在一切大国中，大部耕地都用来生产人类的粮食或牲畜的粮食。这样的土地的地租和利润支配其余一切种植地的地租和利润。如果任何一种特殊产物所提供的利润和地租比上述少，土地不久就会转用于谷物或牧草；如果任何一种特殊产物提供的比上述多，一部分原来用于谷物或牧草的土地不久就会转用于那种产物。

为了使土地适于特种生产，有的需要有较大的原始改良支出，有的需要有较大的年耕种支出；和谷物或牧草比较，一般而言，似乎前者能提供较大的地租，后者能提供较大的利润。可是，我们很少发现这种较高的收入能超过较高支出的合理利息或补偿。

例如，啤酒花园、果树园、蔬菜园，地主的地租和农场主的利润一般高于谷地和草地。但要使土地宜于种植，就需要更大的开支，因此地主能得到更高的地租。不过，它还需要有更精心更专门的管理，因此，农场主能得到更大的利润。这些作物的收成是更难确定的，至少就啤酒花园和果树园来说是如此。种植园主的平凡境遇使我们确信，他们的技能很少得到超额的报酬。许多有钱的人为着自娱都从事种植园主那种愉快作业，以至那些以此谋生的人几乎得不到什么利益，因为那些应该成为他们产物的最好顾客的人都自己种植各种贵重的作物。

地主从这种改良所享得的利益，似乎仅仅足以补偿改良所花的费用。就古代耕作说，除葡萄园外，农场中能提供最有价值产物的部分，似乎是便于灌溉的菜园。但是被古代人誉为农业技术之父的德谟克利特在 2000 年前所写的关于这方面的著述中认为，将蔬菜园圈围起来的人是不明智的。他认为其利润不足以抵偿石墙的花销，而砖墙（我想他指的是太阳晒干的泥砖）则容易被大雨和冬季风暴侵蚀，需要经常修理。科卢梅拉在提到德谟克利特的意见时未加反驳，但提出了一个省钱的方法，用荆棘和石南作成篱笆，他说他凭经验知道这两者是持久且不易侵入的屏障，但这在德谟克利特的时代一般人却并不知道。帕拉第乌斯采纳了科卢梅拉的意见，这在以前曾由瓦罗推荐。根据这些古代改良家的说法来看，蔬菜园的产品似乎仅足以支付特殊耕作和灌溉支出，因为在靠近太阳的国家，当时也和现在一样，认为应当掌握水源，以便将其引到园中的每一块土地上。在欧洲的大部分地区，现在都认为蔬菜园只值得像科卢梅拉所建议的那样去圈围。在大不列颠及其他北方国家，不借助于围墙就无法收获优良的水果，所以它们的优良水果的价格，必须偿付其生产上所不可少的围墙建筑费和维持费。而果树围圈常常环绕菜园，这样后者就能享受本身产品无法支付的圈围。

种植适当而培养完善的葡萄园是农场中最有价值的部分，这似乎是古代和现代一切葡萄酒产国都承认的、农业上无可置疑的原理。但科卢梅拉告诉我们，种植新葡萄园是否有利，在古意大利的农夫中是一件有争议的事情。而他像一个真正爱好一切奇异植物的人一样赞成种植新葡萄园，并通过利润和支出的比较，力图表明，这是最有利的改良。然而，这种对新计划的利润和支出所做的比较一般是极不可靠的，在农业中尤其是这样。如果从这种种植实际得到的好处通常都像他所想象的那么大，有关的争议就不可能发生。今天在产葡萄酒的国家，这一点也是有争议的事情。诚然，它们的农业学者、高级种植的爱好者和提倡者，通常似乎和科卢梅拉一致，赞成种植新葡萄园。在法国，旧葡萄园所有人迫切希望阻止种植新葡萄园似乎就是赞成他们的意见，这似乎可以证明，有经验的人觉得这种耕作现在在该国比任何其他作物更为有利。可是，这同时也似乎表明了另一种意见，即这种高额利润只能维持在现在限制葡萄自由种植的法律有效期内。1731 年，他们接到政府命令，除非得到国王许可，否则禁止种植新葡萄园，也禁止重新种植辍耕两年的葡萄园。国王只在得到州长通知，证明他已经视察过这块土地，认为它不能栽种任何其他作物，才颁发许可证。这项命令的借口是谷物和牧羊稀少，葡萄酒过剩。但是，如果这种过剩确属实情，这种种植的利润自会降到它与谷物和牧草利润的自然比例以下，没有政府命令也会有效地阻止新葡萄园的种植。至于所谓由于葡萄园的过多造成的谷物稀少，实际上谷物栽培的精细在法国莫过于产葡萄酒的省份，那里的土地适于栽种谷物；如勃艮第、吉延和上郎格多克。在一种耕作中使用的人手众多，必然会鼓励另一种耕作，原因是为它的产品提供了现成的市场。就像抑制制造业以鼓励农业的政策一样，减少那些有能力购买它的产品的人的数量肯定不是鼓励谷物耕种的最有希望的办法。

因此，那些作物需要有较大土地改良费用使土地适合于栽种，或需要有较大的每年耕作费用，其地租和利润，纵使往往大大超过谷物或牧草的地租和利润，但如果这超过额仅足抵偿高的费用，那么其地租和利润实际上也是受到普通作物的地租和利润的支配。

有时情况的确是，适于生产某种特殊产品的土地数量过少，不足以供应有效需求。全部产品可以售予这样的人：他们愿意支付的价格略高于这种产品的生产和上市所必需的全部地租、工资和利润，这些地租、工资和利润按它们的自然比率或按大部分其他耕地支付的比率计算。在这种也只有在这种情况下，价格的剩余部分，即支付全部改良和耕种支出以后剩下的部分，同谷物和牧草中的类似剩余不成比例，可以在几乎任何程度上超过它。这种剩余的大部分自然归于地主的地租。例如，应该知道，葡萄酒的地租利润与谷物和牧草的地租利润之间的普通和自然比例，只在生产普通葡萄酒的葡萄园才会有。它们生产的只不过是在松软的砾石和砂子土壤上到处都能生产的优良普通葡萄酒，除了烈度和有益健康外，其他无足称道。国内普通土地只能和这种普通葡萄园才能竞争，至于有特殊品质的葡萄园显然非普通土地可比了。

在一切果树中，葡萄树最易受土壤差异的影响。据说，来自一种特殊土壤的特殊美味，决不能在另一种土壤上通过人工做到。这种真实的或虚幻的美味有时仅为几个葡萄园产物所特有，有时为一个小地区中绝大部分葡萄园所共有，有时又为一州中大部分葡萄园所共有。因此，全部产量可以售予愿意支付更多的人，这必然使它的价格高于普通葡萄酒的价格。差别的大小，依葡萄酒的流行与稀缺所造成的购买者的竞争剧烈程度而定。不管大小如何，其大部分归于地主的地租。因为，虽然这种葡萄园比大多数其他的葡萄园一般培植更为精细，但是葡萄酒的高价似乎是这种精耕细作的原因而不是它的结果。这样一种价格高的产品，疏忽大意造成的损失很大，这就迫使最粗心的人也得注意。因此，这高价中的一小部分，就足够支付生产上额外劳动的工资连同支持这额外劳动的额外资本的利润。

欧洲各国在西印度占有的蔗田可与这高价的葡萄园相比。蔗田的全部产量不够满足欧洲人的有效需求，所以，这全部产量，只能卖给愿以超过这产品生产和送往市场、按其他任何产品通常支付的地租、工资和利润率所必须支付的地租、工资和利润的价格而购买的人。在交趾支那，最好的白糖普通售价为每昆特尔三皮亚斯特，约为英币 13 先令 6 便士，这是波佛尔先生告诉我们的，他对该国农业做过非常仔细的观察。那里所称的昆特尔，重 150 至 200 巴黎磅，平均为 175 巴黎磅，按英格兰 100 磅计算，价格为 8 先令英币左右，不到从我们的殖民地进口的红糖或粗砂糖普通售价的 1/4，也不到上等白糖售价的 1/6。交趾支那大部分农地，是用来生产大多数国民所食的小麦和大米。那里，小麦、大米和砂糖的价格也许具有自然的比例，即大部分农地各种作物自然而然地成比例，使各地主和各农场主都得到尽可能按通常原始改良费用和每年耕作费用计算的报酬。但我国蔗糖殖民地的砂糖价格，对欧美稻田或麦田的生产物价格，却没有这种的比例。据说，甘蔗栽培者，常常希望以糖酒及糖蜜两项来补偿所有的栽培费，而以全部砂糖作为纯利润。我不敢冒昧确认此系事实，如果果真如此，那正如谷物耕作者希望以糠蒿二项补偿其耕作费用，而以全部谷粒作为纯利润。我常常看见，伦敦及其他都市的商人团体收买我国蔗糖殖民地的荒地，托代办人或代理人从事改良和耕作以期获利，哪怕距离遥远，而当地司法行政又不健全到足以保障他们的确定收入，他们也在所不惜。而在苏格兰、爱尔兰或北美产谷区域的最肥沃土地，谁都不想用同一方法来改良和耕作，虽然这些地方司法行政完善，他们可望得到比较正常的收入。

在北美的弗吉尼亚和马里兰，由于栽种烟草更为有利，所以，人们情愿种烟草而非谷物。在欧洲大部分地区，种植烟草可能是有好处的，但在欧洲的几乎所有地区，烟草是课税的主要对象，而大家认为，从一国可能种植烟草的每一个农场去收税，倒不如在海关向进口烟草课税方便。因此，在欧洲大部分地区就最荒唐不过地禁止种植烟草，这就自然而然地赋予准许种植烟草的国家一种垄断。由于弗吉尼亚和马里兰种植了最大量的烟草，它们就享有了这种垄断的大部分好处，虽然也有一些竞争者。可是，种植烟草似乎不及种植蔗糖有利。我从来没有听说过有烟草种植园是用住在大不列颠的商人的资本去改良和耕种的，而我们的烟草殖民地也没有送回国来像我们常常看到的来自我们的食糖殖民地那样富裕的种植人。虽然在这些殖民地更爱种植烟草而不爱种植小麦，欧洲对烟草的有效需求并未得到完全满足，但烟草供应或许比食糖供应更接近有效需求。虽然烟草的现行价格或许超过了足以支付为生产和上市所必需的全部地租、工资和利润，但超过部分不如现行食糖价格中超过额那么大。因此，我们的烟草种植人也同样担心烟草的供应过多，就像法国旧葡萄园所有人担心葡萄酒供应过多那样。通过议会立法，他们限制烟草的栽培为16岁至60岁的黑人每人种6000株（假定出烟1000磅）。他们计算，除上述数量的烟草外，这样一个黑人还可耕种玉蜀黍。道格拉斯博士告诉我们（我想他的消息不确），在丰收年份，为了防止市场供应过多，他们有时还按人数计算来焚烧一定数量的烟草，就像所谓的荷兰人焚烧香料那样。如果必须用这样的极端手段来维持烟价，那么种植烟草超过种植小麦的有利之处即使仍然存在也不能维持长久。

由此可见，生产人类粮食的耕地的地租支配着其他大部分耕地的地租。任何特殊产物所提供的地租都不会长久低于大部分耕地的地租，因为那土地定会立即改为他用；要是任何特殊产物所提供的地租通常高于大部分耕地的地租，那是因为适合于种植这产物的土地过少，不能满足有效需求。

在欧洲，谷物是直接供应人类食物的主要土地产品。因此，除了特殊情况之外，谷地地租在欧洲决定所有其他耕地的地租。大不列颠既不必羡慕法国的葡萄园，也不必羡慕意大利的橄榄园。除了在特殊情况下，这些果园的价格也都是由谷物的价值决定的，在种植谷物方面大不列颠的肥沃不次于上述两国。

如果任何一个国家国民一般爱吃的植物性粮食不是谷物而是另一种，假定在这国家普通土地上，通过和谷地耕作相同或几乎相同的耕作所能产出的这种植物量却比最肥沃谷地所生产的多得多，那么，地主的地租，换言之，支付劳动工资并扣回农场主资本及其普通利润后所剩余的食物量，也就必然大得多。不论这国家维持劳动的普通工资是怎样，这较大的剩余量总能维持较大的劳动量，而地主因此也就能购买或支配更多的劳动量。他的地租的真实价值，换言之，他对于他人劳动所提供的生活必需品和便利品的支配权，也就必定大得多。

稻田所产的食物量比麦田所产的大得多。据说，稻田每亩普通每年收获两次，每次30到60蒲式耳。虽然耕作稻田通常需要更多的劳动，但其生产量，除了维持劳动以外还有更多的剩余。因此，在以大米为普通爱好的食物而耕作者主要也是靠大米维持生活的产米国家，地主从这更大的剩余之所得要超过产麦国地主所得。在卡罗来纳和英属其他殖民地，耕作者一般兼有农场主和地主身分，因此地租与利润混淆。当地稻田虽每年只收获一次，而当地人民根据欧洲普通习惯，不以米为普通爱好的植物性食物，但都认为耕作稻田比耕作麦田更为有利。

良好的稻田一年四季都是泥沼，有一个季度还浸泡着水。它不适宜于种麦，不适宜于作牧场，不适宜于作葡萄园，实则除种稻外，不适宜于栽种任何对人类有用的植物性食物；而适于那些用途的土地，也不适宜于种稻。所以，即使在产米国中，稻田的地租也不能规定其他耕地的地租，因为其他耕地不能转为稻田。

马铃薯地的产量不亚于稻田，比麦田的产量大得多。每英亩土地产马铃薯12000磅不算高产，产2000磅小麦不算低产。诚然，能从这两种植物吸取的食物或纯粹养料同它们的重量是完全不成比例的，因为马铃薯水分多。可是，假设这种根块的一半重量是水（很大的扣除），1英亩马铃薯仍能生产6000磅纯粹养料，为每英亩小麦的3倍。1英亩马铃薯的耕种费用比1英亩小麦少。播种小麦之前一般要犁后休耕，足以抵消马铃薯的锄草及其他额外耕作的费用而有余。假若这种根块也像产米国的大米那样，在欧洲的每个地区成为人民普通喜爱的植物食物，因而在耕地中所占的比例与现今小麦及其他用做人类食品的谷物所占的比例相同，那么相同数量的耕地会供养较大数量的人民。而且，劳动者如果一般都靠马铃薯过活，那么除了扣回耕作资本及维持劳动外，在生产中还有更大的剩余。这剩余的大部分也将属于地主。这样人口就会增加，而地租也会增高到大大超过现今。

凡适于栽种马铃薯的土地也适于栽种其他一切有用植物。假如马铃薯耕地在全部耕地中所占比例和今日谷物相同，那么，马铃薯耕地的地租就将像现在谷地地租那样规定其他大部分耕地的地租。

我听说，在兰开夏的某些地区认为，燕麦面包对劳动人民来说是比小麦面包更为营养丰富的食物，我还常常听说在苏格兰也有相同的主张。我对于这种传闻总觉得有点疑问。吃燕麦面包的苏格兰普通人民，一般地说，不像吃小麦面包的同一阶级英格兰人民那么强壮清秀；他们既不像英格兰人那么卖力干活，也不像英格兰人那么健康。鉴于两国的上层民众之间并没有这种差别，经验似乎表明，苏格兰普通人民的食物不像英格兰同一阶层人民的食物那样适合于人类的体质。但是马铃薯似乎有所不同。伦敦的轿夫、搬运工、煤炭搬运工以及不幸以卖淫为生的妇女都是不列颠领土中最强壮的男人和最美貌的妇女，但是，据说他们大部分都是爱尔兰的最低层的人民，一般用这种根块做食物。没有其他食物可以比马铃薯更能决定性地证明其营养价值或许特别适合于人体健康的了。

马铃薯很难保存一年，更不可能像谷物那样贮藏二三年。不能在腐烂以前卖出的恐惧使人不想栽种它。在任何大国，马铃薯都不像面包那样成为各阶级人民的主要植物性粮食，这也许是一个主要原因。

第二节　论有时提供有时不提供地租的土地生产物

人类食物似乎是总能并且必然能为地主提供一些地租的唯一土地产品。其他各种产物则有时能、有时不能提供地租，依不同的情况而异。

除了食物以外，衣服和住所是人类的两大需要。

在原始自然状态下，土地在衣服及住宅的材料方面所能供给的人数比在食物方面要多得多。但在发达状态下，土地在前一方面所能供给的人数有时却比在后一方面要少，至少就人们需要衣服住宅材料和愿意支付代价这两方面来说是这样。所以，在原始自然状态下，衣服和住宅的材料总是过剩，因而没有多少价值，甚或完全没有价值。在发达状态下，这样的材料往往缺乏，其价值于是增大。在前一情况，大部分衣住材料由于无用被抛弃，而使用部分的价格可以说只等于改造这些材料使其适于人用所花的劳动与费用，因此，对于地主自然不能提供地租。在后一情况，这些材料全被使用，而且往往求大于供，于是，对于这样的材料的任何部分，总有人愿意以超过其生产制造并送往市场的费用的价格来购买。所以，这样的材料的价格对地主总可提供若干地租。

大动物的皮是原始的衣服原料。因此，在狩猎和畜牧的国家主要以动物肉做食物，每一个人在为自己提供食物时也就为自己提供了用不完的衣服原料。如果没有对外贸易，大部分这样的原料会因为没有价值而被抛弃。在欧洲人发现他们以前，北美狩猎民族情况或许就是如此；而现在他们用多余的毛皮向欧洲人交换地毯、武器和白兰地酒，就使毛皮具有一些价值。我相信，在现今已知世界的商业状态下，最野蛮的国家也建立了土地私有制，也有这种对外贸易。他们发现更加富裕的邻国对他们土地所产的在本国既不能制作又不能消费的衣服原料有需求，因而将它们的价格提高到将其运往这些富裕邻国的成本以上，因此，能为地主提供一些地租。当大部分苏格兰高地的牲畜在自己山上被消费时，输出畜皮成为该国的最大宗项目，它们所交换的东西增添了高地土地的租金。从前，英格兰的羊毛在本国既不能消费也不能制造，在当时比较富裕和比较勤劳的弗兰德人国家找到了市场，它的价格为产毛土地的地租提供了一些东西。在那些不比当时的英格兰和现今的苏格兰高地耕种得更好而又没有对外贸易的国家，衣服原料显然会十分丰富，但其大部分会因为无用而被抛弃，没有任何部分能为地主提供地租。

住屋材料不都能像衣服材料那样容易运往遥远地方，因而也不像衣服材料那样容易成为对外贸易的对象。当其在生产国过剩时，即使在现今世界的通商状态下，对地主也没有价值。在伦敦附近的良好采石场，会提供很大的地租。在苏格兰和威尔士的许多地区，它却不提供任何地租。

供建筑用的木材在一个人口众多和耕种发达的国家有很大的价值，生产它的土地能提供很大的地租。但在北美许多地区，地主对任何愿将他的大部分大树运走的人会表示十分感激。在苏格兰高地的某些地区，由于缺乏水陆运输，树皮是能送往市场的树木的唯一部分。木材则任其在地上腐烂。当住宅原料过多时，实际上使用的部分只值加工时所花去的劳动和开支。它不能为地主提供地租，地主对任何提出请求的人都允许他使用。可是，富国对住宅原料的需求，有时使他能得到一些地租。伦敦街道铺设石面，使苏格兰海岸一些光秃岩石的所有人从以前向来不提供地租的岩石那里得到一些地租。挪威及波罗的海沿岸的树木在大不列颠许多地方找到了国内找不到的市场，于是这些树木也就给其所有者提供了若干地租。

一国的人口不是和它们衣住材料所能供给的人数，而是和它们食物所能供给的人数成比例。食物要是得到供给，那就不难找到必要的衣服及住宅。但是，有了住宅和衣服，却可能常常不易找到食物。甚至在不列颠领地的某些地区，所谓住宅也可能只是由一个人一天的劳动建成的。最简单的衣服、兽皮，需要略多的劳动去整理修饰，然后才能使用，不过也不需要太多的劳动。在野蛮国家，全年劳动的1%或者略为多一些就足以提供使大部分居民得到满足的衣服和住宅，其他99%的劳动常常仅为他们提供食物。

但当土地的改良和耕种使一个家庭劳动能为两个家庭提供食物时，社会上一半的劳动就足以为全体提供食物。因此，另外一半劳动或者至少是它的大部分就可以用来提供其他的东西，或满足人类的其他需要和爱好，而衣服、住宅、家用器具和成套装饰用品正是其主要目标。富人所消费的粮食，并不比他的穷苦邻人所消费的多，但在质的方面就可能大不相同。选择和烹调富人的粮食，可能需要更大的劳动和技术，而在量上却几乎相同。但是把一方面的宽敞住宅和高大衣柜与另一方面的简陋小屋和几件破衣比较一下，你就会知道，他们的衣服、住宅和家具在数量方面也几乎同质量一样有巨大的差别。对食物的欲望，每一个人因人胃的容量狭窄而受到限制；但对建筑、衣着、应用物品和家用器具方面的便利品和装饰品的欲望却仿佛没有限度或确定的边界。因此，拥有的食物超过自己消费需要的人，总是愿意将剩余部分或它的价格拿来交换其他欲望的满足。而穷人为了获得食物，竭力去满足富人的爱好；为了更加肯定地获得食物，他们彼此竞争，使自己的制作品更加低廉，更加完善。工人人数随着食物数量或土地的日益改良和耕种而增加；由于他们业务的性质容许做最大限度的劳动分工，所以他们能使用的原料在数量上的增加比他们人数增加的比例更大。因此，人类才产生了对在建筑物、衣服、应用物品或家具上有用的或作为装饰品使用的各种原料，甚至地中的化石、矿产、贵重金属和宝石的需要。

这样看来，食物不仅仅是地租的原始来源，而且后来提供地租的其他土地产物中相当于地租的那部分价值，也是由于生产食物的劳动生产力通过土地的改良和耕种而得到改进。

但是，那些到后来才提供地租的其他土地的生产物，并不一定都能提供地租。即使土地业已改良并耕作的国家，对这类土地生产物的需求也未必都达到这样的程度：其价格除了支付工资、偿还资本并提供资本的普通利润还有剩余。这类生产物是否能提供地租，要看各种情况而定。

例如，煤矿能否提供地租，部分要看它的蕴藏量，部分要看它的位置。

一种矿产的蕴藏量是大还是小要看以下情况而定，即要看使用一定数量劳动、从这矿产所能取出的矿物量是多于还是少于使用等量劳动从大部分其他同类矿产所能取出的数量。

有些煤矿位置很好，但因藏煤贫乏而不能开采。产品不足以支付用费。它们既不能提供利润，也不能提供地租。

有些煤矿的产品仅足以支付劳动，偿还开采时使用的资本及其普通利润。它们能为开采人提供一些利润，但不能为地主提供地租。它们只能由地主进行有利的开采，作为开采人，地主得到他所使用的资本的普通利润。许多苏格兰的煤矿就是用这种方式开采的，而不能用其他的方式开采。地主不会让任何人不付地租就去开采，而同时没有人付得起地租。

苏格兰有些煤矿蕴藏量很大，但由于位置不好，不能进行开采。足够支付开矿费用的矿山产量，有时虽可使用一般劳动量或比一般少的劳动量开采出来，但内地人口稀少且缺少公路或水运，这么多的矿产必然无法卖出。

和木柴比较，煤炭是不大令人满意的燃料；据说，还不够卫生。在消费煤炭的地方，其费用一般要比消费木柴的费用少。

此外，木柴价格，几乎像牲畜价格一样随农业状态而变动，其变动的原因和牲畜价格完全相同。在原始状态下，每一个国家的大部分土地都覆盖着森林，树木在当时是毫无价值的障碍物，地主乐于让任何人去砍伐。当农业发展时，森林一部分由于耕地扩大而被清除，一部分由于牲畜数量的增加而被破坏。牲畜虽然不按谷物的同一比例增加，但也在人类的照顾和保护下进行繁殖，人类在饲料丰富的季节进行储藏以便在稀缺的季节去饲养它们，在全年中为它们提供的食物比未开发的土地所能提供的数量更大。而且人类还摧毁和消灭它们的敌人，使它们能自由享受自然所提供的全部食物。让无数的畜群在森林中游荡，虽然不会摧毁老树，却会阻止新树生长，因此在一两个世纪内整个森林就会毁灭。木材的不足抬高了木材的价格，这样森林也提供很好的地租。地主有时发现，最好的土地除种植木材外找不到更有利的用途，利润之大常足以补偿获利之迟。现在大不列颠几个地区的情况似乎就是这样，植树的利润等于谷物或牧草的利润。地主从种树得到的好处，至少在长时期内，在任何地方都不能超过谷物和牧草所能给他提供的地租；而在一个耕作发达的内陆国家，种树的利益常常就不比这种地租少。在土地改良得很好的海岸，要是作为燃料的煤炭容易得到供给，那么建筑木材由耕作事业较落后的外国输入往往比本国生产更为便宜。爱丁堡最近数年建筑的新城市里也许没有一根苏格兰产的木材。

不论木柴的价格是怎样，如果一个地方烧煤炭的费用和烧木柴的费用几乎相等，那么我们可相信，煤炭在那地方的价格就达到最高的水平。英格兰内地某些地方，特别是牛津郡，情况似乎就是如此。牛津郡普通人家的火炉中通常都混用木柴与煤炭，可见这两种燃料的费用不可能有很大的差异。

在产煤国，各处的煤炭价格远远低于这种最高价格。如若不然，这些国家就不能承担煤炭的海陆长途运输的费用。按照高价，只能售出很小的数量；煤炭老板和煤矿所有人发现，以略高于最低的价格售出大量煤炭比以最高价格售出小量煤炭更对自己有利。最丰富的煤矿也会支配附近所有其他煤矿的煤炭价格。煤矿所有人和开采人发现，以低于所有邻近煤矿的价格出售，一个能得到更多的地租，一个能得到更大的利润。邻近煤矿不久也不得不按相同的价格出售，尽管他们负担不起，尽管这样总是会减少、有时甚至完全剥夺他们的地租和利润。有些煤矿被完全放弃了，其他的不能提供地租，只能由矿主自己来开采。

像一切其他商品一样，煤炭能在相当长的时期内继续售卖的最低价格，是仅能够补偿将它送往市场所需用的资本及其普通利润的价格。那些对地主不提供地租，因而非由地主自己来经营否则就得完全弃置的煤矿的煤炭价格，一般必和这最低价格大致相同。

即使煤炭能提供地租，这种地租在煤炭价格中所占的份额通常也比它在大多数其他土地天然产物中的份额小。一般来讲，地面以上的地产的地租为总产品的1/3；这是一种确定的地租，不随作物的偶然变化为转移。在煤矿，总产品的1/5就是非常高的地租，1/10是普通的地租；这不是确定的地租，而是随产品的偶然变化为转移。这种偶然的变化是很大的，所以在30倍年租被认为是地产的中等价格的国家，10倍年租即被认为是煤矿产权的好价格了。

对所有者说，煤矿的价值，取决于煤矿的蕴藏量，也同样取决于煤矿的位置。而金属矿山的价值，则更取决于蕴藏量而非位置。由矿石分离出来的普通金属，尤其是贵重金属，具有极大的价值，以致负担得起长时间陆运和长距离水运的费用。其市场不局限于矿山邻近国家，而扩及全世界。例如日本的铜成为欧洲贸易商品；西班牙的铁成为智利及秘鲁的贸易商品；秘鲁的白银不仅销往欧洲，而且还从欧洲远销中国。

威斯特摩兰或什罗普郡的煤价对纽卡斯尔的煤价不能产生多大影响，对利奥诺尔则根本没有影响。这种彼此相距遥远的煤矿的产品，无法相互进行竞争。但是相距最远的金属矿的产品常常可以彼此竞争，而且事实上都在竞争。因此，世界上最丰富的矿藏所产粗金属的价格，尤其是贵重金属的价格，必然或多或少地影响世界上每一个其他地方的产品的价格。日本的铜价必然对欧洲铜矿产品的价格有影响，秘鲁的白银价格，或白银在秘鲁所能购得的劳动或其他货物的数量，必然不仅对欧洲银矿而且对中国银矿的银价具有影响。在秘鲁发现银矿以后，欧洲的银矿大部分都被放弃了。白银的价值大为降低，银矿的产品再也不能支付开采的费用，或补偿在开采中所消费的食物、衣服、住宅和其他必需品再加上利润。波托西的银矿被发现以后，古巴和圣多明各的银矿甚至秘鲁的老银矿也是如此。

这样看来，在一定程度上，各矿山所产的各种金属的价格都受世界当时产量最大的矿山产物价格的支配；所以大部分矿山所产的金属价格，除偿还其开采费用外并没有多大剩余，因而也不能对地主提供很高的地租。在大多数矿山所产的价廉金属价格中，地租似乎只占小部分，而在贵重金属价格中所占部分尤小。劳动与利润，构成了价贵和价廉的金属价格的大部分。

以产量丰富著称于世的康沃尔锡矿，据其副监督波勒斯说，平均地租只占总产量的1/6。他还说，有些矿山能提供多些，有些还无力提供这么多。苏格兰许多产量很丰富的铅矿的地租也占总产量的1/6。

弗莱齐和乌诺阿告诉我们，在秘鲁的银矿，所有人向开采人要求的，只不过是使用他的磨去研磨开采出来的矿石，向他支付使用费或研磨价格。的确，在1736年以前，西班牙国王的课税为标准银的1/5，直到此时这可以被认为是大部分世界闻名的最富银矿秘鲁银矿的真实地租。如果没有这种课税，这1/5自然会属于地主，而许多银矿也就可以开采了；它们当时不能开采，就是因为负担不起这种税。康沃尔公爵对锡的课税被认为超过5%，或超过价值的1/20；不管他的比例如何，如果不课税，那也自然应当属于锡矿所有人。但是如果你将1/20和上述1/6加在一起，你会发现，康沃尔锡矿的整个平均地租与秘鲁银矿整个平均地租的比例为13∶12。但是秘鲁银矿现在连这种低地租也付不起，1736年对白银的征税从1/5降至1/10。即使这种白银税也比对锡征的1/20税更能吸引人前去私运，贵重商品比体积庞大的商品更易走私。因而据说西班牙国王所得税收非常少，而康沃尔公爵所得税收非常多。因此，地租在世界最丰富锡矿生产锡的价格中所占的部分，可能比地租在世界最丰富银矿生产银的价格中所占的部分大。在偿还开采那些矿产物所使用的资本及其普通利润后，廉价金属留归矿山所有者的剩余部分好像要大于贵重金属。

秘鲁银矿开采者的利润通常也不甚大。上述那两位最熟悉当地情形并最受人敬佩的学者告诉我们说，在秘鲁着手开采新银矿的人都被认为是注定要倾家荡产的，所以大家都避之犹恐不及。看来，采矿业在秘鲁和在这里一样被看做彩票，中彩的少，不中的多；而几个大彩却仍然诱引许多冒险家做这样无结果的尝试，令他们丧失财产。

可是，由于国王的收入有很大一部分是来自银矿的产品，秘鲁法律对新矿的发现和开采给予种种可能的鼓励。凡是发现新矿的人有权在他所认定的矿脉方向划定246英尺长、123英尺宽的地区，而他就是这个矿区的所有人，不向地主支付任何报酬即可开采。在那个古老的公国，为了康沃尔公爵的利益，也作出了差不多相同的规定。在荒废的没有围圈的土地上，任何发现锡矿的人均可在一定范围内划定界限，称为锡矿定界，定界人即成为锡矿的真实所有人，可以自行开采或租与他人开采，而不必经土地所有人同意，但在开采时须向他支付微小的报酬。在这两种规定中，神圣的私有财产权被所谓公共收入的利益牺牲了。

在秘鲁也同样鼓励新金矿的发现和开采，国王对黄金的课税，只及标准金的1/20。曾经一度是1/5，后来改为1/10，像对白银一样；但就开采的情况来看，即使是1/10也付不起。弗莱齐和乌诺阿两位作者说，如果很难找到一个从开银矿发财的人，那么从开金矿发财的人就更难找到了。这1/20似乎是智利和秘鲁大部分金矿所支付的全部地租。金的走私比银的走私容易得多，这不但由于和容积对比、金的价值高于银的价值，而且由于金的固有状态特殊。像大多数其他金属那样，银在被发现时一般搀杂着其他矿物，很少是纯质，要把银从这矿化物中分解出来，须经过极困难烦琐的处理，而这又要在特设的厂坊进行，这样就容易受到国王官吏的监督。反之，金在被发现时几乎都是纯质，有时发现相当大的纯金块，即使搀有几乎看不出来的砂土及其他外附物，也可通过极简短的操作予以分离。不论何人，只要持有少量水银，就可在自己私宅中进行分解工作。所以，国王如果从银税只得到很少的收入，那么他从金税所得的收入可能要更少，而地租在金价中所占的部分也必定比它在银价中所占的部分小得多。

贵重金属能在市场出卖的最低价格，换言之，贵重金属长期在市场上所能交换的最小其他货物量，要受决定一切其他货物普通最低价格之原理的支配。决定这种最低价格的，是使贵重金属从矿里运走送往市场通常所需投下的资本，即把贵重金属从矿里送往市场通常所需耗费的衣食住。

这最低价格必须足够偿还所费的资本并提供这资本的普通利润。

但贵重金属的最高价格似乎不取决于任何他物，而只取决于贵重金属本身的实际供给的不足还是有余。贵重金属的最高价格不由任何其他货物的最高价格决定，不像煤炭那样由木柴的价格决定，除木柴外任何东西的缺乏都不能使煤炭价格上涨。使黄金的稀缺性增加到一定的程度，最小的一块黄金就可能变得比一枚钻石更加贵重，也能交换更大数量的其他货物。

对这些金属的需求，部分地产生于它们的效用，部分地产生于它们的美观。如果你把铁除外，贵金属或许比任何其他金属都更有用。它们不容易生锈和玷污，所以能比较容易地保持清洁；因之用它们制成餐桌上和厨房中的器皿，更令人喜爱。银制的锅具比用铅、铜或锡制的更为清洁，相同的性质使金制锅盆优于银制的。然而，它们的主要优点在于美观，这使它们特别适于做衣服和家具的装饰品。没有一种颜料或染料能提供像镀金那样辉煌的颜色。美观的优点，又由于它们的稀缺而增强。对大多数富人来说，财富的主要乐趣在于炫耀，在他们看来，当他们看起来拥有除他们以外任何人都不能拥有的财富的明确标志时，炫耀就登峰造极了。在他们的心目中，一件稍稍有用或美观的东西的价值由于它的稀少而大为加强，搜集它的任何巨大的数量需要耗费大量的劳动，这种劳动除了他们以外没有人能负担得起。对于这种东西，他们愿意付出比更加美观、有用但却更加普通的东西以更高的价钱。这些效用、美观、稀缺的品质正是贵金属价格高昂的原始基础，也就是它们在到处都能交换到大量其他货物的基础。这种价值存在于它铸成货币之前，赋予它们以适于铸成货币的性质。然而，这种用途造成了对它们的新需求，减少了能做其他用途的数量，以后可能有助于保持或增加它们的价值。

对宝石的需求完全在于其美。它们除了作为装饰品外一无所用，而其美观这种优点又由于稀缺，即由于从矿中采掘它们的困难和费用而大为增强。因此，在大多数情况下，工资和利润几乎构成它们的高价格，地租只占很小的份额或常常不占份额，只有最丰富的矿藏才能提供较大的地租。当珠宝商塔弗尼尔访问戈尔康达和维沙普尔的钻石矿时，有人告诉他说，钻石矿是为国王的利益而开采的，国王已经命令，除了生产最大最美的钻石的那些矿以外，其余全部封闭。其他的矿对矿主来说似乎是不值得开采的。由于世界各地贵重金属及宝石的价格都受世界上最丰富矿山产物价格的支配，所以贵重金属或宝石矿山给所有者所能提供的地租就不是和其绝对蕴藏量，而是与其相对蕴藏量成比例；换言之，和它比同种类其他矿山优越的程度成比例。如果发现的新银矿优于波托西的银矿，也像波托西的银矿优于欧洲的银矿那样，那么白银的价值就会降低，以致连波托西的银矿也不值得开采。在西班牙所属西印度群岛被发现以前，欧洲最丰富的银矿能为它们的所有人提供的地租也像现今秘鲁最丰富的银矿所提供的一样大。虽然白银的数量较少，它却可以交换到与现在等量的其他货物，矿主的份额能使他购买或支配等量的劳动或商品。产品和地租的价值，即它们向公众和矿主提供的实际收入也可能完全一样。

贵重金属或宝石最丰富的矿山，对于世界财富不能有多大的增加。因为这类产品的价值主要在其稀少。要是这类产品多了，其价值必然下落，这时，金银餐具及其他衣服家具的奢华装饰物能以较以前少的劳动量或商品量买入，而这就是世界能从这种丰富供应获得的唯一好处。

而地产却不如此。土地的生产物及地租这两者的价值不和其相对丰富程度，而是与其绝对丰富程度成比例。生产一定分量衣食住的土地，总能供给一定人数的衣食住；而且，不论地主享有的比率如何，他总能因此支配相当的劳动并支配这劳动所给他提供的商品。最贫瘠土地的价值并不因近邻有最肥沃土地而减少；反之，其价值却常因此而增加。肥沃土地所养活的众多的人口给贫瘠土地的许多生产物提供了市场，而贫瘠土地的生产物，在它们自己的产品所能维持的人民中是绝对找不到这种市场的。

凡是能提高生产食物的土地的肥沃程度的东西，不仅会提高得到改良的土地的价值，也会有助于提高许多其他土地的价值；因其为它们的产品创造了新的需求。由于土地改良而使食物丰富，许多人拥有的食物超过了自己所能消费的数量，这就产生了对贵金属和宝石以及对所有其他衣服、住宅、家具和成套用品方面的便利品和装饰品的需求。食物不仅构成世界财富的主要部分，而且许多其他各种财富的价值大部分也是由于食物的丰富。当古巴和圣多明各的贫苦居民被西班牙人初次发现时，他们常在他们的头发和衣服的其他部分上插上小块黄金作为装饰。他们对小块黄金的态度，就像我们对比普通略为美丽的小圆石一样：它值得去拾取，但当任何人想要时也不值得拒绝。新客人一提出请求，他们马上就给，似乎并不认为给客人赠送了什么有价值的礼物。看到西班牙人获取黄金的狂热，他们感到惊讶，因为他们想不到竟然有这么一个国家，那里许多人拥有那么多自己总是感到匮乏的食物，可只要给予少量闪闪发光的玩意儿，那些人就愿给予能维持他们全家许多年的食物。假如他们能理解这件事，西班牙人的狂热就不会使他们奇怪了。

第三节　论总能提供地租的生产物与有时提供有时不提供地租的生产物二者价值比例的变动

由于土地的不断改良和耕种而造成的食物的不断丰富，必然增加对食物以外的每一种可以应用或可作装饰的土地产品的需求。因此，可以预期，在整个改良过程中，这两种不同产品的相对价值只有一种变化。就是说，和总能提供地租的生产物的价值相比，有时提供地租有时不提供地租的生产物的价值会不断地增长。随着技术和产业的发展，衣服和居住材料、土地中有用化石和矿物乃至贵重金属和宝石的需求日渐增加，它们所能换得的食物逐渐增多，换言之，其价格逐渐增高。在大多数情况下，大部分事物的情况就是如此，要是没有特殊事故使这些物品中某些物品的供给增加得大大超过其需求则全部如此。

例如，砂石矿的价值必然随其周围地方改良的日益增大和人口的日益增加而增高；如果这矿石是这一带的唯一矿石情况尤其如此。然而即使在周围1000英里以内没有第二个银矿，银矿的价值也不一定会随矿所在国的改良而增加。砂石矿产物的市场很少扩到周围数英里以外，而其需求，一般必和这小区域的改良与人口成比例，而银矿产物的市场却可扩展到全世界。所以，除非全世界都改良，各地方人口都增加，否则白银的需求不会因银矿附近某大国的改进而有所增加。然而，即使整个世界都在改良，如果在其改良过程中发现了新矿，其丰富程度比以前知道的任何矿藏都要大，那么，虽然对银的需求必然增加，但供应增加的比例可能更大，白银的真实价值就可能逐渐下降；也就是说，这种金属的任何给定数量，例如1磅，就可能只能逐渐购买或支配越来越小的劳动数量，或交换越来越少的作为劳动者主要生活资料的谷物。

白银的大市场是世界上有商业的文明地区。

如果由于总体的改良进步，这个市场对银的需求有所增加，同时供给没有按同一比例增加，白银的价值与谷物的比例将逐渐上升。给定数量的白银会交换数量越来越大的谷物，换句话说，谷物的平均货币价格会变得越来越便宜。

反之，如果由于某种缘故，银的供给的增加在一连许多年中比需求的增加比例更大，白银会逐渐变得越来越便宜；换句话说，尽管改良很多，谷物的平均货币价格还是会越来越贵。

另一方面，假若这金属的供给和其需求几乎按同一比例增加，那么这金属就能继续购买或交换几乎相同数量的谷物。尽管有了一切改良，谷物却继续保持着几乎相同的平均货币价格。

这三者似乎包括了在改良进程中所能发生的事情的一切可能情况。如果我们以法国和英格兰发生的事实来作判断，那么在过去四世纪中，这三种情况的不同的组合似乎都在欧洲市场上发生过，而发生的顺序和此处所述大致相当。

顺便谈谈前4世纪白银价值的变动

第一阶段

在1350年及其以前的一些时候，英格兰每夸脱小麦的平均价格，估计似乎不低于陶衡4盎司白银，约等于我们现今的20先令。它似乎从这个价格逐渐降到2盎司白银，约等于我们现今的10先令。这是我们发现的它在16世纪初的估计价格，也似乎是一直到1570年的价格。

1350年，即爱德华三世第二十五年，制定了所谓劳动法。序言中十分抱怨佣工的粗野，他们力图迫使雇主提高工资。因此该法律命令，所有的佣工和劳动者在以后均应满足于他们在国王第二十年和这以前4年中所习惯接受的同一工资和配给（当时不仅包括衣服，也包括食物），他们的小麦配给在各处的估价均不得高于每蒲式耳10便士，雇主永远可以随意用小麦或用货币支付。可见，小麦每蒲式耳10便士在爱德华三世第二十五年被算做非常合适的价格，因为它要求通过特别的法律去迫使佣工接受，作为他们的通常食物配给的交换；这在以前的10年中，即在爱德华三世第十六年被算做是合理的价格。但在那一年，10便士大约包含陶衡半盎司白银，将近等于我们现今的半克朗。因此，陶衡4盎司白银等于当时货币的6先令8便士，约等于现今的20先令。这一定价被算做是8蒲式耳即1夸脱小麦的中等价格。

关于当时谷物的普通价格，这法令所提供的证明无疑地比历史学家及其他著述家记录的某些年份的谷价好得多，因为他们所记的都侧重异常高昂或低廉的价格，所以想依此判断当时的普通价格十分困难。此外我们还有别种理由可相信，14世纪初及以前数年小麦的普通价格不下于每夸脱4盎司，而其他各种谷物价格也依此为准。

1309年，坎特伯雷的圣奥古斯丁修道院副院长拉尔夫·得·波恩在就职典礼后举行宴会，威廉·索恩记录了这次宴会的菜谱和许多项目的价格。这次宴会所消费的有：第一，53夸脱小麦，值19镑，合每夸脱7先令2便士，大约等于我们现今货币21先令2便士；第二，麦芽58夸脱，值17镑10先令，合每夸脱6先令，约等于我们现今货币18先令；第三，燕麦20夸脱，值4镑，合每夸脱4先令，约等于我们现今货币12先令。这里的麦芽和燕麦的价格，似乎比它们和小麦价格的普通比例高。

这样的价格记载不是因为它们特别贵或特别贱，而只是对一次以豪华闻名的宴会所消费的大量谷物实际支付价格的顺便提及。

亨利三世第五十一年即1262年，恢复了所谓《面包和麦酒的法定价格》这个古代法令。亨利三世在绪言中说，该法令系其祖先即以往英格兰国王所定。由此推断，它至少是亨利二世甚或诺曼征服时代订的。此法令按照当时每夸脱由1先令至20先令的小麦价格来规定面包价格。但是，我们可以假定这种法令同样会仔细考虑到超过普通价格或不及普通价格的价格，据此假设，当时含有陶衡银6盎司的10先令（相当于如今的30先令），在此法令制定之初必被视为1夸脱小麦的普通价格，而且，直到亨利三世第五十一年，还被认为是普通价格。因此，我们假定那普通价格不少于法定最高面包价格的1/3，即不少于含有陶衡银4盎司的当时货币6先令8便士，当然不会太离谱。

因此，根据这些事实，我们有相当理由作出这个结论：在14世纪中叶及以前一个相当长的时期中，1夸脱小麦的平均价格或普通价格大概不会在陶衡银4盎司以下。

由大约14世纪中叶至16世纪初，人们认为小麦的合理的或适中的价格即小麦的普通或平均价格似已逐渐减到这价格的一半，最后降到大约等于陶衡银2盎司，约合今币10先令。一直到1570年还是如此。

在1512年诺萨伯兰第五世伯爵亨利的家务记录中，对于小麦价格有两种不同的计算：一是每夸脱以6先令8便士计算；二是1夸脱仅以5先令8便士计算。在1512年，6先令8便士仅含有陶衡银2盎司，约合今币10先令。

从许多法令看来，由爱德华三世第二十五年以至伊丽莎白在位初期这200余年的时间中，6先令8便士一直被认为是小麦的普通价格或平均价格，也即所谓适中的价格。然而，在这时期内，由于银币有一些变革，此名义金额中所含的银量却在不断减少。不过，银价的增加还是足以补偿含银量的减少。所以，在立法当局看来，名义金额含银量减少这种情况可以忽略不计。

1436年，政府规定，小麦价格如降低至每夸脱6先令8便士就不经特许也可出口。1463年又规定，小麦每夸脱价格若未超过6先令8便士就禁止从国外进口。当局认为，当麦价十分低的时候，任其出口也无不便，但若麦价增高，允许进口就是精明的措施。因此，当时含有今币13先令4便士那么多银的6先令8便士（其含银量，比爱德华三世时代同一名义金额已减少1/3），就是当时所谓适中的小麦价格。

1554年，菲力普王及玛利女王第一年和第二年的法令，以及1558年伊丽莎白女王第一年的法令同样规定，在小麦1夸脱价格超过6先令8便士时，禁止其输出。当时6先令8便士所含银量比现令同一金额不会多出两便士。但不久就发觉，要到价格如此降低时才不限制谷物出口是等于永远禁止小麦出口。于是，在伊丽莎白第五年，即1562年，又规定小麦价格若不超过每夸脱10先令就可随时在指定的港口输出。当时10先令和现今同一金额几乎含有相等的银量。所以，这6先令8便士的价格当时被认为是所谓适中的小麦价格，这和上述亨利伯爵家务记录所估计的价格大抵相符。

法国的情形也与此相似，该国谷物平均价格，在15世纪末叶及16世纪初，比过去两个世纪低廉得多。杜普雷·德·圣莫尔和一位写了一篇论谷物政策的论文的高雅学者都这样说。在同一时期，欧洲大部分国家的谷价也许同样下降了。

白银相对于谷物的价值的增高，也许全是因为供给持续不变而需求则随改良及耕作的进步而增加；也许全是因为需求持续不变而供给逐渐减少，当时世界上已发现的大部分银矿都已开采将尽，因而费用大大增加；也许部分由于前一原因部分由于后一原因。15世纪末叶及16世纪初，欧洲大多数国家的政局，比过去数世纪安定，这种安定性的增加，自然使产业发展和改良程度增高，而贵重金属及其他一切装饰品和奢侈品的需求也就增加。年产物增多，那么为流通这年产物便需要有更多的铸币。富者人数增多，就需要有更多银制器皿及其他银制装饰品。此外，自然也可以认为当时以银供给欧洲市场的大部分银矿可能开采将尽，因而开采起来费用更大，因为其中多数银矿是从古罗马时代起就开采的。

不过，论述往时商品价格的学者大部分都认为，自诺曼征服甚或从尤利乌斯·恺撒侵略时代起直到美洲各矿山发现的时候止，银的价值都在不断下降。我想，这种见解的发生，一部分起因于他们对谷物及其他土地天然产物所作的观察，另一部分则起因于一种通俗说法，即一切国家的银量会自然随财富的增加而增加，银的价值则自然地随银量的增加而跌落。

在观察谷物价格时，以下三种情况似乎常使他们走入迷途：

第一，几乎所有的古代地租都是以实物，即以一定数量的谷物、家禽、牲畜等支付的。然而有时候地主却规定，他可随心所欲地要求佃户以实物支付年地租，或以代替实物的一定数额货币支付。像这样以一定数额货币代替实物交纳的价格，在苏格兰称为换算价格。因为在这情况下要实物和要货币的选择权总操在地主手中，所以，为佃户的安全计，其换算价格需要订得比平均市价低而不是高。因此，许多地方的换算价格都比平均市价的一半稍稍多些。直到今日，苏格兰大部分地方对家禽还沿用这种换算办法，有些地方对牲畜还沿用这种换算办法。要不是由于实施公定谷价制度而废除换算办法，那么，对谷物恐怕至今还会沿用这种办法。所谓公定谷价，就是根据谷价公定委员会作出的判断，每年依照各州实际市场价格，对各种类不同品质谷物的平均价格所评定的价格。这一制度，在换算谷物地租时，都照当年的公定价格而不依据任何定价；所以，佃户都得到充分保障，而地主也觉得方便得多。但搜集往年谷价的学者们，往往把苏格兰所谓换算价格，误认为实际市场价格。弗利特伍德有一次承认，他犯过这种错误。但是当他为某一特殊目的而著述时，他却是在用了15次这种换算价格以后才承认错误的。每夸脱小麦的价格是8先令。在他所研究的第一个年份即1423年，这个数目包含的银量等于我们现今的16先令。在他所研究的最后一个年份即1562年，它包含的银量也不比现今同一名义的金额多。

第二，由于怠惰的抄写人有时用潦草的方式抄写一些古代的法定价格的法律，以及立法机关有时实际上用潦草的方式制定的法律，这些学者受到了迷惑。

以前关于法定价格的法令首先总是规定，在小麦和大麦价格最低时面包和麦酒应有的价格，接着规定，在这两种谷物超过这最低价格时面包和麦酒应有的价格。然而，那些法令的抄写者往往以为，抄规定的头三四个最低价格就够了，想借此节省气力，我想他们可能认为，这已足以表明较高的价格应按什么比例增加。

例如，在亨利三世第五十一年规定面包和麦酒法定价格的法律中，面包的价格按照小麦的不同价格来规定，后者每夸脱从1先令到20先令，按当时的货币计算。但在拉夫黑德先生的法律汇编出版以前，所有法律汇编的各种版本均系根据一种抄本，这个抄本的抄写人所抄的这项法律只到12先令的价格为止。因此，有几位学者为这种不实的抄录所误导，非常自然地得出结论说，中等价格即每夸脱6先令，约等于我们现今货币的18先令，是当时小麦的普通或平均价格。

又如，约在同时制定的关于惩罚椅和颈手枷的法令规定，麦酒的价格按大麦1夸脱以2先令到4先令不等的价格每上升6便士调整一次。但是，这4先令的价格，并不被认为是大麦当时常达到的最高价格，而这些价格只是作为例子，来说明较高或较低价格应按这比例增减。这从这法令最后的词句“Et sic deinceps crescetur veldiminuetur per sex denarios。”可以看出，这话不够精确，却也含义清晰：“这样，麦酒价格应随大麦价格每6便士的升降而增减。”在制定这法令时，立法当局似乎像抄写人一样疏忽。

在《王位的尊严》（一本古代的苏格兰法律书）的一种古老抄本中，有一项关于法定价格的法律，面包的价格按小麦的所有不同价格来规定，后者从每一苏格兰波尔（约等于英格兰的半夸脱）10便士至3先令。在被认为是制定这项法律的那个时候，3苏格兰先令约等于我们现今的9先令。拉迪曼先生似乎由此得出结论，认为这3先令是小麦当时曾经达到的最高价格，而10便士、1先令，最多2先令则是普通价格。可是，查阅抄本后就看得很明白，所有这些价格只是作为举例列出，表明小麦价格和面包价格之间所应遵循的比例。所以这法令最后说：“reliqua judicabis secundum prascripta habendorespectum ad Pretium bladi.”（“其余须按上面所提到的谷物价格加以判断。”）

第三，在很古老的时代，小麦有时以极低价格出卖，这也使上述学者有所误解，以致认为当时的小麦最低价格既比后来的小麦最低价格低得多，那么其普通价格也就必比后来低得多。可是，他们可能已经发现，在那些很古老的时候，小麦的最高价格也比后来高得多，就像它的最低价格比后来低得多一样。例如在1270年，弗利特伍德给我们提供1夸脱小麦的两种价格。一种是当时货币4镑16先令，等于现今货币14镑7先令；另一种是6镑8先令，等于我们现今货币19镑4先令。在15世纪末或16世纪初，找不到像这样特别高的价格。谷物的价格虽然在所有的时候都会变动，但在动荡的和没有秩序的社会中却变动最大，在这种社会中所有的商业和交通都被打断，这就使一国的富裕地区无法去救济它的稀缺地区。金雀花王朝统治英格兰从大约12世纪中叶直至15世纪末，英格兰处于混乱状态，一个地区可能繁荣，而另一个相隔不远的地区则可能由于某种季节性灾害，或者由于某一邻近贵族的侵入致使作物被摧毁，遭受一次极其恐怖的灾荒。如果有某一敌对贵族的土地插入其间，一个地区对另一个地区就不能提供任何援助。然而，在15世纪后半叶和16世纪，在都铎王朝的强力统治下，没有哪个贵族会强大到敢于扰乱社会秩序。

读者在本章末可以看到由弗利特伍德搜集的1202—1597年（两年包括在内）的全部小麦价格，经换算为现今货币，并按时间顺序分为7组，每组12年。在每组末，读者可以找到该组12年的平均价格。在这个长时期内，弗利特伍德只能搜集到80年的价格，因此，最后的一组12年中缺少了4年价格。因此，我根据伊顿学院的记载，补充了1598、1599、1600、1601这4年的价格。这是我所做的唯一增添。读者可以看到，从13世纪初，直至16世纪中叶以后，每12年的平均价格逐渐变得越来越低；到16世纪末，又开始上升。诚然，弗利特伍德所能搜集到的价格，似乎主要是因其特别贵或特别贱而值得注意的价格；我不敢说能从这些价格得出任何非常肯定的结论。然而，如果它们还能证明任何东西的话，它们可以确证我一直在力图提供的说明。可是，弗利特伍德本人似乎和大多数其他学者一样相信，在这整个时期内，由于白银日益丰富，它的价值一直在下降。他本人所搜集的谷物价格，肯定不和这个意见一致。谷物价格和杜普雷·德·圣莫尔先生的意见完全一致，也和我所力图说明的意见完全一致。弗利特伍德主教和杜普雷·德·圣莫尔先生似乎是以极大的勤勉和翔实来搜集古代事物的价格的两位作者。他们两人的意见那么不相同，而他们两人所搜集的事实至少就谷物价格来说是那么一致，这不免令人有几分奇怪。

然而，最有见识的学者所据以推断远古时代银的巨大价值的，与其说是谷物的低廉价格，倒不如说是其他许多土地天然产物的低廉价格。据说在未开化时代，谷物比其他大部分商品贵得多。我想这里指的是，大部分未经制造的商品，例如牲畜、家禽、各种猎物等等。在那种贫乏和野蛮的时代，这些东西相比谷物无疑要便宜得多。但是这种低廉不是白银价值高的效果，而是这些商品价值低的效果。不是因为白银在那种时代会比在更加富裕和进步的时代购买或代表更大数量的劳动，而是因为这些商品会购买或代表更小数量的劳动。白银在西班牙美洲肯定比在欧洲要便宜些，因为它在生产国比在输入国肯定要便宜些，后者要经过长途海陆运输，要付出运输费和保险费。可是，乌诺阿告诉我们，英币21个半便士不久以前在布宜诺斯艾利斯是从三四百头牛的牛群中挑选的一头牛的价格。拜伦先生告诉我们，智利首都一匹好马的价格是英币16先令。在一个天然肥沃但绝大部分完全没有开发的国家，牲畜、家禽、各种猎物等等用很小量的劳动就可以获得，所以它们只能购买或支配很小量的劳动。它们出售的低货币价格不能证明那里的白银真实价值非常高，只能证明这些商品的真实价值非常低。白银及其他一切商品的真正尺度不是任何一个商品或任何一类商品，而是劳动。这一点我们应当随时牢记。

在土地几乎荒芜或人口稀少的国家，自然生产的家禽、牲畜和各种猎物，往往比居民所须消费的多得多。在这种状态下，供给通常超过需求。所以，在不同的社会状态和改良阶段，这样的商品便代表或等于极不相同的劳动量。

无论在什么社会状态和改良阶段，谷物都是人类劳动的产物。但各种劳动的平均产量，大体上总是和其平均消费量相适应；就是说，平均供给大体上总是和平均需求相适应。而且平均地说，无论在什么改良阶段，在同一土壤同一气候中，生产同一数量的谷物都要花几乎相同的劳动量，或者说，需要花几乎等量的代价。因为，在耕作改良的状态下，劳动生产力的不断增加，或多或少要被牲畜即主要农具价格的不断增加所抵消。我们根据这些可以确信：在一切社会状态下，在一切改良阶段中，等量谷物比等量其他土地天然产物更能大致代表或交换等量劳动。唯其如此，所以我们在前面说过，在财富和改良的不同阶段中，谷物是比其他任何一个或一种商品更正确的价值尺度。因此，在上述不同阶段，以谷物与银相比，比我们用其他任何一个或一种商品与银相比都能更加准确地判定银的真实价值。

此外，在各文明国家，谷物或其他为人民一般爱好的植物性食物都是劳动者生活资料的主要部分。随着农业的推广，每一个国家的土地所生产的植物性食物比动物性食物在数量上要多得多，劳动者在到处都是靠这种最便宜最丰富的卫生食品生活。除了在最繁荣的国家或劳动报酬最高的地方之外，鲜肉只占他的生活资料的一个很小的部分，家禽更小，猎物则不占任何部分。在法国，甚至在苏格兰（劳动在苏格兰能比在法国得到较好的报酬），劳动的穷人除了在节假日或其他特殊情况下之外很少吃肉。因此，劳动的货币价格更多地依存于谷物（劳动者的生活资料）的平均货币价格，而不是依存于鲜肉或任何其他部分土地天然产物的平均货币价格。因此，金银的真实价值，换言之，金银所能购入或所能支配的真实劳动量，在极小程度上取决于金银所能支配的家畜肉量或任何其他土地天然产物数量，而在极大程度上取决于金银所能购入的谷物量。

可是，这种关于谷物或其他商品的价格的不很仔细的观察将不至于把许多聪明的学者引入歧途，要不是他们同时受到以下一个俗见的影响，即：由于各国的银量自然随着财富的增加而增加，银的价值随银量的增加而减少，而这种见解毫无根据。

任何一个国家贵重金属数量增加的原因有二：其一，供应贵金属的矿山的丰富程度较大；其二，人民财富即劳动年产物的增加。前一原因无疑地和贵重金属价值的减少有关，但后一原因却与其价值的减少无关。

随着更丰饶矿山的发现，就有更大数量的贵重金属供应市场。如果较大数量贵重金属所要交换的生活必需品和便利品在数量上和从前一样，那么同一数量金属所换得的商品量必定少于从前。所以，如果一国贵重金属量的增加起因于矿山产额的增加，那就必然使贵重金属的价值有所减少。

反之，在一国财富增加时，换言之，在该国劳动年产物逐渐增大时，更大量商品的流通就需要有更大量的通货。而人民有了更大数量的商品来交换金银器皿，自然会负担得起并购买越来越多的金银器皿。他们的通货量由于必要而增加，他们的金银器皿量也由于追求虚荣和浮华而增加；而由于同一原因，精巧雕像、绘画及其他各种奢侈品和珍奇品也可能增加。但雕刻家和画家在富裕繁荣时所获报酬不可能比不景气时低，因此金银在不景气时和繁荣时亦然。

如果更丰饶新矿的偶然发现并不会使金银价格下落，那么，由于各国的金银价格自然会随各国财富的增进而上升；不论矿山的状态如何，金银在富国的价格自然总比贫国的价格高。金银像其他一切商品一样，自然要寻找最好价格的市场，而对一切货物都付得起最好价格的国家正是能对金银支付最好价格的国家。必须记住，劳动是对每种东西所付的最后价格，而在劳动得到同样良好报酬的国家，劳动的货币价格将与劳动者生活资料的货币价格成比例。但是黄金和白银在富国所能交换的生活资料的数量自然会比在穷国大，在生活资料丰富的国家自然会比在生活资料供应不足的国家大。如果两国相距很远，差别可能很大；因为贵金属虽然自然会从较差的市场流入较好的市场，但可能难于大量运输、以使两地价格接近相同的水平。如果两国相距很近，差别就会小到有时几乎看不出，因为运输容易。中国是一个比欧洲任何地区都更为富裕的国家，其生活资料的价格与欧洲差别非常大。中国的大米比欧洲任何地方都便宜得多。英格兰是一个比苏格兰更为富裕的国家，但是两国谷物的货币价格的差别就要小了许多。就数量来说，苏格兰的谷物似乎比在英格兰要便宜得多，但是就质量来说肯定要略为贵些。苏格兰几乎每年从英格兰输入大量的谷物，而每一种商品在输入国一般都比在输出国要贵一些。因此，英格兰的谷物在苏格兰一定比在英格兰贵，但是一般而论，就其质量即从其所能制成的面粉或饭食的数量和品质来说，它不能比在市场上和它竞争的苏格兰谷物售价更高。

就生活资料价格来说，中国与欧洲有很大差异，而就劳动货币价格来说则差异更大。这是因为欧洲大部分处在改良发展状态，而中国似乎处在停滞状态，所以，劳动在欧洲的真实报酬比中国高。英格兰劳动的货币价格，比苏格兰劳动的货币价格高，因为后者虽在不断进步，但不像前者那么快，所以其劳动的真实报酬也低得多。苏格兰人民很多移住外国，而英格兰人民却很少迁移，这足以证明这两地的劳动需求有很大的差别。必须记住，不同国家劳动真实报酬的比例，不是由它们的实际富裕或贫困，而是由它们的进步、停滞或衰落的状况来规定的。

黄金和白银在最富的国家自然具有最大的价值，所以它们在最穷的国家也就具有最小的价值。在最穷的野蛮人间，它们根本没有价值。

谷物在大都市总是比偏远地方昂贵，但这昂贵不是银价实际低廉的结果，而是谷物实际昂贵的结果。把银运往大都市需要的劳动量和运往偏远地区差不多，而把谷物运往大都市却需要多得多的劳动量。

在一些很富裕的商业国，如荷兰及热那亚地区，其谷物价格的高昂与大都市谷物价格的高昂属于同一原因。它们不能生产足够维持其居民的谷物。它们富在自己的技工和制造业者的勤劳和技术，能促进和节约劳动的各种机器，以及船舶和所有其他的运输工具和商业手段；它们在谷物方面缺乏，必须从遥远的国家将谷物运来，所以除价格以外，还必须支付运输费用。将白银送往阿姆斯特丹和送往但泽所费的劳动差不多，但是运送谷物所费的劳动就要大得多。在这两个地方，白银的真实成本一定接近相同，而谷物的真实成本则一定非常不同。如果降低荷兰或热那亚地区的真实富裕，同时保持它们的居民人数不变，降低它们从遥远国家供应自己的能力，随之而来的必然是白银数量的减少（不论是作为衰退的原因还是结果），此时谷物的价格就会升到饥荒时候的价格。当我们缺乏必需品时，我们必须放弃所有的非必需品，后者的价值在丰富的繁荣时期上升，而在贫困和萧条时期则下降。必需品的情况刚好相反：它们的真实价格，即它们所能购买或支配的劳动数量，在贫困和萧条时期上升，在富裕和繁荣时期下降，富裕和繁荣时期总是谷物十分丰富的时期，否则就不可能富裕和繁荣。谷物是必需品，而白银只是非必需品。

因此，在 14 世纪中叶到 16 世纪中叶这段时期内，由于财富增进和改良发展而引起的贵重金属数量的增大，不论其增大程度如何，都不可能使大不列颠或欧洲其他任何国家的贵重金属价值减少。所以，要是根据对谷物或其他物品价格的观察，搜集从前谷物价格的学者没有理由推断这个时期里白银的价值减少了，而他们就更没有理由根据想象中财富的增进和改良情况来推断这期间白银价值的减少了。

第二阶段

不管各学者对于第一阶段意见多么不同，他们对于第二阶段银价变动的意见却是一样。

在从 1570 年左右到 1640 年左右这大约 70 年的时期里，白银价值和谷物价值的比例，按完全相反的方向变动。这期间，银的真实价值下降了，换言之，它所能换得的劳动量，比从前少；谷物的名义价格上升了，从前售价是每夸脱 2 盎司银，约合今币 10 先令，后来售价是每夸脱 6 盎司或 8 盎司银，约合今币 30 先令或 40 先令。

美洲丰饶矿山的发现，似乎是这时期银对谷物的比价减少的唯一原因。对于这种变动，大家都作同样的说明，关于银的比价下降这一事实及其原因，从未发生争执。在此期间，欧洲大部分地区在产业和改良方面均在发展，因而对白银的需求一定在增长。但是，看来供给的增长超过了需求的增长，白银的价值下降很多。可是应当注意，美洲银矿的发现在 1570 年以后才对英格兰的物价有明显的影响，尽管波托西的银矿甚至在 20 多年前就已发现。

根据伊顿学院的记录，从1595年到1620年，并包括1595年和1620年在内，温莎市场上最好的小麦9蒲式耳1夸脱的平均价格为2镑1先令6又9/13便士，从这金额略去零数，再减去全额的1/9即4先令7又1/3便士，那么8蒲式耳1夸脱的价格为1镑16先令10又2/3便士。从这金额同样略去零数，再由余下的金额，减除1/9即4先令1又1/9便士，即最好小麦与中等小麦这二者价格之差，那么中等小麦价格，约为1镑12先令8又3/9便士，约合银6又1/3盎司。

又据同一记录，从1621年到1636年，在同一市场上，同一衡量的最好小麦的平均价格约为2镑10先令。从这金额按上述扣除，那么8蒲式耳1夸脱耳中等小麦的平均价格为1镑先令6便士，约合银7又2/3盎司。

第三阶段

美洲矿山发现所导致的银价降低，似乎到1630年与1640年之间或在1636年左右就已停止，相对于谷物价值的比例，银价后来从未比那时降得更低。在本世纪中白银价值似乎略有上升，或许在上世纪终了之前的一些时候就已开始。

据上述记录，从1637年到1700年，即上世纪最后64年间，温莎市场上，由9蒲式耳组成的1夸脱最好小麦，平均价格似为2镑11先令1/3便士。这平均价格，比16年前的平均价格，仅高1先令1/3便士。但在这60年间，发生了令当时谷物缺乏的两个事件，这缺乏远远超过了收成情况。单单这两个事件就够说明谷物价格这时更昂贵的原因，而无须设想银价有进一步的下跌。

第一是内乱。它挫折了耕种，打断了商业，必然使谷物价格远远超出收成情况所会造成的程度。它必然对王国的所有不同市场均或多或少产生了这种影响，尤其是对伦敦附近的市场，它们要求从最远的地方得到供应。所以，据上述记录，温莎市场上，由9蒲式耳组成的最好小麦1夸脱，价格在1648年为4镑5先令，次年为4镑。这两年谷物的价格，超过2镑10先令（1637年前16年的平均价格），计达3镑5先令。要是把它在上世纪最后64年中摊分，那就很够说明这些年谷价为什么稍稍上升，此两年份的价格虽属最高价格，但内乱引起的高价格却无疑不止于此。

第二是1688年颁布的谷物出口奖励法令。一般人设想，由于促进耕作，这种奖励金长期以后大概总会增加谷物的产量，使国内市场上的谷价因此趋于便宜。奖金究竟能在什么程度上增加谷物生产，减少谷物价格，我要在后面讨论。而现在我要说的，只是1688年到1700年间它并未发生这个效果。在这个短期中，奖励金的唯一效果是，因为奖励每年剩余量的输出，使前一年份的丰产不能弥补后一年的歉收，所以反而抬高了国内市场上的谷物价格。从1693年到1699年间，英格兰普遍感到的谷物缺乏，虽主要起因于当时天时不良，因此不是英格兰所特有的现象，而是欧洲大部分所共有的现象，但我们应当知道奖励金确曾在英格兰加剧了谷物缺乏的程度。所以，1699年里曾有9个月时间禁止谷物出口。

在上述两件事发生的时候，还发生了第三件事。它不能造成任何谷物稀缺，或许也不能增加通常为谷物支付的白银实际数量，但却必然造成了谷物价格名义数额的某些增长。这个事件就是：由于剪削和磨损，银币大为贬值。这一事件从查理二世统治的时候开始，直至1695年不断加剧。朗迪斯先生告诉我们，1695年的通行银币比它的标准价值大约降低了25%。但是构成每一种商品市场价格的名义金额，必然不是由银币根据标准所应包含的白银数量决定的，而是由凭经验发现的它实际包含的白银数量决定的。因此，同接近它的标准价值的时候相比，当银币因剪削和磨损大为贬值时，上述名义价格必然要高一些。

在本世纪，银币降低至标准重量以下的程度要以现在为最。不过，银币的磨损虽很大，其价值却因它能与金币兑换而为金币价值所维持住了。在最近金币改铸以前，金币不论磨损多么厉害，总比不上银币厉害。反之，在1695年，银币的价值并没有得到金币维持；金币1几尼，当时通常可换30先令削损了的银币。晚近金币改铸以前，每盎司银块价格很少能值5先令7便士以上，这价格只比造币厂价格高5便士。但在1695年，银块的普通价格为每盎司6先令5便士，比铸币厂价格高15便士。因此，即使在最近金币重铸以前，金银两种铸币和银块比较，低于其标准价值估计并未超过8%。反之，在1695年，据说铸币却低于标准价值25%。但在本世纪初，即在威廉国王时代大重铸之后，大部分通行银币一定仍然比现在更接近于它的标准重量。在本世纪也没有像内战那样的重大公共灾难，能挫抑耕种或打断国内商业。虽然在这一世纪的大部分时间里发放的奖金必然总是使谷物价格略高于在实际耕种情况下所会有的价格，但是，由于在本世纪中奖金已有充分的时间发挥普通归之于它的全部良好效应，即鼓励耕作，从而增加国内市场的谷物数量，根据我在下面将要说明和考察的一种学说体系的原理，可以假定它已经产生一些影响，一方面使这种商品的价格有所降低，一方面又使它有所提高。许多人就认为它产生了更大的影响。所以，根据伊顿学院的记录，在本世纪最初64年期间，温莎市场上由九蒲式耳组成的一夸脱最好小麦，平均价格计为2镑6又19/32便士。这价格比前世纪最后64年期间的平均价格，约低10先令6便士，即25%以上；比1636年以前的16年低大约9先令6便士，此时期美洲丰富银矿的发现可以认为已经充分发挥了它的效用；根据这种记载，在本世纪头64年中，中等小麦每8蒲式耳1夸脱的平均价格约为32先令。

由此可知，和谷物价格相比，银价在本世纪中似乎稍稍上升；但这上升的趋势也许从上个世纪终结以前即已开始。

1687年，温莎市场上，由9蒲式耳组成的1夸脱最好小麦价格计为1镑5先令2便士。这价格就是1595年以来的最低价格。

1688年，格雷戈里·金先生，一个因对这种事情富有知识而闻名的人，估计小麦在一般丰收年份的平均价格对生产者为每蒲式耳3先令6便士，或每夸脱28先令。我认为生产者价格就是有时所称的合同价格，即农场主和收购人订立的在若干年内交付一定数量谷物的价格。由于这种合同节省了农场主的营销费用和麻烦，合同价格一般比认定的平均市场价格低。金先生认为，1夸脱28先令在当时是一般丰收年份的普通合同价格。据我所知，在最近连年天时不佳谷物缺乏的时期以前，这种价格确是一般年岁的普通合同价格。

1688年，议会通过设置奖励金鼓励谷物输出。当时乡绅在立法机关所占席位比现在多，他们发觉谷物的货币价格在逐渐下降。奖金是使谷物价格人为地抬高到谷物在查理一世和二世时代通常出售的高价的权宜之计。因此，直到谷价高达每夸脱48先令以前都要发给出口奖金，这比金先生在同年所估计的一般丰收年份的生产者价格高20先令，或高5/7。如果他的计算确有几分与他所享有的赞誉相称，那么，除了在特别歉收年份，每夸脱48先令在当时如果没有奖金是不可能达到的价格。但当时尚未巩固的国王威廉的政府正在恳求乡绅们首次制定年度土地税法，自然无法拒绝他们提出的任何要求。

由此可见，在上世纪结束以前，银价和谷价相比大抵已经升高了一些。到了本世纪，这上升趋势虽由于奖励金的必然作用而无法按照当时的实际耕作的情形表现得十分明显，不过银价大体而言仍然是继续上升。

由于促进谷物的输出，在丰年时候的奖励金当然会使谷价昂贵到超过本来会有的数目。但奖金制度最明显的目的，却也就是在最丰收的年份仍然使谷价提高，借此奖励耕作。

当然，在严重歉收年份，奖金一般停止发放。然而，即使在这时它也对价格产生了某些影响。由于它在丰收年份造成的大量输出，一定常常使一年的丰收不能弥补另一年的歉收。

因此，不论在丰收还是歉收年份，奖金均使谷价超过实际耕作状况自然应有的水平。因此，如果在本世纪头64年中平均价格比上世纪最后64年中低，那么，如果不是由于奖金的这种作用，在相同的耕作状态下它一定还会更低。

但是有人主张说，如果没有奖金，耕作的状况将会不同。这种奖金制度对一国农业的影响究竟如何，我将在下面特别讨论奖金时加以说明。现在我只想说，白银价值随着谷物价值的上升并不是英格兰的特有现象。三位忠实勤奋的的谷价搜集者，杜布雷·德·圣莫尔先生、麦桑斯先生和一位有关谷物政策的论文作者，曾经观察到法国在同一时期白银价值亦有上升，而且比例亦大致相同，但是法国在1764年以前禁止谷物出口。很难设想，在一个禁止出口的国家所发生的差不多相同的价格下降现象，在另一个国家却是由特别鼓励出口造成。

把谷物平均货币价格的变化看做是欧洲市场上白银实际价值逐渐上升的结果，而不是谷物真实平均价值下降的结果，或许更为合适。上已述及，在长时期内，谷物是比白银或任何其他商品更为正确的价值尺度。当发现美洲丰富银矿以后谷物升至以前货币价格的三四倍时，普遍认为这种变化不是由于谷物真实价值的上升，而是由于白银真实价值的下落。因此，如果在本世纪最初

64年的谷物平均价格比上世纪大部分年份的谷物平均价格低廉，我们同样应该说，这变动的原因不是谷物真实价值下落，而是银的真实价值上升。

过去10年乃至12年间高昂的谷价曾使人猜疑，欧洲市场上白银的真实价值是否还会继续下落。但这种高昂的谷价显然是天时异常的结果，是偶发、暂时而非永久的事故。过去10年或20年中欧洲大部分地区的天时很是不利，波兰的动乱又大大增加了这些国家谷物短缺的程度，因为它们在谷物昂贵年份常从波兰得到供应。这样长期的天时不良虽然不是一个很普通的事件，但也决不罕见。任何对从前的谷物价格史做过研究的人都不难回想起几个性质相同的实例。此外，异常歉收的10年也和异常丰收的10年一样毫不足怪。1741年至1750年（两年包括在内）的谷价低廉正好可以同最近8年或10年的谷价高昂形成对照。据伊顿学院的记录，1741年到1750年间，温莎市场上，由9蒲式耳组成的1夸脱的最好小麦，平均价格仅为1镑13先令9又4/5便士。这比本世纪最初64年间的平均价格，约低廉6先令3便士。依此推断，在这10年间，由8蒲式耳组成的1夸脱的中等小麦平均价格就仅为1镑6先令8便士了。

但是，1741年至1750年间的谷物价格，一定由于有奖励金的缘故而没有在国内市场上按自然的趋势降低。在这10年中，根据海关统计，各种谷物的输出量共达8029156夸脱1蒲式耳。为此付出的奖金达1514962镑17先令4便士半。因此，1749年，当时的首相佩兰先生对下议院说，过去3年付出了很大的金额作为谷物出口的奖金，他是很有理由的，在下一年他可能更有理由这样说。单是那一年，付出的奖金就达324176镑10先令6便士。这种强制的输出必曾使国内市场上的谷价升涨到超过没有奖励金时所会有的价格，至于超过多少就不必推算了。

在本章所附的统计表最后部分，读者可以看到，那10年的统计是和其他各年的统计分开的；此外，我们也可看到此前10年的统计。这10年的平均数同样在本世纪最初64年的总平均数以下，但却低得不多。可1740年实是异常的歉收。1750年以前那20年间，和1770年以前那20年十分悬殊。前者虽夹有一二昂贵年份，但显然比本世纪的总平均数低得多，后者虽夹有一二低廉年份（例如1759年），但显然比总平均数高得多。假使前者低于总平均数以下的程度，不如后者超过总平均数以上的程度，其原因自应归于奖励金制度。况且，这变动显然很剧烈，无法用缓慢的银价变动解释。效果的突发性只能归之于一种可以突然起作用的原因，即意外的天灾。

大不列颠的劳动货币价格在本世纪的确是上升了。但这种上升不是欧洲市场上银价减少的结果，而是大不列颠普遍繁荣而对劳动的需求增加的结果。法国的繁荣程度不及英格兰，自从上个世纪中叶以来，该国劳动的货币价格随谷物的平均货币价格而日渐降低。在上世纪和本世纪，法国普通劳动的日工资据说始终大约等于1塞蒂埃（比4温彻斯特蒲式耳略多）小麦平均价格的1/20。已经说过，大不列颠劳动的真实报酬，即给予劳动者的生活必需品和便利品的真实数量，在本世纪中已大为增长。劳动货币价格的上升，似乎不是欧洲一般市场上白银价值下落的效果，而是在大不列颠这个特别市场上由于该国特殊的和幸运的环境所产生的劳动真实价格上升的结果。

在美洲发现以后，在一段时期的欧洲市场上，白银依旧是以原来的价格或不大低于原来的价格出卖。因而，这一期间的矿业利润非常可观，大大超过自然水平。但不久后，向欧洲输入白银的人就发现，全年的输入量不可能按这种高价全部售出。白银所交换的货物数量变得越来越少，白银价格逐渐越来越低，直至降到它的自然价格，即仅能够按各自的自然比率支付劳动工资、资本利润和土地地租这些必须支付，才能将其从矿山送往市场的费用。已经说过，在秘鲁的大部分银矿，西班牙国王征收的相当于总产品1/10的赋税，吞食了土地的全部地租。这种税原来是一半，随后不久降到1/3，然后降到1/5，最后降到1/10，至今仍然维持这个比率。在秘鲁的大部分银矿，在补偿开采人的资本连同其普通利润以后，所剩的也就是1/10了；人们普遍承认，这种利润过去是很高的，现在却已经低到仅能维持开采了。

1504年，西班牙国王对于秘鲁银矿所课的矿税减为登记之银的1/5这一年是1545年波托西银矿发现之前41年。在90年中，或在1636年以前，这些全美洲最丰富的银矿已经有了充足的时间去产生它们的全部效应，即在欧洲市场上使白银价值降低到它再也不能下降的水平，并继续向西班牙国王缴纳这种赋税。90年的时间，足以使任何没有垄断的商品降低到它的自然价格，即一面纳税一面仍然能在长时期内继续出售的最低价格。

欧洲市场上的银价，本有可能进一步跌落，使得税率也许不但必须像1736年那样减少至1/10，还必须像金税一样减少至1/20，甚至令现在继续开采的大部分美洲矿山停止开采。这些情况之所以没有发生，是由于银的需求也在逐渐增加，美洲银矿出产物的市场在逐渐扩大，不仅维持住了欧洲市场上的银价，而且还把银价抬高到稍稍超过上个世纪中叶的水平。

自美洲发现迄今，其银矿出产物的市场一直在逐渐扩大。第一，欧洲市场已逐渐扩大。美洲发现后，欧洲大部分地区都有很大进步。英格兰、荷兰、法兰西、德意志、瑞典、丹麦，甚至俄罗斯，都在农业及制造业上不断向前发展。意大利似乎也不曾退步。它的没落是在秘鲁被征服以前，此后却渐渐好转。西班牙及葡萄牙据说是退步了，但葡萄牙只占欧洲的极小一部分，而西班牙的衰退也没有达到一般人想象的程度。在16世纪初叶，西班牙即使与法国比较也是一个极贫穷的国家。法国从那时以来已有很大发展，所以，常常巡游这两国的查理五世曾有这样有名的评语：在法国一切物资都是丰富的，在西班牙却是一切缺乏。欧洲农业和制造业的生产额既然增大了，其流通所需的银币量必然逐渐增加。富人既然多了，银制器皿和银制饰物的数量也必然逐渐增加。

第二，美洲本地是它的银矿产物的新市场。这地方农业、工业及人口的进步比欧洲最繁荣国家也快得多，因此对银的需求的增加也自然快得多。英属殖民地，完全是一个新市场。那里以前一向对银没有需求，现在则一部分因为铸币，一部分因打制器皿，而不断增大对银的需求了。大部分西班牙属和葡萄牙属殖民地，也全为新市场。在未被欧洲人发现以前，新格林纳达、尤卡登、巴拉圭、巴西等地居民全是不知手工业与农业的民族。可是，他们到现在，大部分都有了相当的手工业与农业了。墨西哥与秘鲁两国，虽不能全然视为新市场，但比过去的确是扩大了。关于这两国辉煌的古代奇异故事的有关书籍相当浮华夸张，但是只要以沉着的眼光来读它们的发现史及征服史，就会看出当时居民在农工商业上比今日乌克兰的鞑靼人更为无知。就算两国中比较进步的秘鲁人，也只知道以金银作装饰品而不知铸金银为货币。他们的商业，完全以物物交换的方式进行，几乎没有分工这回事。耕作土地的人，同时不得不建筑自己的住宅，制造自己的家具、衣物、鞋子及农具等。他们之间，虽有若干工匠，但是据说都是由君王贵族僧侣维持的，实际上恐怕就是这些人的仆役或奴隶。墨西哥和秘鲁所有的古代手工业，从来没有以任何制造品供给过欧洲市场。西班牙的军队，不过500人，甚至往往不到250人，却几乎到处觉得不易获得食物。据说这些军人足迹所至，发现就连人口极稠密、耕作极发达的地方，也常常发生饥荒。这种事实足以证明，记述这些国家人口稠密、耕作发达的故事大部分是虚构的。西班牙殖民地的统治方式，在许多方面不像英格兰殖民地那样有利于农业的发展、技术的改良及人口的增长，但在所有这些方面，西班牙殖民地却比欧洲任何国家都进步得快。其原因是土壤肥沃、气候宜人，以及土地广大且低廉，这是一切新殖民地共有的优点，足以补偿其政治上的许多缺点。1713年访问过秘鲁的弗雷齐说，利马有25000至28000居民。乌诺阿于1740年至1746年在这个国家居留，他说该市居民有5万以上。他们对智利、秘鲁其他几个主要城市的人口的说法大致也有类似的差异；我们没有理由怀疑两人的信息准确，只能说它们人口的增长不逊于英格兰殖民地。总之，这一切都表明美洲即是该地银矿产物的新市场；这里对白银的需求的增加必定比欧洲最繁荣国家还快得多。

第三，东印度是美洲银矿产物的另一市场。自这些矿山开采以来，该市场所吸收的银量就日益增加。自那时起，美洲和东印度各地之间通过阿卡普尔科船舶进行的直接贸易一直在增长；而经由欧洲的间接贸易则增长比例更大。在16世纪中，葡萄牙人是与东印度各地进行正规贸易的唯一欧洲民族。在该世纪的最后几年，荷兰人开始打破这种垄断，不到几年就把葡萄牙人逐出了他们在印度的主要居留地。在上世纪的大部分时间里，这两个民族瓜分了大部分的东印度贸易，荷兰人所占的比例继续增大，而葡萄牙人所占的比例则不断缩小。英国人和法国人在上世纪和印度进行一些贸易，这种贸易在本世纪已大为增长。瑞典人和丹麦人的东印度贸易是从本世纪开始的，甚至俄国人也经常通过经由西伯利亚和鞑靼抵达北京的一种陆地商旅队和中国进行贸易。所有这些国家的东印度贸易几乎都在不断增长，只有法国人例外，因为它的贸易在上次战争中差不多完全被毁灭了。看来似乎是，欧洲所消费的东印度货物增长迅速，使这些货物的销售逐渐扩大。例如，16世纪中叶以前，欧洲用茶极其有限，不过是用作药品。然而现在，英格兰东印度公司为本国国民当做饮料而输入的，每年计达150万磅。但这还不够满足需要，又要经荷兰各港和瑞典的哥德堡不断走私输入。在法国东印度公司繁荣时代又常由法国海岸秘密输入。此外，对于中国的瓷器、马鲁古群岛的香料、孟加拉的布匹以及其他无数货物，欧洲的消费额也几乎以同样的比例增加。因此，在上世纪的任何一个时间，东印度贸易中所使用的全部欧洲船舶的吨位可能和英属东印度公司在最近减少其船舶以前的容量差不了多少。但当欧亚初通贸易时，在亚洲各国，尤其是中国与印度，金银的价值却比欧洲高得多，如今仍是如此。这种差别是因前者多为产米国，其稻田大抵每年能收获两次甚或三次，而每次收获的产量又比小麦的收获多。所以，即使面积相同，产米国也比产麦国的粮食更为丰富，这些国家的人口也就多得多。这些国家的富人手中有超过自己所能消费的大量多余粮食可以处理，有办法购买更大数量的他人劳动。因此，根据所有的记载，中国或印度的显贵们比欧洲最富的人所雇佣的家庭仆役数量更多，气派更大。就是这种可以自由处理的大量多余食物，使他们可以付出更大的食物数量，来购买自然提供的数量极为有限的所有珍奇产物，例如贵金属和宝石，这些都是富人竞争的重要对象。因此，虽然供应印度市场的矿山也同供应欧洲市场的矿山一样富饶，这种商品在印度自然会比在欧洲交换更大数量的食物。但是向欧洲供应贵金属的矿山比向印度供应贵金属的矿山产量更丰富一些，而向印度供应宝石的矿山则比向欧洲供应宝石的矿山产量更丰富些。因此，贵金属在印度自然能交换数量稍多的宝石，也比在欧洲能交换数量更多的食物。印度和欧洲相比，最大的非必需品即钻石的货币价格要略为低些，首要的生活必需品即食物的货币价格更要低得多。但是已经指出，劳动的真实价格，即给予劳动者的生活必需品的真实数量，在中国和印度这两个最大的东印度市场都比在欧洲大部分地区要低。那里劳动者的工资所能购买的食物数量比较少；由于食物价格在印度要比在欧洲低得多，劳动的货币价格在那里就由于双重原因而更低一些：既由于它所能购买的食物数量少；又由于这种食物的价格低。但在技术和勤劳相同的国家，大部分制造品的货币价格均与劳动的货币价格相应。中国和印度在制造技术和勤勉方面比欧洲任何地区都差，但也差不了太多。因此，大部分制造品的货币价格在这两个大国自然会比欧洲任何地方都低得多。还有在欧洲大部分地区，陆路运输的开支提高了大部分制造品的真实价格和名义价格。首先将原料、然后将制造品送入市场，须费更多的劳动，因而须费更多的货币。在中国和印度，内地运输的范围广、种类多，节省了大部分的劳动，因而节省了大部分的货币，从而使它们大部分制造品的真实价格和名义价格降得更低。由于这种种原因，将贵金属从欧洲运往印度和中国，过去一向是，现在也仍然极为有利可图。很少有任何其他商品在那里能卖得更好的价格，或者说，对比于它在欧洲所值的劳动和商品的数量而言，能在印度和中国购得或支配更大数量的劳动和商品。将白银运往那里比运黄金更为有利，因为在中国以及印度的大部分其他市场，纯银和纯金的比率仅为10∶1，至多是12∶1，而在欧洲则为14∶1或15∶1。在中国以及在印度的大部分其他城市，10盎司、最多12盎司白银可以购得1盎司黄金，在欧洲则要求有14至15盎司白银。因此，驶向印度的大部分欧洲船舶装载的货物中，白银一般是最有价值的物品之一。它是驶向马尼拉的阿卡普尔科船舶上最有价值的物品。实际就是依着这种种关系，新大陆的银从而成为旧大陆两端通商的主要商品之一。在更大的程度上，正是通过它，世界的这些遥远地区才得以彼此连结。

为供给如此广大的市场，每年由各矿山开采的银量不但要足够供应一切繁荣国家不断增加的铸币需求和器皿需求，还必须足够弥补一切用银的国家银币与银器的不断磨损。

铸币由于磨损、器皿由于磨损和清洗，其中包含的贵金属的消耗是很大的，单是这种被广泛使用的商品就要求每年有大量的供应。在某些特殊制造品中所消费的金属，总体说来虽然可能不比上述逐渐的消耗大，可是因其特别迅速也就特别明显。单是在伯明翰的制造品中，每年在镀金和包金中使用的金银数量据说超过英币5万镑，而且无法复原。从这事实可知，在与伯明翰这些制造品相类似的制造品上，世界各地在镶边、彩饰、金银器、书边镀金及家具等物上每年所消费的金银量真是不可计数。而且金银每年由一地运往另一地，在海陆途中丢失的分量也一定不在少数。此外，掘地埋藏宝物为亚洲各国几乎普遍的习俗；而埋藏的场所在埋藏者死亡以后往往无人知道。这种习俗也必然增加金银的损失量。

根据可靠的记载，在加蒂斯和里斯本输入的黄金和白银的数量（不仅包括正式登记，也包括走私的）约值每年600万英镑。

梅更斯先生说，每年输入的贵金属，西班牙 6 年中（即从 1748 年至 1753 年，两年包括在内），葡萄牙 7 年中（即从 1747 年至 1753 年，两年包括在内），白银每年平均达 1101107 磅重，黄金达 49940 磅。白银按金衡每磅值 62 先令计算，共值英币 3413431 镑 10 先令。黄金按金衡每磅值 44 几尼半计算，共值英币 2333446 镑 14 先令。两项合计为英币 5746878 镑 4 先令。他肯定地说，正式登记的输入数字是正确的。他十分详细地提供了黄金和白银运来的具体地点以及根据登记的各自具体数量，还就他认为可能是走私运入的每种金属的数量作出了估计。这位慎重商人的丰富经验使他的意见十分有力。

《欧洲人在东西印度创业的哲学史及政治史》一书作者以善辩博识著名于世。据他说，西班牙经登记进口的金银，在 11 年中（即从 1754 年至 1764 年，两年包括在内）每年平均达 13984185 又 3/4 皮亚斯特（10 里尔）。可是，由于可能有走私，他假定每年输入总额可能达 1700 万皮亚斯特，按每皮亚斯特值 4 先令 6 便士计算，合英币 3825000 镑。他也列举了黄金白银运来的具体地点，以及来自各地的每种金属的登记数字。他还告诉我们，如果按向葡萄牙国王缴纳的赋税数量（税率为标准金属的 1/5）来判断每年从巴西输入里斯本的黄金数量，我们可以估定为 1800 万克鲁查多，或 4500 万法国里佛，约合英币 200 万镑。可是由于可能有走私，他说我们可以有把握地加上这个数目的 1/8，即 25 万英镑，因此总额共计 225 万英镑。于是根据这项记载，每年输入西班牙和葡萄牙两国的贵重金属总额为 607.5 万英镑。

此外，我曾查阅若干其他确实可靠的记述，尽管只是抄本；它们对于这每年平均总输入量所估计的数字都在 600 万镑左右，具体数额略有不同。

每年输入加蒂斯和里斯本的贵金属的确并不等于美洲矿山的每年全部产品。有一部分每年通过亚卡普尔科船舶运往马尼拉；有一部分用于西班牙殖民地与其他欧洲国家的殖民地之间进行非法买卖；有一部分无疑地留在出产地。此外，美洲的矿山也决不是世界上唯一的金银矿。可是，它们一直是产量最丰富的金银矿。人们承认，和美洲矿山相比，已知的其他矿山的产量是微不足道的；而且，美洲矿山产品的大部分每年都运进了加蒂斯和里斯本。然而，单伯明翰一年消费的 5 万镑，已相当于这每年 600 万镑输入的 1/120。从这看来，世界各地每年消费的金银总额也许与其产出的总额相等；其剩余也不过够供给一切繁荣国家的继续增加的需求，有时甚或不够。这样就使欧洲市场上的金银价格有了一些提高。

每年由矿山提供市场的铜铁量绝非金银所可比较。但我们决不能因此认为，这些廉价金属供给的增大具有超过其需求的倾向，或者说，有使其价格逐渐趋于低廉的倾向。那么，我们为什么想象贵重金属会有这倾向？廉价金属是比较坚固，但它比较容易磨损，而且因其价值较低，人们对其保存也不像对贵重金属那么留心。但是，贵重金属并不一定比廉价金属更能久存，它同样也常在各方面磨损和耗费。

一切金属价格都有缓慢的变动。但较之其他土地天然产物，其变动比较小。而与廉价金属价格比较，贵重金属价格突然变动的可能性更小。金属价格不易变动的原因在于它的耐久性。去年送往市场的谷物今年年终将全部或几乎全部消费干净，但二三百年前由矿山采取的铁现在却可能部分还在使用，二三千年前由矿山采取的金也是如此。各年被消费的谷物量与各年生产的谷物量常保持相当的比例，但不同年份使用的铁的数量间的比例却几乎不大会受这两年份铁矿产出量的偶然差异的影响；所使用的金的数量间的比例更是这样。所以，大部分金属矿山逐年的生产额变动虽然大于大部分庄稼的年产变动，但这变动对这两种不同生产物价格的影响却并不一样。

金银价值比例的变动

在美洲矿山发现以前，纯金对纯银的价值由欧洲各造币厂规定的比例为 1∶10 至 1∶12，即是说，1 盎司纯金设定值 10 至 12 盎司纯银。大约在上世纪中叶，这个比例被规定为 1∶14 至 1∶15，即是说，一盎司纯金设定值 14 至 15 盎司纯银，黄金的名义价值上升，或者说它所换得的白银数量增加。两种金属的真实价值，即它们所能购得的劳动数量均有下降，但白银比黄金下降更多。美洲金矿银矿的丰饶比以前任何已发现矿山都大，但银矿的丰饶程度比金矿似乎更大。

每年由欧洲运往印度的银量很大，使得英格兰一部分殖民地的银价和金对比渐趋降低。与欧洲一样，加尔各答的造币厂也认为 1 盎司纯金值 15 盎司纯银。可是，这估价和黄金在孟加拉市场上的价值相比可能过高。在中国，黄金和白银的比例仍旧是 1∶10 或 1∶12。在日本据说是 1∶8。

根据梅更斯先生的记载，每年输入欧洲的黄金和白银数量的比例为 1∶22 左右；即是说，输入一盎司黄金就有略多于 22 盎司白银输入。他认为，每年输往东印度的大量白银使留在欧洲的金银数量的比例降至 1∶14 或 1∶15，与它们的价值比例相同。他似乎认为金银价值的比例必然与金银数量的比例相同，因而，如果不是由于白银输出较多，就应当是 1∶22。

但是两种商品价值的普通比例不一定和它在市场上的数量的比例相同。一头牛的价格为 10 几尼，一只羊的价格为 3 先令 6 便士，前者约为后者的 60 倍。由此得出结论说一般在市场上有 1 头牛就有 60 只羊将是荒谬的；由于 1 盎司黄金一般能换 14 至 15 盎司白银，就得出结论说一般在市场上有 1 盎司黄金就只有 14 或 15 盎司白银也是一样荒唐。

通常，市场上银的数量对金的数量的比例比一定数量金银的价值比例要大得多。与市上高价商品相比较，廉价商品往往不但总量更大，而且总价值也更大。每年送往市场的面包不仅总量比家畜肉大，价值也比家畜肉大。家畜肉的总量和总价值大于家禽的总量和总价值；家禽的总量和总价值大于野禽的总量和总价值。廉价商品的顾客，通常比高价商品的顾客多得多，廉价商品因此能在市上售出更大的数量，卖得更大的价值。所以，廉价商品总量对高价商品总量的比例，通常必大于一定数量高价商品价值对同量廉价商品价值的比例。就贵重金属说，银为廉价商品，金为高价商品。因此我们可以预断，通常在市场上银不仅在总量上比金大，而且在总价值上也比金大。只要把自己的银器和金器比较一下，持有少量金银器者就会发觉，银器在数量上和价值上都大于金器；还有许多人持有不少的银器，却毫无金器。即使有，也是限于表壳、鼻烟盒之类的小玩意儿，其总额极为有限。英格兰铸币中的金币的价值的确大于所有银币的价值，但在其他各国却并非如此。有些国家的铸币，其所有银币的价值，差不多与所有金币的价值相等。据造币厂统计，在未与英格兰合并以前，苏格兰金币虽略多于银币，但相差不多。而其他许多国家的铸币占多数的不是金币而是银币。法国一切巨额的支付，通常都用银币。至于金币则只限于随身携带的小额，此外就不容易得到。可是，在所有国家，白银都在价值上超过黄金，这就足以补偿有些国家的金币超过银币而有余。

从某种意义上说，银在过去总比金低廉得多，将来恐怕也是一样。但在另一种意义上，照今日西班牙市场上的情况，也许可说金比银低廉。一种商品，不但可按照其平常价格的绝对大小说它是昂贵或低廉的，也可按照其价格究竟在多大程度上超过其长时期供应市场所可能的最低价格来说。这里的所谓最低价格，是指足够补偿这商品送往市场所必需的资本及其普通利润的价格，也就是对地主不能提供任何报酬而全部由工资及利润二者构成的价格。现在在西班牙市场上，金确实比银更接近于这最低价格。西班牙所课的金税，不过合标准金 1/20，或 5%，而银税则为 1/10或 10%。前面说过，美洲西班牙属地的大部分金银矿山，其地租全都作为赋税供给国王。国王的收入，在金的方面还不及银的方面。经营金矿发财的，也比经营银矿发财的少。可见金矿的利润，一定低于银矿的利润。这样，西班牙市场上金的价格，即只提供较少的地租和利润，所以与银比较，就一定多少更接近于这最低价格了。把一切费用都列入计算，在西班牙市场上，全部黄金，似乎不能像全部白银那样有利出售。但是，葡萄牙在巴西所收的金税与西班牙往昔在墨西哥和秘鲁所收的银税，同为标准金属的 1/5。这样一来，美洲的全部黄金是否比白银以更接近这一最低价格的价格供应欧洲一般市场就很难说了。

钻石和其他宝石的价格，或许可能比黄金的价格更加接近于将它们送入市场的最低价格。

和奢侈品税一样，银税不仅是最适当的税目，而且在当时又是政府收入的重要来源。所以，在有征收可能的时候，这种税是难于放弃的。尽管如此，1763 年曾因纳税人无力纳税而将税率从 1/5 降至 1/10，同样的原因可能到时候使得有必要将白银的税率进一步降低，就像有必要将黄金税率降到 1/20 那样。西班牙美洲殖民地的银矿，如同所有其他的矿山那样，由于开采必须向更深的矿层进行，以及在深层排水和供应新鲜空气的费用越来越大，所以开采变得更加昂贵，这是每一个研究过这种矿山的情况的人都承认的。

这等于说白银变得越来越稀少（因为当采集一定数量的某种商品变得越来越困难和费钱时，就可以说是它变得越来越稀少），这些原因到时候必然会产生下列三种结果之一。第一，开采费用的增加，一定会以银价的按正比例增加来取得补偿；或是第二，一定会以银税按正比例减少来取得补偿；或是第三，一定会一部分通过这种方法，另一部分通过另一种方法而取得补偿。三者必居其一，但以第三种现象最为可能。正如金税尽管大减，但和银相比金价仍然上升一样，银税尽管大减，但和劳动及其他商品相比的银价也仍然可能上升。

但是，银税的递减纵然不能全然防止欧洲市场上银价的上升，至少总会多少将其推迟。减税的结果，以前因不堪重税而中止开采的矿山，现在也许会再行开采。这样，每年送往市场的银量定要加多一些；而一定数量银的价值则要降低若干。1736 年西班牙国王减少银税的结果是，欧洲市场上的银价与从前相比没有实际下落，但与在银税不减的情况下所会有的银价相比就约降低了至少 10%。

尽管有了减税，白银的价值在本世纪中在欧洲市场上仍开始略有上升。事实和对其提供的论证均使我相信这是真的，或者更准确地说，猜测这是真的，因为，就这个问题我们能形成的最好意见或许也不能算做是信念。假定有所上升，其幅度也是非常小的。尽管如此，许多人看来，究竟这种事情是否实际上已经发生，而且是否相反的事情不会发生，即欧洲市场上白银价值是否会继续下跌，我们还不能肯定。

不过以下的事件还是必须注意的：不管假定的每年金银进口的数量如何，必定有一个时期里这些金属每年的消费等于其每年的进口。它们的消费必然随它们数量的增加而增加，或者说增加的比例更大。当它们的数量增加时，它们的价值就下降。对它们使用得越多越不在乎，对它们的消费就随着它们数量的增加而更快地增加。因此，假定这种进口不是在不断增长，在一定的时期以后，这些金属每年的消费按这种方式就会变得等于它们的进口。可是现在进口仍在增长。

如果使金银每年消费量达到与输入量相等以后每年输入逐渐减少，那么，每年消费量也许有一段时间会超过每年输入量。于是金银的总量可能逐渐不知不觉地减少，而其价值却不知不觉地上升，直到每年输入量不增不减时为止。这时候，金银每年消费量将逐渐不知不觉地适应每年输入量所能支持的数额。

怀疑白银价值仍在继续跌落的根据

欧洲财富日益增加，而且由于贵重金属量随财富增加而增加，贵重金属价值因此也就随贵重金属数量增加而减少，这种看法乃是流俗之见。这个俗见可能使许多人相信，欧洲市场上金银价值迄今还在跌落，而土地天然产物的许多部分价格逐渐上升更使他们坚持这种意见。

我已在前面说过，一国随财富增加而增加的贵重金属量绝没有可能减少其价值。金银自然趋向富国，其理由与奢侈品和珍奇品趋向富国相同，不是因为它们在富国比在穷国更为低廉，而是因为它们在那里比较昂贵，或者说能得到更好的价钱。正是价格的优越性吸引着它们；一旦失去这种优越性，它们就会停止这一趋向。

我已经努力证明，除了谷物及其他全靠人类勤劳而生产的各种植物，所有的天然产物如家畜、家禽，如各种猎获物以及土地中有用的化石和矿物等，都随社会财富增长和技术改进而自然趋于昂贵；所以，就算这些商品能换得比以前多的白银，我们仍不能因此就说银价实际上已比从前降低，换言之，不能说银只能购买比以前少的劳动量。我们能得出的结论只能是，这些商品的价格实际上已经提高，即能购得比以前多的劳动量。随着财富的增长和技术的改进，这些商品不但名义价格，而且其真实价格也上升了。名义价格的上升并非白银价值下落的结果，而是该商品自身真实价值上升的结果。

社会进步对三种天然产物的不同影响

这些天然产物可以分为三类。第一类是人类劳动的力量根本无法使之增加的产品；第二类是人劳动的力量能使之随着需求的增加而增加的产品；第三类是人类劳动效力受到限制或不能肯定的产品。在财富和改良的推进中，第一类产品的真实价格可以上升到不受任何确定限度制约的极高昂的程度；第二类产品的真实价格虽然也可能大大上升，却有一定的限度，超过这种限度，它就不可能长时期维持；第三类产品的真实价格虽然在改良中有自然上升的趋势，但在改良的程度相等时，其价格有时甚至会下跌，有时却也保持不变，有时则多少有所上升，这全然取决于不同的意外事故使人类劳动的努力在增加这类天然产物时的成功可能性。

第一类

第一类产物随社会进步而价格提高，它几乎完全不能由人类勤劳增加。它们的产量既不能超过自然生产的一定分量，其性质又非常容易变质，所以也就不可能把各季节生产的这类产物全部蓄积起来。大部分罕见飞鸟鱼类、各种野禽野兽与候鸟都属于这类。当财富以及相伴的奢侈增长时，对这些东西的需求也会随着增长，人类劳动的努力不可能使供给大大超过需求增长以前的数量。因此，这种商品的数量保持不变或差不多不变，购买它们的竞争不断加剧，它们的价格可以上升到任何高昂的程度而似乎不受任何限度制约。如果丘鹬变得风行，每只售价 20 几尼，人类劳动的努力也不能使它的上市数目大大超过现在。罗马人在他们鼎盛的时代付给珍贵鸟类和鱼类的高价也很容易这样去解释。这种高价并不是当时白银价值低的结果，而是这种人类劳动不能随意使之增加的珍奇动物价值高的结果。在罗马共和国没落前后，罗马的白银真实价值比现今欧洲大部分地区都高。3 塞斯提斯约等于英币 6 便士，是共和国付给每莫迪斯或每配克的西西里什一税小麦的价格。可是，这个价格或许低于平均市场价格，因为按这种价格交纳小麦的义务被认为是对西西里农民的课税。因此，当罗马人偶尔命令交纳比什一税小麦数目更多的谷物时，按照投降条约须对超过额每配克付给 4 塞斯提斯，即英币 8 便士，这在当时或许被看做是适度的和合理的价格，即普通的或平均的合同价格，约等于每夸脱 21 先令。在最近的歉收年份以前，每夸脱 28 先令是英格兰小麦的合同价格，而英格兰小麦质量不及西西里小麦，在欧洲市场上普通售价较低。因此，白银价值在古代与现今相比，一定是 3 对 4 的反比，即当时 3 盎司白银所购得的劳动和商品数量与现今 4 盎司白银所购得的相同。普林尼的书告诉我们，塞伊阿斯购买一只夜莺赠送皇帝阿格利皮纳，花了 6000 塞斯提斯，约等于我们现今的 50 英镑；阿西尼阿斯·塞纳购买一条鲱鱼，花了 8000 塞斯提斯，约等于我们现今货币 66 镑 13 先令 4 便士。当我们读到这种记载时，这些奇贵的价格使我们大大吃惊；但这些价格以我们看来似还比实价少 1/3。这两件东西的真实价格，换言之，它们所能交换的劳动及食品量比其名义价格在我们如今表示的数量要大约多 1/3。这就是说，塞伊阿斯为夜莺付出的对劳动和生活资料的支配数量等于 66 镑 13 先令 4 便士在现在才能购到的；而阿西尼阿斯·塞纳为鲱鱼付出的对劳动和生活资料的支配数量是现今 88 镑 17 先令 9 便士才能购到的。这种高昂价格并不是因为白银特别丰富，而是因为罗马人所能支配的超过自己所必需的劳动和生活资料十分丰富。他们所拥有的白银数量，比他们所拥有的同量劳动和生活资料在现今所能换到的白银数量要少得多。

第二类

第二类天然产物的价格随社会进步而上升，其数量能应人类需要而增加。它们包括那些有用的动植物。当土地未开辟时，这类自然生产物很多甚至没有什么价值；到了耕作进步时，就不得不让位给那些更为有利的别种产物。在社会日益进步的长期过程中，这类产物的数量日益减少，而其需要却继续增加。于是其真实价值，即它所能购入或支配的真实劳动量就逐渐增加，以致增加到与人力在土壤最肥沃、耕作最完善的土地上产出的任何物品比较也不相上下。但是，一旦它达到这高度就不能再增高了。如果超过这限度，马上就会有更多土地和劳动转移到这方面生产这物品。

例如，当牲畜的价格高到使耕种土地来为它们提供粮食就像为人类提供粮食那样有利可图时，它就再也不能提高了。如果再提高，不久就会有更多的谷地改成牧场。通过减少野生牧草来扩大耕种，会减少一国不费劳动或不须耕种而自然生产的鲜肉数量；由于增加了拥有谷物或拥有用来交换谷物的代价（二者是一回事）的人数，因而增加了需求。因此，鲜肉的价格、从而牲畜的价格一定逐渐上升，直到如此之高，以致使用土壤最肥沃、耕种最良好的土地来为它们生产牧草也像生产谷物一样变得有利可图。但一定总是要等到改良推进的晚期，耕作才能推广到致使牲畜价格达到这种高度。在达到这种高度以前，如果国家还在发展，牲畜的价格必定不断上升。在今日欧洲，恐怕还有一部分地方牲畜价格未达到这个极限。合并以前的苏格兰某些地方也是如此。较之其他用途，苏格兰的地方更宜于畜牧。所以，如只行销于内地市场，那里的牲畜价格恐怕不会高到用土地生产牧草都能获利。前面说过，在伦敦附近的英格兰的牲畜价格像上个世纪初期一样达到了这极限，但在较偏远地方，大概在很久以后才达到。也许至今还有少数地方尚未达到这限度。不过，在第二类天然产物中，价格首先随社会进步而升至极限的恐怕就要算牲畜了。

在牲畜价格尚未达到这高度以前，就是适于深耕细作的土地，也必有大部分不能完全耕作。所有距离城市遥远以致不能从城市运送肥料的农场，耕种得好的土地数量一定是同农场自己所能生产的肥料数量成比例的，而自行生产的肥料数量又一定同土地所能维持的牲畜数量成比例。土地施肥，或是通过在土地上放牧牲畜得粪，或是通过在畜舍饲养牲畜，将其粪便运往土地。但是除非牲畜的价格足以支付耕地的地租和利润，否则农夫无力在耕地上牧养牲畜，更无力在畜舍中饲养它们。而只有靠已经改良和耕种的土地的牧草才能在畜舍饲养牲畜，因为在荒芜的未经改良的土地上收集稀少分散的草料要求过多的劳动和费用。因此，如果牲畜的价格不足以支付已经改良的土地牧草（当牲畜在这种土地上放牧时），这种价格就更不足以支付必须用大量的额外劳动去收集送往畜舍的牧草。因此，在这种情况下，设置畜舍来饲养获利的牲畜的数量也不可能比耕种所必需的更多。但是这种牲畜数量决不可能提供足够的肥料，使全部可耕地保持良好的状态。它们足以为整个农场提供的肥料，必然被留作耕种起来最为有利和最为方便的那些土地之用，即最肥的或许是在农舍附近的那些土地。因此，这些土地会经常保持良好状态，并适于耕作。其余大部分的土地则任其荒芜，只能生长一些可怜的牧草，仅能够维持少数零散的、半饥半饱的牲畜。农场的牲畜数量如要完全满足耕种所需虽嫌不足，可相对于其实际作物产量却又过多。可是，一部分这样的荒芜土地，在一连六七年处于这种可怜的牧场状态以后，又重新耕种，或许能薄收些质次的燕麦或其他粗粮，然后地力完全耗竭，必须休耕，重新用做牧场，再转而耕种另一部分土地，直至它也同样地力耗竭，再行休耕。因此，在与英格兰联合以前，苏格兰高地的一般经营方式就是这样，经常施肥和保持良好状态的土地很少超过全部农地的1/3或1/4，有时尚不足1/5或1/6。其余的土地全不施肥，尽管其中有一部分也经常耕种；接着地力枯竭。在这种经营方式下，即使能进行良好耕种的那部分苏格兰土地，所能生产的与可能生产的相比，也是数量很少的。不管这种方式看起来多么不利，但是联合以前的牲畜价格的低廉使之成为几乎是不可避免的。以后，尽管牲畜价格大大提高，这种方式却仍然在苏格兰大部分地区流行，其原因在许多地方无疑是由于无知和因循守旧。但在大多数地方，则是由于自然的事理反对立即迅速建立良好经营方式的不可避免的障碍：第一，由于租户的贫穷，由于他们还没有时间获得足以更加完全地耕种他们土地的牲畜群，牲畜价格上涨使得维持更多牲畜对他们有利，也同样使他们获得牲畜更为困难；第二，由于他们还没有时间使自己的土地处于合适地维持这种更多牲畜的状态，即使他们能获得这些牲畜的话。牲畜的增加和土地的改良必须同时进行，一件事情不能走在另一件事情前头太远。不增加牲畜就不能改良土地；而不大大改良土地，又不能大大增加牲畜，否则土地就不能维持它。除了通过长期的节约和勤劳，建立良好经营方式的自然障碍是无法消除的；或许必须经过半个或一个多世纪，逐渐式微的旧方式才能在一国之内完全废除。在苏格兰和英格兰联合中得到的所有商业好处中，这种牲畜价格的上升或许为最。它不仅提高了所有苏格兰高地地产的价值，而且或许也是整个高地得到改良的主要原因。

一切新殖民地都有大量荒芜的地，它们除饲养牲畜外没有他用。所以，牲畜不久就极度繁殖，而凡是量大之物，其价格必然非常便宜。欧洲在美洲的殖民地上的全部牲畜虽然最初都是从欧洲运入的，但不久就在那里大量繁殖，以致变得价值微小，甚至马也任凭它在森林中游荡，没有人认为值得去追寻。在初次建立这种殖民地后一定要经过很长的时间，用已耕土地的产物去饲养牲畜才能变得有利。因此，同样的原因，即缺乏肥料、用于耕种的牲畜和预定要耕种的土地之间的比例失调，可能会导致在那里采用苏格兰许多地区仍在继续采用的那种耕种方式。瑞典旅行家卡尔姆叙述他于1749年在北美某些英格兰殖民地所闻见的农业状况时说，那里很难找出英格兰民族的特性，因为英格兰民族在农业的各个方面都是有名的熟练。他又说，当地人民很少给自己庄稼地施肥。当一片土地因连续收获而地力耗尽以后，他们就开垦新的土地。到这片土地的地力又耗尽后，他们再开辟第三片土地。他们的牲畜就任其彷徨在野地林间。由于春天割草过早，每年生长的青草很早就几乎全部灭绝，没有时间开花或散布种子。而这青草似乎是北美那一地区最好的青草，常常长得很密，高达三四英尺。他确信，不能养活一头母牛的土地以前曾经养活过四头母牛，以前每一头母牛能提供相当于现在一头母牛所能提供的4倍的牛奶。他认为，牧场的贫瘠是造成他们的牲畜退化的原因，牲畜显然一代不如一代。它们很像三四十年前苏格兰到处可见的那种矮小品种，如今这在苏格兰低地大部分地区已得到改良，与其说是由于改变畜种（虽然在有些地方曾采用这种办法），不如说是由于饲料更为丰富。

因此，虽然牲畜的价格要到垦殖改良的后期，才能增高到使辟地饲养牲畜有利可图，但在这第二类天然产物中，最先达到这有利价格的恐怕仍当首推牲畜。因为牲畜价格如未达到这程度，则垦殖改良的程度要接近今日欧洲许多地方似乎也不可能。

第二类天然产物中，最初达到这价格的为牛，最后达到这价格的当为鹿肉。大不列颠的鹿肉价格，表面上虽似过高，但这高价还不够偿还鹿园费用这一事实，凡有饲鹿经验的都知道得很清楚。不然就会像古代罗马人饲养社鸥那种小鸟一样，不久就养于普通农家了。瓦罗和科鲁麦拉告诉我们，那是一种极为有利可图的事情。嵩雀是一种候鸟，飞抵法国时很瘦，在法国某些地方养得很肥，据说获利极多。如果鹿肉继续流行，英国的财富和奢侈也像过去一段时期那样增长，鹿肉的价格很可能比现在还贵。

在改良进步的过程中，由必需品牛肉的价格涨到极点，到奢侈品鹿肉的价格涨到极点要有很长的岁月。其间许多其他种类的天然产物或迟或速地逐渐达到其最高价格，只是情形各不一样。

例如在每一个农场，谷仓和畜舍的垃圾可以养活一定数量的家禽。它们由行将抛弃的东西饲养，只是一种废物利用；它们没有花费农场主什么东西，所以他可以将其廉价出售。他的所得几乎全是纯收益，价格也不会低到使他不去饲养那么多。但在耕种不良因而人口稀少的国家，这种没有花费饲养的家禽常常足以供应全部需求。在这种情况下，家禽常常和鲜肉或任何其它动物食品一样低廉。但是农场按这种免费方式饲养的全部家禽一定总比农场上生产的全部鲜肉数量少，而在财富和奢侈增长的时候，只要效用相同，稀少的东西总是比普通的东西更加受欢迎。因此，随着财富和奢侈的增长，由于改良和耕种的推进，家禽的价格逐渐升到鲜肉的价格以上，直到最后达到使得为了饲养家禽而耕种土地成为有利可图的程度；此后，家禽的价格就不能再涨，不然，不久就会有更多的土地转作这种用途。法国若干地方，家禽饲养一向被视为农村经济中最重要的产业，其有利程度足使农民愿为饲养家禽而广种玉米和荞麦。中等农家有时竟在宅内养鸡400余只。英格兰对于饲养家禽似乎不像法国那样重视。可是，家禽在英格兰的售价一定比法国高，因为英格兰每年有大量家禽依赖法国。在垦殖改进的过程中，一切肉食达到最高价格的时候，必定是在辟地生产这样的动物食料成为通常做法的前夕。在这种做法尚未普遍以前，这样的动物的价格必因其稀缺而上升，而在这种做法普遍化之后，通常必有新法发现，使农家能在同面积土地上生产出远多于从前的饲料。产量增加了，农家不但必须而且也能够降低售价，不然多产必不能长久继续。今日伦敦市上家畜肉的普通价格，也许就是因引种苜蓿、芜菁、胡萝卜、卷心菜等物而比上世纪初价廉。

猪在垃圾中寻食，贪婪地吞噬着其它有用动物嫌恶的垃圾。它也像家禽一样，最初是利用废物饲养的。这样，只要利用废物饲养的猪的数量能够充分满足需要，这种家畜肉的市价，必比他种家畜肉低廉得多。但是，如需要超过此数量所能满足的程度，即饲养猪如果同饲养其他家畜一样有专门为其生产饲料的必要，那么猪的价格必然因此上升。在一国的自然状态及农业状态下，养猪如果比饲养其他家畜的费用多，猪肉价必然比其他各种兽肉昂贵；如费用较少则将价廉。据布丰说，法国的猪肉价几乎与牛肉价相同①；在大不列颠许多地方，现今猪肉却比牛肉稍贵。

往往有人说，大不列颠猪及家禽价格的昂贵是因为佃农和小农的人数减少了。这样的人数的减少是欧洲各地土地改良及耕作进步以前发生的事件，而又是使这样的物品价格比在此事件发生前更早更快地上升的原因。一个最贫穷的家庭，往往不用什么费用即能养活一猫一犬，也同样能以极少的费用养活几只家禽、一头母猪与几头小猪。他们把残渣剩饭当做饲料的一部分，而其余的则任其在附近田野间找食而不会损害他人。像这样没有花费而生产的动物的数量势必因小农人

① 《自然史》，第五卷（1755年）。

数减少而锐减，而其价格势必比小农人数尚未减少时更快地提高。但是，在改良的过程中，这种动物的价格迟早总会达到可能有的最高限度，这种最高价格就是能偿还为给它们提供食物而耕种土地的劳动和支出的价格，像其他大部分耕地所支付的那样。

和养猪与家禽一样，牛奶业最初也是为了废物利用。在农场上必须饲养的耕牛，所产牛奶比喂养小牛和供农场主家庭消费更多，在某一个季节产奶尤多。但在所有土地产品中，牛奶或许最容易变质。在温暖季节牛奶最多，但很难保存24小时。农场主将一小部分制成新鲜黄油，能贮存一星期；制成加盐黄油，能贮存一年；将大部分制成干酪，则能贮存几年。所有这些东西，有一部分能保存起来供他自己家庭之用，一部分送往市场，希望卖到最好的价钱，价钱不可能低到使他不愿把自己家庭消费不了的东西送入市场。的确，如果价钱太低，他会以十分潦草和不干不净的方式去经营他的奶酪业，认为不值得专门为它设置一个房间，而只是在自己又脏又乱的厨房中进行；三四十年前几乎所有的苏格兰农民奶酪业都是这样，今天有许多奶酪业还是这样。逐渐提高鲜肉价格的原因即需求的增长，以及由于国家的改良而使少费钱或不费钱饲养的牲畜数量减少，也同样使奶酪业产品的价格提高，奶酪的价格同鲜肉的价格或同饲养牲畜的支出有着自然的联系。价格的提高能偿付更多的劳动、更大的关心和更加的清洁。奶酪业变得更值得农场主关心，它的产品质量也逐渐得到改进。最后，价格高到足以值得使用土壤最肥沃、耕种最良好的土地来饲养牲畜，专供奶酪业之用。当价格达到这种高度就不能再高了，否则马上就会有更多的土地转作这种用途。英格兰大部分地区价格似乎已经达到这种高度，那里许多好土地都这样使用。在苏格兰，如果你将少数大城市的周围除外，其他地方的价格似乎尚未达到这种高度，那里普通农民很少为奶酪业而使用好地去为牲畜生产食物。产品的价格虽然在近几年来上升很多，或许仍然太低，不容许这样去做。同英格兰奶酪相比，苏格兰奶酪质量的低劣亦与其价格完全相称。但这种质量低劣或许是价格低廉的结果，而不是价格低廉的原因，我认为，即使质量更好，大部分送入市场的奶酪在苏格兰目前的情况下也不能卖到更好的价钱；现在的价格或许不能偿付生产更好乳酪所必要的土地和劳动支出。英格兰许多地方的奶酪价格无疑较贵，但和生产谷物与饲养家畜这两种主要农业比较，制酪业仍不算比较有利的土地利用途径。所以制酪业在苏格兰就更没有那么有利了。

不论任何国家，如果必须依靠人力生产的一切土地生产物价格不足以偿还土地的改良费用及耕作费用，该国的土地决不会完全用来耕作或完全得到改良。要使全国土地完全用于耕作和得到改良，各种生产物的价格就要：第一，足够支付好谷地的地租，因为其他大部分耕地的地租都取决于谷地的地租；第二，必须足以支付农场主的劳动和支出，像他们从良好谷地所得的支付那样，即要偿还他在土地上使用的资本及其普通利润。每种产品价格的提高，显然应当走在用来生产它的土地的改良和耕种的前头。所有的改良目的均在于获利，如果必然的结果是遭受损失，那就不能称为改良。但是如果产品的价格不足以弥补开支，改良土地的结果必然是遭受损失。如果把一国的完全改良和耕种看做是（它肯定是）最大的公共利益，那么所有天然产物价格的提高就不应当被看做是公共灾难，而应当被看做是最大公共利益的先驱和伴随物。

上述一切天然产物的名义价格或货币价格的上涨并非白银价值下落的结果，而是其自身真实价值上涨的结果。这些生产物不但值更大的银量，而且值比以前更多的劳动量和食物量。它们送往市场需要更多的劳动量和食物量，因此送往市场之后它们代表的劳动量和食物量就更多，或者说在价值上等于更多的劳动量和食物量。

第三类

第三类即最后一类天然产物的价格，随着改良程度的增进而自然上涨。人类勤劳对增加这样的产物的效果或者有限，或者无法确定。因此，虽有随改良的进步而上升的自然趋势，这类天然产物的真实价格有时甚或会下落，有时在各不同时代继续同一状态，有时又会在同一时期里或多或少地上升，全视所发生的不同的偶发事件使人类勤劳的努力在该产物的增产上所取得的成就的大小而定。

有一些天然产品自然是其他产品的附属物，所以任何一国所能提供的数量必然受其他产品数量的限制。例如任何一国所能提供的羊毛和生皮必然受到该国保有的大小牲畜数量的限制，而这种数量又是由该国的改良状况和农业性质决定的。

可以设想，在改良推进中使鲜肉价格逐渐提高的原因对羊毛和皮革也会产生相同的影响，并使它们的价格按大致相同的比例提高。如果在改良最初开始的时候，羊毛和皮革的市场也像鲜肉的市场那样局限在狭窄的范围以内，情形就会是那样，但是它们各自的市场范围一般来说却大不相同。

鲜肉的市场几乎到处都局限于国家之内。的确，爱尔兰和不列颠所属美洲的一些地区进行大量的盐腌食物贸易，但我相信它们是在商业世界中唯一将自己的大部分鲜肉出口他国的地方。

反之，羊毛和皮革的市场在改良最初开始的时候就很少局限于生产国。它们可以很容易地运往遥远的国家，羊毛不必加工，生皮只需稍稍加工；由于它们是许多制造品的原料，他国的产业对它们可能产生本国没有的需求。

在耕作粗放因而人口稀少的国家，毛皮价格在一头牲畜的全部价格中所占的部分总是大大超过在耕作较好人口较密而家畜肉有较大需求的国家①。据休谟观察，撒克逊时代的羊毛价格约值一头羊的价格的 2/5；他认为这种比例比现在大得多。据我所得到的确实信息，在西班牙的某些省份，宰羊常常只是为了取得羊毛和羊脂。羊肉常常丢弃在地上腐烂，或任凭野兽和食肉鸟吞噬。如果这种事情甚至在西班牙也是有时发生，在智利、布宜诺斯艾利斯、西班牙所属美洲的许多其他地区就差不多是经常发生，那里宰杀有角牲畜几乎经常只是为了取得兽皮和兽油。这种事情也几乎经常在希斯盘纽拉岛发生，那是当它为海盗所侵扰的时候，在法国人种植园（现已扩展到该岛几乎整个西半部的海岸）的安定、改良和人口状况使西班牙人的牲畜具有若干价值以前。西班牙人迄今不但仍继续拥有东部海岸，而且拥有整个岛屿和该国的山区。

随着改良及人口的繁殖，一头牲畜全部躯体的价格必定上涨。不过，这种上涨对兽肉价格的影响比对兽毛兽皮的影响大得多。在社会原始状态下，兽肉市场总局限于其产出国境内，所以必定随社会进步、人口繁殖而成比例地扩大。但纵使为野蛮国产物，兽毛兽皮这两者也往往行销全商业世界，其市场很少能因一国社会进步人口繁殖而成比例地扩大。整个商业世界的状况不会因任何一国进行改良受到多大影响，在改良以后，这类商品的市场可能保持不变或大致不变。可是，按照事物的自然趋势，这种市场总体来说也会由于改良而略有扩大。特别是如果以这些商品为原料的制造业在国内发达起来，那么这些商品的市场虽然不会扩大许多，却至少可以比以前更加接近于其生产地，而它们的价格至少可以因节省运往遥远国家的费用而提高。因此，这种价格虽然不能按照鲜肉的比例上升，却也自然应当上升而非下落。

不过，虽然英格兰的毛织物制造业繁盛，但自爱德华三世以来，羊毛价格却大大跌落。据许多可靠的记录，在爱德华三世的朝代（14 世纪中叶或 1339 年左右），英格兰羊毛每托德（即 28 磅）的普通合理价格，不少于当时货币 10 先令。按每盎司 20 便士计算，包含白银陶衡 6 盎司，约等于我们现今货币 30 先令。在现在，每托德 21 先令要算是最佳英格兰羊毛的好价钱。因此，爱德华三世时代羊毛的货币价格与现在羊毛的货币价格相比，为 10∶7。按真实价格说，前者的优越性更大。按每夸脱 6 先令 8 便士的麦价计算，10 先令在当时是 12 蒲式耳小麦的价格。按每夸脱 28 先令的麦价计算，21 先令在现在只是 6 蒲式耳的价格。因此，古代和现代羊毛真实价格的比例为 12∶6，即 2∶1。如果劳动的真实报酬在两个时期完全相同的话，古代的 1 托德羊毛所购买的食物数量就是现今的 2 倍，即劳动数量的 2 倍，

羊毛真实价格及名义价格的跌落决不是自然的结果，而是暴利和人为的结果。第一，它是绝对禁止英格兰羊毛输出的结果，第二，是准许西班牙羊毛免税输入的结果，第三，是只许爱尔兰羊毛输往英格兰而不得行销他国的结果。由于有这些规定，英格兰羊毛市场，就限于国内，而不能随社会进步有所扩张了。在英格兰市场上，允许其他若干国的羊毛与本国羊毛竞争，爱尔兰羊毛则被迫与英格兰羊毛竞争。此外，由于其毛织物制造业遭受不公正的阻碍，爱尔兰人在自己境内只能利用一小部分自产羊毛，为此不得不把其大部分输往英格兰这个容许他们出售羊毛的唯一市场。

关于古时的生皮价格，我不能找到何等可靠的记录。羊毛一般是作为对国王的贡品缴纳的，

① 休谟，《英格兰史》，1773 年版，第一卷。

根据它作为贡品的估值，至少可以在某种程度上确定它的普通价格。可生皮的情况似乎不是这样。但是，根据1425年牛津伯塞斯特修道院副院长和他的一位牧师的记载，弗利特伍德给我们提供了当时的生皮价格：5张公牛皮值12先令，5张母牛皮值7先令3便士，36张两岁羊皮值9先令，16张小羊皮值2先令。1425年12先令包含的白银大约和我们现今货币24先令包含的一样多。因此，一张公牛皮在这项记载中价值白银与我们现今货币4又4/5先令相同。它的名义价格比现在要低得多。但是按每夸脱小麦值6先令8便士计算，12先令在当时能购得14又2/5蒲式耳小麦，按每蒲式耳3先令6便士计，在现在值51先令4便士。因此，一张公牛皮在当时能购得的谷物，和现今10先令3便士所能购得的相同。它的真实价值等于我们现今货币10先令3便士。在古代，牲畜在冬季的大部分时间里处于半饥饿状态，我们不能设想它的躯体很大。一张重四石即常衡16磅的公牛皮现在不能算是坏牛皮，在古代或许也要算是非常好的牛皮。但按每石半克朗计——这在当时（1773年2月）为普通价格，这样一张牛皮现在仅值10先令。因此，虽然它的名义价格在现在比在古代高，它的真实价值，即它能购买或支配的真实食物数量如今却要略为低些。在上述记载中，母牛皮的价格对公牛皮的价格大致保持普通的比例。羊皮价格大大超过这普通比例。羊皮也许是和羊毛一起出售。反之，小牛皮价格大大低于这比例。在家畜价格非常低廉的国家，不是为着延续畜种而饲养的小牛一般都在幼时宰杀。二三十年前的苏格兰就是这样。小牛价格通常不够偿还它所消费的牛奶价格，因此扑杀小牛可节省牛奶。小牛皮的价格因此很低。

现在生皮价格比几年前更加低廉，其原因大约只不过是海豹皮的关税废止了，而1769年又允许爱尔兰及其他殖民地的生皮可以在一定年限内免税输入。但从本世纪平均来看，它们的真实价格可能比古代略高。生皮的性质不适于像羊毛那样运往远方市场，保存起来则损失更大。用盐腌制的皮革被认为劣于新鲜的皮革，售价较低。这种情况必然使生皮在不能自行加工而只得出口的生产国有价格下落的趋势，而在能自行加工的生产国则会价格上升。生皮价格在野蛮国家一定有下降的趋势，而在进步的和制造业发达的国家则相反。因此，生皮价格在古代一定有下降的趋势，在现代则有上升的趋势。此外，我们的制革商不像呢绒商那样，能说服国家的贤士相信国家的安全依存于他们那个制造业的繁荣。因此，他们不大受到重视。的确，生皮的出口受到禁止并被宣布为令人厌恶的事情，但生皮却可以从外国纳税进口；虽然这种税不对从爱尔兰和各殖民地进口的生皮征收（仅限期5年），但爱尔兰出售剩余皮革即不能在本国加工的皮革却不限于大不列颠这个市场。在这几年中，普通牲畜的皮革被列入各殖民地不能送往别处只能送往母国的商品名单；在这方面，爱尔兰的商业迄今倒是未曾为支持大不列颠的制造业而受到压制。

在发达开明的国家，不论何种规定，如果意在降低兽毛价格或兽皮价皮价格，它就必然有可能提高兽肉价格。在改良的耕地上饲养的大小牲畜，其价格一定要足以支付地主和农场主有理由从改良耕地上预期获利的地租和利润，不然他们不久就会不再饲养。因此，这个价格中羊毛和皮革所没有支付的部分必须由兽肉来支付。一方面支付得少，另一方面就必定要多。这个价格在牲畜的各个部分如何分摊地主和农场主是不关心的，只要全数付给他们就行。在一个得到改良和耕种发达的国家，地主和农场主的利益不可能受到这类规定的多大影响，虽然他们作为消费者，其利益可能因食物价格上升而受到影响。在未经改良和耕种的不发达国家则完全不同：那里大部分土地只能饲养牲畜，别无其他用途，而羊毛和皮革则构成牲畜价值的大部分。作为地主和农场主，他们的利益受到这类规定的很大影响，而作为消费者则受到的影响很小。在这种情况下羊毛和皮革价格的下降不会抬高兽肉的价格，因为国家的大部分土地只用来饲养牲畜，所以相同数量的牲畜会继续被饲养。相同数量的鲜肉会继续被送入市场。对鲜肉的需求不比从前更大。因此，价格也一定和从前一样。整个一头牲畜的价格会下降，随之，以牲畜作为主要产品的全部土地即一国的大部分土地的地租和利润也会下降。永久禁止输出羊毛一般被（但非常错误地）归咎于爱德华三世①，这种禁令在国家当时的情况下，是所能想到的最具破坏性的规定。它不仅会减少王国大部分土地的实际价值，而且由于降低最重要的一种小牲畜的价格将大大阻碍土地的进一步改良。

① 约翰·斯密：《羊毛论文集》，第一卷说明，“在作出其他规定前，将羊毛运出境外是重罪”这句话并不意味着永远禁止。

自从与英格兰合并后，苏格兰的羊毛价格显著下落。因为苏格兰羊毛自合并时起即与欧洲大市场绝缘，局限于大不列颠的小市场中。如果不是家畜肉价格的上升充分补偿了羊毛价格的下落，苏格兰南部各郡主要用于养羊业的大部分土地的价格也必然大受影响。

就其要依靠本国牲畜的产量来说，人类对于增加羊毛和生皮产量的努力的功效必然有一定限度，而就其要依靠外国牲畜的产量来说也必定是无把握的。就后一层说，与其说要依靠外国出产的羊毛和生皮的数量，倒不如说要依靠外国不自行加工的羊毛和生皮的数量。同时，对于这样的天然产物的输出，外国是否认为应加以限制也对上述努力的实效有影响。这些都不是本国操业者能决定。所以，人类勤劳在这方面所得的效果不但受到限制，并且不大确定。

人类勤劳增加羊毛、生皮所收的效果如此，增加另一种极重要天然产物即鱼的送往市场的数量所收的效果也如此。它由于一国的地方情况差异，即由于该国不同省区与大海的接近或远离、它的湖泊与河流的数目，这些海域、湖泊与河流生产这类天然产物的所谓丰富或贫乏而受到限制。当人口增加时，当一国土地和劳动每年的产物变得越来越多时，就有更多的人买鱼，这些购买者也拥有较大数量和较多种类的其他货物或较大数量和较多种类的其他货物的价格（二者是一回事）。但是如不使用比供应狭小的和有限的市场所要求的劳动在比例上更大数量的劳动，一般就不能供应巨大的和扩展的市场。一个每年只需要 1000 吨鱼的市场变得需要 1 万吨鱼时，不使用 10 倍以上的相当于以前足以供应市场的劳动量就不能满足现在的需要。鱼一般必须从比较远的地方去寻求，必须使用比较大的船舶和各种更费钱的机械。这种商品的真实价格自然会随改良的增进而上升，因此，我相信，各国的鱼价也或多或少地上升了。

捕鱼一日能有多少收获难于确定。但是我们认为，假定一国的当地情况不变，就一年或数年说，人类捕鱼努力的一般功效还是相当确定的，实际情况也正是如此。可是，由于它更多地依存于一国的地方情况而不是依存于该国的财富和劳动状况，所以它在不同的国家在非常不同的改良时期可能是完全一样的，而在同一时期则可能是非常不同的；它同改良状况的联系是不确定的，我在这里谈的正是这种不确定性。

在增加从地下采掘的各种矿物和金属特别是贵金属的数量时，人类劳动的效力似乎不受限制。但这也是完全不确定的。

一国所有贵重金属量的多少并不受该国地理情况如矿山肥瘠的限制。没有矿山的国家，往往拥有大量贵重金属。无论什么国家，其所拥有的贵重金属的多寡，取决于以下两种情况。第一就是取决于该国的购买力，取决于其产业状态或其土地和劳动的年产物。因为这些因素决定它所能用以开采本国矿山的金银或购买他国矿山的金银这一类非必要品的劳动与食品的量是多还是少。第二，取决于在一定期间内以金银供给世界商场的矿山的肥瘠程度。这些金属在离矿山最远的国家的数量，由于这种金属运输容易和运费低廉，以及体积小价值大，也必然多少受到这种矿山产量丰富或贫瘠的影响。它们在中国或印度的数量必然多少受到美洲矿山产量丰富的影响。

就一国金银量须取决于上述两种情况的前一种（购买力）来说，与其他一切奢侈品、非必要品的真实价格一样，金银的真实价格多半随该国财富及改良的增进而上升，随该国的贫困衰弱而下降。因为，和只持有少量剩余劳动与食品的国家比较，在购买一定数量金银时，持有更多剩余劳动与食品的国家一定能支付较大数量的劳动与食品。

就一国金银量取决于上述两种情况的后一种情况（以金银供给世界商业的各矿山的肥瘠情况）来说，金银的真实价格，即它们所能购买所能交换的劳动量和食品量，也必然根据矿山的丰饶贫瘠的比例而有所升降。

但是非常明显的是，在一定时期内供给世界金银的矿山究竟是丰饶或是贫瘠与一国的产业状态大致并无关系，而且与世界的总体产业状态似乎也没有必然关系。当然，在技术和商业逐渐推广到地球上越来越大的地区时，寻找新矿的工作在比较广大的面积上进行，于是比起局限于狭小的范围来，成功的机会可能也会增加。然而当旧矿逐渐耗竭时，新矿的发现就极为不确定了，人类的技能或劳动也无法保证。大家承认，所有的迹象都是可疑的，只有新矿的实际发现和成功开采才能确定它的实际价值甚至其存在的真实性。在寻找的过程中，人类劳动的成功与失败的可能性都是无限的。在一两个世纪中，可能发现比任何已知矿山更为丰富的新矿；同样可能的是，这矿山也可能比美洲矿山发现以前正在开采的矿山更为贫瘠。这两种事件究竟是哪一种发生，对于世界的真实财富和繁荣，即对于土地和人类劳动每年产品的真实价格来说毫无意义。它的名义价值即表示或代表这种每年产品的金银数量无疑地将非常不同，但是它的实际价值，即它所能购买或支配的实际劳动数量却会完全一样。在前一种情况下，1 先令所代表的劳动可能不多于现在 1 便士；在后一种情况下，1 便士所代表的劳动可能相当于现在的 1 先令。但是在前种情况下，口袋中有 1 先令的人不比现在有 1 便士的人更富；在后一种情况下，有 1 便士的人也不比现在有 1 先令的人更穷。世界从前一种事件中所得到的唯一好处就是金银器的价廉和众多，从后一种事件中所遭受的唯一不便是这些东西的昂贵和稀少。

关于白银价值变动的结论

搜集古代商品货币价格的学者大多认为，谷物和一般物品货币价格的低廉或者说金银价值的昂贵，不仅可以证明这些金属量的不足，而且也是当时该国贫乏野蛮的明证。这种看法是和以下这种政治经济学体系无法分开的：该体系认为，一国富裕是由于金银丰饶，而贫乏则由于金银不足。对这种政治经济学体系，我将于第四篇加以充分的说明，在此我只想论述以下事实，即金银价值的昂贵只能证明以这类金属供给世界商业的各矿山的贫瘠，却决不能证明金银昂贵国家的贫穷与野蛮。贫国不能像富国购买那么多的金银，也不能对于金银支付那么高的价格。所以，这样的金属的价值在贫国决不会比富国更高。中国是一个比欧洲任何地区更富得多的国家，贵金属的价值在中国却比在欧洲任何地区更高得多。的确，自从美洲矿山发现以来欧洲的财富已大为增加，同时金银的价值已逐渐下降。但是金银价值的下降并不是由于欧洲真实财富的增加或欧洲土地和劳动每年产物的增加，而是由于偶然发现了比以往所知道的更为丰富的矿山。欧洲金银数量的增加，与欧洲制造业和农业的增长，虽然是差不多同时发生的两件事情，却是各自由非常不同的原因引起的，彼此之间并没有任何自然联系。前一件事情只是偶然发生的，深谋远虑和政策既没有也不可能有任何作用；后一件事情是由于封建制度的崩溃和以下这种政府的建立，这种政府为劳动提供了它所需要的唯一鼓励，即它能享受自己劳动果实的某种勉强程度的安全。由于封建制度继续存在，波兰迄今仍然像在美洲发现以前那样是一个赤贫的国家；然而它也像在欧洲任何地区一样，谷物的货币价格已经上升，贵金属的实际价值已经下降。可见，那里贵金属的数量一定也像别的地方一样已经增加，贵金属同土地和劳动年产品的比例也一定和别处大致相同。可是，这种贵金属数量的增加似乎并没有增加每年的产品，也没有改善该国的制造业和农业，更没有改善居民的处境。西班牙和葡萄牙两个国家是拥有矿山的，却也是继波兰之后欧洲两个最穷的国家。可是，贵金属在西班牙和葡萄牙的价值一定比在欧洲任何其他地区都低，因为贵金属是从这两国运往所有欧洲其他地区的，不仅要负担运费和保险费，而且还因出口被禁止或课税，也要负担走私的费用。因此，金银数量对土地和劳动年产品的比例，在这两国一定比在欧洲任何其他地区大，可是它们却比欧洲大部分地区都穷。虽然封建制度在西班牙和葡萄牙已经废除，但它们却没有一个更好的制度来代替。

正如金银价值的降低并不能证明一国的富裕繁荣一样，金银价值的上升或者说谷物及一般物品货币价格的降低也不能证明一国的贫困或野蛮。

货物尤其是谷物货币价格的低廉不是一国贫穷或野蛮的证明，但是，某些特定货物如牲畜、家禽、所有各种猎物等的货币价格相应于谷物货币价格的低廉，却是贫穷和野蛮的决定性证明。它清楚地表明：第一，这样的产物的繁多程度大于谷物，可知畜牧荒地所占的面积比谷物耕地大得多；第二，畜牧荒地的地价比谷物耕地低，可知该国大部分土地还没有耕作和改良。这二者证明，这种国家的资本量和人口与其土地面积所持的比例和一般文明国不同，也就证明其社会状态尚在幼稚阶段。总之，我们从一般货物尤其是谷物的货币价格的高低所能推断的，只是当时以金银供给世界商业的各矿山的肥瘠，却决不是该国的贫富。但是，从某些种类货物的货币价格与其他货物的货币价格对比的高低，我们却可以几乎完全准确地推断该国是富裕或是贫困，其大部分土地是否改良，或者其社会状态是接近野蛮还是文明。

如果物品货币价格上升的原因全是银价跌落，则一切货物所受影响必然相同。也就是说，如果银价比从前减少 1/3、1/4 或 1/5，一切货物价格也就必然以同样的比例抬高。但是，被人们当做问题议论纷纷的各种食品价格的上升程度却参差不一。就本世纪的平均情况来看，谷物价格的上升比某些其他食物幅度小，这是大家公认的，即使将其归因于白银价值下跌的人亦然。可见，其他食物价格的上升并不能完全归因于白银价值的下跌，而必须考虑其他的原因。也许，以上面所提到的那些原因，不必去假定白银价值的下跌就足以解释那些特定食物的价格相应于谷物价格的实际上升了。

在本世纪最初 64 年间和最近特别严重的歉收年份以前，谷物价格比上世纪最后 64 年略低一些。这个事实的证据不仅有温莎市场的价格表，而且还有苏格兰所有各郡的公定谷价表，以及法国几个不同市场的账目。这是麦桑斯先生和杜普雷·德·圣莫尔先生大费周折搜集到的。对于这样一件难于确证的事情，证据比我们想象的更为充分。

最近 10 年或 12 年的谷价高昂，这点可以由年成不好来充分说明，而不必假定白银价值有任何跌落。

因此，银价在不断跌落的见解根本没有任何确凿的根据；它既没有根据对谷价的观察，也没有根据对其他食品价格的观察。

或许有人说，即使照上面的叙述，等量的银在今日所能购得的某种食品量也远远少于在上个世纪所能购得的该种食品量；去确定这种变化是由于这些货物价值的上升抑或白银价值的下落，只是作出一种无用的区分，对于只持有一定数量的白银去逛市场或只有某种固定货币收入的人来说全无用处。我肯定不能说，知道这种区分就能使他以较低的价格买到谷物，但是我们也不能说这种知识就因此没有用处。

一国的繁荣状态也可从这一区别得到一个简单的证明。所以确定这一区别对于大众并非没有用处。如果某种食品价格的上升是由于银价的下落，那么我们能从这一情况推得的结论只不过是美洲矿山的丰饶。尽管有了这种情况，国家的真实财富、即它的土地和劳动每年的产品却可能正在逐渐下降，如在葡萄牙和波兰那样；或正在逐渐上升，如在欧洲大部分其他地区那样。但是如果某些食物价格的上升是由于生产它们的土地的真实价值上升，由于它的肥沃程度提高，或者说由于更加扩大的改良和良好耕作使土地更适于生产谷物，这就十分清楚地表明该国处于繁荣和进步的状态。土地构成每一个大国财富的最大、最重要和最持久的部分；能为这一部分的价值增长提供一种如此具有决定意义的证明，对公众肯定是有用处的，至少也可能使公众感到一些满足。

不但如此，在规定某些下级雇员的报酬时，该区别也会对公众有所帮助。若某种食品价格的上升是由于白银价值的下跌，这些雇员的金银报酬就应按这一下跌的比例增加，否则其真实报酬必将依这同一比例减少。但如果食物价格的上升是由于该食物价值随着生产它们的土地的产量而增加，那么，要判断按什么比例来提高他们的金钱报酬或者应否提高就成为一个极微妙的问题。改良和耕种的扩大必然依谷物的价格或多或少地提高每一种动物性食物的价格，所以我相信，它也必然会降低每一种植物性食物与谷物的相对价格。它提高动物性食物的价格，因为用来生产它的土地大部分已变得适于生产谷物，必定能为地主和农场主提供谷地的地租和利润。它降低植物性食物的价格，因为通过提高土地的肥力就提高了土地的丰产程度。农业的改良也会引进许多种比谷物需用的土地少、需用的劳动也更少的植物性食物，它们在市场上的价格更低。马铃薯和玉蜀黍或所谓印度谷物这两种最重要的改良，正是从欧洲农业得来或欧洲本身从它的商业和航运的巨大扩张得来的。此外，在原始农业状态下，许多种植物性食物仅限于在菜园中用锄头生产，在农业改良状态下引进了在普通的田地里用犁来生产，例如芜菁、胡萝卜、包心菜等。因此，在改良进程中，如果一种食物的真实价格必然上升、另一种必然下降，那就很难判断在多大程度上一种的价格上升为另一种的价格下降所抵消。当鲜肉价格一旦升至最高限度（或许除了猪肉以外，每一种鲜肉在一个多世纪以前在英格兰大部分地区就已达到这种高度），以后任何他种动物性食物价格的上升就不会对下层人民的状况产生多大影响。英格兰大部分贫民肯定不至因家禽、鱼类、野禽或鹿肉价格的上升而生活困苦，因为马铃薯的跌价必然会带来一定的补救。

在目前的歉收年份，谷物价格高昂无疑使穷人大受困扰。但在一般丰收年份，当谷物处于其普通和平均价格时，任何其他天然产物价格的自然上升对他们都不会有多大影响。如果某些制造品，如食盐、肥皂、皮革、蜡烛、麦芽、啤酒、麦酒等因课税而人为地价格上升，他们或许就会遭受痛苦了。

改良的进展对于制造品真实价格的影响

但是，改良的自然影响是逐渐降低几乎所有制造品的真实价格。所有的制造品的真实价格都几乎毫无例外地会降低。由于更好的机器、更高的熟练程度、更适当的分工，改良的这种种的自然效应就使执行任何一项具体工作所需要的劳动量大为减少。尽管社会日益繁荣，劳动的真实价格也必定大大增高，但一般来说，必要劳动量的大大减少足以补偿劳动价格的增高而有余。

的确，有些制造品从改良上所得的一切利益还不足以抵偿其原料真实价格的增高。在一般木匠和细工木匠的工作中，在精细家具制作的粗活中，木材的真实价格由于土地改良而必然上升的幅度就必然抵消从最好的机器、最大的熟练程度、最适当的分工而得的所有利益而有余。

但是，在原料的真实价格没有增高或增高有限的情况，制造品的真实价格一定会大大降低。

近两个世纪以来，物价跌落最显著的当推那些以廉价金属为原料的制造品。上个世纪中叶需20余镑才能购得的手表机芯，现在恐怕只需20先令。刀匠铁匠所制成的物品，各种钢铁玩具，以伯明翰与谢菲尔德出品著称的一切货物，其价格跌落的程度虽然没有像表价那么大，但也已足使欧洲其他各地工人非常惊恐。他们在许多情况下承认，他们即使以2倍甚至3倍的价格也不能制出同样优良的产品。或许没有一种制造品能比用廉价金属做原料的制造品能做进一步的劳动分工，能使用改良程度更大的机器。

而在近两个世纪中，毛织业制造品却没有任何显著的跌价。相反，有人说，和其品质比较，最上等毛织物价格在这25年乃至30年间还略有上涨。据说，这是因为西班牙羊毛贵了好多。又有人说，从品质来说，完全是由英格兰羊毛制成的约克郡毛织物的价格在本世纪大有跌落。不过，品质的好坏大可争辩。所以我以为这种说法不尽确实。现在，毛织业上的分工状况和100年前大致相同，使用的机械也没有多大变动。可是二者可能均有小小的改进，就可能使毛织品价格略有下降。

但是如果我们把这种制造品现在的价格和它在15世纪末的较早时期相比——当时劳动分工或许不及现在细，使用的机器也不及现在完善，那么价格下降就十分明显且不可否认了。

1487年即亨利七世第四年的法律规定，“凡是零售上等红花呢或其他上等花呢每宽码在16先令以上者，所售每码罚款40先令”。可见，含银量约与我们现今货币24先令相同的16先令在当时被看做是1码上等呢的合理价格。由于这是一项提倡节约的法律，这种呢绒在此以前或许通常略为贵些。现今1几尼可以算做是最高价，不过现在呢绒的质量很可能要好得多。即使假定质量相等，上等呢绒的货币价格自15世纪末以来也已经大大下降，而它的真实价格则下降更多。6先令8便士在当时及随后很久算是1夸脱小麦的平均价格，因此，16先令就是2夸脱3蒲式耳多小麦的价格。现在小麦按每夸脱28先令计，1码上等呢绒的真实价格在当时至少等于现今货币3镑6先令6便士。购买的人所放弃的劳动和生活资料的数量一定和3镑6先令6便士在现在所能支配的一样多。

粗呢的真实价格虽然也下降很多，但不及上等呢绒那么大。

1463年即爱德华四世第三年的法律规定：“凡农业雇工、普通劳动者与住在城市或乡镇以外的工匠的雇工，均不允许在其衣服中使用或穿着每宽码2先令以上的呢绒。”在爱德华四世第三年，2先令包含的白银量和我们现今的4先令一样多。但现今按4先令1码出售的约克郡呢，很可能比当时供极贫阶级雇工使用的粗呢在质量上好很多。可见，就其质量而言，即使是他们衣服的货币价格现在也比从前便宜，真实价格肯定更加便宜得多。10便士在当时算是1蒲式耳小麦的适中的和合理的价格。因此，2先令是2蒲式耳和将近2配克小麦的价格，在现在按每蒲式耳3先令6便士计，值8先令9便士。购买这样1码粗呢，贫穷雇工所必须付出的对生活资料数量的购买力等于现在8先令9便士所能购买的东西。这也是一项提倡节约、限制穷人奢侈和浪费的法律。可见，他们的衣服普遍更加费钱。

同一项法律规定，禁止同一等级的人民穿着价格超过 14 便士、即约等于我们现今货币 28 便士的长袜。14 便士在当时是 1 蒲式耳和将近 2 配克小麦的价格，按每蒲式耳 3 先令 6 便士计算，在现在值 5 先令 3 便士。对最穷最低级的雇工来说，我们现在会把 5 先令 3 便士一双长袜看做是非常高的价格。可是，他在当时一定为一双长袜付出了实际等于这种价格的东西。

在爱德华四世时代，欧洲各地大概没有任何地方掌握织袜技术。当时所穿长袜都是由普通布匹制成，而这也许是其昂贵的原因之一。英格兰最先穿袜的据说是女王伊丽莎白，她的袜子是由西班牙大使赠送的。

但在粗、细毛织业中，古时使用的机器都不及现今完善。后来它获得了三项重大的改进，或许还有许多数目或重要性均难于确定的较小的改进。这三项重大的改进是：第一，用纺条纺锤代替纺轮，同量劳动可以完成双倍以上的工作量；第二，使用几种非常巧妙的机器，在更大的比例上便利和简化了绒线和毛线的卷绕，或使经纬线在装入织机以前处理适当。在这些机器发明以前，这些操作一定是非常烦琐困难的。第三，使用漂布机浆洗呢绒代替在水中踩踏。在 16 世纪初早些时候，英格兰还不知道有风车和水车；就我所知，阿尔卑斯山以北的欧洲任何地区也不知道。但它们被引进意大利的时候要早些。

这些情况也许可在一定程度上说明，为什么从前的精粗毛织品比现在昂贵。以前这样的货物送往市场花费的劳动更多，所以送往市场后，必须交换更大量劳动的价格。

粗呢制造业在古代英格兰的运作方式，可能与在工艺和制造还处于幼稚阶段的任何国家一样。它或许是一种家庭工业，每一部分都是由私人家庭的所有成员偶尔完成的。他们只在没有别的事要做时才去做这种工作，这并不是他们获得大部分生活资料的主要业务。上面已经指出，比起作为工人生活资料主要或唯一来源的制品来，用这种方式完成的制品在市场上售价总是要低廉得多。反之，精毛织品当时不是在英格兰，而是在弗兰德的富裕商业国制造的，当时或许像现在一样，是由那里借此获取全部或大部分生活资料的人们制造的。此外，它是一种外国制造品，至少须向国王缴纳古老的关税，即吨税和磅税。不过这种税或许不是很重。当时欧洲的政策不是要用重税限制外国制造品进口，而是要加以鼓励，使税率尽可能低，以便商人能向权贵供应他们所需要而本国劳动不能提供的便利品和奢侈品。

这样的情况也许可在某种程度上说明，与精制品真实价格相比，从前粗制品的真实价格为什么远远低于现在。

本章结论

在此我将以下述论断结束这冗长的一章：一切社会状况的改良都倾向于直接或间接地使土地的真实地租上升，使地主的真实财富增大，使地主对他人的劳动或劳动生产物具有更大的购买力。

改良及耕作的扩大会直接提高土地的真实地租。地主所得到的那份生产物必然随全部生产物的增加而增加。

土地天然产物中有些部分的真实价值的上升，首先是改良和耕种扩大的结果，随后又是改良和耕种进一步扩大的原因。例如，牲畜价格的上升也会直接地并以更大的比例提高土地的地租。地主份额的真实价值即他对他人劳动的真实支配力，不仅随着产品的真实价格上升，而且他的份额对整个产品的比例也会随着产品的真实价格而增加。在它的真实价格上升以后，这种产品并不要求比以前更多的劳动去收集它，所以它的一小部分就足以偿付雇佣这种劳动的资本和普通利润，其大部分也就必然归于地主。

如果劳动生产力的增进能直接使制造品真实价格降低，也必能间接提高土地的真实地租。地主通常把他消费不了的天然产物或剩余天然产物的价格去交换制造品。减少制造品真实价格的事物无不提高天然产物的真实价格。因为，同量的天然产物这时候可以交换更多的制造品。于是，地主便能购买他所需要的更多的便利品、装饰品和奢侈品。

社会真实财富的增加、社会所雇佣的有用劳动量的增加都倾向于间接提高土地真实地租。这种增加的劳动量也自然有一定部分流向土地，土地也就会有更多的人畜从事耕作。土地生产物将随所投资本的增加而增加，而地租又随生产物的增加而增加。

反之，在相反的情况下，即忽视耕种和改良，土地天然产物任何一部分真实价格的下降，制造品真实价格由于制造技术和产业的衰落而上升，社会真实财富的减少等等，都会降低土地的真实地租，减少地主的实际财富，也降低他对他人劳动或劳动产品的购买力。

前已述及，一国土地和劳动的全部年产物，或者说年产物的全部价格，自然分解为土地地租、劳动工资和资本利润三部分。它们构成三个阶级人民的收入：靠地租生活的人，靠工资生活的人和靠利润生活的人。这是每一文明社会的三个基本组成阶级，所有其他阶级都从他们的收入得到自己的收入。

从上可知，这三大阶级中第一个阶级的利益同社会的一般利益密切地、不可分割地联系在一起。凡是促进或妨碍一种利益的事情，必然会促进或妨碍另一种利益。当公众商讨有关商业和政治的规定时，土地所有人从促进本阶级的利益出发是不可能误导人们的，至少在他们对这种利益有相当认识的时候是如此。当然，他们常常太缺乏这种基本认识了。他们在三个阶级中是唯一的这样一个阶级：他们的收入既不花费自己的劳动，也不须自己操心，仿佛是自行来到，无需任何规划或设计。他们处境的安逸所自然形成的懒惰，使得他们常常不仅无知而且不会运用思考。可是，要预见和理解任何公共规定的效果，运用思考是必不可少的。

和第一个阶级一样，第二个阶级即靠工资生活的人的利益也是和社会的利益密切联系的。前面已经说过，当对劳动的需求不断上升或当雇佣劳动的数量逐年大大增长时，劳动者的工资就会达到前所未有的高度。当社会的这种真实财富处于停滞状态时，他的工资不久就会降到仅能赡养家庭或延续劳动者种族的地步。当社会衰落时，工资甚至还会降到这个水平以下。土地所有人阶级从社会繁荣的所得或许比劳动者阶级更多，但是没有一个阶级比劳动者阶级从社会衰落中受害更大。可是劳动者的利益虽然和社会利益密切地联系在一起，他却既不能了解这种社会利益，也不能理解它和自己利益的联系。他的处境让他没有时间去接受必要的信息。即使他有了充分的信息，他所受的教育和所形成的习惯一般来讲也使他不善于判断。所以，人们在公共讨论中很少听到他们的声音，也更少重视他们，除非在某种特殊的情况下，他们的大声疾呼受到其雇主们的鼓动教唆，但这并不是为了达到他们的目的，而是为了达到雇主们自己的目的。

第三个阶级是劳动者的雇主，即靠利润为生的人。正是为了利润而运用的资本推动了每个社会的大部分有用劳动。资本使用人的规划和设计支配和指导所有最重要的劳动，而利润则是其目标。但是，利润率和地租或工资不同，它不随社会的繁荣而上升，不随社会的衰退而下降。反之，它在富国自然低，在穷国自然高，可总是在迅速走向没落的国家最高。可见，这第三个阶级的利益和社会一般利益的关系与其他两个阶级不同。在这个阶级中，商人和工场主两类人多运用最大的资本，因为他们的财富而最受到人们的重视。他们毕生从事规划和设计，所以常常比大多数乡绅的理解力更为敏锐。然而，他们普通思考的都是他们自己的具体业务的利益而不是社会的利益，所以他们的判断即使是以最大的公正作出（这种判断并不是在每个情况下都是公正的），也是更多地取决于对自身利益而非社会利益的考虑。他们比乡绅的高明之处，不是他们对公共利益的认识，而在于他们比乡绅更清楚自己的利益。正是这种对他们自身利益的更好的认识，使他们常常利用乡绅的慷慨大度，说服乡绅放弃他自己的利益和公共利益，而其根据则是一个非常简单诚挚的信念：他们的利益（而不是乡绅的利益）就是公共利益。然而，不论在商业或制造业的任何部门，商人的利益在某些方面总是和公共利益不同甚至抵触。商人的利益总是要扩大市场，缩小竞争。扩大市场常常是与公共利益颇为一致的，但是缩小竞争范围则总是会违反公共利益，使商人能将自己的利润提高到其自然水平以上，从而为了私利向其余的同胞征收荒唐的税款①。所以，对于来自这个阶级的任何新的商业法律或规定的建议，永远都要十分小心地听取，要十分谨慎，不经过长期的认真的审查决不能采纳。因为它们来自这样一个阶级的人们：他们的利益从来不和公共利益完全一致。一般而言，他们的利益就是欺骗和压迫公众，而事实上公众也正是常常遭受他们的欺骗和压迫。

① “征收税款”，这里指增加同胞的负担。——译者注。

年份（12年）	各年每夸脱小麦的价格			同年各种价格的平均数			换算为现今货币后各年的平均价格		
	镑	先令	便士	镑	先令	便士	镑	先令	便士
1202	—	12	—	—	—	—	1	16	—
1205	—	12	—	—	13	5	2	—	3
	—	13	4						
	—	15	—						
1223	—	12	—	—	—	—	1	16	—
1237	—	3	4	—	—	—	—	10	—
1243	—	2	—	—	—	—	—	6	—
1244	—	2	—	—	—	—	—	6	—
1246	—	16	—	—	—	—	2	8	—
1247	—	13	4	—	—	—	2	—	—
1257	1	4	—	—	—	—	3	12	—
1258	1	—	—	—	17	—	2	11	—
	—	15	—						
	—	16	—						
1270	4	16	—	5	12	—	16	16	—
	6	8	—						
1286	—	2	8	—	9	4	1	8	—
	—	16	—						
					合计		35	9	3
					平均价格		2	19	1又1/14

年份（12 年）	各年每夸脱小麦的价格			同年各种价格的平均数			换算为现今货币后各年的平均价格		
	镑	先令	便士	镑	先令	便士	镑	先令	便士
1287	—	3	4	—	—	—	—	10	—
1288	—	—	8	—	3	1/4	—	9	3/4
	—	1	—						
	—	1	4						
	—	1	6						
	—	1	8						
	—	2	—						
	—	3	4						
	—	9	4						
1289	—	12	—	—	10	$1_{3/4}$	1	10	4 又 1/2
	—	6	—						
	—	2	—						
	—	10	8						
	1	—	—						
1290	—	16	—	—	—	—	2	8	—
1294	—	16	—	—	—	—	2	8	—
1302	—	4	—	—	—	—	—	12	—
1309	—	7	2	—	—	—	1	1	6
1315	1	—	—	—	—	—	3	—	—
1316	1	—	—	1	10	6	4	11	6
	1	10	—						
	1	12	—						
	2	—	—						
1317	2	4	—	1	19	6	5	18	6
	—	14	—						
	2	13	—						
	4	—	—						
	—	6	8						
1336	—	2	—	—	—	—	—	6	—
1338	—	3	4	—	—	—	—	10	—
						合计	23	4	11 又 1/4
						平均价格	1	18	8

年份（12年）	各年每夸脱小麦的价格			同年各种价格的平均数			换算为现今货币后各年的平均价格		
	镑	先令	便士	镑	先令	便士	镑	先令	便士
1339	—	9	—	—	—	—	1	7	—
1349	—	2	—	—	—	—	—	5	2
1359	1	6	8	—	—	—	3	2	2
1361	—	2	—	—	—	—	—	4	8
1363	—	15	—	—	—	—	1	15	—
1369	1	—	—	1	2	—	2	9	4
	1	4	—						
1379	—	4	—	—	—	—	—	9	4
1387	—	2	—	—	—	—	—	4	8
1390	—	13	4	—	14	5	1	13	7
	—	14	—						
	—	16	—						
1401	—	16	—	—	—	—	1	17	4
1407	—	4	43/4	—	3	10	—	8	11
	—	3	4						
1416	—	16	—	—	—	—	1	12	—
						合计	15	9	4
						平均价格	1	5	9又1/3

年份（12年）	各年每夸脱小麦的价格			同年各种价格的平均数			换算为现今货币后各年的平均价格		
	镑	先令	便士	镑	先令	便士	镑	先令	便士
1423	—	8	—	—	—	—	—	16	—
1425	—	4	—	—	—	—	—	8	—
1434	1	6	8	—	—	—	2	13	4
1435	—	5	4	—	—	—	—	10	8
1439	1	—	—	1	3	4	2	6	8
	1	6	8						
1440	1	4	—	—	—	—	2	8	—
1444	—	4	4	—	4	2	—	8	4
	—	4	—						
1445	—	4	6	—	—	—	—	9	—
1447	—	8	—	—	—	—	—	16	—
1448	—	6	8	—	—	—	—	13	4
1449	—	5	—	—	—	—	—	10	—
1452	—	8	—	—	—	—	—	16	—
						合计	12	15	4
						平均价格	1	1	3又1/2

年份（12年）	各年每夸脱小麦的价格			同年各种价格的平均数			换算为现今货币后各年的平均价格		
	镑	先令	便士	镑	先令	便士	镑	先令	便士
1453	—	5	4	—	—	—	—	10	8
1455	—	1	2	—	—	—	—	2	4
1457	—	7	8	—	—	—	—	15	4
1459	—	5	—	—	—	—	—	10	—
1460	—	8	—	—	—	—	—	16	—
1463	—	2	—	—	1	10	—	3	8
	—	1	8						
1464	—	6	8	—	—	—	—	10	—
1486	1	4	—	—	—	—	1	17	—
1491	—	14	8	—	—	—	1	2	—
1494	—	4	—	—	—	—	—	6	—
1495	—	3	4	—	—	—	—	5	—
1497	1	—	—	—	—	—	1	11	—
						合计	8	9	—
						平均价格	—	14	1

年份（12 年）	各年每夸脱小麦的价格			同年各种价格的平均数			换算为现今货币后各年的平均价格		
	镑	先令	便士	镑	先令	便士	镑	先令	便士
1499	—	4	—	—	—	—	—	6	—
1504	—	5	8	—	—	—	—	8	6
1521	1	—	—	—	—	—	1	10	—
1551	—	8	—	—	—	—	—	2	—
1553	—	8	—	—	—	—	—	8	—
1554	—	8	—	—	—	—	—	8	—
1555	—	8	—	—	—	—	—	8	—
1556	—	8	—	—	—	—	—	8	—
1557	—	4	—	—	17	8 又 1/2	—	17	8 又 1/2
	—	5	—						
	—	8	—						
	2	13	4						
1558	—	8	—	—	—	—	—	8	—
1559	—	8	—	—	—	—	—	8	—
1560	—	8	—	—	—	—	—	8	—
						合计	6	0	2 又 1/2
						平均价格	—	10	5/12

年份（12 年）	各年每夸脱小麦的价格			同年各种价格的平均数			换算为现今货币后各年的平均价格		
	镑	先令	便士	镑	先令	便士	镑	先令	便士
1561	—	8	—	—	—	—	—	8	—
1562	—	8	—	—	—	—	—	8	—
1574	2	16	—	2	—	—	2	—	—
	1	4	—						
1587	3	4	—	—	—	—	3	4	—
1594	2	16	—	—	—	—	2	16	—
1595	2	13	—	—	—	—	2	13	—
1596	4	—	—	—	—	—	4	—	—
1597	5	4	—	4	12	—	4	12	—
	4	—	—						
1598	2	16	8	—	—	—	2	16	8
1599	1	19	2	—	—	—	1	19	2
1600	1	17	8	—	—	—	1	17	8
1601	1	14	10	—	—	—	1	14	10
						合计	28	9	4
						平均价格	2	7	5 又 1/3

1595—1764 年报喜节和米迦勒节 9 蒲式耳 1 夸脱的小麦在温莎市场的最佳或最高价格；各年两个集市日最高价格的平均数。

年份		各年每夸脱小麦			年份		各年每夸脱小麦		
		镑	先令	便士			镑	先令	便士
1595	—	2	0	0	1621	—	1	10	4
1596	—	2	8	0	1622	—	2	18	8
1597	—	3	9	6	1623	—	2	12	0
1598	—	2	16	8	1624	—	2	8	0
1599	—	1	19	2	1625	—	2	12	0
1600	—	1	17	8	1626	—	2	9	4
1601	—	1	14	10	1627	—	1	16	0
1602	—	1	9	4	1628	—	1	8	0
1603	—	1	15	4	1629	—	2	2	0
1604	—	1	10	8	1630	—	2	15	8
1605	—	1	15	10	1631	—	3	8	0
1606	—	1	13	0	1632	—	2	13	4
1607	—	1	16	8	1633	—	2	18	0
1608	—	2	16	8	1634	—	2	16	0
1609	—	2	10	0	1635	—	2	16	0
1610	—	1	15	10	1636	—	2	16	8
1611	—	1	18	8			16）40	0	0
1612	—	2	2	4					
1613	—	2	8	8					
1614	—	2	1	$8_{1/2}$					
1615	—	1	18	8					
1616	—	2	0	4					
1617	—	2	8	8					
1618	—	2	6	8					
1619	—	1	15	4					
1620	—	1	10	4					
		26）54	0	6 又 1/2					
		2	1	6 又 9/122					

年份		各年每夸脱小麦		
		镑	先令	便士
1637	—	2	13	0
1638	—	2	17	4
1639	—	2	4	10
1640	—	2	4	8
1641	—	2	8	0
1642	—	0	0	0 *
1643	—	0	0	0
1644	—	0	0	0
1645	—	0	0	0
1646	—	2	8	0
1647	—	3	13	8
1648	—	4	5	0
1649	—	4	0	0
1650	—	3	16	8
1651	—	3	13	4
1652	—	2	9	6
1653	—	1	15	6
1654	—	1	6	0
1655	—	1	13	4
1656	—	2	3	0
1657	—	2	6	8
1658	—	3	5	0
1659	—	3	6	0
1660	—	2	16	6
1661	—	3	10	0
1662	—	3	14	0
1663	—	2	17	0
1664	—	2	0	6
1665	—	2	9	4
1666	—	1	16	0
1667	—	1	16	0
1668	—	2	0	0
1669	—	2	4	4
1670	—	2	1	8
转右边		79	14	10

年份		各年每夸脱小麦		
		镑	先令	便士
接左边		79	14	10
1671	—	2	2	0
1672	—	2	1	0
1673	—	2	6	8
1674	—	3	8	8
1675	—	3	4	8
1676	—	1	18	0
1677	—	2	2	0
1678	—	2	19	0
1679	—	3	0	0
1680	—	2	5	0
1681	—	2	6	8
1682	—	2	4	0
1683	—	2	0	0
1684	—	2	4	0
1685	—	2	6	8
1686	—	1	14	0
1687	—	1	5	2
1688	—	2	6	0
1689	—	1	10	0
1690	—	1	14	8
1691	—	1	14	0
1692	—	2	6	8
1693	—	3	7	8
1694	—	3	4	0
1695	—	2	13	0
1696	—	3	11	0
1697	—	3	0	0
1698	—	3	8	4
1700	—	2	0	0
	60）	153	1	8
		2	11	1/3

*这几年缺少统计数据。

年份		各年每夸脱小麦		
		镑	先令	便士
1701	—	1	17	8
1702	—	1	9	6
1703	—	1	16	0
1704	—	2	6	6
1705	—	1	10	0
1706	—	1	6	0
1707	—	1	8	6
1708	—	2	1	6
1709	—	3	18	0
1710	—	3	18	6
1711	—	2	14	0
1712	—	2	6	4
1713	—	2	11	0
1714	—	2	10	4
1715	—	2	3	0
1716	—	2	8	0
1717	—	2	5	8
1718	—	1	18	10
1719	—	1	15	0
1720	—	1	17	0
1721	—	1	17	6
1722	—	1	16	0
1723	—	1	14	8
1724	—	1	17	0
1725	—	2	8	6
1726	—	2	6	0
1727	—	2	2	0
1728	—	2	14	6
1729	—	2	6	10
1730	—	1	16	6
1731	—	1	12	10
1732	—	1	6	8
1733	—	1	8	4
转右边		69	8	8

年份		各年每夸脱小麦		
		镑	先令	便士
接左边		69	8	8
1734	—	1	18	10
1735	—	2	3	0
1736	—	2	0	4
1737	—	1	18	0
1738	—	1	15	6
1739	—	1	18	6
1740	—	2	10	8
1741	—	2	6	8
1742	—	1	14	0
1743	—	1	4	10
1744	—	1	4	10
1745	—	1	7	6
1746	—	1	19	0
1747	—	1	14	10
1748	—	1	17	0
1749	—	1	17	0
1750	—	1	12	6
1751	—	1	18	6
1752	—	2	1	10
1753	—	2	4	8
1754	—	1	14	8
1755	—	1	13	10
1756	—	2	5	3
1757	—	3	0	0
1758	—	2	10	0
1759	—	1	19	10
1760	—	1	16	6
1761	—	1	10	3
1762	—	1	19	0
1763	—	2	0	9
1764	—	2	6	9
64）		129	13	6
		2	0	6又9/32

年份		各年每夸脱小麦			年份		各年每夸脱小麦		
		镑	先令	便士			镑	先令	便士
1731	—	1	12	10	1741	—	2	6	8
1732	—	1	6	8	1742	—	1	14	0
1733	—	1	8	4	1743	—	1	4	10
1734	—	1	18	10	1744	—	1	4	10
1735	—	2	3	0	1745	—	1	7	6
1736	—	2	0	4	1746	—	1	19	0
1737	—	1	18	0	1747	—	1	14	10
1738	—	1	15	6	1748	—	1	17	0
1739	—	1	18	6	1749	—	1	17	0
1740	—	2	10	8	1750	—	1	12	6
	10)	18	12	8		10)	16	18	2
		1	17	3 又 1/5			1	13	9 又 4/5

第二篇 论资财的性质、积累和用途

在原始社会，人们都是自己为自己提供一切需要的物品，必须预先准备好所需资财再去经营的社会事业，在那个时候是不存在的。因为那时，人们既没有劳动分工，也几乎没有物品的交换。人们都努力通过自身的劳动去满足自身随时的需要。饿了到森林去打猎；衣服破了就用他杀死的第一头大兽的皮来进行缝制；并尽可能地用附近的树木草皮修整将要倒塌的房屋。

可是一到社会上全面地实行了劳动分工的时候，一个人若要依靠自己的劳动满足自身需要的全部则不可能。他自己能够满足的只是其自身需要的极小一个部分，其余的部分有赖于他人劳动的产物来供给。为了换取其他人的劳动产品，他付出了自己的产品或者说他自己产品的价格（这两者其实是一回事）。不过，在他的劳动产品制成并且在市场上出售以前，他是无法取得他所需要的那些东西的。所以，他就必须在某处积蓄各种足以维持自己生活的存货，并为其工作提供原料与工具，至少直到其产品完成并售出之时。除非已经在自己或别人手中积蓄了一定的足以维持生活、并向他提供工作的原料与工具的资财，织匠无法在他完成并售出其织物之前全力工作。显然，他必须在从事这项专业劳动以前完成这一积蓄。

按照事物的本性，资财的蓄积必定先于劳动分工。积蓄的资财越来越多，分工就会变得越来越细密；分工越来越细密，同等数量的工人所能够加工的生产原料的数量也越来越大。工人的操作日益简单化，新的机器不断地得到发明，这又便利和简化了工人的操作。由于这个原因，随着劳动分工发展起来，要支持同数量的工人获得不断的工作，就必须先储备起同数量的食物和比原始状态中所需的数量更多的生产资料与工具。不过，每个业务部门的工人数量的增加，一般与该部门的劳动分工的发展成比例。换言之，劳动分工变得越来越细密，正是由于工人数量增加的缘故。

一个人如果依靠自己的私有资财去维持其他人的劳动，他当然希望自己的资财被用来完成最大量的工作。这样，他就会十分留意合理地安排工人的职务，又为他们创造或者购买最好的生产设备，而他在这方面的成效的大小，一般是和他所拥有的资财的数量或者他所雇佣的工人的数量成比例的。所以，要想使劳动生产力得到巨大的改进，就必须预先储蓄资财；储蓄自然就会引起改进。一国之产业量不但随支配劳动之资财的增加而增加，而且由于以上增加的结果，同量的劳动能够完成的工作量也大得多。

一般来讲，资财增加对劳动及其生产力的效果就是如此。

在本篇中，我将努力说明资财的性质、积累及其对各种资本所施加的影响，以及用在不同的方面时，各种资本所产生的效果。共分五章：第一章说明个人或社会的资财自然分成的不同部分或部门；第二章说明，作为社会总资财的一个特殊部门的货币的性质和作用。成为资本的资财可以由本人使用，也可以借给他人使用。在第三章和第四章，我试图考察在这两种情况下它的运作情况。第五章即最末一章里，我将探讨资本的不同用途对国民产业量和土地与劳动的年产量的直接影响。

第一章 论资财的划分

一个人不会指望从一笔仅够支持自己几天或者几周生活的资财中得到任何收入。他只能尽自己的所能，节约地使用它，在将这笔款子用尽之前，从自己的劳动中取得一些东西去为它作补充。在这种情况下，他的收入完全来自他的劳动。各国贫穷劳动者大都是这种状况。

但是这个人可能指望从一笔足够支持自己几个月或者几年生活的资财中取得某种收入。他会在这笔款中保留适当比例，用作自身的生活开支，余下的部分就被用来获取某种收入。他的全部资财就这样被一分为二。一部分他希望用来取得收入，称为资本；另一部分用作目前的消费，后者又包含三项：一是为这一目的而保留的那部分资财；二是逐渐得来的任何收入；三是用以上两项之一买进来但至今尚未用完的物品，如衣服和家具。人们普通积蓄以供自己直接消费的资财必包含三项中的部分或者全部。

资本为投资者提供收入或利润，其使用的方法有两种。

第一，资本可用来生产、制造或购买物品，然后出售取得利润。资本在留在所有者手中或保持原状时，对于投资者不能提供任何收入或利润。商人的货物在出售换得货币以前，这货物不能提供收入或利润；货币也是一样，在再次支付以换得货物以前，也不能提供收入或者利润。商人的资本，以一个形态付出，又以另一个形态收进，在这种持续的流通或者交换中，他才可以赚取利润。这样的资本是流动资本。

第二，资本又可以用来改良土地、购买机器和有用的工具，或用来置备无须易主或者再次流通即可提供利润的东西。这样的资本是固定资本。

固定资本与流动资本之间的比例依行业的不同而大不相同。

比如，商人的资本全部是流动资本。若非把商店或仓库也看做机器或工具，可以说他根本无需使用机器或工具。

手工业者和制造业者的资本的一部分就必须固定在生产工具上，只是这部分的大小各不相同。这部分的比例，在有的行业很小，在别的行业就很大。裁缝只需要一包针，鞋匠的工具稍微贵些，而从事织布业的人的工具就贵了许多。然而这后一类的手工业者的资本，大部分是流动资本，它们先以工人工资或者原料价格的形式流出，后作为产品价格的利润重新流入。

经营其它的事业所需要的固定资本就大得多。要办一个大型铁厂，要设置熔铁炉、锻冶场、截铁场，经费的需要就极大。至于开采煤矿所需的吸水机以及其他各种机械，花销还要更大。

农场主购买农具时所用的资本是固定的，他把这资本留在自己的手中以获取利润。他用以维持工人与支付工资的资本是流动的，从他的手中支付出去以获取利润。和农具一样，耕畜的价格或价值称为固定资本；和维持工人的费用一样，饲养牲畜的费用称为流动资本。农场主通过保有耕畜和支付饲养牲畜的费用获取利润。但是以出售而不是以代耕为目的的牲畜，农场主是在出卖牲畜时取得利润，其购买和饲养的费用应当归入流动资本的范围。在生产牲畜的国家，不以代耕或贩卖为目的，而是以剪毛、挤奶、配种求利润为目的而买入的羊或牛应当称为固定资本，因为在这里求利润的方法在于保有它们；它们的维持费是流动资本，利润是通过付出它来取得的。赚回维持费的时候，维持费的利润及牲畜全部价格的利润，都会通过羊毛价格、产奶价格、幼种价格提供。种子虽流动于土地与谷仓之间，但没有改变主人，即没有真正地流动过，农场主获取利润不是靠出售种子，而是靠种子进行繁殖，种子的全部价值也因此可称为固定资本。

一个国家或一个社会的总资财就是其全体居民的资财，按照功能和作用分，它由三个部分组成。

第一部分是本身不能提供收入或者利润，而仅仅供给直接消费的资财，这包括诸如消费者已经购买，而正处在消费过程当中的的食品、服装和家具等物。在一定意义上，它甚至也包括仅供居住的居民房屋。这是指屋主买来自己居住的房屋。从屋主开始入住该房屋的时候起，花费在这所房屋上面的款项就已经不再是资本，因为从这个时候算起，它不再能够为房屋的主人带来任何形式的收入。这时候，房屋便和衣服、家具一样，对于主人，它们都是有用而不能为他带来收入的东西，它们是纯粹的成本，而无关收入。屋主可以通过出租房屋取得利润，然而房屋本身不能为租户提供任何东西，租户要支付租金，仍须动用从劳动、资本或土地上取得的收入。虽然它为屋主私人提供收入，因而对他具有资本的作用，但对社会公众却不提供收入，不能起到资本的作用。它丝毫不能增加全体人民的收入。同样，有时衣服和家具也可提供收入，从而对某些个人有资本作用。有人在化装舞会盛行的地方出租化装衣服为业，租期为一夜。家具商人常常论月或论年出租家具；殡葬店往往论天论星期出租丧葬用品。还有许多人出租备有家具的房屋，不仅收取房租，还收取家具租。总而言之，虽然这样的租借到处都有，但由出租这种物品而得来的收入归根结底总是出自别种收入来源。此外要注意的就是，即无论就个人来说或社会来说，在留供直接消费的各种资财中，投在房屋上的那一部分是消费最慢的。衣服可穿用数年，家具可使用 50 年或 100 年，但建筑坚固、保护周全的房屋却可使用好几百年。不过房屋虽要很长时间才会消耗掉，它还是和衣服、家具一样属于供直接消费的资财。

第二部分就是不必经过流通或者易主，就可以提供收入或者利润的固定资本。它由四种情况构成：

第一，任何可以使劳动简单化和方便化的设备和工具。

第二，不论对于出租房屋的屋主，还是对租用这房屋的人来说，任何可以从中取得利润的建筑。这种类型的房屋包括商店、仓库、工场、农舍、畜舍、谷仓等。一般人是把它们当做生产工具看待的，而它们也的确具有生产工具的功用。这是它们区别于普通住房之处。

第三，用开垦、排水、围墙、施肥等有利可图的方法投下的使土地变得更适于耕作的土地改良费用。在使劳动变得更加省力和方便的方面，经过改进的农场和具有一定功能的机器是一样的，它们都有助于在某一领域投下的相同数量的资本为投资的人带来比原先多得多的收入。土地的好处是它比机器更加经久耐用，因为农场主只要把资本一次投在土地上，此后土地便会自然地为他提供更多的收入。

第四，社会上一切人民学到的有用才能。花费不少资本进学校做学生，或者进工厂做学徒，这样学到的有用的才能是他个人的财产的一部分，这花去的资本好像实现在他的身上，又固着在他的身上，这一点，对他所属的社会来说也是一样。和让劳动变得便利的机器和工具一样，工人提高的熟练程度可看做是社会上的固定资本。尽管学习的时候要花一笔费用，但这种费用除了可以得到报偿，还可以得到利润。

第三部分是通过流通和易主的方式提供收入的流动资本。它由四项内容构成：

第一，货币。其他三项要借助货币的支持，才能经过流通传送到真正的消费者手中。

第二，屠户、牧畜商、农场主、谷商、酿酒商等人所有的食品，通过销售过程使这些人获得利润。

第三，还在耕作者、制造者、布商、木材商、木匠、瓦匠等人手中的衣服、家具、房屋三者的材料。不管这些材料是否是纯粹的原料或半加工的材料，只要未曾制成衣服、家具或房屋，它们即属于这项。

第四，已经制成但仍在制造者或商人手中、尚未通过销售转入消费者手中的物品。这包括锻冶店、木器店、金店、宝石店、瓷器店以及其他各种店铺柜台上陈列着的制成品。这样，流动资本就包含各种商家手里的食品、材料、制成品及货币。食品、材料、制成品的流转和分配一定要通过货币，否则就不能到达最终的使用者或者消费者。

以上四项流动资本中，如涉及食品、材料、制成品，则此项流动资本一般在一年左右的时间内，或者变成固定资本，或者变成留供直接消费的资财。

固定资本都来自流动资本，并且不断地得到流动资本的补充，而流动资本提供了营业上所有有用的设备。流动资本提供建造机器的材料，提供维持建造机器的工人的费用。机器制成以后，总是必须由流动资本来修理。没有流动资本，固定资本不能提供任何收入。工作所用的材料和工人生存所依靠的食物都出自流动资本。用处再大的设备，也要依靠流动资本的帮助，才能生产出有用的东西。土地的任何形式的改良，都必须要有流动资本参与。维持从事耕作和收获的工人也必须有流动资本。

固定资本和流动资本具有同样和唯一的目的：要让人民不但不缺乏消费所需的资财，而且这种资财还要能够增加。人民的衣食居住都有赖于这种资财，人民的贫富也取决于这两种资本所能提供的资财是丰裕还是匮乏。

大部分的流动资本被调动起来，以便补足被社会直接消费掉的资财，并且补充社会的固定资本。这样流动资本也必须得到不断的补充，以免这种资本被耗尽。这种补充可以从三个主要来源得到，即土地产物、矿山产物、渔业产物。这三个资源不断向流动资本提供食物和原材料的补充，其中有一部分通过加工制成完成品。此外，金属货币从矿山得到补充。虽然在一般情况下，货币在使用中几乎没有损耗，因此不必动用流动资本以补充其损耗，但是在输往外国的过程中却可能发生少量的磨损，因此少量的补充仍是必要。

土地、矿山和渔业都需要用自己的产品偿还投资所用的资本，此外，还必须将利润带给投资者，同时清偿应当返还社会的所有其它各项资本及其利润，因此这几项事业的运营中都需要有固定资本和流动资本的参与。制造业者每年消费的食品和材料由农民每年提供补充，农民每年消费的工业品由制造业者每年为之补充。这两个阶级虽很少以制造品和农产品直接交换，但他们之间年年进行交换的实际情况就是如此。我们知道，农民生产谷物、牲畜、亚麻、羊毛，他同时需要衣服、家具、工具。买谷物、牲畜、亚麻、羊毛的人与卖衣服、家具、工具的人往往不是同一种人。所以农民用货币作为中介，先将自家的土地产品易手，然后他就可以自由地选购自己所需要的工业制造品。土地中的产物对于渔业和矿业的经营也能提供资本方面的补充。

在同等的自然生产力情况下，土地、矿山和渔场的生产量都和投资数量的大小与资金用法的好坏成比例。在资本数量和投资方法又相同的情况下，产量便和它们的自然生产力的大小成比例。

在一切生活比较安定的国家里，有常识的人无不愿用可供他使用的资财来求得直接享乐或寻求未来利润。用作寻求直接享乐的是留供直接消费的资财。如果要将这资本用来寻求将来的利润，则方法无非是把资财留在手中，作为固定资本，或是用作投资，作为流动资本。如果生命财产无虞，任何心智健全的人都会把自己所能够支配的一切资财（无论自有的还是借用他人的）投入到其中某一项用途中去。

可是如果情况相反，国家是专制的国家，人民是暴君的臣民，那么为了保护自己的财产不受暴君的掠夺，人民自然会选择将大部分的资财妥善加以藏匿，一旦情况有变，他们可以抢在灾难未降临之前，把财物运到别处。据说这种事情在亚洲一些国家经常发生。在封建暴虐时代，我国似乎也是如此。当时，发掘的宝物被视为欧洲各大国君主的一项大宗收入。凡埋藏地下、无从证明所属的物品一律为国王所有，非得国王钦准，这些物品既不属于发现者也不属于地主。这些宝藏在当时极受重视，金银矿产的地位也不过如此。除非有明确的法令授予这种权利，则金银之类的矿产不能依照一般土地所有权的规定加以采掘。像铅、铜、锡、煤一类的矿山产业也属于这种情况，只是因为它们相对不那么重要，所以政府在这些东西上面，对民间的采掘也就听之任之。

第二章　论作为社会总资财一个特殊部门的货币，或论维持国民资本的支出

在第一篇我们已经指出：大部分商品的价格都可分为三个部分，即劳动工资、资本利润和土地地租。劳动、资本与土地都用于生产商品，并将其送入市场。的确，有些商品的价格只有劳动工资和资本利润两个组成部分，甚至极少数商品的价格单单由劳动工资构成。然而，每一商品价格总是由上述三个部分全部或者一部分构成，既非地租也非工资的部分必然要归于某人的利润。

正如我已经指出的那样，分而言之，这就是单个商品的情况；而合起来看，构成全国土地和劳动的年产品的全部商品也是如此。一国年产品的总价格或总交换价值也必然可以被分解成这三个部分，并作为劳动工资，资本利润或者地租分配给国内的居民。

一国土地和劳动的年产品的全部价值就这样被分配并成为各个居民的收入。不过，就像私有土地的地租可以分为总地租和纯地租一样，大国所有居民的收入也可做如此划分。

私有土地的总地租包括农场主付出的一切地租。纯地租则是从总地租中去除管理、修缮的各项必需开支后的剩余部分。地主任意支配纯地租，用在消费的方面，购置衣食、修葺住宅或者供应自己的享乐，而不必担心会损害他的地产。地主的实际财富因此与其纯地租而非总地租成比例。

一个大国全体居民的总收入包含他们土地和劳动的全部年产品。纯收入是从总收入中去除固定资本和流动资本两项，留供居民自由使用的所余部分。居民可以任意享用纯收入，将这种资财用作直接的消费，购买为解决生活必需、提供方便或者娱乐的产品，却不必担心资本可能因此受到侵害。国民真实财富也是与其纯收入成比例，而非同其总收入成比例。

显而易见，社会纯收入不包括那种用来维持固定资本的支出费用。这样，为维护有用的机器和生产工具、有利可图的房屋等所用的原材料，以及把这种种材料制为成品所需要的劳动产品也决不能构成纯收入。当然，从事这种劳动的工人可能会把工资的全部价值作为供直接消费的资财，从而这种劳动的价格有可能成为纯收入的一部分。但就别种劳动来说，那就不仅劳动的价格，而且劳动的产品也都归入这种资财；劳动价格归入工人直接消费的资财，劳动产品则属于他人直接消费的资财。别人的生活必需品、便利品和娱乐品也都因为这些工人的劳动而增加。

使用固定资本是为了提高劳动生产力，即让同样数量的工人能够完成数量更大的工作。耕地的面积、肥瘠程度，参加劳动的人数与牲畜的数目都相同的两个农场，设施完善且拥有必要的建筑物、围墙、水沟以及道路的农场产出的物品的数量必然要大得多。设备精良的与设备不够精良

的工厂相比，即便工人数量相同，设备精良者的生产量也一定更大。适当地花在固定资本上面的任何费用，一定都能很快带回很大利润，带来的年产物价值增加也会远大于改良所必要的维持费用。不过，由于这种维持费要动用年产物的一部分，原来可直接用于改进食品、衣料、住所以及各种必需品和便利品的材料和人工的一部分就会改作他用。这项新的用途当然是很有利的，只是与原来不同。技术改良之后，机器设备的购入价格比以前低廉，而且比以前更加容易操作，而同等数量的工人做着同等数量的工作，先前用以维护机器的人工和材料的费用就可以节省下来。新机器可以提高产品的数量，这对于社会是一件好事。譬如，大制造厂主原来每年必须用1000镑来修理机器，现在如果能够减为500镑，其余的500镑就可用以增加材料和工人。这样一来，机器的产品数量也就自然会增加，而由这些产品产生的全部社会福利也就随之增加。

大国维持固定资本的支出也可同私人地产的养护费相比较。养护费用可能常常是为了维持地产的产出、从而维持地主的总地租和纯地租所必要的。可是，如果采用更为合适的办法，能使养护费减少而生产物又不减少，则总地租至少保持不变，而纯地租则必然增加。

与固定资本不同，流动资本的维持费可被归入社会纯收入的范围。上文说过，构成流动资本的四个部分货币、食物、材料和制成品中的后三者经常从流动资本中独立出来，或作为社会中的固定资本，或留下以供直接的消费，非此即彼。而那些不变为固定资本的消费品就变作供直接消费的资财，属于社会的纯收入。因此，除了维持固定资本所需之外，维持这三部分流动资本并没从社会纯收入提取任何年产物。

社会流动资本与个人流动资本是不同的。个人流动资本完全被排除在其纯收入以外，纯收入必须完全由他的利润组成。但是，虽然每一个人的流动资本都是他所属的社会流动资本的一部分，社会流动资本却并不因此被完全排除在社会纯收入以外。一个商人店铺中的全部货物决非供他自己直接消费的资财，却可以是供他人直接消费的资财。他人从其他资源获得收入，可以经常为商人补充货物的价值并支付利润，而商人或其他人的资本均不会减少。

所以社会流动资本中仅有一个部分，投入资本加以维持，社会纯收入必减少，这一部分就是货币。

就其影响社会收入而言，固定资本和由货币构成的那部分流动资本非常相似。

第一，制造与维持生产上使用的机器和工具会占用一笔支出。这笔支出属于社会总收入，但是和货币一样，都是取自社会的纯收入。货币的收集与维持也需要一定的支出，这种支出虽然是社会总收入的一部分，但也是从社会纯收入中扣除得来。一定数量的非常有价值的原料，黄金和白银，一定数量的精巧劳动，不是用来增加直接消费的资财，即个人的生活资料、便利品和娱乐品，而是用来维持这种伟大而昂贵的商业工具，社会上每一个人通过它来得到常按适当的比例分配给他的生活资料、便利品和娱乐品。

第二，无论就个人来说或就社会来说，作为固定资本的营业上使用的机器和工具，都不属于总收入或纯收入，同样虽然社会的全部收入要依赖货币才能经常分配给社会各成员，但货币不是社会收入的一部分。货币只是货物借以流通的巨轮，和它所流通的货物却大不相同。社会的收入完全是由这些货物、而不是由使它们流通的轮子组成的。在计算社会的总收入或纯收入时，我们永远必须从货币和货物的每年流通总量中扣除货币的全部价值，在总收入或纯收入中连一个法新的货币也不能算在里面。

在读者看来，这个论点有些矛盾。这是文字暧昧不明的缘故。通过适当的解释与正确的理解后，它就几乎是显而易见的了。

当我们谈到一定数目的货币时，我们有时仅指构成它的金块，有时又指它所能购买的货物或它赋予持有者的购买力。例如，当说英格兰的流通货币为1800万镑时，我们只想表示某些作者所计算的或者他们认为在该国流通的金块数量。但是，当我们说一个人一年收入50或100镑时，我们普通要说的不只是每年付给他这么多金块，而且也是他每年所能购买或消费的货物价值。我们普通的意思是要确定，他的生活方式是什么或应当是什么，或他所能正当享受的生活必需品和便利品的数量和质量。

当我们不仅用某具体数目的货币表示它所构成的金块数量，而且暗指它所能购得的货物时，表示的财富或收入只等于用同一个词所笼统地表示的两种价值之一，说等于后者比说等于前者更合适，也就是说，说等于货币的价值比说等于货币本身更恰当。比如一个人每星期领 1 几尼养老金，他可以在这一周内用这 1 几尼购买一定数量的生活品、便利品和娱乐品。他每星期的真实收入即他的真实财富，就和这数量的大小成比例。他每星期的收入，决不能同时既等于 1 几尼，又等于这 1 几尼所能购买的货物。它只能等于二者之一。实际上，与其说等于这 1 几尼，不如说等于这 1 几尼之所值更为恰当。

因为，如果这人的养老金不是以金币形式而是以票据支付，那么他的收入的价值显然不能是这片纸，而是这片纸所能换购的货物。一个几尼可以看做一张票据，有了这张票据，他就可以从邻近各个商人那里获取一定数量的必需品和便利品。构成取得这些物品的人的收入的与其说是金块，不如说是他因占有这个几尼而能够换得的货物。如果这个几尼不能换得任何物品，那它的价值就会像破产者所开的票据那样没有价值，不过废纸一张。

一国全体居民每星期或每年的收入固然是以货币的形式支付，然而他们真实财富的大小，他们全体每星期或每年的真实收入的大小，只能通过他们全体用货币所能购买的消费品量的大小去衡量。显而易见，他们的全部收入也不能既等于这货币，又等于这消费品，而只能两者取一；而与其说等于前一价值，不如说等于后一价值更为恰当。

因此，虽然我们常常用每年付给一个人的金块数量来表示他的收入，可这是因为这些金块的数量规定着其购买力或他每年所能消费的货物价值。我们仍然认为，其收入是由这种购买力或消费力、而不是由表达购买力的金块组成的。

如果这个道理对个人来说已经足够明显，对社会来说就更是如此。每年付给一个人的金块数量总是等于他的收入，因此也是其收入价值的最简明的表达。但在一个社会中流通的金币数量决不可能等于它所有成员的收入，作为支付每星期养老金的手段，同一个几尼的金币今天可以付给一个人，明天可以付给第二个人，后天可以付给第三个人。所以，每年在一个国家流通的金币数量，其价值必然小于每年支付给他们的全部货币养老金。这种陆续支付的全部货币养老金的购买力，或用它所能购得的货物，必然等于这些养老金的价值，也必然是所有领取养老金者的收入。所以，这种收入不可能是由这些金块组成的，因为它们的数目远远小于该收入的价值，而只是由购买力、由这些金块从一个人转到另一个人手中时所能陆续购得的货物组成的。

货币这个流通的巨轮是伟大的商业工具。和其它一切生产工具一样，它也是资本的一部分，并且极具价值。但是，虽然构成货币的金块在其每年流通的过程中分配了应当属于每个人的收入，这些金块本身却不构成收入。

第三也是最后一点，构成固定资本的机器和工具等和由货币构成的那部分流动资本还有一点相似。在不降低劳动生产力的情况下，建造和维持机器的支出的每一项节约也都是社会纯收入的一种增加；同样，每一项收集和维持由货币构成的那部分流动资本的支出的节约也是如此。

为什么维持固定资本支出的每一项节约都是社会纯收入的增加，这道理十分清楚，并且也已经作过部分解释。每项工程的经营者的全部资本，必然划分为他的固定资本和流动资本。当他的全部资本保持不变时，一部分小些，别一部分就肯定大些。提供了原料和劳动工资，并推动了劳动的是流动资本。因此在不降低劳动生产力的情况下，固定资本维持费的每一项节约就一定会增加推动劳动的基金，从而增加土地和劳动的年产物，并增加社会的真实收入。

虽然以纸币代替金银币，是以一种低廉得多的商业工具来代替另一种极其昂贵的商业工具的过程，然而就便利性而言却并没有差别。流通只是用一种新轮子来进行，它比旧轮子的建造和维持所费较少，但是这种作用是用什么方式完成的，它又怎样增加了社会的总收入或纯收入，这道理却并不十分明白，需要做进一步的解释。

纸币有许多种，而银行和银行家的流通券最为著名，也是最适于这种目的的一种。当一国人民对于某银行家的财产、正直和谨慎具有信心，相信他会随时兑现可能接到的他自己所发行的本票时，这些票据就会和金币银币一样流通。因为人们深信用它们可以随时兑换金银货币。

假设一位银行家要把面值十万镑的本票贷给他的顾客，由于本票在流通中的作用和货币相同，顾客自然应该为这些本票支付与借贷货币相同的利息，这利息就是银行家的利润。银行家发出去的票据是 10 万镑，但只需要 2 万镑金银币的储备就足够应付不时的兑现，这是因为，虽然发出去的票据中有一部分会不断回来兑现，但是不断地在社会上流通的总还有一部分。这种本票的发行也就使 2 万镑金银币获得了 10 万镑金银币的功用。同一数量消费品的交换，同一数量消费品的周转和分配也可通过这 10 万镑票据实现，与通用的 10 万镑金银相同，所以国内流通就可省下 8 万镑的金银。如果国内同时有许多银行都经营这样的业务，那么这时流通国内货物所需的金银货币的数量就只需期票时代以前的 1/5 即可。

例如，让我们假定，一国的全部流通货币在某一时刻为 100 万镑，当时就足以使其土地和劳动的全部年产物得以流通。我们再假定，以后有许多银行和银行家发行凭票支付的本票共 100 万镑，而在他们的金柜中只保持 20 万镑金银币来应付临时的兑现请求。因此，在流通中就有 80 万镑金银币和 100 万镑的银行券，即 180 万镑纸币和硬币。但是，该国土地和劳动的年产物以前只需要 100 万镑来流通并分配到它的适当消费者手中，而年产物是不能通过银行业的做法立即增加的。因此，100 万镑就足以使之流通。买卖的货物和从前完全一样，同样数量的货币也足以买卖它们。流通渠道，如果我可以使用这个词的话，将依然和以前完全相同。我们假定 100 万镑足以充满这个渠道；所以，注入的超过此数的货币就无法在其中流动，而只能溢出。现在注入了 180 万镑，一定会有 80 万镑溢出，它即是超过了该国流通中所能使用的货币的数目。但是，虽然不能在本国使用，这个数目的货币却仍是极有价值的，因此不能任其闲置。于是它将被送往国外，寻找它在本国不能找到的有利润的用途。但是纸币不能运往国外，因为如果远离发行的银行，远离可以用法律强制兑现的国家，人们就会在普通支付中拒绝接受它。因此，80 万镑的金银币将被送往国外，充满本国的流通渠道将是 100 万镑纸币，而不是以前充满它的 100 万镑金银币。

不过，这巨额的金银并非白白送给外国人，我们不应认为这是毫无所得的，或是其持有者要对外国国民送礼。这金银将用来交换各种外国货物，以便供其他外国或本国消费。

如果用它来在一个外国购买货物以便供应另一个外国的消费，他们就是从事所谓的转口贸易，所得的利润将增加他们本国的纯收入。就像一笔新创造的基金，用来进行一种新的贸易；本国的业务现在用纸币来经营，金银则变成了新贸易基金。

如果他们用它来购买外国货物以供本国消费，第一，他们可以购买不事生产的懒惰人民所消费的东西，如外国葡萄酒、外国丝绸等等；或是第二，他们可以购买额外的原料、工具和食物，以便维持和雇佣更多的勤劳人民，他们再生产出他们每年消费的价值以及利润。

第一种途径会鼓励挥霍，增加开支和消费而不增加生产，或者说是设置一种永久性基金来支持这种开支，这在各方面均对社会有害。

第二种途径会鼓励勤勉，虽然增加了社会的消费，却也提供了一种永久性基金来支持这种消费，消费者再生产出他们每年消费的全部价值以及利润。社会的总收入，即它的土地和劳动的年产物的增加额，等于这些工人的劳动在其加工的原料上所增添的全部价值；社会纯收入的增加额，等于这个价值扣除维持机器和生产工具的必要开支后的剩余部分。

由于银行的这种运作而被迫送往国外的金银币，当被用来购买外国货物以供本国消费时，事实上大部分是用来购买第二类货物。这不但是可能的，而且几乎是必然的。某些人收入根本不增加，有时却也可能大大增加支出，但是我们可以肯定，从来没有哪个阶级的人全都这样。因为，一般的谨慎的原则虽然不能支配每一个人的行为，却总是会影响每一阶级的大多数人的行为。但是，若把懒惰之人视为一个阶级，他们的收入也不能由银行业的这种运作得到任何增加，其一般支出也不会因此大为增加；尽管他们中少数人的支出可能增加，并且实际上有时增加了。因此，懒惰人民对外国货物的需求还和从前一样，或者说差不多一样。由于银行业的这种运作而被迫送往国外的货币中，有一小部分用来购买外国货物供本国消费之用，这一部分也可能用来购买供懒惰人民使用的货物。而其中大部分自然会用于雇佣勤劳人民，而不是维持懒惰。

当我们计算任何社会的流动资本推动的劳动数量时，我们只应考虑由食物、原料和制成品组成的那一部分流动资本，而将货币组成的另一部分扣除；因为它的作用只是使三者流通。有三种东西是推动劳动必不可少的：供制作的原料，用来制作的工具，以及使工作得以完成的工资或报酬。货币既不是供制作的原料，又不是制作的工具。工人的工资一般是用货币来支付，但他的真实收入也像所有其他人的真实收入那样不是货币，而是货币的价值；不是金块，而是金块所能买到的东西。

任何资本所能推动的劳动数量，显然必须等于它能以原料、工具和与工作性质相称的维持费雇佣的工人数。为了购买原料和生产工具，并维持工人的生活，货币是必需的。但是，整个资本所能推动的劳动数量肯定不能同时等于用于购买的货币，以及用货币购到的原料、工具和维持费这二者，而只能是二者之一，而且说等于后者比说前者更恰当。

当用纸币代替金银币时，整个流动资本所能提供的原料、食物和维持费数量的增加，就等于过去用来购买它们的金银币的全部价值。巨大的流通和分配轮子的全部价值，被加在用它来流通和分配的货物上面。某种程度上，这类似某种巨大工程的经营者，他由于某种机械学方面的改进拆除旧机器，将旧机器与新机器价格的差额加在他的流动资本上，即加在他用来供应原料和提供工人工资的基金上。

究竟一国的流通货币与用它来流通的年产物的全部价值保持什么样的比例，这很可能无法确定。经不同的作者计算，可为1/5、1/10、1/20乃至1/30不等。但是，不管流通货币对年产物全部价值的比例多么小，由于只有一部分、常常是很小一部分年产物指定为劳动的维持费，货币对这一部分的比例一定很大。因此，当用纸币代替以后，流通所必要的金银币就降到了以前数量的1/5；如果其他4/5的大部分价值被加在用来维持劳动的基金上，那就会使这种劳动的数量大为增加，从而使土地和劳动年产物的价值大为增加。

在最近的二三十年间，银行业占据了苏格兰所有的大城市，其业务甚至覆盖了穷乡僻壤。其效果正如上面描述过的一样。纸币支撑着国内所有的商业和购买支付。除了兑换20先令的钞票外，银币很少见到，金币更是少见。银行并非个个奉公守法，由议会立法实施管理也确有必要，可是国家从银行界得到好处之大，人所共见。我所了解的情况是，自银行创立以来，格拉斯哥在15年间商业竟已翻了一番；苏格兰的商业自两家公立银行（一名苏格兰银行，1693年由国会决议创立；一名皇家银行，1727年以国王敕令设立）在爱丁堡创立以来，则不只增加了3倍。在这个短时期内，苏格兰一般的商业和格拉斯哥的商业是否增加了这么多，我不敢妄加评断。如果两地真的增加到了这个比例，那么这效果就未免太大，似乎不能尽归功于银行的设立。不过，我们仍然可以确信，在这个时期，银行业大大有利于苏格兰国内贸易和产业的增长。

原本在苏格兰境内流通的银币，于1707年英格兰和苏格兰合并之后，被送到苏格兰的铸币厂重新铸造，这些银币的总值是411117镑10先令9便士。金币虽然缺乏记录，但据苏格兰造币厂旧时的账簿，金币的铸造数量略大于银币。当时有许多人惟恐收不回银币，所以有许多银币始终没有拿到苏格兰银行重铸。此外，还有若干流通的英格兰银币并未要求重铸。所以，在联合之前苏格兰通用的金银币的价值合计就不下于100万镑。这数额似乎构成当时苏格兰全部的通货，因为当时苏格兰银行虽没有竞争者，它的钞票发行无可匹敌，但在全部通货中也只是占极小部分。而现在的苏格兰，通货总值不下200万，金银币的比例大大减少，不超过1/4，可是苏格兰的产业没有衰退，反而繁荣，它的财富没有损失，反而增加，这只需看一下每年农业、制造业和贸易以及土地和劳动产物的增加量，就可以知道。

大多数的银行采用贴现汇票的方式履行其本票，在汇票到期以前，顾客就可以持本票向银行提前借取现金。银行方面就计算到期应收的利息，然后在全部贷额中扣除。到期后汇票的兑付既可偿还银行预贷出去的价值，还会带来作为利息的纯利润。银行向贴现商人预付的不是金银币，而是他们自己的本票；其好处是他可以通过贴现来增加他的本票发行量。银行家可以根据经验，在可能范围内尽量把本票付给出去，因此他就能从较大的发行量中获得更多利息方面的纯利益。

苏格兰的银行还发明了另一种发行本票的方法。这就是所谓的现金账户。求贷者只需得到两个信用良好并且拥有实际地产的人作为保人，并且答应在银行作出要求的时候偿清所有借款和从中生出的利息，银行将准许他借贷若干数额的款项（如二三千镑）。一般来说这种放贷方法世界各处银行都有，然而对于苏格兰，意义不止于此。这个国家目前的商业还说不上繁荣，当上面所说的两家银行创立之初，其运营的规模更不足道。如果这两家银行的业务限于汇票贴现，生意的惨淡是不必说的。而以目前实际的情况来看，他们的银行业生意兴隆，他们的国家得益良多，这种方法的采用应该说是主要的原因。

只要按照这种条件，一个苏格兰人可用这个方法向银行借贷1000镑，他就可以二三十镑一次地分期还款。而银行方面则按每次的还款，一直到全数的清偿，逐次计算所收回的数额，并在全部金额的利息中扣除相应数目的利息。这种方法因其便利，促进了银行的业务。商人们支持这种经营方法，不但在一切支付上都欣然接受银行钞票，并劝他自己所能影响到的人们也加以接受。在顾客借贷货币时，银行大都以本银行的本票付给。商人以本票购买制造者的货物，制造者以本票购买农场主的食品、原料，农场主以本票付给地主的地租，地主以本票付给商人购买各种便利品与奢侈品，商人最后又把本票还给银行以抵销借款。这样做的结果是，整个国内的货币业务都借助钞票流通，而银行自然日益兴旺。

这种现金账户促进了商人们开展业务，因为在这种方式下，商人们得以回避风险。假设有两个商人，一在伦敦，一在爱丁堡，所经营的生意相同，所投下的资本相等。爱丁堡商人因有现金账户，所以营业规模能够做得较大，人员能够用得较多而不致有危险。伦敦商人没有使用现金账户，为应付索求赊购贷款的人，他往往不得不在金柜中备有大量的金银货币，而那样做是要损失利息的。假定他常须保有500镑，那么和不需常常保有现金500镑滞财的情况比较，其仓库内货物的价值就会少去500镑。假设商人保有的存货一般每年脱售一次，而较之无需保有滞财的情况，他就会因为常须保有这500镑，其每年售出的货物就少了500镑的价值。这样，和可以多卖500镑货物的情况相比，他每年能够得到的利润，他所能够雇佣以经办销售的雇员，一定都会少些。爱丁堡的那位同行却完全没有这些麻烦。他可以使用现金账户从银行贷款，以应付不时的急需，而还款可以分期逐步地完成。和那位伦敦人相比，在可以动用的资本相同的情况下，他可以储备更多的货物，取得更大的利润，为那些备办货物以供应市场的劳动者们创造更多的机会。这样做，他本人不承担危险，而国家从这种贸易中得益也颇多。

当然，英格兰银行通过贴现汇票所给予英格兰商人的便利可能等于现金账户给予苏格兰商人的便利。但要记住，苏格兰商人也可以和英格兰商人一样容易地向银行贴现汇票。而除了贴现期票，苏格兰银行还有现金账户，所以对商人来说特别方便。

在任何国家，各种纸币可以毫无阻碍地到处流通的全部金额决不能超过它所代表之金银的价值，或（在商业状况不变的条件下）在没有这些纸币的情况下所必需的金银币价值。例如，假设最小的苏格兰通用纸币是20先令纸币，那么能在全苏格兰流通的这项通货的总额决不可超过国内每年交易20先令及20先令以上之价值的交易通常所需的金银数额。如果超过了这一总额，那过剩的部分就既不能流通于国内，又不能输往国外，结果就是马上回到银行去兑换金银。现有钞票的人民会立即觉得他们所持的纸币超过了国内交易所需。既然不能把纸币送往外国，他们就会马上持向银行要求兑现，因为这些过剩的钞票一经换作金银就可以输往国外找到用途，但以纸币形式留在国内则毫无用处。因此，人们就会立即向银行挤兑超额纸币，如果银行表现出困难或迟缓，回流到银行的钞票就会更多。由此而起的惊疑必然会使兑现要求更为激烈。

各种商业的普通开支都少不了房租和雇员、文员、会计等人的工资。除此之外，银行还有两类主要开支：第一，在自己的金柜内常须储存无利息可得的巨额货币，以应付握有自己发行的本票持有者的不时的兑现要求；第二，因应付不时要求而面临枯竭的金柜必须时时给以补充。

如果一家银行发行纸币多到超过国内流通所需，不能流通的过剩部分必将不断转来兑现。在这情况下，银行的金柜必须增加经常保持的金银币数量，该增加的比例不但要按纸币过剩的比例增加，而且还要大于这一比例增加。这是因为纸币的回流速度比发行过剩额的纸币的扩大要快得多，所以银行第一项特别用费的增加不仅要按被迫增加的比例而增加，而且要按更大的比例增加。此外和银行业务限于较合理的范围之内时相比，这一银行的金柜不但应当填充得更为充实，而且这金柜的枯竭也会更快一些。为了对金柜加以补充，不仅要求做出更加重大的开支，而且要求更为经常且不断的开支。但这样大量不断地由金柜流出来的金银币，不能在国内流通。这种金银币是为兑换超过流通需要的纸币而流出的，所以也是流通所不需要的。但是金银币是不能废置无用的，它在国内没有用处，就会以这种或那种形态输往外国，以寻求有利用途。可是，这种金银的不断输出，又加剧了银行觅取金银币以补充金柜的困难，从而进一步增加了这方面的银行开支。所以，这样的银行也必须根据不得不增加的业务比例增加第二项开支，其幅度要比第一项增加更大。

假设某银行发行的全部纸币为4万镑，而这正是国内流通所能容易吸收和使用的数目；为应付随时兑现的需要起见，银行金柜须常常保存1万镑金银。假使这银行企图发行4.4万镑，那增加的4000镑就是超过社会容易吸收使用的数目，必将一经发出就流回到银行。这样一来，为应付不时兑现之需，银行金柜应该储存的款项就不仅是1.1万镑，而是1.4万镑。于是，4000镑的过剩纸币将毫无利息可得，而且还要负担不断收集4000镑金银币的全部损失。这金银一收进来，马上又要流出。

如果所有银行都理解而且注意本身利益，流通中就不会有纸币过剩。不幸的是，未必所有银行都理解本身的利益，因此流通界纸币过剩的现象就司空见惯了。

由于发行纸币量过大，其超额部分就不断回流以兑换金银。多年以来，英格兰银行每年必须铸造的金币数量为80万镑至100万镑不等。平均计算，每年大约须铸85万镑。由于数年前金币磨损不堪，因此为了大铸金币，银行常常必须以每盎司4镑的高价购买金块，铸成后却以每盎司3镑17先令10便士半的价格发行，损失高达2.5%至3%。虽然银行免付铸币税，造币一切费用全由政府负担，但政府的慷慨并不能使银行免于损失。

因为发行过多，苏格兰银行也不得不常常委托伦敦代理人代他们收集金银币，其费用很少低于1.5%或2%。这样收集的货币通常由马车送来，保险费每百镑抽取15先令即0.75%。但代理人往往还是不能及时补充银行用得太快的金柜。在这情况下，苏格兰银行就得向有来往的伦敦各银行开出汇票以筹集所需数额。到期后伦敦银行向它们开出汇票索取借款、利息和佣金时，一些苏格兰银行由于发行纸币过剩而苦于无法应付，就不得不向原债权人或伦敦其他往来银行开出第二批汇票。同一金额或者不如说同一金额的汇票，有时会在伦敦和爱丁堡间往返二三次以上。这样累积起来的全部金额的利息和佣钱，都必须由债务银行付给。就算苏格兰各家银行向来都不会过于冒险逐利，有时却也不得不采取这种自取灭亡的方法。

英格兰银行和苏格兰各银行为收回在国内流通中无法使用的纸币而付出的金币，在国内流通中也同样无法使用，于是就或以金币的形式、或熔成金块送往国外，或者熔化后按每盎司4镑的高价卖给英格兰银行。从全部铸币中精选出来送往国外或熔成金块的，都是那些最新、最重、最好的铸币。在国内，铸币形态的重币并不比轻币更有价值。但在国外和在本国熔化时，重币就更有价值。英格兰银行虽然年年大量铸币，却仍然惊奇地发现，铸币缺乏还是年年如一：每年虽有大量的良好新币发行，铸币的状况却非但不逐年好转，而是年年变糟。他们都发现，每一年不得不铸造和头一年同一数量的金币。由于金块价格的不断上升，以及铸币的不断磨损和剪铰，铸造的开支就一年比一年大。必须指出，英格兰银行为了给自己的金柜供应铸币，也不得不间接地为整个王国供应经常以各种方式从所有银行的金柜中流出的铸币。因此，所有需要用以支付过剩的英格兰、苏格兰纸币的铸币，或因过度发行纸币造成的王国铸币的缺乏，英格兰银行都必须提供供应。苏格兰各银行为自己的鲁莽大意付出了高昂的代价。而英格兰银行不仅是为自己的不谨慎、而且也为几乎所有苏格兰银行的更大得多的不谨慎付出了极大代价。

联合王国两个地区的某些大胆投机家的贸易过度，是造成纸币超额流通的最初原因。

银行可以适当地向一个商人或任何一种经营者支付的，不应是他从事贸易的全部资本，甚至不应是这种资本的大部分，而只应是他不得不保持用以应付不时之需的那一部分现款。如果银行支付的纸币从不超过这个价值，那发行出去的纸币额也决不会超过国内无纸币时流通所需的金银额，也就决不会数量过剩以致有一部分为国内流通界所不能容纳使用。

假设银行给商人贴现的乃是由真实债权人向真实债务人开出、而到期时后者会立即兑付的汇票，那么银行付给的就只是商人得以现钱形式保留着以备不时之需的这部分价值。汇票到期后的兑付，就向银行偿还了银行付给出去的价值与利息。如果银行只同这种顾客做生意，它的金柜就像一个水池，虽然不断有水流出，同时也有水流不断注入，彼此流量完全相等，因此，水池总是保持相等的或接近充满，而不需额外的关心或注意。于是也就不需要多少开支，甚至完全不需要开支来补充这家银行的金柜。

即使没有票据要贴现，一个不过度贸易的商人也常需保持一定数量的现款。如果一家银行除了贴现他的票据以外，还给他开设现金账户，按苏格兰银行的宽松条件接受他用随时出售货物得到的货币进行分期偿还，这就使他完全没有必要保留一部分现款以应不时之需了。当这种需要实际发生时，他就可以用自己的现金账户应付。可是，银行在同这种顾客往来时，应当十分留心，看一个短时期（例如4个月、5个月、6个月或8个月）内，它通常收到的偿还数目是否等于它通常支付的数目。如果这期间某些顾客的偿还数目在大多数场合等于银行借出的数目，它就可以放心同这种顾客往来。在这种情况下，虽然从银行金柜经常流出的水流量很大，但是经常流入的水流量也是一样，所以也就无需特别留心或注意，金柜总是充满或几乎充满的，不需要任何额外的开支去补充它。反之，如果某些顾客的偿还数额通常大大少于借出数额，银行就不能放心与其来往，至少在这些顾客继续如此时是这样。这时，从银行金柜不断流出的流量必然大于流入量，若不是用大量的开支不断补充，金柜不久就会完全枯竭。

因此，苏格兰各银行在长时期内就非常注意，要求其所有的顾客定期作出正式偿还，而不愿同任何被它们称作不务正业者往来，不管他的财产或信用如何。由于这种小心留神，它们不但几乎完全节省了补充金柜的专门开支，还得到了两种很大的好处。

第一，除自己的账簿外，银行方面不必另去搜集别种证据，便能相当准确地判断债务人的盛衰情况。债务人偿债情况是否正常大都取决于其业务的盛衰。私人放债时，债户少则数家，多不过数十家。要想察知债务人的行为和经济情况，委托一个经理人即可，有时甚至不需要经理人。但银行动辄放数百家的债，还要不断留心许多其他事情。除自己的账簿上提供的资料外，它们对大多数债务人的行为不可能经常了解。苏格兰各银行要求债务人必须常常偿款，也许就是考虑到了这一好处。

第二，银行不致发行过剩的、为社会所不能容纳的纸币。如果顾客在较短期间内偿还的数额大都等于贷出的数额，那就可证明银行贷给他的纸币额并没有超过他在无银行贷借的情况下为应付不时之需所必须保留的金银量，从而可以证明银行发出去的纸币额也未曾超过国内在无纸币的情况下所应流通的金银量。债务人还款是否经常、是否正规和数额大小，足以表明银行贷出去的数额并没有超过顾客在无借贷时必须以现金形式保留以应不时之需的那一部分资本，也就是说，并没有超过顾客在无借贷时必须以现金形式保留的、使得他的其余资本可继续不断使用的那一部分资本。在这情况下，只有这一部分顾客的资本，在相当期间内继续不断以铸币或纸币这两种货币形态时而收进、时而付出。银行的借贷如果超过这一部分，顾客在相当期间内还入的数额一定不能等于贷出的数额。流入银行金柜的现金必然无法抵消流出的现金。纸币的发行超过了无纸币发行时顾客须存储以应急需的金银量，意味着马上就会超过无纸币发行时国内流通界会有的金银量，因而马上就会超过了无纸币发行时国内流通界所能够容纳的数量。过剩的纸币马上会回银行来兑换现金。这第二种好处同样是真实的，但是苏格兰各银行对它的了解却不像第一种好处那样完全。

当部分地通过贴现票据的便利、部分地通过现金账户的便利，使任何一国的有信用的商人无必要保持部分资金用以应付不时之需的现款时，他们从银行和银行家那里所能合理期待的帮助也就完结了。为了自身的利益和安全，银行和银行家只能到此为止。从自己的利益出发，银行不能向一个商人支付他所运用的全部甚或大部分流动资本。因为，商人的流动资本虽继续以货币的形式时出时入，但因为全部收入的时候距全部付出的时候已经太远，要在短期间内适合银行的利益、使偿入的数额等于贷出的数额也就不可能办到了。银行更不能支付一个商人的大部分固定资本，例如，对一个制铁厂主支付资本去建造他的铁厂、铁炉、工场、货仓、工人住宅等等；对一个矿山开采人支付资本，去掘竖坑、建造抽水机、修筑道路轨道等等；也不能对一个改良土地者支付资本，去进行清理、排水、圈围、施肥、开垦荒地、建造农舍以及其他一切必要的附属物如畜舍、谷仓等等。在几乎所有情况下，固定资本的回收都要比流动资本慢得多；即使是以最大的谨慎和最佳的判断作出的投资，这种开支也要经过许多年才能回到经营者手中，这漫长的时间对银行很不方便。无疑，商人和其他的经营者可以很适当地利用借款来实施他们的许多计划。可是，为了对他们的债权人公平，他们在这种场合，自有的资本应足以保证（如果我可以这样说的话）债权人的资本，也就是说，即使计划的成功远远不如计划者的预期，也要使这些债权人免受丝毫损失。即使如此小心翼翼，要等几年才能偿还的借款仍然不应向银行贷借，而应以债券或抵押的方式求助于私人：他们靠自己的货币利息为生，不想麻烦自己去运用资本，因此愿意向信用良好者贷款而任其几年不还。的确，对上述商人和经营者来说，一家不必开立债券或抵押、不必缴纳印花税或支付律师费而发放货币贷款的银行，一家按苏格兰银行业的宽松条件接受还款的银行，无疑是非常方便的债权人。但是对这种银行来说，他们却肯定不是最方便的债务人。

苏格兰各银行25年来所发行的纸币，至少也完全等于国内流通界所能容纳的数额了。银行对于苏格兰各种商人与经营者已仁至义尽。为本身利益计，它们只能做到这些，事实上它们的营业已经稍微过分了。银行方面也因此受到损失，至少它们的利润减少了。只要银行业的经营规模略为过度，这结果就在所难免。不幸的是，商人与经营者们从银行已经得到那么多好处，却仍然想得到更多。他们以为银行可以任意推广信贷事业，除了增加少数纸张费以外用不着增添什么费用。他们埋怨银行理事们鼠目寸光，态度怯懦。他们说什么银行信贷事业还未扩充到和国内各种贸易的扩张相称的程度。很明白，他们所谓的贸易事业推广，不是指别的，而是指把事业推广到超过他们自己的资本或能够凭借抵押品向私人借得的资本所能经营的范围。他们以为，银行有义务填补他们短缺的资本；他们认为，银行有义务供给他们所希望得到的全部资本。但银行方面的意见却截然不同。在银行拒绝扩大信贷之际，有些经营者想出了一个办法。这个办法有一段时期对他们很适用，虽然所费大得多，但其有效性却相当于极度地扩大银行信贷，这就是大家知道的“循环出票筹资法”。濒于破产的商人往往利用这个办法。英格兰商人通过这种办法获取资金行之已久了。在最近的战争期间，因为营业利润极大，商人们往往不度量自己的能力，把贸易过分推广，这种办法用得非常普遍，后来这办法又由英格兰传入苏格兰。因为苏格兰的商业和资本都更为有限，这种办法就更加流行。

所有商人都熟知这种循环出票筹资法，似乎没有再加说明的必要。但本书读者未必都是商人，而且商人也似乎不大了解这种办法对于银行的影响，所以我将尽可能详细地予以解释。

欧洲的野蛮法律并不强制商人契约的执行。在过去两个世纪中，由此形成的商人习惯已经被所有欧洲国家的法律采纳，并使汇票具有这样的特权：用汇票借款比用任何其他借据更为容易，尤其是期限不超过两三个月的短期汇票。如果到期后承兑人见票不立即付款，他就成为破产人。汇票被拒付后立即回到出票人手中，如果他不立即付款，他也成为破产人。如果汇票在落到持票人手中以前，曾经过多人之手，他们用它来借款或者用来购货时均曾作出背书，即在汇票背面签名，这些背书人也承担承兑汇票的义务。如果有人不能付款，他也会立即被宣告破产。尽管出票人、承兑人、背书人的信用也许全都有问题，这种很短的期限仍然给持票人以某种安全感。虽然他们全都可能破产，但是也不致于都如此迅速地全部破产。正如一个疲惫的旅行者自言自语，房子已经倾斜，不能持久了，可是也不见得今晚就倒吧，我姑且冒险住上一晚。这个比喻正好形容汇票持有者的心理。

假设爱丁堡商人A向伦敦商人B开出限期两月的汇票，要B付银若干。伦敦商人B并未欠爱丁堡商人A的钱。他所以愿意承兑A的汇票，是因为两方协商好在付款期限未到以前，B也可向A开出一张数额相等的汇票，此外加上利息与佣钱，期限也为两月。在两个月的限期未满以前，B向A开出一张汇票，A又在新汇票期满以前再向B出第二次汇票。在第二次汇票未到期以前，B再照样向A开出汇票，都以两个月为期，这样循环下去，可连续至于数月甚至数年。不过B向A开出的一切汇票累积下来的利息佣钱都要算入其中。利息照例为每年5%，佣钱每次至少0.5%。如果每年来往6次，佣钱就要加6倍；所以靠这种办法筹款的A，每年付出的代价就至少要在8%以上。如果佣钱高涨，或对以前汇票的利息和佣钱不得不支付复利，那么代价就更为高昂。这就是所谓循环出票筹资法。

据说国内大部分商业投资的普通利润都介于6%至10%之间。如果用这样方法募得投资需要的款项，除了偿还所借下的钱，还能获得超额利润，那一定是非常幸运的投机事业。可是仍然有许多巨大的计划在进行，除了指望一连几年用这种昂贵的方法筹集资金，别无其他资本。计划人在黄金梦中无疑看到了非常鲜明的关于巨大利润的幻象。但是我相信，当他们醒了，在他们营业结束时或在他们无力再继续经营下去时，美梦成真的人就寥寥无几了。

爱丁堡的A向伦敦的B开出的汇票，经常由A于到期前两个月持票向爱丁堡某家银行贴现。伦敦的B随后向A开出汇票，也经常由B持票向英格兰银行或伦敦的其他银行贴现。银行贴现这些循环汇票所付出的大都是纸币。爱丁堡付苏格兰银行的钞票，伦敦付英格兰银行的钞票。固然贴现的汇票在到期之时都照兑，不过为贴现第一张汇票而实际付出去了的价值却永远没有实际归还贴现它的银行。因为在第一张汇票将到期的时候，第二张汇票又已经开出，而且数额更大。没有这第二张汇票，第一张汇票根本不可能兑付。这种兑付全是虚假的。这种循环汇票的流转，使银行金柜在流出之后永远也不会真正流回。

在许多场合，在这种循环汇票上发行的纸币数额等于预定用于农业、商业或制造业方面某些大规模的广泛的计划的全部基金，而不只是等于在没有纸币时计划人会不得不保留不用，以备不时之需的那部分资金的数目。银行发出的这种纸币大部分为社会所不能容纳，是超过国内在无纸币的情况下流通界应有的金银价值的。过剩的部分马上会回到银行，要求兑换金银。银行必须尽其所能地寻求这项金银。这是这些计划者挖空心思从银行提出的资本，不但没有经过银行知道或得到过银行慎重考虑后的同意，甚至在一些时候，银行可能根本没有发现曾贷给了他们这项资本。

如果二人经常互相对开汇票，并且向同一银行贴现，银行方面当然不久就能发觉，看出他们没有营业的资本，全部资本依赖从银行借来。假如他们不常在一家银行贴现，时而这家时而那家，并且两人不一直互相彼此开出汇票，而是经过许多其他计划人，这些计划人又因为利益互相帮忙，最后其中一个人向需要的人开出汇票，这种情况下就很难辨认哪一张是真实汇票、哪一张是虚假汇票了，即哪个是真实债务人和真实债权人的汇票，和没有真实债权人而只有贴现它的银行、没有真实债务人而只有计划用钱的人的那种汇票。即使银行最终察觉了这点，也可能是为时已晚，巨大的数额已经贴现给这样的汇票了。如果银行这时拒绝他们，不再给予贴现，必然会使计划人全都破产；他们破产就也意味着银行随着破产。为了自身利益与安全，在这危险境况中，银行也许只好再冒险继续贴现一些时候，然后慢慢脱身，使贴现一天天变得困难，迫使债务人逐渐转向别个银行，从而尽快从这个圈套中脱身。但就在陷入过深的英格兰银行、伦敦各家主要银行，以及比较慎重的苏格兰各银行开始对贴现提出比较苛刻的条件时，这班计划人不仅吃惊而且愤怒起来。他们自己的困难无疑直接起因于银行慎重的和必要的准备措施，但他们竟把自己的困难说成是全国的困难；他们说，这种全国的困难完全是由于银行方面目光短浅、行为胆怯。他们说自己努力使国家繁荣富裕，银行却没有慷慨相助。他们似乎认为，按照他们所希望的借款期限和借款利息借给他们资金乃是银行的义务。然而，银行拒绝给予信贷给借款过多的人，这是挽救银行信用和国家信用唯一可行的办法。因为过去已经给予他们太多。

在这喧嚣困扰之中，苏格兰开设了一家新银行，其公开目的据称是解救国家的困难。它的计划慷慨大方，执行却极不慎重，而且似乎并不了解它所企图解救的困难的性质与原因。无论就现金账户还是就贴现汇票而言，这银行的借贷都比其他银行宽大。就后者说，它几乎不问是真实汇票还是循环汇票，一律予以贴现。这银行曾明白宣布，只要有相当的保证，甚至需要非常长的时期才能偿还（如改良土地）的资本，也全部可以向银行借取。甚至还宣称促进土地改良，是银行设立的爱国目标之一。由于对现金结算和期票贴现采取过于宽大的政策，银行必然发行大量钞票，其中过剩的部分不易为社会所容纳，一经发出就会流回银行用以兑换金银。银行金柜本来就不很充实，它通过两次招股募到的资本虽共计 16 万镑，但是只收进了 80%，而且是分期交纳的。第一次缴入股款后，大部分股东即向银行用现金账户贷借。银行理事先生们以为股东借款应受同样宽大的待遇，所以大部分股东缴了第一阶段股款以后，其余各期缴入的几乎全是在现金账户下借出的款项。他们后来的交股就相当于把先从银行某一金柜提去的款项放入银行的另一金柜。这样一来，即使原本充实的银行金柜也因为过度的发行很快耗竭。除了向伦敦银行开出汇票，期满时再加上利息佣钱的数目开出新的汇票兑付前一汇票之外，别无他法能及时补充金柜的耗竭。这银行的金柜原来就不很充实，据说它在营业不过数月后就不得求助于这个办法。幸而各股东的田产不下数百万镑，他们认购股份时实际上即等于把这田产保证银行的一切债务。有如此充实的保证作为银行信用的后盾，所以贷借政策虽如此宽大，银行营业仍能继续两年有余。到不得不停业时，其发出的纸币额已接近 20 万镑。这种纸币一经发出立即回来兑现，因要支持这些纸币的流通，它屡次向伦敦各银行开出汇票。汇票的数额与价值不断增加，到了银行不得不倒闭的时候为止，汇票价值已经超过 60 万镑。在两年多的时间里，银行借出了 80 万镑以上，利息为 5%。对那用纸币借出去的 20 万镑放款来说，所收的 5%利息也许可视为纯利，因为除了管理费外没有其他扣除。但那向伦敦开出汇票的 60 多万镑来说，其利息佣钱等却在 8%以上，因而其全部业务的 3/4 以上损失超过3%。

这家银行经营的结果和创办人的本意正好相反。他们的目的是支持国内那些他们认为有勇敢进取精神的事业，同时把苏格兰各银行，尤其是在贴现方面被指摘为过于畏缩的爱丁堡各家银行排挤掉，从而把整个银行业务集中于一身。这家银行无疑曾暂时地救济了各计划人，使他们多拖延了两年左右，但最后仍不过是使他们更加债台高筑。一旦银行倒闭，它和债权人的损失也更重。所以，这家银行不但没有救济这些计划人所加于他们自己及国家的困难，事实上反而使困难更为沉重。如果他们的大多数人被迫在两年以前就停止营业，那结果就都要好得多。不过这银行所给予各计划人的暂时救济，结果促成了对苏格兰其他银行的永久救济。在苏格兰其他银行不肯贴现循环汇票的时候，这新银行对出循环汇票的人伸出双手欢迎。所以其他各银行终于摆脱了恶性循环，不然它们肯定无法摆脱困境，必将遭受巨大损失，甚或在一定程度上还要遭受名誉损失。

可见从长期来看，这家银行加剧了它宣称要减除的国家灾难，但却使它要取而代之的各竞争银行免受大难。

这家银行成立之初，有些人认为银行金柜虽易枯竭，但来贷借纸币的都提供了担保，可以用担保取得资金来补充金柜。但我认为，不久经验就告诉了他们，通过这种方式筹款太慢，根本无法达到目的。如此不充实而如此容易干涸的金柜，除了向伦敦各银行开出汇票这种毁灭性办法之外别无出路。汇票到期时再开出一次汇票，这样累积的利息佣钱愈来愈多。即使这种办法可使它在需要款项的时候能立刻借到，但其结果不仅无利可图，而且会遭受无可避免的损失。最终结果只能是银行自取毁灭，虽然灭亡的过程没有像开汇票那么快。它们仍不能从所发纸币的利息取得利润，因为纸币既超过了国内流通领域所能吸收和使用的范围，必然一经发行就回来换取金银。为了兑换，银行方面须不断地借债，借债的全部费用如雇佣代理人探听谁有钱出借、和有钱人谈判、书写债券、订立契约等等所需费用全须银行负担。在他们的损益计算书上这是一笔纯粹的损失。用这方法补充金柜，好比叫人拿着水桶到若干英里之外的地方汲水来补充只有流出而无流入的水池，希望可以将这水池装满一样。

就算这种办法对这作为营利机构的银行不但可行而且有利，但国家却不仅不可能从中获益，而且一定会遭受更大的损失。这种办法丝毫不能增加国内出贷的货币量，而只能使全国的借贷事项都集中在这家银行身上，使它成为全国总贷借处。要借钱的人将不向有钱出借的私人贷借，而都来请求这个银行。私家贷借一般不过数人或数十人，债权人理应熟习债务人的行为是否谨慎以及诚实，以便有选择判断的余地。一家银行或许要向500个人贷款，其中大部分人都是银行董事们不熟悉的。比起只向少数几个熟人贷款、认为他们的审慎和俭朴的行为有理由值得信任的私人来，银行在选择债务人方面不会更加明智。这样一家银行（我已对其行事略加描述）的债务人可能大多数都是异想天开的计划人，他们不断地开出循环汇票，将钱用在奢侈浪费的事业上。就算给予一切可能的帮助，他们也很可能无法完成其事业。即使完成了，也不能偿还他们的实际成本，更不要说提供一种基金，使所能维持的劳动数量与花在它们上面的劳动数量相等。反之，私人贷款人的债务人审慎俭朴，更有可能将借来的钱用于审慎的事业，这些事业虽然不是那么宏大而惊人，却更加稳健和有利可图，不但能偿还开支并带来更大利润，而且会提供一种基金，能维持比花在它们上面的劳动量更多得多的劳动量。所以即使新银行的计划成功，结果也丝毫不能增加国内的资本，却只是使大部分资本不投在谨慎有利的事业上，而改投到不谨慎的无利可图的事业上去。

著名的劳先生认为缺少货币支持是苏格兰产业不振的原因。他提议设立一个特别银行，发行与全国土地价值相等的纸币，这样即可挽救货币的缺乏。在他最初提出这个计划的时候，苏格兰议会认为不可采纳。后来法兰西摄政王奥尔良公爵略加修正加以采纳。这就是所谓密西西比计划的真实根据，该计划认为可任意增加纸币量到无穷大，实乃世界上闻所未闻的关于银行业和股票生意的最狂妄的计划。对这一计划，杜维纳先生在其《对杜托先生〈关于商业与财政的政治观察〉一书的评论》中已经做了详细说明，这里不再赘述。这计划所根据的原理已经由劳先生说明，最初提出这个计划时，他就在苏格兰发表了一本关于货币与贸易的书。在这本书及某些其他论述中，劳先生作出了关于这一原理的宏伟空洞的论证，至今仍令许多人印象深刻。最近因营业毫无节制而受人攻讦的苏格兰及其他各处银行，恐怕也多少受了他的影响。

英格兰银行在欧洲是最大的流通银行，是根据议会的一项法律，根据盖有大印玺的特许状，于 1694 年 7 月 27 日设立的。它借给政府 120 万镑，每年可向政府支取 10 万镑，其中 9.6 万镑作为利息（年利 8%），4000 镑作为每年的管理费。我们可以认为，由革命建立的新政府信用一定很差，所以银行不得不用这样高的利息。

1697 年，银行被允许增加资本 1001171 镑 10 先令，这时其总资本达 2201171 镑 10 先令，这次增资据说旨在维持国家信用。1696 年，国库券要以 40%、50%和 60%的折扣发行，银行纸币要以 20%的折扣发行。当时正在进行银币大改铸，银行认为宜暂时停止纸币兑现业务，而这必然会影响银行券的信用。

按照安妮女王第七年第七号法令，银行向国库支付了 40 万镑，总计贷给政府的的金额为 160 万镑，仍然按原来的定额向国家每年领取 9.6 万镑的利息和 4000 镑的管理费。可见 1708 年政府信用已经达到了私人的程度，因为政府能以 6%的利息率借到款项，这正是当时市场上普通的利息率。按照同一法令，银行又购买了利息为 6%的财政部证券 1775027 镑 17 先令 10 便士半，同时被允许招股，银行资本再增加 1 倍。1708 年，银行资本就达到了 4402343 镑，贷给政府的总额达到了 3375027 镑 17 先令 10 便士半。

1709 年，英格兰银行按照 15%的比例催收股款，收得 656204 镑 1 先令 9 便士。1710 年，又按照 10%的比例催收股款，收得 501448 镑 12 先令 11 便士。两次催收后，银行资本达到了 5559995 镑 14 先令 8 便士。

按乔治一世第三年第八号法令，英格兰银行又吃进财政部证券 200 万镑。因此这时银行贷给政府的金额已有 5375027 镑 17 先令 10 便士。按乔治一世第八年第二十一号法令，银行购买南海公司股票 400 万镑。1722 年，为了使它能进行这项购买而招股，银行资本增加了 340 万镑。这时总计下来，银行贷给政府的金额达 9375027 镑 17 先令 10 便士半，但其资本总额却不过 8959995 镑 14 先令 8 便士。两方对比，银行贷给政府的有息贷款已多于其母本，或者说已多于其要对股东分派红利的资金了。换言之，银行已开始有不分红利的资本，而这种资本已多于分红的资本。这情况一直持续至今。1746 年，银行陆续贷给政府 11686800 镑，银行陆续募集的分红利资本也达到了 1078 万镑。迄今为止这两数目都没有改变。遵照乔治三世第四年第二十五号法令，为了延续银行营业执照，银行同意缴给政府 11 万镑，不取利息也不要偿还，而是作为特许状更新之费。所以这并不增加上述两项数额。

银行红利时有高低，其变化视各时期银行对政府贷款的利息高低以及其他情况而定。这一贷款利息率已由 8%逐渐减至 3%。银行红利在过去几年间一般为 5.5%。

只要英国政府稳定，英格兰银行也就稳定。只要贷给政府的金额不损失，银行债权人也就不会有所损失。英格兰没有第二家银行由国会议决设立，或有 6 人以上的股东。所以英格兰银行已非普通银行可比，它已经是一个国家大机关了。它接受和支付每年应向国家债权人支付的利息，它发行财政部证券。它向政府垫支每年的土地税和麦芽税，这些税款往往要等几年纳税人才能付清。在这种情况下，出于对国家的职责，英格兰银行也不免发行过多的纸币，而这并非董事们之过错。它还贴现商人汇票。有时就连汉堡、荷兰的巨商也求它贷借。据说，1763 年，有一次英格兰银行在一星期内贷出了将近 160 万镑，大部分还是金块（我不敢妄断数额是否真的如此巨大，时间真的如此短暂。）。但在其他情况下，这家大银行却不得不用 6 便士的银币来应付各种支出。

银行业的最明智的运用可以促进国家的产业，这并不是由于它能增加国家的资本，而是由于它能将大部分本无所用的资本变成积极的和生产性的资本。商人不得不保留以应付不时之需的现款是死资本，只要它继续处于这种状况，就不能为他自己和国家生产任何东西。银行业的明智能使他将这种死资本变成积极的生产性资本，即变成可以制作的原料、制作的工具、维持制作的食物和生活资料，变成能为他自己和国家生产东西的资本。在一国流通的金银币，能使它的土地和劳动的年产物流通，并分配到真正消费者手中，但它也像商人手中的现款一样是死资财。它是国家资本的非常有价值的部分，但不能为国家生产什么。银行业明智地用纸币去代替大部分的金银币，就使国家把这种死资本的大部分变成积极的生产性资本，变成能给国家生产东西的资本。一国流通的金银币可以非常恰当地比作一条公路，它能使国内生产的全部草料和谷物流通并进入市场，而自身却不能生产任何草料和谷物。如果我可以这样夸张地比喻，银行业的明智能提供一种空中轨道，使国家能将它的大部分公路变成良好的牧场和谷地，从而大大增加土地和劳动的年产物。可是，必须承认，国家的工商业虽然能因此略有增加，但它们也是悬在纸币这一极为复杂的双翼之上，因此也就不像在金银币这种坚实的地面上旅行那样安全：除了遭遇由于这种纸币的操作者的笨拙所造成的各种意外事故，它们还会遭受其他意外事故，不管这些操作者如何谨慎娴熟，这些事故都无法避免。

例如，战争失败，敌军占领首都并攫取维持纸币信用的国库财宝。在这种情况下，比起大部分靠金银来流通的国家，全靠纸币进行国内流通的国家会发生更大的混乱。平常的通商手段一旦全无价值，除了物物交换和赊欠之外就无法进行其他的交易。一切赋税通常都以纸币交纳，君主也就无法支付军饷和充实军火库。于是，比之大部分用金银的国家，全用纸币的国家更加难以收拾混乱的局面。因此一个想把领土随时保持在易于防守状态的君主，就不仅要严防纸币的发行过多使发行银行本身遭受毁灭，而且应当严防纸币发行过多以致其充斥国家的大部分流通渠道。

国内货物的流通可分成两部分：一是商人间的彼此流通；二是商人与消费者间的流通。虽然同一货币，不论纸币或金属币，有时用于前一种流通，有时可用于后一种流通，但因两种流通经常同时进行，所以每一种都需要一定数量的某种货币来进行。商人之间流通的货物的价值，决不可能超过商人与消费者之间流通的货物的价值；凡是商人买进之物，最终都要出售给消费者。商人之间的流通一般通过批发进行，所以每一笔交易都要求大量货币。反之，商人与消费者之间的交易一般通过零售来进行，只要求小量货币，常常1先令甚至半便士就足够。但是小额流通比大额流通要快得多。1先令比1几尼更常易主，半便士又比1几尼更快。因此，消费者每年的购买在价值上至少等于商人每年的购买，但消费者每年购买所需的货币量却相对小得多。而由于流通速度较快，同一货币，用于消费者购买手段的次数要远远多于作为商人购买手段的次数。

纸币的使用可以被规定为仅限于在商人之间流通，也可推广到商人与消费者之间的大部分流通。当不发行10镑以下的银行券时，像在伦敦那样，纸币就只限于商人彼此之间的流通。消费者得到一张10镑的钞票，他一般不得不在购买5先令货物的第一家商店兑换它。所以，在消费者把这张钞票用去1/40以前，钞票早已回到商人手中。苏格兰各银行所发的钞票中有小至20先令的，在这情况下纸币的流通范围就自然推广，商人与消费者间的大部分交易使用纸币。在国会议决禁止通用10先令和5先令的钞票以前，消费者便常使用小额纸币购物。北美洲发行小至1先令的纸币，所以纸币几乎充斥了商人与消费者之间的全部流通。约克郡的纸币甚至有小到6便士的。

在允许而且普通实行发行这种小额银行券的地方，许多普通人也能够并被鼓励去开银行。普通人的5镑甚至1镑本票会被每一个人拒绝不用，但他发出的6便士本票大家却不会拒绝。这些乞丐般的银行家当然很容易破产，结果对于接受他们钞票的穷人可能引起很大的困难，甚至极大的灾难。

把全国各地银行钞票的最低面额限为5镑也许是较好的办法。这样各地银行所发的钞票大抵就会只在商人彼此间流通，像在伦敦一样。在伦敦发行的钞票的面值不得小于10镑，5镑所能购得的货物虽仅等于10镑之半，但在英格兰其他各地，人们对5镑的重视正像富有的伦敦人对10镑那样，一次花掉5镑像伦敦人一次花掉10镑那样少见。

如果纸币像伦敦那样主要在商人间流通，市面上就总会有充足的的金银。如果像苏格兰尤其是像北美洲那样，纸币的流通推广到商人与消费者间交易的大部分，它就会在国内几乎完全排斥金银币，国内商业的普通交易只会用纸币进行。苏格兰禁发5先令和10先令的钞票，曾略为缓解了市面上金银的稀缺；若再禁发20先令的钞票，也许会得到更大的缓解。听说美洲自从禁发若干种纸币以来，金银已经比较充足了。在纸币未曾发行以前，听说美洲的金银更加充足。

虽然纸币应当限于商人之间的流通，但银行和银行家仍能给予国家工商业几乎相同的援助，像纸币几乎充斥全部流通时他们所做的那样。因为商人为应付不时急需的现款本来就是只在商人之间流通的。在商人与消费者交易时，商人没有储存现款的必要，因为这种交易只会给商人带来现款，却不会从他那里取走现款。虽然银行除了商人之间流通的数额之外，不发行任何纸币，但是它部分通过贴现真实的汇票，部分通过开立现金账户贷款，仍可能解救商人的大部分困难，使之不必保留应付不时之需的现款。银行仍可以向商人提供所能正当给予的最大援助。

也许有人会说，银行发行的钞票，无论数额大小，只要私人愿意接受就应得到许可。对之加以禁止是明显地侵犯天然自由，法律的本职不是去侵犯这种自由，而是要去保护它。这种限制的确是侵犯自由之举，但是，如果少数人的自由可能危害全社会的安全，这种自由就应受到一切政府的法律制裁，无论是最民主的政府或最专制的政府皆然。法律强迫人民建筑隔墙以预防火灾蔓延，这种规定侵犯了天然的自由，但却是必要的。我们主张以法律限制银行活动，与此理无异。

纸币只要由信用坚实的人发行，可以随时不附带任何条件地兑现，那么无论从哪方面来看，它的价值都等于金银币，因为它随时可以换得金银。用这种纸币买卖任何货物，必然和用金银币所能买卖的东西一样便宜。

有人说，纸币的增加增加了全部通货量，因此必然减少它的价值，也必然抬高商品的货币价格。但是如果在通货中取走的金银币量总是等于在通货中加进的纸币数量，纸币就并不一定增加通货量。一个世纪来，苏格兰粮食价格在 1759 年达到了最低廉。那时因发行 5 先令和 10 先令的银行钞票，国内纸币多过如今。苏格兰粮食价格和英格兰粮食价格的比例，现时与苏格兰银行增多以前完全相同。在大多数时候，谷物在英格兰和在法国同样便宜，虽然在英格兰有大量纸币，而在法国则少有。在休谟发表《政治论文集》的 1751 年和 1752 年间，以及在苏格兰大量发行纸币之后不久，粮食价格上涨极其明显。但这并不是因为纸币充斥，而是因为天时恶劣。

但是由下述本票构成的纸币，情况就肯定不同：从任何方面来说，它的立即兑现或是随发行人的诚意为转移，或依存于持票人并非总有力量满足的条件；或是要多年之后才能兑现，在此期间并不支付利息。这时纸币无疑会多少跌在金银价值之下，其程度根据立即兑现的困难或不可靠性的大小，或者按照兑现期限的长短而定。

数年前，苏格兰各银行在它们的银行券上加印一个所谓的任选条款，允许向持票人用两种办法兑现，或是见票立即兑付，或是由董事们任意选择见票后 6 个月兑付，连同 6 个月的法定利息。有些银行的董事先生利用这个条款威胁持有大量银行券兑换金银币的人，要他们满足于兑现一部分，否则就要运用这一条款。当时这些苏格兰银行的本票构成苏格兰通货的绝大部分，能否兑现的不确定性必然使其价值比金银更低。在这种条款存在期间（尤其是 1762 年、1763 年和 1764 年），卡莱尔和伦敦之间实行平价汇兑，达弗里斯距卡莱尔不及 30 英里，但对伦敦的汇兑却有时要由达弗里斯贴水 4%。在卡莱尔，本票用金银币兑付，达弗里斯则用苏格兰银行钞票兑付。银行券兑换金银币的不确定性使它比金银币的价值低 4%。后来，禁止 10 先令和 5 先令银行券流通的那项议会法律，也同时禁止了这种任选条款，从而使英格兰与苏格兰之间的汇兑回到其自然汇率，即由贸易和汇兑情况自然形成的那一汇率。

约克郡竟有小至 6 便士的纸币，但持票人按规定要积到 1 几尼才可要求兑现。这个条件在持票人方面往往难于办到，故这种通货的价值也会降低到金银币的价值之下。后来国会裁决它不合法，废止了这种规定；并且像苏格兰一样，禁止发行 20 先令以下向持票人支付的一切本票。

北美洲纸币不是由银行发行的，也不能随时兑现。它由政府发行，非经若干年份不能兑现。殖民地政府虽不付持票人以任何利息，但曾宣告纸币为法定货币，须按面额价值接受和支付债务。但是即使殖民地政府非常稳固，一个地方的一般利息是 6%，100 镑钞票如果 15 年后才能支付，其价值也只是和 40 镑现金大致相当。所以，强迫债权人接受 100 镑纸币作为清偿以现金借给的 100 镑债务未免太不公平，任何以自由竞相标榜的政府大概都很少尝试。显然，就像诚实坦率的道格拉斯博士所说，这是不诚实的债务人欺骗债权人的一种勾当。1772 年宾夕法尼亚政府第一次发行纸币时，想要令纸币价值与金银相等，就通过立法规定，对出售货物时对殖民地纸币和金银币区别对待的人加以惩罚。这个法令是专横的，它也难以达到目的。一种成文法可以使 1 先令在法律上等于 1 几尼，因为它可以指使法院在债务人提出 1 先令时就免除他 1 几尼的债务。但是一项成文法却不能强迫一个出售货物的人，他有出售与否的自由。所以英格兰对这些殖民地的汇兑，100 镑有时等于 130 镑，而对另一些殖民地，100 镑却简直可以等于 1100 镑，法令虽在也无可奈何。试研究其中原因，就知道价值悬殊是因为各殖民地发出去的纸币数量极不相等，纸币兑现期限长短不一，而且兑现可能性也大小不同。

没有一种法律会比议会如下这一法令更加公平：它宣布，殖民地将来发行的一切纸币均不可以作为支付中的法定货币。这一法令却在各殖民地受到不公正的指责。

宾夕法尼亚在发行纸币时往往比我国任何其他殖民地更为慎重。据说那里的纸币从来没有降低到未发纸币以前在该殖民地流通的金银价值以下。在第一次发行纸币以前，宾夕法尼亚已提高殖民地铸币的单位面值，通过议会立法，规定英币 5 先令在该殖民地流通时可以当做 6 先令 3 便士，后又提高至 6 先令 8 便士。因此，殖民地通货 1 镑比英币 1 镑的价值低 30%以上，当这种通货变成纸币时，其价值相比英币很少低于 30%。提高铸币单位面值的原因是要使等量金属在殖民地比在母国的货币数量更大，以防止金银输出，然而，他们却不知道，殖民地铸币的单位面值提高后，由母国运来的货物的价格也必按比例提高，金银币输出还是与从前一样迅速。

每一个殖民地的纸币都能够以面额缴纳主要赋税，这就必然使它增添一些价值，超过了它实际上可预期的要在很久以后才能兑换的时值。这种增添价值的大小，要看本州发行的纸币额超过本州交纳赋税所能使用的纸币额的多少而定。纸币额在所有的殖民地各州都大大超过了这个数额。

如果君主用法律规定，他的税收的一定部分必须用某种纸币缴纳，这就可能增加这种纸币价值，即使它的最后兑现期限完全依赖其个人意志。如果发行这种纸币的银行小心翼翼地使发行量总是略低于这种用途，对它的需求甚至可能给它带来升水，即在市场上出售时所得的略超过其票面的金银币。有人就是这样来解释阿姆斯特丹银行的纸币升水，或纸币对金银币的优越性。尽管他们也说，这种纸币不能由所有者随意携出银行。大部分外国汇票须以银行纸币兑付，换言之，须在银行账簿上转账。他们说银行的董事先生们总是使银行纸币额不够应付这用途的需要数量。他们说，由于这个原因，阿姆斯特丹银行纸币出售时升水就常常比金银币价值高出 4%甚至 5%。但我们将在后面看到，阿姆斯特丹银行的账户在很大程度上非常虚幻不实。

纸币价值落到金银币价值以下并不会因此降低金银币的价值，或使等量金银币所交换的任何其他货物数量变小。在所有情况下，金银币价值与他种货物价值的比例，都并不依存于国内流通的某种纸币的性质或数量，而是依存于在特定时刻向商业世界广大市场供应金银的矿山的丰瘠程度。它依存于以下两种劳动量之间的比例：一个是将一定量的金银送往市场所必要的劳动量，另一个则是将一定量的其他货物送往市场所必要的劳动量。

如果银行被禁止发行一定数量之下的流通钞票或凭票兑现的票据，如果他们承担一经提出立即无条件兑现这种票据的义务，他们的业务就可以在其他方面自由行事，而不致妨碍社会安全。英格兰和苏格兰两地近年来银行的数目增多，许多人非常担忧。但这不会降低反而会提高公共安全。在竞争者增多的情况下，为提防同业进行恶意的挤兑，各银行必然慎重经营，所发纸币也必然要与现金额保持适当的比例。这种竞争可使各银行限在较狭小的范围内流通纸币，使流通中的纸币减少到很小的数量。全部纸币既然在许多部分分别流通，任何一家银行的失败——这必然会发生——对于公众的影响就会较小。同时，这种自由竞争又使银行对顾客的条件必须更为宽大，否则同行就肯定把顾客抢走。一般说来，如果任何商业部门或劳动分工对公众有利，那么竞争越自由越普遍，公众就总是更加有利。

第三章　论资本积累，或论生产性劳动与非生产性劳动

有一种劳动，投在劳动对象上能增加它的价值；另一种劳动却没有这种效果。前者由于可以

生产价值，可称为生产性劳动；后者可称为非生产性劳动。制造业工人的劳动一般会把维持他自身生活所需之价值与产生雇主利润的价值加到其加工的原料的价值之上。反之，仆人们的劳动则不能增加什么价值。制造业工人的工资虽由雇主付给，但事实上却并没让雇主花费什么，因为制造业工人把劳动加于劳动对象之上，劳动对象的价值就增加了，于是就偿还了工资的价值，并产生了利润。仆人的维持费却是不能收回的。雇佣许多工人是致富的方法，维持许多仆人却会致贫。但仆人的劳动也有它本身的价值，也像制造工人的劳动一样应当得到报酬。不过制造业工人的劳动可以固定，并且体现在某种劳动对象或可卖商品上，能够持续一些时候而不是立刻消失。这仿佛是把一部分劳动贮存起来，在必要时再拿出来使用。而那个劳动对象或它的价值——二者是一回事——在必要时可以推动的劳动数量就等于最初生产它的劳动量。反之，仆人的劳动却不固定也不实现在劳动对象或可卖商品上，在劳动之后会立刻消失无踪。要把它的价值保存起来供日后雇佣等量劳动之用，是很困难的。

社会上等阶层的某些人士的劳动也和仆人的劳动一样不产生任何价值，不固定或体现在任何永久性的劳动对象或可贩卖商品上，也不能保藏起来供日后雇佣等量劳动之用。例如，君主及其官吏，以及所有的海陆军就都是非生产性劳动者。他们是公仆，其生计由他人劳动年产物的一部分来维持。他们的职务，无论是怎样高贵、怎样有用和必要，也只是随生即灭，不能留到日后来获得等量的服务。他们治理国事，捍卫国家，功劳当然不小，但今年的功劳买不到明年的功劳，今年的安全也买不到明年的安全。这一类中还必须列入某种最庄严、最重要的职业，以及某些最不重要的职业。前者如牧师、律师、医师、文人；后者如演员、歌手、舞蹈家。即使是最低级的劳动也有若干价值，受到支配所有其他各种劳动的同一原则的支配。但这一类劳动中，就连最高尚最有用的劳动也不能生产什么东西，可以供日后购买等量劳动。像演员的对白，雄辩家的演说，音乐家的歌唱之类的劳动都是在生产之后随即消灭无迹的。

生产性劳动者和非生产性劳动者以及根本不劳动者同样依赖土地和劳动的年产品。这年产品不管数量多么巨大，也总有一定的限度。因此用以维持非生产性人手的部分愈大，用以维持生产性人手的部分必然愈小，从而次年生产物也必愈少。反之用以维持非生产性人手的部分愈小，用以维持生产性人手的部分必愈大，从而次年生产物也必愈多。除了土地上天然生产的物品，一切年产物都是生产性劳动的结果。

虽然一国土地和劳动的全部年产物都是用来供给国内居民消费的，以及给国内居民提供收入的，但是当它出自土地或生产性劳动者之手时，它就自然分成两个部分：一部分，常常是最大的一部分首先用来补偿资本，或更新从资本中取出来的食物、原料和制成品；另一部分，则或以利润形式成为资本所有者的收入，或以地租形式成为地主的收入。就土地生产物而言，一部分是用来补偿农场主的资本，另一部分用来支付利润，从而构成农场主的资本利润和某些其他人的土地地租。一家大工厂的生产物也同样分成两部分，一部分（往往是最大的一部分）用以偿还经营者的资本，另一部分则支付利润，构成资本所有者的收入。

用来补偿资本的那一部分年产品，从来就没有立即用以维持非生产性劳动者，而是用以维持生产性劳动者。至于一开始即指定作为利润或地租收入的部分，则可能用来维持生产性劳动者，也可能用来维持非生产性劳动者。

一个人把一部分资财当做资本，就无不希望收回这资本并赚取利润。因此他只用它来维持生产性劳动者。这部分资本首先对其所有者发挥了资本的作用，然后又构成生产性劳动者的收入。每当他用一部分资财来维持任何一种非生产性劳动者，从这一时刻起，这一部分就从他的资本中提取出来供直接消费。

非生产性劳动者和不劳动者全都要依赖收入。这里的收入可分为两项：第一，一部分年产物中一开始即被指定为某些人的地租收入或利润收入；第二，在年产物中又有一部分原是用来补偿资本和雇佣生产性劳动者的，但是到了他们手中之后，超过必要的生产资料的那一部分，可以不加区别地用来维持生产性的劳动者和非生产性的劳动者。不仅是大地主和富商，就连普通工人，在工资高的情况下也会雇上个仆人，或是偶尔看场话剧或木偶戏。这样他就拿一部分收入来维持非生产性劳动者了。而且，他也会纳一些税，从而用于维持另一部分人，这些人虽然尊贵得多，但同样是不生产的。不过按照常情，原想用来补偿资本的那部分年产物，在其完成推动生产性劳动的作用以前，决不会用来维持非生产性劳动者。工人必须先通过做工去赚得自己的工资，然后才能雇佣一部分非生产性劳动者。而且那部分工资往往只是他节省下来的有限收入，就生产性劳动者的情况来说，无论怎样也节省不了许多，虽然他们总有少量储蓄。就纳税阶层来说，这一阶级的人数较多，在某种程度上可以补偿各人纳税数量的微小。无论在什么地方，土地的地租和资本的利润都是非生产性劳动者生活的主要生活来源。这二种收入最容易节省，它们的所有者可以用它来雇佣生产者，也同样可以用来养活不事生产者。但是大体上，他们似乎特别喜欢用在后一方面。大领主的支出通常更多地用于供养游手好闲之人，而非供养勤劳之士。富商的资本虽只用来雇佣勤劳之人，但像大领主一样，他的收入也往往用来供养非生产性的人们。

我们说过，由土地和生产性劳动者生产出来的年产物一生产出来，就有一部分指定作为补偿资本的基金，还有一部分作为地租或利润的收入。我们如今又知道，无论在哪个国家，生产性劳动者与非生产性劳动者的比例在很大程度上就取决于这两部分的比例。而且，这一比例在穷国和富国又极不相同。

如今在欧洲最富裕的国家，最大部分的土地生产物往往用来补偿独立富农的资本，其余则用以支付他的利润与地主的地租。在从前封建政府林立之时，年产物的极小部分已经足够补偿耕作的资本。那时候耕作所需的资本一般不过几头老牛疲马，它们以荒地上的天然产物为食，因此也可被看做天然产物的一部分。这些牲畜一般属于地主，地主把它们借给土地耕作者。土地的其余产物或作为土地的地租，或作为这一资本的利润，当然也归地主所有。耕者大都是地主的隶农，他们的身家同样都是地主的财产。不是隶农的耕者是地主可以随意令其退租的佃户，虽然他们缴纳的地租名义上常常不过是免役租，实际上却是土地的全部生产物。领主可以随时要求他们在平时劳动，在战时去服兵役。他们虽然住得离地主较远，地位却与仆人无异。他们都须听地主支配，他们劳动的产物当然全部属于地主。现在欧洲情况大不同了。在全部土地生产物中，地租所占的比例很少超过1/3，有时还不到1/4。但从数量上来说，改良的土地的地租却大都已经增加到以往的3倍或4倍；即现今在年生产物中的1/3或1/4就相当于过去的的3倍或4倍之多。在农业日益进步的时代，地租就数量说是增加了，但就对土地生产物的比例来说则是逐渐减少了。

就欧洲各富国说，现今大量的资本都投在商业和制造业上。古代商业很少，制造业简陋，所需的资本也极少，可这些资本一定提供了极大的利润。古时利息率很少低于10%，他们的利润必定足够支付这么大的利息。现在欧洲各进步国家的利息率很少超过6%；在某些最进步的国家，利息率有时甚至低至4%、3%甚或2%。富国居民从资本利润得来的那一部分收入总是要比在穷国大得多，然而就利润与资本的比例而言，这收入就通常少得多了。

与贫国比较，富国用来补偿资本的那部分土地和劳动的年产物当然要大得多，同直接构成收入即归作地租和利润的部分相比的比例也大得多。与贫国比较，富国雇佣生产性劳动的基金也当然要大得多，但是也不仅如此。我们说过，一国的年产品除了一部分用作基金以启用生产性劳动，其余部分则说不定是用来雇佣生产性还是非生产性劳动了，但通常是用在后者上。与贫国比较，富国启用生产性劳动的资金在年产品中的比例也要大得多。

这两种不同基金之间的比例，必然决定一国人民的一般性格是勤劳还是懒惰。和二三百年前比较，我们用来维持勤劳人民的基金要比用来维待懒惰人民的基金大得多，因此我们比我们的祖先更勤劳。因为没受到勤劳的充分奖励，我们的祖先就很懒惰。俗话说，劳而无功，不如戏而无益。在资本决定一切的工商业城市，下层居民大都是勤劳、认真，其生计也是比较兴旺的。荷兰的大城市便是很好的例证。在主要依靠君主或临时驻节来维持的都市，人民的生计主要依赖国家收入的开支来维持，他们多懒惰、堕落而且贫穷。罗马、凡尔赛、贡比涅、枫丹白露是很好的例证。除了里昂、波尔多两市，法国其他议会城市的工商业都不值一说。一般下层人民的生计都依靠法院人员和来法院打官司的人的支出来维持，因此他们大多都懒惰贫穷。里昂、波尔多两市则因地势关系，商业颇为发达。无论物品是由外国输入或由沿海各地运来，里昂必然是巴黎所需物品的集散地，波尔多则为加龙河流域所产葡萄酒的集散地，这些地方是世界闻名的产酒地，出口量很大。地势如此有利，当然会吸引大量资本，而这正是这两个城市人民勤劳的原因。在其他法国城市，人们投下资本只为维持本市的消费，换言之投下的资本数量决不能超过本市所能使用的限度。巴黎、马德里、维也纳的情形也都是如此。在这三个城市中，巴黎居民要算最勤劳的，但巴黎就是本市制造品的主要销售市场；巴黎本城的消费者就是一切营业的主要对象。欧洲只有伦敦、里斯本和哥本哈根这三个城市既为宫廷所在地，又可视为工商要地，既为本市消费而营业，又为外地及外国消费而营业。这三个城市所处的位置都适合作为大部分远方消费物品的集散地点，都很有利。但在一个花费大量国家收入的城市，除了把资本用于供应本地的消费外，就有利地使用资本这一点而言，并不像在下层人民生计专靠运用资本来维持的工商大城市那么容易。靠花费国家收入来维持生活的大部分人们游手好闲惯了，一些应该勤勉作事的人也不免受到侵蚀。所以在这地方使用资本自然比在其他地方不利。英格兰和苏格兰未联合之前，爱丁堡的工商业很不发达。后来苏格兰议会迁移了，有些王公贵族不住在那里，那里才稍稍有了一些工商业。但苏格兰的大法院、税务机关等未曾迁移，所以仍花费了不少国家收入。因此就工商业说，爱丁堡不及格拉斯哥，因为后者居民的生计大都依靠资本的运用。有时我们也看到，在制造业方面很有进展的大村镇居民，往往由于大领主定居于此而变得懒惰和贫困。

无论在什么地方，资本与收入的比例似乎都支配勤劳之人与懒惰者的比例。资本占优势的地方人多勤劳，收入占优势的地方人多懒惰。因此，资本的每一次增加或者减少，自然会使实际劳动数量、生产性劳动者的人数增加或者减少，从而使一国土地和劳动年产物的交换价值增加或者减少，一国人民的真实财富与收入也随之增加或者减少。

资本由于节俭而增加，由于奢侈与行为不当而减少。一个人节省了多少收入就增加了多少资本。他可以用这个增多的资本来雇佣更多的生产性劳动者，也可以有利息地借给别人，使其能雇佣更多的生产性劳动者。个人的资本既然只能由节省每年收入或每年利益而增加，由个人构成的社会的资本也就只能由这同一个方法增加。

资本增加的直接原因是节俭而非勤劳。诚然，勤劳提供了节俭可以积累的东西。但是不管勤劳能得到什么，如果没有节俭，就会有所得而无保留，资本就决无可能增加。

节俭增加了维持生产性劳动者的基金，从而增加了生产性劳动者的人数。所以节俭又会倾向于增加一国土地和劳动的年产物的交换价值。节俭推动了更大的劳动量，而后者又可以增加年产物的价值。

每年节省下来的东西经常被消费掉，而且几乎是同时被消费掉。富人每年花费的收入大都被懒惰的客人和仆人消费掉了，消费完了也没有什么报偿留下。至于每年节省下来为了博取利润而直接转化为资本的部分，也几乎同时被人消费掉，但消费的人是劳动者、制造工人与技工，他们再生产他们每年消费掉的价值，并提供利润。现在假定他的收入都是货币，如果他把它全部花掉，用全部收入购买食品、衣服和住所，就是分配给前一种人。如果节省的一部分因为图利而直接转作资本，资本所有者亲自投用，或借给别人投用，那么由这节省部分购得的食品、衣料和住所就将分配给后一种人。消费一样，但消费者却不同。

节俭者每年所省的收入不但可在近期内供养若干更多的生产性劳动者，他还好像工厂的创办人一样建立了一种永久性基金，将来随便什么时候都可维持同样多的生产性劳动者。这种基金如何分派？将用到什么地方？关于这些统统没有法律予以保障，也没有信托契约或永远营业证书加以规定，不过它总是受到一个强大原理的保障：所有者清楚明白的个人利益。它的任何部分都必须而且只能用于维持生产性劳动者，而滥用该基金者必将遭到明显的损失。

奢侈者不量入为出，结果侵蚀了资本。就像一个把某种敬神基金的收入转做渎神之用的人一样，他用父辈节省下来用来供养勤劳者的基金拿来豢养许多游手好闲之人。由于雇佣生产性劳动的基金减少了，所雇佣的能增加物品价值的劳动量必然减少。全国的土地和劳动的年生产物的价值因此减少，全国居民的真实财富和收入也必然减少。奢侈者夺取勤劳者的面包来豢养懒惰者。如果另一部分人的节俭不足抵偿这一部分人的奢侈，奢侈者之所为就不但会陷他自身于贫穷，也将陷全国于穷困之中。

纵使奢侈者的支出全是国产商品而并非外国货，它对社会的生产基金的影响也是一样。每年总有一定数量的本来应该用来维持生产性劳动者的食品和衣服，用在了维持非生产性劳动者身上。

因此，每年一国生产品的价值仍然不免少于所应有的价值。

有人认为，这种花费并未用来购买外国货，没有造成金银币的输出，同量的货币仍然会像从前一样留在本国。但是如果这样由非生产性劳动者消费的食物和衣服总量被分配给生产性劳动者，他们就不仅可以再生产出他们消费掉的全部价值，此外还有利润。在这种情况下，同量的货币同样会留在国内，另外还有同等价值的消费品的再生产。这样最终就会有两个价值，而不是一个。

此外，在一个年产物减少的国家，同量的货币不可能长久地留在国内。货币的唯一用途，就是使消费品流通。通过它，食品、原料与制成品才可实行买卖，分配给正当的消费者。因此，每年能在任何一国使用的货币数量，一定是由每年在该国流通的消费品的价值决定的。这些消费品或是本国土地和劳动的直接产物，或是用本国生产物购来的物品。因此，当这种直接产物的价值减少时，每年在国内流通的消费品的价值也必将减少，用来使之流通的货币数量也就减少。货币因生产物逐年减少而被逐出国内流通领域，但决不会闲置。出于个人利益，货币所有者决不愿自己的货币放着不用。国内没有用途，他就会不顾法律禁令而送往外国，用来购买国内有用的各种消费物品。每年的货币输出将在一定期间内继续，使国内人民每年的消费额超过他们本国年产物的价值。国家在繁荣时代从年产物中储存的用来购买金银的东西，会有助于在短时期内支持这种逆境中的消费。但此时金银输出不是国家衰落的原因，而是它的结果。实际上，这种输出甚至可以暂时减轻这种衰落的痛苦。

反之，一国年产物的价值增加时，货币量也自然增加。每年在国内流通的消费品价值增加了，要求用来使之流通的货币数量也就大一些。因此有一部分增加的生产物必定会被用来在有金银的地方购买额外数量的金银，以供流通之用。贵重金属的增加只是社会繁荣的结果，而不是其原因。购买金银的方式到处都一样，从矿山掘出再运到市集上总需要一定数量的劳动和资本。为这事业而投资的人必须需要一定数量的关于衣、食、住的供给，除此之外他必须得到一定数量的收入，这即是购买金银的价格。在英格兰和在秘鲁购买金银都是这样。只要出得起这个价格，需要金银的国家就不会担心长久缺乏所需的金银，不需要的金银量也不会长久留在国内。

明白合理的观点认为，构成一国真实财富与收入的是一国劳动和土地的年产物的价值，而通俗的看法则认为，构成一国真实财富与收入的是国内的贵重金属量。不过，所有观点都认为，奢侈是公众的敌人，节俭是社会的恩人。

我们现在讨论行为不当。行为不当的结果和奢侈相同。对于雇佣生产性劳动的基金来说，农业、矿业、渔业、商业以及工业上一切不谨慎、无成功希望的计划都同样会使之减少。当然投在这种计划上的资本也只能由生产性劳动者消费，但由于使用者的不适当，他们消费的价值就不能充分得到再生产，与使用适当的情况比较，总不免减少社会生产基金。

幸而对大国来说，个人的奢侈与行为不当不能有多大影响，因为另一部分人的俭朴或慎重总能够抵消这一部分人的行为结果而仍有余。

就奢侈而言，一个人浪费，当然因为他有追求及时享乐的欲望。这种欲望之热烈有时简直难于抑制，但一般说来又总是暂时的和偶然的。然而一个人节俭的动力则是改善自身状况的愿望，这愿望虽是冷静的、沉着的，但却是我们从生至死从没一刻放弃过的愿望。我们一生到死，对于自身地位，几乎没有一个人会有一刻觉得完全满意，因而不求进步、不想改善。一般人都觉得，增加财产是最通俗、最明显的必要手段。而增加财产的最适当方法就是在常年的收入或特殊的收入中节省一部分加以积蓄。虽然每个人都不免有时有浪费的欲望，并且有一种人无时不有这种欲望，但就大多数人的一生平均来看，节俭的心理不仅常占优势，而且大占优势。

就行为不当而言，无论哪里，慎重和成功的事业总占极多数，不慎重、不成功的事业总占极少数。我们常常抱怨破产事件的发生，但在无数经营商业的人中，失败的总是全数中的极小部分，也许不到千分之一。对于一个清白的人，破产也许是最大和最难堪的灾祸，大多数人都着意避免之。当然也有人不知道避免它，就像有人不知道避开绞刑架一样。

大国固然不会因私人奢侈或行为不当而贫穷，但政府的浪费与行为不当却可使国家穷困。许多国家全部或几乎全部的公共收入都是用来维持不生产者。朝廷上的王公大臣、教会中的牧师神父就是这类人。海陆军亦然，他们在平时既无生产，在战时也得不到物品来补偿他们的维持费。这些人自己不事生产，不得不依赖别人劳动的产物。如果他们人数增加到不应有的数额，他们可能在某一年消费掉的产物过多，以致反无足够余量来维持能在次年有所再生产的生产性劳动者。于是下一年的再生产一定不及上一年。如果这种混乱情形继续下去，第三年的再生产又一定不及第二年。那些只应拿人民的一部分剩余收入来维持的不生产者可能消费了人民全部收入的这样大的部分，从而使这么多人民不得不侵蚀他们的资本，即用来维持生产性劳动的基金，以致个人不论如何节俭慎重，也照样无法补偿如此巨大的浪费。

然而，就经验来看，在大多数情况下个人的节俭和慎重似乎不仅可以补偿个人的奢侈和行为不当，而且可以补偿政府的浪费。每个人改善自身境况的连续不断的长期努力是社会财富、国民财富以及私人财富所赖以产生的重大因素。这不断的努力，常常强大得足以战胜政府的浪费，足以挽救行政的大错，使事情日趋改善。这就像人间虽有各种疾病和庸医的荒唐处方，人身上却仿佛总是有一种莫名其妙的力量，可以战胜困难，恢复原来的健康和精力。

增加一国土地和劳动的年产物的价值有两种方式：或者增加生产性劳动者的数目，或者提高受雇劳动者的生产力。要增加生产性劳动者的数目，必先增加资本，增加维持生产性劳动者的基金。要增加同数受雇劳动者的生产力，唯有增加那便利劳动、缩减劳动的机械和工具，或者把它们改良。不然就要使工作的分配更为适当，但无论怎样都要有更多的资本。要改良机器，少不了增加资本；要改良工作的分配，也少不了增加资本。把工作分成许多部分，使每个工人一直专做一种工作，比由一个人兼任各种工作，定须增加不少资本。我们如果比较同一国之不同时代，如果发现那里的土地和劳动的年产物后代比前代更多了，其土地耕作状况进步了，工业扩大了、繁盛了，商业推广了，我们就可断言，这国的资本在这两个时代之间必定增加了不少，一部分人民的节俭和慎重所增加于资本的数额，一定是多于另一部分人民的行为不当和政府的浪费所侵蚀了的资本的数额。不过我们会发现，在所有安宁和平的年代，所有国家情况都是如此，即使政府并不节俭慎重。要正确判定这种进步，我们不应比较两个相距太近的时代。进步并非显而易见。如果时代太近，改良就不显眼了。而且，由于某种产业的凋零或某一地方的衰落，即使国家已经普遍改良了，我们往往也会怀疑全国的财富与产业都在退步。

较之100年前查理二世复辟时代，现在英格兰土地和劳动的年产物当然是多得多了。现在对此表示怀疑的人固然不多，但在这100年时间内，几乎每隔五年即有几本书或小册子出现，它们说英格兰的国家财富正在锐减，人口减少，农业退步，工业凋零，贸易衰落。这类书籍并不全是党派的宣传品，也不是欺诈和见利忘义的产物。它们有许多出自极诚实、极聪明的学者之手，他们只写自己相信之事，只因为深信才会下笔。

此外，查理二世复辟时代英格兰土地和劳动的年产物，比200年前伊丽莎白即位时必定多得多了，和300年前约克与兰克斯特争胜时代末期比较，伊丽莎白时代英格兰的年产物必又多得多了。再往上溯，约克家族与兰克斯特家族争雄时代当然胜于诺曼征服的时代，而诺曼征服的时代又胜于撒克逊七国混乱时代。这时的英格兰当然不能说是一个先进的国家，但与尤利乌斯·恺撒侵略时代比较已算是很大的进步，因为那时英格兰居民的状况几乎等同于北美野蛮人。

在这各个时期中，私人和政府都有很多浪费，而且发生了多次所费甚巨的无谓战争，用来维持生产者的年产物许多被用来维持不生产者。我们可以假定，有时在一片混乱的国家里，这种对资本的破坏不仅妨碍财富的自然蓄积（实际上也的确是如此），而且也使国家在这时期之末陷于比起初更为贫困的境地。查理二世复辟以后的英格兰算是最幸福最富裕的了，但那时又有多少骚乱和不幸事件发生啊。如果可以预见到，那时的人们一定会担心英格兰不仅要陷于贫困，而且恐怕还要全部毁灭。想想看，伦敦大火与大疫，两次英荷战争，对爱尔兰的战争，1688年、1702年、1742年和1756年四次对法耗费巨大的大战，再有1715年和1745年两次叛乱。单就四次英法大战的结果来说，英格兰欠下来的债务就在1.45亿镑以上；加上战争所引起的各种特殊支出，总共恐怕不下两亿。自革命以来，我国年产物就常有这样大的部分用来维持非常多的不生产者。假使当时没有战争，当做那些用费的大部分资本就会用来雇佣生产性劳动者。如果生产性劳动者既能再生产他们消费的全部价值又能提供利润，我国土地和劳动的年产物的价值每年的增加就可以想见了，更何况每一年的增加又必能使下一年的增加更为增长。如果没有战争，当时建造起来的房屋一定更多，改良的土地一定更广大，已改良土地的耕作一定更加完善，制造业一定增多，已有的制造业将更为扩大。至于国民真实财富与收入将会达到怎样的程度，也许会超出我们的想象。

政府的浪费虽无疑阻碍了英格兰在财富与改良方面的自然发展，但也并未使它停止发展。与复辟时代比较，现在英格兰土地和劳动的年生产物是多得多了，比革命时代也是多得多。英格兰每年用以耕作土地维持农业劳动的资本也一定比过去多得多了。一方面虽有政府的横征暴敛，另一方面却也有无数个人在那里努力改善自己的处境，慎重地不动声色地节俭，一步一步地把资本累积起来。正是这种努力在法律的保障和自由许可之下通过最有利的方式发展起来，使英格兰几乎在过去一切时代都能日趋富裕和进步，我们希望在未来时代也会如此。可是，英格兰从来没有过很节俭的政府，因此居民也没有节俭的特性。由此可见，英格兰的王公大臣们倡言监督私人经济，要通过节俭法令或禁止外国奢侈品输入来限制他们的开支，实在是最放肆最专横之举。他们不知道自己从来就都是社会最大的败家子。请他们好好注意自己的开支吧，他们大可放心，私人会注意他自己的开支的。如果他们的浪费不会使国家灭亡，人民的浪费也绝对不会。

节俭增加社会资本，浪费减少社会资本，而花费等于收入的人，即不蓄积资本也不蚕食资本的人的行为既不增加资本，也不减少资本。不过，在各种花费方法中，有些方法比其他方式更加有助于公共财富的增长。

个人的收入可以用来购买即时消费掉的、无法减轻或支持另一天开支的东西，也可以用来购买比较耐久、可以蓄积、每天的支出可以减轻或支持下一天支出的东西。有些富翁可以将其收入用于奢华挥霍的宴席、养着大量的仆从或犬马，也可以满足于粗茶淡饭和少量仆从，而将大部分开支用于其住宅与乡间别墅，用于实用或装饰性的建筑与家具，用于收藏书画雕刻，或用于珠宝、玩具、各种奇妙的小玩意儿等琐碎之物。还有人喜欢聚积衣物，就如数年前逝世的某国王的宠臣那样。如果两人财产相当，一个人用其大部分收入来购买比较耐久的商品，另一个则用其大部分收入购买即用的消费品。前者境况必能日渐改进，其今日的费用多少可以增进明日费用的效果。后者的境况却不会比原先更好。前者最后将会比后者更富，因为他有若干货物留存，虽然其价值已经比不上当时花费，但多少总有价值；而后者的花费就连痕迹也没留下来，10年或20年浪费的结果就是两手空空，好像什么都不曾存在一般。

对个人财富有益的消费方式也对国民财富有益。富人的房屋、家具、衣服转瞬即可变成对下层人民和中等人民有用之物。在上等阶级玩厌了的时候，中下阶级的人民可以把它们买来，所以在富人一般都是这样使用钱财的时候，全体人民的一般生活状况也就逐渐得到改进。在一个富裕已久的国家，下层人民往往占有大厦，使用上等家具，可是他们不可能自己出资建造大厦，也不能自己定制上等家具。往日西摩家族邸宅，现今已经成为巴斯道上的旅店；而詹姆士一世的婚床，几年前已经陈列在敦弗林的酒店变成装饰品，虽然那是皇后从丹麦带来的嫁妆，邻国通婚的礼物。在有些无进步也无退步，或已稍稍没落的古城，我们有时可发现，几乎没有一所房屋是为如今住家而建的。如果你进里面去，还可见到许多陈旧却仍然精美适用的家具，它们也绝不可能是专为他们定制的。王宫别墅、书籍图画，以及各种珍奇物品，常常不仅是当地而且也是所在国家的光荣与装饰。凡尔赛宫是法兰西的装饰和光荣，斯托威和威尔登则是英格兰的。意大利仍然以拥有这种纪念物的数量而受人尊敬，尽管创造它们的财富已经凋敝，设计它们的天才似乎也已湮没无存（也许因为没有用处）。

把收入花费在比较耐久的物品上不仅较有利于积蓄，而且有利于节俭。如果一个人在这方面花费得过多，他很容易改正，而不致遭受社会讥评。如果突然大大减少仆从，饮食由铺张改为节约，拆除原来的艳丽陈设，这样的变化不免为邻人共见，无异于承认自己往昔劣行。除非由于破产与毁灭所迫，像这样花费的人很少有勇气改变习惯。如果他在任何时间发现自己在添置房屋、家具、书籍或图画方面开销过大而改弦易辙，别人也不会说他过去不够审慎。因为这类物品开支以后就无需再行购置。在别人看来，他改变习性似乎并不是财力不济，而是已经兴味索然。

一般说来，花在耐用商品上的钱要比用在奢侈招待上的钱财维持更多人的花费。有时一次晚宴就可能耗费二三百镑食物，可能其中的一半都要倒进垃圾堆，成为巨大的浪费。但如果用这宴会的花费来雇佣泥水匠、木工、装饰工与机械师等人，这钱就会在更多人之中分配，工人们将一便士一便士、一镑一镑地购买食物，一点也不会浪费。此外，一种花费用以维持生产者，它能增加一国土地和劳动的年产物的交换价值；另一种花费则用以维持不生产者，就不能增加一国土地和劳动的年产物的交换价值。

但是，读者不要以为，将开支用于耐用品就是良好行为，而用于待客就是恶劣之举。一个富人把他的收入主要用于款待宾客时，他即是在同其友伴分享其大部分财富；但是当他用这财富来购买耐用商品之时，他就是将其用于一身，不会将其无代价地给予他人。因此，后一种的花费，特别是用于购珠宝、衣饰等等琐细东西的花费，就常常表现出一种卑微的自私性格。我上面的意思不过是说，花费于耐久物品可以有助于有价值商品的蓄积，所以也能鼓励私人的节俭习惯，也就比较有利于社会资本的增长。由于它所维持的是生产者而非不生产者，所以也就更加有利于国民财富的增长。

第四章　论贷出取息的资财

出贷人总是将贷出取息的资财视作自己的资本，希望到时就能收回，并希望借款者支付一定的年租作为使用的价格。这样的一笔资财，在借用人手里既可以是资本，也可充作当前消费的资财。如果用作资本，就是用来维持生产性劳动，再生产价值，提供利润。在这情况下，他不用花费或侵蚀任何其他收入的资源便能偿还该资本及其利息。如果用作眼前消费的资财，他就成为浪费者，他夺去了维持勤劳者的基金，来维持惰民的生活。除非他侵占某种收入的资源如地产或地租，否则他就无法偿还资本，支付利息。

毫无疑问，贷出取息的资财有时可以用作这两种用途，但以用在前者的为多。借钱挥霍的人难以持久，债主们事后也会为自己的见事不明而悔恨不已。除非对于高利贷者，这样的借贷对双方都绝不是好事。天下之大，这样的事情固不能全免，可是人无不自利，我们可以相信它不会如我们所想象的那样常见。找一个谨慎的富人，问他愿以大部分资财贷给谋利的人，还是浪费的人？他会笑话你问了这样一个显而易见的问题。即使是在不以节俭著名的借债人中间，节俭者终究也要多于奢侈者，勤劳的人也总比懒惰的多得多。

只有乡绅借了钱只为花费而不为用来谋利息。乡绅借款通常有财产作为抵押，他借来的钱款经常不是用来生财。但就连乡绅借钱也并非全为了花费。借款往往早在未借之前就已挥霍一空。他们日常的开销多是向商人与店主赊购，以致不得不用有息款项来还清账目。乡绅们所借的资本实是用来填补商店老板的资本亏空，他们所收的地租不够抵偿，便需大借外债。这时他借钱并不是为花费，而为补足先前已经消耗的资本。

几乎所有的生息的贷款都是以或纸币、或金银的货币形式借出，但借用人所需要而债权人所供给的实际上不是货币而是货币的价值，换言之是货币所能购买的货物。如果他所要求的是消费型的资财，那么他所借贷的便是能够即时消费的货物。如果他所要求的是兴家立业的资本，他所借贷的便是劳动所必需的工具、资料与食品。借贷这件事实际就是债权人把自己一部分土地和劳动的年产品的使用权出让给借用人，听其使用。

因此，在任何国家，能够生息的资财或通常所谓的资产数量并不是由货币（纸币与铸币）决定的。货币只是充当该国借贷的手段而已。资财的数量是由特定部分的年产品价值决定的。当这年产品从土地或从生产性劳动者手中生产出来时，它就被指定当做资本使用，并且也是其所有者不愿麻烦自己来运用的资本。由于该资本通常都是以货币贷出并偿还，它就构成了所谓的货币权益，它不同于土地权益，也不同于贸易与制造业权益：在上述的后两种情况下，所有者都是自行运用自己的资本的。但是，即使在货币权益方面，货币也不过像一张让与的契约，A把无意自用的资本转让给B。和作为转让手段的货币的数量相比，这样转让的资财不知大出多少倍。同一枚铸币或同一张纸币可作许多次的购买，也可连续作许多次的借贷。A借1000镑给B，B马上用它买了C手上值1000镑的货物。C不需货币，于是这1000镑又借给D，而D又立即用这1000镑和E交易，购进值1000镑的货物。E同样不需要货币，这1000镑又被借给F，F再立即向G购1000

镑货物。这样一来，同一货币（铸币或纸币）在几天之内已经充当了三次借贷和购买的手段。每一次的交易都和这笔货币总额等值，都等于这种购买力。这三个有钱人所贷出的资财，等于这笔货币所能购买的货物的价值，这三次借贷所借出的资财，其实3倍于购买所用的货币的价值。如果债务人所购的货物应用适当，能在相当期间偿还所借的价值及其利息，这种借贷就十分可靠。就如同同一货币能这样充当其价值3倍甚至30倍贷款的手段一样，它也可以连续充当偿还债务的手段。

用这种方式贷出资本以求利息，可以看做债权人以一定部分的年产品让与借用人。条件是借用人须在借用期内取出一部分的年生产品让与债权人，这一回报便是付息。在借款期满后，又以与原来债权人让给他的那部分年产品相等的价值让与债权人，称作还本。在转让这较小部分和较大部分的情况下，货币虽然都作为转让证，但和其所让与的东西完全不同。

一旦从土地生出或从生产性劳动者手上造出即被指定用作补偿资本的那一部分年产品增加了，则所谓货币权益也自然随而增加。资本总体上增加了，所有者无意自留使用但指望从中取得某一种收入的资本也必增加。换言之，总资财增加了，贷出生息的资财也必逐渐增加。

借出以求利息的资财增加了，使用这种资财所必须支付的价格即利息必然降低。其原因并非只是商品多则价低这个一般原因，此外我们还可找出几个特殊的原因。首先，一国的资本增加了，投资的利润相应地减少。要想找出一种在国内投资并取利的方法将越来越困难。资本间的竞争就这样发生了，资本所有者往往互相倾轧，努力排挤原先的投资人。但要如此的话，他自己也只得降低条件，不但要低价售出，有时还甚至不得不高价购入。其次，用以支持生产性劳动的资金成本既已上升，对生产性劳动的需求也势必与日俱增。劳动者不愁没有工作，资本家却担心没有工人可用。他们的竞争提高了劳动的工资，降低了资本的利润。但是当因使用资本而造成的利润减少时，为使用资本而付给的代价即利息率也必然随之减少。

洛克、劳氏、孟德斯鸠以及许多别的学者都以为，由于西属西印度的发现而导致的金银数量的增加是造成欧洲大部分地区利息降低的真实原因。他们认为这两种金属本身的价值减少了，它们特定部分在使用中便也只能具有较小的价值。这个观点似是而非。休谟已经充分揭露了这个错误，我们或许不必再作解释。但下面的简要议论或者可以进一步说明迷惑了这几位先生的谬见。

西属西印度发现以前，欧洲大部分地区的普通利息率好像是10％。从那时候起，各国的普通利息率开始下降，现在已降到6％、5％、4％甚至3％。我们且假定某一国银价的降低同这一国中利息率的降低成某一比例。例如在利息率由10％减至5％的地方，现在用等量的银所能购买的货物量，只等于从前的一半。这种假设是否属实？我相信决非如此，但这种假设对我现今要考察的那种学说却十分有利。但即使根据这个假设，我们也决不能推出结论说，银的价值的降低会多少减少利息率。假若现今100镑的价值只等于昔日50镑的价值，则今日10镑的价值也只等于昔日5镑的价值。无论减少资本价值的原因为何，这同一原因也必会减少利息的价值，并且是按照同一比例。资本价值与利息价值的比例不变，利息率就也不会变。如果利息率真有变化，这两个价值之间的比例就不能不变。如果现今100镑的价值，只等于昔日50镑的价值，那么现今5镑的价值，也只等于昔日2.5镑的价值。在资本价值折剩一半的时候，若利息率由10％减至5％，则就使用资本所付的利息的价值而言，就只剩从前利息价值的1/4了。

白银数量增加，而靠白银流通的商品数量却没有增加，结果只能是白银价值减少。这时各种商品的名义价值会大一些，而真实价值却是依旧。它们可换得较多的银，但它们所能支配的劳动量，所能维持和雇佣的劳动者人数一定依旧。移转等量资本由A到B所需要的银量可能增加了，但资本却没有增加。那转让证像委托书一样变得冗长累赘，但那所让与的物品却同从前无二，只能带来同样的效果。支持生产性劳动的基金既然依旧，对生产性劳动的需求自然依旧。生产性劳动的价格或工资，名义上虽是增大了，实际上却是没有变动。以所付的银量计算工资虽是加大了，以所能购买的货物量计工资却是依旧。资本的利润却不同。资本利润，不由所得银量的多寡计算。计算利润的时候，我们只计算所得银量与所投资本的比例。例如，在某一国家，普通劳动工资为每周5先令，普通资本利润为10％。但国内所有的资本既一如从前，分占这所有资本的国内各人的资本的竞争也必一如从前。运用这些不同资本的有利或不利也全然相同。

因此资本对利润的一般比例照旧，而货币的一般利息亦然。使用货币一般所能支付的利息，必然受使用货币一般所得利润的支配。

在国内流通界货币量不变的情况下，国内每年流通的商品量的增加，在货币价值提高的结果外，还会引起其它重要后果。一国资本名义上虽然没变，实际上却已增加。它可能仍继续由同量货币表示，却支配着更大的劳动量。它所能支持和雇佣的生产性劳动量增加了，劳动的需求因此也增加。工资自将随劳动需求的增加而提高，可是表面却可能是下跌的情形。这时劳动者所得作为工资的货币的数量可能少于以前，但现今这较少的货币所能购得的物品的数量却多于从前较多货币所能购买的物品数量。可资本的利润无论在实际上和名义上都会减少。国内所有的资本总量既已增加，资本间的竞争也自然增加，他们就不得不满足于各自所启用劳动的产品的较小部分。货币的利息总是与资本的利润一样变化，货币的价值或者一定量货币所能购买的物品量虽然大增，但货币的利息仍然可能大减。

有些国家的法律禁止货币的利息。但由于在任何地方使用资本都会取得利润，所以在任何地方使用资本都应有利息为酬。经验告诉我们，这种法律不但不能遏制重利盘剥的罪恶，反会鼓励它：因为债务人不但要支付使用货币的报酬，而且他还要对债权人冒险接受这种报酬支付另一笔费用，或者可以说，要给债权人保险，使其不受对重利盘剥所作的惩罚。

在允许收取利息的国家，为了禁止重利盘剥，往往立法规定最高的利息率。这个最高利息率总要稍微高于最低市场利息率，即那些能够提供绝对可靠担保品的借款人借用货币时通常所付的价格。这个法定利息率不能低于最低市场利息率，否则将无异于全然禁止放债取利。如果取得的报酬少于货币使用之所值，则债权人便不肯借钱出去，所以债务人得为债权人冒险接受货币使用之所值而再支付一笔费用。如果法定利息率恰等于最低市场利息率，则一般没有稳妥担保物的人便不能从遵守国法的诚实人那里借到钱，而只好受高利贷者的盘剥。在如今大不列颠这样的国家，贷款给政府的年息为 3%，贷款给有稳当担保的私人则为年息 4%或 4.5%。因此现行法定利息规定 5%或许最为适当。

必须注意的是，法定利息率虽应略高于最低市场利息率，也不应高出过多。如果英格兰法定的利息率规定为 8%或 10%，就会有大部分可以供贷出的货币流入挥霍者和投机分子的手中，因为只有这一类人愿意出这样高的利息。诚实人只能从使用货币所获的利润中取出一部分作为使用货币的报酬，当然不敢参与和这些人的竞争。这样一国的资本中将有大部分离开诚实的人，流入浪费者手中，结果只是浪费和破坏资本。反之，在法定利息率仅略高于最低市场利息率的情况下，有钱出借的都宁愿借给诚实人，不愿借给浪费者和投机家。因为借给诚实人所得的利息和借给浪费者所收取的利息几乎相同，而钱在诚实人手上自然更为稳妥。这样一来，国家的资本大部分就会掌握在最可能有益地使用它的人们手中了。

没有任何法律能把利息降到低于当时最低普通市场利息率。1766 年，法兰西的国王曾经规定利息率须由 5%减至 4%，但人民通过各种方法规避这法律，法国民间利息率仍然保持为 5%。

应当指出，土地的普通市场价格在各地都由普通市场利息率决定。有些拥有资本的人不愿意自己亲自使用资本，又希望从中得到一种收入，就会反复盘算究竟该购置土地，还是将其贷出生息。土地财产是极稳当可靠的，此外一般还有几种别的好处。比较起来，把钱贷给别人收取利息，所得虽然更多，但他却通常宁愿获得购买土地所得的较少收入。这些好处可以抵消一定的收入差额，但也只是如此而已。如果土地地租远不如货币利息丰厚，那就不会有谁愿意购买土地，土地的普通价格必然因此下降。反之，如果这些好处抵偿这差额后还有余，那就谁都宁愿购买土地，土地普通价格就会提高。在利息率为 10%时，土地售价常为年租的 10 倍或 12 倍。利息率减至 6%、5%、4%时，土地售价就上升到年租的 20 倍、25 倍直至 30 倍。法国市场利息率高于英格兰，法国土地的普通价格则低于英格兰。英格兰土地售价经常是年租的 30 倍，而法国土地则是 20 倍。

第五章　论资本的各种用途

所有的资本都是用以支持生产性劳动的，但等量资本所能推动的生产性劳动量，从而对一国土地和劳动的年产品所能增加的价值，也按照资本的用途而大大不同。

资本有四种不同用途。第一，用以生产或获取社会上每年所须使用和消费的天然产品；第二，用以制造和加工这些天然产品，以应付使用和消费；第三，用以将天然产品或者制造品从有余的地区运往缺乏这类产品的地区；第四，将一定部分的天然产品或者制造品分割成为较小的部分，以便适应需求者的临时需要。第一种用法是经营农业、矿业、渔业的人的用法；第二种用法是制造业主的用法；第三种用法是批发商人的用法，第四种用法是零售商人的用法。很难设想，还有什么用法不能归入这四种用法之中。

这四种方法关系密切，缺一种则其他三种不能独存或扩大，对于社会普通福利来说，它们也是缺一不可的。

若没有资本所提供的相当丰富的天然产品，任何制造业和商业恐怕都不能存在。

天然产品有一部分往往要加工制造后才适于使用或消费。假设没有资本投入制造业中对它进行加工，这一部分的产品永远没有被生产出来的机会，因为没有人需要它。如果它是天然生长的，不经过制造也就不会有任何价值，不能增加社会财富。

天然产品及制造品富饶的地方需要资本，以将物品从数量有余的地方运往缺乏的地方。假设没有这种投在运输业中的资本，这种运输便不可能，于是它们的生产量便不能超过本地消费的需要。批发商人的资本使一地剩余生产品与另外地方的剩余产品交换，结果是既鼓励了产业，又促进了两地的消费。

零售业也需要资本，以便把大批天然产品和制造品分成小的部分，从而满足需要者的一时所需，否则所有人都要将所需的货物大量购进。如果没有屠户，大家就非一次购买整牛整羊不可。富人必然感觉不便，穷人则大受困苦。贫穷劳动者如果要勉强一次购买一个月或半年的粮食，那他就必须将其资本的很大部分用为资财，以供应目前的消费，这中间一定有一部分原本可以提供收入的部分被迫变得无法提供收入；产业所需的工具，店铺内的家具，都被迫减少。对这种人来说，最方便的办法是在需要生活品的时候，能够在那一天甚至在那一小时内购进。这样他可以把差不多所有的资财用作资本，所能提供的工作的价值便得到扩大，而他以此所获的利润，也将足以在抵去零售商的利润对货物价格所增加的数目以后而仍有剩余。有些政论家对商店老板抱有成见，这完全没有道理。零售商增多，相互之间或许互有妨害，却丝毫无损于社会。所以不需要对他们课税，也不必限制他们的人数。例如某一城市及其邻近地带对于杂货的需求限制着该市所能售出的杂货量，因此可供投入杂货商业的资本，决不可能超过足以购买这数量杂货所必需的数额。这种有限的资本，如果分归两个杂货商人经营，这两人间的竞争，会使双方把售价都压到比一个人独营的情况下更低的水平。如果分归 20 个杂货商人经营，他们间的竞争将更加剧烈，而他们结合起来抬高价格的可能性则更微不足道。他们的竞争也许会使他们中一些人破产，但那是他们自己的事，可以随他们自己处理。因为这不会妨害消费者，也不会妨害生产者。较之商业只掌握在一两个人之手的情形，现在零售商人多了，只好贵买而贱卖。他们中也许有人会诱骗顾客购买自己根本不需要的货物。不过这种害处太小，根本不值得公众注意。限制他们的人数不一定能根治此弊端。最显著的例子就是社会上有饮酒的风尚并非因为市场上有许多售酒的店铺，而是由于其他原因，社会上饮酒成为风习，市场上才出现了许多酒店。

把资本投在这四种用途上的人都是生产性劳动者；如果使用得当，他们的劳动就可以固定而且实现在劳动对象或可卖物品上，至少也可把维持他们自身和被他们自身消费掉的价值加在劳动对象或可卖物品的价格上。农场主、制造业主、批发商人、零售商人的利润，都来自前两者所生产及后两者所售卖的货物的价格。不过，在这四种不同的用途上，等量资本所直接推动的生产性劳动量却不相同，对于所属社会土地和劳动的年产品所增加的价值的比例也不相同。

零售商向批发商购货，从而补偿了批发商的资本，并给他带来利润，使批发商得以继续他的事业。零售商的资本雇佣了他自己这个唯一的生产性劳动者，其利润就是这项资本的使用在社会的土地和劳动的年产品上面所增加的价值。

批发商的资本补偿了他所购买的天然产品和制造品的农场主和制造业主的资本，这一补偿连同后者的利润，使他们能继续其事业。批发商间接维持社会的生产性劳动，增加社会年产品价值，这是他的主要方法。他的资本同时雇佣了运输货物的水手搬运工，资本在这种货物的价格上面所增加的并非仅有批发商自己利润的价值，而且还有水手搬运工工资的价值。它所直接雇佣的生产性劳动不过如此，对于年产品所直接增加的价值也不过如此。然而它在这两个领域所起到的作用，要比零售商的资本大得多。

制造业主的资本中的一部分被用作固定资本，投入到他的产业所需的工具中，以便补偿出卖这些工具的其他制造业主的资本并给他们提供利润。剩下就是流动资本。流动资本中的一部分用来购买材料，这部分补偿供给这些材料的农场主和矿商的资本并给他们提供利润，但是大部分的流动资本是在每年或者更加短得多的时期中分配到他的雇佣工人身上。该资本在他所加工的材料上增加的价值，包括雇工的工资、雇主投资支付工资和购买材料工具应得的利润。较之批发商人的同量资本，他的资本所直接推动的生产性劳动量大多了，在社会土地和劳动的年产品所增加的价值也大多了。

以同量的资本所能够推动的生产性劳动的数量而论，农场主的资本最大。他的工人和他的牲畜都是生产性劳动者。在农业中，自然也和人一起劳动。自然的劳动虽无须代价，它的生产品却和最昂贵的工人生产品一样具有价值。农业最重要的作用，与其说是增加大自然的生殖能力（虽然也使这种生殖能力有所增加），不如说是引导大自然的生殖能力，使其生产出对于人类最为有利的植物。荆棘丛生之地，常常也可以产出大量作物，就像耕作最好的葡萄园或谷田一样。耕耘与其说是增益自然的产出力，不如说是支配自然的生殖能力。人工以外的大部分工作非依靠自然力不可。农业上雇佣的工人与牲畜不仅像制造业工人一样，重新生产出他们消费掉的价值（或者说，重新生产出雇佣他们的资本）及资本家的利润，而且生产更大的价值。他们除了再生产农场主的资本及利润外，通常还要再生产地主的地租。这种地租可以说成只是地主借给农场主使用的自然力的产品。地租的大小取决于想象中的自然力的大小，或者说取决于想象中的土地的自然产出力或土地的改进产出力的大小。减除一切人的劳作之后，余下是自然的劳作。它在全部生产品中很少占到 1/4 以下，多数时候占到 1/3 以上。投入制造业的任何同量的生产性劳动，都不能引发这样巨大的再生产。在制造业中大自然没有作用，全是人的功劳，再生产的大小也必然和起作用的生产因素的力量成比例。所以，和投在制造业上的等量资本相比，投在农业上的资本不仅推动的生产性劳动的量较大，就其所雇佣的生产性劳动的量而言，它对一国土地和劳动的年产品所增加的价值，对国内居民的真实财富与收入所增加的价值还要更大。在能够使用资本的所有方法之中，农业投资对社会最为有利。

任何社会在农业和零售业中使用的资本必定总是留在本社会内部。它们的使用几乎总是局限于某个固定的地方：在农场；在零售业的商店。它们的所有者大都是本社会的居民，尽管也有例外。

批发商人的资本，却似乎并不固着在某个地方，而且也没有必要。它从一处流向另一处，为的只是可以贱买贵卖。

制造业主的资本当然必须留在制造的场所，但在何处制造却不一定。它常常会远离原料生产地或者制成品的消费地区。里昂制造业的材料就是从很远的地方运来，里昂的出品也要运到远处才有人消费。西西里的时髦人物的衣料是别国制造的丝绸，造丝绸的原料却又是西西里出产。西班牙的部分羊毛在英格兰加工制造，随后又有一部分毛织物返销西班牙。

在任何社会中，动用资本以出口剩余产品的批发商究竟是本国人还是外国人，这无关紧要。如果是外国人，我国受雇的生产性劳动者人数当然会少一些，但也只少他一个；我国的年产品价值也当然会少一些，但也只少这一个人的利润。至于所雇佣的水手搬运工是不是本国人则与这个商人是否本国人无关，本国人也可以雇佣外国的水手搬运工。无论是外国人或是本国人的资本，都一样能输出国内剩余生产品来交换国内需要的物品，从而使这些剩余生产品具有了价值。它同样使生产这剩余生产品的人的资本得以偿还，使生产这剩余生产品的人的营业得以继续经营下去。批发商的主要贡献在于，它支持本国生产性劳动，并增加本国土地和劳动年产品的价值。

比较重要的是，制造业主的资本应留在国内。这样一来，本国受到推动的生产性劳动量必然比较大，本国土地和劳动的年产品所能增加的价值也必然比较大。不过，即便不留在本国境内，制造业主的资本也能对本国产生效果。英格兰亚麻制造业主年年投资从波罗的海沿岸各地输入亚麻来加工。这种资本虽非产麻国所有，但对产麻国有利这一点也是显而易见。这种亚麻只是产麻国的一部分剩余生产品，假如不是每年输出，用以交换本地所需各种物品，它便没有价值可言，其生产也将立即停止。出口商补偿了生产人的资本，从而鼓励他们继续生产；而大不列颠的制造业主又补偿了出口商的资本，使他们继续从事运输。

如同个人一样，国家也常会资本不足：既想把一切土地改良和耕种起来，又要把全部天然产品加工起来以供直接的消费及使用，还要把剩余的天然产品及制造品运往远方的市场换取国内所需要的物品。大不列颠许多地方的居民，没有足够资本来改良和耕种他们的全部土地。苏格兰南部的羊毛，就大部分因为当地缺乏资本，不得不在崎岖恶劣的道路上长途颠簸，运到约克郡去加工。英格兰有许多小工业城市的人民没有足够资本把产品运到需要它们的远方市场去销售。他们中间纵然有批发商，充其量不过是大商业城市中的大富商的代理人而已。

要是一国的资本不够同时兼顾这三者，则将大部分的资本投入农业时所推动的国内的生产性劳动量将越大，同时它对社会土地和劳动的年产品所增加的价值也越大。其次是投入制造业的资本。而投入出口商业的资本在此三者之中效果最小。

当然，全部资本还不足兼顾上述三者的国家，其富裕实在还没有达到自然所允许的水平。无论对个人还是社会来说，试图以不充足的资本，在时机未成熟时兼营这三种事业，都不是取得充足资本的最佳途径。正像一个人的资本有一定的限度一样，国内全体人民的资本也有一定的限度，只够用于某几个方面。要增加个人资本，须从收入内节省而不断积蓄；要增加国民资本，也须从收入内节省而不断积蓄。资本的用途，若能给国内全体居民提供最大的收入，从而使全体居民都能作最大的积蓄，则国民资本就可能飞速地增长。而国内全体居民收入的大小，必取决于国民土地和劳动的年产量的大小。

我国美洲殖民地快速走向富强的主要原因，就是把几乎所有的资本都投入农业。那里除了一些粗糙的家庭手工业以外，几乎没有任何制造业。它们这些家庭工业是随农业发展自然产生的，通常是由家庭中的妇女儿童从事的。出口业和航运业的经营权则主要地掌握在居住在英格兰的投资商手中。有些省分则更甚，尤其是弗吉尼亚和马里兰，那里经营零售生意的店铺和栈房也多为居住在宗主国的商人所有。零售业不由本地商人资本经营的事例很少见，而这就是一个例子。假使美洲人联合起来，或者诉诸别种激进方式，阻止欧洲制造业产品的进口，垄断这一制造业，并将本地大部分资本转投到制造业上来，其结果必然是不但不能促进他们年产品价值的增进，恐怕还会阻碍国家走向真正的富强。如果他们想垄断全部的出口业，恐怕结局更是不堪设想。

确实，人类的繁荣之路似乎从来未曾持久到可以使任何一个大国能够获得足够的资本来兼营以上三种事业，除非我们认为关于中国、古埃及、古印度的富庶和农业情况的那些奇闻异事并非无稽之谈。这三个国家被一切记载推为世界上最富之国，可它们也只是长于农业与制造业。他们的对外贸易并不繁盛。古埃及人对海洋有一种迷信的畏惧；印度人也常有这种迷信；中国的对外贸易则向来不发达。这三个国家的大部分剩余生产品都由外国人运到外国去，换回它们所需要的其他东西——往往是金银。

所以，一国同量资本在国内所推动的劳动量的大小，所增加的土地和劳动的年产品价值的大小，全依其投在农业上、工业上、批发商业上的比例大小而不同。同是批发商业，投资结果也将因所经营批发商业的种类不同而差异极大。

凡是批发贸易，或者凡是大量购入从而大量售出的贸易，可以分作三类：国内贸易、消费品的对外贸易和消费品的中间商贸易。国内贸易是从国内某地购入货物，再在国内另一地将其售出，包括内陆贸易和沿海贸易。消费品的对外贸易是购买外国货物以供本国消费。中间商贸易，是从事各外国之间的贸易，即将一个外国的的剩余产品运往另一个外国。

投资国内贸易的资本，即购买国内一地产品运往另一地区售卖的资本，每次交易就可以抵偿投在本国农业或制造业上的两种资本，从而就可以使本国的农业和制造业得以继续。如果该资本从商人住地把一定价值的商品运出去，一般都会带回同等价值的别种商品。如果两者全是本国产业的产品，结果当然可以抵偿本国两个用来维持生产性劳动的资本，使其能继续用来支持生产性劳动。把苏格兰制造品运到伦敦，再把英格兰谷物或制造品运到爱丁堡来的资本，每一次都无疑可以补偿两个投在英国制造业或农业上的资本。

而用来购买外国商品供本国国内消费的资本，如果是以本国产业的产品来购买，则每次也会补偿两个不同的资本，不过其中只有一个是支持本国产业的。把英格兰货物运至葡萄牙，再把葡萄牙货物运至英格兰的资本，每次只能补偿一个英格兰资本，另一个是葡萄牙的。即使这种贸易能像国内贸易同样迅捷地赚回资本，它能给予本国产业的鼓励也只是一半。

对外贸易很少能像国内贸易那么迅捷地赚回资本。国内贸易一般每年能赚回一次，有时甚至三四次。而对外贸易很少能每年赚回一次，有时要两三年才能收回。因此，投在国内贸易上的资本有时已经运用了12次，即付出而又收回了12次，而投在对外贸易上的资本只能运用一次。于是，若是两个资本相同，前者在给予劳动的鼓励和支持方面就是后者的24倍。

供应本国消费的外国货物，有时并不是用本国产品而是用一些外国货物来购买的。但这种外国货物却必然是直接用本国产品、或者是用这种产品换来的货物购买的。除非在战争或征服的情况下，否则除了用本国产品去直接交换，或用本国产品交换两三次得来的货物去交换之外，就无法得到任何货物。和最直接地用于对外贸易的资本比较，这种被如此迂回地投入对外贸易的资本，除去因最后收回之前一定有两到三次对外贸易资本的收回从而耗时较多以外，在任何方面都效果相同。假如商人以英格兰制造品换购弗吉尼亚的烟草，再用弗吉尼亚的烟草换购里加的大麻和亚麻，则必定要在经过两次对外贸易之后，资本才能返到商人手上，再用来购买同量的英格兰制造品。若弗吉尼亚的烟草不是用大不列颠的制造品购买，而是用由不列颠制造品购买的牙买加的糖与甜酒购买，他就必须等待三次回收。而如果这两三次对外贸易是由两三个商人进行，第二个购买第一个进口的货物，第三个则购买第二个人的货物以将其出口，那么，每个商人获得自己资本回收就确实比较快一些。但是，在贸易中使用的全部资本的最终回收还是如以前一样缓慢。在这种迂回贸易中，使用的全部资本究竟属于一个还是两三个商人，对国家来说是没有什么区别的，虽然对每个商人来说会有不同。较之制造品与亚麻和大麻的直接交换，这样间接用一定价值的大不列颠产品来交换一定量的亚麻和大麻就需要有3倍的相同资本。因此，一般说来，和同一种直接贸易的等量资本相比，用于这种迂回的对外贸易的全部资本对国家的生产性劳动所作出的鼓励和支持要小一些。

无论用哪种外国商品来购买国内消费的外国货物，对外贸易的性质，以及它对本国生产性劳动所能提供的激励与支持都不可能有本质区别。例如，如果它们用巴西的金、秘鲁的银来购买，这金银就像弗吉尼亚烟草的购买一样，必然是用某种本国产业的产品或由本国产品换购的物品购买的。因此，就本国的生产性劳动而言，以金银为手段的消费品的对外贸易，无论其有利或不便，在抵偿直接用来维持该生产性劳动的资本方面，和任何其他同样迂回的消费品对外贸易一样。不过，以金银为手段的消费品的对外贸易似乎比其他任何同样迂回的对外贸易有一个优点：它们体积小，价值大，异地之间的运输也不像其他任何等值的外国货物那么昂贵。运费较低，保险费也不更多，而且在运输途中也较不容易受到损坏。因此，较之以其他外国货物为媒介，以金银作为媒介就常常可以用较少量的本国劳动产物来交换同量的外国产品。同样，较之其他方式，用这种方式也可以使本国的需要得到更加充分的供应，花费也更少。这种贸易要不断地输出金银；至于这是否会令国家贫困，我将在以下文中详加考察。

在任何国家，投在中间商贸易上的资本都被全部从本国的生产性劳动中抽出来，被转以维持外国的生产性劳动。虽然这种贸易一次可抵偿两个资本，但却没有一个是属于本国的。从波兰运谷物到葡萄牙、再运葡萄牙水果和葡萄酒到波兰的荷兰商人的资本，确实抵偿了两个资本，但是这一结果完全不是用来维持荷兰的生产性劳动，而是一个维持波兰的生产性劳动，另一个是用来维持葡萄牙的。最后流回荷兰去的只是荷兰商人的利润，它也必然构成这种贸易对荷兰土地和劳动的年产品的增加量。当然，如果中间商贸易所用的船舶与水手是本国的船舶与水手，那么为支付运费而使用的那一部分资本是在该国一定量的生产性劳动者中分配的，也就是用来推动本国的生产性劳动。事实上，几乎所有进行大量中间商贸易的国家都是以这种方式运行的。也许这便是“中间商贸易”（carrying trade，直译应为“运输贸易”——译者）这个名称的来源，因为这样的国家的人民成了其他国家的搬运夫。不过，这种贸易的性质并非总是如此。比如说，经营波兰葡萄牙之间中间商贸易的荷兰商人，可以使用荷兰船舶也可以用大不列颠的船舶。我们可以看到，他在某些情况下正是这样做的。正因为这个缘故，人们认为，中间商贸易对大不列颠这种国家特别有利，因为它的国防与安全取决于船舶与水手的数目。但是，同等的资本在对外消费贸易甚至在国内贸易中（如果由沿海船舶进行）照样可以雇佣那么多的船舶与水手。一定量的资本所能雇佣的船舶与水手的数量并非依赖贸易的性质，而是一方面取决于货物容积与货物价值的比例，在另一方面取决于运输海港间的距离，而前者尤其重要。例如，纽卡斯尔与伦敦相距不远，但是，这两个海港之间煤炭贸易所雇佣的船舶和水手却比英格兰全部中间商贸易使用的还多。因此，通过特别奖励使一国的超过自然所应有量的资本用于中间商贸易的力量，也并不总是会一定促进该国的航运业。

因此总体来说，与投在消费品对外贸易上的等量资本比较，任何一国投在国内贸易上的资本所维持鼓励的生产性劳动量比较大，增加的本国土地和劳动年产物的价值也比较大。但是，如果将资本投入消费品的对外贸易，与将同量的资本投入中间商贸易作比较，在这两方面，前者却提供更大的利益。每个国家的财富与实力（就实力依赖财富来说）必定是与其年产物相应的，也总是与税收最后支付的基金成比例的。因此，它就不应该照顾或特别鼓励对外消费品贸易和中间商贸易，也不应强迫或诱使资本的较大份额进入这两种贸易渠道，而是应该令其自然流入其中。

然而，如果这三种贸易都是顺应事物的趋势自然而然地发展起来，而未曾受到任何的约束与压力，它们就不仅有利而且也是必要的、不可避免的。

当特定工业部门的产品超过本国需要时，剩余部分一定会被送往国外，以交换国内需要的物品。没有这种输出，本国的部分生产性劳动必然停止，其年产产值也将减少。大不列颠的谷物、呢绒、金属制品，一般来说超过了国内市场所需，所以其剩余的部分必定要被运往国外，以交换其所需。正是由于这种输出，剩余的部分才可以通过销售换取充分的收入，并抵偿生产它时所费的劳动与费用。通航河道和大海沿岸宜于兴建产业，即是因为剩余的产品易于运输和交换本地所需的货物。

如果用本国剩余产品购得的外国货物也超过了国内市场所需，其剩余部分也必须再次运往国外，以交换国内更为需要的东西。用大不列颠本国剩余产品的一部分，每年在弗吉尼亚、马里兰购买的烟草每年达到 9.6 万桶，而大不列颠所需大约不过 1.4 万桶，其余 8.2 万桶若不能送往国外以交换国内需要物品，烟草的进口就必然立即停止，而大不列颠居民的一部分生产性劳动也必然随之停止：因为他们现在制造的货物，就是用来交换这 8.2 万桶烟草的。这些货物是大不列颠土地和劳动产物的一部分，它在国内没有市场，如果在国外的市场也被夺走，这些货物就要停产。因此，在某些情况下，最迂回的对外消费贸易对支持本国生产性劳动和增加土地年产物价值也是不可缺少的，就像最直接的对外消费贸易一样。

一国资本若是增加到不能全都用来供应本国消费、支持本国生产性劳动的程度，其剩余部分就会自然地流入中间商贸易中去，用来给他国履行同一种职责。中间商贸易是国民财富巨大的自然结果与象征，但却不是其自然原因。政治家们倾向于重视它并对其尤加鼓励，这就好像有些把结果与象征错当成原因了。从平均土地面积和人口的比例来看，荷兰是欧洲首富，因此，它在欧洲中间商贸易中占有最大的部分。英格兰或许是第二富国，也在欧洲中间商贸易中占据极大部分，虽然它的中间商贸易不如说只是迂回的对外贸易。从很大程度上来说，这也就是我们从东印度、西印度和美洲向欧洲各市场运送货物所进行的贸易。这些货物一般或者用大不列颠产业的产物直接购买，或者用这种货物所交换的东西购买；这种贸易最后购买来的货物一般也是在大不列颠使用或消费的。只有大不列颠轮船在地中海各港间的贸易，和大不列颠商人在印度沿海各港进行的贸易性质相同，它们才是大不列颠真正中间商贸易的主干。

在国内贸易中所用资本量之大小自然受到国内各偏远地区剩余产品价值所限，这些地区要求相互交换各自的产物。而在对外消费贸易中所运用的资本大小则受到整个国家剩余产品价值、以及能够用它购买之物的价值的限制。在中间商贸易中所能运用的资本大小，只受到世界所有国家的剩余产品价值的限制。因此，较之其他两种贸易，中间商贸易的发展就可以说是无限的，吸引的资本也最多。

对自己个人利润的考虑是决定资本投入农业、工业还是投入批发商业、零售商业的某一具体部门的唯一动因。资本投入这些不同用途时推动的生产性劳动量的不同、其增加的社会土地和劳动年产物的价值的不同，从来都不是资本所有者关心的东西。所以，在农业为最有利可图之职业的国家，在耕作与改良是巨大财富的便利之途的国家，个人资本也自然会以最有利于全社会的方式来运用。然而，在欧洲的任何地方，农业利润都不如其他资本用途优越。的确，这几年来，欧洲各地有许多规划者曾经用耕作与改良土地所得之极高利润记录使公众感到兴趣；可是只要我们稍一留意，就会知道他们的计算结果是完全错误的。我们在日常生活中看到，常常有些商人与制造业主在短短一生中成为巨富，而这些财富常常是借微薄的资本甚至白手起家得来的。可是，在本世纪的欧洲，用少量资本经营农业而发财的却没有一个。在欧洲所有大国中，仍有许多无人耕作的优良土地，已经耕作的土地也没有得到充分改良。所以，几乎任何地方的农业都还可以容纳多于已经投入的资本。至于如下问题，即欧洲各国到底有些什么政策，使得在城市经营产业的利益远远超过在农村，从而使个人宁愿投资到亚洲、美洲那样的远方之国而不愿投资来开垦就近的最肥沃的土地，我将在以下两篇中详加讨论。

第三篇　论不同国家财富的不同发展

第一章　论财富的自然发展

每一个文明社会中的重要商业，都是在城市和农村居民之间进行的。在这种商业中，人们有时用天然产品和制造业的产品进行直接的交换，有时也使用货币甚至纸币之类的媒介进行。农村为城市提供生活资料和制造原料，又从城市那里取得一部分的制造业产品作为回馈。城市是既不生产也不能够再生产生活资料的；完全可以说，它是完全依靠农村为它们提供的所有的财富和所有的生活资料。不过，这并不能说城市的利益就是乡村的损失。实际上，两者利害相关。它们的利益是共同的和相互的，劳动分工的存在使双方的从业居民都得到了好处，这一点和在其它方面的情况也都是一样的。乡村居民从城市购买制成品而不需自己制造，就可以用少量的劳动产品交换取得相对大量的制造业产品。而城市同时又为农村剩余产品提供市场，农民把剩余产品拿到这个市场上进行交易，以取得自己的所需。城市的居民越多收入就越高，农村剩余产品的市场就越大。这个市场越大，大众的好处也越大。离城市 1 英里地方的农村生产的谷物，和离城市 20 英里的地方谷物的售价相同。然而后者的售价不但要补偿其生产费用和上市费用，而且要为农场主提供农业的普通利润。所以，城市附近的农场主和耕作者从谷物价格中就节约了从远方运来出售的谷物的运费，还省下了从城市购回货物的全部价值。如果我们比较一下城市周围各个乡村和远离城市的各个乡村的种植业，就可以发现城市商业对乡村是多么有好处。鼓吹贸易差额的议论比比皆是，可是没有哪种说法敢于宣称城市和各乡村之间的贸易为两方带来祸患。

根据事物性质，生活资料要优先于便利品和奢侈品，因此生产前者的产业自然也优先于生产后者的产业。所以，提供生活资料的农业耕种和改良也一定是优先于城市的发展，因为乡村是提供生活资料的，而城市只提供便利品和奢侈品。构成城市生活资料的只是乡村的剩余产品，即超过维持耕作者的部分。城市只有靠这种剩余产品才能发展。不过，城市要取得生活的资料并不总是要靠周遭的乡村，甚至也不总是依靠本国来获得全部生活资料；它可以从千里之外的外国进口。虽然这只能被看做是例外而不是一般原则，然而却造成了不同时代与国家在财富增长方面的巨大不同。

对于大多数的国家的发展来说，这种顺序乃是由于必要性。当然不是所有国家都是如此，但是，在所有的国家中，人类的天性却也都导致了这种结果。如果这一人类天性从未受到人类制度的阻碍，城市之发展就不可能超过其所在地区改良与耕作可以支持的限度，至少也是直到所在地的全部地方都得到彻底改良与耕作之前不会如此。在利润相等或者近似的情况下，多数人会倾向于投资土地的改良和开垦，而非工业和对外贸易。人们将资本投入土地，可以更方便地进行控制，其财产就不像商业资本那样容易受到意外的损害。而商人不得不受到狂风巨浪的威胁，以及人类愚蠢不公的更难控制的因素的支配，因为他必须非常信任遥远国度的人们，而这些人的品质与情况他无法全然了解。反顾地主，其资本与土地同在，安全程度可谓已达到人类事务的极致。此外，田园风光旖旎，生活安静闲适，居民优游自在。只要没有人类的不公正的法律的扰乱，乡村生活的巨大魅力吸引着每一个人。从古到今，耕种这一人类的原始目标和原始职业一直受到人类的喜爱，并将永远如此。

农民常常需要求助于锻工、木匠、轮匠、犁匠、泥水匠、砖匠、皮革匠、鞋匠和缝匠等工匠，少了他们，农民会遭受极大的不便和不断的困扰。工匠们偶尔也需要互相帮助，又因为不需像农民一样长住一处，他们日久便自然而然地住到一起来，此地渐渐就形成市镇或者小村落。随着屠夫、酒家、面包师傅等其他匠人和零售商人的加入，城市就进一步发展起来。乡民和市民互相提供服务。城市是一个经常的集市，农村的居民不断把天然产品送到那里，换取制成品。城市居民则换取自己需要的工作材料和生活资料。他们卖给农民的制成品有多少，就能够从对方手上买进多少原料和食品。因此，除非与乡村对制成品的需求成比例增长，城市居民的原料或生活资料就无法增加，而这个比例又和乡间耕作和改良事业发展相一致。若是人类制度从未干预自然进程，则无论在哪一种政治社会中，城市中财富的增加和城市的扩大都必然是农村地区或乡村改良和耕作的结果，并与之保持相同的比例。

我国的北美殖民地的荒地仍然可以以非常宽松的条件获得，那里的市镇还没有兴起任何以远方贸易为目的的制造业。如果那里的工匠得到资本，在自己职业所需之外尚且略有盈余时，他在北美就不是拿这资本来建立为了远方销售的制造业，而是来购买和改良土地。他从工匠变作农场主，当地向工匠所提供的高薪或轻松生活都不能吸引他为别人而不是为他本人工作。他认为，手艺人是顾客的奴仆，仰承顾客的鼻息，靠顾客的赏赐过活；而身为农场主，耕种着自己的土地，从自己的手中得到衣食，对世界无所依赖，才是真正的主人。

反之，在没有荒地或无法以宽松条件得地之国，所有自己获得的资本超过了本行所需的工匠都努力为了在远方销售而努力工作。锻工将建立铁厂，织工将建立麻织厂毛织厂。日易时移，这各种制造业将发生缓慢而细密地分工，并借助各种方法实施改良。这也是可以理解的，无须详述。

在利润大致相当时，人们选择投资的途径时，制造业自然要优先于对外贸易，其理由同于农业对制造业的优先地位。就像地主或农场主的资本比制造商安全一样，制造商的资本也要比外贸商安全，因为资本可随时受到他的支配。当然，在所有社会的任何时期，天然产品和制成品的剩余部分，或国内没有需求的部分必须送到国外来换取本国之所需。然而，这一将剩余产品卷入国外的资本是外国资本还是本国资本却无关紧要。若一社会没有足够的资本来耕作其土地，并以完全的方式制造出其所有天然产品，由外国资本来输出部分天然产物甚至就有一个巨大好处，因为社会的全部资本就可以投入最有用处的方面了。这一点，中国、印度、古埃及是很好的例子，说明哪怕一国的大部分出口贸易由外国人经营，此国仍然可以达到高度的富足。假如当地的资本得不到外国资本的帮助，我国北美殖民地和西印度殖民地的发展步伐一定不会那么迅速。

凡事物都有一种天然的趋势。在一个进步的社会中，大部分资本应当首先被投入农业，然后是工业，最后才是对外贸易，这是顺理成章的次序。我相信，在所有拥有领土的社会都可以看到在某种程度上遵守这一次序。总须先有屯垦，此后才能建立城市；总须先有粗糙的制造业，此后才有人投身对外的贸易。

然而，这种事物的自然次序虽然必定在某种程度上发生于所有的社会，在欧洲的所有现代国家，这种次序却在许多方面被完全颠倒了。它们某些城市的对外贸易引进了所有精密制造业即适于在远方销售产品的制造业，这制造业又与对外商业一起造成了农业的大改良。它们原来的统治性质造成的习气，在该统治大大改变之后仍然得以保留，也必然迫使它们采取了这种不自然的、倒逆的次序。

第二章　论罗马帝国崩溃后农业在欧洲旧状态下所受的阻碍

日耳曼民族和塞西亚民族侵扰罗马帝国的西部各省，这一巨变产生的浩劫持续了数个世纪。蛮族对居民的侵扰迫害打断了城乡之间的贸易。城市无人，乡村废弃，繁荣的西欧瞬间转入赤贫和野蛮的状态。在这一动荡中，蛮族的头目们将大部土地据为己有。虽然大部分土地抛荒，却处处都有了主人。土地被吞并尽了，大多进入了少数大地主的私囊。

这种对未耕地的独占为祸剧烈，却也不过是一时之患。这些土地可能不久就会被再次分割，通过继承或转让而分成若干小块。长男继承法限制了大土地在继承过程中的分割，限定继承法又阻止了大土地以转让形式进行的分割。

当土地像动产一样只被视作生活与享受的手段时，自然继承法就将其在家庭的子女中进行分割，如同动产一般。每个子女的生计享乐都同样受到父亲的关心。因此，自然继承法产生于罗马人中间，他们在土地继承方面是不分年纪大小或男女之别的，如同我们对动产那样。但是，当土地不只被视为生活的手段而是权力与庇护之手段时，人们就认为，最好是将其整个地传给一个人。在动荡年代里，每一个大地主都是小君主，其佃户就是臣民，他是他们的法官。在某些方面，大地主平时是佃户的立法者，战时则是其首领。他可以随己意作战，无论对其邻地或国王皆然。所以，地产的安全，以及地产所有人对居于其上之人的庇护就都有赖于巨大的地产了。分割地产就是毁坏地产，使其每一部分在邻地入侵时受到压迫与吞并。因此，长子继承法并非立即产生，而是渐渐在地产继承中产生，其原因和君主国的继承一样，尽管在建国之初并非如此。为了使君主国的权力和安全不因分割而削弱，就必定要完整地传给一个子女。如此重大之恩宠必须根据某种普遍性规则进行，该规则不得以个人优劣等可疑特性为基础，而要以某种无可争议的绝对性质为基础。而在一个家庭的子女中，除了性别年龄，再没有什么无可争议的区别了。一般认为，男性优先于女性。若条件相等，年长者优于年幼。所以就产生了长子继承法，产生了所谓的直系继承。

在其产生并合理有据的情况不复存在时，法律却常常继续有效。在如今的欧洲，1 英亩土地所有者和 10 万英亩所有者一样，享有同样的安全的所有权。然而，长子继承权依然受到尊重，因为它最适宜于保持家庭的荣耀，今后可能还会持续数世纪不灭。而在其他的任何方面，这种为了一个人富裕却必须陷其余子女于贫穷的权利乃是对多子女家庭的实际利益的最大违背。

限定继承法是长子继承法的自然结果。采用限定继承法就是为了保持长子继承法生出的那种直接继承，阻止原地产的任一部分由于继承人的乱行或不幸而被通过赠与、遗赠或转让落入外人之手。罗马人根本不知道什么限定继承法，他们的预定继承人或遗嘱指定受赠人跟限定继承法毫无相似之处，尽管一些法国的法学家还以今拟古，臆断古人制度。

不过，当大地产是诸侯领地时，限定继承法可能就不是不合理了。就像某些君主国的所谓根本法律那样，它可以使千万人的安全免于独夫妄行之祸或穷奢极欲的威胁。但是，在如今的欧洲，大小地产都一样受到国家法律的保护，也一样安全，这种制度就再荒谬不过了。因为其基础在于：对土地及其所有之物，人类的每个后代没有相同的权利；如今这代人的财产，还要受到 500 年前的死者之意志的支配。然而，该限定继承法在大部分的欧洲地区，特别是在贵族血统仍是民事或军事荣誉之必要条件的国家里继续受到尊重。人们认为，它是维持贵族门第特权的必需之物。而这一阶级已经夺取了高于其同胞的那种不正当利益，惟恐自己的贫穷遭人耻笑，所以竟要求得到另一种利益。据说英国的习惯法并不喜欢世袭产业。因此，尽管限定继承法在英格兰仍未完全废除，但和欧洲其它君主国相比，它在英国已经受到了最大的限制。在今日的苏格兰，仍有 1/5 甚至 1/3 以上的土地严格地遵行着限定继承法。

这样一来，不单大片土地被某些家庭吞并，而且重新分割土地的可能也被永远排除了。但是，大地主很少是大改良家。在产生这一野蛮制度的动荡年代，大地主整天忙于保卫自己的领土，或者将其管辖权和势力扩充到邻人的疆域上去。他无暇照看土地的耕作与改良。当法律确立秩序井然，他也有了闲暇之时，他却又没有耕作或改良的意思了，并且也常常没有这种才能。若他的家庭与个人支出等于甚或超出其收入（这也是常有的事），他也就没有财力为之了。如果他有经济头脑，他也往往发现，用储蓄去购置新地比改良旧地要更加有利。要想从改良土地得利，就要像其他商业那样，注意在细小处节省，锱铢必较，而一个出身富家者是很难做到的，哪怕他天性节俭亦然。生于富家者必然只留意他喜欢的美饰，而不是去关心并不需要的利润。从少年时起，他就追逐华屋丰饰。当他想到改良土地时，这种习惯形成的性情就会暴露出来。他也许会在房屋周围装饰四五百亩地，开支之大是土地改良后价值的 10 倍。他发现，如果以这种方式来改良全部土地，就算他别无他好，在这工程完成 1/10 前他就会破产。在大不列颠的两个地区，仍然有些大地产是从封建动荡年代以来就把持在同一家庭之手，从未间断。把这些大地产与邻近的小地产比较一下，你自会明白大地产是怎样不利于改良，这一点全无论证的必要。

如果我们不能指望这样的大地主来改良土地，那些占有土地比他们更少的人就更加不行了。在旧时的欧洲，耕种者都是佃农，雇主可以任意退佃。佃农几乎就是奴隶，虽然他们受到的奴役和古代希腊、罗马，甚至西印度殖民地的奴隶相比总要温和一些。人们认为，他们更是直接地隶属于土地的，而非隶属于其主人。因此，他们只能随土地出卖，而不能分开。在得到主人同意后他们可以结婚，然后主人就不能将男人与其妻子分售两人，拆散其婚姻。如果主人将其中一个伤残或杀害，他就要受到某种惩罚，尽管一般说来很轻。然而，奴隶不能拥有财产。他们之所得皆属于主人，主人可以随意拿走。所有由奴隶作出的改良实际上都是主人进行的。费用由主人支付，种子、牲畜和家具也都是主人的。一切都是为了主人的利益。奴隶所得，不过日常生活资料而已。在这种情况下，确切地来说，实际是地主占有土地，让农奴耕种。在俄罗斯、波兰、匈牙利、波希米亚、摩拉维亚以及德意志的其他部分，这种奴隶制度如今仍然存在。只是在欧洲的西部和西南部，这种制度才逐渐消亡。

但是，如果大地主很少会作出大改良，那么，当大地主用奴隶作工时，这改良就更没有希望了。我相信，所有时代与国家的经验都证明，虽然从表现看来只是花费其维持费用，奴隶做工终归是最昂贵的。因为他没有个人财产，除了吃得最多、干得最少之外，就再无任何别的兴趣。他的工作，除了够购买其个人生活资料外，就只有用暴力才能榨出一点了。因为没有任何原因促使他去干得更多。普林尼与科拉麦拉都指出，由奴隶经营时，古代意大利的谷物种植业衰败到了何种地步，对主人又是何其不利。种植业在古希腊亚里斯多德时代也好不到哪去。讲到柏拉图理想国时亚里斯多德曾说，五千闲惰之民（理想国的卫护者）及其家人奴仆的生计，要靠巴比伦平原那样的一片广袤沃野来维持。

人的骄傲心理使他喜欢统治下层，如果不得不俯就他人，就感到耻辱。因此，只要法律许可，工作性质允许时，他一般就宁愿使用奴隶而非自由民。种植蔗糖与烟草已经能够提供使用奴隶耕作的费用，谷物现在似乎还不能够办到这一点。大不列颠殖民地主要生产谷物，其中大部分工作都是由自由人来操作的。宾西法尼亚的贵格会教徒最近决定释放黑奴，这令我们相信，这些黑奴的人数不会很多。如果黑奴是他们很大一部分财产，这种决定就不会通过。但在以蔗糖为主要产品的我国殖民地，奴隶担任全部工作；在以烟草为主要产品的我国殖民地，奴隶也担任大部分工作。西印度殖民地种植甘蔗的利润尤其巨大，在欧美两洲的种植业中独占鳌头。种植烟草的利润虽不如种植甘蔗，但仍然胜过谷物。这两种都能提供奴隶耕作的费用，甘蔗更是如此。因此，我国的甘蔗殖民地和烟草殖民地比起来，黑奴的数目要远多于白人。

在古代奴隶耕作者之后渐渐出现一种农民，在如今的法国被称作“分益佃农”，在拉丁文中叫做 Coloni Partarii；在英格兰，这制度早已消亡，所以我无法说出它们的英文名称。地主供给包括种子、牲畜、农具在内的耕作所需的全部资本；在扣除被认为保持原资本所需要的部分之后，剩余部分由地主与农人平分。如果农民离开农场或被驱逐而去，这资本就归还地主。

这种农民耕种的土地是由地主来承担开支的，就像使用奴隶时的情况那样。可是有一个最重要的区别，即佃农是自由人，可以占有财产，也可以享有一定比例的土地产品。总产量越大，他可得的份额也越大，因此他就为取得更多的利益尽力从事生产。反之，奴隶没有希望占得财产，只能维持自己生活，他就会依着自己的需要，千方百计为自己谋舒服，不想使土地生产品超过自身所需的数量。也许，一方面因为这种对地主的好处，另一方面因为君主嫉恨大地主，鼓动农民反抗他们，最后使这种奴役变得大大不便，奴隶耕作在欧洲大部分地区也就逐渐消亡了。这次大变革何时发生以及如何发生，则是近代史上的一桩疑案。罗马教皇常自夸在这方面功劳卓著。当然我们也知道，早在 12 世纪亚历山大三世时代，罗马教皇就发出了普遍释放奴隶的训谕。但这似乎不过是个谆谆的劝谕，不遵劝谕的人也不受到惩罚，奴隶制度照样持续了几个世纪。最后直到上述两种利害关系（即地主的利益与君主的利益）共同作用才逐渐把它废除。一个奴隶已被释放，又准许继续使用土地，但自己没有资本，他就只有借用地主的资本去进行耕作，这样便必然出现今日法国所说的分益佃农。

然而，即使这样的耕作者，也绝不可能从他自己节省的微薄财产中拿出一部分用以改良土地；因为地主不费分文，却可以分到产品的一半。教会的什一税只是抽取 1/10，就已经是改良的大障碍了。所以，当这数额达到一半，那就是极大的障碍了。用地主提供的资财来生产尽可能多的产品，这符合佃农的利益，但是将他自己的资财与地主的混于一起就决不一样了。在法国，据说有 5/6 的国家土地是由这样的耕作者经营的。地主们抱怨说，这些分益佃农千方百计地把主人的牲畜用于运输而非耕作，因为这样他们就能得到全部的利润，而不是与主人分享。这样的佃农在苏格兰的某些地方仍然存在，被称做由地主借与种子与家具的佃农（steel－bow）。被大贵族吉尔伯特与布莱克斯通博士称为“地主的仆人而非真正农民”的那种古英格兰佃农，或许就属于此类。

分益佃农之后逐渐出现的那一种农民才是真正的农民。他们拥有耕田的资本，向地主交纳一定的地租。他们耕种的土地有一定的限期，这让他们觉得值得花费一些资本改良土地，因为他们有望在租期完成以前收回投资，并有可能取得很大的利润。但是，农民的这种租地权在很长时期里面是不稳定的，直到今天，欧洲许多地方还是如此。在租约到期以前，他们可以被新买主合法解约；在英格兰，地主甚至可以依照虚构的普通退租法解除租约。如果农民被主人暴力赶走，他们获得赔偿的法律程序也极不完善；他们无法重新得到土地，而只是获得一些赔偿，真正的损失却无法弥补。即使英格兰这样一个自耕农颇受尊重的国家，也是直到亨利七世第十四年才施行改佃诉讼法，使佃农不仅得到赔偿，也可以恢复借地权，虽然农民的这种要求不一定一审就得到结果。人们发现，这法律极为有效，以致近来地主如要为占有土地发起诉讼，也经常借用其佃户的名义，依据退佃文件起诉，而不是像应该有的那样依着权利令状，以本人的名义进行。因此，在英格兰，佃户的安全保障是不亚于地主的。此外，在英格兰，年租金40先令的终身租约即为一种终身不动产，承租者有权投票选举下院议员。而大部分自耕农可以拥有这种不动产，这就赋予他们以政治上的重要地位，其整个阶级也受到地主的尊重。我相信，在英格兰以外，任何欧洲地区都不可能出现佃农在订立租约之前就在土地上建筑的情况；他相信地主会以人格担保不去侵夺这一重要改良。这种对自耕农如此有利的法律习惯对英格兰如今的伟大光荣做出了极大的贡献，该贡献或许比人们引以为傲的所有商业规章都还要大。

据我的见闻，保证最长的租期，使之不受继承人妨害的法律为大不列颠一国所特有。早在1449年，它就由詹姆士二世的一项法律传到苏格兰。但是，它的有利影响受到了限定继承法的诸多阻碍。限定继承人不能长期出租土地，一般不能超过一年之期。最近一项议会决议稍稍放松了这方面的规定，虽然限制仍然过多。另外，苏格兰的任何租约都不赋予投票选举议员的权利，因此之故，自耕农也就不像在英格兰那样受到地主尊重了。

欧洲别的国家也保护佃农的权利，使他们不受土地继承人和购买人的损害，只是这种保障为期仍嫌过短。比如说，法国是从出租之日起不超过9年。近来已经延长至27年，但这期限仍然太短，不足以鼓励佃农实行种种关键性的革新。土地所有者历来就是欧洲各地的立法者，所以，关乎土地的立法也就全都是考虑这些人的利益的。他们认为，为了土地所有者的利益，其先辈所订立的租约不应妨碍他们长期充分享受土地的价值。贪心蒙住了他们的眼睛，使之无法预见到，这种规定必将在很大程度上妨害改良，最终妨害他们自己的真实利益。

除了地租，农民历来就被认为有义务为地主服劳役。这种劳役既没在租约中注明，也没有明文规定，而只是由庄园或领地的需要和习惯决定的。它几乎完全是随意而定，使佃农大受苦痛。苏格兰取消了租约中未曾注明的所有劳役，这就在短短数年间大大改善了自耕农的生活。

与私人劳役一样，自耕农要服的公共劳役也是随意决定的。我认为，筑路补路就是处处存在的一种劳役，尽管它因国家不同而压迫程度有异，但它还不是唯一的劳役。如果国王的大军过境，或其家庭或任何官员过境，农民们都必须为其提供马匹、车辆与粮食，而粮价却是由采粮官决定。我相信，大不列颠是欧洲唯一完全取消了粮食征购的帝国。法国和德国都是一仍其旧。

和劳役一样，自耕农要交纳的公共税收也是没有规章的、压迫性的。以往的领主极不愿意以金钱辅助君主，但却听任他向自己的佃农收取一种贡税；他们没有能认识到，这会对自己的收入最终造成何种的影响。法国至今存在的贡税就是这种古代税收的实例之一。这种税是对农民的假定利润征收的，按农民投入到农场的资本来计算。于是，为了自身利益，农民们就尽量装穷，让用在耕作上的资本尽可能得少，不去做任何的土地改良。如果一个法国农民手里有了点资本，贡税就可以说永远禁止它投到土地之上。另外，这种税还令交纳者蒙受耻辱，使其地位降至绅士甚至市民阶层之下，可是凡是租种他人土地者就非要交纳不可。没有哪个绅士或有资本的市民愿意忍受这一耻辱。所以，该税就不仅阻止将土地上累积起来的资财用于土地改良之上，还将所有的资财从土地上赶走了。从前英格兰的税目中有过十税一和十五税一，就对土地的影响而言，它们似乎都和贡税性质一样。

有了这样的阻碍，就不能希望土地占用人做出任何的改良了。哪怕拥有法律赋予的所有自由与安全，这些人在改良土地方面也处于极为不利的地位。农民与地主，就像借钱做生意的人与用自己的钱做生意的人，两人的资本都有可能增加。可是，如果两个人同样行事审慎，农民的资本增加会比较慢，因为大部分的利润都被借贷利息侵蚀了。同样，在同样行事审慎条件下，农民耕作土地的改良也要慢于地主，因为大部分的产品被地租侵蚀了。如果农民是土地所有者，他本来可以用这部分钱来改良土地的。另外，农民的地位也肯定低于地主。在欧洲多数地方，自耕农被视为低人一等，甚至低于生活稍好一些的手艺人和匠人。在欧洲所有地方，他们地位都低于商人与工厂主。因此，下述事情就没有可能：一个富人舍弃尊贵，甘心自处低下层。于是，就算现在的欧洲，也少有资本从其他行业进入耕作，进行土地改良。也许，大不列颠要比其他国家多一些，但是即使如此，投向耕作的大量资财也多是来自耕农；而较之其他各种行业，这种资财很可能是积累最慢的一种。不过，除了小土地所有者，富有的大土地所有者是所有国家的主要改良家。在欧洲君主国中，英格兰的这种人群也许格外多。据说，在荷兰和瑞士伯尔尼共和政府治下，农民的地位也不低于英格兰的农民。

除此之外，历来的欧洲政策都不利于土地的改良与耕作，无论由地主还是农民进行。第一，除非持有特许证，谷物一般被禁止出口，这规定极为普遍；第二，由于反垄断、收购和囤积的荒唐法令，由于集市特权，限制了对谷物以及其他任何农场产物的国内贸易。前已述及，禁止谷物出口以及奖励某些外国谷物进口是如何损害了古意大利的耕作，而当时的意大利是欧洲土地最为肥沃之国，也是世界最大帝国的心脏。对于土地不如意大利膏腴，而地理形势又劣于意大利的国家，这种做法对耕种业造成的阻碍则是难以想象了。

第三章　论罗马帝国崩溃后城市的兴起及其进步

罗马帝国衰落之后，和农村居民相比，城市居民的境况不见得更好。这时候的城市居民确实已经大大不同于古代希腊和意大利各个共和国的居民。在古代的那些共和国里，居民中的大多数是地主，并且是这些人最初起来瓜分了原属公有的土地。他们既有土地，便觉得如果将各自的房宅建在一处，在周围修筑围墙，实行共同防卫是一个方便的计划。然而罗马帝国末年的情形却相反，此时的地主们不再聚居在同一个地方，而是零散地居住在各自领地上的城堡中。他们和他们的佃农以及依附他们的人住在一起。城市的居民则主要是商人和手艺人，他们的地位即使不是奴隶也相去不远。只需找出欧洲古代的某些城市的居民所获得的特许状，看一下赋予他们的是哪些特权，我们就可以推想出他们此前的境况。这些特权包括：不必得到领主的许可，本人可以安排女儿出嫁；本人身后的财产归本人后代而非领主所有；本人可以立定遗嘱，安排身后的财产。获得了这些特权的人们先前无疑是奴隶，这些人就是城市居民，其生活处境和处在被奴役状态的农村居民几乎相同。

这些人的生活极端贫困，在社会上的地位也极其卑微。他们每日里肩负车载，穿越市区和乡村到处奔波，从一处市集赶向另一处市集，就像我们今天走街串巷的小贩。那时的欧洲各地就像现在的亚洲，旅行者的人身和他们所携带的货物是抽税的对象。有许多的场合可以抽税，可以是在他们路过庄园时，可以是通过某些桥梁时，也可以是从集市中一处移至另一处的时候，甚至在集市上摆摊售货的时候，这各种各样的税相应地就有了名目，叫做过境税、过桥税、落地税和摊贩税。有些时候，国王或者大领主会颁发特许（后者在某些情况下拥有这种权力），得此特许的商人，尤其是那些居住在前两者领地内的商人，可以免交这所有的税。所以这些商人就被叫做“自由商人”，尽管实际上在其它的方面，他们仍然处在奴隶或者准奴隶的状态。以当时的情况而论，无论国王还是大领主，若没有金钱上的考虑，是不会保护商人的。商人们接受保护，自然明白这一点，于是他们每年向自己的保护人纳一次人头税，既作为一种回报，也补偿了保护人因免除商人们应纳税金而遭受的损失。当时这种保护是昂贵的。原来这种人头税和豁免只是给予个别人的恩赏，其效力或者延续此人的一生，或因其保护人的意愿断绝或者继续。英格兰的几座城市都存有土地勘察档案，在这并不完善的材料中，我们仍然可以反复读到某一座城市居民为报答国王或者大领主的这种保护而完税若干的记录。有些时候，我们只能见到这些税收的总额。

当年城市居民的地位低微，但他们获得独立和自由的时间，恐怕还是要早于在乡间耕地的农民。本来，欧洲各国的国王们经常把他们庄园的税收交托给全体的佃农包办，使他们既以个人又以集体的身份对这整个的税务负责，而以什么方式征税，国王是不问的。结果是佃户的税金通过他们自己的官员之手进入国王的府库，佃户们不必再受国王派来的官吏的欺凌。在当时看来，这个情况意义重大。现在，国王的各种税务收入中既有了这一部分来自城市居民的人头税，他便为这种税定下税率，按照一定的年限包给地方上的行政长官或者其他人，责成他们代行征收。这样一来，市民也往往有机会赢得这种信用，代理本市的税务，以全体市民的名义和他本人的身份对此负责。这种做法可以说是最适合欧洲各国君主的一般经济的。

起初，和交托给其他人承包一样，把城市的税收交托给城市居民代征是有年限的。然而时间一长，一切都变成一般和永久的东西了。市民包税成为一般的做法，税率既定即成为永久，以后不再改变；纳税成为永久的做法，当年特许的豁免也成为一般的赠与，而不再是某几个商人所专有的赏赐。城市成为“自由市”，城市居民成为“自由市民”或者“自由商人”。

永久的税务权之外，城市居民普遍地又享有上文已经提及的诸如自主嫁女的权利、财产由儿女继承的权利和通过遗嘱处置财产等各项特权。没有直接的证据，我固然不敢断言这几种特权在从前就是和贸易自由权一并被赐予个别的市民的，然而我总觉得，事情恐怕就是这样。无论如何，他们的身上贱民和奴隶的印记已经淡去，此时他们已经变成了我们现在所说的“自由人”。

此外，为了在自己的社团或者社区内实行自治，城市居民们甚至还获得了为自己的城市选举行政长官和城市议会的权利。这样的城市有权为了管理城市而立法，为了自卫而修筑城墙，为了警戒和防守的需要而要求全体市民接受军事训练，以便在有事的时候，全体市民能够像古时候那样各尽职守，不分昼夜地保卫城市。英格兰的城市居民之间如果产生了诉讼，讼状便被呈到市长那里接受裁决。他们一般不向郡法庭提出诉讼。在其它国家，市长被赋予的司法权力还要重得多，所辖范围也广泛得多。

国王既已把代表自己在城市中征税的事务包给了一座城市，似乎就很有必要把某种具有强制力量的司法权也赋予它。凭借着这种强制性权力，城市可以迫使自己的市民交税。这是因为，在那种世道荒乱的年代，如果这种司法裁判的权力不在当地而是来自这座城市以外的地方，则司法的过程必然受阻。然而国王赋予城市司法权的做法仍然令人惊讶。欧洲各国的君主们，究竟为什么要用这种方式来放弃一部分的不必费他半分心力、自然而然就会增长的税种，去交换一项永远不会增加的租金？他们又为什么要用这种方式，自愿在自家领地的中心孕育出一个独立的共和国？

我们不能忘记：在当时的欧洲，在遭到大领主欺压的时候，任何一国居民中的弱小群体都没法指望获得国王有力的保护。这些人既得不到国法的保护，本身又无力自卫，若不是托身大领主受他的保护，做他的奴隶或者农奴，就只能相互结盟，共同防卫。单个的城市居民固然弱小，弱小的市民们一旦联合，抗拒的力量就不容忽视。领主们蔑视城市居民，不但把他们当做另一个阶层的人，而且还把他们看成是被释放的奴隶，简直和自己不是一个种族。领主们垂涎于市民们的财富，怀着满心的嫉妒，机会来临就横加掠夺，既无怜悯，也不懊悔。城市居民对于领主既心怀憎恨，又存畏惧。国王看待领主，也是相同的心理，然而他对于市民，虽然也鄙视，憎恨或者畏惧他们却没有必要。国王和城市居民之间存在共同的利益，这利益推动他们结成同盟，互相支持，一同抗拒领主。为了维护他自己的利益，国王尽其所能地帮助城市居民，使他自己的敌人的敌人获得安全和独立。他赋予城市的居民们各项权利，使他们可以选举自己的市长，制订自己的法律以实行自治，建筑起城墙以保护自己的城市，使市民接受军事训练以维持城市的独立。在他权限之内的任何手段，只要有助于市民的安全和独立，国王一律将它们给予市民。要让市民们自发形成的防卫同盟能够提供永久的安全，指望他们能够切实有力地支持国王，就必须要有一个完全正规的政府，必须要有一种能够强制市民遵照某种规划或者制度行事的权力。国王把城市的永久包税权赠给市民，在自己的朋友和同盟者的心中扫除了猜忌的根源，使他们不再心怀顾虑，无需担心今后来自国王的压迫、今后城市税率的提高或包税的易主。

国王对于领主厌恶之极，因此他对于市民宽爱之至。英格兰的国王约翰对他的城市向来慷慨。而按照神父丹尼尔的说法，法兰西的国王菲力普一世失去权威，无力驾驭他的领主，到了他的晚年，他的儿子路易（即后来被叫做“胖路易”的）便会同全国的主教，商讨采取什么方式整治胡作非为的领主最为妥当。主教们建议，第一应当革新行政体系，在国王的辖境内，每一座大城市都要设市长，要成立城市议会。第二，每一座城市都要选拔市民，组成新式的民兵，受市长的节制，在适当的时候开拔，支持国王。据一些法国考古学家的看法，法兰西市长制度和市议会制度的出现就是在这个时候，同样的情况也发生在德意志。那时的多数自由市也是在苏阿比亚王朝日渐衰微的时候，获得各种特权。著名的汉萨同盟的崭露头角，也正是在这个时候。

那个时候的城市民兵似乎并不逊于乡间的民兵，而一旦有事，城市民兵又能比较迅速地集合，因此当本城和邻近的领主发生争执时，城市民兵往往占据上风。意大利和瑞士这一类国家，城市往往远离政府的驻地，于是，或者因这个国家天然的力量，或者由于别的原因，这些城市往往变成共和国，压制住地方上的贵族，强令其毁去筑在乡间的城堡，以平民的身份和其他人一同住在城里。伯尔尼共和国和瑞士其它几个城市的历史，大体如此。从 12 到 16 世纪的初年，如果不计威尼斯，意大利那些数量众多的重要的共和国的沧桑史也没有什么不同。

在法兰西和英格兰这一类国家，有时候王权虽然会极度衰弱，却从来不曾被彻底摧毁，结果是城市没有机会获得彻底的独立。只是各座城市的影响力已经相当大，除去它们代替国王征收的城市税种，国王再要向它们添加新税种，不得到它们的认可是行不通的。因此，国王请它们每一个都派出代表，驻在首都，和僧侣、贵族一起，在国王遇到急难的时候，会同后两派作出决议，为国王提供某种特别的帮助。城市普遍地非常拥护国王，所以各个城市的代表有时受王权的笼络，便站在国王一边，对抗大领主的权威。今日欧洲各个大君主国议会中的城市代表权起源于此。

在城市中，秩序和良好的政府就是在这种方式下建立起来了，随之确立的是个人的自由和安全。反观这时候的乡村，耕地者仍然处在大领主暴虐的压迫下。处在这种状态下的人，由于不得自由，他们从劳动中得到的东西越是多，只会使压迫他们的人变得越是残暴，因此他们得过且过，以得到必要的生活资料为满足。而当人们能够真正享受到自己的劳动果实时，当然就会用劳动来改善自己的生活境况，不但希望得到生活的必需品，而且要求得到生活便利品和娱乐产品。正是由于这个原因，那些以生产生活必需品以外的产品为目的的产业在城市中的普及比它们在乡间的成为风尚，为时更早。身份如同奴隶的农村耕种者一旦在手上积累了一点资财，他会小心谨慎地加以隐瞒，免得这一点点的东西被主人夺走。同时，一有机会，他就会从庄园逃走，进城，在那里只要躲上一年，不被原先的主人追获，那么法律就会保障他成为一个永远自由的人。当时的法律偏袒城市居民，使用各种方法限制和削弱大领主们对于农村居民的权力。因此，那时候的农民把积蓄转移进城市，而城市也确实是能够保障他们对财产所有权的唯一去处。

尽管城市居民取得的生活资料和他们劳动所需的全部原料和工具，从根本上说，都是乡村提供的，但是，处在海边河岸的城市需要这些东西，却并非一定要仰仗附近农村的供给。它们也可以从远方的国度得到这些东西。这些城市或者自己制造产品，或者在各国之间从事中间商贸易，从最为广阔的活动领域中，取得自己的财富，变得繁荣富强，日新月异。和这样的国家相比，它们附近的乡村，和它们通商的各国，都还处在贫困的境地。这样的国家，就单个而言，所能够创造的就业机会和生活物资有限，但合起来看，它们便能够提供数量巨大的生活物资，创造无数个就业的机会，产生巨大的影响。不过，在商业活动范围狭窄的古代，也出现过一些繁荣富裕的国家，比如当年的希腊帝国，亚巴西德诸国王在位时的撒拉逊帝国，被土耳其征服之前的埃及，巴伯里海沿岸的某些地区，摩尔人治下的所有的西班牙各省份也都是这样。

当年处在世界文明进步的中心地区的意大利各座城市，由于经营商业而变得富裕无比，在这方面，它们是全欧洲的先驱。十字军的征伐劳民伤财，伤害了许多沿途的人民，阻碍了欧洲多数地区的进步，却为某些意大利城市的兴盛提供了契机。为了争夺圣地，大量的军队从各地开来，正需要威尼斯、热那亚、比萨这些城市的船队把它们运送到各处，还要这些船队为它们运输给养。船队成了大军的军需部。这一场摧毁欧洲的疯狂，反而成为这些城市共和国富裕的源泉。

为了满足大地主的虚荣心，商业城市从相对富裕的国家进口制造业产品和奢侈品，拿去交换的则是本国大量的天然产品。当时欧洲很多地区的贸易都遵循这个模式，使用各自的天然产品去换取较发达国家的制造业产品。英格兰的羊毛传统上被用来换取法兰西产的葡萄酒和弗兰德制造的精制呢绒；波兰出产的谷物此时也按着同样的方式被拿去交换法国产的葡萄酒和白兰地，以及来自法国和意大利的丝绸和丝绒。

对于精美的高级制造品的爱好，通过对外贸易传入了尚未拥有这种产业的国家。一旦这种爱好得到普及，商人看到巨大的需求，为节省运费计，就考虑把一些同类型的制造业引进本国。罗马帝国衰落后，西欧各国首批为远方销售而建立的制造业恐怕就是这样开始的。

必须指出的一个情况是，没有一个大国会脱离任何类型的制造业而存在。我说脱离制造业的大国，是说它没有比较精美和发达的制造业，或者缺乏为了向远方销售其产品而建立的制造业。大国居民中的多数人，身上的衣着和家中的家具都是本国的出产，这在一般缺乏制造业的穷国，是更加普遍的现象。在制造业较为发达的那些富国，却并不如此。在富国，你会发现，那里的底层人民所穿的衣服和所用的家具，和穷国相比，外国产品的比例更大。

为了向远方销售其产品而建立的制造业，也许是在两种不同的情况下进入各国的。

在第一种情况下，一些商人和企业家以外国为蓝本，一次性投下巨资，在本国建立某种制造产业。这样的制造业因此就产生了对外贸易。13 世纪在卢卡兴盛起来的绸缎、丝绒和织锦业就例子。由于马基雅弗利的英雄之一的卡斯特罗西奥·卡斯特拉卡尼施行暴政，那里的从业者遭到了放逐。1310 年被逐出卢卡的 900 个从业家庭中，有 31 家搬到威尼斯，向地方当局提出兴办丝织业的请求。他们不但得到许可，而且被授予许多特权，开业之初，就达到了 300 名雇工的规模。从前繁荣的弗兰德精细呢绒制造业，在伊丽莎白统治的初期被引进英格兰，也是同样的情况。另外的例子还有现在的里昂和斯皮塔菲尔的丝织业。以这种方式引进本国的制造业，由于模仿外国制造业的缘故，所用多是外国产的原料。威尼斯的制造业起步之初，原料都是从西西里和黎凡特远途运来。历史更为久远的卢卡的制造业也同样使用外国产的原料。16 世纪以前，意大利的北部还见不到种桑养蚕的产业，一直要等到查理九世的时代，这种技术方才进入法兰西。弗兰德采用西班牙和英国产的羊毛，作为其制造业的原料。英国最初的毛织业虽然没有使用西班牙产的羊毛，然而西班牙的羊毛却供应了英国第一批为远方销售而兴建的毛织业。现在里昂的制造业，所用的原料有一半是外国丝，当它刚起步的时候，所用原料几乎全部是外国产。斯皮塔菲尔的制造业，完全不用英格兰的原料。这种制造业往往是在少数人的规划和设计下引进的，它的中心究竟是设在沿海城市，还是定在内地市镇，要由他们的利益、判断和幻想来决定。

哪怕是在最贫穷、最落后的国家，粗糙的家庭制造业也是在一切时候都进行着。这种粗糙的制造业经过自然的成长和逐步的改进，最后仿佛是自发地孕育出以向远方销售为目的的制造业。这样的制造业通常使用本国的原料，并且它们好像经常是在内陆国家、在距离海岸很远甚至远离水道的那些国家首先获得改良和完善。内陆富有肥沃的土地，易于垦殖，土地上生出的产品，除去供应劳动者的需要，还有大量的剩余。由于陆地运输成本高昂，利用河道运输又不够便利，这些剩余产品无法输出，当地食品的价格因此极为低廉，吸引了大量工人在附近定居。这些人发现，以同样的劳动量，在这里能够换来比别的地方更多的生活必需品和便利用品。他们投身加工业，利用本地出产的原料，制造出成品，然后再用这些制成品，或用将这些制成品出售后取得的价格，去和人交换更多的原料和食品。由于省去了运往水边或者更遥远的市场的运输成本，剩余部分的天然产品的价值便有所增加，农民就可以从这些人的手上，以更低的条件买到他们所需要的或者喜欢的东西。在农民方面，他们同样可以从剩余的产品中取得更高的价格，而当他们购买所需要的其它便利品的时候，却只需付出较低的价格。农民受到这种鼓励，便去进一步地改良土地，更加精心地耕种，以增加剩余的产品，而他们此时也具备了这种能力。肥沃的土地孕育了制造业，制造业的发达又反作用于土地，增进了土地的肥沃。最初的制造业只为近处供货，当它得到改进而趋于完善的时候，就开始供应远方的市场。这是因为，天然的产品或者粗加工的制成品往往不抵长途的运费，对于经过改进的和高级的制造业产品，这却不难，因为它体积虽小，蕴含的价格却大。比如一匹精制的呢绒，虽然只有 80 磅的重量，却并非只值 80 磅羊毛的价格，它有的时候可以包含 900 磅谷物的价格，即维持工人及其雇主的生活资料的价格。谷物原本很难依原样出口到国外去，若是采用这种方式，当做完全的制成品对待，那么即使是出口到世界上最遥远的角落，也是轻易的事。里兹、哈利法克斯、谢菲尔德、伯明翰、沃弗汉普顿各处的制造业，似乎都是自发地产生，那实际上就是按照这种方式自然地成长起来的。这样的制造业是农业发展的产物。在欧洲现代的历史上，这种制造业的扩大和改良滞后于那种从对外贸易中发展而来的制造业。现在各地以外销为目的的制造业正当繁荣，而此前的100多年，使用西班牙羊毛为原料的精制呢绒制造业已经使英格兰享有美誉。上述这一部分的各种制造业的扩大和改进，来自农业的扩大和改进。而对于对外贸易和直接产生于对外贸易的制造业而言，农业上的扩大和改进是它们最终的也是最大的结果。这一点我将在下文中说明。

第四章　论城市商业对农村改良的贡献

工商业城市的增加与富裕，在三个方面对它所在的乡村作出贡献：

首先，城市是乡村天然产品的一个巨大而便利的市场，乡村地区的耕种者受到鼓励，进一步地改良土地。城市施加于乡村的这种积极的影响不限于城市周围的地区，任何与这城市存有贸易联系的乡村都会在不同的程度上受到这种感染。就乡村而言，城市是一个市场，它们的天然产品或者制成品的某些部分可以在那里找到销路。乡村居民的辛勤劳作和改良因此多少受到鼓励。城市所处的那部分乡村地区，由于最靠近城市，从中得到利益也最多。那里的天然产品，运费较省，即便商人以较高的价格从耕种者手上购进，将产品出售给消费者的时候，仍然可以定出和来自较为偏远地区的产品一样低廉的价格。

其次，城市居民获得财富之后，往往在乡间购置土地，以供出售。这种土地多半是未经垦殖的。商人们强烈地希望自己有一天成为乡绅，这愿望一旦实现，他们往往成为最擅长土地改良的人。商人的习惯，是花钱以图利润。一般的乡绅，是只将钱财用于消费。商人看到钱币出手，希望看到它归来那天携带着利润。乡绅花钱出手，权当为它送行。习惯的不同自然影响他们处理一切事务时候的性情。商人通常是勇敢的经营者，乡绅是胆小的业主。商人如果相信一项投资有望按照某个比例增大其价值，他就会在那里毅然投下巨资。乡绅即便在小有余资的时候，也多半不敢这样使用。他要是也作改良，所用的不是一笔资本，而是自己每岁的节余。有幸在一座四周的农村地区未经改良的城市居住过的人，经常会发现，在这一类的事业上，商人显示出的活力远远大于乡绅。除此之外，商人在长年的商业经营中自然地养成了有序、节约和谨慎的习惯，这些习惯使他一旦投身改良，必定成功，赢得利润。

第三点也即最后的一点，商业和制造业将秩序和良好的政府引进乡村居民的生活，随后又为他们带来个人的自由和安全，而在此前，这些人对他们的上司如同奴隶一般地依附，对他们的邻人则像敌人一样与之相争。据我所知，注意到这一点的只有休谟先生一人，但这确实是城市对于乡村的一切影响中最重要的一种。

要是一个国家，既没有对外的贸易联系，本身又完全不具备比较精密的制造业，则土地的产物在维持耕种者的生活之外，大部分的剩余物资将无法用于交换。在这种情况下，大地主就把它们全数用来款待客人。如果这剩余的物产可以供应100人或者1000人的酒食，他便将它们作100人或者1000人的酒食之用，此外，他也确实没有别的途径可以把它花费掉。于是，他随时随地都被仆从和宾客包围着，这些人的生活全仗他的恩赐，而他们既然无以回报，就只好听命于他，这就像士兵从君主那里领得饷银，理应听命于君主一样。当欧洲的商业扩张、制造业普及之前，自国王往下，富豪权贵们款待宾客的规模，都不是我们今天所能够想象的。威廉·卢弗的同伴们常嫌他的餐厅不够宽敞，那可是威斯敏斯特大厅。托马斯·贝克据说做过一次惊人之举：他的宾客太多，座位不够，他便让人把洁净的干草铺在地板上面，以便宾客们席地进餐时，不致弄脏华丽的衣饰。听说沃里克大公爵在他的庄园里，日宴3万人，这固然是大话，但是能够撑起这大话的数字，一定不会小。我们都了解，在最近的几年之前，苏格兰高地一带还流行着一种待客的风俗，与此几乎相同。而在缺乏商业和制造产业的国家，人们恐怕是经常可以看到这样的事情。波拉克博士说道，他见过有一位酋长，在牲口市场中，当道邀请所有的路人，包括乞丐，和他坐在一处，共享盛宴。

无论就哪方面说，租种大地主土地的佃农都依附于大地主，形同后者的仆从。此人即便不算奴隶，地主也可以随意要求他退租，因为他所交纳的地租无论就其哪一个方面而言，都与他从土地获得的生活资料不相称。数年前，在苏格兰高地，只需付出一克朗、半克朗、一头羊或者一头小羊的价格，就可以租到一块土地，足够维持一家人生活。直到今天，某些地方的情况还是如此；钱币在那里所能够买到的商品也并不比在别处更多。对于地主，如果得自土地的剩余产品一定要在这块土地上消费掉的话，他就宁可把其中的一部分放到离家相对远的地方，让那些像他的家奴一样依附着他的人去消费掉。这样于地主更加方便，因为这样他就不会有宾客过多，家里人口过众的麻烦。地主可以随意地要求佃户退租。佃户付出至多相当于一份免役租的价格，承租的土地就足够养活全家。所以，和其他任何的仆从一样，佃户对于地主的依附是无条件的。这样一来，地主好像是在自己家里养活他的仆从，又在佃农的家里去养活佃农的一家。既然两者的生活资料都是他的赐予，那么这种赏赐是否继续自然就要看他高兴了。

所以，古代贵族权力的基础，就在于这些时候大领主对于自己的佃农和家中奴婢所一定拥有的某种必然的权威。平时，他们一定是境内居民的法官，战时则是这些人的统帅。在他们各处的领地的范围内，只有他们能够征调所有的居民，率领他们，去反对不法者的行为，从而维持境内的秩序，执行法律。领主有这种权力，国王却没有。古时的国王实际上是王国境内最大的一个领主，其他的大领主尊重他，从而携手防御共同的敌人。国王要是运用自己的权威，到一个大领主的土地上，强行要求偿还一小笔债务，那么他所花费的力气，原本是可以用来消灭一场内战的，这是因为那里的人民既有武装，又习惯相互援助。为此，他只得将王国境内大部分地区的司法权交给善于执法的人代为行使；同样地，他又把民兵的指挥权交给懂得指挥军队的人。

但是，把这种地方性司法权的起源归于封建法律却是不对的。早在欧洲知道封建法律这个名称之前的几个世纪，大领主们本来就拥有最高的民事和刑事司法权，此外，他们还有征兵、铸币，甚至立法以治理自己的人民的权力。征服以前的撒克逊贵族的权威和司法的权力，就并不比征服以后的诺曼贵族的权力更弱。但是，直到征服以后，封建法律还是没有成为英格兰的习惯法。毫无疑问，早在封建法律出现以前，法国贵族本来就有的无所不至的权威和司法的权力就已经被引进这个国家。这些权威和这种司法的权力，一定都是上面讲到的财产状况和风俗习惯的产物。即便不问英法两国遥远的古代，晚近的时代也可以为我们提供大量证据，证明两者之间确凿的因果联系。距今不足 30 年以前，在苏格兰的洛赫巴地方有一位卡梅隆先生，既不是贵族，也算不上是一个大佃农，不过是盖亚尔公爵的一名家臣。他没有正式的委任状，本人又非治安推事，却在他的人民中间行使着最高的刑事司法权，他的执法，虽然看起来不够正式，倒是公正的。这种现象的存在，极有可能是因为当时地方上需要有人主持公共治安。此人一年的地租收入只有 500 镑，却在 1745 年率领 800 人参加了斯托亚起义。

推行封建法律的本意是要压缩大领主的权力，而决不是要将其扩大。这种法律在上自国王，下至最低级的领主的贵族阶层中，确立了形式上的隶属关系，同时还附带一系列的责任和义务。未成年的领主本人受到他的直接上级监护，他的地租和对于地租的管理权也掌握在那人的手中。于是，作为上级的国王变成了所有未成年领主的监护人，代替他们掌管地租，行使地租的管理权。国王有责任去维持这些年轻人的生活，负担其教育，并且用与后者门第相当的方式为其择偶。可是，这种制度只是增强了王权，削弱了大领主的力量，却并没有能够在境内居民中建立秩序和良好的政府。这是因为，它没有彻底改变造成这种混乱状态的财产状况和风俗习惯。政府的情况一仍其旧，上轻下重，而下重导致了上轻。虽然有了封建制度，国王仍然和从前那样无力约束领主的横行。领主们不断地进行战争，任意向人开战，甚至向国王发出挑战。国内一片暴力、掠夺和混乱。

但是，对外贸易和制造业的默默无声地运作，却慢慢地做到了封建制度的所有强制力量都做不到的事情。它们一天天地兴盛起来，为大领主提供某些东西。大领主渐渐可以用他土地上的剩余产品去交换，换来的东西供自己消费，而不是与人分享。一切都归自己，什么也不留给别人，人类的主子们的这句可耻的格言流行于一切的时代。所以，他们一旦发现一种方法，可以让自己独自消费地租的全部价值，以后就再也不愿意与人分享。他们会把 1000 人一年的生活资料或者对应的价格花在购买一对钻石纽扣或是别的没有价值的无用物品上面。他所花费掉的是这些生活资料所能赋予他的所有的势力和权威。然而纽扣毕竟属于他一个人，别人谁也没有份，而这种情况若是在从前，他是要和 1000 个人分享的。其间的区别显而易见，很容易作出取舍。这样，他们便将全部的权威和权力投入交易，而这只是为了满足他们最幼稚、最没有价值和最无耻的虚荣心。

一个国家要是既没有对外贸易，也没有较为精密的制造业，一个人要消费掉一年1万镑的收入，只有把它们用来养活1000个对他恭顺如同奴仆的家庭。而在今天的欧洲，一个人要消费掉1万镑的年收入，并不需要直接去养活20个人，或者雇上10个奴仆，对他们发号施令（他们也不值得他那样做）。他经常就是那样做的。和古老的消费方式相比，他通过间接的方式所维持的人数至少同样多，很可能更多。他花费全部的财产换来的贵重产品，数量尽管不多，但在采集和制成此物过程中使用的人数却一定可观。它的高昂价格的构成是这些工人的劳动工资和他们雇主的利润。他支付了这项价格，也就间接维持了这些工人和他们的雇主的生计。不过，对于其中的每一个人，他只支付了他们一年生活费中的很小一部分，对极少数人也许有1/10，对于多数人是1%，对于其他的人则不到1/1000，甚至是只有1/10000。所以，虽然他为每一个人都支付了生活费用，这些人却依着不同的程度并不依赖他，因为他们的生活并非靠着他一人的支持。

从前大领主们把地租收入用来维持佃农和侍从，他所维持的是自己所有的佃农和所有的侍从的全部生活。现在他们用这地租来支持商人和工匠的生计，他们的全体可以维持的人数应该与以前相当，若是考虑到先前在乡村款待客人时所不能避免的浪费，则他们的全体现在可以维持的人数很可能更多。然而，个别地看，领主中的每一个对于这更多人数中的每一个的生活费所作出的贡献，只占很小的比例。每一个商人或每一个工匠的生活资料，不是领主中的某一位所赐，而是得自千万顾客的集体的眷顾，因此他们虽然仰仗顾客的全体，对于顾客中的任何一位却并没有多少依赖。

大领主的个人支出一天天变大，侍从的人数却一天天减少，直到最后消失。出于相同的原因，他们也遣散了多余的佃农。农场的面积增加了，租种土地的人数却减少到了按照当时尚未完善的耕作技术和改良状态所必需保有的数目，佃农们对此颇有怨言。消去了多余的人口，从农民身上榨干了土地的全部价值，领主因而获得了比较多的剩余产品或者说比较大的剩余产品价格（两者是一回事）。不久，商人和制造业主又为他想出办法，让他能够像先前对待别的产品那样，把所有的剩余产品都用在自己的身上。同样的原因继续作用着。领主越来越希望把地租提高到超过当时土地实际的改良状态所能够提供的水平之上。对此，他的佃农表示同意，条件是必须保证他们拥有足够长的租地年限，以便投入资本，改良土地，收回成本，获得利润。领主为应付开支，满足自己的虚荣心，乐于接受这样的条件。长期租约就是在这样的情况下产生的。

领主固然可以随意要求佃农退佃，然而一个付足了地租的佃农，却并不完全地依附于领主。他们相互间是平等的，双方都从对方身上获得各自的利益。在这种情形下，佃农自然不会不顾自家的生命和财产，为领主服务。但是一旦他有了一个期限很长的租约，他就完全独立了。他只需遵守租约中的条款和国家的成文法和不成文法的规定，而不必再为领主出哪怕是一点点的力。

佃农独立了，侍从遣散了，大领主也不再能够干预地方上的司法程序，国家的治安便也不再受到影响。伊骚在饥饿困乏之中，为了生存的必需，为了一碗粥卖掉了自己天生的权力。大领主们出卖了自己与生俱来的权利，换来一堆不值一钱的漂亮的儿童玩具，他们自己也在这种挥霍中，沦落为城市中的殷实居民和商人，成为一个无足轻重的人。乡间也有了正式的政府机构，谁也没有实力去挑战乡间政府的工作，就和在城市里面一样。

下面讲的这件事情，也许有些离题，但还是要说一下。在商业发达的国家，古老的家族将大宗的地产，父子相承，传下许多代的情况是少见的。相反，在威尔士和苏格兰高地这种商业不发达的地区，这样的家族却仍然常见。阿拉伯的史籍中到处可见贵族的世系。一位鞑靼可汗写过一部历史，被译成多种欧洲文字，书中除去古老家族的世系表，好像也见不到什么别的东西。这可以证明，这样的古老家族，在这些国家是普遍存在的。在一个国家中，如果富人的收入只能用在维持尽可能多的人口，他的仁慈之心再是热烈，也不会试图去养活自己的财力所不能胜任的人口，陷自己于入不敷出的境地。然而当他有办法将自己的主要收入用在他自己的身上，他的支出就会像他的虚荣心和对自己的爱心那样没有限度。这就是为什么在商业盛行的国家，虽然法律在防范财富的流散方面作出了严格的规定，财富世代相承、留在同一个家族的手上的情形却不多见的原因。而对于鞑靼人和阿拉伯人这一类的游牧民族，财富原本就少有消费的机会，防止奢侈的法律其实无从谈起。所以简朴的国家，商业既不盛行，法律中虽然没有对于这些方面的限制，财富长期保留在一个家族手中的情形反而常见。

就这样，两个不同的阶级虽然没有为公众服务的本意，却携起手来，一同实现了这一次与公共福利关系重大的变革。在这过程中，满足自己最幼稚的虚荣心是大领主仅有的动机。商人和工匠却并不可笑，他们只是看着自己利益的所在而行动。他们追求一种小贩原则，哪里有一个便士，就去那里将它挣来，对于这种重大的变革，他们既没有认识也无法预见。一个愚昧，另一个勤奋，而这一场巨大的变革竟在这两者的手上造成了。

所以我们可以说，在欧洲多数的地区，城市里的商业和制造业对于农村地区的改良和开发，是原因而非结果。

问题在于，这样的发展顺序是违背事物的天然进程的，所以其进展的缓慢和不确定也是必然的事。只需把那些极度依赖商业和制造业以创造财富的欧洲国家的进步之缓慢，和财富完全基于农业的北美殖民地的发展之迅速作一比较，就可以明白这一点。欧洲大部分地方的人口，在将近500年间增加不足一倍。而在我国的北美殖民地，人口翻倍，只用了20年或者25年。在欧洲，小地主的人数无法增加，因为有长子继承权和其它种种永久所有权在限制对大土地进行分割。然而，小地主对于他那块面积不大的土地极为熟悉，这份小小的产业在他的心中激起的感情使他对其爱护周至，不但努力耕种，而且怀着快乐的心情装点它。一般地说，小地主是最勤奋、最聪明和最成功的土地改良者。另外，这些规定又限制了土地的买卖，结果是用于购买土地的资本多，而可供销售的土地数量少，一旦有土地上市，总是以垄断价格出售。购地者所得的地租连购地款的利息都不够支付，而在购地款项的利息以外，还有维修的费用和其它可能出现的偶然开支。所以在欧洲，将小笔的资本用来购置土地，最是无利可图。确实也有生活状况处在中等的人，打算结束经营，为安全计，也有选择将小额的资本投在土地上面的情况。另外，有人本身从事专门的行业，收入另有来源，也会喜欢把自己的节余用同样的方式保存起来。但如果是一个年轻人，既不经商，也不去从事专门的职业，也把两三千镑的资本用来购置小块的土地，自己耕种，像这样，他固然也可以舒舒服服地过日子，不需要依赖他人，然而今后却将和巨额的财富和显赫的声望无缘，而他若把这一笔款子投在别的场合，他也完全可以和别人一样，有机会获得这样的财富和声望。这样的人虽然不想成为地主，却又常常不屑去做农民。这样一来，市场上待售的土地数量很少，而价格极高，使得大量的资本无法被投入土地的耕种和改良，而这样的资本原本是可以用在这些地方的。北美的情况正相反，五六十镑的资本就足以使人涉足种植业。购买荒地，加以开垦，对于大资本和对于小资本一样，同样是大为有利可图的事情，要在这个国家获得财产和名望，这是最直捷的途径。的确，在北美，这样的土地等于奉送，即便标价出售，其价格也大大低于自然产物的价值。然而，这样的事情在欧洲，或者在土地私有化已久的任何国家，都是不可能有的。但是，如果地主死后，其地产在他众多的子女中平均分配，那么土地在这个时候就可能出售。大量的土地进入市场，垄断的售价就再不能够维持。出租这些购入的土地所取得的自由地租，大致就可以抵偿购地款的利息，这时用小笔资本购置土地也就和用它购置别的东西一样的有利。

英格兰的土地天然肥沃，相对全国的面积而言，海岸线是极长的，某些处于内陆最深处的地区因此也沾了水运之利。在这一方面，英格兰也许和其它的欧洲大国一样，得到大自然的赐予，成为对外贸易、为远方销售而建立的制造业和由此出现的所有形式的改良的中心。从伊丽莎白统治之初算起，英格兰的立法就向商业和制造业的利益倾斜，实际上，在欧洲所有的国家之中，英格兰的法律在总体上是最有利于这种产业，即使荷兰也不能比。在这一整个时期，英格兰的商业和制造业不断发展。乡间进行着的耕种和改良无疑也在进步，但和商业和制造业情况相比，似乎步伐缓慢，而且落后很大。农村土地中的大部分应该是在伊丽莎白以前就已经得到垦殖，但未经开垦的荒地到那时为止仍然很多，而即使是已经开垦的土地，其耕作的状况也远远没有达到可以达到的水平。不过，英格兰的法律倾向农业，不仅借助了保护商业、使之有利于农业这一种间接的方式，而且还制定了几种直接针对农业的奖励。谷物可以自由出口，并且还有奖金，只要不是在农业歉收的时候。当年的收成如果还好，便对外国谷物的进口课以重税，这实际上具有禁止其进口的效力。任何时候都禁止从任何国家进口活畜，这条禁令直到最近才为爱尔兰开了一个特例。

这样一来，耕种土地的人实际上在面包和肉类这两种最重要的土地产品上拥有了垄断的权利，他人无从染指。这套鼓励农业的政策至少体现了立法者重视农业的美好愿望，虽然在下文，我会努力说明这实际上是纯粹的空想。不过，在这所有的一切中最为重要的一点是，法律尽其所能，将安全、独立和他人给予的尊敬授予了英格兰的自耕农。所以，某个国家只要仍然存在长子继承权、向教会缴纳的什一税、在某些场合仍然容忍（违反法律精神的）永久性的所有权的情况，则它能够给予农业的的鼓励，就不会比英格兰更多。尽管如此，英格兰的耕地仍然处在这样的状况。可是，如果没有法律在商业的进步间接刺激农业的发展之外给予农业更为直接的鼓励，如果任由自耕农处在和欧洲其它国家的农民相同状态下，农业的状况又会怎样？自从伊丽莎白即位，时间已经过去了两百多年，在人类文明的繁荣期一般所能够持续的时间中，它已经是最长。

在英格兰以贸易立国而出名以前的大约一个世纪，法兰西在对外贸易中占据很大的份额。查理八世远征那不勒斯以前的法国航海业的规模，在当时人的观念中就已经很大。不过整体上看，法国的土地耕种和改良的状况不如英国。和英国不同，法国的法律始终没有给予农业直接的鼓励。

西班牙和葡萄牙借助外国船只，对欧洲其它各国进行对外贸易，然而其规模极为可观。这两国使用本国的船只对各自的殖民地进行贸易，由于这些殖民地资源丰富，面积广阔，因此这方面的贸易规模更大。可是这两个国家都没有建立制造业，为远方的销售供货，国内的大部分地区也没有得到开垦。除意大利外，葡萄牙的对外贸易在欧洲大国当中，已是历史最久。

在欧洲大国中，由于对外贸易和为供远方销售而建立的制造业的推动，每一寸国土都得到开垦和改良的，只有意大利一国。奎西阿丁说，在查理八世侵入以前，国中无论是山岭坡地还是贫瘠之区，也都像平原地区的沃土一样得到开发垦殖。该国所处的有利地理位置，加上国内林立的各个独立小邦，可能对于这种普遍的垦殖有所助益。不过虽然有这位明智而谨慎的现代历史学家的话，当时的意大利在垦殖方面的成就未必就胜过今日的英格兰。

虽然如此，任何国家从商业和制造业中取得的资本，仍是十分不可靠和不稳定的财富，除非将其中的一部分保存到土地的耕种和改良中去，并且体现在这一过程中。常言道，商人不一定要是某一国的国民。他经商的所在地，对于他来说基本无关紧要。一件小小的不愉快，就可以使他抽走资本，将这资本支持下的全部产业，从一国转移到另外一国。在资本落地——或者落到建筑物，或者落到持久的土地改良中——之前，资本中没有一个部分可以说是属于哪一国。据说汉萨同盟的成员城市拥有巨大的财富，但是只有在 13 和 14 世纪的阴暗的历史书中才能见到它们的痕迹。某些城市究竟在什么地方，它们的拉丁文名字究竟指着欧洲哪些城市，甚至这些都无法确定。15 世纪末和 16 世纪初的意大利遭遇灾祸，伦巴底和托斯卡纳一带各座城市的商业和制造业因而凋敝，即使这样，这一带仍然是全欧洲人口最多而土地耕种得最好的地方。弗兰德的内战和此后西班牙的统治，使安特卫普、根特和布鲁日的大商业迁往别处，然而弗兰德仍不愧是欧洲财富最多、开垦程度最好、人口最稠密的省份。得自商业的财富泉源经常因为战争和政治的因素而枯竭，而比较坚实的土地改良所创造的财富，除非遭遇来自蛮族敌人的一两百年间不中断的蹂躏，就像在罗马帝国晚期西欧各省发生的大动乱那样，它就不可能被毁灭。

第四篇　论政治经济学体系

政治经济学作为政治家或立法者的科学之一，提出了两个明确的目标：第一，向人民提供丰富的收入或生计，或者更准确地说，使人民能为他们自己提供这样的收入或生计；第二，为国家或政府供给充足的收入使其得以进行公共服务。总之，其目的在于富国富民。

不同时代和不同国家的财富增长过程产生了两种不同的关于富国裕民的政治经济学体系。一种可称为重商主义体系，另一种则是重农主义体系。我将试着尽我所能充分明了地解释这两种体系，从重商主义开始。重商主义是一个现代的体系，且在我国今日最为人所知晓。

第一章　论商业主义或重商主义的原理

财富由货币或金银所构成，这一流行观念自然而然地产生是由于货币具有两种功能——交易媒介和价值尺度。由于货币是交易媒介，相比使用其他物品，我们就可以用货币更容易地获取我们想要的东西。我们总是发现，手里有钱很重要。有了钱，想买什么就不困难了。由于货币是价值尺度，我们用所值的货币量来衡量所有其他物品的价值。有很多钱的人我们称他为富人，没什么钱的我们叫他穷人。一个人很吝啬或者渴望变富有，我们说他爱钱；一个人慷慨豪迈或大手大脚，我们就说他对钱不在乎。富足就是钱多。总之，在通俗的说法中，财富和货币无论在哪个方面都是同义语。

一个富裕的国家也像一个富有的人一样被认为拥有大量货币。对于任何国家来说，贮积金银都是致富的捷径。美洲被发现之后的某个时期，西班牙人每抵达一个陌生的海岸，第一个要问的问题通常是附近有没有发现金银。根据所获得的情报，他们从而判定那个地区有没有殖民的价值，或者那个国家有没有征服的价值。以前法兰西国王派遣僧人使者普拉诺·卡比诺到著名的成吉思汗的一个儿子那里去，据这位使者说，他们总是问他，法兰西王国的牛羊多不多？他们的问题和西班牙人所问的问题有同样的目的。他们想知道这个国家是不是足够富足，是不是值得他们去征服。和所有其他不熟悉货币的用处的游牧民族一样，他们把牲畜当做交易媒介和价值尺度。所以在他们看来，财富是由牲畜构成，这正如在西班牙人看来，财富是由金银构成一样。在这两者中，他们的看法或许更接近真理。

洛克先生曾提出货币和其他动产的区别。他说，其他各种动产如此容易消耗，以致由这些动产构成的财富不太可靠。一个今年富有这些动产的国家，即使毫无出口，仅凭自己的奢侈浪费，就可能在明年形成匮乏。相反，货币是一个可靠的朋友，虽然它可能从一个人手中转到另一个人手中，但只要使它不流出国门，就不太容易浪费和消耗。所以，在洛克看来，金银是一国动产中最稳固最实在的部分。基于这一点，他认为，增持更多金银应是一国政治经济的重大目标。

另一些人认为，一个国家如果能从世界当中分离出来，则国内流通的货币无论多少，都无关紧要。借这些货币流通的消费品只需要相应的或多或少的货币完成交换，他们承认，这样的国家的真实贫富完全取决于消费品的丰富或缺乏。但对于那些同外国发生联系的国家和那些不得不对外作战因而必须维持海陆军的国家，他们认为情形却又不同。除非将货币送到国外进行支付，否则这一点不可能做到；而要把很多货币送往国外，除非在国内就持有大量货币。因此，每一个这样的国家都必须在和平时期积累金银，以便在必要时有财力进行对外战争。

依照这些流行的观念，欧洲各国都曾研究在其国内累积金银的一切可能的办法，虽然并无多大成效。西班牙和葡萄牙作为向欧洲供应这些金属的主要矿山的所有者，曾以严厉的处罚或者课以重税的办法禁止金银输出。类似的禁令似乎也是以往大多数欧洲其他国家政策的一部分。甚至在古苏格兰的某些议会法案里我们也会意想不到地发现以重罚禁止携带金银出国的律令。法兰西和英格兰古代也有类似的政策。

当这些国家成为商业国时，商人们在很多场合都发现这样的禁令极其不便。他们要购买外国的货物运回本国或运往别国，使用金银常常比使用其他任何物品便利得多。于是他们反对这种禁令，认为它妨害贸易。

他们提出，第一，输出金银以购买外国货物并不总是在减少这些金属在国内的数量，相反，常常还可能增加其数量。因为，如果国内对外国货物的消费没有因此增加，那这些货物可以再出口到其他国家，如能以高利润售出，就可以带回比原本为购买货物而输出的金银多得多的财富。孟先生将这种对外贸易业务与农业上的播种期和收获期相比较。他说："如果我们只看一个农夫在播种期把上好的粮食撒到地里去的行为，我们会把他看成一个疯子而不是农夫。但当我们考虑到他在收获期、也就是他的耕耘的最后阶段的劳动，我们就会发现他的行为的价值和丰富产出。"

第二，他们提出，这样的禁令并不能阻止金银输出，因为金银价值大体积小，很容易走私。只有通过适当地注意他们所谓的贸易差额才能防止这种输出。当一个国家出口的价值大于进口的价值时，就发生了对外贸易顺差，外国需要用金银支付这一差额，从而增加了本国金银的数量。但当一国进口的价值大于出口价值时，就发生了贸易逆差，这一差额必须同样用金银支付，从而减少本国的金银数量。在这种情况下，禁令并不能阻止金银输出，而只会使金银输出更危险，费用更大。这样，汇兑对于有外贸逆差的国家更为不利，在外国购买汇票而不得不向出售汇票的银行进行支付的商人，不仅要承担将货币送往国外原有的风险、麻烦和费用，而且还要承担金银输出禁令所带来的特别风险。但汇兑对一个国家越不利，贸易的差额必然对这个国家也越不利。贸易逆差国家的货币的价值必然比贸易顺差国家低得多。例如，如果英格兰在它与荷兰的汇兑之中吃5%的亏，在英格兰就需要105盎司的白银才能购买到只值100盎司的荷兰汇票，这意味着英格兰的105盎司白银只值荷兰的100盎司，也就只能买到相应数量的荷兰货物。反过来，荷兰的100盎司白银在英格兰值105盎司，可以买到相应数量的英格兰货物。英格兰的货物卖到荷兰价格就低很多，而荷兰的货物卖到英格兰价格则高很多，这都是源自汇兑的差额。由于这种差额，流入英格兰的荷兰货币较少，流入荷兰的英格兰货币则较多。因此，这种贸易差额将如此地不利于英格兰，它需要把更大数量的金银输往荷兰。

这些建议里既有正确的部分也有强词夺理的部分。他们宣称贸易上的金银输出有利于国家，这是正确的。他们说，当人们私底下发现输出金银的好处，禁令就不能阻止这种输出，这也没错。但当他们认为政府需要比关心保持或增加其他有用商品的数量更关心保持或增加金银的数量，因为自由贸易能确保那些商品的适量供应而无须政府如此关心，这就是强词夺理。他们说汇兑中的高昂代价必然加剧所谓的贸易逆差，导致更多的金银输出，或许也是诡辩。高汇价对于该欠外国债务的商人来说诚然是不利的，他们要支付更多的钱给受理这些汇票的银行。但是，虽然由禁令而产生的风险可能使银行承担额外费用，却未必会因此而使更多的货币流出国外。这种费用一般是走私时在国内发生的，它不会在所需汇出的数目之上多流出一文钱。高汇价也自然会使商人们努力平衡他们的输入和输出，以使他们尽可能缩小汇兑金额。此外，高汇价肯定也会起到类似征税的作用，抬高外货的价格，从而减少对它们的消费。所以，高汇价应该不会增多，而只会减少他们所谓的贸易逆差，以及相应的金银输出。

尽管如此，这些建议却使它的听众深信不疑。商人们找到了国会、王公会议、贵族和乡绅当听众，即被认为对贸易懂行的人找了那些觉得自己是门外汉的人当听众。经验已经证明，对外贸易可以富国，贵族、乡绅和商人们一样了解这一点，但他们统统是知其然而不知其所以然。商人们完全知道对外贸易是如何让他们自己发财的，这是他们的本分。但对外贸易何以也让国家致富就不是他们分内的事了。他们从不考虑这个问题，除非他们得向国家提出需要修改外贸方面的律法。这时候他们就得说说对外贸易的好处，以及现行法律如何阻碍了得到这种好处。他们说，对外贸易可以带货币回国，但对外贸易法却使能带回来的货币比没有贸易法的时候要少，对那些决定这类事情的裁判官来说这个理由显得相当有说服力。因此，这些建议产生了预期的效果。禁止金银出口在法兰西和英格兰仅限于各自的铸币。外国铸币和金银块可以自由出口。在荷兰和其他一些地方，出口自由甚至延及本国货币。政府的注意力从提防金银出口，转移到对被看做唯一造成金银增减的贸易差额的监视上。一种没有结果的关注变成了另一种更加复杂、更加令人困扰但同样没有结果的关注。孟先生的《英国得自对外贸易的财富》（England's Treasure in Foreign

Trade）一书的书名，不仅成为英格兰而且成为其他所有商业国家的政治经济学中的根本信条。而最重要的国内贸易——等量资本可以提供最大收入、为本国人民可以创造最多就业机会的贸易——却被认为只是对外贸易的辅助。据信，国内贸易既不能从外国搞货币回来，也不能从国内送点儿货币出去，所以国内贸易决不会使得国家更富或更穷，除非它的繁荣和萧条可以间接影响对外贸易的状况。

一个没有自己的矿山的国家毫无疑问必须从外国取得金银，正如没有葡萄园的国家只能从外国得到葡萄酒。然而，似乎政府没有必要关注此物更多于关注彼物。一个有财力购买葡萄酒的国家，总会获得它所需要的葡萄酒；一个有财力购买金银的国家，也绝不会缺少那些金属。金银也和其他商品一样，需要以一定的价格购买；正因为金银可以买到其他所有商品，所以其他所有商品也可以买到金银。我们有充分的把握相信，自由贸易无须政府关注，也总会提供我们所需要的葡萄酒；我们也可以同样有把握地相信，自由贸易总会给我们提供无论在商品流通还是在其他用途上我们能够收支的全部金银。

在各个国家，各行业所能购入或产出的每一种商品的数量，自然会按照有效需求，或者按照那些为了让商品进入市场而愿意支付所须的全部地租、劳资和利润的人的要求，自行调节。但金银按照这种有效需求进行自我调节比其他商品都更容易、更准确，因为金银体积小而价值大，最容易从一个地方运到另一个地方，从价廉的地方运到价高的地方，从超出有效需求的地方运到不能满足有效需求的地方。比如，如果英格兰有要求更多黄金的有效需求，一艘邮轮就能从里斯本或其他任何有黄金的地方运来 50 吨黄金，铸成超过 500 万几尼的铸币。但如果有效需求需要同等价值的谷物，按 5 几尼一吨计算的话，进口这批谷物就需要载重 100 万吨的船只，或每艘载重 1000 吨的船只 1000 艘。对此英国的海军也会无能为力。

当一个国家输入金银的数量超出它的有效需求时，政府的任何警惕都不能阻止它再输出。西班牙和葡萄牙的严刑峻法并没能使他们的金银不外流。从秘鲁和巴西不断输入的金银超出了这两个国家的有效需求，使得金银在这两个国家的价格降低到邻国之下。相反，如果某个国家的金银达不到有效需求量，就会使金银的价格抬高到邻国以上，政府也用不着费心去进口它们，或者，即使政府竭力阻止进口它们，那也做不到。斯巴达人一旦有了财力，他们购买金银的行动就冲破了莱克格斯为阻止金银进入斯巴达而订的法律所设置的一切障碍。所有严厉的海关法律都不能阻止荷兰和戈登堡东印度公司的茶叶输入英国，因为他们的茶叶比英国公司运来的便宜。而走私茶叶的难度——以通常用来支付的白银来算，1 磅茶叶的体积是其最高价格 16 先令银币的体积的 100 倍，如果以黄金算的话则是两千倍，走私的难度也应按体积翻番。

金银的价格不像大部分其他商品的价格那样随着存货量的饱和或短缺而波动，部分是因为把金银从充足的地方运到缺乏的地方比运输那些受制于其体积的货物更容易。诚然，金银的价格并非总是不会变动，但其变动大都是缓慢的、逐步的和一致的。例如，有人认为（也许没太多根据），在本世纪和上世纪的欧洲，金银由于从西班牙属西印度群岛不断输入，其价值一直在逐渐下降。要使金银的价格突然改变，从而使所有其他商品的货币价格发生显著的涨落，那得有一场像美洲的发现所产生过的那样的商业革命。

撇开所有这些不谈，如果一个有财力购买金银的国家在某个时候缺乏金银，要补足它们总会比要补足几乎其他任何商品都更方便。如果制造业的原料不足，工业必陷于停顿。如果粮食不足，人民必陷于饥荒。但如果货币[①]不足，则既可代之以物物交换，又可通过信用赊账交易，每月或每年清算一次，更可用调节得当的纸币加以弥补。第一种方法很不方便，第二种方法就比较方便了，至于第三种方法，则不但方便，而且有时还会带来一些利益。所以，无论就哪一点来说，任何一个国家的政府对于保持或增加国内货币量的关心，都是不必要的。

可是，人们对于货币不足的抱怨是再普遍不过了。货币，也像葡萄酒一样，那些没有资本赢取它，也没有信誉赊到它的人，一定会感到经常缺乏它。而那些既有资本又有信誉的人则从不缺他们所需要的，无论是货币还是葡萄酒。然而，抱怨货币不足者未必都是只图一时之快的败家子。

① 单指金属货币。——译者注。

有时候，一整个商业市镇及其邻近地区都会有这样的抱怨。这通常是因为贸易过度而引起的。即使是节制的人，如果不依照自己的资本制定经营计划，也会像没有量入为出的浪子一样，既没有赢取货币的财力，也没有赊取货币的信誉。在计划实现以前，他们的资财就已耗尽，接着他们的信誉也完了。他们到处去向人借钱，但人家都说无钱可借。这种对货币不足的抱怨即使普遍，也并非总是证明国内流通的金银已失常量，而只是证明存在很多想望金银却无力得到的人。当贸易的利润偶尔高出平常的时候，贸易过度是无论大商人还是小商人通常都会犯的一个错误。他们输出的货币并不总比平常多，但他们在国内和国外通过信用赊购进超出常量的货物送往异地的市场，希望能在支付欠款的期限之前收回本利。如果在此期限之前没能收回本利，他们手里就一无所有，既不能换购到货币，也没法提供借贷担保。对货币不足的普遍抱怨，不是起因于金银的缺乏，而是由于这些人发现借贷困难，而他们的债权人发现债款难以收回。

如果要认真地证明，财富不是由货币或金银构成，而是由货币所购买之物构成，只有在用于购买时货币才有价值，未免多此一举，显得可笑。无疑，货币总是国民资产的一部分，但正如已经指出的，它通常只是一小部分，并且总是最无利可图的部分。

商人之所以普遍觉得用货币购买货物比用货物购买货币容易，并不是因为构成财富的更主要部分是货币而不是货物，而是因为货币是公认的和已确立的交换媒介，易于和其他一切物品交换，但同时又不那么容易得到。此外，大部分货物比货币更容易朽耗，如果保存它们，可能要蒙受大得多的损失。商人把货物攒在手里，比他把货物换成钱存在保险箱里，更容易使他在要用钱的时候无法应付。而且，他的利润更直接地是从售卖而不是从购买产生，因此他一般更急于把货换成钱，而不是把钱换成货。但是，虽然某些商人有时候会因为没能把他们仓库里丰富的货物及时售出而破产，一个国家却不会遭致同样的结果。一个商人的全部资本，往往就是容易朽耗的、预备来换钱的货物。而一国土地和劳动的年产物仅仅只有很小的一部分预备用来从邻国换取金银，极大部分是在国内流通和消费的，甚至这运往国外的剩余部分，一般大部分也是用来换取其他外国货物的。因此，即使预备用来换取金银的那些货物换不到金银，国家也不会破产。虽然这确实可能带来某些损失和不便，并使国家不得不采取一些补充金银量缺口所必需的权宜之计，但它的土地和劳动的年产物却会和往常一样或差不多，因为它有一样多或差不多的可消费资本来维持自己。虽然以货换钱并不总像以钱换货那么容易，但从长远来看，以货换钱却比以钱换货更为必要。货物除了换取货币外还有其他许多用处，但货币除了购买货物就一无所用。所以，货币必然追逐货物，但货物并不总是或不必追逐货币。买的人往往打算自己消费或使用，并不总打算再卖，相反卖的人总想再买。前者往往完成了他的全部任务，但后者顶多能完成他的任务的一半。人们渴求货币不是为了货币本身，而是为了他们用货币所能购买的东西。

有人称，可消费的物品很容易损耗，而金银则具备更大的耐久性，如果不是如此持续不断地输出，就可以在长期内将其积累起来，使一国的真实财富增加到令人难以置信的程度。因此，以这种耐久品交换易损耗品的贸易，被看做是对国家最为不利的。可是，我们并不去算计那种用英格兰的铁器去交换法国葡萄酒的贸易的不利之处，而铁器也是十分耐久的物品，如果不持续输出，也可能在长期内积累起来，使国内的锅釜增加到令人难以置信的数量。但是我们很容易知道，每一个国家这种器具的数量必然受它们的实际用武之地的限制；存着比烹饪通常消耗的食物所需的更多的锅釜是可笑的；如果食物的数量增加了，随之增加锅釜的数量也很容易，只要在增加的食物里拿出一部分去换锅子，或多维持一些做锅子的工人就行。我们也很容易知道，每一个国家的金银量都受这些金属的实际用武之地的限制，它们要么是当做铸币使商品得以流通，要么是成为各种家居器皿。在每一个国家，铸币的数量都受借它而流通的商品的价值的调节；商品的总值增加了，有一部分就会被直接送到有金银的外国去换取使商品流通所必需增加的铸币。而金银器皿的数量则受喜欢奢华的私人家庭的数目和财富的调节，这种家庭的数目和财富增加了，其所增加的财富中的一部分很可能就被用来求购更多金银器皿。试图通过引进或保存不必要的金银数量以增加国家的财富，和试图强迫私人家庭添置不必要的炊具以增加他们的快乐一样，是荒谬的。正像购买多余炊具的开支只会降低而不会提高这个家庭所享食品的数量和质量，任何国家购买多余数量金银的开支也必然会减少衣、食、住等人民日常生计领域的财富。必须记住，金银不论成为铸币还是杯盏，都是一种器具，就像炊具一样。如果增强对金银的使用，使依靠它得以流通、经营和制造的消费品增多，就一定会增加金银的数量。但如果用非常手段来增加金银的数量，那一定会减少对它们的使用，由于其数量受制于其使用，因此甚至也会减少它们的数量。如果金银囤积超出了所需的数量，那么，由于运输它们如此容易，闲置它们的损失又这样大，任何法律都将不能阻止它们被立即运出国门。

一个国家要对外作战，在异国维持海陆军，不一定就得累积金银。维持海陆军靠的是可消费物资而不是金银。如果一个国家通过其国内产业的年产，通过土地、劳动力和生产资料的年产而拥有了财富，它就有资本在异国购买可消费物资，在那里维持战争。

一国要为自己在异国的军队支付军饷及供应军粮，有三种不同的途径：第一，把一部分积累的金银运出国外；第二，把一部分制造业的年产物运往国外；第三，把一部分天然产物运往国外。

能被看做一个国家的积累或储备的金银，可以划分为三个部分：第一，流通的货币；第二，私人家庭的金银器皿；第三，因多年节俭而积攒于国库的货币。

从一国的流通货币中节余大量金银的现象很少见，因为这方面很难有大量剩余。根据一国之内每年所交易货物的总值，需要有一定数量的货币，以使货物流通并被分配到真正的消费者手里，多了也没什么用。流通渠道必然会自己吸收充足的货币，多了就容不下。但在进行对外战争的情况下，一般会从这个流通渠道里抽取一些货币。由于要在国外维持大量人员，国内所要维持的人数就减少了。国内流通的货物如果减少，其流通所必需的货币也会减少。在这种场合，通常会发行超常数量的各种纸币，比如英格兰的财政部证券、海军证券和银行证券，这些纸币代替了流通的金银，使国家有机会运送更多的金银去国外。但是，对于那些耗费高、持续时间长的对外战争来说，靠上述办法来维持只是杯水车薪。

熔解私人家庭的器皿已多次被证明更于事无补。上次战争开始的时候，法国曾采取这种办法，结果反倒得不偿失。

昔日，王室积累的财宝曾提供大得多、持久得多的资源。但在今天，除了在普鲁士国王那里，积累财宝似乎已不是欧洲王室们的政策的一部分了。

维持本世纪的战争的费用或许是有史以来最高昂的，但似乎很少来自无论是流通的货币还是私人家庭的器皿或是王室财宝的输出。上次对法战争花了英国 9000 万镑以上，其中不仅包括 7500 万镑新发行的国债，还有在每镑土地税上附加的 2 先令附加税，以及从偿债基金中每年借用的款项。这笔开支的 2/3 以上用于远邦异国，用在德国、葡萄牙、美洲，用在地中海各港口，用在东、西印度群岛。英国国王没有累积的财宝。我们也从未听说有大量器皿被熔解。当时人们认为国内流通的金银不超过 1800 万镑。不过自从上次重铸了金币，人们相信这种估计未免过低了。因此，不妨按照我记得的所看到和听到的最夸大的估计假定，我国金银总共有 3000 万镑。如果战争是通过我国的货币进行的话，那么即使依照这个估计数目，在六七年之间也一定已经把这些钱运出运回至少各两次。如果这种假定成立，就能提供最具决定意义的论据来证明，政府留心着保存金银是多么没有必要，因为根据这一假定，国内所有的货币一定曾经在这么短的时期内不知不觉出出进进了两次。可是，在这一段时期内，流通渠道并没有显得比平常更空虚；有财力换取货币的人很少感到货币缺乏。对外贸易的利润在整个战争期间确实比平时高，尤其是在战争快要结束的时候。这在英国各口岸引起了（它总是会引起的）一种普遍的贸易过度。而随着贸易过度，又引起了常见的对货币不足的抱怨。那些既没有财力赢取货币，又没有信誉赊贷货币的人觉得缺少货币，而正因为借债的人觉得难以借到，那些放债的人又觉得难以把债收回。不过，拥有可以换取金银的有价值之物的人，一般还是能得到有同样价值的金银。

所以，支付上次战争的巨大费用，必然不是主要靠着输出金银，而是靠出口英国的某些种商品。当政府或为政府做事的人与一个商人定协议让他汇一笔款到国外时，这商人就会开出一张期票寄到国外，但他肯定会想办法运一批货物而不是运金银出去，以支付接受期票的人。如果那个国家对这些英国的商品没有需求，他就会尽力把它们运往他可以支付期票的别的国家。把商品运往适合销售的市场，总能取得可观的利润，但运金银出国却很难得到任何利润。当运金银到国外用以购买外国商品，商人所获得的利润不是来自商品的购买，而是来自买到的商品回国后的售卖。

但如果他只是为了支付欠款而运出金银，那他就不能换回商品，因而也得不到利润。所以，他自然会想尽办法靠输出商品而不是输出金银来支付外国的欠款。在上次战争期间，英国输出了大量的货物，却没有带回来任何东西，这已经在《英国现状》的作者那里有所谈及。

除上述三种金银外，在所有大商业国，还有大量金银块在对外贸易中交替着输入和输出。这些金银块在不同的商业国之间流通，就像国家铸币在一国之内流通一样，它们可以看做这个大商业圈的货币。国家铸币的流动及其方向取决于在自己国境内流通的商品，大商业圈的货币则取决于在不同国家之间流通的商品。二者均用以便利交换，前者用于同一国家的不同个人之间，后者用于不同国家的不同个人之间。一部分大商业圈的货币也许曾被用来进行上一场战争。在发生全面战争期间，人们自然会认为，这种货币的流动及其方向与和平时期不同，应该更多的是在战场周围流通，更多地用于在战场及周边国家支付各国军队的军饷和粮食。但英国每年这样使用的商业圈货币无论多少，一定得以英国的商品或英国商品换来的其他物品，每年购买。所以归根结底，仍是商品，仍是一个国家的土地和劳动的年产物，才是使我们能够进行战争的终极资源。的确，认为每年这样大的开销肯定来自丰厚的年产是很自然的。比如，1761 年度的开销在 1900 万镑以上。任何积累都不可能维持这么大的年度开销，即使是一年的金银总产量也不可能。根据最可靠的统计，每年输入西班牙和葡萄牙的金银一般不会大幅超过 600 万镑，有几年，数量还不够支付上次战争中 4 个月的开支。

最适宜运往远国异邦为那里的军队换取军饷和粮食（或换取一部分商业圈货币再购买军饷和粮食）的商品，似乎是比较精巧、先进的工业品，这种商品价值大而体积小，因而可以以低廉的运费运往很远的地方。一个国家的工业每年有大量这样的产品剩余出口国外，这个国家就可以维持一场费用高昂的战争好多年，而无须输出大量金银，甚至无须拥有供输出的这大量金银。诚然，在这种情况下输出的大部分工业剩余产品虽然给商人带来了利润，但没有给国家带来任何利润，因为政府向商人购买外国期票，以便在外国购买军队的饷给和粮食。不过，总还有一部分剩余产品的输出能够带来回报。在战争期间，制造业有着双重任务：第一，生产为了支付政府开往国外供应其军队粮饷的期票而必须运往国外的产品；第二，生产用以在国外换回国内需要的消费品的产品。所以，在最具破坏性的对外战争中，很大一部分制造业往往会非常繁荣；相反，在恢复和平的时候它们却往往会衰落下去。可谓是国破业荣，国复业衰。英国制造业的许多不同部门在上次战争期间及战后一段时期的状况，可作这些话的例证。

任何开支浩大或旷日持久的对外战争都难以靠出口土地天然产物来维持。把如此大量的天然产物运往外国去购买军队的饷给和食物，所需费用太大，而且没有几个国家的天然产物，除了维持本国居民所需外，还能有大量剩余。因此，把大量天然产物运往外国，等于是把一部分人民所必需的生活资料运走。制造业产品的输出则不同。制造业工人的生活资料仍留在国内，输出的只是他们产品的剩余部分。休谟经常注意到昔日英国国王不能无间断地进行一场持续的对外战争。那时候的英国，除了土地天然产物和少量粗陋的制造品以外，没有别的东西来为驻外军队购买军饷和食物，而天然产物也不能从国内消费中节省出多少，粗制品又和天然产物一样运输费用太高。这种无能为力并不是由于缺乏货币，而是由于缺乏精巧、先进的工业品。那时候英格兰的买卖和现在一样是以货币为媒介的。那时候货币流通量与常规买卖交易的次数和价值的比例，必然与现在相同，甚至更大，因为那时还没有现在已代替了大部分金银的纸币。在几乎没有工商业的国家，出现非常情况时，君王很难从他的国民那里得到多少援助（其原因将在后面说明）。所以，在这类国家，君王一般会竭力积聚财宝，以此作为应付紧急事件的唯一资源。即使暂且还没有这种必要，处于这一形势的君王也会自然地倾向于为了积累财富而节俭。在这种简朴状态下，即使是一国之君的支出，也不是用来满足喜好宫廷豪华的虚荣心，而是用于赏赐佃户和款待家臣。虚荣心总是导致浪费，但赏赐和款待却不会如此。因此每一个鞑靼首领都拥有财宝。查理十二世著名的盟友乌克兰哥萨克首领马捷帕的财宝据说极多。梅罗文加王朝的法兰西国王全都有财宝。当他们把王国分封给儿子们时，也把财宝分给他们。萨克逊各君主以及征服后的最初几个国王，似乎也都有积累的财宝。每一个新朝代所做的第一件事通常就是夺取上一个国王的财宝，这是确保继承统治权的最重要的手段。而先进的商业国家的君王，却不必同样地积聚财宝，因为在出现非常情况时，他们通常能从他们的臣民那里得到特别的援助。他们自然、也许必然会赶时髦，其开销会和他们治内的各大领主一样，受奢靡的虚荣心的支配。他们宫殿里无用的华丽装饰一天比一天炫目，其花费不仅妨害积累，而且常常侵占那些用途更为必要的基金。德西利达斯关于波斯宫廷之言也适于一些欧洲君主的宫廷：他在那里看到浮华多而力量少，仆从多而士兵少。

输入金银不是一个国家得自对外贸易的主要好处，更不是唯一好处。随便哪两个地方之间进行对外贸易，它们都会得到两种好处。外贸使它们本国内不需要的那部分土地和劳动年产物被运走，给它们带来他们所需要的其他东西。通过换来其他这些能满足它们需要、增加它们用度的东西，外贸赋予了那些剩余产品以价值。利用这种措施，国内市场的狭隘性不会妨碍任何手工艺或制造业部门的分工发展到完善的境地。无论它们的劳动产品有多少超出了国内的消费量，只要对外贸易为它们打开了一个更广阔的市场，就会鼓励它们提高生产力，把年产量提高到最大，并因此而增加社会的真实收入和财富。对于进行外贸的所有不同国家，外贸一直在履行这些伟大而重要的任务。这些国家都从中受益，虽然说，商人所在国的利益还是要更大一些，因为商人一般总是关心供应本国人民的需要和输出本国的剩余产品多过关心别国。向那些需要金银但没有矿山的国家输入金银无疑是对外贸易的一部分，但却是最不重要的一部分。一个仅为这个目的经营外贸的国家恐怕在一个世纪之内都装不满一船金银。

并不是由于输入了金银，美洲的发现才使欧洲变得富裕。由于美洲矿山丰饶，这些金属的价格降低了。现在购买金银器皿所需的谷物或劳动，约为15世纪的1/3。每年付出同样多的劳动和商品，欧洲现在能购买的金银器皿数量是那时候的3倍。但是当一种商品的价格降到以往的1/3，并不仅仅意味着那些以前购买它的人现在可以购买3倍于当时的数量，而且也意味着买得起这种商品的人比以前大大增多了，可能增多10倍，也可能20倍。所以，欧洲现有的金银器皿数量，与如果没有发现美洲矿山（哪怕是在现有的进步状态下）相比，不仅可能多3倍以上，而且可能多20倍或30倍以上。无疑，时至今日，欧洲确实已经获得了好处，虽然这好处实在是微不足道。金银价格的低廉使这些金属不像以前那样宜于充作货币。为了买同样的东西，我们现在要带上更多的金银，以前口袋里装4便士就可以了，现在要装1先令。很难说以前的方便和现在的不方便哪个更微不足道。无论哪一个都不会使欧洲的现状产生任何根本的变化，但是，美洲的发现却的确带来了最根本的变化。它为欧洲所有的商品打开了一个新的、无穷无尽的市场，带来新的劳动分工和工艺改进，而在从前通商范围狭窄，没有一个能消化大部分产品的市场的时候，这是绝不可能发生的。欧洲的劳动生产力提高了，各国的产品增加了，居民的实际收入和财富也随之增加了。欧洲的商品对于美洲来说几乎都是全新的，美洲的很多商品对于欧洲也是如此。于是，开始产生一系列以前从未想到过的新的交易。本来，这自然应该对新大陆有利，就像它肯定会对旧大陆有利一样。但是，由于欧洲人的野蛮和不公，使这一本应有利于所有人的事情，对那些不幸的国家来说却成了破坏性的和毁灭性的。

经由好望角至东印度的航道差不多同时被发现，这开辟了一个可能比美洲更广阔的对外贸易的空间，即使距离更远。美洲当时只有两个在各方面都比野蛮人优越的民族，它们几乎一经发现就被消灭了，剩下的只不过是野蛮人。但是，中国、印度、日本等帝国以及东印度的几个帝国，除了没有更丰富的金银矿产以外，在其他各方面都比墨西哥或秘鲁更富饶，土地耕作得更好，所有的手工艺和制造业都更先进，哪怕那些西班牙作者关于这些帝国从前的情形的夸张记载显得很不可信，我们也仍得承认这一点。而富裕与文明的民族之间做交易的价值总是比它们与野蛮民族做交易大得多。可是，迄今为止欧洲从它与东印度的贸易中得到的利益，大大少于从它与美洲的贸易中所得到的。葡萄牙人独占东印度贸易差不多有一个世纪，欧洲其他国家要向东印度输送或从那里得到任何货物都只能间接通过他们。荷兰人在上世纪初开始侵入东印度时，将他们与东印度的全部贸易交给一家专营公司经营。英国人、法国人、瑞典人和丹麦人都效仿这一先例，结果，没有哪个欧洲大国从与东印度的自由贸易中得到了好处。这就是为什么东印度贸易的好处从来比不上美洲贸易的原因——在对美洲的贸易中，几乎每一个欧洲国家和它的殖民地之间的贸易都对这个国家的所有民众开放。那些东印度公司的专营特权和巨大财富，以及它们从各自政府那里得到的诸多关照和保护，已经引来了很多嫉妒。嫉妒者常常声称，由于进行这项贸易的国家每年要输出大量白银，所以这项贸易是完全有害的。对此，有关方面的答复是，白银的持续出口确实可能使欧洲在总体上受损，但对于那些从事这项贸易的个别国家则并非如此。因为，通过把一部分换回来的货物再出口到其他欧洲国家，每年可以使这个国家得到比输出去的数目多得多的白银。反对者的意见和对其答复都建立在我之前一直在阐明的流行观念之上，所以对这二者我都不必再多说什么了。由于每年往东印度输出白银，欧洲银器的价格可能比不输出白银的情况下高一些，而银币所能够买的劳动力和商品则更多。前一种影响是极小的损失，后一种影响是极小的得益，二者都微不足道，不值得社会关注。对东印度的贸易为欧洲的商品——或者，也可以说是为购买这些商品的金银——打开了一个市场，必然会增加欧洲商品的年产量，从而增加欧洲的实际收入和财富。迄今为止它们还增加得很少，可能是由于这种贸易处处受限制的缘故。

关于财富由货币或金银构成这一流行观念，我认为有必要加以详尽考察，虽然这可能会冗长沉闷。正如我已经论述过的，在通常的说法中，货币常常意味着财富，这种表达的简洁含混使得我们对这一流行观念感到亲切和熟稔，甚至那些深知其荒谬的人也很容易忘记他们自己的原则，在论证过程中把它当做既定的、不可否认的真理。英国一些研究商业的优秀学者开始的时候还说，一个国家的财富不仅在于金银，而且在于土地、房屋和各种可消费品，但在他们的论证过程中，土地、房屋和消费品似乎从他们的记忆中消失了，在他们的论述腔调中，往往假定了所有财富均由金银构成，增加这些金属是国家工商业的重大目标。

但是，如果这两条原则（财富由金银构成；无金银矿山的国家只有通过贸易差额、即出口价值超过进口价值才能输入金银）已然确立，那么政治经济学的重大目标是必定会成为尽量减少供国内消费的外国商品的进口，尽量增加国内产业产品的出口的。因此，限制进口和鼓励出口就成了使国家致富的两大引擎。

对进口的限制有两种：

第一，对于供本国消费的外国货物，如能由己国生产，则不论从哪个国家进口都加以限制。

第二，对于从贸易差额不利于己国的那些国家进口的几乎所有的货物都加以限制。

这些不同的限制措施，有时是高关税，有时是绝对禁止。

鼓励出口的措施，有时是退税，有时是奖励，有时是和外国订立有利的贸易条约，还有时是在遥远的国度建立殖民地。

退税在两种不同情况下实行。如果本国制造品已经缴纳关税或消费税，在其出口时常常退还已纳税额的一部分；如果是为了再出口而进口的需纳税的外国货物，在其出口时有时退还已纳税额的全部或一部分。

对那些刚起步的制造业，或被认为值得特别关注的企业的产品出口，会给予奖金以资鼓励。

通过有利的贸易条约，本国的货物和商人可以在某些国外地区获得优于其他国家的特权。

通过在遥远国度建立殖民地，不仅使宗主国的货物和商人享有某些特权，而且常常获得垄断地位。

上述两种限制进口的手段和四种鼓励出口的手段，是重商主义体系为了使贸易差额有利于本国从而增加国内的金银数量所提出的六种主要手段。我将在下面的章节里对这些手段进行考量，但不再过多关注它们有没有所说的把货币输入到国内来的倾向，而将主要围绕它们对国家产业的年产所可能带来的影响。由于这些手段往往会增加或者减少国内年产物的价值，显然它们也一定会增加或减少国家的实际财富和收入。

第二章　论限制进口国内能生产的商品

采取高关税或绝对禁止的手段对从国外进口国内能生产的商品进行限制，多少能够确保国内生产这类商品的产业对国内市场的垄断。例如，禁止从外国进口活牲畜和腌制食品，就确保了英国畜牧业者对国内肉类市场的垄断。对谷物进口课以高额关税（在谷物数量饱和的年份里高关税等于禁止其进口），给谷物生产者带来相同的利益。禁止外国毛织品进口同样有利于毛织品制造业。丝织业虽然完全使用外国原材料，但是近来也已获得同样的利益。麻织业尽管还未取得这样的利益，但也正在向这一前景大步迈进。许多其他种类的制造业也以同样的方式在英国完全取得了或几乎取得了不利于国人的垄断地位。英国所绝对禁止进口或在某些条件下禁止进口的商品种类之繁多，不太熟悉关税法的人是很难想象的。

国内市场的垄断地位往往使得享有它的各种产业受到极大鼓励，并且，毫无疑问，常常使更多的社会劳动和资本转到这些产业上来。但是，这样是否能增进社会总产业，或引导其朝着最有利的方向发展，也许不会十分明显。

社会总产业决不会超过社会资本所能投入的限度。就像任何个人所能雇佣的工人数必定和他的资本成某种比例一样，一个社会的全体成员所能持续雇佣的工人人数，也一定和那个社会的全部资本成某种比例，决不会超过这个比例。任何商业法规都不能使一个社会的产业数量增加到超出其资本所能维持的限度。它只能使本来不属于某一方向的一部分产业转到这个方向来。至于这个人为的方向是否比它自己投入的方向更有利于社会，却不能确定。

每一个人都不断地努力为自己所能支配的资本找到最有利的用途。诚然，他所考虑的是自身的利益，而不是社会的利益，但他对自身利益的考量自然会或者毋宁说必然会引导他选定最有利于社会的用途。

首先，如果能够获得资本的正常利润，或者比正常水平稍低的利润，每个人都想把他的资本投在尽可能接近自己家乡的地方，从而他对本国产业的支持也会尽可能的多。

因此，如果有相等的或差不多相等的利润，每个批发商自然会宁愿从事消费品的国内贸易而不愿从事对外贸易，宁愿从事对外贸易也不愿从事中间商贸易。从事国内贸易的话，他的资本不会像从事对外贸易那样长期不在他的视野之内。他能更好地了解他所信托之人的品质和状况，即使他偶然被骗，他也更清楚有关索赔的本国法律。如果从事中间商贸易，商人的资本一般会分投在两个境外国家，没有任何部分有放在本国的必要，也没有任何部分会置于自己的直接监督和掌控之下。例如，如果一个阿姆斯特丹商人的生意是把谷物从克尼斯堡运到里斯本，把水果和和葡萄酒从里斯本运到克尼斯堡，那他通常必须把一半资本投在克尼斯堡，另一半投在里斯本。没有任何资本有流入阿姆斯特丹的必要。这样的商人自然应当住在克尼斯堡或者里斯本，只有在非常特殊的情况下他才会住到阿姆斯特丹。但是，因远离自己的资本而产生的不安，往往使他把一部分本应运往里斯本的克尼斯堡的货物和一部分本应运往克尼斯堡的里斯本货物运到阿姆斯特丹。虽然这样做肯定要使他承担装货和卸货的双重费用以及一些关税，但是为了让他的一部分资本能处在他自己的监督和掌控之下，他甘愿担负这些额外的费用。正是由于这种情况，那些在中间商贸易中占有相当份额的国家，往往成为它所运输的各国货物的中心市场或综合市场。而为了免于二次装卸，商人们总是将尽可能多的外国货物在国内出售，从而将中间商贸易尽可能地变成消费品的对外贸易。同样，一个从事消费品对外贸易的商人，当他收集货物运出国外出售和他在国内出售这些货物的利润相同或差不多的时候，他总是会愿意把尽可能多的货物在国内出售。当他这样把对外贸易尽可能地变成国内贸易，他就可以避免承担出口的风险和麻烦。这样一来，每一个国家居民的投资中心就是他们自己的国家——如果我可以这样说的话——他们的资本不断围绕这一中心流通，趋向着这一中心，虽然，由于特殊的原因这些资本有时候会被迫离开这个中心，用在更遥远的地方。不过正如我已经指出的，投在国内贸易上的资本，与投在消费品的对外贸易上的等量资本相比，必然会推动更多的国内产业，并使国内有更多的居民可以得到收入和就业机会。投在消费品对外贸易上的资本，与投在中间商贸易上的等量资本相比，也有同样的优点。所以，在利润均等或几乎均等的情况下，每一个人都自然地会倾向于运用其资本为国内产业提供最大的支持，使最大数量的本国居民获得收入和就业机会。

其次，每一个把资本投在国内产业上的人，必然会努力经营这个产业以创造最大价值。

劳动产品是劳动对象或劳动所用原材料的增殖。劳动者所得利润的大小，和劳动产品价值的大小成比例。由于任何人投资产业都只是为了追求利润，所以，他总是会努力使他投资的产业的产品具有最大的价值，或者说能交换最大数额的货币和其他商品。

但是，一个社会的年收入总是正好等于这个社会的产业的年产品的可交换价值，或者也可以说，这两者就是同一回事。所以，由于每一个人都会尽其所能运用其资本发展国内的产业，并努力经营这一产业以创造最大产值，每个人就都尽其所能地增加了社会的年收入。的确，通常他既不打算促进公共利益，也不知道自己在多大程度上促进了这一利益。他选择投资支持国内产业而不是支持外国产业，考虑的只是他自己的资本的安全；他经营他的产业使其生产价值最大化，也只是为了自己的利益。在这种情况下，与在许多其他情况下一样，有一只看不见的手引导着他去达到一个他无意追求的目的。虽然不是他的本意，可对社会来说并非不好。他追求自己的利益，常常能促进社会的利益，比有意这样去做更加有效。我从未听说过，那些装作为公众利益而经营贸易的人做过多少好事。当然，这种伪装在商人们中间并不十分普遍，用不着多说什么劝阻的话。

一个人的资本应该投资何种国内产业，何种产业的产品最有价值，关于这一问题，显然每一个身处其境的人都能比政治家或立法者做出更好的判断。如果政治家企图指导私人如何运用他们的资本，那不仅是多此一举，而且是在僭取一种他既不愿放心地交给任何个人，也不愿放心地交给任何委员会或参议院的权力。把这种权力交给一个荒唐的、自以为是的认为自己有资格行使它的人，是再危险没有的了。

给予国内产业中任何特定的工艺或制造业的产品在本国市场上以垄断地位，就是在某种程度上指导私人应如何运用他们的资本，而在大多数情况下，这种措施几乎毫无例外地必定是无用的或者有害的。如果国内产业的产品在本国市场上的价格与外国产业的产品一样低廉，这种措施显然是无用的。如果不是一样低，那这种措施则通常有害。假如自己在家里制造一件东西要比到外面买它付出得更多，就决不要在家里制造，这是每一个持家有方的人都明白的道理。裁缝不会自己来做鞋子，而是从鞋匠那里购买。鞋匠不会自己来做衣服，而是请裁缝。农夫既不想裁衣，也不想做鞋，他都请别的手艺人来做。他们都觉得，为了自己的利益，应当把全部的精力都集中到比邻人有优势的方面，而以其一部分的劳动产品或其价格（二者是一回事），去购买自己需要的其他东西。

在一个私人家庭中是精明的行为，对一个国家来说也不可能是愚蠢的。如果外国能提供比我们自己制造来得更划算的商品，那我们最好就用我们较有优势的产业的一部分产品向他们购买。国家的总产业总是与其所用资本成比例，它不会因此而削减，正如上面所说的手艺人的劳动不会削减一样，只不过任其寻找最有利的用途而已。生产那些买比做更划得来的东西显然不是最有利的，而不把劳动用在显然比这更有价值的商品生产上，一定会或多或少地减少其年产品的价值。按照设定，从国外购买这种商品比在国内生产它们更便宜合算，因此，如果顺其自然，其实我们只需用等量资本投入国内产业所生产产品的一部分或其价格的一部分，就可以把这商品购买进来。所以，如果给予这类本国产品以垄断权，一国的产业就被从比较有利的行当转向比较不利的行当，其年产物的价值不是像立法者所想的那样有所增加，而是由于每一种这样的措施而必然地减少。

诚然，通过这种措施，某些特定的制造业有时能比没有这种措施时更迅速地确立起来，经过一段时间，其产品可以做到和国外一样便宜或更便宜。但是，虽然社会产业可以由此更快地找到某种有利的渠道，社会产业和收入的总额却决不会因此而增加。社会产业的增加只能与社会资本的增加成比例，而社会资本的增加又只能与社会收入的节余成比例。而上述维护垄断的措施就是减少社会的收入，减少社会收入就一定不会比任由资本和劳动寻找自然的用途更迅速地增加社会的资本。

没有这种措施，某些特定产业虽不能在社会上确立起来，但是，社会在其发展的任何时期都不会因此而变贫困。在社会发展的每一时期内，它的全部资本和劳动，虽然使用对象不同，但仍可能用在当时最有用的用途上。在每一时期内，社会收入均可能是社会资本能提供的最大收入，而资本和收入均可能按最大的速度增加。

在生产某种商品上有时候一国对另一国享有的自然优势是如此巨大，所以全世界都承认，向这种优势挑战是徒劳的。通过盖玻璃、建温床和温墙，在苏格兰也能种出很好的葡萄，用它也能酿出很好的葡萄酒，但费用约为从外国购入同等品质葡萄酒的30倍。禁止所有外国葡萄酒的进口，只是为了鼓励在苏格兰生产波尔多和勃艮第酒，这难道是合理的法律？如果说为了得到所需的等量产品，不去从外国购买，而是用30倍的劳动和资本在本国制造显然荒谬，那么，即使用多出1/30甚至1/300的劳动和资本这样去做也同样荒谬，虽然荒谬的程度没有那么惊人，但荒谬的性质完全一样。至于这样一国对另一国享有的优势是天然固有的还是后来取得的，都无关紧要。只要一国享有这种优势，而另一国没有，后者向前者购买这种优势产品就总是比自己制造更为有利。一个手艺人对另一行业的手艺人的优势只是后来取得的，但是他们都发现，从对方那里购买人家的产品比自己生产这种产品更为有利。

商人和制造业者是从这种国内市场垄断获得最大好处的人。禁止外国牲畜和腌制食品进口，以及对外国谷物征收高关税（这在一般的丰收年份等于禁止进口）给英国畜牧业者和农场主带来的利益比不上商人和制造业者从同类措施中所得的利益。制造品，尤其是比较精巧的制造品，比谷物和牲畜更易于由一国运至另一国。所以，对外贸易以运送和贩卖制造品为主要业务。在制造品方面，一种非常小的优势就可以使外国商人能够以低于我国人工产品的价格出售其商品，即使是在国内市场上；而在土地天然产物方面，需要有极大的优势他们才能做到这一点。如果允许外国商品自由进口，一些本国制造业或许会遭受损失，有的也许完全破产，投入其中的资本和劳动有相当一部分会被迫寻找其他用途。但是，天然产物的进口即使在最自由的情况下，也不会对我国的农业产生这样的影响。

例如，即使外国牲畜的进口十分自由，能进口的牲畜也会很少，大不列颠的畜牧业并不会受到多大的影响。活牲畜可能是海路运输贵于陆路运输的唯一商品。通过陆路，它们可以自己走到市场上去。通过海路，则不仅要运牲口，还得运它们的食物和饮水，这些费用和麻烦可不小。确实，爱尔兰和大不列颠之间的海路较短，使得从爱尔兰进口牲畜较为容易。但是，即使它们可以随时自由进口（最近的自由进口许可是有时间限制的），对大不列颠畜牧业者的利益也不会有多大的影响。与爱尔兰海相邻的大不列颠领土全是畜牧之地，爱尔兰的牲畜在这些地方没有市场，它们只能穿过这些广阔的地区（费用和麻烦当然不小），赶往其他合适的市场。而肥牲畜走不了这么远，所以，只能进口瘦牲畜。进口瘦牲畜不会损害饲育牲畜之地的利益，瘦牲畜价格的降低对这些地方反倒有利；它只会损害繁殖牲畜之地的利益。而允许自由进口之后爱尔兰牲畜的进口数量之小，以及瘦牲畜依然坚挺的价格，都可以证明，即使是大不列颠繁殖牲畜之地，也未受到爱尔兰牲畜进口多大的影响。事实上，爱尔兰的老百姓据说曾强烈地抵制牲畜出口。不过，如果出口商认为继续出口牲畜有利可图，而法律又支持他们，那他们要克服这种群众抵制是很容易的。

此外，饲育牲畜之地的地理条件一定都已大为改良，而繁殖牲畜之地则通常尚未开垦。如果瘦牲畜售价高，也就增加了未开垦的土地的价值，这等于是对不改良的报偿。而对于那些全境的土地都已改良的国家，进口瘦牲畜比繁殖瘦牲畜更为有利。据说现在的荷兰就依循这一点。苏格兰、威尔士和诺森伯兰的山地确实是没多大改良余地的地区，似乎先天注定要成为大不列颠的牲畜繁殖场。外国牲畜的自由进口，只不过使这些繁殖场没法从大不列颠其他地方的人口增长和进步中得到好处，使它们不能把它们的牲畜的价格抬得过高，使它们不能从其他更进步和肥沃的地区获得更多收入。

腌制食品的自由进口也像活牲畜的进口一样，不会对大不列颠畜牧业者的利益产生多大的影响。腌制食品不仅是笨重的商品，而且和新鲜的肉食相比，它的品质更低，价格也更高（因为它要花更多的劳动和费用）。因此，进口腌制食品虽然能和本国的腌制食品竞争，但决不能和本国新鲜的肉食竞争。它可能被当做远洋船只上的食物，或用在类似用途上，但在人们的饮食中毕竟不占很大的部分。自从允许其自由进口以来，从爱尔兰进口的腌制食品并不多，这一事实实际上证明，我国畜牧业者不必为此担心。并无迹象表明，我国的肉类价格受到腌制食品进口的明显影响。

甚至外国谷物的自由进口对大不列颠的农民的利益也没有多大的影响。谷物比肉类还笨重得多，运送 1 磅只值 1 先令的小麦就要花上和运 1 磅值 4 先令的肉类同样的代价。即使是在大荒年，外国谷物的进口量也很少，这使我国的农场主感到欣慰，他们不必担心谷物的自由进口。根据信息详尽的谷物贸易研究者提供的数据，平均每年进口的各种谷物的数量总共不过 23728 夸脱，只占本国谷物消费额的 1/571。但是，由于谷物出口奖金在丰收年份导致了超过实际耕作状况所允许的出口，所以在歉收之年必然导致超过实际耕作状况所允许的进口。这样一来，今年的丰收就不能补偿来年的歉收。如果没有谷物奖金，那么出口的谷物将会比现在少，或许进口量也会因此比现在少。在英国和其他国家之间贩运谷物的商人将因此而失去许多生意，遭受许多损失。但对乡绅和农民来说，损失却很小。所以，正如我看到的，是谷物商人，而不是乡绅和农民，对延续和重建奖金制度抱以热望。

在所有人当中，乡绅和农民是最没有可憎的垄断心态的，这是他们的光荣。一个大工厂主有时会因为发现离他 20 英里内新建了一个同类工厂而感到惊慌。在阿比维尔经营毛织品制造业的荷兰人，就规定在那个城市周围 90 英里内不许建设同类工厂。相反，农民和乡绅通常更愿意帮助而不是妨碍他的邻人耕种和改进他们的田产。他们不像大多数工厂主一样有许多机密，而是大多喜欢和邻人互相交流，喜欢尽可能推广自己的新经验。老加图曾说："Pius Questus stabilissimusque, minimeque invidiosus; minimeque male cogitantes sunt, qui in eo studio occupati sunt."（"这是最受人尊敬的职业，从事这种职业的人，生活最稳定，最不为人忌，最没有不满之念。"）乡绅和农民散居全国各地，联络不方便；商人与工厂主集中居于城内，则容易联合。他们都沾染了行业内盛行的独占专营的习气，自然地想取得不利于国人的专营特权，就像取得不利于他所在城市的居民的专营特权一样。为保障对国内市场的垄断而限制外国商品进口，他们似乎是始作俑者。也许是效仿商人和工厂主，或觉得受到了压迫而要求平等，乡绅和农民们忘了他们固有的慷慨，起来要求谷物及肉类供给的垄断权。他们没有仔细去想一想，自由贸易对他们利益的影响其实比对商人和工厂主的影响小很多。

以永久性法律禁止谷物和牲畜的进口，实际上就等于规定，一个国家的人口和产业永远只能维持在本国土地天然产物所能维持的水平上。

但是，似乎在下面两种情况下，对外国产业或产品施加某些负担以鼓励国内产业会有好处。

第一，当某种产业为国防所必需时。例如，大不列颠的国防在很大程度上取决于其海员和船只的数量。因此，《航海法》适当地力图赋予大不列颠的海员和船只在本国海上贸易中的垄断地位，对外国船只，有时候是绝对禁止，有时候是课以重担。航海法的主要规定大致如下：

（一）凡与大不列颠移民地和殖民地通商或在大不列颠沿岸经商的船只，其船主、船长及 3/4 的船员，必须为英国籍臣民，违者没收船只及所载货物。

（二）各种笨重的进口商品，只能由上述那种船只或商品出口国的船只（其船主、船长及 3/4 的船员为该国臣民）输入大不列颠，如果由后一类船只输入，必须征收加倍的外国人税。如果由其他国家的船只输入，则没收船只及所载货物。这项法令颁布的时候，荷兰人是欧洲最大的中间商（现在也仍是），但由于这项法令，他们再也不能当大不列颠的中间商，也不能再把欧洲其他国家的货物运入我国了。

（三）各种笨重的进口商品，禁止从不是生产国的其他任何国家进口，即使是用不列颠的船只也不例外，违者没收船只及所载货物。这项规定可能也是专门针对荷兰人的。那时荷兰和现在一样，是欧洲货物的大市场。有了这个条例，英国船只就不能在荷兰境内起运欧洲其他国家的商品了。

（四）各种腌鱼、鲸须、鲸鳍、鲸脂，如果不是由英国船只捕获及加工，在输入不列颠时必须征收加倍的外国人税。在那时，荷兰人是欧洲唯一向其他国家提供海鱼的渔民（现在主要的仍是他们），现在有了这个条例，他们以鱼提供给英国就须缴纳极重的税了。

该《航海法》制定的时候，英国、荷兰两国虽然实际上没有战争，但两国之间存在着强烈的仇恨。仇恨在长期议会（the Long Parliament）统治时期开始酝酿（期间制定了这项法律），不久在克伦威尔王朝和查理二世王朝时期的荷兰战争中爆发了出来。这个著名法律有几个条目很可能是从民族仇恨出发的，但确实又像深思熟虑的结果一样明智。当时的民族仇恨，以削弱唯一可能危及英格兰安全的荷兰海军力量为目的，这和最冷静的思考所要求的正相同。

《航海法》对对外贸易是不利的，或者说，对可能由对外贸易产生的财富之增长是不利的。一个国家在对外贸易中的利益，和一个与人做交易的商人的利益一样，要看是否买得尽可能便宜或卖得尽可能贵。但是，一个国家只有当贸易非常自由，其他所有国家都受到鼓励把这个国家所需的货物运到它这里来的时候，它才最有可能买得便宜；同样，只有当它的市场上挤满大量买者的时候，一个国家的商品才最有可能卖得贵。诚然，《航海法》并没有给到英国来购买货物的外国船只增加税费负担。甚至过去出口和进口商品通常都要缴纳的外国人税，也经过后来的几项法令被免除，有大部分的出口商品无须再缴纳了。但是，如果禁令或高税率阻止了外国人前来出售他们的商品，他们也就不会总是有能力来购买商品，因为如果船只不载货物前来，他们就损失了从自己的国家到英国的路费。由于减少了前来销售货物的人数，我们必定也减少了购买者的数量，这样，与贸易完全自由的时候相比，我们不仅在购买外国货物时要买得更贵，而且在出售本国货物时要卖得更便宜。不过，由于国防比国富重要得多，《航海法》也许仍然是英国各种通商条例中最为明智的一种。

对外国产业或产品施加某些负担以鼓励国内产业，第二种有利的情况是在国内对本国产品课税的时候。在这种情况下，对外国的同样产品课以同样的税似乎也合理。这种办法不会使本国产业垄断国内市场，也不会使国家的资本和劳动流入某种特定产业比自然的情况下更多。对国内外的货物都课税只会防止自然情况下会投入这一产业的资本和劳动不会因为被课税而流入其他不那么自然的用途。国外产业和国内产业的竞争平台，在课税前和课税后也差不多一样。在英国，当对国内的产品课以此税的时候，为了避免商人和制造业者们抱怨他们的产品要在国内贱卖，通常就对同种外国商品的进口课以高得多的关税。

对自由贸易的这第二种限制，有些人认为，不应该仅仅局限于能与国内被课税的产品相竞争的那些外国商品。他们说，生活必需品要是在国内课税，那么，不仅对外国进口的同种生活必需品课税是正当的，而且对外国进口的能和本国产品竞争的所有商品课税也是正当的。他们说，课税必然会导致生活必需品价格抬高，而劳动价格会随着劳动者生活必需品价格的增高而增高。所以，本国产业生产的各种商品，虽然没有直接课税，但其价格都因为对生活必需品课税而上升了，因为生产各种商品的劳动的价格上升了。因此，他们说，这种课税虽然只以生活必需品为对象，但实际上等于对国内一切产品课税。所以，他们认为，为了使国内产业与国外产业居于同等地位，对进入本国而与本国商品形成竞争的所有外国商品，都必须课以与本国商品价格增高额相等的税。

对生活必需品课税（比如英国对肥皂、食盐、皮革、蜡烛等商品课税）是否必然提高劳动价格，从而提高其他一切商品的价格，我将在后面探讨赋税问题时加以考察。我们不妨先假定这种课税有这样的效果（它无疑是有这种效果的），但劳动价格提高导致所有商品价格提高与因直接课税导致特定商品价格提高，在以下两方面还是有所不同的：

第一，特种赋税能使特定商品的价格提高到什么程度，总是可以准确地判定的，但劳动价格的普遍提高能在多大程度上影响各种不同的劳动产品的价格，则不能很确切地判定。所以，不可能很准确地按照国内各种商品价格上涨的比例来对各种外国商品课税。

第二，对生活必需品课税对人民境况的影响，与贫瘠土壤和恶劣气候所产生的影响大致相同。在这两种情况下物资都会变得昂贵，因为生产它们都需要异常的劳动和费用。正如在因土壤和气候原因所造成的自然贫瘠时期指引人们使用其资本与劳动是荒谬的一样，在由于对生活必需品课税而引起人为的贫瘠时，指引人们这样那样去做也是荒谬的。很明显，在这两种情况之下，对人民最有利的是让他们尽可能地使自己的劳动适应他们的境况，即使在不利的情况下，也能在国内或国外市场上找到可以占据一些优势的行业。由于他们的纳税负担很重，由于他们对生活必需品支付了过高的价格，就让他们负担一种新税，让他们对其他大部分商品也支付过高的价格，这无疑是一种最荒谬的补偿办法。

当对生活必需品课征的赋税达到一定高度时，其危害与土壤贫瘠和天时险恶所造成的危害相同；然而征收这类赋税的地方通常都是最富裕和最勤勉的国家，其他国家经受不起这么大的混乱。只有最强健的身体才能在不卫生的饮食条件下生存并保持健康状态，所以，只有各种产业都具有最大先天优势和后天优势的国家，才能在这类赋税下生存并繁荣。荷兰是这类赋税最多的欧洲国家，但它的持续繁荣并不像最荒谬的看法所认为的那样是由于有了这类赋税，而是由于其特殊的国情。它的繁荣与这些赋税无关。

如上所述，在这两种情况下，给外国产业增加某些负担以鼓励国内产业是有利的，但还有另外两种情形在有些时候还有待思量。一种情形是，在何种程度上允许某种外国商品持续自由进口是适当的；另一种情形是，当自由进口中断了一段时间之后，在何种程度上以及用何种方式恢复它是适当的。

当某个国家以禁令或高关税抑制进口我国的某种制造品的时候，就得考虑在何种程度上允许这个国家的某种商品持续自由进口是适当的。在这种情况下，复仇心理自然会引起报复，我们会对他们的某些产品或所有产品课以同样的关税或施以同样的禁令。各国一般都是如此进行报复的。法国人为了庇护本国的制造业，特别倾向于抑制一切能和他们竞争的外国商品进口。这构成了科尔伯特政策中的很大一块。科尔伯特先生的才能虽然不小，但在这种情况下，却似乎为商人和制造业者的诡辩所蒙蔽了。而商人和制造业者所要求的垄断权对其国人总是不利的。现在，法国最明智的人都认为，他的这种举动对国家没有好处。这位大臣1667年颁布关税法，对大多数外国制造品课以极高的关税。由于他拒绝荷兰人减轻关税的要求，后者于1671年禁止法国的葡萄酒、白兰地和制造品进口。1672年的战争部分是由这场商业争端引起的。1678年两国签订尼麦根和约停战时，法国向荷兰做出让步，减轻了其关税，荷兰也由此撤回进口禁令。英法两国大约是在同一时候开始互相采用相同的高关税和禁令政策来压制对方产业的，但似乎也是法国人起的头。从那之后，两国之间存在的敌意使得双方迄今都不肯减轻关税。1697年，英国禁止弗兰德制造的麻花边输入，那时弗兰德属于西班牙的领地，作为回应，其政府禁止英国毛织品进口。1700年，以弗兰德撤回对英国毛织品的进口禁令为条件，英国撤回了对弗兰德麻花边的进口禁令。

能够得以撤销众人所抱怨的（外国对我国产品的）高关税或禁令，这种报复也可以说是好政策。恢复一个大的外国市场，足以解决由于某些商品在短时期内价格过高所带来的困难。要判断这种报复能否产生这种效果，与其说需要有立法家的知识，不如说需要狡猾的政治家或政客的技巧。因为立法家的考虑，应受持久不变的普遍原则的支配，而政治家或政客的考虑，则受瞬息万变的具体事件的指引。如果这种禁令没有可能被撤销，这种报复则不见得是一个好办法。当我们的邻国禁止我国某些产品进口时，我们通常不仅对其相同产品施行进口禁令，而且还禁止他们其他的一些产品进口，因为如果单是禁止前者，很难给他们施加足够的影响。这样做无疑可给我国某些行业的生产者以鼓励，替他们排除一些竞争者，使他们能在国内市场上抬高价格。但是，我国那些因邻国禁令而蒙受损失的生产者决不会从我们的报复性禁令中受益。相反，他们，以及几乎所有的其他的我国公民，在购买某些货物时都不得不支付比以前更为昂贵的价格。所以，这样的法律等于是对所有人课以实税，受益的不是因邻国禁令而蒙受损失的生产者，而是另外一部分生产者。

另一个情形：当本国的某些产业由于所有能与其竞争的外国商品都被课以高关税或禁止进口，所以已经发展壮大、从业人员众多的时候，那么，在外国商品自由进口中断一段时间之后，在何种程度上、以何种方式来恢复自由进口才是适当的，这有待思量。人道主义的态度也许会要求一步步地、小心翼翼地恢复自由贸易，因为如果骤然撤销高关税与进口禁令，廉价的同类外国货物可能迅速涌入本国市场，旋即造成成千上万的我国人民丧失生计。由此引起的混乱无疑会相当严重。不过，这种混乱也许并不像通常想象的那么大。原因有二：

第一，那些没有奖励金通常也可以出口到欧洲各国的商品，都不会受到外国商品自由进口的多大影响。这种商品出口到国外，其售价应该和同种类、同品质的外国商品一样低廉，因此它们在国内的售价只会更低，所以，它们仍会占据着国内的市场。尽管有些爱时髦的人，有时会因为是外国货就对其青睐，而不买本国制造的物美价廉的同类货物，但按照常理，这种蠢行只限于少数人，不会对人们正常的谋生渠道造成显著的影响。我国毛织业、制革业和锻造业中有很大一部分商品是不依赖奖励金出口欧洲各国的，而这几种行业的从业人员也最多。丝织业也许是由于自由贸易而受害最大的行业，其次是麻织业，但后者已经比前者所受损失小很多。

第二，虽然有很多人会因为这样恢复自由贸易而突然失去他们平常的工作和生计，但不能得出结论说，他们从此就被剥夺了工作和生计。上次战争结束时裁减的陆海军达10万人以上，数量上等于最大的行业里的从业人员，他们全都是突然失去了自己平素的工作，但是，虽然他们毫无疑问经受了困难，却并未因此被剥夺所有的工作和生计。大部分水兵可能逐渐在商船上找到了工作，同时，和他们一样，陆军士兵也被吸收到大众之中，从事于各种各样的职业。10万多人，本来全都习惯了使用武器，有许多还习惯了掠夺，他们的处境发生了这么大的变化，却不仅没有产生大动乱，甚至没有产生明显的混乱。就我所知，流氓人数在各地并未因此而有明显的增加，甚至，除了商船海员外，无论何种职业的劳动工资也未曾减少。如果我们比较士兵和任何种类制造业工人的习惯，我们就会发现，转换职业时，后者比前者更符合要求。制造业工人总是习惯于单凭自己的劳动谋生，而士兵则期望以饷给为生。一个习惯于勤奋和辛劳，另一个习惯于闲散和怠惰。由一种劳作转入另一种劳作，当然比由闲散怠惰转入劳作容易得多。此外，我已说过，大部分制造业都有性质类似的相关行业，所以，工人们很容易从一种制造业转到另一种制造业。大部分这样的工人有时候也被雇佣从事乡村劳动。以前某种制造业雇佣他们的资本仍然留在国内，可以以其他方式雇佣同等数量的工人。国家的资本仍然相同，对劳动的需要也和从前相同或大致相同，不过是用在不同的地方和不同的职业而已。我们知道，海陆军士兵被国王的军队遣散时有在大不列颠或爱尔兰的任何城市任何地方选择任何职业的自由。那就也恢复国王陛下的所有臣民选择自己愿意从事的职业的天赋自由，让他们像士兵们一样吧：即打破同业公会的专营特权，废除学徒法令（这二者都是对天赋自由的实际侵害），再取消居留法，使穷困工人在此行此地失了业的，能在彼行彼地就业，无须担心被检举或被排斥，这样，无论是公众还是个人，都不会因为某个行业的工人偶然被解散而承受比解散军队更大的困扰。我们的制造业工人对国家无疑有很大的贡献，但他们不会比那些以鲜血捍卫国家的士兵贡献更大，所以也无须额外对待。

诚然，期待在大不列颠完全恢复贸易自由，就像期待在这里建立“理想岛”或“乌托邦”一样荒谬。其难以抗拒的阻力不仅来自公众的偏见，而且还来自更难克服的许多私人的利益。如果部队军官反对裁军也像大制造业者反对可能在国内增加竞争者数量的法律一样激烈和一致，如果前者也以后者煽动工人的方式去鼓动士兵，以暴力攻击他们所反对的法案的提议者，那么，试图裁军就和现在试图在不论哪方面削减我国制造业者手里的对我们不利的垄断权一样危险。这种垄断权已经大大地增加了某些产业的人数和势力，他们像一支庞大的常备军那样，不但可以威胁政府，而且往往可以胁迫立法机构。如果议会的议员支持加强这种垄断的每一项提议，他不但可以获得精通贸易的赞誉，而且还可在一个人数众多、财富巨大，因而占有重要地位的阶层中受到欢迎和拥护。相反，如果他反对这类提议，尤其是他还有足够的权力去阻止这类提议的通过，那么，即使他是公认的正直人士，即使他有最高的地位，或有最大的社会功绩，也免不了受到最大的名誉侮辱和诽谤，免不了受人身攻击，有时候还会有实际的危险，这些无礼暴行都将来自愤怒和绝望的垄断者。

大型制造业经营者，如果由于在国内市场上突然遭遇外国人的竞争而不得不放弃原产业，其损失当然不小。通常用来购买原料和支付工资的那部分资本要另觅用途或许不会十分困难，但是固定在厂房和贸易设备上的那部分资本处理起来却不免造成相当大的损失。因此，为了公平地对待他们的利益，就要求这种变革不能操之过急，而要缓慢地、逐渐地、长时间地给以警告之后再实行。如果立法机构不为局部利益的无理诉求所左右，而具有为大众谋福利的远见，那么，它为此要特别谨慎，既不去建立新的垄断，也不扩大已经存在的垄断。每一种这样的法规都难免会在某种程度上造成国家宪法的失调，以后要去补救，又会引起另一种失调。

至于对外国货物课税不是为了防止其进口，而是为了增加政府收入，这在何种程度上是适当的，我将在后面探讨税收问题时予以考虑。为阻止或减少进口而设的关税，显然是有损于关税收入的，就像它有损于贸易自由一样。

第三章　论对来自贸易差额被认为于我不利的国家的各种商品进口实施特殊限制

第一节　论即便根据重商主义原则，这种限制也不合理

对来自贸易差额被认为于我不利的那些国家的几乎所有商品的进口施加特殊限制，是重商主义体系所提出的增加国家金银量的第二个策略。例如，在大不列颠，西里西亚的上等细麻布只要缴纳一定的关税，即可进口供国内消费，而法国的细葛布和细麻布则禁止进口，除非运到伦敦港的货栈以备出口。对法国葡萄酒所课的关税，要比对葡萄牙或其他任何国家的葡萄酒所课的关税

更重。根据所谓的1692年进口法，所有的法国货物都被课以从值25%的关税，而来自其他国家的大部分货物的关税则轻得多，很少超过5%。诚然，法国的葡萄酒、白兰地、食盐和醋不在此限，这些商品依照别项法律或此项法律的特殊条款缴纳别种重税。1696年，又认为25%的关税还不足以阻抑法国商品的进口，于是又对白兰地以外的法国商品再加征25%的关税，至于法国葡萄酒和法国醋则每桶分别课以25英镑和15英镑的新税。法国货物从未省免税则上列举的大部分货物必须缴纳的那些一般补助税[①]或五分税。如果把1/3补助税和2/3补助税也计算在内，法国商品要缴纳的全部补助税就有五种。因此，在这次战争开始以前，法国大部分的农产品和制造品至少须负担75%的关税。但是对于大部分货物来说，如此沉重的关税等于是禁止其进口。我相信，法国方面同样地苛待我国的商品，虽然我不太清楚到底苛刻到什么程度。这种相互的限制几乎断绝了两国之间一切公平的交易，使走私成了法国货物进入英国和英国货物进入法国的主要途径。上一章我考察过的那些原则起源于私人利益和垄断精神，我现在要考察的这些原则，则是起源于民族偏见和敌意，因此，正如可看到的那样，它们更加不合理，即使按照重商主义原则来看也是如此。

首先，即使英法之间自由通商的贸易差额确实对法国有利，也不能因此就断言这样的贸易或其全部差额对英国不利。如果法国的葡萄酒比葡萄牙的葡萄酒更好且更便宜，或者它的亚麻布相比德国的亚麻布也是这样，那英国从法国购买所需的葡萄酒和亚麻布当然比从葡萄牙和德国购买更为有利。尽管每年从法国进口的商品的价值会因此而大增，但因同品质的法国商品比其他两国的便宜，所以每年全部进口商品的总价值定会按照便宜的比例而减少。即使从法国进口的商品完全在英国消费，情况也是如此。

其次，很大一部分从法国进口的商品会被再出口到其他国家去赚取利润，通过这种再出口，也许能带回与全部法国进口商品原始成本价值相等的收益。人们常说东印度贸易如何如何，其实对法贸易可能也是一样：虽然大部分的东印度货物是用金银买来的，但是将其一部分再出口到其他国家，可以给做这项生意的国家带回比其全部原始成本更多的金银。现在荷兰贸易最重要的分项之一，就是将法国货物贩卖到欧洲其他国家。甚至英国人喝掉的法国葡萄酒，有一部分也是从荷兰和西兰岛秘密进口的。如果英法之间贸易自由，或者，法国货物进口时只需支付与欧洲其他国家货物相同的关税，在出口时再退税，那么英国就可以在那种对荷兰十分有好处的贸易中分一杯羹。

最后，第三点，我们没有一个明确的标准，来判断两国之间所谓的贸易差额到底孰轻孰重，即哪一国的出口额更大。常由某些商人的私利所造成的民族偏见和敌意，往往左右了我们对所有相关问题的判断。不过，在这种场合人们一般经常求助于两条标准，即海关账簿与汇兑行情。现在已经普遍认为，以海关账簿作为标准不可靠，因为那上面对各种商品的估价大部分不准确。至于汇兑行情，恐怕也是差不多。

当伦敦和巴黎之间的汇兑按平价进行时，他们说这就显示伦敦欠巴黎的债务被巴黎欠伦敦的债务所抵消。反之，购买巴黎的汇票如须在伦敦贴水，他们说那就显示伦敦欠巴黎的债务未被巴黎欠伦敦的债务所抵消，而必须从伦敦送出货币以弥补差额，因为输出货币的风险、麻烦和开支，所以一方要求贴水、另一方给付贴水。他们说，两市之间通常的债务债权情况必然受它们之间通常的交易情况所支配。当甲地从乙地的进口不比它对乙地的出口数量更大时，则彼此间债务和债权可以抵消。但当甲地从乙地的进口比它对乙地的出口更大时，前者对后者的负债必定比后者对前者的负债更大，彼此间的债务债权不能抵消，债务大于债权的一方必须送出货币。因此，通常的汇兑行情是两地之间通常的债务债权情况的显现，也必定是两地之间进出口情况的显现。

但是，即使通常的汇兑行情可以充分显示两地之间债务债权的通常状况，也不能因此便断言，债权债务对一方有利，贸易差额便也对此方有利。两地间通常的债务债权情况，未必完全取决于两地间通常的贸易往来情况，而是常受两地中任一方与其他各地贸易往来的通常情况的影响。譬如，英格兰商人常常用对荷兰开出的汇票支付从汉堡、但泽、里加等地购买的货物，所以英格兰

① 指国会允许征收的补助国王的税。——译者注。

和荷兰之间通常的债务债权情况不完全受两国之间通常的贸易情况的支配，而是也受到英格兰和其他这些地方的贸易情况的影响。虽然英国每年对荷兰的出口值大大超过从荷兰的进口值，虽然所谓的贸易差额极有利于英国，但英国可能仍不得不每年向荷兰送出货币。

而且，按照迄今为止计算平价汇兑的方法，通常的汇兑行情也并不能充分表明，汇兑有利则债务债权也有利。换句话说，真实的汇兑情况与计算出来的汇兑情况可能极不相同，而且事实上确实极不相同。所以，在许多场合，关于债务债权的通常情况，我们决不能根据通常的汇兑行情得出确定的结论。

如果你在伦敦支付若干货币——根据英国造币厂标准这些货币含有一定数量的纯银，然后你得到一张可在法国抵值若干货币的汇票，根据法国造币厂的标准，其含银量与你在伦敦付出的货币相等，那么，人们就说英格兰与法国之间平价汇兑。如果你支付得多些，人们就认为你付出了贴水，并认为汇兑于英格兰不利，于法国有利。如果你支付得少些，你则被认为得到了贴水，汇兑于英格兰有利，于法国不利。

但是，第一，我们判断各国的通用货币的价值不能总是依据它们各自的造币厂的标准。各国通用货币的磨损程度和剪削程度，以及与标准相差的程度，是有多有少的。一国通用铸币的价值与他国通用铸币的价值相比较，不是看它应含的纯银量，而是看它实含的纯银量。在威廉国王时代改铸银币以前，英格兰与荷兰之间的汇兑，按照各自造币厂的标准以通常的方法来计算，英国要贴水25%。但是，我们从朗兹先生那里得知，英格兰通用铸币的价值，当时低于其造币厂标准不止25%。所以，即使在那时，真实汇兑也可能于英格兰有利，尽管计算的汇兑于它如此不利；在英国支付数量较小的纯银，就可以在买到在荷兰包含更大数量纯银的汇票，被认为付出了贴水的人实际上得到了贴水。在英格兰上次改铸金币之前，法国铸币与英国铸币相比磨损较少，其接近标准的程度高出2%或3%。因此，如果计算出来的汇兑于英格兰的不利程度不超过2%或3%，那么真实汇兑便对英国有利。而自金币改铸以来，汇兑一直有利于英国而不利于法国。

第二，在某些国家，铸造货币的费用由政府支付；在另一些国家，则由将金银块送入铸币厂的私人支付，政府甚至从货币铸造中获得一些收入。在英格兰，铸币费由政府支付，如果你将1磅标准银送到铸币厂，你可以拿回62个先令，内含同样的标准银1磅。在法国，铸造货币须扣除8%的税，这不仅足以支付铸造费用，而且还能为政府提供小额收入。在英国，因为铸币不收费，所以铸币的价值不可能大大高于其所含金银的价值。在法国，你付出的加工费增加了铸币的价值，正如加工费增加了金银器皿的价值一样。所以，含一定重量纯银的若干法国货币，比含等量纯银的若干英国货币价值更大，必然要求用更多的金银块或其他商品来换取它。因此，这两个国家的铸币，虽然同样接近各自造币厂的标准，但是一定数量的英国铸币却不能够买含有等量纯银的一定量法国货币，因而也不能够买同样数额的法国汇票。如果为买这张汇票所多支付的钱正好偿付法国货币的铸造费用，那么两国之间就实际上是平价汇兑，它们的债务债权可以相互抵消，但计算出来的汇兑大大有利于法国。如果不用支付这么多，则实际汇兑有利于英国，而计算的汇兑有利于法国。

第三，也是最后，在一些地方，比如阿姆斯特丹、汉堡、威尼斯等地，外国汇票用所谓的银行货币支付，而在其他地方，如伦敦、里斯本、安特卫普、莱戈恩等地，外国汇票则以当地通用货币支付。所谓银行货币，总是比同一面值的通用货币有更大的价值。例如，阿姆斯特丹银行货币1000荷兰盾，就比阿姆斯特丹地方通用货币1000荷兰盾有更大价值。两者之间的差额被称为银行的扣头，在阿姆斯特丹，一般约为5%。假设两国通用的货币接近各自造币厂标准的程度一样，但一国以通用货币支付外国汇票，而一国以银行货币支付，那么，很显然，即使计算汇兑有利于以银行货币支付的国家，真实汇兑也可能有利于以通用货币支付的国家。同样道理，当两国之间的计算汇兑是有利于用较好的货币或用较接近其标准的货币来支付汇票的国家时，很可能其真实汇兑是有利于用较坏的货币去支付的国家。在最近金币改铸以前，我相信，伦敦同阿姆斯特丹、汉堡、威尼斯，以及其他一切用银行货币兑付的地方之间的计算汇兑，一般都是不利于伦敦的。但不能因此就得出结论说，真实汇兑也对伦敦不利。自从金币改铸以来，即使是和这些地方之间，真实汇兑也是有利于伦敦。而伦敦和里斯本、安特卫普、莱戈恩之间，以及和除法国之外的大多数其他用通用货币兑付的欧洲地区之间，计算汇兑一般有利于伦敦；其真实汇兑大概也差不离。

顺便谈谈储金银行，尤其是阿姆斯特丹的储金银行

像英国、法国这样的大国，其通用货币几乎全由本国的铸币构成，如果这种通货因磨损、剪削或其他原因其价值降到标准价值以下，国家可以通过改铸有效地恢复通货的地位。但是像热那亚和汉堡这样的小国，通货很少能完全由自己的铸币构成，而必然在很大程度上由自己的居民与之有商业往来的所有邻国的货币构成。所以，这样的国家不能通过改铸来重整自己的通货。如果外国汇票是由这种货币支付，而由于其本身的价值不确定，一笔这样的货币在外国的价值一定会低于它的真实价值，那么，汇兑必定非常不利于这样的小国。当这样的小国对贸易的利益重视起来，为了消除这种不利汇兑给其商人带来的困境，往往会规定，外国汇票不得用通用货币支付，而只许以特定银行的票据支付或在其账簿上转账，这种银行依靠国家信用、在国家保护下设立，有义务完全按照国家标准，以良好的、真正的货币支付汇票。威尼斯、热那亚、阿姆斯特丹、汉堡、纽伦堡等地的银行，最初似乎都是为此而建立的，虽然其中有一些后来还具有其他用途。这种银行货币既然比本国的通用货币好，必然会有一定扣头，其大小依据通用货币被认为低于国家标准的程度而定。例如，汉堡银行的扣头，据说一般约为40%，这40%就是人们认为的由邻国流入的损削、贬值的货币与国家标准良币之间的差值。

1609年以前，阿姆斯特丹的广大贸易从欧洲各地带回来大量削减磨损的外国铸币，使其通货的价值比造币厂新出良币的价值低大约9%。在这种情况下，新出的良币往往是一出厂就被熔化或运走。拥有大量通货的商人，常常找不到足够的良币支付他们的汇票，因此，尽管有不少防范法规，此类汇票的价值在很大程度上还是变得不确定。

为了解决这一困境，阿姆斯特丹于1609年在全市的担保下设立了一家银行。这家银行既接受外国铸币，也按照国家良币标准接受本国的轻度磨损的铸币，只扣除必要的铸币费和管理费。在扣除此项小额费用以后所余的价值，作为信贷记入银行账簿上。这种信贷就是银行货币，其所代表的货币价值与造币厂标准一致且稳定不变，因此实际价值大于通用货币。同时又规定，凡在阿姆斯特丹兑付或买卖的600盾以上的汇票，都应以银行货币支付。这项规定立即消除了这类汇票的所有不确定性。由于有了这种规定，每个商人都不得不在银行开立账户以兑付他的外国汇票，这必然引起对银行货币的需求。

银行货币，除了它固有的对通用货币的优越性以及因上述需求所必然产生的增值外，还具有几种别的优点。它没有遭受火灾、劫掠以及其他意外的可能；阿姆斯特丹市对其负全责；其兑付仅需通过单纯的转账，用不着繁琐的计算，也不用冒风险由一个地方运往另一个地方。由于有这种种优点，它似乎一开始就带有一项扣头，而人们普遍相信，所有最初存在银行里的钱都会听其留在那里，没有人会要求银行支付。因为，这项债权在市场上出售可以得到一项扣头，但如果要求银行现金支付，扣头就没有了。由于刚从造币厂出来的先令在市场上不能比普通的磨损的先令购得更多货物，所以良币如果从银行的保险箱里取出来、与私人保险箱里的普通货币混在一起，就会丧失它的优良特质，变得和普通货币一样。但如果它们留在银行的保险箱里，其优越性众所周知是不会变的。如果它们到了私人手中，要证明它们比普通货币优越，所付代价可能比两种货币本身的差值还大。此外，如果从银行里把钱取出来，它们也就丧失了它们作为银行货币的种种优点：安全性，转移的方便性，以及支付外国汇票的用途。不仅如此，银行还要在取出货币前收取保管费，不交就不能把货币取出来。

这种铸币存款，或者说银行必须以铸币付还的存款，就是银行最初的资本，或者说就是所谓的银行货币的全部价值，而现在，可以设想，这只占银行资本很小的一部分。为了方便用金银块进行的交易，这么多年以来银行也一直通过账簿信贷接受金银块存款。金银条块的信贷价格通常比其造币厂价格低大约5%。银行开出信贷货币的同时，还开出一张收银票，存款人或持票人可以在6个月内的任何时候取回所存金银，条件是将当初那个数量的银行货币交还银行，并且，如果存的是白银，交付0.25%的保管费，如果是黄金，交付0.5%的保管费。但同时，银行又申明，6个月到期时不支付这笔费用，所存金银则按接收时的信贷价格归银行所有，不得提取，收银票

作废。这种储金保管费可以看做一种仓库租金；至于为什么黄金的仓库租金比白银的仓库租金高这么多，有几种不同的理由。有人说，黄金的纯度比白银的纯度更难确认。黄金更容易造假，而越贵重的金属造假引起的损失越大。此外，白银是标准金属，据说国家希望鼓励存储白银而不是存储黄金。

金银块的存储在其价格比通常略低时最为普遍，到价格升高时，则往往被提取出来。在荷兰，金银块的市场价格一般比其造币厂价格高，英格兰在最近金币改铸以前的情况也是如此。其差额，据说在荷兰每马克①（也就是8盎司）银块——含11分纯银和1分合金——一般为6至16斯泰弗②。当这样的白银（如果是外国铸币，则成色已知并固定，比如墨西哥银元）存入银行，银行所给的价格或者说信贷价格，为每马克22盾；造币厂价格约为23盾，市场价格则为23盾6斯泰弗至23盾16斯泰弗，或超出造币厂价格2%或3%。金块的银行价格、造币厂价格和市场价格之间的比例，差不多一样。通常，一个人可以出售他的银行收银票以赚取金银块的造币厂价格与市场价格之间的差额。金银块的银行收银票几乎总是值些钱的。所以，下面这类情况很少发生：直至6个月期满还没有把储金提出来或忘记支付保管费以获取另6个月的收银票，致使储金按存入时的价格归银行所有。但是，虽然很少发生，却也不是没有，而且发生在黄金储蓄上比发生在白银储蓄上更多，因为黄金要支付更高的仓库租金。

在银行存入金银块的人得到一笔银行信贷货币和一张收银票，他用银行信贷去支付到期的外国汇票，而至于他是保留还是出售他的收银票，依他对金银块价格涨落的判断而定。收银票和银行货币很少同时长期保留，而且也没有必要这样做。一个持有收银票而想要取出金银块的人，总是能找到许多能用普通价格购得的银行信贷货币；一个持有银行货币的人想要取出金银块，发现收银票总是同样的多。

银行信贷的所有人和收银票的持有者，构成银行的两种不同的债权人。收银票持有者如果不付给银行与接收金银块时的价格相等的银行货币，就不能取出金银块。如果他自己没有银行货币，他必须向别人去购买。银行货币的所有人如果不能提供所需数量的收银票，也不能取出金银块。如果他自己没有收银票，他也必须向别人购买。收银票持有者购买银行货币，买的是取出一定数量金银块的权力，这种金银块的造币厂价格比银行价格高5%，因此，他通常支付的5%的扣头不是为了一种虚幻的价值，而是为了真实的价值。银行货币所有人购买收银票，买的也是取出一定数量金银块的权力，这种金银块的市场价格通常比造币厂价格高2%到3%。所以，他所支付的价格也同样是为了真实的价值而支付的。收银票的价格和银行信贷货币的价格合起来，便构成金银块的完整价值或价格。

以国内流通的铸币存入银行，银行也给予银行信贷和收银票，但这种收银票一般没什么价值，在市场上也卖不起价。例如，每1达克特③在流通中价值3盾3斯泰弗，银行只给予3盾的信贷，或低于其流通价值5%的信贷。银行也同样开给收银票，持票人在6个月内可以随时取回所存的达克特，但要支付0.25%的保管费。这种收银票在市场上一般卖不出去。3盾的银行货币在市场上卖3盾3斯泰弗，就是从银行取出达克特以后达克特的全部价值，但取出达克特还得付0.25%的保管费，这只能算是收银票持有者的损失。不过，如果银行的扣头降至3%，这种收银票就可以在市场上售出，价格可至1.75%。但现在银行的扣头通常是5%，所以这种收银票常常听任其过期，或按他们的说法，被银行吞了。至于储存金达克特所得的收银票，就更常听任其过期，因为其仓库租金更高，须付0.5%的保管费才能提取出来。而在得到铸币或金银块的储金时赚了5%的银行，可以看做这些储金的永久仓库。

收银票已经过期的银行信贷货币的数目一定相当可观。它必然包含了银行全部的原始资本。通常的看法是，货币或金银存入银行以后，就没人会想着更新他的收银票或把储金提出来，因为根据前面所列举的理由，任何一种做法都不免遭受损失。但无论这笔数目有多大，它在全部的银行货币中所占的比重据估计还是非常小。阿姆斯特丹银行多年来一直是欧洲最大的金银块仓库，

① 马克（mark）是中世纪欧洲大陆的金银单位，通常为8盎司。——译者注。
② 斯泰弗（stivers）等于1/20盾。——译者注。
③ 从前在欧洲流通的铸币。——译者注。

但它的收银票很少有过期的，或者按他们的说法，很少掉到银行肚子里。绝大部分的银行货币或银行账簿信贷，应该是这么多年来商人们不断储存和提取金银块而创造的。

没有收银票就不能要求银行给钱。不过，收银票过期的较少量银行货币与收银票仍然有效的较大量银行货币混杂在一起，因此，虽然没有收银票的银行货币数额可观，但再也不能取钱的银行货币是没有具体数目的。银行不能在同一件事情上成为两个人的债务人，没有收银票的人只能买一张之后才能要求银行支付。在正常的和平时期，他按市场价格买到一张收银票并不困难，而这价格和他出售靠这张票从银行里取出的铸币或金银块的价格是相符合的。

在国难时期，情形则可能不同，例如，在1672年法国入侵的时候。当时，拥有银行货币的人都想从银行提出储金自己保存，收银票由于需求旺盛，其价格被抬高到离谱的程度。收银票持有者满怀期望，不是要求与收银票相应的银行货币的2%或3%，而是要求50%。敌人了解银行章程之后，甚至可能把收银票全部买下，以防止财富被运走。人们认为，在这种紧急情况下，银行会打破只对持有收银票的人支付储金的常规。没有银行货币但持有收银票的人，一定只领到了收银票所记明的储金价值的2%或3%。据说银行在这种情况下会毫不迟疑地以货币或金银块支付那些持有银行货币但没有收银票的人，给他们账簿信贷上的全部金额；同时，支付那些有收银票但没有银行货币的人2%或3%，这是在这种事态下他们所应得的全部份额了。

即使在正常的和平时期，收银票持有者的利益也在于压低扣头，以较低价格购买银行货币（从而以较低价格得到收银票上记明的可从银行提取的金银块），或以较高价格把收银票卖给有银行货币并希望提取金银块的人；收银票的价格一般等于银行货币的市场价格与收银票所记明的铸币或金银块的市场价格的差额。反之，银行货币所有人的利益，则在于抬高扣头，以高价出售其银行货币，或以低价购买收银票。为了防止这种相互冲突的利益关系可能造成的投机和钻营，近几年来银行决定，不论什么时候，卖出银行货币换取通货可以抽取5%的扣头，再次买进银行货币须支付的扣头则是4%。由于有了这种规定，扣头就不可能高于5%或低于4%，银行货币与通用货币的市场价格之间的比值，在任何时候都接近它们的内在价值之间的比值。但在没有此项规定之前，银行货币的市场价格高低不一，视此相对利益对市场的影响，有时候扣头高至9%，有时候又低至与通用货币平价。

阿姆斯特丹银行承诺，储金账簿上每记下一盾，即在金库内保存一盾的货币或金银块，而不会将任何储金贷出。银行金库里保存着与未过期的收银票相应的、随时可以提取的，并且事实上进出不断的金银块，这是毋庸置疑的。但是收银票过期已久、在平常时期不能要求提取、实际上在联邦政府存在期间大概会永远留在银行的那一部分资本，是否也是这样，可能就不那么确定。然而，在阿姆斯特丹，第一信条便是：有一盾银行货币即有一盾金银存在银行金库里。这座城市确保了其落实。银行归四个在职的市长监督，这四个市长每年改选一次。新任的四个市长，对照账簿核查银行金库，宣誓接管，一年后再以同样庄严的仪式，把金库移交给继任者。在这个虔诚的宗教国家，宣誓依然受到重视。这种宣誓更替似乎足以保证不会发生不可告人的行为。在阿姆斯特丹政坛由于党派斗争造成的多次革命中，胜利的党派从未谴责过他们的前任在银行管理上有不忠诚的行为。对于失势党派的名誉与命运，不会比这种谴责有更深刻的影响了，如果这种谴责真有根据，那它一定会被提出来的。1672年，当法国国王在乌德勒支时，阿姆斯特丹银行付款迅速，无人怀疑它履行契约的忠诚。当时从银行金库中提出的货币，有一些还留有被那场银行设立后不久的市政厅大火烧过的痕迹。可见，这些货币从那时候起就一直保存在银行金库里。

银行的金银总额究竟有多少，很早就成为好事者臆测的问题。关于这个问题，只能作出推测。一般认为，在银行开设账户的人大约有2000人，假设他们平均存款价值为1500英镑（这是一个很大的假设），那么银行货币的总额，即银行保存的金银总额，便大约等于300万英镑，以每英镑11盾计算，就大约等于3300万盾。这是一个很大的数额，足以进行非常广泛的流通循环，但这还是大大低于一些人所认为的数量。

阿姆斯特丹市从银行获得了相当可观的收入。除了所谓仓库租金，凡第一次来银行开立往来账户的，须交费10盾；每记一次新账，须交纳3盾3斯泰弗；每转账一次，交纳2斯泰弗；如果转账数目不及300盾，则须交纳6斯泰弗，以防止小额的转账。每年不清算账目两次的，罚25

盾。转账的数目如果超过了储存的数目，须交纳等于超支部分3%的费用，其请求单也被搁置。人们也认为，银行将收银票过期后归为己有的外国铸币与金银块在有利时出售，也获得了不少利润。此外，银行货币以5%的扣头卖出，以4%的扣头买入，也给银行带来利润。这些不同的收益加在一起，大大超过了支付职员的薪俸和必要的管理费的费用。单是储存金银块所交纳的保管费一项，据说就带来15万至20万盾的年纯收入。不过，这家机构设立的初衷不是为了收入，而是为了公共利益。其目的在于将商人们从不利汇兑的困境中解救出来。由此而产生的收入则是不曾预料的，可以看做是意外之财。但现在是从这个冗长的离题论述转回来的时候了：我不知不觉中被带入这个话题，是为了说明为什么在用银行货币支付汇票的国家和用通用货币支付的国家之间，汇兑一般有利于前者而不利于后者。前者所支付的是一种内在价值总是不变的货币，这种货币完全符合他们造币厂的标准；后者支付的是一种内在价值总在变化的货币，它几乎总是或多或少地低于其造币厂标准。

第二节　论即便根据其他原则，这种特殊限制也不合理

在本章第一节，我力图说明，即使根据重商主义的原理，对于贸易差额被认为不利于我国的那些国家商品的进口，也不必加以特殊限制。

这整个的贸易差额学说是再荒谬不过了。不仅是这些限制，而且许多其他的商业条例，都是建立在这一学说的基础上。该学说认为，当两地通商时，如果贸易额平衡，则两地都无得失；一旦贸易额有所偏倚，就一方亏损，一方得利，得失程度与偏倚程度相称。这两种设想都是错误的。虽然设立奖金与制造垄断是为了保障本国利益，但是由其所促成的贸易，可能是而且事实上常常是对其设立国所不利的，这一点我将争取在下面的论述中说明。但是，不受限制的自然的、正常的两地贸易，总是对双方都有利的，虽然得利并不总是相当。

所谓有利或得利，我的理解是，不是金银量的增加，而是一国土地和劳动年产物的交换价值的增加，或是一国居民年收入的增加。

如果两地间贸易额平衡，而且两地间交换的都是各自在国内所生产的商品，那么在大多数情况下，它们不仅都会得利，而且所得利益相等或差不多相等；每一方都为对方的一部分剩余产品提供了一个市场；每一方都将补还另一方为生产和销售这些剩余产品所投入的资本，这资本已分配于另一方一定数量的居民之中，给他们提供收入和生计。所以，两国的居民都有一部分人将间接地从另一国取得他们的收入和生计。由于两国间所交换的商品的价值相等，所以两国投在这一贸易上的资本也相等或差不多相等；又由于这资本都是用来生产各自的国产商品的，所以，两国居民由此分配到的收入和生计也是相等的或差不多相等的。这样互相提供的收入和生计，按照交易额度有多有少。比如说，每年的交易额每一方为10万镑，那么，一方为另一方的居民提供的年收入就是10万镑；如果交易额为100万镑，那彼此给对方居民提供的收入也就是100万镑。

如果双方贸易的性质是，一方向另一方出口的全是本国产品，而从另一方带回的全是第三国的产品，此时双方的贸易都是以商品偿付，仍被认为是平衡的。双方都会获利，但获利并不相等。从这种贸易中取得最大收入的，是出口国产商品的那一国的居民。比如，英国从法国进口的全是法国生产的商品，但英国却没有法国所需要的国产商品，每年不得不以大量的外国商品来偿付，如烟草或东印度货物，这种贸易虽可给两国居民都带来若干收入，但给法国居民带来的收入定会多于带给英国居民的。法国每年投在这种贸易上的全部资本都是在法国人之间分配的，但英国资本只有一部分，即用来生产与那些外国商品交换的本国产品的那一部分资本，是在英国人之间分配。其资本的较大部分是用来补还弗吉尼亚、印度和中国这些遥远的国家为其居民提供收入和生计的资本的。因此，如果两国所投资本相等或差不多相等，法国资本的使用为法国人民增加的收入要比英国资本给英国人民增加的收入大得多。在这种情形下，法国对英国所经营的，是直接的对外消费品贸易，英国对法国所经营的，是转口的对外消费品贸易。这两种贸易的不同结果，在前面已经充分说明过了。

不过，任何两国间的贸易，或许既不会是双方都完全用本国商品来交换，也不会是一方完全

用本国商品，另一方完全用外国商品来交换的。几乎所有的国家都是用一部分本国商品，一部分外国商品来彼此交换。但是，国产商品占出口商品最大的部分，外国货物占出口商品最小部分的国家，总是主要的获利者。

假如用以偿付法国进口商品的不是烟草与东印度货物，而是金银，那么在这种情况下，贸易差额便被认为是不平衡的。其实，这样的贸易也会像前一种贸易一样，给两国居民提供若干收入，不过给法国人民提供的比给英国人民提供的多。它必然会给英国人民带来收入。为生产用以购买金银的商品而投入的资本（这些资本在一部分英格兰居民中分配并为他们提供收入），会因此而得到补充，并继续原来的用途。出口金银不会比出口等值的其他货物更会减少英国资本的总量。相反，在大多数场合下，它们都会增加英国的资本总量。凡是送往国外的货物都是国外需求比本国需求更大的货物，因此回程货的预期价值会比这些出口商品的价值更大。如果烟草在英国仅值10万镑，但是出口法国而购回的葡萄酒在英国却值11万镑，那么这种交换就可使英国资本增加1万镑。如果英国以价值10万镑的黄金购得的法国葡萄酒在英国也可值11万镑，那这种交换也同样可使英国资本增加1万镑。在酒窖中存有价值11万镑葡萄酒的商人，比在仓库中存有10万镑烟草的商人更富裕，也比金柜中有价值10万镑黄金的商人更富裕。与其他二人相比，葡萄酒商人可推动更多的产业，并给更多的人提供收入、生计和职业。而国家的资本等于所有居民资本的总和，一国每年所能维持的产业量等于所有这些资本所能维持的产业量。所以，一国资本及其每年所能维持的产业量，通常会因此种交换而增加。当然，英国用自己的铁器和高级绒面呢来购买法国葡萄酒，要比用弗吉尼亚的烟草或巴西和秘鲁的金银来购买更为有利。直接的对外消费品贸易总是比转口的对外消费品贸易有利。但是以金银进行的转口的对外消费品贸易，也不比用其他商品进行的转口的对外消费品贸易更不利。无矿产的国家每年出口金银，不会使金银更容易枯竭，正如不长烟草的国家每年出口烟草，不会使烟草更容易枯竭。有财力购买烟草的国家决不会长久缺乏烟草，同样，有财力购买金银的国家，也不会长久缺乏金银。

有人说，工人与酒馆之间的交易，对于工人是一种亏本的交易，而制造业国与葡萄酒生产国之间自然进行的贸易，也可以看做是同样性质的交易。我回答说，工人与酒馆做交易，并不一定就亏本。按其本身的性质来说，这桩生意和其他生意一样有利，只是它比较容易受毁谤一点。酿酒商的职业，甚至零售酒商的职业，与其他职业一样是一种必要的分工。通常，工人向酿酒商购买他所需的酒比自己酿造更为有利，如果他是一个贫穷工人，则通常向零售商一点一点地购买比向酿酒商大量购买更有利。毫无疑问，他也可以大量购买，就像如果他是一个贪食者，他可以大量购买猪头肉，如果他想扮作一个翩翩公子，他可以大量购买混纺呢。虽然所有的此类贸易都应该是自由的，这对工人大众有利，但这种贸易自由可能会受到毁谤，尤其是其中的一些生意更是如此。不过，虽然有时会有因为酗酒而倾家荡产的个人，但对一个国家来说似乎没有这样的危险。虽然每个国家都有许多人在饮酒上花费过度，但总是还有更多的人在这方面花费较少。还有一点应当指出，如果我们诉诸经验，就可以知道，酒价低廉似乎不是酗酒的原因，相反倒是节制饮酒的原因。葡萄酒生产国的人，例如西班牙人、意大利人、法国南部各省的人，通常是欧洲饮酒最有分寸的人。在日常饮食方面，人们很少犯饮食过量的错误。没有人会为了表现自己的潇洒和好客，而在与啤酒一样廉价的饮料上浪费钱财。反之，在气候过热或过寒不能栽种葡萄因而葡萄酒稀少而昂贵的国家里，如在北方民族、热带民族（如几内亚海岸的黑人）中间，酗酒才成为普遍的恶习。我经常听说，一支法国军队从葡萄酒较贵的北方某省开来，在酒价较低的南方省份驻扎时，士兵们最初往往因为上好的葡萄酒如此价廉和新鲜而沉湎其中。但驻留数月之后，其中大部分士兵便像当地居民一样节制饮酒了。同样，如果把外国葡萄酒税、麦芽税、麦酒税、啤酒税一律取消，可能会造成英国中下层人民暂时酗酒成风，但不久也许就会产生一种恒久普遍的节制饮酒的习惯。如今，在上流社会，即有能力消费最昂贵的饮料的人中，酗酒已经不是他们的恶习了。喝得烂醉的绅士极为少见。此外，英国对葡萄酒贸易的限制，恕我直言，与其说是为了阻止人们走入酒馆，不如说是为了阻止人们购买最价廉物美的饮料。这些限制对与葡萄牙的葡萄酒贸易开绿灯，而对与法国的葡萄酒贸易亮红灯。据说对于我国的制造品，葡萄牙人确实是比法国人更好的顾客，所以，我们应当予以他们优待。理由是，他们照顾了我们，我们也应该照顾他们。小商人的生意经居然成为了一个大帝国的政治原则。只有小商小贩才只跟自己的熟人打交道，至于大商人，他们是不在乎这类小利益的，他们只在物最美、价最廉的地方购买货物。

然而，根据这样的原则，各国都以为他们的利益在于使所有的邻国变得穷困。每个国家都以嫉妒的目光去看待与自己通商的国家的繁荣，并认为这些国家的获利就是自己的损失。国际通商和个人通商一样，原本应该成为团结和友谊的纽带，而现在，却成为不和与仇恨的最大根源。在本世纪和上一个世纪，王公大臣们的反复无常对欧洲和平所造成的危害，还没有商人和制造业者们无稽的嫉妒之心所造成的危害大。人间统治者的暴力与不公是一种古老的邪恶，恐怕人类事务的这种性质是很难纠正的。但是商人和制造业者不是也不应当是人类的统治者，他们的卑鄙的贪欲和垄断精神或许无法纠正，但要防止他们扰乱别人的安宁却很容易。

无疑，是垄断精神最初发明和传播这种学说的，但传播它的人当然不像信奉它的人那么愚蠢。在任何国家，从售价最低的人那里购买自己所需的东西，总是而且必然是符合人民大众的利益的。这个命题是非常清楚地，花费心思去证明它，倒是一件滑稽的事情。如果没有这些商人和制造业者从私利出发的诡辩混淆了人们的常识，这本不是什么问题。在这一点上，他们的利益和人民大众的利益正好相反。就像同业公会内自由人的利益在于阻止其余的居民去雇佣他们以外的工人那样，这些商人和制造业者的利益，在于保有自己在国内市场的垄断权。因此，在英国和欧洲的大多数国家里，对于几乎所有由外国商人输入的商品，都课以超常重税；也因此，他们对凡能输入己国、与己国制造品竞争的所有外国制造品，都施以高关税或进口禁令；还因此，对于那些贸易差额被认为于己不利、因而民族仇恨最强烈的国家的几乎所有商品的进口，他们都加以特殊的限制。

然而，邻国的财富虽然在战争中和政治上可能是危险的，但在贸易中必定是对我们有利的。在敌对状态中，它可以使敌国维持比我国强大的陆海军，但在和平时期和通商情况下，它却使我们能够交换到更多的货物，并为我国的产品和用这些产品购进来的商品提供更好的市场。正如一个富人比一个穷人更能成为其他劳动者的好顾客一样，一个富国也是如此。诚然，一个富人如果是个制造商，他会成为所有从事同一行业的人的十分危险的邻居。但是，更多的邻人会从他的用度所提供的市场中得利。哪怕仅仅因为他的产品比同业者售价更低，对邻人们也是有好处的。同样，富国的制造业毫无疑问可能成为邻国制造业极危险的对手，但这种竞争却对人民大众有利——他们还可以从这个富国的消费所提供的良好市场中获得不少利益。想发财的人，决不会退居穷乡僻壤，一定会住在首都或大商业城市。他们知道，财富流通少的地方，能够得到的财富就少，而财富流通多的地方，他们就有可能分一杯羹。如此指导着 1 个人、10 个人、20 个人的常识的原则，也应该支配 100 万人、1000 万人、2000 万人的判断，应该让全体国民都认识到，邻国的财富乃是本国获得财富的渠道和机会。想通过对外贸易来致富的国家，在其邻国都是富裕、勤勉的商业国时，是最有可能达到目的的。一个大国的周围如果都是未开化的民族和贫穷人，无疑地只能通过耕种自己的土地、通过自己的国内贸易才能获得财富，而不能依靠对外贸易。古代埃及人和近代中国人获得巨大财富，似乎就是通过这种方式。古埃及人据说是轻视对外贸易的，而中国人，大家都知道，甚至是鄙视对外贸易，不屑于给它提供正式的法律保护。以邻国的贫困为目标的这一近代对外贸易原则如果能够产生它所期望的结果，那就一定会使这种贸易变得微不足道和被人轻视。

法国和英国间的贸易之所以会在两国受到那么多阻碍与限制，就是由于这种原则。如果两国能抛弃商业的嫉妒与国民的仇恨来考虑其真实的利害关系，那么对英国来说，与法国进行贸易将比与任何其他欧洲国家进行贸易更为有利，反过来对法国也是如此。法国是英国最近的邻国，英国南部沿海各地与法国北部及西北部沿海各地间的贸易，犹如国内贸易一样可以每年往返 4 到 6 次。两国投在这项贸易上的资本，与投在其他大部分对外贸易上的等量资本相比，要多推动 4 到 6 倍的产业的发展，多雇佣和养活 4 到 6 倍的人口。这两国相隔最远的地区之间的贸易至少也可以每年往返一次。即使是这样的贸易，至少也和我们对欧洲大部分其他国家的贸易同样有利。如与我们引以为豪的对北美殖民地的贸易——往返一次至少 3 年，而且常常要 5 年——相比，那至少有利 3 倍。并且，法国居民估计有 2400 万，而我国的北美殖民地居民估计决不会超过 300 万。

尽管法国由于财富分配不均导致贫民和乞丐比北美更多，但法国仍比北美富裕得多。所以，与我国的北美殖民地相比，法国所能提供的市场至少要大8倍，再算上往返更频繁这一点，利益要大24倍。对英国的贸易也同样有利于法国，从财富、人口、邻近的程度这几个方面来比较，对英贸易的利益定会大于法国对其殖民地贸易的利益。两国的智者都认为有两种贸易，一种应该阻止，一种应该关照鼓励，指的就是这两种贸易。

然而，就是这种可以带来对两国都有利的开放与自由的贸易的环境，成了这种贸易的主要障碍。作为邻居，它们必然是仇敌，于是，一方的富强，增加另一方的恐惧；而本来可以增进国民友谊的有利因素，却成为助长激烈的民族仇恨的原因。它们都是富裕勤勉的国家，而每一国的商人和制造业者都担心在技术和生意上遇到另一国的商人和制造业者的竞争。强烈的民族仇恨激发了商业上的嫉妒，商业上的嫉妒又燃起民族仇恨，二者相互助长。两国的贸易商都强烈地坚信他们的利益谬论，宣称不受限制的对外贸易必然会生出不利的贸易差额，而不利的贸易差额，又一定会导致国家的毁灭。

在欧洲的商业国家中，自称支持这种学说的学者们也常常预言，由于不利的贸易差额，某一国马上就要破产。可是，在他们所引发的一切忧虑过后，在几乎所有商业国都做出了使贸易差额于己有利而于邻国不利的一切徒劳的尝试之后，欧洲任何一国看来都没有因为这个缘故而在任何方面变得贫穷。相反，每一个城市和国家，按照其港口向其他国家开放的程度，都变得富裕起来。不过，在今日欧洲虽然有几个城市在某些方面称得上是自由城市，但还没有哪个国家可以称得上自由国家。最接近的国家也许是荷兰，虽然它也仍相差很远。大家公认，荷兰不仅其全部的财富，而且其大部分生活必需品，都来自对外贸易。

我在前面已经说明，有另一种差额和贸易差额极不相同，一个国家的盛衰，要看这差额是有利还是不利。这就是年生产与年消费的差额。前面说过，年生产的交换价值如果超过了年消费的交换价值，社会资本每年就必然按照所超之额的比例而增加。在这种情况下，社会在它的收入限度内维持生存，每年从其收入中节省下来的部分，自然会增加到社会资本中去，并用以进一步增加年产物。反之，如果年产物的交换价值小于年消费的交换价值，社会资本必然按照这个差额的比例而减少。在这种情况，社会的支出超过了社会的收入，那必然会侵蚀社会的资本。随着资本的减少，其产业的年产物的交换价值也会减少。

生产与消费的差额，与所谓的贸易差额完全不同。在没有对外贸易、不与世界往来的国家内可以产生这种差额，在财富、人口和改良都在逐渐增加或逐渐减少的整个世界，也可以产生这种差额。

即使在所谓的贸易差额不利于一个国家时，生产与消费的差额仍可不断地有利于这个国家。也许半个世纪以来，这个国家进口的价值都大于出口的价值，在这期间流入的金银又全部旋即被输出；它的流通铸币可能逐渐减少，而代之以各种纸币，甚至它对各主要通商国的债务也可能在逐渐增加；但它的实际财富，它的土地和劳动的年产物的交换价值，在此期间却仍然可能按照更大的比例在增加。我国北美殖民地的状况，以及在这次骚乱事件[①]之前他们与不列颠的贸易情况，足以证明这并不是一个不可能的假设。

第四章 论退税

商人和制造商并不仅仅满足于垄断国内市场，他们还渴望自己的商品在国外市场能有广泛的销路。但他们的国家在外国没有管辖权，不能使他们在那里获得垄断。因此，在一般情况下，他们不得不满足于向政府申请某种出口奖励。

在所有这些奖励中，所谓“退税”似乎是最合理的。对于国内产业所征的各种国内税，在出口时予以全部或部分退还，决不会使商品的出口量大于无税时商品的出口量。这种奖励不会引导国内资本违反规律流向任何产业，只是防止由税收导致的某一产业的资本流失到其他产业。这种

① 这一段是在1775年写的。在本书中的其他地方有时是“上次骚乱”，有时是“这次骚乱”。

奖励不会打破社会上各产业间自然形成的平衡关系，只是防止税收去打破这种自然平衡。这种奖励不会破坏社会劳动的自然分工和分配，而是在大多数情况下对它起到一种有益的保护作用。

同样，对于进口的商品，在再出口时也可退税。在大不列颠，再出口时退税的份额比重最大。议会曾制定法令征收现在所称的“旧补助税”，其附则第二条规定，英国商人或外国商人都可因再出口而退还一半的旧补助税，但英国商人可在出口后12个月内申请这种退税，而外国商人须在出口后9个月内申请。只有葡萄酒、葡萄干和丝织品由于已经享受其他更有利的补贴，就不再适用这条规定。旧补助税在当时是唯一的进口商品税。后来，申请这项退税和其他退税的期限延长到3年（乔治一世即位后第七年第二十一号法令第十条）。

在旧补助税之后征收的各种税，其中大部分在出口后予以全部退还。但这条一般原则有许多例外，所以退税的原则其实远不像最初制定时那样简单。

对于某些外国商品，如果我们预计进口量大大超出了国内消费所需，就在再出口后退还全部税收，连旧补助税的一半也不要。在我国北美殖民地反叛之前，我们垄断了马里兰和弗吉尼亚的烟草。我们进口了约9.6万大桶烟草，但国内消费量估计不到1.4万大桶。为了促进多余烟草的出口，所有的关税均予退还，但须在3年内出口。

我们还几乎全部垄断了我国西印度群岛的砂糖。因此，如果砂糖在一年内再出口，则在进口时所缴纳的全部关税均予退还；如果砂糖在3年内再出口，则除了旧补助税的一半以外的其他所有关税均予退还，这一半是大部分商品出口都要保留的。因为，尽管砂糖的进口量也超出国内所需很多，但与烟草的超额相比还算不了什么。

有些外国商品为我国制造商所嫉妒，被禁止进口供国内消费，但若缴纳某些税，便可进口存入仓库供再出口。对于这些商品的再出口，所有已经征收的关税都不再退还。我国的制造商好像连这种受到限制的进口也很担心，他们担心存入仓库的商品会被偷运出一部分，与自己的产品竞争。精丝织品、法国麻纱与上等细麻布、印花染色棉布等商品只有在这种限制下我国才可以进口。

我们甚至不愿充当法国货物的中间商，宁愿放弃自己的利润，也不愿让我们视为敌人的法国通过我们的中介而赚取利润。当所有法国货再出口时，不仅不退还旧补助税的一半，连后来征收的2%的税也不退还。

设立退税制度的最初目的或许是为了鼓励中间商贸易。船只的运费常由外国人以货币支付，因此我们认为中间商贸易特别能为国家带来金银。但是，虽然中间商贸易没必要受到特殊鼓励，虽然设立退税制度的动机也十分可笑，这种制度本身似乎还是很合理的。这些退税不会使国家资本流入中间商贸易比没有进口税时自发流入的更多，只是防止了资本因为进口税而完全排斥中间商贸易。中间商贸易虽然不应受到特别关照，但也不应受到排斥，应当像其他贸易一样自由发展。对于在本国农业或制造业、在国内贸易或对外贸易之中都找不到用途的资本来说，中间商贸易是一个必要的投资领域。

关税的收入会从这些退税中获利，而不是遭受损失，因为在退税之后仍然会保留一部分税款。如果保留全部税款不退，那么已经纳税的外国货物就不太可能再出口，因为不会有市场，从而也就不可能再进口了。这样，本来还可以保留的一部分税款也会化为乌有。

这些理由看来足以证明，无论是对本国产品还是外国货物的出口退税，即使是全部退税，也是合理的。当然，在这种情况下，国内税收会略受损失，而海关税收的损失更大，但是或多或少被这种税收打乱的产业自然均衡及劳动的自然分工和分配，可以因这种退税规定而得到重建。

但这些理由仅证明，只有当出口商品到完全独立的外国时，退税是合理的，而并不能证明，当出口商品到我国商人和制造商拥有垄断地位的地方时，退税也是合理的。例如，对于欧洲商品出口到我国美洲殖民地时的退税，比起不退税来，也不会造成更大的出口。这是因为我国商人和制造商在那里拥有垄断地位，即使保留全部税款，出口额也可能保持不变。在这种情况下，退税通常就是国内税收和海关税收的净损失，不会改变贸易状况或扩大贸易。关于退税在什么程度上可认为是对我国殖民地产业的适当鼓励，或者，在什么程度上允许对殖民地免除各种对其他国民所要征收的税才对母国有利，我将在讨论殖民地时予以论述。

但是，我们必须永远清楚，只有享受退税的出口商品真正出口到国外，而不是再暗中返回到国内时，退税制度才会带来益处。有些退税，特别是对烟草的退税，常常被人这样钻了空子，产生了许多欺诈行为，既有害于国家税收，又有害于守规矩的商人，这已是人所共知。

第五章 论奖金

在大不列颠，常常有人请求对某些国内产业的产品发放出口奖金，并且政府有时也确实发放了这种奖金。人们认为，有了出口奖金，我国商人和制造商在国外市场上就可以与竞争者同样低廉或更低廉的价格出售货物。据说这样出口就会增加，从而贸易差额也更有利于我国。在国外市场上，我们不能给予我们的工人像在国内市场上一样的垄断地位。对外国人，我们不能像对待本国人那样，强迫他们购买我国工人的产品。因此，他们想出的次好的办法，是贴钱给购买我们产品的外国人。重商主义体系就是提倡通过这种方法实现贸易顺差从而去富国富民的。

人们认为，只应该向那些没有奖金就无法经营下去的行业发放奖金。但任何行业，如果售货价格能收回生产和销售期间所投入的成本并带来正常的利润，即使没有奖金也能经营下去。只有那些收不回所投资本、赚不到正常利润的行业才需要奖金。对这些行业发放奖金的目的是为了补偿其损失，鼓励其继续经营或创办一项投资可能大于收益的生意，这种生意每运作一次，投入的资本就亏损一部分。按这种性质，要是所有其他行业都如此经营，全国的资本不久就会亏空不剩。

应当指出的是，靠奖金维持经营的行业，只是那些在两国的贸易中长期经营着的但始终亏损着的行业。如果没有奖金来补偿商人由于低售价的损失，商人出于自身利益考虑很快就会被迫改变资本投向，也就是说，去寻找其他能以售货价格收回生产和销售期间所投入的成本并带来正常利润的行业。发放奖金的结果，和重商主义体系所提出的其他策略的结果一样，只是迫使一国贸易按照比依其自身规律更为不利的方向发展。

有位精明的、掌握了很多统计数据的学者，在他的关于谷物贸易的论文集中很清楚地告诉我们，自从谷物出口奖金首次设立以来，谷物出口价格（颇为适中的估价）大大超过了谷物进口价格（非常高的估价），总超额比在此期间支付的全部奖金数额大得多。根据重商主义体系的原理，他于是认为这正清楚地证明了这种强制的谷物贸易对国家有利，因为出口价值超过进口价值的额度，要比国家为促进谷物出口所支出的全部特别费用多。他没有考虑到，这种特别费用，即出口奖金，只是谷物出口实际上所消耗的社会支出中最小的一部分。农民在谷物生产中使用的资本也要同样考虑在内。如果谷物在外国市场的出售价格不足以换回这些奖金和投入的资本，则其间的差额就是社会的损失，也就是国内资本的损失。但是人们认为有必要发放奖金，正是因为谷物在外国市场的售价完成不了上述任务。

据说，自从设立奖金以来，谷物的平均价格已显著下降。我已尽力表明，谷物的平均价格在上个世纪末就开始小幅下降，在这个世纪的头64年里继续下降。但是照我看来，这一事实即使没有奖金也一定发生，而不是因为有奖金才发生。虽然法国不发放奖金，而且在1764年以前还基本禁止谷物出口，但法国谷物的平均价格也同英国一样下降了。因此，谷物价格的逐渐下降可能根本不是由于什么政策调控，而应最终归因于白银的实际价值在不知不觉中的逐渐提高。我曾在本书第一篇尽力说明，这一点在本世纪的欧洲总体市场上已经发生。要说奖金能带来谷物价格的下降，似乎是不太可能的。我们已经谈过，由于奖金在丰年带来额外的出口，必然会使国内市场的谷物价格要高于本来应自然下降到的价格。而这正是奖金制度宣称要达到的目的。在谷物歉收的年份，虽然奖金经常暂停发放，但由于在丰年的大量出口，必然会或多或少地影响以丰补歉。所以，无论是丰收还是歉收，奖金必然会把谷物的货币价格抬高到无奖金情况下的价格之上。

在目前的耕作情况下，奖金必然会造成这种趋势，这是我认为任何理性之人都是不会有异议的。但许多人认为，奖金会从以两种方式鼓励耕作：第一，通过开辟更广阔的国外市场，会增加对谷物的需求，从而加大谷物生产；第二，奖金使谷物的售价高于目前耕作情况下的应有价格，这可以鼓励耕作。他们认为，在一段较长时间之内，这两种鼓励一定会提高谷物的产量，以致最终使国内市场上谷物价格的降幅大于由奖金所造成的价格上升的幅度。

对此，我的回答是，无论奖金带来的外国市场有多大，必然以每年牺牲国内市场为代价，因为那些靠奖金才出口的谷物如果没有奖金就不会出口，就会留在国内，从而增加消费，降低价格。必须看到，谷物的出口奖金和其他商品的出口奖金一样，使国民承担两种赋税：第一，为支付奖金他们不得不缴的税；第二，全体国民是谷物的消费者，必须承担由于国内市场这种商品价格抬高而带来的“赋税”。对于谷物这一商品而言，第二种赋税比第一种赋税重得多。让我们假设，各年平均每夸脱小麦出口奖励 5 先令，只是使国内市场上小麦的售价比无奖金时实际情况下的正常价格每蒲式耳高出 6 便士，即每夸脱高出 4 先令。即使按照这一非常适中的假设，全体国民除了要纳税支付每夸脱小麦 5 先令的出口奖金外，每消费 1 夸脱小麦，还要多支付 4 先令。但据上述那位在谷物贸易方面掌握了很多统计数据的作者所言，出口谷物与国内消费谷物的平均比例为 1∶31。因此，如果国民为第一种赋税付出 5 先令，第二种赋税就必须付出 6 镑 4 先令。对生活第一必须品征收如此重税，要么会削减劳苦大众的生活资料，要么就会使货币工资按照生活资料的价格上涨的比例而增加。在第一种情况下，必定会削弱劳苦大众教育和抚养子女的能力，从而抑制国内的人口增长；在第二种情况下，则必定会削弱雇主雇佣工人的能力，可雇佣人数比没有奖金时少，从而必定会限制国家产业的发展。所以，出口奖金所引起的额外出口，不仅每年在扩大国外市场和消费的同时在国内市场和消费上造成同等的减少，而且由于抑制了国内人口和产业，最终必趋于阻碍和限制国内市场的扩大。所以，从长期来看，奖金不是扩大了而是缩小了谷物的总体市场和总体消费。

然而有人认为，谷物价格的这种提高，对农民来说更有利可图，必然会鼓励谷物的生产。

我的回答是，如果发放奖金的效果是提高了谷物的真实价格，或者说，让农民能以同等数量的谷物，按照周围劳动者普通的生活要求——不论是宽裕的、适中的还是节俭的——雇佣更多的雇工，上述看法可能是正确的。但很显然，奖金不会产生这种效果，其他任何人为制度也不可能产生这种效果。在很大程度上受到奖金影响的，只是谷物的名义价格，而不是其真实价格。虽然奖金制度对全体国民所施加的负担相当沉重，但对接受奖金的人来说好处也很小。

奖金的真实效果与其说是提高谷物的真实价值，还不如说是降低了白银的真实价值，或者说，使等量白银交换到的谷物数量和其他所有国产商品的数量都更少：因为谷物的货币价格支配所有其他国产商品的货币价格。

谷物的货币价格决定劳动力的货币价格。劳动力的货币价格必须始终使劳动者足够购买一定数量的谷物，使其能够或宽裕或适中或节俭地维持自己及家人的生活。雇主根据社会的进步、停滞或退步的状况，相应地按照或宽裕或适中或节俭的标准提供维持劳动者生活的薪水。

谷物的货币价格也决定所有其他的土地天然产物的货币价格，后者在每一个进步阶段必然和谷物的货币价格保持一定的比例，只是这一比例在不同的阶段有所不同。例如，谷物的货币价格决定牧草和干草、家畜肉、马匹、马匹饲料（因而还包括内陆运输）的货币价格，或者说，决定了大部分内陆商业的货币价格。

由于决定所有其他土地天然产物的货币价格，谷物的货币价格也决定了几乎所有制造业原料的货币价格。由于决定劳动力的货币价格，它也就决定了制造技术和生产能力的货币价格。而决定了这两者的货币价格，也就决定了制成品的货币价格。劳动，以及劳动或土地的所有产品，其价格一定都随着谷物的货币价格的涨落而同比例升降。

因此，虽然奖金使农民出售谷物的价格由每蒲式耳 3 先令 6 便士提高到 4 先令，付给地主的地租也随着这个比例而增加，可是 4 先令所能购买的其他国产货物并不比以前多，农民的境况和地主的境况均不会由于这种变化而有所改善。农民的耕作不会更省，地主的生活不会更富。在购买外国产品方面，这种谷物价格的提高可能给他们带来一些小小的好处，但在购买国产商品时则丝毫好处也没有。然而农民的几乎所有支出、甚至地主的绝大部分支出，都是用在国产商品上。

如果白银的价值下降是由于矿产丰富，其引起的效果则在大部分商业国家都相同或基本相同，对个别国家来说不会带来严重后果。由此引起的所有商品货币价格的上涨，虽不能使销售者实际上更富，却也不能使购买者实际上更穷。银器的价格实际上比以前更便宜了，但其他所有商品的真实价值仍然和以前完全相同。

但如果白银的价值下降是个别国家的特殊情况或政治制度的结果，只在那一国内发生，那就是后果严重的事件了。这决不会使任何人实际上更富裕，而是使所有人更贫穷。所有商品货币价格上涨的现象为这一国所独有，这会或多或少地抑制该国各种产业的发展，使外国商品不仅在外国市场，甚至在该国国内市场，能够以低于该国本国产品的价格出售。

西班牙和葡萄牙的特殊情况是，它们经营金银矿山并向欧洲其他国家输送金银。因此，这些金属在西班牙和葡萄牙的价格自然比在欧洲其他地方低一些。但差额不会比运费和保险费的数额更大，而且，由于这些金属价值大而体积小，运费不多，保险费也和其他同等价值的货物一样。所以，西班牙和葡萄牙由于它们的特殊情况而遭受的损失很小，只要它们的政治制度不加剧这种不利的状况。

西班牙通过征税，葡萄牙通过禁令，都阻止金银出口，使得金银得通过走私输出，其价值在其他国家就大大高于西班牙和葡萄牙，高出的那部分价值就是走私的全部费用。在河流边筑起堤坝，坝内的水蓄满后，自然会越过堤坝流出来。阻止金银出口的措施并不能使西班牙和葡萄牙留在国内的金银比它们所能使用的更多，即比它们的土地和劳动的年产物所允许它们使用的（用作铸币、金银器皿、镀金、金银装饰等）更多。这个使用量就是其金银量的堤坝，超过之后就会往外溢。所以，尽管有这些限制措施，西班牙和葡萄牙每年出口的金银基本和进口的金银持平。然而，如同堤坝内的水必定比堤坝外的水深，西班牙和葡萄牙由于出口限制而留在国内的金银，其与两国土地和劳动的年产物的比例，一定高于其他国家。堤坝越高、越结实，堤坝内外的水位差就越大；对金银出口征税越多，对违反禁令的惩罚越重，警察执法越严格，则西班牙与葡萄牙国内的金银量与两国土地和劳动年产物的比例，与其他国家的此项比例间的差异越大。据说这种差异非同小可，在西班牙和葡萄牙的百姓家中，常常可以看到许多金银器皿，却看不到有在其他国家与这种奢华相称或相配套的其他东西。金银价格的低廉——或换种说法，所有商品价格的昂贵——是贵金属过剩的必然结果。这会阻碍西班牙和葡萄牙的农业和制造业的发展，使外国能向它们提供许多天然产品和几乎所有种类的制造品，而所需金银比两国自己生产或制造这些产品更少。税收和禁令在两个方面起作用：它们不仅使两国贵金属的价值降低许多，而且由于在两国内保留了一定数量的原本会流入他国的金银，使得他国的金银价值比应有的略高，这样就使这些国家在和两国通商时享有双倍的好处。如果打开闸门，堤坝内的水将立即减少，坝外的水将立即增加，内外的水位很快将会持平。同理，如果取消对金银出口的税收和禁令，西班牙和葡萄牙的金银数量会大幅减少，其他国家的金银数量会稍有增加，金银与土地和劳动年产物的比例很快就会在所有国家间处于同一水平或非常接近的水平。这种金银输出将给西班牙和葡萄牙带来的损失完全是假想的和名义上的。它们的商品、它们的土地和劳动年产物的名义价值将下跌，其价值所对应的金银更少，但这些东西的真实价值仍和从前相同，足以维持、雇佣和支配与从前同等数量的劳动。随着它们的商品的名义价值的下跌，留在其国内的金银的价值将上涨。较少量的金银就可以和以前的较大量的金银一样达到同样的商业和流通目的。流往国外的金银不会一无所用，而是会换回同等价值的各种货物。这些货物也不会全是供不事生产的闲人消费的奢侈品和消耗品。由于闲人的真实财富和收入不会因金银的这种额外出口而增加，所以其消费也不会因此有多大的增加。这些货物也许有一大部分，至少有相当一部分是原料、工具和食物，可以用来雇佣和养活劳动者，他们会再生产出自己所消费的东西的全部价值，并带来利润。这样，就能激活一部分社会积压资本，从而推动比以前规模更大的产业。国家的土地和劳动的年产物立刻就会有所增加，几年后就可能大幅增加，它们的产业就会从现在承受的沉重负担中解脱出来。

对谷物出口的奖金，必然与西班牙和葡萄牙的不合理政策所起的作用完全一样。不论耕作的实际情况如何，谷物的出口奖金都会使我们的谷物的价格在国内市场上比无奖金时略高，在国外市场上比无奖金时略低。由于谷物的平均货币价格或多或少决定着所有其他商品的平均货币价格，因此它使白银的价值在国内大为降低，在国外略有提高。卓有成就的权威人士马修·德克尔爵士明确指出，这种奖金使外国人——特别是荷兰人——不仅能以比无奖金时更低廉的价格，有时甚至能以比有奖金时我们国内价格更低廉的价格，吃到我国的谷物。而且，这种奖金使我国工人不能像无奖金时那样，只需付以较少量的白银就可以提供各种货物，却使荷兰人能够做到这一点。这就使 7 接的手段。还有人说，根据经验，生产奖金比出口奖金更容易弄虚作假。我不知道这种说法的真实程度，但出口奖金曾被滥用于许多欺诈行为，倒是众所周知。生产奖金只是不符合发明这些策略的商人和制造商的利益，因为它有时会使他们的货物在国内市场上存积过多。而出口奖金则可以让他们将过剩的商品运往国外，并维持留在国内市场上的那部分商品的价格，从而有效地防止这种事情发生。因此，在重商主义的所有策略中，他们最喜欢的就是出口奖金。我知道有些行业的经营者私下里自掏腰包为一定数量的他们自己经销的商品设立出口奖金。这个办法十分成功：尽管他们的商品产量大增，其在国内的价格仍然提高了一倍以上。谷物奖金如果要降低谷物的货币价格，操作必定是大不相同的。

然而，在某些特定场合，曾发放过类似生产奖金的东西。对捕捞鲸鱼和白鲱鱼按照渔船吨位发放的奖金，也许可以看做具有这种性质。人们会认为，这种奖金直接使得上述商品在国内市场上的价格比无奖金时更低。但必须承认，这种奖金的效果在其他方面和出口奖金的效果是一样的。通过这种奖金，一部分国内资本被用在这一行，而其货物售价不能补贴其成本并带来正常利润。

虽然按照渔船吨位发放的渔业奖金无助于国家财富的增长，但这会增加船舶和水手的数目，或许可以认为它有助于国防。也许可以说，通过这些奖金来达到国防的目的，与像维持常备陆军那样维持庞大的常备海军相比，所需费用有时或许要少得多。

然而，虽然有这类赞同的意见，以下的考虑却使我相信，立法部门至少在批准发放这些奖金中的一种时大大受骗了。

首先，对捕捞白鲱鱼的渔船发放的奖金似乎太多了。

从1771年冬季鱼汛开始到1781年冬季鱼汛结束，鲱渔业渔船的吨位奖金一直是每吨30先令。在这11年中苏格兰鲱渔业捕鱼共计378347桶。捕获后即在海上腌制的鲱鱼称为海条。为了使之成为上市的商业鲱鱼，还要加一些盐将其重新包装，在这种情况下，通常三桶海条包装成两桶商业鲱鱼。因此，按照这种算法，在这11年中捕捞的商业鲱鱼共有252231又1/3桶。在这11年中发放的吨位奖金共计155463镑11先令，即是说每桶海条的奖金为8先令2又1/4便士，每桶商业鲱鱼的奖金为12先令3又3/4便士。

用来腌制这些鲱鱼的盐有时是苏格兰盐，有时是外国盐，都可免除所有消费税供应腌鱼者。现在对苏格兰盐课征的消费税为每蒲式耳1先令6便士，外国盐为每蒲式耳10先令。一桶鲱鱼大约需用1又1/4蒲式耳外国盐，如用苏格兰盐则需2蒲式耳。如果鲱鱼是供出口的，则无须缴纳盐税；如果是供国内消费，则无论是用外国盐还是苏格兰盐腌制，每桶只需缴纳1先令的盐税。这1先令是以前苏格兰对1蒲式耳盐所征收的税，因为即使按照最低估计，腌制一桶鲱鱼至少需要1蒲式耳盐。在苏格兰，外国盐基本上只用于腌鱼。但从1771年4月5日到1782年4月5日，进口的外国盐总计936974蒲式耳（每蒲式耳重84磅），而供应腌鱼者的苏格兰盐只有168226蒲式耳（每蒲式耳仅重56磅）。可见，用在渔业方面的，主要是外国盐。此外，每出口一桶鲱鱼，还发放2先令8便士的奖金，而大渔船捕捞的鲱鱼2/3以上都出口了。综合上述数字会得出以下结果：在这11年中，每桶由大渔船捕捞的鲱鱼，用苏格兰盐腌制的，供出口时费去政府17先令11又3/4便士，供国内消费时费去政府14先令3又3/4便士；用外国盐腌制的，供出口时每桶费去政府1镑7先令5又3/4便士，供国内消费时1镑3先令9又3/4便士。而上等商业鲱鱼的价格每桶只有十七八先令到二十四五先令，平均约为1几尼。

第二，对鲱渔业发放的奖金是渔船吨位奖金，直接同渔船的载重量成比例，而与船员的勤惰和成败毫无关系。我恐怕大多数船舶装备成渔船出海的唯一目的不是捕鱼，而是捞取奖金。1759年，当奖金为每吨50先令时，苏格兰所有大渔船仅捕获了4桶海条。那一年每桶海条单是奖金就费去了政府113镑15先令，每桶商业鲱鱼费去政府159镑7先令6便士。

第三，按渔船吨位接受奖金的鲱渔业所用船舶大多为载重20到80吨的大渔船或甲板船，这可能是在学习荷兰，但看来在苏格兰并不像在荷兰那样合适。荷兰与鲱鱼的主要聚居海域相去甚远，因此经营这种渔业只能用甲板船，以便携带充足的淡水和食品去远航。但在苏格兰的鲱鱼主要捕捞区赫布利兹群岛或西部群岛、海德兰群岛、北部海岸及西北部海岸，却到处都是深入内陆的纵横交错的海湾，当地人称之为海湖。鲱鱼在这些海湖的汛期也不是很规律。所以，小船捕捞作业似乎是最适合苏格兰特殊情况的渔业方式，这样渔民捕获鲱鱼后就能尽快将其运到岸上，或进行腌制或吃个新鲜。但每吨 30 先令的奖金极大地鼓励了大渔船业，却对小渔船业不利，因为小渔船没有奖金，就不能以与大渔船业同样的条件向市场提供腌鱼。在没有按渔船吨位发放奖金之前，小渔船业的规模曾很可观，据说雇佣的渔民人数不会少于现在的大渔船业，但现在几乎完全衰落了。然而我必须承认，对于现在已经衰落和被放弃了的小渔船业的往日规模，我不可能叙述得十分准确。由于并未对小渔船业发放奖金，海关或盐税官员那里没有相关的记录。

第四，在苏格兰的许多地区，一年中的某些季节里，鲱鱼是老百姓的重要食品。致力于降低国内鲱鱼价格的奖金，对于救济并不富裕的我国大多数同胞来说，应该能做出很大的贡献。但对大渔船发放的奖金却无助于完成这个良好的目标。它破坏了到目前为止最适于供应国内市场的小渔船业，并且每桶 2 先令 8 便士的附加出口奖金，又使大渔船捕捞所得的 2/3 以上出口到国外。我已得到证实，在三四十年前还未发放大渔船奖金之时，每桶鲱鱼的普通价格为 16 先令。10 至 15 年前，在小渔船业尚未完全衰落时，每桶鲱鱼的普通价格为 17 至 20 先令。而最近 5 年，平均每桶价格已达 25 先令。不过，这种高价也可能是由于苏格兰海岸鲱鱼数量实实在在减少了。我也必须指出，装鲱鱼的桶通常是连同鲱鱼一起出售的，其价格也包括在上述价格以内，自从美洲战争开始以来，桶的价格约比从前高出一倍，由大约 3 先令涨至大约 6 先令。我还必须指出，我所收到的关于以前价格的记录，并不是十分统一和一致的；一位记性好又有经验的老人告诉我，50 多年前，一桶优质商业鲱鱼的一般价格是 1 几尼。我想，现在这仍可被看做是平均价格。可是我仍认为，所有的记录均表明，对大渔船的奖励并未降低国内市场上鲱鱼的价格。

这些渔业经营者在接受政府慷慨的奖金后，仍以与平时相同或比平时更高的价格出售其商品，也许人们会认为他们的利润应该非常丰厚，有些个别的情况也很可能是这样。但我有足够的理由相信，在一般情况下，情况并非如此。这种奖金的通常效果是，鼓励鲁莽的人冒险去从事一种他们并不了解的行业，他们由于自己的疏忽和无知所受到的损失，远远超过了从最慷慨的政府那里所得到的一切。1750 年，根据最先给予鲱渔业渔船每吨 30 先令奖金的那同一条法令，成立了一家资本金为 50 万镑的股份公司。此后 14 年间，认股人所付出的每 100 镑资本金，每年都有权得到 3 镑奖金，由海关负责发放，每半年发放一半。此外还有其他各种奖金，如上述的吨位奖金，每桶 2 先令 8 便士的出口奖金，以及无论是英国的还是外国的盐均享受免税待遇。除了这家其经理和董事都住在伦敦的大公司，政府还宣布，只要认购股本不少于 1 万镑，在国内所有其他港口设立的分公司均为合法，各分公司独立经营，自负盈亏，但和总公司享受同样的年金和其他各种奖金。大公司的资金很快就全部到位，并在全国各海港成立了许多渔业分公司。尽管享受了这么多的奖金，但几乎所有这些公司，无论大小，资本金的全部或大部分都亏损掉了。如今这些公司都没影了，目前的鲱渔业全部或基本上由私人经营者来经营。

如果某一制造业的确为国防所必须，则依靠邻国的供应也许很不明智。如果这种制造业没有政府支持就不能在国内维持，则对所有其他产业征税来支持这种制造业也未必就没有道理。对英国制造的帆布和火药发放出口奖金，或许可以根据这个原则为之辩护。

对民生产业征税来支持个别制造业虽然很难说合理，但在空前繁荣时期，国民享有较大的收入而不知如何使用，此时，政府向自己喜好的制造业发放奖金，或许就同其他无用的花费一样自然。在公共支出中与在私人支出中一样，大富贵常常可以成为大蠢行的缘由。但在普遍困难和穷困的时候还继续这种浪费，就必定是非同寻常的荒谬了。

有时候所谓奖金只不过是退税，因而不能用反对真正的奖金的理由去加以反对。例如，对出口精制砂糖的奖金，可以看做是对其原料红糖和黑砂糖的退税。对出口精丝织品的奖金，可看做是对进口生丝和捻丝的退税。对出口火药的奖金，可看做是对进口硫磺和硝石的退税。但按照海关的说法，只有对那些出口时形态和进口时相同的货物发放的补助才称为退税。如果货物的形态在进口后由某种制造业改变了，产生了新的名称，所发的补助就称为奖金。

社会向那些在其本行业中技艺出众的工匠和制造者发放的嘉奖，也没有产业奖金所具备的缺陷。通过鼓励超常的技巧和独创性，嘉奖可以维持各行业现有工人的竞争力，但不会使国家的资本违反自然趋势过多地流入任何一个行业。这种奖励不会打破各行业间的自然均衡，而只是使各行业的产品尽可能趋于完善。而且，嘉奖的支出很少，而奖金的支出则非常大。单是对谷物发放的奖金，国家有时就需要支出 30 万镑以上。

奖金有时候也称为奖励，就如同退税有时也被称为奖金一样。但我们任何时候都必须注意事物的本质，而不是事物的名称。

关于谷物贸易和谷物法令的离题论述

如果不指出人们对于设置谷物出口奖金的法律和一系列相关规定的赞扬是完全不当的，我还不能结束关于奖金的这一章。对谷物贸易的性质以及与之相关的英国主要法律的具体考察，足以证明我的看法的正确性。这个问题的重要性允许此离题论述冗长一点。

谷物商的贸易由四个不同部门组成。虽然这四个部门有时由同一人经营，但就其性质来说是四种不同的贸易。第一种是国内商人的贸易；第二种是供国内消费的进口商的贸易；第三种是供国外消费的本国产品出口商的贸易；第四种是中间商即专供再出口的谷物进口商的贸易。

第一种

国内商人的利益和广大老百姓的利益，无论表面上看起来是多么对立，但其实即使在粮食最短缺的年份，二者也是完全一致的。国内商人的利益在于，尽可能抬高谷物的价格，使其符合粮食的实际短缺情况，直到不能再高（如果再高就不符合他的利益）。价格的提高会阻碍消费，使每个人，尤其是底层人民，或多或少地节省粮食，精打细算。如果提价过高，对消费阻碍过大，将导致在一个季节里供大于求。当一段时间后下一季农作物上市时，他将面临两方面的风险：上一季供过于求的那部分谷物不仅会由于自然原因耗损掉相当一部分，而且剩余部分也不得不以比几个月前低得多的价格出售。但如果提价不够高，消费不受阻碍，在一个季节里又可能供不应求，他就不仅损失了一部分应得的利润，而且还可能会使人民在这个季节末期无粮可用，面临饥荒。人民的利益在于，他们每日、每周、每月的消费应尽可能与一季的供给完全保持平衡。国内谷物商人的利益也是一样。根据他尽可能准确地判断的供需平衡来提供谷物，他就可能以最高价格将其出售，赚取的利润也可能最多。而凭他对粮食收成和自己每日、每周、每月的销售情况的了解，他就能或多或少地准确判断这一平衡的情况。他不用考虑人民的利益，只需考虑自己的利益，即使在粮食短缺的年份，他也必定会像谨慎的船长有时候被迫对待他的船员那样去对待人民。船长在预见到船上的粮食将要耗尽时，就减少船员每天的供应量。虽然有时候由于过分谨慎，他这样做没什么必要，但是由此给船员带来的不便与由于不谨慎而有时可能面对的危险、痛苦和死亡相比，却是微不足道的。同理，内地谷物商人有时候由于过于贪婪而将粮食价格抬高到超出了短缺状况所要求的，但是由此给人民带来的困难与由于谷物商人在季节初的慷慨而可能带来的季末的饥荒相比，也是微不足道的。倒是谷物商人自己可能因为这种贪婪而受害最深：他不仅要面对通常会由此引起的人们对他的愤怒，而且，即使他能逃脱这种愤怒的影响，他在季节终了时手头还留下了一定数量的谷物，如果下个季节丰收，他不得不将其低价出售。

诚然，如果一群大商人占有一个大国的全部谷物，出于自身利益，他们或许会像荷兰人处置马鲁加斯群岛的香料那样，毁掉或抛弃一大部分货物，以维持剩下的货物的价格。但是想要如此广泛地垄断谷物，即使是依靠法律的强制力，也基本上不可能；而在法律允许贸易自由进行的地方，谷物在一切商品中是最不容易被少数大资本购下大部分以囤积或垄断的。这不仅是因为谷物的价值太大，超出少数私人资本的购买能力，而且即使少数私人资本有这种购买能力，谷物的生产方式也使这种购买完全不能实现。谷物在任何文明国家都是每年消费量最大的商品，所以生产谷物的劳动力就多于生产其他商品的劳动力。当谷物一开始从土地上收获时，得到它的人也必然比得到其他任何商品的都多。这些人绝不可能像许多独立制造商一样聚居在一个地方，而是必定分散在全国各处。最初得到谷物的这些人要么把谷物直接供应给周围的消费者，要么提供给供应这些消费者的国内商人。因此，国内谷物商人，包括农民和面包师在内，必定多于经营其他任何商品的商人，并且他们的分散状态也使他们绝不可能结成任何联盟。所以在歉收的年份，如果其中任何一个商人发现，自己的谷物有许多不能按现价在季节末期售出，他绝不会维持现价让自己蒙受损失而让竞争对手获利，而是会立即降低售价，以便在下一季收成上市前将手里的谷物卖掉。调节任何一位商人行为的利益动机同样会调节其他所有商人的行为，使他们全都根据自己的最佳判断，按照与这个季节的丰歉程度最相称的价格出售他们的谷物。

凡是仔细研究过本世纪和上两个世纪欧洲各地粮食短缺和饥荒的历史（其中有几次我们有十分准确的数据）的人，我相信均会发现，粮食短缺从来都不是由于国内商人的联盟或别的什么原因造成的，而是因为粮食确实短缺。这种短缺有时在个别地方要归因于战争的浪费，但在大多数情况下都要归因于天时不利。而由粮食短缺发展成饥荒的唯一原因，就是政府以不适当的方法试图强行解决粮食短缺带来的困难。

在种植谷物的大国，只要各地之间贸易和来往交通都自由，即使是最不好的气候造成的粮食短缺，也绝不会严重到引起饥荒；如果能精打细算，节俭使用粮食，哪怕是在最歉收的年份，也能在比普通年份紧缩一些的水平下，养活同样多的人度过一年。对作物最不利的天气莫过于干旱或霪雨。但是谷物在高地和低地、在过于潮湿和过于干燥的地方同样都能种植，所以对国内一部分土地有害的干旱或霪雨对另一部分土地可能有利。尽管在多雨或干旱的季节收成比风调雨顺的季节少得多，但无论是多雨还是干旱，一个地区的损失仍然可以在其他地区的收益中得到某种程度的补偿。在种植稻米的国家，作物不仅需要非常潮湿的土壤，而且在生长期的一段时间内还必须泡在水中，所以干旱的影响就更加不利。但即使在这样的国家，如果政府允许自由贸易，干旱可能不会普遍地必然导致饥荒。几年前孟加拉的干旱本来也许只会导致严重的粮食短缺，但东印度公司的官员对稻米贸易所设置的不适当的规定和不明智的限制，就使得粮食短缺最终转变成饥荒了。

如果政府为了解决粮食短缺给人民带来的困难，命令所有商人以政府认为合理的价格出售他们的谷物，这或许将阻碍商人将谷物送入市场，从而有时甚至在季节刚开始时就可能发生饥荒，或许将使人民在商人将谷物送入市场后，能够、从而受到鼓励快速消费谷物，以至在季节末期必然地造成饥荒。不受限制的谷物自由贸易是防止饥荒灾难的唯一有效办法，也是减轻粮食短缺的困难的最好的办法，因为真正的粮食短缺的困难是不可能完全解决的，只能设法去减轻困难。没有一种贸易比谷物贸易更应当受到法律的充分保护，也没有一种贸易比谷物贸易更需要法律的保护，因为没有一种贸易比谷物贸易更容易引起人民的憎恶。

在谷物歉收的年份，下层人民常将自己的穷困归咎于谷物商人的贪婪，谷物商人成了他们憎恨和愤怒的对象。在这种情况下，谷物商人不但赚取不到利润，反而经常要面对完全破产、谷仓被群众以暴力抢劫和毁坏的危险。然而谷物商人正是指望在粮食短缺的年份、粮价高昂之时，赚取自己的主要利润。他通常与一些农民签订合同，让他们在若干年内按一定价格向他供应一定数量的谷物。合同价格是按照被认为是适中的或合理的价格，即一般的或平均的价格来商订的，这一价格在最近几次歉收年份前，一般为每夸脱小麦约 28 先令。其他各种谷物的价格以此为标尺。因此在歉收年份，谷物商人就能以一般价格买到他所需的谷物的大部分，并以高得多的价格售出。然而，这一特别利润只是使他所从事的贸易与其他贸易处于平等的水平，只够补偿他在其他场合下由于这种商品的易腐性和无法预见的频繁的价格波动而蒙受的损失。这一点，从做谷物生意很少像做其他生意那样发大财就可看出。只在歉收年份才赚取丰厚的利润，而在歉收年份这样做又受到群众的憎恶，这使得品格端正、家庭殷实的人士都不愿从事谷物贸易，这个行业就留给一群下层商人经营：磨坊主、面包师、制粉商、售粉商以及一些贫苦的小商人，他们几乎是国内市场上谷物种植者和消费者之间唯一的中间人。

从前欧洲的政策不但不去阻止人们对这种有利于公众的行业的憎恶，反而似乎对这种憎恶予以认可和鼓励。

爱德华六世第五年和第六年的第十四号法令规定，凡是购买谷物打算再出售者，即视为非法囤积者，初犯处以两个月监禁，并没收其谷物；再犯处以 6 个月监禁，并处两倍于其谷物价值的罚款；三犯处以枷刑，监禁期由国王任意决定，并没收全部货物和动产。以前欧洲其他大部分地方的政策也不会比英国更好。

我们的先人似乎认为，人民向农民购买谷物会比向谷物商人购买便宜。他们担心谷物商人在支付给农民的谷物价格之上赚取高额利润。因此他们试图完全消灭谷物商人这一行业。他们甚至尽可能防止种植者和消费者之间有任何形式的中间人。为此他们对谷物商和谷物中间商的贸易施加种种限制，他们规定，如果没有取得能证明自己诚实公正的特许状，就不能从事这一行业①。依据爱德华六世的法令，必须经过三位治安法官的认可，才能发给这种特许状。但即使这样的限制，后来人们认为还是不够，所以依据伊丽莎白女王的一条法律，颁发这种特许状的特权归于一年开庭四次的法庭。

从前欧洲的政策对农村最大的行业（农业）的管理原则与对城市里最大的行业（制造业）的管理原则截然不同。这种政策使得农民与消费者和谷物商人、中间商等直接代理人都要打交道，迫使他们不仅要做一个农民该做的工作，而且还要做谷物批发商和零售商的工作。在城市则相反，在许多情况下，禁止制造商兼营商店，禁止他们零售自己的商品。前一种政策的意图是想增进国家的整体利益，也就是使谷物价格低廉。不过人们可能不很了解应如何操作。后一种政策的意图是想增进某一类人即商店老板的利益。人们认为，如果允许制造商从事零售业，他们就会以低于商店老板的价格抛售其产品，从而毁灭商店零售业。

然而，即使让制造商自己开店零售他的货物，他其实也不会比普通的商店老板售价更低。他投入自己店铺中的资本，一定是从他的制造业中抽调出来的。为了和他人在同一水平上经营，他投入商店的资本必须要取得商店老板的利润，正如他投入制造业的资本必须取得制造商的利润。例如，假定在他居住的那个城市，制造业资本和商店资本的一般利润率均为1%，那么他在自己的商店出售自己的每一件产品的利润率必须是2%。当他将产品从自己的厂房送往自己的商店时，他对产品的估价必须与他批发给商店老板的价格相同，如果估价低了，他就损失了一部分制造业资本的利润。当他在自己的商店再将其产品出售时，如果售价低于其他商店老板的售价，他就损失了一部分商店业资本的利润。所以，虽然表面上看他在同一件产品上取得了双重的利润，但是由于这些产品先后作为两种不同资本的一部分，他在所使用的全部资本上只得到了单一的利润。如果他所得的利润比这少，那他就是一个亏损者，或者说他所投入的全部资本没有取得像大部分其他人所取得的那样的利益。

禁止制造商去做的事情，却在某种程度上要求农民去做，要求农民将他的资本投入到两种不同的用途上：一部分投入谷仓和干草场，以储存粮食供应市场的临时需求；另一部分投入到谷物的耕作。但正像他投入后一部分的资本所得的利润不能少于农业资本的一般利润，他投入前一部分的资本所得的利润也不能少于商业资本的一般利润。不管在谷物贸易中实际使用的资本是属于农民还是属于谷物商，都要取得相同的利润，以使投入其中的资本得到回报，并与其他行业处于相同的水平，以免资本转移到别的用途。所以，被迫兼营谷物贸易的农民最终出售谷物的价格，不可能比任何其他谷物商在自由竞争中最低的谷物售价更便宜。

能将自己的全部资本用在单一业务上的商人，可以得到与将全部劳动用在单一作业上的工人一样的好处。后者能达到一种熟练程度，用同一双手，可完成数量多得多的作业；前者能学到一种简单高效的营业方法，能以同样的资本经营多得多的业务量。一般情况下，这样的工人能因此以便宜得多的价格出售自己的产品，同样，这样的商人出售自己的货物时也能比他分散自己的精力和资本时便宜一些。如果一个精明灵活的商店老板的唯一业务就是成批采购货物然后再零售，那么大部分制造商在零售自己的产品时定价都不可能像这个商店老板一样低；如果一个精明灵活的谷物商人的唯一业务就是成批购买谷物存入粮仓然后再零售，那么大部分农民在将自己的谷物零售给四五英里外的城镇居民时，其价格要低于这个谷物商人的价格就更不可能。

禁止制造商兼营商店业的法律试图迫使资本的这种分工加快。迫使农民兼营谷物商业务的法律则试图使资本的这种分工放慢。两种法律显然都违反了天然的自由，因此都是不公正的，也同样是失策的。对于这类事情，既不强制，也不妨碍，才符合每一个社会的利益。如果某人以其劳动或资本来从事各种对自己并无必要的行业，他绝不可能以比他的邻人更低的价格出售货物而伤害邻人。他可能会伤害到他自己，一般情况下都是如此。谚语有云："什么都做发不了财。"法律应该相信人民照顾自己利益的能力，因为作为当事人，人民一般都必然比立法者更了解自己的利

① 这两句话很容易引起误解。上一段引述的规定的效果是，如果谷物商不具备一定的资格，那么就会"完全取消"该行业。为了避免这种结果，因此爱德华六世第五、第六年的第十四号法令的第七条又规定，可以发给谷物中间商证书，使他们在某种情况下可以购买谷物再另行出售。因此，对谷物人发证书是很大的放宽，不是像文中所说的更严。

益所在。但迫使农民经营谷物商业务的法律，是上述两种法律中最有害的。

这种法律不仅有碍于对任何社会都非常有利的资本分工，并且同样有碍于土地的改良和耕作。迫使农民兼营两业而不是专营一业，就使得农民被迫将资本分成两部分，只能将其中一部分投入耕作。如果他能自由地在收割打谷之后将全部收成尽快出售给谷物商，他的全部资本就可以立即返回土地，用于购买更多的耕牛，雇佣更多的佣工，以更好地改良和耕作土地。如果农民被迫零售自己的谷物，他就只好将大部分资本放在他的谷仓和干草场中，因而不可能像没有这种法律时耕作得那样好，虽然资本是一样多的。所以，这种法律必然会阻碍土地的改良，不但不能使谷物的价格更低，而且由于使得谷物产量比没有这种法律时更少，必然使得谷物价格更高。

除了农民的劳作外，实际上最有助于谷物生产的，就是受到适当保护和鼓励的谷物商业务。如同批发商能够扶持制造商一样，谷物商也能够扶持农民。

批发商通过为制造商提供现成的市场，通过使其产品尽快脱手，有时候甚至在产品未完工前就预付货款，使得制造商能将他的全部资本（有时候还不止他的全部资本）始终投入到生产上，从而，与被迫将产品卖给直接消费者或零售商相比，制造商能生产出多得多的产品。而且，批发商的资本一般足以供许多的制造商周转，在他们的这种往来中，大资本商人出于利害关系会去扶持许多小资本商人，在他们遭受损失和灾难并可能导致破产时给予他们帮助。

农民与谷物商人之间广泛建立的这类往来关系，结果同样有利于农民。农民将能够把他的全部资本（有时候还不止他的全部资本）始终投入到耕作之中。农业比其他任何行业都更容易遭受意外，但有了这种往来关系后，农民将会发现，无论发生什么意外，他们的老主顾，即富裕的谷物商人，愿意并且能够帮助他们。他们就不会像现在这样，完全指望地主的宽容和地主管家的仁慈。如果能立即广泛地建立这种往来关系（虽然没这种可能），如果能立即将国家全部农业资本从其他行业撤回并投入到适当的用途即土地耕作之中，如果在需要时能立即提供另一项几乎同样巨大的资本以扶持和帮助农业资本发挥作用，那么，仅仅这些变化将对全国土地带来多么巨大、多么广泛、多么急剧的改进，或许难以想象。

因此，爱德华六世的法令通过尽可能地禁止种植者与消费者之间存在中间人，实际上是试图消灭这样一种行业：它的自由运作不但可以最好地缓解谷物短缺的困难，而且可以最好地防止饥荒之灾的产生。再说一次：除了农民的劳作外，实际上最有助于谷物生产的就是谷物商人的业务。

后来的几个法令缓和了这一法令的严厉与苛刻。这些法令先后允许，在小麦价格不超过1夸脱20先令、24先令、32先令和40先令时，允许囤积谷物。最后，查理二世第十五年第七号法令规定，当小麦价格不超过48先令时（其他谷物价格以其为标尺），只要不是垄断者，即不是购买谷物后3个月内又在同一市场出售的人，囤积谷物或购买谷物以待出售均为合法①。依据这一法令，内地谷物商人得到了他们不曾享受过的贸易自由。当今国王（乔治三世）第十二年的法令废除了几乎所有其他的反对垄断和囤积的老法令，但没有取消查理二世第十五年第七号法令所设的限制，因此该法令至今仍然有效。

可是，这个第七号法令在某种程度上认可了两种非常荒谬的世俗偏见。

第一，这一法令认为当小麦价格高到每夸脱48先令（其他谷物价格以此为标尺）时，谷物就有可能被大量囤积，从而有害于人民。但我们前面已经论证过，似乎非常明显，无论价格高低，内地谷物商人囤积谷物都不会有害于人民。并且1夸脱48先令的价格尽管看起来很高，但在歉收年份这常常是收获之后立即就出现的价格，此时所有新收成还很少有售出的，此时即使是无知的人也不会认为新收成的任何部分会被人囤积到有害于人民的地步。

第二，它认为有某个价位，到达这个价位时谷物可能就会被人囤积垄断，也就是将其完全购入，以便随后在同一市场出售，从而有害于人民。但是如果谷物商人在某个市场尽量收购，以图随后在同一市场再出售，必定是他判断市场不会在全季都像当时那样能充分供给，不久必将涨价。如果他判断错误，价格并未上涨，他就不仅没赚到利润，还会损失一部分资本，即储藏和保管谷物的费用和损耗。因此，他对自己的损害也将比对别人大得多。即便对那些在他收购的当天被他

① 这里的引用是错的。原文是“不是垄断或在3个月内在同一市场出售同一谷物”。

妨碍了购买谷物的人的损害也没他自己受的损害大，因为他们可以在另外的日子以同样低廉的价格购买谷物。如果他判断正确，他不但不会伤害到广大人民，反而对他们有至关重要的帮助。通过使人民早一点体会到缺粮的困难，他可以防止他们由于目前价格低廉而不顾实际情况地消费谷物，从而防止了他们感受到粮食匮乏的强烈痛苦。如果确实出现粮食短缺，对于人民来说最好的方法，就是将这种困难尽可能平均地分配到一年中的每月、每周和每一天。谷物商人由于自身利益的关系而能够尽可能正确地这样去做。由于其他任何人都没有这种利益关系，也没有这种知识和能力可以像他那样正确地做这件事情，所以应将这项最重要的商业业务全部委托给谷物商人；换句话说，至少在国内市场的供给方面，谷物贸易应完全自由。

世人对于囤积和垄断的恐惧，与他们对巫术的恐惧和怀疑非常相似。因巫术而被控告的不幸之人，与那些因囤积和垄断而被控告的人一样，都是无罪的。法律取缔了对巫术的起诉，使人们不能再为私怨而以这种想象中的罪名控告邻人；而消除了鼓励和支持这种恐惧和怀疑的重要原因，似乎也就有效地打消了这种恐惧和怀疑。如果法律恢复内地谷物贸易的完全自由，同样也可能打消世人对囤积和垄断的恐惧。

可是，查理二世第十五年第七号法令虽然有各种缺点，但与任何其他法律相比，或许仍对国内市场的充足供应和耕作的改进做出了更大的贡献。正是从这项法令开始，国内谷物贸易获得了它从未享有过的一切自由和保护；而不管是国内市场的供给还是耕作的改进，国内贸易比进出口贸易更为有效地起到了促进作用。

根据那位关于谷物贸易的论文集的作者的计算，英国每年平均进口的各种谷物量与平均消费的各种谷物量的比例，不到 1∶570。所以，对于国内市场的供给，国内贸易的重要性必定是进口贸易的 570 倍。

根据这位作者的计算，英国平均每年出口的各种谷物量不到年产量的 1/30。所以，在为本国谷物提供市场从而鼓励耕作方面，国内贸易的重要性也必定是出口贸易的 30 倍。

我不太相信政治算术，也无法保证上述两种计算的准确性。我提及它们只是为了说明，在最明智、最有经验的人看来，谷物的国际贸易与国内贸易相比是多么不重要。设立出口奖金之前的那几年谷物价格极为低廉，在某种程度上归因于查理二世这项法令的作用或许是有理由的。这项法令颁布于 25 年前，有足够的时间产生这种效果。

至于谷物贸易的其他三个部门，我可以用很少的篇幅来说明。

第二种

进口谷物供国内消费的贸易，显然有利于国内市场的直接供给，因而直接有利于人民大众。当然，这会使谷物的平均货币价格有所下降，但不会降低谷物的实际价值，即它所能维持的劳动量。如果谷物能随时自由进口，我们的农民和乡绅每年出售谷物所得的货币或许比现在要少，现在谷物进口在大部分时间里实际上是被禁止的，但是他们所得到的货币会有更大的价值，能够买更多的其他商品和雇佣更多的劳动。因此，他们的实际财富和实际收入，都会和现在一样，只是用较少数量的白银来表现而已；他们能够耕种和愿意耕种的谷物也不会比现在少。相反，由于谷物的货币价格下降而使白银的实际价值上升，会使其他所有商品的货币价格有所下降，这又使这个国家的产业在外国市场上占到一定好处，从而能鼓励和促进该国产业的发展。而国内谷物市场的大小，必须和这个国家的一般产业保持一定的比例，也就是说，必须和生产并拥有其他能与谷物交换的商品的人的数量或这些东西的价格保持一定比例。在任何国家，国内市场都是谷物的最近和最方便的市场，因此也是最大和最重要的市场。所以，由于谷物平均货币价格的下降而导致的白银的实际价值的上升，会倾向于扩大（而不是缩小）谷物的最大和最重要的市场，从而促进谷物的生产。

查理二世第二十二年第十三号法令规定，国内市场小麦价格不超过每夸脱 53 先令 4 便士时，进口小麦每夸脱须纳税 16 先令；国内市场小麦价格不超过每夸脱 4 镑[①]时，进口小麦每夸脱须纳税 8 先令。前一价格在过去的一个多世纪中只在粮食严重短缺的年份才出现过，后一价格据我所

① 当时 1 镑等于 20 先令，1 先令等于 12 便士。——译者注。

知从未出现过。根据这一法令，小麦在涨到后一价格的时候要被征收非常高的关税，而涨到前一价格的时候所征收的关税相当于禁止其进口。限制其他各种谷物进口的关税税率，与其价值相比，也几乎同样高。此后的法律进一步提高了这种关税。

在歉收年份，人民很可能由于上述法令的严格执行而苦不堪言。但这种情况下，这些法令一般都由临时法令替代而暂停实行。临时法令准许在一定期限内进口外国谷物。有必要实行临时法令，足以证明原有法令的不适当。

对进口的这些限制虽然是在设立出口奖金之前的规定，但这两者所遵循的精神和原则如出一辙。不过，不管这种限制和某些其他限制怎样有害，在设立出口奖金后，限制进口都是必要的。如果 1 夸脱小麦的价格不到 48 先令，或者高出 48 先令不多时，外国谷物可以免税或缴很少的税进口，那么可能会有人为了出口奖金而将进口谷物再出口。这将使国家收入蒙受巨大损失，颠倒了出口奖金制度的初衷：没有扩大本国产品的市场，反倒扩大了外国产品的市场。

第三种

出口谷物供外国消费的贸易，当然不会直接有利于国内市场供给的丰足，但会间接产生有利作用。无论供应国内市场的谷物是来自何处（本国生产的也好，国外进口的也好），只有在国内生产的谷物量或进口的谷物量大于国内的谷物消费量时，国内的谷物市场才有充足的供应。但是，如果剩余的供给一般情况下不能出口，种植者就将小心谨慎，不让生产的谷物多于国内市场的需求，进口商也会小心不让进口的谷物多于需求。这样，市场很少会存货过多，它一般会存货不足，因为供给谷物的人通常会担心手里的货物积压。所以，禁止出口限制了土地的改良和耕作，使谷物的供给仅限于满足国内居民的需求，而出口自由则能扩大耕作以供国外。

查理二世第十二年第四号法令规定，只要小麦价格不超过一夸脱 40 先令（其他各种谷物以此为标尺），就允许谷物出口。查理二世第十五年进一步放开到小麦价格不超过 48 先令；第二十二年不再设上限。当然，这种出口须向国王交税。但所有的谷物税率都很低，对于小麦仅为 1 夸脱 1 先令，燕麦仅为 1 夸脱 4 便士，其他各种谷物仅为 6 便士。而根据威廉和玛丽第一年的设置出口奖金的那个法令，只要小麦价格不超过 1 夸脱 48 先令，这项小税实际上已被取消。威廉三世第十二年第二十号法令则明令取消这项税收，无论小麦价格有多高。

这样，出口商的贸易不仅受到出口奖金的鼓励，而且比国内商人的贸易自由得多。根据上述法令中的最后一个，无论价格高低，谷物都可囤积用于出口，但除非价格不超过 48 先令，否则不许囤积用于国内销售。但是，前面已经论证，国内商人的利益决不会与人民大众的利益相对立。而出口商的利益却有可能与人民的利益相对立，事实上有时也的确如此。当本国处于粮食短缺状态，而邻国则发生饥荒时，也许将大量谷物运往邻国符合出口商的利益，但这将大大加重本国粮食短缺的灾难。国内市场能得到充足供应不是这些法令的直接目的，它们的直接目的是，在鼓励农业的借口下，尽可能地提高谷物的货币价格，从而尽可能地造成国内市场上经常的粮食短缺。通过阻碍进口，即使在粮食严重短缺时，国内市场的供给也只能依靠国内生产；而通过鼓励出口，当价格高到每夸脱 48 先令时，即使在粮食严重短缺的情况下，国内市场也不能得到本国产物的全部。英国不得不经常颁布临时法令，在一定期限内禁止出口谷物，在一定期限内进口免税，这充分说明了原有法令的不适当。如果原有法令是适当的，就没有必要经常暂停实施了。

假如所有国家都实行自由进出口的制度，构成大陆的各个国家就会像构成大国的各个省一样了。理论和实践都证明，在一个大国的不同省份之间实行贸易自由不仅是缓解粮食短缺最好的方法，也是防止饥荒的最有效的方法；在一个大陆的不同国家之间，进出口贸易自由也起相同的作用。大陆地域越大，大陆各部分之间水陆交通越方便，任何一个国家遭受这两种灾难的可能性就越小，任何一个国家的粮食短缺就越可能由其他某个国家的丰足所解救，但极少有国家完全实行这种自由制度。谷物贸易的自由几乎在所有地方都或多或少受到限制，而且在许多国家，限制谷物贸易的荒谬法律常常加重了已有的粮食短缺的不幸，使其发展成可怕的饥荒。这些国家对谷物的需求常常变得如此巨大和紧迫，使得当时也在粮食短缺的状况下挣扎的邻近小国不敢冒着自己也陷入这种可怕灾难的危险去供应他们。这样，一个国家的极坏的政策，可能使另一个国家采取本来是最好的政策在某种程度上也会成为危险和不谨慎的事情。但是不受限制的自由出口对大国的危险性要小得多，因为大国的产量要大得多，无论可能出口多少谷物，都很少受多大的影响。在瑞士的一个州或者意大利的一个小国，或许有时还有必要限制谷物的出口，但在英国或法国这样的大国很少有这种必要。此外，阻止农民随时将产品运到最有利的市场，显然是以公共利益或国家理由而牺牲了一般的公正法则；只有在最紧迫的情况下，立法机构才能采取这种行动，也才能得到谅解。如果非得禁止谷物出口，应该在谷物价格非常高时才实施。

关于谷物的法律无处不可与关于宗教的法律相类比。对于今世的生存以及来世的幸福，人民是那么关心，因此政府不得不屈从于他们的偏见，建立他们所赞同的制度，以保公众安宁。或许正是由于这样，我们从未见到过有关于这两件头等大事的合理制度。

第四种

进口外国谷物以备再出口的中间商的贸易，也有利于国内市场供给的丰足。这种贸易的直接目的的确不是在国内出售谷物，但中间商一般也会愿意这样做，哪怕比他在外国市场可望获得的货币少得多，因为这样能节省装卸费用、运费和保险费。由于中间商贸易而成为其他国家粮仓的国家，其居民自己是很少会缺乏粮食的。虽然中间商贸易可能降低国内市场谷物的平均货币价格，但决不会因此降低谷物的真实价值。它只会有提高白银的真实价值的作用。

在英国，进口外国谷物须缴纳高额关税，而其中大部分不能退还，所以，在一般情况下，中间商贸易实际上是受到禁止的；而在特殊情况下，当粮食短缺使得有必要用临时法令暂停征税时，又禁止出口谷物。因此，按照这种法律制度，谷物中间商贸易实际上在一切情况下都是被禁止的。

所以，设立奖金的这种法律体系，似乎并不值得得到它曾得到的称赞。常常被归功于这些法律的英国的进步与繁荣，可以很容易地找到其他原因。英国法律为人们享用自己的劳动成果提供了安全保障，单是这一点就足以让一个国家繁荣起来，即使还有上面这些和另外几十条荒谬的商业条例；而且，和奖金的设立几乎同时发生的革命完善了这种保障。当每个人改善自己境遇的自然努力能够得到施展的自由和安全，就是一股非常强大的力量，即使不借助任何帮助，也能使社会富裕繁荣，还能克服那些妨碍其发挥作用的愚蠢的人为法律所设置的无数顽固障碍（不过这些愚蠢的法律或多或少地侵害了这种努力的自由，或降低了这种努力的安全。）。在英国，产业是很安全的；虽然远谈不上完全自由，但与欧洲其他各国相比，至少同样自由或更自由。

尽管英国最繁荣、最进步的时期出现在那些与奖金有关的法律建立之后，但我们不能就此将这种繁荣与进步归功于那些法律。正如这一时期也出现在发行国债之后，但发行国债肯定不是英国繁荣和进步的原因。

虽然英国的与奖金有关的法律体系和西班牙、葡萄牙的政策一样，都使得贵金属的价值在实施这些法律和政策的国家趋向于有所降低，但英国无疑是欧洲最富有的国家之一，而西班牙和葡萄牙大概位居欧洲最贫穷的国家之列。这种境况上的差别，可以很容易地以下述两个原因说明。首先，这两个国家每年输入的金银超过 600 万镑，但出口金银在西班牙须纳税、在葡萄牙受禁止，并且这种法律得到严格执行。这在这两个贫穷的国家所产生的降低金银价值的作用，与英国实施的谷物法令所产生的作用相比，不仅更直接，而且更有力。其次，这些糟糕的政策在这两个国家并没有被人民的普遍自由和安全所抵消。那里的产业既不自由也不安全。虽然这两国通商条例明智的程度和大部分其他条例荒谬愚蠢的程度不相上下，但他们的市民政体和宗教政体只会使他们的贫穷延续下去。

乔治三世第十三年第四十三号法令似乎建立了一种与谷物法令有关的新体系，其中许多方面优于旧体系，但在一两个方面则还不如旧体系。

该法令规定，中等小麦的价格涨至 1 夸脱 48 先令，中等黑麦、豌豆或蚕豆的价格涨至 1 夸脱 32 先令，大麦的价格涨至 1 夸脱 24 先令，燕麦的价格涨至 1 夸脱 16 先令时，供国内消费的外国谷物进口时免征高关税，代之以每夸脱小麦 6 便士的小额关税（其他谷物以小麦为准）。这样，外国的各种谷物，尤其是小麦，就能以比从前低得多的价格供应国内市场。

同一法令还规定，每夸脱小麦 5 先令的出口奖金在小麦价格涨至 1 夸脱 44 先令时即停止发放（以前是要涨至 48 先令）；每夸脱大麦 2 先令 6 便士的出口奖金在大麦价格涨至 1 夸脱 22 先令时即停止发放（以前是 24 先令）；每夸脱燕麦片 2 先令 6 便士的出口奖金在燕麦片价格涨至 1 夸脱

14 先令时即停止发放（以前是 15 先令）。黑麦的出口奖金从 3 先令 6 便士减至 3 先令，在黑麦价格涨至 1 夸脱 28 先令时即停止发放（以前是 32 先令）。如果出口奖金像我已经试图证明的那样是不适当的，那么，越早停止发放，发放的数额越少，则越有好处。

这项法令还准许以最低的价格免税进口谷物以备再出口，但必须把进口的谷物存入仓库，用分属国王和进口商的两把锁锁住。诚然，这种自由只限于英国的 25 个港口。不过这些都是主要的港口，其他大部分港口或许没有适用于这种用途的仓库。

就以上各点来看，这项法令显然是对旧法令的改进。

但是，这项法令规定，当燕麦价格不超过 1 夸脱 14 先令，每出口 1 夸脱发放 2 先令奖金。对于这种谷物的出口，过去从未发放过奖金，就像对于豌豆和蚕豆那样。

这项法令还规定，当小麦价格涨至 1 夸脱 44 先令，黑麦价格涨至 1 夸脱 28 先令，大麦价格涨至 1 夸脱 22 先令，燕麦价格涨至 1 夸脱 14 先令时，均立即禁止出口。这几种价格似乎都太低了，而且，出口奖金本是为了鼓励出口，现在一停止发放奖金就禁止出口，也似乎不妥。停止发放出口奖金的价格应该比禁止出口时的价格低得多，要么就应该在比此价格高得多的价格上允许出口。

就以上各点来看，新法令似乎又不如旧法令。不过，虽然它有各种不足，我们或许仍可用前人评价梭伦[①]法典的话来评价它：它本身虽不完美，但却是当时的利益、见识和倾向所能产生的最好的。它或许会为将来更好的法律铺平道路。

第六章 论通商条约

如果一个国家受条约的约束，允许某些货物从某一外国进口而禁止从所有其他国家进口，或只对某一外国的某些货物免征关税而对所有其他国家的这些货物都征收关税，那么，商业上受惠的这个国家，或至少是该国的商人和制造商，必然从这种条约中得到很大的好处。这些商人和制造商在如此优待他们的国家享有一种垄断权。这个国家成了他们的货物的更广阔、更有利的市场。更广阔，是因为其他国家的货物或是被排除在这个市场之外，或是被征收更多的关税，使得受惠国的商品能占领更多的市场；更有利，是因为受惠国的商人在那里享有一种垄断权，常常能以比各国自由竞争的情况下更高的价格将其货物出售。

然而，这种条约虽然对受惠国的商人和制造商有利，但对于施惠国的商人和制造商却必然是不利的。通过这种条约，施惠国将一种不利于自己的垄断权赋予了某一外国，必须常常以比允许各国自由竞争的情况下更高的价格购买自己所需的外国货物，从而这个国家用于购买这些外国货物的那部分本国产品也就必然变得更便宜了。因为，当两种物品彼此交换时，一种贵了就相当于另一种便宜了，这是一回事。因此这个国家的年产物的交换价值可能由于这种条约而减少。不过这种减少并不意味着绝对价值的损失，而只是本来可获得的利益的减少。它出售产品的价格虽然低于无这种条约时可得的价格，但不可能低于成本，也不会像在有出口奖金的情况下那样，收不回商品上市的成本并且得不到普通的利润。否则，这种贸易不能长期进行。所以，即使是施惠国也依然能从这种贸易中得利，尽管利益不如在自由竞争时那么大。

但是，根据与此不同的原理，人们认为某些通商条约是有利的。有时商业国给予某个外国的某种商品一种于自己不利的垄断权，是因为它希望在两国间的总体贸易中它的年出口能大于年进口，每年都保持金银的顺差。正是根据这一原理，梅休因先生在 1703 年签订的英国和葡萄牙通商条约才大受称赞。以下是该条约的直译，一共只有三条：

第一条：

尊敬的葡萄牙国王陛下以他自己和他的继承人的名义，承诺今后永远准许不列颠呢绒和其他毛织品像以往一样进入葡萄牙，直到受到法律禁止，但须遵循以下条件。

第二条：

即，尊敬的大不列颠国王陛下以他自己和他的继承人的名义，自今以后永远准许葡萄牙产葡

---

① 古雅典的立法者。——译者注。

萄酒进入不列颠，不论何时，不论英法两国是和是战，不论进口到不列颠的葡萄酒使用的是105加仑的桶、52.5加仑的桶还是其他，都不得以关税、手续费或其他名义，使对葡萄牙的葡萄酒直接或间接征收的税费超过对同量法国葡萄酒所征税费的2/3。如果上述减免在任何时候以任何形式被破坏或侵害，尊敬的葡萄牙国王陛下重新禁止不列颠制造的呢绒和毛织品进口就是正当的和合法的。

第三条：

两国全权大使承诺负责敦请各自的国王陛下批准本条约；批准的条约在两个月内互相交换。

根据这项条约，葡萄牙国王有义务按照禁止进口英国毛织品之前的条件，准许进口英国毛织品，即征收的关税不能高于禁止进口之前的水平。但他没有义务让英国的毛织品以比其他任何国家的毛织品（例如法国的或荷兰的）更优越的条件进口。相反，英国国王却有义务，让葡萄牙的葡萄酒以比最有可能与其竞争的法国葡萄酒更优越的条件进口，其所纳关税仅为法国葡萄酒的2/3。仅就这一点而言，该条约明显有利于葡萄牙，而不利于英国。

但该条约却被誉为英国商业政策的杰作之一。葡萄牙每年从巴西得到的黄金数量，多于其用于国内商业——不论是用在铸币上还是用在器皿上——的数量。剩余的黄金价值太大，不能让其锁在保险柜中闲置，而在国内又找不到有利的市场，所以，尽管禁止黄金出口，也必须将黄金送到国外交换某种在国内更有市场的东西。其中很大一部分黄金运到英国，用以交换英国商品，或间接从英国交换其他欧洲国家的商品。据巴特勒先生所知，每周从里斯本出发的班轮运入英格兰的黄金平均每星期在5万镑以上。这一数字或许有些夸大。果真如此的话，它一年总计将在260万镑以上，这比人们认为巴西每年能向葡萄牙提供的全部黄金还多。

我国的商人几年前曾失去葡萄牙国王的好感。一些并非由条约规定而是由葡国国王恩赐的特权（这些特权可能是请求得来的；作为回报，葡萄牙商人从英国国王那里得到了更多的优惠和保护），不是被侵犯，就是被取消了。因此，通常最赞成与葡萄牙进行贸易的那些人也认为，这种贸易并不像一般想象的那样有利。他们提出，每年从葡萄牙输入英国的大部分甚至是全部的黄金，都不是为了换取英国货物，而是为了换取欧洲其他国家的货物；英国每年从葡萄牙进口的水果和葡萄酒，几乎就可以抵消出口到葡萄牙的英国货物的价值。

不过，即使我们假定这些黄金全部是为了换取英国货物，并且总额比巴特勒先生脑子里的那个数目还要大，这种贸易也不会因此比出口价值等于进口消费品价值的其他贸易更有利。

可以认为，在英国，输入的黄金中只有极小的部分每年用来增加国内器皿或铸币，其余大部分必然运往外国去购买各种消费品。但是如果直接用英国产品去交换这些消费品，那就比先用英国产品换取葡萄牙的黄金，再用这些黄金购买这些消费品，更有利于英国。直接的对外消费品贸易总比转口的对外消费品贸易更有利；将相同价值的外国货物运入本国市场，前一种贸易比后一种贸易所需资本少得多。因此，既然英国所需消费品主要不是在葡萄牙而是在其他国家，那么，以较小一部分英国产业生产适合葡萄牙市场需求的商品，以较大一部分产业去生产适合其他市场需求的商品，那对英国就更为有利。这样，英国要获得自身需要的（实用的）黄金和消费品，所用资本就比现在少得多。英国因此就会有一部分多余资本可用于其他方面，用于推动更多的产业或增加农作物产量。

即使英国与葡萄牙完全没有贸易往来，英国也可以不太费力地得到在器皿、铸币或对外贸易方面所需要的全部黄金。黄金和其他所有商品一样，只要你有能和它交换的价值，总能在某处得到它。并且，葡萄牙每年多余的黄金仍然会被送往国外，即使不被英国买去，也必然被某个其他国家买去，而且这个国家也必然会如同现在的英国一样，乐于以某一价格将这些黄金再卖出。当然，在购买葡萄牙的黄金时，我们是买的一手货；在购买其他各国（西班牙除外）的黄金时，我们买的是转手货，花费可能略多。但这部分差额非常小，不值得政府放在心上。

我国的黄金据说几乎全部来自葡萄牙。而葡萄牙之外的其他的国家和我国的贸易差额不是不利于我国，就是对我国利好不大。但我们应记住，我国从一个国家输入的黄金越多，则从其他国家输入的黄金必定越少。对黄金的有效需求，如同对任何其他商品的有效需求一样，在每个国家都有一定的限量。如果这一限量的9/10都从一个国家进口，那可从其他国家进口的就只剩1/10。

此外，我国每年从某些国家输入的黄金超过国内在器皿和铸币上所需的数量越多，那我国向其他国家再输出的黄金也必然越多；这样，与某些国家间的贸易差额——这一现代政策最无意义的目标——越是有利于我国，与其他许多国家之间的贸易差额就必然越不利于我国。

不过，正是基于英国不与葡萄牙进行贸易就无法生存这一可笑的观念，法国和西班牙在上次战争①将要结束时，甚至不找什么被冒犯或被挑衅的借口，就要求葡萄牙国王禁止所有英国船只进入葡萄牙港口，并允许法国或西班牙军队入港以确保这一禁令实施。如果葡萄牙国王接受了他的小舅子西班牙国王提出的丢脸的条件，那英国就可以摆脱一个大麻烦，这个麻烦比失去葡萄牙贸易的麻烦大得多：支持一个毫无国防准备的弱小盟国是一大负担，如果来一场战役，英国即使倾尽全力可能也不能保护得了它。失去与葡萄牙的贸易无疑也会给当时经营这种贸易的商人带来不小的困窘，他们可能在一两年内找不到其他同样有利的投资渠道，这大概就是这一抢眼的贸易政策可能给英国带来的全部麻烦。

每年输入大量的金银既不是为了制造器皿，也不是为了铸币，而是为了进行对外贸易。转口的对外消费品贸易，以金银为媒介比以任何其他商品为媒介都更有利。由于金银是通用的交易媒介，与其他任何货物相比，人们更愿意接受金银以交换各种商品；并且金银体积小，价值大，从一地到另一地的来往运输所需费用几乎比其他任何商品都少，在运输过程中损失的价值也较小。所以，如果在某个外国购买某些商品的目的是为了在另一国将其出售以换取（或直接换取）其他商品，那用金银直接去换最方便。对葡贸易的主要益处，就是使英国各种转口的对外消费品贸易更为便利；这虽然不是极重大的益处，但无疑也是不小的益处。

有理由认为，每年为增加国内的器皿和铸币只需输入很少的金银，这似乎很明显；而即使我们不与葡萄牙进行直接贸易，这少量的金银也可以很容易地从其他地方得到。

虽然金匠行业在英国规模很大，但他们每年出售的大部分新器皿都是用旧器皿熔化铸成的，所以国内全部器皿每年的增加额不是很大，每年只需输入很少量的金银即可满足。

铸币的情况也是一样。在上次金币改铸之前的10年中，每年铸造金币80万镑以上，我相信，没人会以为这些造币大部分是每年在现有货币基础上所增加的。在铸币费用由政府支付的国家，铸币即使所含金银重量完全符合标准，其价值也决不会比等量未铸金属的价值大多少；这是因为要以任何数量的未铸金银换取含等量金银的货币，只要不怕麻烦送去造币厂，最多耽误几个星期。不过，在任何国家，大部分流通铸币几乎总是或多或少有所磨损，或由于其他原因而低于标准。在英国，上次金币改铸之前尤其是这样，金币低于标准重量2%以上，银币低于标准重量8%以上。但是如果44个半几尼含有十足的标准重量（即1磅黄金）而只能购买1磅的未铸黄金，那么重量有所短缺的44个半几尼就购买不到1磅的未铸黄金，还须另加一些以补不足。因此金块的市场流通价格与造币厂价格不同，不是46镑14先令6便士1磅，而是大约47镑14先令，有时大约是48镑。而当大部分铸币都是这样低于标准重量时，即使是刚从造币厂出厂的标准几尼，在市场上也不能比等量普通几尼购买到更多的货物；因为它们在商人的金柜中和普通货币混在一起，如果要加以区分的话，所费还不偿所值。新铸的44个半几尼和其他普通几尼一样，所值不会多于46镑14先令6便士；但是如果将新几尼投入熔炉，没有明显损失便可产出1磅标准黄金，在任何时候都可换取47镑14先令到48镑的金币或银币，而且这些货币的效用和当初熔化的几尼完全一样。所以，熔化新铸币明显有利可图，而其速度之快，政府任何预防措施都无法阻止。因此，造币厂的工作有些像潘奈洛佩在织布，白天织好的布在夜间又拆掉②。造币厂的工作与其说是在每天增加铸币，不如说是在更换每天被熔化的最好的那些货币。

如果铸币费用是由持金银到造币厂去的私人自己支付，那铸币就会增加这些金属的价值，正如加工能增加器皿的价值一样。铸成货币的金银会比未铸的金银价值更高。如果铸币税（即向私人收取的铸币的费用）不是太高，全部税额都将加于金银块价值之上，因为政府在任何地方都享有专有铸币特权，没有任何铸币能以更低的价格出现在市场。如果铸币税太高，大大超过铸币所

---

① 1762年。

② 潘奈洛佩是《荷马史诗》中奥德修斯的妻子，她在丈夫远征期间以需要完成一项织布工作为由，搪塞周围众多的求婚者，但她总是把白天织好的布在夜里又拆掉。——译者注。

需劳动和费用的真实价值，那么金银块与金银铸币的价值之间的巨大差额可能会刺激国内外的伪币制造者，使他们向市场投入大量伪币，从而降低官方货币的价值。不过，法国的铸币税是8%，并未因此出现显著的伪币困扰。无论是住在国内的伪币制造者还是住在国外的他们的代理人和联络人，都要面对巨大的危险，不值得为了百分之六七的利润去冒这个险。

铸币税在所有情况下都会减少熔化新铸币的利润，在其中一些情况下则使其完全无利可图。这种利润始终来自普通流通货币应含金银量与实含金银量的差额。如果这一差额小于铸币税，那么熔化新铸币不但没有利润，还有损失。如果这一差额等于铸币税，那么熔化新铸币既无利润也无损失。如果这一差额大于铸币税，当然就会有利可图，不过利润比无铸币税的时候少。例如，在上次金币改铸之前，如果铸币税是5%，熔化新铸币将亏损3%；如果铸币税是2%，熔化新铸币就不赚不赔；如果铸币税是1%，熔化新铸币就有了利润，不过利润只有1%而不是2%。只要是在按照枚数而不是重量接受货币的地方，铸币税就是对熔化铸币最有效的防范，同理，也是对输出铸币最有效的防范。被熔化或输出的通常都是最好和最重的铸币，因为这样才能获取最大利润。

通过免税鼓励铸造货币的法律，最早是在查理二世时期制定的，但有免税期限；此后多次延长期限，直至1769年改为永久免税。英格兰银行为了补充保险柜中的货币，不得不常常运送金银块到造币厂去铸币，他们可能以为，相比自己担负铸币费用，政府担负这一费用会对自己更有利。也许是因为要照顾这家大公司，政府同意将这一法律永久化。如果废止称量黄金的习惯（由于称量不方便，这是很可能的），如果英格兰金币按枚数来计算（像上次金币改铸之前那样），英格兰银行可能会发现：像许多其他场合一样，他们在这一场合又大大错估了自己的利益。

在上次改铸金币之前，英国的金币比标准重量低2%，由于没有铸币税，金币的价值比应含标量黄金的价值低2%。因此，当这家大银行购买金块来铸币时，付价必须比铸成金币后所值多2%。但是如果铸币须纳税2%，则普通金币虽比标准重量低2%，它在价值上必然仍与应含标量黄金的价值相等。在这种情况下，铸造过程的价值抵消了黄金重量的减少。银行虽然支付了2%的铸币费，但在全部交易过程中的损失还是2%，与现实中金币减重带来的损失完全相同，并没有损失更多。

如果铸币税是5%，而金币低于标准重量2%，这种情况下银行在金块的价格上获利3%；但由于银行在铸造上支付了5%的铸币税，所以在全部交易过程中的损失同样是2%。

如果铸币税是1%，而金币低于标准重量2%，这种情况下银行在金块的价格上只损失1%；但由于银行支付了1%的铸币税，所以，在全部交易过程中的损失和其他所有情况下一样，仍是2%。

如果铸币税比较合理，同时铸币就像上次改铸之后的一段时间一样含有十足的标准重量，则银行无论在铸币税上损失多少，都会在金块价格上补偿回来；而银行无论在金块价格上获利多少，都会在铸币税上损失掉。所以，银行在全部交易上既无所失又无所得，在这种情况下，他们就像在上述所有情况下一样，处于与没有铸币税时完全相同的状况。

当对一种商品课征的赋税适度而不至滋生走私时，经营这种商品的商人虽然垫付了税款，但由于可在商品价格中收回，他并没有真正纳税。最终纳税者是最后的购买者或消费者。但对于货币这种商品，每一个人都是商人。所有购入它的人都是为了将它再售出；对货币来说，一般情况下不会有最后的购买者或消费者。因此，当铸币税很适中，不会滋生伪币时，尽管每个人都垫付了铸币税，但没有人最终纳税，因为每个人都在铸币提高的价值中将其收了回来。

因此，适中的铸币税，在任何情况下都不会增加银行或其他持金银块到造币厂铸币的私人的费用，如果没有适中的铸币税也不会减少这种费用。不论是否有铸币税，只要货币含有十足的标准重量，铸币对于任何人来说都不必破费；如果货币低于标准重量，铸币的费用必然总是等于货币应含纯金量与实含纯金量之差。

所以，当政府支付铸币费用时，不仅负担了一小笔开支，而且损失了本可由合适的税收得到的一小笔收入，而无论是银行还是私人都不能从这种无用的慷慨中获得丝毫利益。

不过，如果跟银行的董事们说，征收铸币税不能给他们带来好处是一定的，而不给他们带来损失在理论上也是一定的，他们可能是不会愿意同意征收铸币税的。在现有的金币状况下，只要它继续按照重量来计算，他们确实不会通过这种改变得到任何好处。但是如果以重量来衡量金币的习惯被废止（这非常可能），而金币质量又降低到上次改铸之前那样，那么由于征收铸币税而给银行带来的利益，更准确地说是给银行节省的开支，可能相当可观。英格兰银行是唯一一家把大量金银块送到造币厂去铸币的公司，每年铸造货币的责任全部或几乎全部都落在它身上。如果每年的新铸币只是用于修补流通铸币难免会有的损失和必然的磨损，那就很少会超过5万镑，最多也不会超过10万镑。但是既以重量衡量铸币而铸币又低于标准重量，每年的新铸币就必须在此之外还去填补流通货币由于不断输出和熔化而产生的巨大缺口。由于这一原因，上次金币改铸之前的10年或12年间，平均每年的新铸币都超过85万镑。但是如果当时征收4%或5%的金币铸币税，那么即使在当时的情况下，也可能有效地阻止铸币的输出和熔化。这样，银行就不用每年在这用来铸造85万镑金币的金块上损失2.5%，也就是说，不用每年损失这21250镑了。它会损失的可能不到这一数额的1/10。

议会从岁入中拨出作为铸币费用的每年只有1.4万镑，而政府实际支出的费用，即造币厂职员的开支，我相信一般情况下不会超过这一数额的一半。节省这么小的一笔开支，甚或得到比这大不了多少的一笔收入，可能在某些人看来，太微不足道，不值得政府重视。但是节省那可以节省下来的、以前常常花了出去以后也很可能要再花的1.8万镑或2万镑，即使对英格兰银行这样大的公司来说，也肯定值得重视。

上述论证和观察中的一部分，放在第一篇的“论货币的起源和效用”以及“论商品的真实价格和名义价格的区别”那几章，可能更恰当。但由于鼓励铸币的法律源于重商主义引进的流俗偏见，我觉得这些论证放在本章更合适。对生产货币给予奖励，没有比这更符合重商主义精神的了，既然他们认为货币是真正构成每一个国家的财富之物。这是他们的众多富国妙策之一。

第七章　论殖民地

第一节　论建立新殖民地的动机

最初引发欧洲人在美洲和西印度建立殖民地的利益动机，并不像引发古希腊和古罗马建立殖民地的利益动机那样简单清楚。

古希腊的各个城邦都只拥有很小的领土，一旦某一邦的人口增长至其领土不易维持的程度，一部分人就被送往外面遥远的世界寻找新的居住地，周围好战的邻邦使其难于在国内扩张领土。多利安人的殖民地主要在意大利和西西里，在罗马帝国建立以前，这两地的居民还是野蛮人和未开化的民族；爱奥尼亚人和伊奥利亚人——古希腊的另外两大部族——的殖民地主要在小亚细亚和爱琴海各岛，当时这两地的居民状况与意大利和西西里大体相同。虽然母城把殖民地看做孩子，总是给予巨大的恩惠和帮助，并受到孩子的感激和尊敬，但却是把它视为独立的孩子，并不要求直接的管辖权。殖民地自决政体，自定法律，自选官员，以独立国的身份与邻国和谈或宣战，不必等待母城的批准或同意。建立这种殖民地的利益最是简单清楚。

古罗马，像大部分其他古代共和国一样，最初建立于一种土地法之上，这种土地法将公共领地按照一定比例分配给组成国家的不同公民。但结婚、继承、转让等人世变迁，必然打乱原有的分配，使原本划分给许多家庭以维持他们生活的土地常常归于一人所有。为了补救这种失衡（当时认为这是一种失衡），他们制定法律限制公民占有土地的数量，最多不得超过500朱格拉，约合350英亩。但是，虽然据我们所知这项法律执行过一两次，可大多数时候人们都忽视或回避这项法律，财富不均的现象仍然继续滋长。大部分公民没有土地，而按照当时的制度和习惯，没有土地的自由人很难保持独立。在今天，贫民即使没有自己的土地，但如果他有少量资金，他也可以租耕别人的土地，或经营某些小零售业；即使他毫无资金，也可以做农村劳力或技工。但在古罗马，富人的土地全部由奴隶耕种，他们在监工的监督下干活，监工自身也是奴隶。因此，贫穷的自由人几乎没有机会被雇为农民或农村劳力。所有的商业、制造业，甚至是零售业，也都由富人的奴隶为着主人的利益而经营，富人的财富、权威和保障使贫穷的自由人很难与其竞争。所以，没有土地的公民，除了每年选举时能得到候选人的馈赠外，几乎另无生计。当护民官试图鼓动人民反抗富豪时，就用古代的土地分配方式提醒人民，并声明那种限制私有财产的法律是共和国的基本法律。人民为了得到土地而闹起来的时候，我们可以相信，富豪们也铁了心不会把任何自己的土地让给他们。为了在某种程度上满足人民的要求，富豪们因此往往提议开发新殖民地。但是，已经征服了许多地方的罗马帝国没有必要将自己的公民送到他们一无所知的广阔世界去寻找出路，即使在上面这样的情况下也是如此。它一般是将这些公民发派到意大利被征服的各个省，那里处于帝国的统治之下，他们绝不会再建一个独立的国家，最多形成某种自治体；这个自治体虽然拥有制定地方法律的权力，但隶属于罗马帝国的行政和立法机关，罗马帝国有权修订这些法律。建立这样的殖民地不仅满足了人民的需要，而且还在一个新近才被征服、统治还不稳固的地方建立了驻军。因此，罗马的殖民地，无论是从建制本身的性质还是从建立的动机来看，都与希腊殖民地完全不同。他们的原初语言中用来表示这种不同建制的词语也具有极不相同的含义。拉丁语“colonia”仅仅表示“大规模耕地”；相反，希腊语“απουχυα”则表示“离家、离乡或出门”。不过，虽然罗马殖民地在许多方面与希腊殖民地不同，建立殖民地的利益却同样是简单清楚的。这两种殖民建制都起源于不可抗拒的必要性和显而易见的好处。

欧洲人在美洲和西印度建立殖民地并非出于必要，虽然他们从殖民地得到巨大的好处，但这些好处也不是那么清晰明确的。在殖民地建立之初人们并不明白这种好处，建立和发现殖民地的动机也不是为了这些好处，即使是现在，这种好处的性质、范围和局限也不大为人所理解。

在14世纪和15世纪，威尼斯人从事一种非常有利的商业活动，就是将香料和其他东印度货物销往欧洲各国。他们进货地主要是埃及。当时，埃及处于马穆鲁克军人统治之下，马穆鲁克是土耳其人的敌人，而土耳其人又是威尼斯人的敌人。这种利害关系的同盟，再加上威尼斯的金钱，就形成了一种联合，使得威尼斯人几乎享有对这一贸易的垄断。

威尼斯人的巨额利润诱发了葡萄牙人的贪欲。在15世纪一个世纪之中，葡萄牙人一直在努力寻找一条海路，以通往摩尔人穿越沙漠带来象牙和金沙的国家。他们发现了马德拉群岛、卡内里群岛、亚速尔群岛、佛得角群岛、几内亚海岸，以及卢安果、刚果、安哥拉和本格拉各海岸，最后，发现了好望角。他们一直期望着从威尼斯人利润丰厚的贸易中分一杯羹，最后的这次发现使他们看到了这一可能的前景。1497年，瓦斯科·达·伽马指挥由四艘船组成的船队，从里斯本港出发，经过11个月的航行，到达了印度斯坦海岸，从而完成了以极大的坚定持续进行了近一个世纪的探索历程。

在此若干年前，当欧洲对葡萄牙人的计划是否成功还心存疑虑的时候，一位热那亚舵手提出了一个更大胆的计划：向西航行到达东印度。当时的欧洲对东印度的情况所知甚少。少数几个曾去过那里的欧洲旅行家夸大了到那里的距离，可能是由于纯朴和无知，一段确实漫长的距离对于那些无力测量的人来说就显得遥不可及；也可能，他们只是想夸大自己冒险游历遥远异地的非凡成就。哥伦布正确地推断：向东的路程越远，向西的路程就越近。于是他提出向西航行，理由是这条路最近而且最稳妥，并且幸运地让卡斯蒂尔王国的伊莎贝拉相信了自己的计划。他于1492年8月，比达·伽马从葡萄牙出发的时间早大约5年，从帕罗斯港出发，经过两个多月的航程，先是发现了小巴哈马群岛（即卢拉扬群岛中的一些小岛），随后又发现了圣多明各这个大岛。

但哥伦布在这次以及后来数次航海中所发现的国家与他计划要寻找的国家并无相似之处。他发现的不是富裕、文明和人口稠密的中国和印度；在圣多明各和他所到过的新世界的所有其他地方，他发现的只是森林茂密、没有开垦的土地，唯有赤身露体、可怜兮兮的部族居住在那里。但他不太愿意相信，自己发现的地方并不是马可·波罗——第一个访问中国或东印度的欧洲人，至少是第一个留下对这两个地方的描述的欧洲人——所描绘的国家；只要有一点点相似之处，比如圣多明各的一座山的名字“西巴奥”（Cibao）与马可波罗提到的“西潘各”（Cipango）有些相像，就使得哥伦布以为这是他心中想去的地方，尽管有明显的证据证明并非如此。在他致费迪南和伊莎贝拉的信中，他把自己发现的地方叫做印度。他坚信那就是马可·波罗所描绘之地的一端，已接近恒河或亚历山大所征服的地方。甚至在后来明白那是两个不同的地方后，他仍自我安慰地认为那些富庶的国家离此不远，因此，在后面一次航行中，他沿着火地岛海岸向达里安地峡继续寻找那些国家。

由于哥伦布的这一错误，那些可怜的国家从那时起一直被叫做印度；直到最后人们发现新印度与老印度完全不同时，才将前者称作西印度，后者称作东印度，以示区分。

对于哥伦布来说重要的是，不管发现的是什么地方，都必须在向西班牙宫廷的陈述中把它们说成重大发现。在各国，构成真实财富的都是土地上生产的动植物，然而当时那些地方的动植物产品实在没什么能够证实他的陈述的。

科里（Cori），介于鼠和兔之间的某种东西（布封先生认为它就是巴西的野豚鼠），是当时圣多明各最大的胎生四足动物。这种动物好像从来就不多，据说它们和其他一些更小的野味一样，老早就被西班牙人的狗和猫吃得差不多了。然而这些东西，以及一种叫做"爬得快"的漂亮的大蜥蜴，就是当地所能提供的最主要的动物性食物。当地居民的植物性食物，虽然由于农业不发达也不太充裕，但不像动物性食物那样匮乏。这些植物性食物主要有玉米、芋头、土豆、香蕉等。这些食物当时都是欧洲所不知道的，此后也不被欧洲人所重视，他们并不认为这些东西与自己那块宝地里世代种植的谷类和豆类有同等的营养。

当然，棉花是一种非常重要的制造业原料，当时对欧洲人来说，这无疑就是那些岛上最有价值的植物性产物了。但是尽管在15世纪末欧洲各地都非常重视东印度产的软棉布和其他棉织品，欧洲自己却没有培养出任何棉花产业。所以，即使是这种产物，在欧洲人眼里也算不上重大发现。

在新发现的地方找到的动植物都不能证明这些地方的重要性，哥伦布将视线转移到这些地方的矿产上。在这第三种宝贝的丰富程度上，他自欺欺人地认为他的发现足以弥补另两种宝贝（动物和植物）的微薄。看到当地居民用小金片装饰衣服，并听他们说经常能在山上流下来的溪水或湍流中找到金片，这足以使他相信，那些山峦中藏有最富饶的金矿。就这样，圣多明各被描述成盛产黄金的国家，并因此（不仅根据现在的偏见，而且根据当时的偏见）被描述成西班牙国王及其国家的真实财富的无穷无尽的源泉。当哥伦布第一次航海回来、在凯旋仪式上被引见给卡斯蒂尔和阿拉贡的国王时，他所发现的国家的主要产物都由隆重的仪仗队抬着走在他前面。其中有价值的东西只有细金发带、金手镯和其他金饰品，以及几捆棉花。其余的则仅是猎奇之物，如几根特大的芦苇，几只羽毛炫目的鸟，还有几只大鳄鱼和海牛的标本。在所有这些物品之前，是六七个颜色和相貌怪异的土著，使得这次展示更为新奇。

由于哥伦布的陈述，卡斯蒂尔的议会决定占领这些明显没有防卫能力的国家。使当地居民皈依基督教的虔诚目的，为这一非正义计划披上了神圣的外衣。但实施这一计划的唯一动机就是希望找到那里的黄金宝藏，并且为了使这一动机更受重视，哥伦布提议，在那里发现的金银一半归国王所有。议会同意了他的提议。

最初的冒险家输入欧洲的黄金，只要其中的全部或大部分是以极容易的方式，即掠夺无抵抗能力的土著所取得的，那么即使缴纳这么重的税（一半要交给国王）可能也不太困难。但是一旦土著所拥有的黄金完全被掠夺干净——在圣多明各和哥伦布发现的其他所有地方，6至8年之中就已彻底如此——如果要发现更多黄金，必须从矿藏中采掘，再缴纳这么重的税就不再可能了。严格征收这种税，首先使得圣多明各的金矿完全停产，从那之后就没恢复过。因此不久金税就减少到金矿总产量的1/3，再减少到1/5，再减少到1/10，最后减少到1/20。银税在很长时期内都是总产量的1/5，直到本世纪才减少到1/10。但是最初的冒险家们对白银的兴趣似乎不大，不如黄金贵重的物品似乎都不值得他们去注意。

在哥伦布之后探索新世界的其他所有西班牙冒险家，似乎都是为同一动机所驱动。正是对黄金的狂热渴望，将奥伊达、尼克萨、瓦斯科·努涅斯·德·巴尔沃亚带到了达里安地峡；将科特兹带到了墨西哥；将阿尔马格罗和皮萨罗带到了智利和秘鲁。当这些冒险家到达每一处不知名的海岸时，首先要了解的就是那里是否可以找到黄金，他们根据调查结果决定他们的去留。

在所有费用高昂、风险莫测并使大部分参与者破产的事业中，或许寻找新的金银矿的事业最容易使人丧尽家财。这或许是世界上最差的彩票了，也就是说中奖者的所得与失意者的损失相比比例最小；虽然中奖者很少，失意者居多，但一张彩票的价格通常却是一位非常富有的人的全部财产。采矿计划不会收回采矿资本并提供资本的正常利润，而常常会吞噬掉资本和可能的利润。所以，希望增加本国资产的谨慎的立法者最不愿意给予这种计划以特别鼓励，或使更多资本违反自然规律流入其中。事实上，这是人们对自身的幸运所怀有的荒谬的信念，他们认为即使成功的可能性非常非常小，也很有可能眷顾自己。

但是，尽管根据清醒的理性和经验对这些计划做出的判断是它们极不划算，出于人类贪婪所做出的判断却与此相反。很多人荒唐地以为存在点石成金这回事，同样的感情用事，另一些人荒唐地以为存在无限丰富的金矿银矿。他们未曾考虑到，在所有时代和国家，这些金属的价值主要是来自其稀罕性，而这种稀罕性是由于其自然储量极少，并且包裹在坚硬和难处理的物质之中，因此提取和得到这些金属所必需耗费的劳动和费用很大。他们自以为，金银矿脉在许多地方就像常常发现的铅、铜、锡、铁的矿脉那样巨大而丰富。沃尔特·雷利爵士关于黄金国的梦想告诉我们，即使是智者有时候也难免产生这种奇异的错觉。这位伟人去世 100 多年后，耶稣会士古米拉还相信这个奇妙国度的存在，并且极其热忱地（我敢说，还是极其诚挚地）表示，他非常乐意为向辛勤的传道士指出黄金国所在之处的人带去福音。

在西班牙人最初发现的那些国家里，没有一座现在看来值得开采的金银矿山。传说中最初那批冒险家所发现的金银数量，以及第一次发现后立即被开采的矿山的富饶程度，可能被过分夸大了。然而，关于冒险家们的发现物的传言，足以引起他们同胞的贪欲。每一个航行到美洲的西班牙人都期望发现一个黄金国。而最终，幸运女神也罕见地降临了。她在某种程度上实现了她的信徒们的奢望，在他们发现和征服墨西哥与秘鲁时（前者发生在哥伦布首次远征后大约 30 年，后者发生在那之后大约 40 年），她呈现给他们的贵金属的丰饶程度与他们所寻求的相差无几。

因此，与东印度通商的计划，让人们第一次发现了西印度。一项征服计划，使西班牙人在新发现的地方建立了他们的殖民地。实行这个征服计划的动机是一项寻找金银矿山的计划。而由于一系列人类智慧所预料不到的意外，这个计划比参与者有理由期望的要成功得多。

欧洲其他各国最初那批试图去美洲殖民的冒险家，也是受同样的幻想所鼓舞，不过他们可没这么成功。在巴西建立殖民地 100 多年后，葡萄牙人才发现金矿、银矿和钻石矿。在英国、法国、荷兰和丹麦的殖民地，迄今还未发现有这些矿山，至少没发现目前认为有开采价值的。英国在北美的第一批殖民者为了让国王发给他们特许状，曾答应把所发现金银的 1/5 上缴国王。在发给沃尔特·雷利爵士、伦敦和普利茅斯的公司以及普利茅斯的议会等的特许状中，都规定了这上缴的 1/5。为了发现金银矿，这批殖民者也去寻找通往东印度的西北通道，但他们迄今为止对这两项任务都很失望。

第二节　论新殖民地繁荣的原因

文明国家的殖民地中，那些土地荒芜或居民稀少、原住民容易对新来的殖民者退让的殖民地，比其他任何人类社会都富强得快。

殖民者带来的农业知识及其他有用的技术知识，比当地未开化的人数百年间自发形成的知识更优越。殖民者还带来了等级习惯，以及关于自己国家中的常规政府、维持政府的法律体系和常规的司法行政的观念；他们自然要在新殖民地也建立这一套。但在未开化的野蛮民族中，当保护殖民者自身的法律和政府建立起来后，法律和政府的自然进步要比技术的自然进步慢。每一个殖民者得到的土地都比他所能耕种的要多。他无需付地租，也几乎不纳税。没有地主来分享他的劳动果实，上缴国王的一份通常是微不足道的。不管从哪方面说，他都愿意尽可能地提高产量，因为这些产品几乎都属于他自己。但是他拥有的土地通常非常广阔，即使他和他所雇佣的人全力劳动，也很少能使土地的产量达到潜力产量的 1/10。因此，他急于从各处寻找劳动力，并支付给他们最优厚的工资。但这些优厚的工资，加上大量廉价的土地，很快就使这些劳动力离开他，自己去做地主，并以同样优厚的工资支付给其他劳动力。出于同样的原因，这些其他劳动力也很快会离开他们的雇主。对劳动的优厚报酬鼓励了结婚。孩子们在幼小时营养充足，得到精心的照料，长大后他们劳动的价值远远超过其抚养费用。劳动的高价和土地的低价使得他们在成年后能像父辈那样自立生活。

在其他国家，地主的地租和经营者的利润吞噬了劳动者的工资，两个上层阶层压迫着下层阶层。但在新殖民地，两个上层阶层出于自身利益不得不更慷慨、更人道地对待下层阶层；至少，在那里下层阶层不是处于奴隶的地位。有着巨大的自然生产力的荒地，只需付出极少就可得到。通常身兼经营者的地主期望通过改良耕作来增加收入，这部分增加的收入构成了他的利润，而在这种环境下利润一般极为丰厚。但是如果不雇佣其他劳动力来开垦和耕作土地，就得不到这种丰厚的利润；而新殖民地普遍的情形是，土地的广阔和人口的稀少不成比例，使地主难于得到劳动力。因此，他不计较工资的高低，而愿意以任何价格雇佣劳动力。劳动力的高工资鼓励着人口的增长。良田的廉价与丰足鼓励了耕作的改良，使地主有能力支付高工资。这些工资差不多就是土地的全部价格；这价格作为劳动力的工资虽然很高，但作为价值如此巨大的土地的价格，又是相当之低。促进人口增长和耕作改良的，也促进国家财富的增加和国家的强大。

也是由于这种原因，许多古希腊殖民地增加财富和国力的进程似乎非常迅速。在一两个世纪的时间里，一些殖民地就能与母城不相上下，甚至超过母城。西西里的塞拉库西和阿格里琴托，意大利的塔伦图和洛克里，小亚细亚的埃弗塞斯和米利图斯，无论就哪一方面来说，至少都可与古希腊的任一城邦相媲美。尽管这些地方建立较晚，但艺术、哲学、诗歌和修辞学似乎与宗主国的任何地方开发得一样早，发展水平一样高。值得一提的是，最古老的两个希腊哲学学派，泰勒斯学派和毕达哥拉斯学派，并不是形成于古希腊，而是一个形成于意大利殖民地，另一个形成于亚细亚殖民地。所有这些殖民地都是建立在容易对新来的殖民者退让的当地人和未开化民族所居住的地方。那里有大量的良田，而由于完全独立于母邦，人们能以他们认为最符合自己利益的方式，自由处理自己的事物。

罗马殖民地的历史就没有这么辉煌。当然，其中一些殖民地，如佛罗伦萨，经过许多代人的努力，在母邦衰落后，成长为了强国。但是似乎没有一个罗马殖民地能迅速发展。它们全都是建立在原先的人口已经十分稠密的被征服省份，很少有大块土地分给这些殖民者，并且由于殖民地并不独立，他们不能以他们认为最符合自己利益的方式，自由处理自己的事物。

在良田的丰富性方面，欧洲人在美洲和西印度建立的殖民地类似于、甚至大大超过于古希腊的殖民地。在对宗主国的依附性方面，欧洲人在美洲建立的殖民地与古罗马的殖民地类似，但它们同欧洲的遥远距离，或多或少地减轻了这种依附的影响。它们的地理位置使其较少受到宗主国的监视和控制。在它们以自己的方式追求自己的利益时，其行为在许多场合都没有受到注意，欧洲要么对其不知道，要么对其不理解；有时欧洲即使知道也只能容忍和默许，因为相距太远，难以管束。即使是西班牙那样强横专制的政府，由于担心全面反抗，也常常不得不将已经下发给殖民地政府的命令收回或修改。所以，所有欧洲殖民地，在财富、人口和改良方面的进步都非常大。

从开始设立殖民地的那时候起，西班牙国王就由于可以得到金银分成而从殖民地获得了一些收入。这种收入也激起了人性的贪婪，他们总是期望得到更多。因此，当欧洲其他国家的殖民地在很长一段时间内很大程度上受到宗主国的忽视的时候，西班牙的殖民地从开始设立的时候起，就得到了宗主国的极大关注。前者并未因受到忽视就发展得慢，后者或许也并未因受到关注就发展得快。从与国土面积的比例来看，西班牙殖民地的人口和繁荣程度，都不如欧洲其他国家的殖民地。然而，即使是西班牙的殖民地，在人口和土地改良方面的发展也是很快很大的。按乌罗阿所描绘的，在被征服后才建立的利马市①，30年前的人口已达5万。他同样说过，以前只是一个贫穷的印第安村落的基多市②，在他那时候的人口和利马一样多。而按杰梅里·卡勒利（他虽然据说是个冒牌的旅行家，但其著作似乎都是以极可靠的资料为依据）的描述，墨西哥城拥有10万居民；这一数字，且不管被西班牙的作者夸大了多少，可能比蒙提祖马时代的居民数多出5倍还不止。这些数字均大大超过了英国殖民地最大的三个城市波士顿、纽约和费城的人口数。在被西班牙人征服以前，墨西哥和秘鲁还没有适用于役使的牲畜。驼马是那里唯一的驮畜，但力气似乎比普通的驴子小得多。他们没有耕犁。他们不知用铁。他们没有铸币，也没有任何确定的交易媒

① 秘鲁首都。——译者注。
② 厄瓜多尔首都。——译者注。

介。他们以物物交换的方式进行贸易。一种木锄是他们主要的农用工具；尖石是他们切割东西的刀斧；鱼骨和某种动物的坚腱是他们缝东西的针；而这些似乎就是他们的主要生产工具。在这种状态下，这些帝国不可能像现在这样进步，耕作得也不可能像现在这样好，现在那里已经有大量的各种欧洲牲畜，已经使用铁和耕犁及许多欧洲的技术，而每一个国家的人口密度必定与其土地改良和耕作水平相称。尽管当地的原住民在被征服后遭到了残酷的杀戮，但这两大帝国现有人口可能仍比从前任何时候都多，而且也肯定与从前大为不同；因为，我觉得我们得承认，作为西班牙后裔的克里奥尔人[①]在许多方面都优于昔日的印第安土著。

除了西班牙人建立的殖民地，欧洲国家在美洲最早的殖民地就是葡萄牙人在巴西建立的殖民地。但由于巴西在被发现之后很长一段时间都没发现金矿或银矿，对国王的收入贡献极少甚至干脆没有，所以它在很长一段时间内遭到了忽视；而正是在受到忽视的情况下，巴西成长为强大的殖民地。当葡萄牙臣服于西班牙时，荷兰进攻巴西，占领了巴西 14 个省中的 7 个省。荷兰本打算接着征服其他 7 个省，这时葡萄牙恢复了独立，布拉甘查王朝执政。于是作为西班牙人的敌人的荷兰人变成了葡萄牙人的朋友，因为西班牙人也是葡萄牙人的敌人。因此，荷兰同意把巴西尚未被他们征服的部分留给葡萄牙，葡萄牙也同意把巴西已被荷兰征服的部分留给荷兰。两国都认为不值得为这件事与盟国发生争执，但是荷兰政府不久就开始压迫当地的葡萄牙移民。葡萄牙移民不满足于发牢骚度日，而是拿起武器来反抗新主人，在母国的默许之下（诚然，但却没有得到母国任何公开的帮助），通过他们自己勇敢而坚决的斗争，将荷兰人赶出了巴西。当看到自己不可能再在巴西立足，荷兰人于是同意，巴西所有的部分都应该归还给葡萄牙国王。这个殖民地的葡萄牙人、葡萄牙人的后裔、克里奥尔人、黑人与白人的混血儿以及葡萄牙人与巴西人的混血儿加起来据说有 60 多万。没有任何一个美洲殖民地有这样多的欧洲血统的居民。

15 世纪末以及 16 世纪大部分时间内，西班牙和葡萄牙是大西洋上的两大海军强国；威尼斯的贸易尽管遍及欧洲各地，但其舰队却很少驶出地中海。西班牙人由于自己最先发现了美洲，便宣称整个美洲都归他们所有；虽然他们不能阻止葡萄牙这样的海军强国在巴西殖民，但那时他们的威名使大部分其他欧洲国家不敢占领这个新大陆的任何领域。试图在佛罗里达殖民的法国人就全部被西班牙人灭掉了。但自从他们的“无敌舰队”在 16 世纪末被击败后，西班牙的海军力量衰落了，再也无力阻止其他欧洲国家的殖民者。于是在 17 世纪，英国人、法国人、荷兰人、丹麦人、瑞典人，所有在大西洋上有港口的大国，都试图到新大陆去建立殖民地了。

瑞典人在新泽西建立了殖民地；那里现在仍能发现许多瑞典家庭，其数量之多足以证明，如果这个殖民地受到宗主国的保护，本来是非常可能繁荣起来的。但由于瑞典人忽视了这个殖民地，它不久就被荷兰人的纽约殖民地（1674 年[②]归英国人统治）所吞并。

圣托马斯和圣克鲁兹这两个小岛是丹麦人曾在新世界占领的唯一两片领土。这两个小殖民地由一家专营公司统治。只有这家公司有权购买岛上殖民者的剩余产品，也只有它有权向他们供应所需的外国货物，因此，在买卖关系中，这家公司不仅有权压迫他们，而且想不压迫他们都难。无论在什么国家，专营的商业公司的统治可能都是最坏的统治。不过，这也只能延缓，而不能完全阻止这些殖民地的发展。丹麦前国王解散了这家公司，从此这两个殖民地就非常繁荣。

荷兰在西印度的殖民地与他们在东印度的殖民地一样，最初都是由一家专营公司统治。因此，其中某些殖民地的发展，与那些已经殖民很久的旧殖民地相比固然算不错，但与大部分其他新殖民地相比还是显得缓慢。苏里南殖民地尽管已经很不错，但仍不如其他欧洲国家的大部分蔗糖殖民地。现在已经分为纽约和新泽西两个省的诺瓦·博尔基殖民地（已属英国），即使一直受荷兰统治，当时说不定也会很快变得繁荣。良田的丰足和廉价是产生繁荣的强有力的原因，即使最坏的统治也难以限制其全部效应。与宗主国的遥远距离，也使得殖民者可以通过走私，或多或少地逃避这家公司享有的对他们不利的垄断。现在，这家公司允许所有荷兰船只在按照货物价值的 2.5%纳税并取得许可证后与苏里南通商，它自己只保留了从非洲到美洲的直接贸易（几乎全部是

① 克里奥尔人（creoles）指出生于南美洲的欧洲人及其后裔。——译者注。
② 是 1664 年的笔误。

奴隶贸易）的独家经营权。这家公司专营特权的减少，大概是苏里南殖民地的繁荣能到现在这一步的主要原因。库拉索亚和尤斯特沙，荷属的两个主要岛屿，都是对所有国家的船只开放的自由港；在那些只对一个国家开放港口的、条件更好的殖民地的包围下，这两个贫瘠的岛屿却因为这种自由而得到了繁荣。

在上世纪的大部分时间和本世纪的部分时间里，法国在加拿大的殖民地也由一家专营公司统治。在如此不利的管理之下，该殖民地的发展必然比其他新殖民地缓慢得多，但在所谓的“密西西比计划”失败之后，专营公司被解散了，它的发展就非常快。当英国人占据这个国家时，他们发现当地居民已经比20多年前查理瓦神父所记述的增加了近一倍。这位耶稣会士曾遍游加拿大全境，他统计的人数不会比实际数目少多少。

法国在圣多明各的殖民地是由海盗建立的，他们在很长一段时期内既不要求法国的保护，也不承认法国政府；即使当他们后来接受招安承认了法国政府，他们仍在很长一段时间受着宽大的待遇。这个时期该殖民地的人口增长和技术进步都非常迅速。虽然有一段时间它和其他法国殖民地一样受到一家专营公司的压迫，但其发展也仅受到些阻滞，并未停止。这种压迫刚被解除，这个殖民地立即就像从前一样繁荣了。那里现在是西印度最重要的蔗糖殖民地，其产量据说比英国所有的蔗糖殖民地的总产量还要大。法国其他蔗糖殖民地也都普遍很繁荣。

但是，没有任何殖民地比英国在北美的殖民地发展得更快。

良田的丰足，以及以自己的方式处理自己事务的自由，似乎是所有新殖民地繁荣的两个主要原因。在良田的丰足方面，英国在北美的殖民地无疑有很多良田，但这些土地比不上西班牙和葡萄牙的殖民地，也并不比上次战争前法国的某些殖民地强。然而英国殖民地的政治制度，比其他三国任何殖民地的政治制度都更有利于土地的改良和耕作。

首先，对未开垦土地的垄断，在英国殖民地虽未被完全防止，却比在任何其他殖民地都受到更多的限制。殖民地法律规定，每一个土地所有者都有义务在一定时限内改良和耕种其土地的一定部分，如若不然，这些被忽视的土地将可授予其他任何人。虽然这种法律可能并未严格执行，但还是产生了一些效果。

其次，在宾夕法尼亚，没有长子继承权，土地像动产一样，在家中所有子女之间平分。在新英格兰的三个省，长子顶多得到双份，像摩西律规定的那样。所以在这些省虽然有时候个别人能独占大片土地，但经过一两代后，这些土地可能就被分得很细了。诚然，在其他的英国殖民地，像英格兰一样存在长子继承制。但是，在所有的英国殖民地，土地租赁都是实行农役租佃制①，这就促进了土地的转让，领受了大片土地的人通常都发现，尽快将大部分土地转让掉，留下一小块能收到免役租金的土地，对自己最有利。在西班牙和葡萄牙的殖民地，所有有封号的人的土地都实行长子继承制。这些大面积的土地全部归于一人，实际上都是限定继承，不可转让。法国殖民地固然沿袭巴黎的习惯，在土地继承方面比英国法律更有利于年幼的子女，但在法国殖民地，有骑士或贵族封号之人的领地如被割让，可在一定期限内由年长的继承人或家族继承人赎回，这就有碍于转让了，而在那些殖民地所有的大地产又都是这种贵族领地。在新殖民地，未开垦的大片地产通过转让来分割比通过继承来分割可能快得多。我已经指出，丰足而廉价的良田是新殖民地快速繁荣的主要原因。对土地的独占实际上破坏了这种丰足和廉价，而且，对未开垦土地的垄断也是土地改良的最大障碍。而人们用在土地改良和耕作上的劳动，可为社会提供最多的、最有价值的产品。劳动产物在这种情况下不仅支付劳动本身的工资，还支付雇佣劳动的资本的利润，以及劳动所耕种的土地的地租。英国殖民者的劳动更多地用在了土地的改良和耕作上面，也就因此能比其他三国中任何一国的殖民者的劳动提供价值更大、数量更多的生产物。其他三国的殖民地由于土地被垄断，人们的劳动或多或少流向其他用途。

再次，英国殖民者的劳动不仅能够提供更多、更有价值的生产物，而且，由于他们缴纳的赋税比较适中，生产物的大部分都归他们自己所有，他们可以将其储存起来用以开展和支持更多的劳动。英格兰殖民者还从来没有对母国的国防或行政费用做出过什么贡献，相反，迄今为止他们

① 农役租佃制（socage），英国封建时代的一种土地形式，佃户可以向领主缴纳租金，也可以提供农业劳役。——译者注。

自己的防卫几乎全靠母国花钱。而海陆军的费用比必要的行政费用要大许多倍。他们的行政开支一直非常适中，通常只包括总督、法官和一些警卫官员的适当薪金，以及某些最有用的公共设施的维持费用。在这次骚乱开始之前，马萨诸塞湾的行政费用每年约为1.8万镑，新汉普郡和罗得岛各为3500镑，康涅狄格4000镑，纽约和宾夕法尼亚各4500镑，新泽西1200镑，弗吉尼亚和南卡罗来纳各8000镑。新斯科舍和佐治亚的行政费用每年有一部分由英国议会拨款，除此之外，新斯科舍每年还有7000镑花在行政开支上，佐治亚是2500镑。简而言之，在这次骚乱开始之前，北美殖民地所有行政费用，除了没有准确记录可查的马里兰和北卡莱罗纳之外，当地居民仅每年承担6.47万镑。如此少的费用就能治理300万人，而且治理得很好，确实是值得铭记的范例。当然，政府开支中最重要的部分，即国防费用，他们始终由母国负担。但他们自己也确实节俭。在欢迎新任总督或者新一届议会召开等场合，殖民地政府的仪式虽然隆重，但并不讲排场。他们的教会也同样节俭：没有什一税；牧师很少，仅靠普通水平的薪金或居民的捐助维持生活。相反，西班牙和葡萄牙本国的政权开支，部分地要依靠他们的殖民地税收。法国诚然没有从殖民地捞取太多收入，他们向殖民地课征的税收也大都用于殖民地。但这三个国家的殖民地政府在公文仪式上的开销都比英国殖民地大得多。例如，欢迎秘鲁新总督上任时常常花钱无数。这种仪式不仅使当地富有的殖民者要为此缴纳一种真正的赋税，而且还会在他们中间造成一种平时也虚荣奢侈的习惯。这就不是暂时的苛税这么简单，而是会形成永久的负担，因为奢侈和浪费会给家庭带来破灭。在这三国的殖民地，教会的压迫也极为严重。这些地方都征收什一税，在西班牙和葡萄牙两国的殖民地尤其苛严。而且，这些地方都受到人数众多的乞讨修士的拖累，这些修士的乞讨不仅受政府许可，还被宗教神圣化。贫民被精心灌输，布施修士是他们的责任，拒绝布施是极大的罪过，而这不啻于是他们要交的最苦的税。不仅如此，在所有这些地方，神职人员还是最大的土地垄断者。

第四，在处置剩余生产物或超过自己消费所需的东西方面，英国殖民地比任何其他欧洲国家的殖民地都更便利，其市场也更广阔。欧洲各国都或多或少试图垄断对所属殖民地的贸易，因而禁止其他国家的船只与自己的殖民地进行贸易，也禁止其殖民地从任何外国进口欧洲货物。但不同的国家实行这种垄断的方式大不相同。

某些国家将所属殖民地的全部贸易交给一家专营公司经营，殖民地必须向这家公司购买他们所需的全部欧洲货物，也必须只向这家公司出售他们的全部剩余产品。因此，这家公司的利益在于，尽可能高价地出售前者，尽可能低价地收购后者，但即使后者价格极低，购买的数量也不能多于该公司能以高价在欧洲销售的数量。这家公司出于自身利益考虑，不仅要在所有场合降低殖民地剩余产品的价值，而且在很多场合要抑制其产量的自然增长。要阻碍新殖民地的自然成长，在所能想到的方案中，最有效的无疑就是设立一家专营公司。然而，这却正是荷兰的政策，尽管荷兰的专营公司在本世纪已经在许多方面放弃了专营特权。丹麦，在前一国王即位之前也是如此。法国有时也奉行这种政策。而当欧洲所有其他国家都因这种政策的荒谬而将其放弃之后，近来，自1775年起，葡萄牙却又在巴西至少两个大省费尔南布科和马拉尼翁实行这种政策。

有些国家虽然没有设立专营公司，却在国内限定了一个与其殖民地通商的港口，所有对殖民地贸易都必须通过这个港口进行，而且商船只能在特定季节结成船队才能出航，如果是单艘船只，则需付出极高的费用领取特许证。这种政策固然对母国全体国民都开放了殖民地贸易，只要他们在合适的港口和合适的季节用合适的船只来进行；但是由于将资本联合起来使用这种特许船只的商人会觉得采取一致行动才对自己有利，以这种方式进行的贸易，其原则就必然会和专营公司很是接近。这些商人的利润将同样过高，也将同样是压迫性的。殖民地决得不到良好供给，不得不高价购买、低价出售货物。而这，直到最近几年前都一直是西班牙的政策，相应地，所有欧洲产品的价格在西班牙所属的西印度据说都非常之高。乌罗阿说，在基托，1磅铁的价格约为4先令6便士，1磅钢的价格为6先令9便士。但殖民地售卖自己的产品，主要就是为了购买欧洲的产品。因此，他们对欧洲产品出钱越多，他们出售自己的产品实际所得就越少，一方的高价同时就意味着另一方的低价。葡萄牙在这方面的政策，除了最近在费尔南布科和马拉尼翁实行了更坏的政策以外，所有其他殖民地贸易政策都与西班牙以前的政策相同。

其他国家允许其所有国民和本国殖民地自由开展贸易，允许他们从母国任何港口出航，除了海关的普通文件外，不需其他的特许证。这种情况下，商人为数众多且分散各地，不可能形成普遍的联合，他们之间的竞争足以阻止他们获得过高的利润。在如此自由的政策下，殖民地就能以合理的价格出售自己的产品或购买欧洲的产品。而自从普利茅斯公司解散以来，当我国的殖民地还处在幼稚时期时，英国的政策便一向如此。这通常也是法国的政策，自从英国一般所称的“密西西比公司”解散后，法国的政策就一律如此。因此，法国和英国同本国殖民地进行贸易的利润，虽然肯定会比允许其他国家自由竞争的情况下要高一些，但决不是高得过度；这两个国家大部分殖民地的欧洲商品的价格也因此不算太高。

在输出自己的剩余产品方面，英国的殖民地也只有某些特定的商品才被限于仅允许在母国的市场销售。这些商品曾被列举在《航海法》和其后的一些其他法令中，所以被称为“列举商品”①。其余商品称为“非列举商品”，可以直接出口到其他国家，只要运输船属于英国或其殖民地，船主和3/4的船员是英国人。

在非列举商品中，有美洲和西印度一些最重要的商品，包括各种谷物、木材、腌制食品、鱼、糖和朗姆酒。

谷物自然是所有新殖民地最初的和主要的耕种对象。通过许以非常广阔的市场，法律鼓励殖民地推广耕作，使其产量大大超过当地稀少人口的消费量，从而为不断增长的人口预先储存了充足的生活资料。

在森林密布的地方，木材的价值极低或毫无价值，清理地面的开支是土地改良的主要障碍。通过对殖民地的木材许以非常广阔的市场，法律提高了本来价值极低的商品的价格，使殖民地能从本来只会带来付出的东西中获得一些利润，从而推动土地的改良。

在人口不稠密、耕作不发达的地方，牲畜的繁殖自然会多于当地居民的消费，因此常常价值极低或毫无价值。但是，我们已经说过，要想使一国的大部分土地都能得到改良，牲畜的价格与谷物的价格必须保持一定比例。通过对美洲的牲畜——无论是活牲畜还是其身体产品——许以非常广阔的市场，法律努力提高这种商品的价格，因为这种商品的高价对土地改良非常重要。不过这种自由政策的良好作用必然由于乔治三世第四年第十五号法令而有所降低，后者将生皮和皮革定为列举商品，从而降低了美洲牲畜的价值。

通过扩大我国殖民地的渔业来增加大不列颠的航运和海军力量，似乎一直是我国议会所着眼的一个目标。因此，殖民地的渔业受到了自由制度所能给予的一切鼓励，从而繁荣了起来。尤其是新英格兰的渔业，在上次骚乱之前，可能是世界上最重要的渔业之一。捕鲸业在英国发给极高的奖金，却成绩不大，许多人认为（但我不敢保证），其全部产量的价值也比发放的奖金高不了多少，而在新英格兰，虽然没有任何奖金，经营规模却非常大。鱼是北美洲与西班牙、葡萄牙及地中海沿岸各国进行贸易的主要商品之一。

食糖最初是列举商品，只能出口到英国。但在1731年，经甘蔗种植者的请求，英国允许北美的食糖向世界所有地区出口。不过这种贸易自由受到一些限制②，再加上糖的价格在英国很高，使得这种自由在很大程度上没得到发挥。英国及其殖民地几乎仍是英属殖民地全部蔗糖的唯一市场。食糖消费增长如此之快，尽管由于牙买加以及被割让各岛的土地不断改良、英国的食糖进口在这20年里增加了很多，但北美食糖对外国的出口据说增加不多。

朗姆酒是美洲用以与非洲沿海进行贸易的非常重要的商品，这种贸易从那里运回黑人奴隶。

如果美洲的所有谷物、腌制食品和鱼类的全部剩余产品都列入列举商品名单，从而被迫进入英国市场，那将大大扰乱我们自己的生产。这些商品之所以不仅未被列入列举商品，而且除了大米之外的一切谷物以及腌制食品在一般情况下法律还禁止其进口到英国，大概不是因为考虑美洲的利益，而是因为担心它产生上述扰乱。

非列举商品最初可以出口到世界的各个地方。木材和大米曾一度被列入列举商品名单，后来

① 在查理二世第十二年第十八号法律第十八条最初列举的商品为：食糖、烟草、棉花、羊毛、靛青、生姜、佛提树染料和其他染色用的木料。

② 不是开往菲尼斯特雷角以南各地的船只，都被迫开往大不列颠的某一特定港口。

又从中抽出，但在欧洲市场只能出口到菲尼斯特雷角以南的欧洲各国。根据乔治三世第六年第五十二号法令，所有非列举商品都受到同样的限制。菲尼斯特雷角以南的欧洲各国都不是制造业国，所以我们不那么担心殖民地的船只从那里运回能妨碍我国产品的制造品。

列举商品可分为两类：第一类是美洲特有的产品，或是母国不能生产、至少是没有生产的产品。这类产品有蜜糖、咖啡、可可豆、烟草、红胡椒、生姜、鲸须、生丝、棉花、海狸皮和其他各种美洲毛皮、靛青、佛提树和其他各种染色树木。第二类不是美洲特有的产品，母国也能生产，但母国的产量只能满足其需求的一小部分，其他主要靠外国供应。这类产品都是海军用品，包括桅杆、帆桁、牙樯、松脂、柏油、松节油、生铁、铁条、铜矿石、生皮、皮革、锅罐和珍珠灰。对第一类商品进口再多也不会妨碍母国任何产品的生产和销售。通过把这类商品的销售地限制在本国市场，人们预期，我国商人不仅能在殖民地以更低价格购买它们并在国内售得更多的利润，而且还能在殖民地与其他国家之间建立一种有利可图的中间商贸易，因为英国作为最先输入这些商品的欧洲国家，必然成为这种贸易的中心市场。第二类商品的进口有人认为也可以这样来经营，即让它不能妨碍本国同类产品的销售，而是妨碍外国进口的同类产品的销售。因为，通过适当征税，这类商品可以在始终比前者贵一点的同时比后者便宜很多。因此，限制这类商品只能在本国市场销售，不是想挫抑英国的产品，而是想挫抑那些对英贸易差额于英国不利的国家的产品。

禁止殖民地将桅杆、帆桁、牙樯、松脂、柏油出口到英国以外的任何国家，自然会降低殖民地木材的价格，从而增加他们清理土地的费用，这是土地改良的主要障碍。但在本世纪初的1703年，瑞典松脂柏油公司为了提高他们输入英国的这些商品的价格，规定这些商品必须由它的船只运送，由它自定价格，数量也由它限定，否则禁止出口。为了对抗这一令人瞩目的商业政策，并使自己尽可能不仅不依赖瑞典，而且不依赖所有其他北方国家，英国对来自美洲的海军用品的进口发放奖金。这种奖金起到了提高美洲木材价格的作用，其程度大大超过了限定木材只能出口到英国所引起的降低木材价格的作用；由于这两个规定是同时颁布，其合作用力仍是鼓励而不是挫抑美洲的土地清理。

虽然生铁和铁条也被列入列举商品名单，但是它们如从美洲进口则可免交从其他国家进口时要交的重税，免税的规定所起到的鼓励在美洲建立造铁厂的作用比铁作为列举商品对建立造铁厂的挫抑作用更大。没有一种制造业消耗木材之多比得上造铁厂的熔炉，或者说能对一个森林密布的国家的土地清理做出如此巨大的贡献。

某些规定能起到提高木材在美洲的价值的作用，从而也起到促进土地的清理的作用，这或许既不是立法机关的本意，也不为他们所理解。可是，虽然它们在这方面的有利影响是偶然产生的，但并不因此就不真实。

国会给予了英属殖民地和西印度之间的贸易最完全的自由，不管他们是经营列举商品还是非列举商品。那些殖民地现在人口稠密、兴旺繁荣，其中任何一个殖民地都能为自己的任何产品在另一个殖民地找到广阔的市场。所有这些殖民地合在一起，对于彼此的产品就形成一个巨大的内部市场。

但是，英国对其殖民地施行的自由宽松的政策，主要限于它们的天然产物和初级加工品市场。至于殖民地产物更进一步的、更精细的加工，英国商人和制造业者则要自己经营，并请求国会通过高关税或禁令，使殖民地不能建立这类制造业。

例如，从英属殖民地进口粗制砂糖，每英担[①]仅课税6先令4便士；白糖课税1镑1先令1便士；而精制糖块则课税4镑2先令5又8/20便士。在征收如此之高的关税时，英国是其殖民地砂糖的唯一出口市场，现在仍然是主要市场。因此，课征这种高关税，当初等于是禁止殖民地提炼白糖或精糖以供出口，现在等于是禁止它们提炼白糖或精糖出口到可能销量占其总产量九成的一个市场。因而，精练砂糖业虽然在法国的蔗糖殖民地很发达，在英国的殖民地则除了供应其本地需要以外，很少发展。当格林纳达处在法国人手中时，几乎每一个甘蔗种植园都有一个炼糖厂，或至少能漂白。当这里落入英国人手中后，这类加工厂几乎都已关闭，在现在（1773年10月），

① 担（hundredweight），英国等于112磅，美国等于100磅。——译者注。

我相信这个岛上只剩下不超过两三家工厂了。不过，现在由于海关管理不严，白糖或精糖如能从块状磨成粉末，一般可作为粗制砂糖进口。

英国虽然鼓励美洲生产生铁和铁条，对它们的进口免征其他国家同类产品进口时要征的关税，但却绝对禁止在其美洲殖民地的任何地方建立炼钢厂和炼铁厂①。它不能接受其殖民地的居民从事这种精细的制造业，即使是为了居民自己消费，而是坚持让他们从英国商人和制造业者手中购买他们所需的所有这类货物。

英国还禁止美洲生产的帽子、羊毛和毛织品由水运，甚至是由车马陆运从一省输入另一省。这种规定有效地防止了为将这些商品销往远处而建立制造业，而将殖民地居民的劳作限制在粗糙和普通的范围，即私人家庭为自己使用或同省邻人使用而生产。

禁止人民对他们的生产物的每一部分进行他们所能进行的一切制造，或禁止他们按他们认为最有利于自己的方式去使用他们的劳动和资本，这显然侵犯了神圣的人权。不过，这种禁令虽然不公正，迄今却尚未给殖民地居民带来太大损失。土地仍很便宜，因而劳动仍很昂贵，他们能从宗主国进口几乎所有的精加工产品或先进制造品，价格比他们自己能制造的更为低廉。因此，即使没有禁止殖民地建立这类制造业，按现在的发展状况，从他们自己的利益出发，他们可能也不会建立这类制造业。在殖民地现有发展状况下，这种禁令可能没有约束他们的劳动，或限制他们顺其自然地发展，它只是宗主国的商人和制造商出于无根据的嫉妒而强加在他们身上的粗暴的奴役标志。在一个更进步的状态下，这种禁令可能成为不能容忍的真正的压迫。

在限定殖民地的一些最重要的产品只能出口到自己的市场的同时，作为补偿，英国也给予其中某些产品在这个市场上的优势地位，有时是对从其他国家进口的同类产品课征较高的关税，有时是对从殖民地进口的产品发放奖金。用第一种办法，它使自己殖民地的食糖、烟草和铁在英国市场上享有优势，而第二种办法惠及的是殖民地的生丝、大麻和亚麻、靛青、海军用品和建筑木材。这后一种办法，即发放奖金来鼓励进口殖民地产品的办法，据我所知是英国独有。第一种办法则不是。葡萄牙人就不满足于对从其殖民地之外的任何国家进口的烟草征收较高关税，而是以最严厉的惩罚来禁止进口。

在殖民地进口欧洲货物这方面，英国对待自己的殖民地也比其他国家更为宽宏。

对于外国商品进口时所纳的税，英国允许这些货物再出口时退还一部分，几乎总有一半，一般是大部分，有时是全部。我们可以想见，如果这些货物带着进口到英国时被征收的全部重税再出口，任何一个独立的外国都不会接受。因此，除非在再出口时退还一部分税，否则中间商贸易——重商主义如此推崇的一种贸易——就会消亡。

然而我们的殖民地无论如何算不上独立的外国，而且大不列颠已经取得向其殖民地供应一切欧洲货物的专营权，本可以强迫其殖民地（像其他国家对它们的殖民地所做的那样）接受带着进口到宗主国时所缴的全部关税的货物。但是，与此相反，1763 年以前，大部分外国商品出口到我国殖民地时，享受与出口到任何独立的外国时同样的退税待遇。当然，1763 年乔治三世第四年第十五号法令颁布之后，这种宽厚的待遇大打折扣，该法令规定，“欧洲或东印度生长、生产或制造的任何货物，从本王国向英属北美殖民地输出时，称为旧补助税的税收的任何部分均不退还；葡萄酒、白洋布和细洋布除外。”在这项法令颁布前，许多外国商品在殖民地的价格比在宗主国还便宜，现在有些商品可能仍然如此。

在制定大部分有关殖民地贸易的规定时，经营这种贸易的商人都是主要的顾问。注意到这一点，我们就不必奇怪，在大部分这类规定中，考虑得更多的是这些商人的利益而不是殖民地或母国的利益。商人在供应殖民地所需的欧洲货物方面、在购买殖民地剩余产物（以不损害自己在国内的贸易为前提）方面都拥有专营特权，他们的利益是以牺牲殖民地的利益为代价。而他们在把大部分欧洲和东印度的货物再出口到殖民地时，享受与出口到任何独立国家时同样的退税待遇，他们的利益是以牺牲母国的利益为代价，即使按照重商主义的利益观念也是如此。尽可能减少在运往殖民地的外国货物上的开销，为此对进口到英国的外国货物尽可能多地退回垫付的税款，这

① 炼钢厂和炼铁厂是对生铁和铁条进行精加工的工厂。——译者注。

符合商人的利益。这样他们就能在殖民地销售同等数量的货物而获得更多的利润，或在同等的利润率下出售更多的货物，总之不管怎样都有获利。对于殖民地来说，以尽可能低的价格得到尽可能多的货物也符合它们的利益。但这未必总符合母国的利益，母国常常在两个方面受到损失：一方面，退还进口这些货物时征收的大部分税收，会影响母国的收入；另一方面，由于这种退税，外国制造品以更方便的条件运到殖民地，使母国制造品在殖民地市场降价销售，从而影响母国的制造业。有一种普遍的说法是，对再出口到美洲殖民地的德国亚麻布的退税，大大延缓了英国亚麻布制造业的发展。

不过，英国关于殖民地贸易的政策虽然和其他国家一样受重商主义精神的影响，但总的来说并不像其他国家的政策那样狭隘和具有压迫性。

除了对外贸易以外，英国殖民地在所有方面都有以自己的方式处理自己事务的完全的自由。殖民地人民在所有方面的自由都和他们母国的同胞平等，也同样有人民代表议会来确保他们的自由，这个议会拥有为维持殖民地政府而课税的独家权力。这个议会的权威高于行政者的权威，不论是最低贱的还是最令人憎恶的殖民地居民，只要他遵守法律，就不必惧怕行政长官或其他文武官员对他的怨恨。殖民地议会虽然也像英国的众议院那样，并不总能非常平等地代表人民，但更接近于这种平等的性质；由于行政机构无法收买议会，或者是由于行政机构的经费来自宗主国因而没有必要收买议会，议会通常可能更多地受到选民倾向的影响。殖民地的参议院相当于英国的贵族院，但不是由世袭贵族组成的。在某些殖民地，如在新英格兰的三个殖民地，参议院议员不是由国王任命，而是由人民代表选择的。所有英属殖民地都没有世袭贵族。当然，所有殖民地都像其他自由国家一样，老殖民地家族的后裔比有相同业绩和财富的暴发户受到更多的尊敬，但他们只是受到尊敬而已，并没有可以给邻人带来麻烦的任何特权。在当前的骚乱开始以前，殖民地议会不仅有立法权，还有一部分行政权。在康涅狄格和罗得岛，总督由议会选举。在其他殖民地，议会规定的税收由议会任命的税收官去征收，税收官对议会直接负责。因此，英属殖民地的人民比母国的人民享有更多的平等。他们的行为更具有共和精神，他们的政府，尤其是新英格兰的三个政府，迄今也更具有共和精神。

相反，西班牙、葡萄牙和法国的极权政府移植到了他们的殖民地；这些政府通常把专断权下放给所有下级官员，由于距离遥远，他们执行权力的时候自然地比通常情况下更为粗暴。在所有极权政府统治下，首都总比其他地方更自由。君主自己决不可能有兴趣或意向去破坏司法秩序或压迫人民大众。在首都，他的存在或多或少会使下级官员有所敬畏，但在遥远地区，人民的抱怨要想传达到君主那里比较困难，下级官员实施暴政就安全得多。而欧洲在美洲的殖民地之间的距离比我们所知的最大的帝国的最远的省份更为遥远。有史以来或许只有英国殖民地政府能为距离如此遥远的省份的居民提供完全的保护。不过，法国殖民地的行政部门与西班牙和葡萄牙的殖民地的行政部门比起来，行为上还是更为温和和宽松的。这种行为上的优越性既与法兰西民族的特性相称，也与其政府的性质（这种性质也形成一个民族的特性）相称。法国政府虽然要比英国政府独裁和粗暴，但却比西班牙和葡萄牙政府更讲法治、更自由。

但是，英国殖民地政策主要是在北美殖民地的发展进程中才显示出它的优越性。在蔗糖殖民地方面，法国的蔗糖殖民地的发展与大部分英国蔗糖殖民地的发展至少是相当，或许比英国的发展更大，而英属蔗糖殖民地的统治几乎与英属北美殖民地同样自由。法国蔗糖殖民地的精糖加工不像在英国蔗糖殖民地那样受到挫抑，更为重要的是，当地政府的特质带来了对黑奴的更好的管理。

在所有欧洲殖民地，甘蔗都是由黑奴来种植。在欧洲温带地区出生的人的体质，据说不能胜任在西印度的炎炎烈日下从事掘土劳动，虽然很多人认为使用锥犁耕作更好，但目前种植甘蔗还是全部依靠手工劳动。正如使用牛马耕种时的利润和成效很大程度上依赖于对牛马的良好管理一样，使用奴隶耕种时的利润和成效很大程度上也依赖于对奴隶的良好管理。我想大家都承认，法国的种植者在管理奴隶方面要比英国的种植者强。为制止主人的暴行而对奴隶提供有限的保护的法律，在一个专制的殖民地可能比在一个自由的殖民地执行得更好。在每一个建立了可悲的奴隶法的国家，当地方官员保护奴隶时，在某种程度上就干涉了奴隶主对私有财产的管理，而且，在自由国家，奴隶主如果不是殖民地议会代表，就是议会代表的选民，地方官员如非深思熟虑不敢采取行动。地方官员不得不对奴隶主表示尊敬，这使得他们很难去保护奴隶。但在一个极权国家，地方官员经常干涉个人的私人财产的管理，如果对方不按他的意思办就有可能会收到拘票，这样，地方官员要向奴隶提供保护就容易得多。良知自然会促使他这样去做。地方官员的保护使奴隶在他们主人的眼中不那么下贱了，从而促使主人更加重视他们，对待他们更温和。这种温和的待遇不仅使奴隶更忠实，而且使他们更灵巧，因此也就更有用。他们更像是自由佣人（而在主人享有完全的自由的国家，奴隶通常就是被当做奴隶来对待的），可能具备某种程度的廉正和对主人利益的忠诚，这种品德常常是属于自由佣人的而不是属于奴隶的。

奴隶的处境在极权政府统治下比在自由政府统治下更好，我相信可以从所有时代和国家的历史中得到证明。在古罗马史中，第一次提到长官保护奴隶、使其免受主人虐待，就是在皇帝统治时期。当维迪阿·波利奥当着奥古斯都的面，下令将他的一个犯了小错误的奴隶砍成碎块丢入鱼池喂鱼时，奥古斯都皇帝怒不可遏，不仅命令他立即释放这个奴隶，还命令他释放他所有其他的奴隶。而在共和体制下，官员没有足够的权力来保护奴隶，更不用说去惩罚主人。

值得指出的是，用来改良法国蔗糖殖民地尤其是圣多明各这个大殖民地的资本，几乎全部来自于这些殖民地的逐步改良和耕作的收益。这几乎都是殖民者自己的土地和劳动的产物，也就是说，殖民者通过良好的经营逐渐积累产品，并用之生产更多的产品。但是用以改良英国蔗糖殖民地的资本中，大部分都是出自英国国内，并不全是殖民者的土地和劳动的产物。英国蔗糖殖民地之所以繁荣，很大程度上是因为英国富得流油，其中一部分流到了（如果可以这样说）那些殖民地。但法国蔗糖殖民地的繁荣却完全是由于殖民者的良好经营，在这方面法国殖民者是强于英国殖民者的，这一点在他们对奴隶的管理上体现得最明显不过。

欧洲各国的殖民地政策大体上就是如此。

可见，欧洲的政策，不论是从最初殖民地的建立来看，还是从之后繁荣的美洲殖民地的内部管理来看，都没有什么值得夸耀的。

荒唐和不义似乎是指导最初殖民计划的原则：为了金银矿而寻寻觅觅是荒唐，觊觎占有一个友善的国家的土地，则是不义——这些国家的原住民不但没有伤害过欧洲人，而且还热情地接待欧洲最初的冒险家。

当然，建立后来的一些殖民地的冒险家，除了寻找金矿银矿的妄想外，还有更合理和更值得称赞的动机，但即使是这些动机也不能为欧洲的政策增色多少。

英国的清教徒，在国内收到压制，逃往美洲寻找自由，在新英格兰建立了四个政府。英国的天主教徒，受到的不公正待遇更大，在马里兰建立了政府；教友派教徒则落脚在宾夕法尼亚。葡萄牙的犹太人，受宗教法庭迫害，被剥夺了财产，驱赶到巴西，在原本住在那里的流放犯和妓女之中现身说法，建立了秩序和产业，并教他们种植甘蔗。在上述所有情况下，使人们到美洲定居和耕作的，都不是欧洲各国政府的智慧和政策，而是它们的紊乱和不公。

在一些最重要的殖民地的实地建设中，也像在对于它们的谋划中一样，欧洲各国政府没有什么功绩。对墨西哥的征服不是西班牙国会的计划，而是一位古巴总督的计划；这一计划的实施依靠的则是总督所委托的冒险家的大胆精神（而这位总督很快就后悔他的委托，冒险家又不得不排除总督的一切阻挠）。智利和秘鲁的征服者，以及美洲大陆上几乎所有的西班牙殖民地的征服者，在征服过程中，除了得到许可以西班牙国王的名义去征服和殖民以外，并未得到政府其他的鼓励和支持。这些冒险家的事业全部是风险自担，费用自付。西班牙政府几乎没有对任何一次这样的冒险做出过贡献。英国政府对北美的一些最重要的殖民地的建立，也同样贡献寥寥。

但当这些殖民地已经建立并且其重要性足以引起宗主国的关注时，宗主国对它们颁布的第一批规定，总是着眼于确保自己垄断这些殖民地的贸易，限制它们的市场，并以此为代价扩大自己的市场，可以说，不是加速和推进，而是妨碍和挫抑殖民地的繁荣进程。欧洲各国殖民政策最根本的不同之一，在于实施垄断的方法各不相同。其中最好的政策（英国的政策）也只是在某种程度上不如其他国家的政策那样狭隘和具有压迫性而已。

那么，欧洲政策究竟对美洲各殖民地的最初的建立或当前的繁荣有何贡献呢？在一个方面，也仅在一个方面，欧洲政策的贡献颇多。Magna virum Mater（伟大男人的母亲）！它哺育和培养了能完成如此伟大的事业、为如此伟大的帝国打下根基的人物；没有其他哪个地方的政策能够培养出这样的人物，或曾经实际上培养过这样的人物。殖民地受惠于欧洲政策的，是它们的积极进取的缔造者的教育水平和远大目光，其中某些最大最重要的殖民地的内政尤其受惠于这一点。

第三节　论发现美洲和发现经由好望角到东印度的航道给欧洲带来的利益

以上是美洲殖民地从欧洲的政策中得到的利益。那么欧洲又从发现美洲和在美洲建立殖民地中得到了什么利益呢？

这些利益可分为两类：第一，欧洲作为一个大的地区从这些重大事件中得到的总体利益；第二，各殖民国从统治或管理所属殖民地中得到的各自的利益。

欧洲作为一个大的地区从发现美洲和在美洲建立殖民地中得到的利益也可分为两类：第一，享用的增加；第二，产业的扩大。

输入欧洲的美洲剩余产物，给这个大陆的居民提供了各种如果不是因为美洲的发现和殖民他们就不可能拥有的商品，这些商品有些便于使用，有些带来乐趣，有些用于装饰，因此都有助于增加居民们的享用。

很容易看到，美洲的发现和殖民有助于产业的扩大：首先是在所有和美洲直接通商的国家，如西班牙、葡萄牙、法国和英国；其次是在其他所有不和美洲直接通商的国家，它们通过别国的中介，将自己的产物送往美洲，例如奥地利的弗兰德以及德国的一些省份，它们通过以上国家的中介，将大量亚麻布和其他货物运往美洲。所有这些国家显然都为自己的剩余产物找到了更广阔的市场，从而必然受到鼓励增加这些东西的产量。

对于那些从未将自己的任何产物运往美洲的国家，如匈牙利和波兰，这些重大事件也促进了它们的产业的发展，这种促进可能不那么明显，但同样无可置疑地存在。匈牙利和波兰消费了美洲的一部分产品，那里对新世界的砂糖、巧克力和烟草有一定的需求。但这些商品必须用匈牙利和波兰的某些产品（或这些产品所交换来的产品）去购买。这些美洲商品是新的价值和新的等价物，引入匈牙利和波兰以交换那里的剩余产物。这些剩余产物一旦被运走，也就是进入了新的、更广阔的市场，其价值就得到了提升，产量也会因此而增加。尽管匈牙利和波兰的剩余产品可能并未运往美洲，但可以运往其他国家，由其他国家用他们得到的一部分美洲剩余产物来购买；这样，通过这种最初由美洲剩余产物所推动的贸易流通，匈牙利和波兰为自己的剩余产物找到了一个市场。

对于那些不仅从未将自己的任何产物运往美洲，而且也没从美洲得到任何产物的国家，这些重大事件甚至也能有助于它们的享用的增加和产业的扩大。即使是这些国家，也能从那些受美洲贸易的推动而增加了产量的国家那里得到更多其他的商品。这更多的商品必然会增加这些国家的享用，同样也必然会扩大它们的产业。必然会有更多的新的等价物来交换它们的产业的剩余产品，因此必然为这些剩余产品打开了更广阔的市场，提高了它们的价值，从而促进其产量的增长。这样，每年投入欧洲这个大商圈的商品总量，以及通过周转而分配给欧洲各国的商品数量，必然由于美洲剩余产物的推动而增加。每个国家得到的商品增加，从而其享用增加，产业也随之扩大。

母国的专营贸易会减少母国自己的享用，抑制其产业的发展，至少使它们低于正常发展水平，而对于美洲殖民地则更是如此。这是一道紧箍咒，套在推动人类大部分经济活动的某种动力之上。这种专营贸易使殖民地的产物在他国非常昂贵，从而减少了对这些东西的消费，也就束缚了殖民地的产业；它也束缚了其他国家的享用和产业，因为享用越贵享用越少，生产越廉生产越少。同样，由于使其他国家的产品在殖民地非常昂贵，这种专营贸易也束缚了其他国家的产业，当然也因此包括殖民地的享用和产业。这是一个障碍，为了某些国家的想当然的利益，妨害了所有其他国家的生活和产业，而殖民地所受的妨害尤大。这种专营贸易不仅尽可能将所有其他国家排除在某个市场以外，而且尽可能将殖民地限制在某个市场以内；某一市场是封闭的而所有其他市场是开放的，与某一市场是开放的而其他所有市场是封闭的，这其间的区别是相当大的。欧洲由于发现美洲和在美洲建立殖民地从而增加享用、扩大产业，其源泉就是美洲殖民地的剩余产物，但母国的专营贸易却使这一源泉远不如应有的丰富。

每一个殖民国从其所属殖民地得到的独家利益有两种：第一，每一个帝国从归它统治的各省得到的普通利益；第二，从像欧洲的美洲殖民地那样一种性质非常特殊的省得到的特殊利益。

各帝国从其治下各省得到的普通利益是：第一，各省为帝国的防卫提供的军事力量；第二，各省为帝国的政府提供的收入。罗马帝国的殖民地有时能同时提供这两者。希腊的殖民地有时提供军事力量，但很少提供收入。希腊殖民地很少承认自己归母城统治，它们在战时通常是母城的盟友，但在和平时期很少臣服其城下。

欧洲在美洲的殖民地从未为宗主国的防卫提供过军事力量。这些殖民地的军力还不足以保卫自己，而宗主国在各次战争中，常常要分散很大一部分兵力来保卫它们的殖民地。所以，在这方面，所有欧洲殖民地概莫能外，与其说是使各自的宗主国强大的一个因素，还不如说是削弱宗主国的一个因素。

只有西班牙和葡萄牙的殖民地为宗主国的防卫或政府开支提供过一些收入。而欧洲其他国家，尤其是英国，从所属殖民地征收的税，在和平时期就难与在殖民地上的开支相抵，在战时就更不够用了。可见，这些殖民地对其各自的宗主国来说是耗钱之地，而不是收入之源。

这些殖民地给各自的母国带来的利益，只有从欧洲在美洲的殖民地的特殊性质中产生的特殊利益；人们认为，专营贸易就是所有这些特殊利益的唯一来源。

以英国为例，由于这种专营贸易，英国殖民地的剩余产物中被称为列举商品的那一部分，就只能运往英国，不能运往其他任何国家。此后其他国家要购买这些产品必须向英国购买。因此，这些产品在英国必然比在其他国家便宜，从而更能增加享用，扩大产业。在用本国剩余产物交换这些列举商品时，英国必然能比其他国家得到更加优惠的价格。例如，英国的制造品与其他国家的同类制造品相比，能购买到更多英国殖民地的砂糖和烟草。所以，就英国的制造品和其他国家的制造品用来交换英国殖民地的砂糖和烟草而言，这种价格上的优越性给予英国制造品的鼓励超过了其他国家的制造品在这种情况下所能得到的鼓励。因此，由于殖民地专营贸易降低了没有这种专营权的国家的享用和产业发展，或至少是使其低于应有的水平，那些拥有专营权的国家就得到了明显的利益。

但是，这种利益与其说是绝对利益，也许还不如说是相对利益；拥有专营权的国家获得优越地位，是由于抑制了其他国家的产业和产物，而不是使本国的产业和产物的发展超过自由贸易下的发展的水平。

例如，马里兰和弗吉尼亚的烟草，由于英国的垄断，在英国的售价肯定就比在法国（它通常从英国购买这些烟草中的很大一部分）的售价低。但是假如允许法国和所有其他欧洲国家同马里兰和弗吉尼亚进行自由贸易，那么，这些殖民地的烟草就不仅能以比现在低的价格运往所有其他国家，而且同样能以更低的价格运往英国。因为，这样的话市场比以往更为广阔，烟草的产量可能大大增加，直到种植烟草的利润降到种植谷物的自然利润水平（据说现在种植烟草的利润是超过这一水平的）。这时烟草的价格就会降到现在的价格以下，英国或其他国家的同等数量的商品，就能在马里兰和弗吉尼亚购买更多的烟草，也就是能在那里卖个更好的价钱。所以，如果烟草的便宜和丰产能增加英国或其他国家的享用和产业，自由贸易就很可能取得比现在更好的效果。当然，这种情况下，英国相对于其他国家就没有任何优势了。英国可以用比现在便宜的价钱购买它的殖民地的烟草，自己的商品卖得贵一点，但与其他国家相比，它既不能比它们买烟草买得便宜，也不能比它们卖自己的商品卖得贵。英国可能会得到绝对利益，但肯定会失去相对利益。

可是，为了获得殖民地贸易中的这种相对利益，为了实施将其他国家尽可能排除在这一贸易之外的无良计划，我们有充分理由相信，英国不仅牺牲了它和所有其他国家有可能从这种贸易中获得的一部分绝对利益，而且为它自己在几乎所有其他贸易部门都带来了不利，不论是相对不利还是绝对不利。

当英国根据《航海法》垄断殖民地贸易时，此前投入到这种贸易中的外国资本必然会撤出。英国资本此前只是经营这种贸易的一部分，现在将经营其全部。此前只是供给殖民地所需欧洲货物之一部分的英国资本，现在要供给殖民地所需的全部欧洲货物。但它不可能供给其全部，而且它所供给的货物必定会以非常昂贵的价格出售。此前只是用来购买殖民地部分剩余产物的资本，现在要用来购买全部剩余产物。但它不可能以老价钱购买全部剩余产物，它现在购买的价钱必然非常便宜。商人在运用资本时，如能像这样以非常高的价格出售货物，以非常低的价格购买货物，利润必然非常丰厚，大大超过其他贸易部门的一般利润水平。殖民地贸易的这种优厚利润一定会把其他贸易部门的原有资本的一部分吸引过来。但这种资本转移由于必然逐渐增加殖民地贸易中的资本竞争，所以也必然逐渐减少所有其他贸易部门中的资本竞争；由于它必然逐渐降低前者的利润，所以也必然逐渐提高后者的利润，直至所有部门的利润达到一个新的水平，这一水平要高于以前。

从所有其他贸易部门抽出资本以及使所有贸易部门的利润率高于先前的水平这种双重效应，不只是在这种垄断权最初建立的时候产生，而且是在那时候开始一直持续产生的。

第一，这种垄断权持续不断地从所有其他贸易部门吸收资本，使其投入殖民地贸易。

虽然自从颁布《航海法》以来，英国的财富已经大为增长，但是肯定没有和殖民地财富按同一比例增长。而每一个国家的对外贸易自然是应该和它的财富成比例的增长的，它的剩余产物自然是应该和它的全部产物成比例的增长的；但英国将对殖民地的贸易全部据为己有之后，它的资本却没有和这种贸易的规模按同样的比例增长，所以它只有不断地从其他贸易部门吸收一部分资本，同时阻止资本流向这些贸易部门，才能进行殖民地贸易。因此，自从《航海法》颁布以来，殖民地贸易不断增长，而许多其他对外贸易部门，尤其是与欧洲其他地区进行贸易的部门，则不断萎缩。我国的外贸商品，不是像在航海法制定以前那样适合邻近的欧洲市场，或是适合稍远的地中海国家的市场，而是绝大部分适合于更加遥远的殖民地市场，也就是说，适合有垄断权的市场，而不是适合有许多竞争者的市场。关于其他对外贸易部门萎缩，马修·德克尔爵士和另外一些作者认为，是由于赋税过重、征税方式不当、劳动力价格过高，以及奢侈生活的增长等等原因造成的，但其实原因都在于殖民地贸易的过度增长。英国的商业资本虽然很多，却也不是无限的；自从航海法颁布以来，英国资本虽然大大增加，但没有与殖民地贸易同比例增加，这种殖民地贸易只有从其他贸易部门吸收一部分资本（因而使这些贸易部门萎缩）才能得以进行。

必须指出，英国是一个贸易大国，不仅在航海法建立对殖民地贸易的垄断以前，而且在这一贸易形成规模之前，英国的商业资本就很雄厚，而且在日渐增多。在克伦威尔执政期间与荷兰交战时，英国海军比荷兰海军强大；而在查理二世刚即位时爆发的战争中，英国海军与法荷联合海军至少是实力相当，或许比它们更强大。这种优势现在似乎并未加强，至少，荷兰的海军现在和以前一样与其商业保持着一定的比例，而英国没有。但在上述两次战争中，英国海军的强大并不能归功于航海法。在第一次战争中，航海法的实施计划刚刚拟定；而在第二次战争爆发前，这个法令虽已由立法机关颁布，但还来不及产生什么效果，尤其法令中关于殖民地专营贸易的那部分内容。当时的殖民地和殖民地贸易与现在相比都是微不足道的。牙买加岛是个恶浊的荒岛，人烟稀少，土地荒芜。纽约和新泽西归荷兰人所有，圣克里斯托弗则被法国人占了一半。安提瓜岛、南北卡罗莱纳、宾夕法尼亚、佐治亚和诺瓦斯科夏均未殖民。弗吉尼亚、马里兰和新英格兰虽已殖民且非常繁荣，但在当时，不论在欧洲还是美洲，或许无人曾预见到，甚至想象到，那里的财富、人口和改良嗣后会取得如此迅速的进步。只有巴巴多斯岛是当时比较重要的英国殖民地中条件与现在相似的。殖民地贸易——即使是在航海法颁布一段时间之后，英国也只享有殖民地贸易的一部分（因为在航海法通过以后的头几年里，它执行得并不十分严格），这种贸易在当时不可能成就英国的大贸易国地位，也不可能成就英国海军的强大。当时支持着强大的英国海军的是与欧洲及地中海各国的贸易，但是英国目前在这一贸易中占有的份额不可能支持这样强大的海军了。假如不断增长的殖民地贸易对所有国家都自由开放，不管落到英国手中有多大的一份（可能是很大的一份也说不定），都只会是对它以前享有的巨大贸易的锦上添花。但现在由于垄断，殖民地贸易的增长并未造成原有贸易的增长，只是使原有贸易完全改变方向。

第二，这种垄断必然会使英国各贸易部门的利润率高于让所有国家都能与英国殖民地自由通商时的自然水平。

由于对殖民地贸易的垄断，虽然更多的英国资本会被吸收到殖民地贸易中来，但垄断排斥了所有外国资本，最后投入到这种贸易中的资本总量必然会减少，低于自由贸易时自然流入的资本量。但由于垄断减少了资本在这个贸易部门的竞争，必然就提高了这个贸易部门的利润率。同时由于减少了英国资本在所有其他贸易部门的竞争，也必然会提高所有其他贸易部门的利润率。在航海法实施以来的无论任何时期，不管英国商业资本的状况与规模如何，对殖民地贸易的垄断，必然使英国资本在此一贸易部门以及所有其他贸易部门的普通利润率高于如果没有垄断的情况。如果说自从航海法实施以来，英国资本的普通利润率的绝对值其实已经大幅降低（确实是如此），那么，若不是这个法令所确立的垄断起反作用，它一定会下降得更低。

但是，一个国家的普通利润率如果由于某个条件而高于没有这一条件时的水平，必定会给这个国家的没有垄断权的贸易部门带来不利的影响，不管是绝对不利还是相对不利。

之所以有绝对的不利，是因为这些贸易部门的商人要获得这一较高的利润率，必然会以比原来更高的价格在国内出售他们进口的外国商品，或在外国出售他们出口的本国商品。他们国家的人民购买的外国商品以及卖到外国的本国商品必然会因此减少，从而享用减少，生产减少。

之所以有相对的不利，是因为其他那些没有这种绝对的不利影响的国家在这些贸易部门会比该国更有优势，或减轻它们相对于该国的劣势。这使得其他国家相对该国来说，享用更多，生产更多。其他国家与从前相比，对该国的优势更大，或者劣势更小。由于该国提高了自己的商品的价格，使得其他国家的商人能以比该国更低的价格在外国市场上出售商品，从而将该国没有垄断权的贸易部门的商品从外国市场上排挤出去。

我们的商人常常抱怨英国劳动力的高工资，说这是他们的商品在外国市场上售价高于竞争者的原因，但对于他们资本的高利润，他们却闭口不提。他们抱怨别人的过分所得，但对自己的过分所得却不置一词。可是，英国资本的高利润在许多场合也像英国的高工资一样会造成英国制造品价格的提高，在某些场合可能提高得更多。

确实可以说，英国的资本就是这样，从那些没有垄断权的贸易部门，尤其是从欧洲贸易和地中海贸易中，一部分被吸引走，一部分被排挤出来了。

这些部门的一部分资本被吸引走，是因为殖民地贸易持续增长带来超额利润，而经营这种贸易的资本总是一年比一年的缺口大。

这些部门的一部分资本被排挤出来，是因为英国资本的高利润率使得英国自己没有垄断权的那些贸易部门的优势落到了其他国家手中。

对殖民地贸易的垄断将一部分英国资本从其他贸易部门吸引到殖民地贸易之后，许多外国资本就流入到其他这些贸易部门，这些外国资本如果不是从英属殖民地贸易中被英国驱逐出来，本来是不会进入其他这些贸易部门的。在殖民地贸易之外的贸易部门中，英国资本的转出使得英国资本的竞争减少，从而使英国资本的利润率高于以前。相反，外国资本的转入使得外国资本的竞争增加，从而使外国资本的利润率低于以前。这两方面的结果都必然在这些贸易部门给英国带来相对不利的影响。

但是，或许有人会说，殖民地贸易比其他任何贸易都对英国更有利，而对殖民地贸易的垄断使更多的英国资本投入其中，就是使这部分资本转入对英国更有利的用途。资本对其所属国最有利的用途，是那种能维持最多的劳动力、能增加最多的土地和劳动年产物的用途。但本书第二篇曾指出，在对外消费品贸易中，任何资本所能维持的劳动力的数量，是和它的往返频率成比例的。例如，在每年往返一次的对外消费贸易中使用的1000镑资本，其在国内能持续雇佣的劳动力数量等于1000镑资本一年所能雇佣的数量。如果每年往返两次或三次，其在国内持续雇佣的劳动力就等于2000镑或3000镑资本一年能雇佣的数量。因此，一般情况下，与邻国进行对外消费品贸易，比与遥远的国家进行这种贸易更为有利；出于同样的理由，本书第二篇也曾指出，在一般情况下，直接进行对外消费品贸易，比转口贸易更有利。

但是对殖民地贸易的垄断迄今为止对英国资本的用途所起的作用，一般是迫使一部分资本从与邻国进行的对外消费品贸易转入与更遥远的国家进行的对外消费品贸易，很多时候是使一部分资本从直接的对外消费品贸易转入转口的对外消费品贸易。

首先，对殖民地贸易的垄断，一般迫使一部分英国资本从与邻国进行的对外消费品贸易转入与更遥远的国家进行的对外消费品贸易。

一般情况下，这种垄断迫使一部分英国资本从与欧洲及地中海各国的贸易，转入与更远的美洲和西印度的贸易。在新贸易中资本的往返频率必然较低，不仅因为距离更远，也因为这些国家的情况特殊。我们说过，新殖民地的资本总是不足，总是比它们希望能够投入到土地的改良和耕作中创造巨大利润和利益的资本少得多。所以，殖民地始终在自有资本之外需求更多。为了弥补自有资本的不足，它们设法尽可能多地向母国借债（因此它们总是欠着母国的债）。殖民地人民最普通的借债方法，不是向母国的富人立据借款（虽然他们有时也这样做），而是尽可能地拖欠欧洲货物供应商的货款，只要这些供应商许可的话。他们每年的还款常常只有欠款的 1/3，有时还不到 1/3。因此，他们的供货商垫付的资本，没有 3 年很难全部返回英国，有时四五年也不一定。但是，假如 1000 英镑的英国资本 5 年才往返一次，它所能持续雇佣的英国劳动力，就只相当于一年往返一次的 1000 英镑资本所能雇佣的 1/5，或者是相当于 200 镑资本一年内所能持续雇佣的劳动力。当然，殖民地人民对欧洲货物支付的高价格、对远期票据支付的利息以及对调换短期票据支付的佣金，无疑能补偿供货商由于货款被拖欠而带来的全部损失，甚至可能补偿了损失之后还绰绰有余。但是尽管这能够补偿供货商的损失，却不能补偿英国的损失。在距离很远的贸易中，商人的利润可能与距离很近、往返频率很高的贸易所产生的利润同样多甚至更多，但是，他居住的国家的利益——那里所能持续维持的劳动力的数量，土地和劳动的年产量——必然大为减少。对美洲的贸易，尤其是对西印度的贸易，与对欧洲任何地区甚至是对地中海沿岸国家的贸易比起来，不但路途更远、资本回收更慢，而且也更不稳定，我想，任何人只要对这些贸易稍有经验，肯定会承认这一点。

其次，对殖民地贸易的垄断，很多时候使一部分英国资本从直接的对外消费品贸易流入转口的对外消费品贸易。

在只能运往英国而不能运往其他市场的列举商品中，有几种商品的数量大大超过了英国的消费量，因此其中一部分必须出口到其他国家去，但是要做到这一点就得让一部分英国资本进入对外消费品的转口贸易。例如，马里兰和弗吉尼亚每年运往英国的烟草达 9.6 万桶以上，而英国的消费量据说不超过 1.4 万桶。因此，8.2 万桶以上的烟草必须出口到其他国家，出口到法国、荷兰以及波罗的海和地中海沿岸各国。将这 8.2 万桶烟草输入英国、然后再出口到其他国家并从那里换回货物或货币的那部分资本，就是投入到了转口的对外消费品贸易之中，这是为处理那些巨大的烟草余额所必须的。如果要计算这些资本要多少年才能全部回到英国，我们必须在美洲贸易的往返时间上，再加上对其他这些国家进行贸易的往返时间。如果我们在与美洲的直接消费品贸易中投入的资本要三年或四年才能全部回到英国，那么投入转口消费品贸易的资本要全部回到英国就得四年或五年。如果前者能持续维持一年往返一次的资本所能维持的国内劳动的 1/3 或 1/4，后者就只能维持 1/4 或 1/5。在英国的某些出口港，承接出口烟草的外国商人通常可以先欠着货款。伦敦港固然是现款结算（那里的规矩是一手称重，一手交钱），在那里，转口贸易的全部资本返回的时间只比美洲贸易的资本往返的时间多出了货物出售之前在仓库存放的时间，可货物存放的时间也可能长得很。但是，如果殖民地出售烟草时不被限定只能在英国市场上出售，输入我国的烟草或许就不会超过国内消费的需要。在这种情况下，英国现在用出口到其他国家的大量剩余烟草购买的供本国消费的商品，可能就变成用本国产业的直接产物或制造品来购买了。这些产物或制造品在这种情况下，与现在几乎全部只供应一个大的市场相反，将供应许多较小的市场。在这种情况下，与现在只经营一个大的转口对外贸易相反，英国将经营许多小的直接对外贸易。由于周转加快，现在经营这个转口贸易的资本的一部分（可能只是一小部分，或许只有 1/3 或1/4），就将足以经营所有这些小的直接贸易，而且持续雇佣的英国劳动力和能够维持的英国土地和劳动的年产量与现在相等。这样，现在的转口贸易所有的目标只需使用比现在少得多的资本就能达到，大量的剩余资本就可以用于其他用途：改良土地，发展制造业，扩大商业规模，或至少是用来和这些行业中所使用的其他英国资本竞争，降低它们的利润率，使英国在这些行业上对其他国家的优势比现在更大。

对殖民地贸易的垄断，还使得一部分英国资本从所有形式的对外消费品贸易转入中间商贸易，从而，使这部分资本从或多或少支持英国的产业，变成一部分支持殖民地的产业，一部分支持其他国家的产业。

比如，每年从英国再出口的8.2万桶剩余烟草所购买的货物，并未完全用于英国消费。其中一部分，如从德国和荷兰购买的亚麻布，又运回了殖民地专供那里消费。但是购买烟草，随后又购买亚麻布的这部分英国资本，必然不能支持英国产业，而是一部分支持殖民地产业，一部分支持用自己的产品换烟草的国家的产业去了。

此外，对殖民地贸易的垄断，由于使得更多的英国资本违反自然规律流入这种贸易，似乎已经打破了英国所有不同的产业部门之间的自然平衡。英国的产业不是去适应许多小的市场，而是主要适应着一个大市场。英国的商业不是在许多小渠道运行，而是被引导着主要在一个大渠道上运行。但这样就使得英国整个工商业系统不那么安全，它的政治机体的整个状态也变得不那么健康。在它目前的状态下，英国类似于一具不健康的躯体，由于某些重要器官生长得过大，所以容易发生许多比例均衡的躯体所不常有的危险疾病。这根大血管已经人为地膨胀到超出了它的自然限度，非正常比例的国家工商业在其中流通，它的一次小小阻塞，就可能给整个政治机体带来最危险的混乱。因此，同殖民地决裂的前景给英国人带来的惊恐，比西班牙舰队和法国入侵给他们带来的惊恐还要严重。正是由于这种惊恐（无论有无根据），使得废除印花税法深受欢迎，至少在商人之中是如此。我国的大部分商人都以为，如果英国完全被排除在殖民地市场之外，只需持续几年时间，他们的贸易就会全面停顿；我国的大部分制造商也认为，他们的生意会被完全摧垮；我国大部分工人则认为，到时候他们将找不到活干。而与欧洲这块大陆上任何邻邦的决裂，虽然也可能给上述各阶层的人们的职业带来一些停滞或中断，但其前景不会引起如此普遍的惊恐情绪。在某些小血管中循环的血液一旦停止流动，很容易就能吞吐到大血管，不会引起任何危险的疾病；但是如果大血管中的血液停止流动，直接的和不可避免的后果就是痉挛、半身不遂或死亡。在这些靠出口奖金或对国内和殖民地市场的垄断而被人为地提升到非正常高度的过度膨胀的制造业中，如果有一个部门稍有就业停滞或中断，就常常会引起动乱和混乱，使政府惊慌，甚至使议会束手无策。那么，想想看，如果我国的主要制造业有一大部分突然完全陷入停顿，造成的混乱会有多大？

要使英国在将来免于这种危险，要使（甚至是迫使）英国从过度膨胀的行业撤出一部分资本，投入其他即使利润较少的行业，要使一个产业部门逐渐缩减而其他产业部门逐渐增长，渐渐恢复所有产业部门之间的那种自然、健康和适当的比例（这种比例是完全自由的贸易所必然建立，也是可以由自由贸易所确保的），唯一可行之道，似乎就是适当地逐渐放宽赋予英国在殖民地贸易中的专营权的法律，直至使之在很大程度上成为自由的贸易。如果立刻对所有国家开放殖民地贸易，不仅会带来一些暂时的麻烦，而且会给目前在殖民地贸易中投入了劳动或资本的大部分人带来巨大的永久性损失。即使是那些用来输入英国消费量之外多出来的8.2万桶烟草的船只突然丢失了生意，损失也已经非常巨大。这就是一切重商主义法规的不幸后果！这些法规不仅给政治机体带来非常危险的混乱，而且这种混乱至少在一段时间内还会带来更大的混乱，常常是难于治理。所以，应该以什么样的方式逐渐开放殖民地贸易，哪些限制应首先取消，哪些限制应最后取消，如何逐渐恢复完全自由与公正的自然体制，这些问题必须留给未来的政治家和立法者的大脑去决定。

自从1774年12月1日[①]以来的一年多时间里，在殖民地贸易中占非常重要地位的北美洲12个省联合起来全面排斥英国商品。但同时也很幸运地发生了五个未曾预见也未曾想到的事件，使英国没有像通常应该会发生的那样经受强烈震动。第一，这些殖民地为不进口协定做准备时，已将适合它们市场的英国商品全部买下；第二，西班牙舰队出于特殊需要，在这一年买光了德国和北欧的许多商品，尤其是亚麻布。这些商品过去常常和英国的制造品竞争，甚至在英国市场上也是如此。第三，俄国和土耳其媾和，使土耳其市场对商品的需求大增（此前土耳其处于危难之中，俄国的舰队又在爱琴海一带逡巡，该国市场的供应严重不足）；第四，在过去的一段时间内，北欧

① 不进口协定开始生效的日期。

对英国制造品的需求在逐年增加；第五，除北欧之外，波兰最近由于被瓜分[①]而取得了平定，使这个大国的市场对外开放，这一年来增加了大量的市场需求。不过，这些事件除了第四个以外，都只属于暂时的和偶然的性质，英国殖民地贸易如此重要的一部分被排斥，如果不幸持续得更久的话，仍然会带来某种程度的厄难。但是，这种厄难由于是逐渐到来，会比它一下子突然到来容易承受得多；而且，当此之时，英国的劳动和资本也将找到新的用途与方向，以减轻这种厄难的份量。

总结：对殖民地贸易的垄断，使比不垄断的情况下更多的英国资本流入这种贸易，一般是使一部分英国资本从与邻国进行的对外消费品贸易转入与更遥远的国家进行的对外消费品贸易，很多时候是使一部分英国资本从直接的对外消费品贸易流入转口的对外消费品贸易，有时候是使一部分英国资本从所有形式的对外消费品贸易转入中间商贸易。因此，在所有情况下，都使英国资本从能维持更多劳动力的方向转向只能维持较少劳动力的方向。而且，对殖民地贸易的垄断，使如此大一部分英国的工商业仅适合于一个特定的市场，因而使整个工商业的状况，比起让它的产品适应于更多的市场来，更不稳定，更少安全。

我们必须仔细地区分殖民地贸易的效应和垄断殖民地贸易的效应。前者永远是而且必然是有利的，后者永远是而且必然是有害的。而殖民地贸易是如此有利，以致即使被垄断，即使垄断后产生有害效应，这种贸易在总体上仍然有利，而且有大利。当然，垄断时已远不如没有垄断时有利。

在自然和自由状态下的殖民地贸易，为超过欧洲和地中海各国这些邻近市场需求的那部分英国产品，开发了一个虽然遥远但却巨大的市场。在自然和自由状态下的殖民地贸易不会攫取原来销往邻近市场的产品送往殖民地，而会鼓励英国不断提高剩余产物的产量以与殖民地不断提供的新产品交换。在自然和自由状态下的殖民地贸易，会增加英国的生产性劳动的数量，但不会改变原有的就业结构。在自然和自由状态下的殖民地贸易中，来自其他所有国家的竞争会防止在新市场或新行业里的利润率上升到一般水平之上。新市场不会从老市场攫取任何产品，而会创造——如果可以这样说——新的产品来填补需求。这种新产品会构成用于新用途的新的资本，同样，新资本不会来自于攫取任何旧资本。

相反，对殖民地贸易的垄断，由于排斥了其他国家的竞争，从而提高了在新市场和新行业里的利润率，使新市场吸引走老市场的产品，新行业吸引走老行业的资本。垄断殖民地贸易的公开目的，是增加我国在殖民地贸易中的份额。如果我国在这种贸易中的份额在有垄断权时不比在没有垄断权时更多，就没有理由去建立这种垄断。但殖民地贸易与其他大部分贸易相比，距离更远，周转更慢，如果迫使一个国家有更多的资本违反自然规律流入这种贸易中，必然使该国每年维持的生产性劳动的总量，以及每年土地和劳动的总产量，少于没有垄断时的状况。这使该国居民的收入低于其在自然状态下会达到的水平，从而降低他们的积累能力。这不仅在任何时候都阻止他们的资本维持在自然状态下能维持的那样多的劳动，而且阻止他们的资本增长得像在自然状态下能增长的那样快，从而阻止了他们增持更多本来可以增持的劳动。

但是，对英国来说，殖民地贸易自然具有的益处，抵消垄断带来的不良效应绰绰有余。所以，即使是现在这样的垄断贸易，也是有利的，而且是大大有利的。殖民地贸易开拓的新市场和新行业，比旧市场和旧行业因垄断而损失的那部分大得多。殖民地贸易所创造的——如果可以这样说的话——新产业和新资本，在英国所维持的生产性劳动的数量，比由于资本从周转更快的其他贸易部门突然抽出而失去的生产性劳动的数量更多。但是，如果殖民地贸易——即使以目前这种方式经营——对英国有利，那决不会是由于垄断，而是由于垄断以外的其他原因。

由殖民地贸易而打开一个新市场的，主要是欧洲的制造品而不是欧洲的天然产物。农业是所有新殖民地的适当产业，土地的廉价使农业比其他产业更为有利。所以，殖民地的土地天然产物很丰足，不但不必从其他国家进口，而且通常有大量剩余可供出口。在新殖民地，农业能从所有其他行业吸收劳动力，或者留住劳动力使之不流入其他行业。留给必需品制造业的劳动力很少，

---

① 1773年。

留给装饰品制造业的劳动力更是几乎没有。对于这两种制造业的大部分产品，他们发现，自己制造还不如向其他国家购买更实惠。殖民地贸易主要是通过促进欧洲的制造业间接地促进欧洲的农业。殖民地贸易所维持的制造业，构成了欧洲农产品的新市场；一个所有市场中最有利的市场，即欧洲的谷物和牲畜、面包和鲜肉的国内市场，就这样因对美洲的贸易而大大扩张。

但是，一个国家对人口众多、繁荣兴旺的殖民地的贸易垄断，并不足以建立、甚至不足以维持其国内的制造业，西班牙和葡萄牙就是很好的例子。这两个国家在拥有任何大的殖民地之前，曾是制造业国，但自从它们拥有世界上最富饶肥沃的殖民地之后，却不再是制造业国。

在西班牙和葡萄牙，垄断的不良效应由于其他一些原因而更为恶化，或许差不多抵消了殖民地贸易的自然具有的益处。这些其他原因似乎包括：其他各种垄断；金银的价值低于其他大多数国家；对出口的不适当课税而被外国市场排斥，以及国内市场由于对国内各地间货物运输更不适当的课税而萎缩；最主要的是司法制度不规范和不公平，常常保护有钱的和有势力的债务人逃脱债权人的追索，使国内生产者不敢生产货物供这些傲慢的老爷消费，因为他们既不敢拒绝老爷们的赊欠，又对欠款的归还毫无把握。

相反，在英国，殖民地贸易自然具有的益处，再加上其他一些正面原因，很大程度上克服了垄断的负面效应。这些原因似乎包括：贸易的总体自由——虽然有一些限制，但至少不会比任何国家更不自由，而且很可能比任何国家都自由；出口自由——几乎所有种类的本国产品都可以免税出口到几乎任何国家；更重要的不受限制的运输自由——本国产品在任何两地之间运输，不必向任何政府部门报告，不必接受任何盘问和检查；最主要的是，平等公正的司法制度——最下层的英国人民的权利能得到最上层人的尊重，每个人的劳动成果都受到保护，使每一种产业都得到了最大的、最有效的鼓励。

但是，如果说英国的制造业受到了殖民地贸易的推动（事实上确实如此），那决不是因为对殖民地贸易的垄断，而是由于垄断之外的其他原因。垄断的效果，不是增加了英国制造业的产量，而是改变了一部分英国制造业的性质和形态，使其违反自然规律，从供应周转较快、距离很近的市场，转去供应周转较慢、距离遥远的市场。因此，它的效果是将一部分英国资本从能维持较大数量制造业劳动的用途转入维持较小数量制造业劳动的用途，因而减少了而不是增加了英国制造业劳动的总数量。

所以，对殖民地贸易的垄断也像重商主义所有其他低级方案一样，抑制了所有其他国家（尤其是殖民地）的产业不说，还没有给自己国家的产业带来一点点增长，相反还使自己的产业削弱了。

对殖民地贸易的垄断使得该国的资本——不管这资本在特定时期有多少——不能维持不垄断时应有的那么多生产性劳动的数量，不能给劳动者提供不垄断时应有的那么多的收入。而由于资本只能通过收入的储蓄而增加，所以，垄断既然使资本不能提供应有的收入，也必然使资本不能以应有的速度增加，从而不能维持本应增多的生产性劳动，也不能给该国的劳动者提供本应增多的收入。所以，劳动工资作为国民收入的一个大来源，必然会因垄断而不如应有的丰厚。

由于提高了商业利润率，垄断也妨碍了土地的改良。土地改良的利润取决于土地现有产量和投入一定资本后的可能产量之间的差额。如果这一差额提供的利润大于等量资本从任何商业用途取得的利润，土地改良就能从所有商业部门吸引资本。如果土地改良的利润小于商业利润，各商业部门就从土地改良中吸引资本。所以，无论是什么原因提高了商业的利润率，都会要么减小土地改良的利润优势要么加大土地改良的利润劣势。前一种情况妨碍资本流入土地改良，后一种情况使资本从土地改良中抽离。而由于垄断妨碍土地改良，必然延缓国民收入的另一大来源——土地地租——的自然增长。而且由于垄断提高利润率，也必然使市场利息率高于应有水平。与地租成比例的土地价格，即一般根据若干年地租而计算的买价，必然随利息率的提高而下跌，随利息率的下跌而提高。所以，垄断在两方面损害了地主的利益，首先是妨碍了地租的自然增长，其次是妨碍了与地租成比例的土地价格的自然增长。

垄断确实提高了商业的利润率，从而使我国商人的获利有所增加。但由于垄断会阻碍资本的自然增长，它倾向于减少而不是增加国家居民从他们各自的资本利润获得的收入的总额，因为大资本的低利润通常比小资本的高利润能提供更多的收入。垄断提高利润率，但阻止利润总额达到它本应达到的高度。

由于垄断，国民收入的所有原始来源，劳动工资、土地地租和资本的利润，均不如没有垄断时那样丰足。为了提升一个国家里一个小阶层的小小利益，垄断损害了这个国家的所有其他阶层的利益和所有其他国家里所有阶层的利益。

只是通过提高普通利润率，垄断才对任何一个特定阶层有利。但是除了上面提到的由于高利润率而对国家总体所必然造成的各种负面效应之外，还有一种负面效应可能比上述各种加起来还更加致命，根据经验，这种负面效应也和高利润率密不可分。高利润率似乎在任何环境下都会改变商人其他情况下自然养成的节俭性格。利润丰厚时，俭朴的美德显得多余，穷奢极侈似乎才更适合他的富裕境况。但大商业资本的所有者必定是每个国家产业界的领袖人物和指挥者，他们的榜样对全国劳动人民生活方式的影响，比任何其他阶层人物的榜样都大得多。如果老板谨慎节俭，他手下的工人很可能也如此；如果主人挥霍无度，按照主人指点的方式工作的仆人，也会按他做出的榜样去生活。这样，在本来最喜欢积累的人那里，积累也无法实现，在本来最能使生产资金增长的人那里，生产资金也无法增长。国家的资本，不是在增多，而是在逐渐缩水，它所维持的生产性劳动日益减少。加蒂斯和里斯本的超常利润可曾增加西班牙和葡萄牙的资本？可曾减轻这两个贫瘠的国家的穷困，促进它们的产业发展？挥霍无度已成为这两个贸易城市中商人们的风尚，超常的利润不但没有增加他们国家的总资本，而且几乎不足以维持原有资本。我敢说，外国资本正一天比一天多地侵入加蒂斯和里斯本的贸易。而当初，正是为了把外国资本从这种自己的资本日渐不够经营的贸易中排除出去，西班牙人和葡萄牙人才天天殚精竭虑地一步步加强这种不合理的垄断。如果比较加蒂斯和里斯本的商人行为与阿姆斯特丹的商人行为，你就会明白，受高利润影响的商人的行为和性格与受低利润影响的商人是多么不同。伦敦的商人虽然一般不像加蒂斯和里斯本的商人那样财大气粗，但也不如阿姆斯特丹的商人那样谨慎俭朴。但是，人们却说，许多伦敦商人比前两个城市的大部分商人要富得多，而比不上后一个城市的许多商人富裕。这只是因为，他们的利润率通常比前者的利润率低得多，而比后者的利润率高得多。正如俗话所说，“来得容易去得快”，无论在哪里，通常的花费风格与其说是由真实消费能力所支配，不如说是由赚钱的难易程度所决定。

就是这样，垄断为单一个阶层的人带来的单一份好处，在许多不同的方面损害了国家的整体利益。

建立一个庞大的帝国，仅仅是为了培养一群顾客，这种事情初看起来似乎只有小店主们的国家才会去做。但是，实际上，做这种事情的不是小店主们的国家，而是政府受小店主们影响的国家。（只有）受小店主影响的政治家会认为，以同胞的血汗和财富来建立这样一个帝国是值得的。如果你对一个小店主说：“你给我买一处好居所，我就永远在你的店里买衣服，即使你卖得比别人贵。”他不会响应你的提议；但是如果其他人已经买了这处居所给你，这个小店主却会很愿意你的恩人命令你在他的店里买衣服。英国就为某些在国内很难立足的国民在异国他乡买了一处巨大的居所。价钱固然便宜——不是现在30年年租这一普通地价，而只相当于当初探索发现、勘探海岸和掠夺土地的各种费用，但土地肥沃广阔，耕作者不但有大量良田，初时还可以自由销售其产品，因此他们在三四十年的时间里（1620年到1660年）就成长为一个繁荣昌盛的族群，使英国的小店主们和其他各类商人恨不得将这些人的买卖全占为己有。他们倒没有装作自己支付了一部分购买这片土地和改良土地的费用，但却向国会请求将美洲殖民地人民今后的生意交到他们手上，首先是殖民地所需欧洲货物都得向他们买，其次是他们认为合适的殖民地产品全都要卖给他们。他们并不认为所有殖民地产品都适合购买，因为其中有些产品进口到英国也许会冲击他们在国内经营的某些行业。因此，对于这部分产品，他们希望殖民地到别处销售，越远越好；他们的提议是将其销售地限制在菲尼斯特角以南各国。著名的《航海法》中的一个条款让这种真正的小店主的提议变成了金科玉律。

维持这种垄断迄今为止一直是英国统治殖民地的主要目的，更准确点说，或许是唯一目的。殖民地从未为母国的内政或国防提供过任何收入或军队。据认为，统治殖民地的利益全来自这种专营贸易。这种垄断就是殖民地隶属我国的主要标志，也是我国迄今从这种隶属中取得的唯一成果。英国迄今用以维持这种隶属的费用，实际上都是为了支持这种垄断。在当前的骚乱开始之前，殖民地平时的维和费用一般包括：20个步兵团的给养；炮兵的军备费用以及他们所需的特殊供应；一支庞大的海军的经费，维持这支海军是为了捍卫北美和西印度群岛的漫长海岸，防止其他国家的走私船只入境。所有的这些维和费用都由英国负担，但其实只是英国为了统治殖民地而花费的费用中最小的一部分。如果我们想知道全部的费用是多少，必须在每年的维和费用之上，再加上英国由于将殖民地看做自己的行省而在不同的场合为它们的防卫所做的支出及利息。我们尤其要加上，上次战争的全部费用，以及上上次战争的大部分费用。上次这场战争完全是一场殖民地纠纷，其全部费用，无论是用于世界上什么地方，德意志也好，东印度也罢，都应记在殖民地的账上。这笔费用总计在9000万英镑以上，不仅包括新发行的公债，还包括土地税每镑两先令的附加税，以及每年动用的偿债基金。1739年开始的西班牙战争，主要也是殖民地纠纷。其主要目的是为了阻止在殖民地与西班牙本土之间走私的船只。这笔费用实际上相当于发给垄断的奖金。在名义上，它的目的是鼓励英国的制造业，推动其商业，而实际效果却是，提高了商业利润率，使我国商人将更多的资本，转投到周转更慢、距离更远的贸易部门——如果奖金能阻止这两种情况发生，倒是很值得发放。

所以，在目前的管理体制下，英国统治其殖民地一无所得，只有损失。

如果建议英国主动放弃对所属殖民地的所有统治权，让殖民地自己选举地方长官，自己制定法律，自己决定是战是和，那等于提出一个从来不曾、也永远不会被世界上任何国家采纳的措施。没有一个国家曾主动放弃对任何殖民地的统治权，不论其如何难于统治，不论其提供的收入与其花费相比是如何微小。这种牺牲尽管常常符合一国的利益，却总是有损于这个国家的脸面，更重要的则可能是，这种牺牲违背了统治阶级的私人利益，因为他们会因此失去对一些名利场的控制权，失去许多获得财富和荣誉的机会，拥有最动荡不安而人民大众最无利可图的殖民地，是常常能得到这种机会的。所以，即使是最富于想象力的热心分子，也不会认真地希望这种措施能被采纳。不过，如果真的实施这种措施，英国不仅能立即从殖民地每年的全部维和费用中解脱出来，还能和殖民地订立有效地保证自由贸易的通商条约，与现在享有的垄断权相比，这种条约虽然对商人不那么有利，但对大多数人民更为有利。以这种好朋友的方式分离，因近来的争执而几乎消失的殖民地对宗主国的自然感情，就能很快恢复。他们不仅会长久尊重与我们分离时订立的通商条约，而且在战争中也会像在贸易中一样与我为善，他们不会再骚扰捣乱，而会成为我们最忠实、最真挚、最慷慨的盟友；像古希腊城邦与其殖民地之间那样的一方面有父母之爱、一方面有子女之心的情感，在英国与其殖民地之间也会恢复起来。

一个省份要为其所属帝国带来利益，它应该在平时为国家提供足够的收入，不仅能支付它自己的全部维和费用，还要对帝国的政府经费贡献它的那一份。每个省份都必须或多或少地为政府支出的增加作贡献。如果某个省份没有按其所占比例支付这份费用，则一种不平等的负担必然落在帝国其他省份的头上。同理推断，每个省份在战争时期对帝国政府的非常支出的贡献，也应与平时保持同样的比例。但英国从所属殖民地取得的收入，无论在平时还是在战时，都未与大英帝国的全部收入保持应当的比例，这是大家都承认的。有人认为，垄断会增加英国人民的私人收入，从而使他们缴纳更多的税收，这样就能补偿殖民地提供的公共收入的不足。但是我曾证明，这种垄断尽管对殖民地来说是苛税，尽管可增加英国特定阶层的收入，却没有增加，相反是减少了大部分人民的收入，从而也削弱了大多数人民的纳税能力。至于因垄断而增加了收入的人，由于他们是个特殊阶层，也绝对不可能让他们超出其他阶层的纳税比例来纳税，即使做这样的打算都是失策（这我将在下一篇予以说明）。所以，不可能从这个特殊阶层取得特殊的收入。

殖民地可以由它们自己的议会征税，也可以由大不列颠国会来征税。

要把殖民地议会管理成能向其居民征收足以在任何时期提供它们自己的政府和军事费用，并按比例上缴供英帝国政府开支的费用，似乎不大可能。即使是直接受君主监督的英国国会，也是经过很长时间才得以管理到这一步，为维持本国政府和军队提供足够的税收。虽然对英国国会而言，也只是通过将大部分军队和民政的职权分配给国会中的某些议员，才建立这样的管理机制，但殖民地的议会远离君主，数目众多，位置分散，组织多样，即使君主拥有同样的控制手段，也难以以这种方式来管理，何况他还没有这种控制手段。要英帝国政府把职权分派给各殖民地议会的主要领导人，让他们放弃自己在本土与选民的鱼水情，向这些选民征税以支持一个这些选民根本不熟悉的政府（英帝国政府），这是绝对不可能的。此外，英国政府对于这些不同议会的不同成员之间的相对地位不可避免地缺乏了解，在试图以这种方式来管理他们时，肯定会经常惹怒他们，犯下错误，这也使这种管理方式对殖民地议会来说完全不可行。

而且，殖民地议会对于整个帝国的防卫和经费的需要，不可能做出正确的判断。没人指望殖民地去关注这类事情，这不是它们的任务，它们也不能经常得到相关的信息。一个省的议会就像教区委员会一样，对自己区域的事务能做出正确判断，但无法正确判断全帝国的事务。他们甚至不能正确判断本省在整个帝国中的比重，或本省相对于其他省份的重要性和富裕程度，因为其他省份并不受其监督和管理。整个帝国防卫和经费的需要以及各省应负担的比例是多少，只能由监督和管理全帝国事务的议会做出正确的判断。

于是，有人建议，对殖民地应该用派征的方式课税，大不列颠国会决定每一殖民地应当缴纳的数额，各省议会用最适合本省情况的办法去征收。这样，有关整个帝国的事务由监督和管理整个帝国的国会去决定，而每个殖民地的地方事务仍由它自己的议会去裁夺。在这种情况下，殖民地虽然在英国国会中没有代表，但是，根据我们的经验，国会对殖民地的派征不可能不合理。对于在英国国会没有代表的帝国所属各地，国会从未加以任何过重的负担。根西和泽西二岛，没有任何手段对抗国会的权威，赋税却比其他任何省份都轻。国会虽然想行使向殖民地征税的权利（且不论理由正当与否），但迄今要求它们纳的税，甚至离母国人民纳税的比例还有距离。此外，如果殖民地的纳税额按土地税的增减而同比例增减，那么国会就不能在不课征自己的国内选民时去课征它们，在这种情况下，可以认为殖民地实际上在国会里有代表。

对不同的省份征税不搞一刀切，而是由君主规定每一个省应缴纳的数额，有些省由君主决定征收办法，其他的省则由各自的省议会决定征收办法，这在其他帝国不乏先例。在法国的某些省份，国王不仅决定纳税额，还决定征收办法，而在其他省份，他则只规定一定纳税额，由各省自己决定征税办法。这些享有自己的议会特权的省份被认为是法国治理得最好的省份。如果英国采取派征赋税的方案，英国国会与殖民地议会的关系，差不多就是法国国王与他这些最好的省份的关系。

但是，虽然按照这个方案殖民地没理由担心他们对国家的负担会超过他们与母国同胞相比的那一比例，但英国却没理由不担心殖民地对国家的负担达不到这一比例。法国国王在那些有权组织议会的省份确立了自己的权威，但英国在过去的时间里却没有在殖民地确立同样的权威。如果殖民地议会不是十分乐意的话（除非用比迄今为止更巧妙的办法管理它们，否则他们是不太可能十分乐意的），仍有可能找到许多借口来逃避或抵制国会最合情合理的派征。我们不妨假设，现在爆发了一场对法战争，必须立即筹集 1000 万镑，来保卫帝国的中心地带。这笔资金必须用公债来筹借，以某项国会基金担保并支付利息。而这项基金的一部分国会打算通过在英国国内征税来筹集，另一部分则向美洲和西印度的殖民地派征。但这项派征部分地取决于远离战争中心，有时候会觉得战争和自己关系不大的殖民地议员的心情好坏。人民是否会愿意凭这样一种基金的担保就将钱借给国会呢？凭这样一种基金，能借到的钱恐怕就只是人们认为英国国内税收能偿还的数额。这样，由于战争而欠的全部债务，就像以往一样，都由英国负担；也就是说，由帝国的一部分地方负担，而不是由整个帝国负担。英国，或许是有史以来在扩张帝国的时候只增加开支而不增加收入的唯一一个国家。其他国家一般是将帝国国防费用的绝大部分分摊给属地，以解除自己的负担，而英国却一向是让它的属地把这种费用的负担几乎全部卸在它自己身上。既然在法律上这些殖民地是英国的属地，那么，为了使英国和这些殖民地处于平等地位，国会如果对其实行派征，就应该有手段使这种派征在殖民地要逃避或抵制的时候立即生效。这种手段不容易想到，也没有人阐述过。

假如英国国会在此同时甚至不经过殖民地议会同意就完全确定了对殖民地的征税权利，那么这些议会的重要性从此就不存在了，英属美洲殖民地的领导者们的重要性也就不存在。人们之所以想参与公共事务的管理主要是因为这能使其成为重要人物。任何自由政府组织的稳定和持久，都取决于这个国家大部分领导者（一个国家的天然贵族）保持或捍卫其重要地位的力量。这些领导者不断地攻击别人的重要地位，捍卫自己的重要地位，就上演了国内所有的派系斗争和野心活动。美洲的领导者们也像其他国家的领导者一样，想要保持自己的重要地位。他们会觉得，如果他们的议会——他们称其为国会，认为其权威和英国国会是平等的——降格到仅被当做英国国会的谦恭使节或执行官员的地步，他们自己就再也谈不上重要。因此，他们会拒绝国会派征赋税的议案，像其他雄心勃勃、心高气傲的人一样，宁愿拿起武器来捍卫自己的重要性。

当罗马共和国日渐衰落之时，曾为帝国的防卫和扩张承担主要负担的罗马同盟国，要求享有罗马城公民的所有特权。在他们遭到拒绝之后，内战便爆发了。在这场战争中，罗马将这些特权按独立程度逐个地授予了大部分同盟国。现在英国国会坚持对殖民地征税，而殖民地拒绝由没有其代表的国会来征税。但如果英国允许想独立的殖民地在缴纳了与国内同胞相同的赋税、享有相同的贸易自由之后，按照其对帝国公共收入的比例选派国会代表，代表人数按今后新增纳税额的比例而增加，那么，各殖民地的领导者们就有了一种获取重要地位的新方法，一种全新的和更迷人的政治野心目标。凭着人们天然具有的对自己的才能和运气的幻想，他们也许会希望在英国政治界这个国家大赌盘中赢得某种大奖，而不是仅从殖民地这个小彩票中得到一些蝇头小利。除非用这种方法或其他方法（但似乎没有其他更显而易见的方法）来保持美洲的领导者们的重要地位并满足其野心，否则他们是不太可能自愿服从我们的；我们应该考虑到，如果强迫他们服从我们，每一滴所流的血都是属于我国的公民或是我们希望其成为我国公民的人的。那些自以为在出事的时候能够仅以武力就轻易地征服殖民地的人是非常愚蠢的。现在那些在美洲殖民地所谓的大陆议会负责的人，正觉得他们自己处于一种欧洲最显赫的公民都感受不到的重要地位。他们从小店主、商人和律师变成了政治家和立法者，为一个幅员辽阔的帝国设计一种新政体，他们对自己说，这个帝国将成为世界上前所未有的最强大的国家，而这看上去也确实很有可能。大概有500人直接在大陆议会工作，在这500人之下工作的也许是50万人，他们都觉得自己的重要性随着自己在国民中所占位置的提高而提高了。美洲的执政党中，几乎每一个人，都觉得自己的地位不仅比过去优越，而且是出乎他意料的优越；除非某种新的野心目标出现在他或他的领导人面前，否则，只要他还有常人的志气，就一定会誓死捍卫他现在的地位。

亨诺主席曾在他的书中提到过，我们现在喜欢阅读关于社会团体的许多小事件的笔记，这些事件在发生时可能并未被看做什么重要的新闻。他说，当时每个人都觉得自己具有某种重要性，而这些数不清的回忆录之所以流传下来，是由于那些作者以为自己在某些事件中扮演了重要角色，而又有记录和夸大它们的爱好①。巴黎城当时是如何顽固地保卫自己，如何宁愿选择可怕的饥荒也要对抗最英明的，后来又是最受爱戴的法国国王，这大家都知道。巴黎大部分市民或管理大部分市民的那些人，由于预见到原有政府一旦恢复，他们的重要地位就会不保，所以才奋起作战。而我们的殖民地，除非我们能诱导它们与我们建立联邦，否则它们很可能为了保护自己而像巴黎人民反抗最英明的国王一样，反抗一个最好的宗主国。

古代没有代议制的观念。当一国国民在另一个国家也享有公民权时，他们没有其他办法行使这种权利，只有亲自来和那个国家的人民一起投票、一起讨论。允许意大利大部分居民享有罗马公民的特权，完全毁了罗马共和国。因为这样无法再对罗马公民和非罗马公民进行区分。部族也不再分得清它自己的成员。乌合之众也能进入人民议会，他们赶走真正的公民，并俨然像真正的公民那样决定共和国的事务。但是，即使美洲派50个或60个新代表来参加国会，下议院的门卫也不难区分谁是议员、谁不是议员。因此，虽然罗马政体必定由于罗马与意大利同盟国的联合而被摧毁，但英国政体却决不会因为英国与其殖民地的联合而受到损害。相反，英国政体将因此而更加完善，因为，讨论并决定帝国所有地方事务的议会，为了得到正确的情报，应当有来自各个地方的代表。不过，我不会妄称这种联合容易实行，实行起来不会有困难。但我也没听说过有不能克服的困难，主要的困难可能不是来自这件事自身的性质，而是来自大西洋两岸人民的偏见和

① C.J.F. 亨诺：《新法国史编年摘要》，1768年。

成见。

在大西洋这边的我们，担心美洲代表的众多会打破政治组织的平衡，要么是过度增强拥君派的影响，要么是过度增强民主派的影响。但如果美洲代表的人数与美洲的纳税成果成比例，那么，受管理的人数的增加就会完全与管理他们的方式成比例，管理方式的增加也会与受管理的人数成比例。在联合之后，政治组织中拥君派和民主派的力量对比仍会和此前完全一样。

大西洋那边的人民则担心他们由于远离政府驻地而遭受许多压迫。但其实他们在国会的代表（一开始数量就应很多）能够很容易地使他们免受所有压迫。距离的遥远不会减少代表对选民的依存性，他们仍会感觉到，要靠选民的好感才能得到议会席位及由此带来的好处。因此，出于自己的利益，代表们会为了培养选民的好感，动用他们作为立法机构成员的全部权力，对帝国的那些偏远之地的民政或军政官员的一切不法行为进行申诉。而且，美洲人民似乎也有理由认为，他们远离政府驻地的局面不会长久。按照迄今为止那里在财富、人口和土地改良上的发展速度，或许在一个世纪的时间里，美洲的纳税就会超过英国的纳税。帝国中心届时自然会迁到对整个帝国的国防和政府经费作出最大贡献的那个地方去。

美洲的发现，以及经由好望角去往东印度的通路的发现，是人类历史上最重大、最重要的事件。它们的影响已经非常巨大；不过，在这两大发现之后的短短两三百年时间里，还不可能看出其影响的全部内容。这些重大事件今后将为人类带来何种好处或者何种不幸，是人类智慧所不能预见的。通过在某种程度上将世界上相隔最遥远的地区联合起来，使其相互满足彼此的需求，相互提高彼此的生活水平，鼓励彼此的产业的发展，它们的总体倾向似乎是有利的。但对于东印度和西印度的原住民来说，从这些事件中能够得到的商业利益，早已在这些事件所带来的可怕的不幸中完全湮灭和丧失了。只是这种不幸与其说是出于这两大事件自身的性质，不如说是出于偶然。当时，力量上的优势恰巧完全偏向了欧洲人这边，以致他们能在这些遥远的国家干下各种坏事而不受惩罚。而今后，这些地方的人民也许会日渐强大，或者欧洲人会日渐衰弱，世界各地人民的勇气和实力可能达到相同的水平，由此在相互之间产生的敬畏，足以震慑欲行不义的国家，使其尊重其他国家的权利。但是，要建立这种力量上的平等，最有可能的似乎就是通过相互交流知识技术和改良措施，而世界各国之间的广泛贸易自然会或者说必然会带来这一切。

而同时这两大发现已经将欧洲商业体系提升到了一个辉煌显耀的境地，这是它们的主要成效之一，没有这些重大发现，决不可能走到这一步。这一商业体系的目标是使各个国家富强起来，但不是通过土地改良和耕作，而是通过贸易和制造业，不是通过农村产业，而是通过城镇产业。由于这两大发现，欧洲的商业都市不再仅仅是世界极小一部分地区（大西洋沿岸的欧洲各国以及波罗的海和地中海沿岸各国）的制造商和中间商，而成为了为美洲众多生气蓬勃的种植者提供制造品的制造商，以及亚洲、非洲和美洲几乎所有国家的中间商（当然在某些方面也是制造商）。两个崭新的世界向欧洲的产业敞开了大门，每个新世界都比旧世界广大得多，其中一个的市场还在日益增长。

占有美洲殖民地并直接与东印度通商的国家，诚然享有这一巨大商业体系的全部光环。但是，其他国家尽管受到不公平的排斥和限制，却常常享有这一商业大部分的实际好处。例如，西班牙和葡萄牙的殖民地对其他国家产业带来的真实促进，比对西班牙和葡萄牙本国产业的真实促进还多。仅亚麻布这一项，据说这些殖民地的消费每年就超过300万镑（不过我不能保证这一数字的准确性）。但这一巨额消费，几乎全部由法国、弗兰德、荷兰和德国供给。西班牙和葡萄牙只提供了其中一小部分。以大量这样的亚麻布供应殖民地的西班牙资本和葡萄牙资本，每年在其他那些国家之间分配，并为它们的居民提供收入。只有这些资本的利润是在西班牙和葡萄牙花掉的，在那里，加蒂斯和里斯本的商人们将其挥霍一空。

一个国家为独占与所属殖民地的贸易而订立条例，本是想使自己国家受益，使其他国家受损，但结果往往是对本国的损害比对别国更大。对其他国家的产业施加的不公平的压迫，会反过来落在压迫者的头上，对本国的产业打击更大。例如，依据这种条例，汉堡商人必须把要送往美洲的亚麻布运往伦敦，从伦敦带回供应德国市场的烟草，因为他既不能直接将亚麻布送往美洲，也不能直接从美洲带回烟草。受这种限制，他出售亚麻布的价格可能不得不低于没有这种限制时的价格，他购买烟草的价格也不得不高于没有限制时的价格，因此他的利润可能有所减少。然而，在汉堡与伦敦的贸易中，商人资本的周转肯定比直接与美洲通商快得多，哪怕美洲的付款像伦敦一样准时（当然事实上这绝无可能）。所以，这一系列贸易中限定汉堡商人经营的那一部分，与排斥他经营的那一部分比起来，能在德国维持更多的劳动。尽管这样对于他个人来说利润减少了，但不可能对他的国家不利。但由于垄断而自然吸引伦敦商人的资本进入的那种贸易则完全不同。这种贸易可能对于他个人来说比其他大部分贸易更有利可图，但由于周转较慢，不会对他的国家更有利。

所以，在欧洲各国为独占所属殖民地贸易的全部利益而用过了各种不公正的手段之后，没有一个国家独占到了任何东西，除了独自担负在平时用来维持、在战时用来保卫它对殖民地的压迫性权力的开支。占有殖民地所带来的麻烦每个国家都独自消受，这些殖民地的贸易所产生的利益它们却不得不与其他国家分享。

乍看起来，对美洲大贸易的垄断似乎无可怀疑地可以收获最大的价值。在不辨是非的、昏了头的野心家眼中，这种垄断自然会在纷繁的政治与武力争斗中呈现为一个值得争夺的耀眼目标。然而，这一目标的耀眼光辉，这种贸易的无限空间，正是形成在这方面的有害垄断的本质所在，也就是说，它使一种在性质上比大多数其他行业对国家利益更少的行业，吸收了比自然状态下多得多的国家资本。

在第二篇已论述过，任何国家的商业资本都会自然地寻找最有利于国家的用途。如果投资中间商贸易，这一资本所属的国家就会成为这一贸易所经营的各国货物的中心市场。但资本所有人必定希望将这些货物在国内销售掉尽可能多的部分，因为这样他能省却出口的麻烦、风险和费用。出于这种考虑，他不仅会愿意在国内以比在国外低得多的价格销售货物，而且也不会介意在国内销售的利润比他出口后所期望的利润少一点。所以，他自然会尽力使中间商贸易转变为对外消费品（进口）贸易。如果他的资本是投于对外消费品（出口）贸易，出于同一理由，他会愿意将收购来打算出口的本国产品，尽可能多地在国内销售，并尽力使对外消费品贸易转变为国内贸易。每一国的商业资本都会这样自然地寻求近距离的贸易，避免远距离的贸易；会自然地寻求周转更快的贸易，避免回收期遥远、周转缓慢的贸易；会自然地寻求能维持所在国最大劳动量的贸易，避免只维持最小劳动量的贸易。也就是说，它自然会寻求在一般情况下对该国利益最大的贸易，避免在一般情况下对该国利益最小的贸易。

但是如果在这种一般对国家利益较小的远距离贸易中，某一项贸易的利润偶然提高到足以抵消近距离贸易的自然好处，这种利润优势就会把资本从近距离贸易中吸引过来，直到各种贸易的利润都回归到适当水平为止。这种利润优势是一个证明，证明在当时的社会现实情况中，远程贸易行业的资本投入有所不足，全社会的资本没有按最适当的方式在社会各行业间分配。它证明，当时有某样东西比其应有的价钱卖得贵或是买得便宜，打破了各阶层自然应该具备（也自然会具备）的平等状态，使某一市民阶层的人支出过多或收入过少，使他们或多或少受到了压迫。尽管等量资本投入远程贸易不会像投入近距离贸易那样维持相同的生产性劳动的数量，但远程贸易和近距离贸易一样是社会福利所必需的；而且，远程贸易经营的货物可能许多近距离贸易也需要。但是如果经营这些货物的利润是超出了适当的水平之上的，这些货物将会以高于应有水平的价格出售，而所有从事近距离贸易的人就多少会受这种高价格的压迫。在这种情况下，为了他们的利益，需要有一部分资本从近距离贸易中撤出来，转入远程贸易，以便将远程贸易的利润降低到适当水平，并将远程贸易经营的货物的价格降低到自然水平。在这种特殊的情况下，公共利益要求有一些资本从一般情况下对公众比较有利的行业撤出来，转入到一般情况下对公众利益较少的行业中去；在这种特殊的情况下，人们的自然利益和倾向仍和所有一般情况下一样，完全与公共利益相一致，这指引他们从近距离贸易撤出资本，转入远程贸易。

所以说，个人的自身利益和欲望自然会使他们将资本投入到在一般情况下对社会最有利的行业。但如果这种自然选择使他们投到这些行业的资本过多的话，这一行业利润的降低和其他行业利润的提高，立即就会使他们改变这种错误的分配。因此，不需要法律干涉，人们的自身利益和欲望，自然会引导他们将社会资本尽可能按照最适合全社会利益的比例，在所有不同的行业之间进行分配。

重商主义体系的所有不同法规都必然会或多或少地扰乱这种自然的而又最有利的资本分配。而其中关于美洲贸易和东印度贸易的法规比其他法规带来的扰乱更大，因为这两大贸易所吸收的资本比其他任何两个贸易部门都多。不过，扰乱了这两个贸易部门的法规并不完全相同。两者都以垄断为动力（engine），却是两种不同的垄断；虽然，不管哪一种，垄断似乎都是重商主义的唯一动力。

在与美洲的贸易中，每个国家都尽可能独占所属殖民地的全部市场，彻底排斥所有其他国家与之进行直接贸易。在16世纪的大部分时间里，葡萄牙人也按这样的方式经营东印度贸易，宣称只有他们有权利在印度各海航行，理由是他们首先找到发现了这条通路。荷兰人现在仍在继续排斥欧洲其他国家与荷属产香料各岛进行直接通商。这种垄断明显是对欧洲所有其他国家不利的，这些国家不仅被排斥在它们本可以方便地投入一些资本的贸易之外，而且不得不以比自己直接从产地进口时更高的价格，购买这种贸易所经营的货物。

但自从葡萄牙的力量衰落以来，没有一个欧洲国家再宣称自己独家拥有印度各海的航行权，现在印度各海的主要港口对欧洲所有国家的船只开放。不过，除了在葡萄牙以及近几年的法国①，每一个国家都将对东印度的贸易交由一家专营公司经营。这种垄断权的设置，损害的正是实行这种垄断的那个国家的利益。这个国家的大部分人民不仅被排斥在他们本可以方便地投入一些资本的贸易之外，而且不得不以比这种贸易对全国人民都开放的情况下更高的价格，购买这种贸易所经营的货物。例如，自从英国东印度公司成立以来，被排斥于这种贸易的其他英国居民为自己消费的东印度货物所必需支付的价格，不仅包含东印度公司由于垄断而产生的超额利润，而且还包含这个大公司由于处理事务时难免的漏洞而造成的超额浪费。可见，这第二种垄断的不合理，比第一种垄断的不合理更明显。

这两种垄断都会或多或少地扰乱社会资本的自然分配，但它们扰乱的方式并不总是相同。

第一种垄断总是吸引过多的社会资本违反自然规律流入享有这种垄断权的特殊贸易。

第二种垄断有时候可能吸引资本流入享有这种垄断权的贸易，但在不同环境中可能有时候是排斥资本流入这种贸易。在穷国，这种垄断当然会吸引比没有垄断时更多的资本流入这种贸易，但在富国，这种垄断自然会阻挡本来会有的大量资本进入这种贸易。

例如，像瑞典和丹麦那样的穷国，如果没有一家专营公司来经营东印度贸易，可能根本不会有一条船开往东印度。这个专营公司的成立必然会鼓励冒险者。由于有垄断权，他们可以不用担心国内市场上有竞争者，而在国外市场，他们又和其他国家的商人有同样的机会。也就是说，他们的垄断权向他们表明，他们肯定在国内市场上赚取丰厚利润，在国外市场赚取丰厚利润也有机会。没有这种特别的鼓励，这些穷国的穷商人或许绝不会想到要将自己的微薄资本投入到东印度贸易这种遥远、无常的冒险事业中去。

相反，像荷兰那样的富国，如果是自由贸易的话，可能会有比现在更多的船只开往东印度。荷兰东印度公司的有限资本可能将许多本来会流入这种贸易的大商业资本阻挡在外。荷兰的商业资本非常之多，多得一直在往外冒，有时候购买外国的国家公债，有时候贷与外国的商人和冒险者，有时候流入最迂回的对外消费品贸易，有时候流入中间商贸易。在所有近距离贸易都已经饱和、利润空间小得不能再小的情况下，荷兰的资本必定会流向最远距离的贸易。如果东印度贸易是完全自由的，可能会吸收这种过剩资本中的大部分。因为东印度为欧洲的制造品和美洲的金银及另外几种产品所提供的市场，比欧洲和美洲的市场加起来还大。

任何对资本自然分配的扰乱都必然有害于社会，不管是阻挡资本按其规律流入某一贸易，还是吸引资本违反规律流入某一贸易。如果没有专营公司，荷兰对东印度贸易的规模会比现在更大。这个国家必然由于它的一部分资本被排斥在对这部分资本来说最方便的用途之外而蒙受相当大的损失。同样，如果没有专营公司，瑞典和丹麦对东印度的贸易规模会比现在小，或许更可能的是根本不存在。这两个国家必然由于它们的资本被吸引到了不太适合它们目前条件的行业中而遭受

① 法国东印度公司的垄断权于1769年取消。参阅安德森：《商业》，续编，1801年，第四卷。

相当大的损失。按照这两个国家目前的条件，更好的选择可能是向其他国家购买东印度货物，即使价格高一些，也不要从它们不多的资本中抽出这么大一部分投入到这么遥远的贸易，这种贸易周转这么慢，在国内能维持的生产性劳动这么少，而它们国内却是这么需要生产性劳动，没做的工作和要做的工作这么得多。

所以，即使某个国家如果没有专营公司就不能从事与东印度的直接贸易，也不能得出结论说，应该在那里成立这样一个公司，而是只能认为，在这种情况下这个国家本不应该与东印度直接贸易。葡萄牙的经验足以证明，经营东印度贸易并不一定需要这样的专营公司。这个国家没有任何专营公司，却在加起来有一个多世纪的时间里坐享几乎全部的东印度贸易。

有人说，没有一个私营商人有足够的资本在东印度各港维持为他不时开往那里的船只准备货物的中间商或代理商；而如果他做不到这一点的话，寻找待运货物的困难就常常会使他延误返航船期，而船期延误所产生的费用，不仅会吞掉冒险的全部利润，还往往会造成巨大损失。这种说法想要证明，没有专营公司就不能经营大的贸易部门，但这是违反了所有国家的经验的。对于一个大的贸易部门来说，为了经营其中的主要部门就必须同时经营许多附属部门，而任何私营商人的资本都是不足以经营所有这些附属部门的。但是当一个国家经营某一个大贸易部门的条件成熟时，自然会有一些商人投资主要部门，一些商人去投资附属部门；尽管各个不同的部门都自然会有人经营，但很少出现全部由一个私营商人经营的情况。因此，如果某国经营东印度贸易的条件成熟了，它的一部分资本自然会分别投入到这种贸易的各个不同部门之中。其中一些商人会觉得，住在东印度，把资本用于为欧洲开来的船只备办货物，这对自己更有利。如果欧洲各国在东印度的殖民地能够从目前归各专营公司管理变成归君主直接保护，在这些殖民地居住将会变得安全而容易，至少对其母国的商人来说是如此。如果在某一时期，某国自行投向东印度贸易的那部分资本不够经营这种贸易所有不同的部门，那就证明，此时这个国家经营这一贸易的条件尚未成熟，它最好是向其他国家购买所需的东印度货物，即使价格高一些，也不要自己直接从东印度进口这些货物。它因这些货物的高价格而受的损失，很少能比得上因从其他更必要、更有用或更适合当地条件的行业抽取很大一部分资本去经营东印度贸易而造成的损失。

欧洲人虽然在非洲和东印度海岸拥有许多很大的居留地，却没能在那里建立起像在美洲的岛屿和大陆上那样众庶和繁荣的殖民地。非洲和许多统称为东印度的国家的居民不像可怜无助的美洲土著那样软弱和没有自卫能力；而且与土地的肥沃程度一致的是，这些地方的人口比美洲多得多。非洲和东印度最野蛮的民族都是靠放牧为生，甚至霍屯督人[①]也是如此。但是美洲各地的土著，除了墨西哥和秘鲁的之外，都只是狩猎民族；而同样大小、同样肥沃的土地所能维持的放牧者和狩猎者的人数差别是非常大的。因此，在非洲和东印度，要驱逐土著并把欧洲人的种植园扩张至土著居住的大部分土地上，就比较困难。此外，我们已经指出，专营公司的本质不利于新殖民地的成长，这可能是东印度殖民地没取得什么进步的主要原因。葡萄牙人经营非洲与东印度贸易均未成立专营公司，但他们在非洲海岸的刚果、安哥拉和本格拉以及东印度的果阿所建立的殖民地，虽然由于迷信和恶政而颇不景气，仍有一点点接近于美洲的殖民地，其中一些地方已有好几代葡萄牙人在那里居住。荷兰人在好望角和巴达维亚的殖民地是目前欧洲人在非洲和东印度建立的最重要的殖民地，这两个殖民地的地理位置特别有利。好望角的原住民几乎和美洲土著一样野蛮，而且一样没有抵抗能力。此外，好望角是欧洲和东印度之间的中途客栈（如果可以这样说的话），几乎所有欧洲船只往返时都要在这里停留。仅是供给这些船只所需的新鲜食品和水果（有时候还有葡萄酒），就为殖民地的剩余产物提供了一个十分广阔的市场。而巴达维亚在东印度各主要国家之间的位置，就像好望角在欧洲和东印度之间的位置。它占据着印度通往中国和日本的要道，差不多就在这条要道的中点。几乎所有航行于欧洲和中国之间的船只都要在巴达维亚靠岸；而且，更重要的，它是所谓的东印度国家贸易的中心和主要市场，不仅对欧洲人经营的那部分是这样，对东印度的居民经营的那部分也是这样；在那里的港口，常常能看到中国人和日本人的船只，以及越南、东京（Tonquin）、马六甲、交趾支那和西里伯斯岛的居民驾驶的船只。这种有利

① 霍屯督人（Hottentot），非洲南部的民族。——译者注。

位置使这两个殖民地能克服专营公司的压迫性特点对其发展可能带来的一切障碍，也使巴达维亚能克服恶劣气候——那里的气候或许是世界上最不利于健康的气候——这一额外的不利条件。

英国和荷兰的公司虽然除了上述两处以外没有建立什么大的殖民地，但均在东印度征服了许多地方。而在两国统治新属民的方式上，专营公司的本质得到了最清楚的体现。据说，在生产香料的荷属岛屿上，如果丰年生产的香料超过了荷兰人认为能以足够的利润在欧洲销售的数量，荷兰人会焚毁过多的那部分香料。而在他们没有殖民的岛屿，他们对采集丁香和肉豆蔻的嫩花及绿叶的人给予奖励，由于这种野蛮政策，那些天然生长在那里的植物据说现在几乎已绝种。甚至在他们殖民的岛屿，据说他们也大大减少了这些树木的数量。而即使是他们自己的岛屿上的产量超过了他们的市场容量，他们也怀疑土著可能会偷偷地将一部分运往其他国家。于是他们认为，确保垄断的最好的办法便是，不让比自己能够送往市场的数量更多的产物生长出来。通过各种压迫手段，他们把摩鹿加群岛①中一些岛屿的人口减少到只够为他们的少量驻军和不时来运载香料的船只提供新鲜食品和生活必需品。然而，即使是在葡萄牙人的统治下，这些岛屿的人口据说也曾是相当稠密的。英国公司还来不及在孟加拉建立这么完备的破坏制度，但它们的治理计划却完全有这种趋势。我相信，各公司分支机构的主管命令农民将一块盛植罂粟的土地翻耕，改种大米或其它谷物，这是常有的事情。他的借口是防止粮食短缺，而真正的原因则是他想以更高的价格出售当时他手里的大量鸦片。有时候这一命令正好相反：一块长得很好的水稻或其它谷物被翻耕，改种罂粟，因为主管预见到鸦片可能带来超额利润。专营公司的雇员已经多次试图在对外贸易和本国内地贸易的一些最重要的部门建立有利于他们自己的垄断。如果让他们这样下去，他们完全有可能在某个时刻对他们篡夺了垄断权的那种产品的生产加以限制，不仅限制在他们自己所能购买的数量上，而且限制在他们能以足够的利润销售的数量上。这样，在一两个世纪之内，英国公司的政策可能就会像荷兰公司的政策一样完全具有破坏性。

然而，这些公司作为它们所征服的国家的统治者，没有比这种破坏性计划更与它们的真实利益直接相违背的了。在几乎所有的国家，统治者的收入都是来自人民的收入。人民的收入越多，他们的土地和劳动的年产量越大，他们向统治者缴纳的就越多。因此，尽可能增加这一年产量符合统治者的利益。而如果这符合每一个统治者的利益，那么对于像孟加拉的统治者那样的收入主要来自土地地租的统治者来说，则尤其如此。地租必定与这块地上产物的数量和价值一致，而这二者又必然取决于市场的大小。产物的数量总是或多或少准确地适应有购买力人群的消费，而他们支付的价格总是与他们竞争的热切程度成比例。所以，这样的一个统治者为了自己的利益，应为自己国家的产物开辟最广阔的市场，允许有最彻底的商业自由，以便尽可能增加购买者的人数和竞争；而且，出于同样原因，不仅应废除所有垄断，还应废除对本国产品在国内各地之间的运输、对本国产品的出口、对能用于交换的任何商品的进口的所有限制。这样，他就最有可能增加产物的数量和价值，从而增加他自己从中得到的那一份，也就是说，最有可能增加他自己的收入。

但是一群商人似乎不可能将自己当做统治者，即使在他们已经成为统治者之后也是如此。他们仍将贸易——即购买货物然后出售货物——看做自己的主要业务，而离谱地将统治者的角色仅看做商人角色的一个附属品，认为这只是有助于他们能在印度以较低价格购买货物，从而在欧洲售得更多利润。他们为了这个目的，竭力从他们所统治国家的市场上排除所有的竞争者，并为此将这些国家的剩余产物至少减少到仅够满足他们自己的需求，或者说减少到他们能以他们认为合理的一个利润在欧洲销售的量。他们的商人习惯几乎是必然地（虽然也可能是不知不觉地）就这样牵着他们的鼻子，使他们在一切普通情况下宁肯要垄断者微薄的暂时利润，也不要统治者丰厚的长久收入，并逐渐使他们像荷兰人对待摩鹿加群岛那样对待他们所统治的国家。作为统治者，东印度公司的利益在于，应以尽可能低的价格出售运到印度境内的欧洲货物，以尽可能高的价格出售运到欧洲的印度货物。但是作为商人，他们的利益正好与此相反。作为统治者，他们的利益与所统治国家的利益完全一致。作为商人，他们的利益与所统治国家的利益直接对立。

如果说，这样一个政府的性质即使对于它在欧洲的管理部门而言也是一个不可救药的根本性

① 摩鹿加群岛是印度尼西亚东北部马鲁古群岛的旧称。——译者注。

错误，那对于在印度的统治机构来说就更是如此。这个统治机构必然是由一个商人会议组成的；商人的职业无疑极有地位，但这种职业在世界上任何一个国家都不具有使人民自然慑服的那种权威，他们不使用武力就不能得到人民的服从。这样一个商人会议只有通过与之相伴的军队才能使人民服从，因此他们的政府必然是依赖暴力的专制政府。而他们的正当业务是做商人，是按照他们的主子的委托，出售从欧洲运来的货物，然后购买销往欧洲市场的印度货物，也就是尽可能高价的出售前者，低价购买后者，并为此尽可能在他们做买卖的市场上排除所有竞争者。因此，就公司贸易这方面而言，这个统治机构的倾向性与它的欧洲管理部门的倾向性是一样的。它将使政府的统治从属于垄断的利益，从而阻止这个国家至少一部分的剩余产物的自然生长，使之仅够满足这个公司的需求。

不过，除此之外，这个统治机构里的所有人都会或多或少地自己做生意，而要对此加以禁止是徒劳的。这个大账房的职员远在万里之外，几乎完全不受监视，他们的薪水也一般，而且不会随着公司贸易所得真实利润的增加而增加；指望他们由于主子的一纸命令，就立即放弃自己所做的生意，放弃所有发财的希望（他们手中自有发财的手段），那真是再愚蠢不过了。在这种情况下，禁止公司职员自己做生意不会有别的效果，只不过是使高级职员能借口执行主管部门的命令，去压迫那些不幸触怒了他们的低级职员。这些公司职员自然地会试图建立像有利于公司官方贸易的垄断权一样的有利于自己的私人贸易的垄断权。如果容忍他们的行为，他们会公开地、直接地建立这种垄断，彻底禁止所有其他人经营他们自己所经营的东西，这大概是建立这种垄断最好的、压力最小的办法。但如果来自欧洲的命令禁止他们这样做，他们则会以对这个国家更具破坏性的方法，秘密地、间接地建立同一种垄断。他们会秘密地、或至少是不公开承认地利用代理人去经营他们想经营的贸易，他们会运用政府的全部权力，败坏司法行政，阻挠和打击在这些商业部门妨碍他们的人。与公司的官方贸易相比，公司职员的个人贸易自然会涵盖多得多的商品种类。公司的官方贸易仅限于对欧洲的贸易，仅包含这个国家对外贸易的一部分。但公司职员的私人贸易却可以涵盖国内贸易和对外贸易的一切部门。公司的垄断，仅会抑制在贸易自由时会出口到欧洲的那部分剩余产物的自然增长。而公司职员的垄断，却会抑制他们经营的所有产物，不论是供本国消费的，还是用于出口的；因而会危害整个国家的耕种，减少国家的居民数量。它会使公司职员要经营的任何一种产物，甚至是生活必需品，减少到他们有能力购买并按预期利润出售的数量为止。

这些职员所处地位的性质，也必然使他们比他们的主子更倾向于用严酷的手段来维护自己的利益、抵牾他们所统治的国家的利益。这个国家属于他们的主子，主子们难免会有些关注自己属国的利益。但这个国家不属于这些职员。他们主子的真实利益——如果这些主子能够理解的话——是和这个国家的利益一致的①，主要是由于无知以及鄙陋的重商主义偏见，他们才去压迫它。但职员们的真实利益与这个国家的利益绝不一致，即使有最完备的知识也不会让他们停止对这个国家的压迫。从欧洲发布的条例虽然往往脆弱，却在大多数情况下是善意的，而印度的工作人员所订的条例，虽有时显得更明智，但可能善意更少。这是一个非常诡谲的政府，它的行政部门的每一个成员都希望尽快离开这个国家，从而尽快地和这个政府脱离关系，而从他带着自己的全部财富离开之日起，他就丝毫不再关心它的利益，即使整个国家为地震所毁灭。

不过，我说这些并不是要诋毁东印度公司职员的总体品格，更不是诋毁任何特定个人的品格。我所要责难的是政府的体制，是这些人员所处的地位，而不是在其中行事的人的品格。他们的地位自然地引导他们这样做，那些最激烈地反对他们的人自己处在这一地位也未必能做得更好。在战争中或谈判中，马德拉斯和加尔各答的议会多次做出果断和明智的行动，足以与罗马共和国全盛时期的元老院相媲美。然而，这些议会成员的职业素养与战争和政治相去甚远，但仅是他们所处的地位，无需教育、经验甚至榜样，似乎就立即在他们身上造就了这一地位所需的伟大品质，使他们具备了他们自己也不太知道自己拥有的能力和美德。所以，如果在某些场合他们的地位激

① 可是，每一股“印度股票”的利益与国家的利益并不一致，在这个国家的政府之中，投票权将会对个人施加某种影响。参见第五篇第一章第三部分第一条。

发他们做出出人意料的高尚举动，那么，在另外的场合他们的地位引导他们做出不那么出人意料的中饱私囊的举动，我们也不应觉得奇怪。

所以，专营公司在任何方面都是个祸害；它给建立这种公司的国家或多或少带来不利，对不幸受它统治的国家则造成破坏。

第八章　关于重商主义的结论

虽然鼓励出口和抑制进口是重商主义体系提出的富国的两种主要手段，但对某些特定商品来说，它似乎奉行相反的政策，转为抑制出口和鼓励进口。不过，重商主义体系宣称，其最终目标始终相同，即通过贸易顺差来富国。它限制制造业原材料和生产工具的出口，以使我国工人降低生产成本，使他们能在所有外国市场以比其他国家更低的价格出售货物；它提出通过这样限制一些低价商品的出口，来促成数量更大和更有价值的其他商品的出口。它鼓励制造业原材料的进口，以使我国人民能以较低价格将其制成成品，从而防止数量更大和更有价值的制造品的进口。但我没看到对生产工具的进口给予过任何鼓励（至少在我们的法律汇编中没有）。当制造业发展到一定的高度时，生产工具的制造本身就成为许多极重要的制造业的目标。对进口这种工具的任何特别鼓励，都会大大影响那些制造商的利益。因此，这种进口不但不被鼓励，还往往被禁止。正是这样，羊毛梳具的进口，除了来自爱尔兰、来自破船货物或来自战利品，爱德华四世第三年的法令曾予以禁止；伊丽莎白女王第三十九年重申了这一禁令，后来的法律则使之永久化。

制造业原材料的进口有时靠免税来鼓励，有时靠发放奖金来鼓励。

进口某几个国家的羊毛，任何国家的棉花，爱尔兰或英属殖民地的生麻、大部分染料和大部分生皮，英属格陵兰渔场的海豹皮，英属殖民地的生铁和铁条，以及一些其他制造业原材料，只要正常通报海关，就能受到免除所有关税的鼓励。这些免税条例可能和我们大部分其他商业条例一样，是我们的商人和制造商为了自己的利益而迫使立法机关制定的。然而这些条例是完全公正和合理的，如果符合国家需要的话，可以将其推广到所有其他制造业原材料，公众一定会从中受益。

可是，由于我国大制造商的贪欲，这些免税措施的实施对象有时大大超过了可正当地认为是他们的生产原材料的范围。乔治二世第二十四年第四十六号法令规定，外国黄麻纱的进口只征收每磅 1 便士的轻税，而在此前所课的税要高得多：帆布麻纱为每磅 6 便士，法国和荷兰麻纱为每磅 1 先令，俄国麻纱为每英担 2 镑 13 先令 4 便士。但我国制造商没过多久就对这项减免不满足了。根据乔治二世第二十九年第十五号法令，甚至对黄麻纱进口所征收的这小额关税都取消了，同一条法令还规定，对价格不超过每码 18 便士的英国或爱尔兰麻布的出口发放奖金。可是，制造麻纱所需要的劳动量，比麻纱再织成麻布所需要的劳动量大得多。且不说亚麻种植者和亚麻纤维整理者的劳动，单是麻纱纺工的数量，就得 3 到 4 个才能维持一个麻布织工的工作；织成一匹麻布所需的全部劳动有 4/5 以上是用于纺麻纱。而我国的纺工都是穷人，通常是妇女，她们散居全国各地，没有人支持或保护她们。我国大制造商用以盈利的，不是靠出售她们这些纺工的产品，而是靠出售织工制造的最后成品。由于尽可能贵地出售最后制成品符合他们的利益，所以尽可能便宜地购买原材料也符合他们的利益。他们逼迫立法机关对自己的麻布的出口发放奖金，对外国麻布的进口征收高关税，并完全禁止进口几种法国麻布，力图以尽可能高的价格出售自己的货物。通过鼓励外国麻纱的进口，从而使之与本国人民的产品竞争，他们力图以尽可能贱的价格购买穷苦纺工的产品。而他们也一心想要像压低穷苦纺工的收入一样压低自己的织工的工资，所以他们无论是抬高最后制成品的价格还是降低原材料的价格，都决不是为了给工人们带来利益。我们的重商主义体系所鼓励的，主要是为有钱有势的人的利益而经营的产业。而为穷苦人民的利益而经营的产业，常常被忽视或被压制。

对麻布出口的奖金，以及外国麻纱进口的免税，颁布时只给予了 15 年有效期，但后来两次予以延长，将于 1786 年 6 月 24 日国会会议结束时失效。

对制造业原材料的进口发放奖金予以鼓励，主要是限于从我国的美洲殖民地进口的原材料。

第一批这类奖金，是本世纪初针对从美洲进口海军造船用品而发放的。在这个名目下包括适用于制造船桅、帆桁、牙樯的木材，以及大麻、柏油、松脂和松香油。不过，对船桅用木的进口发放的每吨 1 镑的奖金，对大麻的进口发放的每吨 6 镑的奖金，也推广至从苏格兰进口到英格兰的这些产品。这两种奖金一直持续发放，没有变化，直到期满为止；对大麻进口的奖金有效期至 1741 年 1 月 1 日，对船桅用木进口的奖金有效期至 1781 年 6 月 24 日国会会议结束。

对进口柏油、松脂和松香油的奖金，在有效期内经历了几次变更。最初对柏油和松脂的进口奖金为每吨 4 镑，松香油为每吨 3 镑。后来，进口柏油每吨 4 镑的奖金，仅限于按特定方法制造的柏油；对进口其他良好、洁净的商用柏油的奖励，减至每吨 2 镑 4 先令。同样，对进口松脂的奖励减至每吨 1 镑，对松香油的奖励减至每吨 1 镑 10 先令。

按照时间顺序的第二次对制造业原材料的进口发放奖金，是乔治二世第二十一年第三十号法令规定的对进口英属殖民地的蓝靛发放的奖金。这项法令规定，当殖民地蓝靛的价格达到上等法国蓝靛价格的 3/4 时，进口 1 磅可得 6 个便士的奖金。这一奖金和大多数其他奖金一样，都是有期限的，但得到多次延期，只是奖金额减至每磅 4 便士。其有效期至 1781 年 3 月 25 日的国会会议结束为止。

第三次发放这类奖金，是乔治三世第四年第三十六号法令规定的对从英属殖民地进口大麻或生亚麻发放的奖金（在此期间，我国有时讨好美洲殖民地，有时与其争吵）。这一奖励有效期为 21 年，从 1764 年 6 月 24 日到 1785 年 6 月 24 日止。头 7 年进口 1 吨的奖金为 8 镑，随后 7 年为 6 镑，最后 7 年为 4 镑。这项政策不推及到苏格兰，因为那里的气候不太适合种植亚麻（虽然那里有时候也种，但产量不高，质量也较差）。而且如果英格兰从苏格兰进口亚麻也能得到这一奖金，将会对英国南部的本土产品产生很大的抑制。

第四次发放这类奖金，是乔治三世第五年第四十五号法令规定的对从美洲进口木材发放的奖金。这一奖金有效期为 9 年，从 1766 年 1 月 1 日到 1775 年 1 月 1 日止。头 3 年里进口 120 条[①]优质松板的奖金为 1 镑，进口 50 立方英尺其他方板的奖金为 12 先令。随后 3 年，优质松板的奖金改为 15 先令，其他方板的奖金改为 8 先令。最后 3 年，优质松板的奖金又改为 10 先令，其他方板的奖金改为 5 先令。

第五次发放这类奖金，是乔治三世第九年第三十八号法令规定对从英属殖民地进口生丝发放的奖金。这一奖励有效期为 21 年，从 1770 年 1 月 1 日到 1791 年 1 月 1 日止。头 7 年每进口 100 磅的生丝奖金为 25 镑，随后 7 年，改为 20 镑，最后 7 年又改为 15 镑。养蚕和缫丝需要如此之多的手工劳动，美洲的劳动力又这样昂贵，据我所知，即使发放这么多的奖金也不会产生显著的促进作用。

第六次发放这类奖金，是乔治三世第十一年第五十号法令规定对从英属殖民地进口酒桶、大桶、桶板和桶头板发放的奖金。这一奖励有效期为 9 年，从 1772 年 1 月 1 日到 1781 年 1 月 1 日止。头 3 年里某一数量的此类货物的进口奖金是 6 镑，随后 3 年改为 4 镑，最后 3 年改为 2 镑。

第七次、也是最后一次发放这类奖金，是乔治三世第十九年第三十七号法令对从爱尔兰进口的大麻发放的奖金。这一奖金的发放方式与对美洲进口的大麻和生亚麻发放的奖金相同，有效期也为 21 年，从 1779 年 6 月 24 日到 1800 年 6 月 24 日止。这 21 年也同样划分为三个阶段，每一阶段的爱尔兰奖金和美洲的奖金相同。但与美洲不同的是，从爱尔兰进口生亚麻不享受奖金。如果对爱尔兰的生亚麻发放进口奖金的话，那将大大抑制英国的生亚麻种植。发放这项奖金时，英国议会和爱尔兰议会的关系，并不比从前英国和美洲的关系和睦多少。但人们希望，对爱尔兰的恩惠能比对美洲的恩惠更顺利的落实。

从美洲进口时享受奖励的这些商品，如果从其他国家进口则需缴纳高额关税。我国美洲殖民地的利益被认为和母国的利益是一致的。它们的财富被看做就是我们的财富。人们说，送往那里的钱，会通过贸易平衡（贸易差额）回到我们这里，我们为它们所做的支出不会使我们少掉哪怕

① 条（deal），英制宽 7 英寸，长 6 英尺，厚 3 英寸。——译者注。

一个法新[1]。从任何方面来说它们都是属于我们自己的，在它们身上支出就是为增进我们自己的财富而支出，对我国人民有利。我认为，现在毋需再多说什么来揭露这种说法和这种制度的愚妄，惨痛的经验已将其暴露无疑了。如果我们的美洲殖民地真的是大不列颠的一部分，这些奖金就可认为是对生产的奖励，仍然要受这种奖金（而不是其他奖金）所要受到的全部非难。

对制造业原材料出口的抑制，有时是以绝对禁止的方式，有时是以课征高关税的方式。

我们的毛织业者比其他行业的业者更为成功地说服了立法机关，使之相信国家的繁荣有赖于他们这种业务的成功和扩大。他们不仅靠完全禁止外国呢绒的进口而取得不利于消费者的垄断，而且靠类似的对活羊和羊毛出口的禁止，同样取得了不利于养羊人和羊毛生产者的垄断。对许多为确保税收而制定的法律，人们合理地抱怨说，许多行为在法律颁布前向来被看成无罪的，而这些法律却对这种行为处以重罚；但我敢保证，即使最严酷的关于税收的法律，与我国商人和制造商吵嚷着逼迫立法机关颁布的支持他们荒唐的和压迫性的垄断的某些法律相比，也显得温和宽大。就像德拉科的法律一样，这些法律可以说全是用鲜血写成的。

伊丽莎白第八年第三号法令规定，出口绵羊、小羊或公羊者，初犯没收全部货物，监禁一年，然后在某一集市日砍断其左手，钉于市上；再犯，即宣告其为重罪犯人，处以死刑。这一法律的目的，似乎是为了防止我国的羊种在外国繁殖。查理二世第十三和十四年的第十八号法令又规定，出口羊毛也属重罪，对出口者像对重罪犯人那样处以刑罚并没收财物。

为了国家的人道主义名誉，我们但愿上述两种法律从来没有执行过。但是，第一项法律从未被直接废除，高级律师霍金斯似乎也认为它仍然有效。只是，或许可以认为在实际上它已由查理二世第十二年第三十二号法令第三节所废除，后者虽未明确取消以前的法律所规定的处罚，但规定了一种新的处罚，即每出口或试图出口一只羊，罚款20先令，并没收这只羊及其主人对船只的那部分所有权。第二项法律则由威廉三世第七和第八年第二十八号法令明确废除了，该法令公示曰："查理二世第十三和十四年颁布的禁止羊毛出口的法令，将出口羊毛视为重罪；由于处罚过于严酷，对罪犯的起诉并未有效执行。因此，对该法令将该犯罪行为定为重罪一节，予以废止，宣告无效。"

但是，这一较温和的法律所规定的处罚，以及此前的法律所规定而未被这一法律所撤销的处罚，仍很严酷。除了被没收货物以外，出口者每出口或试图出口1磅羊毛，需缴纳3先令的罚金，相当于羊毛价值的四五倍。任何犯此罪的商人或其他人，不得向任何代理人或其他人索取他的债款或清算其账目。不论其财产多少，付得起或付不起这样重的罚金，法律的意图是使其完全破产（但由于人民大众的道德尚未像这些法律的制定者那样败坏，我还未曾听说过有人利用这一条款。）。如果犯此罪的人不能在3个月内缴纳罚金，他将被处以7年的流放，如果他在期满之前逃回来，他将被当做重罪犯人处罚，并不得接受牧师的帮助。船主知罪不报，没收其船只及设备。船长和水手知罪不报，没收其全部货物和动产，并处以3个月的监禁。后来的法律又将船长的监禁期改为6个月。

为了防止出口，整个内地的羊毛贸易都受到极为繁琐和苛刻的限制。羊毛不能用箱子、木桶、盒子等等装箱，只能用皮革或包装布捆包，外面必须标有不少于3英寸长的大字"羊毛"或"毛线"，否则没收货物和包装，每磅羊毛罚款3先令，由所有者或包装者缴纳。除了在白天（日出和日落之间），不能用马或马车驮运，不能在离海岸五英里之内的陆地上运输，否则没收货物和车马。临近海岸的百户邑（hundred），对从那里或经过那里运输或出口羊毛的人，应于一年内提出诉讼，羊毛价值在10镑以下的罚款20镑，价值高于10镑的，罚款为价值的3倍并诉讼费的3倍。如果对居民中的任何两人的处罚得由法庭偿还，则需向其他居民征税，就像抢劫案件一样。如果有人疏通该地官员来减少罚款，则处以5年监禁；任何人都可告发。这些法规通行全国[2]。

而在肯特和萨塞克斯这两个郡，限制更为烦琐。每一个离海岸10英里之内的羊毛所有者，必须在剪下羊毛3天内，将所剪羊毛的数量和存放地点以书面形式向附近的海关官员报告。在运走

---

① 法新（farthing），1/4个旧便士，英国最小的钱币。——译者注。
② 所有这些规定均根据威廉三世第七和第八年的第二十八号法令。

其中的任何部分以前，他必须以相同的方式报告运走的羊毛的数量和重量，买方的姓名和地址，以及打算运往的地点。在这两郡，居住在离海岸15英里之内的人如不先向国王做出以下保证就不得购买羊毛：他将要购买的羊毛保证不售予离海岸15英里以内的其他任何人。如果发现有人向这两个郡的海边运送羊毛，除非做过上述报告和保证，否则没收羊毛，对犯者处以每磅羊毛3先令的罚款。如有人未做上述报告将羊毛存放于离海岸15英里内，则予以查封和没收；如有人要认领这些羊毛，则须向财政部提交保证金，如果在审判中败诉，除了所有其他处罚，他还要支付3倍的诉讼费。

当内地贸易受到这些限制时，我们可以相信，沿海贸易也不会有太多自由。如果羊毛所有者运送或企图运送羊毛到沿海港埠，以便从那里再经海路运至其他港埠，他必须先在出海港登记羊毛的重量、标记和包数，才能将羊毛运入该港的5英里以内，否则没收羊毛、车马及其他运输设备，并处以禁止羊毛出口的其他有效法律所规定的罚金。不过，这项法律（威廉三世第一年第三十二号法令）也宽大地宣布："本法律不妨碍任何人将他的羊毛从剪毛地运回家中，即使是在离海五英里以内，只要他在剪毛后10日内、搬运羊毛之前，亲自向附近的海关官员报告羊毛的真实数量和存放地点，并于搬运前3日内向上述官员亲自报告他的搬运意图。"沿海岸运输的羊毛必须提交保证金，在预先登记的港口上岸；而其中任何部分上岸时如果没有官员在场，则不仅没收羊毛，通常还处以每磅羊毛3先令的额外罚款。

我国的呢绒制造商，为了证明他们要求这种特殊的限制和法规的正当性，声称，英国羊毛品质独特，优于任何其他国家的羊毛；其他国家的羊毛如不混入部分英国羊毛，就不能制成说得过去的产品；没有英国羊毛就不能制成精纺呢绒；因此，英国如能完全阻止羊毛出口，就几乎能垄断全世界的呢绒贸易；这样，没有了竞争对手，就可以按照自己满意的任何价格出售毛织物，通过最有利的贸易差额在短期内取得令人难以置信的财富。这种说法，像大多数那种小部分人说得头头是道、大部分人就跟着深信不疑的说法一样，到现在一直为很多人所相信，对呢绒业不熟悉或没有特殊研究的人，几乎全都相信这一说法。然而，无论从哪方面说英国羊毛对于制造精纺呢绒必不可少，都完全是谎言。英国羊毛其实不适合于制造精纺呢绒。精纺呢绒完全是用西班牙羊毛制造的。英国羊毛如与西班牙羊毛混合，甚至会在一定程度上降低呢绒的质量①。

本书在前面的章节曾指出，这些法规的效果是降低了羊毛的价格，不仅使它低于现在自然应有的水平，还大大低于爱德华三世时期的实际价格。苏格兰的羊毛价格，当由于苏英联合而受到相同法规的制约时，据说下跌了将近一半。《羊毛研究报告》的作者——严谨明智的约翰·史密斯先生曾提到，最好的英国羊毛在英国的价格，一般比极劣质的羊毛在阿姆斯特丹市场上的通常售价还低。使这种商品的价格降低到自然的或固有的价格之下，就是这些法规公开提出的目标，它们无疑达到了预期的效果。

可能有人会认为，价格的降低不利于羊毛的生产，必然大大减少这种商品的年产量，即使不比从前低，也会比目前条件下开放的和自由的市场允许价格上升到自然应有水平时的产量低。但我相信，羊毛年产量虽会受到这些法规的一定影响，但不会受到太大的影响。羊毛生产不是牧羊人使用其劳动和资本的主要目标。牧羊人并不期望羊毛的利润会像羊肉的利润那样多，在许多场合下，羊肉的平均或一般价格能补偿羊毛平均或一般价格的不足。本书前面章节已指出："不论什么规定导致羊毛或皮革价格降到自然应有的水平之下，在一个得到改良的和耕作发达的国家，必会同时有所抬高羊肉的价格。在改良的耕地上饲养的大小牲畜，其价格必须足够支付地主的合理地租和农民的合理利润，如若不然，他们不久就会停止饲养。因此，羊毛和羊皮不够支付的那部分牲畜价格，必须由羊肉来支付。前者支付得越少，后者必然支付得就越多。羊的价格如何在羊的各部分间分摊，地主和农民并不关心，只要全数付给他们就行。所以，在一个得到改良和耕作发达的国家里，地主和农民的利益不可能受这类规定的太大影响，虽然他们作为消费者，其利益可能因食物价格上升而受到影响。"因此，根据这个推理，在一个得到改良和耕作发达的国家，羊毛价格的降低不可能导致这种产品年产量的减少。不过，由于羊毛价格下降，使羊肉价格上涨，

① "大家知道，真正非常精美的呢绒，在各处一定是完全由西班牙羊毛制造的。"安德森：《商业》，1669年。

可能使对这种畜肉的需求有所减少，从而使这种畜肉的产量有所减少。但即使在这方面，其影响可能也不太大。

可能有人会认为，羊毛价格的降低尽管对年产量的影响不大，但对羊毛品质的影响必然非常大。英国羊毛的品质即使不低于以前，也低于目前的土地条件下自然应有的水平，或许同价格的降低成比例。由于羊毛的品质取决于羊种、牧场以及对羊的管理和清洁，他们自然会想，在羊毛生产过程中，牧羊者对这些条件的关心，会与羊毛的价格成比例。然而，羊毛质量在很大程度上也取决于羊的健康、发育和躯体；提高羊肉质量所必要的措施，在某些方面就足够提高羊毛的质量了。尽管羊毛的价格下降了，但据说英国羊毛的品质甚至在本世纪也已有很大的改善。当然，如果羊毛的价格更高，品质的改良也许更大；但价格低廉尽管妨碍了改良，却没有完全阻止这种改良。

所以，这些粗暴的法规对羊毛产量和品质的影响，似乎不如人们预想的那么大（虽然我认为它对品质的影响可能比对产量的影响大得多）；羊毛生产者的利益尽管必然受到某种程度的损害，但总体来看，这种损害比人们想象的要小得多。

不过，上述考虑并不证明完全禁止羊毛出口是正当的。但是，它们可以充分证明对羊毛出口课以重税的正当性。

一个国家的君主应公正、公平地对待所属各阶层的臣民，如果只是为了促进某一阶层的利益而伤害另一阶层的利益，不管伤害程度多大，都显然违反了这一原则。但只是为了促进制造商的利益而禁止羊毛出口，肯定在某种程度上伤害了羊毛生产者的利益。

每一阶层的人民，均有对君主或国家的维持做出贡献的义务。羊毛出口每托德①课税 5 先令甚至 10 先令，会为国王提供很大一笔收入。这种赋税对羊毛生产者利益的损害要小于禁止出口对他们的损害，因为它不会使羊毛的价格降低那么多。它也会为制造商提供足够的好处，因为，他虽然不能以禁止出口的情况下那样低的价格购买羊毛，但与外国制造商相比，他的购买价格至少仍便宜 5 到 10 先令，此外还不用支出外国制造商必须支出的运费和保险费。要设计出一种既能给君主提供很大的收入，又不会给任何人带来点困难的赋税，那几乎是不可能的。

禁令并没能阻止羊毛的出口，即使它有各种处罚措施的保障。众所周知，羊毛的输出量很大。国内市场与国外市场上羊毛价格的悬殊对走私者的诱惑是所有严酷的法律所不能阻止的。这种非法出口对除了走私者以外的人都无益处。而通过缴税的合法出口由于能为君主提供收入，从而避免了征收其他可能更苛重、更麻烦的税收，这对国家的所有人民都有利。

被认为是制造和清洗呢绒所必需的漂白土的出口，也像羊毛的出口一样，受到差不多相同的处罚。甚至大家承认与漂白土不同的烟斗土，由于外表酷似漂白土，而且漂白土有时候被当做烟斗土出口，所以也受相同的禁止和处罚。

查理二世第十三、十四年第七号法令规定，不仅是生皮、而且鞣皮也禁止出口，制成靴子、鞋子或拖鞋者除外；这一法令为我国鞋匠确立了不利于畜牧人和制革者的垄断。不过此后的法令使我国的制革者摆脱了这种垄断，只要他们在出口鞣革时缴纳每英担（112 磅）1 先令的轻税。他们还获得了出口时退还 2/3 消费税的权利，即使是出口未深加工的鞣皮也是如此。所有皮革制品都能免税出口，而且出口者还能得到退还全部的消费税。而我国的畜牧人还处于从前的（制造商的）垄断之下。畜牧人彼此分离，散居国内各地，很难联合起来将垄断强加于同胞或摆脱其他人强加给他们的垄断。各个门类的制造商在所有大城市都建立了联合团体，很容易做到这一点。甚至牛角也禁止出口，制角和制梳这两个微不足道的行业在这方面也享有不利于畜牧人的垄断。

以禁止或课税的办法限制半成品的出口，并非皮革制造业所特有。只要某件货物在直接使用和消费之前还需加工，我国制造商就认为应由他们完成这一加工。毛线与绒线也禁止出口，与羊毛出口所受处罚相同。甚至白呢绒出口也需纳税，我国的染匠也因此获得了不利于呢绒业者的垄断地位。我国的呢绒业者本来或许能保护自己免于这种垄断，但恰恰我国大部分主要的呢绒制造商也兼营染业。表壳、钟壳、表针盘和钟针盘均禁止出口。我国的钟表制造商似乎不愿这类产品

① 托德（tod）为衡量羊毛重量的单位，相当于 28 磅。——译者注。

的价格由于外国人竞相购买而提高。

爱德华三世、亨利八世和爱德华六世时期的一些旧法律规定，所有金属均禁止出口。铅和锡例外可能是因为这两种金属的储量极丰富，它们的出口占到当时王国贸易相当大的一部分。为了鼓励采矿业，威廉和玛丽第五年第十七号法令规定由英国矿石冶炼而成的铁、铜和白铁不受出口禁令的限制。此后，威廉三世第九和第十年第二十六号法令又允许外国产或英国产的各种铜块出口。未加工的黄铜，即所谓的枪炮金属、钟铃金属和货币金属，仍继续禁止出口。各种黄铜制成品则可以免税出口。

未被完全禁止的制造业原材料的出口，在许多情况下要被课以重税。

乔治一世第八年第十五号法令规定，英国生产或制造的所有货物，按照以前的法律需纳税出口的，现在均可免税出口，但下列货物例外：明矾、铅、铅矿石、锡、鞣皮、绿矾、煤炭、梳毛机、白呢绒、菱锌矿石、各种兽皮、胶、兔毛、野兔毛、各种毛、马匹和黄色氧化铅矿石。除了马匹，这些货物都是制造业原材料、半成品（可视为深加工原料）或生产工具。该法令规定这些货物仍须缴纳以前须缴的所有税，即旧补助税和1%的出口税。

同一法令还规定很多种染料在进口时免征一切赋税，但再出口时须缴纳一定的关税（当然税并不太重）。我国染业工作者似乎认为，通过免税鼓励进口这些染料对自己有利的同时，对这些染料的出口略加抑制也对自己有利。但是，商人出于贪欲而使出的这种抢眼的伎俩，最可能的结果是使其大失所望。因为这必然提醒进口商更小心，以免进口量超过国内市场必需的供应量。国内市场可能始终供给不足，这些商品的价格可能始终比出口与进口同样自由时更高。

按照上述法令，塞内加尔胶或阿拉伯胶列在染料之内，可免税进口。它们再出口时只需缴纳每英担3便士这样少的税。当时法国垄断了塞内加尔附近盛产这种染料的国家的贸易，英国市场不容易从它们的产地直接进口这些染料以满足供应。因此，乔治二世第二十五年的法令允许塞内加尔胶从欧洲任何地区进口（这和航海法的一般倾向相反）。但是，由于这项法令并不打算鼓励这种贸易，所以，与英国商业政策的一般原则相反，它又规定这种胶在进口时每英担需课税10先令，而且在再出口时不予退还。1775年开始的那场战争的胜利，使英国像从前的法国那样垄断了对那些国家的贸易。战争刚一结束，我国的商人就力图从这种有利条件中受益，力图建立一种有利于他们而不利于种植者和进口商的垄断。因此，乔治三世第五年第三十七号法令规定，从英王陛下的非洲属地出口的塞内加尔胶，只能出口到英国，并适用于与英属美洲殖民地和西印度殖民地的列举商品一样的限制、法规、没收和处罚。进口这种胶诚然只须每英担缴纳6便士的轻税，但其再出口则须缴纳每英担1镑10先令的重税。我国制造商的意图是，这些国家的全部产胶均应输入英国，而且——为了他们能以自定的价格购买这些产品——这些产品不应再行出口，除非课以重税（但这一重税足以抑制其出口）。可是他们的贪欲在这里也像在许多其他场合一样未能得逞。这种重税对走私活动是很大的诱惑，大量的这种商品不仅从英国，还从非洲暗中出口到欧洲各工业国，尤其是荷兰。因此，乔治三世第十四年第十号法令将这种商品的出口税减为每英担5先令。

在据以课征旧补助税的税率表中，海狸皮估值为每张6先令8便士，1772年以前进口海狸皮每张所缴纳的各种补助税和进口税为估值的1/5，即16便士；除旧补助税的一半即两便士外，其余均在再出口时退还。对如此重要的一种制造业原料课征的进口税被认为太高，1772年估值被减为2先令6便士，进口税减为6便士，只有一半可在再出口时退还。1775年那次战争的胜利使产海狸最多的国家处于英国的统治之下，海狸皮被划为列举商品，因而从美洲出口海狸皮仅限于运往英国市场。我国的制造商很快就在琢磨从这一局面中获利。1764年，每张海狸皮的进口税减为1便士，而出口税却提高到7便士，出口时还不退还进口税。同一法令还规定，海狸毛的出口每磅课税18便士，但这种商品的进口税不作调整（在当时，由英国人以英国船只进口的海狸毛，每磅课税在4便士到5便士之间）。

煤炭既可视为制造业原料，也可视为生产工具。因此煤炭的出口被课以重税，在现时（1783年）是每吨5先令以上，或（纽卡斯尔衡）每查尔伦15先令以上，这在大多数情况下比这种商品在矿井的原价还高，甚至比它在出口港的价值还高。

但对可称为生产工具的商品的出口，通常不是通过高关税、而是通过绝对禁止来限制。威廉三世第七和第八年第二十号法令第八条规定，编织手套和长袜的织机或机械禁止出口，否则不仅没收出口或企图出口的货物，而且要罚款40镑，一半归国王，一半归举报人或起诉人。乔治三世第十四年第七十一号法令同样规定，禁止出口用于棉织业、麻织业、毛织业、和丝织业的所有工具，否则不仅没收货物，还罚款200镑，对知情不报、允许这些工具上船的船主也罚款200镑。

当对死的生产工具的出口施以重罚时，也不可能指望活的生产工具即技工有离开的自由。因此，乔治一世第五年第二十七号法令规定，凡引诱英国制造业技工去国外从事或传授他的本行工作的人，初犯处以100镑以下的罚款，并处3个月监禁，3个月后如仍未付清罚款则继续监禁，直到罚款付清为止；再犯由法庭决定罚款数额，并处12个月监禁，之后直到罚款付清为止。乔治二世第二十三年第十三号法令又加重了这种处罚，每引诱一名技工，初犯是罚款500镑，处以12个月监禁，并直到罚款付清为止，再犯则罚款1000镑，监禁两年，并直到罚款付清。

上述两个法令中的前一个法令规定，如证明某人曾引诱某技工，或证明某技工曾承诺或定约去外国从事上述活动，那么该技工必须向法庭作出不出国的保证，在作出这种保证之前，可以将他拘禁起来。

如果某个技工出国并在国外从事或传授本行工作，在接到国王驻外公使或领事的警告后6个月内不回国并在国内居住下去，那么从那时起他就被剥夺在国内的一切财产继承权，不得担任国内任何人的遗嘱执行人或财产管理人，也不得继承、受让或购买国内任何土地，他全部的土地、货物和动产也收归国王所有，他被当做外国人对待，不受国王的保护。

我想，无需指出这种规定与我们装作珍惜并自夸不已的国民自由是多么矛盾。在这种情况下，为了我国商人和制造商的蝇头小利，这种自由明显被牺牲了。

所有这些规定的冠冕堂皇的动机都是扩张我国的制造业，但其扩张方式不是改进自身，而是压制邻国的制造业，尽可能消灭这些讨厌的对手的烦人竞争。我国的制造商认为，他们理应垄断他们同胞的技能。通过限制一些行业所雇佣的学徒数量，通过规定所有行业必须有长时间的学徒期，他们力图使各自行业中的知识为尽可能少的人所掌握。同时，他们不愿这少数人中有人去外国传授技能。

消费是所有生产的唯一目的，而生产者的利益只有在成为促进消费者利益的必要条件时才应加以关注。这个原则不言自明，无需加以证明。但在重商主义体系中，消费者的利益几乎总是为了生产者的利益而被牺牲，这一体系似乎将生产而不是消费看成是所有工商业的最终目的。

对能与本国产物和制造品竞争的所有外国商品的进口加以限制，显然是为了生产者的利益而牺牲了消费者的利益。完全是为了前者的利益，后者才不得不支付这种垄断所抬高的货物价格。

对本国某些产品的出口发放奖金，也完全是为了生产者的利益。国内消费者不得不负担的，第一是为了支付这种奖金所必须征收的税收，第二是国内市场上商品价格的上涨所产生的更大的赋税。

与葡萄牙所订立的著名的通商条约，通过高关税，使得我国消费者不能从邻国购买我们本国气候所不宜生产的某种商品，而不得不向一个遥远的国家去购买，尽管大家承认那个国家的商品质量不如邻国的好。国内消费者不得不忍受这种不便，以便本国生产者能以比本来更有利的条件将他们的某些产品出口到那个遥远的国家去。消费者还不得不支付这些产品因强势出口而在国内市场上增长的价格。

但为了经营我国在美洲和西印度的殖民地而订立的许多条约，与我国所有其他通商条约比起来，更严重地为生产者的利益牺牲了国内消费者的利益。一个大帝国已经建立起来，我们的唯一目的就是把它培养成一个消费者之国，使这些消费者不得不从我国生产者的店铺中购买我国所能供应的各种商品。为了这种垄断所能带来的我国生产者的商品价格能稍稍提高这点好处，我国的消费者负担了维持和防卫这个帝国的全部开支。为这个目的，并且仅仅是为了这个目的，在最近的两次战争中，我国已支出两亿多镑，借债超过1.7亿镑，且不说此前为同一目的而发生的多次战争所支出的费用。仅这项借款的利息，就不仅超过了因垄断殖民地贸易据说能得到的全部超额利润，还超过了这种垄断贸易的全部价值，即超过了每年平均向殖民地出口的货物的全部价值。

不难确定是谁规划了整个重商主义体系。我们相信，不会是消费者，因为他们的利益完全被忽略了；那一定是生产者，因为他们的利益受到细致的照顾。在生产者中，我国的商人和制造商是主要的设计师。在本章所论及的商业条例中，我国制造商的利益受到了最特别的关注，而为之作出牺牲的，除了消费者的利益以外，还有一些其他生产者的利益。

第九章　论重农主义，或论把土地产物看做是各国收入或财富的唯一来源或主要来源的各种政治经济学体系

关于政治经济学中的各种重农主义体系，不需要做出像我认为对重商主义体系所必需做出的那样长的说明。

据我所知，把土地产物看做是一国收入及财富唯一或主要来源的学说，从未被任何国家采用，目前只存在于法国少数几个博学而特出之人的理论之中。对于一种从来没有、或许将来也决不会危害世界任何地方的学说，的确不值得连篇累牍地去考察它的错误，但我将尽可能清楚地说明这一独特的学说的要领。

路易十四的著名大臣柯尔贝尔是一位正直、勤勉和博学的人，且对公共账目的检查富有经验，十分精明。总之，他的各方面能力都适于有序管理公共收入的征收与支出。这位大臣不幸持有重商主义体系的所有偏见。这种体系就其性质及实质而言，是一种限制和管制的体系，因此对于一个惯于管理各个公共部门、惯于为将各部门限制在适当的范围而设置必要的检查和控制的勤恳而古板的实干家来说，很难不投其所好。他试图以管理公共部门的模式来管理一个大国的工商业，不是让每一个人用他自己的方式在平等、自由和公平的计划下去谋求自身利益，而是赋予某些产业部门以特殊的权利，同时对其他产业部门加以特殊限制。他不仅像欧洲其他大臣那样，给予城市产业比农村产业更多的鼓励，而且为了支持城市产业还愿意压制农村产业。为了向城市居民廉价供应食物，从而鼓励制造业和对外贸易，他完全禁止出口谷物，这使得农村居民不能将自己最重要的产物送往外国市场。这一禁令，加上法国各省以前的法律对谷物在各省间运输的限制，以及几乎所有省份对耕种者的横征暴敛，抑制了法国的农业发展，使之大大低于在土壤如此肥沃、气候如此宜人的国家农业发展自然应有的水平。这种压抑、萧条的状况在这个国家的每一地区都或多或少地能感觉到，关于其原因也已开始各种研究。柯尔贝尔先生的城市优先于农村的政策，似乎是原因之一。

俗话说，矫枉必须过正。提出把农业看做各国收入和财富唯一来源的学说的那些法国学者，似乎采纳了这一格言。正如在柯尔贝尔先生的政策中城市产业与农村产业相比的确被高估了一样，在重农学说中，城市产业似乎也确实被低估了。

他们把人们认为对国家的土地和劳动的年产物有贡献的各阶层人民分为三个阶级。第一个是土地所有人阶级；第二个是耕种者即农夫和农村劳动者阶级，他们特别称之为“生产阶级”——一个荣誉称号；第三个是工匠、制造商和商人阶级，他们用“不生产阶级”这一羞辱性称号对其进行贬低。

土地所有者阶级对年产物的贡献，在于他们不时投入资金用于土地改良以及建筑物、排水沟、围堰及其他设施的改良或保养。通过这种投入，耕作者就能以相同的资本生产出更多的产物，从而支付更高的地租。所提高的地租可看做土地所有者投入这种改良的费用或资本所应得的利息或利润。这些费用在重农学说中称为“土地费用”。

耕作者或农夫对年产物的贡献，在于他们投入费用用于土地的耕作，重农学说把这种费用分为“原始费用”和“年度费用”。原始费用包括农具、耕畜、种子的费用以及至少在耕种的第一年的大部分时间里（或在收成之前的时间里）农夫用于维持其家庭、雇工和牲畜的费用。年度费用包括种子费用、农具的磨损以及农夫每年维持其雇工、牲畜和家庭（就其中可看做从事耕作的雇工的人而言）的费用。他支付地租后还留下的那部分土地产物，首先应该足以在合理的时间内（至少是在他耕作期间）补偿其全部原始费用并带来资本的一般利润；其次应该每年足以补偿其全部的年度费用并带来资本的一般利润。这两种费用是农夫投入耕作的两种资本；除非能定期收回

这两种资本并得到合理利润，否则他就不能与其他行业处于同一经营水平，出于自身利益考虑，他必然会尽快放弃这一行业，转而寻找其他行业。使农夫能够继续从事耕作所必需的那部分土地产物，应看做神圣的耕作基金，如果地主加以侵犯（收取过重的地租），他必然会减少他自己的土地的产量，在几年之后，不仅会使农夫无力支付这一苛刻的地租，而且会使他连地主本来可以从中得到的合理的地租都无法支付。地主应得的适当地租，不应多于完全付清此前投入生产的所有费用及其一般利润之后所剩余的净产物。正是因为耕作者的劳动，在偿还所有必需的支出并带来一般利润之后，还能提供这种净产物，这个阶级才在这种学说中特别地荣获了“生产阶级”的称号。由于同一原因，他们的原始费用和年度费用在这种学说中被称为“生产性费用”，因为这种费用除了补偿自身价值之外，还能导致每年净产物的生产。

他们所谓的“土地费用”，即地主投入土地改良的费用，在这种学说中也被称为生产性费用。所有这种费用加上资本应得的一般利润，在尚未通过地租完全付给地主之前，教会和国王应将这种地租视为神圣不可侵犯，不能课以什一税和赋税。否则，由于不利于土地改良，也就会不利于教会自身的什一税在未来的增长，也会不利于国王自身的赋税在未来的增长。由于在良好的状况下这些土地费用除了再生产出其全部价值之外，还能在一段时期后再生产出净产物，所以在这种学说中也被视为生产性费用。

但是，只有地主的土地费用、农夫的原始费用和年度费用这三种费用被这一学说看成是生产性的。其他所有费用以及其他所有阶层，甚至在人们通常的理解中最具生产性的人，也由于上述原理而被完全视为非生产性的。

尤其是工匠和制造业者，在人们通常的理解中他们的劳动能极大地增加土地天然产物的价值，在这种学说中也被视为完全不生产的阶级。据说，他们的劳动只能补偿雇佣他们的资本并带来一般利润。这种资本包括雇主预支给他们的原材料、工具和工资，是雇佣和养活他们的资金，而资本的利润则是用来养活雇主自己的资金。雇主就像预支给雇工他们工作所需的原材料、工具和工资那样，也预支给自己生活费，这种生活费一般与他预期从雇工的产值中得到的利润成正比。除非工人的产值能补偿雇主预支给自己的生活费以及预支给雇工的原材料、工具和工资，否则，他显然不能收回他投入的全部费用。因此，制造业资本的利润，不像土地地租那样是完全偿还所有必需的开支后所剩余的净产物。农夫的资本能为自己提供利润，在这点上制造商的资本也一样，但农夫的资本还能为他人提供地租，制造商的资本却不能。所以，用于雇佣和养活工匠及制造商的费用，最多是延续——如果可以这样说的话——其自身价值的存在，而不生产任何新的价值。因此这种费用完全是非生产性费用。相反，用于雇佣农夫和农村劳动力的费用，除了延续其自身价值的存在，还生产新的价值，即地主的地租，因此是生产性费用。

商业资本和制造业资本一样是非生产性的。它只是延续其自身价值的存在，而不生产任何新的价值。商业资本的利润只是偿还投资人在经营期间或得到回报之前预支给自己的生活费，只是偿还投资过程中所必需的全部费用中的一部分。

在这种学说看来，工匠和制造商的劳动从来不能使土地天然产物全年产量的价值有所增加。诚然，他们的劳动使某些特定的天然产物的价值大为增加，但同时，他们另外消耗的那些天然产物，正好等于他们劳动增加的那些价值。因此，他们的劳动在任何时候都不会丝毫增加全部价值。例如，制作一对花边的人，有时会把可能只值一便士的亚麻的价值提高到 30 镑。尽管乍看起来他似乎把某种天然产物的价值提高了大约 7200 倍，但实际上并未增加天然产物全年总量的价值。制作这种花边也许要花费他两年的劳动。花边制成后他所得到的 30 镑，只不过是偿还他在这两年工作期间预支给自己的生活费。他每天、每月或每年的劳动为亚麻增加的价值，只不过偿还他在这一天、这一月或这一年自己所消费的价值。因此，无论在任何时候，他都丝毫没有增加土地天然产物全年总量的价值。他不断消费的那部分产物（的价值）始终等于他不断生产的价值。从事这种费用大而又不重要的制造业的人，大部分都非常贫穷，这足以让人相信，他们的产值一般情况并不超过他们的生活费的价值。但农夫和农村劳动者的劳动则不同。一般情况下，他们的劳动，除了完全补足他们以及他们的雇主的消费和劳动开支之外，还继续生产一种价值，即地主的地租。

工匠、制造商和商人只能靠节俭来增加社会的收入和财富，或者，按这种学说所表述的，只能靠抠省（privation），即剥夺（depriving）自己预定用于自己生活费的资金的一部分。他们每年再生产的只不过是这种资金。因此，除非他们每年节约一部分生活资料，除非他们每年剥夺自己一部分生活享受，否则社会的收入和财富决不会因为他们的劳动而有丝毫增加。与之相反，农夫和农村劳动者却可以完全享受用于自己生活费的全部资金，同时仍能增加社会的财富和收入。除了自身的生活费外，他们的劳动每年还提供净产物，这种净产物的增加必然增加社会的财富和收入。因此，主要由地主和耕作者构成的国家，如法国和英国，能由勤劳和享受而致富。相反，主要由商人、工匠和制造商构成的国家，如荷兰和汉堡，则只能通过节俭和抠省才能变得富起来。由于条件如此不同的国家的利益非常不同，因此国民的普遍性格也极不相同：在前一类国家，宽容、率直和友好自然成为国民普遍性格的一部分；而在后一类国家，则形成狭隘、吝啬和自私的国民性格，远离一切世俗乐趣和享受。

在这种学说看来，不生产阶级，即商人、工匠和制造商，完全是靠另两个阶级，即地主和耕作者所雇佣和养活的。后两者供给这个阶级生产原材料和生活资金，供给他们所消费的谷物和牲畜。地主和耕作者最终支付不生产阶级所有雇工的工资及其所有雇主的利润。严格地说，这些雇工和雇主是地主和耕作者的仆人。只是他们仅在户外工作，而家仆是在户内工作，但两者都在同一主人手里讨生活。两者的劳动同样都是非生产性的，对于土地天然产物的总量不增加任何价值；不但不增加这一总量的价值，反而还必须由这一总量支付它们的开销和费用。

但是，这种学说也认为，这个非生产性阶级，对于其他两个阶级来说，不仅有用，而且大为有用。正是由于商人、工匠和制造商的劳动，地主和耕作者才能够用较小量的自己的劳动产品去购买所需的外国货物和本国制造品——如果他们试图自己去进口外国货物或制造本国那些制造品，他们的笨拙和不熟练所需要他们付出的劳动会多得多。有了非生产性阶级，耕作者就能从许多干扰他们耕作的事务中摆脱出来，专心于耕作。由于专心耕作而提高的产量，完全足以支付他们自己以及地主为养活和雇佣非生产性阶级所付出的代价。商人、工匠和制造商的劳动，尽管按其性质来说是非生产性的，但以这种方式间接地有助于提高土地的产量。他们的劳动使生产性劳动者的劳动力得到了提高，因为他们使生产性劳动者具有了专注于自己的职业——即土地耕作——的余地；耕作拜那些与耕作最不相关的人所赐而常常变得更简单、更有效率。

在任何方面限制或抑制商人、工匠和制造商的产业，都绝不符合地主和耕作者的利益。非生产性阶级享有的自由越大，其中各行业的竞争就越激烈，其他两个阶级就能得到越便宜的外国商品和本国制造品的供应。

压迫其他两个阶级也不符合非生产性阶级的利益。养活和雇佣非生产性阶级的，正是土地的剩余产物，即扣除耕作者和地主的生活所需之后剩下的产物。剩余产物越多，非生产性阶级的生活和就业状况就更好。确立完全的公正、自由和平等，就是最有效地确保这三个阶级最高度繁荣的最简单的秘诀。

像荷兰和汉堡这样主要由非生产性阶级构成的商业国家，它们的商人也是这样完全靠地主和耕作者来养活和雇佣的。唯一不同的是，大部分为这些商人、工匠和制造商提供生产原材料和生活资金的地主和耕作者是其他国家的居民，距离他们很远，交通不便。

然而这样的商业国对于其他国家的居民来说不仅有用，而且大为有用。其他这些国家的居民本应在国内找到商人、工匠和制造商，但由于该国政策的某些不足，在国内却找不到。这些商业国家为他们提供了这样的商人、工匠和制造商，弥补了这一非常重要的缺陷。

对这些商业国家的贸易或由其供应的商品征收高关税，从而阻碍或抑制这些国家的产业，决不符合农业国家（如果我可以这样称它们的话）的利益。这种关税使那些商品更为昂贵，因此只会降低用来购买这些商品的他们自己土地的剩余产物的实际价值（或者说降低其价格，这二者是一回事）。这种关税只能阻止剩余产物的增加，从而不利于他们自己土地的改良和耕作。反之，给予所有这些商业国家的贸易最完全的自由，就是提高农业国家自己的剩余产物的价值、促进剩余产物增加，从而鼓励国内土地改良和耕作的最有效的策略。

这种完全的贸易自由，甚至对于在适当时机农业国为自己提供国内所需的商人、工匠和制造商，并弥补他们在国内感到的那种非常紧要的缺陷来说，也是一种最有效的策略。

他们的土地剩余产物的持续增加，所创造的资本到了一定的时候就会多于在一般利润率下用于改良土地或耕作土地的资本；多余的这部分资本自然会转而用于在国内雇佣工匠和制造商。国内的工匠和制造商能在国内找到生产原材料和生活资金，即使技艺和熟练程度远不如人，也许也能立即以与商业国同行同样低廉的价格制造产品，因为商业国的同行得从遥远的地方去找所需的生产原材料和生活资金。即使由于技艺和熟练程度不够，他们在一定时期内不能以与商业国同行同样低廉的价格制造产品，他们也能在国内市场上以同样低廉的价格销售其产品，因为商业国同行的产品只能从极遥远的地方运过来；而且当他们的技艺和熟练程度得到提高，他们很快就能以更低廉的价格出售产品。所以，商业国的工匠和制造商在那些农业国的市场上将迎头遇到竞争，不久就将降价出售其产品，直至被完全赶出市场。随着技艺和熟练程度的逐渐提高，这些农业国的廉价的制造品将走出国门，进入各个外国市场，在那里，它们会按同样的方式将商业国的许多制造品排挤出去。

农业国的天然产物加上制造品的持续增加，所创造的资本到了一定的时候就会多于一般利润率下用于农业或制造业的资本；多余的这部分资本自然会转而用于对外贸易，将超出国内市场需求的那部分天然产物和制造品出口到外国。在出口本国产物时，农业国商人比商业国商人有优势，正如农业国工匠和制造商比商业国工匠和制造商有优势，因为农业国商人能在国内找到货源和干粮，而商业国商人不得不到远方去寻找。因此，即使他们的航海技能较差，也能以与商业国商人同样低廉的价格在外国市场上出售他们的货物；如果航海技能差不多他们就能卖得更便宜。所以，他们很快就会在对外贸易的这一部门形成与商业国的竞争，并将在一定的时候将对手完全排挤出去。

所以，按照这种自由、放任的体系（liberal and generous system），农业国培养本国工匠、制造商和商人最有利的办法，就是给予所有其他国家的工匠、制造商和商人最完全的贸易自由。这会提高农业国自己的土地剩余产物的价值，而这一价值的不断增加将逐渐积累成一种基金，在一定的时候培养出本国所需的各种工匠、制造商和商人。

相反，当农业国用高关税或进口禁令压制其他国家与自己的贸易时，它必然从两方面损害自身利益。第一，提高所有外国商品和制造品的价格，必然降低用来购买这些商品的本国土地剩余产物的实际价值（或价格）。第二，通过给予本国商人、工匠和制造商一种国内市场上的垄断权，会将商业和制造业的利润率提高到高于农业的利润率，从而将以前使用在农业中的一部分资本吸引出来，或阻止本来会进入农业的那部分资本进入到农业中去。所以，这种政策从两方面不利于农业：首先，降低农业产品的实际价值，从而降低农业的利润率；其次，通过提高所有其他行业的利润率，农业成了薄利行业，而商业和制造业则比以前更有利可图：这使得每一个人都会为了自己的利益而尽可能地将资本和劳动从前者转投到后者。

通过这种抑制性政策，农业国培养本国的工匠、制造商和商人的速度虽然会比自由贸易条件下更快一些——对此我们毫不怀疑——但却会是时机未到，培养过早（如果可以这样说的话）。过快过急地培养一种产业，就会抑制另一种更有价值的产业。过快过急地培养一种仅能补足所投资本并带来普通利润的产业，就会抑制另一种在补足所投资本并带来利润之外还能提供净产物作为地主地租的产业。过快过急地促进非生产性劳动，就会抑制生产性劳动。

按照这种学说，土地的总年产物以何种方式在上述三个阶级中分配，不生产阶级的劳动怎样只补偿它自己消费的价值而毫不增加总年产物的价值，这个学派渊博而独到的创始人魁奈先生用了一些数学公式来进行表述。其中第一个公式作为重中之重被命名为《经济表》，表述了他认为在最完全的自由状态下，因此也是在最繁荣的状态下，这种分配是如何进行的——在这种状态下，年产物能提供最多的净产物，每一个阶级都享有它应有的年产物份额。接下来有几个公式表述的则是，在不同的限制和管制状态下，这种分配是如何进行的——在这种状态下，地主阶级或不生产阶级受惠多于耕作者阶级，这两者或多或少地侵占了后者应该拥有的年产物份额。这样的侵占，以及这样的对于最完全的自由所建立的自然分配的违犯，在这一学说看来，必然逐年降低年产物的价值和总量，并必然会造成社会真实财富和收入的逐渐衰退；衰退进程的快慢，依最完全的自由所建立的自然分配所受到违犯的程度而定。随后的几个公式即表示了根据这一学说，与不同程度违反自然分配相对应的是不同的衰退程度。

有些纯理论的医生似乎认为，人体的健康只有靠遵守某种严格的饮食和运动规则才能维持，每一次最小的违犯都必然会引起与违犯程度相应的疾病或失调。可是，经验似乎表明，在各种不同的养生规则下，人体——至少是在可见状态下——常常都能保持最佳的健康状态，甚至在某些一般认为远谈不上完全健康的规则下也是如此。人体的健康状态似乎本身就包含一种不为人知的自卫机能，在许多方面，能预防和修正一种非常错误的养生规则的不良后果。魁奈先生本人作为一名医生，一名高度理论化的医生，似乎对政体（political body）也持有类似的看法，认为只有在完全自由和公正的正确体制之下，国家才能兴盛繁荣。他似乎没有考虑到，在国家内，每个人为改善自身境况自然会付出的不断努力，就是一种防卫机能，能在许多方面预防并修正某种程度上是不公平的和压迫性的政治经济制度的不良后果。这种政治经济制度虽然无疑或多或少会阻碍一国富裕繁荣的进程，但却不会使其完全停止，更不会使其倒退。如果一国不享有完全的自由和公正就不能繁荣，那世上就没有繁荣的国家了。而幸运的是，在政体之中，自然的智慧有充分的准备来修正人类的愚蠢和不公所造成的不良后果，正如它在人体之中修正人类的懒惰和放纵的不良后果那样。

不过，这种学说的主要错误，似乎还是在于把工匠、制造商和商人完全看做是非生产性的。下面的观点将说明这种看法的不当之处。

第一，大家都承认，这个阶级每年再生产其自身每年消费的价值，也就是说，至少延续雇佣或养活他们的资金或资本的存在。单凭这一点，就可以看出以无生产或不生产对其命名很不恰当。仅生一儿一女代替父母以延续人类的存在而并不增加人类数量的婚姻，不能称之为不繁衍的婚姻。诚然，农夫和农村劳动者除了补足养活和雇佣他们的资本之外，每年还再生产一种净产物作为地主的地租；正如生育3个孩子的婚姻肯定比生育两个孩子的婚姻更有繁衍力，农夫和农村劳动者肯定比商人、工匠和制造商更有生产力。但是，一个阶级生产得更多并不能使另一阶级成为无生产或不生产的。

第二，由于这个缘故，将商人、工匠和制造商与家仆同样看待是完全不恰当的。家仆的劳动并不能使雇佣和养活他们的资金继续存在。养活和雇佣他们的费用完全由其主人承担，他们从事的工作在性质上并未偿还这种费用。他们的工作由随生随灭的服务构成，并不固定于或转化于任何可偿还其工资和生活费价值的可售商品。相反，工匠、制造商和商人的劳动却自然地固定和转化于一些可售商品。所以，在讨论生产性劳动和非生产性劳动的那个章节中，我把工匠、制造商和商人列为生产性劳动者，将家仆列为非生产性劳动者。

第三，无论根据何种假设，说工匠、制造商和商人不增加社会的真实收入，似乎都不恰当。即使我们像这种学说一样假定，这个阶级每日、每月、每年所消费的价值，恰好等于他们每日、每月、每年生产的价值，我们也不能因此认为，他们的劳动并不增加社会的真实收入以及土地和劳动的年产物的真实价值。例如，一个工匠在谷物收获之后6个月内完成了价值10镑的工作，即使他同时消费了价值10镑的谷物和其他必需品，他实际上仍为社会的土地和劳动的年产物增加了10镑的价值。当他消费了10镑的“半年收入”即价值10镑的谷物和其他必需品时，他也生产了一个等值产品，可以让他自己或别人换取相等的“半年收入”。因此，他这6个月内生产和消费的价值加起来，不等于10镑，而等于20镑。诚然，实存的价值可能在任何时候都不会多于10镑。但如果这价值10镑的谷物和其他必需品不是由工匠消费，而是由士兵或家仆消费，那么这6个月终了时存在的那部分年产物的价值，就比工匠劳动时少10镑。所以，即使工匠所生产的价值在任何时候都不超过其所消费的价值，但由于他的生产，市场上的货物实际存在的价值在任何时候都大于他不生产时的市场货物价值。

此种学说的拥护者往往说，工匠、制造商和商人的消费，等于他们所生产的价值。当他们这样说的时候，其意思也许只是，这些人的收入，或预定供这些人消费的资金，等于他们所生产的价值。如果他们的话表达得确切些，如果他们说，这一阶级的收入等于这一阶级所生产的价值，读者们也许更容易想到，这一阶级从这个收入节省下来的东西，必会或多或少地增加社会的真实财富。但是为了说得掷地有声一点，他们不得不照他们现在的说法来说了。然而即使事情真像他们所假定的那样，他们的这种说法也是不得要领的。

第四，农夫和农村劳动者如果不节俭，也不能增加社会的真实收入，即土地和劳动的年产物，这和工匠、商人和制造商是一样的。任何社会增加土地和劳动的年产物，都只有两种方式：一是，提高社会实际雇佣的有用劳动力的生产力；二是，增加这一劳动力的数量。

有用劳动力的生产力的提高取决于两点，一是劳动者能力的提高，二是他工作所用的机械的改进。因为工匠及制造业者的劳动，能比农夫和农村劳动者的劳动实行更细致的分工，使每个工人的操作更为简单，所以对工匠和制造业者来说，这两种改进都能达到高得多的程度。因此，在这方面，耕作者阶级并不比工匠和制造业者阶级更有优势。

任何社会实际雇佣的有用劳动量的增加，必然完全取决于雇佣这些劳动的资本的增加；而这种资本的增加，又必然就等于资本操控人或是资本拥有人的收入的节省额。如果商人、工匠和制造商真像这一学说所假定的那样，本能地比地主和耕作者更倾向于节俭和储蓄，那么他们就更有可能增加社会雇佣的有用劳动量，因而更可能增加社会的真实收入，即土地和劳动的年产物。

第五，一国居民的收入，即使真像这个学说所假定的那样，完全由其居民的劳动所能获得的生活资料构成，那么，在其他条件相同的情况下，商业国或制造业国的收入也必然比无商业或制造业的国家大得多。一国通过商业和制造业每年进口的生活资料，往往多于其土地在现有耕作状态下所能提供的。城市居民虽然往往不拥有土地，也能凭自身劳动得到足够的他人土地的天然产物，不仅得到生产原材料，而且得到生活费。城市与其邻近的农村的关系，常常就是一个独立国家与其他独立国家的关系。荷兰就是这样从其他国家得到大部分生活资料的：活牲畜来自霍尔斯廷和日兰德，谷物则几乎来自欧洲所有国家。少量的制造品可以购买大量的天然产物。所以，一个商业和制造业国家，自然可以用很小一部分自己的制造品，去购买其他国家的很大一部分天然产物；相反，无商业和制造业的国家通常不得不以很大一部分自己的天然产物，去换取很小一部分的外国制造品。前者出口的东西仅能维持和供应少数人，而进口的却是许多人的生活资料和供应品。后者出口的是许多人的供应品和生活资料，而进口的却是只维持和供应少数人的东西。前者的居民必然总能享用比其土地在现有状态下所能提供的多得多的生活资料，而后者的居民则只能享用少得多的生活资料。

然而，尽管这个学说有许多缺陷，但在以政治经济学为主题所发表的学说中，这个学说也许却是最接近真理的，因此它非常值得每一个想认真研究政治经济学这一重要科学的原理的人关注。尽管这个学说认为投入土地的劳动是唯一的生产性劳动未免偏颇，但这个学说认为，国家财富不是由不可消费的货币资源构成，而是由社会劳动每年再生产的可消费货物构成，并且认为完全的自由是使每年的再生产达到最大的唯一有效方法，这种论点，就像它是自由和放任的一样，无论从哪方面来讲，它也是公正的。这个学说的信奉者众多。人们喜欢似是而非的隽语，喜欢装作自己能理解常人不能理解的东西，这种学说关于制造业劳动非生产性性质的高论，或许就是它吸引称道者的原因之一。在过去数年间，他们形成了一个毫不寒碜的学派，在法国学术界以"经济学家"之名著称。他们的著作对国家确有贡献：不仅使许多从前未曾仔细考虑过的主题引起了广泛的讨论，而且在某种程度上还影响了国家机关，使其扶持农业。由于他们的论著，法国农业摆脱了以前所受的好几种压迫。任何未来的土地购买者或地主都不得侵犯的租期，已由 9 年延长到了 27 年。以前国内各省对于各省间谷物运输的限制已被完全解除；王国的习惯法也已确认，在所有普通场合，谷物有出口到任何其他国家的自由。这个学派发表了许多著作，不仅探讨正宗的政治经济学，即国民财富的性质和原因，而且探讨国家行政组织其他各个部门的事务。这些著作都毫无保留地遵循魁奈的学说，与其没有任何明显不同，因此它们大部分都差不多。最清楚、最连贯地阐述这个学说的，是曾任马提克岛总督的梅希尔·德·拉·利维埃所著的小册子《政治社会之自然的与基本的秩序》。整个学派对于他们的导师——他自己是一个非常谦逊和质朴的人——的颂扬，不逊于古代任何哲学学派对其创立者的颂扬。勤勉并受人尊敬的学者马奎斯·德·米拉波如此说道："有史以来有三项伟大的发明为政治社会带来了安定，这三大发明在其他许多丰富和装饰政治社会的发明中鹤立鸡群。第一个发明是文字，只有它使人类有能力将其法律、契约、历史和发现如实传达。第二个发明是货币，它是各文明社会之间联系一切的纽带。第三是《经济表》，它是另两种发明的结果，通过完善二者的目标而成就了它们；它是我们这个时代的伟大发现，我们的后代将从中受益。”①

近代欧洲各国的政治经济学，比较有利于制造业和对外贸易，即城市产业，比较不利于农业，即农村产业；其他国家的政治经济学，则采用不同规划，更有利于农业而不是制造业和对外贸易。

中国的政策，对农业就比对所有其他行业更为重视。在中国，农业劳动者的境遇据说要优于工匠，这和欧洲大部分地区正好相反。在中国，人们的理想就是拥有一小块土地，做地主或做佃户都可以，而那里的租佃条件据说很适度，对佃户有充分的保障。中国人不重视对外贸易。北京官吏与俄国公使兰杰谈到对外贸易时的用语是，“你们的叫花子贸易!”② 除了与日本，中国人很少或完全不自己或以自己的船只经营对外贸易；允许外国船只出入的海港，也不过只有一两个。中国的对外贸易因此被局限在狭窄的范围内——如果本国船只或外国船只可以更自由地从事这一行，范围自然会大得多。

制造品常常是体积小价值大，能比大部分天然产物以更小的费用由一国运至另一国，因此，在几乎所有国家它们都是对外贸易的主要支柱，而且在幅员不像中国那么广大而国内贸易不像中国那么发达的国家，制造业也常常需要对外贸易来支持。如果没有广阔的外国市场，那么，不管是在幅员不够辽阔仅能提供狭小国内市场的国家，还是在国内各省间交通不便以致某地产品不能行销全国的国家，制造业都不可能兴旺发达。必须记住，制造业的完善完全依赖劳动分工；而制造业所能实行的分工程度，又必然受市场范围的支配，这是前面已经说过的。中华帝国幅员辽阔，人口众多，气候多样，因此各地物产丰富，再加上大部分地区之间水运便利，使得仅其国内市场的广大就足以支持庞大的制造业，并允许很细致的劳动分工。就规模而言，中国的国内市场也许不逊于欧洲各国市场的总和。但是，如果能在广阔的国内市场之外再加上世界其他国家的市场，那么，更广泛的对外贸易——尤其是如果这种贸易有相当一部分由中国的船只经营——必将为中国的制造业带来更大的增长，使其制造业的生产力得到更大的提高。通过航行到更多的地方，中国人自然能学到外国所用各种机械的使用和制造方法，以及世界其他国家技术和工业的其他进步之处。但在现在的政策下，中国除了跟日本的接触，几乎没有向其他国家学习的机会。

古代埃及的政策，以及印度政府的政策，似乎也是重视农业胜于所有其他行业。

在古埃及和印度，全体人民划分为不同的世袭阶级或部族，由父至子世袭某一特定职业或某一类型的职业。僧侣的儿子必然当僧侣；士兵的儿子必然当士兵；农业劳动者的儿子也是农业劳动者；织工的儿子也是织工；裁缝的儿子是裁缝，诸如此类。在这两国，僧侣阶级都占据最高地位，其次是士兵阶级；在两国，农夫和农业劳动者阶级的地位都高于商人和制造商阶级。

这两国的政府都特别关注农业的利益。古埃及国王为合理分配尼罗河河水而兴建的工程在古代是很有名的，其中的一些遗迹至今仍为旅游者所赞叹。印度古代各王公为使恒河以及其他许多河流灌溉各地而兴建的同类工程，尽管不如前者有名，但是一样伟大。所以，这两国虽也偶尔发生粮食短缺的情况，但都是以粮食丰饶闻名于世。它们尽管都是人口极多的国家，但即使在一般年成，它们也能输出大量谷物到邻国。

古埃及有畏海的迷信；印度教则不许教徒在水上点火，因而不许教徒在水上烹调任何食物，所以实际上就等于禁止他们做远海航行。埃及和印度差不多必须完全依靠外国的航运来出口剩余产物；而这种依赖必然限制市场，因而必然阻碍剩余产物的增加。而且，它阻碍制造品的增加，更甚于阻碍天然产物的增加。与天然产物最重要的部分相比，制造品需要一个大得多的市场。一个鞋匠一年可制造300双以上的鞋子，而他的家人可能一年穿不坏6双。因此，除非有50个像他家一样的家庭成为他的顾客，否则他的劳动产品就无法全部脱手。在一个大国家，人数最多的那类工匠，在国内居民中所占的比例也很少超过1/50或1%。但在英国和法国这样的大国，从事农业的人口所占的比例，据某些作者计算为1/2，据另一些作者计算为1/3，反正据我所知没有哪个作者算出来低于1/5。由于英法两国的农产品绝大部分都在国内消费，照此推算，每个从事农业

① 《乡村哲学》，阿姆斯特丹版，1766年，第一卷。
② 参看《贝尔游记》中的兰杰日记，格拉斯哥版，1763年，第二卷。

的人，只需要一家或两家，最多不过四家他家那样的家庭来光顾，就能将其劳动产物全部脱手。因此，与制造业相比，农业更能在市场受限制的不利情况下维持自身。当然，在古埃及和印度，外国市场的狭窄，在一定程度上由国内航运的便利得到了补偿，这种航运以最有利的方式，为它们国内各个地区的所有不同货物开辟了全国性的市场。印度幅员辽阔，其国内市场广大，足以支持许多种类的制造业。但古埃及幅员还不及英格兰，所以国内市场总是很小，不能维持许多种类的制造业。因此，孟加拉，这个印度出口大米最多的省份，一直是因其出口了很多种制造品得到人们的注意，而不是因其出口的谷物。相反，古埃及虽出口一些制造品，尤其是精麻布及其他某些货物，却一直以谷物大量出口而著称。它曾是古罗马的长期粮仓。

中国和古埃及的各君主，以及印度在各个时代各割据王国的君主，其收入的全部或绝大部分都来自地税或地租。这种地税或地租，像欧洲的什一税一样，由一定比例（据说是1/5）的土地产物构成，或用实物交付，或估价用货币交付，因而税收随各年产量的不同而不同。这样，这些国家的君主，自然特别关注农业的利益，因为他们自己年收入的增减，直接取决于农业的盛衰。

古希腊共和国和古罗马帝国的政策，虽然重视农业甚于重视制造业和对外贸易，但是，与其说他们是直接地、有意识地鼓励前一种行业，不如说他们是挫抑后一类行业。在古希腊的某些城邦，对外贸易完全受到禁止；还有一些城邦将工匠和制造业者的职业看做有损人类身体的力量和敏捷，认为这些职业使人们不能养成在军事训练和体育训练中要努力养成的习惯，从而不能忍受战争的疲劳和经受战争的危险。这些职业被认为只适宜于奴隶，国家的自由公民则禁止从事。即使在那些没有这种禁令的国家，比如罗马和雅典，人民大众事实上还是不能从事今日通常为下层城市居民所从事的各种职业。这种职业，在雅典和罗马，全都是由富人的奴隶来做的，他们为了主人的利益而从事这些工作。这些富人既有财富和权力，又得到保护，所以贫穷的自由市民要想以其产品与富人的奴隶的产品竞争，几乎找不到市场。可是，奴隶很少有创造性；所有最重要的可以方便劳动和节省劳动的改进，不论是在机器方面，还是在工作的安排与分配方面，都是自由人的发现。如果一个奴隶提出这类改进的办法，其主人往往认为这类提议是懒惰的表示，是想让主人花钱来节省自己的劳动。可怜的奴隶不但不能得到奖赏，还有可能受到斥责，甚至受到惩罚。所以，在由奴隶从事的制造业，比起自由人从事的制造业来，同量的工作常常要花费更多的劳动才能完成。由于这种缘故，前者的产品一般要比后者的产品更为昂贵。孟德斯鸠曾谈到过，匈牙利的矿山与邻近的土耳其矿山相比虽不更丰饶，但总能以较小的费用开采，因而能获得较大的利润。土耳其矿山是由奴隶开采的，土耳其人所知道使用的工具只有奴隶的双臂。匈牙利矿山由自由人开采，他们使用许多的机械，方便和简化了自己的劳动①。从我们知之不多的关于古希腊和古罗马时代制造品的价格的信息来看，那时的精制造品是非常昂贵的。丝绸，就与黄金以等重量相交换。诚然，丝绸在当时不是欧洲的制造品，它是从东印度运来的，远程运输或可在一定程度上说明其价格的昂贵。但据说当时贵妇人有时也以同样昂贵的价格购买极精致的麻布；由于麻布总是欧洲的产品，最远也不过是埃及的产品，所以，这种高价只能是因为生产麻布所需的必要劳动量非常大，而之所以需要这么多劳动只是因为所用机械非常笨拙。精制呢绒的价格，虽然不是贵得这么离谱，但也比现在的价格高得多。我们从普林尼的书中知道，以某种特定方式加染的呢绒，1磅价值100迪纳里，即3镑4先令8便士。而以另一种方式加染的呢绒，1磅价值1000迪纳里，即33镑6先令8便士②。要知道，1罗马磅仅相当于我们现在的常衡量12盎司。诚然，这种高价，似乎主要应归因于染料。但如果呢绒本身价格不是比现在高许多，那这么昂贵的染料可能也不会用在呢绒上，否则，主料和配料之间的价值就太不成比例了。普林尼所提到的一种放在桌旁长椅上的毛织靠垫的价格更令人难以置信：有些价值3万镑以上，有些价值30万镑以上。这样的高价，也没说是因为染料的原因。亚巴斯诺博士认为，古代时髦男女的服装并不像现在这样款式繁多；我们从古代雕像上只发现了极少的式样，这证实了他的观察。但他以此推断，他们的服装价格总体上必然比现在低廉，这个结论似乎错了位。当时装价格极贵时，款式必然极少。但当

① 孟德斯鸠：《法的精神》，Iiv. Iv.，第八章。
② 普林尼：《自然史》，I. ix，第三十九章。

制造技术和制造业的生产力改进，使得任何服装的价格变得适中时，款式自然会非常丰富。当富人不能凭一件服装的价格来使自己与众不同时，就自然会力图凭服装的数量和款式来达到这一目的。前面已经说过，任何国家的最大和最重要的贸易部门，都是城乡之间的贸易。城市居民从农村得到天然产物作为生产原料和生活资料，而向农村提供一部分制造品和准备供直接使用的产品作为支付手段。这两类人之间的贸易，最终就是一定数量的天然产物与一定数量的制造品相交换。因此，后者越贵，前者就越贱；在任何国家，提高制造品的价格，都会降低土地天然产物的价格，从而挫抑农业。一定数量的天然产物或其价格所能购买的制造品越少，这一定数量的天然产物的交换价值就越小，对于地主改良土地和农夫耕作土地以增加产量的鼓励就越小。此外，在任何国家，减少工匠和制造业工人的人数，都会缩小国内市场即天然产物最重要的市场，从而进一步挫抑农业。

所以，为了增进农业而特别重视农业，并主张对制造业及对外贸易加以限制的那些学说，其作用都与其所要达到的目的背道而驰，都间接地妨害了它想要促进的那种产业。从这一点看，他们的矛盾之处甚至可能比重商主义体系还大。重商主义鼓励制造业和对外贸易多于鼓励农业，从而使一部分社会资本离开更有利的产业去支持更不利的产业。但它实际上总算鼓励了它想要促进的产业。相反，这样的重农主义体系，实际上最终挫抑了它想要扶持的产业。

这样看来，任何一种学说，如果试图通过特别的鼓励，违反自然趋势将更多的社会资本吸引到某一特定产业，或试图通过特别的限制，将本来有可能投入某一特定产业的资本抽走，实际上都是和它想要促进的主要目标相违背的。它将阻碍而不是加速社会真正富强的进程，降低而不是增加其土地和劳动的年产物的真正价值。

一切有所偏爱或限制的制度完全废除后，明白简单的自然自由制度就会自行建立起来。任何人，只要他不违反公正的法律，都有充分的自由，以自己的方式追求自己的利益，以其劳动和资本与任何其他人或其他阶层相竞争。君主们也可以从此摆脱那种给他带来无穷困惑、人类智慧和知识难以胜任的职责，即监督和指导私人产业、使之符合社会利益的职责。按照自然自由的制度，君主只有三种应尽的职责；这三种职责虽然极其重要，但都简单清楚，易于理解。第一，保护社会不受其他独立社会的侵犯；第二，尽可能保护社会中的成员不受其他成员的侵害和压迫，这就是说，要设立公正的司法机构；第三，建设和维护某些公共事业和公共设施——这些工程不是为了任何个人或小团体的利益，因为只为他们的利益必将得不偿失，若为整个社会的利益则能创造比投入更大的效益。

君主要恰当地履行这些职责必须要有一定的支出，而这种支出又必然要求有一定的收入来支持。因此，在下一篇，我将力图说明：第一，君主或国家的必要费用是什么，其中哪些部分应由对全社会的一般课税来支付，哪些部分只应由对社会特定部分或特定成员的课税来支付；第二，应由全社会支付的费用，应以哪些不同的方式由全社会支付，各种方式的主要利弊是什么；第三，近代各国政府几乎都用这种收入的一部分来作抵押以举债，其理由及原因何在，此种债务对社会的真实财富即土地和劳动的年产物的影响又怎样。所以，下一篇将自然地分作三章。

第五篇　论君主或国家的收入

第一章　论君主或国家的开支

第一节　论国防开支

君主的第一项职责，即保护本国社会的安全、使之不受其他独立社会的侵犯的职责，只有凭借军队才能完成。但在和平时期备战和在战争中动用军队的开支，在不同的社会状态下和不同的进步时期是非常不同的。

在狩猎民族（最低级、最原始的社会状态，如北美洲的土著部落）之中，每个人作为猎手的同时也都是战士。当他为保卫他的社会或为报复其他社会而参加战争时，他通过自己的劳动养活自己，就像平时在家里那样。他的社会，在这种状态下自然不会有君主或国家，因此也无须为他战争前的准备或战争中的生活负担任何开支。

在游牧民族（更高级的社会状态，如鞑靼人和阿拉伯人）之中，情况也一样，每个人既是游牧者又是战士。他们通常住在帐篷中或便于移动的有篷马车中，没有固定居所。整个部落或族群根据每年的不同季节或突发事件而迁移。当他们的畜群吃完一个地方的牧草后，他们就迁往另一个地方，然后再从那里迁往第三个地方。他们在干旱季节下到河岸，在潮湿季节又回到高地。当他们奔赴战场时，并不把牲畜交给老人、妇女和孩子看护，也不把老人、妇女和孩子抛在后面不予保护和供养。此外，整个民族在平时已习惯了流浪生活，在战时也能很快进入战争状态。不管是作为一支军队行进，还是作为一个游牧群体迁移，他们的生活方式几乎相同，虽然目的大为不同。所以说，他们全民皆兵，每个人都全身心投入到战争中。在鞑靼人中，甚至妇女也常常以参加战斗著称。如果他们得胜了，敌方部落的所有东西都是胜利的报酬。但如果他们战败了，那就将失去一切，不仅是他们的牲畜，甚至他们的妇女和儿童，都将成为胜利者的战利品。大部分幸存下来的人为当前生活所迫，不得不向胜利者屈服。其余的人则通常受到驱逐而逃亡。

鞑靼人或阿拉伯人在日常生活中的锻炼，使其为参加战争做好了充分的准备。他们普通的户外消遣，如跑步、摔跤、耍棍、投枪、拉弓等等，俨然是在做战斗演习。而他们在实际作战时，也像平时一样自带牲畜维持生活。这些种族是有酋长或君主的，但酋长或君主并不为训练他们作战而负担任何费用；在作战时，掠夺的机会是他们期望或要求的唯一报酬。

狩猎者的队伍很少超过两三百人。狩猎所提供的生活资料很不稳定，很难在长时间内维持更多的人。与之相反，一支游牧民的队伍有时候能达到二三十万人。只要他们的行进不受阻碍，只要他们能从牧草吃完了的地方前往牧草仍很丰盛的地方，他们共同前进的人数似乎就没有限制。狩猎民族对邻近的文明民族来说并不可怕，而游牧民族则可能是大威胁。正如北美洲的印第安人战争无伤痛痒，鞑靼人在亚洲的屡次入侵最是可怕。修昔底德的判断——欧洲和亚洲都无法抵抗联合起来的塞西亚人——已被各个时代的经验所证实。在塞西亚或鞑靼的广袤而无屏障的平原上，居民们常常在一个征服者部族的酋长的统治下联合起来，而亚洲的浩劫就是他们统一的象征。另一支大的游牧民族，阿拉伯荒凉沙漠里的居民，联合过一次，这次联合虽是宗教热情的结果而不是征服的结果，但其统一同样标志着亚洲的浩劫。如果美洲的狩猎民族都成了游牧民族，他们对于邻近的欧洲各殖民地要比现在危险得多。

在更进步一点的农业社会里，即在没有对外贸易，除了各家为自用而制造的粗糙的日用品外没有其他制造业的农业社会里，每个人也都是战士，或很容易就能成为战士。以务农为生的人一般都是整日露天工作，受尽日晒雨淋。这种艰苦的日常生活正可锻炼他们，使他们能适应战争的艰辛。农业上部分日常基本工作就与战争时部分辛苦的任务非常类似。比如说，农民在田地里要挖沟掘渠，这使他能在战场上从容地挖掘战壕，围建营地。农民的日常消遣，也像游牧民那样，像是在作战。不过农民的闲暇时间比游牧民少，不能像游牧民那样经常进行这类消遣。他们虽也是士兵，但对士兵的技能不是很熟练。但尽管如此，训练他们作战也很少需要其君主或国家来承担费用。

农业，即使是在最原始、最初级的状态下，也有固定的场地和居所，这居所如果放弃就会蒙受很大的损失。所以农耕民族的作战，不可能全体出动。至少，老人和妇孺要留在后方，照看住所。而其他所有符合兵役年龄的男子都应当上战场，小民族往往都是如此。在一个国家中，符合兵役年龄的男子据估算约占总人口的 1/4 或 1/5。如果战争在播种期后开始，在收获期前结束，那么，即使农夫和主要劳动者离开农田，也不会遭受很大的损失。他们相信，老人和妇孺能很好地完成在此期间所必须完成的工作。所以，如果短期参战，他们可以无偿地服兵役，就像在平素的训练中那样，常常不需要其君主或国家承担多少费用。第二次波斯战争结束前，古希腊各城邦的市民似乎就是以这种方式服兵役的；伯罗奔尼撒人在伯罗奔尼撒战争结束之前也是如此。修昔底德曾注意到，伯罗奔尼撒人一般在夏季离开战场，回家收获庄稼。罗马人在各国王统治下乃至共和国初期，也是如此服兵役的。直到围困维伊之战，留在家里的罗马人才开始承担参战人员的费用。在罗马帝国的废墟上建立的欧洲各王国，在可适当地称为"封建法"的法律制定之前及之后的一段时间，各大领主及其直接属民往往是以自己的费用服侍国王。在战场上，他们也像在家里一样，以自己的收入来养活自己，并不因为参战而从国王那里得到任何薪金或报酬。

但在更高级的社会状态下，有两个原因使得作战人员自费养活自己成为完全不可能的事。这两个原因是：制造业的进步和战争方式的改变。

就农民参战来说，只要战争是在播种期后开始，在收获期前结束，他的农务的中断就不会对他的收成有太大影响。因为，即使他们不劳动，大自然也能完成剩余的大部分工作。但是，如果工匠（比如铁匠、木匠、纺织工人）离开作坊去参战，其收入的唯一来源就断了。他的工作全靠自己，大自然帮不上什么忙。所以，如果他们为保卫国家而参战，由于没有收入来维持自己，就必须由国家来维持。而如果一国大部分居民是工匠或制造业工人，那么，大部分参战者必然来自这个阶层，军队作战期间就必然由国家来供养。

再者，战争技术也逐渐发展为十分错综复杂的科学，战争行为不再是社会初级阶段那种零星的小冲突或小战斗，而是要进行多次战役，每次战役说不定持续大半年。此时，参战人员就需要由国家来维持，至少在战争期间是如此。否则，不论参战人员平时从事何种职业，自费参战对于他来说都是过重的负担。由此之故，在第二次波斯战争后，雅典的军队似乎一般都是由雇佣军组成，诚然有一部分是本国公民，但也有一部分是外国人，而且都是由国家支付佣金。罗马军队自从围困维依之战以来，在作战期间也得到了报酬。在各封建政府统治下的某一时期之后，各大领主及其直接属民的军事服役，以支付货币的形式代替，他们所交纳的货币就用来维持那些代替他们服役的人。

在文明社会里，服兵役人数与人口总数的比例，必然要比初级社会小得多。文明社会维持士兵的费用，都由那些不参战的劳动者负担。由于这些劳动者还得根据各自的情况维持自己以及他们的行政司法官吏，因此，士兵的数目就不能超过他们维持了这二者之后所能维持的限度。在古希腊小农业国中，全体人民中有 1/4 或 1/5 具有士兵的身份，并不时走上战场。而在近代欧洲的各文明国家，按一般估算，士兵的人数不能超过人口总数的 1%，否则将会由于要支付过多的佣金而危及国家经济。

为作战而练兵的费用，直到战场上的军队由君主或国家供养很久之后，才成为国家的一项大的开支。在古希腊各共和国，军事训练是国家对自由市民施加教育的必要部分。每个城市都有一个公共场地，青年人在地方官员的主持下由不同的教师带领进行不同的训练。这种简单的公共机构的开支似乎就是古希腊各共和国用于训练战士的全部开支。古罗马在其竞技场中进行的训练与古希腊在其运动场中进行的训练具有同样的目的。随后的各封建政府也颁布法令规定，各区市民必须演练箭术并接受其他军事训练，也是为了同一目的，但似乎效果不是很好。由于受托执行这种法令的官员缺乏兴趣或是由于某些其他的原因，这种法令普遍受到了忽视；随着那些政府的更替，军事训练似乎在群众中间逐渐废止了。

在古希腊、古罗马各共和国存在的整个时期，以及在各封建政府建立之后的很长一段时期，当兵或从军并不是一种作为某一市民阶层唯一或主要的工作的独立职业。每一个国家公民不论平时以何种职业为生，都认为自己同样能当一个士兵，在非常时期他更觉得自己有这个义务。

然而，战争技术作为所有技术中最高端的技术，随着社会的进步，必然成为最复杂的技术。战争技术的完善程度虽然由机械技术及其他相关技术决定，但是，要实现技术完善的可能性还得有赖于一个把战争作为唯一或主要职业的特定市民阶层，和其他技术一样，此种技术的发展也有赖于劳动分工。其他技术领域的劳动分工是个人慎重考虑的结果——他发现，专门做某项特定工作比做许多种不同工作对自己更有利。但要使得当兵成为一种独立、明确的特殊职业，只能靠国家的行为。在和平时期，一个市民如果在没有国家任何奖励的情况下把大部分时间用在军事训练上，他无疑会在军事方面大有提高，或许还能从中得到大乐趣，但肯定不会增加他自身的利益。只有国家的行为，才能使他为了自己的利益，在大部分时间里从事这种特殊的职业，但很多国家甚至在国家存亡要求有这种举措的时候也不知变通。

游牧民有大量闲暇时间；在初级阶段的农业社会，农夫也有一些闲暇；而工匠和制造业工人则完全没有闲暇时间。第一种人可以将大量时间用于军事训练，没有任何损失；第二种人可以将一部分时间用于这方面，也无损失；但第三种人哪怕在这上面耗上一个钟头也会有损失，他对自身利益的关注自然会使他完全忽视军事训练。技术和制造业的进步也必然会引起农业上的各种改良，使得农夫和工匠一样，几乎没有闲暇时间。农民也会变得像城市居民那样完全忽视军事训练，这样，人民大众就逐渐不再好战。然而在另一方面，由农业和制造业的改良所带来的财富，也就是说，因这些改良所积蓄下来的财富，却又会招致邻国的入侵。事实上，因勤勉而致富的国家，往往最容易招致别国的攻击。所以，在人民的自然习性根本不能保卫自己的情况下，国家在国防上必须采取新的措施。

在这样的情况下，国家似乎只能采取两种方法提供基本的国防力量。

第一，不管公民的利益、资质和爱好如何，通过强制手段强迫他们进行军事训练，命令所有符合兵役年龄的市民（或某一特定数额的市民），不论其从事哪种职业，都必须在某种程度上与士兵的职业相结合。

或者，第二，通过维持和雇佣一部分公民进行专门的军事训练，使士兵这种职业成为一种区别于其他所有职业的特殊职业。

如果国家采取第一种方法，其军事力量就是所谓的民兵；如果采取第二种方法，其军事力量就是所谓的常备军。进行军事训练是常备军唯一的或主要的职业，国家给予他们的薪水或饷金就是他们主要的和通常的生活费来源。而对于民兵来说，军事训练只是他们偶尔的职业，他们主要的和通常的生活费来自其他职业。对于民兵来说，他们的劳动者身份、工匠或商人的身份是主要的，士兵的身份是次要的；对于常备军来说，士兵的身份则是主要的。这种区别似乎就是这两种军事力量的基本区别。

民兵也有若干不同的种类。有些国家只是对要参与国防的公民进行军事训练，并无编制，也就是说，不分成独立的队伍，不在正式的和固定的官员指挥下进行操练。在古希腊和古罗马各共和国，每位公民只要在家，都是独自一人训练或和关系最好的同伴一起训练，直到实际应征参战时才编入某一特定队伍。而在其他国家，民兵不仅进行军事训练，而且还有编制。在英国、瑞士乃至近代欧洲所有设立这种不完备的军队的国家，每个民兵即使在和平时期也都编入某一特定队伍，在各自正式和固定的官员指挥下进行军事训练。

在枪炮发明以前，一支军队是否占优势，取决于其单个士兵使用武器的技术和灵巧程度。身体的力量和敏捷具有最高的重要性，常常能决定战斗的态势。但是这种使用武器的技术和灵巧程度，也像现在的剑术一样，不能通过集体的学习获得，只能在特定的学校中、在特定的老师的指导下，独自学习或与水平相当的伙伴一起学习。自从枪炮发明以来，身体的力量和敏捷，甚至使用武器的特殊技术和灵巧程度，虽不是毫不重要，但重要性小多了。对于笨拙者和灵巧者来说，使用枪炮虽不会使他们的水平相同，却能使他们的水平比从前更为接近。人们认为，使用枪炮的技术和灵巧性，完全可以通过集体操练来习得。

在现代军队，与士兵使用武器的技术和灵巧程度相比，纪律、秩序和迅速服从命令这些特性更能决定战斗的命运。但是，枪炮的轰响和硝烟，进入大炮射程之内就无时无刻不要面对的无形的死神，必然使得纪律、秩序和对命令的服从很难保持一定水平，甚至在战斗刚开始就会是这样。在古代的战斗中，没有枪炮的轰响，只有人发出的喊叫，没有硝烟，没有无形中就使人负伤或死亡的东西，每一个人都看得清他身边的致命武器。在这种情况下，对自己使用武器的技术和灵巧程度有一定信心的军队，必然比在使用枪炮的情况下更容易保持纪律和秩序，不仅在战斗的开始时是如此，而且在战斗的整个过程中、直到两军决出胜负为止都是如此。不过，纪律、秩序和对命令的迅速服从，只有集体一起训练的军队才能形成。

可是，民兵无论以什么方式进行训练，都必然远不如纪律严明、训练有素的常备军。

一个星期或一个月才训练一次的士兵，使用武器绝不如每日或隔日训练一次的士兵来得熟练。军队熟练使用武器在当代虽远不如古代那样重要，不过大家公认普鲁士军队的强大，据说在很大程度上要归因于他们使用武器更训练有素。这说明，即使在现在，熟练使用武器也非常重要。

一个星期或一个月才接受一次长官指挥的士兵，在所有其他时候都有自由按自己的方式处理自己的事务，在任何方面都不必对长官负责，因此，绝不会像全部生活和行动都由长官指挥，甚至每天的作息（至少是回营房休息）都遵照长官命令的士兵那样敬畏长官和迅速服从他的命令。民兵在纪律（或者说迅速服从的习惯）方面比在武器使用方面更不如常备军。然而在现代战争中，迅速服从命令的习惯比熟练使用武器重要得多。

像鞑靼和阿拉伯的民兵那样，作战时由平时一贯拥有权威的酋长所带领的民兵，是最好的民兵。在尊敬长官和迅速服从命令方面，这种民兵最接近于常备军。苏格兰高地的民兵在其首领的指挥下，也具有类似的优点。不过，由于他们不是四处漂泊的牧民，而是有固定住所的牧民，在平时不习惯于跟随其首领从一地转移到另一地，所以在战时也不大愿意跟随他远征或长期作战。他们得到战利品就急于回家，首领的权威很少能挽留他们。在服从命令方面，他们远不如记载中的鞑靼人和阿拉伯人。而且，这些高地居民由于住所固定，在户外时间较少，也不像鞑靼人和阿拉伯人那样习惯于军事训练，不像他们那样能熟练使用武器。

但是，必须指出的是，不论哪种民兵，如果连续几次参战，就从任何方面来说都成为常备军了。他们每天都练习使用武器，并且经常接受其长官的指挥，从而像常备军那样习惯于迅速服从命令。至于他们在参战之前的身份，那并不重要。只要经历过几次战斗，他们定会在任何方面都成为常备军。如果美洲的战争能再延长一段时间，美洲的民兵将在任何方面都与上次战争中英勇程度至少不逊于法国和西班牙当年最顽强的老兵的那支常备军旗鼓相当。

充分了解这种区别之后，就可以发现，一切时代的历史都证明了，一支训练有素的常备军与民兵比起来，具有无可置疑的优越性。

在权威史料中有明确记载的最早的常备军之一，是马其顿国王菲力浦的军队。他经常与色雷斯人、伊利亚人、色萨利亚人以及某些与马其顿相邻的希腊城邦作战，逐渐使本来是民兵的军队养成了常备军的严明军纪。在和平时期——这种时候很罕见而且时间不长——他小心地不解散军队。经过长期激烈的战争，他先是击败并征服了古希腊各主要共和国英勇而训练良好的民兵，此后，又轻易地击败了波斯帝国羸弱而缺乏训练的民兵。希腊各共和国和波斯帝国的没落，就是常备军与民兵相比占据绝对优势的结果。这是历史有明确的或详尽的记载的第一次人类军事大革命。

迦太基的没落以及取而代之的罗马的兴起，是第二次大革命。这两个著名共和国的命运变迁均可由同样的原因而得到说明。

从第一次迦太基战争结束到第二次迦太基战争开始的这段时间内，迦太基军队一直在征战，相继由三位伟大的将军指挥，分别是哈米尔卡尔，他的女婿哈斯德拉巴，以及他的儿子哈尼拔。他们先是惩戒了内部叛乱的奴隶，然后镇压了非洲部族的叛乱，最后征服了西班牙王国。由哈尼拔率领的从西班牙进入意大利的军队，历经这些战争，必然逐渐养成了常备军的严明军纪。而罗马人在同一时期虽然不是完全处于和平状态，但却没有经历任何重大战争，一般认为，其军纪是相当松散的。所以，罗马军队与哈尼拔的军队在特雷比亚、斯雷米阿和肯尼进行会战，那相当于以民兵对阵常备军。这一条件，也许比其他任何条件都更有力地决定了这几次战役的命运。

哈尼拔留在西班牙的常备军，与罗马派去作战的民兵相比，也具有相同的优势。所以这支常备军在哈尼拔年轻的妹夫哈斯德拉巴的指挥下，几年之内就把罗马的民兵几乎完全赶出了西班牙。

但哈尼拔没有从国内得到良好的供给。而罗马的民兵在久经战阵之后，逐渐成为了纪律严明、训练有素的常备军。哈尼拔的优势日渐消失。哈斯德拉巴认为有必要率领自己在西班牙的全部或几乎全部的常备军去意大利增援他的小舅子。然而，在行军中，向导指错了路；在这片陌生的国土上，他猝不及防地受到另一支同样强大或更强大的常备军的突袭，结果全军覆没。

当哈斯德拉巴离开了西班牙，罗马大将西皮阿所面对的就只是不如自己军队的民兵了。他击败并征服了这些民兵，而在战争的进程中，他自己的民兵也变成了纪律严明、训练有素的常备军。这支常备军后来被派往非洲，在那里，也只有民兵与他们对抗。当为了保护迦太基、需要召回哈尼拔的常备军的时候，这些垂头丧气、屡战屡败的非洲民兵加入了哈尼拔的军队，在查马会战中，哈尼拔的军队大部分由这些民兵构成。而这两个敌对的共和国的命运，就由那天的战斗决定了。

从第二次迦太基战争结束到罗马共和国灭亡，罗马的军队完全是常备军。抵抗他们的常备军只有马其顿的军队。在军威达到顶峰时，罗马军队也是经过两次大战争和三场大战役才征服这个小国，要不是由于马其顿最后一位国王太懦弱，这次征服或许会更加困难。上古时代所有的文明国家，如希腊、叙利亚和埃及，他们的民兵对罗马的常备军都只有微弱的抵抗，而一些国家的民兵的抵抗要激烈很多。米斯里德斯从黑海和里海以北调来的塞西亚或鞑靼民兵，是罗马人在第二次迦太基战争之后遇到的最可怕的敌人。帕提亚和日耳曼的民兵也始终令人尊敬，他们曾好几次在罗马军队面前大占优势。不过，总的来说，罗马军队如果指挥得当，这般民兵终究不是它的敌手；罗马人没有去彻底征服帕提亚和日耳曼，或许是因为他们认为帝国已经太大了，不值得再添上两个国家。古代帕提亚人似乎是塞西亚或鞑靼人的系属，他们始终保持着许多祖先的行为方式。而古代日耳曼人也像塞西亚或鞑靼人一样是游牧民族，在战争中接受平时所跟随的酋长的指挥。他们的民兵与塞西亚或鞑靼的民兵完全属于同一类型，或许，他们也是塞西亚或鞑靼人的后裔。

许多不同原因导致了罗马军纪的松散，军纪过严可能是原因之一。当他们在鼎盛时期所向无敌时，沉重的盔甲被当做不必要的负担搁置一旁，艰苦的训练被当做不必要的劳累而受到了忽略。此外，罗马各皇帝治下的常备军，尤其是防卫日耳曼边境和班诺尼边境的常备军，经常自立将军来对抗皇帝，对皇帝构成了威胁。为了削弱他们的力量，德奥克里希恩大帝（另外一些学者说是康斯坦丁大帝）把驻扎在边境的由两三个军团组成的大部队撤了回来，把他们分成小部队派往各省城镇驻扎，除非必须抵抗入侵的敌人，否则不得移动。这些小部队的士兵长期呆在商业和制造业城市，自己也逐渐变成了商人、工匠和制造业者。他们的市民身份压过了军人的身份，罗马的常备军也逐渐退化为腐败、玩忽职守、纪律涣散的民兵，没能力抵抗后来日耳曼和塞西亚民兵对西罗马帝国的入侵。罗马各皇帝只能靠雇佣这些民族中某些民族的民兵来对抗他们中另外一些民族的民兵，才继续维持了一段时间。西罗马帝国的灭亡，是古代历史有明确的和详尽的记载的第三次人类军事大革命。野蛮国家的民兵相对文明国家的民兵无可置疑的优越性，游牧民国家的民兵相对农夫、工匠和制造业者的国家的民兵无可置疑的优越性，促成了这次革命。民兵所取得的不是对常备军的胜利，而是对在训练和纪律方面都不如自己的民兵的胜利。希腊民兵战胜波斯帝国民兵，以及后来瑞士民兵战胜奥地利和勃艮第民兵，均属于这种情况。

西罗马帝国灭亡了，在它的废墟上建立起来的是日耳曼民族和塞西亚民族的国家。这些民族迁入新领地后，他们的军事力量依然在一定时期内保持着原来的性质，即依然是由牧人和农夫组成的民兵，在战时由他们平时习惯服从的首领带往战场参战。因此，他们的训练和纪律还是不错的。不过，随着技术和产业的进步，首领的权威逐渐衰微了，大多数人民能用于军事训练的闲暇时间也越来越少。所以，封建民兵的纪律和训练江河日下，只好逐渐建立常备军来代替民兵。此外，一旦某文明国家建立了常备军，其他邻国也必然会效仿。因为邻国会发现，自身安全有赖于建立一支这样的常备军，其民兵根本无法抵挡常备军的攻击。

常备军的士兵即使从未在战场上与敌人交过手，也常常显示出老兵般的勇气，并且一上战场就能和最顽强、最老练的老兵进行较量。1756年，俄国军队进军波兰，俄国士兵的勇气不逊于当时在欧洲最顽强、最老练的普鲁士士兵。而俄罗斯帝国在此前将近20年的时间里都是和平时期，当时很少有见过阵仗的士兵。1739年西班牙战争爆发时，英国也刚经历了28年的和平，但英国士兵的勇气并未因长期和平而退化，这在攻打喀塔基纳——那次不幸的战争中第一次不幸的冒险——时表现得最为突出。长期生活在和平中，将军们也许会忘记其技能，但管理得法的常备军士兵似乎决不会忘记他们的勇武。

如果一个文明国家的国防依赖于民兵，它将随时有被邻近野蛮国家征服的危险。亚洲各文明国家往往被鞑靼人征服的事实，充分证明了野蛮国家民兵对于文明国家民兵的自然优越性。而正规的常备军在任何民兵面前都具有优势。只有富裕文明的国家才能更好地维持常备军，也只有这种军队才能保卫这种国家抵御贫穷野蛮的邻国的侵犯。所以，只有通过建立常备军，一国才能永续文明，或者长时期保存其文明。

正如一个文明国家只有依靠常备军才能得到护卫，一个野蛮国家也只有通过建立常备军才能迅速得到基本的文明化。常备军凭借其不可抗拒的力量，将君主的法令推行到帝国最偏远的地方，在没有常备军存在就不认可帝国政府的国家维持相当程度的正规统治。无论谁留心考察俄国彼得大帝变法所取得的成就，都会发现几乎这一切都源于正规常备军的建立。这支常备军是彼得大帝执行和维护所有其他政策的工具。俄国此后所享有的秩序及国内和平，完全要归功于这种常备军的影响力。

共和主义者一直担心常备军会危及自由。如果将军和重要官员的利益不是必然地与对国家宪法的维护联系在一起，这种危险确实存在。恺撒的常备军毁了罗马共和国。克伦威尔的常备军解散了长期议会。但如果君主自己就是统帅，社会显贵是军队的主要将领，如果军事力量是由那些拥有最多的行政权力从而自身最大利益在于维护行政权力的人指挥，常备军决不会危及自由。相反，某些情况下它还可能有利于自由。有了常备军，君主就安全了，不必像在某些现代共和国那样去猜忌市民，去监视市民一言一行，时刻打算打扰市民的安宁。如果一国行政官员尽管得到国内大多数人民的支持，但人民的每次不满都威胁其安全，如果一次小骚乱在几小时内就能引起一场大革命，政府必然会运用全部权力来镇压和惩罚一切不利于自己的流言和不满。相反，如果君主感到，支持自己的不仅有贵族，而且还有一支正规常备军，那么，即使最无礼、最无稽、最放肆的抗议也不会引起他的不安。他可以宽恕或无视这种抗议，这在他意识到自己的优势地位之后是很自然的事情。那种接近于放肆的自由，只有在君主得到了正规常备军的保护的国家才能被容忍。也只有在这种国家，才无须为了公共安全而授予君主任意行事的权力去压迫即使是放肆的自由所带来的鲁莽举动。

因此，君主的第一个职责，即保卫社会免受其他独立社会的侵略与欺辱的职责，当社会文明不断进步时，就逐渐需要越来越多的费用。社会中的军事力量，最初不论在平时还是在战时都是不必由君主来开支的，但随着社会的进步，先是在战时得由君主予以维持，随后在平时也要由他来维持了。

火药武器的发明为战争技术带来的巨大的变化，进一步增进了平时训练以及战时使用一定数量士兵的开支。武器和弹药都比以前昂贵。步枪是比长矛或弓箭更费钱的武器，大炮或迫击炮是比弩炮或石炮更费钱的武器。在当代，阅兵或演习所消耗的火药是收不回来的，它造成的开支相当可观。而在古代，阅兵或演习所掷出的投枪或放出的弓箭很容易捡回来，而且它们本身价值就不大。与弩炮或石炮相比，大炮或迫击炮不仅贵得多，而且重得多，因而不仅制造费用更大，而且运往战场的费用也更大。由于现代的大炮与古代相比要厉害得多，所以，要为城市设防来抵御这种大炮的攻击，困难也大得多，因而开支也大得多，哪怕只抵御几个星期。在现时代，有很多不同的原因导致国防开支增加。在这方面，事物自然进化发展的不可避免的结果，又被战争技术上的大革命促进不少，而引起这个大革命的，似乎不过是一个偶然事件，即火药的发明。

在当代战争中火药武器的巨大开支明显有利于那些更能负担这种开支的国家，因此使富裕和文明的国家与贫穷野蛮的国家相比明显处于有利的地位。在古代，富裕和文明的国家很难抵御贫穷野蛮的国家的入侵；在当代，贫穷野蛮的国家则很难抵御富裕和文明的国家。火药武器的发明，初看起来似乎有害，实际上却有利于文明的延续和扩张。

第二节　论司法开支

君主的第二个职责是尽可能保护每一个社会成员不受其他成员的侵害和压迫，即设立公正的司法机构。履行这一职责，在不同的社会时期所需费用也不相同。

在狩猎民族之中，人们几乎没有财产，即使有，至多也只值两三天劳动的价值，因此很少设立固定官员或常规司法机构。没有财产的人只能伤害彼此的身体或名誉。但当一个人去杀死、打伤或诽谤另一个人时，尽管受害者受到伤害，加害者却并没有得到好处。对财产的侵害则不同，受害者的损失常常就等于加害者的获利。激使人们去伤害他人身体或名誉的，只有嫉妒、怨恨、愤怒等情感。但大多数人并不经常受这些情感的影响，即使是最坏的人也只是偶尔受其影响。而且，不管这种情感得到满足对于某些人来说是多么惬意，但它并不带来任何实际的或长久的好处，所以大多数人一般都能谨慎地克制自己。因此，即使没有司法官员保护人们免受这种情感的侵害，人们也能在一个还算安全的社会中共同生活。但是，富人的贪婪和野心，穷人的好逸恶劳，总是促使人们去侵犯别人的财产，并且这种心态在作用机制上更为稳定，在影响上更为普遍。凡是有巨大财产的地方，都有巨大的不平等。有一个巨富，就至少有 500 个穷人。极少数人的富足意味着多数人的短缺。穷人为生活所迫，或为嫉妒驱使，常常会侵犯富人的财产。只有在司法官员的庇护下，那些通过多年的劳动或几代人的积累而获得了财富的人才能安稳地睡上一觉。他时刻被未知的敌人包围着，他虽然从未激怒过他们，但也无法安抚他们，他只能靠随时准备惩奸除恶的司法官员的强有力的保护才能免受他们的侵害。所以，大宗财富形成之后，必然要求建立民事政府。而在没有财产或财产至多只值两三天劳动的价值的地方，则没有建立民事政府的必要。

一个民事政府，必先取得人民的服从。建立民事政府的必要性既然是随着财产的增加而逐渐增加，所以人民服从这一政府的主要原因也是随着财产的增加而增加。人民服从的原因或条件，或者说，在有任何民事机构之前，某些人强于其同胞的原因或条件，似乎有四种。

第一种原因或条件是个人资质的优越，即身体方面的力量、外表和灵敏性的优越，精神方面的智慧、德行、思虑、公正性、毅力和自制力的优越。身体方面的资质，如果没有精神方面的资质来支持，在任何阶段的社会都不能服众。一个大汉光有体力，只能制服两个弱者。而凭且仅凭精神方面的资质，却能取得极大的威信。不过，精神方面的资质是无形的，总是可争议，也常常备受争议。不论是野蛮社会还是文明社会，在确立等级或服从的准则时，都觉得以这种无形的资质为根据不太方便，其根据往往是更清楚具体之物。

第二种原因或条件是年龄的优势。老年人，只要不至于老糊涂，在任何地方都比在等级、财产、能力方面与自己相同的年轻人更受人尊敬。在如北美土著那样的狩猎民族中，年龄是决定等级和优先地位的唯一基础。在他们中间，比自己级别高的要称父亲，和自己同级别的称兄弟，比自己级别低的则称儿子。在最富裕和最文明的国家，如果人们在除了年龄之外的其他方面都旗鼓相当，从而没有其他可以划分等级的标准，就以年龄来划分等级。在兄弟姐妹间，年龄最大的总是排第一。在继承父亲遗产时，名誉称呼之类不可分割而必须全部归一人占有的东西，大多数情况下都给予年龄最长者。年龄这种特质很清楚、很具体，毫无争议的余地。

第三种原因或条件是财富的优越。在每个社会时期富人的权威都很大，而在允许财富有巨大不平等的最原始的社会时期富人的权威最大。一个鞑靼酋长拥有的牛羊足以养活 1000 个人，但他的这些牛羊除了养活 1000 个人，没有其他用途，因为他所处的社会的原始状态没有提供什么制造品、工艺品或赏玩物件能与他自己消费之后剩余的天然产物相交换。他所养活的那 1000 个人既然生计完全靠他，就必然会在战时听从他的命令，在平时也服从他的管辖。他必然是他们的统帅和法官，他的首领地位是他的财富优势的必然结果。而在富裕文明的社会，一个人可能拥有极多的财富，但能支配的也许不过十来个人。尽管他的资产产出也许能养活 1000 人或确实养活了 1000 人，但由于那些人从他那里得到的一切都要付费，他并未给予他人任何东西，只是与他们做了等价交换，所以几乎没有人认为自己完全靠他生活，他的权威仅在几个奴仆面前得到体现。不过，即使是在富裕文明的社会，财富的威信仍然很大。财富的威信比年龄的威信和个人资质的威信大得多，这一直是财富不平等的各个社会时期的人们所抱怨的。狩猎社会是社会的第一阶段，没有财富的不平等。普遍的贫穷造成普遍的平等，年龄或个人资质是决定权威或等级的薄弱的，但却唯一的基础。因此这个社会阶段没有或很少有权威和等级。游牧社会是社会的第二阶段，财富极不平等，财富所有者的权威在这一社会中比在任何其他社会都大，因而这个社会阶段的权威和等级最为确凿。阿拉伯酋长的权威极大，鞑靼可汗的权威则完全是专制独裁。

第四种原因或条件是门第的优越。这种优越以祖先在财产上的优越为条件。任何家族都是自古传衍下来的；王侯的祖先虽然可能更有名，但在数量上也不会比乞丐的祖先更多些。古老的世家在任何地方都意味着它昔日所拥有的财产，或是基于财富或伴随财富而来的巨大声誉。无论哪里，暴发户都不如古老世家那样受人尊敬。人们憎恶篡权者，爱戴往日王族，很大程度上是由于人们自然而然地轻蔑暴发户，崇敬世家。正如军官心甘情愿服从平时一直指挥他的上级，而不能容忍自己的下级爬到自己的头上，人们也容易服从他们自己或他们祖先所服从过的家族，当一个从来不被他们承认有任何优越性的家族来统治他们时，他们就会怒火中烧。门第的区别伴随财富的不平等而来，所以，在所有人财产平等从而门第也几乎平等的狩猎民族，几乎不存在这种现象。当然，即使在他们中间，一个聪明勇敢的人的儿子，比起不幸是一个愚蠢怯懦的人的儿子来，即使本领相同，也多少更受人尊敬些。但这种差别毕竟是很有限的；我相信，世上从来没有一个伟大家族的盛名完全是靠传承智慧和美德得来的。

门第的区别在游牧民族中不仅有存在的可能，而且也是事实。这些民族通常对各种奢侈品一无所知，因而在他们之中巨大的财富不可能被挥霍一空。因为在这些民族中将财富保持在同一家族中的时间最长，所以在这些民族中借祖荫而受人尊崇的家族也最多。

门第与财富显然是使某人地位高于另一人的两大主要条件。它们是个人显贵的两大来源，因而也是在人类中自然而然确立权威和等级的主要原因。在游牧民族中，这两个原因充分发挥了作用。畜牧大户因其拥有巨大财富、因其为许多人提供生计而受到尊敬，因其出身高贵、门第显赫而受到推崇，所以他对自己的部落中其他的牧人自然具有权威。他能比其他任何人团结和指挥更多的人，他的军事力量比其他任何人都要大。在战时，自然集结到他的旗下的人比集结到其他任何人那里的都多，于是他就自然凭门第和财富获得了某种行政权力。同时，由于他能指挥更多的人团结起来，他最能迫使其中伤害他人者作出赔偿。因此，那些弱小而无法保护自己的人自然就会寻求他的保护，那些认为自己受到伤害的人也自然会向他申诉，在这种情况下，他的干预比其他任何人的干预更容易被人接受，即使对于被控诉的人也是如此。这样，他就自然凭门第和财富获得了某种司法权力。

财产上的不平等，开始于游牧时代，即社会发展的第二个阶段。接着，它就带来了人与人之间过去不可能存在的某种程度的权威和等级，而因此又带来了保持权威和等级所必要的某种程度上的民事政府——这似乎是自然而然地形成的，与对这种必要性的考虑无关。不过，对这种必要性的考虑，此后对保持和维护权威与等级确实有极大贡献，那是无疑的。特别是富人，他们必然愿意维护这种秩序，因为只有这种秩序才能保护他们的既得利益。小富人联合起来保护大富人的财产，以便大富人能联合起来保护小富人自己的财产。所有的小牧民都觉得，自己的牲畜的安全取决于大牧民的牲畜的安全，自己的小权威的维持取决于大牧民的大权威的维持，自己的下级服从自己取决于自己服从大牧民。这样，他们就构成了一种小贵族，他们愿意保护自己的君主的财产并维护君主的权威，以便君主保护他们的财产并维护他们的权威。民事政府，就其建立是为了保障财产而言，事实上就是为了保护富人而抵抗穷人，或者说，保护有产有业的人而抵抗一无所有的人。

不过，这种君主的司法权力，不但无需他破费，还是他的一个长期收入来源。向他申请裁决的人总是愿意付出代价的，提起一次申诉往往附带着礼金。而且，君主的权威完全确立后，被判定有罪者在赔偿原告损失之外，还须向君主缴纳罚金，因为他给国王陛下带来了麻烦和干扰，破坏了国王陛下的安宁，对其处以罚金是理所当然的。在亚洲的鞑靼政府，在日耳曼人和塞西亚人推翻罗马帝国后建立的各个欧洲政府，司法行政都是重要的收入来源，对于君主来说是如此，对于那些在特定部落、氏族或领地行使司法权的酋长或领主来说也是如此。最初，君主或酋长通常亲自行使司法权。后来，他们普遍发现，委托代理人、执事或法官来行使这一权力更为方便。不过，这种代理人仍然得向其主人报告司法收入。我们看看亨利二世对其巡回裁判官的训令就可明白，那些巡回裁判官巡回全国的目的是为国王征集一项收入。当时，司法行政不仅能为君主提供一定收入，而且获取这种收入还是君主希望从司法行政中得到的主要好处之一。

司法行政以敛财为目的，难免弊病丛生。以重礼申请裁决的人所得到的可能比公道还要多，以轻礼申请的人得到的则可能比公道少。裁决也常常被拖延，以期得到更多的礼金。此外，为了对被告处以罚金，常常寻找有力的理由来证明其有罪，哪怕实际上并非如此。司法上的这种弊端，我们翻阅一下欧洲各国的古代史，就知道是绝非罕见。

如果是君主或酋长亲自行使司法行政权，无论弊端多严重，都不大可能得到纠正，因为没有人有足够的权力问责于他。如果他委托代理人行使这一权力，这种弊端则有可能得到纠正。要是代理人只是为了个人利益而有不公正的行为，君主难免要惩罚他或迫使他纠正错误。但代理人的不公正行为如果是为了君主的利益，是为了讨好任命他并有可能重用他的人，则这些错误在大多数情况下就会像君主自己有所不公那样无法纠正。所以，在所有野蛮国家中，尤其是在那些建立在罗马帝国废墟上的古代欧洲各国中，司法行政是长期腐败的，即使在最好的君主的统治下也远远谈不上平等和公正，在最坏的君主统治下则是腐败透顶。

在游牧民族中，君主或酋长只是部落或氏族中最大的牧羊人或牧民，他与他的臣民或下属一样靠自己的畜群繁殖来生活。在刚脱离游牧状态、尚未有很大进步的农耕民族，如特洛伊战争时代的希腊各部族中，以及最初移居西罗马帝国废墟之上的我们的日耳曼和塞西亚祖先中，所谓君主或酋长，同样不过是最大的地主。他的生活像其他地主一样，依靠自己私有土地的收入，也就是当代欧洲所谓的御地的收入。他的属民在一般情况下不向他进贡，除非需要他的权威来保护他们不受其他同胞的压迫。在这样的情况下属民们献给他的礼物或礼金就构成了他的全部常规收入，这也是除了特殊的紧急情况以外他得自他的统治权的全部报酬。《荷马史诗》中，当阿伽门农为了友谊而送给阿基里斯七个希腊城市的主权时，他提到的唯一的好处就是那里的人民会奉上礼物。这种礼物，这司法行政的报酬，或者说，法院手续费，只要它构成君主由其主权获得的全部常规收入，那就不太可能期望他全部放弃这些收入，甚至难以理直气壮地提议他这样做。建议他为这种收入订立规范倒是可以，也有人这样做过。但是，君权无限，就算订立了规范，要防止他不越出规范即使不是不可能，也是非常困难的。所以，在这种局面下，由那些礼物的任意性和不确定性所自然导致的司法腐败，没有什么切实的办法可以挽救。

但后来，当种种原因——主要是抵抗他国侵略的国防开支不断增加——使得君主私有土地的收入不够开支国家各项费用时，当人民为了自己的安全必须通过缴纳各种赋税来对政府费用做出贡献时，似乎才普遍规定，君主或他的执事和代理人（即法官）不得以任何借口为司法行政收受礼物。因此有人说，完全废除这种礼物或礼金比围绕礼物或礼金确立有效规范反倒更容易。这时开始向法官发放固定的薪水，这被认为足以补偿他放弃先前的司法报酬所受的损失，而赋税也被认为补偿了君主因此所受的损失而有余。司法行政从此才号称免费。

然而，实际上在任何国家司法都绝非免费。至少诉讼当事人必然总是要付给律师和代理人报酬，否则，他们履行职责就没这么勤快。在每一个法庭，每年付给律师和代理人的费用，远远高于法官的薪金。国王虽付给法官报酬，但在任何地方都没有大幅减少诉讼的必要费用。不过，禁止法官向当事人收取礼物或费用，与其说是为了减少费用，不如说是为了防止腐败。

法官是个非常受人尊敬的官职，即使报酬很少，人们也愿意干。地位低一些的治安官的职位，虽需处理大量麻烦，而且大多数情况下毫无报酬，但却是我国大部分乡绅眼中的香饽饽。大大小小的所有司法人员的薪金以及司法行政的一切费用，即使偿付得很不经济，在一个文明国家也都只占政府全部开支的一小部分。

如果要从法院手续费中筹付全部司法经费，那也很容易；这样，司法行政既不会有腐败的实际危险，国家收入项下也节省了一笔——虽然是小小的——开支。可是，法院手续费如果有一部分要划归像君主这样权力极大的人，而且构成他的收入相当大的部分，则这种手续费就很难得到有效规范。但如果法官是这种手续费的主要受益人，则很容易得到规范，因为法律虽难以使君主一直遵守规定，但能使法官遵守。如果对法院手续费有明确的规范，如果它是在诉讼过程中的一定时期一次性付给出纳员、然后由他按照一定的比例在判决作出后（不是在判决之前）在各个法官之间进行分配，那么，与完全禁止收取手续费相比，这样似乎也不会有更大的腐败危险。这种手续费不会使诉讼费用大幅增加，却足以支付全部司法开支。在诉讼结束后再付钱给法官，这可激励他们更加勤奋地审理并结案。在法官人数很多的法院，根据各法官在法庭或审判委员会审理案件所花的时日来确定他们应得的手续费份额，也能激励每一个法官的勤勉。公共服务的报酬只与其结果相关，并按勤勉程度来分配，这样才有最好的公共服务。在法国各高等法院，手续费占法官报酬的绝大部分。法国国王付给图卢兹高等法院（在等级和地位上位居法国第二的法院）的法官们的薪金，在做出了一切扣除以后，每年只有150利弗，约合6英镑11先令。在7年以前，这相当于当地一个一般侍者的常规年薪。他们的法院手续费也根据各法官的勤勉程度来分配。一个勤勉的法官可以得到虽然不多，但还算不错的收入，而一个怠惰的法官在薪金之外则所得无几。那些高等法院在许多方面可能不是非常便利的法院，但它们从未受到指责，甚至从未被怀疑有腐败行为。

英国各法院的主要费用，最初似乎也是来自于法院手续费。各法院都尽可能地兜揽诉讼案件，哪怕本来不是归自己管辖的案件，也乐于受理。例如，单为审理刑事案件而设的高等法院，也接受民事案件，因为原告声称，被告对他的不公正行为是犯了非法侵害罪或行为不端罪。财政部特别法庭的设立，本来单是为了征收国王的收入和强制人民偿还对于国王的债务的，但它也受理一切关于其他契约债务的诉讼，因为原告声称，被告不偿还对他的债务，他就不能偿还对国王的债务。由于这种种假托，在许多场合，就完全由当事人自己来决定选择什么法院来审理他们的案件；而每个法院为了多招揽诉讼案件，也在审理上力求迅速和公平。英国现在的法院令人赞赏，这在很大程度上可能是通过从前各法院的法官的这种竞争才形成的；这些法官尽力使自己所在的法院在法律允许的范围内对一切不公正的行为予以最迅速最有效的救正。比如，普通法院最初对违反契约的行为不过是责令赔偿损害，而大法官法庭作为道德法庭则首先要强制履行契约。当违反契约的行为只是不肯偿付货币时，赔偿损害的唯一方式就是责令其支付货币，这和履行本来的契约是一样的。在这种情况下，普通法院的补救手段是足够的。但在其他情况下却不是如此。如果佃户起诉地主非法收回其租地，他所得的赔偿决不等于占有土地。因此这类案件在很多时候都由大法官法庭受理，使普通法院损失不小。为了吸引这类诉讼归自己审理，普通法院发明了虚扣土地的令状，这对不正当剥夺土地租赁是最有效的救正办法。

对每件诉讼由法庭征收印花税，用以维持该法庭的法官和其他人员，这也同样可以提供足够的收入来支付司法行政支出，而不增加社会一般收入的负担。不过，在这种情况下，法官可能为了增加印花税收入而在各案件上增加各种不必要的程序。近代欧洲的习惯，大都是以代理人和法庭书记所写的文件的页数决定他们的报酬，而每页的行数，每行的字数又都有规定。为了增加他们的所得，代理人和书记们想方设法增加不必要的字数，我相信，这使欧洲每个法庭的法律语言都遭到了腐化。而相同的诱惑或许会使法律程序的形式受到相同的腐化。

但是，无论司法行政开支是由司法方面自行解决，还是由其他某项基金付给法官固定的薪金，看来似乎都不必委托行政机构来管理这种基金或支付法官薪金。这种基金可能来自地产的地租，而这地产可交由靠此地租维持的法院去管理。这种基金也可能来自于一笔货币的利息，而这笔货币的借贷责任也可交由靠此利息维持的法院承担。苏格兰巡回法院法官的薪金中就有一部分（虽然只是一小部分）出自一笔货币的利息。不过，这种基金必然不稳定，对于维持一种应当永久存在的机构来说，似乎并不合适。

开始将司法权和行政权分开，似乎是由于社会不断进步而导致社会事务增加的结果。司法工作变成了一种如此费力和复杂的职责，要求任职之人专心致志地去做。担任行政职务的人无暇处理私人诉讼案件，就任命一位代表代为处理。在罗马帝国强盛时期，大执政官忙于国家的政治事务，难以参与司法行政，于是就任命一个民政官代为行使这一职能。在建立在罗马帝国废墟上的欧洲各国中，各君主和大领主们都逐渐认为，执行司法工作既辛苦又卑微，不适合他们亲自去做，所以他们都任命代表、执行官或法官去执行，而自己得以解脱。

如果司法权与行政权捆绑在一起，不为通常所谓的“政治”而牺牲公正几乎是不可能的。肩负国家重任的人，即使没有腐败的观念，有时也会认为，为了国家的重要利益而有必要牺牲个人的权利。所以，每个个人的自由和安全感都依赖于公平的司法行政。为了使每个个人感到属于自己的权利完全有保障，不仅有必要将司法权与行政权分离，而且必须使司法权尽可能地独立于行政权。法官不应由行政当局任意罢免，法官薪金的正常支付也不应取决于行政当局的意愿或经济政策。

第三节　论公共工程和公共机构的开支

君主或国家的第三个、也是最后一个职责，就是建立和维持某些公共机构和公共工程。这类机构和工程对于社会当然有很大的好处，但它们的性质是，如果由个人或小团体来经营，那他们就会得不偿失。因此，这些事务不能期望个人或小团体出来创办或维持。和前两种职责一样，履行这项职责所需的费用在不同的社会时期也十分不同。

这种公共机构和公共工程，除了已经提到的国防和司法行政两方面的项目之外，其他的主要是为便利社会商业和促进国民教育。教育方面的机构又可分为两种：一种是对青少年的教育机构，一种是对所有年龄层次的人进行教育的机构。对这些机构和工程所需费用的最合适的支出方式的考虑将在这一节分成三项来讨论。

第一项　便利社会商业的公共工程和公共机构

便利常规商业的公共工程和公共机构

为一个国家的商业提供便利所必要的公共工程，如良好的道路、桥梁、通航运河、海港等等，在不同的社会时期所要求的支出极不相同，这是很显然的。一国公路的建设费用和维护费用，显然会随着各国家的土地和劳动的年产量的增加而增加，换言之，会随公路上所运载的货物的数量及重量的增加而增加。桥梁的强度要与可能从它上面通过的车辆的数量和重量相匹配。运河的深度和供水量，要与可能在河上航行的货船的数量和吨位相匹配。港口的大小要与可能在此停泊的船只的数量相匹配。

这类公共工程的费用，似乎不必由通常所说的公共收入，即在许多国家都是靠国家行政权力来征收和动用的那种收入来支付。大部分这类工程可以提供一种特别的收入，足以支付本身的费用，而不给社会一般收入带来任何负担。

例如，在大多数场合，公路、桥梁及运河的建设费用和维护费用，都可以来自于对车辆和船舶所征收的小额通行税；港口的建设费用和维护费用，都可以来自于对上货和卸货的船只所征收的小额港口税。造币厂作为另一种便利商业的机构，在许多国家，不但能支付自己的开支，而且能对君主贡献一小笔收入，即铸币税。而邮局，在几乎所有国家，除提供本身的开支外，还能给君主带来一笔可观的收入。

通过公路或桥梁的车辆、在运河上航行的船舶按照其重量或吨位来支付通行税，这完全是按照它们所造成的损耗来支付这些公共工程的维护费。似乎不太可能发明更公平的办法来维护这些工程。这通行税虽然由承运人支付，但他也只是暂时垫支，最终仍要转嫁到货物价格上，由消费者负担。可是，由于这类公共工程使得运输费用大为降低，虽然有通行税，货物来到消费者手中时仍然要比没有这类工程时要便宜；货物价格因通行税而抬高的程度，究竟比不上它因节省了运费而下降的程度。所以，最后支付这税金的人，从这种方式中得到的利益，完全超过了缴纳该笔税金所受的损失。他的支出，完全与他的所得成比例，实际上，也可以说是他必须放弃一部分所得来换取剩下的部分。似乎想不出一种比这更公平的课税办法了。

如果对豪华车辆（轿式大马车、驿递马车等）按重量征收的税额高于对不可缺少的车辆（轻便运货车、四轮运货马车等）征收的税额，那么，就可以使实货的运费降低，因而可以使懒惰和虚荣的富人以一种简单的方式对救济穷人做点贡献。

公路、桥梁、运河等等，如由利用这些设施的商业来建造和维持，就只会在商业需要它们的地方兴建，因而只会在宜于兴建的地方兴建。而且，它们的建设费用，它们的样式和规模，也必须和那种商业的负担能力相称。因此，它们的建设一定是适得其所的。壮阔的大道肯定不会建在荒芜的乡间，也不会单为了通往省长的别墅或省长想要献媚的某个大领主的别墅而建造。雄伟的大桥也不会架在没人经过的河上，或仅仅为了给附近的宫殿增加一点凭窗远眺的景致而架设。这种事情，在这类工程的建设费用不是由该工程本身提供的收入支付而是由其他收入支付的国家，倒是时有发生。

在欧洲的几个地方，运河的通行税或水闸税是私人的财产，这些人出于个人的利益不得不维护着运河。如果运河维护得不好，就会无法通航，他们从通行税得到的利益也就会随之全部落空。但如果通行税交给那些本人没有利害关系的专员去管理，他们可能就不会这么用心去维护产生通行税的这项工程。朗格多克运河在上世纪末使法国国王和运河所在省花费了 1300 万里弗，合 90

多万英镑（当时28里弗等于1马克白银）。当这个大工程竣工时，他们发现，使之得到经常性维护的最好办法，就是把这条运河的通行税作为礼物送给设计和监督这个工程的工程师里格。这项通行税现在成为这位先生的子孙后代的一笔非常大的收入，因而他们非常在意对运河的经常维修。假如这项通行税当时交由没有这种利益的专员们管理，他们可能将其耗费在装饰性的和不必要的用途上，而这工程最重要的部分则任其损毁了也说不定。

用于维护公路的通行税却不能随便赠与个人作为他的私人财产。因为，运河不加维护，会变得完全不能通航，而公路不加维护，却不会完全不能通行。因此，收取公路通行税的人，可能完全忽视对公路的维护，仍然照旧收取差不多相同的通行税。所以，用以维护这类工程的通行税，应当交由专员或托管人去管理。

在英国，这些托管人在管理这种通行税时的渎职行为常常受到人们的抱怨，在大多数情况下，这些抱怨都是正当的。据说，在许多收费公路，收取的通行税往往是好好维护这些道路所需的费用的两倍以上，然而维修工程却是用敷衍了事的方式进行的，有时甚至根本不维护。不过，我们应该注意到，以通行税充当维护公路的费用的制度，并未建立很久，所以，即使它还不够完善，我们也不应大惊小怪。如果卑鄙自私或不适当的人物常常被任命为托管人，如果没有设立监督机构对他们的行为加以控管，或者，没有降低通行税使其仅够他们要做的工程的花费，那么，这一制度设立的时间太短可以为这一切缺陷作出说明和辩护。随着时间的推移，议会将采取明智的措施，大部分问题都将会得到解决。

英国各收费公路所收取的款项被认为大大超过了维修公路的必要开支，有人认为，甚至有些大臣也认为，如果通过适当的节约，节余款项可以成为一大资金来源，以应付国家的不时之需。有人说，如果政府将收费公路的管理权握在自己手中，使用士兵来维护公路，其费用会比由托管员管理时小得多，因为士兵本就有薪金，只需为这项工作给他们很少的报酬，而托管员只能雇佣全靠工资生活的工人。以这种方式来管理收费公路，政府可以不必增加人民负担而获得一大笔收入，有人设想有50万镑①；收费公路将会和现在的邮政一样，为国家的总体开支做出贡献。

我不怀疑以这种方式国家可以得到很大一笔收入，虽然它或许不像这计划的设计者所预想的那么多。但是，这计划本身，似乎仍有几种重大的缺点。

第一，如果在收费公路上征收的通行税被看做供应国家紧急需要的财源之一，那这种通行税肯定会按照人们所设想的这种紧急情况的需要而增加，而按照英国的政策，它或许会增加得非常快。一笔巨大的收入能这样方便的取得，将使政府一而再、再而三地使用这一手段。虽然不能确定是否节约得当就能从现有通行税中省出50万镑，但如果收取双倍的通行税，肯定能省出100万镑，如果收取3倍，或许能省出200万镑②。而且，征收这样一大笔收入，也不必增设新的征税官吏。但是，这样持续增加收费公路的通行税，将不能再像现在这样对国内贸易起到便利作用，而将成为贸易的巨大阻碍。所有的实货在国内的运输费用将迅速增加，因而这些货物的市场不久就将变得狭小，它们的生产会大受抑制，国内最重要的产业部门说不定会全面衰败。

第二，按照重量比例来征收车辆通行税，如果其唯一的目的在于维护道路，这种税就非常公平；如果是为了其他目的，或是为了向国家提供紧急资金，那就非常不公平。如果征收通行税是用于维护道路，那每辆车都应该是完全按照它对道路的损耗程度来交钱的。但如果通行税还要用于其他目的，那每辆车所交的钱就超过了它对道路的损耗，它还要为国家的其他紧急支出掏钱。而由于通行税是按照货物的重量而不是货物的价值来提高货物的价格，这种赋税的主要承担人，因此不是价值高而重量轻的商品的消费者，而是粗劣笨重的商品的消费者。所以，不管国家打算以这项税收应付何等急需，提供这笔资金的人都是穷人，而不是富人，也就是说，用的是最没有供应能力的人的钱，而不是最有供应能力的人的钱。

第三，如果疏于维护公路的一方是政府，那么，要迫使其将通行税的一部分用作正当的用途将比现在更难。很可能的是，从人民那里征得的一大笔收入，却没有任何部分用在应该投入的那个目

① 自本书第一版和第二版刊行以来，我有充分的理由相信，在英国征收的全部通行税不能为国家增加50万镑的净收入；在政府的管理之下，这笔资金还不够修护国内的5条主要公路。

② 我现在有充分的理由相信，这些推测的数字都太大了。

的上。如果说，对现在这些卑微和贫穷的收费公路托管人，有时还很难迫使他们纠正错误，那么，要是像我们现在所假设的，由那些富裕和有权势的人来管理，要他们纠正错误会难上 10 倍。

在法国，维护公路的基金属于行政当局直接管理。这种基金的构成，一部分是法国大部分地方的乡村人民每年为维护公路所必需提供的一定日数的劳役，一部分是在国家普通收入中国王从其他开支里节省下来专用于修路的部分。

法国以前的法律和欧洲大多数国家的旧法律一样规定了，乡村人民提供的劳役由不直接从属于国王枢密院的地方官或省级官员监管。但是，按照现在的做法，人民的劳役，以及国王拨出的用于维修某一省份的道路或公共道路的基金，都完全由专门的监督官管理，该监督官由国王枢密院任免，接受枢密院的命令，并和枢密院经常联络。在专制政体的发展过程中，中央行政当局逐渐吞噬了国内其他部门的权力，管理着用于公共用途的一切收入。在法国，大驿道，即联结国内主要都市的道路，一般都整饬可观，在某些省份甚至比英国大部分收费公路都要好得多。但是，所谓的十字路，即绝大部分的乡村道路，却完全被忽视了，以至许多地方载重车辆根本不能通行。在有些地方，甚至骑马旅行也有危险，只有骡子是安全可靠的交通工具。一个崇尚虚饰的朝廷下的骄矜官员，往往会乐于修建富丽堂皇的工程，比如能经常被显贵们看见的大马路之类，他们的赞赏不仅能满足他的虚荣心，而且甚至有助于增进他在朝廷中的利益。至于那些乡间小路，既不能显示壮观，又不能博得任何旅行者哪怕小小的称道，反正是除了实用价值之外对他们没有任何其他价值，这样的工程无论如何都显得太普通、太渺小了，不值得这些堂哉皇哉的大人们施以青眼。所以，在这样的管理和经营之下，这些工程几乎总是完全受到忽视的。

在中国以及亚洲其他一些国家，修缮公路和维护通航运河这两项事业都由行政当局负担。据说，朝廷在发给各省总督的训示中，经常勉励他治河修路，而总督们执行这一训示的业绩如何，也在很大程度上决定了朝廷对他的政绩的评定。因此，这些公共工程在所有这些国家据说都很受重视，特别是在中国——在那里，公路，尤其是运河，据传都比欧洲所有知名的同类工程好得多（不过，传到欧洲的关于中国这类工程的报告，一般是来自少见多怪的旅行者，更常常是来自愚蠢的、信口开河的传教士。如果那些工程是经过更有见识的人的考察，如果关于那些工程的报告是来自更可靠的目击者的叙述，它们或许就不会显得这么了不起。波尼尔关于印度的这类工程的报告，就与其他更加喜欢大场面的旅行者的报告相去甚远①。在这些国家，或许也像在法国一样，有可能成为朝廷及首都人士谈论话题的大线路就受到关注，而其余的则被忽视。）。另外，在中国、印度以及其他几个亚洲国家，君主的收入几乎完全来自土地税或地租，而土地税或地租的多少取决于土地的年产物的多少。所以，在这些国家，君主的收入与利益，必然与国内的土地耕作状况、土地产物的数量以及土地产物的价值有直接的联系。而要使土地产物数量尽可能多、价值尽可能大，就必须为它谋取尽可能广阔的市场，因而必须在国内各地之间建立最自由、最方便、最省钱的交通网络；这只能靠修建最好的道路和最好的通航运河。但在欧洲，各国君主的收入并非主要来自土地税或地租。欧洲各大王国的君主收入或许大部分最终仍要依赖土地产物，但这种依赖既不如此直接，也不如此明显。因此，在欧洲，君主并不觉得自己有直接的需要去增进土地产物的数量和价值，或是通过建设良好的道路和运河，去为那些产物提供最广阔的市场。所以，即使在亚洲的某些地方行政当局把这类公共工程经营得很好是真的（对此我是有不小的怀疑的），欧洲各国的行政当局也完全没有可能在现在的状态下把这类工程经营好。

一项公共工程，如果不能由其自身的收入来维持，而其便利又只限于一地或一方，那么，把它放在国家行政当局的管理之下、由国家的收入来维持，总是不如把它放在地方行政当局的管理之下、由地方收入维持来得更好。如果伦敦街道的照明和铺设的费用由国库开支，大概它的照明和铺设没可能像现在这样好，费用也没可能像现在这样低。而且，这项费用如果不是来自于伦敦各特定街道、特定教区和特定市区的居民所缴纳的地方税，势必要从国家的一般财政收入项下开支，那么，国中其他大部分照不到伦敦的灯、踩不到伦敦的道的居民，就要无端分摊这负担了。

地方政府和行省政府管理地方收入和行省收入时滋生的弊病，不管看起来有多大，与管理和

① 《弗朗索瓦·波尼尔航行记》，阿姆斯特丹版，1710 年。

使用一个大帝国的收入时产生的弊病相比，其实都算不了什么。而且，它们也更容易得到纠正。在英国，乡村人民每年必须在地方治安推事或省治安推事的管理之下，为维护公路提供六日劳役，这一政策在实行时也许并不总是很公正，但绝少发生残酷的或压迫性的强征行为。而在法国，这项劳役归特派监督官管理，实行的时候也不会比英国更公正，反倒经常发生最残酷和最压迫人的强征行为。这种法国人所说的"强迫劳役"，成了主要的暴政工具之一，通过它，那些官员就可以惩罚那些不幸触怒了他们的教区或村社。

便利特殊商业的公共工程和公共机构

以上所述公共工程和公共机构，其目的在于便利一般商业。但是为了便利某些特殊的商业部门，就必须有特殊的机构，而这又要求有特别的支出。

与未开化国家进行通商的某些特殊的商业部门，常需要特别的保护。例如，与非洲西部海岸进行贸易的商人的货物，普通的仓库或堆栈绝不能确保其安全。为了保护货物免受当地土人的劫掠，必须要加强货物存储之地的防护设施。印度政府的混乱和无序，使得即使在那里那些温顺和善的老百姓中，也有加强同样的防范的必要；正是在保护人身和财产安全、防御暴力侵犯的借口下，英国和法国的东印度公司被允许在印度建造了最初的堡垒。而在其他国家，即在那些强有力的政府不会容许外国人在自己的领土上建筑堡垒的国家，就有必要派驻大使、公使或领事，他们一方面可以按照自己本国的习惯，判决在那里的本国同胞之间发生的纠纷，一方面可以在本国人民与当地人民发生纠纷时，凭借其公职身份进行比任何私人更有权威的干预，给他们提供更有力的保护。在发生战争时或结成同盟时甚至都没有派驻公使的外国，为了商业的利益却常常需要往那里派驻公使。例如，英国在君士坦丁堡派驻大使首先是因为土耳其公司的商业利益。英国设立在俄罗斯的大使馆，最初也是起因于商业上的利益。欧洲各国人民因商业利益关系而不断发生冲突，使得欧洲各国即使在和平时期也习惯于往所有邻国派驻公使。这种古代没有的习惯的形成时间似乎是在 15 世纪末或 16 世纪初，也就是说，是在商业开始圈及欧洲大部分国家，它们开始关注商业利益的时候。

国家向某一商业部门征收适当的赋税，以支付为保护这一商业部门所需的特别费用，这似乎是合理的——例如，向刚开始经营某种生意的商人征收适当的开业税，或者，更公平的，对进出口的货物征收一定百分比的关税。据说，最初建立关税制度，就是为了支付为保护一般贸易免受海盗抢劫所需的费用。而既然保护一般贸易所需的费用来自于对这些贸易所征收的税是合理的，那么，保护特殊的贸易所需的特别费用取自向这特殊贸易所征之税，也应该是合理的。

保护一般贸易常被看做保卫国家的一个重要部分，因此也被看成行政当局必尽之义务的一部分。所以，一般商业税的征收和使用，总是由行政当局负责。而保护特殊贸易也是保护一般贸易的一部分，因而也是行政当局应尽义务的一部分；如果一个国家的行动是前后一致的，则为保护特殊贸易而课征的特殊税收也应由行政当局支配。但是，在这方面，也像在很多其他方面一样，各国的行动并不是前后一致的；在欧洲大部分的商业国家，特殊的商业公司常常说服了立法机关，把行政当局这方面的义务，以及必然与这义务相关联的一切权力，统统交给它们执行。

这些公司虽然对于最初引进和建立某些商业部门有好处，它们用自己的资金去进行政府不敢去尝试的实验，但是，经过很长时间之后，它们已经被证明是累赘的或无用的，它们对贸易的经营，不是失当就是过于狭窄。

这种公司有两类：一类没有联合资本，只要具有适当的资格，就可在缴纳若干会费并同意遵守公司的规章制度后加入公司，但各自的资本由各自经营，风险也自负，这类公司叫行规公司(regulated companies)；另一类是以联合资本进行贸易，各入股成员按照股份比例分摊公司的一般利润或亏损，这类公司叫股份公司。这些公司，不管是行规公司还是股份公司，都是有时候有专营特权，有时候又没有专营特权。

行规公司在所有方面都类似于欧洲各国城市常见的同业公会，是一种扩大了的同类垄断组织。就像城市居民不首先取得同业公会的会员资格就不能从事该项职业一样，在大多数情况下，一国的任何居民，如不先成为行规公司的一员，他就不能经营该公司所经营的对外贸易。这种垄断的强弱，与加入公司的难易程度相应，也与公司董事权力的大小——即他们掌握在自己或自己朋友手里的公司贸易的多少——相应。在最早的行规公司，学徒的特权也和其他同业公会一样，凡是为公司会员服务满一定年限的人都可以自己成为公司的会员，不需缴纳入会费，或只需交纳比别人少得多的入会费。同业公会的一般精神，只要法律不加以限制，也就在所有行规公司中适用。当允许行规公司按其自然倾向行事时，它们为了将竞争限制在尽可能少的人之间，总是给贸易经营规则加上许多条条框框。而当法律限制它们这样做时，它们又变得没什么用处、没什么意义了。

对外贸易方面的行规公司，现在英国还有5个，即汉堡公司（昔日的商业冒险家公司）、俄罗斯公司、东方公司、土耳其公司和非洲公司。

汉堡公司的入伙条件，现在据说十分简单，公司的董事们要么是没有权力对贸易经营加以烦琐的限制，要么至少是近来没有行使这种权力。但它并不是一直这样的。在上个世纪中叶，该公司的入伙金，有时需50镑，有时需100镑，而且它的行为据说是极专横的。在1643年、1645年和1661年，英格兰西部的毛织业者和自由商人曾向国会投诉，说该公司是垄断者，限制了贸易的发展，压迫了国内的制造业。这些投诉虽不曾使国会采取什么行动、通过什么法律，但却逼得该公司不得不修正自己的行动准则。至少，从那时起，没有人再控诉过它。根据威廉三世第十年、第十一年的第六号法令，俄罗斯公司的入伙金减为5镑；根据查理二世第二十五年的第七号法令，东方公司的入伙金减为40先令，同时，该公司在瑞典、挪威、丹麦乃至波罗的海北岸所有国家的专营特权，全部被取消。国会颁布这两条法令，大概是受了这两家公司的行为的刺激。在那之前，约西亚·柴尔德爵士曾直言，这两家公司以及汉堡公司极端专横，同时，他将本国与这些公司的特许状所包含的国家之间贸易状况的低下归咎于这些公司的经营不善。但是，当这些公司在今天不再那么专横，它们却又变得完全没有用处。不过，“只是无用”或许已是可以公正地给予一家行规公司的最高赞誉了。上述这三家公司现在对这一赞誉是当之无愧的。

以前，土耳其公司的入伙费是26岁以下者25镑，26岁以上者50镑。只有纯粹商人才能加入；这个限制，实际上是把所有小店主和零售商排除在外。另外，根据该公司章程，英国制造商只能用该公司的船只，才能向土耳其输出货物；由于这些船只都是从伦敦港起航，所以这一限制将英国与土耳其的贸易局限在了这个昂贵的港口，将参与贸易者局限于住在伦敦及附近的人。该公司另一条章程又规定，住在离伦敦20英里以内，但没有伦敦市民权的人，不得加入公司；这种限制，连同前一限制，必然把没有取得伦敦市民权的人都排斥在外了。由于这些船只装载货物和起航的时间都由公司的董事们决定，他们可以很容易地把自己或自己朋友的货物装满船只，而以申请太迟为借口，拒绝装载其他人的货物。在这种事态下，该公司无论从哪一方面都可以说是一个严密的、专横的垄断组织。这种种弊端，导致了乔治二世第二十六年第十八号法令的通过。该法令将土耳其公司的入伙费减为20镑，允许所有的人入伙，取消了年龄的限制，也不问是否是纯粹商人或伦敦市民；除禁止出口的货物外，这些入伙的人，可以自由地从英国任何港口向土耳其任何港口运送一切英国货物，除禁止进口的货物外，也可以自由进口一切土耳其货物，只要交纳普通的关税和为支付该公司费用而征收的特别税，并服从英国驻土耳其大使或领事的合法权威以及公司正式制定的条例。为了防范这种条例的任何压迫，同一法令又规定，如有任何7个会员认为自己受到了该法令通过后公司制定的某项条例的压迫，可以在该条例制定后12个月内向贸易殖民局（枢密院的一个委员会现已继承它的权能）提出申诉；如有任何7个会员认为自己受到了该法令通过前公司制定的某条例的压迫，也可以在该法令生效之日起12个月内提出申诉。可是，在一个大公司中，并不是所有的成员都能凭一年的经验就发现各种条例的弊害；而如果某几个成员在一年之后才发现弊害，那不管是贸易局还是枢密院委员会，都统统无济于事了。此外，所有行规公司的大部分条例的目的，也像所有的同业公会一样，不是在于压迫已经加入的成员，而是在于阻碍外人的加入——它们不仅可以通过规定高昂的入伙费，也可以通过许多其他的政策做到这一点。这些公司关心的永远是如何尽可能提高自己的利润率，如何使它们进口货物和出口货物的市场存货不足。要做到这一点，只能靠限制竞争，阻止新冒险者进入同一贸易。再者，即使是20镑的入伙费，虽然或许不足以阻止有意长期从事土耳其贸易的人进入这一贸易，但可能会阻碍一个只想试试水的投机商。在任一行业中，正规的从业人员即使没有组成联合体，也自然会齐心协力提高利润，只有投机冒险者不时参与竞争，才能使利润降低到应有的水平。英国对土耳其的贸易虽然由这项法令而得到某种程度的开放，但在许多人看来，仍然远远不是完全自由的。土耳其公司为维持一名大使和两三名领事支付了费用，这些人员本应像其他公职人员一样完全由国家来维持，而土耳其贸易也应对国王陛下的所有臣民开放。该公司为此目的以及其他目的而征收的各种杂税如果收归国有，将远不止维持这么几个驻外官吏。

约西亚·柴尔德爵士指出，行规公司虽常常维持驻外使领馆人员，但从未在其贸易所在国家维持任何堡垒或守备队，倒是股份公司常常这么做。事实是，前者比后者更不适于承担这种任务。第一，堡垒和守备队是为了公司贸易的繁荣而设，但行规公司的董事在公司贸易的繁荣上并没有特殊的利益。公司贸易的萧条甚至常常有利于他们的私人贸易，因为，公司贸易萧条，竞争者就会减少，他们于是便可以贱买贵卖，从中得利。相反，股份公司的董事们只在委托他们经营的共同股本的利益中有自己的一份，并没有他们的私人贸易，其利益不能和公司一般贸易的利益分割开来。他们的私人利益是与公司贸易的繁荣联系在一起的，也是与保卫这一繁荣所必要的堡垒和守备军的维持相联系的。因此，他们更有可能对维持堡垒和守备军加以持续的和仔细的关注。第二，股份公司的董事们手里总是掌管着一大笔资金，即公司的共同股本，在适当的时候他们可以使用其中的一部分来建设、增补或维持这种必要的堡垒和守备军。而行规公司的董事们并没有掌管什么共同资本，除了来自入伙费和公司税金的临时收入之外，没有其他资金可以动用。所以，即使他们有同样的利益，需要留心维持这种堡垒和守备军，他们也很少有相同的能力使之有着落。至于维持个把使领馆人员，既不需要太上心，所花费用也有限，这是与行规公司的性质和能力更相称的。

不过，在柴尔德爵士的时代过去很久以后的1750年，成立了一家行规公司，即现在的非洲贸易商人公司，最初明确负有维持布朗角至好望角之间的英国堡垒和守备军的责任，后来改为只负责鲁杰角至好望角之间的堡垒和守备军。政府设立这家公司的法案（乔治二世第二十三年第三十一号法令），似乎有两个明确的目的：第一，有效地限制行规公司的董事们自然具有的专横和垄断精神；第二，尽可能迫使他们去关注他们本来不会关注的对堡垒和守备军的维持。

为了第一个目的，公司的入伙费被限定在40先令。公司被禁止以集体名义或共同股本自己进行贸易，禁止用集体印章来借款；对于缴纳了入伙费的英国公民，不得对其在任何地方进行的自由贸易加以任何限制。公司的管理机构是设于伦敦的九人委员会，委员每年由伦敦、布里斯托和利物浦的公司在各自的成员中各选3名，每个委员的任期不得超过3年。任何委员有不当行为，贸易殖民局（现在是枢密院的一个委员会）可以在听取他本人的辩护之后将其免职。该委员会禁止从非洲输出黑奴，也不得向英国输入任何非洲货物。但由于他们负有维持非洲的堡垒和守备军的责任，所以准许他们为此目的从英国向非洲输出各种货物和军需品。委员会为支付伦敦、布里斯托和利物浦三地的办事人员和代理人的薪金、他们自己在伦敦办事处的房租以及在英格兰的一切其他管理、委托和代理费用，可以从公司领钱，但不能超过800镑。如果还有剩余，可以作为他们的辛苦费按他们认为合适的方式在他们中间分配。有了这样的规定，本可以认为垄断精神会受到有效的约束，第一个目标可以充分实现。然而实际情况却并非如此。根据乔治三世第四年第二十号法令，塞内加尔堡垒以及塞内加尔一切属地均由非洲贸易商人公司管辖，但在次年（根据乔治三世第五年第四十四号法令），不仅塞内加尔属地，而且从南巴尔巴利的萨利港至鲁杰角的整个海岸，管辖权都由该公司名下转到了国王名下，国王的所有臣民都可自由进行与那些地区的贸易。这个法律的颁布，当然是因为该公司有限制贸易发展并建立了某种不正当垄断的嫌疑。我们很难设想，在乔治二世第二十三年的法令之下，他们如何能够这样做。不过，我曾在下院的的辩论记录（这种辩论记录并不总是最可靠的关于事实的记录）中看到他们受到这种指控。九人委员会的委员都是商人，各堡垒和殖民地的大小官员又都依附于他们，那么，官员们给予这些委员在商务上和事务上的委托以特别的关照，从而形成一种事实上的垄断，这是很有可能的。

为了第二个目的，即维持堡垒和守备军，国会每年向该公司拨款1.3万镑。关于这项资金的使用情况，公司委员会必须每年向财政大臣提出报告，随后这项报告再送呈国会。但是，国会对于动辄数百万镑的开销尚且不是很注意，对这每年1.3万镑的开销就更不会太关注；而财政大臣，从他的职业经验和教育背景来看，对于堡垒和守备军的开销是否得当，也不可能是十足的内行。诚然，王国海军的舰长们或海军部委派的将官可以对堡垒和守备军的状况进行调查，并向海军部报告，但海军部对该委员会并没有直接管辖权，也没有权力去纠正被调查者的行为；而且，也不能指望海军舰长们精通构筑工事这门学问。对于那些委员们，除非他们对国家公款或公司公款有直接的贪污或盗用行为，否则他们受到的最高处罚也不过是被罢免一种任期只有 3 年、在任期内法定报酬又如此低微的职务而已；对这种处罚的恐惧决不足以成为迫使他去持续地和仔细地关注与自己的利益不相干的事情的动机。在从英国运出砖石用以维修几内亚海岸卡斯尔角堡垒的事情上，该委员会就受到过指控，因为国会为此事好几次拨给了额外的费用。那些千里迢迢运过去的砖石据说质量也极差，以至于由这些砖石修砌的城墙有推倒重修的必要。鲁杰角以北的堡垒和守备军不但维持费用由国家支出，而且也由行政当局直接管辖；但是鲁杰角以南的堡垒和守备军，国家也至少出了部分的费用，却要由不同的机构来管理，好像令人难以理解。建设直布罗陀和梅诺卡岛的防卫，最初的目的或借口是为了保护地中海贸易，对这些守备军的维持和管理一直是行政当局的本分，而不曾由土耳其公司插手。统治领域的大小在很大程度上关系到行政当局的自尊和名望，他们不可能不去留心保护这一统治所必要的防卫。因此，直布罗陀和梅诺卡的防卫从来没被忽视过；尽管梅诺卡曾经两次易手，现在可能永远丢掉了，但这种损失从来没有人归咎于行政当局的疏忽。但我不愿被人理解为我是在暗示，为了最初的目的将这两个耗资巨大的要塞从西班牙手里夺过来有任何的必要。夺取这两个要塞，没什么其他的意义，可能只是使英国疏远了西班牙这个天然的同盟者，并使波旁王室的两个主要分支形成联合，比血缘关系所能形成的联合还要更紧密和持久。

股份公司的设立，或是经皇家特许，或是由议会通过，不仅在许多方面与行规公司不同，而且在许多方面也与私人合伙公司不同。

第一，在私人合伙公司，合伙人不经公司同意，不得将自己的股份转让他人，或向公司引进新成员。但每个成员在经过预先通知后，可以退出合伙公司，并拿回自己的股本。与之相反，在股份公司，任何成员都不能要求公司归还他的股本，但转让股票，从而引进新股东，却无需公司同意。股份公司的每一股股份的价值总是等于它在市场上出售的价格，这价格与股票上原来注明的金额经常是有差别的。

第二，在私人合伙公司，每个合伙人对公司缔结的债务以自己的全部财产负责。反之，在股份公司，每个股东只以自己的股份对公司债务负责①。

股份公司的业务总是由一个董事会管理。这个董事会虽然在许多方面常常要受股东大会的控制，但大部分股东很少懂得公司的业务，如果他们之间没有派别之争，他们就不会去操心公司的业务，只等着董事们半年或一年分一次红利给他们就心满意足了。这种做法既免除了麻烦，风险资金也有限，使得许多人投资于股份公司，而不是私人合伙公司。因此，股份公司吸收的资本通常超过任何私人合伙公司。南海公司的营业资本一度曾达到 3380 万镑以上。英格兰银行的股息资本，现在有 1078 万镑。但是，股份公司的董事们所经管的是他人的钱而不是自己的钱，很难期望他们像私人合伙公司的合伙人对自己的钱那样，兢兢业业地去监管资金用度。就像富人的管家一样，他们或许认为为小事计较有损主人的名誉，于是很容易地就放过这类事情。因此，在这样一个公司的业务管理上，必然常常出现或多或少的疏忽和浪费。由于这个缘故，股份公司在对外贸易中很难与私人冒险者竞争。所以，没有取得专营特权的股份公司很少有成功的，取得了专营特权的股份公司成功的也不多。没有专营特权时，他们往往经营不善；有了专营特权，他们就既经营不善，又使贸易受到限制。

皇家非洲公司（即现在的非洲公司的前身）本来有国王特许状给予的专营特权，但由于这一特许状未经议会法律确认，所以这种贸易由于民权宣言的结果，在革命后不久就对国王陛下的所有臣民开放。哈德逊湾公司在法律权限方面和皇家非洲公司一样，它的专营特许状也未经议会法律确认。而南海公司在其作为一个贸易公司存在的时期内，它的专营特权是经过了议会法律确认的；现在与东印度进行贸易的联合商人公司也是如此。

非洲贸易开放后不久，皇家非洲公司就发现自己不是私人冒险者的竞争对手，于是不顾民权宣言，在一段时间内继续把这些冒险者称为无执照营业的私商而加以迫害。1698 年，公司对私人

① 这里说的股份公司是一种组成法人的或领有特许状的公司。将这个名词普遍应用于其他公司，那是以后的事情。

冒险者的几乎所有部门的贸易均征收10%的税，税款由公司用来维持他们的堡垒和守备军。但尽管有这种重税，公司仍然不能和私人竞争。他们的资本逐渐萎缩，声望逐渐下降。至1712年，他们已负债累累，以致议会认为，为了他们自己和债权人的安全，需要通过一项特别法律。该法律规定，关于公司债务的偿付日期，以及关于这些债务的其他协定，只要在人数和金额上占2/3以上的公司债权人做出决议，就对全体债权人有约束力。1730年，公司业务处于极度混乱的状态，以致完全无力维持他们的堡垒和守备军，而这是当初设立这公司的唯一目的和借口。从那一年起，直至公司最后解散，议会认为必须每年拨出1万镑来维持这些工事。1732年，在向西印度贩运黑奴的贸易亏损了多年之后，该公司决定完全放弃这项业务，将从非洲海岸买来的黑人转卖给美洲的私人贸易商，并支使自己的职员从事非洲内地的金沙、象牙、染料等货物的贸易。但他们经营这种范围更狭窄的贸易，并不比先前经营范围更广的贸易更为成功。公司的业务仍然逐渐衰落，直至最后从每一方面来说都达到破产的境地时，议会通过法律将其解散，而将其堡垒和守备军交由现在的非洲贸易商人公司这家行规公司来管理。在皇家非洲公司设立之前，已先后有三家股份公司得以建立，来进行非洲贸易。它们都同样的不成功。但它们也都有专营特许状，该特许状虽未经议会确认，但在当时仍是能赋予这些公司真正的专营特权的。

哈德逊湾公司在上次战争中遭遇灾难之前，比皇家非洲公司的运气要好得多。他们的必要开支很少，因为他们在自己的居留地和堡垒所维持的人数据说不超过120人。可是，这一数量的人员已足够在公司的船只到达之前把要装载的皮毛和其他货物准备妥当。当地海域结冰期长，船只很少能停泊6到8个星期以上，因此，预先准备货物成为必要。私人冒险者在好几年之内都得不到这一好处，而没有这种好处似乎就没法到哈德逊湾做生意。该公司的资本也不多，据说不到11万镑，但也已经足以使它将它的特许状所指定的这个虽然广阔、却贫瘠的地区的全部或几乎全部的贸易和剩余产物垄断无余。由此之故，从来没有私人冒险者试图到那个地方去与该公司竞争。所以，该公司虽然可能在法律上没有专营特权，但实际上已经享有了专营特权。除此之外，该公司所拥有的这点资本，据说只有很少几个股东[①]。而一个资本不多、股东人数很少的股份公司，其性质实际上与私人合伙公司非常接近，在经营上几乎能与合伙公司同样谨慎、同样用心。所以，由于这种种有利条件，哈德逊湾公司在上次战争以前在贸易上能获得相当大的成功是毫不足怪的。不过，该公司的利润，似乎也没有已故的多布斯先生所想象的那么大[②]。一位更为审慎和客观的学者，《商业的历史性和编年性推演》一书的作者，安德森先生，在研究了多布斯关于该公司数年中全部进出口的报告并适当地考虑了该公司的非正常风险和费用之后，认为该公司的利润并不值得羡慕，或者说即使有超过正常利润，也不可能超过很多。

南海公司从来没有维持什么堡垒或守备军，因而完全不须负担其他股份公司进行对外贸易通常要负担的一大笔费用。但是，该公司资本巨大，股东人数极多，因而可以预料，在业务经营上难免会有荒唐、疏忽和浪费的现象。他们在招股计划中的欺诈和放肆行为众所周知（不过对这些行为的说明与现在的主题无关）。他们的商业计划也不会执行得好多少。他们所经营的第一项贸易是往西班牙属西印度输入黑奴，在这项贸易上他们有专营特权（得自于尤特雷特条约所认可的所谓阿西恩托约定）。但由于可以预料这项贸易不会有多大的利润（在他们之前经营同一贸易、享有同一特权的葡萄牙公司和法国公司均已破产），所以，作为补偿，他们被允许每年用一艘一定吨位的船只直接与西属西印度通商。他们的船只航行了10次，也就是10年，但据说只有1731年加罗林皇后号的那次远航赚了钱，而其余9次都或多或少赔了本。他们的代理商都将未能成功归咎于西班牙政府的讹诈和压迫，但其实，这些代理商自己的浪费和攫夺可能才是主要原因，据说，他们中间有些人在一年之内就发了大财。1734年，该公司以营业利润微薄为理由，请求英王允许其将贸易权和船只吨位从西班牙国王那里换取其他等价物。

在1724年，这家公司也曾经营捕鲸业。在这项业务中，他们诚然没有垄断权，但在他们进行经营的时候，也没有其他英国人与他们竞争。他们向格陵兰岛航行了8次，只有一次获得了利润，

① “八九个私人商人垄断了公司资本的十之八九。”安德森《商业》，1743年，引自亚瑟·多布斯《哈德逊湾附近各国概况——附米德尔顿船长日记摘要及对他的行为的观察》，1744年。

② 在他的《概况》一书中，他谈到2000%的利润，但这只是买卖价格之差。

其余几次都是失利而回。在第8次即最后一次航行之后，当他们变卖船只、积压商品和渔具时，发现他们在这项业务上的损失，连本带利共达23.7万镑以上。

1722年，该公司向议会请求，把他们贷与政府的3380万镑巨资划分作两个相等的部分：其中一半即1690万镑置于与其他政府公债相同的地位，不得由董事用以偿付或弥补该公司在商业经营上的债务或损失；另一半依旧作为贸易资本，可以用来偿付和弥补债务或损失。议会认为此项请求还算合理，便采纳了。1733年，他们再次向议会请求，将他们所剩的贸易资本的3/4转为公债，仅留1/4作为贸易资本，承担董事们经营失败的风险。此时，该公司的贸易资本和公债资本因政府的多次偿还各已减少200万镑以上，因而这剩下的1/4只有3662784镑8先令6便士了。1748年，该公司由于亚琛条约，放弃了以前根据阿西恩托约定从西班牙国王那里取得的一切权利，所得的是所谓的等价物。这样一来，该公司与西属西印度之间的贸易宣告终结，他们剩下的贸易资本全部转化为公债，该公司从任何方面来说都不再是一个贸易公司。

应当指出，南海公司每年派遣船只到西属西印度进行的贸易，作为他们曾期望获得丰厚利润的唯一贸易，不论在外国市场还是在本国市场，都不是没有竞争者的。在卡塔赫纳、贝洛港和拉维拉克鲁斯，他们必须面对西班牙商人的竞争，这些西班牙商人从加蒂斯运到这些市场的货物，和南海公司运过去的货物相同；在英国，他们又不得不面对英国商人的竞争，这些英国商人从加蒂斯运回来的货物，和该公司从西属西印度运回来的货物相同。诚然，西班牙和英国商人的货物可能要缴纳更高的税，但是，该公司职员的疏忽、浪费和腐败所造成的损失或许是一种比那些私人要缴的税高得多的税。一家股份公司，当私人贸易商能够开放地、公平地与其竞争，它还能成功地经营任何门类的对外贸易，这似乎没听说过。

老的英国东印度公司于1600年由伊丽莎白女王的一项特许状而设立。在它最初12次的印度航行中，只有船只是公司共有的，贸易资本还是个人的，像是作为一个行规公司在进行贸易。1612年，个人的资本才合并成为共同资本。他们的特许状是专营的，虽然没有经过议会法案确认，但当时被认为具有真正的专营特权。因此，在许多年中，他们没有受到无照经营商的多大干扰。他们的股本不超过74.4万镑，每股为50镑，股本不是很大，他们的买卖也不是很广泛，不能作为巨大的疏忽或浪费的借口，或引致贪污的理由。所以，尽管有荷兰东印度公司的陷害和其他意外事故所造成的一些特别损失，他们的业务经营在很长一段时间里还是很成功的。但随着时间的推移，当自由的原理更好地为人所理解，这个由女王颁发、未经议会确认的特许状，能在多大程度上赋予专营特权日益成为一个疑问。对于这个问题，法院的决定并不一致，随政府权力和时代精神而异。而私商则趁虚而入，从查理二世在位末期经由詹姆斯二世时期直到威廉三世统治了一段时间之后，该公司都是在困难中过日子。1698年有人向议会提出，以8%的利息为政府筹借两百万镑，让募款人组成一家有专营特权的新的东印度公司。老东印度公司则愿意拿出70万镑，几乎等于他们的全部资本额，利息只有4%，而条件也是要专营特权。但当时国家公债的情况是，以8%的利息借入200万镑，比以4%的利息借入70万镑更能给政府带来便利。结果，新的公债应募者的提议被采纳，一个新的东印度公司成立了。不过，老东印度公司这时仍有权继续经营他们的贸易，直到1701年。而且，与此同时，该公司以其财务主管的名义，非常巧妙地认购了新公司31.5万镑的股份。由于议会关于成立新公司的法案在细节上的疏忽，没有明确表明应募者的资本是否应合资经营，一些私人贸易商，包括应募仅7200百镑的商人，也坚持独自使用自己的资本、自担风险进行贸易。老东印度公司这时不但可以在1701年之前使用其原有资本独立进行贸易，而且不管在这之前还是之后，都还可以像其他私人贸易商一样，使用他们在新公司认购的31.5万镑股本独立进行贸易。新旧两个公司与私人贸易商之间的竞争，以及两公司彼此之间的竞争，据说几乎毁了这两家公司（1730年，当有人向议会提议将此项贸易交由一家行规公司经营、从而使之在某种程度上向全国人民开放时，东印度公司极力表示反对，把竞争曾经造成的悲惨后果描绘得有板有眼。他们说，在印度，竞争使货物的价格被抬高到不值得去采购，而在英国，竞争又使存货过多，以致货物的价格跌到无利可图。要说由于充足的供给——这对公众大有好处和便利——必然会使英国市场上印度货物的价格大为降低，这是无可怀疑的；但要说竞争会使印度市场上货物价格大为提高，则似乎不太可能，因为这种竞争所能引起的全部非常需求只不过是印度贸易的汪洋大海中的一滴水而已。况且，需求的增加起初或许有时会提高货物的价格，但最终必将引起价格的跌落。它鼓励生产，从而增加生产者之间的竞争，而生产者为了比别人售价更低，会采用在其他情况下想不到的新的分工和新的技术改良。东印度公司所抱怨的悲惨结果，即消费的低廉和对生产的鼓励，正是政治经济学的两大目标。不过，被他们说得这样凄惨的竞争，当时也没有被允许长期存在。）。在1702年，这两家公司通过三方协议（女王是第三方）在某种程度上联合起来；1708年，又根据议会法案，完全合并成一家公司，而成为今日所谓的东印度贸易商人联合公司。该法案有一条附加条款，在允许各独立商人继续经营他们的贸易直到1711年的米迦勒节的同时，授权公司董事在这三年中赎买这些商人7200镑的小额股本，从而将该公司的全部资本变为共同资本。根据同一法律，该公司的资本由于对政府的一笔新贷款而从200万镑增加到300万镑。1743年，公司又贷与政府100万镑。这100万镑不是股东增加的股本，而是公司发行的公司债券，股东虽不能以此增加分红，但这100万镑也和其他300万镑一样承担公司营业上的亏损和债务责任，所以还是增加了公司的贸易资本。自1708年以来，或至少自1711年以来，该公司摆脱了所有的竞争者，完全掌握了英国在东印度的贸易垄断权，经营状况良好，股东每年都从利润中分得了适度的红利。在1741年爆发的对法战争中，庞帝切利的法国总督杜勒的野心使东印度公司限于战祸和印度王室的政治斗争中。在许多次大起大落之后，该公司把它那时在印度的主要殖民地马德拉斯给丢了。亚琛条约的订立使马德拉斯重归该公司之手，而正是在这一时期，它派在印度的人员开始充满战争和征服的精神，此后也未改变。在1755年爆发的对法战争中，东印度公司的军队分享了英国军队在欧洲战场上的好运，他们捍卫了马德拉斯，夺取了庞帝切利，收复了加尔各答，获取了一块富饶而广阔的领土上的收入，这收入当时据说每年有300万镑以上。他们安然地享有这份收入有好几年的时间，但在1767年，政府以该公司占领的领土及其收入属于国王为由，与公司交涉，于是公司同意每年付给政府40万镑。在此之前，公司分派的红利，已逐渐由6%增至10%；如果按全部资本320万镑计算，红利已增加了12.8万镑，换言之，每年红利的数额已由19.2万镑增加到了32万镑。这时他们还打算进一步将红利提高到12.5%，这将使他们分派给股东的钱相当于每年支付给政府的钱，即40万镑。

但就在他们和政府的协定将要生效的那两年内，议会连续通过了两项法案，限制他们再进一步增加红利。这些法案的目的，在于使公司方面加快偿还其所负债务的速度，他们此时的债务据估计已达600万或700万以上了。1769年，他们将与政府所订的协议延长五年，并约定，在此期间他们可以将红利逐渐提高到12.5%，但每年增加不得超过1%。这样，当红利增加到极限时，他们每年付给股东和政府的总金额，也只比他们在占领这片领土之前多出60.8万镑。占领这片领土的总收入，前面已经说过，每年计有300余万镑，而根据1768年克鲁登敦号东印度商船所提供的报告，除去军事维持费及其他费用，净收入还有204万8747镑。据说他们同时还有另外一笔收入，部分来自土地、但主要来自他们设在各殖民地的海关，共43.9万镑。而他们经营贸易的利润，据他们的董事长在下院的证言，每年至少有40万镑，据他们的财务主管的证言，每年至少有50万镑；根据最低的估计，至少也等于他们每年分给股东的最高红利的数目。有这样大的收入，肯定足以使他们在每年的支出中增加60.8万镑，同时还足以留出一笔大的还债基金，以迅速减少他们的债务。然而，到1773年，公司的债务不但没有减少，反而增加了，计有拖延应付财政部的40万镑，拖延海关的应付税款、欠银行的贷款、草率承兑的由印度方面开出的汇票共120余万镑。这些累积的债务给他们带来的困难，使他们不得不将红利立即降到6%，而且不得不向政府乞求援助，要求：一，豁免继续支付约定的每年40万镑；二，贷款140万镑，以拯救他们、使他们免于立即破产。看来，该公司财产的巨大增长只不过是为其职员更凶猛的贪污和浪费提供了方便。议会于是开始调查该公司人员在印度的行为，以及公司在印度和欧洲的基本业务状况，最后对他们在国内和国外的管理机构的组织作出了几项重要的改革。在印度方面，该公司的主要殖民地，如马德拉斯、孟买、加尔各答，以前都是相互独立的，现在则由一个总督管辖，辅佐总督的，还有四名顾问组成的评议会。第一任总督及顾问全部由议会任命，常驻在加尔各答。加尔各答现已成为英国在印度最重要的殖民地，与以前的马德拉斯一样。加尔各答市长法庭最初是为审理该市及附近地区的商业案件而设立，后来随着帝国版图的扩大而逐渐扩大它的司法管辖权。这次改革削减了该法庭的权限，使其仅限于它最初的目的。取而代之的是一个新的高等法庭，其成员——一名审判长和三名审判官，均由国王任命。在欧洲方面，股东在股东大会上投票的资格，由500镑（公司每股股票原来的价格）增加到1000镑。投票权的生效时间也由购买（而不是继承）这一投票权6个月之后推迟到了购买一年之后。以前，公司的24人董事会每年改选一次；现在规定，每个董事4年改选一次，但在24名董事中，每年要有6个旧董事离职，选入6个新董事，刚离职的董事不能重新当选。有了这些改革，人们本来以为股东大会和董事会的行为会比以前更为持重和稳妥。然而，要想使这些股东大会和董事会能合格地统治印度这个大帝国，或者即使只是合格地参与统治，不论做出何种改变似乎都不可能；因为它们的大部分成员对于这个帝国的繁荣根本不感兴趣，对于促进它的繁荣的事情不会给予认真的关注。一个有钱人（有时候甚至是一个不怎么有钱的人）愿意购买1000镑的东印度公司股票，常常只是为了能在股东大会投上一票而产生的影响。这投票权虽然不能使他参与对印度的掠夺，但可以使他参与对印度掠夺者的任命；这种任命虽然是由董事会最后决定，但董事会必然也多少要受股东们的影响，他们不仅能选举董事，有时还能否决董事的决定。假若一个股东能在几年之内享有这种影响，从而在公司里安插几个朋友，那么，他不仅对股息不关心，甚至对他据以投票的股本的价值也不太关心。至于他可以凭投票权参与统治的大帝国的繁荣，他更是满不在乎的。从来没有其他的统治者会像这个商业公司的大部分股东一样，对于他们的属民的幸福或苦难，对于领土的改良或荒废，对于政府的荣誉或耻辱，如此漠不关心。而议会根据调查结果制定的种种新规定，与其说减少和防止他们漠不关心，不如说是加剧了他们的漠不关心。例如，下院一项决案宣布，只有当公司把所欠政府债务140万镑还清，把债券债务减到150万镑，才能对股东分派8%的红利；而他们留在国内的所有收入和纯利应分作四部分，其中三部分交入国库作为公共开支，第四部分留做基金，用于进一步减少债券债务或用于公司可能遭遇的其他紧急开支。但是，如果在全部纯收入和利润属于他们自己、由他们自己支配时，公司尚且不是好的管家、好的君主，那么，当纯收入和利润的3/4属于他人、其余1/4岁留作利于公司之用，却仍由他人监督并须他人认可时，他们肯定不会表现得更好。

对于公司方面来说，支付了8%的股息之后所剩下来的资金，与其交到一批由议会所指定的、与自己肯定有所不和的人手中，还不如让公司自己的雇佣人员和隶属人员去随意浪费或侵吞来得痛快。这些雇佣人员和隶属人员可能在股东大会中拥有很强的势力，以致股东们有时候反而支持那些直接违犯了股东大会权威的贪污腐败分子。对于大多数股东而言，对自己的股东大会的权威的支持有时候还不如对那些蔑视这一权威的人的支持来得重要。

所以，1773年的规章并没有结束公司在印度的政府的混乱状态。尽管因为一时的正确措施，他们有一次在加尔各答金库中攒了300多万镑，尽管以后他们的支配和掠夺范围更加广大，延伸到了印度好几个最富裕、最肥沃的地区，但对于所获得一切，他们都依旧浪费和葬送了事。他们发现自己对阻止或抵抗海德·阿利的入侵毫无准备；由于此种混乱，公司现在（1784年）已陷入前所未有的困境；为了防止立即破产，他们不得不再一次向政府恳求援助。为了更好地管理公司的事务，议会中各个政党提出了各种不同的方案。而这些方案似乎都同意一点，那就是——的确是一向就非常明白的——公司完全不适于治理它所占领的领土。甚至公司自己也认为自己没有这种能力，因此想把领地让给政府。

有权在遥远而野蛮的国家设置堡垒和守备军，必定也有权在这个国家发动战争或维护和平。拥有前一权力的股份公司经常行使后一权力，也常常明确地被授予这一权力。他们在行使这一权力时通常是多么不公正、多么反复无常、多么残酷，这从最近的经验，我们已经知道得很清楚了。

当一批商人自己冒险和出钱来与某个遥远、野蛮的国家进行新的贸易，那么，政府将其组成股份公司，并在他们成功时赋予他们对这种贸易若干年的垄断权，可能并不是不合理的。这是国家对他们这一既危险又费钱，但以后会给公众带来好处的尝试的最容易、最自然的报偿。给与一种新机器的发明者专利权、给与一本新书的作者著作权的那些原则，也可以拿来为这样一种暂时性的垄断权进行辩护。不过，在期限过后，垄断权是应当取消的。堡垒和守备军如有维持的必要，应当交到政府手里，由政府对公司做出相应补偿，而那一贸易应向全国人民开放。假如公司长期垄断经营，将使其余民众增加两种不合理的负担：第一，使货物的价格高昂，而这价格在自由贸易的情况下本可以很低；第二，使许多人被排除在一种他们本可得便经营并有利可图的生意之外。而他们承受这种负担只带来一个最没价值的结果，就是使某公司能支持自己职员的疏忽、浪费和贪污，这些职员的胡作非为不但不能使公司的股息超过自由贸易的普通利润率，反而常常使股息大大低于这一利润率。但是，根据经验，股份公司如果没有垄断权，似乎就不能长期进行任何门类的对外贸易。在一个地方购买货物，运往另一个地方出售赚取利润，如果在这两个地方都有许多竞争者的话，就不仅需要时刻留心需求情况的偶然变化，而且还要时刻留心竞争的情况或满足需求的其他供给者的更大更频繁的变化；运用巧妙的手腕和正确的判断力，使得各种货物数量都能适应需求、供给和竞争各方面的变化情况，这俨然是在进行一种不断变化的战争，只有毫不松懈地警惕着和注意着才能取得成功，而我们不能期望股份公司的董事们有这种持久力。东印度公司在债务已经偿还、专营特权已经终止后，议会仍准许它继续作为一家股份公司以法人资格与东印度进行贸易，享有和其他国民平等的权利。但是，在这种境况下，私人冒险者的警惕与注意力方面的优势，十有八九会让他们很快厌倦这种贸易。

对经济学很有研究的法国知名学者莫雷勒神父，曾列举出了1600年后在欧洲各地设立的55家对外贸易股份公司，据他说，尽管这些公司都有专营特权，但都因管理不善而遭到了失败。这其中有两三家公司他弄错了，它们不是股份公司，也没有失败。可是在另一方面，还有几家失败的股份公司他没有列入名单。

股份公司有可能在没有专营特权时成功经营的行业，只有那些所有业务和工作都能程序化，或者说工作方法单一、很少变化或毫无变化的行业。这类行业有四种，其一是银行业，其二是海难、火灾、战祸保险业，其三是建设和维护通航河道或运河，其四是大城市的供水业。

银行业的原理虽然看起来深奥，但在实践中可以简化为一些严格的规则。如果不顾这些规则进行投机经营，几乎总是极度危险的，且常常将试图这样做的银行置于无可挽救的境地。而一般来说股份公司比私人公司更能坚守成规。因此，股份公司似乎很适合从事这一行业。也因此，欧洲主要的银行都是股份公司的性质，其中许多没有专营特权也经营的非常成功。英格兰银行没有专营特权，只不过其他银行被规定了股东不得超过6个人而已。爱丁堡的两家银行也都是股份公司，没有专营特权。

对于火灾、海难和战祸的损失，虽然其价值没法精确地计算出来，但可以进行大致的估计，因而在某种程度上可以简化为严格的规则和方法。所以，股份公司可以成功地经营保险业，无需专营特权。如伦敦保险公司和皇家贸易保险公司，都没有取得这种特权。

通航河道或运河一旦建成，它的管理就变得非常简单和容易，也可以简化为严格的规则和方法。甚至它的修建也是如此，因为可以和承包商订立合同，规定修一英里多少钱，建一个水闸多少钱。修筑运河、沟渠或向城市供水的大水管也可以这样做。所以，这种事业可以由而且常常由股份公司非常成功地经营，无需专营特权。

但是，如果设立一家股份公司，不管什么行业，仅仅是因为它可能经营得成功；如果免除某些对一般人都起效的法律对某些商人的约束力，仅仅是因为他们有这种豁免就能兴旺发达，那肯定都是不合理的。要使建立这样一家无特权的股份公司完全合理，除了其业务可以简化为严格的规则和方法之外，同时还应具备两个其他条件。第一，这种事业的效用应该明显地比其他大部分一般事业的效用更大、更普遍；第二，它需要的资金多于私人合伙公司能够筹措到的资金。凡是以中等资本就能创办的事业，即使其效应很大，也不足以成为设立股份公司的理由，因为，在这种情况下，对它所要生产的东西的需求，很容易由私人冒险者去供给。就上述四种行业来说，它们都同时具备这两个条件。

银行业经营得当时的巨大和普遍的效用，已在本书第二篇作了详细的说明。而如果一家银行打算提供国家信贷，在特别紧急的情况下向政府垫支某项税收的全部税款，数额达数百万镑，一两年之后才能收回，那么，就需要比任何私人合伙公司所能轻易筹集的数额更大的资本。

保险业能够给个人财产提供很大的保障，将可能毁灭一个人的损失分摊在许多人身上，使得这种损失能由社会轻易承担。不过，为了提供这种保障，承保商必须有非常大的资本。伦敦两家保险股份公司成立以前，据说检察长手里拿到一个名单，列有150个私人保险商的名字，他们全都开业不到几年就失败了。

通航水道和运河，以及向城市供水的各种必要工程，均具有巨大的和普遍的效用，同时其所必需的巨额费用也超出了私人财产的承受能力，这也是十分明显的。

除了上述四种行业外，我还没有发现任何其他行业能同时具备设立股份公司所必需具备的三个条件。比如伦敦的英国制铜公司、炼铅公司和玻璃公司，它们追求的目标并不见得有巨大的或独特的效用，所需费用也并不是许多私人财产难以承担。我不知道，这些公司所经营的业务，是否能简化为适合股份公司管理的严格规则和方法，也不知道它们是否真的有它们吹嘘的丰厚利润。矿山开采公司老早以前就破产了。爱丁堡的不列颠麻布公司的股票，近来虽没有前几年跌得那么厉害，但其售价仍大大低于其票面价值。而那些为了促进某种制造业所设立的有公益目的的股份公司，除了对自己的业务经营不善以致大大减少社会的总股本以外，在其他方面也常常是害多利少。这些公司的董事们尽管用意良好，但他们由于承包商的误导和欺骗所不可避免的对某些特定制造业的偏爱，对于其他的制造业必然是一种挫抑，必然会或多或少破坏在其他情况下会存在的适当产业与利润间的自然比例，而这种自然比例本乃对一国的一般产业最大、最有效的鼓励。

第二项　论青少年教育机构的开支

青少年教育机构同样能以自己的收入承担自己的开支。学生付给老师的学费或礼金自然构成这类收入。

教师的报酬即使不是完全来自这项自然收入，那也不需要由社会的一般收入——在许多国家，这是由行政当局来征集和支配的——来开支。在欧洲的大部分地区，学校和学院的捐赠基金并不依赖社会的一般收入，即使有，数目也非常少。在各地，这种基金主要来自一些地方收入，来自某些地产的租金，或者来自君主或私人捐赠者设立的专用款项的利息。

这种公共捐赠基金是否一般有助于促进设置它们的目的？它们是否有助于促进教师的勤勉、提高教师的能力？它们是否改变了教育的自然路线，使之转向对个人和公众两方面都更有用的目标？似乎不难对这些问题作出一个至少是大致的回答。

对于大部分人来说，不论从事何种职业，工作是否努力总是要看是否有必要努力。如果一个人的财富或者说日常收入和生活资料全都来自他的职业工资，那他努力工作就非常有必要。他为了挣得这财富，甚至只是为了糊口，必须在一年当中完成一定数量的明码标价的工作；如果竞争自由而激烈，各人相互排挤，那他还要努力把工作做得完美无缺。当然，某些特定职业的伟大目标有时候也会鼓舞一些有气魄和雄心的人去努力工作。但是，很显然，要激发最大的努力并不需要伟大的目标。即使是在卑微的职业中，竞争的胜利也可以成为野心的目标，并常常激起最大的努力。相反，如果仅有伟大的目标而没有实干的必要性，往往不足以激起很大的努力。在英国，法律职业领域里的成功可以达到许多极大的野心目标，但生长于富贵家庭的人，能在这种职业上称得上杰出的又有几个？

一所学校或学院如果有了一笔捐助基金，教师努力工作的必要性就必然要减少一些。教师的生活要是每月由这种基金提供的一定薪水来维持，那显然就与他在自己职业上的成绩和名声无关。

在某些大学，教师的薪水常常只占他的酬劳的一小部分，其余大部分的酬劳来自学生的礼金或学费。在这种情况下，教师努力工作的必要性虽然总是或多或少有所减少，但不会完全消失①。职业上的名声对他仍然是重要的，他仍然对学生们对他的爱戴、感谢和好评有所依赖。他要得到这些，只有让自己能配得上这些，也就是说，他必须以自己的能力和勤勉努力地履行各项职责。

在其他一些大学，教师被禁止接受学生的礼金或学费，他的薪水就是他从他的工作中得到的全部收入。在这种情况下，教师的追求和职责完全处于对立的状态。每个人都喜欢过尽可能安逸的生活；如果不论他是否履行某项辛苦的职责，他的报酬都完全一样，那他肯定会完全忽视这项职责，即使有某种权力不容许他这样做，他也会在这种权力的容忍限度内尽量敷衍了事。如果他生性积极、热爱劳动，那他与其从事这种没有奔头的职务，还不如去找点有好处的事情去做。

如果教师所服从的权力属于一个学院或大学共同体（他自己是这共同体中的一员），其他成员

---

① 约翰·雷在《亚当·斯密传》中，斯密在格拉斯哥的薪水可能是70镑左右，外加一所住宅，而他收的学费接近100镑。

大部分也和他一样是教师，那他们可能会达成默契，彼此纵容，只要自己的不称职可以被容许，那其他同事的不称职也可以接受。在牛津大学，大部分公共教授这些年来甚至连表面上装作教师也不屑了。

如果教师所服从的权力不属于他自己所属的共同体，而掌握在某些外部人物例如主教、省长或某个内阁大臣手上，那么，在这种情况下，他想完全不履行职责是做不到的。不过，这种上级所能做的，只不过是迫使他花一定的时间在学生身上，即每星期或每年做一定次数的授课或演讲。至于讲课的具体内容如何，那依然要看教师的勤勉程度，而他的勤勉程度又可能取决于他要付出这种努力的动机。此外，这类来自外部的监督往往可能是无知和反复无常的。这种权力难免不具备任意性和专断性，行使这监督权力的人，既没有亲自听过教师本人的讲课，可能也不懂他们讲授的那门学科，因此很难有鉴别和判断能力。而且，这种职位所产生的傲慢，也往往使这些人不关心他们自己做得怎样，倒是使他们喜欢胡乱任意地谴责或开除教师。教师处于这样的淫威之下，其身份必然降低，他们原本是社会上最受尊敬的人，现在却成为最卑贱、最受轻视的人了。为了在这种坏处境中有效地保护自己，他只有寻找强有力的保护，然而最可能获得这种保护的途径，并不是凭他在职务上的能力和勤勉，而是曲承他的上级的意志，并随时准备为这种意志牺牲他所在的共同体的权利、追求和荣誉。只要在一段时间内对一所法国大学多多留意，就一定能看到这种外部的、专断的监督权所自然产生的影响。

不管是什么迫使一些学生不问教师的学问和名望去上某所学院或大学，都或多或少会减少教师们具备这种优点和名望的必要性。

当只有在某一大学里呆满一定年数才能获得艺术、法律、医学、神学各科的毕业生特权时，这必然迫使一些学生进入这些大学，而不问教师的学问和名望如何。毕业生特权也算是一种学徒制度。但正如其他学徒制度曾有助于技术上和制造业上的改进，毕业生特权这种学徒制度也曾有助于教育上的改进。

奖学金、研究费和助学津贴这类慈善基金，必然会吸引一些学生进入某个大学而完全不问这个学校的优点如何。如果受这笔慈善基金资助的学生可以自由地选择他们自己最喜欢的学校，那这种自由倒是可能有助于激起各学校之间的竞争。但是相反，如果规定各学校的学生，甚至是自费生，不经本校许可不得转入其他学校，那各个学校很可能就不会搞竞争了。

如果，各个学院给学生传授科学和艺术的老师不是由学生自由选择，而是由校长指派；如果，在这位老师怠慢、无能、坏脾气的情况下，学生未经申请和许可不得更换其他人，那么，这种制度不但会大大减少同一学校内各教师之间的竞争，而且也会大大减少他们勤勉任教以及把时间花在各自的学生身上的必要性。像这类教师，即使领受了学生优厚的报酬，也可能会像那些完全没有接受学生报酬或除了薪水没有其他收入的教师那样，对学生不管不顾。

如果老师刚好是一个敏感的人，那当他意识到他在给学生授课时说的都是一些废话或比废话好不了多少的东西时，他一定会感到非常不安。如果他看到大部分学生不来听他的课，或者在课堂上表现出明显的漠视、轻蔑和嘲笑，那他也一定会非常不快。因此，如果他必须开一些次数的课，单是这种动机，没有其他利益，也会促使他去用心备课，讲出比较好的水平。不过，他也可能采取几种取巧的办法，这些办法都能使一个人放松对勤勉的要求。他有时可对所教的学科，不自加解释，而把关于那种学科的书籍拿来念一念；如果这本书是用外语或枯涩的语言写的，他就把他翻成本国语或口语向学生讲述；或者，更不费力的方法，是叫学生来解释，自己听着，偶尔加以点评，这样，他便可以骗自己他是在授课了。这种轻而易举的事，只需很少的知识和努力就足够了，这既使他不致当面遭到学生的轻蔑或嘲弄，也可让他避免讲出真正愚蠢、无意义和可笑的话。同时，学校的纪律也可以让他迫使所有的学生规规矩矩地来听他的授课把戏，并在整个表演时间内保持对他最礼貌、最尊敬的举止。

学院或大学的纪律，一般不是为了学生的利益、而是为了教师的利益制定的，更准确地说，是为了让教师更轻松自在而制定的。在所有场合，它的目的都是为了维护教师的权威，不管教师称职不称职，它都要迫使学生在教师面前保持虔敬，好像他是一个尽了最大努力的教师那样。这种纪律似乎假定了教师都是有智慧和德行的，而学生则是没头没脑、愚不可及。然而，我相信，只要教师真正履行了他的职责，大部分的学生也决不会忽略他们的义务。如果讲课真值得学生到堂聆听，就从不需要什么纪律强迫他们去听，这，在一切有这种课的地方都是众所周知的。强迫和限制，对于迫使儿童或小孩接受他们在生命初期被认为必须接受的那部分教育来说，某种程度上无疑是必要的；但在十二三岁以后，只要教师履行他的职责，强迫或限制对于进行任何教育都是不必要的。大部分青年人都是十分宽容的。只要老师对待对他们有用的东西的态度是严肃的，那就别说是忽视或鄙视老师的讲授，就连老师在讲课时的许多错误，他们通常也会原谅的。有时候，他们甚至会在公众面前掩盖他的许多重大疏漏。

应当指出，非公立机构实施的那部分教育，通常教得最好。当一个青年进入一所击剑学校或舞蹈学校时，他虽然并不是总能把击剑或跳舞学得非常好，但他绝不可能学不会击剑或跳舞。马术学校的学习效果通常就不是这么显著。马术学校的开支十分巨大，在大多数地方都是属于公立机构。文科教育三个最主要的部分，即诵读、书写和算术，迄今学习这三者的人，进私立学校的仍然比进公立学校的普遍；但学习者都能学到所必要学到的程度，学习失败了的，几乎没有一个。

在英国，公共学校（public schools，又译公学——译者）远不如大学那样腐败。在公共学校，青年人能学到或至少可能学到希腊语和拉丁语，也就是说，老师们声称要教的、或者他们应该教的所有功课，实际上都会教给青年。但在大学，青年人既没有学到这些教师共同体所应该教给他们的科学，也找不到学习这些科学的适当手段。公共学校教师的报酬，在许多情况下主要是来自学生的礼金或学费，在某些情况下则全部来自于此。公共学校对私人学校并没有特权。一个人要取得公共学校的毕业学位，他并不需要证明他在公共学校学过多少多少年。如果在考试的时候他显示出已经了解了公共学校所教的东西，那就不问他在什么学校学的这些东西。

通常由大学教授的那部分知识，或许可以说不是教得很好。但是如果没有这些大学，这部分知识或许就完全不会有人去教，而无论个人还是社会都会因为缺乏这些知识而遭受重大损失。

现在欧洲的大学，最初大部分都是宗教机构，是为了教育神职人员而创办的。它们的设立仰赖教皇的权威，完全处于他的直接保护之下，学校中的教师和学生都拥有当时所谓的僧侣特权，不受他们的大学所在国的普通民事法庭管辖，只服从宗教法庭。在大部分的这些大学里所教的，都是适合于其创立目的的东西，不是神学，就是神学的预备课程。当初基督教的地位被法律确认时，一种变异的拉丁语已经成了西欧所有国家的通用语言。因此，那时教堂的礼拜，以及教堂诵读的圣经的译文，使用的都是这种变异的拉丁语，即该国的通用语言。在外族入侵、罗马帝国被颠覆以后，拉丁语渐渐在欧洲各地不大通行了。但是，虽然最初引入宗教形式和仪式并使其合理化的环境早已改变，人民的虔诚却自然地把这些已经建立的形式和仪式保存了下来。因此，虽然各地的老百姓都不再懂拉丁语，教会的礼拜却依然使用这种语言。于是，在欧洲也像在古代埃及那样，通行着两种语言：一种是僧侣的语言，一种是人民的语言；一种是神圣的语言，一种是凡俗的语言；一种是有学问的语言，一种是没学问的语言。僧侣们必须懂得一些他们在执行职务的时候所使用的神圣的和有学问的语言，因此学习拉丁语从一开始就是大学教育的一个必不可少的部分。

而希腊语和希伯来语的情况却不是这样。号称绝对正确的教会训谕宣布，《圣经》的拉丁语译本（即通常所说的"拉丁版圣经"）同样是神的灵感所口授，因此与希腊语和希伯来语的原本圣经具有同等权威。所以，关于这两种语言的知识对于神职人员来说就不是必不可少的，对它们的学习在很长一段时间内也未成为大学普通课程的必要部分。我确信，有些西班牙大学甚至从未把学习希腊语列入普通课程之中。后来，最早的宗教改革家们发现，希腊语的《新约全书》，甚至希伯来语的《旧约全书》，比逐渐适合于支持天主教教义的拉丁版圣经对他们自己的主张更有利。于是他们以前两者为依据来寻找和揭露拉丁文译本的谬误，而罗马天主教的教士们则不得不做出辩护或澄清。但是，如果没有希腊语和希伯来语的一些知识，辩护和澄清也一定行不通，因而对这两种语言的学习逐渐进入了大部分的大学课程，不论是拥护改革派教义的大学还是反对改革派教义的大学都是如此。希腊语与古典哲学研究的每一方面都是有关联的，而古典哲学研究虽然最初只是天主教徒和意大利人的学问，但在改革派教义开始盛行的时候也变得流行起来。因此，在大部分大学，学生在对拉丁语有所掌握之后就要学习希腊语，作为修习哲学的准备。至于希伯来语，则和古典哲学研究没什么关系，除了圣经之外，并没有一本值得重视的书是用这种语言写成的，所以对希伯来语的学习一般是在学了哲学之后、进入神学学习时才开始。

最初，各个大学都开设希腊语和希伯来语的入门课程，现在有一些大学仍是如此。但另外一些大学现在则希望学生在进入大学之前已经有了这两门语言或者是其中某一门语言的入门知识，以方便对它们的进一步研究，现在这种研究已成为各地大学教育中极重要的一个部分。

古代希腊哲学分为三个科目：物理学，或自然哲学；伦理学，或道德哲学；逻辑学。这种大体上的划分看起来非常符合事物的性质。

伟大的自然现象——天体的运行，日食月食，彗星；雷、电和其他异常的大气现象；植物和动物的发生，生命，生长和死亡，等等——必然会引起人类的惊奇，所以自然会唤起人类的好奇心，促使他们去探究其原因。最初，迷信企图把这一切令人惊异的现象归因于神的直接作用。后来，哲学力图用比“神的作用”更切合实际、更容易为人所理解的理由去说明它们。由于这些伟大现象是人类好奇心的最初目标，所以用来解释它们的科学自然成为哲学的第一个部门。因此，历史上有所记载的最早的哲学家，似乎都是自然哲学家。

在世界上的每一个时代每一个国家，人们必然会彼此留心人的性格、意图和行为，总会共同规定并确认关于人类生活中的行为的许多高尚的规矩或准则。当书写开始普及，聪明的人或自认为聪明的人自然会试图给这种既定的和受推崇的准则添砖加瓦，表达他们自己对正当行为和不正当行为的意见。他们有时用比较绕弯子的寓言形式，如《伊索寓言》；有时又采用比较单纯的箴言或格言形式，如《所罗门箴言》、提西奥尼斯和弗西里迪斯的诗，以及赫西俄德的一部分作品。他们在一个很长的时期内，总是这样增加智慧和道德准则的数量，而从来没想要按一种清晰的和有系统的顺序将它们排列出来，更不用说找出一个或几个总体的原则将所有这些准则贯穿起来，使得它们具有可推论性。在不同的观察结果中找出一些共同的原理，并使之有组织有系统的排列，这种秩序美首见于古代走向自然哲学体系时的粗浅论文之中。随后，类似的文字也渐渐在道德领域出现。日常生活中的准则，像自然现象的研究那样，也按某种有组织的次序排列出来了，并且也用少数共同原理综合贯穿起来了。研究和说明这种综合贯穿之原理的科学，被称为道德哲学。

对自然哲学和道德哲学，不同的作者提出了不同的体系。但他们用以支持这些体系的根据，往往不是论证，在最好的情况下只是一些十分勉强的巧合，有时则仅仅是用模棱两可和强词夺理的日常语言所作的毫无根据的诡辩。思辨哲学体系的那些东西，对于一个将要和孔方兄打交道的人来说，都是虚妄的和无谓的。纯粹的诡辩对于人类的思想几乎没有什么影响。但在哲学和思辨领域，诡辩却有最大的影响。各个自然哲学体系或道德哲学体系的维护者，自然都会要努力揭露用来支持与自己的体系相对立的体系的那些论据的谬误。在考察这些论据时，他们必然要考虑概然性论据和实证性论据的区别，似是而非的论据与决定性论据的区别；由这详细审查所引起的种种观察结果，必然会产生一种科学，讨论正确的和错误的推论的一般原理，这种科学就是逻辑学。虽然逻辑学在起源上晚于物理学和伦理学，但在古代大部分（不是全部）的哲学学校中，逻辑学通常总是早于其他两者进行讲授的。那时似乎认为，要使学生就物理学和伦理学这种重要的主题进行推论，首先应该使他们十分清楚正确推论和错误推论的区别。

将哲学分为三个部分这种古老的划分在欧洲大部分大学中有所改变，变成划分为五个部分。

在古代哲学中，关于人类精神的性质或神的性质的研究，都算作物理学体系的一部分。这些东西，不管假定构成它们的本质是什么，好歹是宇宙大体系的一部分，而且是宇宙中最重要的生产性事物的一部分。无论人类理智对这两种事物作出什么推断，都会被当做——如其所是——试图解释宇宙大体系的起源和运转的科学中的两个关节（chapter），虽然无疑也是十分重要的两个关节。但在欧洲的大学中，哲学既然是作为神学的附属学科来讲授，那在这两个关节上比在哲学的其他内容上停留得更久是很自然的事情。这两个关节逐渐深化和扩大，并又形成了许多次一级的关节，直至最后，关于灵魂（spirit）——对此我们知道得如此之少——的学说，在哲学体系中拥有了与关于肉体——对此我们可以知道得那么多——的学说相同的内容量。这两种学说自此被视为截然不同的两个学科。所谓的形而上学或圣灵学被设置为与物理学相对立的学科，不仅是作为更为崇高的学问来研究，而且就某一特定职业而言，被当做更有用的学问来研究。需要实验和观察的正当学科，即只要用心就能做出许多有用的发现的学科，几乎被完全忽视了。而前一学科，即使再怎么用心，除了从中发现一些极其简单明显的道理之外，就只能发现暧昧和含混，因而只能产生狡智和诡辩，但这种学科却被人大加研究。

当形而上学和物理学这样被放在相对立的地位时，对它们的比较自然会产生第三种学科——本体论，即研究其他两种学科的研究对象的共同特质及属性的学科。但是，如果说各学派的形而上学或精神学有大部分是狡智和诡辩，那本体论这种捣浆糊的学科——有时候也被称为形而上学——就全部是狡智和诡辩。

一个人在作为个体时，以及他在作为家庭的一员、国家的一员和人类社会的一员时，他的幸福与完善各各何在，乃是古代道德哲学要研究的主题。在这一哲学中，人生的各种义务，都被视为是为了人生的幸福与完善。但是，当道德哲学也像自然哲学一样被当做神学的附属学科时，人生的义务却被视为主要是为了来生的幸福。在古代哲学中，德行的尽善尽美，被认为必然使有这德行的人在今生享有最完全的幸福。而近代哲学的观点却认为，尽善尽美的德行通常是或者几乎永远是与今生的任何幸福相矛盾的；要想进入天国，只能靠忏悔和禁欲，靠僧侣的苦行和贬低自己，却不能靠自由、慷慨和英勇的行为。诡辩的决疑论（casuistry）和禁欲道德观在大多数情况下成了各学派的道德哲学的大部分内容。哲学中最重要的部分也就这样成了最腐朽的部分。

因此，欧洲大部分大学的哲学教育一般就是按照这个路线。首先教逻辑学；其次是本体论；然后是圣灵学，包括关于人类灵魂和神的性质的学说；接着教一种变质的道德哲学，这一学科被认为与圣灵学、与人类灵魂的不朽、与神对来生可能的赏罚直接相关；最后，通常以简单粗浅的物理学作为结束课程。

欧洲大学对古代哲学课程内容所作的修改，都是为了僧侣的教育，是为了使哲学成为神学研究比较合适的台阶。而这种修改所引入哲学的狡智和诡辩、决疑论和禁欲道德观等附加内容，无疑并未使哲学更适宜于绅士或一般世人的教育，或更有可能增进他们的悟性，改善他们的心灵。

这种哲学课程现在仍然是大部分欧洲大学的教学内容，而授课老师的勤勉，则受制于各大学的制度为这种勤勉提供的必要性。在那些最富裕、有最多捐赠基金的大学，老师们往往只讲一些这种变质的课程的零碎片断就好了，而且，即使是零碎片断，也都讲得非常马虎和肤浅。

现代对哲学的各个科目所做的改进，大部分不是在大学里做出的，虽然无疑也有一些是在大学里做出的。即使做出了改进，大部分的大学在采用它们时也不是很积极；有一些这样的学术团体还仍然愿意长期充当那种已被外面的世界所拒绝的破产体系和陈腐偏见的庇护所。一般来说，最富裕、捐赠基金最多的大学在采用这些改进方面是最慢的，也最不愿意对行之已久的教育计划做出任何重大的改变。而在较穷的大学，教师的衣食主要仰赖于他们的名声，他们不得不对时代思潮予以更多的关注，因此在这些大学就比较容易引入这些改进。

虽然欧洲的公共学校和大学最初的目的只是为了实施对僧侣这一特定职业的教育，虽然他们即使是在对学生讲授这一职业所必要的知识上时也并不总是很勤勉的，但它们仍然逐渐开展了对几乎所有其他人，特别是对绅士和有钱人家子女的教育。从人的幼年时期到他开始认真地从事某项事业——某项他要毕生从事的事业——之前，还有很长一段时间。要度过这段时间，似乎没有比进学校和大学更好的有益处的办法了。然而，学校和大学里所教的大部分课程，似乎并不是对他要从事的事业最好的准备。

在英国，青年人刚从学校毕业，不把他送入大学，却把他送往外国游学，这已经日渐成为习俗。据说，青年人游学归来，一般都有了很大的长进。但一个青年在十七八岁的时候出国，21 岁回来，回国时比出国时大三四岁，在这个年龄，在三四年之中要是没有很大的长进倒是怪事。在他游学的过程中，他一般会学到一两门外语知识，但是这些知识，常常不足以使他说得流利，写得通顺。另一方面，他回国之后，一般会变得更自以为是、更不约束自己、更放荡，更加不能认真地学习或做事。如果他不到外国，留在家中，在这短期之内，决不会变得如此。年纪轻轻就这样去漫游，远离双亲和亲戚的监督和控制，把一生中最宝贵的年华消磨在无谓的浪荡上，这使得他在早年的教育中有可能形成的一切好习惯不是得到巩固和加强，而是被削弱，直至丧失殆尽。只是因为大学落到了不受信任的地步，这种在生命早期出国游学的毫无意义的做法才得以流行。把自己的儿子送出国，做父亲的至少可以在一段时间里摆脱这样一件事，即眼睁睁看着自己的儿子无所事事、漫不经心地堕落下去。

而这就是某些现代教育机构的成果。

在其他的年代、其他的国家，似乎有着不同的教育计划和教育机构。

在古希腊的各个共和国，自由公民在国家官员的主持下，受到体育训练和音乐教育。体育训练的目的，在于强健身体，增加勇气，为经受战争的疲劳和危险作准备；根据希腊民兵在所有记录中都是世界上最好的民兵之一这一点来看，这一部分的公共教育一定是完全达到了它的目的。而另一部分公共教育，即音乐教育，根据那些为我们留有关于这些制度的记录的哲学家和历史学家的意见，其目的在于使人通达人情、性情温和，能履行公共生活和私人生活中的一切社会义务和道德义务。

在古罗马，竞技场上的锻炼目的和希腊运动场上的锻炼目的相同，并且也似乎同样好的达到了目的。但在罗马人中间没有和希腊人的音乐教育相当的东西。可是，罗马人的道德，不论是在个人生活中还是在公共生活中，不仅不比希腊人差，而且总的来说还比希腊人更好。罗马人在个人生活上好于希腊人，曾由通晓两国国情的学者波利比奥斯和哈利卡尔那索斯的狄奥尼修斯两人予以证明；至于罗马人在公共道德方面的优越，希腊和罗马的整个历史进程可以证明。各党派间争执的成员，不发脾气，不走极端，这似乎是自由民族在公共道德方面最主要的要求。希腊的党派争执几乎总是暴力的和残酷的，但罗马人直到格拉古兄弟时代之前，从未因为党争而引发流血事件，而从格拉古兄弟时代起，罗马共和国实际上可以说是解体了。所以，尽管是柏拉图、亚里士多德和波利比奥斯这样值得尊敬的权威的倡导，尽管孟德斯鸠对于支持这些权威有十分有见地的理由，但希腊人的音乐教育似乎对改善道德并未有明显的效果，因为，罗马人没有音乐教育，其道德总的来说却比希腊人更好。上述这些古代哲人由于对祖先的制度的尊敬，可能使他们乐于从一些仅仅是古老习俗的事物中去寻找政治智慧，这种习俗从远古一直传到了具备相当文明程度的社会时期。音乐和舞蹈几乎是所有原始民族的重要娱乐方式，也被认为是适合每一个人取悦他人的技艺。在今天的非洲海岸的黑人中间是如此，在古代凯尔特人和古代斯堪的纳维亚人中间是如此，而我们在荷马史诗中看到，在特洛伊战争之前的古代希腊人中间也是如此。当希腊各部落自己组成小共和国的时候，学习这种技艺在很长一段时间内成为人民的公共教育和普通教育的一部分，这是很自然的。

教授青年人音乐或军事训练的老师，在罗马，甚至在法律和习俗最为我们所熟知的希腊共和国的雅典，似乎都不是由国家支付报酬的，甚至也不是由国家任命。国家要求，每一个自由公民应当使自己适于在战时捍卫国家，因此必须接受军事训练。但进行军训的教师，则由公民自己去寻找，国家所提供的，除了一个公共场地或训练地点供他操练和演习之外，别无其他。

在希腊和罗马各共和国初期，除上述内容外，教育上的其他内容就是学习阅读、书写以及根据当时的算术进行计算。这些技能，富人往往是在家中请家庭教师教授，教师既可以是奴隶，也可以是自由人，而穷人则到这样的教师开设的学校缴费学习。但是，不论是在家中学习，还是在学校学习，这一部分教育完全听任各个学生的父母或监护人的安排，国家似乎不负检查或督导的责任。而根据梭伦制定的法律，如果做父母的人忽视了对子女进行某种有用的教育，子女也可以免除在其父母年老时对他们的赡养义务。

随着文化程度的提高，当哲学和修辞学开始风行，上层社会的人有时候会把子女送往哲学家和修辞学家的学校，让他们学习这两门时髦的学问。但是，对于这种学校，国家没有给予任何支持，在很长一段时间内，国家只是予以默认而已。对哲学和修辞学的需求曾在长时期内都很小，以致最初一批以此为职业的老师不能在任何一个城市找到永久性的工作，而不得不在各地之间流动。埃利亚的芝诺、戈吉阿斯、希皮阿斯以及其他许多学者，都过着这种生活。当需求增长时，哲学和修辞学学校就变成了固定的，先是在雅典出现，接着在其他城市也有同类学校的设立。可是，国家对于这种学校，除了有的拨给一个特定场所作为校址——有时候也由私人捐赠——之外，从未有进一步的鼓励。国家指定给柏拉图的学校称为 Academy，指定给亚里士多德的学校称为 Lyceum，指定给西塔的芝诺（斯多葛学派的创始人）的学校叫做 Portico。而伊壁鸠鲁则把他自己的花园留给了他的学校。但是，直到大约马库斯·安托尼奥的时代为止，教师似乎都没有从国家得到任何薪俸，除了学生的谢礼或学费之外，他们也没有任何其他的报酬。我们从鲁西安的书中读到过，那位爱好哲学的皇帝发给一位哲学教师的奖金，在这位皇帝死后也就停发了。这些学校的学生并没有什么毕业生特权，上这类学校也不是从事某种特定行业或职业的必要条件。如果对这种学校的教学效用的舆论不能吸引学生前来，那法律是不会强制任何人进这类学校的，也不会给进这类学校的人什么奖励。这些学校的教师也没有对学生的管辖权，他们除了以自己的德行和才能博得在学生面前的自然权威之外，没有其他的权威可言。

在罗马，对民法的学习被当做教育的一部分，但不是大众教育的一部分，而只是某些家庭教育中的一部分。想获得法律知识的青年，并没有一个公共学校可进，他们除了和被认为懂得法律的亲戚朋友时常来往之外，没有其他的学习途径。而值得注意的是，虽然十二铜表的法律有许多是抄自某些古希腊共和国的法律，但法律却并不曾在希腊任何一个共和国发展成一门学科。在罗马，法律很早就成为了一门学科，那些有名的精通法律的人，都会博得很显著的荣誉。在古希腊各共和国，特别是在雅典，普通的法院都是由乌合之众所组成，他们在做判决时几乎总是喧闹、随意的，常常是由一时的宗派意见和党派精神来决定的。当审判不公正的坏名声是由500人、1000人甚至1500人（希腊有些法院就是有这么多人数）来分担时，落到每一个人头上的黑锅就不会很大。与之相反，在罗马，主要的法庭都是由一个或几个法官组成，判决要是草率或不公正，特别是当他们进行公审时，他们的品格就要大受贬低。遇到疑难案件时，这些法庭由于希望避免世人的责难，自然常常会力图用本法庭或其他法庭的前任法官所留的范例或先例作为护身符。正是这种对惯例和先例的关注，使罗马法形成了流传至今的有规则、有秩序的体系；其他产生这种关注的国家，其法律也会有同样的结果。波利比奥斯和哈利卡尔那索斯的狄奥尼修斯多次提起的罗马人的性格比希腊人优越，或许更多的是由于罗马人的法院制度比希腊人的更好，而不是由于这两位学者所提出的其他原因。罗马人据说以重承诺、重宣誓而著称。但是习惯于在办事勤勉、消息灵通的法庭面前宣誓的人，比起那些习惯于在无纪律和无秩序的人头大会面前宣誓的人来说，自然会更尊重自己的誓言。

希腊人和罗马人的行政能力和军事能力，至少不会比现代任何一个国家的国民差，这是大家都会承认的（我们的偏见或许不如说是对他们的能力估计过高。）。但是除了军事方面的训练，国家似乎没有对这种能力的形成做出其他什么贡献，因为我无法相信希腊人的音乐教育对此产生了什么重大的影响。不过，在这些国家中，上层社会的人如果要学习当时社会环境视为必要或有益的任何技术或学问，似乎都可以找到教师。有开花就会有结果，有对于这种教育的需要，就产生了进行这种教育的才能，而自由的竞争更使这种才能达到了极高的水平。古代哲学家能抓住听讲者的心，统领他们的意见和原则，赋予他们的行动和言论以某种气质和风格，在这些方面他们似乎远远强于现代的教师。在现代，公共教师所处的环境使他们多少有点不必关心自己在业务上是否有名望，是否成功，他们勤勉的程度便不免因此而有所降低。而由于他们的薪俸，私人教师要想与他们竞争，也就像一个未得到任何奖金的商人想与一个得到了很多奖金的商人竞争一样。如果没有奖金的人以和有奖金的人差不多同样的价格出售货物，他绝不可能得到相同的利润，这样做即使不破产，也难逃穷困潦倒的命运。如果他以更高的价格出售货物，顾客就非常有限，他的处境也不会更好。此外，毕业生的特权对于大多数从事有学问的职业的人来说，在许多国家都是必不可少的，至少是非常便利的。但是，要想获得这种特权，只能去听公共教师的课。私人教师教得再好，在他的课上学得再认真，也不能获得要求这种特权的资格。由于这种种原因，大学里通常会教的那些学科上的私人教师，在现代一般被看做属于最低层次的学者。对于一个有真本事的人来说，这要算最耻辱、最无益处的职业了。就这样，学校和大学的捐赠基金不但腐蚀了公共教师的勤勉，而且也使社会上几乎不可能有优秀的私人教师。

如果没有公立教育机构，那么，不是有某种需求的体系或学科，或者说，不是在当时的环境里特别必要、特别有用或特别时髦的学科，根本不会有人教授。一种曾被认为有用但已被推翻或流为陈腐的学科体系，或一种大家都信其无用、只不过是一堆书生气的无意义的诡辩的学科，私人教师一定不会去教授。这种学科，这种体系，只能继续存在于繁荣和收入不依赖于其名声和勤勉的教育团体里。而假如没有这样的公立教育机构，一个勤奋和有能力的绅士，在受过时代所能提供的最完全的教育以后，在进入世界时也决不会对绅士和普通人通常谈论的主题一无所知。

在女子教育方面没有公立机构，因而在女子教育的普通课程中从来没有无用的、荒谬的或不合理的东西。女子所学的，都是她的双亲或监护人认为她必须学习或学了对她有用的课程，别无其他。她所学的每一样东西显然都有某种用处：或是增进她体态上的自然风姿，或是形成她谨慎、谦逊、贞洁和节俭的性情，或是使她日后成为一个合格的家庭主妇等等。一个女子在她生命的每一步中，都能感到她从她所受的每一种教育中都获得了方便或益处。而一个男人在他生命的任何时刻都极少能从他所受的教育中获得方便或好处，哪怕是最艰苦、最费力的教育。

所以，我们不禁要问：国家对于人民的教育，不应该加以介入吗？或者说，如果应该介入，那针对不同层次的人民应施行何种不同的教育呢？应该用何种方式施行呢？

在某些情况下，社会条件自然会使大多数个人形成国家所要求的或认可的几乎一切能力和品质，而不用政府操心。在另一些情况下，社会条件不能把个人培养到这一步，政府必须登场，以防止百姓退化或不争气。

随着劳动分工的发展，大部分以劳动为生的人，也就是说大部分老百姓，他们的工作变得仅限于进行少数十分简单的操作，往往简单到只有一两种操作。而大多数人的理解力必然是在他们的日常工作中形成的。一个人如果把他的一生都消耗在几种简单的操作上，而这些操作所产生的影响，又是相同的或差不多的，那么他就没有机会发挥他的领悟力，或运用他的创造力来寻找克服困难的方法，因为他永远不会碰到困难。这样一来，他自然会丢失动脑筋的习惯，而变成愚钝无知之人。他精神上这种麻木的状态，不但会使他不能领会或参加任何理性的谈话，而且会使他不能怀有任何宽宏、高尚或温柔的情感。其结果，对于许多个人日常生活中的平常事务，他也没有能力做出恰当的判断。至于重大和深远的国家利益，他更是完全没有主意，而且，除非给以特训，他同样也没能力在战争中保卫国家。他毫无变化的单调生活自然会消磨他精神上的勇气，使他厌恶无常和冒险的士兵生活。这种单调甚至会侵蚀他身体的活力，使他除了捧着自己的饭碗以外在任何其他职业上都不能饱满地、坚定地施展自己的力量。这样一来，他在自己的特定行业中的所掌握的本领，似乎是以牺牲他智力上的、交际上的和武力上的才能为代价的。但是在所有进步、文明的社会，劳动贫民，即大多数人民，必然会陷入这种状态，除非政府想办法、花力气加以防止。

在所谓的野蛮社会，即猎人和牧人的社会，甚至在制造业进步和对外贸易扩张之前的初级农业状态下的农夫社会，情形就不是这样。在这些社会中，每一个人都要从事各种各样的工作，这就迫使每一个人都要发挥他的才能，想办法解决不断遇到的困难。创造力很活跃，精神就不会落入那种呆滞的迟钝状态（这种迟钝使文明社会几乎所有的下层人民的理解力变得低下）。前面曾提到，在所谓的野蛮社会，每一个人都是战士。在某种程度上，他们每个人也都是政治家，关于社会的利益，关于统治者的行为，他们都能形成有见地的判断。他们中间的几乎每个人，对于自己的酋长在平时执法的水平，在战争中指挥时的表现，都看得一清二楚。当然，在这样的社会中，没有人能够具有更文明的社会中少数人有时候能够具有的那种更进步、更精微的理解力。在初级社会中虽然每个人的工作都多种多样，但整个社会中工作的种类却并不多。每个人都在做或都能做其他人在做或能做的工作。每个人都有一定的知识、技巧和创造力，但没有人能达到很高的水平。不过，要处理他们社会中所有简单的事务，他们通常所具备的水平一般也就足够了。与之相反，在文明社会，虽然大部分个人职业比较单一，但是整个社会中的职业种类却数不胜数。这各种各样的职业，对于那些自己没有特定的职业，有闲暇有兴趣去研究他人的工作的人，可以说提供了无限多的研究对象。要对这些如此众多的对象加以考察，他们必然要运用心思进行无穷尽的比较和综合，从而他们的理解力也会变得异常敏锐和广博。不过，他们这少数人如果不是碰巧占据非常特殊的地位的话，他们这么大的能力，纵然对自身来说是一种光荣，但对社会的良好治理或幸福，却可能没有多少贡献。尽管少数人有这样的巨大能力，但人类一切高贵的品性仍然可能在很大程度上淹没和消失于芸芸众生之中。

在文明的商业社会，对普通人民的教育，恐怕比对有身份有财产者的教育更需要国家的关注。有身份有财产的人，他们一般都是在十八九岁之后，才进入借以立身于世的特定职业或事业。在此之前，他们有充分的时间来获取——至少是使自己有能力在以后获取——那能使他们博得世人尊重或值得世人尊重的一切才能。他们的父母或监护人一般都望子成龙，在大多数情况下都不会吝啬为此付出必要的开支。如果他们不能总是受到适当的教育，那不是由于教育费用的不足，而是由于这一费用使用不当；不是由于缺少老师，而是由于现有的老师的懈怠与无能，或者说由于在当时的状况下很难找到或不可能找到更好的老师。在职业上，有身份有财产的人在一生中所从事的工作也多半不像普通人的工作那样简单和单调。他们的工作几乎全都是极其复杂的，都是用脑多于用手的。从事这些工作的人的理解力，是不大会因为缺少运用而变得迟钝的。此外，有身份有财产之人的工作，很少需要他们起早贪黑。他们一般有大量闲暇时间，对于他们早年已经打有基础的各种有用的技能，或早年曾受到熏陶的兴趣爱好，他们可以在此期间进一步钻研，从而完善自己。

普通人则与此完全不同，他们几乎没有时间去受教育。即使在幼年期间，他们的父母也几乎无力供养他们。他们一到能工作的年纪，就必须立即干活谋生。而他们所干的活通常也是十分简单和单调，无需运用多少智力；同时，他们的劳动如此持久和繁重，使他们很少有闲暇和兴趣去做——甚至去想——其他的事情。

不过，无论在哪种文明社会，普通人民虽不能受到有身份有财产之人那样好的教育，但教育中最重要的几部分如阅读、书写和算术，他们却是能够在早年获得的，也就是说，大部分预备从事最低贱职业的人也有时间在开始他的职业以前学习这几门功课。只需很少的开支，国家就能推动、鼓励甚至强制全体人民接受这些最基本的教育。

国家可在每一个教区或地区设立教育儿童的小学校来推动这种教育，收费低廉一些，使一个普通劳动者也能负担得起；老师的报酬只应部分地由国家承担，而不是全部由国家承担，因为如果他的报酬全部地（或者甚至只是主要的）由国家承担，他很快就将学会怠惰。在苏格兰，设立这种教区学校已教会几乎全体普通人民怎样阅读，教会大部分普通人民怎样写和算。在英格兰，建立慈善学校也收到了相同的成果，虽然由于学校设立得不是那么普遍，所以成果也不是那么普遍。如果这些小学校里教儿童进行阅读的书比通常所用的书更有教育意义一些，如果将普通人的孩子有时要在学校里学习的、对他们全无用处的一点拉丁文的皮毛知识取消不教，代之以几何学和机械学的基础知识，那么，这一阶层的人的文化教育，也许就会达到可能达到的最完善程度。很少会有一种普通行业不为应用几何学和机械学的原理提供机会，因而，很少会有一种普通行业不能使普通人因为实践这些原理而得到锻炼和提高，这些原理可以说是最高尚、也最有用的科学的敲门砖。

国家可以通过给成绩出众的普通人民的孩子发些小奖金或小荣誉奖章，来鼓励大家取得那些最基本部分的教育。

国家可以要求每一个人在获得任何同业公会的会员权利以前，或被允许在乡村或自治市从事任何行业以前，必须先通过考试或检验，以此迫使大多数人民取得那些最基本部分的教育。

希腊和罗马共和国就是以这种方式，便利、鼓励甚至强制人民接受军事和体育训练，以维持全体人民的尚武精神。通过指定一定的学习和操练的场所，并赋予教师在这些场所教习的权利，它们为人民获得这些训练提供方便。这些教师似乎没有薪水，也没有任何排他性的特权。他们的报酬完全出自学生，而在公共体操场学习的学生或市民，与和他学得一样好的私人教师培养的学生相比，并没有任何法律规定的优越性。通过发给优秀者小奖金或奖章，它们对人民获得这些训练施以鼓励。在奥林匹克运动会、地峡运动会和纳米安运动会上获奖，不仅对获奖者本人，而且对他的整个家庭及亲属都是一种光荣。而每一个公民在受到召集时到共和国军队里服役一定年限的义务，足以强制全体人民接受军事和体育训练，因为如果不接受这些训练，他们就不适合服兵役。

随着社会的进步，军事训练的惯例如果不由国家花代价予以扶持，就会逐渐废止，人民大众的尚武精神也会随之消失，这可由现代欧洲的例子得到证明，但每一个社会的安全都必然或多或少要依赖人民大众的尚武精神。诚然，在现代，单有那种尚武精神，而没有一支训练良好的常备军的支持，或许是不足以保障任何社会的安全的。但是，在每一个公民都有军人精神的地方，所需要的常备军肯定比较小。此外，这种精神必然会大大减少常备军在一般人心目中对自由会有的威胁，不论这种威胁是真实的还是想象的。正如这种精神大大有利于常备军与入侵的外敌作战，它也会大大阻止这支军队受指挥来破坏国家宪法，如果不幸有这样的事情的话。

古代希腊和罗马的制度，在维持人民大众的尚武精神方面，似乎比现代所谓的民兵建制远为有效。他们的制度简单得多。这种制度一旦建立，就可自行运作并保持最充分的活力，很少或根本不需要政府去介入。然而如果要维持现代民兵的复杂制度，甚至只是勉强维持，都需要政府持续地、费力地投入精力，否则这一制度就会完全受到疏忽和废弃。此外，古代制度的影响也更普遍。通过这种制度，他们的全体国民都学会了使用武器。而在现代国家，根据民兵制度，只有很小一部分国民——瑞士或许是个例外——能受到这种训练。但是，一个怯懦的人，一个既没能力保卫自己、也没能力为自己复仇的人，分明缺少了人类本性中某种最重要的部分。他在精神上的毁伤和残疾，就像一个被夺去了某些最重要的器官或丧失了这些器官的功能的人在身体上的毁伤和残疾一样。而且他显然是这两者中更可怜和更悲惨的，因为完全寓于精神之中的幸福或痛苦必然更多地依存于精神的健康或不健康、精神的残疾状态或完整状态，而不依存于身体的这些方面。即使人民的尚武精神对于保卫社会已没有用处，为了防止怯懦必然会引起的这种精神上的残疾、畸形和不幸在人民大众中间滋生蔓延，政府仍应对此加以最严肃的关注，就像政府应该严肃地注意防止麻风病或任何其他讨厌的疾病（即使不致命，或不危险）在人民之中蔓延开来一样，尽管这种关注除了防止这样大的公共灾害之外，可能并没有其他公共的好处。

同样的说法，也可适用于那些在文明社会中使下层人民的理解力变得迟钝的无知和愚昧。一个人如果不能很好地使用人所具有的智力，甚至可能比一个怯懦的人更加可鄙，他似乎是在人性中更本质的部分上形成了毁伤和残疾。国家即使不能从对下层人民的教育中得到什么好处，它也仍然应该注意不要使他们完全得不到教育。何况，国家可以从对他们的教育中得到极大的好处。他们受到的教育越多，越不容易受到狂热和迷信的欺骗，而狂热和迷信在无知的民族中常常引起最可怕的骚乱。此外，受过教育的、有知识的人，总是比无知和愚笨的人更懂礼节、更守秩序。他们每个人都更有自尊，更觉得自己能得到地位比自己高的人的尊重，因此他们也会对这些人更加尊重。他们更可能去考察、更可能看穿派别性和煽动性的自利言论，因此，他们更不会被误导去放肆地或胡乱地反对政府的举措。在自由国家里，政府的安全极大地依存于人民对它的行为形成的赞许性的判断，所以最重要的肯定是，他们不应草率地、随意地对政府的行为作出判断。

第三项　由于习惯了懒惰，他们甚至连保卫自己的教会也使不出足够的力气

一个地位稳固和捐赠充裕的教会的牧师，常常成为有学问的文雅之人，具有绅士的一切优良品质，或能受到绅士般的尊敬，但是他们也会逐渐丧失那些使得他们对下层人民有具有权威和感化力的品质——不管是好品质还是坏品质——这些品质可能是最初他们的宗教得以成功和确立的原因。当这些牧师遇到一群虽然可能是愚鲁无知的但却是受欢迎、有胆量的狂热分子攻击时，会感到自己完全没有自卫的手段，就像亚洲南部地区的懒惰、柔弱、饱食终日的民族受到北部好动、坚忍、饥饿的鞑靼人的入侵一样。这些牧师在这种紧急情况下，通常没有别的办法，只有要求行政长官以扰乱社会秩序的罪名来迫害、消灭或驱逐他们的反对者。罗马天主教教士就是这样借行政官之手来迫害新教徒，英格兰教会迫害非国教教徒也是这样。一般说来，每一个拥有法定地位的教派在享受了一两个世纪的安全之后，都会发现自己无法对攻击其教义或教规的新教派做出有力的回应。在这种场合，从学问和著作来讲，老教派有时会占优势。但从笼络群众的能力和吸引新信徒的能力上来说，优势常常在它的反对者一边。在英格兰，这种能力早已被那些拥有巨额捐赠财产的国教教会的牧师们抛在一边了，现在只有非国教派教徒和卫理公会派教徒具备这种能力。不过，在许多地方，非国教派教师已靠自由捐赠、信托权利和其他规避法律的手段获得了自足的生活资料，他们的热情和积极性似乎已经大打折扣了。他们之中的许多人已变成博学、智慧和受尊敬的人士，但一般来说，他们也已不再是大受欢迎的传教士。卫理公会派教徒没有非国教派教徒一半的学问，却更加受欢迎。

在罗马教会中，下级牧师的勤勉和热情由于强烈的利己动机，比任何成立已久的耶稣教教会的牧师都保持得更好。许多教区牧师从人民的自由捐赠中获取他们大部分的生活资料；倾听忏悔使他们有机会增加这种收入。托钵僧的生活资料则全部来自这种捐献。他们像是某些军队中的轻骑兵和步兵，不行掠夺，就没有给养。教区牧师则像那种部分报酬来自薪俸、部分报酬来自学生的教师，其收入总要或多或少地依赖他的勤勉和名声。托钵僧也有点像那种生活资料完全依赖于其勤勉的教师。所以，他们不得不用各种手段劝诱民众皈依。据马基雅维利观察，在 13 和 14 世纪，圣多米尼各和圣弗朗西斯两大托钵僧教团的建立，曾使人民对天主教教会日趋衰落的信仰和

皈依得到了复兴。在罗马天主教国家，民众的献身精神完全靠修道僧和贫苦的教区牧师来维持。而教会中的那些大人物，一般都具有绅士的才艺，有些还具有学者的学问，他们对于维持他们下级的必要纪律是足够关心的，但很少会去为人民的教育劳心费神。

一位当代最杰出的哲学家和历史学家说：

"一个国家里大多数的技术和职业都具有这种性质，即当它们增进社会的利益时，它们对某些人来说也是有用的或令人满意的；在这种情况下，政府的一贯方针应是不加干涉地任这些职业自由发展，把推动它们的任务交给从这些职业中获得利益的人，只在这些职业刚被引进之时可以例外。工匠如果发现他们的利润由于顾客的经常光顾而上升，就会尽力提高他们的技术和勤勉程度；如果没有人来插手帮倒忙的话，商品的供求关系肯定会一直保持平衡。

"不过也有其他的职业，对于国家虽然是有用的，甚至是必要的，却不能给任何个人带来利益或快乐，国家对待这些职业的从业人员就不得不改变自己的做法。为了使他们能生存下去，国家必须给予他们鼓励或奖励，为了使他们不流于怠惰，必须赋予这种职业以特别的荣誉，或建立足够长的等级体系以及严格的升降原则，或采取其他办法。在财政部门、海军舰队或行政机关工作的人，都是这一类人的实例。

"乍看上去，我们可能会想当然地认为，神职人员属于第一类职业，他们得到的鼓励和律师、医生得到的鼓励一样，完全可以来自别人的慷慨解囊。捐助他们的人信仰他们的教义，可以从他们的精神性服务和援助中得到益处和慰藉。他们的勤勉和警觉，一定会由于这个附加的动机而增强；而他们的职业水平，他们支配人民思想的口才，也必然会由于他们不断增加实践、学习和琢磨，而日益提高。

"但是，如果我们更仔细地加以考察，就会看到，一切贤明的立法者所要防止的就是牧师们这种利己的勤勉，因为除了真正的宗教以外，在每一种宗教中这种利己的勤勉都是极其有害的，它甚至有一种自然的倾向，会将迷信、愚昧和幻想大量注入真正的宗教，从而败坏这种宗教。宗教从业者为了使自己在信徒的心目中更加重要，更加神圣，总要激起他们对其他一切教派的强烈厌恶，并不断用新奇的事物去刺激他们的献身意愿。被宣扬的教义中的真理、道德或仪礼，都被抛在一边，而最适合于扰乱人心的教义却大行其道。为论对所有年龄层次的人进行教育的机构的开支对所有年龄层次的人进行教育的机构主要是进行宗教教育的机构。这一种类的教育的目的与其说是使人民成为这个世界的良好公民，不如说是为他们来生进入另一个更好的世界作准备。讲授这种教义的教师的生活费用，也像其他的教师一样，或是完全来自于听讲者的自愿捐献，或是来自国家法律认可的某些财源，如地产、什一税、土地税或固定的薪俸。在前一种情况下，他们的努力、热心和勤勉要比在后一种情况下大得多。在这方面，新教的教师们在攻击那些古老的、建立已久的体系时总是处于十分有利的地位，后者的牧师们守着自己的圣俸，久已忽视了保持人民大众的信仰和皈依的热情，了吸引人来参加他们的集会，他们使出浑身解数去调动俗众的情绪，骗取大众的轻信。到末了，政府将发现，不发给教士们固定的薪金表面上是节省，而所付代价却更加高昂；实际上，政府与精神领袖们最适当最有利的合作关系，就是给他们的职业设立定期薪俸以购买他们的懒惰，使他们觉得，除了防止他们的羊群在寻找新牧场时走失之外，其他的积极活动都是无关紧要的。这样，教会的俸禄制度虽然最初通常是由于宗教观点而起，但最后却可以证明对社会的政治利益是有好处的。"①

但是，不论给教士提供独立俸给的效果是好是坏，设立这一俸给时可能很少是以其效果为出发点的。宗教冲突激烈的时代，一般也是政治斗争同样激烈的时代。在这样的时代，每个政党都会发现，或者都会以为，自己与某个有竞争力的教派结成同盟会对自己有利。但要做到这一点，他们只有采纳或赞成那一特定教派的教理。有幸与得胜的政党结了盟的教派，必然要分享其盟友的胜利，而通过这个政党的支持和保护，它很快就能在某种程度上使它所有的敌对教派沉默或屈服。这些敌对教派一般都是与得胜的这个政党的敌人联合的，因此也就成了这个政党的敌人。那个得势的教派的教士们则成了宗教战场上的主人，他们在老百姓之中的影响和权威达到了顶峰，因而有足够的力量使得胜政党的领导人慑服，使行政官不得不尊重他们的意见和倾向。他们对行政官的第一个要求

① 休谟：《英格兰史》，1773年，第四卷，第二十九章。

一般是打压他们的反对者，然后就会要求他给他们提供独立俸给。由于他们一般都对胜利做出过不小的贡献，要求分享一点胜利的成果也是合情合理的，而且他们也厌倦了去迎合人民，厌倦了到变化反复无常的人民之中去讨生活。所以，在要求独立俸给时，他们只是为自己的安逸和舒适做打算，至于这一要求对他们的教会的影响和权威在未来会产生什么效果，他们并没有费神考虑。而在行政官这方面，由于要满足这个要求他就只能把他自己本可得到或本可保留的东西分给他们，所以不会答应得很快。但是，虽然会有很多拖延和推诿，这件事的必要性最后仍会使他屈服。

但是，如果政治不曾借助宗教之力，如果胜利的政党在当政之后不曾特别采用某一教派的教理而拒绝其他教派的教理，那么，这个政党对于不同的教派就会予以平等和公正的对待，允许每个人选择自己认为适合的牧师和宗教。在这种情况下，必然会有许许多多的教派出现。几乎每一帮不同的宗教会众都可能自己形成一个小教派，抱有他们自己的某些特别教理。每一个教师必然都会感到自己有必要使出浑身解数，运用一切手段去保持——同时也要增加——他的信徒人数。但由于其他每一个教师也都感到有必要这样去做，所以任何一个教师或任何一个教派的教师所取得的成功都不会很大。宗教教师利己的、主动的热情，只有在仅有一个教派被允许存在或整个社会划分为两三个教派的地方，才会产生危险与麻烦，因为这时各派的教师会在统一的纪律和等级关系之下采取一致的行动。但如果社会划分为两三百个，甚至可能上千个小教派，没有哪一个教派的势力大到足以扰乱社会安宁，那教师们的热情肯定就是全然无害的。在这种条件下，各教派的教师见到自己周围的敌人多于朋友，反倒不得不学会保持在大教派的教师中很难看到的诚意和温和，后者不仅教理受到政府的支持，而且自己受到广大国土上几乎所有居民的崇敬，因此只看到自己周围布满了门人、信徒和卑躬屈膝的崇拜者。而小教派的教师一旦发现自己孤立无援，就会学习尊重其他教派的教师，而他们为彼此提供的方便和相互的让步，到时候或许能使他们大部分的教义脱去一切荒谬、欺骗和狂迷的夹杂物，而成为纯粹的、合理的宗教教义。这样的宗教是世界上一切时代的仁人贤士都希望看到的，但也是一种有立场的法律（positive law）从未在任何国家建立过，或许永远建立不起来的；因为，在宗教方面有立场的法律总是，或许永远会或多或少地受到大众的迷信和狂热的影响。在英国称为中立派的那个教派（虽然他们无疑是一个非常狂热的教派）曾在内战将要结束时提议施行一种宗教管理方案，或者更准确地说是“不管理宗教”的方案。如果这种方案得以实行，虽然其起始时不是出于理性，但现在或许已经使所有教派的教义都具有了最理性的和平气质和温和精神。宾夕法尼亚已经实行了这个方案，那里虽然教友派会员占大多数，但法律实际上对所有的教派都一视同仁，据说，那里就产生了这种理性的和平气质和温和精神。

即使这种一视同仁不会让一个国家的所有教派甚至大部分教派产生这种和平气质和温和精神，但只要这些教派的数目足够众多，从而每一个教派的势力都不足以扰乱社会的安宁，那么每个教派对自己的教理所抱的过分热情就不会产生任何非常有害的结果，相反，总会产生一些好的结果。而如果政府决定完全不对它们进行干涉，并迫使它们互不干涉，就不必担心它们分化不快，达不到这么多数量。

在每一个文明社会，在每一个阶级差别已完全确立的社会，往往有两种不同的道德方针或道德系统同时并行；一种可称为严谨的或克己的道德系统，另一种可称为自由的或——如果你愿意这样说的话——放纵的道德系统。普通民众一般尊崇前者，而所谓的上流人物一般看重和采用后者。我们对轻浮的恶习所持的非难程度——这种恶习常常是由于巨大的繁荣、过分的欢乐和纵情而产生的——似乎就是这两种对立的方针或系统的主要区别。在自由的或放纵的系统中，奢侈、恣肆甚至扰乱秩序的欢乐，无节制地追求快乐、破坏贞节（至少是两性中的一方）等等行为，只要不下流无耻，不导致大错特错或不仁不义，一般均受到很大的宽容，很容易被完全原谅或饶恕。相反，在严谨克己的系统中，这些过分行为都是遭到极度憎恶和鄙视的。轻浮的恶习对于普通人总是具有毁灭性，一个星期的放纵和挥霍经常就足以使一个贫穷的劳动者永远不能翻身，并使他陷于绝望，从而可能铤而走险，犯下大罪。所以，普通人中比较笃实比较善良的，总是极度厌恶和鄙视这种过分的行为，经验告诉他们，这些行为会马上给他们这种境遇的人以致命的打击。相反，即使好几年的放纵和挥霍也不一定会使一个上流人物没落，这个阶级的人常常认为，有放纵的能力是他们的财产所提供的好处之一，而不受责难的随心所欲则是他们的地位所具有的一种特权。因此，对于与他们同一阶层的人的过分行为，他们就不会求全责备，只是略有微词或根本不置一词。

几乎所有的宗教派别都是在普通人民之中创始的，在普通人民中，它们吸收了最早的一批信徒，也是吸收了人数最多的信徒。因此，这些教派几乎总是采用严谨的道德体系，虽有例外但也很少。当它们在这个阶层的民众中提倡不同于以前的教理时，这种体系也最能使它们受到欢迎。许多教派，也许是绝大多数教派，都力图通过强化这种道德体系来获取人民的信任，甚至使这种体系达到了愚蠢和离谱的程度，但这种过分的严格往往比其他事情更能使它们受到普通人民的推崇和尊敬。

有地位有财产的人是社会中的显要人物。他的一举一动都会受到社会的注意，因此他也就不得不注意自己的一举一动。他的权威和重要性极大地依存于社会对他的尊敬，所以他不敢做任何会使他丢脸或失信的事情，他不得不小心翼翼地遵守社会舆论对他这种有身份有财产的人所设定的道德，不管是自由的还是严谨的。相反，一个地位低下的人，很难成为一个大的社会中的什么人物。当他留在乡村时，他的行为可能会受到注意，而他也可能不得不注意自己的行为。在这种处境里，也只有在这种处境里，他才有所谓的人格可以保持或丧失。但是，一旦进入大城市，他就湮没无闻了。没有人会再观察和注意他的行为，于是他很可能也会放松对自己的要求，恣意妄为，在卑贱的行径中放任自己。这时，要是他成为一个小教派中的一员，他就能有效地摆脱无人问津的状态，就能使自己的行为受到一个有尊严的群体的注意。从成为教派成员的那一刻起，他就获得了一定程度的重要性，这是他从未有过的。为了教派的名誉，他在教会里的所有教友兄弟都会有兴趣观察他的行为，如果他做了不光彩的事情，如果他大大背离了他们要求彼此遵守的严格的道德规范，他就要接受极其严厉的惩罚（即使不带有民法效力），即开除出教。因此，在小教派里，普通人的道德几乎总是非常正规和有秩序的，通常比在国教教会中正规有序得多。当然，这些小教派的道德往往过分严厉，不近人情。

不过，对于国内的小教派在道德方面的过分严厉和不近人情，国家可以同时采取两种非常容易和有效的办法予以纠正，而不需使用暴力。

第一种办法是让具有中等或中等以上地位和财产的人普遍地学习科学和哲学。要做到这一点，国家不应给教师支付薪水，免得使他们变得疏忽和懒惰，而是应规定每个人在从事某种自由职业之前，或在有资格成为某种受信托的或有俸给的荣誉职位的候选人之前，必须通过某种甚至是高深和复杂的学问的考试或检验。国家如果以这种方式迫使这一阶层的人必须研究学问，就不用费神去给他们提供合适的老师。他们很快会自己找到比国家所能提供给他们的更好的老师。科学是狂热和迷信这两种病毒的极好的解毒剂，当所有的上层人民不受这些病毒感染时，下层人民也就不致大受其害。

第二种办法是增进民众的娱乐。国家如果对所有那些从自己的兴趣或利益出发，用绘画、诗歌、音乐、舞蹈以及各种戏剧表演来博得民众开心和高兴而并无伤风败俗行为的人予以鼓励，或给予完全的自由，就可以很容易地驱散民众心中那种常常滋生出迷信和狂热的抑郁和悲观的心情。对于群众狂热的煽动者来说，公众娱乐总是他们畏惧和憎恨的目标。娱乐所引起的快乐和惬意的心情，与最符合他们的用意或最便于他们利用的那种心情是截然相反的。此外，戏剧表演还常常揭穿他们的阴谋诡计，使他们受到群众嘲笑，有时甚至受到群众诅咒，因此戏剧表演比其他任何娱乐活动更让他们恨恨不已。

在一个国家里，如果法律对所有宗教的牧师都一视同仁，这些牧师就不必和君主或行政当局保持任何特殊的或直接的从属关系，君主或行政当局也无需过问这些牧师的职务任免。在这种情况下，君主或行政当局除了像对待其他人民一样地在他们之间保持和平，即阻止他们相互倾轧和迫害之外，不需要给予其他关注。但是，一国如有国教或统治性宗教存在，那情形就完全两样。在那种情况下，君主如果对于该宗教的大部分牧师没有一种有效的控制手段，他就永无宁日。

一切国教，其教士都组织成一个大的共同体。他们可以采取一致的行动，以一个共同的计划、一种共同的精神，追求他们的利益，就像处在同一个人的指挥之下，并且，事实上他们也常常是在一个人的指挥之下。作为一个共同体，他们的利益总是和君主的利益不一致的，有时还是直接对立的。他们的最大利益，就是要维持对于人民的权威，这种权威完全基于两种假定：第一，假定他们所谆谆教导的全部教义都是确实的和重要的，第二，假定如果要从永恒的不幸中解脱出来就必须对这些教义有绝对的信仰。如果君主不识相，敢对他们教义中哪怕最细枝末节的部分表示嘲笑或怀疑，或者出于人道精神试图去保护其他有这种行为的人，这些同君主没有任何从属关系的教士们就会觉得受了奇耻大辱，他们会立即宣布君主渎神，并使用一切宗教的恐怖手段，迫使人民将对他的忠诚转向另一位更保守和更顺从的王储。他如果是反对他们的任何无礼要求或篡夺行为，危险也同样的大。敢于这样对抗教会的君主，除了忤逆罪之外，一般还会被加上异端的罪名，哪怕他庄严地宣称，他对教会认为他应该恪守的每一条教义都是信奉的和谦卑地服从的。但宗教的权威超过任何其他的权威。宗教会带来的恐惧也会战胜其他一切恐惧。当国教教会的教师向人民宣传颠覆君权的教义，君主就只有使用暴力，或者说依靠常备军的力量，才能维护自己的权威。甚至常备军在这种情况下也不能给予他恒久的保护；因为，如果士兵们不是外国人（士兵是外国人的情况很少），而是来自人民大众（这是通常的情况），他们恐怕不久也会被这种教义所侵蚀。东罗马帝国存在的时候希腊教士的骚乱经常在君士坦丁堡引发的革命，以及在几百年中罗马教士以其骚乱不断地在欧洲每一地区引起的动荡，充分证明了一个君主如果没有适当的手段去控制自己国家中的国教或统治性宗教的教士，他的处境是多么的不稳固和不安全。

宗教信条，以及所有其他精神性的事务，显然都不属于世俗君主的管辖范围；君主虽然可能很有资格去保护人民，却很少被认为有资格去教导人民。所以，在这种事务上，他的权威常常抵不过国教教会的教士们的联合权威。可是，社会的安宁和君主自己的安全，常有赖于教士们认为在这些事务上适于宣讲的教义。由于君主不能用适当的压力和权威直接反抗教士们的决定，所以，他就必须能够影响他们的决定，而只有当他能在这一阶级的大多数个人身上激起恐惧和期望时，他才能影响他们。他可以用撤职或者其他惩罚激起他们的恐惧，用升迁的机会激起他们的期望。

在所有的基督教会，牧师的圣俸可以说是一种不动产，他们终身享受，或只要行为端正就可以享受，不以谁的好恶为转移。如果他们享受圣俸的权利不是那么稳定，如果他们对君主或他的大臣稍有得罪就会被撤职，那么他们在人民面前或许就不再有威严，人民会认为他们是朝廷豢养之人，对他们传道的真诚也会丧失信心。但是，如果君主滥用暴力，借口他们过于热心散布派别性或煽动性的教义，强行夺去任何数目的牧师的这种不动产，那么，他只会使这些牧师和他们的教义由于这种迫害而徒增十倍的声誉，他自己也因此比以前徒增十倍的麻烦和危险。在几乎所有场合，恐怖都是统治者最坏的手段，而且尤其不应当用以对付只有一点点独立要求的人。试图恐吓这种人，只会激起他们的不满，坚定他们的反抗，而如果使用比较温和的办法，本可以很容易使他们的反抗缓和下来，或完全放弃反抗。法国政府经常试图用暴力迫使他们的议会和最高法院公布不受欢迎的法令，但很少成功。无论如何，它通常所用的手段，即把那些难以驾驭的人关押起来，人们已经认为足够厉害了。斯图亚特王室各君主为了控制英国国会的一些议员，有时候也使用相同的手段，而他们同样发现这些议员难以屈服。英国国会现在是以另外一种方式被操纵着(managed)；约在12年前，奇瓦塞尔公爵曾在巴黎议会做过一个很小的实验，充分证明如果采用英国现在这种方式，巴黎的所有议会都可以更容易地加以操纵。但这个实验没有继续进行下去。因为，虽然操纵和劝诱总是政府的最容易和最安全的手段，就像强制和暴力是政府的最坏和最危险的手段一样，但人类天生的傲慢总是使他不屑于使用好手段，除非当时他不能或不敢使用坏手段。法国政府能够并且敢于使用武力，因而不屑于使用操纵和劝诱的手段。但是，根据所有时代的经验，我相信，对于任何一种人使用强制和暴力，似乎都没有对国教教会里受人尊敬的牧师使用强制和暴力那样危险，或者不如说，那样具有完全的毁灭性。每一个和自己阶层的人保持着良好关系的教士，他的权利、特权和个人自由，即使是在最专制的政府底下，也比地位和财产大致相同的其他任何人的权利、特权和个人自由受到更大的尊重。在各种程度不同的专制主义之下——从巴黎政府的温和专制，到君士坦丁堡政府的暴力专制——都是如此。但是，牧师们虽难以用暴力强制，却和其他人一样可以很容易地加以操纵；君主的安全和社会的安宁似乎在很大程度上依存于君主操纵他们的手段，而这手段似乎就是给与他们晋升的机会。

在基督教教会的古代制度中，每个教区的主教都是由主教教区的牧师和教区城市的人民共同选举的。但人民不能长时间保有这种选举权，即使在他们保有这种选举权的时候，他们也总是受作为他们自然的精神导师的牧师们的影响。不过，牧师们不久就厌倦了操纵人民的麻烦，发现由他们自己来选举主教要容易得多。同样地，修道院院长也由院中的僧侣来选举，至少在大部分修道院是如此。主教领区内的一切有俸禄的下级职位，都由主教任命，他认为谁合适，谁就受任。这样，教会中的职位任免都由教会自己安排，君主虽然可能对这种选拔有些间接的影响，虽然教会有时候也会请求他同意进行选举或批准选举结果，但他毕竟没有直接的和充分的手段去操纵教士。因此，牧师要实现其野心就自然不会去讨好君主，而是会去讨好本教会中的人，因为只有他们才能使他得到晋升。

在欧洲的大部分地区，教皇逐渐揽归自己的，首先是几乎所有的主教和修道院院长（或所谓的主教会议的圣职）的任命权，然后，他又以种种诡计和借口，自己来任命每个主教领区内大部分有俸禄的下级职位；留给主教自己的，只不过是让他在他的牧师们面前保存一点权威感的极少的权力而已。这种安排也让君主的处境比以前更糟。欧洲各个不同国家的牧师就此形成了一种宗教部队，诚然是分散于各国，但它的一切活动和行动现在都可由一个首领指挥，按照统一的计划进行。每一个国家的教士都可视为这支军队中的一个支队，各支队的军事行动都可很容易地得到周围各国其他支队的支援。每个支队不仅不隶属于它所在的那个国家（也是它得到供给的那个国家）的君主，而且反倒隶属于一个外国君主，这个外国君主可以随时命令他的军队攻击前者，并调动所有支队予以支援。

这种军队是可以想象的最强大、最可怕的军队。在技术和制造业不发达的古代欧洲，教士的财富使他们对普通人的影响和大领主对其家臣、佃户和仆从的影响相同。在王室和私人由于错误的虔诚捐献给教会的大地产上，教士们也拥有一种像大领主那样的司法权。在这些土地上，教士或他们的执事能够很容易地维持和平，无需君主或其他任何人的支持和援助，而如果没有教士的支持或帮助，君主或其他任何人都在那里维持不了和平。因此，教士们的司法权，就像世袭大领主在其特定领地及庄园的司法权一样，是独立于国王的法庭之外的。教士们的佃户也像大领主的佃户一样，几乎都是随时可以令其退佃的农户，是完全依附于他们的直接领主的，所以，他们可以被任意召唤，去到教士认为合适使用他们的地方作战。除了这些地产的地租以外，教士们还通过什一税拥有欧洲各王国所有其他土地地租的一大部分。从这两种地租产生的收入，大部分是以实物支付的，如谷物、葡萄酒、牲畜、家禽等等。这些实物的数量大大超过了教士自己所能消费的，而当时又没有什么工艺品或制造品可以用来交换剩下的部分，教士们除了像大领主处置剩余收入一样拿它们来大宴宾客、广为施舍之外，便没有其他有利的使用方法。因此，古代教士的待客和施舍，据说规模是非常大的。他们不但养活了各国的几乎所有贫民，而且，许多无以为生的骑士和绅士也往来于各修道院之间，借皈依之名，行蹭饭之实。某些修道院院长的仆从常常和最大的世俗领主一样多，而所有教士的仆从加在一起，或许就比所有领主的仆从加在一起还要多。教士之间的团结也大大超过了领主之间的团结。前者是在一种规范的纪律和从属关系下服从教皇的权威，后者则不然，他们彼此间互相猜忌，而且都猜忌国王。所以，虽然教士们的仆从和佃户加在一起人数没有大领主的仆从和佃户加在一起的人数多（因为单就佃户来说前者比后者少得多），但他们的团结却使得他们更为强大和令人畏惧。此外，教士们的好客和施舍，也使得他们不仅能支配一支巨大的世俗力量，而且大大增加了他们的精神武器的力量。他们的乐善好施使他们得到了全体下层百姓最高的尊敬和崇拜，这些人民的生活，很多是一直由他们维持的，有些则是时不时地由他们维持。一切属于或有关于这个深得人心的的阶层的事物，它的所有物，它的特权，它的教义，必然在普通民众眼中成为神圣的了，而对于这些神圣事物的侵犯，不论真伪，均会被看做最大的渎神和邪恶。在这种局面下，君主如果对抵抗少数大贵族的同盟感到困难，那我们也不用奇怪，在受到所有邻国的教士支援的国内教士们的同盟面前，他会觉得自己在螳臂当车。在这种情况下令人感到奇怪的，不是他有时候被迫屈服了，而是他居然有过抵抗。

教士们在古代的那些特权（在现代人看来当然是十分荒唐的），比如说完全不受世俗司法权管辖的特权，或英国所谓的僧侣特典，正是这种局面自然的或者可以说是必然的结果。如果一个教士犯了罪面临惩罚，而他的教会要保护他，不是宣称证据不足、不能对这样一个神圣的人判刑，就是宣称对于一个因宗教而成为神圣不可侵犯的人来说此等刑罚太重，那对于国王来说，最好是让教会法庭自己去审判他，免得给自己招来危险。教会法庭虽然自己搞一套，但为了群体的名声，也会尽可能阻止自己的成员犯重罪，甚至会阻止他们制造引起人民厌恶的丑闻。

从10世纪到13世纪，以及这个时期前后的一段时间里，在欧洲大部分地区，罗马教会组织可以被看做是一个前所未有的黑暗团体，它们反对政府的权威，威胁政府的安全，反对人类的自由、理性和幸福（这些只有在政府的保护下才能得以弘扬）。在这个组织中，最愚蠢的迷信幻想和那么多人的私人利益结合在一起，以致任何人类理性之剑都不能动摇它。因为，虽然理性能够揭露，也曾揭露某些迷信幻想的真面目（甚至是让普通民众看清楚），但理性却不能斩断私人利益的纽带。如果这种组织除了人类理性的微弱努力之外不受其他敌人的攻击，它一定会长久存在下去。然而这个广大的、坚固的组织，这个全部的人类智慧和德性都不能动摇更不要说推翻的组织，却由于事物的自然发展态势，首先是受到了削弱，随后是部分地被摧毁，而现在看来，再过几个世纪，或许会完全瓦解。

技术、制造业和商业的不断进步是摧毁大领主的力量的原因，也同样是在欧洲大部分地区摧毁教士们的全部世俗力量的原因。在技术、制造业和商业的产品中，教士和大领主一样，找到了可以用他们的天然产物来进行交换的东西，从而发现了一种方式，可以将他们的全部收入用在自己身上，而不必将其中很大一部分给予他人。他们的施舍范围越来越小，他们款待客人也不再那么大方和丰盛。结果他们的仆从越来越少，逐渐地完全散去。教士们也像大领主一样，想要从自己的地产得到更多的地租，以便仍然可以满足自己的虚荣心和欲望。但是，如果要增加地租，只好跟佃户缔结租约，这么一来，佃户在很大程度上就脱离他们而独立了。就这样，将下层人民和教士绑在一起的利益纽带逐渐被打断和解除了。这种解除甚至比大领主和下层人民之间纽带的解除来得更快，因为教会的地产大部分都比大领主的地产小，这种地产的所有者能够更快地将其全部收入用在自己身上。在14世纪和15世纪的大部分时间内，在欧洲的大部分地区，大领主的力量还处于鼎盛时期，但是教士的世俗力量，他们对人民大众一度拥有的绝对支配权，已经大为衰落。此时教会的力量在欧洲大部分地区差不多只剩下由它的精神权威所产生的力量，即使是这种精神权威，也已经由于不再受到教士的好客和施舍的支撑而大为削弱了。下层人民已经不再像过去那样，把这个阶级看做是自己苦难的安慰者和贫困的救济者。相反，他们对富有的教士的虚荣、奢侈和耗费感到愤怒和憎恶，因为这些教士似乎是把穷人以前一直有份的财物拿来用于自己的享乐。

在这种形势下，欧洲各国君主力图恢复他们在支配教会重要职务方面有过的影响，他们决定恢复各主教领区的副主教和教士旧有的选举主教的权利以及各修道院僧侣旧有的选举院长的权利。重建这种古代秩序就是英格兰在14世纪中通过的几项法令的目标，尤其是所谓圣职候补者法，这也是法国在15世纪颁发的“国事诏书”的目的。要使选举有效，选举前必须先得到君主的同意，选举结果也须得到他的批准；选举虽仍被认为是自由的，但国王已有各种间接方法去影响他的国家里的教士。在欧洲其他地区也建立了具有相同倾向的规章制度，不过，罗马教皇任命教会重要职位的权力，在宗教改革以前，似乎在任何地方都没有像在英法两国那样受到如此有效和普遍的制约。在16世纪，“罗马教皇与各国政府间所订的有关宗教事务的协定”还给予了法国国王对法国天主教会中所有重要职位（即所谓主教会议的职位）的绝对推荐权。自从颁布“国事诏书”和订立“协定”之后，法国教士对待罗马教皇宫廷的命令就显得没有其他天主教国家的教士那么毕恭毕敬了。每当他们的君主和教皇有所争执，他们几乎总是站在君主的一边。法国教士不受罗马教廷的约束，似乎主要就是因为这“国事诏书”和“协定”。在这个君主国的早先各个时期，法国教士对教皇似乎也像其他国家的教士一样忠诚。当时，当克倍王室的第二代君主罗伯特被罗马教廷极其不公正地驱逐出教时，据说他的仆人们把来自他桌上的食物丢了喂狗，拒绝吃他这种人玷污过的东西。不难推测，他们这样做是受了当时国内的教士的指使。

但教廷对教会重要职位的任命权（为了维护这种权力，罗马教廷常常动摇了，有时候甚至颠覆了基督教国家里一些最强大的君主的王位）在欧洲各国已经这样受到了制约或修改，或已被完全放弃，甚至在宗教改革之前就已经开始。由于教士们现在对人民的影响降低，所以国家对教士们的影响也就增大了。因此，教士们扰乱社稷的力量和倾向均比从前小多了。

引发宗教改革的争论最早发生在德国，不久就蔓延到欧洲各地，而当时，罗马教会的权威正处于这种衰落状态。新教义在每一个地方都大受群众欢迎。传播这种新教义的，是狂热的激情，当其攻击既定的权威时，一般都会激起党派精神（the spirit of party）。宣传这种教义的教师虽然可能在其他方面不如许多捍卫原有教会的神职人员有学问，但一般来说，他们似乎更熟悉宗教历史以及教会权威赖以建立的那种思想体系的起源和发展，因而他们几乎在每一次争论中都有一些优势。他们的生活方式是严肃克己的，普通人民把他们一丝不苟的行为和自己的大多数牧师们的混乱生活一对比，就觉得他们分外可敬。在打动人心和吸引新信徒的能力和手段方面，他们也比其对手高出许多，因为这种能力和手段已被教会里尊荣高傲的教士们认为不大有用处而长期抛之脑后。至于新教义，一些人欢迎它是因为它的理智，很多人欢迎它是因为它的新鲜，更多的人欢迎它是因为对腐朽的牧师们的憎恨和鄙视，但绝大多数人欢迎它还是因为四处宣讲它的人那种热烈的和充满激情的雄辩，即使这雄辩常常很粗俗。

新教义几乎在每一个地方都取得了极大的成功。当时与罗马教廷发生龃龉的君主，利用新教义就可以很容易地在自己的国家内推翻教会，而教会既已失去下层人民的尊敬和崇拜，一般都不能做出任何抵抗。罗马教廷曾得罪过德意志北部地区的一些小君主，或许是觉得他们太微不足道，不值得加以操纵。于是，这些小君主就都在自己的国家里进行了宗教改革。古斯塔夫斯·瓦萨把暴虐无道的克里斯丁二世和乌普塞尔大主教特罗尔逐出了瑞典，教皇要偏袒暴君和大主教，古斯塔夫斯·瓦萨就轻易地在国内进行了宗教改革。克里斯丁二世跑到丹麦当了国王，但他的行为仍然令人难以容忍，于是又从丹麦的王位上被赶了下来。可是教皇仍要偏袒他，所以，继登王位的霍尔斯廷的弗雷德里克仿效古斯塔夫斯·瓦萨的榜样，为自己争了口气。伯尔尼和苏黎世的官员和教皇本没有特别的争执，也很容易地在自己的州内进行了宗教改革，只因为那里不久前有些牧师有越轨的行为，因而使整个教士阶层都受到了厌恶和鄙视。

在这种危急的局势下，罗马教廷不得不苦心孤诣地讨好于法兰西和西班牙的强有力的君主，后者当时正兼德意志皇帝。仗着他们的帮助，教廷才得以——虽然不是没有巨大的困难和大量流血——把这些君主领土内的宗教改革运动完全镇压住，或是大大地阻止了其发展。对于英格兰国王，教廷也分明是有意献殷勤的，但在当时的情况下，它如果要这样做就会得罪一个更强大的君主，西班牙国王兼德意志皇帝查理五世。因此，在英格兰，亨利八世虽然自己并不信奉宗教改革派的大部分教义，却由于这种教义的普遍流行，也在国内查禁了所有的修道院，并废除了罗马教会的权威。他竟走得这样远（虽然他不曾走得更远），使宗教改革的拥护者颇为满意，这群改革拥护者在他的儿子继任时掌握了政府，毫无困难地完成了亨利八世所开始的工作。

在某些国家，例如在苏格兰，政府软弱、不得民心，并且基础也不稳固。在那里，宗教改革的力量不但足以推翻教会，而且也足以推翻试图支持教会的政府。

在散布于欧洲各国的宗教改革追随者中间，并没有一个像罗马教廷或罗马全体教会会议那样的最高法庭可以解决他们之间的争执，或以不可违逆的权威为他们规定正统的教义。因此，当一个国家的宗教改革追随者和另一个国家的弟兄们有意见分歧时，由于他们没有一个共同的裁判员可以申诉，争执就不可能得到解决；而他们之间发生这类争执还不少。有关教会管理和教会职务任命权的争执，与市民社会的和平与福利或许是关系最大的。它们因此在宗教改革的追随者中产生了两个主要的派别：路德派与加尔文派，这也是教义和教律曾在欧洲各地由法律加以规定的仅有的两派。

路德的追随者，以及所谓的英格兰教会，或多或少保留了主教管理制度，建立了牧师的等级关系，给予君主在其国内任命主教和宗教法庭其他圣职的权力，从而使君主成为了教会的真正首脑；他们没有剥夺主教在其辖区内任命较小圣职的权力，但即使对这些圣职，也允许并且鼓励君主和所有其他世俗捐助人有推荐权。这种教会管理制度从一开始就是有利于和平和良好的秩序、有利于对世俗君主的服从的。因此，不论何国，这种制度一旦确立之后，就从未引起过骚动或内乱。特别是英格兰教会，总是很有理由地以其原则对君主的无限忠诚来评价自己。在这种管理制度下，教士们自然力图取得君主、宫廷及国中贵族巨绅的欢心，他们所期望得到的升迁主要是要靠这些人的影响。他们有时候难免会通过很下作的谄媚举动去讨好这些人物，但是，他们也常常是通过在自己身上培养最可能得到有身份有地位之人尊重的那些能力和技巧去讨好他们的：通过各种实用或不实用的学问，通过慷慨磊落的举止，通过温文尔雅的谈话，以及，通过对那些荒唐和伪善的苦行主义者的公然蔑视——这些狂热分子之所以宣扬和假装苦行，是为了使自己受到普通人民的崇拜，并使大部分承认自己不能苦行的有身份有财产之人受到人民的厌恶。但是，这些教士，当他们以这等方式讨好上层人物的同时，很容易完全忽视维持他们对下层人民的影响和权威。他们受到上等人物的倾听、看重和尊敬，但当他们受到无知的狂热分子的攻击时，却常常不能在下层人民面前有效地、使听众信服地捍卫自己中庸的、稳重的教义。

相反，茨温克利的追随者，或更妥当地说，加尔文的追随者，每当教会职位空缺，都让教区的人民来选举自己的教士，同时也在教士之间建立了最完全的平等关系。这种制度的前一部分，当其得到贯彻时，似乎除了产生无序和混乱、产生对教士和人民双方的道德的破坏作用之外，没有其他的效果。不过，这种制度的后一部分却产生了非常令人满意的效果。

当各教区的人民拥有选举权时，他们的选择几乎总是处在教士的影响之下，具有极大的偏向性和盲目性。教士们为了保持他们在公众选举中的影响，许多人自己也变成或假装成狂热分子，不仅在民众中煽动狂热，而且也几乎总是选择那些最狂热的候选人。像任命教区神父这样一件小事，几乎总是要在这个教区里引发激烈的争夺，甚至邻近的所有教区都要卷入其中。如果这个教区是在一个大城市里，这种争夺便会把这个城市的居民分成两派；如果这个城市又是一个小共和国，或者一个小共和国的首都，就像瑞士和荷兰许多大城市的情况那样，那么，这两派间的无谓争斗除了激起其他派系的憎恶之外，更有可能让教会在选举完之后又分裂出一个新教派，让国家分裂出一个新党派。因此，在那些小共和国中，当权者很快就发现，为了保持公众间的安宁，必须让自己拥有推荐所有圣职候选人的权利。在苏格兰这个建立过这种长老制度的国家中最大的国家里，推荐权曾于威廉三世即位初期被一项建立长老会的法案废除。实施这项法案的结果，至少是造成了各教区中有些阶级的人可以用很低的价格把选举牧师的权利买到手。由于这种群众选举方式几乎在每个地方都造成了混乱和无序，在这项法案所建立的制度存在了22年之后，安妮女王第十年第十号法令又将其废除了。不过，在苏格兰这样的幅员辽阔的国家，边远教区的骚乱不会像在小国家那样使政府受到滋扰。因此，虽然安妮女王第十年恢复了推荐制度，虽然苏格兰法律规定必须将圣职授予有推荐权者所推荐之人，但教会有时要求（它在这方面的决定并不总是很一致的），在教会授予被推荐人以教区管辖权或所谓的“灵魂职位”之前，还要先征得人民的同意。它至少多次以关心教区和平为由，拖延这种任命生效的时间，直至获得它所要求的“人民同意”。正是这种要求，使得被推荐人周围的某些教士常常有机会对此进行私人干预——有时候是为了得到“人民同意”，更多地是为了阻止“人民同意”；而这样的干预，连同他们为此而培养的鼓动人民的习惯，或许就是现在苏格兰的民众之中和教士之中都残存着古老的狂热精神的主要原因。

教会管理上的长老制度在教士中所确立的平等，首先是职权或宗教管辖权的平等，其次是俸禄的平等。在所有的长老制教会中，职权的平等是完全的，俸禄的平等则不是。不过，两起俸禄之间的差别也没有大到会使小俸禄的所有者要去用下作的谄媚手段讨好有推荐权的人，以求得到较大俸禄的地步。在所有的长老制教会中，当推荐人的权利很完备时，已有地位的教士要取得他的支配人的好感一般都是凭借更高尚、更好的行为：凭他的学问、凭他在生活上的严谨、凭他履行职责时的忠实和勤勉。他们的推荐人甚至常常抱怨他们在精神上的独立性。这种独立性容易让他们的推荐人觉得他们是对以前所得的好处不知感激，但其实顶多也只不过可能是由于他们意识到再没有什么好处可以期待，态度自然显得冷淡而已。因此，荷兰、日内瓦、瑞士及苏格兰长老制教会中的大部分教士，可能是欧洲最有学问、最有礼节、最有独立精神、最值得尊敬的教士。

在教会圣俸全都接近平等、没有任何一份圣俸可能很大的地方，这种圣俸拉平虽然无疑地可能做得过分，却也有一些非常好的效果。一个财产很少的人要想得到尊严，唯一的办法就是当道德模范。轻浮和虚荣的恶习必然使他显得荒唐可笑，而且，很可能也会使他像一个有这种恶习的普通人那样遭到毁灭。因此，在他自己的行为上他不得不遵循最受普通人尊重的那种道德体系。他按他的利益和地位所指引的那样去生活，也就赢得了普通人民的尊敬和爱戴。如果一个人的社会地位和我们比较接近，但我们又觉得他优于我们，那我们自然会对他有一种亲切的感情——普通人民对教士们就是这种感情。而普通人民的善意自然也会激发教士的善意。他开始认真地教导他们，用心地帮助和救济他们。他甚至不会轻视对他如此亲切的人们的偏见，从来不用轻蔑和傲慢的态度对待他们，而这种傲慢态度在富有的和捐赠丰富的教会的骄傲的权贵们身上，我们是常常见到的。因此，长老制教会的教士对普通人民心灵的影响，或许比其他任何国教教会的教士都大。也因此，只有在长老制教会国家我们才能看到，普通人民不需强迫就能完全地、几乎是全体一致地皈依国教。

一个国家如果教会俸禄大多比较低，那大学教职一般就是比教会圣职更好的职位。在这种情况下，大学便可以从国内的所有教士中选拔自己的教员，因为在每一个国家，教士都是学者最多的阶级。反之，当教会有许多俸禄比较高时，那教会自然会把大学中的大部分优秀学者吸收过去，这些学者一般不难找到以帮他们谋到圣职为荣的推荐人。在前一种情况下，全国的知名学者将云集于各大学；在后一种情况下，我们会发现大学很少有知名的学者，而少数最年轻的成员，在他们获得大学有用的足够的经验和知识以前，也可能被教会挖走。据伏尔泰的观察，耶稣会会员波雷，原不算学者中怎样了不起的人物，但在法国各大学的教授中，还只有他的著作值得一读。在一个产生了那么多著名学者的国家，没有一个是大学教授，这看起来是有点奇怪的。著名的加桑迪在青年时代原是埃克斯大学的教授，在他才华开始显现时，有人对他说，如果去到教会，他能找到更加安静和舒适的生活环境，以及从事研究的更好的条件，他立即接受了这种建议。我相信，伏尔泰的观察不仅适用于法国，也适用于所有其他罗马天主教国家。在这些国家，除了在教会不大会有的法律和医学这两个专业方面以外，我们很难发现有什么著名学者会是一个大学教授。在罗马教会之外，英格兰教会是基督教国家中最富有的和受到捐赠最多的教会。因此，在英格兰，教会不断地从大学里挖走它们最优秀、最有能力的成员；其结果是，想要在大学里找到一个身为欧洲知名的杰出学者的老教师，和在任何罗马天主教国家一样困难。相反，在日内瓦，在瑞士的新教各州，在德意志的新教各邦，在荷兰、苏格兰、瑞典、丹麦，这些国家所培养的最著名的学者，虽然不是全部，但至少是大部分，在大学里当教授。在这些国家，教会中所有最著名的学者，都不断被大学吸收过去。

或许值得指出的是，如果除去诗人、少数演说家和少数历史学家，希腊和罗马的绝大部分其他著名学者都是教师，不管是公共教师还是私人教师。他们一般教授哲学或修辞学。从吕西阿斯和伊索克拉底的时代、柏拉图和亚里士多德的时代起，到普鲁塔克和爱比克泰德的时代、苏埃托尼乌斯和昆体良的时代止，似乎都是这样。使一个人必须年复一年地去讲授一门特定的学科，实际上是使他完全掌握那门学科最有效的方法。一个人如果不得不每年讲授同一门学科，只要他不是个什么都做不成的人，他就必然在数年之内完全熟悉这门学科的每一部分；而如果他今年对某个问题还欠斟酌，到明年讲到这同一个问题时，他多半会加以修正。正如成为一个教师肯定是一个只是学者的人的自然职业，这门职业或许同样也是使他获得坚实的学问的那种教育。教会俸禄的拉平自然会使国内大部分的学者被吸收到这样的教师职业中来，在这种职业中，他们能对公众最为有用，同时也能受到他们所能受到的或许是最好的教育。这种职业会使他们的学问尽可能地坚实，也尽可能地有用。

应当指出，各国国教教会的收入，除了从它们特定的土地或庄园产生的收入以外，其余都是国家财政收入为了非国防目的所作的支出中的一部分。例如什一税是一种真正的土地税，教会如不把它收去，土地所有者对国防所能提供的贡献是要大得多的。国家紧急支出的资金，有人说是专靠土地地租，有人说是主要靠土地地租。很显然，教会从这项资金中取去越多，国家能分得的就越少。如果其他一切情形都一样，那教会越富有，君主和人民就越贫穷，国家保护自己的能力也就越弱，这是一个不变的规则。在一些新教国家，特别是在瑞士的新教各州，人们发现，以往属于罗马天主教会的收入，即什一税和教会地产收入，不仅足以支付所有牧师们的适当薪俸，而且只要略加补充甚至不需补充，就能支付国家所有其他的开支。尤其是强有力的伯尔尼州的政府，它从这项收入中积累了一笔非常大的数目，据说有几百万镑，其中一部分储存在州库中，另一部分存在欧洲各债务国的所谓公债中收取利息，主要是法国和英国的公债。伯尔尼或其他新教州的政府花在教会上的钱有多少，我并不知道。根据一项非常精确的记录，1755 年，苏格兰教会牧师的总收入，包括教会土地和住宅租金在内，一共只有 68514 镑 1 先令 5 又 1/12 便士。这一不大的收入为 944 个教士提供了还算不错的生活费用。而苏格兰教会的全部开支，包括不时用于建造或维修教堂及教士住宅的费用，估计一年不会超过 8 万或 8.5 万镑。苏格兰教会得到的捐赠虽然少得可怜，但在维持人民大众的信仰统一和皈依热忱方面，以及在维持秩序、规则和严肃的道德精神方面，都不会比基督教国家中最富裕的教会差。凡是一个国教教会所能产生的一切良好效果，社会方面的也好，宗教方面的也好，其他教会能产生的，苏格兰教会也同样能产生。而瑞士的大部分新教教会，得到的捐赠不会比苏格兰教会多，还能在更大程度上产生这种效果。在瑞士大部分的新教州中，很难找到一个说自己不是新教徒的人。诚然，如果他承认自己是其他教派的信徒，法律就会强迫他离开这个州，但是，这样一种严厉的或者说具有压迫性的法律，如果不是由于牧师的勤勉已经使得全体人民皈依新教（或许只有少数例外），那它是决难在这样一个自由的国家里得到执行的。在瑞士的某些地区，由于新教国家与罗马天主教国家的偶然联合，改宗不是那么彻底，这两种教派就不仅同为法律允许，而且同被定为国教。

不论何种职业，其俸给或报酬似乎都应尽可能与该职业的性质相称。如果报酬过低，很可能导致大部分从业人员的卑劣和无能。如果报酬过高，则更可能导致他们的疏忽和懒惰。一个有巨额收入的人，无论他的职业是什么，都会认为他应该像其他有巨额收入的人那样生活，把他的大部分时间花在欢宴、虚荣和放荡上。但对一个牧师来说，这种生活方式不仅会消耗他应当用来履行职责的时间，而且会把他在普通人民心目中的神圣品格毁于一旦，这种品格本是他能有力量和权威来履行这职责的唯一凭依。

第四节　论维护君主尊严的开支

一国君主，除了履行他的各种职责所必要的支出以外，为了维护他的尊严，也要求有一定的开支。这笔开支随社会发达程度不同而不同，随政府形式的不同而不同。

在富裕的和进步的社会，各阶层人民在住宅、家具、食品、服装以及车马上的花费日益增多，不能期望君主单独抵制这种风尚。因此，他在这些方面的花费自然地、或者说必然地也会日益增多。因为如果不是这样，他就不能保持他的尊严。

在尊严这方面，一国之君在他的臣民面前的尊严要远甚于一个共和国的元首在他的同胞面前的尊严，因此，为了维护他的更大的尊严，就必须有更大的支出。总督或市长的官邸的华丽程度自然不能与国王的王宫相提并论。

本章结论

保卫社会的开支，维护元首尊严的开支，都是为了整个社会的共同利益所做的开支。所以，二者由整个社会的一般收入来支付是合理的，所有的社会成员也应该尽可能地根据他们的能力对社会的一般收入做出贡献。

司法行政支出无疑也可以被看做是为了整个社会的利益所做的开支。所以，它由整个社会的一般收入来支付并没有什么不合适。可是，引起这种开支的人，是那些由于其不公正行为使得他人必须向法庭寻求赔偿或保护的人。而从这种开支获得最直接的利益的人，则是由法庭恢复了他们的权利或保护了他们的权利的人。因此，司法行政支出由他们双方或一方来支付（视不同的情况而定）最为妥当，即是说由法庭手续费来支付。除非罪犯自身没有足够的财产或资金支付这种手续费，否则，这项费用是无需动用社会一般收入的。

为了地方利益或省份利益所做的地方性支出或省份性支出（例如，维持某个城市或地区的警察所需的费用），应当由地方收入或省收入来开支，不应成为社会一般收入的负担。为了社会局部的利益，而增加社会全体的负担，这是不公平的。

维持良好的道路交通，无疑对整个社会有利，所以，其费用由整个社会的一般收入来支付并无不当。不过，从这些设施得到最直接的好处的人，是那些在各地之间运输货物的人，以及消费这些货物的人。所以，英格兰的道路通行税和欧洲其他国家所谓的路捐和桥捐，使这项开支完全由这两种人承担，从而使社会的一般收入减轻了一大负担。

教育机构和宗教指导机构的开支无疑也一样对整个社会有利，因而也可以由整个社会的一般收入来支付，这没什么不妥。但是这种支出如果完全由那些直接从这种教育和指导中得到益处的人支付，或由认为自己可能会需要这种教育或指导的人自愿捐献来支付，也是同样合适的，甚至还更有利。

如果对整个社会有利的机构或公共工程不能由那些从中获得最直接的好处的人维持，那么，在大多数情况下，差额就必须由整个社会的一般收入来弥补。因此，社会的一般收入，除支付国防费用及维护君主尊严的费用外，还必须弥补许多特定收入项目上的不足。这种一般收入或公共收入的来源，我将力图在下章予以说明。

第二章　论一般收入或公共收入的来源

国家收入除了要负担国防费用和维护君主尊严的费用之外，还要负担宪法未规定由某项特定收入支付的其他必要的政府开支。这些收入可以从以下两个渠道获得：第一，专属君主或国家、与人民的收入无关的某种资源；第二，来自人民的收入。

第一节　专属于君主或国家的资金或收入来源

专属于君主或国家的资金或收入来源，由资本或土地构成。

与其他任何资本所有者一样，君主利用其资本获得收入的方式有两种：一种是自己使用资本，一种是把资本贷给别人。他从前一种情况获得的收入为利润，从后一种情况获得的收入为利息。

鞑靼或阿拉伯酋长的收入都是利润。他们是本集团或本部族的主要畜牧者，他们亲自监督管理饲养牲畜，其收入主要来自他们的牲畜的繁殖和产奶。可是，只有在这种最初期、最原始的政府状态下，利润才构成君主制国家公共收入的主要部分。

小共和国有时可以从商业项目的利润中获得很可观的收入。汉堡共和国有一笔不小的收入据说就来自国营酒窖和国营药店。如果统治者有闲暇从事酒或药的生意，那个国家当然不会很大。对于更大一些的国家而言，国营银行的利润是一个收入来源。不仅汉堡如此，威尼斯和阿姆斯特丹也是这样。许多人认为，就连英国这样大的一个帝国，也不容忽视这种收入。按英格兰银行的普通股息 5.5%、资本 1078 万镑计算，在支付管理费用后，每年的净利润据说应为 59.29 万镑。假如政府可以用 3%的利息把这项资本借过来，自己来管理银行，则每年可得到 26.95 万镑的净利润。不过，经验表明，像威尼斯和阿姆斯特丹那种贵族政治下的有秩序的、谨慎的、节约的政府，才适合管理这种商业企业，而像英格兰这样的政府，能否将这样一种企业的管理放心地托付给它，是大可怀疑的——英格兰政府虽然具有各种优点，但从未以善于理财而著称；在和平时期，它的君主政治容易造成怠惰和疏忽，产生浪费；在战争时期，它的民主政治又容易使得人们不做长远考虑，同样产生浪费。

邮局也是一种商业企业。政府事先投资设立各地的办公场所，购买或租用必要的马匹和车辆，然后从所运物品收取的邮费中获得丰厚利润。我相信，这可能是各类政府唯一经营成功的商业企业。预先投入的资本不是很大，其业务也没有什么秘密，收益不但确定，而且迅速。

但是，君主们也常常经营许多其他的商业项目，他们像普通人一样，想通过成为一般商业领域里的冒险家来改善自己的财产状况，但他们很少能成功。君主经营业务时经常出现的浪费，使得他们几乎不可能成功。君主的代理人以为主人的财富是无穷无尽的，他们不关心货物以何种价格买进，以何种价格售出，也不关心从一地向另一地运输货物的费用是多少。这些代理人过着与君主们一样的富裕生活，有时即使有浪费，他们也可以用恰当的方法捏造账目，得到君主们的财产。据马基雅维利所说，梅迪西斯的洛伦佐并不是一个无能的君主，而他的代理人就是这样经营他的商业的。佛罗伦萨共和国不得不好几次偿还这些代理人的浪费使他卷入的债务。因此，他放弃了他的家族赖以发家的经商事业，在其后半生，他把剩下的财产以及可由他支配的国家收入都投入到了更适合于他的地位的事业和用途。

从来没有两种性格像商人性格和君主性格那样互不相容。如果说英格兰东印度公司的商业精神使得他们成为极坏的君主，那君主精神似乎也使得他们成为极坏的商人。当他们仅仅是商人的时候，他们把自己的商业经营得很成功，能从利润中支付给股东不错的红利；自从他们成为当地的统治者以后，虽说还有300万镑以上的收入，却仍然要乞求政府的特别援助以避免破产。在前一种情况下，该公司在印度的职员都把自己看做是商人的伙计；在目前的情况下，他们却视自己为君主的钦差。

一个国家也可以从货币的利息得到一部分公共收入，就像从资本的利润得到这种收入一样。如果国家积累了一笔财富，就可以将其中的一部分贷与其他国家，或贷与自己的臣民。

伯尔尼州通过将一部分财富贷与外国——也就是说，通过购买欧洲各国的公债，主要是法国和英国的公债——获得了很大的收入。这种收入的安全性依存于，第一，所投资之公债的安全性，或者说管理该公债的政府的信用；第二，与债务国保持长期和平的确定性或可能性。如果发生战争，债务国方面最先采取的敌对行为恐怕就是取消债权国的债权。就我所知，向外国贷出货币的政策是伯尔尼州所独有的。

汉堡市设有一种公家当铺，将钱贷与有抵押品的本国臣民，收取6%的利息。据说，这种当铺向国家提供了15万克朗的收入，按每克朗4先令6便士计算，合33750英镑。

宾夕法尼亚政府没有积累财富，但它发明了一种向国民贷款的办法，不是用实际的货币，而是用一种货币等价物。国民要获得这种证券，须以两倍价值的土地作担保，并要支付利息。此证券规定十五年赎回，在赎回以前，可以像银行券一样在市面上流通，而且由议会法律宣布为本州一切居民之间的法币。节俭而有秩序的宾夕法尼亚政府可以从这种证券的发行中获得一笔不大不小的收入，足以支付该政府每年约4500镑的全部普通支出中的一大部分。这种权宜之计的成功与否必然依存以下三种情况：第一，对金银货币以外的交易媒介的需求，或者说，对必须将很多金银送往国外才能购得的消费品的需求；第二，采用这种权宜之计的政府的良好信用；第三，发行这种证券的时候要适度，信用证券的价值不能超过在没有这种证券时流通中所需金银的全部价值。美洲的其他几个殖民地也曾在其他场合实行过这种政策，但由于缺乏这种适度，多数是造成的混乱多于便利。

可是，资本和信贷具有不稳定、不持久的性质，这使得它们不适于作为能给予政府以安全和尊严的那种确实的、稳定的、恒久的收入的主要来源。一切已经越过游牧阶段的大国政府，其大部分的公共收入都不是得自于上述来源。

土地是具有更稳定、更持久的性质的资源，因此，公有土地的地租是早已越过游牧状态的许多大国公共收入的主要来源。古代希腊和意大利的各共和国，在很长时间内就是从公有土地的产物和地租中获得了大部分用来支付国家必要开支的收入。以往欧洲各国君主的大部分收入在很长时间内也是来自于王室土地的地租。

在近现代，战争和为战争做准备这两件事情占用了所有大国大部分的必要开支。但是在古希腊及意大利各共和国，每一个公民都是战士，服役和为服役做准备都是自己承担费用。所以，在这两件事情上，国家无需支出很多的费用。一宗不太大的地产的地租，就足以支付政府其他所有的必要支出。

在欧洲古代君主国中，当时的风俗习惯就是使人民大众对于战争有充分的准备；当他们走上战场时，他们根据各自所属的封建领地的条件，或是自己承担费用，或是由直属领主承担费用，无需君主增加新的开支。而政府的其他费用，大部分都非常有限。司法行政不仅不会成为开支负担，反而成为收入来源。乡村人民在收获之前和收获之后各要提供三天劳动，这被认为是一种资源，足以用来建造和维修国家商业所需要的所有桥梁、道路和其他公共工程。在当时，君主的主要费用似乎就是他的家庭和宫廷的维持费。因此，他宫廷里的官吏，在当时就是国家的官员。财政大臣替他收租。内务大臣管理他的家庭支出。治安大臣和警卫大臣管理他的厩舍。他的房子通常是城堡形式，看起来就是他所拥有的主要要塞。这种城堡的守护者可以被看做卫戍总督，他们似乎是君主在和平时期所必须维持的仅有的军事官员。在这种情况下，一笔大地产的地租通常就可以负担政府一切必要的开支了。

而欧洲大多数文明君主国的现状是，即使全国土地都属于一个人，从这土地上产生的全部地租，也达不到即使是和平时期征收自人民的正常收入，即是说，达不到政府的正常开支需求。例如，英国政府的正常收入，不仅要包括当年的必要开支，而且还要支付公债利息及清偿一部分公债，加起来每年要达到1000万镑以上。但是，这其中，土地税每年还不到200万镑。而这土地税的来源，不仅是从全国所有的土地地租中抽取1/5（每镑地租抽4先令），而且还要从所有的房屋租金中和资本利息中抽1/5（也是每磅抽4先令），免纳此税的资本，只有贷给国家的资本或用于土地耕作的农业资本。土地税中有相当一部分是来自于房屋租金和资本利息。例如，伦敦市的土地税，按每镑征四先令计，共达123399镑6先令7便士；威斯敏斯特市的土地税为63092镑1先令5便士；白厅宫及圣詹姆斯宫的土地税为30754镑6先令3便士。还有一部分的土地税也是按照相同的方式向国内其他大小城市课征的，这些城市里的土地税几乎全都出自房屋租金或商业资本和借贷资本的利息。因此，按照英国的土地税的数额推算，全英国的土地地租、房租和资本（贷给政府及用于耕作的资本除外）的利息各项收入的总额不会超过1000万镑，也就是说不超过英国政府在和平时期征收自人民的正常收入。当然，英国每年为征收土地税而对各种收入所作的估计，总的来看应该是大大低于真实价值的，虽然在某几个郡和地区据说估值差不多等于真实价值。有许多人估计，不算房租和资本利息，单单土地地租一项每年总额就应当有2000万镑。这种估计很大程度上是随意做出的，我觉得可能高于实际情况。但如果在目前的耕作状态下，英国的全部土地所提供的地租还没有超过每年2000万镑，那么如果这些土地全都属于一个地主，置于他的代办人和代理人的疏忽、浪费和专横的管理之下，收到的地租很可能达不到2000万镑的一半，甚至连1/4可能都难以达到。英国王室的土地现在所能提供的地租，可能就不及这土地在分属私人所有的情况下所能提供的1/4。如果王室领地更为广大，那它们的管理或许还要更坏。

人民从土地中获得的收入，不是与土地地租成比例，而是与土地的产物成比例的。除了留作种子的以外，一国土地的全部年产物，就是人民每年所消费的或用来交换其他消费品的东西。无论什么原因使得土地产物减少，它使人民的收入所减少的程度总是大于它使地主们的收入减少的程度。在英国，土地的地租，即归于地主的那部分产物，在任何地方都不超过全部产物的1/3。如果在某种耕作状态下，土地一年能提供2000万镑的地租，地租是全部产物的1/3，而在另一种耕作状态下，土地只能提供1000万镑的地租，地租也是全部产物的1/3，那么，两相比较，地主们所受的损失只是1000万镑，而人民的收入所受的损失则达3000万镑（播种的种子不考虑在内）。国家人口减少的数目，就是每年3000万镑（扣除种子）根据不同阶层人民的具体生活方式和花费方式所能维持的人数。

虽然现在在欧洲没有任何一类文明国家从国有土地的地租中获取大部分的公共收入，但在欧洲所有的大君主国，王室仍然拥有大片的领地。这些领地一般都是御猎场，但在这些土地上，有时候你走几英里都看不见一棵树。从产物和人口两方面来说，它们都只是荒地，是国家的损失。在每一个欧洲大君主国，出售王室土地都可得到一笔很大的资金，如果用来偿还国债，则可从收回的抵押资源中获得一笔比这种土地过去为王室所提供的更大的收入。在土地和耕种高度改良、出售时能产生丰厚地租的国家，土地一般按照相当于30倍年租的价格出售，而未改良、未耕种、地租低的王室土地，预计会按相当于40倍、50倍或60倍年租的价格出售。王室可以立即享受以这巨大价格赎回抵押资源后所带来的收入。而在几年之中，他们可能还会享受到另一笔收入。当王室土地变为私有财产时，在几年之间就会得到很好的改良和耕种。这些土地的产物一增加，就会增加人民的收入和消费，也会增加国家的人口。而王室从关税和消费税得到的收入，必然随着人民收入和消费的增加而增加。

在文明君主国，王室从其领地所获取的收入，虽然看起来不增加人民个人的负担，但这一收入让社会付出的代价，可能比国王享受的其他任何同等收入让社会付出的代价都大得多。所以，为了社会的利益考虑，应当用某种其他的收入去代替王室的这种收入，将这些土地分配给人民，而最好的办法也许就是向人民公开出售。

用于游乐与观赏的土地，如公园、花圃、散步场所等等，一般都看做是支出的原因而不是收入的来源。在大的文明君主国，这种土地似乎是应当属于王室的唯一土地。

因此，专属于君主或国家的两种收入来源——公共资本和公共土地，作为支付文明大国必要费用的资源是既不适当也不充分的；这种费用的大部分必须由各种税收来支付，换言之，人民必须从自己私人的收入中拿出一部分来上缴给君主或国家，以弥补公共收入。

第二节　论赋税

在本书第一篇已经表明，个人的私人收入最终总是来自于三个不同的来源：地租、利润和工资。每一种赋税，最后必定是由这三种收入来源之一支付，或由它们不加区分地共同支付。我将尽我所能地对以下各点做出清楚的说明：第一，打算对地租课征的税；第二，打算对利润课征的税；第三，打算对工资课征的税；第四，打算不加区分地对这三项私人收入课征的税。由于要分别研究上述四种赋税，因此本章第二节将分为四项，其中三项还得进一步细分。从接下来的论述中可以看出，许多赋税最初是打算加于某项收入来源的，结果却并不是由这项收入来源支付。

在我着手考察各种赋税之前，有必要先说明关于一般赋税的四个原则。

（一）每一个国家的国民都应该尽可能地按照各自能力的大小，即是说按照他在国家保护下所获得的收入的比例，对维持政府做出贡献。一个大国政府的支出对于每个个人而言，就像一宗大地产的管理费对于这宗地产的共同承租人而言一样，每个承租人都应当按照各自在地产中的利益的大小来对管理费做出贡献。所谓赋税的平等或不平等，就看是遵守还是忽视这条原则。无需多说，一个国家的赋税如果仅由上述三种收入来源之中的一种来源负担，而其余两种不受影响，那必然是不平等的。在下面对各种不同的赋税进行考察时，我不会更多地关注这种不平等；在大多数案例中，我将只考察由于某种赋税不平等地落在它所影响的特定私人收入上面而引起的那种不平等。

（二）每个国民必须缴纳的赋税应当是确定的，不能是随意决定的。缴纳的时间、方式和数额，对每一个纳税者及所有其他人都应当是清楚明白的。否则，每个纳税人就会或多或少地为税吏的权力所左右，税吏会乘机向其讨厌的纳税者加重税额，或以加重税额为恐吓，勒索礼物或贿赂。赋税的不确定会鼓励税吏的专横，促进他们的腐化，导致这一类人到哪里都不受欢迎，即使他们并不专横或腐化，也会是这样。在课税中，每一个人纳税的确定性是一件极为重要的事情，从所有国家的经验来看，我相信，极大程度上的不平等也不及极小程度上的不确定的危害那么大。

（三）各种赋税征收的日期和方式应当为纳税者纳税提供最大的方便。地租税或房租税应在通常支付地租或房租的同一时期征收，因为这样安排对纳税者最为便利；或者说，这个时期他最有钱纳税。对作为奢侈品的消费物品所课之税，最终都是由消费者支付的，通常也应采取对他十分便利的方式。他可以在每次购买这类商品时缴纳少许赋税。他有购买或不购买的自由，如果他因为这种赋税的征收而感到困难，那就是他自己的问题。

（四）每种赋税的征收应有所安排，尽可能地使从人民那里征收到的钱或者人民损失的钱不要多于最终国家得到的税收。如果从人民那里所征收的钱或人民所损失的钱远多于国家最终的税收，一般是下面四个方面的原因：第一，征税可能使用了大批官吏，他们的薪水吞掉了大部分的税收，而他们索取的礼金或贿赂对人民则是一种额外增加的负担。第二，它可能妨碍了人民的勤劳，使人民对那些会给许多人提供生计和职业的事业裹足不前，并使本来可以投入这些事业的一些资金缩减乃至消耗一空。第三，对于不幸的逃税未遂者施以没收财产或其他处罚，常常使他们破产，因而社会便失去了由使用他们的资本所能获得的利益。赋税的不明智是逃税的巨大诱因。但对逃税的惩罚又势必随着引诱的增强而增强。这样的法律首先造成了引诱，然后又在本该减轻赋税的情况下按照引诱的大小惩罚逃税的人，这是与一般的司法原则相反的①。第四，税吏频繁的造访以及令人讨厌的稽查常使纳税者遇到许多不必要的麻烦、困扰和压迫。虽然严格地说这种烦扰并不是支出，但如果人民宁愿付钱摆脱这种烦扰，它就的确等于是一种支出。总之，赋税之所以常常给人民造成的负担多于给君主带来的好处，不外乎上述四种原因。

---

① 参阅《人类历史纲要》，1774年，作者亨利·霍姆（凯姆斯勋爵），第一卷。这位作者在所引述的地方提出了6条课税的“一般原则”：1.“在有机会走私的地方，赋税应当适中。”2.“应当避免征收费用高昂的赋税。”3.“应当避免不确定的赋税。”4.“通过免除穷人的负担和使富人承担负担来纠正赋税的不平等。”5.“应当极力拒绝每一种造成国家贫困的赋税。”6.“应当避免要求纳税人宣誓的赋税。”

上述四条原则，道理明显，作用显著，每一个国家或多或少都注意到了。它们都从各自的判断出发，尽可能地设法使税收和预先设计的一致，在纳税时间和纳税方式上对纳税人尽可能确定和方便，并参考他们各自的赋税比例，尽可能避免给人民增加更多的负担。但下面对于各时代各国家的主要赋税的简短述评，将表明各国在这方面的努力并未取得相应的成功。

第一项　租金税、土地地租税

对土地地租课征的赋税有两种征收办法，第一，按照某种标准，给不同地区分别评定出一定的地租水平，评定之后就不可以变更；第二，也可以使税额随土地实际地租的变化而变化，随土地耕种的改善或恶化而有增有减。

如果每个地区按某种固定的标准评定土地税——像英国的土地税那样——那么，这种税即使在设立之初是平等的，也必然会随着时间的推移、随着各地耕作上不同程度的改良或懈怠而变得不平等。在英格兰，由威廉和玛丽第四年的法律所设定的各郡和各教区应课征的土地税甚至在设定之初就是不平等的。因此，这种赋税违反了上述四原则的第一条。但它完全符合其他三条。它是完全确定的。纳税的时间就是交租的时间，对纳税人是极方便的（虽然在所有的情况下地主都是实际纳税人，但税款一般都是由佃户先垫交，地主在收取地租时，再减去这一部分）。这项赋税征收时使用的官吏，比能提供差不多相同收入的任何其他赋税征收时使用的官吏都要少。由于一个地区的税额不随地租的增加而增加，君主并不分享地主从土地改良中所得的利润。这种利润有时诚然会造成同一地区内其他地主的破产，但剩下的地主因此而需要增加缴纳的赋税总是很少的，不会阻碍土地的改良，也不会使土地产物的产量降到本来会有的水平以下。由于它没有减少产物产量的趋势，它也不会有提高产物价格的趋势。所以它不会阻碍人民的勤劳。地主除了纳税的不可避免之外，也不会因此有其他不便。

不过，英国的地主由于土地地租的估值不变而获得的好处，主要是由于与赋税的性质无关的某些外部状况。

自从英国建立土地评估制度以来，部分地由于国家的几乎每个地区都得以繁荣，几乎所有地产的地租都在持续增加，而鲜有下降。因此，几乎所有地主都因为地租估值不变而赚到了按照现有地租应该多缴的那部分赋税。假如国家的状况有所不同，假如地租由于耕种的恶化而逐渐下降，那地主们的情况则会相反。在英国大革命后，地租评估的不变性就对地主有利，对君主不利；换一种情况的话，则可能会对君主有利，对地主不利。

由于赋税是以货币缴纳的，所以对土地的估价是以货币表示的。自从这种评估确定以来，银价一直很固定，铸币的法定标准在重量或纯度方面都没有什么改变。假如银价显著上升，像在美洲银矿发现以前的两个世纪里那样，那估价的确定性将使地主很吃亏。如果银价显著跌落，像在美洲矿产被发现之后至少一个世纪里那样，则估价的确定性会让君主的这部分收入减少许多。假如货币标准有重大改变，同等重量的白银，或被降低面额，或被提高面额——例如，1 盎司白银，原来铸成 5 先令 2 便士，现在铸成 2 先令 7 便士，或铸成 10 先令 4 便士——那么，在前一种情况下会损害地主的收入，在后一种情况下会损害君主的收入。

所以说，只要环境发生了变化，这种估价的固定性要么会给纳税人造成巨大不便，要么会给国家造成巨大不便。而在时代的变迁中，这种环境的变化在某个时候是必定会发生的。但各个帝国虽然像人类所有的其他创造物一样，迄今证明全都是要灭亡的，它们却总是想要永远存在下去的。所以，每一种想要和帝国一样永久的制度，不仅应当在某些特定的环境中是方便的，而且应当在所有的环境中都是方便的；或者说，不仅应当适合那些短暂的和偶然的环境，而且也要适合必然的、因而总是相同的环境。

地租税随地租的变化而变化，即随着耕作的改善或懈怠而增减，这被法国的称自己为经济学派的那些学者推崇为最公平的赋税。他们认为，一切赋税最终都要落在土地地租上，因此对土地地租的课税应该平等。说所有的赋税应该尽可能平等地落在承担这些赋税的最终源泉上，这肯定是对的。但是他们用来支持自己的非常微妙的理论的，是形而上学的论证，我们不必进行这种令人不快的讨论，以下的评论足以说明，何种赋税最终出自地租，何种赋税最终出自其他资源。

在威尼斯境内，一切以租约形式交与农夫的可耕土地，都是从地租中征收 1/10 的税。租约要在各省或各地区赋税官所保管的公证记录中登记。如果地主自己耕地，其地租由官吏公平估价，并可以扣减税额的1/5，因此对这种土地地主只按所估价地租的8%而不是10%纳税。

这种土地税肯定比英格兰的土地税更加公平。但它或许没这么确定，而税额的评估也可能会常常给地主带来很大的麻烦。它在征收上也可能要耗费更多的费用。

不过，也许可以设计一种管理制度，在很大程度上防止这种不确定和减少这种费用。

比如，可以规定地主和佃户必须共同在公家登记簿上登记他们的租约。如果有隐瞒或伪报出租条件的，可以处以适当的罚金；如果将罚金的一部分给予揭发或证实此情形的一方，那么就可以有效地防止地主和佃户合伙骗取公家的收入，而租约中的所有条件都可以从这种登记簿里完全了解到。

有些地主在重订租约时不是提高租金，而是收取续租费。这种行为一般是挥霍者的做法，他们为了获得一笔现金而放弃了价值要大得多的未来收入。所以，在大多数情况下，这种行为是有害于地主的。它常常有害于佃户，也总是有害于国家。它常常从佃户那里夺走那么大一部分资本，从而使他耕种土地的能力减少那么多，以致他最后只能支付一小笔地租，而他本来是可以支付更多的。凡是降低他的耕种能力的事情，必然会使社会收入的最重要部分降低到它本来会有的水平以下。如果对这种续租费课以比普通地租税更重的税，就可能阻止这种有害的做法，这对所有有关各方，对地主、对佃户、对君主、对整个社会都有很大的好处。

有些租约向佃户规定整个租佃期间必须采用一定的耕种方式、轮种一定的作物。这种条件一般是由于地主自负有优越的知识（在大多数场合，这种自负都是毫无根据的）所产生的结果，应该被看成一种额外的地租，只不过是用劳务支付，而不是用货币支付。为了阻止这种做法（这一般是愚蠢的做法），对这种地租应该估值高一些，从而对它课的税比普通货币地租重一些。

有些地主不收取货币地租，而要求以谷物、牲畜、家禽、酒、油等实物支付地租；有些地主则要求以劳务支付地租。这种地租对佃户的害处总是多于对地主的好处。它们从前者那里收取的或者让他们损失的，总是比后者得到的更多。在每一个实行这种办法的国家，佃户总是穷困潦倒的，实行的程度越高，穷困就越严重。以同样的方式，对这种地租估价高一些，从而对它课的税比普通货币地租重一些，或许可以有效地阻止这种对整个社会有害的做法。

当地主亲自耕作一部分土地时，可以根据邻近的农户和地主的公正判断来估定地租的价值，并给予他适当的减税，只要他所占用的土地的地租不超过一定的数额，像在威尼斯境内所做的那样。重要的是应当鼓励地主耕种一部分自己的土地。他的资本一般比佃户大，技能虽较差，却常能提供更多的产物。地主有能力进行实验，一般也愿意进行实验。实验不成功只对他自己有不大的损失。实验成功，就能对整个国家的土地改良和良好耕种做出贡献。可是，重要的是，减税的幅度应该只鼓励他耕种一定限度的土地。如果大部分的地主被诱使去耕种他们的全部土地，那么，国家就会充满懒惰和浪费的地主管家（为自身利益而不得不在自己的资本和技术所允许的范围内尽力耕作的审慎和勤勉的佃户，将会被这些地主管家所代替），他们胡乱的经营不久就会使耕种质量降低，使土地的年产量缩减，不仅使他们的主人收入减少，而且使整个社会最重要的那部分收入也减少。上述这些管理制度或许能使这种赋税摆脱由于不确定性而给纳税人造成的压迫或不便，同时也可能在土地的日常经营中引进一种对全国的土地改良和耕作改善大有好处的计划或政策。

征收随地租变动而变动的土地税，其费用无疑会比征收固定标准的土地税的费用高一些。征收这种土地税需要在全国各地设置登记机构，有时候还要对地主自行耕种的土地进行评估，这两者都需要额外的支出。不过，这些费用并不算大：其他一些赋税的征收费用比这要多得多，还不能这么容易地带来这么多收入。

对这样一种可变土地税可能提出的最重要的反对理由，似乎是它会妨碍土地改良。君主对改良的支出没有做出贡献，却分享它的利润，地主肯定不会那么愿意进行改良。不过，这个问题或许可以这样来解决：在地主着手改良之前，允许他和税务官一起，根据双方平等选出的一定数目邻近农户和地主的公正判断，确定他的土地的实际价值，然后在一定年限内只按照这种评估课税，使其为改良所支出的费用可以完全得到补偿。这种土地税的一个主要好处就是可以使君主从只关心自己的收入的增长，转向关心土地的改良。因此，为补偿地主的支出所设定的年限只要能达此目的就好，不宜定得过长，以免君主因为利益太远而失去对改良的关心。可是，与其定得太短，仍不如定得长一些。君主再关心，也弥补不了地主们最小的灰心。君主关心，最多也只不过是对如何在他的大部分领土内促进改良进行泛泛的考虑，而地主关心，则会对如何最有利地使用他的地产上的每一寸土地进行具体的和仔细的考虑。君主应该关心的是用他权力范围内的一切手段，去鼓励地主和农夫；让他们用自己的方式、根据自己的判断去追求自己的利益；给予他们享受自己劳动的全部报酬以最完全的保障；并且，为了让他们的每一部分产物都获得最广阔的市场，在他自己领土内的每个地区建立最方便最安全的水陆交通，并确立最不受限制的向其他国家出口的自由。

如果这样的管理制度能使这种土地税不但不会阻碍土地改良，反而可以促进土地改良的话，那这种土地税就不会使地主感到什么不便了，要说有，那就是无可避免的纳税义务了。

不论社会的状况如何变化，不论农业是进步还是衰退，也不论白银价值和铸币标准如何变化，这样一种赋税不必政府加以关注就能很容易地自行适应实际情况，而且在所有的变动中保持公平和公正。因此，它比总是按照某种固定的评估来课征的土地税更适于作为一种永久的和不变的规定来建立，或者说作为所谓国家基本法来建立。

有些国家不是采用简单明了的登记租约的办法，而是采用对全国土地进行实际测量和评估这种费钱费力的办法。他们或许是担心，出租人和承租人为了诈取公共收入，可能联合起来，隐瞒租约的真实条件。《英格兰土地勘查记录书》似乎就是这种非常准确的测量的结果。

在古代的普鲁士王国，土地税是按实际测量和评估结果课征的，但隔一段时间这种结果就要重新评定。根据这种评估，世俗地主按收入的20%到25%纳税，教士按40%到45%纳税。西里西亚土地的测量和评估是按照当今国王的命令进行的，据说十分精确。根据这种评估，布勒斯洛的主教的土地按地租的25%课税，新旧两教的教士的土地按地租的50%课税；条顿骑士团采邑和马耳他骑士团采邑按40%课税，贵族保有地按38.33%课税，平民保有地则为35.33%。

波希米亚的土地测量和评估工作据说进行了100多年，直到1748年的和平之后，根据现今女王的命令才得以完成。米兰公国的测量从查理六世的时候开始，直到1760年之后才完成。这次测量被誉为前所未有的精准测量。萨沃伊和皮德蒙特的测量则是在已故的萨迪尼亚国王的时代就开始了。

在普鲁士王国，对教会收入课税比对世俗地主课税高得多。教会的收入大部分来自土地的地租，但他们的收入很少用于土地改良，或用来在任何方面对增加人民大众的收入做出贡献。普鲁士国王或许因此认为，教会对国家的紧急费用承担得更多一些是合理的。但在有些国家，教会土地是免缴一切赋税的。在另外一些国家，对教会土地的课税则比其他土地轻得多。在1575年以前，米兰公国的教会土地就只按其价值的1/3纳税。

在西里西亚，向贵族保有地征收的税比向平民保有地征收的税要高出3%。这种差异或许是由于普鲁士国王觉得，前者既然享有种种荣誉和特权，就可以抵偿他略高的赋税负担，同时后者的卑微屈辱也可以由减轻赋税负担得到几分缓解。而在其他国家，赋税制度不是减轻，而是加重这种不平等。在萨尼迪亚国王的领地，以及在法国征收所谓贡赋的各省，其赋税全由平民保有地负担，贵族保有地反而可以得到豁免。按照全面的测量和估价而征收的土地税，不管在起初是多么平等，实行不了多久之后也必然变得不平等。为了防止它变成这样，政府不得不对国内每个农场的状态和产量的所有变化费神加以持续的关注。普鲁士、波希米亚、萨迪尼亚和米兰公国的政府都曾不得不这样做。这种关注与政府的性质非常不相符，因此不可能持续很长时间，即使持续下去了，它给纳税者带来的麻烦和困扰可能也多于它给他们带来的帮助。

1666年，蒙托班课税区所征收的贡税据说是以极精确的测量及评估为准的。到1727年，这种评估已变得完全不公平了。为解决这个问题，政府除了对全区追加征收12万利弗的附加税之外，再也找不出其他较好的办法。按规定这项附加税应针对一切依照旧标准征收贡税的税区征收，但事实上只向依照旧标准课税过低的地区征收，并以此补贴依照旧标准课税过高的地区。比如，两个地区，一个按实际情况应缴纳900利弗，另一个按实际情况应缴纳1100利弗，但按旧的标准，二者都是缴纳1000利弗。在征收附加税后，两者的税额本应都是1100利弗，但这种附加税只向课税过低的地区即后一地区征收，而前一地区则得此补偿，只需缴纳900利弗。政府从附加税上既无所得，也无损失，这种税完全只是用来补救因旧评估所产生的不平等。不过这种办法的使用多是依据税区行政长官的命令，因而在很大程度上一定是独断专行的。

不与地租成比例而与土地产物成比例的土地税

对土地产物课征的赋税实际上就是对地租课征的赋税，这种税虽然最初是由农民垫付，但最终仍由地主负担。当一定比例的农产品被作为赋税支付时，农民必定会尽可能地计算出这一部分产物在当年的价值，然后从同意付给地主的地租中扣除相应的数目。没有一个农民不预先计算支付给教会的什一税（什一税就是以农产品支付的）在当年的价值是多少。

什一税，以及每一种其他的这类土地税，从表面看似乎十分公平，实际上却非常不公平。在不同的条件下，一定比例的农产品在地租中所占的比例非常不同。在某些非常肥沃的土地上，产量很大，其中一半就能补偿农民在耕作中使用的资本和一般利润。另一半产物，或者说另一半产物的价值（二者是一回事），如果没有什一税，他就可以支付给地主作为地租。如果他的产物被拿走1/10作为什一税，那他就一定会要求减少地租的1/5，否则他就无法收回资本连同普通利润。在这种情况下，地主的地租就不是全部产物的一半或5/10，而是4/10。与之相反，在比较贫瘠的土地上，土地的产量有时很小，而耕种费用很高，农民要用全部产物的4/5才能补偿耕种资本和一般利润。在这种场合，即使没有什一税，地主得到的地租也只不过是全部产物的1/5或2/10。但如果农民再用全部产物的1/10来缴纳什一税，而且要求从地租中扣除相同的数额，那地主所得就只剩下全部产物的1/10了。也就是说，在肥沃的土地的地租中，什一税有时只抽取1/5，或每镑4先令；而在贫瘠的土地的地租上，什一税有时要抽取1/2，或每镑10先令。

由于什一税通常是一种对地租课征的非常不公平的赋税，所以它是对地主改良土地和农民耕种土地的一大挫抑。当教会不负担改良和生产费用的任何部分，却要分享利润的如此大的份额之时，地主不会去进行最重要但也是最费钱的改良，农民也不会去生产最有价值但也是最费钱的谷物。由于什一税，茜草的栽培在长时期内仅限于荷兰联邦，那是一个长老制教会国家，没有这种破坏性的赋税，它在欧洲独占了这种有用的染料的生产。最近英格兰也开始栽培茜草了，那是因为议会法律规定，种植茜草每亩只纳税五先令，以代替什一税。

正如欧洲大部分地区的教会一样，亚洲许多国家的主要收入都依靠征收不与土地地租成比例而与土地产物成比例的土地税。在中国，君主的收入主要由国家全部土地产物的1/10构成。不过，对这所谓的1/10所做的估计是相当宽松的，据说在许多省份其实不超过一般产物的1/30。印度在英格兰东印度公司统治以前，孟加拉政府所征收的土地税据说大约为土地产物的1/5。古代埃及的土地税据说也是1/5。

亚洲的这种土地税使亚洲的君主们都关心土地的耕作及改良。中国的君主、孟加拉君主以及古代埃及的君主据说都十分留意建设和维护公路及运河，以便为每一部分土地产物提供自己国内所能提供的最广大的市场，尽可能地增加它们的数量和价值。而教会的什一税要分成许多小部分，每一部分的所有人没有一个会有这样的兴趣。教区的牧师决不会发现修建通向国内偏远地区的道路和运河以扩大他自己教区产物的市场会对他有什么好处。因此，如果这种赋税用来维持国家，它所带来的某些益处尚可在某种程度上抵消其所带来的不便；若用它来维持教会，那么除了不便以外，根本就没什么益处可言。

向土地产物课征的赋税，可以征收实物，也可以按一定的估价收取货币。

教区牧师或住在自己田庄里的小产业绅士，或许会觉得以实物来收取什一税或地租更好。收取的数量不多，针对的区域又小，他们可以亲自监督收取的落实。而一个住在大都市的大产业主，如果他的位于遥远省份的地产的地租也以实物来收取，他就可能因为他的代办人或代理人的玩忽职守——更可能的是欺骗——而遭受损失。君主由于他的征税人员的营私舞弊和巧取豪夺而遭受的损失当然还要大得多。最疏忽大意的私人产业主也比最小心谨慎的君主更能监管到他的仆人；公共收入如果以实物来收取，那最后收到国库的肯定会由于税吏的乱来而只占人民所缴纳的一小部分。然而，中国的一部分公共收入，据说就是这样征收的。官员和税吏无疑感到继续实行这种纳税方式对他们有好处，因为征收实物比征收货币更容易舞弊。

如果土地产物税以货币缴纳，可以按照随市场价格变动而调整估价，也可以保持一种固定的估价，例如对每一蒲式耳小麦总是按同一货币价格估价，无论市场状况如何。按照第一种方式征收的税额，随耕作的改良或懈怠对土地实际产物的影响而变动；按第二种方法所征收的税额，就不但随土地产物的变动而变动，而且会随贵金属价值的变动以及同一面额的铸币在不同的时代所含贵金属数量的变动而变动。因此，第一种方法征收的税额和土地实际产物的价值总是保持着相同的比例，而第二种方法所征收的税额与土地实际产物的比例在不同的时期会非常不同。

不用一定比例的土地产物或一定比例土地产物的价格，而用一定数量的货币，来代替所有土地税或什一税，那就是英格兰收取土地税的做法。这种税，既不会随土地地租的变化而变化，也不会鼓励或妨碍土地改良。许多教区不以实物而以货币征收什一税，就是这种做法。在孟加拉政府治下，印度大部分地区据说是以相当低的货币额来代替向农产品征收1/5的实物。此后，东印度公司的某些人员借口把公共收入恢复到它应有的价值，在一些省份里把货币付税改为实物支付。可是，在他们的管理下，这种改变既挫抑了耕作，又使公共收入的征收上出现了新的舞弊机会，结果据说赋税收入大大低于他们接管时的水平。公司人员或许从这种改变中得到了好处，但这是以牺牲他们主人的利益和牺牲那个国家的利益为代价的。

房租税

房屋的租金可以分成两部分：一部分可称为建筑物租金，另一部分一般称为地皮租金。

建筑物租金是建筑房屋时所投入的资本的利息或利润。为了使建筑商和其他行业的人处于同一水平上，这种建筑物租金就必须能够：第一，给予他相当于将资本在有良好保障的情况下贷出时所能得到的利息；第二，使房屋经常保持维修。换句话说，就是要能够使他在一定的年限内收回其建筑房屋所投入的资本。因此，各地的建筑物租金或建筑资本的普通利润，就总是受到货币的普通利息的影响。在市场利率为4%的地方，房屋租金在除去地皮租金之后如果还能提供全部建筑费用的6%或6.5%，那或许就可以为建筑人提供足够的利润。在市场利率为5%的地方，或许就需要提供7%或7.5%。如果建筑商的利润大大超过与市场利率的这种比例，其他行业上的资本有很多就会被吸引到建筑业来，使它的利润降到应有的水平。如果建筑商的利润大大低于这种比例，该行业的资本有很多就会转移到其他行业去，直至建筑业的利润重新上升到原来的水平。

全部房租中在提供了这种合理利润之后的部分，自然归做地皮租金；如果地皮所有人和房屋所有人是两个人，在大多数情况下，这部分要全部付给前者。这部分租金是房屋居住者为房屋地理位置给其带来的某种真实的或想象的利益而付出的价钱。在远离大都市、可供选用的建筑用地很多的乡村，房屋的地皮租金几乎等于零，或者不超过将地皮用于农业时的租金。大城市附近的郊区别墅，地皮租金有时就高昂得多，那里位置的便利和环境的优美常常可以得到很好的报偿。地皮租金最高的地方一般是首都城市，尤其是这种城市里对房屋的需求最大的特殊地段，不管这种需求的原因是什么，是为了贸易和营业，为了娱乐或社交，还是只为了虚荣和时髦。

如果由住户按照全部房屋租金的一定比例支付房租税，建筑物租金一般不会因此受影响，至少从长期来看是如此。因为，建筑商如果得不到合理利润，他就不得不离开这个行业，而这样一来，就会提高市场对房屋的需求，并很快使建筑商的利润回到与其他行业的同一水平。这种房租税也不会完全落在地皮租金上面；它会被分为两个部分，一部分由住户负担，一部分由地皮所有人负担。

比如，假定有一个人认为他每年能支付60镑的房租，又假定，加在房租上由住户负担的房租税为每镑4先令，或全部租金的1/5。在这种情况下，一所租金60镑的房屋每年需费他72镑，比他设想自己能出得起的多出12镑。因此，他将愿意住差一点的房子或租金为一年50镑的房子，这50镑再加上必须支付的10镑房租税，就是他认为自己每年所能负担的60镑。因为要付税，他将不得不放弃房租高10镑的房子所能提供的一部分特殊便利。之所以说是一部分特殊便利，是因为他不会被迫放弃全部——他会租到一所在没有房租税时以50镑租不到的好房子。因为，房租税既然排除了他对年租60镑房子的竞争，减少了这一价位的房子的竞争者，也就会减少年租50镑的房子的竞争者，依此类推，除了租金最低且无可再减的房子会在一定时间里增加竞争者以外，其他一切房屋的竞争者都会同样减少。但是，如果一种房屋的竞争者减少了，其租金必然会或多或少的下降。而由于这种下降至少从长期来看不会影响到建筑物租金，它最后必然会落在地皮租金上。因此，这种赋税的最终支付会部分地落在住户身上，他为了支付自己的份额，不得不放弃自己的一部分便利；部分地落在地皮所有人身上，他为了支付自己的份额，不得不放弃自己的一部分收入。至于他们两者间最终以什么比例来分担这一支付，或许不是很容易确定的。在不同的情况下，这种分担的比例会非常不同，根据这些不同的情况，这种赋税也会对房屋住户和地皮所有人产生非常不同的影响。

这种税落在不同的地皮租金所有人身上的不平等，完全是由于上述分担比例的偶然不平等造成的。但它落在不同的房屋住户身上的不平等，则除此以外还有其他原因。房租支出在全部生活费中的比例，在财产不同的人那里是不同的。一般说来，在财产多的人那里这个比例高，在财产少的人那里这个比例低。生活必需品是穷人最大的支出。他们经常难以获得食物，所以他们微薄收入中的绝大部分都用在食物上。富人的主要支出则是用在生活奢侈品和虚饰品上面，而一所华丽的住宅又最能衬托和陈列他们所拥有的奢侈品和虚饰品。因此，富人所负担的房租税一般最重，房租税与生活费的比例也是最大。不过这种不平等或许并没有什么不合理。富人不仅应当按照他们收入的比例对公共开支做出贡献，而且应当在这个比例之上再多贡献一些。理应如此。

房屋租金虽然有某些方面与土地地租相似，但有一个方面却是根本的不同。土地地租是为使用一种有生产力的东西而支付的费用。支付地租的土地上就能产出这种费用。房屋租金是为使用一种没有生产力的东西而支付的费用。房屋或房屋占用的地皮都不产出什么东西。因此，支付租金的人必须从其他与房屋毫不相关的收入来源中提取所需的金钱。只要房租税需要由住户承担，它的来源一定和房租本身的来源相同，由他们用收入来支付，不管这收入是劳动工资、资本利润还是土地地租。只要房租税由住户负担，它就是这样一种税，即不单独课于某一种收入来源，而是无区别地课于所有这三种收入来源，它从任何方面看都和其他消费品税具有相同的性质。一般说来，或许没有哪一种开销或消费比房租更能反映一个人到底是奢侈还是勤俭。对这种特殊支出项目按比例课税所得收入，也许在欧洲各地迄今都高于对其他支出项目课税所得的收入。不过，这种税如果太高，大多数人会尽力避免，满足于较小的住房，并把大多数支出转移到其他方面。

如果采用确定普通地租所必要的那种政策，对房租也可以很容易地予以准确的确定。没有人居住的房屋不应该课税。对这种房屋课税，税金就要全部由房屋所有者承担，这样他就是为一种既不为他提供便利也不为他提供收入的东西纳税。如果所有者自己居住，那就不应该按照他的建房费用课税，而应按他的房屋如果出租时的租金课税，租金的数目须公平裁定。如果按照他们的建房费用课税，那么每镑 3 先令或 4 先令的税再加上其他赋税，就会使这个国家——我相信，在所有文明国家都是一样——几乎所有的富人和大家族都破产。只要留心考察过本国某些最富有的大家族在城市里的住宅及乡下别墅，就会发现，如果按照这些住宅最初建筑费用的 6.5%或 7%课税，他们要交的房租就差不多抵得上他们在其地产上收到的全部净租金。诚然，他们建造房屋的费用是连续几代人的积累支出，增添的都是豪华漂亮的部分，但是，与他们投入的资金相比，其交换价值（或者出租价值）却小得多。

与房租相比，地皮租金是更合适的课税对象。对地皮租金课税不会抬高房屋租金。它会完全落到地皮所有者身上，他们总是像垄断者那样行事，向使用他的地皮的人要求他能得到的最大租金。地皮能收到多少租金，取决于竞争者的贫富程度，换言之，取决于竞争者能够出多少资金来满足他对某一特殊地点的爱好。在每一个国家，大都市里的富人竞争者总是最多的，所以那里的地皮租金也总是最高的。由于竞争者的财富不会因为地皮租金税而有任何增加，所以他们也不会愿意为使用地皮而出更多的钱（即这部分租金税）。地皮租金税是由住户垫付，还是由地皮所有者垫付，这不重要。住户如果为地皮租交了税，就会想办法少交地皮租，所以最后支付地皮租金税的人仍然会是地皮所有者。无人居住的房屋的地皮租也不应该课税。

在许多场合，地皮租金及其他普通地租都是所有者不需要劳神费力便可获得的收入。虽然要从这种收入中拿走一部分供国家开支，也不会对任何产业产生妨害。对地皮租金课税以后，土地和社会劳动的年产物、人民群众的真实财富和收入都不会跟之前有什么不同。因此，地皮租金和其他普通地租可能是最适合于负担特殊赋税的收入。

在这点上，地皮租金甚至比普通地租更适于负担特殊赋税。在许多场合，普通地租至少要部分地归因于地主的重视和经营。一项过重的赋税就将挫抑这种重视和经营。而地皮租金，就其超过普通地租而言，完全是因为君主的良好治理。君主的治理保护了全体人民的或者某一特定地方居民的产业，使他们能为其住房所占地皮支付大大超过其实际价值的租金，或者说使这些地皮所有者能够获得的报酬大大超过其地皮被人使用所遭受的损失。对那些借助国家良好的管理而存在的资源课以特殊的赋税，或让这种资源比其他资源对政府的开支做出更大的贡献，那是再合理不过的。

虽然欧洲有许多国家对房屋租金征税，但就我所知，没有一个国家是把地皮租金看成一个单独的征税对象的。那些赋税设计人或许感到，要确定房租中哪一部分属于地皮租金，哪一部分属于建筑物租金，不免有些困难。然而，真的要把它们彼此区分开来，毕竟不是非常困难的事情。

在英国，根据所谓的年土地税法，房屋租金和土地地租按相同的比例课税。各教区和各地区征收房租税所依据的征税估价也总是不变。这种估价最初就是非常不平等的，现在也仍然如此。在王国的大部分地区，对房租征收的税仍比对地租征收的税轻。只有少数几个地区，原来税率很高，房屋租金又大为下降，地租税（每镑 3 先令或 4 先令）据说才和实际房租的课税比例相同。无人租用的房屋虽然根据法律也要纳税，但在大多数地区，却由于估税员的好意而得到免除。这种免除有时会引起某些房屋税率的微小变动，虽然全区房屋的税率总是一样的。由于新建筑物和房屋修理等原因造成房租提高，而房租税没有增加，也导致了某些房租税率的进一步变动。

荷兰的所有房屋一律按其价值课税 2.5%，不管实际的房租是多少，也不管是否有人租住。强迫房主为其并没有出租、因而得不到收入的房屋纳税，而且是这么重的税，未免苛刻。在荷兰，市场利息率不超过 3%，对房屋按照其全部价值课征 2.5%的税，在大多数场合就要达到建筑物租金的 1/3 以上，或许是全部租金的 1/3 以上。当然，他们对房屋的估价虽然非常不平等，但据说总是低于实际价值的。当房屋改建、修缮或扩大时，要重新进行估价，并按新值课税。

英格兰每个时代房屋税的设计者似乎都觉得，要非常准确地评定每间房屋的实际房租是非常困难的。因此，他们按照某些可见的条件来规定税额，他们或许认为，在大多数场合，这些条件同租金保持某种比例。

第一种这样的税是炉捐，也就是每个火炉课税 2 先令。为了确定屋子里有多少个炉子，收税的官员就必须进入每一个房间。这种讨厌的造访也让这种税变得让人讨厌。所以，在革命后不久，这种税被作为奴隶制度的标志而废除了。

第二种这样的税是对每所住宅课税 2 先令。有 10 扇窗的房屋要多缴 4 先令。有 20 扇窗或 20 扇窗以上的房屋要多缴 8 先令。这项赋税后来改成，20 到 30 扇窗的房屋课税 10 先令，30 扇窗以上的房屋课税 20 先令。窗户的数目在大多数情况下都可以从外面清数，根本不必进入房屋的每个房间。因此，这种税的收税员造访，就没有炉捐收税员那么令人不快。

这种税后来也被废止，而代之以窗税，它也经历了几次改变和增加。现在（1775 年 1 月）实行的窗税，是在英格兰每栋房子课税 3 先令、苏格兰每栋房子课税 1 先令以外，再对每个窗户课税，在英格兰，税率逐渐从不到 7 扇窗户的房屋最低缴纳 2 便士的税，上升到有 25 扇窗户甚至更多窗户的房屋最高缴纳 2 先令的税。

所有这类赋税遭到反对的主要原因是它们不平等，而且是一种最坏的不平等，因为它们给穷人施加的负担常常比给富人施加的更重。一所在乡村市镇上以 10 镑出租的房屋，有时比一所在伦敦以 500 镑出租的房屋有更多的窗户；虽然前者的住户可能比后者的住户穷得多，但就他要按窗税的规定纳税而言，他却必须对国家开支做出更多的贡献。因此，这种税是直接违反上述四个原则中的第一个原则的。不过，看起来并没有与其他三条原则发生矛盾。

窗税及其他所有向房屋课征的赋税，应该都自然具有降低房租的倾向。很显然，一个人付税越多，他所能支付的房租就越少。不过，据我所知，英国自课征窗税以来，各地的房屋租金基本上或多或少都有所上升。这是因为各地房屋的需求在不断增加，并推动房租的提高，这种影响程度要大于窗税使房租降低的程度；这也可以表明国家繁荣，居民收入在增长。如果没有窗税，房租也许会增加得更多。

第二项　利润税或资本收入税

由资本产生的收入或利润分为两个部分：其一是用来支付资本利息的部分，这属于资本所有者；其二是支付利息之后的剩余部分。

利润的后一部分显然不能是直接课税的对象。它是对使用资本的风险和麻烦的补偿，而且在大多数场合只不过是非常微薄的补偿。资本使用者必须得到这补偿，否则他就不能继续使用资本为自己谋利。因此，如果按他的全部利润的比例直接课税，他就不得不提高他的利润率，或将这种负担转嫁到资本利息上，也就是说少付利息。如果他按照纳税的比例提高利润率，那么，虽然这些税款由他垫付，但结果还是要按照他所经营的资本的投资使用方式，由以下两类人中的一种来承担：如果他将其用作农业资本来耕种土地，他只能通过保留更大比例的土地产物（或者说更大比例的土地产物的价格）来提高利润率，而要这样做就只能靠减少地租，所以最终支付此税的就会是地主；如果他将资本用于商业或制造业，他就只能通过提高货物价格来提高利润率，在这种情况下，最终支付此税的就会是消费者。如果他没有提高他的利润率，他就不得不将此税全部转嫁到利润中用作资本利息的那部分之上。他只能向所借资本支付较少的利息，在这种情况下此税最后就会全部由资本利息来负担。反正，他不是用这种方法使自己免于付税，就是用那种方法使自己免于付税。

资本利息乍看起来似乎是和土地地租一样能直接课税的对象。像土地地租一样，资本利息也是扣除对投资风险与麻烦的全部补偿以后的净产物。地租税不能抬高地租，因为土地的净产物在补偿了农夫的资本和合理利润之后，不管课不课税都是剩下这么多，农夫没有更多的产物去增加支付地租；同理，资本利息税也不会抬高利息率。可以认为，一国资本或货币的数量，像土地的数量一样，在税前税后是保持不变的。本书第一篇说过，普通利润率是由可供使用的资本量和投资途径的多少（或者说必须使用资本的业务量）之间的比例决定的，而投资途径的多少不会由于对资本利息课税而增多或减少。所以，可用资本的数量不会因此税而减少，投资途径也不因此减少，那普通利润率必然会保持不变。普通利润率保持不变，投资的风险和麻烦也会保持不变，利润中补偿资本使用者的风险和麻烦的那部分也会保持不变。因此，支付资本利息、属于资本所有者的那一部分余额，也必然保持不变。课税对利润率和利息率都不会有影响。所以说，乍看起来，资本利息也像土地地租一样，似乎是适于直接课税的对象。

可是，有两种不同的情况，使得资本利息远不及土地地租那样适于作为直接课税的对象。

第一，一个人拥有的土地的数量和价值不可能是秘密，总是可以确知的。但一个人拥有的资本的总数却几乎总是一个秘密，很难准确地予以确定，而且，资本额几乎总是不断变化的。在一年之中，常常是在一个月之中，有时是在一天之中，它都或多或少地有增有减。为了向一个人课税而去调查他的私人情况，监视他的财产的变动，会给他带来他不能忍受的无休止的困扰。

第二，土地是无法移动的，而资本却容易转移。土地所有者必然是其土地所在国的公民。资本所有者则可以是一个世界公民，无需专属于一个特定的国家。如果一个国家为了向他征收重税而调查他的财产，烦他，他可能会放弃这个国家，而将资本转移到另一个国家，只要他在那里能更轻松地经营业务或享受财富。通过转移资本，他可能会终止他在原来那个国家所经营的一切产业。资本耕作土地，资本也雇佣劳动。一个国家的赋税如果会把国内的资本赶走，那君主和社会的收入源泉也会枯竭。不仅资本的利润，而且土地的地租和劳动的工资，都必然会因资本的转移而或多或少地有所减少。

因此，试图对资本收入课税的国家，都不是采用这种严格的调查方法，而是不得不满足于采用某种非常宽松的、因而多少有点随意的估算方法。用这种方式估征赋税的不平等和不确定，只能用税额的轻微作为补偿，因此，每一个人都发现自己纳税的税率大大低于他的实际收入，以致即使他的邻居比他纳税低一些他也不介意了。

按照英格兰的所谓土地税法，资本应和土地按同一比例课税。当土地课税为每镑 4 先令或推定地租的 1/5 的时候，资本课税也应为推定利息的 1/5。当现行的年土地税刚刚实施的时候，法定利息率为 6%。因此，每百镑资本应该课税 24 先令，即 6 镑的 1/5。自从法定利息率降至 5%以来，每百镑资本应该只课税 20 先令。土地税所征收的税额由乡村和一些主要城市分摊，其中大部分来自乡村，而城市负担的部分主要来自房租税。而城市里除房租税以外的其余部分，即对商业资本课征的部分（因为不打算对城市里投入到土地上的资本课税），远低于这些商业资本的实际价值。因此，不论最初的评估可能是多么不平等，城市里也没有起什么骚乱。每个教区和地区仍然按最初的评估来对它的土地、房屋和资本课税，而国家的普遍繁荣在大多数地方都使这些东西的价值大为上升，因此这种不平等现在就更无关紧要了。而且，既然税率不变，那么向个人资本课税时的不确定性也大为降低，就像它也变得不重要了一样。如果说英格兰的大部分土地只是按照其实际价值的一半来课征土地税的，那么，英格兰的大部分资本或许就只是按照其实际价值的1/50来课税的。在有些城市，甚至所有的土地税都向房屋课征，而商业资本则免征，比如威斯敏斯特。伦敦当然是另一回事。

在所有的国家，对私人情况的严格调查都是被小心避免的。

在汉堡，每个居民都必须为其所有的财产向政府缴纳2.5‰的税；由于汉堡人民的财产主要是资本，所以，这项税可以看做是一种资本税。他们每一个人自己估税，然后当着地方长官的面，将本年应缴的税额投入公库，并宣誓这是他所有财产的2.5‰，但并不需要宣布数额，也不就此事接受任何核查。一般认为，这种税的缴纳是十分忠实的。在一个小共和国，人民如果完全信赖官员，深信有必要为维持政府而纳税，并且相信税款会被忠实地用于此目的，这种凭良心自愿纳税的办法有时候是行得通的。这不仅仅限于汉堡人民。

瑞士的翁德沃尔德州常常遭受暴风和洪水的灾害，因而常需筹集临时支出。遇到这种情况，那里的人民就聚集起来，非常坦白地宣布其财产数额，然后据此纳税。在苏黎世，法律规定，在必要的情况下，每一个人要按照他的收入的比例纳税，而他的收入总额他必须宣布并起誓。据说，他们毫不怀疑他们的任何同胞会欺骗他们。在巴塞尔，州政府的收入主要来自对出口货物课征的小额关税。所有的市民都宣誓他们会3个月缴纳一次按法律规定他们应缴的税款。对所有的商人，甚至对所有的旅馆主人，政府都放心地让他们自己登记在境内外出售的货物，每过3个月就让他们自己把记录单（在记录单的下端算出税额）送交财务官。没有人怀疑政府收入会因为这种信任而受到损失。

责成每一个公民公开宣布自己的财产数并起誓，在瑞士的这些州似乎不算是一件困难的事情，但在汉堡这就太难了。因为，从事冒险投机的商业计划的商人都害怕暴露自己财产的真实状况。他们似乎预见到，这样做的结果，常常是信用的破产和计划的失败。而从来不从事这类冒险事业的谨慎和节约的人民却不会感到他们有做出这种隐瞒的必要。

在荷兰，（已故的）奥伦治王子就任总督后不久，对每个公民的全部财产课征2%的税，即所谓50便士取1。每个公民自行估税，按与汉堡相同的方式付税，一般认为，他们纳税的时候也很诚实。因为当时的人民对他们刚通过全面起义而建立起来的新政府极为爱戴。这种税只征收了一次，用以缓解国家的燃眉之急。确实，如果它长期征收，那就太重了。在一个市场利率很少超过3%的国家里，2%的赋税已经超过了一般从资本所得的最高净收入。几乎没有人可以在缴纳该税的同时还保持其资本不受侵蚀。在紧要关头，人民出于爱国热情，可以付出巨大努力，甚至牺牲一部分资本，去挽救国家。但他们不可能在长期内老是这样做，如果他们这样做的话，这种税将使他们倾家荡产，那时候再想去支持国家也无能为力了。

英格兰按照土地税法案对资本课征的赋税，虽然与资本成比例，却并没有要减少或剥夺任何资本的意思。它只是想要成为一种按与土地地租税相同的比例对资本利息课征的赋税，所以，当地租税是每镑4先令的时候，资本利息税也是每镑4先令。汉堡的税，还有翁德沃尔德和苏黎世的更轻的税，用意也同样不是对资本课税，而是对资本的利息或净收入课税。荷兰的税的用意则是向资本课税。

特定用途资本的利润税

在一些国家，政府有时候会对用在某些特定的商业部门上的资本征收特别的资本利润税，有时候会对用在农业上的资本征收特别的利润税。

在英格兰，向小贩和货郎课征的税，向出租马车和黄包车课征的税，还有酒店老板为取得麦酒及火酒的零售执照所缴纳的税，都属于前一类税。在上次战争中，有人提议对商店也征收这种税，提议的人说，进行这次战争是为了保卫国家的贸易，从中受益的商人理应负担一些战争费用。

不过，向特定商业部门征收的资本利润税最终都不是由商人负担（在一般情况下他们必须有合理利润，并且，在自由竞争的地方，他们的所得也很少能超过合理利润），而是由消费者负担。消费者必然要在商品价格中支付商人垫支的赋税，而且一般还要超出一些。

当这种税与商人的营业量成比例时，它最终由消费者支付，且对商人没什么影响。但当它不与营业量成比例，而是对所有的商人按同样的数额课征时，虽然最后也是由消费者支付，却会对大商人有利，对小商人造成一些压迫。对每辆出租马车每星期课税 5 先令，对每辆黄包车每年课税 10 先令，当它们各自的业主垫付税款时，税额是与他们各自的业务范围和业务量成比例的。这样课税既不会对大业主有利，也不会对小业主造成压迫。而麦酒贩卖执照每年课税 20 先令，火酒贩卖执照每年课税 40 先令，葡萄酒贩卖执照每年课税 80 先令，对所有零售商都是一样，必然会使大商人得到好处，而给小商人造成压迫。前者会比后者更容易从其货款里找回所垫支的税款。但是，税额的轻微使得这种不平等不是那么重要，并且在许多人看来，挫抑一下小酒店的增多也没有什么不合适的。对商店课税本来是打算大小商店一律相同的，而且似乎只能是这样。如果要按商店的营业范围和营业量的比例课税，就得进行一个自由国家的人民完全不能接受的调查。另一方面，如果税课得有点重，就会对小商人造成压迫，使得几乎所有零售业都落入大商人的手中。大商人一旦建立了垄断权，就会像其他行业的垄断者一样联合起来提高他们的利润，使增加的利润大大超过需要缴纳的税金。这样的话，最终支付商店税的就不是商店主，而是消费者，而且消费者增加支付的还不止这税，还要支付更多。由于这些原因，商店税就被抛在了一边，而代之以 1759 年的补助税。

法兰西的所谓个人贡税（taille），或许是欧洲所有地区对农业资本的利润课征的最重要的赋税。

在昔日欧洲封建政体盛行的混乱状态下，君主不得不满足于仅对无力拒绝纳税的弱小人民课税。大领主虽然愿意在紧急状况下助君主一臂之力，却拒绝缴纳任何经常性的赋税，君主也无法强迫他们。最初，占据着欧洲的土地的人大部分都是农奴。在大部分欧洲国家，这些人后来都逐渐得到了解放。他们中的一部分人获得了地产的财产权，以贱民条件保有土地，有时归君主管，有时归其他大领主管，像古代英格兰依据官册享有土地的人一样。其他没有获得土地的人，则从他们的领主手里获得了对他们自己所占用的土地的一定年限的租地权，这样他们也不那么依附于其领主了。大领主们看到这些下层人民繁荣和独立起来，既恼火又鄙夷，因而乐得同意君主向他们征收赋税。在某些国家里，这种税的对象只限于那些以贱民条件保有的土地，在这种情况下，可以说这种税就是不动产的贡税。已故的萨迪尼亚国王设立的土地税，在朗格多克、普罗旺斯、多菲那和布列塔尼各省，在蒙托班课税区，在阿让和康顿选举区，以及在法兰西某些其他地区课征的贡税，就是对以贱民条件保有的土地课征的赋税。而在其他地区，这种赋税是向那些租用他人土地的人所获得的预计利润征收的，而不考虑土地的保有条件如何。在这种情况下，这种税可以说是个人的贡税。在法兰西大部分称为“选举区”的省份，贡税就是这一种。不动产的贡税只对一国的部分土地课征，因此必然是一种不平等的税，但它的征收并不总是武断随意的，虽然在某些场合也难免。个人的贡税是打算根据某一阶层人民的利润按比例课征，而这种利润的大小只能进行推测，所以必然既是武断随意的，又是不平等的。

在法国，每年向 20 个课税区（称为选举区）课征的个人贡税目前（1775 年）最多的达到了 40107239 利弗 16 苏。各省分摊这种赋税的比例每年都有变化，依枢密院所收到的关于各省作物丰歉程度以及其他可影响它们各自的纳税能力的情况的报告而定。每一课税区又分为若干小选举区，对全区课征的税收总额在各小选举区之间的分配也是一年与一年不同，依向枢密院提出的关于各自能力的报告而定。但即使枢密院有最好的意愿，也不可能使根据这种报告作出的估税额与课税省份或地区的真实能力准确地相符合。无知和误报总是会或多或少地误导即使是最正直的枢密院。一个教区对整个选举区课税额所应分担的比例，每个人对所属教区课税额所应分担的比例，也是按照不同的条件状况每年都有所不同。在前一场合，这种条件状况由选举区的税务官判定，在后一场合，由教区的税务官判定，这两者都或多或少地受到省长的指导和影响。常常误导这些收税人的，不仅是无知和误报，而且还有友情、党派纷争和私人恩怨。很显然，在税额评定以前，任何纳税人都不能确知他要纳多少税。甚至在经过评定之后，他还会不敢确定。如果有任何应当免税的人被课税，如果有任何人被课的税超过他应纳的比例，虽然他当时必须付税，但如果他们提出申诉，并申诉得有理，那么下一年全教区便会追加征收一个附加税额来补偿他们。如果有任何纳税者破产或无支付能力，收税员就必须代他付税，而下一年整个教区也会追加征收一个附加税额来补偿收税员。如果收税员自己也破产了，那选举他的教区必须就他的行为对选举区的总收税官负责。但是，由于总收税官对整个教区提起诉讼是件麻烦的事，所以他会在那个教区中选定五六个最富的人，让他们补偿收税员无力支付的损失，然后再对全教区追加征收以补偿这五六个人。这些追征税就是除了当年的贡税之外还要多收的赋税。

当向某种商业部门的利润课征一种赋税时，商人们都会注意避免使上市的货物过多，这样可以确保销售价格足够偿还他们事先所垫付的税款。有些人从这种生意中抽回自己的一部分资本，于是市场的供应比以前少，货物的价格上升，赋税的最后支付就落在消费者身上。但当赋税课征在农业资本的利润之上时，农民抽回一部分资本是不符合自己的利益的。每个农民占用一定数量的土地，并为此支付地租。为了耕种这些土地，必须要有一定数量的资本，而抽回这种资本的任何一部分，都会影响农民支付地租或者赋税。为了缴纳赋税，减少产量，从而减少市场供应，这决不符合他的利益。因此，这种赋税不能使他提高自己产物的价格，将最后的支付推给消费者而使自己得到补偿。可是，农民也像其他商人一样，必须得到自己的合理利润，否则他就不得不放弃这个行业。在课征此种赋税之后，他只有向地主少付地租才能得到他的合理利润。他必须缴纳的赋税越多，他能提供的地租就越少。如果在租约有效期间课征这种赋税，无疑可能使农民陷入困境甚至破产。在重订租约时，赋税必然会落到地主身上。

在课征个人贡税的国家，农民所纳的税通常与他在耕作时所使用的资本成比例。因此，他常常不敢拥有良马好牛，而是尽量使用那些最差、价值最低的农具去耕种土地。他一般不信任估税员的公正，担心税课得太多，所以总要假装贫困以表示没有能力缴纳。采用这种可怜的策略，他大概是没有认真考虑自己的利益，减少他的产物所损失的，也许比减少他的赋税所节约的更多。这种恶劣耕作的结果是使市场的供给下降，但由此引起的价格轻微上涨，恐怕不能补偿农民因产量减少而遭受的损失，更不能使他向地主支付更多的地租。公家、农民和地主都会因为这种耕作的退化而受到损害。关于个人贡税以许多不同的方式挫抑耕种，因而使大国的主要财富来源枯竭，我在本书的第三篇已经就此做过评述。

北美南部诸州按黑奴人数每年课征的赋税，即所谓的人头税，也可以说是施加在农业资本利润上的一种赋税。由于种植者大部分既是农民又是地主，所以，这种赋税最终就由他们以地主的资格负担，没有任何补偿。

对耕作中使用的奴隶每人课税若干，这在古代欧洲似乎很常见。现在，俄罗斯帝国仍然存在这种税。也许是因为这个缘故，所有种类的人头税都常常被描述成奴隶制度的标志。但是，对于纳税的人来说，任何赋税都不是奴隶的象征，而是自由的象征。诚然，赋税表明他隶属于一个政府，但是，既然他有要纳税的财产，他本人就不可能是某个主人的财产。对奴隶课征的人头税和对自由人课征的人头税是截然不同的。后者是由被课征人自己支付的，而前者是由奴隶之外的阶层的人支付的。后者在大多数情况下是既不平等又武断随意的，前者在某些方面虽然是不平等的——因为不同的奴隶有不同的价值——但在任何方面都不是武断随意的。主人知道他的奴隶人数，就明确地知道他要纳多少税。可是，这些不同的税有着同一个名称，就被视为具有相同的性质。

荷兰对男女仆役按人头所征收的税不是施加在资本上的，而是施加在开支上的，因此和对消费品课征的税相似。英国最近对每个男仆课征的 1 几尼的税，就是这样一种税。它落在中等阶层的人身上最重。一年收入两百镑的人可能会雇佣一个男仆，但一年收入 1 万镑的人却不会雇佣 50 个男仆。这种税对穷人则没有影响。

对某些特定用途的资本的利润课税，不会影响到资本的利息。将资本用于有税项目的人和将资本用于无税项目的人在借钱的时候是一样的，放贷的人不会对前者就收取较少的利息。如果政府试图按照准确的比例对各种用途的资本所产生的收入课税，一般都会落在资本的利息上。法兰西的20便士取一的税，和英格兰的土地税是同样一种税，同样是向来自土地、房屋和资本的收入课征的。就其影响资本而言，它虽然不是十分严厉，但却比英格兰土地税对相同对象的征收更准确。在很多情况下，它完全落在资本的利息上。在法兰西，货币常常被投入一种所谓的“年金契约”，这是一种永久年金，债务人若能偿还原借金额，随时均可赎回，而债权人则除了在特定场合外不能赎回。这种二十缴一的税虽然针对一切年金征收，但似乎没有使年金率提高。

第一项和第二项的附录

土地、房屋和资财的资本价值税

当财产保持在同一个人手中时，不管对它课征什么永久性的赋税，用意都不是要减少其资本价值或攫取其资本价值的一部分，而只是要得到该财产所产生的收入的一部分。但当财产易主时，即从死者转到生者或从一个生者转到另一个生者手中时，向它课征的赋税就必然要攫取它的资本价值的一部分。

从死者转移给生者的一切财产，以及由生者转移给另一个生者的如土地、房屋等不动产，其转移在性质上都是公开的或者无法长期隐瞒的，因此，对这种转移或交易是可以直接课税的。而资本或动产以货币形式从生者转移到生者，常常是秘密的交易，而且可以永远保密。所以，对这种交易很难直接课税。对其课税采用的是两种间接的方法：第一，规定债务契约必须写在已经支付过一定数额印花税的纸张或羊皮纸上，否则不具有效力；第二，规定这种契约必须登记在一个公开的或秘密的登记册上，并征收一定的登记税，否则同样不具效力。对容易直接课税的财产转移或交易，包括死者将各种财产转移给生者的证明文件，生者将不动产转移给生者的契约，也常常征收这种印花税和登记税。

古代罗马由奥古斯都设立的20便士缴1便士的遗产税，就是针对死者转移给生者的财产所征收的税。迪翁·卡修斯曾详细地记述过这种税。据他所说，这种税针对因死亡而发生的一切继承、遗赠和捐赠行为，但如果受惠者是至亲或穷人，则给予豁免。

荷兰的继承税也属于同一种税。旁系继承（Collateral succession），按亲疏的程度，课税额为继承物总价值的5%到30%不等。旁系遗赠，课税的百分比相同。丈夫向妻子、妻子向丈夫的遗赠，课征1/15的税。要是白发人送黑发人，只课1/20。直接（直系）继承，或者说后辈对前辈的继承，不纳税。父亲的死亡，对和他同住的子女来说，很少会增加收入，一般倒是会大大减少收入，因为他的劳动、他的职务位或他可能拥有的终身年金都要消失。如果还要通过征税再攫取一部分遗产，加重这种损失，那这种税就有点残酷和压迫人了。不过，对罗马法中所说的解放了的子女或苏格兰法律中所说的分了家的子女来说，情形有时可能有所不同，这样的子女已经享有财产、拥有家室、不仰仗父亲而另有独立财源。这样的子女所继承的财产不管有多少，都是对他们财产的实际增加，因此，对他们的继承课税是不会比其他的遗产税更不方便的。

根据封建法律，土地的转移，不管是死者转给生者，还是生者转给生者，都要课税。在古代，这种税是欧洲各国国王的主要收入来源之一。

国王的直接封臣的后代在继承采邑时都要缴纳一定的赋税，一般为一年的地租。如果继承人尚未成年，那么，在其成年之前整个采邑的地租全归国王，国王除了维持该继承人的生活并向寡妇支付她应得的亡夫遗产（当采邑中有应享遗产的寡妇时）外，没有其他负担。当继承人成年时，他还须向国王缴纳另一种税，称为交代税（Relief），一般也是一年的地租。继承人幼年期长，在现代常常使一宗大地产解决它的一切债务，并使宗族恢复昔日的繁荣，在当时却并不产生这种效果。那时，如果幼年期太长，结果不是债务解除，而是地产荒芜。

根据封建法律，不得到他的领主同意，封臣不能转让他的地产，而领主通常要索取一笔金钱才会同意。这笔钱起初是随意索取的，后来在许多国家被规定为土地价格的一部分。有些国家虽然废弃了大部分的封建惯例，但对土地转让课征的这种赋税仍然作为君主收入的一个重要来源继续存在。在伯尔尼州，这种税非常高，贵族保有地要征收其价格的1/6，平民保有地要征收其价格的1/10。在卢塞恩州，对出售土地课税只限于一定地区，并不普遍，但是，一个人如果为了搬迁到其他州而出售土地，则要从销售价格中征收10%。对所有土地或对按某种条件保有的土地的出售收税，这也是许多其他国家的政策，并且都或多或少地成为各君主的一项重要收入。

对这种交易，可以用印花税或登记税的形式间接课税，这种间接课税可以同交易对象的价值成比例，也可以不与之成比例。

在英国，印花税的高低主要不是按照转移或交易的财产的价值（最高金额的交易合同也只需贴18便士或2先令6便士的印花税就足够），而是按照契约的性质决定的。最重的印花税主要针对国王的特许状或某些法律认证书，不考虑对象的价值，每张文书或羊皮纸要贴六镑印花。英国对契约和文书的登记不课税，只是管理登记册的官员收一点手续费而已，这种手续费也只不过是他们劳动的合理报酬，国王不从他们这里获得任何收入。

荷兰既有印花税，又有登记税，有些场合按转移或交易的财产价值的比例征收，有些场合不按比例征收。所有遗嘱都必须写在贴了印花的纸上，该纸的价格与所处理的财产的价值成比例，从3便士或3斯泰弗到300弗洛林（约合我国货币27镑10先令）不等。如果印花价格低于立遗嘱人应当使用的数目，则没收继承的财产。除了汇票和某些其他商业票据，所有其他的契约、债券和合同均须交印花税，不过这种税不随对象价值的升高而升高。所有土地和房屋的出售及抵押都必须登记，在登记时要向国家缴纳相当于出售价格或抵押品价格2.5%的税。出售载重两吨以上的船只也要缴纳此税，不管其有无甲板。这大概是因为船舶被看成一种水上的房屋。动产的出售，当其是由于法庭命令时，也要课2.5%的税。

法国也是同时实行印花税和登记税的。前者被看做是消费税的一部分，在实行这种税的省份，都是由消费税征收人员来征收。后者则被当做国王收入的一部分，由不同的官吏征收。

利用印花或登记来课税的方法都是晚近的发明。可是，在不超过100年的时间里，印花税已在整个欧洲得到了普遍采用，登记税也已非常普通。一个政府向其他政府学习管理方法的时候，学得最快的莫过于从人民的钱包里搜刮金钱的方法。

对从死者转移到生者的财产所征收的税，最终将直接落在接受财产的人身上。对出售土地所征收的税则完全要落在卖主身上。卖主几乎总是处在非卖不可的境地，因此必须接受所能得到的价格。买主很少处在非买不可的境地，因此他只肯给出所愿出的价格。他把购买土地所要支付的价格和赋税放在一起考虑，必须缴纳的赋税越多，他愿意支付的价格就越低。因此，这种税几乎总是由处境困难的人负担，而且常常是使其不堪重负的。对出售新房屋所征收的税，在不出售地皮的情况下，大多由买者负担，因为建筑商必须要获取利润，否则他将不得不放弃这个行业。因此，如果他垫付了税，买者一般都得在房价里还给他。对出售旧房子所征收的税，则一般由卖主承担，理由与出售土地相同，卖主在大多数情况下都是不得不卖。每年推向市场的新建房屋的数量或多或少是由市场需求支配的。如果这种需求无法给建筑商提供利润，他就不会继续建筑房屋。市场上出售的旧房屋的数量却是受偶发事件的影响，这些事件大部分与市场需求没什么关系。比如，一个城市如果发生了两三起大的破产事件，就会有许多房屋要出售，能卖多少价钱就卖多少价钱。对出售地皮所征收的税也由卖主负担，其理由与出售土地相同。借贷字据契约的印花税及登记税全部由借方负担，事实上也总是由他支付的。对法律诉讼所征收的印花税和登记税由诉讼人负担。对于双方而言，这种税都会减少诉讼标的的资本价值。为争得一项财产的所费越多，财产到手后的净价值就越少。

对财产的转移或交易所征收的各种赋税会减少财产的资本价值，也必然会减少用以维持生产性劳动的资源。这种赋税或多或少是一种浪费，因为它增加的是只维持非生产性劳动者的君主收入，减少的却是维持生产性劳动者的人民资本。

这种赋税，即使与转移或交易的财产的价值成比例，也是不平等的，因为价值相同的财产转移频率未必相同。当其不与这种价值成比例时——大部分的印花税和登记税都是如此——就更是不平等。不过，在任何场合下这种税都是清楚的和确定的，而不是武断随意的。虽然它们有时会落在暂时无力负担的人身上，但在纳税的时间上总是会给他提供足够的方便。到了要支付的时候，他一般都能拿得出钱来。这种税的征收费用很少，而且通常不会给纳税者增加纳税之外的不便。

在法国，人们对印花税没有太多抱怨，但对登记税却怨言多多。人们提出，这种税非常武断随意，非常不确定，造成收税官吏勒索成风。在大部分反对法国现行财政制度的小册子中，登记税的弊害都是主题之一。不过，不确定性并不必然就是这种赋税的内在性质。如果群众的抱怨是有根据的，那这些弊害的产生也不是由于这种赋税的性质，而是由于课税敕令或法规用语有欠精确和明晰。

抵押契据以及所有关于不动产权利的登记，因其能给予债权人和债务人（或买方和卖方）以极大的保障，对公众是极为有利的。大部分其他种类契约的登记却往往给个人带来不便甚至危险，对公众没有任何好处。大家都认为，既然登记，就不应该保密，应当保密的登记根本就不应该存在。个人信用的安全肯定不应当依赖于下级收税官员的正直和良心这种非常薄弱的保障。但在登记费成为君主收入来源的地方，登记机构通常都无休止地增多，应当登记的契约要登记，不应当登记的契约也要登记。法国就有好几种保密的登记册。这种弊端虽然不是这种赋税的必然结果，却必须承认，它是这种赋税的自然的结果。

英格兰对纸牌和骰子、报纸和期刊征收的印花税，可以说都是消费税，这些税最终都是由使用或消费这些物品的人支付。对麦酒、葡萄酒和火酒的零售执照征收的印花税，虽然可能是打算加在零售商的利润上的，但同样是由消费者最后支付的。这种赋税，虽然和上述对财产转移所课征的印花税使用同一名称，由相同的官吏用相同的方式征收，却具有完全不同的性质，落在完全不同的资源上面。

第三项　劳动工资税

我在本书第一篇已经说过，低级劳动者的工资始终受到两种不同因素的支配，即对劳动的需求以及食物的一般价格或平均价格。对劳动的需求决定着劳动者生活资料的丰裕、适中或短缺的程度，依这需求（对劳动的需求也是对人口的需求）是增加、不增不减还是减少而定。食物的一般价格或平均价格决定了为了让工人购买这些生活资料而每年必须支付给工人的货币数量。所以，当对劳动的需求和食物的价格保持不变时，对劳动工资直接课税一定会提高劳动工资，使其在课税之后还能保持原有水平，而提高的比率要稍高于课税的比率。比如，假定某地对劳动的需求和食物的价格使普通劳动工资为一星期 10 先令，然后对工资课征 1/5 或每镑 4 先令的税。如果对劳动的需求和食物的价格保持不变，劳动者仍须在那里获得每星期 10 先令的自由工资所能购买的生活资料。而为了让劳动者付税之后仍有 10 先令的工资，当地的劳动价格就要提高到 12 先令 6 便士，而不仅是 12 先令；也就是说，为了让他在支付了 1/5 的税之后还有 10 先令，他的工资得上升 1/4，而不仅是 1/5。不管课税的比率如何，劳动工资上升的比率都要高于课税的比率。例如，此税率为 1/10，劳动工资上升的比率就不仅是 1/10，而且得 1/8。

所以，对劳动工资直接课税，虽然可能看上去是劳动者自己付的，但其实并不是，甚至连垫付都不是；至少，在课税后对劳动的需求和食物的价格仍保持税前的水平的情况下是如此。在这种情况下，工资税以及超过此税额的若干款项实际上都是由直接雇佣他的人垫付的。至于最后的负担者则会根据不同的场合而由各种不同的人负担。制造业的劳动工资由课税而提高的数额，垫付者为制造业的业主。他有权利而且不得不把垫支的数额以及因此应得的利润转嫁到货物价格上。因此，工资提高的数额及利润增加额最终都是由消费者负担。乡村里的劳动工资由课税而提高的数额，垫付者为农场主。他为维持和以前相同的劳动人数，势必要投入更多的资本。为收回这些资本及其一般利润，他必须留下更多的土地产物或更多的土地产物的价值。为此，他就不得不少付地主地租。因此，劳动工资提高的数额及利润增加额最终都要由地主负担。有些税是部分地落在地租上，部分地落在消费品上的；与此相比——假如税收收入相同的话——直接对工资课税最后引起的地租减少或制造品价格提高要来得更厉害。

如果直接对劳动工资课税没有造成工资相应提高，那一般是因为这些税已经造成了对劳动的需求严重减少。这种税的结果一般是产业的衰退、穷人就业的减少、全国土地和劳动年产物的下降。不过，由于此税的存在，劳动价格一定会比没有这种税时要高一些，并且，这上涨的价格以及垫付此价格的人的利润，最终还是要由地主和消费者来负担。

对乡村劳动工资所征收的税并不会按照这种税的比例而提高土地产物的价格，就像农场主的利润税不会按税率提高农产品的价格道理是一样的。

虽然这种税不合理而且很有害，但许多国家都在实行。在法国，贡税中对乡村劳动者和领取日薪的工人课征的部分，就是这种税。这些劳动者的工资按照他们居住地的一般工资率计算，而且为使他们尽可能少承受额外负担，其年收入是按每年不超过两百个工作日估算的。每个人需要缴纳的税额根据外部条件的不同而每年不同，这些外部条件由省长指定的收税员或代表来判定。在波希米亚，由于从 1748 年开始的财政制度改革，对手工业者的劳动课征一种很重的税。他们分为四个等级：最高一级每年付税 100 弗洛林（按一弗洛林折合 22.5 便士计算，达 9 镑 7 先令 6 便士）；第二级每年付税 70 弗洛林；第三级 50 弗洛林；第四级包括乡村的手工业者以及城市里最低级的手工业者，每年付税 25 弗洛林。

创造性的艺术家和自由职业者的报酬必然与较低级的职业保持一定的比例，我在本书第一篇已经说明过。因此，对这种报酬课税也必然会使该报酬按略高于该税的比例而提高。

官员的报酬，和各普通行业和职业的报酬不一样，不是由市场的自由竞争决定的，因而并不总是和该职业的性质所要求的报酬相称。在大多数国家，这种报酬大都高于该职业性质所要求的水平；管理政府的人一般都倾向于给自己和直接下属发放高于必要水平的报酬。因此，在大多数场合，官员的报酬是相当有能力承担赋税的。而且，享受公职的人，尤其是待遇较好的公职的人，在所有的国家一般都是遭受嫉妒的对象；对他们的报酬课税，即使比对其他各种收入的课税高一些，也总是非常受人欢迎的赋税。例如，在英格兰，当各种其他收入被认为[①]依照土地税每镑征收四先令时，对年薪 100 镑以上的官职（皇室新成家者的年金、海陆军军官的报酬以及少数不太受人嫉妒的官职的报酬除外）每镑薪水课税 5 先令 6 便士是很受欢迎的做法。除此之外，英格兰对劳动工资没有其他的直接课税。

第四项　打算不加区分地施加在各种不同收入上的税

打算不加区分地施加在各种收入上的税，就是人头税和消费品税。这种税由纳税者以其收入来支付，不管这收入是土地地租、资本利润还是劳动工资。

人头税

人头税，如果试图使它和每一个纳税人的财产或收入成比例，那它就会变成完全武断随意的。一个人的财产状况每天都有不同，如果不经过无比令人厌烦的调查，并且至少每年修正一次的话，那就只能靠推测。因此，在大多数场合，税额的评估必然要以估税员一时的好恶为转移，也必然会彻底成为武断随意的和不确定的。

人头税如果不和推定的财产相应，而与纳税人的身份相应，则会变得完全不平等。相同身份的人的富裕程度常常是不一样的。

因此，这种税要到了平等就会成为随意的和不确定的，要到了确定和不随意就会成为不平等的。不论赋税是轻是重，不确定性都是很糟糕的。而不平等，如果是轻税还好一点，如果是重税，那也是完全不能忍受的。

威廉三世在位时实行的各种人头税，大部分纳税人都是根据其社会等级来估税的，如公爵、侯爵、伯爵、子爵、男爵、士族、绅士、贵族的长子及末子等。所有财富在 300 镑以上的店主和商人，即商贾中较富裕的人，按同一税额征税，不管他们的财富差距如何。这里考虑的也是他们的身份而不是他们的财产。有些人的人头税，起初是按照他们被推定的财产来课税，后来改为按照其身份课税。在皇家法庭具有特权的高级律师、事务律师和王室的诉讼监察起初是按照其收入征收每镑 3 先令的人头税，后来改为按绅士的身份课税。征收一项不很重的赋税，即使是有点严重的不平等也比任何程度的不确定更容易让人接受。

法国自本世纪初以来一直实行的人头税，对最高阶层的人是按他们的身份课税的，税率不变；对较低阶层的人是按他们的推定财产课税的，每年的估税都不相同。宫廷的官员、高等法院的审判官及其他官员、部队的军官等都是按第一种方式课税。各省的较低阶层的人民则按第二种方式

① “被认为”（is supposed to be）意味着“在名义上是，但实际上不是”。

课税。在法国，达官显贵们很容易接受即使不太公平的赋税，这种赋税就其对他们的影响而言，并不是很重的，但他们不能忍受省长对税额的任意评估，而该国的下层人民则必须耐心地忍受他们的上级对待他们的作风。

在英格兰，各种人头税从未收足预期会从它们得到的税额，或者说，未收足如果严格征收它们被认为可能收到的税额。而在法国，人头税总是能收足预期的税额。英国政府是温和的，当它对各阶层人民课征人头税时，常常满足于所征收到的金额；不能完纳的人、不愿完纳的人（这种人很多）或因法律宽大而未强制其完纳的人，他们虽然使国家蒙受损失，但政府并没有要求其补偿。法国政府则是比较严厉的，它对每个课税区都征收一定的金额，省长必须竭尽所能去收足这一金额。如果某省抱怨所征收的税太高，可以在次年征收时按照前年多缴纳的比例予以扣减，但在本年度还是要按照估定的税额来征收。省长为确保能收足本税区的税额，有权把税额估得比应收足的税额高一些，这样，因纳税人破产或无力完纳而受到的损失就可以从其余的人的超额征收中得到补偿。直到1756年，这种超额征收都是由省长裁定，但在这一年，枢密院把这项权力据为己有。在法国赋税记录方面信息齐全的人士指出，各省的人头税落在贵族和有特权免纳贡税的人身上比例最轻，落在要缴纳贡税的人身上的比例最重，他们按应纳贡税的数额，每镑课以一定的人头税。

向下层人民征收的人头税就是一种对劳动工资的直接课税，它具有一切工资税的麻烦与不便。

征收人头税的支出很小，而且，如果得到严格的执行，必然会为国家提供一项非常稳定的收入。因为这种缘故，在不把下层人民的安逸、舒适及安全放在眼里的国家，人头税极其普遍。不过，对一个大国而言，从这种税所得到的往往不过是其公共收入的一小部分，而且这种赋税所能提供的金额完全可以用对人民更便利的其他途径去征得。

消费品税①

当不可能按收入的比例用人头税去向人民课税，似乎就引起了消费品税的出现。国家不知道怎样直接地、按比例地对人民的收入课税，它就试图间接地对他们的支出课税，这些支出被认为在大多数场合里与他们的收入是一致的。而对他们的支出课税，就是对支出的目标即消费品课税。

消费品或是必需品，或是奢侈品。

我所理解的必需品，不只是维持生活所必不可少的商品，而且也包括在一国的习俗中维持一个人——哪怕是最底层的人——的体面所不可缺少的东西。例如，亚麻布衬衫。严格地说来这并不是生活必需品，我想，希腊人和罗马人虽然没有亚麻布衬衫，也生活得非常舒适。但在现在，在欧洲的大部分地区，一个领日薪的工人如果没有一件亚麻布衬衫，就羞于在大庭广众中露面。没有这种衬衫会被认为是穷到了可耻的地步，如果不是行为能力糟糕透顶，没有人会到这一步。同样的，习俗也使皮鞋成为了英格兰生活的必需品。最穷的男人和女人，只要还讲点体面，没有一双皮鞋就不敢在公众中露面。在苏格兰，习俗使得皮鞋成为最低阶层的男人们的必需品，但对同一阶层的妇女却不然，她们可以赤脚行走。在法国，皮鞋对于男人或女人而言都不是生活必需品，最低阶层的男女可以穿着木屐或打着赤脚走在别人面前而无伤大雅。所以，对于必需品，我的理解是，底层人民由于自然本性所必需的物品，以及由于涉及体面的规矩习惯所必需的物品。所有其他的东西我称之为奢侈品（这一称呼并没有要责难对它们的适度使用的意思）。例如，英国人喝的啤酒、麦酒，葡萄酒（甚至葡萄酒产国的人喝的葡萄酒），我都称为奢侈品。不论哪一阶层的人，他不饮用这种饮料决不会遭到非难。大自然没有使这类饮料成为维持生活的必须品，任何地方的习俗也没有使它成为维持体面所必不可少的东西。

由于劳动工资部分地是由对劳动的需求、部分地是由生活必需品的平均价格所决定，所以提高必需品的价格必然会提高劳动工资，以便使劳动者仍然有能力购买依照对劳动的需求的状况（不论其为增加、不增不减或减少）他们所应该有的各种必需品。对这些必需品课税必然会使其价格提高，并且要略高于税额，因为垫付此税的商人一定要收回这项垫付的金额，同时还要加上垫

① “消费品税”和“消费税”不是一回事。消费品税是对所有消费品课征的税，包括消费税和关税。消费税是对国内商品课征的一般赋税。——译者注。

款应得的利润。因此，这种必需品税必然造成劳动工资按此类必需品价格上升的比例而上升。

所以，对生活必需品课税，所起的作用和对劳动工资直接课税完全相同。劳动者虽然要自己支付此税，但最后并不是由他支付，甚至不是垫付。此税最终总是由他的直接雇主给他增加工资而返还给他。如果雇主是制造业者，他将把增加的工资连同一定的增加利润转嫁到货物的价格上，所以，最后支付此税及其附加利润的将是消费者。如果雇主是农场主，此税就将落在地主的地租上面。

对我所称的奢侈品课税，甚至是对穷人的奢侈品课税，则又另当别论。课税商品的价格的上升，并不一定会引起劳动工资的提高。例如，烟草虽然既是富人的也是穷人的奢侈品，但对这种奢侈品课税不会导致劳动工资的提高。英格兰的烟草税达到烟草原价的3倍，在法国则达到原价的15倍，但这么高的税似乎并没有对劳动工资造成影响。茶和砂糖在英格兰和荷兰已成为底层人民的奢侈品，巧克力在西班牙也是这样，对这些东西课税也没有对劳动工资产生影响。英国在本世纪对酒类所课征的各种税也没人认为对劳动工资产生了影响。对每桶浓啤酒课征3先令附加税，导致黑啤酒的价格上升，然而伦敦普通工人的工资并未因此提高。在这种附加税未征收以前，他们每天的工资约为18、20便士，现在的工资也没有增多。

这类商品的高价格不一定会降低下层人民养家糊口的能力。对朴实勤劳的穷人而言，向这类商品课税的作用类似于颁布禁奢法令，会使他们少用或完全不用那些他们已不再能轻易买得起的奢侈品。由于这种被迫的节约，他们养家的能力不但没有降低，反而常常会因此税而提高。正是这些朴实勤劳的穷人，养活了最多的人口，并提供了最主要的有用劳动力。诚然，并不是所有的穷人都是朴实勤劳的，那些放荡和胡来的人在这些奢侈品的价格上升以后依然会像以前一样欲罢不能，而不会考虑其放纵的行为会给其家庭带来的困境。不过这种胡来的人很少能养育大家庭，他们的孩子很容易因为照料不周、处理不善、缺乏食物或者卫生条件恶劣而夭折，即使孩子体格健壮、能在父母的坏习惯给他带来的苦难中活下来，其父母所作出的榜样也会腐蚀他的心灵，使他长大后不是通过自己的勤劳成为对社会有用的人，而是成为伤风败俗的害群之马。所以，尽管穷人的奢侈品价格上升可能增加这种无节制的家庭的痛苦，从而降低其养家的能力，但不可能大大减少一个国家里有用的劳动力的数量。

而必需品平均价格的任何幅度的上涨，如果劳动工资不相应地增加，必然会或多或少降低穷人养家的能力，从而降低其提供有用劳动的能力，不管对劳动的需求（或对人口的需求）状况是增加、不增不减还是减少。

对奢侈品课税，除被课税的商品以外，不会提高任何其他商品的价格。而对必需品课税，由于会提高劳动工资，必然会提高一切制造品的价格并从而减少它们销售和消费的幅度。奢侈品税最终是由课税品的消费者毫无补偿地支付的，它们会无差别地落在土地地租、资本利润或劳动工资等收入上。对必需品课税，就其对穷人的影响而言，最终总是部分地由地主以减少地租的方式支付，部分地在提高了制造品价格之后由富有的消费者（地主或其他人）支付，而且总要多支付一些。穷人真正的生活必需品（如粗毛织物）的价格如果提高，必须进一步提高穷人的工资以对他们做出补偿。中等和上等阶层的人民，如果明白他们自身的利益，就应当永远反对对生活必需品课征一切赋税，也反对对劳动工资直接课税。两类赋税的最后支付完全落在他们自己身上，并且还要多支付一个额外的数目。地主的负担尤其重，他总是以双重身份付税：作为地主，他要减少地租付税；作为消费者，他要增加支出付税。马修·德克尔爵士观察到，某些赋税转嫁到某些商品的价格上，有时竟会重复积累4次或5次，确实，对于生活必需品税来说完全就是这样。比如，在皮革的价格中，你不仅必须就你自己的鞋所用的皮革付税，而且必须就制鞋匠和制革匠的鞋所用皮革付税。你还必须就这些工匠在为你服务期间所使用的盐、肥皂和蜡烛付税，乃至为制盐人、制肥皂者、制蜡烛者在生产期间所消费的皮革付税。

在英国，对生活必需品课征的赋税主要就是针对上面提到的这四种商品：盐、皮革、肥皂和蜡烛。

盐是一种非常古老和非常普遍的课税对象。在古罗马就曾课征盐税，我相信现今欧洲每个地区都仍然如此。一个人每年消费的盐量很少，而且是一点一点地购买，于是，似乎就有人认为，即使盐税很重也不会给任何人造成负担。在英格兰，盐每蒲式耳课税3先令4便士，约为原价的3倍。在其他一些国家课税更高。皮革也是一种真正的生活必需品。亚麻布的使用使肥皂也成了必需品。在冬天夜晚很长的地区，蜡烛还是一种必要的生产工具。英国的皮革税和肥皂税都是每磅1便士半，蜡烛税则为每磅1便士。对皮革的原价而言，皮革税约为8%或10%；对肥皂的原价而言，肥皂税约为20%或25%；蜡烛税约为蜡烛原价的14%或15%。这些税虽然比盐税轻一些，但仍然是很重的。这四种商品都是真正的必需品，如此重税必定会增加那些朴实勤劳的穷人的生活开支，从而必定会引起他们的劳动工资的提高。

在英国这样冬季非常寒冷的国家，燃料严格来说是这个季节的生活必需品，不仅是为了烹调食物，而且也为了在室内工作的工人身体上的舒适。在所有燃料中，煤是最便宜的。燃料价格对劳动价格的影响如此重要，以致英国所有制造业都设立在产煤地区，而在其他地区，由于这一必需品的价格太贵，就没法降低开工的成本。此外，在某些制造业中，煤炭是一种必要的生产工具，比如在玻璃、炼铁和其他冶金业中。如果可以发放奖金，那对将煤炭从富饶地区运往短缺地区发放奖金是再合适不过了。但是立法机关不但不发放奖金，反而对煤炭的沿海运输每吨课税3先令3便士，就大多数种类的煤炭来说，税额已占出井价的60%以上。陆路运输或内陆航运的煤炭则不课税。在煤价自然低廉的地方，煤炭的消费不课税；在煤价自然昂贵的地方，煤炭反要课重税。

这些赋税虽然提高生活必需品的价格，从而提高劳动的价格，但却为政府提供了一笔以其他方式不容易得到的可观收入，因此，总能找到继续课征这些税的理由。如果给谷物发放出口奖金，也会提高生活必需品的价格，产生同样的不良后果，但它不但不能给政府带来收入，反而要支出一笔很大的费用。对外国谷物进口课征高关税（这在普通丰收年份等于禁止进口），以及禁止活牲畜或腌制食物进口（现在因为这类物品短缺，对爱尔兰和英国殖民地的产品暂停适用），这些规定都产生了和对生活必需品课税一样的不良后果，而并没有为政府带来收入。要废除这些规定，只要让民众相信建立它们的那种学说体系是多么菲薄就可以，不需要做其他什么工作。

和英国相比，其他许多国家对生活必需品所征收的税要高得多。许多国家对磨坊里研磨的面粉和粗粉课税，对火炉上烘烤的面包也课税。在荷兰的城市里，据说，此税导致面包的消费价格增加了一倍。为了对住在乡村的居民也部分地课征这种税，每个人每年都要按其消费的面包种类缴纳赋税。比如消费小麦面包的人每年要付税3盾15斯泰弗，约合6先令9便士半。这种税以及其他一些同类的赋税提高了劳动的价格，据说使荷兰大部分的制造业都受到了破坏。在米兰公国、热那亚各州、摩德拉公国、帕尔马公国、普拉森舍和瓜斯塔拉公国，乃至教皇领地，也可以看到同类的赋税，只不过没有那样繁重罢了。法国一位颇有名望的学者曾提议改革该国财政制度，用这种最具破坏性的赋税去代替大部分其他的赋税。这正如西塞罗所说的，“哪怕是最荒谬的事，有时候也有一些哲学家主张”。

对畜肉课税比对面包课税更为普遍。当然，畜肉是不是生活必需品还不好说。根据经验，即使没有畜肉，仅凭谷物和蔬菜，辅之以牛奶、干酪、黄油——没有黄油可以用酥油替代，也能提供最丰富、最营养、最卫生、最能增长精神的食物。在许多地方，为着维持体面要求人人穿一件麻衬衫和一双皮鞋，但没有一个地方要求人民必须吃肉的。

对消费品（不论是必需品还是奢侈品）可以用两种方法课税：其一，消费者为其使用或消费某一类型的商品而每年支付一笔税款；其二，对留在商人手中、尚未交付给消费者的货物课税。不能立即用完而可持续使用相当长时间的商品，最适合采用前一种方法课税；可以立即消费掉或消费比较迅速的商品，最适合采用后一种方法课税。马车税和金银器皿税是前一种课征方法的例子，其他大部分的消费税和关税则是后一种课征方法的例子。

一辆马车如果保养得好，可以用10年到12年。在它离开马车制造者之前，或许可以一次性征收一定数额的税。但对购买者来说，为保有马车的特权每年付税4镑，肯定比一次性付给马车制造者40镑或48镑的额外加价（或相当于使用马车期间应付税额的总数）更为方便。金银器皿可以使用100年以上。为每100盎司重的器皿每年付税5先令，约为其价值的1%，对于消费者来说肯定会比一次性付出相当于25年或30年税额的总数更为容易，后者会使器皿的价格至少提高25%或30%。同样，对房屋课征的各种赋税每年由消费者支付较小的数额，肯定比在房屋初建或初售时课征与各年税额之和相等的重税更为方便。

马修·德克尔爵士有一个著名的提议，就是所有的商品，即使是立即消费的或消费迅速的商品，都应当用下面这种方式来课税：商人不垫支任何赋税，而消费者每年支付一定的金额，领取消费某种货物的执照。他的这一方案的目的是想撤销一切进出口税，让商人可以把全部资本和信用都使用在商品购买及船舶租赁上，而不必把其中任何部分用于纳税，这样可以促进所有的对外贸易，尤其是中间商贸易。但是，对立即消费或迅速消费的商品也采用这种方法课税，似乎有以下四种非常严重的弊端。第一，与通常的课税方式相比，这种课税方式更不公平，就是说，不能很好地按照不同消费者的支出和消费成比例地课征。对麦酒、葡萄酒和火酒课征的税由商人垫支，最后是由不同的消费者按照他们各自的消费比例支付。但如果这种税通过购买一张饮酒执照来支付，那么饮酒很节制的人所缴纳的税额按其比例就比酗酒的人缴纳的税额更重，也就是说他的税率更高。宾客较多的家庭纳税就更比宾客较少的家庭轻得多。第二，本来对迅速消费的货物课税的主要便利之一是可以分次支付，但上述课税方式，即每年、每半年或每季度购买一次消费某种货物的执照，会大大降低这种便利。现在每瓶黑啤酒的价格是3便士半，其中对麦芽、酒花、啤酒课征的各种税连同酿酒者为垫付这些税款而要求获得的特别利润共计1便士半。一个工人如果能多付这1便士半，他就可以买一瓶黑啤酒。如果他不能，他就可以只买1品托，同时，如果省多少就是赚多少，他也因为节制而节省了一个法新。他可以每次付每次的税，何时有能力付就何时付，每一次付税都是完全自愿的，他想不付就可以不付。第三，这样课税不太起得到禁奢法令的作用。因为一旦取得执照以后，无论消费者饮酒的数量是多少，他缴纳的税都是一样的。第四，现在一名工人每喝一瓶酒纳一次税，这对他来说没有什么不方便的，但如果要让他一年一次、半年一次或一个季度一次缴纳在这段时间里他应缴纳的全部税额，恐怕这个数目会给他造成很大的困难。因此，很明显，这种课税方式如果要想和现在这种不用强迫的课税方式取得同样多的收入，不靠压迫性的手段是不行的。然而，在有些国家，对立即消费或迅速消费的商品就是以这种方式课税的。荷兰人为获得饮茶的执照就需缴不少的税。此外，我已经说过，该国也按同样的方式对乡村所消费的面包课税。

国产消费税主要是对那些由国内制造且用于国内消费的商品课征的。这种税只对几种使用最广泛的货物课征。课税的商品、各种商品的税率都很清楚，不存在任何疑问。除了前面提到的盐税、肥皂税、皮革税、蜡烛税（或许还可以算上普通玻璃税）之外，这种税几乎完全是对我所说的奢侈品课征的。

关税比消费税更为古老。这种税之所以称之为“关税”①，似乎是表明这种支付形式是远古沿袭下来的一种惯例。它最初似乎被看做是对商人的利润所征收的税。在封建无政府状态的野蛮时代，商人也像城邑中的其他居民一样，都和解放的农奴差不多，人格受到轻视，获得的收益被人嫉妒。大贵族既已同意国王向他们自己的佃农的利润课征贡税，所以对向他们无意保护的这个阶层的人民课征同样的贡税也没有意见。在那个无知的时代，他们不懂得商人的利润不应是直接的征税对象，或者说，他们不懂得，这些税最终是都要落在消费者身上的，而且还要比这税支付得更多。

与英国本国商人的收益相比，外国商人的收益还要受到更大的歧视。因此，对后者课税自然比对前者更重。对外国商人和本国商人在赋税上的区别对待起源于无知，又由于垄断精神、即想使本国商人在本国市场和外国市场都占据有利地位，而继续存在了下来。

除了上述区别外，古代的关税向所有各种货物平等课征，不管是必需品还是奢侈品，也不管是出口货物还是进口货物。那时候的人们似乎觉得，没道理对经营一种货物的商人比对经营另一种货物的商人更优待，也没道理对出口商人比对进口商人更优待。

古代的关税分为三种。第一种或许是所有关税中最古老的，是向羊毛和皮革课征的关税。这主要是或完全是一种出口关税。当英格兰建立了毛织物制造业时，为了使国王不致因毛织物出口而丧失他对羊毛课征的关税，于是对毛织物也课征了相同的税。第二种是葡萄酒税，即对每吨葡

① 关税的英文是“custom”，又有“习惯”的意思。——译者注。

萄酒征税，称为吨税。第三种是对所有其他货物的课税，按他们的推定价值每镑纳税若干，所以称为镑税。在爱德华三世第四十七年，对所有进出口货物按价值每镑课税6便士，只有羊毛、带毛的羊皮、皮革和葡萄酒除外，这些商品课征特别的税。在理查德二世第十四年，此税提高到每镑1先令，但3年后又降为6便士。亨利四世第二年提高到8便士，第四年又提高到1先令。从这一年到威廉三世第九年，此税一直是每镑1先令。根据同一项议会法令，吨税和镑税都划归国王，称为吨税和镑税补助税。在一个很长的时期内，镑税补助税一直是每镑1先令或5%，关税用语上所谓的补助税一般都是指这5%的税。这种补助税——现在称"旧补助税"——至今仍然按照查理二世第十二年制定的税率表课征。据说在詹姆斯一世以前，就开始使用这种按照税率表确定应纳税商品价值的方法。威廉三世第九、第十年课征的新补助税是对大部分商品额外再征收5%。1/3补助税和2/3补助税合起来又组成另一个5%。1747年的补助税是对大部分商品课征的第四个5%。1759年的补助税是对一些特定商品课征的第五个5%。除了这五种补助税外，对某些种类的货物还偶尔课征一些其他赋税，有时是为了解决国家的燃眉之急，有时是为了按照重商主义体系的原则来调节国家的贸易。

重商主义体系已经逐渐变得越来越流行。旧补助税是不加区别地对进口商品和出口商品一律课征。而后来的四种补助税，以及后来向特定商品偶尔征收的其他赋税，则完全是对进口商品课征，只有少数例外。以前对本国产品或国内制造品出口所课的各种税，大部分被减轻或完全废除，对有些商品的出口甚至还发放奖金。对进口然后又出口的外国商品，有时退还进口时的全部税金，大多数情况下退还其中的一部分。进口时课征的旧补助税在出口时一般退还一半，但进口时课征的后面几种补助税及其他关税大部分商品在再出口时都可以全部退还。这种对出口的偏袒和对进口的挫抑，只对少数几种制造业原材料是例外。我们的商人和制造业者希望这些原材料对他们自己尽可能便宜，对他们的外国对手和竞争者尽可能昂贵。因此之故，一些外国原材料被允许免税进口，比如西班牙羊毛、大麻和粗制亚麻纱等。国产原材料和我国殖民地特产原材料的出口则有时被禁止，有时被课以重税。比如，英国羊毛的出口被禁止；海狸皮、海狸毛和塞内加尔胶的出口被课以重税，自从占领加拿大及塞内加尔以来，英国几乎垄断了这些商品。

我在本书第四篇已经力图表明，重商主义体系对人民大众的收入、对国家的土地和劳动的年产物并不是很有利的。它对君主的收入似乎也没有有利到哪儿去，至少就这一收入依赖于关税而言是如此。

由于这种体系，有几种货物的进口完全被禁止。在某些情况下，这种禁令使得这些商品的进口完全被阻止了，在另一些情况下，这种禁令使得进口人必须走私，这些商品的进口至少也大大减少。比如，它完全阻止了外国毛织品的进口，大大减少了外国丝和丝绒的进口。在这两种情况下，本可从对这些商品进口课征关税而得到的收入就完全落空了。

向许多外国货物进口课征重税以限制它们在英国的销路，这一般说来只是鼓励了走私，从而使关税收入低于课征轻税时可能得到的收入。斯威夫特博士说，在关税的算术中，2加2并不等于4，有时只能得到1；就这种重税而言，这句话完全正确。如果不是由于重商主义体系在许多场合让我们把课税当做获得垄断的手段（而不是获得收入的手段），那这种重税是不会被采用的。

对本国产品和制造品出口有时发放奖金，对大部分外国货物再出口实行退税，产生了许多欺诈行为，也引起了对国家收入最具破坏性的走私活动。众所周知，为了得到奖金和退税，人们有时把货物装船出海，但随后又从本国的某个其他地方秘密地重新上岸。由于奖金和退税（其中大部分是通过欺诈得来的）而造成的关税收入损失非常大。截至1755年1月5日为止的一年中，关税总收入为506.8万镑。从这笔收入中支出的奖金（虽然该年度对谷物还没有发放奖金），共16万7800镑。根据退税单及其他证明支付的退税为215万6800镑。奖金和退税共计232万4600镑。将这笔金额扣除掉的话，关税收入就只有274万3400镑；从中再扣除薪俸及其他管理费用等开支28万7900镑，这一年的关税纯收入就只有245万5500镑了。海关管理费用相当于关税总收入的5%到6%，而扣除奖金和退税以后则相当于收入的10%以上。

由于几乎对所有进口商品都课以重税，所以我国进口商都尽量走私，尽少报关。相反，我国出口商报关的总是比他们实际出口的多，他们这样做有时候是出于虚荣心，摆一个货物出口不纳税的大商人的架子，有时候则是为了获取奖金或退税。因为存在这两方面的欺诈行为，在海关登记册上我国出口数额大大超过了我国的进口数额，这使得那些按所谓贸易差额来衡量国家繁荣程度的政客们感到了极大的欣慰。

所有进口货物，除少数特殊的免税商品外，均须缴纳一定的关税。如果进口的某种商品没有被列进税率表中，就根据进口商的宣誓，按其价值每 20 先令课征 4 先令 9 又 9/20 便士，与五种补助税或五种镑税大致相当。税率表中所列举的商品种类极其广泛，有很多商品是很少使用、人们不熟悉的。由于这个缘故，常常不能确定某种商品应归于哪一类，因而应纳多少税。这样的错误有时会使海关官员下岗，并且常常会给进口商带来很多的麻烦、苦恼和额外开支。因此，在明白、准确、清晰这几点上，关税远不如国内消费税。

要使社会中大多数人能按他们各自的开支的比例对公共收入做出贡献，不必对这种开支的每个项目都去课税。国内消费税被认为和关税一样，都是平等地落在纳税人身上，而消费税只对少数几种使用最广泛和消费最多的货物课征。许多人的意见是，如果管理得当，关税也可以只对少数几种货物课征，这样并不会给国家收入造成任何损失，而对于对外贸易则有巨大的好处。英国现在使用最广泛和消费最多的外国货物似乎主要是外国葡萄酒和白兰地酒，还有美洲及西印度出产的砂糖、朗姆酒、烟草、可可豆，东印度出产的茶、咖啡、瓷器、各种香料及一些纺织品等等。这些商品也许提供了如今的大部分关税收入。除了对这些商品所征收的关税之外，其余大部分对外国商品课征的关税都不是为了增加收入而设置的，而是为了谋求垄断，即要确保国内市场上本国商人的利益。如果废除一切进口禁令，并按经验对外国制造品只课以能为国家提供最大收入的适中关税，那么，我国的工人将仍然能够在国内市场上占据相当有利的位置，而那些现在没有给国家提供收入的货物或仅提供少量收入的货物也将提供丰厚的收入。

高关税，有时因为减少了课税商品的消费，有时因为鼓励了走私，为政府提供的收入常常比课征较轻的关税所能得到的收入更少。

当收入减少是因为消费减少时，唯一的补救办法就是降低税率。

当收入减少是因为鼓励了走私时，一般可以有两种补救的办法：削弱对走私的诱惑，或者增加走私的难度。只有降低关税才能减少对走私的诱惑，只有建立一种最适于阻止走私的管理制度才能增加走私的难度。

从经验来看，我相信消费税法比关税法更能有效地阻止和抑制走私活动。在两种不同赋税的性质所许可的范围内，在关税中引进一种类似消费税的管理制度，走私的难度可能就会大大增加。很多人都认为，要做出这种改变是很容易的。

有人主张，进口那些应缴纳关税的商品的进口商可以将这些商品搬进他们自己的私人仓库，或者，也可以存放在由其自己支付或由国家支付费用的公家仓库里，仓库的钥匙由海关官员保管，只有海关官员在场的时候才可以打开仓库。如果商人将货物运往自己的私人仓库，就应当立即缴纳税金，以后不再退还；并且，海关人员可以随时检查仓库，以确定存货数量和所付税额是否相符。如果他将商品存放在国家的仓库，可以直到将货物取出供国内消费时再付税。如果再出口到国外，这些商品可以完全免税；不过，他必须提供适当的保证担保其商品一定出口。经营这些商品的商人不论是批发商还是零售商，都要随时准备接受海关人员的检查，并且还要提供适当的凭证，证明其商铺或仓库中的全部商品都已缴纳了关税。现在对进口的朗姆酒课征的所谓“货物关税”就是按这种方式征收的，相同的制度或许可以推广应用到对其他进口货物的课税上，只要这些税和消费税一样只针对少数使用最广且消费最多的商品。如果是对所有不同种类的货物课征关税（就像现在这样），那恐怕很难提供容量足够的公共仓库，而且，商人也不会放心将非常精细的，或必须小心保存的商品存放在别人的仓库里。

如果通过这种管理制度能在很大程度上制止走私（即使是在很重的关税下），如果各种关税能根据是否可以向国家提供最多的收入而随时提高或降低，如果赋税总是被用作获取收入的手段而不是用作谋求垄断的手段，那么，只对使用和消费最多的少数商品征收关税，就应该能够获得至少与现在相等的关税纯收入，而且关税还可以变得和消费税一样简单、确定和准确。现在国家由于外国货物再出口在退税以后又重新上岸并在国内消费所损失的收入，在这种制度下可以完全节省下来。单是这项节省的数目已经很大，如果再加上取消对国产货物出口的一切奖金（这些奖金事实上没有一种是以前所付的消费税的退税），那么，在做出这种制度变更之后，关税纯收入完全可以和变更之前相等，这是毫无疑问的。

如果说这样一种制度变更不会使国家收入遭受任何损失，那它就只会使国家的商业和制造业得到很大的好处。不课税的商品将占绝大多数，这些商品的贸易将完全自由，可以出口到世界每一个地方或者从世界每一个地方进口，获得每一分可能获得的利益。这些商品会包括所有的生活必需品以及所有的制造业原材料。由于生活必需品的自由输入会降低它们在国内市场上的平均价格，所以也会降低劳动的价格，而劳动的实际报酬不会减少（因为货币的价值是与它所能够买的生活必需品的数量成比例的，而生活必需品的价值与它所能交换到的货币的数量完全无关。）。劳动的价格降低，国内所有制造品的价格也必然随着降低，从而国内制造品就可以在国外市场上获得优势。由于原料可以自由进口，一些制造品价格下降的幅度可能会更大。比如，如果生丝能从中国和印度免税进口，那英国的丝织品就会比法国和意大利的丝织品售价低得多，也就没有必要再去禁止外国丝绸和丝绒的进口。本国货物的售价低廉，不仅会使我们的工人占有本国市场，而且会使他们极大地支配外国市场。另一方面，即使是课税商品的贸易，也会比现在进行得更加有利。如果这些商品从公家仓库中取出后免税向外国出口，这些商品的贸易也是完全自由的。在这种制度下所有种类的商品的中间商贸易都能享有一切可能得到的利益。如果这些商品从公共仓库中取出后用于国内消费，进口商在有机会向某个商人或某个消费者出售自己的货物以前不必垫付税款，那他就会比在进口时必须立即垫付税款的情况下售价更为低廉。在相同的税率下，即使是经营课税商品的对外消费品贸易，用这种方式进行也会比现在获得更多的利益。

罗伯特·沃波尔爵士著名的消费税计划的目的，就是要设立一种与这里所提议的制度非常相似的、针对葡萄酒和烟草的税制。尽管那时他向议会提出的提案只包含这两种商品，但人们一般都推测，这只是一种更广泛的计划的序幕。因此，与走私商人利益结合在一起的党派激烈地（当然是不公正地）反对这项提案，使得首相也认为最好是把它放弃。由于担心激起相同的反对，他的继任者也不敢重提这个计划。

对从国外进口并供国内消费的奢侈品所征收的税，虽然有时也会落在穷人身上，但主要还是由中产及中产以上阶层的人负担，如对外国葡萄酒、咖啡、巧克力糖、茶、砂糖等征收的关税都属于此类。

对国内生产且国内消费的比较便宜的奢侈品所征的税，是按照每个人消费的比例平等地落在各个阶层的人身上。穷人为他们自己所消费的麦芽、酒花、啤酒和麦酒付税，富人则为他们自己和他们的仆人所消费的这些商品付税。

必须注意的是，在每一个国家，下层人民（或者说中产以下阶层的人民）的全部消费，不论在数量上还是在价值上，都要比中产阶层及中产以上阶层的人民的全部消费大得多。也就是说，下层人民的全部支出比上层人民的全部支出大得多。首先，每一个国家的几乎全部资本，每年都作为生产性劳动的工资，在下层人民中间进行分配。其次，相当大一部分来自地租和资本利润的收入，都作为仆人和其他非生产性劳动力的工资和生活费用，在下层人民中间进行分配。第三，社会资本利润的一部分，是下层人民使用自己的小额资本所得到的收入，属于这一阶层的人民。小店主、小商人和各种零售商每年获得的利润总额很大，构成社会年产值的很大一部分。第四，甚至有一部分土地地租也属于下层人民，其中很大一部分属于比中产阶层略低的人所有，一小部分属于底层人民所有，因为普通的劳动者有时也拥有一两亩土地。所以，下层人民的支出个别地来看虽然很小，但从总量上看，却是社会总支出中最大的一个组成部分；剩下来的供上层人民消费的国家土地和劳动年产物，不论在数量上还是在价值上，总是要小得多。因此，主要针对上层人民的支出而征收的税，比不加区别地对所有阶层人民的支出征收的税要少得多，甚至比主要针对下层人民的支出而征收的税也要少得多。所以，在针对支出行为而征收的各种赋税中，提供收入最多的是针对国产酒类及其所用原料征收的消费税，而这一部分消费税主要是落在普通人民的支出上。1775 年 7 月 5 日之前的那个年度，这部分消费税的总收入达 334 万 1837 镑 9 先令 9 便士。

不过，必须永远记住的是，应当课税的是下层人民的奢侈支出而不是他们的必要支出。对他们的必要支出所课的税，最后会完全落在上层人民身上。在所有的情形下，这种税必然会提高劳动工资，或是会减少对劳动的需求。提高劳动工资，这种税的最后支付就会转到上层人民身上；减少对劳动的需求，就会减少国家的土地和劳动的年产物——最后支付所有赋税的源泉。不论这种税会使对劳动的需求降低到什么状态，它都会使工资高于这种状态下本来会有的水平，而所提高的工资最终都会由上层人民来支付。

在英国，如果酿造发酵饮料或蒸馏酒精饮料不是为了销售，而是为了自家享用，都不征收任何消费税。这种免税的目的是为了使私人家庭不受收税人员令人讨厌的拜访与检查，但结果却使酒税给穷人造成的负担重于给富人造成的负担。虽然自己家里酿酒自用的情况不是非常普遍，但还是颇有一些。在乡村，许多的中等家庭以及几乎所有的富裕家庭都自己酿造啤酒。因此，他们酿造一桶浓啤酒要比普通酿酒商节省 8 先令，后者除了垫支税款和其他开支之外还必须获得这些垫款的利润。所以，这些家庭饮用的啤酒比普通人所能饮用的同一质量的啤酒每桶至少要少付 9 先令或 10 先令，对普通人来说，从酿酒厂或酒店零散地购买啤酒总是更为方便。同样，私人家庭制造自己使用的麦芽，也不受收税人员的拜访和检查；但这种情况下，每个家庭必须按每人 7 先令 6 便士缴纳消费税（7 先令 6 便士等于 10 蒲式耳麦芽的消费税，这个数量是普通家庭的人均消费量）。但其实，在那些喜欢摆办乡村式宴席的富裕大家庭中，其家庭成员所消费的麦芽只占在他们的屋子里消费掉的麦芽的一小部分而已。这样的家庭缴纳的麦芽税应该说是少于他们按其消费量应缴的税额的。然而，或许是由于这种税的原因，或许是由于其他原因，自家制造麦芽并没有自家酿造酒精那样普遍。很难想象，对自家酿造或蒸馏酒精不像对制造麦芽这样课税，究竟有什么正当的理由。

常常有人说，如果把现在对麦芽、啤酒和麦酒课征的各种赋税改为只对麦芽一项货物课征，即使这项麦芽税比以前几种赋税加起来低，也能提供比以前更大的收入。因为，第一，酿酒厂逃避税收的机会比麦芽制造厂更大；第二，自家酿造酒精的人可以免纳一切税（即使取消了酒精税国家损失也不大），而自家制造麦芽的人则不能免税（如果增加麦芽税当然会增加国家收入）。

在伦敦的黑麦酿酒厂，1 夸脱麦芽一般酿造两桶半的酒，有时酿造 3 桶。向麦芽课征的各种税为每夸脱 6 先令；向啤酒和麦酒课征的各种税为每桶 8 先令。因此，在黑麦酿酒厂，向每夸脱麦芽及其生产的啤酒和麦酒课征的税为 26 至 30 先令。在以普通乡村为销售对象的乡村酿造厂，向每夸脱麦芽及其产物课征的税通常是 26 先令，很少低于 23 先令。整个王国平均计算，对每夸脱麦芽及其生产的啤酒和麦酒课征的税估计不会低于 24 或 25 先令。但是，如果废除一切啤酒税和麦酒税，而将麦芽税提高 3 倍，即每夸脱麦芽应纳的税从 6 先令提高到 18 先令，从这种单一税种所得到的收入将比现在从各种重税中得到的收入多得多。

麦芽不仅用来酿造啤酒和麦酒，而且用来制造下等火酒和酒精。如果麦芽税提高到每夸脱 18 先令，那就必须降低对以麦芽作为部分原料的各种下等火酒和酒精所课的消费税。在所谓麦芽酒精中，通常有 1/3 的原料是麦芽，其余 2/3 为大麦，或者 1/3 大麦 1/3 小麦。在麦芽酒精的蒸馏厂中，走私的机会和诱惑都比在酿造厂或麦芽制造厂要大得多；因为酒精的容积小而价值大，所以走私机会多，因为酒精的税率重，每加仑达到 3 先令 10 又 2/3 便士，所以走私诱惑大。增加对麦芽的课税，降低对蒸馏的课税，走私的机会和诱惑都会减少，国家的收入也可以增加。

酒精饮料被认为有害于普通百姓的健康和道德，所以在过去的某个时期英国的政策是抑制这种饮料的消费。按照这种政策，对蒸馏的减税不应太大，以避免降低此种酒类的价格。要保持酒精的高价格，同时，大大降低啤酒、麦酒这类无碍健康又能振奋精神的酒类的价格。这样，人民可以解除他们现在怨言最重的负担之一，同时国家收入也可以大大增加。

唯一会因这种改革而受到损失的就是这些自家制造麦芽和酿造酒精的富裕家庭。不过，现在上层人民可以免除一种重税，而下层人民却要负担这种重税，无疑是最不公正、最不平等的，即使不实行这种改革，这种免税也应该被废止。然而，正是上层阶级人民的利益妨碍了这项利国利民的改革。

除上述关税和消费税外，还有一些更加间接和更加不公平地影响货物价格的赋税。比如法国所谓的路捐和桥捐。在古老的萨克逊时代这种税叫做通过税，最初其开征的目的似乎与我国收费公路的通行税或航运通行税相同，是为了维护道路或航道。当被用于这样的目的时，这种税最适合按照货物的体积和重量来征收[①]。由于这些税最初是一些地方税和省税，用于地方性的用途，所以它们的征收管理一般都是交给课税所在地的城市、教区或领地自己负责，而这些地方也要对按目的使用这些赋税负责。但在许多国家，并不对此负责的君主却将这项税收的管理权掌握在了自己手里，他一般会将这项赋税的额度大幅提高，但对其使用、应用通常却抛之脑后。如果英国的收费公路通行税成了政府的一项收入源泉，那么，我们也可以从其他国家的例子中看到结果会是什么。这些通行税最终无疑是由消费者承担；但消费者不是按照他的支出来纳税，不是按照他消费的货物的价值来纳税，而是按照这货物的重量和体积来纳税。当这种税不按货物的体积或重量征收，而按其推定价值征收，它就会变成一种内地关税或消费税，大大地阻碍一个最重要的贸易部门，即一国的国内贸易。

一些小国对从其领土内的陆路或水路过境的外国货物征收类似通行税的税。在有些国家，这种税被称为“过境税”。位于波河及其支流沿岸的一些意大利小国就利用这项税取得部分收入。这种税完全由外国人支付，或许是一个国家能向其他国家的国民课征而不在任何方面妨害本国的工商业的唯一的税。世界上最重要的过境税是丹麦国王对一切通过波罗的海海峡的商船所征收的税。

关税和消费税大部分是针对奢侈品的税，虽然它们不加区别地落在每一种收入上面，最终由课税商品的消费者支付，但它们并不是平等地或成比例地落在每一个人的收入上。由于一个人的性情决定了他的消费程度，所以一个人纳税的多寡是由他的性情决定，而不一定是和他的收入成比例的；浪费的人纳税超过其收入比例，节俭的人纳税低于其收入比例，两个收入一样的人，浪费的人就比节俭的人纳税多。一个富人未成年的时候，可以从国家的保护中获得很大收入，但他的消费行为对国家做出的贡献通常很少。一个人的收入来源在这一个国家，而自己住在另一个国家，他也不会通过消费对收入来源国的政府的维持做出贡献。如果他的收入来源国像爱尔兰那样没有土地税，对于动产或不动产的转移也不征收任何重税，那他就没有向保护其享有丰厚收入的政府做出任何贡献。在政府附属于或依附于其他国家政府的情况下，这种不平等可能最大。一个在附属国拥有大量财产的人一般会选择居住在统治国。爱尔兰正是处在这样的附庸地位，所以，我们不用奇怪，对居住在外国的本国产业主课税的提议会在那里如此受欢迎。只是，要确定该课税的产业主的具体范围，即何种移居、什么程度的移居才能课税，或课税的准确起止时间，或许是有点困难的。不过，我们撇开类似爱尔兰的这种特殊情况不谈，可以看到，这种奢侈品税造成的纳税的个人之间的不平等其实算不得什么不平等，因为每个人的纳税都是自愿的，他消费或不消费课税的商品完全是由他自己决定的。所以，只要这种税税率适当，课征的商品也适当，他们付税的时候就总是比付其他的税牢骚更少。如果这税是由商人或制造商垫付，最后负担此税的消费者很快就会将税和商品的价格混同起来，忘记自己是支付了税金的。

这种税是（或可以是）完全确定的，应缴纳多少，应何时缴纳，也就是缴纳的数量和时间都能确定，不会有任何疑问。不管英国的关税或其他国家的同类赋税有什么不确定之处，都不会是因为这些税的性质，而是因为课征这种税的法律在措词上不准确或不规范。

奢侈品税一般是零星支付的，也总是可以零星支付的，即纳税者在购买奢侈品的时候，就缴纳相应的税金。在纳税时间和方式上，它是（或可能是）所有赋税中最方便的。总的来说，这种税符合有关课税的四条原则中的前三条，但它在每一方面都违反了第四条原则。

就这种税的征收而言，人民所缴纳的或损失的比实际归入国库的数目要多，而且之间的差额几乎比其他任何赋税都要大。造成这种结果的就是前面说到过的那四方面的原因。

第一，这种税的征收，即使以最适当的方式进行，也要求有大量的关税和消费税官员，他们的薪水和津贴是对人民的实际课税，但不为国库带来任何收入。不过，必须承认，这种支出在英国比在其他大多数国家都要少。在1775年1月5日之前的那一年中，在英格兰消费税专员的管理之下，各种消费税的总收入为550万7308镑18先令8又1/4便士，征收费用花了5.5%。不过，

---

① 参考第五篇第一章第三节第一项，斯密谈到收费公路按货物重量收税时，也指出其使穷人的负担重于富人的负担。——译者注。

从这个总收入中必须扣除出口奖金及再出口退税，这样的话纯收入就降到了500万镑以下①。盐税也是一种消费税，但由不同的管理部门课征，征收费用更大。关税的纯收入不到250万镑，官员的薪水及其他开支占10％以上。而海关官员的津贴在各处都比他们的薪水多得多，在某些港口甚至是薪水的两到三倍以上。所以，如果官吏的薪水及其他支出为关税纯收入的10％以上，那么，包括薪水和津贴在内的征收此项收入的全部费用就要达到20％或30％以上。消费税的征收人员很少有或根本没有津贴，这个税收部门的管理机构设立还不久，还不像海关那样腐败——海关建立的时间久，许多弊端也逐渐产生并得到容许。如果关税只对少数商品课征，而且按照消费税法征收，每年关税的征收费用就可以节省很多。

第二，这种税对某些产业部门必然会造成某种阻碍或挫抑。由于它们总是提高课税商品的价格，所以它们会挫抑该商品的消费，因而也会挫抑它的生产。如果此商品为本国种植的产物或制造的商品，其生产或制造所使用的劳动就要减少。如果是外国商品，其价格因课税而上升，诚然会使本国的同类商品在国内市场上获得优势、吸引更多的国内资本和劳动，但是，虽然这一特定产业部门得到了鼓励，其他国内产业部门却必然受到挫抑。伯明翰的五金工具制造商购买外国葡萄酒的价格越贵，他为购买该葡萄酒而销售的部分五金工具（或其价格）就越贱。因此，这部分五金工具对他来说价值变小了，他生产这些工具的动力也会变小。一国消费者对另一国的剩余产物付出的越贵，他用来购买它们的那一部分自己的剩余产物（或其价格）就越贱。他自己的那部分剩余产物对他而言价值就变小，他增加其产量的动力也会变小。可见，所有向消费品课征的税都会减少生产性劳动的数量：如果该消费品是国产商品，就会减少生产这种商品的劳动量，如果该消费品是外国商品，就会减少生产购买这一商品的本国商品的劳动量。这种税也会或多或少地改变国民产业的自然方向，不利于国民产业的自然发展。

第三，希望通过走私来逃税常常招致没收财产和其他处罚，使走私人完全破产；违反国家法律的走私者虽然无疑应受谴责或处罚，但他一般不会违反自然正义的法则，如果国法没有把本质上并不是罪恶的行为定为犯罪，他也许在每一方面都是一个优秀公民。一个腐败的政府如果因不必要的支出和滥用公共收入而受到普遍质疑，那保障国家收入的法律也不会得到足够的尊重。当不用伪誓就能找到容易的和安全的走私机会时，许多人会毫不犹豫地进行走私。尽管购买走私商品是对违法（税收法）行为的鼓励，但在许多国家，假装对购买走私商品心存顾忌被看做是一种装模作样的伪善，不但不能博得称赞，反倒被人怀疑比别人更不诚实。由于公众的纵容，走私者常常会受到鼓励继续从事这项生意，甚至自视清白，当税收法要制裁他的时候，他往往会采取激烈的行为来保护他自认为正当的财产。刚开始走私的时候他或许只是一时鲁莽冲动，而不是存心犯罪，但到最后他常常会成为最死硬的、最坚决的违法分子之一。由于走私者的破产，他的资本以前是用来维持生产性劳动的，现在却被纳入国家收入中或税收官员的收入中，用以维持非生产性劳动，因此社会的总资本就会减少，本来会得到维持的有用劳动也会减少。

第四，这种税至少使经营课税商品的商人要经常受到税收人员的频繁拜访和令人讨厌的检查，有时候肯定会使他们受到某些压迫，并总是要面对麻烦和困扰；前面说过，严格说来烦扰并不算是支出，但为摆脱烦扰，人们是愿意支付费用的，所以烦扰的确等于就是支出。消费税法律，虽然能更有效地达到其设立的目的，但在这一方面，却比关税法律更令人讨厌。商人进口课税商品，在缴纳了关税并将货物存入自己的仓库以后，在大多数情况下都不会再受到海关人员的烦扰。如果商品应课消费税，情形就不是如此。商人得不断地接受消费税官员的拜访与检查。因此，消费税比关税更加不受人欢迎，征收消费税的官员也是如此。有人说，这些消费税官员执行职务虽然不比海关官员差，但他们的职责常常迫使他们要找别人的麻烦，所以这些人大多养成了海关官员所没有的冷酷性格。不过这种说法或许只是那些营私舞弊的商人的意见，他们的走私或逃税行为常常被消费税官员阻止或揭发。

英国人民所感受到的消费品税不可避免地会带来的那些不便，并不比政府开支同样大的其他国家的人民所感受的大。我们的状况并非十全十美，有很多方面有待完善，但与大多数邻国相比，

① 这一年度的纯收入在除去所有费用和津贴之后，为4975652镑19先令6便士。

我们并不输于人，或许还要比它们好一些。

一些国家认为消费品税就是对商人的利润所课的税，所以每销售一次商品就要课征一次税。如果对进口商或制造商的利润课税，那么，似乎也需要对介于他们和消费者之间的中间商人的利润同等课税。西班牙的消费税似乎就是按照这个原则设立的。这种税针对一切动产和不动产的每次出售课征，起初的税率是 10%，后来是 14%，现在只有 6%。征收这种税不但要监视商品由一地转移到另一地，而且要监视商品由一个商店转移到另一个商店，所以不得不安排许多的税务人员。不仅是某些货物的经销商，而且是每一种货物的经销商，每一个农场主、每一个制造商、每一个商人和店主，都要遭受税务人员的不断拜访和检查。实行此税的国家中的大部分地区的商品都不能远距离销售。各地方的生产都必须和邻近地区的消费相适应。因此，乌兹塔里茨将西班牙制造业的没落归咎于这种消费税。其实，西班牙农业的衰落也可归咎于此税，因为此税不但课征于制造品，而且课征于土地的初级农产品。

那不勒斯王国也有一种类似的税，对所有的契约按照其价值征收 3%，因而也对所有的销售契约（发票）征收 3%。不过这两者都比西班牙的税轻，而且大部分城市和教区可以支付一种补偿金作为代替。这些城市和教区可以用自己喜欢的方式来征取补偿金，一般是用不干扰当地的贸易的方式。所以，那不勒斯的税不像西班牙的税那样具有破坏性。

大不列颠联合王国所有地区通行的统一的课税制度（只有少数无关紧要的例外），几乎使全国的内陆贸易和沿海贸易都实现了完全的自由。内陆贸易几乎完全自由，大部分货物可以从王国的一端运往另一端，不需要有任何许可证或通行证，也不受收税人员的盘诘或检查。虽然有少数例外，但对国内贸易的任何重要部门都没有妨碍。沿海岸输送的商品需要有证明书或沿海输送许可证，但除煤炭外其余商品几乎都是免税的。这种由于税制的统一而达到的国内贸易自由，可能就是英国繁荣的主要原因之一，因为每个大国必然都是它自己的大部分产品最好和最广阔的市场。如果将同样的税制统一所产生的同样的自由推广到爱尔兰和各殖民地，帝国的伟大和繁荣可能会远远超过今天。

在法国，各省实行不同的税法，需要在国家边境和几乎每一个省的边境设置众多的稽征人员，以阻止某种商品的输入或是对其课税，这使其国内贸易受到很大的干扰。有些省可以缴纳补偿金代替盐税；有些省则完全免征盐税。有些省不设烟草专卖权，而在其他大部分省份则由包税人享有烟草专卖权。消费税（aides，相当于英国的消费税）的征收在不同的省份也大不相同。

有些省不征收这种税，征收补偿金或其他等价物；而在征收此税并实行包税制的省，许多城市和地区还有自己的地方税。他们的关税（traites，相当于英国的关税）将国家分为三个部分：第一部分，实行 1664 年关税、称为五大包税区的省，包括皮卡迪、诺曼底和王国的大部分内陆省份；第二部分，实行 1667 年关税、称为外疆的各省，包括大部分的边境省份；第三部分，所谓被当做外国对待的各省，这些省因为被允许与外国进行自由贸易，所以在它们和法国其他省份进行贸易时，对它们实行的税制与对外国实行的税制相同。这些省份是：阿尔萨斯省，梅斯、图尔和凡尔登三个主教教区，以及敦刻尔克、贝昂纳和马赛三个市。在五大包税区（古代将关税分为五大部门，每一部门最初都是由一个特定包税区来征收，所以有这个称呼。现在各部门已经合并在一起了）及所谓外疆各省，许多城市和地区都有自己的地方税。甚至在被当做外国对待的各省也有许多地方税，尤其是在马赛市。实行这么多不同的课税制度，会给国家的内地贸易带来多大的限制，会需要多少税收官员来镇守实行这些税制的省份和地区的边境，已是不言而喻。

除了上述复杂税制所产生的一般限制外，法国的大部分省份还存在着对葡萄酒——这是除谷物之外法国最重要的产物——的贸易的特殊限制，因为某些特定省份和地区的葡萄园比其他省份的葡萄园享有更多的优惠。可以发现，葡萄酒最著名的省份就是在葡萄酒贸易上受到的限制最少的省份。这些省份享有的广阔市场，促进了它们的葡萄园种植和随后的葡萄酒生产。

这种复杂和繁多的税制并不是法国所独有。米兰这个小公国划分为六省，各省各自针对一些不同种类的消费品制定了特别的课税制度。领土更小的帕尔马公国划分为三个或四个省，各省也同样有自己的课税制度。在这种不合理的制度下，如果不是土地非常肥沃，气候非常适宜，这些国家恐怕早已陷入贫穷和野蛮的低级状态。

消费品税可以用两种方法课征：一是由政府设立行政机构征收，在这种情况下，收税人员由政府任命，直接对政府负责，而政府的收入也必定会随征收数目的变化而变化，每年各不相同；二是由政府规定一定的数额，责成包税人征收，在这种情况下，征收人员可以由包税人任命，他们虽然必须按法律所规定的方式征税，但处于包税人的直接监督之下，对他直接负责。最妥善、最节约的收税方法决不是这种包税制度。包税人除了支付规定的税额、人员薪水和所有稽征费用以外，还必须从税收中获得一定的利润，至少是与他所作的垫支、他所承担的风险、他所经历的麻烦以及他处理这么复杂的利害关系所需要的知识和能力相称的利润。如果政府自己设置类似包税人所设的那样的管理机构，由自己直接监督，至少这种利润——通常是一笔非常巨大的数额——是可以节省的。要承包国家的大额税收必须有大资本或大信用，单是这个条件就会使对这项业务的竞争只局限在少数人之间。在少数具有这种资本或信用的人中，又只有少数人才具有必要的知识和经验——这一条件进一步限制了竞争。而这些有资格进行竞争的极少数人知道，他们彼此团结起来会给自己带来更大的利益，于是大家不竞争而改为合作，在包税投标的时候，他们的报价会远低于标的的实际价值。在公共收入采用包税制的国家，包税人一般都是最富有的人。单是他们的财富已足以激起公众的不满，而他们的暴发户般的虚荣和他们炫耀财富的愚蠢卖弄，更会进一步增加人们的愤慨。

公共收入的包税人决不会认为惩罚逃税者的法律过于严厉。纳税人不是他们的臣民，他们自然也不必加以怜悯，而即使纳税人在纳完税之后马上破产，也不会影响他们的利益。在国家处于最紧急状态的时候，君主必定无比关心税收是否能足额征收上来，此时包税人总是会趁机抱怨说，如果没有比现行法律更严峻的法律，他们连平常的税额都不可能付得出来。在这种国家危难时刻，他们的要求通常是有求必应的。因此，税法逐渐变得越来越严厉。最严酷的税法常常出现在对大部分公共收入采用包税制的国家，而最温和的税法则常常出现在君主直接监督税收的国家。即使是一个昏庸的君主，他对人民的同情也远超过包税人。他知道，王室的显赫和持久依存于人民的繁荣，他决不会为了自己的一时之利去有意地破坏这种繁荣。而对包税人来说则不是这样，这些人的显赫常常是人民更加穷困的结果，而不是人民繁荣的结果。

有时候一种税不仅以一定的税额包给包税人，而且还给予包税人对这种课税商品的垄断权。在法国，烟草税和盐税就是用这种方式征收的。在这种场合，包税人从人民那里得到的就不是一种，而是两种过度的利润，即包税人的利润和垄断者的更加过度的利润。烟草是一种奢侈品，每一个人都有买或不买的自由。但盐是必需品，每个人都必须向包税人购买一定的数量；如果他不向包税人购买，就会被认为他会向走私者购买。对这两种商品所课的税都非常重，因此对许多人来说走私的诱惑是不可抗拒的。但同时由于法律的严厉和包税人手下官员的警惕，对诱惑的屈服差不多就等于灭顶之灾。每年都有数百人因走私盐和烟草而坐牢，此外还有很多的人被送上断头台。然而用这种方式征税可以为政府提供很大的收入。1767 年，烟草包税额全年为 22541278 利弗，盐的包税额是 36492404 利弗。从 1768 年起，这两项包税被约定按这个数额持续 6 年。为了君主的收入而把人民的鲜血看得一钱不值的人，或许会赞成这种课税方法。许多其他国家也建立了针对盐和烟草的类似赋税和垄断，特别是在奥地利和普鲁士，以及意大利的大部分邦。

在法国，王室的大部分实际收入是从八个来源获得的，即贡税、人头税、二十取一税、盐税、消费税、关税、官有财产和烟草包税。后五种税在大部分省份都是采用包税制征收。前三种税在各处都是由政府直接监督和指导的税务机构征收。就与从人民那里征收的数额的比例而言，众所周知，前三种税实际上归入国库的数额要比后五种税多，后五种税收的稽征耗费更大，浪费也更大。

法国的财政在现在的状态下似乎可以进行三项明确的改革。第一，废除贡税和人头税，增加二十取一税，使其增加的收入等于前两者的金额，这样既可以保持王室的收入，又可以减少稽征的费用，同时，也可以消除贡税和人头税给下层人民带来的烦扰，而上层阶级的负担也不会比现在更重。前面说过，二十取一税与英格兰所谓的土地税相类似。按公认的说法，贡税最终是由地主负担，而大部分的人头税则是由贡税的纳税人按其缴纳贡税的比例征收，所以大部分人头税最终也是由同一阶层的人负担。因此，虽然二十取一税是按照贡税和人头税两种税的税额进行增加，上层阶级的负担也不会比现在更重。当然，一些个人的负担无疑会加重，因为此前在向不同的人的地产和佃户估征贡税时通常有很大的不平等。这些享有优惠的人的利益以及他们的反对力量，就是最可能阻止这种改革的妨碍。第二，统一法国各地不同的盐税、消费税、关税、烟草税，即统一所有关税和消费税，这样，征收这些税的费用可以大大少于现在，法国的国内贸易也可以如同英国一样自由。第三，将所有这些税全部交给政府直接监督指导的税务机关征收，包税人的过度利润就可以纳入国家收入之中。不过，由于个人的私人利益所产生的反对力量，也很可能阻止后两种改革计划的实施，就像阻止第一种改革计划的实施一样。

法国课税制度在每一个方面似乎都劣于英国的制度。英国每年从不足 800 万的人口中征收到 1000 万镑税款，而且没有哪个阶级在这过程中受到了压迫。根据埃克斯皮里神父搜集的资料，及《谷物法与谷物贸易论》作者的观察，法国的人口，包括洛林和巴尔在内，约为 2300 万到 2400 万，大概是英国人口的 3 倍。法国的土壤和气候好于英国。法国土地的改良和耕种时间比英国长，因此凡是需要长时间来建造和积累的事物法国都比英国多，比如大的城市，比如城市和乡村里便利和坚固的建筑。有这些有利条件，本可以期待法国能征收到 3000 万镑的公共收入，而且像英国征收 1000 万镑一样不费力。不过，根据我所能得到的最好的报告（虽然是非常不完备的报告），1765 年和 1766 年，归入法国国库的全部收入，只有 3.08 亿利弗到 3.25 亿利弗，折合英镑的话，还不到 1500 万镑，即，如果法国人民也按照英国人民的同一比例纳税的话，这还不到预计的一半。可是，众所周知，法国人民受到的赋税的压迫比英国人民重得多。而在欧洲，除英国之外，法国已算是政府最温和、最宽容的大帝国。

在荷兰，对生活必需品课征重税据说破坏了他们主要的制造业，甚至他们的渔业和造船业也逐渐受其影响。英国对必需品所征收的税是微不足道的，迄今没有任何制造业受到课税的破坏。英国制造业负担最重的税只是几种原材料的进口税，特别是生丝进口税。可是，荷兰中央政府及各市的收入据说达 525 万镑英镑以上；由于荷兰人口不超过英国人口的 1/3，所以，按照人口的比例计算，荷兰的赋税肯定要重得多。

在所有适当的课税对象均已课税之后，如果国家因为形势紧急仍然需要继续增加新税，那就必须向不适当的对象征税。因此，或许无法指责荷兰共和国政府对必需品课税，他们尽管已经非常节约，但为了取得独立和维持独立，陷入了耗费巨大的战争，不得不大规模举债。而且，荷兰和西兰岛这种特殊的地方，即使只是为了保持国土不被海水吞没都需要一笔不小的费用，这也使得这两个地区的人民赋税负担大为加重。共和政体似乎是荷兰如今的成就的主要支柱。大资本家、大商业家族要么直接参与政府的管理，要么间接地影响政府。因为他们从这一地位获得的尊敬和权威，他们愿意居住在这个国家，哪怕与欧洲其他地方相比，在这个国家投入资本所获得的收益要小些，在这个国家贷款给别人所获得的利息要低些，以这些收入在这个国家能购买的生活用品也要少些。而这些富有的人居住在荷兰，哪怕那里存在着许多不利的因素，也使荷兰的产业保持着一定程度的活跃。如果国家发生灾难，共和政体受到破坏，统治权落入贵族和军人之手，这些富商的重要性就会完全消失，他们就不会愿意继续居住在这个自己不再受人尊敬的国家。他们会携带资本迁往他国，而荷兰的产业和商业也就会立即跟着支持它们的资本来个大转移。

第三章　论公债

在商业和制造业不发达的古代初级社会，人们对于只有商业和制造业才能带来的高档消费品还一无所知，如我在本书第三篇所说的，拥有大笔收入的人除了养活尽可能多的人之外，没有其他的花费或享用其收入的方法。当时，拥有大笔收入，就是拥有对大量的生活必需品的支配权。而生活必需品主要是粗衣陋食的原料，如谷物、牲畜、羊毛、生皮等。当商业和制造业没有产品来给这些收入的拥有者提供交换其消费后剩余部分的机会时，他就只能用这些剩余的东西去为尽可能多的人提供衣食。在这种情况下，富贵之人的主要目标，就是不求奢靡但求好客，不求显摆但求慷慨。而这，我在本书第三篇也曾说过，是不会使他们破产的。或许，那时也有虚浮的享乐，即使是聪明人放纵于其中也会导致沦落，比如热衷于斗鸡就曾毁过许多人。但我相信，由于这样一种好客和慷慨而破产的人是不会很多的，尽管奢靡的好客和出风头的慷慨使很多人破产。在我们的封建祖先中，同一家族长期保有同一地产的事实，充分说明了人们在生活上量入为出的一般倾向。虽然大地主经常摆办的乡村宴席在我们现在看来不符合经济型的生活秩序，但我们必须得承认，他们至少还是知道节约，一般不会将全部收入都花光。他们通常有机会卖掉一部分羊毛和生皮换取货币。这些货币的一部分，他们或许会拿来购买当时的环境能向他们提供的少量的虚饰品和奢侈品，而另有一部分他们通常会储藏起来。事实上，他们除了把节省下来的货币储藏起来，确实没其他的事可做。经商，有失绅士的体面；放债，当时被看做是高利贷，国法不容，更不是绅士所为。此外，在那些个暴力横行、动荡不安的时代，最好是手头能储存一点货币，万一哪一天被赶出了自己的家园，也能携带一些有价值的东西去避难。使他有必要储存货币的动荡环境也使他有必要藏匿货币。常常有埋藏物或无主财宝被发现，足以证明当时储存和藏匿货币或财宝是常有的事。出土的埋藏物在当时甚至是君主收入的一个重要部分。然而在现在，即使是整个王国的埋藏物，也许也比不上一个拥有良好产业的绅士的私人收入。

节约与储存的习惯，流行于民众之间，也同样流行于君主之间。我在本书第四篇已经说过，在没有商业和制造业可言的国家，统治者所处的境地自然会使他为了积蓄而节俭。在那种情况下，即使是君主的开支也不能听任虚荣心的引导，追求宫廷的华丽装饰。那个苍白的时代也只能为他的宫廷提供一些朴素的装饰品。常备军在当时是不必要的，因此即使是君主的支出，也只能像其他大领主一样，用来奖励佃户或款待家臣门客。虚荣总是导致浪费，而奖赏和宴客则很少会导致浪费。因此，欧洲所有的古代君主都储藏有财宝。据说，每一个鞑靼酋长在现在仍有财宝。

在充满各种昂贵奢侈品的商业国家，君主也像其国内的大领主一样，自然会把他的很大一部分收入用来购买这些奢侈品。他自己的国家及邻近各国供给他许多昂贵的装饰物，这些装饰物成就了他的宫廷的毫无意义的壮观华丽。君主下面的贵族们因为同样的爱好（当然，他们的奢侈要比君主略逊一筹），遣散了家仆，解放了佃农，逐渐变成了一个不能再呼风唤雨的普通有钱人。影响了这些贵族的享乐主义激情也影响了君主。在他的领土内，所有的有钱人都在享乐，怎么能唯独指望他一个人无动于衷呢？假使他没有（但其实他很可能会）把大部分的收入用于享乐而造成国防力量减弱，那么，超过维持国防需要的那一部分收入大概是不能幸免了。他的平常开支已经等于他平常的收入，开支不超过收入就是万幸了。再也不能指望他自己集聚财富了，当特别紧急的状况要求做出特别开支时，他只能要求他的臣民给予特别的援助。自1610年法国国王亨利四世死后，人们认为在欧洲的大国君主中只有普鲁士现国王及前国王积累了不少的财富。为了积累财富而节约开支，在共和政府之中也已和在君主政府之中一样少见。意大利各共和国、荷兰联邦共和国都是债务缠身。伯尔尼州政府是欧洲唯一积累了财富的共和政府，瑞士的其他州都没有。像那些大国的国王喜欢宫廷的奢华一样，小共和国也追求壮观的场景，至少追求楼宇和其他公共建筑的堂皇，这从他们外表肃穆的议会大厅就可见一斑。

一个国家平时不节约，一旦打仗就得举债。当战争爆发时，他们国库里的钱一般只足以供应平时建制的普通开支。而在战争中，为了保卫国家，必须有3倍或4倍于普通支出的建制，因而必须有平时的3倍或4倍的收入。假定国王有（事实上他很少有）按照他要增加的支出的比例来增加收入的直接手段，他的赋税收入（他要增加的收入必定由此而来）也要等课税之后10到12个月才能进入国库。但在战争爆发的时候，或者说在战争可能爆发的时候，陆军必须增兵，舰队必须装备，驻军的城市必须进入防御状态，这些部门都必须供应武器、弹药和给养。在这个必须立即做出巨大开支的危急时刻，是不能等待慢慢征收的新的赋税收入到位的。因此，在这种紧急状态下，政府除了借债，没有其他的资源。

商业社会如此这般地改变了政府的精神，使其因不再节俭而孕育了借债的必要性，同样，也是商业社会使民众产生了贷款的能力和意向。商业社会孕育了借债的必要性，也为借债提供了便利。

一个拥有众多商人和制造商的国家，必然也有许多这样的人，通过他们之手的不仅有他们自己的资本，还有所有贷款给他们或将货物信托给他们的人的资本，这些资本在他们手中流过的次数，与一个不做生意或不营业而靠固定收入为生的人的私人收入在他自己手中流过的次数相比，要来得更频繁。这样一个人的收入流过他手中一般每年只有一次，但从事回收迅速的贸易的商人，其全部资本和信贷一年可能从他手中流过两次、三次、四次。因此，拥有众多商人和制造商的国家，必然有很多人随时可以贷巨资给政府，只要他们愿意。所以说商业国家的人民有贷款的能力。

一个国家如果没有正规的司法行政，其人民对自己的财产没有安全感，契约的落实得不到法律的支持，政府的权威无法强制有能力还债的债务人偿还债务，那么，这个国家的商业和制造业不可能长期繁荣。也就是说，商业和制造业繁荣的国家，民众对政府的公正通常要有一定的信任度。在普通情况下，大商人和大制造商信任政府对其财产的保护，同样，在紧急情况下，他们也会信任政府对其财产的使用。他们贷款给政府，一刻也不会削弱自己经营贸易或制造业的能力。相反，他们一般会增强这种能力。国家的紧急需要使政府在大多数情况下愿意以极有利于借款人的条件借款。政府给予原始债权人的债券可以转让给任何其他的债权人，并且，由于人民普遍信任政府的公正，债券在市场上的售价一般高于最初支付的数额。商人或有钱人通过把钱借给政府而赚钱，他的交易资本不但不会减少，反而会增加。如果政府允许他最先应募新的借款，他一般会视为对他的优待。所以说商业国家的人民有贷款的意向或意愿。

这种国家的政府，很容易产生这样的惰性思想，即认为不管怎么样，在非常时期，人民反正有能力并愿意把钱借给他。它预见到借款的方便，因此，在平时也就放弃了节约的责任。

在社会的初级状态下，没有大商业或大制造业资本。许多人储存和藏匿货币，是因为他们不相信政府的公正，并且担心万一他们储存的货币被人知道或发现就会立即被掠走。在这种状态下，很少的人有能力、更没有人会愿意在紧急情况下借钱给政府。君主感到他必须通过节省来为这种紧急情况做准备，因为他预见到借款是不可能的。或者说，这种先见之明进一步加强了他节俭的自然倾向。

在欧洲各大国，巨额债务的积累过程是非常一致的；目前，各国都感受到了它的压力，长此以往甚至可能因此破产。国家也像私人一样，在最开始借款的时候可以说是凭“人格信用”，不指定或抵押任何特定资源来保证偿还债务；当这种办法借不到钱时，他们就通过指定或抵押特定资源来继续借款。

英国的所谓无担保公债，就是用前一种方法借入的。这类公债有两种，一种是没有利息或设定没有利息的债务，类似于私人记账债务；一种是有利息的债务，类似于私人用期票或汇票确立的债务。构成第一种债务的，通常有对特别服役所欠的债务，或者对没有固定经费或尚未付给报酬的各种服役所欠的债务；陆军、海军及军械方面临时开支的一部分；外国君主补助金的未付款；海员工资的欠款等等。有时为支付这部分债务、有时为其他目的而发行的海军债券和财政部债券，通常构成第二种债务。财政部债券的利息是自发行之日算起的，海军债券的利息是自发行 6 个月后算起的。英格兰银行或者自己按时价贴现这种债券，或与政府议定以某种报酬为条件替它流通财政部债券，即按照券面价值接受债券、支付到期利息，使得这些债券得以保值，也便利了它们的流通，从而使政府常常能借到巨额的这类公债。在法国，由于没有银行，国家债券有时以 60%或 70%的折扣[①]出售。在威廉国王大改铸的时代，当英格兰银行认为应当停止它的平常业务时，财政部的债券和符契据说要以 25%至 60%的折扣出售；这种跌价当然部分地是由于通过革命建立的新政府的稳定性尚不太确定，但部分地也是由于缺乏英格兰银行的支持。

当这种光凭信用的办法行不通时，政府为了筹款不得不指定或抵押某些特定的公共收入来担保偿还债务。在不同的情况下，这一招也有两种不同的方式。有时政府只在短期内做出这种指定或抵押，如一年或数年，有时候则是永久性的。在前一情况下，指定的收入来源是被认为足以在限定时间内支付借款的本金和利息的；在后一情况下，指定的收入来源被认为仅够支付利息或与利息相等的永久年金，但政府只要偿还所借本金，随时可以赎回这项收入。以前一种方法借款，称为预支法；以后一种方法借款，称为永久付息法，或简称付息法。

在英国，每年的土地税和麦芽税是常规的预支款项，政府为此在这些赋税的课税法令中不断插入借款条款。款项一般由英格兰银行垫付，收取利息（革命之后利率为 3%到 8%），税款陆续

---

① 这里“60%或 70%的折扣（discount）”，指扣掉 60%或 70%，只剩原值的 40%或 30%。——译者注。

收上来以后再偿还垫付款项。如果税款不足（此事常有），则由次年的税款补足。国家唯一尚未抵押的重要收入，每年就这样在到手之前先已用掉了。就像一个等不及收入到手的、只顾眼前的挥霍者一样，国家也是不断地向其代理人和经理人借款，不断为使用自己的钱而支付利息。

在威廉国王统治的时代及安妮女王统治的大部分时代，永久付息的借款方法还不为人所熟悉，当时大部分新税仅课征一个短时期（4到7年），每年大部分的支出是靠这些预支的借款。税收所得常常不足以在规定期限内偿还借款本息，于是不得不延长课税期限去补足还款缺口。

1697年，根据威廉三世第八年第二十号法令，一些即将期满的赋税的征收年限被延长至1706年8月1日，汇总为一个总基金，用以弥补这些税还款时的不足。这就是当时所谓的第一次总抵押或总基金。由这一延长期负担的资金缺口为5160459镑14先令9又1/4便士。

1701年，这些税，以及一些其他的税，又因为同一目的延长到1710年8月1日，称为第二次总抵押或总基金。这次的资金缺口为2055999镑7先令11又1/2便士。

1707年，这些税进一步延长到1712年8月1日，作为新借款的还债基金，称为第三次总抵押或总基金。用它作为抵押借入的数额为983254镑11先令9又1/4便士。

1708年，所有这些税的征收年限又延长到1714年8月1日，作为新借款的还款基金，称为第四次总抵押或总基金（吨税和镑税这两种旧补助税只有一半作为这一基金的一部分，已被联合条约取消的苏格兰亚麻进口税也除外）。用它借入的款项为925176镑9先令2又1/4便士。

1709年，所有这些税的征收年限，为了同一目的又延长到1716年8月1日，称为第五次总抵押或总基金（吨税和镑税这两种旧补助税现在全都不纳入这一基金）。用它借入的款项为922029镑6先令。

1710年，这些税又延长到1720年8月1日，称为第六次总抵押或总基金。用它借入的款项为1296552镑9先令11又3/4便士。

1711年，相同的这些税（此时它们已须提供四种预支款项的本息），以及其他一些税，被定为永久征收的税，作为支付南海公司的资本利息的基金，该公司在这一年借给政府9177967镑15先令4便士，用来还债及弥补税收不足。这次借款是当时前所未有的最大借款。

在此时期以前，为支付借款利息而永久课征的赋税，据我所知只有为支付英格兰银行和东印度公司借给政府的款项的利息而课征的赋税（本还打算向一家计划中的土地银行借款，由这些赋税支付利息，但没有借成）。当时英格兰银行的贷款金额为3375027镑17先令10又1/2便士，年息6%，要支付的年金或利息为206501镑13先令5便士。东印度公司的贷款为320万镑，年息5%，要支付的年金或利息为16万镑。

1715年，根据乔治一世第一年第二号法令，那些担保英格兰银行年息的税以及由这项法令定为永久征收的其他一些税，合并成为一个共同基金，称为“总基金”。此基金不仅用以支付银行的年金，也用来支付其他的年金和债务。此基金后来由乔治一世第三年第八号法令和第五年第三号法令予以扩充，加进去的几种税同样也成了永久征收。

1717年，根据乔治一世第三年第七号法令，又有其他几种赋税被定为永久征收，合并成另一个共同基金，称为“一般基金”，用以支付某些年金，这些年金每年的总额为724849镑6先令10又1/2便士。

根据这些法令，以前只短期预支的赋税现在大部分变成了永久征收，税款作为基金，只用来支付连续预支的那些借款的利息，而不是用来偿还本金。

假如只用预支的办法筹款，那么，政府只要注意两点，就可以在数年之内使国家收入摆脱负债。第一，不要使还款基金所承担的债务超过它在限定期间内所能偿还的金额；第二，在第一次预支未还清以前，不要做第二次预支。但欧洲大多数国家的政府都做不到这两点。他们往往在第一次预支时就超过了还款基金所能承担的金额；即便不超过，也往往在第一次预支尚未还清以前就进行了第二次和第三次的预支，使基金的负担过重。这样，基金就变得不足以支付它所借款项的本息，于是不得不只用它来支付借款的利息（或等于利息的永久年金）。这样盲目的预支，必然会导致采用更具破坏性的永久付息办法。一旦采取这种办法，国家摆脱债务的期限就由固定的时限变得遥遥无期了，但是，由于用这种新方法在任何情况下都能比用旧的预支法筹到更大的款项，所以，当人们一旦熟悉了新方法以后，在国家面临重大的紧急情况时，政府一般都会舍弃旧方法而采用新方法。政府在处理公共事务时关心的主要是解决眼下的燃眉之急。至于国家收入在未来如何摆脱债务，他们留给后来人去操心。

在安妮女王统治期间，市场利率由6%下降至5%，在她统治的第十二年，5%的利率被宣布为私人抵押借款的最高合法利率。在英国的大部分短期赋税变成永久赋税并在总基金、南海基金和一般基金之间分配以后不久，国家的债权人也像私人债权人一样，被说服接受5%的利息。这么一来，由短期转为长期的大部分公债借款就产生了1%的节余，或者说由上述三大基金支付的年金就节余了1/6。这一节余使用作还债基金的各种税收在支付所担保的各项年金之后还有巨额剩余，为嗣后所谓的“偿债基金”奠定了基础。1717年，这一剩余额达323434镑7先令7又1/2便士。1727年，大部分公债的利息进一步降至4%；1753年和1757年，又分别降至3.5%和3%；这种利息降低进一步增加了偿债基金。

偿债基金虽然是为偿还旧债而设立的，但对于举借新债也提供了很大的便利。它是一种补助基金，在国家有紧急需要时，总是可以用它去做抵押，弥补其他用以借款的基金的不足。至于英国是经常用偿债基金来偿还旧债还是经常用它来举借新债，慢慢地就会十分清楚。

除了预支和永久付息这两种借款方法以外，还有两种介乎于这二者之间的方法，即定期年金借款法和终生年金借款法。

在威廉国王及安妮女王统治时代，常以定期年金债券借入巨额款项，期限有长有短。1693年，议会通过法案，借入100万镑，年金为14%，即每年14万镑，定期16年。而早在1691年，议会通过法案借款100万镑，终身返还年金，在今天看来条件是对债权人非常有利的，但应募没有满额。次年，不足之数以14%的终身年金债券借款补足，债权人7年多便可收回本金。1695年，允许购有此项年金债券的人向财政部换取另外一项为期96年的年金债券，只需每100镑债券多交63镑现款。换句话说，14%的96年期年金债券与14%的终身年金债券之间的差额只卖了63英镑，或者说，只卖了相当于4年半年金的价钱。不过条件虽如此有利，但因为当时的政府地位不稳，所以竟找不到几个买主。安妮女王在位的时候，既曾以终身年金债券借入过款项，也曾以32年、89年、98年、99年的定期年金债券借过款。1719年，32年期年金债券的所有者被说服以其所有债券换取每股等于11年半年金的南海公司股本，此外，对那些该年金到期应付未付的欠款也发给等价的南海公司股本。1720年，其他期限长短不同的年金债券大部分也都归入了南海公司的这一基金。当时每年应付的长期年金是666821镑8先令3又1/2便士。而这些长期年金当时没有纳入这一基金的剩余部分，到1775年1月5日，只有136453镑12先令8便士。

在1739年及1755年的两次战争中，用定期年金债券或终身年金债券借入的款额极少。而98年期或99年期的年金债券，其价值按道理应该差不多与永久付息债券相等，因而人们可能会认为，这应该可以借到差不多相同的款项。但是，为家庭置备产业和为遥远未来作打算而购买公债的人，不会愿意购买价值不断减少的公债。所以，长期年金债券的价值虽然按道理差不多和永久付息债券相等，但仍找不到和后者同样多的买主。新债的认购人通常都打算尽快抛出其认购的公债，所以愿意买可由议会赎还的永久付息债券，而不愿购买具有同等数额，但不能赎还的长期年金。永久付息债券的价值可以认为总是不变的，或几乎不变的，因而比后者更便于转让。

在上述两次战争期间，定期年金债券或终身年金债券，都是除给予年金或利息外，还给新借款应募者一种奖金。这种奖金不是作为偿还所借货币的年金，而是作为对出借人的一种附加奖励。

终身年金的发放有时候采取两种不同的方式：或是对单个的人终身发放，或是对一群人终身发放，后者在法国称为唐提式年金，唐提是其发明人的名字。当年金是对单个的人终身发放时，年金领取人死亡即解除了国家收入对他的负担。如果发放的是唐提式年金，国家收入的负担要等到这一群人全都死亡后才能解除，这一群人有时为20人，或者30人，活着的人继承在他们之前去世的人的年金，最后的生存者，则继承全部年金。用相同的收入做抵押，发放唐提式年金总能比对单个的人发放年金借到更多的款项。生者可以享受死者权利的年金，实际上比对单个的人发放的等值年金更有价值，因为每个人对于自己的运气，自然都有几分自信，这实际上也是彩票成功的原理。因此，这种年金债券的售价通常高过其面值。也因此，在发行年金债券筹借款项的国家，政府一般会选择发放唐提式年金而不发放针对单个的人的年金。在筹到的款项最多的办法与解除国家收入负担最快的办法之间，政府几乎总是会选择前者的。

法国公债中由终生年金债券构成的部分要比英国大得多。据波尔多议会1764年向国王提交的备忘录所载，法国全部公债为24亿利弗，其中以终身年金债券借入的为3亿利弗，占全部公债的1/8。每年要为这些债券发放的年金为3000万利弗，相当于全部公债的预计利息1.2亿利弗的1/4。我十分清楚，这些数字不大精确，但既然是一个如此重要的机构所提供的，我想距离真实情况应该不远。造成英法两国借款方法不同的，不是两国政府对解除公共收入债务负担的渴望程度不同，而完全是由于贷款人的观点和利益不同。

英国政府所在地是世界上最大的商业都市，因此把钱贷给政府的一般是商人。商人贷出款项不是要减少其商业资本，相反是要增加其商业资本，所以，除非他们有望通过出售新买的债券获取利润，否则他们是不会认购的。但如果他们购买的不是永久年金债券，而是终身年金债券（不管是自己的还是其他人的终身年金），他们就不太容易通过转售获取利润。他们自己的终身年金在出售时总要受损失，因为没有人在购买与自己年龄及健康状况差不多的其他人的终身年金时会出比自己的终身年金更高的价钱。至于第三人的终身年金，对于买卖双方来说诚然是价值相等，但它的实际价值在发行的那一刻就开始减少了，而且只会越来越少。所以，终身年金债券不可能像永久年金债券那样，成为实际价值浮动不大的、便于转让的资本。

法国政府所在地不是大的商业都市，因此把钱贷给政府的人中商人不占那么大的比例。政府在紧急状态下的借款多半来自于那些和财政有关系的人，如包税人、收税员、宫廷银行家等等。这种人出身寒微，但常常有巨大财富，极为骄傲。他们不屑和同等身份的女性结婚，而较有身份的女性又不屑和他们结婚。因此，他们常常决心过独身生活，既没有自己的家庭，也不太与其他亲戚往来，只求自己这一生过得好就行了，并且对于他们的财产随他们的生命而终止也不很介意。此外，不愿结婚或生活状况使之不适于或不便于结婚的富人，在法国比在英格兰多得多。对于这些很少为后人打算或不必为后人打算的独身者而言，将其资本换成一种不长不短、相伴一生的收入，这是再合适不过的事情了。

大部分现代政府在和平时期的常规开支等于或差不多等于它的常规收入，在发生战争时，它们既不愿也不能按照支出增加的比例来增加它们的赋税收入。它们不愿，是因为害怕突然增加如此巨额的赋税会触怒人民，使他们厌恶战争；它们不能，是因为它们并不清楚要增加多少赋税才能提供所需的收入。举债的便捷使得各国政府摆脱了这样的困窘。用借债的方法，它们只要稍稍增加赋税，就能每年筹集到战争所需的经费，尤其是用永久付息的办法，它们只要最轻微地增加赋税就能每年筹集到最大的款项。在大的帝国，住在首都以及远离战场的各省的人民，许多人都感觉不到战争带来的不便；对于有闲情逸致的人而言，从报纸上了解本国军队的战绩反倒是一种时趣。这种时趣可以补偿他们战时所纳税额略超出平时所纳税额所受的损失。恢复和平倒是让他们扫了兴，因为和平使他们的时趣终止，让他们对战争长期进行可能带来的关于征服与国家荣光的无数希望化作泡影。

当然，和平的恢复也不会使他们解除大部分战时课征的赋税负担。这些税已经抵押，用来支付进行战争所借公债的利息。如果在支付公债利息和政府的常规开支以后，旧税连同新税产生的收入还有剩余，那么这些剩余也会转入用来偿还债务的偿债基金。只是这种偿债基金即使不被挪作他用，通常也远远不够在和平有望继续的期间内偿付全部战争债务；况且，这一基金几乎总是被挪作其他用途。

征收新税的唯一目的，只是为了支付用它们作担保所借款项的利息。若有剩余，那剩余的部分也一般是计划或预料之外的，所以数目不会很大。偿债基金的产生，通常是由于后来应付利息的降低，而不是由于所收到的税额超过了应付利息或年金的数额。1655年荷兰的偿债基金，以及1685年教皇领地的偿债基金，都是这样形成的，所以说，这种基金往往不足以偿付债务。

在太平时期如果需要有特别的开支，政府总是会觉得挪用偿债基金来应付这种开支比课征新税更加方便。每一种新税都会被人民立即感受到，因而总会引起怨言，招致反对。增加的税种越多，所课各税的负担就越重，人民对于增加新税的怨言就越大，于是无论另课新税还是加重旧税，都会变得越加困难。而暂时停止偿还债务，人民是不会立即感受到的，也就不会引起怨言或牢骚。挪用偿债基金始终是摆脱目前困境最简单易行的方法。公债积累得越多，就越需要研究如何减少债务，滥用偿债基金就变得越危险、越具有毁灭性；但公债越不可能大幅减少，挪用偿债基金来应付和平时期的各种特别开支的可能性和必然性也越大。因为，当一国国民已经负担了过重的赋税时，除非有新的战争，除非要报国仇、救国难，人民是不可能再默默承受新的赋税的，所以说偿债基金常会被挪用。

在英国，从我们首次应用永久付息这种毁灭性的办法以来，和平时期公债的减少从来没有和战时公债的增加保持任何比例。英国现在的巨额公债，就是在 1688 年开始、1697 年订立里斯韦克条约后结束的那次战争中开始奠定的。

1697 年 12 月 31 日，英国的长短期公债，共达 21515742 镑 13 先令 8 又 1/2 便士。其中有相当大一部分是用短期预支借入的，还有一部分是用终身年金债券借入的，所以在 1701 年 12 月 31 日以前，不到四年的时间，一部分已还清，一部分收归国库，共计减少 5121041 镑 12 先令 3/4 便士。在如此短的时期内偿还了如此多的公债，实为前所未有。因此，当时剩下的公债只有 16394701 镑 1 先令 7 又 1/4 便士。

在始于 1702 年、终于乌特勒支条约签署的那次战争中，公债继续增多。1714 年 12 月 31 日，公债数额达 53681076 镑 5 先令 6 又 1/12 便士。应募的南海公司长短期基金使公债进一步增加，因此在 1722 年 12 月 1 日又达到了 55282978 镑 1 先令 3 又 5/6 便士。1723 年开始还债，但非常缓慢，到 1739 年 12 月 31 日，即在 17 年的太平年月中，所偿还的公债的金额，只有 8328354 镑 17 先令 11 又 2/13 便士。当时，公债的余额还有 46954623 镑 3 先令 4 又 7/12 便士。

始于 1739 年的西班牙战争以及紧随其后的法兰西战争，使公债进一步增加。到 1748 年 12 月 31 日，在战争由埃克斯·拉·查培尔条约结束以后，公债已达 78293313 镑 1 先令 10 又 3/4 便士。在 1739 年之前的 17 年太平年月中只不过偿还了 8328354 镑 17 先令 11 又 2/13 便士，而不到 9 年的战争却使公债又增加了 31338689 镑 18 先令 6 又 1/6 便士。

在佩兰执政时期，公债利息下降（或至少是采取了降低利息的措施），从 4%降至 3%，于是偿债基金有所增加，偿还了一部分公债。1755 年，在最近一次战争爆发之前，英国的长期公债为 72289673 镑。1763 年 1 月 5 日，在缔结和约时，长期公债已达 122603336 镑 8 先令 2 又 1/4 便士，尚有短期公债 13927589 镑 2 先令 2 便士。但是由战争所造成的支出并没有随着和约的缔结而终结，到 1764 年 1 月 5 日，长期公债已增至 129586789 镑 10 先令 1 又 3/4 便士（增额中一部分为新公债，一部分则为由短期公债转成的长期公债），而当年及次年还有 9975017 镑 12 先令 2 又 15/44 便士的短期公债（根据《英国商业及财政的考察》中的可靠数据）。所以，按照这一数据，1764 年英国的所有公债，包括长期公债和短期公债，共达 139561807 镑 2 先令 4 便士。此外，授予 1757 年新公债应募者作为奖金的终身年金，按相当于 14 年的年金估计，约为 472500 镑；授予 1761 年和 1762 年新公债应募者作为奖金的长期年金，按相当于 27 年半的年金估计，为 6826875 镑。在大约 7 年的和平年月中，佩兰先生谨慎和爱国的政府只还掉了不到 600 万镑的旧债，但在持续时间差不多相同的战争中，却举借了 7500 万镑以上的新债。

到 1775 年 1 月 5 日，英国长期公债为 124996086 镑 1 先令 6 又 1/4 便士。短期公债，除去一大笔皇室债务后，为 4150236 镑 3 先令 11 又 7/8 便士。两者合计 129146322 镑 5 先令 6 便士。依此计算，11 年太平时期偿还的公债仅为 10415474 镑 16 先令 9 又 7/8 便士。然而，即使是这么少的偿还额，也不全是来自国家常规收入的节余，还有许多是由一些与国家常规收入无关的特殊收入偿还的。这其中有连续三年对土地税每镑增加 1 先令的附加税税款，有东印度公司为其所占领土缴纳的 200 万镑补偿金，还有英格兰银行为更换特许状缴纳的 11 万英镑。此外，还有几种款项也应算作特殊收入，它们得自最近这次战争，应视为这次战争费用的扣除额。主要有：

	镑	先令	便士
法国战利品收入	690449	18	9
法国俘虏赔偿金	670000	0	0
割让各岛所得的款项	95500	0	0
合计	1455949	18	9

假如在这个数目上再加上查特姆伯爵和卡尔克拉弗先生的账目上的余额、其他军费的同类节余以及上述从银行、东印度公司和土地税附加税所得的三项款项，总数一定大大超过500万镑。可见，在和平时期，由国家常规收入的节余所偿还的公债，平均起来每年尚未达到50万镑。自实现和平以来，由于部分公债的偿还、部分终身年金债券的满期以及利息由4%降至3%，偿债基金无疑已大大增加，如果和平一直持续下去，现在或许可以每年从中提取100万镑用以还债，而去年就是还了100万镑的。但是，与此同时，大笔的皇室债务仍然未付，而我们现在又卷入了新的战争，这次战争期间要付出的费用也许和以前历次战争的费用同样巨大①。在下一场战役结束以前将要举借的新债，或许会和由国家常规收入的节余已偿还的所有旧债差不多。因此，想用现在国家的常规收入可能获得的节余去清偿全部公债，那完全是一种幻想。

有位学者认为，欧洲各负债国的公债，尤其是英格兰的公债，是国家其他资本之外的一项巨大的累积资本，通过它的作用，国家的贸易得以扩大，制造业得以发展，土地得以开垦和改良，比只靠其他资本所取得的效应要大得多。但他没有考虑到，最初的债权人贷与政府的资本，从贷与的那一刻起，已从起资本作用的一部分年产物变成了起收入作用的一部分年产物，从维持生产性劳动者变成了维持非生产性劳动者，一般是在一年之中就花光或浪费了，甚至连在未来带来再生产的希望也没有。作为贷出资本的回报，债权人诚然得到了一笔公债年金债券，在大多数场合高于原有价值。这笔年金债券无疑代替了他们的资本，使他们可以在和以前相同的范围内甚至在更大的范围内进行他们的贸易或实业，也就是说，他们能用这种债券作担保，向他人借入新的资本，或将其出售，从他人得到一笔自己的资本，等于或多于他们贷与政府的资本。可是，他们这样从他人购得或借入的新资本一定是国内本已存在的，也一定是像其他资本一样用来维持生产性劳动的。当它进入贷款给政府的人手中以后，虽然在某些方面对他来说是新资本，但对国家来说却不是这样；它只是从某种用途中抽出转做其他用途的资本。虽然它代替了贷款人借给国家的资本，却没有代替国家所丧失的资本。如果贷款人没有将他的资本贷与国家，那国家用以维持生产性劳动的资本或年产物就有两份，而不只是一份。

如果政府的开支是从自由的或未被抵押的赋税收入中支取，那么情况则是，一部分私人收入只是从维持一种非生产性劳动转到维持另一种非生产性劳动。诚然，他们缴纳的税款肯定有一部分会积累成为资本，用以维持生产性劳动，但大部分可能还是被花在了维持非生产性劳动上面。不过，以这种方式支出的国家费用，虽然会或多或少地阻碍新资本的进一步积累，但不一定会破坏任何实际已经存在的资本。

如果政府的开支是靠举债，那该国原有的一些资本就会逐年受到破坏，因为以前一部分用来维持生产性劳动的年产物或社会收入被转用于维持非生产性劳动。不过，如果在这种情况下筹集到了足够应付同一开支的收入，人民的赋税负担就会比应有的轻，个人的收入负担也必然较小，因而他们将一部分收入节省下来积累成为资本的能力所受到的削弱也较轻。如果说借债的方法比从一年的赋税收入中支取费用的方法破坏了更多的旧资本，那它同时也较少阻碍新资本的积累或获得。在借债制度下，私人的节俭和勤劳更容易弥补政府的浪费和奢侈可能造成的社会总资本流失。

不过，只有在战争持续期间，借债制度才相对于另一制度有这样的好处。如果战争的费用总

① 这次战争的花费被证明比以前的各次战争的花费还要大，公债增加了1亿镑以上。在11年和平时期中，只偿还了1000万镑多一点的债务，但在七年战争时期，举债却达1亿镑以上。

是由当年征收的赋税收入来支付的话，那么带来这一非常收入的各种赋税持续的时间也不会比战争长。与借债制度相比，私人积累资本的能力在战时虽然要小些，但在和平时期会更大。战争不一定会导致任何旧资本的破坏，而和平则会促成更多新资本的积累。战争一般会更快地结束，也不会那么随便地开战。因为在战争持续期间，人民疲于对战争的全部负担，很快就会对战争感到厌倦，而政府为了迎合人民的意愿，也就不会使战争的持续时间超过其限度。预见到战争的沉重和不可避免的负担，会使人民在没有真实的或确定的利益要去争取时不肯轻易地主战。与借债制度相比，私人积累能力受到损害的机会要少些，时间也要短些。反过来，这种能力处在饱满状态之下的时间则要比在借债制度下可能会有的情况长久得多。

此外，债务一经增加，它所造成的赋税的增多即使在和平时期有时也会削弱人民的积累能力，就像另一种制度（从赋税中提取支出的制度）在战时那样。英国在和平时期的收入目前每年有1000万镑以上。如果可以自由支配、不做抵押，且管理得当，足以在不借1先令新债的情况下进行一场最激烈的战争。现在采用了有害的借债制度，英国居民现今的私人收入在平时的负担、他们的积累能力在平时受到的削弱，也就像在耗费最大的战争中一样。

有这样一种说法，支付公债利息犹如右手把钱交给左手。钱没有流出国门，只是一部分人的一部分收入转到了另一部分人手中，国家没有损失一个法新。这种辩解完全是以重商主义体系的诡辩为基础的，在我已经对这个体系作出了详细的考察之后，或许再没有必要对它说些什么了。此外，它假定全部公债都是属于本国人民的，事实上并非如此；荷兰人，以及其他几个国家，就拥有我国公债的巨大份额。但即使全部公债都属于本国人民，也不会因此而减少公债的弊害。

土地和资本是全部的私人收入和公共收入的两个原始来源。资本支付农业、制造业或商业上的生产性劳动的工资。这两项原始收入来源的管理权和支配权属于两类不同的人群：土地所有人，资本所有人或使用人。

土地所有人为了自己的收入，会愿意尽其所能地使其地产保持良好的状态，他们会建造和修缮佃户的房屋，建设和维护必要的沟渠和围堰，以及开展地主分内的耗资不菲的各种改良。但是由于课征各种土地税，地主的收入可能会降低不少，而且，由于对生活必需品和便利品所课的各种赋税，使原本已经减少的收入的实际价值变得更小，以至于他会发现自己完全不能开展或维持那些耗资不菲的改良。而当地主不能尽其本分，佃户也就会完全不能尽他自己的本分。由于地主的困难增加，国家的农业必然衰落。

当由于对生活必需品和便利品课税而使资本所有人或使用人发现，他从资本获得的收入在这一国家不能买到同等收入在另一国家所能买到的生活必需品和便利品时，他们便会倾向于把他们的资本转往另外的国家。当此类赋税的征收使全部或大部分的商人及制造业者（即是说，全部或大部分的资本使用者）不断受到税收人员恼人扰人的拜访时，那这种转移的意向很快就会变成实际行动了。资本一经转移，靠此资本支持的该国产业必将衰落，继农业的萧条之后，就是商业和制造业的崩溃。

将土地和资本收入的大部分从这两大收入来源的所有人和使用人——即对每一寸土地的良好状况和每一分资本的良好经营有直接兴趣的人——移交给另一批人（没有这种特殊兴趣的国家债权人），最后必然会造成土地的荒芜、资本的浪费或转移。国家债权人对国家的农业、制造业和商业的繁荣无疑也会关心，因而对土地的良好状况和资本的良好经营也会关注。如果这些部门中的任何一个发生全面的衰落，各种赋税的收入就会不够支付他应得的年金或利息。但国家债权人只就其作为国家债权人而言，对于某块特定土地的良好状态或某项特定资本的良好经营是不感兴趣的。作为国家债权人，他对于这一土地或资本既不了解，也无从视察。他不可能关照到它们。它们的毁灭常常不为他所知，也不可能直接影响他。

举债的方法，已使得每一个采用此方法的国家变得衰弱。意大利各共和国似乎是首先开始采用举债方法的。热那亚和威尼斯是意大利各共和国中仅存的两个可以看做保持独立的国家，均由于举债而走向衰弱。西班牙似乎是从意大利各共和国那里学得了举债的方法，但相对于它的天然实力而言，它受到了更大程度的削弱（也许是因为它的税制比它们的税制更不明智）。西班牙的债务有长远的历史。它早在16世纪末就已债台高筑，那时距离英格兰借入第一个先令大约还有100年。法国尽管自然资源丰富，也在同样沉重的债务负担下变得举步维艰。荷兰共和国因负债而衰弱的程度也与热那亚或威尼斯不相上下。一种在每一个国家都造成衰弱或荒废的做法，难道独独在英国就能被证明是完全无害的吗？

有人会说，其他国家的税制都不如英国的税制。我也相信事实是这样。但应当记住的是，即使是最贤明的政府，在竭尽了所有适当的课税对象之后，遇有紧急需要也必须借助不适当的税收。贤明的荷兰政府有时候也不得不求助于某些不适当的赋税，这些赋税就像西班牙的大部分赋税一样不方便。如果英国在国家收入的债务负担得到很大程度的解除以前发生新的战争，又如果在战争过程中所耗费用和上次战争一样多，那英国的课税制度可能也会变得像荷兰一样，甚至像西班牙一样具有压迫性。的确，拜我国现行课税制度所赐，我国产业迄今受到的拘束很小，即使在耗费最大的战争中，个人的节俭和谨慎似乎也能（通过存款和积蓄）弥补由于政府的奢侈和浪费所造成的社会总资本的流失。在上一次战争，也是英国历来战争费用最大的一次战争结束时，英国的农业和战前一样繁荣，制造业和战前一样兴盛，贸易和战前一样广泛。可见，支持所有不同生产部门的资本必定和战前相等。自从实现和平以来，农业得到了进一步的改良，房屋租金在全国每一个城市和村庄均有上升，这证明了人民的财富和收入的增长；大部分旧税、特别是消费税和关税的主要部门每年收入的不断增长，也证明了消费的增长，从而证明了支持消费的生产的增长。英国今日似乎轻而易举地担起了重负，这在半个世纪以前是无人相信的。然而，我们切不可因此就仓促断言，英国能承担得起任何负担，甚至也不要过于相信，它还能承担比现在再重一点的负担而不遇到巨大困难。

当国债积累到一定程度时，我相信它很少能得到公正的和彻底的偿还。国家收入上的负担，如果说曾经有过解除，也总是通过倒账（bankruptcy）解除的；即使有时候是挑明了的倒账，有作伪的还款，但永远都是实实在在的倒账。

提高铸币名义价值（即面值），是公债假偿还之名，行倒账之实的惯用伎俩。例如，如果通过议会法律或国王命令，宣布一枚6便士银币抵1先令，20枚6便士银币等于1英镑，那么，按旧的面值借入20先令或约4盎司白银的人，在新的面值下，只需20枚6便士的银币或不到2盎司的白银便可偿还其债务。按这种方式，英国约1.28亿英镑的国债，只需大约6400万镑的现时货币就可以还清。这当然只是一种作伪的偿还，国家债权人实际上应得的每一英镑都被骗去了10先令。而且，受害对象将不仅仅限于国家债权人，每一个私人领域的债权人也会遭受相应的损失；而这对国家债权人并无任何好处，在大多数场合倒是一个巨大的额外损失。诚然，如果国家债权人对其他人也有很多欠债，他可以用国家付给他的铸币去偿付自己的债权人，从而在某种程度上弥补由国债所受的损失。但在大多数国家，国家债权人大部分都是富人，他们对其余的同胞而言，更多的是处于债权人的地位，而不是处于债务人的地位。因此，这种作伪的偿还在大多数情况下不是减轻而是加重国家债权人的损失，而且，没给国家带来任何好处，还把灾难推及到其他无辜人民的身上。它造成了私人财富全面的和最有害的颠倒，因为它一般会使懒惰、浪费的债务人大占勤劳节俭的债权人的便宜，从而它将大部分的国家资本从可能增加和改善这一资本的人手中转移到了可能会滥用和糟蹋这一资本的人手中。如果国家已经到了有必要宣布自己破产这一步，那也就像私人到了这一步一样，应该直接地、公开地承认自己的破产，这是对债务人的名誉损害最小、对债权人的利益损害也最轻的办法。为了掩饰真实破产的耻辱，采取这种极容易被看破同时又是极端有害的欺骗手法，这个国家的名誉倒是不要也罢。

然而，无论古今，几乎所有的国家走到这一步时都常常会耍这种手段。在罗马和迦太基的第一次战争结束时，罗马人降低了阿斯——他们用来衡量所有其他货币价值的铸币或面值——的价值，从包含12盎司的铜减到只包含两盎司的铜；也就是说，他们用两盎司铜来表示过去总是代表12盎司铜的货币面值。用这种方法，罗马共和国过去所欠的巨额公债，它现在就只需偿还1/6了。如此突然和如此重大的倒账，按我们今天的设想，一定会引起公众的巨大哗然，但实际上却是风平浪静。决定这一举措的法律也像其他关于货币的法律一样，是由一个护民官提出并由人民议会通过的，而且可能是一项非常受欢迎的法律。在罗马，也像在所有其他的古代共和国一样，穷人常常欠着富贵之人的钱，富贵之人为了在每年的选举中得到穷人的选票，常以极高的利息贷款给他们，他们一旦不偿还，很快就会积累成一笔债务人无法偿还、其他人也无法代还的巨额债务。债务人畏惧逼债的严重后果，不得不在没有其他好处的情况下投票给债权人推荐的候选人。但是，尽管当时的法律禁止行贿受贿，候选人的慷慨布施以及元老院不时命令发放的谷物在罗马共和国晚期却是贫民获得生活资料的主要来源。因此，为摆脱债权人的控制，贫民们不断要求完全取消他们的债务，或通过新的法案，允许他们只偿还积欠债务的一定部分就算还清全部债务。将所有铸币的实际价值减少到其原有价值的1/6，使他们能以所欠款项的1/6还清全部债务，这等于是最有利的新法案。富人和要人为满足人民的要求，在有些时候不得不同意取消债务和引进新法案的法律；不过，他们同意这样的法律只是部分地为了满足人民。另外，他们也想借此解除国家的负担，从而恢复政府的元气，因为他们自己就是这个政府的主要领导者。用这种方法，1.28亿镑的债务，一下子就会减为21333333镑6先令8便士。在罗马和迦太基的第二次战争期间，阿斯进一步贬值，首先从含铜两盎司降至一盎司，后来又从一盎司降至半盎司，即是说减到了最初价值的1/24。如果把罗马上述三次货币贬值合并成一次进行，那么一笔1.28亿我国现币的债务，就可以立即减至5333333镑16先令8便士。也就是说，即使是英国的巨额债务，也可以很快还清。

我相信，采用了这种办法的国家，其铸币的价值都是越来越低于原来的价值，其同一面值铸币的含银量都是越来越少。

为了同一目的，各国有时候也在铸币标准成色上掺假，即是说，在铸币中掺杂更多的合金。例如，每重1镑的我国银币，如果不是按现行标准掺入18本尼威特①的合金，而是掺入8盎司的合金，那么，1英镑或20先令这样的银币就只等于我国现行货币的6先令8便士的价值。也就是说，6先令8便士的现币的含银量可以抵得上一个英镑的面值。这种在铸币成色上掺假的做法，和法国人所谓的直接增加或提高货币面值的做法在效果上是一样的。

直接增加或提高铸币面值总是——就其性质而言也必定会是——公开的和挑明了的行为。这种办法就是直接让重量较轻的货币使用以前重量较大的货币的名称。与之相反，在成色上掺假一般是一种秘密的行为。这种办法就是铸币厂发行成色较低的同一面值的货币，但尽量使它的重量、体积和外观与以前的货币相同。当法国国王约翰为了偿还债务而在铸币中掺假时，铸币厂的所有官员都得发誓对此保密。这两种行为都是不公正的，但是简单地提高面额是公开的、粗暴的不公正行为，而在成色中掺假则是阴险的、欺诈的不公正行为。所以，后者一旦被发现（它绝不可能长期不被发现），总是要比前者激起更大的民愤。我们可以看到，提高了面值的铸币很少被还原其本来的重量，但成色中掺了假的货币则常常被还原到以前的成色；因为除此之外，没有其他平息民愤的办法。

在亨利八世统治末期和爱德华六世统治初期，英格兰铸币不但面值有提高，而且成色也掺假。在詹姆斯六世幼年时期，苏格兰也发生了这种欺诈行为。这两种做法在很多其他国家也时有发生。

英国的国家收入在开支了平时的常规经费以后的剩余部分如此之少，想借此完全解除国家收入上的负担，或者至少向着这一目标迈进，似乎是全然无望的。如果不是国家收入大大增加，或者国家支出大大减少，这种负担的解除显然是难以做到的。

实施更平等的土地税、更平等的房租税，以及上一章所提到的对现行关税和消费税制度的改革，或许可以在不增加主要阶层人民的负担而只是把这一负担平摊到全体国民身上的条件下增加国家收入。然而，最乐观的设计者也不敢指望，这样增加的收入会使国家有可能完全解除债务的负担，甚至不敢指望国家在太平时期能在这方面取得重大进展，使得自己能在下一次战争中阻止或补偿公债的进一步积累。

如果把英国的课税制度推广到帝国的所有地区（不论其居民是英国人还是欧洲人），收入也许有望大大增加。可是要做到这一点，依据英国宪法的原则，必须要在英国议会中，或者可能的话在大英帝国的总议会中，公平地、平等地给予所有这些不同地区以议席，其席位数与其纳税数额的比例，应与英国席位数与英国纳税数额的比例相同。的确，许多有权力者的私人利益以及人民大众牢

① 本尼威特（pennyweight），英国金衡单位，等于1/20盎司。——译者注。

不可破的偏见现在是这一改革的障碍，使得要实现这一改革困难重重，甚至根本不可能。不过，如果不去判断这种统一究竟是可行还是不可行，在这样一部理论性的著作中，或许还是可以考虑一下，英国的课税制度究竟在多大程度上适用于帝国的所有地区，如果这样施行以后可以得到多大的收入，以及这种统一会怎样影响帝国各地区的幸福和繁荣。这样一种设想，最坏也不过是被看做一种新的乌托邦，虽然不会有莫尔的旧乌托邦那么有趣，但总不至于更为无用、更为虚幻。

英国税收主要由四个税种构成：土地税、印花税、各种关税和各种消费税。

就缴纳土地税的能力而言，爱尔兰无疑与英国不相上下，而美洲及西印度殖民地当有过之而无不及。在地主不用负担什一税或济贫税的地方，他肯定比在必须负担这两种税的地方更有能力缴纳土地税。而什一税，在不征收代金而必须以实物缴纳的地方，会比实际为每镑 5 先令的土地税更多地减少地主得到的地租。这种什一税在大多数场合达到了土地的真实地租或者说在完全付清农民的资本连同他的合理利润以后的地租的 1/4 以上。如果不算所有的代金收入和移交私人的教会财产，英国和爱尔兰的全部教会什一税估计在 600 万镑或 700 万镑以上。如果英国和爱尔兰不征什一税，两地的地主就能多提供 600 万镑或 700 万镑的土地税，而其负担不会比现在他们之中大部分人的负担更重。美洲没有什一税，因此更有能力缴纳土地税。诚然，美洲和西印度的土地大多不是租给农民种的，因此没有地租簿可作为依据来课征土地税。但是，在威廉和玛丽第四年，英国的土地税也不是按照任何地租簿来征收的，而是按照一种非常宽松和不准确的估值来征收的。美洲的土地，可以按照相同的方法去估值，或者也可以像米兰公国及奥地利、普鲁士和萨迪尼亚等国最近所做的那样，依据准确测量的结果作出公平的估价。

印花税，在所有法律程序和动产不动产转移契约相同或大体相同的国家，显然可以不加更改地推行。

英国的关税制度推广到爱尔兰和各殖民地，如果同时也伴随着对其贸易自由的扩大（从公正的角度来说理应如此），对这两者就有最大程度的好处。现在压制爱尔兰贸易的一切不公平的限制，还有对美洲商品所设的列举与非列举的区别，都会因此而完全终止。菲尼斯特雷角以北的各个国家会对美洲的所有产物开放自己的市场，就像该海角以南各国现在对美洲的一些产物开放自己的市场一样。由于这种关税制度的统一，大英帝国所有地区之间的贸易，也会像现在不列颠沿海贸易一样自由。这样，大英帝国就会在自己的领土内为各属地的一切产物提供一个巨大的国内市场。这么大的一个市场，很快便会使爱尔兰和各殖民地因关税的增加而增加的负担得到补偿。

英国的税收制度应用到帝国各个不同的地区，唯一需要根据各地不同情况进行修改的是消费税制度。它应用到爱尔兰时可能不需要做任何修正，因为爱尔兰的生产和消费与英国的生产和消费性质完全相同。而美洲和西印度的生产和消费的性质与英国完全不同，把英国的消费税制度应用到这些地方时就必须做出某些修改，就像在英格兰生产苹果酒和啤酒的各郡县实施这种赋税也要做出修改一样。

例如，美洲人平常很喜欢饮用一种由糖蜜制成的发酵饮料，他们也称之为“啤酒”，但和我们的啤酒完全不同。这种饮料只能保存几天的时间，不像我们的啤酒那样能在大酿造厂制造和储存待售，所以每个私人家庭必须自己酿造，就像烹调自己的食物一样。但是，如果让每一个私人家庭都像我们的麦酒店老板和以贩卖为目的的酿造商一样受到收税人员令人讨厌的拜访和调查，那是与自由完全相违背的。如果为了公平的缘故，认为有必要对这一饮料课税，那可以对它的制造原料课税——可以在原料的加工地课税，如果贸易环境不适合课征这种消费税，那就在其进口到消费地时课税。对输入美洲的糖蜜，除了英国议会对其征收每加仑 1 便士的税外，用其他殖民地的船舶进口到马萨诸塞湾的糖蜜，每大桶还要征收 8 便士的地方税；由北部殖民地出口到南卡罗来纳的糖蜜，每加仑还要征收 5 便士的地方税。如果这些方法都不方便，那就可以对每个消费这种饮料的家庭课税——或像英格兰向私人家庭征收麦芽税一样，按家庭人数课税；或像荷兰一样，按照家庭成员的年龄和性别课税；或者也可以按马修·德克尔爵士所提议的在英格兰对所有消费品课税的办法课税。虽然我们说过，他提议的这种课税方式，当应用于迅速消费的物品时，不是很方便的方式，但是，在没有更好的办法时，也不妨拿来用一用。

砂糖、甜酒和烟草，在任何地方都不是生活必需品，但几乎到处都是大众消费的对象，因而是极适宜的课税对象。如果和殖民地的税制统一能够实现，对这些商品课税可以在它们离开制造商或种植者之前课征；如果这种课税方式不适合这些人的情况，他们可以将货物先存放在制造地或运抵的帝国港口的公共仓库中，由货物所有者和税收人员共同管理，在将其卖给消费者、国内消费零售商或出口商时，再行课税。当提出的货物准备出口时，可以免税，但须做出合适的担保，确保商品是出口的。如果英国与各殖民地统一，现行税制需要进行大的修改，这几种商品征税方式的修改或许是主要的。

将这样的课税制度推广到帝国的所有不同地区可以带来多少收入，无疑是不可能比较准确地确定的。用这种制度，在英国不到 800 万的人口中每年课征的收入在 1000 万镑以上。爱尔兰有 200 多万人口。北美的人口，根据其议会收到的报告，12 个联邦有 300 多万。不过，这份报告可能有些夸大，其目的或许是为了鼓励他们自己的人民，或许是为了威胁我国的人民。所以，我们不妨假定，我国北美及西印度各殖民地的人口合计不会超过 300 万，整个大英帝国在欧洲和美洲的人口加起来不会超过 1300 万。如果说这种课税制度在不到 800 万的居民中能征收到 1000 万镑以上的收入，那么，它在 1300 万居民中就应该征收到 1625 万镑以上的收入。从这项收入（假如这种制度能带来这项收入的话）中，必须减去爱尔兰和各殖民地通常用来支付各自的政府费用的收入。爱尔兰的行政费和军费连同公债利息，按 1775 年 3 月以前的两个年度平均计算，每年不到 75 万英镑。美洲和西印度主要殖民地的收入，根据一份十分准确的报告，在这次骚乱开始以前，每年为 14.18 万镑。不过在这份报告中，没有算上马里兰、北卡罗莱纳以及我国最近在大陆和各岛取得的领地的收入，这部分估计有 3 万或 4 万镑。因此，为了取个整数，让我们假定支持爱尔兰以及各殖民地的政府所必要的收入为 100 万镑。从而还剩下 1525 万镑可以用来支付帝国的一般开支和偿还公债。如果英国现在的收入还能在和平时期每年节省 100 万镑用来还债，那么从这一增加后的收入里就可以节省出 625 万镑用来还债。这样一笔巨大的偿债基金还可因为前一年偿还的债务不用再支付利息而每年有所增加，以这种方式快速增长，可能用不了多少年就可以清偿全部债务，从而完全恢复帝国的活力。同时，人民将可以解除一些最沉重的赋税负担，如对生活必需品和制造业原料的课税。这样劳动人民就可以生活得好一些，他们的劳动成本将下降，他们送往市场的产品也将更便宜。他们的产品价格的低廉会增加对这种产品的需求，从而会增加对生产这种产品的劳动的需求。对劳动的需求增加会增加劳动就业的人数，也会改善他们的状况。他们的消费会增加，对他们消费的物品保持课税而产生的收入也会随之增加。

然而，从这种课税制度产生的收入，可能并不会按照纳税人数的比例而立即有所增加。对于帝国领土内以前没有课征过某些赋税、现在刚开始课征的属地，在一段时间内将会放宽纳税的要求，而且即使开始在所有的地方都严格课征这些赋税，也不会在所有地方都按照纳税人数的比例获得相应的收入。在一个穷国，对课征关税和消费税的主要商品消费很小，而在居民稀少的国家走私的机会又非常多。在苏格兰的下层人民中麦芽酒饮料的消费非常少，按与居民人数和税率（苏格兰与英格兰的麦芽税税率由于麦芽的质量差别而有不同）的比例来看，它课征的麦芽、啤酒和麦芽酒消费税带来的收入也比英格兰少。这些部门的消费税，我认为苏格兰不会比英格兰有更多的漏税现象。而蒸馏酒的消费税和大部分关税，按其与人口数量的比例来看，苏格兰比英格兰低，则不仅是因为课税商品的消费较小，也是因为走私更为方便。爱尔兰的下层人民比苏格兰的下层人民还要贫穷，其国内的许多地区同样也是人烟稀少。因此在爱尔兰，课税商品的消费按其与人口的比例来说比苏格兰更少，而走私则差不多同样方便。而在美洲和西印度，即使是最低阶层的白人也比英格兰同一阶层的人状况要好，他们对自己喜欢的各种奢侈品的消费或许要大得多。诚然，美洲南部各殖民地和西印度群岛的居民大部分是黑人，他们由于处于奴隶状态，社会地位肯定比苏格兰或爱尔兰最穷的人还要低。但是，我们不能因此就设想，他们比英格兰的最下层人民吃得更差，所消费的可课税物品更少。他们的主人为了自己的利益，会让他们吃得好，睡得香，以便让他们能好好工作，就像他对待自己的牲畜也会是这样一样。因此，几乎在所有的地方黑人都和白人仆役一样，有朗姆酒、糖蜜和针枞酒的配给，即使对这些物品课征一些赋税，这种配给可能也不会取消。所以，美洲和西印度群岛对课税商品的消费，按与其居民人数的比例来说，或许不在大英帝国任何一个地区之下。诚然，美洲的人口密度比苏格兰或爱尔兰要小得多，因此走私的机会也大得多。但是，如果把现在对麦芽和麦芽饮料征收的各种税变为单一的麦芽税，在消费税这一最重要的部门的走私机会就会完全杜绝。如果关税不是对所有进口货物课征，而是只对少数几种最通用和消费最多的货物课征，并且按照消费税法课征，那么走私的机会即使不能完全消除，也会大大减少。显然，经过这两种非常简单和非常易行的改革，从关税和消费税获得的收入，按其与消费的比例来说，在人口最稀少的地方或许也会和目前在人口最稠密的地方一样大。

诚然，有人说，美洲人没有金币或银币；美洲的内部贸易用一种纸币来进行，他们偶尔得到的金银都送到了英国，用来购买我们的商品。而没有金银就不可能纳税。我们已经得到了他们的所有金银，怎么还能再向他们索要他们没有的东西呢？

然而，美洲现在缺少金银并不是因为那个地方贫穷，不是由于那里的人民没有能力购买这些金属。在一个工资比英格兰高得多而食品的价格比英格兰低得多的国家，大部分的人民肯定会有财力购买更多的金银，如果他们这样做有必要或者有好处的话。因此，这种金属的稀少一定是他们选择的结果，而不是必然的结果。

使金银币成为必要的或方便的货币的，是国内贸易与对外贸易。

在本书第二篇已经指出，每个国家的国内贸易至少在和平时期可以用纸币来进行，其便利程度和金银币几乎相同。美洲人总是愿意把更多的资本投入到土地的耕作和改良之中并由此获取利润，因而，如果他们可以省下花在金银这么昂贵的交易媒介上的费用，而把本来必须用来购买这些金属的那部分剩余产物用来购买生产工具、衣料、家具以及建筑和扩大他们的农场和种植园所必需的铁器，也就是说，不购买死的资本，而只购买活的生产资料，就为他们提供了方便。各殖民地政府都发现，给人民提供国内贸易周转所需的或超出这一所需的纸币，对自己有利。有些殖民地政府，尤其是宾夕法尼亚州政府，还以一定的利息把这种纸币贷给人民从而获得一笔收入。其他如马萨诸塞州政府，一有急需，便发行纸币来支付国家费用，然后在它认为方便的时候再按照纸币逐渐跌落到的价格将其赎回。1747 年，该殖民地即以其所发行的纸币的 1/10 偿还了它的大部分公债。如果可以在国内的交易中节省用于金银币的支出，就可以为种植者带来方便；而殖民地政府给这些种植者提供这样一种媒介，帮他们省下这种费用的同时，也给自己带来了方便（尽管也会附带很多的负面作用）。纸币过多，必然会把金银驱逐出殖民地的国内贸易领域，正如纸币过多曾把金银逐出苏格兰大部分国内贸易领域一样；在这些国家，造成纸币过多的，不是贫穷，而是其人民的事业心和进取精神，是他们想把所有能得到的资本都变成活的生产资料的渴望。

在各殖民地与英国进行的贸易中，所使用的金银的多少完全要视需要多少而定。在不需要使用金银的场合，金银就很少出现。在有必要使用金银的场合，金银通常就能被找到。

在英国与产烟殖民地间进行的贸易中，英国货物通常以长期信用的方式，先行赊给殖民地的人，然后再按照一定的价格以烟草支付。对殖民地的人而言，用烟草支付比用金银支付更为便利。对于一个商人来说，用自己所经营的货物去支付他的往来客户卖给他的货物，总是比用货币支付更为便利的。这样的商人不需要将他的一部分资本以现金的方式存在手里以应付不时之需。他手里可以持有更多的货物，因而可以把生意做得更大。当然，一个商人的往来客户很少会全部都对从对方手里接受其货物作为自己货物的支付感到便利。不过和弗吉尼亚和马里兰做生意的英国商人恰好是一批特殊的客户，他们觉得接受烟草来作为他们售给这些殖民地的货物的支付比接受金银更为便利。他们可以从烟草的销售中牟取利润，而不能从金银的销售中得到任何利润。因此，金银在英国和产烟殖民地的贸易中很少出现。马里兰和弗吉尼亚在它们的对外贸易中也和在国内贸易中一样不需要这些金属。因此，它们的金银货币的数量据说比其他美洲殖民地都要少。然而，它们的繁荣程度和富裕程度，并不比其他邻近的殖民地差。

在北部各殖民地，新英格兰的四个州、宾夕法尼亚、纽约、新泽西等地，输往英国的产物的价值，比它们为自己使用、以及为其他殖民地使用（在这场合，它们担任中间商）而由英国输入的制造品的价值要小，因此，这之间的差额它们就必须以金银支付给母国，而它们通常都能找到这项金银。

在盛产食糖的各殖民地，每年输往英国的食糖的价值比它们从英国输入的所有货物的价值总额大得多。如果必须为这些殖民地每年送往母国的食糖和朗姆酒支付资金，那英国每年就不得不送出与差额相等的巨额货币，这样，对西印度的贸易就会被某类政治家看做极端不利的了。但现实情况是，许多产糖大农场的主要所有者都住在英国，他们的地租都是以他们自己的农场的产品、即食糖和朗姆酒支付给他们的。因此这一部分输入的殖民地产品是无需支付的。而与西印度进行贸易的商人为自己的业务每年在这些殖民地所购买的食糖和朗姆酒，比他们每年在那里所卖掉的货物价值要小。这个差额倒是必须由殖民地以金银来支付，而他们通常也是能找到这笔款项的。

各殖民地偿付英国货款的困难和不规则程度，和它们各自所欠的数额大小没有关系。通常北部各殖民地要用货币支付相当大的贸易差额，而产烟各殖民地则不需要用货币支付差额，或者只支付小得多的差额，但是，一般来说，前者总能按期支付，而后者却不能按期支付。我们向各产糖殖民地收取货款的困难程度，和它们各自所欠数额的大小关系很小，倒是和它们各自的未耕地的数量关系很大。未耕地越多，殖民地人民就越容易受到开荒垦殖的诱惑，他们会把更多的资本投入到这上面去，从而就越不容易偿还欠款。反之，未耕地越少，结果就正相反。因为这个原因，从牙买加这个大岛——这里现在仍有非常多的未耕地——所得到的货款，比从较小的岛屿如巴巴多斯、安提瓜和圣克里斯托弗等地得到的货款更不规则、更不确定，后面这些岛屿这些年来已完全开垦，因此给种植者提供的投机机会较少。最近取得的格林纳达、多巴哥、圣文森特和多米尼加各岛，为这种投机开辟了新的园地，而这些岛屿最近付款的不规则和不确定，与牙买加没有什么两样。

因此，就大部分殖民地来说，其金银现在如此稀少，并不是由于贫困。殖民地人民对活的生产资料有巨大的需求，对他们而言，手里死的资本越少就越便利，因此他们会满足于一种虽然没有金银那么实在，但却比金银更廉价的交易媒介。他们因此可以将那部分金银的价值转用在生产工具、衣料、家具以及建设和扩大其农场和种植园所必需的铁器上。在那些没有金银币就不能进行交易的业务部门，他们似乎总是能找到必要的金银以供使用；如果有时候找不到的话，也不是由于他们的贫困，而是由于他们的事业心过了头。他们付款时拖延和不确定，不是因为他们穷，而是因为他们太想致富了。即使以后殖民地赋税收入中超过他们自己的行政和军事上的必要开支的部分都必须以金银的形式交到英国，他们也有足够的财力买到所需的这些金银。诚然，在这种场合，他们不得不将现在用来购买活的生产资料的那部分剩余产物用来购买死的资本。在国内进行交易时他们不得不使用一种昂贵的而不是廉价的交易媒介，购买这种昂贵媒介的费用可能会多少抑制他们改良土地的进取心。但是，美洲收入的任何部分也许都不必以金银的形式交到英国。可以将一部分美洲的剩余产物委托给特定的英国商人或公司，他们为这些货物向美洲方面支付由他们开出并承兑的汇票，然后美洲以这种汇票上缴他们的收入，英国财政部再拿此汇票找那些特定的商人或公司换成金银；这样，在整个业务过程中，美洲或许将无需输出1盎司的金银。

要爱尔兰和美洲对英国清偿公债做出贡献，这并不有违公道。英国的公债，原是为了支持由革命所建立的政府而欠下的。正是由于这个政府，爱尔兰的新教徒才得以在本国享有现在所享有的全部权力，他们的自由、他们的财产、他们的宗教才能够得到保护；也是由于这个政府，美洲的一些殖民地才得到了它们现在的特许状并建立了现在的宪法，而美洲所有的殖民地也是因这个政府而获得了从未曾享有过的自由、安全和财产。借入的这些公债不仅是为了保卫英国，而且也是为了保卫帝国的所有不同地区；尤其是最近这次战争中借入的巨额公债，以及上次战争中借入的大部分公债，其本来用途可以说都是为了保护美洲。

和英国合并之后，爱尔兰除了获得贸易自由之外，还会获得其他非常重要的好处，这些好处补偿它可能因合并而增加的赋税负担绰绰有余。苏格兰归并于英国后，其中，下层人民完全摆脱了以前贵族政府的权力对他们的压迫。贵族权力在爱尔兰压迫更甚，其受害者也更多，如爱尔兰与英国合并，大部分人民也同样会从贵族的压迫下得到解放。与苏格兰贵族不同，爱尔兰贵族的形成，不是基于门第和财产这些受尊敬的自然差别，而是基于所有差别中最可憎的差别，即宗教和政治偏见的差别，这种差别比其它差别更能助长压迫阶层的傲慢无礼和被压迫阶层的不满与愤怒，使得同国居民间相互怀抱的敌意，大于异国人民间相互怀抱的敌意。如果爱尔兰不归并于英国，其居民在今后的数十、数百年间，都不会把他们自己看成是同一个国家的人民。

在美洲各殖民地，从来没有形成过压迫性的贵族政治。然而，即使是他们，如与英国合并，在幸福与安定方面，也会受益匪浅。至少，他们可以由此摆脱在小民主政体下必然会发生的那种你死我活的党争，这种党争常常分裂人民的感情，并扰乱貌似民主的政府的安定。如果美洲和英国完全脱离关系——除非用这种合并去防止，否则很可能发生——这种党争会比以前恶劣10倍。在目前的骚乱开始以前，宗主国的强大压力，常常能抑制这种党争，使其不致发展成为野蛮和相互侮辱的行径。如果没有这一强大压力，恐怕这种党争很快就会诉诸暴力而造成流血的惨剧。在所有统一于一个政府下的大国，边远地区的党派精神一般都比帝国中心地区的党派精神弱得多。这些省份与首都距离遥远，与党派和野心家你争我夺的中心地带距离遥远，这使得它们较少卷入任何斗争党派的观点，使它们成为对各党派的行为不偏不倚的旁观者。党派精神在苏格兰就不像在英格兰那样盛行。如果实现合并的话，党派精神在爱尔兰大概比在苏格兰更没有市场，而各殖民地或许不久就会享受在不列颠帝国任何地区都从未有过的和谐与团结。诚然，爱尔兰和各殖民地的赋税负担会比现在重。但是，如果兢兢业业地把国家收入用来偿还国债，大部分的赋税是不会长期征收下去的，英国的公共收入很快就会降到只需支付和平时期的普通开支的水平。

东印度公司所取得的领土，无疑是属于国王的，也就是说，是属于大不列颠国家与人民的。这些领土可能成为我们另一个收入来源，比上述各收入来源都要充足。与英国相比，这些国家据说更肥沃，更广阔，按与其面积的比例来说，也更富有，更人丁兴旺。要从那里得到巨大的收入，或许无需再对它们课征新税，因为那里的赋税已经达到甚至超过了极限。更适当的办法，或许不是加重而是减轻这些不幸的国家的负担，不是通过加征新税，而是通过防止已经缴纳的税款被盗用和滥用，去增加收入。

如果英国无法从上述这些来源获得大幅增加的收入，那么，剩下的唯一办法就是减少开支。在赋税的征收方式和公共收入的使用方法这两方面，英国虽然都有改进的余地，但与它的邻国相比，它至少还算是节约的。而英国在和平时期为了自身的防御而支出的军事费用，比在财富或实力方面可以和它竞争的任何欧洲国家都要小。因此，这些项目似乎没有一种是可以大大缩减开支的。在这次骚乱开始以前，英国在维持殖民地的平时建制上的开支不小，而如果不能从它们取得任何收入的话，这项费用，无疑是应该完全节省下来的。不过，这些殖民地的经常支出再大，和我们在战时为了保卫它们而耗费的费用相比，却是微不足道的。前面说过，上次战争，完全是为了殖民地而发动的，使英国耗费了9000万镑以上。主要为保护殖民地而引起的1739年西班牙战争，以及由此次战争惹起的法兰西战争，英国的耗费超过了4000万镑，这项费用按道理大部分应该由殖民地负担。在这两次战争中，英国为殖民地所付出的代价，是西班牙战争开始前英国公债的两倍以上。如果不是由于这两次战争，那些公债到现在或许已经完全还清；而要不是为了殖民地，前一次战争或许不会发生，后一次战争更不会发生。英国为它们支出了这么大的费用，就因为它认为这些殖民地是它的省份的缘故。但是，对帝国的维持既未贡献收入，又未贡献军力的地方，是不能被视为帝国省份的。它们或许只能被看做帝国光环上的漂亮点缀。但如果帝国不再能够应付维持这种点缀的费用，它就应该放弃它们；如果它不能按照支出的比例获得收入，它至少应该量入为出。尽管各殖民地拒绝向英国纳税，但如果它们仍被视为大英帝国的省份，那在未来的战争里，为了保卫它们，可能还得让英国付出和在以前的战争中一样巨大的代价。百余年来，英国统治者曾让人民在对他们于大西洋西岸拥有一个巨大帝国的想象之中感到快慰。然而这一个帝国，迄今仍只存在于想象之中。迄今为止，它不是一个帝国，而是一个建立帝国的计划；不是一个金矿，而是一个开发金矿的计划。这个计划已经使英国耗费了巨额开支，如果继续这样进行下去，还将耗费巨额开支，并且，还收不到一点利润——前面说过，殖民地贸易垄断的结果，对人民大众来说只有损失没有利益。现在正是时候，我们的统治者要么实现这个他们自己，或许还有人民一直沉迷于其中的黄金梦，要么使自己从这个美梦中清醒过来，并且努力使人民也清醒过来。如果这计划不能实现，就应当将它放弃。如果大英帝国的某些省份不能对整个帝国的维持做出贡献，英国就应当在此时使自己免除在战时保卫这些省份、在平时维持它们的民事或军事建制所做的支出，并努力使自己对未来的展望和设计适应自己的真实状况。

道德情操论

THE THEORY
OF MORAL SENTIMENTS

告读者

自《道德情操论》于1759年出版以来，我曾多次想到就其中几处进行修正，并附加一些能够说明书中所论的问题的例子。但是，人生的无端变幻将我的精力一次次引向其他俗事当中，直至现在依旧妨碍着我倾注全力投身于对这部著作的修正当中。读者将会发现我在这次全新的修正中所凸显的重要变化，亦即第一卷第三章的最末一节以及第三卷的前四节。本次修正中新增添了第六卷，并将大部分与斯多亚学说有关的段落归拢在第七卷当中。读者可能注意到，在以往的版本中，这些段落散见于本书的不同篇章之中。此外，对这门学说详加论述的问题我做了更为详细地说明。

在拙著第一版的末段我曾这样说："我将在另一论述中详尽地阐释与正当性有关的国家收入、国防军备及其他涉及此内容的各类问题，努力说明法律与国家之间的基本关系，及在不同时代与不同社会时期所经历的各种剧烈或微妙的变化。"在《国富论》中，我已尽可能地在国家收入、国防军备等方面履行了这一承诺。

有关法律与国家之间的基本关系的论述，虽然我规划许久，但直至现在仍旧受困于那些影响我精力的俗事当中而无法尽心完成。虽然我承认以我此时所处的年纪很难将这一愿望顺利达成，但我仍旧保持这一信念而没有将原有的规划一弃了之。我希望继续履行对这一规划所承担的义务，所以，我必将让30年前所做的关于无任何疑虑完成其中每一项事情的谈话，予以一字不差地保留。

卷一　行为的合宜性

论合宜感

人性中的同情

人性中总有些根深蒂固的东西。无论在我们看来某人如何自私，他总是会对别人的命运感兴趣，会去关心别人的幸福，尽管他除了因看到别人幸福而感到高兴外一无所得。这种本性就是怜悯和同情，即当我们看到、感同身受到他人的不幸遭遇时所产生的感情。这种人性中固有的感情决不是良善君子的专属，尽管他们可能对此更为敏感。即使是一个罪大恶极、无视一切社会规范的无赖也会心怀一定程度的同情。

如果想要知晓他人的境遇，我们只能设身处地地想象。原因很简单，只要你不是真正地处在当时的环境中，即便你的兄弟在忍受酷刑折磨，你也感受不到他的痛苦，因为你永远无法直接感受到他人感官的感受。只有依靠想象，你才能略知一二。想象的作用只能是对他人感受的模拟，并不是他人真正的感受。依靠想象，以为我们也正在经受那种痛苦，体内与之产生共鸣，随之以为自身已经全然感受到了他人的那种痛苦，与之合二为一，于是内心为那种感受泛起无数的伤痛。所以当想起别人的感受时，我们会觉得内心痛苦。

我们之所以能产生与他人相似的情感，是因为我们能够设身处地地想象他人的痛苦。下面的几个例子更加可以说明这个问题：当人们看到一个人的手脚要挨打时，会情不自禁地缩回自己的手脚；如果那个人真的挨打了，就会觉得是打在自己身上。当观众聚精会神地看一个舞蹈者在松弛的绳索上翻腾、摇摆，努力保持身体平衡时，他们也会作出类似的动作，因为他们觉得自己身处其中，不能自已。那些弱不禁风、神经过敏的人常常会在看到街上乞丐的溃烂脓疮时，觉得自己的相同部位也非常不舒服，这是因为那些人想象自己的那些部位脓疮溃烂，觉得非常地恐惧，于是那些部位就变得非常地不舒服。这就是意念的力量。同样的问题也会出现在眼睛上，即使一个人再刚强，也常常会觉得眼睛疼，因为眼睛是最脆弱的部位。

只要一个人觉得自己身处当事者的环境中，无论是什么情景，痛苦也好，高兴也好，他内心都会产生相同情感。我们会为舞台上自己所喜爱的传奇人物的幸福感到欣慰，这与为他们的不幸产生真切的同情是一样的；我们还会对那些对自己忠心耿耿的朋友怀有感激之情，这与对那些对自己背信弃义的人怀有愤恨之情也是一样的。因为旁观者可以设身处地地想象，然后获得与当事人一样的情感，无论何种情感。

我们常常用慈悲或怜悯这样的词对别人的忧伤表示同感。同情和它们意思很相近，但是现在可以用来表示对各种情绪的同感。

有时候我们很快就会对别人产生同情，只要我们看到别人的情绪波动。即便我们不了解那个人激动的真正原因，我们也会很快被那种激情所感染。就像一个人如果在举手投足之间流露出明显的悲喜之情，那么他将立即在旁人心中激起共鸣。通常人们喜欢笑脸，不喜欢忧戚的面容，因为忧戚的面容会让人觉得沮丧，但是我们并不能因此以偏概全。有时候，对于一些情绪如果我们不知道它们是怎么产生的，我们往往会报以讨厌的态度而不是同情。对于愤怒者的胡作非为，由于我们不知道其发怒的原因，所以我们也就不会设身处地地考虑，因此也体会不到他的怒气。而我们知道那些受气包的处境，同情他们的恐惧和不满，那么我们通常支持受气包而反对气势逼人的发怒者。

只有当我们觉得别人快乐或悲伤的表情代表那些人正在承受着好运或厄运时，我们才会产生同感，为之动容，但这也只限于那些感受到的人。而怨愤则会让我们联想起所有我们关心的人以及和他作对的人。我们之所以关心遭遇好运或厄运的人，是因为对于好运或厄运的日常印象。我们似乎天生有种对愤怒的反感，所以我们不会去同情那些发怒的人。如果不知道发怒的原因，我们大概都会对发怒反感。

如果不了解别人悲伤或快乐的缘由，我们所抱的同情是非常有限的。痛哭流涕是受难者内心痛苦的表现，而我们只会对此产生刨根问底的好奇心，或至多是某种同情的愿望，但这不是真正意义上的同情。我们首先会问：发生了什么事？在得到答案之前，我们会隐约感觉到他的不安，但更多的则是费尽心思去揣测他真正的遭遇，于是会觉得心有不安。尽管如此，我们的同情仍然是微不足道的。

因此，更准确地说，同情应该是来自引起这种激情的环境。当我们设身处地地想象他人的处境时，会不由自主地产生一种情感，而当事人感觉不到，当然也浑然不知。我们会为别人厚颜无耻的行为感到羞愧，虽然他自己并没有意识到自己的不对之处。而如果我们自己有这种行为，会情不自禁地感到无地自容。

善良的人比别人更为同情丧失理智的人，因为他们觉得这比其他威胁人类生存的灾难要可怕得多，这是人类最惨的悲剧。但是丧失理智的人对此却浑然不知，也许还会又笑又唱。因此，人们对此的痛心疾首与受难者自己的感情是两码事。旁观者觉得如果自己遭此不幸境遇，但又能用正常的理智和判断力去思考，是一件非常痛苦的事，所以他对丧失理智的人产生同情，但是他所设想的情景是不可能发生的。

婴儿患病只能呻吟而无法说出感受，于是母亲也同样痛苦。这是因为她把孩子无法说出真正感受的无助和孩子的病情联系起来，从而导致她忧心忡忡，愁肠百结。婴儿不会想太多，她只是暂时的不舒服，不久也会康复，而成人却被心灵的巨大痛苦所困扰。

我们会同情死者，只是因为我们的感官被那种环境所影响，但是并不妨碍死者的安眠。对于死者来说，前方可怕的来世是至关重要的，可是我们却想象不到。我们想象到的只是他们的悲惨，暗无天日地躺在墓穴里腐生寄生虫，从此与世隔绝，从世界上消失，亲朋好友也不再记得他们。对于这些人遭遇的如此可怕的不幸，我们理所当然地认为应该对他们报以最大的同情。一想到他们可能被人遗忘，我们的恻隐之心就加倍地沉重。虚荣心和烦恼使得我们努力地保持对死者的回忆，可是我们的同情并不能安慰死者，到头来只是无济于事。我们竭力安慰死者的亲属，减轻他们内心的眷恋、愧疚和伤痛，而这只会平添自己的伤痛，却与死者毫不相关，因为他们已长眠于地下，不问世事。我们把自己的感觉与他们所处的环境联系在一起，所以会觉得他们永远处于阴森恐怖之中。我们设身处地地想象把自己鲜活的生命注入死者僵硬的尸体，于是产生恐怖之心，开始畏惧死亡。尽管我们死后没有任何痛苦，但是生前却因此备受折磨。人性中最根本的一项原则是对死亡的恐惧。它破坏了人类的幸福，却还人类以公平；它让我们痛苦不堪，却保卫了社会。

相互同情的愉悦

我们总会对别人发自内心的同情感到无比欣慰，无论这同情从何而生，相反，我们会对别人无动于衷的表情感到莫名的失望。有些自恋的人自以为知晓喜怒之情的来由，于是热衷于用他们的原则去揣摩别人的情感。据说，当人感到软弱无助时，只有当他确信别人的同感可以帮助他的时候，他才会高兴，而别人的敌意会使他感到忧伤。但是喜怒之情往往如闪电般一闪而过，来得莫名其妙，显然它不是来自任何私心。一个人用尽浑身解数去逗乐他的朋友，如果没有人认同他的笑话，他会觉得非常沮丧；反之，如果大家一起大笑认同他的笑话，他就会觉得受到了最大的奖赏。

他人的同情可以为快乐锦上添花，无人回应会让我们觉得失望，但这些并不是全部的原因。我们会觉得反复读一本书或一首诗很无味，但是当我们再次为朋友朗读时，我们会变得劲头十足。因为如果朋友觉得新鲜，我们就能够从朋友的角度去体味其中的意蕴，感到一种如获知己的兴奋。反之，如果朋友对此毫无兴趣，我们就会非常生气，再也没有心情朗读下去。这再一次证明，朋友的欢笑是我们快乐最大的源泉，而朋友的冷漠是我们失望的最大深渊。虽然这可以解释为何我们时而高兴、时而伤心，但并不是唯一原因。当我们高兴的时候，朋友的同感会锦上添花；当我们伤心的时候，朋友的同感如果不是雪中送炭，就是火上浇油。然而通常情况下，同情总能另辟蹊径，增添快乐，又能温暖人心，减轻痛苦。

所以说，与高兴的时候不同，我们在不高兴的时候更希望找个人一吐为快，希望得到朋友的同情和安慰，而不是面对朋友的无动于衷。

可怜人最希望找到一个吐苦水的对象，这可以使他们觉得非常宽慰。因为那个人的同情可以卸下他们心头的重荷，分担他们内心的痛苦，从而减轻了他们的心灵重负。可是在倾诉的同时，那些可怜人又会想起过去的伤心事，于是痛哭流涕，沉浸在悲痛之中，但是他们也从别人的同情中获得了更大的补偿；反之，可怜人觉得最无礼的侮辱就是轻视他们的不幸。不愿与朋友一起分享快乐只是缺乏礼貌，而不能认真地倾听朋友的苦恼则是不近人情的表现。

爱使人愉悦，恨使人不快。因此我们希望拥有朋友的友谊，但更渴望他们理解自己的愤慨。身处顺境时，我们可以原谅朋友过少的关心。但是当我们受到伤害时，却接受不了他们的无动于衷。就像朋友不领会我们的感激我们可以原谅，但是不同情我们的怨恨会使得我们怒火中烧一样。我们很少对和我们的朋友关系不错的人给予友谊，却很容易对跟我们的对头接近的人产生敌意。即便我们对前者不满，也很少跟朋友争论这个问题。但是我们对后者却会想要大动干戈，如果他们跟我们的对头友好相处。爱和快乐总会令我们内心惬意、满足而别无他求；悲痛和愤懑却总会令我们因得不到同情宽慰而耿耿于怀。

如果一个人因为得到我们的同情而欣慰，得不到同情而受到伤害，那我们会为奉献自己的爱心而感到高兴，为做不到而感到自责。我们会祝贺成功人士，也会安慰苦难的人们。和一个肝胆相照的人谈话时所得到的快乐，远远可以偿还我们为他的遭遇所感到的痛苦。反之，如果我们对他不能产生同情，即使可以免除内心的痛苦，我们也会为无力分担他的不幸而难过。有时候我们看到一个人因为不幸而失声痛哭，可是在我们设身处地地想象之后觉得事情不至于如此，我们就会认为此人小题大做，胆小怕事。另一方面，我们会瞧不起那些捡了一点小便宜就洋洋得意的人，觉得他们头脑发热；我们还会因为朋友对自己认为并不好笑的笑话大笑不止而感到生气。

同情与行为的适宜性

当旁观者的同情与当事人的情绪一致时，他会认为这种情绪是得当的；反之，当他设身处地想象之后发现自己的感觉被欺骗，他就会认为这些感情过于夸张，不符合事实。因此，只有当他觉得别人的激情是实实在在、有根有据的时候，才会产生同情，反之则不然。一个人对我的受害感到气愤，并且跟我一样义愤填膺，那他就一定会认同我的观点；一个人跟我一样欣赏一首诗或一幅画，那他就一定会认同我的赞美词；一个人跟我听了同一个笑话后开怀大笑，那他就一定会觉得大笑很正常。相反，在这些场合与我感受完全不同的人，肯定会对我的观点有所指责，因为我们的感情并不是一致的。不管我的仇恨是否超过朋友的义愤，不管我的悲伤是否压过朋友发自内心最温情的体贴，不管我的评价怎样的不合他之意，不管我的笑声大小如何与他不同，总之，只要他在权衡了客观情况之后认为我和他的感受不一致，就会对我或多或少地心存不满。这时，衡量我的感情的唯一标准就是他自己的感情。

同意别人的意见就意味着要采纳，反之亦然。赞成同一个观点的人不可能互相反对。同样，赞成别人的意见而不采纳也是不可能的。众所周知，赞成别人的观点与否意味着你自己的看法是否与其一致。感情也可以这样来解释。

有时候理智上的赞同并不代表情感上的赞同，很多时候我们内心没有丝毫的同情。可是只要稍加思索，我们就能知道，哪怕是在这种情况下，我们理智上的信服最终还是来源于同情。在日常生活中，对于那些琐事的判断并不会为错误的理论所误导。比如，有时候我们会觉得一个笑话很不错，而且朋友的笑声也很正常，但是我们却没有笑，那是因为我们当时或许正好忧心忡忡或者心不在焉。可是这个笑话在常理上应该是属于会引起哄堂大笑的那一类，所以我们并不会反感朋友的笑声，因为要是放在平时，我们必然会和大家一起开怀大笑，只是当时的情绪不允许。

这样的情况所有的情绪都适用。当我们在街上与一个面容悲戚的陌生人擦肩而过，继而被告知他父亲去世的消息，此时我们不可能质疑他的悲伤。然而，虽然我们不是冷血动物，但我们还是体会不到他悲恸欲绝的心情。这种事时有发生，我们也就不会想到对类似处境下的人表示一点关心。或许我们与他们素不相识，或许我们杂务缠身，或许我们没有时间去体验他的心情，但是经验告诉我们，如果遭遇不幸，必然会觉得痛不欲生，而且如果我们有时间去设身处地地想象，我们必然会对他们深表同情。因为这种有条件的同情，我们才会认可他们的悲痛，即使有时候并未产生真正的同情。我们根据日常经验懂得了在什么样的场合不应该有什么样的情感，这个叫做“不合适”的情绪。

我们的行动由内心的情感所决定，而且还决定其善恶是非的性质。我们通常从两方面来考察它：一方面是产生的原因或动机，另一方面是目的或后果。一种感情是否符合它产生的原因，决定了随之而来的行为是彬彬有礼还是野蛮粗俗。也就是说，一种感情的意图决定了其后果是有益还是有害。

近来，哲学家们将主要注意力放在感情的目的上，却忽略了激起感情的原因。当我们在日常生活中对人的情感及其行为进行裁判的时候，是离不开以上两个方面的。我们责怪一个人对自己的爱恨缺乏自制，我们考虑的因素除了可能导致的后果外，还应该有造成他内心激动的微妙因素。也许我们觉得他不该那么激动，他所欣赏的人物没有那么出色，他的遭遇不是那么悲惨，他所愤怒的事情不是那么糟糕，但是只要他的情绪不是太离谱，我们都能谅解和容忍。

我们的同感是衡量一种感情是否恰如其分的唯一标准。在我们设身处地地考虑之后，如果我们的感情与之完全吻合，就会觉得它是恰如其分的，反之则不然。我们总是要用自己的感觉去衡量别人的感觉，所以我们只能用自己所看到的、所听到的，用自己的大脑和爱恨，去衡量别人的感觉。

社会关系影响同情与适宜性的判断

我们根据对别人情感的认同感来判断其是否恰如其分。这包括两种情况：一是我们与当事人和激发感情的事物都没有特殊的关系；二是我们当中的某人受此影响。具体分析如下：

（1）在那些与我们双方都没有任何瓜葛的客观事物面前，如果对方认同我们的感觉，我们就会觉得他品位高雅，见识不凡。那些有关科学和品位的一般事物，比如壮丽的河山、华美的建筑、绘画的构图、演说的谋篇布局、第三者的所作所为、数字的奥妙、宇宙大体系中各个构件神秘的运转，跟我们都没有任何特殊关系。我们从相同的角度观察它们，并不报以同情，因为我们与之不需要感情上的和谐一致。但是我们通常对事物有不同的感受，因为我们各自不同的思维习惯会使得我们关注复杂事物的不同部分。

我们并不会对那些和我们有相同感受却没有特殊见解的人产生钦佩之情，最多只是内心表示赞同。但是对那些不仅与我们感受相同，而且可以指出我们的不足之处，指引和点拨我们的人，我们会表现出无限的仰慕之情，惊叹之余，赞不绝口。我们仰慕那些品位不凡的鉴赏家，头脑清晰的数学家，因为这些艺术和科学领域的天才为我们开拓了一个广阔的视野。

也许人们会觉得我们赞赏这种才气的原因是因为它有用，它的实际效果赋予了它特殊的价值。但是我们在最初赞同别人的见解时只是觉得它正确得当，这和我们觉得别人有眼光是因为他赞同我们的观点是一样的，别无其他原因。同样，我们对别人的品位的看法也是如此，评价其功用只不过是事后的想法。

（2）对那些与我们和对方都有特别关系的事物，我们很难做到心平气和。我们的朋友肯定不会从我们的角度去看待我们所遭遇的厄运和伤害，不像欣赏一幅画、一首诗或者讨论哲学理论那么简单，所以我们的感觉必然会不同，而我们所受的影响更为直接。我们不会介意朋友对我们所欣赏的一幅画、一首诗甚至一套哲学理论不以为然，因为这对于我们来讲无关紧要，即使看法不一致，也没必要为此伤了和气。但是如果事情与我们和朋友都有关，就不大一样了。我也可以接受朋友在理性上的见解与我截然相反，在兴趣爱好上与我格格不入，如果碰巧我的心情不错，还能与之讨论这些问题。但是我接受不了在我厄运缠身、悲恸欲绝时朋友既不同情，也不愿与我分忧；接受不了我蒙冤受屈、满腔激愤时朋友毫无同感，更不用说仗义执言。这样只能使我们变得无话可说，互相受不了对方，甚至连对方的朋友都看不惯。

尽管如此，旁观者和当事人之间的心灵沟通还是可以做到的。旁观者应该从最微小的细节上考虑对方的痛苦，尽可能地体谅对方的处境。只有从最细小处了解对方的情况，才能真正进入对方的世界。

即便如此，旁观者与当事人的感受还是有差距的。但是人们不会为了别人的痛苦而使自己深陷同样的困扰之中，当事人明白，即使当事人人设身处地地想象并产生同情，但不会长久，而且由于当事人人没有真正地遭受折磨，所以当事人人还是安全的，并且感觉也不会那么深切。但是当事人还是想得到一种更完美的同情；而他能得到的唯一慰藉只能是在内心激烈的挣扎中所看到的旁人与自己的心意相通；但他只有控制自己的情绪，才能让旁观者接受。实际上，为了照顾当事人人的心情，当事人并不能任性而为。旁观者觉得设身处地地体验不过是一种想象，这种潜意识导致同情程度的降低，也改变了同情的性质，所以当事人的同感和自己的悲伤从来都不是一回事。但是两者的协调却能够维系社会的和睦，即使无法严密合拍，当事人也别无所求了。出于人类的本能，旁观者会设身处地地体察当事人的情绪，而当事人则会把自己放在旁观者的位置。旁观者想象如果倒霉的是自己会有什么感受，而当事人则时常顾影自怜。当事人因为旁观者对自己公正无私的眼光而深深感动，内心的波澜因此而平息不少。

朋友可镇定我们心乱如麻的心，知己可慰藉我们的心灵，同情会使我们一想到他人正在关心自己的处境而变得顾影自怜。不要指望普通相识像至交一样听我们不厌其烦地唠叨，因此对他镇静、简短地说个大概情况就可以；更不要指望素不相识的人的关心，因此更应该将自己的情绪控制在他们能够接受的范围内。这样的自我控制是必要的，因为普通相识比知己更能使我们安宁，而陌生人比熟人更能使我们平静。

所以，如果哪天你不能控制自己的情绪，多参加社交和谈话活动，它能让你恢复平静和愉快，自得其乐。那些离群索居、爱好苦思冥想的人，因为常常闭门忧郁。即使他们慷慨仁慈、自尊自爱，还是很难获得凡人常有的平和心态。

和蔼与尊贵的美德

旁观者学着用心去体谅当事人，使得旁观者拥有了温文尔雅、和蔼可亲、公正无私和谦逊仁慈的美德。而当事人试图控制自己的情绪以照顾旁观者的感受，使得当事人拥有了雍容持重、自我克制的人品，将激情纳入自尊自爱、合理恰当的轨道。

如果一个人用他的慈悲心肠为他人的不幸而伤心，为他人的遭遇而不平，为他人的好运而欣喜，朋友能从他那无微不至的关怀中得到安慰，那么他的朋友必然对他充满感激之情。我们只要站在他朋友的角度，就能感受到这些。反之，一个人用他的铁石心肠、自私自利、无动于衷去对待别人的欢乐和痛苦，我们也可以完全理解他给周围人带来的痛苦，特别是那些令人同情的人和受害者。

另一方面，我们会崇仰那些在任何环境中都能够处变不惊，为了维护自尊、体谅他人而刻意地自制的人，而讨厌那些只会唉声叹气、哭天抹泪、吵吵闹闹来博得同情的人。但是，我们却对那种庄重沉静的痛苦，那种只有在红肿的双眼、颤抖的嘴唇以及看似冷淡无心却动人心弦的举止中才有所表露的痛苦，肃然起敬，这使我们同样陷入沉默。之后，我们会开始重视自己的行为来表示对此的敬意。

可是如果我们对心中的怒火不加节制，我们就会变得傲慢蛮横，这是非常令人讨厌的。如果一个人遭受了莫大的伤害，而不允许自己的言行越过情理的界限，要求内心像一个无关紧要的过客，丝毫不能有更痛快的报复和更沉重的惩罚，这种人的宽宏大量是让我们由衷钦佩的。

因此，要想拥有完美无瑕的人性，就必须关心他人胜过关心自己，就必须拥有公正无私和慈善博爱的情怀。只有这样，我们才能在感情上无阻碍地沟通，从而产生得体、适度的行为。基督教最伟大的律法规定是我们要像爱自己一样去爱我们的邻人，因此我们对自己的爱不要超过我们给予邻人的爱，也就是说，我们爱自己不要胜过邻人爱我们。这也是一条举世无双的法则。

敏感而自制的品质不是凡夫俗子所能企及的，只有卓越不群之士才能具备。他们往往对那些超凡脱俗的东西有着不凡的品味和见识。仁慈需要一种远非粗俗匹夫所能想象的细腻情感，而宽宏大量要求拥有软弱的常人所无法达到的自制力。就像小聪明造就不了天才，日常的伦理规范也造就不了美德。美德是一种卓越非凡、崇高优异的品质，远远超越世俗的标准。

超过一定程度的善解人意就会变成和蔼可亲，因为那已经变成温文尔雅的态度和无微不至的关怀；而超过一定程度的自我控制则令人肃然起敬，因为这样的人已经能够抑制常人按捺不住的激动。在这方面，那些可钦可敬的德行和那些只能点头认可的品行之间存在着很大的差别。通常一个人只要具有多数人所拥有的敏感和自制，有时甚至都不用这些，就可以达到完美适宜的水平。举一个非常粗俗的例子，如果说肚子饿了吃东西是美德，就成了滑天下之大稽了。反之，有些情况下尽善尽美是很不容易的，所以只要超过了人们预期的反应，就是一种可贵的美德。由于人性的缺陷，有时候遭遇到强烈的刺激时，即使已经尽了最大努力克制，软弱的人性还是要发出叫喊。虽然受难者的行为不得体，但还是值得称道的，甚至可以叫做有修养。因为不是人人都可以拥有这种宽宏大量的，比起在这种难堪的场合中司空见惯的行为来，那个人的行为是非常难得的。

我们常常会用两种不同的标准来判断一种行为的好坏。首先是得体适度、完美无缺。人在处于艰难的环境中，总是会作出可以被人指摘的事。其次是虽算不上完美无缺，但却有所接近，这是大多数人所能做到的。只要超过这个标准，无论距离这个标准有多远，都应该受到表扬，反之则该受到责备。

对于那些依赖于想象的艺术作品的评判也应该采取这种方法。用完美无缺的标准来评价大师们的诗歌和绘画，看到的只能是败笔和瑕疵。反之，如果把这些作品与同类作品放在一起比较，评判标准肯定会截然不同。这时，如果它们比大多数作品看上去更接近于完美，就应该得到最高的赞赏。

达到合宜性的各类激情的程度

引　言

只有用中庸之道去处理我们对别的事物所产生的激情，才会被接受，这种处理方式才合适得体，过于激进或是过于消沉的感情，在外人看来都无法理解。当自己遭受不幸或是伤害时，大多数人都会感到悲愤异常，只有在极少数情况下才会无动于衷。过分情绪激动会被认为是意志薄弱或脾气暴躁的表现，但过分冷淡就成了糊涂、麻木或心灵萎缩。对于这些缺点我们会觉得不可思议，也不能理解。

其实在种种激情中，所谓得体的中庸之道也是时而高涨，时而低落，并且表现各异。有些过于激进的情绪有时候没有必要，但是在很多场合中仍然是非常得体的。但即使情不自禁的时候，有些感情也不适合表现得太强烈。对于后者，人们往往抱以很大同情，但是对于前者却很少给予同情。如果对人类的各种激情做一番调查就会发现，人们对各种情绪表示多大的同情决定了他们是否认为这些情绪是得体的。

源于身体的激情

有些情绪是基于身体的某种状态或欲望，不应该表现得太强烈，因为朋友们不会对此抱有同感，他们的身体并没有处于相同的状态。比如说，肚子饿很正常，可是我们仍然觉得狼吞虎咽是坏习惯。有时人们会对食欲产生某种同情，当朋友们愉快用餐时我们会感到开心，因为我们会同情食欲。如果我们对此表现出厌恶，别人也会感到不快。正常人的胃口差别很大，因为他们身体习惯不同。我们会对一本围城日记或航海日志中所描写的大饥荒产生同情，我们设身处地地想象，描绘当时的情景，为之震撼和感动。但即使是这样，我们也没有感到真正的饥饿，因此说对他们的饥饿表示同情是不太适合的。

人类天性中吸引两性结合的情欲也是如此，这种情感虽然最为自然和火热，却要看场合。即使是在所有世俗和宗教戒律都不会加以任何禁止的两个人之间，这种情感也不是何时何地都无伤大雅的，但人们还是会对这种激情抱有同情。与女士交谈应该采取轻松、幽默、投入的方式，而不能用对待男士的方式。甚至在男人眼里，那些对女性漠不关心的人都是可耻的。

一切源于身体的激情都会引起我们的反感，过于强烈的感情表现会让我们厌恶。古代一些哲人认为，这是因为这些人类与动物所共有的冲动削弱了人性的尊严和高贵。不过如果按照这种思路，有些情绪是人和兽类共有的，但那并不都像是兽性，比如怨恨、感动，甚至感恩。因为我们对身体的那种欲望没有同感，所以我们会对此感到恶心。一些人只要欲望得到满足，就会对此丧失兴趣，然后变得和别人一样无法理解自己的情绪。我们会对任何使肉体产生强烈欲望的客观对象采取相同的处置方式，比如晚餐过后我们就会吩咐收拾餐具。

节制的美德蕴涵在对身体欲望的克制之中。用谨慎的态度去对待，就可以把这些欲望限制在健康和财富所允许的范围内，而节制就是让它们变得大方得体、谦和有礼。

由于同样的原因，人们总会觉得男人大声叫喊，即使他的肉体的疼痛有多么地难忍，也是很失男子汉的脸面的。但是人们也会对身体的痛苦抱以同情。前面讲过，如果看到有人要挨打，我们会不由自主地收回自己的手脚，我们也会觉得自己受到了伤害。但是因为无法亲身感受他的疼痛，所以我们所受到的伤害肯定也微乎其微；但若他大喊大叫，则会让我们觉得有点小题大做。所以说我们对源于身体的所有激情要么完全不能同情，要么即使引起同情，那种感受也远远比不上当事人。

但有些感情是由想象而生的，这与上述的感情全然不同。我的身体不会受到朋友身体感受的影响，但是我却很容易受情感的影响，很容易想象我所熟悉的人们头脑中的情况。我们更容易同情在爱情或雄心上受挫的人，因为那些激情全部出自于想象。一个身体健康却倾家荡产的人，他的痛苦只会来自于想象而不是身体。他会想象自己大难临头的惨状：丧失尊严、遭受朋友白眼、被敌人轻视、无法独立、贫困潦倒等等。与身体不同，我们的想象更容易受对方的影响，因此我们就会对他报以更强烈的同情。

都说失去一条腿比失去一个情人更为不幸。但是，如果一场悲剧的结果仅仅是失去一条腿，那么，这肯定是世界上最蹩脚的悲剧，而后一种不幸即使再微不足道，却造就许多出色的悲剧。

只有疼痛感才会转瞬即逝，回想起来也不会让我们感到痛苦，所以我们才会好了伤疤忘了疼。但精神的痛苦却是极为长久的，有时朋友有口无心的话却会让我们耿耿于怀很久，烦恼不会随着这句话的消失而消逝。所以我们是被自己头脑中的观念而不是客观对象所烦扰。我们被想象不断地折磨，除非让它从记忆中消失。

危险的疼痛才能引起强烈的同情，我们的同情心是被受难者的恐惧所激发，并不是痛苦。可是恐惧完全来自想象，而想象又是飘忽不定、难以捉摸的。当我们面对那些从前未曾遇到，以后却可能遭遇的东西时，就感到忧心忡忡。就像痛风或者牙痛，虽然痛苦难忍，但却招不来多少关注和同情；绝症即使没有痛苦，也能获得最深切的同情。

有些人因为看到外科手术使人的肉体撕心裂肺地疼痛而产生过度的同感，头晕作呕。外部原因给身体造成的疼痛要比内部器官失调更为直接。我对邻居痛风或结石所受的折磨没有任何印象，却对剖腹手术、外伤或骨折带来的痛苦一清二楚。也正是由于新鲜和好奇，这件事才令人难以忘怀。就像一个人在观看过十几次解剖和截肢以后，就不会再为这种事情大惊小怪。如果只是通过阅读或观看悲剧故事，即使看过五百多个，我们都不会对此麻木不仁。

在一些希腊悲剧里，展现肉体的痛苦是激发观者同情心的一种手段和方式。但其实并不是疼痛本身引起我们观赏的兴趣，而是另外一些东西：那些寂寞悲凉的气氛、迷人的悲剧色彩和浪漫主义的蛮荒氛围都深深吸引着我们。只有在知道了死亡的结局后，才会对英雄的痛苦有所关注。真正的悲剧不是通过苦难来表现的。企图通过表现肉体痛苦引起同情心是对希腊戏剧所建立的规范的最大破坏。

对肉体的痛苦抱以极少的同情，因此人们才会认为应该用坚强和忍耐来忍受这种痛苦。在接受残酷折磨时，如果一个人能咬紧牙关默默忍受，这丝毫没有违背人之常情，他的坚毅使他能够宽容我们的漠不关心，他的宽宏大量让我们钦佩和赞许。他的行为冲破了人性中最常见的软弱，使我们充满了惊讶和敬佩之情。

源自想象的激情

由于人们很难按照相同的思维方式进行思维，所以那些由于某种思维定式而产生的激情虽然看起来合乎情理，却很难得到他人的同情。虽然这种激情在日常生活中多少有点可笑，却是无法避免的。比如一对两情相悦很久的男女之间，自然而然会产生强烈的依恋之情。我们做不到用那位有情人的思维方式思考，所以无法体会他心情的迫切。但有些感情却很容易被理解和同情，如朋友遭受伤害之后的愤怒或者领受恩惠之后的感激之情，而且也会激发我们对他的敌人或者恩人表现出类似的愤慨或感激。可如果他堕入情网，我们不可能也爱上他的爱人，即使我们可以理解他的感情。只要你不是深陷情网，任何人都会觉得这种感情与他的对象相差悬殊。那些无法亲身体验的人，总是会受到嘲笑，虽然爱情在一定的年龄段是自然的，并非不可原谅。而在第三者眼里，这些真挚热烈的情话都是荒谬可笑的。恋爱的人很清楚，“情人眼里出西施”，他们对某一对象的特殊激情和局外人无关，而且只要一直保持清醒，就能用一种嘲弄和奚落的方式来对待自己的激情。我们只愿意听别人以这种方式来陈述激情，因为我们自己也常常用这种方式来谈论它。人们讨厌考拉和佩特拉克那种一本正经、又臭又长的情诗，因为他们一说起缠绵悱恻的恋情就很唠叨，但人们却喜欢奥维赛的轻松和贺拉斯的大胆。

可是，即便我们没有真正同情这种儿女情长，从未想象爱上过哪个情人，但是那种从美好热烈的爱情产生的对幸福的强烈渴望和失望带来的巨大痛苦是很容易体会到的。引起兴趣的往往是产生希望、恐惧和忧伤的背景，而不是爱情本身。就像一本航海日记写的，吸引我们的不是饥饿，而是饥饿带来的痛苦。我们很容易理解情人对浪漫幸福的期待，虽然我们无法完全进入他们的感情世界。内心火热的激情得到满足之后，渴望祥和安宁，向往恬静安逸的田园生活（文雅、细腻、热情洋溢的提布鲁斯曾经兴味十足地描述过），对于一颗被强烈欲望折磨得疲惫不堪的心来说，是一件再自然不过的事情。无数诗人描述过友爱、自由、安逸的“幸福岛”，即使这是一种对理想的描绘，也是令我们神往的。爱情中的肉欲如果得不到满足就会消失，可是一旦得到又会令我们反感。恐惧和忧虑的吸引力远超过对快乐的渴求，正是因为我们害怕希望的消失，也就可以理解情人们所有的苦闷和痛苦。

爱情在一些现代悲剧和浪漫故事中具有神奇的吸引力，可是真正吸引我们的是爱情带来的痛苦。如果剧中男女主人公只是在一个平淡无奇、毫无危险的场景中互诉衷肠，观众只会哄堂而不会同情。观众接受这种场景被写入悲剧中，完全是因为他们可以预见随之而来的危难，并会为之牵肠挂肚。

社会规范使女性在爱情中举步维艰，也使得她们的爱情更加引人注目。我们为这种伴随着放纵和罪行的爱情如痴如醉。她的忧虑、羞愧、悔恨、恐惧、失望，全都因此而变得引人入胜，这些我们称之为“次生情感”。它由爱情催生却注定要变得热烈疯狂。

爱情是所有与其对象的价值相距甚远的激情中唯一让人觉得美好又惬意的，即使最软弱的心灵也能感受得到。首先，爱情本身荒谬却不可憎，经常带来不幸和灾难却没有恶意。其次，爱情本身虽然不适度得体，但随爱情产生的许多激情却存在合宜性。人们经常会同情爱情中的人道、宽容、和蔼、友爱和尊重，即使它们有时候有些过分。而尽管伴随爱情而来的可能是罪恶累累，但这种同情却使得爱情更加可爱，支撑着我们对它的想象。爱情会让人荒废事业，忽视责任，甚至一败涂地，声名狼藉，但被认为同爱的激情一起产生的敏感和宽容的程度，仍使它变成许多人追求虚荣的客观对象。当他们真的身陷其中，就往往装作看不到这些坏的结局，以此来自我麻痹。

我们在谈论自己的朋友、学业和职业时，同样也必须有所保留，因为我们不能期望同伴对我们的兴趣能够与我们对他们的兴趣相比。如果没有节制，我们就很难与另一半相处。就像哲学家只能跟哲学家做朋友，一个俱乐部的成员也总有自己的小圈子。

令人生厌的激情

还有一类激情，就是那些表现各异的仇恨和怨愤。对于这类激情，只有当我们把它们大大降低到未开化的人性所能产生它们的程度，才能理解，或者认为它们是得体适度的。我们对感到这些激情的人所怀有的同情可能唤起自己的希望，但对他所敌视的人的同情可能导致自己担心，因此，对一方遭受痛苦的担心，会减弱对另一方已经遭受痛苦的愤怒。对于一个被激怒的人来说，他内心的怒火远远超出我们给予他的同情。这是因为本来所有的同情就无法与当事人自身的激情相比，而且我们还对当事人所敌视的人抱有相反的同情。所以，只有将愤怒的激烈程度控制在其他激情之下，才容易让人接受。

同时，对于所受的伤害，人类总是特别的敏感。我们同情和热爱悲剧或传奇中的英雄，痛恨其中的恶棍，但是不会超过受害者的愤怒。通常，一个和蔼可亲、温良忍让、宽厚仁慈的人会让我们越发痛恨那个伤害他的人。

但愤怒又是人性中必不可少的。人们鄙视一个逆来顺受，丝毫不想抵抗和报复的人，他的麻木不仁的行为让我们像愤恨敌人的傲慢一样气愤，因此对于向凌辱和虐待俯首帖耳的人，群众往往会感到义愤填膺。他们希望那个人奋起反抗，报复打击他的敌人，这样就会满足群众的义愤，赢得群众由衷的欢呼和同情。

虽然愤怒的情绪对公众的作用同维护正义和保障平等一样不可轻视，但是由于它可能危及自身，而且总有一些不尽如人意的地方，使它在发泄时引起反感。受害者表现出的愤怒如果超出他所受迫害的程度，我们就会认为那是一种对对方的侮辱，也是对现场所有人的无礼。因此，我们应该克制那种躁狂不安的情绪，以免给别人带来伤害，我们要尊重他人。

愤怒和其他客观事物一样，都是靠直接效果而不是间接效果取悦于人。即使爆发得合理，但如果直接效果让人不快，还是会使人们反感。因此，我们只有在知道事情原委后才愿意对此抱以同情。听到惨叫我们会飞奔前去，看到笑脸我们会心情开朗，但是仇恨和愤怒却不是这样。远处嘈杂的怒骂声只会让我们感到恐惧和厌恶。虽然知道这怒火不是冲自己而来，可是由于设身处地地想象，妇女和承受力差的男人会害怕，那些铁石心肠的人也会觉得心烦而愤怒。仇恨也是如此。我们天生就讨厌这两种情绪。它们的粗暴激烈不但无法招来同情，还会让人生厌。在不了解悲伤原因的情况下，我们对悲伤也会反感。这些粗暴和敌对的情绪会让人们彼此疏远。造物主也仿佛故意使其难以传播。

悲伤或快乐的音乐能让我们深切体会到这样的情绪，或者至少很容易去想象它们，但是愤怒的音乐却令人毛骨悚然。快乐、忧伤、爱恋、钦慕、热诚，这些感情具有柔和、清晰而优美的天然曲调，段落有规则，而且被很自然地划分开，因此很容易按部就班地再现和反复。反之，愤怒及其他与之相近的情绪则让人觉得刺耳、不和谐，段落很不规则，时长时短，由不规则的停顿隔开。所以，表现这些情感的音乐难以谱写而且难听。与和谐的音乐组成的演奏相比，表现仇恨和愤怒的音乐就显得怪诞不堪了。

通常旁观者感到不快的情绪，当事人也会觉得不开心。仇恨和愤怒的感觉中包含着一些尖锐、刺激、让人心痛的东西，使人心烦意乱，会彻底摧毁幸福所必需的内心的平和安宁（只有“感恩和博爱”这类感情才能造就这种宁静）。那些忠厚君子最大的烦恼是产生背信弃义的念头，而不是忘恩负义的人使他们蒙受的损失，因为这些损失丝毫不会影响他们的幸福。

人们怎样才能接受我们愤怒的发泄，充分同情我们的报复呢？激怒我们的事情必须要严重，以至于我们只有表示一下愤怒才能不蒙受耻辱。不要过分为追究小事而大发雷霆，这样只会被人耻笑。与其他激情相比，愤怒的合理性最应该受到置疑，所以我们应该将愤怒的情绪限制在合理恰当和符合别人要求的范围内，认真考虑公正的旁观者的感受，而不是任由内心的怒火摆布。我们必须表现出与众不同的风度举止，胸怀坦荡、光明磊落，坚毅果断而不刚愎自用，正气凛然而不傲慢欺人，只有这样才不会令人生厌。也就是说，不要故作姿态，而要表现出我们并没有因为愤怒而丧失人性。只有在再三被激怒、忍无可忍的情况下，我们才会选择报复。在这样的限制和保证下，愤怒才可以说是大度的、崇高的。

友好的激情

上述提到的激情能够博得别人的同情是有限的，这也让它们显得面目可憎。但与之相反的激情在大多数情况下，能够获得别人加倍的同情，从而使当事人变得受人爱戴敬仰。当一个素昧平生的人，面对别人慷慨、仁慈、友善、同情以及关爱和尊敬的言行举止，都会因此对其产生好感，哪怕他只是个旁观者。旁观者在关心得到上述感情的人的幸福时，也会激发对那些付出上述感情的人的热爱。因为仁爱之情是丝毫不会令人生厌的，所以我们总是会对这种感情给予最强烈的同情。对付出和接受这种关爱之情的人的满足感，我们都感同身受。当需要勇敢面对残暴的敌人时，可能我们会心生恐惧，但仇恨和愤怒所带来的痛苦远远超过了这些恐惧。同样，感情细腻的人得到别人的关爱，随之产生的满足感会让他感觉更加幸福，这远超过他可能从其中实际得到的益处。如果一个人喜欢在朋友之间挑拨离间，将亲密的友情变为致命的仇恨，那他简直就是罪大恶极。更严重的是它使朋友情谊所带来的满足感被破坏，双方内心的安宁被打破，愉快轻松的交往也从此中断，这才是最大的伤害。这不仅仅是它会使友情基础上可能产生的相互帮助的体系丧失。这些东西对人生幸福的重要性即使是粗鄙的小市民都能体会得到，更别说是感情敏感的人了。因为相比之下，基于友情的帮助确实显得微不足道。

爱有利于身心健康。每当想到对方心中的感激和满足感，我们就会感觉更加快乐，感受到爱的人总是时时充满愉悦。同情和关爱一样，都能给双方带来幸福感。在有的家庭里，家庭和睦，父母子女关系融洽，相互尊重和宽容，即使在争执的时候也是如此；兄弟之间不争名夺利，姐妹之间不争宠，所有成员坦诚相待、亲密无间。置身如此平静、轻松、和睦和愉悦的环境中，让人感觉其乐无穷。相反，如果一个家庭内部因为利益冲突而产生争执甚至反目成仇，表面上风平浪静，暗地里却钩心斗角、猜忌愤恨，甚至有时当着客人的面都会爆发，这样难免会使身处如此环境的客人尴尬不已。仁慈友善的感情即使有些过头，但绝不会令人生厌。因为总有一些令人愉快的东西存在于关心和友爱之中，哪怕其中有些无伤大雅的小小弱点。在有些人看来，父母过于温和溺爱，朋友过于慷慨热情，多少是性格懦弱的表现，甚至会因此同情他们，当然这些同情中也是满含爱意的。除了那些卑鄙之徒，谁会因此厌恶甚至鄙视他们呢？即使是在责备他们过度的爱心时，我们也是抱着善意和关怀的心态。也正是因为他们的软弱和无助，慈善仁爱的人往往最能引发我们的同情之心，因为慈爱本身没有丝毫卑鄙下流的可恶成分在内。我们对此感到惋惜，只是认为这个世界还不配得到这种浓厚纯粹的感情，因为它到目前为止还不适合这个世界。那些人面兽心、忘恩负义的小人总是让善良的人吃尽苦头，其实他们是最不应该也最无法承受如此对待的。然而，在文明社会中，满怀仇恨和怨愤的人是难以为他人所容的，因为人人都厌恶、畏惧他们的疯狂发泄和歇斯底里。

自私的激情

有一种激情，处于中间状态，这就是人们因为个人的时运好坏而产生的悲喜之情。它既不像友好的情绪那样优雅适度，也不像恶劣的情绪那样惹人生厌。无论这种情绪是否恰如其分，它从来不会像愤怒那样让人讨厌，当然，也不会像光明正大的义举那样让人高兴。这里没有对象来引起我们同情，因为这种感情是私人的。但是，悲伤和喜悦毕竟不同，轻微的高兴和沉重的悲哀往往更容易博得同情。就比如一个人由于机遇偶然平步青云，此时他至交的祝贺也未必都是发自肺腑。一个暴发户即便德行过人，一般也不会讨人喜欢，人们出于嫉妒，就无法勾起内心对他好运的祝福。头脑清醒的人会意识到这一点，他不会因为走运而得意忘形，而是尽可能地在顺境之中控制自己的喜悦，并故作姿态地穿起布衣，来表示自己从未忘本。他对那些贫贱之交倍加关注，尽力表现得比过去更加谦恭勤奋，热心待人。相对于他的地位，这种姿态更受人们欢迎，人们不会觉得自己有必要同情他的幸福，自己内心的嫉妒和不平反而应该得到他的理解。因此他想做好人是非常困难的，人们总觉得他的谦虚是装模作样，他自己也会逐渐厌倦虚伪的生活。所以，老朋友很快会被抛置脑后，只有一些无耻小人追随左右。他也无法顺利地结交新朋友，就像他的老友由于他地位的上升而感到自尊心受伤害一样，他的新交也无法忍受自己与一个暴发户平起平坐，他也只能一味低声下气才能抚平两者的怒气。老友的疑神疑鬼和新友的轻蔑白眼都让他恼怒，照常理，他很快就无法忍受，因此他再也不理前者，而将怒火向后者发泄，到最后也只会像常人一样傲慢无礼，所有人都对他失去了尊敬。在我看来，幸福感主要来自被人关爱，天上掉馅饼的好运没有多大用。按部就班地爬上高位，提升也在预料之中的人是最幸运的。这种人不会因荣华富贵而得意忘形，也不会招来被他超过和遗忘的人的嫉妒，因为这他们的所得都合情合理。相对于这种人生中较为重要的事件，人们对那些无关紧要的小小的乐趣，往往更容易产生同感。面对巨大的成功，只有保持谦虚才最为合适。但如果人们面对的是日常生活的鸡毛蒜皮，是朝夕相处的朋友，是一场表演，是旧日的往事，是琐碎的闲谈，那就可以尽情地表达自己的欢乐。日常的点点滴滴都能给我们的生活带来无穷乐趣和愉快的心情，经常保持这样的心情同样是无比惬意的。我们都对这种快乐抱有同感，即使是琐事，只要能给别人带来幸福的心情，同样能让自己感到愉快。正是如此，年轻时光的美好年华才让人心驰神往，而对于快乐的向往则使青春更加富有活力，在年轻的心里激起火花（即使是同性），甚至老年人看到也会为之感受到喜悦。眼前的欢乐能让他们暂时忘却了衰老的烦恼，沉浸在如此令人心醉的思绪和激情之中。回首往事，仿佛老友重逢般亲切。此时更加热情的拥抱驱散了曾经分离的遗憾，一切快乐又重新回来。

悲伤则完全相反。小小的烦恼不像深重的悲哀，能引发很深的同情。如果一个人为每一件不如意的小事而心烦意乱：为厨师或管家微不足道的失职而伤心；在自家或别人家的高级社交礼仪中鸡蛋里挑骨头；为好朋友今天上午见面时没向他问好，或是兄弟在自己讲故事的时候一直独自哼着小调；为乡下天气不好，旅行途中道路泥泞，或者在镇上缺少玩伴和娱乐场所，生活枯燥乏味而情绪低落，虽然这些可能情有可原，却难以博得广泛的同情。快乐可以给人带来舒适感，哪怕是一点小事，我们也会乐此不疲。因此，其实我们随时都准备对别人的快乐表示同情。如果自己不幸遇到悲伤的事物，自然会想要抗拒或逃避这种悲伤。事实上，我们自己也会偶尔不自觉地为一些微不足道的小事悲伤，却因为和别人的感情相比，对于自己的感情总是放在首位的，因此我们不愿对别人同样的遭遇表示出一点同情。另外，还有一个难以启齿的坏习惯，就是幸灾乐祸。对于别人的烦心事，不但不会表示同情，反而会以此寻开心。受过良好教育的人，习惯隐藏自己微不足道的痛苦，而谙于世故的人，因为知道朋友也会这么做，所以会故意拿自己的烦恼开玩笑。现实生活中的人，知道别人对于发生在自己身上的事情的态度和想法，因此对于生活中一些小小的烦恼，往往以自嘲的方式解决。

相反，对深重的痛苦，人们总是报以深切、真挚的同情，甚至一出悲剧都会让人泪流满面。因此，当我们遭受重大的灾难或者是晴天霹雳的打击时，当身处绝境、贫病交加、忍辱偷生时，朋友们一般都会雪中送炭，热情、真挚地给予帮助，哪怕这些是我们自己的过错的恶果。但是，如果我们只是仕途不畅、失恋，或是在家受气，这种小小的状况发生时，朋友给予的就只是耻笑了。

顺境和逆境对行为和同情心的影响

同情者的感受远逊于当事人的感受

与快乐相比，我们更倾向于同情悲伤，但依然无法与当事人的感受相比。我们能够感受到别人的快乐，更能感受到别人的悲伤，但是无论哪一种，都比不上他自己的感受强烈。

我们对悲伤的同情，虽然没有像对快乐的同情那么真切，却更加值得注意。“同情”这个词原本指的就是对别人的痛苦而不是快乐抱有同感。一位已故的哲学家曾敏锐地指出，应该论证一下我们对快乐的同情也是真诚的，对别人的祝贺也是出自于人类的天性。我认为，对别人的怜悯就不需要这样的论证了。

首先，我们更常见到的是对悲伤的同情，即使是过度的悲伤也能引起我们的一些共鸣。其实，我们并不完全同情他，就算是理解他的感受，感情也无法和他的一致。虽然我们不会和那个可怜的人一起流泪哀叹，但是当我们感受到他软弱无助、情感失控时，依然会主动地去关心他。而如果是一个得意忘形的人，我们就很难去分享他的快乐，不会去体会他的感受，反而会看不起他，有时甚至会生气。

其次，痛苦不论是在心灵上还是在肉体上，都比快乐更能刺激我们的感情。我们不能身临其境地体会别人的痛苦，但是这比对别人快乐的体会更为真切，虽然后者与当事人自己的感受更接近。

但是，我们总是尽可能地隐藏对别人悲伤的同情。当受难者不在场的时候，我们常常因为自私而不去流露对别人的同情，却未必能够成功。当我们勉强自己不去表达这种同情时，常常事与愿违。但是我们从来不需要去抑制对快乐的共鸣。如果我们嫉妒别人的快乐，就不会与他产生共鸣；而如果没有嫉妒，就会很自然地为别人的快乐而快乐。嫉妒总是让我们自己脸红，所以即使我们心中并不为别人的快乐而快乐，也总是会装出高兴的样子，有时还会弄假成真。当邻居交了好运时，我们看起来好像为他们高兴，但心中也许很难受。即使我们不想同情别人的悲伤，却总是很自然地就产生了同情之感。我们虽然很愿意同情别人的快乐，自己却常常感觉不到。所以，我们很自然地就得出了这样的结论：相比于快乐，人们更容易对悲伤产生同情。

尽管如此，我还是想要告诉大家，如果没有嫉妒，我们会更加倾向于同情快乐而不是悲伤，我们对快乐的共鸣更接近于当事人自己的感受。

即便认为有的悲伤显得有些过度了，我们还是愿意去宽容，因为我们知道他已经在自我克制了。即使他并不能够完全做到自我克制，我们还是愿意去原谅他。但是对于快乐，我们不会如此宽容，因为我们认为在这种情况下，当事人要控制自己的快乐情绪并不十分困难。我们敬佩那些遭遇厄运却能克制自己悲哀的人，却不会去表扬一帆风顺而没有得意忘形的人。当事人如果想要让别人对自己的情绪产生共鸣，在悲伤的情况下要比在快乐的情况下付出更多的努力。

对于一个身体健康、家道殷实、品德高尚的人来说，生活已经够完美了，再多的幸福也是多余的，然而只有轻浮之辈才会为此兴高采烈，而这又是人类最自然的状态。虽然我们会为这个世界的悲惨和堕落而感到遗憾，但是大多数人确实不过如此，他们更喜欢锦上添花。

虽然想要锦上添花并不容易，但是大家能够从中各取所得。幸福的人与完美相距不远，但是与最微不足道的痛苦的人却相差十万八千里。所以，灾难给人带来的悲痛常常超过应有的状态，远远超过幸运给人带来的快乐。所以，旁观者体会别人的悲痛感要比体会别人的快乐难得多，对自己平和心态的破坏也要大得多。因此，虽然与快乐相比，我们更倾向于同情别人的悲伤，但是依然比不上当事人自身的感受。

当对快乐产生共鸣时，人们的心情会变得愉快。只要没有嫉妒之心，我们就会愿意沉浸在极度的欢乐中。但是对悲伤的同情会让人心里难受，就算是表达同情之心，也会很勉强。在看悲剧的时候，我们总会尽可能地克制自己的同情心。就算无法控制自己的感情，也会努力在朋友面前掩饰自己内心的波澜起伏。我们会悄悄地擦去自己眼角的泪水，因为旁边的人可能无法理解自己的多愁善感，反而会觉得我们软弱无用。一些遭遇不幸、渴望得到同情的人在倾诉痛苦时总是犹豫不决，因为他能感受到我们是在勉强地给予同情。想到他人心肠的冷酷，他宁愿自己把悲伤隐藏，也不愿尽情发泄。而那些春风得意、趾高气扬的人知道，只要我们不会因为妒忌而讨厌他，就会由衷地赞赏他，所以他才丝毫不去掩饰自己的得意之情。

生活中，总会有欢笑和泪水，但是我们总觉得别人更愿意同情我们的欢乐而不是悲伤，所以更愿意在朋友面前欢笑，而不是流泪。即便是遭遇了最不幸的打击，可怜兮兮地抱怨也会让人难堪，但是为胜利而狂欢却是正常的行为。出于审慎，我们常在成功的同时保持克制，这是因为怕过度的喜悦会招致别人的嫉妒。

对于在竞技场上超越自己的胜利者，群众会报以热烈的欢呼，而不会去嫉妒。而旁观死刑时，他们的悲痛又是那么庄严肃穆。在葬礼中人们总是伪装出哀恸的表情，但是在洗礼或婚礼中的快乐却是由衷的。在喜庆场合，我们的快乐虽然短暂，却和当事人的感觉一样真实。当我们热情洋溢地祝贺朋友时，的确为他们的幸福而高兴。此时的我们内心满载着快乐，所以举手投足间都会显示出快乐和满足。

然而，当安慰痛苦的朋友时，我们对痛苦的感觉总是无法与他们心中的相比。我们一本正经地倾听他们诉说不幸，看他们因为内心的激动而哽咽难言，心里却开始不耐烦，越来越不能跟上他们的情绪。与此同时，我们也知道他们的激动是理所当然的，值得我们同情，或许在内心骂自己麻木不仁，因此刻意地制造出一些同情。但是这种同情是如此脆弱，一旦我们转身离开，它就无影无踪了。大概上苍觉得我们自己的痛苦就够我们忍受的了，所以并不苛求我们去分担别人的痛苦，最多鼓励我们去减轻别人的痛苦而已。

正是因为我们对别人的痛苦感觉迟钝，所以那些在巨大痛苦之中依然能保持良好心态的人才显得不同凡响。经受了一些小麻烦却依然心情愉快的人总是招人喜欢，可以与“泰山崩于前而色不变"的人媲美。我们认为能做到这些是非常不易的事情，所以他们的表现才让我们瞠目结舌，让麻木不仁的我们受到震动。虽然并不要求我们和他的表现一样，但是我们会为自己缺乏他那样的感情而羞愧。我们深知人性中固有的缺陷，因此我们不奢望他能在波折中坚持如此得体的行为。我们赞叹他灵魂的高贵，同情夹杂着赞许，惊奇结合着感叹。

平常，这种高尚的英雄行为会深深地打动我们，他们坦然自若的风度总让我们钦佩不已。遭遇苦难时，有时候旁人的心情好像比当事者还要悲哀。当苏格拉底吞下毒药时，身边的朋友们泣不成声，而他却显得格外轻松。这种时候，旁观者尽情地抒发着自己充满同情的悲伤，并不害怕情绪失控，而是沉浸在自己关切朋友的情感中。可能此前他从未如此细腻而真切地关爱过他的朋友，但现在这种对朋友的同情产生的忧郁令他心醉神迷。可是当事人则截然相反，他强迫自己不去关心身边那些烦心或可怕的事情，怕它们干扰自己的情绪，使自己行为失控，令旁观者无法接受。于是，他强迫自己只是想象那些令人开心的事情，想象别人对自己英雄壮举的赞美和仰慕。一想到自己能身处险境而临危不惧，达到常人难以企及的崇高境界，他心中就激情澎湃，仿佛自己是胜利者，已经超越了不幸。相比之下，那些软骨头则会遭人鄙视。

因为自己的一些遭遇就垂头丧气、一蹶不振的人总是显得非常平庸。虽然如果换作我们，遇到一样的经历也会自怨自艾，但是依然无法设身处地地赞同他的顾影自怜。也许这不太公平，但是我们确实会瞧不起这样的人，也许是天性使然吧。如果是因为自己而不是别人而哭哭啼啼，大家就无法接受。当慈爱而受人敬重的老父去世时，儿子的哀痛再过度也是理所当然的，因为他的悲伤来自对父亲的情感，我们完全能够理解这种人之常情。但如果他只是因为自己的不幸而如此感情用事，就没有人会宽容他。即便他家破人亡、流落街头，或者身临险境，乃至在众人围观中被推上绞架，只要他为自己流下一滴眼泪，那么就会被豪杰之士所不齿。别人固然同情他的不幸，但是依然不能容忍他这般的软弱。他们认为，软弱给他带来的耻辱比他的不幸更为可悲，因此为他感到羞耻甚于对他悲伤的同情。

对名利的追逐，大人物和平民百姓的差别

人们总是喜欢共享欢乐而不是共经患难，所以我们习惯于炫耀自己的财富而隐瞒自己的贫穷。如果知道别人对自己的窘境一览无余，并且极少怀有同情，那种羞耻的感觉简直无以复加。然而，刺激我们追逐财富、远离贫穷的主要动力并不来源于这种淡薄的人情。那么，是什么促使世人忙忙碌碌、劳苦终生，让他们追名逐利，一心往上爬呢？如果说是为了温饱，那么体力劳动者最低的工资就能满足他们的需要。但是我们依然讨厌他们的生活，那些出身上流社会的人害怕落入这种简单朴实的窘境中，即使不必劳动，也会觉得生不如死。是认为自己的肠胃更娇贵，还是因为在高堂里睡得更香？事实恰好相反，大家也都心知肚明，只是不愿意明说。那么，各阶层间的竞争又是因何而起？我们一直希望改善的生存状况又是什么呢？那就是成为万众瞩目的中心，大家关注的焦点，从中得到满足和赞许。真正让我们动心的不是安逸享乐，而是虚荣。虚荣又总是来源于我们对自己能够得到关心的信心。富人为财富而骄傲，是因为它会为他带来全世界的关注，而他从中所生的快意也很容易就得到了世人的认同。这种感觉使他的虚荣心极度膨胀，也使他更加看重自己的财富，甚至超过了财富为他带来的一切。与此相反，贫困让穷人感到耻辱，因为他觉得人们会因他的贫穷而看不起他，即使偶尔注意到他，也不会同情他。尽管默默无闻还不等于被人否定，但是低下的地位让他们得不到他人的尊敬和认可，从而走向悲观失望。他们羞于在大庭广众之下暴露自己，别人假惺惺的嘘寒问暖只能让他们觉得难堪。他们总是被人忽视，即便他们痛不欲生的表情使得他人无法回避，也只是招来轻蔑、厌恶的眼光而已。那些春风得意的人不能容忍可怜人的惨相破坏他们的安逸和平静。他们总是世人关注的焦点。人们争相目睹他们的风采，想象他们的志得意满。他们的一言一行、一举一动全都处于人们的目光之中，人们渴望以他们为楷模，从中得到激励和暗示。只要没有太出格的行为，他们随时能够引起人们的关注。虽然随之而来的各种限制会束缚他们的自由，但是他们也因此获得了人们的羡慕。这是对于他们所付出的努力的补偿，为此终日忙忙碌碌，失去悠闲的生活也是值得的。

那些伟大的人物其实很大程度上是由我们自己想象出来的，带有欺骗性的色彩。而那种近乎

完美的状态，正是我们在做白日梦时为自己描绘的人生蓝图。我们对这些志得意满的人有着特殊的情感，对于他们的喜好和偏爱我们亦步亦趋。我们难以接受任何对这种迷人形象的侮辱和损害，我们甚至奢望他们能够永生。如果他们被迫抛弃那尊贵的地位，走向上帝为子民们所准备的那个必然的归宿，我们会觉得过于残酷。

虽然我们知道“吾皇万岁”是一种东方式的阿谀奉承，但是在毫无知觉的情况下也很乐意随众高呼。国王的遭遇和情人的痛苦是悲剧最适合的题材，也最能引起我们的兴趣。我们喜欢给他们设计一个大团圆的结局，虽然事实可能恰好相反。谁要是阻碍我们的这种情感，就是对我们最大的伤害。弑君卖国者是最残忍的凶手，因此查理一世的死所引起的愤怒超过了人们对内战所带来的巨大牺牲的愤慨。同样的厄运如果落在平常人身上，就不会引发我们如此多的同情和义愤。人们对下层民众的惨状视而不见，却为上流社会的遭遇鸣冤抱屈，如果我们不了解人类的本性，难免会觉得身居高位的人对痛苦和死亡的忍耐力远远不如平民百姓。

社会秩序和等级差别的存在，有赖于人们对有钱有势者在感情上的认同。我们服从、尊敬那些地位高于我们的人，不是希望他们赏赐给我们什么，而是出于对他们优越条件的羡慕，只是希望能帮助他们去达到完美的幸福这个境界。我们这样做并不要求回报，只是为了满足我们的虚荣和自尊。事实上，很少有人能得到他们的恩赐，这部分人的运气让所有人垂涎。我们跟从他们不是为了维护现有的社会秩序，因为即使社会要求我们反抗他们，我们也做不到。从理性和学理上看，国王是人们的奴仆，我们对他们的服从、抵抗、罢黜和惩罚完全取决于公众利益的需要，但这并不是上帝的旨意。上帝只要我们为他们服务，拜倒在他们的脚底下，以他们的快乐为最大的满足；如果他们有丝毫不快，就算他们不惩罚，我们自己也会深深自责。很少有人能把他们放在平等的位置上，与他们争论，除非和他们的关系非同一般。在普通群众心中，他们高高在上，即使对他们恨之入骨，也总会在心中残留一丝对他们的同情，甚至很容易恢复对他们的尊敬。所以，如果人民想用暴力推翻他们，那一定是因为民怨积蓄到了无以复加的程度。

那些大人物可曾想过，为什么他们可以轻而易举地得到民众的尊重，而普通人却要付出极大的代价？那些贵族子弟何德何能，能够拥有令人尊敬的地位？是因为他们自身的学识、毅力，还是其他什么美德？他们谨言慎行，遵循所有的繁文缛节，因为他们清楚自己是众人瞩目的焦点，旁边的人随时准备为他们服务，所以即使在无关紧要的场合，他们也要小心翼翼地显出不同于常人的潇洒自如。他们言行之间显出的优越感是身处底层的人无法企及的。他们就是通过这种手段让人们对自己卑躬屈膝，为自己奔走效劳。君主们总是用这种仰仗权势地位的手段来统治臣民。人们把路易十四看做是伟大的君主，并不是因为他渊博的学识、过人的见地和宏大的气魄，也不是因为他的丰功伟绩和坚毅性格，而是因为他无与伦比的权势和地位。这两者使得其他的美德和优点相形见绌。而出身贫寒的人并不能通过这种手段出人头地。温文尔雅是大人物的专利，对别人却毫无用处。有些纨绔子弟装模作样地想模仿达官贵人的礼仪，只能让人瞧不起；有些人邯郸学步，装出一副贵族的派头，但人们对他们不屑一顾。这是因为他们自以为是，过于做作，以为自己是个人物，别人却并不买账。作为一个普通人，谦虚朴实、不拘小节才能赢得朋友的尊敬。如果他渴望出人头地，就必须要具备大人物的素质，像他们一样有几个忠实的随从。但是如果没有办法养活他们，他就必须通过另外的途径。他要努力让自己成为知识渊博、工作勤奋、任劳任怨、不畏艰险、百折不挠的人。只有这样，不论在什么场合都做到通情达理、慷慨大度，让人们了解他的才干，他才能够开创一番大事业。同时，他应该有机会担当重大的任务，通过自己过人的才干和优秀的品质完成艰难的使命，从而赢得人们的尊重。那些野心勃勃却不能施展抱负的人，整天心急如焚，寻找着出人头地的机会。他们认为自己生不逢时，所以想方设法地制造机会，甚至盼望着国内外发生战争或冲突，想趁乱世大展雄才，吸引人们的目光。相反，那些位高名重的人只要循规蹈矩就能保持现有的受人尊重的地位。他们对现状心满意足，没有能力去追求更高的目标，也不想为此冒险。他们希望社会安定，这并不是出于博爱，而是因为他有自知之明，知道自己没有能力应对这种危机，更害怕别人从中崛起。他只会冒点小险，投机取巧，以此赢得尊重。一旦要求他百折不挠地坚持奋斗时，他就畏缩不前了。很少会有例外的。因此，在所有的国家和政府机构中，出身卑贱的人们只有通过自己的勤奋和才干才能获得高位，然后担负起重大责任。

而那些名门之后，所谓的大人物可能先是瞧不起他，然后心生嫉妒，最后只能卑躬屈膝，选择服从。

罗斯福哥公爵有句名言：“爱情往往会让位于野心，而野心却极少被爱情压倒。”卧榻之侧，岂容他人酣睡？人的野心一旦膨胀，就无法容忍与别人平起平坐。对于那些身居高位，习惯了俯视众生的人来说，对这种感觉的渴望让其他的一切乐趣都黯然失色。那些失势的政客总是想方设法地让自己接受现实，不去回想往日的荣华富贵，以求得心安，但实际上，极少有人能做得到。他们大部分人都百无聊赖地消磨着时间，常为一些琐碎的事情自寻烦恼。只有回想到往日的志得意满，或是为了重整旗鼓，恢复以前的尊位而忙碌，才会容光焕发。难道真的有人甘心放弃名利，去追求逍遥自在、与世无争的生活吗？除非远离那钩心斗角的名利场，拒绝那些争权夺利的小圈子，不去与在你之前就受人瞩目的人物攀比，否则你就无法做到全身而退。每个人都渴望引起别人的关注，而高官厚禄正可以让人与众不同。这是许多人梦寐以求的目标，这造成无数尔虞我诈、巧取豪夺，让世界充满了贪欲和野心！明智之士并不把它们放在眼里，对谁掌握权力漠不关心，也毫不在意因为一点鸡毛蒜皮的小事受到朋友的批评。但事实上，除了那些世外高人，谁都不能把地位和荣耀置之度外，除非他已经看透了世界，洞察了事理，能够做到宠辱不惊，或者已经自甘堕落，采取破罐子破摔的态度，不再去想那些争权夺利的事情了。

由此看来，人最大的悲哀在于自己的遭遇无人同情，反而招来别人的鄙视和不屑。其实，人们最害怕的灾难未必是最严重的。在大庭广众之下丢人现眼往往比主动公布自己的不幸更加让人难堪，因为后者虽然不能让别人感同身受，却能引起前者不能得到的强烈同情。旁观者的同情虽然比不上他们自己的感受，却能够减轻他们心中的痛苦。在盛会上，让一位绅士衣衫褴褛地出现，还不如让他遍体鳞伤更为体面，因为后者能得到人们的关切，而前者只会引起人们的嘲笑。国王在军队面前鞭笞一位军官要远甚于刺他一剑，因为前者会让他颜面无存。按照荣誉的法则，鞭刑是一种人格的羞辱，剑伤却显然不是。法官判处一个罪犯死刑，还不如让他枷锁示众更为耻辱。士可杀不可辱，一个视耻辱为最大不幸的绅士如果受到这种羞辱，无异于遭受极刑。因此，法律一般不对贵族阶层判处带有侮辱性的刑罚，即使处以死刑，也会尊重他们的名誉。那些贵族无论犯了什么罪，欧洲各国政府，除了俄国外，都不会对他们施以鞭笞或者枷锁示众这样侮辱性的暴行。

勇士不会因为要被送上断头台而受到蔑视，而枷锁示众却会令他蒙受耻辱。前者会为他赢得万人的尊敬，后者却为人不齿。在前一种情况下，观众的同情使他摆脱了羞耻感，唤醒了他心中独自承担不幸的孤独感。在后一种情况下，人们不会同情他，即使同情也不是因为他的痛苦，而是感到他蒙受耻辱，为他脸红和沮丧。头戴枷锁的人即使觉得自己无罪，在这种情况下也一样感到自己遭受了刑罚而毫无颜面。相反，死刑犯知道人们会对他刚毅坚强的表情肃然起敬，所以他往往显出从容赴死的英雄气概。只要罪名没有损害他的名誉，这种惩罚也不会让人们对他丧失尊敬。

卡迪纳尔·德·雷斯的名言与我们上面的论述如出一辙：“重大的危险往往能给我们带来种种荣耀，所以让我们不顾失败。可是一般的危险只能让人害怕，因为一旦失败就会名誉扫地。”

有德之人不会屈服于痛苦、贫穷、危险和死亡，对他来说，要无视这些并不困难。但是如果他的痛苦遭到侮辱和嘲笑，或者他在胜利之中被俘，受万人指责，他就很难再坚持下去。所有外在的不幸都比不上别人的轻视所造成的伤害。

趋炎附势风气对道德情操的败坏

人们总是喜欢仰慕富人和权贵，轻视平民百姓。这种风气也许有助于建立和维护等级差别和社会秩序，却也造成了社会上普遍的道德败坏。本该给予智者和君子的敬佩现在却给了富人和高官，而只有恶棍和傻瓜才该得到的蔑视现在却落到了穷人和弱者身上。古往今来，伦理学家们一直对此痛心疾首。

每个人都渴望美名远扬、受人尊敬，害怕名声扫地、为人不齿。但是进入社会后，我们很快就会发现，人们尊敬的不仅是智慧和美德，蔑视的也不仅是罪恶和愚昧。有钱有势者受人景仰，德才兼备者无人问津的现象已经随处可见。强者即使作恶多端、愚昧无知也不会被人看不起，而贫弱者虽然清白无辜却总是遭人耻笑。人们为了得到别人的尊敬和钦佩而坚持努力着。为了实现这个目标，他们只有两条路可走：一是勤学苦读、洁身自好；一是升官发财、飞黄腾达。争强好胜的心理也有两种表现：一种是野心勃勃、贪得无厌；一种是谦虚谨慎、公正无私。前者披着耀眼的光环，引人注目，却华而不实；后者则显得大方得体，但除了目光敏锐的人以外，很少有人注意。后一种表现的人总是凤毛麟角，却是真正的德才兼备之士，是社会的栋梁。而大多数人总是心甘情愿地拜倒在地位和权势脚下。

我们对智慧和美德的尊敬不同于对财富和地位的态度，这两种情感并不难区分，但是因为它们的表现一般没什么不同，所以如果不细心观察，很容易混为一谈。

就算平民百姓拥有和富豪权贵同样的优点，他们所受到的尊敬也无法和后者相比。绝大多数人敬佩平民百姓的诚恳朴实，但也比不上对富豪权贵骄傲自大的赞扬。平民百姓们整日循规蹈矩，偶尔一次行为有失检点就会招来轻蔑和嫌恶的眼光，而那些大人物经常放纵无礼，却总是能够得到别人的宽容。如果说应该得到我们尊敬的仅仅是财富和地位，而不是智慧和美德，这就冒犯了那些描绘高贵的品质的美妙的词语。事实上，财富和地位始终受到人们的崇仰，很自然地就引起人们的尊敬。大家都渴望得到它们，而只有罪大恶极的混蛋和愚蠢透顶的傻瓜才配不上那个宝座。

幸好，对于中下层民众来说，在多数情况下，追求美德和追求财富的途径都是基本一致的。只要在本职工作中踏实肯干，行得正、坐得直，多数能有所成就，有时偶尔有点出格也没有坏处。但是，如果一个人饱读诗书、才华横溢，却寡廉鲜耻、背信弃义、胆小怕事、生活放纵，那也终会一事无成。而且对中下层平民来说，他们总是对法律心存敬畏，懂得尊重这些维护正义的规则，从不敢以身试法。因此，邻里、同事和朋友的帮助和赞赏通常在他们的成功道路上扮演着很重要的角色，但品行不端的人很难得到这些。所以，在他们身上，“老实人不吃亏”这句老话是完全能应验的。因此，从一般社会公德的层面上来说，绝大多数人能达到我们所期望的道德水平，他们的行为也令人欣慰。

但是，在上流社会中却不是这样，可以说大相径庭。如果一个人在宫廷生活和社交场合中想要飞黄腾达，只能选择迎合愚昧骄纵的上司的偏好，哪怕那些偏好有多么稀奇古怪、难以理解。但他却不能指望同仁们的敬重，哪怕他见多识广。在这里，阿谀奉承、坑蒙拐骗所带来的发展空间远远超过德才兼备。歌舞升平时，帝王将相们整日纸醉金迷，丝毫没想过为民造福，那些迎合他们的俳优弄臣们就已经足够满足他们的希望。那里，故作姿态的仪表风度和小聪明，要比政治家、哲人或者议员的男子气概更加为人看重。那些无论在庙堂之上还是在乡野之间都十分重要的令人肃然起敬的美德，却被粗俗卑鄙的阿谀奉承之徒肆意污蔑和践踏，而这种马屁精在上流社会中几乎随处可见。

正是因为人们跟随在有权有势者身后亦步亦趋，所以他们的日常习惯才会为人效仿，成为时尚。他们的衣着打扮、交际言谈、举止风度，甚至罪恶和愚蠢，在社会上都会流行开来，成为人们追逐的对象。大多数人盲目地争相模仿，引以为荣，殊不知正是这些东西引诱他们堕落。爱慕虚荣的人总是装腔作势，卖弄他们的姿态。也许他们心里并不喜欢如此，却也不觉得有何不妥。虽然连他们自己都觉得这些东西不值得称道，内心却希望因此而得到好评。当然，他们也认为不应该忽视一些美德，私下里也会真心实意地倚重并且实践。伪君子不仅在宗教和道德领域中存在，在对待财富和地位的问题上也同样存在。一个爱慕虚荣的人总是想方设法伪装自己，想给别人造成一种假象。他用上层社会的马车和奢侈来展示自己的身份，以为这样就可以赢得别人的赞赏，却没有想到那些人为了得到人家的赞誉需要什么样的仪态和排场，而要维持这种排场又需要多少钱财权势。很多穷人讲体面、摆阔气，却没有料到这种名声对日后会是多大的负担，他很快就会被拖累得一文不名，离自己原先所向往的大人物式的美妙前景越来越远。

对名利的追求和对美的追求有时会产生激烈的冲突。追名逐利的人总是会为了梦寐以求的目标放弃美德。那些野心勃勃的人认为，只要自己爬上了梦想中的宝座，就可以轻而易举地赢得人们的敬佩和仰慕，毫不费事地做到优雅得体、风度翩翩。到那时，为了向上爬而使用的种种卑鄙手段统统可以被头上的光环所遮盖，没有人还会在意他的过去。因此，那些觊觎着政府中高位的人丝毫不把法律放在眼里，只要能够得到日思夜想的宝座，他们就会不择手段地将通向权力顶峰之路上的障碍一一清除，哪怕冒天下之大不韪，甚至不惜采用谋杀、行刺、叛乱、战争等方式。他们之中，失败者远远多于成功者，而身败名裂的下场也是罪有应得。按理说，那些美梦成真的人应该心满意足，但奇怪的是，他们得到了自己苦苦追求的东西，心里却只剩下无比的失望和失落。舒适、快乐，都不是野心勃勃的人真正想要追求的，他们喜欢的只有荣誉的光环（虽然往往是对荣誉极度的扭曲），也只有这个光环能给他们带来满足感。然而，无论是在他自己还是在别人的眼中，他此前为达目的而不择手段的卑劣伎俩，使他爬上高位后所得到的荣耀早已黯然失色。这时，他会尽力让自己和别人忽视甚至忘记过去的卑劣行径，但无论是纸醉金迷、声色犬马的放纵（堕落的人常常用这种可怜的办法打发时光），还是日理万机的忙碌、惊心动魄的征战，回忆仍然挥之不去，像梦魇一般纠缠。他可以举办所有极尽奢华的盛大仪式，可以从权臣和学者那里收买令人作呕的谄佞献媚，可以得到愚民大众发自内心的欢呼，可以在一切征服和胜利之后品尝志得意满的滋味，但是这一切却都是徒劳，他永远无法摆脱那如影随形的羞愧之情，像是一种生命的报复。他希望能够将那些事情忘记，却总是徒劳无功。而一旦他回想起过去自己曾经犯下的罪恶，就会知道别人也记得这些事。尽管所有荣耀集于一身，心里却不得不时刻背负着千古骂名。每个人都无法逃过自己心灵的追捕。伟大的恺撒能够解散卫队，这样已经算是气度不凡，但自己的疑心却无法打消；他可以赦免自己的敌人，却无法得到人们的友情。最终，他也无法在同僚的尊敬和爱戴之中安享天年。这其实是很可悲的一件事情。

卷二　优点和缺点，或奖赏与惩罚的对象

认识优点与缺点

引　言

还有一种与人类的行为举止相关的品质，它既不能用是否适度来衡量，也不能用庄重和鄙俗来形容，而只能对这些行为表示肯定和否认，这就是优点和缺点，一种与奖惩关系密切的品质。前面也探讨过，如果要去研究和更深入了解产生各种善恶行为的内心感情的原因，那么可以从两种不同的角度去解读。首先，可以从激发感情的原因是否与这种情感相对应的角度去分析，正是这种原因决定了行为是否适度。其次，可以从目的与结果的关系去分析。目的、结果的正确与错误对应了其行为是否应得到奖赏和惩罚。既然我们对行为的好与坏做了了解，那么我们现在就来了解人类行为是否该得到奖惩的有关感觉。

第一节　投桃报李与以恶报恶

虽然奖赏和惩罚的实质都是一种报答，但两者显然不同。奖赏是投桃报李，我们对别人施与我们的恩惠心怀感激之情，通常会进行报答；而惩罚却是以恶报恶，我们对别人给予我们的伤害怀有怨恨之情时，通常会以牙还牙（当然，能够引起我们对别人的幸福和痛苦关心的除了感激和愤恨之外，还有一些激情，却不像这种激情能够直接导致我们为他人操劳。）。

当面对给予我们很多帮助的人时，我们会对他满怀敬爱，心存感激，会因为他得到了幸福而欢喜，也会心甘情愿地为此而尽自己的一份力量。虽然我们并不在意给予幸福的是谁，但是这并不影响我们的感激之情。可是，如果我们没有为他的幸福而尽一份力量的话，我们就会感到有所欠缺和遗憾。

同样，当面对一个曾伤害过我们或我们平时就很厌恨的人时，我们会对他幸灾乐祸，会因为他遭受到的痛苦而欢喜，不仅觉得他罪有应得，还会想亲手处置他。但是如果对他没有仇恨，那么也自然不想亲手给他造成不幸和痛苦。因为这样，我们的良心时常会自我谴责，觉得自己和那个人一样可恨可憎。但是如果罪犯为他所犯的罪和行为感到懊悔时，别人由于害怕受到同样的惩罚就不会再去犯同样的罪，惩罚也就产生了警诫公众的政治上的效应。

第二节　合乎情理的感激或怨恨的对象

只有那些与事情无关而公正无私的旁观者同情、理解、赞同的行为，才是合理的并能被大家所认同的，而合乎情理的对象是大家都认为应得到感激或怨恨的对象。

当我们发自内心地感激某一个人时，很显然我们应该去报答他，这种报答也会得到别人的赞同。同样，当我们发自内心的怨恨某一个人时，很显然我们是应该去惩罚他，这种惩罚也会得到别人的理解。

一方面，当我们的朋友因为交了好运而快乐、开心时，我们都会很乐意去和他分享这种喜悦，即便不知道是谁、是什么给他带来好运。如果对这种快乐产生了感情，而它却在我们力所不能及的情况、范围之下被破坏，那么我们的内心便会产生许多遗憾、惋惜之情。当知道是某一个人为我们的朋友带来这份快乐、好运、幸福时，这种快乐和喜悦的情感往往也会更加强烈。在这时，如果有人获得了安慰、帮助、同情，对那个人我们同样是心怀感激的，也会觉得那个人是如此的亲切和蔼。所以，当被帮助过、安慰过、关爱过的人对他的恩人怀有感激之情时，我们完全能够理解这种知恩图报的感情。

另一方面，当我们的朋友因为遭受到欺凌伤害而痛苦悲伤之时，我们的内心就会和他一样痛

苦、难过。但我们不能一味地痛苦、悲伤，因为这是一种消极被动的不合理行为，痛苦永远会伴随着我们，所以我们更要努力去寻找一种摆脱痛苦的情感，而这种情感源于一种合理的自卫与复仇。这种情感是一种积极合理并且被大家所认同的情感，当我们知道造成痛苦的人是谁时，这些感情往往也就更加凸显出来。

这就好像，如果我们的朋友在进行合理的自卫与复仇时不幸死亡，那么我们不仅会去理解和感受他的愤怒、憎恨之情，而且对他身边的亲朋好友的愤恨与憎恨之心也感同身受。当我们知道他死后大仇仍未报，那么在我们心中，就多了另一种感情，那就是所谓的责任感。往往只有这份情感，才让我们能在想象之中感受他所遭受的不幸和痛苦，也能在这种责任感中感觉到我们的朋友是死不瞑目的。其实神和上帝早已在利用这种情感去主持正义，惩罚那些罪恶滔天的人了：那些有罪恶的人往往会在半夜看到恐怖的画面和那些他曾经伤害的人的冤魂从墓地中出来复仇的身影，所以他们常常会感到恐惧、害怕和痛苦。

上面我们所赞同和认可的观点是因为我们感激、怨恨的对象是合乎情理的，而下面我们所看到的情况却是因为感激、怨恨的对象是不合乎情理而引起的结果。

如果一个人，当他去做好事的时候，其根本目的与动机不被大家所认同，那么我们就很难去理解那些得到好处的人给予他的回报和感恩之情。他仅仅因为对方碰巧是与自己同姓同名，做同样的事，或是和自己是同一宗系，当同样的官，就将自己的财产送出去，那么我们当然对这种愚蠢的行为是不予以赞同和肯定的，并且也无法理解、认同那些给予好处的人得到在的回报和感激之情。因为这种愚蠢的帮助是不值得去感激与回报的，相反，当我们处在困难之中，对给予我们关怀、同情、帮助的那个人，我们就会心怀感激、敬意和尊重。

英国的君主詹姆斯的一生更能充分形象地说明这个理论。詹姆斯天生就具有一颗善良慈爱的心，他常常大方慷慨地施舍，却没有换来一个对他忠心的人，到最后居然是孤苦伶仃。可是他那生性冷酷和淡漠无情的儿子却得到了英格兰那些上流社会的人的帮助，甚至不惜为他牺牲生命。

同样的道理，如果一个人，当他因为某种原因和动机而去危害他人时，即便给他人带来再大的灾难和痛苦，只要这种动机是被我们大家所肯定和赞同的，那么我们就不会厌恶、憎恨他，也就根本不会去同情那些被危害的人了。

就像两者之间的吵架一样，若其中一个人的行为动机被我们所赞同，那我们就会觉得他是对的，而对方是错的，所以也就会去反对对方、否认对方，即便对方遭受了再大的痛苦和不幸，我们也不可能去体谅、理解和宽容的（当然，这种同情的义愤是有限度的。）。

当一个十恶不赦、凶暴残忍的罪犯指责揭发他的人和审判他的法官时，大家往往就不会认同这种行为，更不会去同情、怜悯他了。

第三节　小结

首先，如果我们大家真正从心里去赞同和肯定行善的人的动机，那么我们往往会对他心存感激。因为这种动机蕴涵了许许多多的慈爱和帮助之情，所以我们也会以一种感激、崇敬之情理解和感受那些报恩的人的心情，因为我们觉得好人就应该有好报。

可是，当那些行善的人的动机不那么合理，甚至不被大家所肯定，那我们就会否认他的结果。

其次，如果我们大家对给别人造成伤害的人的动机、目的持否定态度的话，那么当他们给别人带来巨大的伤害与不幸时，我们往往会去同情、体谅受害者，并且能够理解受害者的怨恨之情。因为我们觉得恶人就要有恶报。

但是，当实施暴力行为的人，他的行为动机和目的是被大家所肯定的，那么我们就不会指责他，更不会去同情、怜悯、体谅受害者的愤恨之情了。

第四节　对优点、缺点的判断

人们判断行为优点和缺点的感觉，往往来源于对实施行为的人所具有的感情和动机的直接同情与对接受的人所表达的感激之心的间接同情。

（1）对优点的判断力

对优点的感觉和判断是一种混合的情感，可是往往我们很难清楚地将这种混合的情感区别开来。我们往往很想知道那些正义浩然、高尚慈爱的行为的动机与目的，也在为这些行为后面那些大度无私、慷慨正义的精神所感动着。我们关注着他们的成功和体会着他们的情感，因为当我们用心去体会自己对曾给予我们帮助的人的感激之情时，我们才会真正地感受到内心的热烈、真挚，也才会去感激、崇拜、拥抱恩人。所以，对于曾经帮助过我们的恩人，无论我们怎样去回报他，给予他多大的恩惠，我们是永远也不会觉得满足的。而当他们对这些回报和恩惠予以报答，我们往往会对其大加赞扬。可是，当他们没有作出什么回报，我们会感觉很难以理解，当然，更多的是吃惊。

总之，当我们心中能感觉到被认同、赞扬和肯定的行为优点时，我们就应该对这些行为给予肯定、奖励和赞扬，并予以适度的回报，只有这样，才能使行善的人内心得到慰藉。所以当我们怀着一颗感恩和同情的心去体会当事者的处境时，也才能真正为他们慷慨正义、宽容大度的行为而感动。

（2）对缺点的判断力

对缺点的感觉和判断其实也是一种复合的情感，包括了对施暴者的感情的直接反感和对受害人的感情的间接同情。但是对于哪些行为应该受到惩罚，我们往往能够很正确地区别开来的。

作为旁人我们通常更能体会那些受害者的愤怒，也会给予他们更多的同情，俗话说“恶有恶报”，在这里也得到了很好的证实。如果一个君主骄奢淫逸、荒淫无耻、惨无人道、横征暴敛，那么我们就会产生一种反抗和愤怒的情感，而这些情感的依靠往往也就产生于对施暴者的直接反感与对受害者的间接同情，所以对那些受害者自然会感到义愤填膺。当然，我们也会在不知不觉中萌生那种水深火热、痛苦不堪的情感，从而去同情他们的愤怒和支持他们复仇的情感，也会在每一分每一秒里去幻想着为他们伸张正义、解除痛苦、铲除邪恶。而对暴君的行为与感情则反感和憎恨，认为那是他们应该得到的惩罚。

正义与仁慈

第一节　正义与仁慈的区别

如果我们对一种行为充满感激之情，并且这种感激能够被旁人认可，那么这种行为必定是慷慨正义、正大光明、充满仁慈的。同样，如果我们对一种行为充满愤恨，并且这种愤恨之情也能够得到旁人认可，那么这种行为必定是心存不善的。

仁慈，是不能逞强的。因为它是人类的一种自由选择。对于一个缺乏仁爱慈善之心的人，我们是不能够惩罚他的，原因是他这样做并没有真正伤害到别人，更不会直接产生罪恶。可是，如果当你不去回报那些曾经给予你帮助的人时，那么你就会被别人当做是一个忘恩负义的无耻之徒，从而引起别人的憎恶。但这种憎恶之情并不等于愤怒之情，因为只有受害者才会感觉到愤怒，所以缺乏一颗感恩、仁慈之心的人，是不会受到惩罚的，但他会受到谴责。

如果仁慈是以胁迫的方式存在，那么其后果往往是自己羞辱自己，就像用暴力去胁迫他人来报答自己一样，倒霉的往往是自己。因为真正的仁慈表现为乐于去帮助别人，主动去积德行善、关怀和尊敬他人。

自卫，源于愤怒之情，它是正义和清白的守护神。如果没有它，我们便无法对伤害我们的行为给予报复。但是这种愤怒之情是有限度的，当别人不会伤害到我们时，我们就用不着自卫了。

正义本身是具有强迫性的，它往往是以暴力为手段，不依赖于我们意志所存在的一种美德。其实质表现为：以暴防暴、以暴制暴并恰如其分地使用暴力。它对那些不被大家所肯定的行为报以愤怒之情，从而实施以毒攻毒的行为。这也正是它与其他各种美德有所区别的最显著特征。所以，当人们去遵守这种正义的美德之时，便会在无形当中感觉到一种约束和紧张。当然，如果一个人的行为确实是伤害了某些具体的人，伤害行为也不被大家所认同，那么他便违反了正义。

正义，往往存在于统治者和被统治者之间。统治者经常用正义去维护其政权，并用正义去强迫人们要以礼相待、互助互爱，从而达到国家的繁荣富强（或是规定一种法律：父母有抚养子女的责任，子女有赡养父母的义务，如果不去实施这些行为，不但会受到谴责，而且还会受到更严重的惩罚）。所以，制定法律的人在执行法律的时候，应该具有认真严谨的态度。如果人们对此有完全不同的观点，那么往往会使人心动荡，社会失去安全和稳定，国家也将面临暴乱的威胁。

所以，对于仁慈和正义这两种不同的美德，我们所持的态度应该是审慎、严肃、认真的。最主要的判断依据是，其行为是否具有强迫性。有的行为只需要用责备的态度去对待，可是有些行为是需要用暴力惩罚予以阻止。对于有能力实施仁慈却没有实施的这种行为，我们会给予责备。相反，对于那些乐于行善者我们就会给予赞赏和肯定。那些既不值得我们去赞扬也不值得我们去指责的行为，就居于两者之间了。就好像是一个父亲用同样的态度对待他的儿子、兄弟、亲人，是不应该受到指责也不应该受到赞扬的。当突然之间有人对我们非常的友好，会让我们感到吃惊，好像对此应给予肯定和认同；而当突然之间有人对我们无比冷酷，好像也应给予否定和批评。

平等的主体之间，是不能用暴力去约束的。因为每一个平等的主体都有权利去维护自己的合法利益不受损害，并有权对那些制造伤害的人给予惩罚。所以，当有人遭到抢劫、袭击或是被别人谋杀时，作为旁观者的我们都会想着去保护他们并且为他们报仇。这样做的原因往往来自于那些慷慨的正义者，因为，他们对受害者的行为给予理解并感同身受，所以很乐意为他们效劳。这也正是正义在我们生活中的体现。可是，为什么受害者有时只能自怨自艾，而作为旁观者的我们却不能为他们伸张正义呢？这就是仁慈在我们生活当中的体现。就好比对于一个缺乏感恩、同情之心的人，我们对他只能给予批评责备，却不能去惩罚和胁迫他。

其实，我们与他人的交往中，如果彼此能做到真诚相待，不去伤害对方，那么我们也能感受到别人对我们的真诚、友善。相反，我们如果去以恶惩恶、以恶报恶，那么我们就会永远生活在一个冷酷无情的世界里。

第二节　正义、懊悔与欣慰

前面我们已经提到过有关正义的一些表现，在这里，我们再来对正义做一个系统全面的概括。正义是一种最完美、最崇高的感情。法律重要的作用首先体现于将侵犯和剥夺我们生命权利的侵害者给予最严峻的惩罚。其次，才是去保护那些拥有合法财产者的权利。所以，可以看出，保护个人的合法权利，要求他人履行其所应尽的义务，这是正义给予我们最后的保障。当一个人去侵犯另一个人的生命的时候，我们往往对侵犯者怀着憎恨之情。当然，当侵犯者意识到自己所犯的罪孽给别人带来伤害、不幸之时，如果他能深深地感到自责与懊悔，那么，我们对他的憎恨之情便会随之减弱。

爱自己胜过爱别人，这是人类具有的天性，所以我们便会常常去关注与我们关系密切的东西。那是因为，对我们来说，每个人都在这个世界里占有了重要的位置，并且只有自己才能让自己幸福，只有自己才能去关爱、照顾好自己。但这并不意味着，我们可以用对待自己的态度去对待别人，更不意味着你可以毫无条件地去表现这种自爱、自大。当我们明白了这点，我们就会以别人的态度和眼光来评审我们的这种自爱，从而才会充分适度地去表现它，让别人接受。就像当我们与竞争者为了财富、成功、权力而全力以赴时，我们的这种自爱之情就能得到别人的赞同。但是当我们为了这些财富、成功、权力而不择手段时，这种自爱就不会被别人所接受。总之，当我们为了自己的幸福而努力时，我们这种自爱就会得到别人的赞同和理解。

悔恨是人类与生俱来就具有的一种情感。它往往会使那些给别人带来伤害、不幸者认识到自己的错误和罪孽时，对此产生羞耻、恐惧、惊慌、后悔之情。因为当他们认真、冷静地看待自己先前的这些错误行为时，便会慢慢厌恶和悔恨自己。当他们站在那些受害者的的立场上去看待自己的这些行为时，他们便会更加地感到恐惧、惊慌并充满了懊恼和悔恨。他们常常会伴随着这种罪恶感在极度的痛苦之中生活，害怕别人对自己的冷漠和唾弃，渴望得到别人的宽容、原谅和宽慰，当然，也渴望着惩罚者能给予他们一些保护。

相反，如果一个行侠仗义、乐善好施、正义公平、慷慨大方的人在从事正义的行为活动时，他就会觉得欣喜与欣慰，而别人也会爱戴他、崇敬他，和其他人相处时也能其乐融融。我们把这种自我满意、欣慰的情感称之为对优点的自觉。

第三节　正义的作用

人的天性决定了只有适应其所处的自身环境，才能够在社会中得以生存和发展，这是被大量事实所证实的。我们每个人都应该真诚友善地对待身边的人，并且学会如何感恩。因为社会有了人们的以礼相待、互敬互爱，才会充满平和、温馨、关爱，从而不断地向前发展。

在一个社会里，如果人们之间没有关爱，没有帮助，也没有感恩，那么这便是一个缺少幸福、温暖和关爱的社会。在这种社会里，人们只能以类似互惠互利的关系维系生存了。所以，当一个社会不能生存与发展时，那么这个社会的人们必定相互愤恨、相互伤害、相互残杀……这样，就会扯断社会关系中的纽带，从而消灭整个社会。所以，在一个充满阴险狡诈、暴敛无耻的社会里，它只能在正义的守护和维护下才能生存和发展，这样，正义在整个社会生活中便居于核心地位了。正因为我们意识到它的重要性，所以我们才会去尊崇它，乐意看到违反这一法律原则的人受到惩罚，以此维护它的尊严。就像那些自卫者，正是因为有了正义的维护，所以他们在进行自卫时就会适度地、有原则地进行，从而真正地保护自己。这就好像我们可以使用暴力与恶势力作斗争，从而维护国家的安定、社会的平和一样。

正是因为有了“正义”这种特殊的情感，我们才会对违法者绳之以法。所以，当我们为了维护社会的安定而作出必要的惩罚时，人们便会表示理解和支持（因为这种做法是正确的）。但是，世界万物的变化是有规律的，所以，对正义的使用也是有限度的。如果施暴者得到了他应有的惩罚，不再实行暴力时，我们往往便会在不知不觉之中对他产生同情、怜悯之心。所以，为了让人类对施暴者产生更多的怜悯和同情，我们就必须用“先天下之忧而忧”的思想去驱除那些狭隘的情感，这就是我们通常所说的：“对罪大恶极的人宽恕实际上是对无辜者的伤害。”

只有真正强调正义在社会当中的重要作用，我们才会在维护社会安定的过程中取得胜利。我们对那些丑陋低俗、虚伪狡诈的人不但怀有厌恶、憎恨之心，而且还会希望他们得到应有的惩罚。因为，他们这些行为在一定的时候必将危害到社会或给社会带来消极的影响。

可是通常，我们在社会中往往很少强调正义的重要作用。我们对自己的幸福和命运予以关注时，并不意味着我们从真正意义上去关心整个社会。这就好像我们很重视一千块钱，也知道这一千块钱是由每一元钱所组成，但这并不意味着我们会将大部分的时间与精力放在每一元钱上，即便不幸失去了一元钱，我们也不会感到太难过。相似的，我们对社会的关心，并不意味着我们真正去关注每一个人的生死存亡，即便社会是由每一个人组成的。所以，可以很明显地看出，对社会的关心是由对每一个个体的特殊关心而构成的，但是对每一个个体的关心，并不意味着对整体社会的关心。例如，我们为了保护自己所拥有的全部财富而去惩罚掠夺财富的人，这仅仅是为了得到所丢失的那一笔钱。同样的，我们为了维护社会的安定和整体的利益，而去惩罚那个威胁者时，仅仅是出于对受害者的帮助与同情。现实告诉我们，对罪犯实行惩罚，并不意味着我们对整个社会的关心。这里需要强调的是，我们对亲朋好友的尊敬、热爱和关怀之情并不一定包含了这种关心。我们所憎恶的人被他没有得罪的人所伤害时，我们会对他给予理解和同情。即便有些人会对这种理解、同情表示反对。

我们在对待不同的惩罚时，由于心情和态度不同，也会具有不同的原则。在某种情形中，仅仅是为了维护社会的整体利益而对惩罚的行为表示赞同（这种赞同往往是对一些危害社会治安、违反纪律者的惩罚行为）。即便这种行为不会直接对每个人都造成伤害，可是我们常常会去惩罚它。因为，我们觉得如果这种行为日积月累，便会给社会带来许多危害和损失。所以，当我们对一个玩忽职守、不坚守工作岗位的哨兵给予剥夺生命权的惩罚时，我们会因此而感到遗憾。虽然这个哨兵的玩忽职守可能给整个军队带来消极的影响，可我们还是希望他能保住自己的生命。因此，我们就会对公私利益相悖而心存遗憾。很多时候，当个人利益与国家整体利益发生冲突时，我们应该保护国家的利益。所以，严厉的惩罚是必不可少的，这也是我们大家所认同的。但是有时候我们会觉得，这种惩罚太严厉了些。他们的行为虽然伤害了其他人或给其人造成了不幸，但却还没有达到让我们为此愤恨的地步。所以，一个内心充满善良的人，在面对这些行为时，必须意志坚定，才能赞同对犯罪者的惩罚或是亲手惩罚犯罪者。可是，即便是一个内心充满仁义善良的人，当他们面对杀父仇人或者忘恩负义、凶暴残忍的凶手时，他们也会毫不犹豫地惩罚这些凶手。这时，如果别人惩罚了这些凶手，他们便会高兴。可是，如果他们没有报杀父之仇，也没去惩罚那些凶手时，他们的内心就会感到失望、痛苦。所以，我们必须重视的是，违反正义的行为，应该要现世现报。不然，如果违反者在活着的时候侥幸逃脱，那么这种惩罚便会一直紧紧缠着他的灵魂从而去惩罚他，这也便是为什么会产生地狱的原因了。

命运对我们产生的影响

引　言

当我们去判断一个人品质、道德的好与坏时，往往是通过其行为所具有的三方面内容去分析和评价它。首先，一个人实施某一行为的目的和意图；其次，这种目的所引起的动作；最后，在前两者的影响和作用下所产生的结果。差不多每一种行为都包括和蕴涵了这三方面的内容，其中居于核心地位的是实施行为的目的、动机和意图。它往往决定和影响着其他两方面。

一种行为是应该得到赞同，还是应该得到反对，决定于行为者的目的和意图。如果离开动机、意图去评价其所产生的行为，我们既不会去赞同，也不会去批评。这就好像给你一把枪，不管你去射击鸟还是射击人，你都是射击，而我们不知道你射击的真实目的，所以，我们对其造成的结果是不会作出任何评价的。这也正说明了行为产生的后果与行为者的目的、意图是密不可分的。所以只有行为者表达出内心的真实意图、目的时，我们才能对这种行为作出赞同或批评的评价。虽然影响行为的目的和意图不同，会导致许许多多不同的结果，但是归结起来说，只有两种，即好和坏。合理的动机，正确的结果当然是好的，相反，动机、目的不当和不轨的结果也自然是不好的。

当我们通过行为的这三个方面去评价一切善恶时，这种情感往往会随着不同具体情况而具有不稳定性。所以我们现在要探讨的问题是：这种不稳定性形成的原因、产生的影响和带来的结果。

第一节　形成的原因

不管是有没有生命的东西，都会引起我们的痛苦、快乐、憎恨和感激之情。当有一个小石头弄疼了我们，我们就会踢走它；如果它弄疼了小狗，小狗便会对它乱吼乱叫。

当我们平静下来以后，对这种态度与情感做一个更正的话，我们就会很快清楚，对一个没有生命的东西去宣泄我们的情感，这种做法是不理智的。但是，我们在生活当中常常会具有这种情感（对无生命的东西，当它给我们带来伤害痛苦时，我们就会拿它出气；当它给我们带来欢乐喜悦时，我们就会对它心存感激。）。如果有一种东西，它给我们的朋友造成死亡，那么我们恨不得将它销毁砸碎。我们的这种举动，会得到其他人的理解。当一个海员依靠某块木板从失事的船中获救的时候，我们希望这位海员能够对这块木板心存感激，好好珍惜这块木板。就像我们长期使用的钢笔、拐杖，我们从心里会好好珍爱它的；也好像我们对遥远传说中的森林仙女和土地守护神，怀有一种敬畏之情。

对那些无生命的东西去宣泄我们的感情，是不符合逻辑的。所以，真正合乎逻辑的宣泄是对有生命事物的感知。因为这种有生命的事物能给我们带来痛苦、快乐。也只有这种事物，才能将我们的憎恨、快乐之情表达出来。对于无生命的事物，它们是不能接受我们的报复、感激之情的。所以，动物和人往往更适合我们去憎恨或感激。如果狗咬伤了你，牛顶伤了你，那么你就会惩罚它们。从某一个角度来看，你是为了保护自己，但对于那些曾帮助过我们的动物，我们应该给予它们尊敬和感激。《土耳其侦探》中有一个故事能很好地说明这个问题，有一匹马曾经横渡海峡将一个官员驮了回来，可是这个官员却把这匹马杀了。我们当然无法理解和赞同这个官员的举动，因为这匹马应该受到感激、尊敬和关爱。

虽然动物能感受到那些情感，但仍然具有一定局限性。所以，当我们向一个人表达感激之情时，不但希望他能快乐，而且还希望他能感到欣慰（因为我们要让他觉得，他的付出会有所回报的）。另外一种现象是，当我们去报复那些仇人时，不但要让他得到应有的惩罚，更重要的是，要让他明白不能这样伤害别人。

我们很乐意别人对我们刮目相看，也很乐意去听那些对我们自己有很好的评价的话。所以，我们最想让自己和自己的恩人心有灵犀，也希望对他们所做的行为有一个满意的肯定。但是，那种为了获得更多感谢的施恩者，常常会被慷慨大方、乐善好施的人所轻视。这就是通常被人们所认为的行为者的动机。当我们对那些施恩者不会产生尊敬、感激之情时，那就说明了那些施善者的目的、动机是不正确的。

同样的，如果那些妄自菲薄的人伤害了我们，给我们带来不幸和痛苦，我们常常会憎恨、厌恶他们，并希望他们得到应有的惩罚。所以，在通常情况下，就出现了复仇。复仇的目的其实是让那些实施痛苦的人意识到，他不应该这样做，从而让他确定一个正确的态度（但是，如果复仇没有成功，那我们便会感到失望和遗憾）。有一种情况是需要注意的，与我们势不两立的敌人，如果他们没有伤害到我们，也没有给我们带来痛苦和不幸，那么在一般情况下，我们就很容易去理解他们，更不会感到愤怒了。

所以，一个合理、正确的感激或仇恨对象必须满足三个条件。首先，它能够激起我们的快乐或痛苦；其次，它必须具有生命；最后，它必须存在于人们意识里，即会受到他人的肯定或否认。第一个条件能够让任何事物都具有那些情感，第二个条件是满足于那些情感，第三个条件是能够让我们产生更多的情感。所以，要想激起别人感激或愤怒的情感，唯一的方法是以各种方式给别人带来快乐或痛苦。一个人，如果他具有慷慨仗义或横征暴敛的意图、目的，他却没有达到他所希望的目的时，那么我们就无法对他的行为给予肯定或否定。

总之，当我们的内心充满了善良仁爱、宽容大度，那么就会造成好的结果，从而得到别人的肯定、赞赏，随之便形成了优点；当我们的内心充满了邪恶、自私，那么就会造成不好的后果，从而得到别人的否定、憎恨，随之便形成了弱点（即人们通常所说的缺点）。正因为行为掌握在命运的手中，所以命运才会影响人类对优点、缺点的不同看法。

第二节　产生的影响

不管是值得表扬的目的还是值得唾弃的目的，如果因为命运的影响而没有实现，那我们对这种感觉便会自然消失，反之亦然。命运产生的影响通常表现为两种。

1. 一个人感觉到自己的优点或缺点是有所欠缺的。可以推断出，他即使有美好、正确或是图谋不轨的计划、目的，但他的这种目的也不会发生实际作用。这是感情变化无规律性的一种表现，这种表现不仅仅是只有那些直接接受行为影响的人才能感觉到。而且，作为一个公正的旁观者也能间接地感觉到，当某一个人去帮助别人，即便没有成功他也会得到别人的尊敬和爱戴。但是，如果他不但帮忙而且成功了，那么他就会被当做恩人，从而获得人们的爱戴和感激。

从某种正义感的角度来看，我们应该感谢那些愿意帮助我们，但却因为某种原因而没有达到成功的人。所以，在一般情况下，我们往往用这种观点去安慰那些付出而无回报的人。虽然他们没有达到成功，但我们也应该感谢他们。一个宽容大度、友善的人，他会用同样的态度去对待那些帮助他但是未能成功的朋友。所以，真正的宽容和大度是能够被自己所看重的人热爱和尊敬的。往往这种能给人带来幸福的情感，通常能激起更多的感激之情。相比之下，“结果”就显得微不足道了。但是快乐、感激之情并不是绝对的。因为对他们来说，感激之情也会有所损失的。这个道理就好像帮助两个情况处境完全相同的朋友，其中甲获得了成功，而乙失败了。那么，即便是品质多么无私的人，也会去认同、赞许甲多一些。从这一事实中我们可以看出人类的不公平性。如果拥有爱心的人并没有去帮助别人，那么我们就不必对他心存感激。这也在我们生活中有所表现，如果一个人很愿意帮助我们，但是我们却不想因此而感谢他，因为要是没有别人的合作，那么他所付出的努力是不会有什么结果的。当旁观者能站在公正的角度去分析这一问题时，他们就会同意、认可这种观点。需要指出的是，一个人，当他尽心尽力帮助别人，却没有达到目的时，那么他就会否认其自身所拥有的优点，并报以怀疑的态度。但是，对于那些有崇高志向、远大见识的人来说，优点本身并不是完整无缺的。当他们因此感到英雄无用武之地时，这种缺欠就更加突现出来。

如果一个英勇善战、才智双全的将军，因为奸臣所害而未能打败敌人时。即便得到善良仁慈的人给予肯定和赞许，但是在他心中，他还是失望和不甘。同样的例子，一个伟大的建筑师，如果他因为某种原因而没有实现他的设计，那么，他就会觉得悔恨和痛苦。可是，如果是一个充满智慧的建筑师，用他的智慧和才能去设计并且将设计圆满完成，那么我们就会惊讶和赞美一座富丽堂皇的伟大建筑物出现在眼前的欢悦和惊喜。虽然每个建筑师的设计都充分体现了他们具有一样的才华、智慧，可是却给我们带来了完全不一样的结果。即便是世界上最智慧、最聪明的人也是会有这种感觉的。计划、想象往往比实践容易得多，可是却因为缺少实际的行动，所以就不会引起这种赞美的感情。就像我们往往会觉得亚历山大、恺撒他们的能力、智慧与我们不相上下，只要给予我们相同的环境和机遇，我们也能作出那样伟大的事情。所以，我们就不会对他们投以赞赏、惊奇和羡慕的目光。当我们以一颗平静的心去评价他们时，我们就会赞赏、肯定他们。因为他们有能够激起赞赏、肯定的激情。

同样的，对于一个忘恩负义、自私自利的人来说，当他去看待一个想做好事可是却没有能够做成好事的行善者时，他就会因此而将行善者的优点缩小；当他去看待一个想做坏事但却因为某种原因而没有达到目的作恶者时，他就会因此而将作恶者的缺点缩小。对于犯罪者来说，无论他的犯罪意图多么恶劣，即便是被人们追查、了解得一清二楚，只要他还未犯罪，就会得到从轻处置。就好像一个小偷，如果他只是将手伸进别人的衣袋里就被别人发现了，那么给他的惩罚远远比他已经偷了东西要轻得多。相似的例子，如果一个人企图强奸妇女，那么给他的惩罚往往要比强奸罪轻得多。相似的例子还有，如果我们看见一个人，想非法侵入民宅，但是在他未进去之前就已被抓获，那么对他的惩罚比已经侵入民宅要轻得多。所以，从上面的事例当中我们可以看出，不管是文明的国家也好，还是不文明的国家也好，人类的情感往往是具有无规律性的。所以法律在这一特殊条件下，规定了所谓的“减刑条例”。不管在什么情况下，内心充满正义、善良的人往往会从减轻对犯罪者的惩罚的角度出发，可是内心充满自私和凶恶的人是不会从这一角度去思考的。

在这里需要特别指出和强调的是对于叛逆者的定罪，是具有其特殊性的。统治者往往会以严厉的惩罚手段来镇压叛逆者，因为叛逆者通常会威胁到统治者本身、当局者的地位与政治，或是给政权本身的生存发展带来直接威胁、影响。所以，在世界的大多数国家里，一般情况下都会对叛逆者给予最严厉的打击。在现实生活中，我们也会遇上一些悬崖勒马的人们。他们或许想过报复、伤害别人，想过犯罪。但因为某种偶然的情况未发生，他们在那一刻清醒了，并且感觉到庆幸，从而心中充满感激之情。但是，他们也会感到自责和羞耻，即使结果没有发生。这就好像我们曾处在悬崖之处，处在危险、水深火热之中，虽然最终脱离危险和困境，但当我们回想起这一经历时，心里还是会感觉到一些恐怖和害怕。

2. 我们对行为优缺点增强的感受，来自于行为者偶然带给我们不同寻常的快乐或痛苦。所以，我们往往会非常喜欢带来好消息的那个人，并且会对他会产生一种喜爱、感激之情。相反，我们会很讨厌给我们带来坏消息的人，并且对他会产生一种憎恨之情。当亚美尼亚国王提格兰将最早向他报告敌军将至的的人斩首示众，以此来惩罚那些带来坏消息的人时，这种情感便得到了更好的证明。虽然这种做法显得凶狠毒辣，可是我们还是会认可它。这也解释了一种现象，即在外作战的将军为什么会将传达好消息的美差交给他最宠爱的人。那么，我们为什么会产生这种情感呢？因为我们很容易对友好善良的情感表示赞赏、认可，而对凶狠敌对的情感却容易表示憎恨。可是，当凶狠、敌对、阴险辣毒的行为所针对的对象是正确合理时，我们就会对此给予理解和宽容。

在通常情况下，因为某人的过失而伤害到别人时，我们会理解受害者心中的不悦，也会同意他去惩罚那个对他造成伤害的人。如果某人有过失的行为，那么他是要受到惩罚的。例如，一个人事先没有通知任何人，就将一块石头从窗户外扔进屋里，那么即使这块石头没有砸到谁、伤到谁，他也会因此受到谴责和惩罚。因为他不在乎别人的安全，更不在乎石头是否会伤到谁，他本身不仅缺乏社会责任感、正义感，同时也缺乏正确对待他人的意识。所以，从这一角度来考虑，我们就会觉得：他的这种过失与疏忽应该受到惩罚和谴责。

还有一种疏忽过失，那就是它本身就是违反正义的。它通常表现为，当一个内心充满关爱、仁慈，作风小心谨慎的人，因为某种偶然的原因，无意中伤害了别人，那么我们就会因此而责备他。因为他所造成的伤害和损失应该由他来承担，所以这种责备是应该的。但是需要强调的是，这里的责备是不同于惩罚的。

最后我们来看看另外一种过失与疏忽。这种过失与疏忽体现在：当我们去做一件事时，如果总是小心翼翼、杞人忧天地面对还没发生的事情。我们就会给予反对、批评。因为人们常常会认为，小心谨慎的态度不利于成就大事，因此不会把它当做一种美德。可是，如果有人因为缺乏这种态度，而给别人造成损失与伤害时，他就要因此而赔偿损失。这正如阿奎法律所规定的一样，如果有人骑着一匹容易受惊吓的马奔跑时，正巧踩伤了别人，那么他就要因此而赔偿损失。同样的，当一个人因为上述的原因给别人带来损失与不幸时，若他是一个有良知的人，就不但会赔偿损失，向受害者道歉，而且还会站在受害者的角度去理解他们的不悦和愤恨。但是，站在一个公正的旁观者角度去分析的话，这是用不着道歉、赔偿的。我们不应该去强迫一个过失者承担这种沉重的负担与责任。

第三节　情感不规律性的根本原因

当我们反对以结果作为评价标准去讨论品德的好与坏时，我们就会发现，其实我们自己是很难符合这种公正的格言的。

这种情感的不规律性，是神灵所赋予我们的。与此同时，它也赋予了人类幸福与完美。当一种行为的动机和意图、想法与目的能引起我们的厌恶和憎恨之情，即便没有造成什么结果，我们也会为此厌恨。这就是为什么每个法庭会成为一个公正的仲裁所的原因了。当那些清白、严谨、谨慎的行为不被大家所认同时，我们就会怀疑这种行为的意图和目的；当这些行为会让我们产生痛恨、厌恶之情时，它的目的和动机一定是充满邪恶的。正义法则的产生基础，正是人类这种关于优缺点的情感所具有的无规律性。然而世间万物并不是绝对的，即便是一个仁义、大度、智慧的人，也会隐藏着愚昧、软弱、无能的另一面。

人类所具有的这种情感的无规律性，往往会对我们的生活产生一定的作用和影响。这就是缺陷和不完美的产生原因。正如有些想帮助别人可是却没有成功的人，其良好的心愿并不是完整的。当一个内心充满善意、仁慈和慷慨正义的人为他的这种目的付出行动时，我们就会给予他尊敬和感激。当他的目的得以实现时，我们对他的这种赞许、肯定和崇敬、感激之情便会得到最充分的认可。如果他因某种原因，不幸没有达到这一目的时，那么我们的认可并不是最充分的，而在他的心里也会随之产生一种遗憾、懊悔之情。而另外一种情况是如果他根本没有为这个目的付出努力和行动，那么我们就不会对他给予感激、报答。因为他未对我们做过什么，我们凭什么要去感激、报答他呢？所以我们就可以将此概括为，对于你一时的动机，只要你未付诸行动，那么，不管其好与坏，你都不应该因之得到奖赏或惩罚。

可是，我们需要注意的是另外一种情况即如果一个人无意中犯了罪，那么，不管是对受害者还是肇事者来说，都是一种伤害与不幸。所以，当我们在关注自己幸福的时候，也要小心地提防和警告自己，不能作出伤害自己同胞的行为。如果不幸的灾难发生了，我们就应该理解、同情那些受害者（给予他们帮助和宽容）。一个内心充满仁慈、善良的人，不管自己的过失和疏忽会给别人带来多少的不幸与损失，他都会感到悔恨、自责和痛苦，而且还会赔偿损失并给予受害者更多的恩惠与帮助（虽然这种做法是自然的，却是极为不公平的）。正如一个行为严谨、清清白白的人在偶然情况下犯了错，他也应承担这个世界上最沉重的责任和罪孽。

虽然，这一切的现象看来仅仅是体现了情感无规律性的变化，可是当一个不想去做坏事的人在不经意中犯下了错，他还是会得到宽容、理解、安慰与宽恕的。而这时，他就要依靠那句正确而公正的格言（即我们应该得到的尊敬并不会因为我们无法预知和决定的结果而减少），在他心中聚集高尚无私的坚定意志，全力以赴地去纠正、完善人生的无规律性和努力去实现那些以前未能实现的目的，并努力纠正以前所犯的错误，从而得到别人的认可、肯定和赞赏。

卷三 自我评价的基础，兼论责任感

自我认同和不认同的原则

前两卷主要考察了我们评判他人感情和行为的出发点及基础，现在要重点考察我们进行自我评价时的出发点。

我们判断自己行为的依据，似乎与我们判断他人行为的原则相同。当我们设身处地地为别人着想时，能否充分同情导致这种行为的情感和动机，决定了能否赞同他人的行为。这也决定了当我们站他人角度时能否赞同我们他人的行为。如果我们不离开自己的立场，并在一定的距离外看待自己的情感和动机，我们就不能全面地审视它们，也不能作出任何判断。我们只有努力用他人的眼光来看待自己，或者采取他人可能会有的看法来看待这些情感和动机。所以我们作出的任何判断，都与他人的判断有某种联系，不论这种联系是实际存在的，还是出于我们的想象，或者仅仅是在某种情况下可能出现的。我们努力像个公正无私的旁观者那样考察自己的行为。如果我们置身于他人的立场，能够完全理解影响自己行为的所有情绪和起因，我们就会对想象中那位公正的法官表示认同，并赞同自己的行为，否则我们就要谴责这种行为，并对他的不满表示体谅。

如果一个人生长在与世隔绝的地方，从未与任何人打过交道，他不可能想到自己的品质、情感和行为有哪些优缺点，也不会想到自己的心灵是美好还是丑陋，就像他不会想到自己的外表长得是美还是丑一样。这些都是他不会注意，也很难理解的。他没有一面把这些展现给自己看的镜子。一旦把他带入社会，他就立即得到了在此之前缺少的镜子。周围人的言行举止就是这面镜子，他们是否理解和赞同他的情感，都会有所反映。此时此地，他第一次看到自己的感情是否合宜，看到自己心灵的美和丑。这个一生下来就与世隔绝的人，现在正专注于外界给他带来快乐或悲伤的外界事物。外界事物所引起的情情、愿望，将全都展现在他面前，这些也是他从未思考过的。但这些情感不会引起他太大的兴趣，更不会引起他专心的思考。虽然思考这些情感的起因时常会给他带来快乐和悲伤，但是对快乐的思考不会给他带来新的快乐，对悲伤的思考也绝不会激起他新的悲伤。一旦进入社会，他所有的情感会立即引起新的情感。他会看到人们对他的感情表现出的赞同和反感。赞同使他受到鼓舞，反感让他感到沮丧。他的愿望和厌恶、快乐和悲伤，现在常常会引起新的愿望和厌恶、新的快乐和悲伤。因此，现在他会对这些情感深感兴趣，并时常让他专注地思考。

我们对自身美丑的最初概念，不取决于自己的身体相貌，而是由别人引起的。我们很快就能感觉出别人对我们相同的评论。如果他们夸奖我们的相貌，我们会感到高兴；如果他们对此表现出厌恶，我们就会感到失望。我们很想知道自己的外表会得到何种评价，我们通过照镜子的办法，尽可能努力地与自己保持距离，以他人的眼光来看待自己，逐一审视自己的身体。经过这样的审视，如果我们对自己的外表感到满意，就会将别人最坏的评判置之不理，若我们觉得自己让人厌恶是理所应当，那么别人任何一点反感都会让我们觉得无地自容。一个外貌还算英俊的人，也许会容忍你嘲笑他的某个小缺陷，但对于一个外貌丑陋的人来说，这种玩笑会让他无法忍受。很明显，让我们焦虑不安的是我们的美丑对他人的影响。如果我们与社会没有联系，这些就完全不重要。

我们最开始的一些道德评论都是针对他人品行的，并且我们迫切想知道这些评论给自己带来的影响。但是不久之后我们就会认识到，别人对我们同样是直言不讳的。我们渴望了解自己会得到他们怎样的评价，以及是否一定要像他们对我们所表现的那样，表现出我们令人愉快或不愉快的样子。我们因此开始考虑，如果身处他们的情景中我们会有怎样的表现，以此来审视自己的情感和行为，思考自己应该如何向他们表现。我们假定自己是自身行为的旁观者，并且尽力想象这种行为给我们带来的影响。某种程度上这是我们能用别人的眼光来检查自身行为是否合理的唯一途径。如果这种观察使我们感到高兴，我们就会不在乎别人的赞扬，也不在意别人的指。无论受到怎样的歪曲或误解，我们都有信心得到别人的称赞。如果我们对自己的行为心存疑惑，就会更加渴望获得别人的认同。如果别人说我们并非声名扫地，那别人的指责就会让我们感到更加迷惑和煎熬。

当我们努力审视自己的行为，尽力去判断，并对此作出评价时，我们仿佛把自己分成两个人，一个是作为检查者和评判者的旁人，另一个是接受检查和评判的行为者。作为旁观者的“我”尽力设身处地地看待我的行为，并且考虑当我从那个特殊的角度来观察自己行为时，会有怎样的情感。另一个作为行为者的“我”，实际上就是我自己，尽力以旁观者的身份对其行为作出评价。前者是评判者，后者是被评判者，这两者就像“原因”和“结果”一样，不可能完全一样。

和蔼可亲和成绩卓著都是品质崇高的美德，都应该得到我们的热爱和回报，而那些邪恶的品质都是令人讨厌和应受到惩罚的，但所有这些品质都与他人的感情密切相关。美德之所以和蔼可亲与值得赞扬，不是因为它被我们热爱和感激，而是因为它在别人心中引起了那些感情。就像猜疑会引起罪恶的折磨一样，意识到美德能得到赞许和尊敬，必将会给我们的精神带来安宁和满足。受人爱戴并且知道自己值得被爱，是一种巨大的幸福。同样，被人憎恨并且知道自己罪有应得，则是一种巨大的不幸。

赞扬及值得赞扬的品质，谴责及理应谴责的品质

人生来就希望被人喜爱，而且希望自己是理应招人喜爱的；人生来就怕被人憎恨，而且害怕成为理应被憎恨的人。人不仅希望被人赞扬，而且希望在没有得到赞扬的时候，也确信自己是应该受到赞扬的人；人不仅害怕被人谴责，而且在没有受到谴责时，如果知道自己是应该被谴责的人，那么也会感觉害怕。

对值得赞扬的品质的热爱并不完全源自对赞扬的热爱。虽然这两个原则很相似，互有联系且常常混为一体，但在许多方面它们各自独立又互有区别。

那些品行为我们所赞同的人，我们自然对他们怀有热爱和敬佩。这也必然会让我们渴望得到同样令人愉快的感情，而且希望自己像那些人一样成为值得敬佩和亲近的人。急切的好胜心，源自我们对别人优点的敬佩。我们不可能满足于得到与别人同样的敬佩，我们相信至少自己跟别人一样，具有值得赞扬的品质。为了获得这种品质，我们必须努力成为一个公正的旁观者，用别人的眼光和态度来看待自己的品质和行为。观察的结果如果像我们所希望的那样，我们就感到快乐和满足。如果别人观察我们品行的眼光，和我们曾想象的一样，并且得出了跟我们相同的结论，我们这种快乐和满足就会增强。他们的认可坚定了我们的自我认同，他们的赞扬也坚定了我们的自我赞扬。热爱值得赞扬的品质，此时这种热爱不完全来自对赞扬的热爱，至少在很大程度上，是来自对值得赞扬的品质的热爱。

当最真诚的赞扬不能证明某种值得赞扬的品质时，它就不可能给我们带来多大的快乐。由于误解和不明真相给予我们的尊敬和钦佩是不充分的，如果我们意识到自己并非如此被人热爱，真相大白之后人们带着截然不同的感情来看待我们，我们的满足就不完美。如果别人对我们从未实现的行为或与行为无关的动机进行称赞，那么他就是在为别人而称赞我们，我们不可能为此感到满意。这些称赞比任何责难更让我们感到耻辱，使我们不断反省。这种反省是我们应该具备却最为缺少的。可以想象一下，面对一个涂脂抹粉的女人，恭维她的肤色只能满足她的一点虚荣心。这种恭维更多的是让她想到自己真正的肤色所应得的评价，相比之下她会深感羞愧。为这种毫无根据的赞美感到高兴，只能证明内心的浅薄和空虚，这就是虚荣心。它造成了那些极其荒谬卑劣的恶习，也造成了虚伪庸俗的谎言。如果经验没有使我们认识到这些是多么粗俗低劣，我们最起码的庸俗感也会把我们从这个虚荣的深渊中救出来。愚蠢的说谎者，竭力编造出一套子虚乌有的冒险故事；自命不凡的花花公子，摆出一副他自知配不上的高贵架子，他们无疑都是在自己幻想的赞扬中陶醉。他们的虚荣心来自一种幻想，任何一个有理性的人都不会上当。如果他们换位思考，置身于自己曾骗过的那些人中，就会为自己受过这么高的赞美而震惊。他们用朋友们实际上

看待他们的那种眼光，而不是用他们应该在朋友面前表露的那种眼光来看待自己。他们浅薄的弱点和轻浮的愚蠢，总是妨碍他们反省自己。如果他们意识到自己会在众人面前露馅，那他们就会用那种卑劣的观点看待自己，让事实大白于天下。

不知真相和毫无根据的赞扬不可能让我们感到实实在在的快乐，也不可能产生经得起考验的满足感。如果我们没有得到赞扬却在各方面都应当被称赞，按照通常的标准也一定会被赞扬的时候，我们会感到真正的安慰。我们不仅为赞扬感到高兴，也为值得赞扬的行为感到快乐。虽然实际上我们没有得到任何赞扬，但想到自己理应得到别人的赞扬，还是会觉得愉快。有时别人并没有责备我们，但我们反省到自己理应被责备，就会感到惭愧。如果一个人意识到自己的行为已经恰如其分地遵守了公众普遍认可的标准，他在思考自己行为的适宜性时就会深感满意。当他站在旁观者的立场，公正地看待这些行为时，他完全能够理解影响行为的全部动机。他带着满足和喜悦，回顾行为的每一个细节。即使人们对他一无所知，他也不在意，因为此时他用来看待自己的并不是人们对他的实际看法，而是人们在充分了解他之后可能产生的眼光。此时他期待着人们的赞美，并带着相同的感情自我称赞。他知道自己的行为引起这样的结果是自然而然的，他在想象中把它们紧密联系在一起，并习惯性地认为这种行为理应会带来这样的感情。人们不惜抛弃生命去追求声誉，哪怕死后再也不能享受荣誉带来的快乐。他们幻想着那些终将属于自己的荣誉，耳边回响着永远不会听到的赞许，心中充满了永远不可能感受到的赞美。这些想象驱散了他们的恐惧感，让他们常常作出超越人性的壮举。我们永远无法获得赞美，是因为世人没有准确地了解我们行为的真相和价值。实际上，我们失去获得的赞美和我们永远无法得到赞美并没有多少区别。前一种产生的影响如此强烈，对后者的高度重视我们也就无须感到奇怪了。

倘若人只渴望得到同胞的赞同，厌恶他们的不赞同，就无法适应社会的生存。因此人们不仅渴望得到别人的赞同，而且渴望自己具有值得别人赞同的品质，或能够在人群中自我赞同。前一种愿望能使人们希望在表面上适应社会，后一种愿望才能让人们渴望真正地适应社会。前者只能使人们假仁假义、隐瞒罪恶，后者才能使人们真正地热爱美德、痛恨邪恶。后一种愿望对任何一个健全的心灵似乎都更为强烈。只有软弱浅薄的人，才会对那种自知完全配不上的称赞感到高兴和得意，但明智的人无论何时都会抵制这种赞扬。虽然明智的人很少因为自己不值得被赞扬而感到愉快，但当他知道自己所做的事应该被赞扬，却无法得到赞扬的时候，他也会感到莫大的快乐。他从来不把不该得到赞扬的事情受到赞扬当做值得追求的目标。在值得赞扬的情况下得到人们的赞扬，对他也不太重要。成为那种值得赞扬的人才是他追求的最终目标。

卑劣的虚荣心才会让人们渴望甚至接受不应该得到的赞扬。在理应得到赞扬的情况下，我们不过是渴望一种最基本的公正待遇。在智者看来，热爱良好而真实的声誉，不贪图从中可能得到的好处，也没什么错。但有时他忽略甚至对这一切不屑一顾，当然，除非他完全确信自己所有的言行没有任何不当，否则他不会轻易这样做。他的自我认同无须别人的认同来支持，这种自我赞同，即使不是他的全部目标，也是他的主要目标。对这个目标的热爱就是对美德的热爱。

我们会对一些品质怀有喜爱和赞美之情，我们也愿意得到这种令人欢悦的情感。我们会对另一些品质怀有痛恨和蔑视之情，更害怕自己具有类似的品质。比起别人对我们的痛恨和蔑视，我们觉得自己可恨、可鄙的想法更让我们恐惧。即使别人向我们保证不会对我们报以痛恨和蔑视，但我们也会为自己的所作所为感到不安，怕这些行为会引起他们同样的情感。如果一个人的行为破坏了那些受人欢迎的准则，无论怎样保证不会有人知道他的所作所为，也毫无效果。当他以一个旁观者的角度来审视自己以往的行为时，他会感到无比的惶恐和惭愧。如果他的行为已经家喻户晓，他一定会为此感到极大的耻辱。此时若他想在精神上逃脱人们的嘲讽和蔑视，那么只能对周围的一切视而不见。如果周围的人曾对他表现出嘲讽和蔑视，他就会觉得自己理应遭此报应，并且一想到这种折磨就倍感恐惧。如果他的行为不仅仅是招致非议的小小错误，而是激起众人巨大憎恨的罪行，那么他在理智地思考自己的行为时，就会感到极度的恐惧和悔恨。虽然人们可能对他保证不会有人知道他的罪行，甚至他也深信上帝不会给予他惩罚，但他仍会觉得自己理应受到所有人的憎恨，这些悔恨和恐惧将伴他一生。如果他还没有习惯犯罪，心灵也没有变得冷漠麻木的话，他一定会畏惧和惊恐地想到，当真相被揭晓，人们对他的态度、表情和目光。这个自知有罪的人会感到极大的痛苦，就像有魔鬼或复仇女神纠缠一样，他的一生都将备受煎熬。即使他自信能隐瞒罪行，即使他根本不相信宗教，绝望颓废和心烦意乱也使他难以解脱。只有那些极端卑劣无耻的人，那些对美誉和臭名、美德和恶行完全无动于衷的人，才能免受这种折磨。那些在犯下弥天大罪之后，还想方设法为自己开脱，有时迫于自己的处境而主动揭发同胞秘密的人，是极为卑鄙且极为令人憎恨的。他们知道自己的罪行，慑服于那些他们冒犯过的同胞的愤恨，也饱尝了那种罪有应得的报复，所以他们设想以死来平息人们的愤怒，弥补自己的罪行，减轻别人对自己的憎恨，希望自己能够令人同情而不是那么让人痛恨。让他们平静地死去，并得到全人类的宽恕，这些想法与他们在揭发自己罪行前的畏惧和惊恐相比，似乎是让人高兴的。

那些性格并非脆弱、敏感的人们，此时害怕受到责备的恐惧甚于他人的责备所真实带来的恐惧。为了缓解这种恐惧，抚慰自己良心的自责，他们会心甘情愿地接受惩罚和谴责，即使可以避免，他们也会觉得自己是罪有应得。

为那种自知配不上的赞扬而得意高兴的人，是最轻浮浅薄的。即使意志坚定的人也常会为无中生有的指责感到屈辱，对那些经常在社会上传播的流言蜚语，他们很容易学会嗤之以鼻，因为这些荒谬的传闻必然会在几周甚至几天之内销声匿迹。但一个清白无辜的人，不管他有何等坚定的意志，面对一个虚假且罪名重大的诋毁仍会感到震惊和耻辱，当这种诋毁碰巧和一些能够引为佐证的事情一起发生时，更是如此。他会屈辱地发现，人们都鄙视他的人格，猜测他真的犯下这些罪行。虽然他坚信自己的清白，但这些诋毁还是使他的名誉蒙受损失，甚至连他自己也这样想。他对此产生的严重伤害不应该甚至不能予以还击，由此产生的义愤也是一种极其痛苦的感受。没有什么心情比这种不能平息的强烈怨恨更让人痛苦的。遭人诬陷或者被人诋毁犯有重大罪行而被人送上绞刑架，这是一个清白无辜的人可能遭受的最大不幸，此时他比那些罪犯更为痛苦。恶贼和劫匪恣意犯罪时，很少意识到自己的恶劣行为，更不会心生悔意。他们把上绞刑架看成是自己的命运，根本不在意这种惩罚是否公正。当这命运降临时，他们只好听天由命，觉得自己不如同伙那么幸运。除了害怕死亡之外，他们不会有其他的不安。这些卑微的可怜虫甚至能轻易战胜这种恐惧。但清白无辜的人因自己遭受了不公的惩罚而产生的愤怒和痛苦，远远甚于那种恐惧带来的不安。他惊恐这种惩罚给他带来的骂名，他想到他的亲友不会怀着遗憾和深情回忆他，而是怀着羞愧甚至恐惧来回忆他那些无中生有的罪行时，他就会极为惶恐。一种比平常更加令人窒息的黑暗和忧郁向他靠近。为了人类的安宁，人们希望这种不幸的意外事故在所有国家都尽可能少地发生，可它们却时常出现，虽然很多时候正义占上风，但也不能幸免。

遭受这种不幸的人，局限于现世的卑下人生观，使他们不能得到什么安慰。他们已不能再让自己的生命或死亡变得崇高，他们被判死刑且留下千古骂名。能给予他们安慰的只有宗教，宗教可以告诉他们，当洞察一切的上帝对他们的行为表示赞同时，则不用在意人们对他们的看法。只有宗教能让他们看到一个更光明公正和富有人性的世界。在那里，适当的时候会宣布他们是清白无辜的，他们的美德终将会得到报答。这个伟大的法则，会让愚蠢自得的罪人感到惶恐不安，从而给蒙受冤屈的无辜者带来唯一有效的安慰。

一个敏感的人也许不会因犯下的罪行而受到伤害，却会因不公的诽谤而受到伤害。一个风流成性的女子，对社会上关于她颇有根据的传闻置之一笑。但这样的流言对一个清白的处女来说却成为一种道德上的伤害。我认为可以把这些归结成一种普遍的规律：有意犯下罪行的人很少会觉得这不光彩，而习惯于犯罪的人则几乎不会为此感到羞耻。

任何人，甚至智力水平较低的人都毫不犹豫地鄙视不应得到的称赞，而为何无中生有的指责却常常让人感到莫大的屈辱呢？这种情况的产生，值得我们做进一步的探讨。

我曾说过，大部分情况下，痛苦都比对立或相应的快乐更具刺激性。快乐经常带给我们高于正常或自然感觉下的幸福状态，而痛苦几乎总是让我们低于正常状态。一个敏感的人也许不会因赞美而得意，但容易因公正的指责而感到羞愧。一个明智的人在任何时候都会不屑地拒绝不应得到的称赞，但常常为了子虚乌有的指责而愤怒，为自己从未做过的事得到称赞而不安，为僭取不属于他的优点而有愧，他觉得自己不应接受那些出于误解的赞美，而应该得到他们的鄙视。当他发现，很多人认为他可能做过那些他未曾做过的事情，也许会感到某种快乐。他会对朋友们的好评表示感谢，但还是觉得自己应该消除他们的误解，否则自己就是一个品质低劣的人。如果他想到别人在知道真相后可能对他另眼相待，这时再用他们曾经看他的眼光来看待自己，就会失去很多快乐。软弱的人经常用那种自欺的态度来看待自己，并且为之得意。他僭取人们对他的称赞，并吹嘘自己还有很多不为人知的优点，他将自己从未做过的事情、别人的作品和发明都据为己有，从而犯下了剽窃和制造谎言的罪行。

一个资质平庸的人不会因自己从未做过的事情被别人赞美，而感到多大的快乐。一个理智的人却会因为无中生有的罪行错归于自己而感到痛苦万分。人可以不去追求荒唐愚蠢的快乐，却无法因此摆脱痛苦。没有人会怀疑他拒绝不属于自身优点时的诚实，但如果他否认加在自己身上的罪名，就会被别人质疑。这种诋毁让他愤怒，看到人们相信这种诬陷时更让他难过。他觉得自己的品质并不能保证他免受诬陷，他感到别人对他另眼相看，认为对他的指控有可能属实。他坚信自己是清白无辜的，但几乎没有人能够理解他的行为。他特有的心理状态可能会引起的行为，或多或少都会被人怀疑。没有什么比亲朋好友的信任和好评更能帮助他战胜被人怀疑的痛苦，相反，他们的怀疑和非议会让他难以忍受。他可能会充满信心地认为他们那些令人难过的看法是出于误解，但这难以克服那些非议给他带来的影响。总之，他越细腻敏感，越有能力，这种影响就越大。

我们应该注意到，不管何种情况，别人的情感和判断与我们自己是否一致，取决于我们对自己情感和判断的恰当把握。

有时候，一个敏感的人会担心自己在高尚的情操上也会放纵而为，或者害怕为自己和朋友受到的伤害表现得太过不满。他怕自己会因情绪激动而感情用事，因主持正义而给别人造成伤害。那些人虽不是清白无辜，但也非他最初了解的那般罪不可赦。此时别人的看法对他来说非常重要，他们的赞同是他最有效的安慰，他们的反对则使他越发不安。如果他对自己的行为完全有所把握，那么别人的判断对他而言就无须在意了。

一些非常高雅美好的艺术，需要极高的鉴赏力才能理解其中的含义，但是在某些方面，鉴赏的结果并不相同。还有一些艺术，它们经得起充分的论证和令人满意的检验。这两者相互比较，显然前者更需要公众的评判。

具有高超的鉴赏力才能体会诗歌的优美，年轻的初学者很难体会。因此朋友和公众的好评让他更加喜出望外，糟糕的评价让他深感羞愧。前者让他对自己充满信心，后者让他感觉气馁。在获得经验和成就之后，会增加他进行自我判断的信心，但公众的批评总会给他带来深深的耻辱。拉辛因为自己的悲剧《菲尔德》反响平平而深感不满，即使正处在创作的巅峰时期也决定不再写剧本。这位伟大的诗人常常对他的孩子说："毫无根据和错误的评论给他带来的痛苦高于最为诚恳的赞颂。"众所周知，伏尔泰也对那些微小的指责甚为敏感。蒲柏先生的不朽名著《邓西阿德》可以和所有最优美和谐的英国诗歌相媲美，但是却受累于最卑劣的作家们的批评。据说格雷因自己最好的两首诗遭到别人拙劣的模仿，以致他想要从此搁笔。那些自诩才华横溢的文人，敏感性甚至接近于这些诗人。

数学家怀着十足的自信来看待自己的发现，肯定它们的真实性和重要性，因此他们毫不在意别人如何看待这些发现。格拉斯哥大学的罗伯特·西姆森博士和爱丁堡大学的马修·斯图尔特博士，是我认识的两位伟大的数学家。他们从来不因无知者忽视他们最有价值的著作而不满。据说，艾萨克·牛顿爵士的伟大著作《自然哲学的数学原理》被人们冷落很多年，但这丝毫没有影响这位伟人的平静。自然哲学家们跟数学家一样，他们对自己的发现和知识的价值充满自信、毫不动摇，不会因公众的评价而束缚自己。

大概各类不同文化人的道德品质，多少是因他们与公众的关系不同而导致的。数学家和自然哲学家们由于不受公众评价的制约，很少会拉帮结派地抬高自己，贬低别人。他们通常彼此和睦相处，相互尊重，不会使用卑劣的手段获得公众的赞扬。当著作受人追捧时他们高兴，受到冷遇时也不会愤愤不平。诗人和那些虚荣的文人们却乐于拉帮结派，明争暗斗。他们运用各种卑劣的阴谋诡计力图把公众拉到自己这边，同时不遗余力地攻击对手和仇人。

当我们没有信心评价自己的优点时，就会渴望了解别人对我们的评价，并希望得到好评。别人的好评会让我们欢欣鼓舞，而受到别人的恶评则会倍感沮丧，但这还不足以让我们去拉帮结派、钩心斗角。一个人为了胜诉而贿赂所有法官，却不能让他相信自己胜之有理。如果他是为了证明自己有理而进行诉讼，那他就绝不会去贿赂法官。赞扬也一样，如果我们并不在乎别人的赞扬，只想证明我们值得被人赞扬，我们就不会为此不择手段。虽然赞扬对于聪明人来说，在受到怀疑的时候能够证明他们具有值得赞扬的品质，但赞扬本身此刻是无足轻重的。我们不能把他们称为聪明人，因为此刻他们也许会为了逃避责任而不择手段地赢得赞扬。

他人用赞扬和谴责表达了对我们品行的实际感觉，值得赞扬和应被谴责是他人对我们品行的自然情感。热爱赞扬就是希望获得他人好感，而热爱值得赞扬的品质就是希望自己成为理应被赞扬的人，这是两种相似的天性。对于谴责和理应被谴责的畏惧，也是如此。

如果有人做出了某种值得赞扬的行为或者想做出这种行为，他同样希望得到应有的甚至更多的赞扬。此时这两种天性混为一体，连他也难以分辨自己的行为到底受哪种影响，别人就更加分辨不清了。那些企图贬低他的人将其归结为虚荣心，那些愿意考虑他优点的人，则将其归结为热爱值得赞扬的品质，热爱人类真正高尚的行为，以及对获得和应该获得他人称赞的渴望。旁观者对他的行为进行观察之后产生的好恶，按照自己的思考习惯把这些行为的优点想成不同的样子。

很少有人认为自己已经具有为自己所钦佩同时也让他人钦佩的品质。除非人们公认他已经两者兼备，或者他们已经获得别人给予这两者的称赞，否则即使他已经做出这样的行为，也难以感到心满意足。但人与人之间的差别巨大，一些人当他们自以为已经充分证明自己具有值得被赞扬的品质时，却似乎对赞扬毫无兴趣。而另外一些人则似乎不在乎值得赞扬的品质，只关心赞扬。

人们不会因为自己的行为没有受任何责备而感到满意，除非他实际上也避免了责备或非议。一个智者常常不在意他理应受到的赞扬，但是每到紧要时刻，他都小心翼翼地控制自己的行为，这不仅避免了该受责备的错误，也避免了可能遭受的非议。如果他做了理应被指责的事，却没有担起应尽的职责，或没有抓住机会做自己认为值得赞扬的事情，他就必然会受到责备。一旦考虑到这些他就会极为谨慎地避免责难，在做出值得赞扬的行为时不显露出对赞扬的渴望。虽然看上去像是一种软弱的表现，但希望避免责难的念头并不软弱，这种谨慎是非常值得赞扬的。

西塞罗说："很多人蔑视荣誉，但又因为不公正的指责而感到极大的屈辱，这是非常矛盾的。"可是这种矛盾似乎永远根植在人性的原则之中。

上帝用这种方式教导人们尊重他人的情感和判断，人们如果赞同他的行为，他就会感到高兴；而人们如果反对他的行为，就会使他感到不快。上帝让人变成人类的审判者。同其他方面一样，上帝此时按照自己的设想来造人，并指定他作为自己在人间的代表，监督人类的行为。人的天性让他们承认这种上天赋予的权利，在遭到责难时感到屈辱，在获得称赞时感到得意。

虽然人是人类的审判者，但这只在一审时才有效，最终的判决还要求助于他们自己良心的法庭，那个人们在心目中设想的，有着伟大审判官和公正无私的旁观者的法庭。这两种法庭的审判建立在某些相似的原则上，但实际上还是有所区别。外部的裁决权完全依靠对现实的赞扬、谴责、渴望和厌恶。内心的裁决权则依靠对值得赞扬的渴望，或者对应该谴责的厌恶。我们热爱别人具有的某些品质，称赞别人的某些行为，我们也渴望自己能有这样的品质和行为。如果别人具有的某种行为遭到我们的憎恨，受到我们的责备，我们就会恐惧自身会有类似的品质和行为。倘若外部的审判者称赞我们从未做过的行为，或者称赞与我们行为无关的动机，内心的审判者就会告诉我们是否应当接受称赞。接受会让我们变成卑劣虚荣的人，于是我们克制自己，不会因这样不适的称赞而自鸣得意。如果外部的审判者对我们进行子虚乌有的指责，或者误解我们与行动无关的动机，内心的审判者就会马上纠正这个审判，我们坚信自己不应该遭受不公的指责。可是很多情况下，内心的审判者常被外界的非议、喧嚷而迷惑。有时指责伴随着激烈的言行劈头盖脸地打向我们，让我们的感觉变得麻木迟缓，几乎丧失了对美和丑的判断。也许内心的判断不会有丝毫的改变，但它的可靠性与坚定性已经大为降低，于是我们内心的平衡和宁静被破坏。当我们面对他人的谴责时，我们几乎不敢原谅自己。如果所有的外部旁观者立场一致，而且情绪强烈地反对我们，那我们在心中设想的那个公正的旁观者，也只是怀着犹豫和恐惧的心情支持我们。这个心中的审判者就会像史诗描绘的那样，既有神的血统，也有人的血统。当他坚定不移地判断和引导内心对美和丑的感觉时，就像神一样行事。当他一旦被愚昧无知和立场不坚定的人弄得惊慌失措时，就暴露出他人性的血统已经压倒了神性，同人一样的行事。

此时那个情绪消极、内心痛苦的人只能向宇宙最高法庭的审判者寻求安慰。因为这个审判者能洞察一切，从来不会作出错误的判决。适当的时候，这个伟大的法官会宣布它的清白，这是他绝望的心灵唯一的依靠。在他惶恐不安时，是天性让他认为这个伟大的法官不仅保护他的清白，也会保护他内心的平静。很多时候，我们把自己今生的幸福寄托在对来世的希望和期待中，只有这样才能支撑人性的尊严和崇高的理想，才能把人类阴郁的前景点亮，并让我们在此生的大灾大难中保持乐观。在那里，任何人都能得到公正的待遇，每个人都将与和自己道德、智力类似的人为伍。那些谦逊高尚的人，今生未曾有机会展示自己，不仅世人和他们自己对此缺乏了解和信心，甚至内心的裁判者也不敢明确地支持他们。在来世，他们那些不为人知的优点，克己谦虚的美德，将在那里得到适宜的评价，有时甚至会超过在今世享有盛誉的人。这样的世界终会到来。这样的信念对于软弱的心灵来说，会激起他们无限的憧憬和热爱，即使明智的人对此报以怀疑，也会陷入虔诚的期望中。除非有人告诉我们，在来世，报答和惩罚的分配常常与我们所有的道德感情直接冲突，否则渎神者绝不会嘲笑这种信念。

很多德高望重的老臣满腹牢骚地抱怨说，在凡尔赛宫或圣·詹姆斯宫拍一次马屁，顶得上在德国或佛兰德斯打两场胜仗。忠厚的臣子不见得比阿谀奉承的人更得宠，汗马功劳也不一定比溜须拍马更容易得到升职。这种对世俗君主的抱怨和指责源于神性的完美，对职责的忠诚，源于社会和个人对神的崇拜，甚至被德才兼备的人描述成唯一免于惩罚甚或给予回报的美德。也许这种美德是他们的主要长处，与他们的地位极其相称，但我们都容易高估自己的优点。雄辩而智慧的马西隆在为卡迪耐军团的军旗祝福而作的讲演中说道："先生们，你们最可悲的处境就是生活的艰难困苦，那里的服务和职责有时比修道院严格的苦修还要艰苦。你们总是苦于今生的徒劳无功和来世的虚无缥缈。苦行僧在陋室中克制肉体的欲望以服从精神的追求，他之所以能够坚持，是因为他坚信一定能得到回报，并会得到上帝减轻惩罚的恩典。你们临终时会大胆地向上帝诉说你们工作的艰辛吗？会向他恳求回报吗？你们觉得上帝会肯定你们的全部努力和你们对自己的全部克制吗？你们把一生中最好的时光献给了自己的职业，十年的服务对你们身体的损害可能甚于一生的悔恨和羞辱。我的弟兄们！为了上帝，哪怕仅仅经受一天这样的辛苦，也会给你们带来永世的幸福。如果一件事是为上帝做的，哪怕它再令人痛苦，也会让你们得到圣者的称号。可是你们所做的一切，在今世却得不到任何回报。"

把修道院徒劳的苦修和战争中高贵的艰险相比，宗教家认为在上帝眼中，修道院里的苦行比戎马一生的光荣具有更大的功绩，这肯定是与我们所有的道德情感相冲突，也违背了我们在天性指导下赖以控制自己的轻蔑和敬佩的全部原则。但正是这种精神把天国留给了修士和僧侣们，同时让古往今来的所有英雄、政治家、立法者、诗人和哲学家们，为人类的延续和科技的进步作出更多的发明创造和贡献。人类那些伟大的保护者、指导者和造福者，那些我们在直觉驱使下将其视为品德最为高尚的人，皆将下地狱。这个最值得尊重的信念被荒唐地滥用，不时受到嘲讽和轻视，这对于那些不热爱虔诚祈祷的人来说，并不值得惊讶。

良心的影响和权威

虽然在特殊的情况下，良心的支持不能使软弱的人感到满足。那个想象中与他们的心意相通的旁观者，不能完全支撑他们的信心。但任何时候良心的影响和权威都是不可忽视的，只有在这个内心法官的指引下，我们才能真正看清与自己相关的事情，才能恰如其分地处理自己与他人的利益。

人性中那些自私的情感，会让我们把自己的微薄利益看得比他人的最高利益还重要。切身利益使得我们的喜怒哀乐都更为强烈，从自身的利益出发，绝不可能把他人的利益看得跟我们自己的一样重要，我们甚至不惜损人利己。我们必须转换自己的立场才能公正地处理这两种对立的利益关系。我们只能采取第三者的立场和眼光来看待这个问题，这个第三者必须与我们毫无关系，它的看法不会偏袒任何一方。我们能够根据习惯和经验轻而易举地做到这一点，甚至下意识地完成它。此时如果正义感不能纠正我们天性中的不公之处，而我们要想认识到自己对我们关系最为紧密的邻人是多么的冷漠，就需要反思，甚至需要哲学的思考。

在我看来，如果中国这个伟大的国家同其亿万居民突然毁于一场地震，一个和中国没有任何关系且有人情味的欧洲人首先会对这些不幸的遇难者表示深切的哀悼。他会沉重地想到世事无常，人类的劳动成果就在顷刻间化为乌有。如果他是一个投机的商人，也许还会想到这种灾难对欧洲商业和世界贸易产生的影响。可是当这些怜悯和深思都过去之后，这种不幸的事件好像从未发生过，他一如既往地追求他的工作和享受，而在他身上发生的最小的麻烦，都会引起他的紧张和不安。如果明天要失去一个小指头，今天他就坐卧难安。但当他知道那从未谋面的亿万中国朋友遭受了大的灾难，他也会安稳地睡去。因为他自己微小的不幸比亿万人的毁灭更为重要。

一个有良心的人，如果见过那些遭受灾难的人，会为了免除自己的小灾难而牺牲他们的生命吗？人类的良心对这种想法感到惊诧，因为一个世界如何腐败堕落也不会有这样的恶棍。但是为何会产生这种差别？当我们消极的时候如此卑鄙自私，当我们积极的时候又怎会如此慷慨崇高呢？我们对他人的利益漠不关心，只在乎自己的利益。可为何普通人在有些时候，高尚的人在任何时候，都会为了他人更大的利益而作出牺牲呢？这不是人性温和的力量，也不是上帝在人心中点燃的仁慈火光，这只能抑制最强烈的私欲。它是此时出现的一种强大力量，一种更为有力的动机。它是理性、道义、良心，它是判断我们内心行为的伟大法官。我们的行为即将威胁到他人幸福时，它的声音震慑我们心中最剧烈的冲动。它对我们高呼："我们无非是万物中的一员，绝不高人一等。如果我们盲目自大，必将被人仇视和憎恨。"只有它让我们知道我们在意的私利微不足道，而且只有用旁观者公正的眼光才能纠正我们的心理上的自私和扭曲。

它告诉我们，慷慨是合乎情理的行为，而违背正义的行为则是丑陋的。为了他人更大的利益而作出自我牺牲是正确的；为了自己最大的好处而伤害别人是丑陋的。很多时候我们按照神性的美德去行动，并不是因为对邻人的爱，也不是对人类的爱。此时我们产生一种更强烈的爱，一种更有力的感情，一种光荣而崇高的爱，一种伟大和尊严的爱，一种对自己优秀品质的爱。

当我们能够决定他人的幸福或不幸时，我们不敢按照自私心理的指使，使个人的利益高于他人的利益。内心那个人会提醒我们：过于看重自己而轻视别人，会招来他人的蔑视和愤怒。品德高尚的人不会为这种情感所左右。每一个优秀的军人知道，当战友们认为他会在危险面前退缩，或者在需要他尽军人之职，甚至要为国捐躯时犹豫不前，他就会遭到战友们的轻视。

人绝不应该把自己看得比他人重要，即使对他人的伤害可能远远小于自己的利益，也绝不可以损人利己。穷人不应该诈骗、偷窃富人的东西，即使赃物给穷人带来的利益比富人丢失的损失更大。此时内心的那个人会立即告诉他：他并不比他的邻居重要，因为他违背了人类社会和平安全的神圣法则，他的私心必将遭到人们的蔑视和惩罚。正直的人也许不害怕遭受突然而至的重大灾难，却害怕这种行为成为他心灵上无法抹去的污点，使他的内心蒙受耻辱。"对一个人来说，用不正当的手段夺取另一个人的东西，或将自己的利益建立在他人的损失之上，要比由于肉体或外界原因造成的死亡、贫穷、痛苦和所有的不幸，更加违背他的天性。"这条伟大的斯多葛主义的格言所表达的真理正根植于他心中。

如果别人的幸福和不幸与我们的行为无关，如果我们彼此的利益毫无冲突和关联，我们就不会总认为我们有必要压抑自己的天性，压抑自己的自私心理以及对他人的冷漠态度。常规的教育让我们在所有重大场合按照人际关系中的公平原则行事，甚至平常的世界贸易也可以调整我们的行为准则，使我们的行为达到某种程度的和谐。据说只有依靠精雕细琢的教育和严谨深奥的哲学才能纠正我们消极情感中的错误。

有两类不同的哲学家试图向我们讲授这最难理解的道德课程。一类试图增强我们对他人利益的关心，另一类试图减少我们对自身利益的重视。前者让我们像关心自己一样去关心别人，而后者让我们像天生冷漠一样去漠视自己。这两者都远远超出了恰当的正确标准。

前者是一些悲观消沉的道德学家，他们不停地指责我们在众多同胞处于不幸时还能愉快地生活。那些可怜的人面临着种种煎熬，时时刻刻忍受疾病和贫穷的折磨，而我们竟然对他们在死亡线上的挣扎视而不见，满怀喜悦地为自己感到庆幸，这在他们看来是邪恶的。即使我们从未耳闻目睹，也应该确信这些同胞在遭受折磨，我们应该对他们产生怜悯，并且压抑自己因为幸运而带来的快乐，并表现出我们的同情。但是，对自己一无所知的灾难表示过分的同情是有悖常理的。全世界平均有一个人遭受不幸和苦难，就会有二十个人春风得意，或者处境平常。这种装腔作势的怜悯不仅荒唐，甚至难以做到。那些表面上做到的人，只是善于矫揉造作和故作多情的悲痛。这种悲痛不具备打动人心的品质，只会让人们的交流和神情变得阴沉和不愉快。即使这种心愿能够实现，也只能让抱有这种心愿的人感到痛苦。无论我们怎样关心那些跟自己素昧平生的人，对他们都毫无益处。关心那些远不可及的世界，只是自寻烦恼而已。

所有的人，包括那些离我们最远的人，都有资格得到我们美好的祝福，我们也会给他们衷心的祝福，但我们没有必要为他们的不幸折磨自己。对于那些与我们毫无关联的人，我们的关心只能是有限的。我们本来的天性如果在这方面有所改变，我们也不会得到什么好处。

我们对成功者的快乐不予以同情很容易，只要没有妒忌的妨碍，我们就会对成功者好感倍增。那些指责我们对不幸者缺乏同情心的道德学家们，也指责我们对幸运者、富豪和权贵轻率地表示崇拜。

另一类道德学家则试图减弱我们对自身利益的关心，纠正我们消极情感中天生的不平等，古代所有的哲学派别都是这样，尤其是斯多葛学派。根据斯多葛学派的理论，我们应该把自己看成一个庞大世界中的一员，而不是离群索居成为孤立的人。我们应该时刻为了集体利益而牺牲自己的小利。我们对集体的关心应该超过对自己私事的关心。我们应该用世界上其他公民看待我们的那种眼光来看待自己，而不是用自私心理造成的那种眼光。我们应该像邻人一样看待我们自己的事情。埃皮克提图说："当我们的邻人失去妻儿时，任何人都认为这是一种人世间的灾难，是一种完全符合自然规律的事件。可当同样的事情发生在自己身上时，我们就会悲恸失声，仿佛遭受了最可怕的不幸。但我们应该记住，这个偶然事故发生在他人身上时我们所采取的态度，当我们在同样的情况下，也应该这样对待我们自己。"

我们的情感对两种人的不幸容易超出适当的范围。一种是与我们特别亲近的人遭受的不幸，比如我们的父母、孩子、兄弟姐妹或最亲密的朋友等，这种不幸会间接影响到我们。另一种不幸，诸如疼痛、疾病、即将到来的死亡、贫穷、耻辱，等等，将直接影响到我们的肉体、命运或者名誉。

前一种不幸会使我们的情绪超过正常范围，但它们也不一定经常达到这种程度。一个对自己父亲或者儿子的死亡或痛苦无动于衷的人，显然不是一个好儿子、好父亲。我们怀着强烈的不满，坚决反对这种有悖人性的冷漠态度。但在家庭情感中总有一些过分或不足让人感到不快。绝大部分人，甚至所有的人对儿女的爱大大超过对父母的孝心。因为血脉的延续是靠儿女而非父母，儿女的生活和安全有赖于父母的关怀，但为人父母者很少依靠子女。上帝让父母之爱变得强烈，这种情感无须激励而需要抑制。相比对待别人的子女，我们会给予自己的子女更多不合适的偏爱，于是道德家极少会教我们如何疼爱他们，常常劝我们克制对自己子女的溺爱和过分关心。但他们时常告诫我们要真情实意地赡养自己的父母，在他们年迈时努力回报他们的养育之恩。基督教的"十诫"要求人们尊敬自己的父母，却没有提到对子女的热爱，因为上帝早已安排好人们如何履行后一种责任。人们很少指责别人对子女的溺爱没有看上去的那么强烈，却常常怀疑别人孝敬父母是装模作样。同样，人们对寡妇夸张的悲痛表示怀疑，但如果能够让我们相信她的真诚，我们也会表示尊重。以上那些事例可以证明，我们也许不完全赞同这种夸张的感情，但也不会给予严厉的指责，甚至在那些装模作样的人眼中是值得称赞的。

虽然我们应该责备那些超过适当范围的感情，但这种感情最多只是让我们感觉不快，并不至于让人厌恶。我们责备父母对子女过分的溺爱，是因为这些最终对他们都没有益处。但是我们很容易理解并原谅这种感情，更不会对之报以厌恶和憎恨。如果有人缺乏对子女的爱，反倒让人觉得可恶。如果一个人在任何时候对自己的子女过分严厉苛刻，毫无温情，那他就像残暴的君主一样可恶之极。当我们最亲近的人遭受不幸，竭力压制自己超乎寻常的感情并不正确，而缺乏那种感情更让人难以接受。在这样的情境中，冷漠的斯多葛学派用一切形而上学的诡辩来维护这种观点，但这除了将纨绔子弟的冷酷心肠扩充十倍，让他变得更加傲慢骄横以外，别无用处。

对别人的不幸怀有合理的同情，这并不会让我们忽视自己的责任。对亡友深情的回忆也没什么不好，虽然同情看上去与痛苦和悲伤类似，但实质上是美德和自我肯定的高尚品质。

那些直接影响我们的身体、命运或名誉的不幸则完全不同，我们感情的过分外露比冷漠显得更不恰当。只有在极少的情况下，我们才能够非常接近斯多葛学派的冷漠无情。

我们很少同情因肉体而产生的情绪。偶然原因导致的身体疼痛，或许能引起旁观者感同身受的痛苦，垂死的邻居也会让旁观者深感悲哀，但这并不能说明旁观者的感受同当事者一样深切，所以当事者绝不能因为旁观者的泰然自若而感到不快。

物质的贫穷并不能引起多少怜悯，为此怨声载道的人也容易让人瞧不起。在乞丐的纠缠下我们也许会施舍给他一些财物，但不会认为他值得怜悯。从富裕到贫穷，常常让人饱尝艰辛，所以容易引起旁观者真挚的同情。虽然在现今社会，遭受这种不幸的人大多是因为自己不争气，但我们也许很容易原谅他的这些弱点。人们同情并愿意帮助他渡过难关，依靠朋友的慷慨和债权人的宽容，他多少都能得到一些资助。人们钦佩和赞同那些自强不息的人，因为他们不会因地位的改变而自暴自弃，也不会因财富的减少而意志消沉，他们在逆境中仍然保持乐观，按照自己的品行来进行自我评价。

名誉被污蔑是一个无辜者遇到的最大不幸。所以在面对可能造成这种不幸的事情时，激动的言行并不能归于粗鲁无礼。如果一个年轻人对别人有损他名誉的诋毁感到愤怒，即使表达得有些过分，也会让我们更为尊敬他。一个纯洁的小姐，因关于她品行的流言飞蜚语而苦恼，往往使人同情。老成者将他人的诋毁置之度外，对他人的谩骂视而不见，甚至对那些无聊之人大为不屑，这是因为生活的积累和多次的经验教训，使他们对此变得冷漠。年轻人不可能有这样的态度，如果年轻人也是这般冷漠，人们会认为他们在今后的岁月里对真正的名誉也会毫不在乎。这是极为不适的。

我们几乎不可能对关乎自己切身利益的事情无动于衷，我们常常抱着轻松愉快的心情回忆别人遭遇的不幸。但对于我们自身的痛苦，回忆时则会带着羞愧的心情。

如果我们考察一下生活中那些脆弱情感和自我克制的细微差别，就会发现对脆弱情感的克制一定是通过某种过程学会的。而且它不是来自那些深奥的推理和演绎，而是上帝对我们的戒律。为了确立各种必要的美德，我们必须尊重所有旁观者的感受，哪怕这个旁观者只是出于我们的想象。

年纪尚幼的孩子缺乏对自我的控制能力。对他而言，不管是恐惧、痛苦还是愤怒，都可以用大喊大叫来唤起保姆或父母的关心，当他处在监护人的关心呵护下，除了被告诫不能过分生气之外，没有必要克制什么感情。当孩子在发脾气之前，那些监护人为了自己的安闲自在，往往会对孩子大声斥责并加以恐吓，使他们保持安静。这种行为使孩子明白，为了自身安全，有必要抑制自身的情绪。当孩子长到可以上学的年纪，或能与其他孩子交往的时候，他会发现别的孩子对他没有任何偏爱和容忍。为了得到其他孩子的好感，避免被孤立，甚至为了自己的安全，他学着压抑自己的愤怒和其他过激的情绪，使身边的小伙伴们乐于接受他。由此他步入了克制的大学校，学会控制自己的感情。但生活的实践再长，我们也很难学会完美自如地控制我们的感情。

当人们造访一个生活在痛苦、疾病和不幸中的弱者时，他马上会从悲哀中振作起来，从造访者的角度出发，思考人们会如何看待他的处境。此时，他会获得某种短暂的平静。但这种机械的状态很快消失，他又回到那种悲哀中，自我感叹并痛哭流泪。他的感情很像那些缺乏自制力的孩子，无法压抑自己的悲伤，只希望唤起旁观者的认同和怜悯。

一个意志较为坚强的人，可能会保持较长时间的振作，并尽可能使旁观者感觉到他的镇定。当他在巨大的不幸面前保持平静时，朋友们自然会对他表示钦佩。这种感觉使他受到鼓舞，促使他更加坚强乐观地面对压力。他努力不去讲述自己的遭遇，他较有修养的朋友们也会避免这种话题。他会用各种玩笑使朋友们开心，如果非要讲述自己的不幸，也会用一种坚强超脱的语气进行叙述。但如果他没有很好的自制能力，这种表现就不会持续太久。长时间的约束之后，他会难以克制自己的本能，对自己的遭遇感到悲痛万分。现在的风气让人们对软弱的情感报以宽容，如果某人家中遭受了重大不幸，一般只会允许最为亲密的亲戚和朋友去拜访，而不希望关系疏远或者陌生人的拜访。人们觉得关系亲密的人约束较少，更能给不幸者带来关怀和同情。其实心怀恶意的人，最喜欢混在那些亲密的朋友中间，对不幸者进行恶意的拜访。此刻，最脆弱的人也会用一种看似轻松愉快的样子，对那些恶意的来访者表示蔑视。

真正具有坚强和果敢品质的人，会有严格的克制能力。他们聪明正直地面对各种复杂的局面。不管是激烈的党派斗争还是残酷的战争，他们都能成功地控制自己的冲动和激情。不管是不是独自战斗，不管成败与否，也不管对手是敌是友，他都能保持理性和冷静。任何时候，他都不会忘记有位公正的旁观者，在时刻注意他的言行和感情，他们也不会忘记自己的良知。他已经习惯用旁观者的眼光去评价自己和周遭的事物，这种习惯不仅规范了他的言行举止，更规范了他内心的情感。他完全认同那个公正的旁观者，甚至认为自己就是那个公正的旁观者。对他而言，这个伟大的旁观者下达的指令，是唯一值得恪守的。

综上所述，人们对自身行为的满意程度，随着自我克制的程度而变化。如果不需要自我克制，就不会产生对自我的满足感。划破手指的人很快就忘记这种疼痛，但他不会因此对自己赞赏有加，因为这不值得他自鸣得意。如果有人在轰炸中失去了一条腿，通过强烈的自我克制，很快使自己的言谈变得镇定自若，为此他会对自己产生高度的满意感。大多数人会因为突发的不幸，变得惊慌失措，倍感痛苦，致使他们无法考虑其他的事情，不管是内心的旁观者还是外在的旁观者，此刻完全不会引起他们的注意。

我们在不幸中遭受的悲痛和辛酸，上帝会按照我们的自我克制行为对我们进行补偿。我们自我克制的程度越高，得到的快乐和幸福也就越多，由此我们对自身行为的满意度就越高。此时，我们也不再为曾经遭受的不幸感到痛苦。斯多葛学派认为，真正的聪明人在各种不幸的遭遇中，不会感到不幸的环境和别的环境有何不同。他们的幸福在各方面都不会有所损失。也许这样的想法太极端，但是我们必须承认，痛苦虽然不会完全消失，但会在自我赞扬中消失大半。

面对突然降临的不幸，明智坚强的人为了保持自己的镇定，必须作出巨大而痛苦的努力。因不幸产生的痛苦和出于对自身处境的看法，会使他备受折磨。他必须花费很大的精力，才够把自己的注意力集中在公正的旁观者将会持有的感觉和观点上。此时，自己的荣誉、尊严和本能的情感，会产生严重的斗争。他难以完全做到从旁观者的角度看待问题，也无法听从良心的指导。当他为了荣誉和尊严而行动时，会获得上帝赋予他的自我满足感，并得到所有公正的旁观者的称赞。如果这种补偿完全弥补他的痛苦，他就不会因为私利而逃避某种不幸的过程。但这种补偿仍然难以弥补他遭受的不幸，因此他对自己和社会的功能都会被削减。要想在不幸降临时保持沉着冷静和清醒的判断，必须有承受痛苦的勇气和坚忍不拔的精神。

按照人类的本性，我们在一段时间以后就会适应种种不幸，恢复通常的平静。所以，如果他承受住突发的痛苦，自然就会慢慢地适应。一个装了条木头假腿的人会感到痛苦，而且当他预见到晚年的种种遭遇时会感到更加痛苦。但他很快就会像一个公正的旁观者那样，把那条假腿看成缺憾，但这种缺憾并不妨碍他交往或者安居的各种乐趣。他很快就能够使自己成为那个公正的旁观者，不再像开始时那样悲伤哭泣。他已经习惯于这种公正的旁观者的看法，这使他的生活变得安静，不再会因其他的念头而觉得自己不幸。

人们迟早都会适应自己的境遇。我们因此认为，斯多葛学派在这方面的解释是非常精辟的。在漫长的生活里，真正的幸福并没有本质上的差别。那些微小的差别只是让我们偏爱或者逃避某种环境，但不会让我们对此产生强烈的感受。幸福存在于平静和安逸之中，在平静的地方就会有使人安逸的事物。在某种长期的、没有希望得以改变的境遇里，我们的心情早晚都会重归平静。沉稳的人会更快地恢复平静，并且能找到更多的乐趣。

我们不幸和混乱的生活，主要来源于对环境差异的过高估计。贪欲使我们把贫富差距看得过大，野心使我们把地位的差距看得过大，虚荣则使我们把名声的差距看得过大。被这种情绪影响的人，不仅在他的现实处境中活得很可怜，也容易为了达到他们那些虚妄的目标而使社会处于混乱。不过，只要他稍微考察一下就会发现，随和的人在任何环境中都可以保持平静、满足和快乐。有些处境确实比较让人开心，但没有一种处境值得用上述的冲动去追求。那些冲动会使我们违反审慎或正义的规范，并为自己的蠢行懊悔不已。如果没有审慎和正义原则的指导，那么人会进行各种危险的游戏而毫无所得。伊庇鲁斯国王对自己的亲信讲述了一系列的征服计划，最后，亲信问："那陛下最后准备做什么？"国王说："到那时，我要和朋友一起共享快乐，一起过轻松的生活。"亲信又问："现在陛下就那么做的话，又有什么不可以呢？"我们梦想中的生活看似是最幸福快乐的，其实和我们现实中唾手可得的快乐没什么区别。除了某些虚荣心和优越感之外，即使在最为低下的地位中也能找到最高的地位中的一切快乐。一切能够让人宁静快乐的原则都与虚荣心、优越感无关。我们急于摆脱穷困的处境，希望在高贵的生活中享受到快乐，但这两者几乎完全不成正比。不管是翻阅历史文献，还是观察身边事物，或者回忆自己的经历就会发现，真正不幸的人，是那种不知道自己已经生活在幸福中，应该心满意足的人。有人本来十分健康，但还是想通过药物延年益寿，他墓碑上的碑文是："我曾经有个健康的身体，但多余的追求让我躺到了这里。"这句话可谓恰如其分地描述了贪欲产生的痛苦。

有个想法可能让人觉得奇怪，但我们仍然相信是正确的：还没有一败涂地的人，往往不像那些处在无法挽回的境地中的人们那么乐意回到以往的宁静生活中去。面对飞来横祸的打击和从天而降的不幸，睿智的人和软弱的人会有截然不同的反应。最后时间，会安慰软弱者，使他意识到自己应该具有尊严和男子气概，才能达到平静的境界。对假肢的适应就是一个很明显的例证。在面临子女、朋友或者亲人的死亡时，睿智的人也会陷入理性的悲伤之中，而一个多情的柔弱女子，这时几乎会悲伤得发疯。不过，随着时间的流逝，这个女子的心境会平静得同最坚强的男人一样。睿智的人对此有着明确的认识，使他们很早就能从无法补救和挽回的灾难中恢复到平静状态。

那些本来可以挽回，或者看似能挽回的灾难，其补救的成本可能超出了当事人可以承受的范围，为此他对种种徒劳无益的尝试，对尝试能否见效的焦虑，以及这种尝试遭到失败时的打击，都使他难以恢复心灵的平静。相比之下，那些更大的，并且无法避免和挽回的灾难，往往会让他在两周内恢复平静。君王的宠臣被冷漠，权臣被驱逐，富翁沦为穷光蛋，自由之身被扔进牢笼，身强力壮者变成绝症患者，在这些情况下，那个反抗最小、最为从容认命的人，反而最容易恢复平静安详的心态，最容易站在冷淡的旁观者的角度来分析自己曾经面临的那些斗争和不幸。拉帮结派、阴谋诡计会使政治家陷入不安，开发金矿的憧憬会让破产者失眠，整天想越狱的囚徒无法享受监狱提供的安宁，最讨厌医生药方的人就是那些不见疗效的病人。

我们对他人的同情，与男子气概的自我克制有密切关系。因为这种自我克制的天性和本能，在邻居遇到不幸时，我们会同情他们的悲痛。当我们自己遇到不幸时，这种自我克制使我们控制自己的哀伤。同样因为这种本性，在别人取得成功时，我们会对他表示恭喜；在我们自己取得成功时，会约束自己的过分喜悦。在这两种情况下，我们对自己情感的控制，正是源自对他人感受的揣测。

我们最为尊重那些具有完美品行的人，因为他们能有力控制自己自私的天性，具有能敏锐感受别人富有同情心的本能。那些具备随和、慈善、雅致、伟大、庄严、大方等美德的人，肯定会赢得我们由衷的热爱和钦佩。

最容易同情别人的人，也最容易实现自我克制。对他人的快乐或者悲伤最为同情的人，也最能克制自己的快乐和悲伤。具有较强人格力量的人，很容易获得这种最高度的克制能力。但具备这种潜质的人也许没有获得这种能力，他可能从来没有遇到过严重的党派斗争或者残酷的战争，没有体验过领导的专横、同事的猜忌，或者下属的阴谋诡计。当他在年迈时，突然遇到这些变故肯定会觉得惊心动魄，那些天生完美的自我克制能力，此时需要锻炼和实践。任何一种良好的品质都不能缺少它们，苦难、危险、痛苦和灾难是促使我们实践这种品德的老师，但没有人希望在现实中遇到这些老师。

最能培养人类高尚情操的环境，不一定有助于形成严格的自我克制。处于舒适环境中的人，最容易体谅别人的痛苦；面临苦难考验的人，则会竭力克制自己的感情。舒适宜人的自然环境和悠闲宁静的生活节奏，最有助于我们发扬并完善那些温和的美德，但这种环境未必有助于形成自我克制的习惯。在严酷的战争、动乱和派系斗争中，最容易培养坚忍的克制性格。但我们的人性常常在这种严酷的环境中，遭到扼杀和压抑。士兵难以得到敌人的宽大处理，所以也就不会对战俘手下留情。这种事情经历多了，人性肯定会受到很大的冲击。为了使自己安心，他必须学会无视自己造成的各种不幸。虽然这种环境可以锻炼人高度的自我克制能力，但也会促使图财害命等罪行，并削弱甚至消除对他人生命或财产的尊敬，而这种尊敬正是人性和正义的基础。所以那些富有人性的人在努力追求荣誉的时候，往往缺乏自我克制能力，一旦遇到艰难险阻就会泄气。而那些能够自如地进行自我克制的人，他们对人性几乎非常淡漠，随时准备投身最凶险的事业，任何困难和危险都不会使他们丧失勇气。

当我们孤单的时候，会对与自己有关的东西极为敏感。我们可能过高地估计自己的善行，也容易夸大自己受到的伤害。好运常常使我们过于兴奋，厄运往往让我们倍感沮丧。和朋友的谈话可以使我们的心情有些好转，和陌生人聊天则会让我们更加超脱，因为我们心中那个抽象的旁观者，常常需要被真实的旁观者唤醒。那个旁观者会告诉我们，从我们最疏远的人那里，才能学会高度的自我克制能力。

当你处在不幸之中，不要一个人暗自伤心，也不要沉溺于最亲密的朋友的同情，尽快地回到正常的生活中去，和那些陌生人、不了解你或者不关心你的人一起生活。不要逃避你的敌人，向他们显示你克服灾难的勇气，消除他们幸灾乐祸的心态，这样你的心情才会更加畅快。

当你获得成功的时候，不要把自己局限在亲朋好友，或是那些巴结奉承你的人中间，也不要局限在那些有求于你的人中间。你应该到和你交往不多的人中间去，和只根据你的品质和行为来评价你的人相处。对于地位比你高的人，既不要嫉妒也不要回避，他们因为你的地位提升而感到不舒服，他们的轻慢无礼也会让你十分不快。如果他们表现不那么傲慢，就可以算做是你的知己了。如果你的谦逊坦诚赢得他们的好感，你就可以很满意地相信你的谦逊，以及面临好运时的冷静。

我们的道德感是一种独立的情绪，不会因为身边人的白眼或者公正旁观者的缺席而失衡。

对于一个独立主权国家对别国采取的行动，中立国是最公正的旁观者。但由于遥远的地理距离，他们难以了解事态的真正原因。当国家间发生冲突时，各自的公民关注的焦点就是获得本国同胞的赞同，而不会想到外国人对此事的态度。这种行为的必然结果，就是煽动公众的支持，激怒他们的敌人，最后通过战争来解决问题。此时，偏执的旁观者近在眼前，公正的旁观者则远在天边。所以，在战争和谈判中，几乎没有人会重视真理和和平，也没有人会遵循正义公正。条约是容易违反的，如果背叛条约能够带来某些利益，执政者就不会受到什么指责。能够欺骗外国权臣的特使会受到人们的赞扬。如果一个人不屑于追逐利益和施舍好处，但相比而言，更乐善好施的话，那他在私生活中会是最受人尊敬的好人，但在国际事务中却会成为冤大头，并会遭到自己同胞们的轻视和批判。没有人会在战争中真正遵守国际法，那些违反国际法的人，都只关心本国同胞对自己的看法，所以他们的行为也不会受到同胞们的批评。而大多数的国际法，通常在制定时没有最简单明了的正义原则做指导。清白的人可能和罪人相互利用，但不会因此被当做罪人，这是正义原则最简单的体现。在最为邪恶的战争中，通常只有君主或统治者才是真正有罪的，老百姓则几乎是无辜的。但无论何时，敌国都会在海上和陆地上抢劫老百姓的财产，使他们的田园荒芜，并烧毁他们的家园。如果这些老百姓敢于反抗的话，就会被屠杀或囚禁，这些暴行通常和所谓的国际法并无冲突，甚至完全一致。

无论是教会还是民众，对敌对派别间的积怨，往往比对敌国的仇恨更深刻，他们参与斗争的方式也更加残酷。那些所谓的派别规范，往往比国际法中体现的正义原则更少。最狂热的爱国分子也不会完全丧失对敌人的信任，但对于是否可以信任叛乱者和异教徒，常常是教会和民间争论的最激烈的问题。毫无疑问，争论的最终结果一定是叛乱分子和异教徒成为不幸的弱者。当一个国家由于派别斗争而进入混乱状态时，总会有一些人可以不受舆论的蛊惑，保持清醒的头脑。但他们数量太少，并且彼此隔离，相互孤立，因而他们也不会得到什么党派的信任。尽管他们才智过人，也会成为社会上最无足轻重的人，这些人还会经受两个派别的一致的嘲弄和排斥。真正的党棍都仇视慷慨正直的人，具有美德的人都不会成为党棍。真正公正的旁观者，不可能处在敌对斗争的激烈冲突中。这些党棍把自己的那些恶毒的偏见都归于上帝，甚至认为是神圣的上帝给了自己残酷报复的权利和勇气。因此，派别和斗争狂热是道德情感最大的败坏者。

关于自我控制，另一个需要阐明的问题是，面临最严酷的不幸时，能够赢得我们由衷钦佩的是那些努力继续前行的强者，因为他需要用强大的自我克制才能控制他的痛苦。对痛苦麻木不仁的人，不会试图通过坚忍和镇定赢得称赞；对死亡漠然处之的人，也无须在危难中保持沉着和镇静。塞内加的话有些言过其实，他说："斯多葛学派的哲人对苦难的承受能力甚至超过了上帝。上帝的安宁来自自然的恩惠，而哲人的安全完全是来自个人的辛苦努力。"

但总有一些人，对与自己有关的事物的反应过于敏感，甚至根本无法进行自我克制。在危难关头，有的人会因为惊恐而陷入无知觉状态，此时，荣誉感对他毫无意义，循序渐进的锻炼和训导也不一定能治疗这种神经质的软弱，这种怯懦的家伙坚决不能得到信任和重用。

自我欺骗的天性及一般原则的起源和作用

即使真实而公正的旁观者就在我们身边，也不能完全阻止我们做出有悖常理和道义的事情来。我们的良心被强烈的私心蒙蔽，甚至为得出利己的结论而掩盖实情。

在行动之前，冲动使我们难以公正地评估自己的计划。我们努力用他人的眼光去看待自己的处境，我们强烈的冲动也会不断曲解各种现实，使我们回到自身的立场上去。我们也许隐约感觉到别人对我们的看法，但这无济于事。我们无法听从那个公正法官的劝告，也无法避免那种狂热的冲动，只愿把旁人的看法当成一种虚假的幻象。正如马勒伯朗士神甫所说，只要我们愿意，任何冲动都能证明自己的正确性和对它们对象的合理性。

在行动结束后，冲动逐渐平息，我们才能冷静地理解公正的旁观者的感受。就像旁观者预料的一样，原来曾让我们充满激情的事物，现在变得了无生趣。我们可以像旁观者一样，对自己的行为进行公正坦率的考察，不用再被那些行动打扰。激动的情绪就像突然发作又突然停止的阵痛一样，等到风平浪静之后，我们就会依照最公正的眼光来揣测自己的行为。这次的评估除了徒增沮丧和悔恨外，并不能保证我们下次一定不会重蹈覆辙。但这些评估也是不完全客观公正的。我们对过去的行为所抱有的看法，决定了我们对自身品质的定位。几乎没有人会正视那些让人觉得麻烦和难堪的过去。就像只有勇敢的外科大夫才会若无其事地给自己的亲人动手术一样，也只有那些勇敢的人才会直面自己行为的缺陷，揭开自欺欺人的面纱。我们努力唤起那些让我们误入歧途的冲动，并激起对过去罪恶的憎恨，只是为了掩盖自己的罪恶，逃避良心的谴责。为了达到这样的目的，我们甚至全力以赴。

无论是行动时还是行动前后，人们都无法用旁观者的眼光来公正地审视自己的行为，而只是片面地思考自己的行为是否适宜。如果人们能够具有某种特殊的能力——假定是道德感，就能准确判断自己的各种行为了。与感受别人的激情相比，感受自己的激情更直接，因此判断也更为准确。

我们最致命的缺点就是竭力否认自欺欺人，这是人类生活中很多纠纷的根源。如果我们能够站在旁观者的角度看待自己，或者用洞悉一切的眼光看待自己，那么我们就会有所改进。

上帝不会放任我们的缺陷，也不会允许我们永远自欺欺人。在生活中，我们在不断考察他人的行为的同时，形成自己关于道德的普遍原则，由此我们判断什么是该做的，什么是不该做的。我们的天性会被他人的行为触动，当所有人都对某个行为进行批评和指责的时候，我们就更加认为那种行为是错误的。当我们对事物的看法和公众一致时，我们就会觉得满意。我们不会犯同样的错误，也不会成为公众指责的对象。此时我们已经自然而然地形成一条行为准则——避免所有让我们变得可恨并会遭受指责的行为。相反，能够被我们和他人称赞的行为，会让我们渴望受到人类的爱慕、感激和钦佩之情。我们开始希望实践这些相同的行为，并用它来规范我们的行动。

我们的天性和对善恶美丑的天生感受，使得普遍道德准则得以建立。我们凭借直觉对不同环境下的事物表示赞同或反对，由此形成普遍道德准则的基础。我们并不是通过研究和评判才对它们表示赞同或反对。我们只是通过经验对行为进行判断，形成了普遍原则。如果一个人死于朋友的嫉妒或谋财害命，旁观者看到他垂死挣扎，听到他只是抱怨朋友的忘恩负义，而不控诉朋友的残酷暴行，那么不用等他认真考虑神圣的法则是如何禁止图财害命，以及这种行为究竟违反了哪一条准则，人们就已经对这种暴行产生反感和恐怖。显然，人们对罪行的憎恶感在普遍原则之前产生，这也是罪行的普遍原则建立的基础。

我们在历史或小说中读到有关高尚或卑劣的行为时，自然会敬仰高尚者，鄙夷卑劣者。然而，普遍道德原则告诉我们，高尚的行为应该被敬仰，卑劣的行为就应该受到鄙夷。然而我们的情感并不是因为普遍原则的出现而产生，反而是我们对这种行为产生的切身体会和经验形成了道德的普遍原则。

旁观者对观察到的行为产生相应的情绪。亲切、庄严或恐怖的行为会使旁观者产生喜欢、敬仰或惧怕的感情。只有实事求是地观察行为激发的感情，才能确定关于对象和感情的普遍原则。

这些普遍原则通过人类感情的一致认可之后，当我们再争论那些难以判断的道德问题时就有了统一的是非标准。我们的行为是否正义，都可以用这个普遍原则进行判断。这就使一些著名作家迷惑不解，因为在他们的理论体系中，人类应该像法官审理案子一样判断正误，先考虑普遍原则，再评估行为是否符合与之相应的原则。

习惯性的反省使我们铭记那些普遍原则，用它们来纠正我们利己的感情。我们在特定的情境中，自私的情感会扭曲我们的判断。普遍原则指导我们此时应该做什么，不该做什么。当我们遭受了一些微不足道的冤屈时，出于自私的愤怒，可能会用对手的生命补偿自己。但对别人行为的观察，使他明白这种报复是过于残酷的。只要他受过适当的教育，就会在任何场合都禁止自己有那种残忍的报复行为，并把这一观点当做普遍原则来对待。也许他是非常暴躁的人，第一次思考这种行为时，他会觉得合情合理，每个旁观者也都会深表赞同。过去的经历已经让他对这种规范抱有敬重之情，并且阻止他因利己之心做出冲动的行为。即使他真的冲破普遍原则的约束，做出了过分的行为，他的心里仍会对普遍原则怀有尊重和敬畏。就算他正在行凶作恶，也会对自己的行为感到犹豫和害怕。他会在下意识中明白，自己正在违背他心中的道德准则，这些准则是他曾经立志永远遵守的原则，也是他从未见过别人违反的原则。他逐渐预感到自己就要成为公众憎恨的人。在违背道德准则的不安和内心欲望的驱使下，他备受煎熬之苦，惶惶不可终日。当他决定坚持原则，不使羞耻和悔恨伴随自己一生时，他的灵魂就会感到平和。相反，更加强烈的冲动驱使他投身刚刚决定放弃的事情，这些矛盾搞得他精疲力竭。最后，他在绝望中做出了事关重大又无法挽回的行动。他的心情充满恐惧，仿佛为了逃避那些可怕的敌人，身不由己地来到悬崖之上，此时他的境遇肯定比之前更加可怕。也许在后来的行动中，他会越来越少地认为自己的行为不合常理，但是等到冲动过去，他站在公正的旁观者的立场上看待自己所做的一切，才会感到那些所谓完美的行为每时每刻都在使他悔恨和焦虑。

道德普遍原则的影响和权威

责任感，即是对普遍道德规范的遵守。这是人类生活中最重要的原则，也是很多人唯一的行为准则。许多人的一生中规中矩，丝毫不敢逾越那些已经存在，并让他们尊重的行为原则，这使他们从未感受到别人的称赞之情，也没有受到过任何责备。一个天性冷漠的人如果受到别人巨大的恩惠，也许只会报以微小的感激之情。但如果他富有道德修养，他会明白缺乏感恩之心的人是让人讨厌的，知恩图报的人才会让人喜爱。所以即使他的心里没有感恩的念头，也会努力表达对恩人的感激和恭顺。谈到自己的恩人时必须表现出高度的敬意，并把自己得到的种种恩惠都挂在嘴边上，而且他会抓住一切可以回报那些恩惠的机会。他这么做也许是出于尊重行为准则和衷心按原则办事的愿望。这是他真心实意的行为，也不打算因此获得更多的恩惠，更没有欺骗公众和恩人的想法。同样，一个妻子也许并不深爱丈夫，但如果她具有道德修养，就会努力表现出她对丈夫的爱，并且恪守一个妻子的本分，对丈夫关怀备至，贤淑忠诚。这里谈到的这位朋友和妻子，肯定不是最好的朋友或者妻子。他们认真而迫切地想履行自己的愿望，但还是难以发自肺腑，体贴入微。如果他们具有和自己身份地位相符的感情，就不会错过许多能显示自身存在的机会。但即使不够完美，也是第二流的，因为他们出于对普遍行为原则的尊重，才会在绝大部分场合保持完美。只有最幸运的人才能把自己的感情和地位配合得天衣无缝，让自己在所有场合都应付自如，左右逢源。通过教育和训练，使绝大多数人都可以深入了解并掌握这些普遍原则，并在一生中都避免遭受重大的指责。

如果我们对普遍原则保持尊重，就有可能成为一个值得信赖的人。正义者和卑劣者的根本区别就在于是否遵守了这种普遍原则。正直的人一生都坚定不移地恪守这些准则。卑劣者的行为随着自我的心情而变化无常，难以捉摸。如果没有对普遍原则的尊重，理性的人也会在下意识做出不当的事情，甚至他都说不清楚产生这种举动的缘由。你的朋友在你心情不好的时候造访，你一定会把这种造访看成鲁莽的骚扰。此刻，待人接物的普遍原则让你不会显得粗鲁，但你的言谈举止也会让他感到冷淡和无礼。过去的经验已经让你对普遍原则抱有尊重，让你的行为在任何场合都不会受坏心情影响。如果我们无视这些普遍原则，就很难做到彬彬有礼和平易近人，也难以保障公正、忠诚、贞洁等节操，更不要说去维持那些影响人类本性的重大原则。一旦这些普遍原则没有深入人心，我们的社会就会失去存在的基础。

我们对普遍原则的尊重还因为它们是上帝的命令和戒律。上帝会奖励那些顺从原则的人，惩罚违背原则的人。这种出于本性的观点还不太清晰，我们将在下面的推理中证实。

人的天性让我们觉得我们的情感和激情都来自一种神秘的力量，任何国家的宗教信徒都对它抱有敬畏之情。人们想象不出有什么东西能够创造人类的感情。'人们想象中的未知之神，被塑造成一种与他们感受相似，并有存在感的事物。在愚昧无知的异教时代，人们把所有的感情都归结到神的身上，就连许多低级下流的感情也是一样，如淫欲、食欲、贪恋、嫉妒、报复等。出于对神的崇拜，人类也会把热爱美德、惩恶扬善之类的伟大的品质说成是神具有的，这些品质似乎是人类通向神界的阶梯。蒙冤的人祈求丘比特为他主持公道，这种不公连普通人也会为之愤慨。那个害人者发现自己被众人憎恨，天性的恐惧让他把别人的看法归于神的旨意，面对神的惩罚，他无力抵抗。教育让这些希望、恐怖和猜忌广为人知，人们传扬并相信神会善待好人，惩罚恶人。所以在精于推论和哲理的时代到来之前，还处于原始状态的宗教就已经对各种道德的准则表示认同。人们出于对宗教的恐惧，强迫履行着人类的各种职责。那时的人们根本不可能进行模棱两可的哲学探讨，因此这种宗教对人类的幸福可谓意义重大。

哲学研究证实了人类的天性具有最初的预感。不管我们认为道德感是建立在某种温和的理性之上，还是建立在某种所谓道德观念的本性之上，或者只是建立在某种天性之上，都是上天赋予我们对道德评价的本能，让它来规范我们生活中的各种行为。有人认为我们的道德感和其他一些天然的感官处于平等地位，没有哪种感觉可以仲裁其他感官。虽然爱与恨彼此对立，但爱不能批判恨，恨也不能裁决爱。我们此刻正在讨论那些感官的特殊职能，就是判断所有天性，并给出赞许或惩罚。这种感官可能是某种感知，感知高于本性，所以本性是感知的仲裁对象。眼睛不会要求色彩美丽，耳朵不会要求声音动听，舌头不会要求味道可口，但那些感知会对这些本性作出评价。使眼睛舒服的就是美丽的，使耳朵舒服的就是动听的，使舌头舒服的就是可口的，这些特征的实质是为了使那些器官感觉舒适。同样，我们的道德感决定了我们的五官什么时候应该得到满足，我们的天性是否可以被放纵。我们的道德感赞同的就是正确高雅的，相反，就是荒谬粗俗的。对与错，合适与荒谬，高雅与粗俗，这些词语的本意只是表示那些事物是否让我们的道德感感到快乐。

道德感决定了我们所有天然的本性，它规定的准则就是上帝的指令和戒律，并由上帝在我们灵魂深处安置代理人负责颁布。定律是普遍规则的总称，例如物体在运动时所遵守的规律就是运动定律。我们的道德感在对它们进行审查，并对它们表示赞同或批评时，遵循的普遍原则与法律极为相似。法律是君主们制定的行为规范，用它来规范自己臣民的言行举止。普遍原则无疑也是由法定的权威制定的，它规范人类的自由行为，并有各种完善的惩罚和奖励机制。上帝在我们灵魂深处的代理人，就是用这些条文来评判人们的行为，惩恶扬善。

上述观点还可以从其他角度来证明。上帝创造人和其他所有感知的生物，其本意是想让他们得到幸福。除了幸福之外，不会有其他目的让我们认为上帝有至高无上的慈悲和贤明。我们可以通过对上帝的行为进行观察，以证明他所有的目的都是为了增进幸福，减除不幸。道德感也会促使我们寻求增进幸福的办法。由此看来，我们是在同上帝合作，尽力提升我们的幸福感。如果我们违背道德，就是与上帝为敌，阻碍了人类追求幸福的计划。所以当我们按照道德标准行事时，就会充满信心地祈求上帝赐予我们恩惠，而违背道德标准时，就会担心受到上帝惩罚。

还可以通过许多理论和天性来阐述上述道理。当我们思考管理这个世界和众生的普遍原则时就会发现，在这个纷繁复杂的庞大世界里，任何一种美德都会得到回报和鼓励，除了极为特殊的情况外，人们的期望不会总是落空。每一项事业的成功，都是勤劳、节俭、谨慎的报答，但也许有些美德终生都得不到报答。财富和敬意是对美德最好的回报，但这些都是容易得到的。周围人的信赖和尊重，最能促使人们保持诚信、公正和慈善，有些被人敬重的人并不追求飞黄腾达。财富的积累不会给诚实公正的人带来真正的快乐，他们的快乐源自别人的信赖，那些美德通常这样回报他们。不过在一些不幸的事故中，好人也可能成为坏人的替罪羊，从此遭受人们的误解和憎恨。虽然他是一个善良正直的人，却因此失去了一切。不过一个对生活谨小慎微的人，也可能死于地震或洪水，和这种事故比起来，遭遇冤枉的概率要小得多。想得到身边人的信赖和尊重，最有效的办法就是做到诚信、公正和仁慈。一个人的个别行为容易被误解，但是他整体的特征却不会被看错，除非在极为特殊的情况下，一个清白无辜的人会被人误解。但是出于对他一贯的了解，即使他的罪证确凿，仍会有很多人为他辩解。同理，坏人在品行还没有暴露的时候犯罪，也许不会遭人指责。但是当他的恶行和底细广为人知时，即使他没有作恶，也会经常被人怀疑。罪行和美德都会得到相应的回报，并且在普遍规律的规范下，这些报答和惩罚终会公正。

从哲学的角度进行冷静的思考，那些决定命运的普遍原则通常会使人适应他们所处的境地，但他们未必和人类那些天然的情感相一致。我们对某些美德怀有天然的好感，希望给予它们所有的荣耀和报答，甚至把一些本应给其他美德的荣耀和报答也归于它们。相反，出于对某种罪行的反感，我们希望他们遭到各种不幸和耻辱，甚至遭到那些本不属于他们的不幸和耻辱。我们喜欢宽容、慷慨和正直，希望权力、财富以及荣誉都是这些品质的报答。其实这些回报与那些美德并无必然联系，而应该属于勤劳和节俭。从一个角度看，当我们看到引起我们厌弃和蔑视的欺骗、伪诈、残忍等行为取得好处时，我们就会感到不公和气愤，虽然在某种意义上，这些行为也具备勤劳的品质，也应该得到相应的好处。一个坏人辛苦耕作，一个好人懒于劳动。最终谁应该得到收获，谁应该忍受饥饿，谁应该得到富足呢？坏人也许会得到上天的照顾，但人们的本性却喜欢偏袒好人。人们觉得，坏人的勤劳使他得到的回报过多，而好人的懒惰使他得到的回报太少。因为人类制定的法律，勤勉的叛国者被剥夺了一切财产，热心公益事业的好公民即使疏忽大意，也会得到补偿。此时，我们奉行的原则与上帝自己遵守的原则不尽相同。于是在上帝的指引下，我们按照他遵循的原则，对财产进行重新分配，我们努力使各种善行和恶行恰如其分地得到我们的敬爱和憎恨。而上帝没有涉及我们的思维和激情中的各种品德的优劣，单纯地惩恶扬善。在上帝看来，他的规则是合理的；对我们而言，人类遵循的规则也是合理的。这两者都是为了伟大的目标——人间的安定和人性的和谐。

我们已经习惯按照自身的理解去改变财务的分配状况，并像诗人歌颂神灵一样，为了惩恶扬善，我们屡次用特殊的手段对现实进行干预。但我们还是不能完全按照自己的意志来决定善恶的命运。天地万物迅猛发展，远非我们有限的人力所能左右。虽然这个自然进程的规则因最睿智、最高尚的目的而制定，但后果有时却让人的本性激动不已。大集团优先于小集团，对人生有所计划的人总会胜过毫无目标的人。各种计划只有按照上帝规定的方式才能得以实现。这些规则不仅客观存在，而且也能合理激发人们的勤劳和专注。按照这种规则，如果真诚和正义被阴谋诡计打败，每个旁观者的心中一定会燃起强烈的怒火。对不幸的无辜者，我们报以同情和悲痛；对成功的阴谋诡计，我们报以强烈的愤慨。冤屈让我们感到愤怒，但我们对此却无能为力。当我们对人世间的希望丧失信心时，我们自然会呼吁上苍，希望伟大的上帝降临到我们身边，亲自指导我们的行为，并亲手完成他为我们部署的各种计划。我们希望每个人在今世的所作所为，在来世得到报答，这样我们就会虔诚地相信来世。这不仅源于我们的弱点和人类的天性，也出于对真诚的本性，出于我们对善良的热爱和对罪恶的厌恶。

雄辩而睿智的克莱蒙特大主教对此夸张而富有想象力地评论道："听任自己创造的世界处在无序的混乱中，这与上帝的伟大相符吗？听任篡位者废黜善良的国君，忤逆的儿子杀死父亲，凶悍不贞的妻子谋害丈夫，这些与上帝的伟大相符吗？难道那高高在上的上帝可以像看戏一样对这一切置身事外吗？难道因为上帝的伟大，就应该在这些暴行面前表现软弱、忍受不公甚至暴虐吗？因为人的卑微，就应该放任暴行或者冷漠善行吗？如果这些就是我们崇拜的那个上帝所具有的品格，我宁可不承认你是我的父亲、我的保护人、我痛苦时的安慰者，我怯懦时的鼓舞者、我忠诚的报答者。你不过是个懒散荒诞的暴君，为了你自私而无聊的虚荣，牺牲人类的幸福。你创造的人类，不过是你在无聊时摆布的玩物而已！”

这番话尽管有些不恭，但上帝就是这样，被看作是人类行为普遍规则的制定者。上帝考察我们的言行，并在来世对我们进行奖惩。任何相信上帝的人都会认为指导我们行为的最高准则应该是顺从上帝的心意，只有大逆不道、极端自负荒唐的人才敢违背他的意志。如果一个人对具有无限智慧和权力的上帝无动于衷，无视他下达的指令，那是极其令人厌恶的。人的行为总会出于利益因素的考虑，我们也明白，即使我们的恶行可以逃脱世人的惩罚，但无法逃脱上帝的眼睛。很多人经常反省这个问题，他们深知这是限制我们冲动的最后一道防线。

毫无疑问，宗教强化了我们本性中的责任感。于是很多人会认为，虔诚的信徒诚实正直，值得信赖。人们认为这些人不仅受到那些普遍原则的约束，同时也重视名誉和理性以及他人对自己的赞美和评价。这种动机对俗人和普通的信徒同样有效。除此之外，信徒还会受到一种约束，他的任何行为都极为谨慎，就像上帝在他身边，最终会根据他的行为对他进行补偿。所以虔诚的人值得人们信赖。无论哪里的宗教，只要没有卑鄙的小团体和宗派，只要把道德责任当成首要责任，只要不把注意力集中在烦琐的宗教仪式和教义上，更不会通过宗教的形式进行欺诈，我们就完全可以对那些虔诚的信徒给予充分的信任。

责任感是不是我们行为的唯一原则

由于宗教对道德有巨大的影响，并能够抵制罪恶对人类的种种诱惑，导致很多人都错误地认为只有虔诚的宗教才是唯一值得赞赏的。他们认为我们无须感恩戴德，也无须惩罚邪恶，我们不必去保护那些穷困的孤儿，也不用赡养自己老迈多病的双亲。虔诚地信奉上帝，恭顺地把他的旨意贯彻到我们的一切行动中，才是我们最为重要的感情，对其他事物的感情都必须为此让路。我们不必为了报恩而感激，为了仁爱而宽厚，为了爱国而热心公益，更不必为了人性的爱而大度正直。我们履行职责的唯一动机，只是上帝对我们的要求。我在此不准备对这个观点做专门的考察，但我认为，上面那些说法一定不会被真正虔诚的人接受。他们会笃信两个原则：第一，用我们全部的智慧、灵魂和经历去爱我们的创造者。第二，像爱自己那样去爱我们的邻人。我们爱他人的同时就是在爱自己，而不是被动去做的。基督教的教义中没有提到“责任感是我们唯一的行动准则”，但哲学或常识都会告诉我们，责任感起的是某种纲领性、决定性的作用。

何时我们的行动要完全听命于某种责任感？何时应该由其他情感对我们的行为起主要指导作用？这个问题的答案分为两种情况：第一，使我们置普遍原则于不顾的情感是可爱还是讨厌的。第二，情感自身的性质，决定了它在多大程度上决定了我们的行为。

那些可亲的感情可能会让我们做出优雅和令人尊敬的行为，这出于对普遍原则和对这种感情本身的尊重。一个人帮了别人大忙，受恩者对他没有感激，只是出于责任感作出报答的话，他就会难以接受。一个女人只是因为身为丈夫的妻子而与他亲热的话，丈夫也难以满足。一个儿子对父母只是例行公事似的尽赡养的义务，而非对父母真正的感激和尊敬，父母也会抱怨他的态度。我们乐于看到责任感束缚了这类亲切的社会性感情，而非增进了它们。当我们看到一个父亲必须压抑对子女的溺爱，一个人尽力克制自己的慷慨本性，一个受恩者竭力抑制自己过分的感激时，都会让我们感到由衷的快乐。

但对那些邪恶的有害社会的情绪，应该适用相反的标准。当别人对我们行善时，我们应该对他表示感激和报答，不用考虑自己的做法是否过分。但对于我们受到的伤害，我们应该客观地给予惩罚，而不应做出过激的报复。这意味着，面对伤害最适宜的反应应该是对那种恶行本身的合理愤恨，而不是因为自己被伤害而产生强烈的报复感。像公正的法官一样，只考虑特定的伤害并予以相应的回击。在实施这个准则时，他对受惩罚者的痛苦甚至超过对自身的关注。虽然他对自己受到的伤害感到愤怒，但还是努力用温和得体的方式去实施这个原则，并尽可能地减少对受惩罚者的措施。

据上所述，自私和冲动在任何方面都处于社会性和非社会性的感情之间。在普遍情况下，为个人目的进行的活动，应该来自对普遍行为规范的尊重，而不应该出自对自身利益的冲动。在重大场合，如果目标本身没有引起我们足够的兴趣，我们就会有失格调和风范。当我们为一个先令而斤斤计较时，别人就会觉得我们已经堕落成一个庸俗的商人。即使一个人经济拮据，也必须用自己的行动表现出即使生活窘迫也不会撼动他内心的宁静。他的经济境况也许让他非常节俭和勤奋，但这种行为的动机是遵循普遍的行为准则，而非对财务状况的关注。节约 3 个便士不是他省吃俭用的目的，赚取 10 个便士也不是他不停劳作的动机。他对行为准则的遵循导致了他在生活中为人处世的标准。吝啬鬼关心的只是钱财本身，而真正勤俭的人是出于对自己行为标准的关心。

但对那些会严重影响我们个人利益的事物，标准就全然不同了。一个人如果认真投身那些对他个人利益有重大影响的活动，就不会让人觉得卑劣下贱。一个君主如果努力征服或建立一片领土，就会令人刮目相看。一个没有头衔的绅士若不尽力用正义的手段去获得财富或者要职，就会被我们轻视。如果一个议员对自己的选举不竭尽全力，就会失去朋友和公众的支持。就连一个商人，若不努力赚取利润，也会被别人视作懦弱之辈。富有事业心和无所作为的人的不同之处，就在于这种勇气和热忱上。对个人地位影响巨大的私人利益就是个人抱负的冲动目标。在谨慎和正义范围内的冲动，会显得非常伟大和引人遐想，即使有些过分也会让人尊敬。一个吝啬鬼对半便士的疯狂也许和一个野心家征服一个帝国的狂热不相上下。但伟人和卑劣者的不同就在于他们是否有宏大的目标和卓越的胆识。英雄、征服者或政治家们的行为虽然不都是正义的，比如黎塞留或者雷斯主教，但只要有胆略就会受到人们的一致推崇。

在我看来，决定我们尊重普遍原则的程度的高低，还在于它本身的精确或者含糊。那些支配谨慎、宽容、慷慨、感激和友谊等美德的各种普遍原则，大多没有明确的定义，并且常有例外，经常需要进行修正，所以通过这些原则很难指导我们的行动。那些以日常生活经验为基础的，关于谨慎处世的谚语和格言，也许是最好的行为准则。但固执地坚守这些格言是极为迂腐和幼稚的。我们刚才说到的那些美德中，感恩应该是定义明确，例外最少的了。只要有可能，我们就应该做到感恩，甚至是滴水之恩涌泉相报。我们对此没有什么异议，但若稍加观察，就会发现感恩的含义也是非常模糊的，甚至也有很多种例外。比如，我们生病的时候被某人照顾，当他生病时我们就一定要去照顾他吗？我们应该如何去照顾他才能报答他呢？如果我们经济紧张，曾经借钱给你的朋友也经济拮据，那我们应该借钱给他吗？借多少？何时借？借多久？可见这些问题无法通过任何一条普遍规律找到答案。自身的品质和境况的不同，可以让你对他抱有诚挚的感激却不会借给他半个便士，或者你借给他的钱比他当初借给你的钱多 10 倍，即便是后者，还是会有人指责你忘恩负义，只知道逃避感恩的责任。虽然感恩的定义不是百分之百的精确，但它还是我们品德中最为高尚、神圣的。除此之外，其他那些美德的普遍原则就更含混不清了。

不过，普遍原则对正义这种美德的外在体现作出了明确的规定，并且精确得没有任何意外和变通。如果我向某人借了 10 镑钱，不管是在预定的还款期还是在他需要用钱的时候，正义原则都会要求我如数还钱。也许执著于谨慎或慷慨原则会显得呆板迂腐，但严格执行正义原则就不会有这种缺陷，因为我们应该做什么，做多少，在何时何地去做，所有这些确定行为的本质和细节，正义原则都给出了明确答案。即使有时候我们履行正义行为仅出于对普遍规则的要求，虽然这种行为不一定是完美无缺的，但它是值得尊重的。当我们履行其他美德时，不会对某个格言警句格外重视，我们的行为动机更倾向于对恰当感的追求和对特定行为习惯的爱好。我们考虑更多的是准则要达到的目的和基础，而非这些准则本身的意义。但正义与那些情况全然不同。那些坚定不移地恪守正义准则的人，都是最值得信赖和敬重的。正义的目的是防止我们伤害别人。每当我们做出违反正义的行为时，就会编造借口谎称这不会影响到他人。一个人在开始行骗或者打算行骗的时候，就堕落成一个坏蛋。如果他想违背正义原则的各种要求，他就变得不再值得信赖，甚至会犯下更为严重的罪过。如果盗贼认为偷窃富人的东西，并且没有被发现就不算有罪，如果通奸者觉得与朋友的妻子通奸没有被人发现，也没有引起朋友的疑心、没有破坏家庭的安宁就不算有罪，那我们就在这种自欺欺人的圈套里犯下了更为严重的罪恶。

正义准则就像语法规则，指导其他美德的准则就像是文学批评家们对作品的衡量标准。语法是精确且必不可少的，而文学的衡量标准就有些含糊不清，它不是指导我们如何臻于完美的教条，而是对我们行为趋于完美的一种设想。人从学习语法出发，学会如何写作，或许因此学会如何处世。而一些文学的评判标准会在某些方面使我们明确对完美的定义，但是任何准则都不可能帮助我们创作出优美的文学作品。同样，某些准则对美德作出了不够完备的定义，但没有哪种准则能教会我们在任何场合都能表现得审慎、慷慨和慈悲。

有时我们极为真诚地渴望别人肯定我们的事情，结果却与那些行为准则发生了冲突。此时不要指望别人理解我们的初衷，也不要指望别人赞同我们的行为。因责任感和道德感的误导而犯错的人，即使他的行为是错误的，也还是值得我们同情的，他的精神和行动还有值得尊敬的地方。我们天性中的缺点在所难免，即使我们已经努力向善和严于律己，还是经常会被蒙蔽，这些会引起我们深切的遗憾。荒谬的宗教观点把我们引入歧途，那些对责任进行指导的原则，有时会扭曲我们的看法。一般情况下，对常识的了解使我们的行为基本得体，如果我们更加严格要求自己，就会得到赞许。所有人都认为，服从上帝的意志才是最重要的法则，但在我们的行为中，各种具体的准则千差万别。因此，包容和忍耐才是最为重要的品质。

产生罪行的动机是什么？为了维护社会的安定，我们一定要对这些行为加以惩罚。但执迷于宗教导致的罪行，往往使善良的人对它难以下手。旁人不会对这些失足者感到憎恨，甚至还会为他们勇于献身的精神表示惋惜和钦佩。

有时候，我们会因为错误的责任感而误入歧途，如果我们的天性看明白这种情况，就会对我们的行为进行正确的指导。当事人的行为是出于软弱而非原则造成的。所以我们还是觉得他的行为不够完美。一个虔诚而固执的罗马天主教徒，恨不得杀死全部的新教徒。可是如果在圣·巴罗缪的大屠杀中，他因为怜悯心的驱使，挽救了一些不幸的新教徒，我们恐怕不会就此赞扬他高尚。他这么做的原因只是出于一种充分的自我赞同。我们也许会对他的善良感到高兴，但这和对美德的敬佩完全不一样。与此相同，其他的激情让我们逾越原则时，会让我们感觉格外高兴。虽然基督教告诫我们，如果有人打我们的左脸，就把我们的右脸也伸给他，但一个虔诚的教徒在挨了一耳光之后奋力还击，那会让我们更加高兴。这些自我情绪过分激烈的行为虽然不能算作美德，也不能获得我们的理性的敬意，但我们会因此而更加喜欢他。

卷四　效用性对赞同感的作用

美感来源于效用性的表现

只要对美的本质稍作观察就会发现，效用性是所有艺术品美感的主要来源之一。

居室的规则有序会给观察者带来快感，但同样它的便利性也毫不逊色。而如果对称的窗子有不同的形状，或者门没有设在房间的正中间，观察者会感到难受。任何设备或机器只要能在效用性上达到预期的效果，都会自然地赋予总体一定的适宜感和美感，使人们觉得愉悦。

效用性为什么使人感到快乐？一位富有独创性并受人欢迎的哲学家作出了解答。他认为任何东西都是因为不断给它的主人带来最适宜的便捷，从而使主人觉得快乐。每当主人看到它的时候，就会沉浸于这种愉悦之中，这一物体就以这样的方式成为他获得满足和快乐的源泉。观察者受主人情感的感染，会用同样愉快的眼光来观察这一物体。比如说，当我们参观大人物的豪宅时，我们难免会把自己想象成房子的主人，为拥有如此巧妙构思、精心设计的居室而感到快乐和满足。他还用类似的理由来解释为什么任何物体外观上的不便利都会使人感到不快。

但是，任何艺术品的这种适宜性和精妙的设计，往往比它的效用性更受人们的重视和青睐。而人们对这种愉悦感本身，却不如对追求这种愉悦感的过程更为重视，似乎这才是它真正价值的体现，这一点几乎人们都还没有意识到。然而这种现象是十分普遍的，如果你稍作观察，就会在生活的任何一个角落留意到。

当一个人走进自己的房间并发现椅子都摆在房间的中间时，他会对仆人大发脾气。或许他宁可自己动手、不厌其烦地把它们重新靠墙摆好，也不愿意看到它们一直这样乱七八糟地放着。腾空了居室空间，带来了更多便利，这就是重新布置的意义所在。但主人无法忍受没有这种便捷所产生的不愉悦感，为了这种便捷甘心受累，因为最舒服的是一屁股坐在其中一把椅子上，当然他忙完后也完全可以这么做。所以，他需要的好像不是这种便捷本身，而是产生这种便捷的家具摆放方式。正是对便捷性的需求促使他收拾房间，从而享受环境带来的适宜感和美感。

同样道理，一只怀表每天走慢两分钟，很讲究的人肯定不会喜欢。他很可能会用几个尼的价钱把它卖出去，然后用五十几尼再买一只即使两个礼拜也慢不了一分钟的表。表的唯一效用是计时，使我们不失约，避免失约产生的麻烦。然而，这个对表如此讲究的人，却未必比其他人更准时，也未必比别人更着急了解每时每刻的确切钟点。吸引他的不是掌握时间，而是有助于掌握时间的机械的完美性，即机械的便利性。

很多人因为沉溺于那些没用的小玩意儿而倾家荡产。其实，他们喜欢的不是这些小玩意儿的实用性，而是能增进效用的精巧性。这些人的口袋里塞满了各色小玩意儿，他们设计出新的口袋，以便携带更多的小玩意儿到处晃悠。这类小玩意儿可能有时能派上点用场，但大多数时间都是可以省掉的。它们的效用性加起来都抵不过整天挂着它们所带来的麻烦。这是人类的一种本性，它带来的影响远远不止表现在这些小玩意上。在人们的社会生活中，很多重要严肃的事物都隐含了这种动机。

举例来说，当一个出身卑贱的穷孩子思考自己的身世时，他会羡慕那些富人的环境。他会觉得自己的家庭能给他提供的便利太少，他梦想能住在阔人的豪宅里，他对自己不得不徒步行走或者忍受骑马的劳累感到不快，他想象自己也能像富人那样乘着马车四处旅行。于是他开始努力，以便有朝一日能过上那样的日子，享受有一大批仆人使唤所带来的便利。当他沉溺在幸福的幻想之中时，他又想到那些地位更高的人物的生活场景。为了这些想象中的优裕，他削尖脑袋追求钱财和社会地位。他在起步的一年中卑躬屈膝，在头一个月里低三下四、劳神费力。为了脱颖而出，他拼命劳作，为获得一个高升的机会向别人摇尾乞怜，给自己最瞧不上的家伙卖命，奉承那些他最蔑视的人。所有这些比他在原来不便利的生活里所受的罪要多得多。就这样，他牺牲了随遇而安的生活，把一辈子都用来追求事业和优裕的生活。然而临终前，他会发现自己原来放弃的小小的安宁、闲适的生活要比这到手的功业强得多。就像花花公子的小玩意儿不能使身体安康、灵魂宁静一样，钱财与地位也是同样毫无用处，或者说带来的便利远不能弥补它所带来的麻烦。豪宅、园林、精美的家具、众多的仆从，这些也不过是用品，只是它们明显的便利给我们的印象更深刻罢了。其实，一个牙签、挖耳勺、指甲剪以及类似的小东西带来的便利不在那些奢侈装备之下，可是它们不显得那么奇异，也就不受人们的重视。因此它们不会像钱财、地位一样成为满足人们虚荣心的目标。钱财、地位的更大便利，也许仅是能够满足人们的虚荣心而已。对于一个独自在荒岛生存的人，很难说豪宅或者小玩意儿对他的享乐到底有什么意义。

在社会生活中，我们始终注意的是旁观者的情感，而不是当事人的情感，而且我们始终考虑的是某人的处境在别人的眼里是什么样子，而不去考虑在他自己的眼里是什么样子。如果我们换个角度，考虑一下为什么旁人是这样羡慕富人的生活，就会发现那是因为他们拥有各种可以获得安闲快乐的物质，而非他们真的享受了别人难以获得的快乐和满足。富人不一定觉得自己比别人幸福，但他拥有更多的可以获得幸福的手段。正是这些能达到预期目的的手段引起了旁人的钦佩和羡慕。但是，在年老多病、衰弱乏力之际，显赫地位所带来的那些空洞和无聊的快乐就会消失。对处于这种境况的人来说，这种空洞无聊的快乐再也不能促使他从事那些辛劳的追逐。他会在心中后悔年轻时候的野心，留恋少年时候那闲适懒散的生活和一去不回的享乐机会。他牺牲了安宁的生活，却只得到了难以带来任何真正满足的物质和满腹的失落、空虚。

如果一个达官显贵被贬黜而成为一个普通人，他会认真思考自己的境遇和自己真正需要的生活。他会发现权势与金钱就像个机械，为了身体的小小舒适而设计，由纤细灵巧的发条装配而成。如果要它正常运转的话，就必须非常小心周到地保持养护。可无论怎样小心翼翼，它还是随时会炸得七零八落，使它的主人饱受创伤。它们就像是巨大精美的建筑，需要用毕生的努力去建造，虽然它们可以使住在这座建筑物中的人免除一些小小的不便利，可以保护他不受四季气候中寒风暴雨的袭击。但是，住在里面的人却时时刻刻面临着它们突然倒塌的危险。

人在病痛或失望时往往万念俱灰，把平日追逐的那些宏伟计划看得一文不值。一旦大病初愈，心情转好，又会从更令人愉快的角度来看待那些目标。我们的想象，在痛苦和悲伤时似乎禁锢和束缚在自己的身体内部，在悠闲和舒畅时就扩展到周围的一切事物身上。于是，富人们流行的新巧玩意儿和它们的雍容显贵深深地吸引着我们，我们用充满艳羡的目光注视着它们如何给主人提供消遣、满足和舒适的生活。可是如果我们认真去思考一下它们所带来的真正的心灵满足，就会发现那些精美玩意儿所具有的美感是多么无聊且微不足道。然而我们用这么抽象和哲学的方式来思考它们的时候确实不多。在我们的想象中，它们带来的满足与世界和谐、有秩序而有规律的运行几乎是一回事。这样看来，高官厚禄所产生的愉悦会使我们觉得它们是那么重要、美丽和高尚，值得我们为占有它们而劳苦毕生。

人类的天性很可能正是以这种方式来欺骗我们，不断地唤起和保持人类勤劳的动机。正是这种蒙骗，最初促使人类耕种土地，建造房屋，创立城市和国家，在所有的科学和艺术领域中有所发现、有所前进。正是这些科学和艺术提高了我们的生活水准，使生活充满新奇和变化。它也在最大限度上改变了世界，使自然界的原始森林变成适宜耕种的平原，把沉睡荒凉的海洋变成新的粮库，变成通达大陆上各个国家的航行通。人们的劳作使土地越来越肥沃，维持着成千上万人的生存。骄傲而鄙吝的地主们巡视自己广阔的田庄，全然不关心同胞们的命运疾苦，徒劳地试图独吞土地上的一切产物。但是他肚子的容量比一个普通的农夫也不会大多少，他不得不把自己所消费不了的东西分给别人：做饭的厨子、盖房子的泥瓦匠、为他提供各种工具和小玩意儿的手艺人，等等。于是，这些人都有了一份糊口之物。所以，在任何时候，土地提供的食物大体能养活所有的居民，而富人只是从这大量的产品中选用了最贵重和最中意的东西。尽管他们是自私的和贪婪的，但是他们还是同穷人一起分享他们所进行的一切改良的成果。一只看不见的手引导人们对生活用品进行了分配，而且几乎与所有居民平均占有土地的情况一样。这样，就无形地推进了社会的总体利益，给越来越多的人提供了生活保障。当神把土地分给少数地主时，他既没有忘记也没有遗弃那些在这种分配中似乎被忽略了的人，后者也享用着他们在全部土地产品中所占有的份额。

在构成人类生活的真正幸福的因素之中，他们无论在哪方面都不比地位远远高于他们的那些人差多少。在肉体的舒适和心灵的平静上，所有不同阶层的人几乎处在同一水平，在大路旁晒太阳的乞丐也享有国王们正在为之战斗的那种安全感。

人类共同的对于秩序规律之美、艺术之美和创造之美的追求本性，使人们喜欢、乐于去实施可以提升社会福利的制度。爱国者们为了改良社会面貌和政治领域而鞠躬尽瘁，但是他们的行动并不是出于对可以从中得到好处的那部分人的单纯的同情。一个热心公益的人赞助修公路，通常也不是出于对邮递员和车夫的同情。立法机关会通过奖金或其他政策鼓励麻线或呢子的生产，也未必是由于同情穿麻布或者呢子服装的人，更不是同情纺织品制造者或者经销商。政策的完善，贸易和制造业的扩展，都是高尚和宏大的目标。有关它们的计划使我们感到愉悦，任何有助于促进它们的事情也都使我们满怀兴奋地去做。它们是我们政治制度不可或缺的环节，推动着国家机器协调迅疾地转动。当这个体制受到了阻碍而无法正常运行时，我们是无法安宁的，而看着这个如此重要的体制日益完善，我们又感到欣慰不已。那些政策法规的唯一用处，就是使人们过得幸福安康，它也因此得到人们的尊重和景仰。可有时，出于某种对制度的认同，或是出于某种对艺术及发明的热衷，我们好像不重目的而更重手段，并且希望这种手段使我们的同胞更加幸福。但是与其说是出于对同胞的痛苦或欢乐的任何直接感情，不如说是为了完善和改进某种美好的有规则的制度。所以，有些具有崇高的热心公益精神的人，在其他方面就没有那么慈悲为怀了。这些自相矛盾的方面很容易在人们身上发现。想想古代俄国那个著名的立法者，谁能比他更缺乏人性而更热心公益呢？而相反，和气与生性仁慈的大不列颠国王詹姆斯一世却对本国的光荣或利益几乎没有做任何事情，没有任何激情。要唤起这类人的勤勉之心，如果你告诉他，阔人们过的是如此安逸舒适的生活，不受日晒雨淋，不用挨冻受饿，不用劳苦穷困，那是毫无用处的。要成功说服他，你就得给他认真描述阔人的豪宅里厅堂宽广，陈设豪华，你得一项项地讲明白各种陈设的用处，说明所有下人的数量、级别和不同的分工，只有这些才能对他产生影响。同理，如果你要在那个似乎不关心国家利益的人的心中树立热心公益的美德，向他空谈经邦济世之乐是徒劳的，跟他说理想国臣民的快乐生活也毫无意义。如果你向他描述带来上述种种好处的伟大的社会政治制度，向他解释其中各部门的联系和依存关系，它们彼此间的从属关系和它们对社会幸福的普遍有用性；如何可以把这种制度成功引进自己的国家，从而使整个国家机器运转得平稳而高效，你就有可能说服他。没有人会听了这个而无动于衷的，最起码他会暂时振作起来。没有什么东西能像研究政治（各种制度的便利性，各种制度的利害关系，本国的体制，它面临的形势，它在不利条件下所作出的努力，它可能遇到的危险，如何消除这种不利条件）那样更能使人发扬热心公益的精神。因此，各种政治研究（如果它们是正确的、合理的和具有实用性的话）都能用来做最有用的思辨工作。就连最没有说服力的人使用这个方法，也不是全然没有效用的。它至少能够激发人们热心公益的精神，并鼓励人们去寻找增进社会幸福的办法。

效用的表现赋予品质和行为以美感并使之成为一种赞同原则

人的品质和行为之美，如同艺术的创造和国家的机构一样，皆从有用性而来。这种美的概念很大程度上受到来自内心的赞成。人的品格也能对个人和社会的幸福产生影响。谨慎、公正、积极、坚定和朴素的品质会给当事人和与之有关的人带来满意，相反，莽撞、懒惰、懦弱以及贪杯好色之徒不仅自己一事无成，也会连累别人。前者的灵魂是美的，像完美的机器一样充满了让人愉悦的美，而后者的灵魂则像那些粗劣笨拙的装置一样充满了缺陷。有哪一种政府机构能像智慧和美德的普及那样有助于促进人类的幸福呢？一切政府都只是对智慧和美德的缺乏进行补偿的。所以，尽管因为政府机构所起的效用，美可能属于政府，但它必然在更大程度上属于智慧和美德。同样，也没有什么恶劣的政策能比人性的罪恶更有破坏性。愚蠢的政府之所以被人鄙弃，就是因为它不能弥补人性的邪恶所引起的危害。

哲人评价各种品质的优劣，往往是根据它们产生效果的好坏。哲学家研究人们为什么称赞人道的品质而谴责邪恶的品质时，未必有一种很明确的心态，而通常是根据它们暗含的意义。但是，只是在特殊情况下，行为的合宜或不合宜，行为的优点或缺点，才十分明显而可以辨别。只有当特殊的事例被确定时，我们才清楚地察觉到自己和行为者的感情之间的一致或不一致，或者在前一场合感觉到对行为者产生的一种共同的感激，或者在后一场合感觉到对行为者产生的一种共同的愤恨。我们抽象思考美德与邪恶时，不同品质引发的那些不同的情感就模糊不清了。相反，美德所产生的使人幸福的结果，和罪恶带来灾难的后果，那时似乎都浮现在我们眼前，并且好像比上述两者所具有的其他各种品质更为突出和醒目。

有位别出心裁的著述家最早阐述了为什么效用性使人产生快乐的道理。他认为我们对美德的赞同，是因为我们直接察觉到这种品质产生于效用的美。他认为除了那些对自己和别人都产生效用的品质之外，没有什么品质能作为美德被加以赞同。同样，除了那些具有相反趋向的品质之外，也没有什么品质能被作为邪恶加以反对。人的天性恰当地调整了我们关于某种品质的赞同或者反对的情感，也就是说我们的本性决定了我们的好恶。我认为，这是普遍存在的。但是，我仍敢断言，对于这种效用或者危害的看法，并不是我们产生赞同和反对情感的首要的或主要的原因。这些情感无疑由于对美与丑的知觉而得到强化，而有用性或危害性却决定了美与丑的本质。可是我还是认为这些情感本质上与这种直觉截然不同。

首先，这是因为我们对于美德的赞美不可能与我们赞美某种设计良好的建筑物时所怀有的情感相同。

其次，考察一下，我们就会发现，某种品质的有用性很少成为我们对其进行赞美的最初依据。赞同的情感总是包含有某种合宜性的感觉，这种感觉和对效用的直觉是完全不同的。所有关于美德的例子都是如此。根据这样的区分，美德是因为对我们有用而最初就受到重视和尊重，而不需要在实现了其有用性之后才被我们重视。

对我们自己最为有用的品质，首先是较高的理智和理解力，我们靠它们才能觉察到自己所有行为的长远后果，并且判断从中可能产生的利益或害处。其次是自我控制，靠它们我们能忍受暂时的痛苦，或放弃暂时的快乐。审慎的美德就是由这两者结合而成的，它对所有人都是有用的。

高明的智慧首先被人称道，不仅是因为有利，更是因为正义、合宜和精确。艰深的数学领域乃至高等数学，最能体现人类智慧的伟大。但是那些科学的效用，个人或公众都不是非常了解，而要去证明这种效用，也是非常不容易的。因此，最初使它们受到公众钦佩的，不是它们的效用，而是它所表现出来的高明的智慧。这种品质是很难坚持的，特别是当面对那些对发明既不懂也瞧不起的人的责难时。

与上述道理相同，人们的自我控制能力有时会使人们压抑一时的欲望，以便在另一场合得到更充分的满足。这种自我控制力因而在有用性和合宜性方面都受到我们的赞同。我们这么做的时候，和一个旁观者的心态差不多。而在旁观者看来，一周和乃至一年以后的快乐毫不逊色于眼前的欲望诱惑。所以，如果我们为了眼前的利益而牺牲将来的快乐，在旁观者看来是极其不理智的。相反，当我们放弃当前的快乐以便得到将来更大的快乐时，则会因为这种自律性而得到旁观者的钦佩。因此，人们自然而然地对俭朴、勤劳和毅力的自我控制的品质表示高度的尊重，虽然俭朴、勤劳和毅力也不过是为了获得更多的财富和地位而已。同样，人们也会去赞许那些为了获得遥远但巨大的利益而牺牲安逸、辛苦劳作的人。这是一种人类感情上难得的共鸣。有时，赞许之情甚至会上升为尊敬和仰慕，这种意识推动着那些行动者继续前进。10年后预期的快乐一定比眼前的快乐虚无缥缈得多，而前者产生的激情的合宜性又比后者要强得多，所以对于前者的追求能给人们带来尊敬与钦佩，而对后者的追求则会遭到轻视和嘲笑。

人道、公正、慷慨大方和热心公益的精神都是对别人最有用的品质。前面我们已经对人道及公平的合宜性进行了探讨，结论是我们对这些品质的赞同很大程度上来源于当事人和旁观者情感的共鸣。

慷慨大方、热心公益与正义所建立的基础相同，都是出自其合宜性。慷慨大方不同于人道，这两种品质看起来联系密切，而实际上总不为同一个人所有。人道是属于女人的美德，慷慨则是属于男人的美德。女人比男人温柔体贴，却没有男人慷慨大方。女人很难作出重大的捐赠行为，这一点很早就被《民法典》的立法者发现了。人道感情产生于旁观者对当事人的强烈同情之心，同情使他们喜怒与共。人道的行为不需要自我否定，不需要自我控制，也不需要有关合宜感的巨大努力。但是慷慨就不一样了。没有人生来就是慷慨的，也没有人天生就愿意为上司或朋友的利益而牺牲自己的利益。而当一个人认为别人的贡献使他们更有资格担任自己的职位而主动让贤的时候，当一个人为了救助别人的生命而牺牲自己的生命的时候，他们的行为都不是出于人道，也不是因为他们有多么无私，而是因为他们在这么做时，看待两种利益的眼光，是从旁人的角度出发的。从旁人看来，好人的出手相救肯定比只靠自己好得多，于是人们在决定为他人的利益牺牲自己的利益时，一般是从旁观者的身份来考虑取舍的。比如说，如果一个士兵没做错什么而长官牺牲了，这时候他不会有太多的感受，只会考虑自身的利益。而当他想要得到旁观者的理解和赞许时，他就会认为长官的生命比他自己的生命要珍贵得多，于是当他为了保护长官的生命而牺牲了自己的生命时，所有旁观者都会认为他的行动是非常合宜而又令人钦佩的。

热心公益的精神所需要作出的更大努力也是如此。如果一个年轻的军官为了国王的领土得到那么一点点微不足道的扩张而殉职，并不是因为他认为国家的领土比自己的生命更有价值，而是因为他在对比这两者的价值时，是以旁人的眼光、民族的眼光来看待。对整个民族来说，战争的胜利是至关紧要的，而个人的生命是无足轻重的。当他这么想时就会觉得，为了这个崇高的目标，他就是抛头颅洒热血也值得。英雄主义便体现在这种对自然感情的成功抑制中，而这正是出于强烈的责任感和合宜感。有许多可敬的英国公民，平时从个人角度看问题时，会觉得米诺卡的失陷不如一个几尼的损失更让人揪心。而一旦他们的责任是保卫那座堡垒时，他们就会万死不辞。当布鲁图一世由于他的儿子们阴谋反对罗马新兴的自由而把他们判处死刑时，他是以一个罗马公民而非一个父亲的眼光看待他的儿子们，从而大义灭亲。对一个罗马公民来说，即使是布鲁图的儿子，在同罗马帝国的利益放在一起时也是微不足道的。我们对这类品质的钦佩，与其说是因为其效用性，不如说是因为它的出乎意料、伟大崇高所表现出来的合宜性。当然，在对它的效用性进行考察之后，我们会对它产生进一步的情感赞同。而这种美，通过人们的深思熟虑才能察觉出来，决不是一开始就受到了人们的情感赞同的。

如果就赞同的情感来自效用的这种美的知觉作用而论，赞同的情感和他人的感受没有丝毫关系。所以，一个与社会完全隔绝的人也会成长起来，他也可以在谨慎、节制和良好的行动中觉察到这种美，在相反的行为中觉察到丑恶，通过这种效用性来感受美和丑。他也能够像欣赏一架精密仪器一样欣赏自己的品格。然而，由于这些概念只涉及爱好问题，而这种爱好正是建立在这类概念的合宜性之上，因而易被一个处于封闭状态中的人所察觉。在他融入社会之前，他无法把二者联系起来，他不会因为品质方面的缺陷而惭愧，更不知道自己会因此受到惩戒；也不会因为意识到自己的美德而振奋，或者知道这将使他得到奖赏。所有这些都意味着，他人的想法才是真正的法官，只有对他人的想法抱有同感，才能够感受到自我赞赏的喜悦或自我谴责的羞耻。

卷五　道德赞许评价标准中风尚和习惯的作用

习惯和风尚对美与丑看法的影响

我们已经在前面讨论了何种原则会影响我们人类的情感。在不同的时代和不同的国家，何种行为值得赞扬和责难，用这些原则就可以界定出来。在这一章中，我们要讨论习惯和风尚两种原则是如何影响我们判断美的。

如果两个事物经常在一起，即使只是出于一种纯然的习惯而已，人们也会因此把两者联系起来。打个比方，如果一套衣服缺少了一些惯常的装饰，而且如果这种搭配有着某种自然的搭配感，我们就会觉得非常别扭。有些人习惯用高尚的眼光看待世界，而厌恶一切平庸或丑恶的事物。如果那些事物存在不恰当的联系，我们就会慢慢淡忘那种感觉。肮脏混乱的人丧失了对整洁和优雅的感觉，不同的人对不同样式的家具或衣服有不同的感受等。

广义上的风尚是指某种特殊的习惯，而狭义的风尚则特指身份高或者素质好的人身上体现的风尚，而非贩夫走卒之流。大人物平时衣饰豪华，举止优雅，不怒自威，所以他们偶然摆出的姿态会有一种特殊魅力。等到大家习惯了这样，他们也就成了雅致和豪华的代名词。其实这种姿态并没有太多的内在含义，如果哪天大人物换上了另外一套架势，可能就变成了下等人的样式。

风尚的产物有很多种，最普通的包括衣服和家具，当然，其产物还涉及人文情趣等各个领域，如音乐、诗歌、建筑等。单纯从衣服和家具来看，习惯和风尚只是一时的流行，因为人们总爱嘲笑5年前流行的式样。制作衣服的质料都不很耐久，如果一件漂亮袍子要花12个月才能缝好，那就根本谈不上什么流行了。家具比较结实耐用，所以它的式样不像服装款式变化那么快，不过，每5～6年，家具式样就要有一次革新。人一生中有机会见到家具的很多种流行式样。从艺术品（诗歌、建筑等）来看，人们的审美标准不会很快随着习惯和风尚而变化。一幢建筑如果施工精良，可以存在好几个世纪；一首歌曲如果优美，可以口耳相传很多代；一首诗歌如果动人，可以流芳百世。原因就在于创作者的独特风格、情趣和手法。人们在一生中很难有机会看到这些艺术形式发生重大变化，对不同的年代和国度里的流行艺术也没有多大机会了解，所以很难不带偏见地把他们与自己身边的流行时尚进行比较。人们总觉得艺术品是以理智、天性为标准的，不过仔细想想就会发现，建筑、诗歌及音乐之于衣服和家具，它们受到习惯和风尚的影响丝毫不逊色。

举几个例子来说，多利亚式石柱的高度为直径的8倍，爱奥尼亚式石柱的高度是柱头盘蜗直径的9倍，科林斯式石柱直径是柱头叶形装饰的10倍，要说哪一个最恰当，只能以风尚和习惯为标准。当我们习惯了某种装饰的特定比例关系，再看其他的比例关系时，就会觉得不舒服。如果把各种柱式特定的装饰物换成其他风格的装饰，会引起那些对建筑学深有造诣的人的反对。按建筑师的说法，正是根据这些精确的原则，先人为每一个石柱配了适当的装饰，此外再无他选。无论如何，如果用同样的角度来修改某些建筑，即使动机再高雅、优美，但是建筑学的特殊准则已经被习惯定型。这些习惯都是枉然可笑的，就像一个人穿了身与他以往的装束大相径庭的衣服，出现在公共场合时会显得滑稽可笑，即使新装本身非常雅致合体。这和用与流俗观念完全不同的方法去装修房子的道理是一样的。

古代论者认为，诗歌的一定韵律体例天生表达某种感情和内容，严肃或轻快的风格各有其对应的体例。这种说法看上去站得住脚，遗憾的是现代人的感受似乎不符合这一原理。英国的诙谐诗与法国的英雄诗用的诗体相同，在拉辛的悲剧或伏尔泰的《亨利亚德》中，几乎可以找到同样的诗句："汝之良言，吾人没齿难忘。"法国的诙谐诗也并不比它逊色。由于习惯的原因，某种韵律在一个国家代表庄严肃穆的感情，而在另一个国家，它却与诙谐幽默密不可分。如果用英语书写法国亚历山大风格的悲剧，或者用法语创作十音节诗，都是荒谬可笑的。

一个高明的艺术家会用改良已有艺术形式的方式开创全新的写作、音乐或建筑风尚。一个有名望的大人物穿上某种怪诞的装束之后，会使它迅速成为潮流，就像一位出色的大师的新手法也会在行内成为楷模一样。在那50年的时间里，意大利人的音乐和建筑情调发生了显著的变化，但这不过是出于对大师的模仿，因为这些人在音乐与建筑学等各个艺术领域中已经拥有了显著的地位。昆德良批评塞尼加扰乱了罗马人的情趣，抛弃庄重理性的雄辩而煽动浮华轻佻之风。萨卢斯特和塔西佗也受到了类似的指责，说他们提倡一种虽然简洁优美、诗意盎然，但明显是劳神费力和矫揉造作的风格。究竟需要用何种素质来使一个作家的不足变为特色，我们不得而知。但当我们赞扬了一个民族的情趣的改善之后，说一个作家败坏了这种情趣，或许就是对他的最高度的颂扬吧。在英语作家中，蒲柏先生的长诗和斯威夫特博士的短诗创作都有所创新。斯威夫特式的简易流畅取代了巴特勒的诡怪神奇。虽然说德莱顿和爱迪生分别有着生动和精确的长处，但还是被人们抛弃了。而蒲柏先生那种细致简练的风格已经成了长诗的标准风格。

习惯与风尚除了会影响艺术作品外，也会影响我们对自然之美的感受。万事万物中存在着各式各样的美，我们欣赏每一种动物自身特殊的身体比例之美，且不会把这种标准用在其他动物身上。渊博的耶稣会教士比菲艾神甫认为，事物的最美状态存在于其最常态的状态中。以此类推，人的容貌之美属于一种中庸状态，与各种丑恶的造型相去甚远，比如一个漂亮的鼻子，不长不短，不直不弯，在各种极端状态中处于中庸地位。有些东西即使有细微的差别但大体还是相像的。我们对着同一个图案临摹出来的画都是大体相同的，原型的最主要的特征都是可以找到的，而且最细心的作品和最粗心的作品具有更大的相似性。这与某种生物中最漂亮的具有该生物最明显的特征，而丑陋的则不具备是一样的道理。根据比菲艾神甫所说，各种事物中，最为常见的即为美，所以人们要先通过实践和经验来认真研究，才能说什么东西是美的。每种事物的美都有其独特性，不同物种和国家之间的审美都有所不同。关于花朵、马匹或什么东西的美的标准，我们不能用在对人体美的评价上。同样，地域及生产生活方式的不同、生物适应其生存环境不同产生的形态差别，又都产生了不同的美的标准，如摩尔马之美不同于美洲马之美。不同国家间关于人的体形和面孔的美的标准，更是千差万别。例如，在几内亚海岸，白皮肤就是一种惊人的丑陋，而塌鼻子和厚嘴唇则是美的。北美的某些原住民族有给婴儿头上绑四块木板的习惯，这样趁孩子的骨头柔软尚未成型，就把头塑造成了四方块的形状。欧洲人对于这些凶暴荒唐的习俗很是惊骇，某些教士认为这来自那些民族的未开化。不过最令人惊讶的是直到最近的100年里，欧洲女人都在拼命把自己漂亮的圆脑袋压成同样的四方形。尽管在所谓文明国度里，大家也都明白这些习俗会带来很大的痛苦和疾病，可因为习惯的力量，它们仍然广为流行。

按照那位渊博而睿智的神甫的美学体系，美感的全部魅力在于人们出于习惯而形成了对特定事物的深刻印象。但是习惯是否是人们判断外在美的全部标准呢？人们可能喜欢任何形状，因为它们有益于达到某种目的，这好像与习惯无关。人们的眼睛见到某种颜色会愉悦不已，迷人的外表、姿态万千总比丑陋更让人们喜悦，逻辑关系清晰的互相联系要比杂乱无章的组合更受钟爱。习惯不是美感的唯一准则，但我们很难认可与习惯冲突以及不常见的形态，相反，只要符合习惯，就不会差到哪里去。

道德情感受习惯和风尚的影响

习惯和风尚对于美感的影响是全方位的，以至于行为美也不例外，但习惯与风尚对行为美的影响还是比较小的。由于习惯的作用，不管开始时外在形态与习惯或者风尚多么水火不容，但时间久了总能让人们看顺眼。然而习惯和风尚永远不会接纳尼禄式的残暴或者克劳迪厄斯式的轻蔑。美感本身往往美丽而柔弱，所以通过习惯或教育很容易纠正。人性中最强烈的是对道德的赞许或批判之情，美感与道德可以有些细微的偏差，但不能被完全歪曲。

习惯和风尚影响道德情感的作用不大，但途径和其他美感相似。当习惯和风尚与人们天生的是非道德观相吻合时，人们的情感会更加敏锐，爱憎会更加分明。比如，受真正良师益友影响的人习惯于正义、谦逊、人道和理性，而不能容忍它们的对立面。那些在暴力、堕落、虚伪中长大的人，由于已经习以为常，即使良心未泯，也会完全丧失自己对恶行的愤慨。

在特定的历史阶段，风尚也会赞同某种程度的混乱，或者冷落某些本应受到尊重的品质。在查理二世时期，习惯看法较为另类：放荡不羁是一位绅士而非清教徒的特征，并与慷慨、真诚、高尚和忠心耿耿联系紧密；庄重的举止和得体的行为则跟欺骗、狡诈、下流、伪善一道。当时的浮华之徒都爱赞美大人物的缺陷，好像这些缺陷体现着高尚的美德，代表着自由、独立、坦诚、大度和温文尔雅。与之相反的如节约、勤勉和诚信的人，只因为他们的地位较低，这些美德在浮华之徒的眼中都是粗俗可憎的，并一厢情愿地将这些美德与卑鄙、怯懦、暴躁、伪诈等缺陷相提并论。

人们的行为方式和思想感情因为职业和生活境遇的不同而不同。每个阶层和职业都有其惯常的准则。可是由于人们普遍认同的中庸的思维方式，在各个阶层中，特殊的生活条件和境遇给特殊的人群的烙印并不会太深或者太浅。体现职业特征很正常，但无时无刻故意卖弄就不招人喜欢了。同样，不同的生活和年龄阶段也都有不同的行为方式，人们习惯于老年人庄重沉稳、衰老多病和饱经风霜，习惯于年轻人的机敏、活泼和朝气蓬勃。不过，人们不喜欢老年人的保守迟钝或者年轻人的轻浮虚幻。人们还是希望年轻人学习老年人的老成，老人也保持青年的轻快活跃。但是如果老年人的呆板、拘谨出现在年轻人身上就很滑稽，年轻人的放纵、轻率和虚荣出现在老年人身上反而会被人蔑视。

受习惯影响而形成的各个阶层或职业的特殊行为方式，有时可以脱离习惯而具有适当的独立性。说一个人的行为是恰当的，是因为他的行为可以适应他所处的所有环境而不是某一处环境。如果他只能适应一种环境而不能恰当地适应其他环境，那就是不恰当的。不过，如果环境没有发生太大变化，人们也不用太过强求。一位军队的将领可以在私生活中对失去独生子表现出悲伤和脆弱，但如果在公众的安全和荣誉正需要他倾尽全力时，表现出这种情感就是不可原谅的。因为在正常情况下，不同职业的人们处理的是不同的事物，因而产生的也是不同的感情，习惯把它与某种职业联系起来了。人们应当设身处地地从他们的角度考虑问题。人们可以希望一个官员表现出对生活乐趣的追求，但难以接受一位牧师也这样做。因为牧师作为一个传播天国福音的信使，轻率和冷漠都不适合他完成使命。即使生活得轻松放荡的人们也会认为，牧师的心灵应该充满庄严肃穆的情绪，而不是各种鸡毛蒜皮的琐事，这个印象也是被人们广泛接受的。

还有些职业通常具有的品质让人无法评论，对于这些职业的赞许一般是出于习惯而非深思熟虑。以士兵为例，人们对他们的印象往往是寻欢作乐和轻浮放荡。但是在认真考虑之后认为，这种职业最适合的品质应当是老谋深算。但事实上，由于长期生活在战斗的阴影中，士兵心理上非常沉重，几乎无人能够负担，因此他们会沉湎于酒色，他们只是借行乐忘掉自己眼前的境遇。一个市的卫戍司令往往和其他的老百姓一样精明而吝啬，因为长久的和平会泯灭军人和百姓之间的个性区别。我们已经给那些大人物的举止贴上了与其阶级相对应的标志，所以如果没有见到我们所期望的，我们就会感到非常失望。

同样，不同时代和不同国家的人们的性格也不同，因此人们对各种品质的评价标准也因国度和时间的不同而不同。在俄罗斯被看做阿谀奉承的举止，在法国宫廷则可能显得粗野鄙俗。波兰贵族中还算吝啬节约的习俗，到阿姆斯特丹公民身上就是极大的奢侈浪费。不同的时代和国度都把上层人常有的品质说成是美德，思想感情也伴随它们而相应变化。

文明开化的国度会重点培养关于人道的美德，而对自我克制和约束的培养则相对较少，而野蛮未开化的国家正好相反。受文明时代的灯红酒绿、歌舞升平的影响，人们往往缺少对艰难困苦和危险的耐受能力。没有人强调节制欲望的必要性，任凭纵欲在各个领域里泛滥。

野蛮人和未开化民族的情况完全相反。野蛮人每个人都受到斯巴达式的坚忍训练，再加上环境所迫，他们能够忍受各种艰难困苦。环境让他们习惯了各种痛苦，也养成了他们不向任何困难低头的作风。他们不指望同胞们对他们的缺点表示同情或帮助，因为他们往往自顾不暇，无法向他人伸出援助之手，所有的野蛮人都在为满足自己的需求而劳苦奔波。他们不愿因为一点小小的困难而声名扫地。不管情绪有多么的强烈，他们都不允许影响其内心的镇定。据说北美的野蛮人无论在什么场合都会表现出一种气定神闲的架势。如果流露出了爱欲、痛苦或者愤怒等感情，他们会觉得非常丢人。这些不是欧洲人所能想象的。如果一个国度里所有人的地位和财产都差不多，父母决定了所有的婚配，要是哪个青年对别人情有独钟或是过分关注，甚至与其订婚，一生都会被人瞧不起的。在野蛮人眼中，其他所有国家都被认可的两性公开同居是最无耻的。即使能够结婚，他们似乎也为如此卑鄙的结合方式蒙羞。他们无法独立出来共同生活，只能住在父母家里，找机会偷偷相约。野蛮人不仅在这种本性上具有巨大的自我控制能力，而且能够麻木地忍受各种责骂、侮辱，即使在亲人们众目睽睽下也毫不冲动。当一个野蛮人被对手俘虏并按惯例处死时，他照样不动声色，即使受到了最可怕的拷打也不会呻吟。除了表现出对对手的蔑视，他几乎没有任何反应。当对手慢慢点起篝火行刑他时，他会嘲弄行刑的家伙，威胁他们。如果对手中的任何一个人落在他手里，他会用比这更残酷、更微妙的办法来处置这个人。为了加强受刑者的痛苦，在几个小时的在他身上最敏感、最柔软的所有部位行刑之后，会把他从火堆上放下来一会儿。在这段时间里，他会说起各种与自己无关的琐事和天下大事。其他围观的野蛮人也同样麻木不仁。他们吸着烟叶，开着玩笑，除了需要行刑的时候，几乎不看那个受刑的家伙，好像根本没有这回事一样。野蛮人从小就知道迎接他们的会是这种命运，为此他们专门创作了一种所谓“死亡之歌”。当他们被敌人俘虏并要被折磨致死时，他们会唱起这首包含了对敌人、对死亡与痛苦的极端蔑视的歌。当他们将要投入战争与敌人交手时，他们会心硬如铁地唱起这首歌。所有蛮族都有蔑视死亡和酷刑的风俗。任何一个来自非洲海岸的黑人都具有这种高尚的品质，这使当时黑奴主人惊愕不已。那些在欧洲或对手的国家都属于人渣之列的家伙，居然在监狱里残酷而下流地折磨那些强过他们一万倍的民族英雄。命运对人类最大的捉弄可能就在这里。

蛮族国家要求公民必须拥有在文明社会难得一见的品质——百折不挠的坚忍。文明社会的人们只要不做出破坏正义或人道原则的事情，而只是有点表情夸张或者装腔作势，人们就不会因此彻底否定他，尽管他会因此而丧失一点声誉。敏感而有激情的文明人更容易赞同某种慷慨激昂的举动，并原谅其中稍微过火的方面。陌生人比朋友对你更加宽容，所以你可以率性而为。文明民族与蛮族的冲动行为会出现不同后果，原因正在于此。当彼此相聚聊天时，文明人表现得像朋友，野蛮人表现得像路人。如果一个所受教育比较呆板的旅行者到法国或意大利这两个欧洲大陆上最文明的国家游历，肯定会对乐天知命这种行为而困惑不已。法国年轻贵族会在得知没能进入某支部队时，在所有大臣面前潸然泪下。修道院长杜波斯先生说过，一个意大利人会因为被罚款 20 先令而比一个英国人得知自己将被处决时表现得更为冲动。在罗马的优雅之风最盛的时候，西塞罗的名士都会在演讲结束后当着全体元老和公民的面悲伤落泪。可是在我看来，在罗马民智未开的初期，社会风气恐怕不会允许演说者这么冲动。慷慨激昂的雄辩在法国和意大利风行多年，但最近才传到英国来，虽然它的实际用处还无人知晓。由于文明和野蛮民族自我控制的程度差别很大，因此必须按照不同的标准对他们的行为进行评价。

这种自我控制的差别有许多不同的表现。率性的文明人更趋向于坦诚和豪爽，压抑感情的野蛮人则更为虚伪狡诈。那些亚洲、非洲或美洲的蛮族都很难被人理解，而他们很善于隐藏事物的真相，无论是巧妙的诱惑还是无情的拷打，对他们都不会起作用。野蛮人只有在愤怒的洪水终于决堤时才会表露出这种情绪，而且报复会是相当残忍和可怕的。在北美地区，有些比较胆怯但又爱动感情的女孩子受到母亲的责备后，一般不会有什么过分的冲动，最多说一句“我不是你的女儿”，但之后却跳井了。在文明民族，一个男人也不会暴烈到伤害人，他们大多只是吵吵闹闹以得到认可和同情。

不同的职业和生活境遇形成的习惯会比较少地影响人们的观点。我们希望老人和青年、官员和牧师可以表现出真理和正义。各种职业都分别具有不受习惯影响的固定性，也就是说，人性不具有很大的差别性。不同民族对他们认为好的品质的评判标准大体上相同，虽然程度上有所差异，但是不能容忍的是一种美德的功用被无限夸大，从而损害别的美德。波兰人惯常的慷慨好客可能影响节约与有序，荷兰人尊重的节约也许会伤害亲密与大度。各个民族的行为风格都只能适用于本民族，就像勇气适合于野蛮人而敏感适合于文明人一样。所以，不能根据一点就抱怨世风日下、人心不古。

在一般的行为方式领域，风俗习惯不会过于背离行为的自然本性。可在某些特殊领域，某些风习会严重损害良好的道德，也会把那些极端错误的行为说成合理合法的。比如，杀害婴儿。一般来说，人们对婴儿的天真无邪会无限爱怜，觉得只有最残暴的征服者才会有杀婴的行为，根本不会想到婴儿的父亲也会这样做。可是古希腊认可弃婴的行为，雅典也是如此。他们认为，父母一旦觉得无力抚养婴儿，就可以抛弃婴儿，任由婴儿被野兽所食。人们在原始社会就开始了这种做法，并且对此变得麻木不仁。现在人们发现，所有的蛮族都盛行这种做法，而且越是原始低级的社会越宽容这种行为。野蛮人因为生活困难，物质极度匮乏，对他们来说不可能同时养活自己和孩子，所以弃婴对他们来说合情合理。他们也认可在危难时刻为了保全一个人的性命而弃婴。所以，在这样的社会里，父亲有权利决定是否要把孩子养大成人。可是在希腊晚期，由于含糊的经济原因或为求省事的动机而杀婴则是不可容忍的。可是因为当时的陋习，使得哲学家们都认可这种事情。亚里士多德认为，多数情况下，行政长官应该鼓励这样的事情。慈悲的柏拉图在哲学著作中大谈人性之爱，却没有对这种行为进行批评。如此骇人听闻的反人性行为都能被习惯所接纳，那么，习惯就可以接受更加残暴的行为了。在人们的生活中，类似的事情可谓屡见不鲜。

从普通品质和特殊习惯差异之大可以看出，那种所谓的习惯根本就不存在。否则，如果那种残暴的习惯成为现实，这个社会也会立刻消亡的。

卷六　与美德有关的品质

个人品质对自身幸福的影响，或论谨慎

探讨个人的品质，应该从两个角度来考察：一是它对于自身幸福的影响，二是它对于他人幸福的影响。

健康和保养是上帝希望人们最先关心的事情。他用饥饿和口渴、快乐和痛苦、热和冷等让人愉快或不快的感觉，亲口训诫我们为了身体的健康应当选择什么和回避什么。我们的监护人从我们小时候起就教导我们如何避免伤害。而成年后，我们会慢慢明白，为了满足这些先天的欲望，为了得到快乐和避免痛苦，我们应该学会谨慎和预见的必要手段。

为了生存和身体的舒适，我们首先需要拥有物质财富，并且我们在社会上的名誉和地位也很大程度上取决于我们所拥有的或者人们猜想我们拥有的物质财富。在我们所有的先天欲望中，最强烈的莫过于获得尊重的愿望，因而我们都急于获得财富，以及财富所带来的名誉和地位。

一个人获得的地位和声誉，又很大程度来源于他的行为和品质。良好的行为和品质能让人们自然地激发出信任、尊敬和好感。

幸福生活的基本保障是：健康、财富、地位和名誉。在得到这些的过程中，谨慎这种品德十分必要。

前文中说过，当一个人从顺境转为逆境时，他所感受到的痛苦比从逆境转为顺境时所感受到的快乐要多得多。所以，谨慎首先的体现是安全。为了保住已有的健康、财富、地位和名誉，然后在此基础上追求更多的利益，我们要在自己的行业里练就真才实学，勤勉刻苦地工作，压缩开支，甚至是一定程度的吝啬。这些做法都是非常谨慎和保守的。

认真学习所需要的一切知识是谨慎的人长期坚持的，他并不想借此向别人炫耀，而只想掌握实用的知识和技能。这种人不会用骗子的伎俩来对付别人，不会用自命清高的态度来压迫别人，更不会用浅薄的盲目自信来愚弄别人。他为人谦虚淳朴，讨厌哗众取宠和夸夸其谈，甚至不想显露自己的真本事。他不喜欢结党营私、拉帮结派，只会依靠自己的真才实学来获得自己想要的荣誉。在上层社会中存在着很多结党营私之徒，他们自认是道德的仲裁者，却彼此吹捧，随时准备打压对手。谨慎的人即使处于这种环境，也不会和那些人一起欺骗公众，而会借了解他们的机会，使公众避免受愚弄。

谨慎的人害怕谎言被戳穿和由此带来的羞辱，所以为人很真诚。但是这并不代表他在什么场合都直言无忌，也不代表他在别人不正当的要求下会老老实实地把实情全盘托出。他的言谈会有所保留，而且从不贸然发表对他人的意见。

谨慎的人从不高谈阔论，却不会缺少朋友。他的友情常常是一种温和的慈爱，而不是非常热烈的那一种。涉世未深的年轻人很需要他这种温和的慈爱，而他对于一同经历过种种考验的密友，则拥有一种冷静、牢固且真挚的感情。他择友的标准只是出于对他人的品质的欣赏，而不是出于别的什么原因。他不喜欢应酬，也不喜欢娱乐场所。他认为过那样的生活会打破他一直以来坚持的节制。

谨慎的人谈吐不一定会妙语连珠，却不令人讨厌，因为他很有礼貌、很节制。在日常交往中，他宁愿表现得比别人更为谦逊，也不会凌驾于他人之上。他尊重所有已经确立的社交礼仪。苏格拉底、亚里士多德、斯威夫特博士、伏尔泰，以及腓力二世亚历山大大帝和彼得大帝，他们都喜欢用践踏礼法来显示自己与众不同，这为后世树立了错误的榜样，导致后人常常去模仿他们。相比来说，谨慎的人为人们树立了一个更好的榜样。

谨慎的人坚持勤劳和俭朴，并且为了将来的长远利益甘愿牺牲眼前的利益，他也因此得

到旁观者的充分赞同。别人不会因为他现在的劳苦而对他的做法感到厌倦，也不会因为他对理想和欲望的追求而受到冲动的诱惑，因为他目前的处境别人也有可能会遇到。所以他会感同身受地去理解对勤勉者的意义，并且在以后的类似处境中，他也会去实践这种让人赞许的自我控制。

谨慎的人总是按照自己的收入来安排自己的支出，并对这种生活感到满意。这种生活会随着财富的累积变得越来越好，因而渐渐地他也可以放宽俭朴的程度。他对这种逐步增加的舒适和享受感到非常满足，因为他感受过追求这种生活的艰苦，所以他很珍惜眼下的生活，不会贸然去改变现有的生活状态。如果他计划作出一些改变，一定会做好充分的准备和安排。他不会因为一时的拮据而急于投身新的事业，而会充分冷静地去考虑每一种后果。

对于不属于自己职责范围的事情，他不会随便兜揽。跟自己无关的事情，他从不干涉，也不会自作聪明地给别人乱出点子，或者将自己的思想强加给别人。他不会通过多管闲事去得到想要的地位，而只是把自己的事务限制在自己的职责范围内，并且反对任何拉帮结派和结党营私，厌恶那些陈词滥调的说教。在特殊情况下，他也不会拒绝为自己的国家做些事情，但他不会玩弄阴谋使自己进入政界，并且，公共事务由别人来管理更让他感到高兴和轻松。他喜欢舒适安逸的生活，不喜欢追名逐利的浮华虚荣，也不渴求建功立业的光荣。

谨慎这种美德是一种很有意义并且受人欢迎的品质，因为它对个人的健康、财富、地位和名誉都能起到很大的作用。但是，它只是受到了人们一定程度的尊重，却没有得到最热烈的爱戴和赞美。与其他的美德相比，谨慎算不上是最被人推崇的美德。

谨慎这种品质出现在一个勇敢的将军、一个英明的政治家、一个上层议员等人的身上时显得更为崇高，因为他们追求的是比健康、财富、地位和名誉更加崇高的目标。在他们身上，谨慎与英勇、善良、正义这些更为崇高的美德结合在一起，并用他们的克制恰如其分地维系着。这种更深层次的谨慎发挥到极致，就会演变成一种最恰当的行为习惯或倾向。它代表着最高的智慧和最纯的美德的结合，它接近于学院派和逍遥学派中哲人的品质，而那种较低层次的谨慎则接近于伊壁鸠鲁学派（Epi－curean）哲人的品质。

对于缺乏谨慎的人，有人会怜悯他，有人则会轻视他，但无论如何不会有人因此而讨厌他。但当谨慎与另外一些不良的品质结合在一起时，则会加重这些不良品质带来的后果。一个谨慎的无赖，虽然他的言语行为会使他遭到强烈的猜疑，却常常能让他逃过惩罚和调查。而一个愚蠢的无赖却没有办法避免，于是成为人们泄愤的对象和笑料。在刑罚严酷的国家，人们已经对凶暴的行为司空见惯，不会再感到恐怖。但在法治国家，罪恶的行为会让人人都感到恐惧。这两种国家对罪恶的看法可能是相同的，但对谨慎的看法则完全不同。在刑罚严酷的国家，凶残是最大的罪恶，而在法治国家，缺乏谨慎的蠢行则可能是最大的罪恶。

在 16 世纪意大利的上层社会中，暗杀和谋杀是司空见惯的事。恺撒·布吉亚曾邀请临近四个小国的君王到塞内加各利亚举行友好会盟，可等待他们的却是掉脑袋的命运。但在那个年代，恺撒·布吉亚并没有因此而身败名裂，他只是在名誉上受到了一点点损失。他在数年之后的下台有与这个罪行无关的另一些原因。而在这一罪行发生之时，马基雅维利正作为佛罗伦萨共和国的公使常驻在恺撒·布吉亚的宫廷。他用一种不同于他的所有作品的洗练的语言对此事作了奇怪的说明：他对恺撒·布吉亚的手腕表示钦佩，对杀人者的残暴虚伪不表示愤慨，却对被害人的不幸视而不见，所以，甚至马基雅维利在那个时代也算不上一个有道德的人。“窃钩者诛，窃国者侯”，对于征服者的残暴，人们常常可笑地赞美它的伟大；而小偷、强盗和杀人犯的不义在所有情况下都会被人们鄙视。即使前者造成的危害比后者要大一百倍，但只要他处于王侯之位，所做的一切就都成了伟大之举，而没有地位的人的罪行则注定永远要受人唾弃。即使前者和后者的罪孽的性质一样大，而且也差不多蠢。一个聪明又邪恶的人得到的信任常常比他应该得到的多，而同样邪恶的笨人却总是在所有的人中显得最可恨、可鄙。所以说，谨慎的人格和其他美德的结合构成了最高尚的品质，而缺乏谨慎的人格和其他坏品质结合起来则形成了最卑劣的品质。

个人品质对他人幸福的影响

引　言

人们评价一种品质，往往根据它对他人的幸福有益或有害来判断它的美和丑。

事实证明，某些人的一些恶行，确实破坏了别人的幸福。它违反了法律中的正义原则，所以被法律制止，惩戒人们，使人们不敢用恶行去破坏他人的幸福，这就是法律的效用。因此，各个国家和政府都制定了《民法》、《刑法》等。而在实施法律之前，究竟哪些行为破坏了他人和社会的幸福，是我们需要研究的问题。可惜的是，自然法学到目前为止还没有给出一个合理的解释，因此我们无法去探讨这个问题。但是，即使在都一个合理解释的情况下，人们也会本能地去尊敬那些不破坏他人幸福的人。这种品质通常和同情、人道、仁义等紧密相连，表现出对他人幸福的关心，从而受到人们高度的尊重和崇敬。这些无须什么解释。在本章里，我想阐述的是，人的天性表现出的调节次序：我们的善行一般总是先针对个人，再针对社会。很明显，我们的天性在这里指导着一种次序，而这是一种深层次的智慧，并且这种智慧的程度与我们所施善行的有用程度和大小程度直接相关。

第一节　有关天性致使我们关心和注意他人的依据

正如斯多葛派学者所说，人最关注的是自己。每个人对于自己的快乐和幸福的感受总是最直接的，所以人总是比别人更懂得如何照顾自己。而对于他人幸福或者痛苦的感受，我们只能从他人对于那些感觉的反应中想象得到。

除了自己，我们最关心的是亲人，主要是父母、子女和兄弟姐妹。他们的幸福或痛苦深深地影响着我们。我们很清楚地知道亲人们最关心的是什么，我们对他们的同情远远比对其他人深切得多，我们关心他们的幸福就跟关心自己的幸福差不多。

人的天性决定了我们倾注在孩子身上的感情，要远远超过我们对父母的感情。而且，相比于对父母的尊敬感激之情，我们对孩子的温柔关爱之情通常是一种更为主动的本性。自然决定了孩子来到世上以后的相当长的一段时间里的生存完全依赖于父母的抚育；而父母的生存却大多不需要子女同样的照料。从孩子身上，总是可以寄托很多的期待和憧憬，而对老人就不可能寄托什么了。所以在人的天性中，孩子总是比父母更重要，更能唤起我们强烈的感情。老人的去世一般不会让人十分痛惜，而孩子的死则会让我们悲痛欲绝。即使那些最凶残冷酷的人，也会去保护柔弱的婴儿。而只有在具有最高尚美德和人道的圣人那里，老年人才享有和孩子一样的待遇。

在我们的一生中，我们最先感受到的情谊，来源于兄弟姐妹之间。我们共同生活在一个家庭之中，而我们的家庭也因此变得其乐融融。兄弟姐妹间互相带来的快乐和痛苦，远比旁人带来的多得多。这种情谊是我们彼此获得幸福的共同源泉。因为生活在共同的环境中，手足之间更能对对方的快乐或者痛苦产生共鸣，而让他们相互帮助和照应。

大多数的兄弟姐妹在各自成家立业后仍保持着小时候的情谊，他们的下一代也由于父母间的这种情谊而保持着天然的感情联系。如果孩子们的脾性相投，这种天然的情谊就会带来很多愉快，反之，这种愉快会慢慢减弱。然而，由于他们不在同一个家庭环境中长大，他们之间的感情会比父母那一代冷淡，并且随着亲属关系越来越远，感情也越来越疏远、淡薄。

实际上，几乎所有的感情只是源自一种习惯性的同情。我们关心亲人的幸福或痛苦，我们让他们得到幸福和避免痛苦的希望，就是出于这种习惯性的同情的具体细节上的感受。亲人们因为生活在同一个环境里，容易产生这种同情，所以彼此产生感情。这是每一个人所需要的。因此，人与人之间就形成了一条人际关系的基本准则：彼此具有某种关系的人们之间一定存在着某种感情。那些违反这条准则的人，会被认为是不正常的、不通人性的，有时还会被认为是罪恶的。比如，身为父母，却不温柔慈爱；作为子女，却不孝顺父母。这些都会招致人们的指责和批评。

然而，在某种并不具备使天伦之情自然产生的特殊环境下，人的本性也往往可以弥补环境的不足，使血缘亲情同样存在。比如，一个年幼时因为偶然的原因而没有和父母生活在一起，长大后又回到父母身边的孩子，他和父母之间的孝敬和疼爱之情就会少一些。如果一个家庭的兄弟姐妹们都在相隔遥远的地方读书，彼此间的感情也会弱一些。但道德的人性，仍会让自幼分离、天各一方的父子之间、兄弟姐妹之间，产生血浓于水的感情。他们会不由自主地挂念对方，而且经常盼望着某天的团圆。在分离的时候，远在他乡的儿子或者兄弟姐妹，常常是心中最挂记的人，他们之间也不会产生任何的不快。他们听到对方的消息，总是感到莫大的满足和高兴。他们还会认为远在异乡的儿子、兄弟姐妹才是没有缺点的完美的，因而对儿子或兄弟姐妹的种种思念，就会成为一种充满浪漫色彩的憧憬。当他们团圆时，他们会按照家人之间习惯的感情去关心彼此，并且感到非常自然。但是在进一步的接触和了解之后，他们常常会发现，彼此的习性、脾气和爱好，同自己想象的并不一样，这样他们就没法再像以前那样和谐融洽了。这是因为缺乏一个产生习惯性的同情的环境，缺乏维系亲情的基础。他们的日常交往和言谈很快会变得单调乏味，而且越来越少。当然，他们也可以在表面上做到互相谦让、相敬如宾，在一起继续生活下去。但绝对没有自幼一起长大的兄弟姐妹之间的那种融洽、同情、推心置腹和坦诚无忌。

然而，上述准则只是对本分和有道德的人才具有这种微弱的力量。对那些胡闹、放荡和自负的人，这些准则是苍白无力的。这些人对天伦之情麻木不仁，除了嘲弄之外，他们几乎从不谈起。因为自幼的分离使他们的亲情十分疏远，他们最多只能表现出 种冷漠和敷衍的客套。即使如此，一旦利益上出现一些微不足道的对立，或者交往中出现一点小小的不快，也会使这种客套完全结束。

现在很多父母把男孩子送到遥远的名牌寄宿学校读书，让年龄更大一些的青年在远方的大学上学，让女孩子在遥远的修道院或寄宿学校上学，这种做法从根本上伤害了法国和英国上层家庭中的道德伦理，影响了家庭的幸福。我认为，如果希望孩子成为尊敬父母、与兄弟姐妹和睦相处的人，就要让他们在自己的家里接受教育。让他们住在家里，每天有礼貌地离开父母去公共学校上学。这样在日常生活中，出于对父母的敬重，他们对自己的行为会有一种非常有效的约束；而出于对孩子的尊重，也常常会使父母的行为受到有益的限制。这是一种最有效的教育方式。接受公共教育也许真的有些好处，但肯定不能补偿由此带来的损失。家庭教育是最天然的教育方式，而公共教育则是一种人为的教育方法。哪一种方法更好是不言而喻的。

许多悲剧和恋爱故事中都描述了这样一种美丽动人的奇妙感情——亲情。人们认为亲人们是因为具有这种感情而彼此想念，即使在他们知道彼此有亲情关系之前也是如此。但是我认为这种亲缘的力量只在悲剧和恋爱故事中存在，在现实生活中并不存在。即使在悲剧和爱情故事中，这种感情也只发生在父母子女、兄弟姐妹的一家人之间。要说这种感情也存在于表、堂兄弟姐妹乃至叔婶伯侄之间，我认为是十分荒唐的。

聚族而居在从事畜牧业的国家里是一种普遍的情况。这种居住方式对他们共同防御外来入侵是十分必要的。从地位最高的到地位最低的所有人在这种居住方式下都可以互相扶持、互相帮助，和睦相处可以增进彼此之间的亲情，不和则会削弱和破坏亲情。在他们家族成员之间，他们的联系要比与外部的联系多得多，同一家族中即使关系最远的成员也有某些联系。不久之前，在苏格兰高地，酋长习惯把自己部族中最穷的人看成是自己的堂表兄弟和亲戚。在鞑靼等人中，部落的首领对同族人也会特殊关注。因此，在其他条件相同的情况下，那些同族中关系很远的人所期望得到的关注也比其他人多。我认为，这种情况在其他的民族中都是普遍存在的。

我认为天伦之情在很大程度上是道德联系的产物，而不是父母和子女之间血脉联系的产物。比如，一个疑心重的丈夫，总是怀疑自己的孩子是妻子不贞的产物，尽管他和这个孩子在伦理上还是父子关系。

心地友好的人们常因为必要的交流而产生一种友情，这种友情和家人之间的感情相差不多。办公室中的同事、贸易中的伙伴，常常彼此称兄道弟，并且感到对方真的像自己的兄弟一样。他们的亲密和谐很有好处，而且如果他们把握得好的话，他们也会和谐共处，人们也都认为他们应当这样做。如果他们之间出现了不和，人们会把那看成是一种丑事。罗马人用“必要”这个词来表述这种互相依附的关系。从词源学的角度来看，它似乎表示的是这种依附是环境对人的必然要求。

住在同一个乡镇中的人们，他们的生活细节也会对道德产生某种影响。如果有一个邻居从未冒犯过我们，我们不愿意去伤他的面子。邻居之间可以给彼此带来很多便利，也可以给对方带来很大麻烦。心地善良的邻居们总是自然地和平共处，并且都不愿与恶人为邻。所以，邻里间存在着某种细微平等的互助是被我们赞同的，并且邻居得到我们帮助的次序应该排在其他人之前。

人的天性总是习惯于去迁就别人，从而达成一种和平共处的效果。这就是所谓“近朱者赤、近墨者黑”的原因所在。一个常常与有智慧、有美德的善人打交道的人，自然会对智慧和美德产生一种敬意，虽然他自己不一定会成为同样的人。同理，一个整天和荒淫无耻之徒混在一起的人，即使他不会变得同样堕落，至少也会很快不再厌恶那些品行。因此，我们经常看到不同家庭成员表现出相同的品质，除了遗传因素之外，我认为可以部分地归因于这种原因。

如果我们对一个人的高尚行为产生了尊敬和赞同，并在长期的交往中证实了他的高尚品质，我们就会对他产生最牢固、最尊重的友情。这种友情是很纯洁和自然的，因为它不是出于任何其他勉强的因素，而是高山流水的知音和志同道合的同志。但这种纯洁的友情只会在具有智慧和美德的人中间存在，他们彼此之间完全信赖，坦诚相待。有些狭隘的人认为这种友情只能发生在两个特定的人之间，我认为那是把纯洁的友谊和充满占有欲的爱情混为一谈。虽然年轻人之间的亲昵行为与之有些细微的相似，但其实与这种高尚的友情有本质上的区别。他们的那种亲昵主要建立在同样的关注焦点、娱乐或者消遣方式上，或者建立在某些一拍即合的奇谈怪论上，而这些是很浅薄的。因此这种朝三暮四的亲昵行为不能和真正深刻的友情相提并论，不管它们多么令人快乐。

但是，在人类天性的调节次序下，我们最希望善待的人中，还有那些曾经给过我们帮助的人。上帝曾教导我们对帮助过我们的人知恩图报。虽然人们的感激并不足以回报他的善行，但是旁人对他的赞同和感激，却足以与他付出的善行同等。所以，一个乐善好施的人一定会得到回报。虽然不是每个受人恩惠的人都会报恩，但有些人却是滴水之恩涌泉相报。被同道热爱是我们都渴望达到的目标，要达到这个目标，最好的方法就是用自己的行动证明自己也是同样热爱他们的。

我们在给予别人仁慈的关爱和热心的帮助时，没有去想他们和我们是什么关系，没有去想他们的个人品质如何，或者他们过去对我们有没有帮助。在社会中，施舍人与被施舍人往往地位相差悬殊。被施舍的人往往贫困潦倒，而施舍人往往非常幸福、富裕而有权势。社会的安定与有序需要依赖这种明显的等级地位的区别，而这种区别主要依靠人们对有权势的人由衷的尊敬来支撑。整个社会的安定和秩序，远比个别不幸者的痛苦更为重要。虽然伦理学家告诫我们要兼济天下、普度众生，不被显贵的地位所诱惑，但是人们对富贵的倾慕比对智慧美德的倾慕更多，人们都想成为富人。实际上，要判断一个人是否智慧或是否具有美德是很难操作的，而财富和门第更容易比较，所以我认为以财富权势划分的社会等级地位，更有助于社会的安定和秩序。人们这么想是有好处的，而在上述所有作为我们关心对象的事物的序列中，善良和智慧也同样是明显的。

如果人们把对权贵的崇拜和对善行的钦佩结合在一起的话，就会激起更多善行的诱因，就会促进更多善行的发生。这一点是显而易见的。如果我们抛弃妒忌之心，达官贵人们表现出来的智慧和美德很多时候会引起我们的崇拜和倾慕。而且，尽管达官贵人不缺少权力和智慧，但他们受到的痛苦却不比那些同样具有美德但地位低下的人少。这在悲剧和恋爱故事中有很多表现：善良、高尚的国王和王子们常常遭遇到不幸。如果他们能够运用智慧摆脱他们的不幸，夺回他们原来的地位和权势，就会得到人们更大的甚至是过分的热情和赞赏。于是，我们原先对他们的地位和品质自然怀有的倾慕之情就变得更加深厚了。

精确地规定人的何种感情在先、何种感情在后的做法是不现实的，因为人的各种情感往往是交织在一起的。在何种情况下，友情应当让位于感激还是感激应当让位于友情；或者个人亲情与全局利益哪一个更为重要，我们都应该把它们交给我们的心灵——这个冷静的旁观者、我们行为的伟大法官和裁判者来定夺。只要摒弃外界的喧嚣，认真、客观地思考我们的处境，从真实的内心出发，我们才能作出正确的决定。不要用独断专制的准则来指导我们的行为，那些教条式的准则常常不能使我们觉察到不同环境、品质和处境中的各种细微的差别和区分。

第二节 天性致使社群成为我们慈善对象的次序

指导我们把个人作为慈善对象的原则，也同样指导我们把社会团体作为慈善对象。我们的慈善行为最为关注的对象，正是那些重要的社群。

对于我们来说，孕育了我们的生命，并保护我们平安生活的政府或国家是最重要的社群。我们的高尚行为可以为它带来很多好处，而我们的恶劣行为也会为它带来灾难。我们所有的一切都包含于国家之中：我们的孩子、父母、亲戚、朋友和恩人，他们的幸福和安全都依赖于国家的繁荣和强盛。所以，国家很自然地成为我们首先关心的社群。而我们的爱国之情不完全是出于私心，也出于我们自身仁慈的美德。因为祖国与我们休戚与共，它的繁荣和强大也会使我们感到光荣。我们为我们的国家比别的国家繁荣富强而感到骄傲；为它比别的国家落后而感到耻辱。我们总是带着过分的赞美去看待在祖国过去时代中所涌现出的杰出人物，并且总认为他们比其他民族的人物更为杰出。因为为了国家的安全和荣耀，那些英勇献身的爱国者们，表现出了一种最合宜的行为。他们根据自己内心那个公正的旁观者的赞同情感来决定自己要做的事情。他们内心的那个公正的旁观者告诉他：他仅仅是大众的一员，为了多数人的安全、利益或者荣誉，牺牲自己的生命是一种义务。因此，他们决定了自己要做的事情。虽然这种牺牲是必要的、高尚的、有意义的，但是要作出这种牺牲是多么的不容易，能够这么做的人又是多么稀少，所以他们的行为不仅应该得到我们的赞同、佩服和赞赏，还应该作为最高的美德受到推崇和赞扬。反之，那些不顾良心谴责的卖国贼，企图用出卖国家利益来换取自己一点点私利，只能成为人们唾弃的对象。

爱国之情总让我们充满猜疑和妒忌地看待任何一个邻邦的繁荣富强。所有独立又互相接壤的国家，都生活在对彼此的不断恐惧和猜疑之中。每个君王都别想从邻国那里得到好心的对待，于是他有理由用同样的方法对付邻国。一些独立国家声称它们会在相互交往时遵守别国的法律，而那只不过是装腔作势罢了。即使为了最微小的利益，他们也会肆无忌惮地破坏这些原则，或者无耻地逃避这些原则。当邻国的实力不断增长的时候，每个国家都感觉自己面临着被征服的压力，而爱国的高尚感情总被这些当权者拿来充当国家斗争的工具。比如老加图，每次的元老院演讲的结束语总是："这同样是我的看法，迦太基应当被消灭。"他因为某国给自己的国家带来苦难而愤怒得近乎发狂，这句话正是他这种粗野之人强烈的爱国心的表现。而斯奇比奥·内西卡在他的一切演说结束时也经常说一句话："这也是我的看法，迦太基不应当被消灭。"它所传达的是一种胸襟开阔和慷慨大度的态度。在他看来，即使对手已经衰弱到对他的国家无法构成威胁的地步，也可以允许它有一天恢复繁荣。法国和英国都害怕对方海军和陆军实力的增强。但是，如果它们妒忌对方国家的繁荣昌盛、土地广袤、工业发达、商业繁华、港湾坚固与众多、人文与自然科学的进步，那么这两个伟大民族就要互相伤害了。因为那些使人妒忌的东西，正是世界的真正进步。我们因这些进步而得益，并且因此变得高贵起来。所以在这样的进程中，每个民族不仅应当尽力赶超邻国，而且应当出于对人类的爱，去促进相互间的进步而不是去阻碍它的发展。别国的进步应该成为我们追赶的动力和目标，而不应该成为我们偏见和妒忌产生的原因。

由此可见，爱国情感并不是来源于普遍的人类之爱，因为它丝毫不受后者的支配，有时还会出现对立。举例来说，法国人口是英国人口数量的3倍，那么，从人类大家庭的总体考虑出发，法国的繁荣要比英国的繁荣重要得多。但是假如一个英国的国民看重法国的繁荣要比看重英国的繁荣要多，人们却不会认为他是一个好公民。我们热爱自己的国家，仅仅因为它是我们生长的祖国，并不是因为它是人类家园的一部分。智慧的上帝在决定人类情感的时候已经断定：把人们的爱引向人类大家庭的一个特定部分——即我们的国家，会极大地促进整个人类的利益。

临近的民族容易被相互间的偏见和仇恨所影响。英国和法国都会愚昧地彼此敌视，但却不会去妒忌遥远的日本或者中国的繁荣富强。虽然他们也很少能有效地运用与这些遥远国家之间的友好关系。

政治家们的善行是最广泛和最具效力的公益行为。他们为了保持力量均衡而与临近的国家结盟，或者通过谈判保持国家间的安定和平。然而政治家们在谋划和执行良好的政策时，也只会考虑自己国家的利益，虽然偶尔也会有更高层次的追求。在签订《蒙斯特条约》时，法国大使阿沃伯爵，就牺牲了自己的生命，使条约有助于恢复欧洲的安定。威廉国王很热心地帮助欧洲大部分的主权国家恢复自由和独立，但他的这种热忱很大程度上是因为他对法国怀有强烈的憎恨，安娜女王的首相似乎也怀有这种极端仇视法国的心理。

每个国家都由不同的阶层和社会团体组成，这些阶层和团体都被分配了特有的权力。每个阶层和团体中的成员的利益与名誉都彼此关联。因此，每个人同自己所在的阶层或社会团体的关系自然比他同其他阶层或社会团体的关系更密切。他会自然地去维护本阶层利益，会雄心壮勃勃地去为本阶层谋得更多的利益。

所谓国体，就是指如何划分不同的阶层和社会团体，如何分配它们的权力、特权和豁免权。

国体的稳定性，取决于每个阶层或社会团体维护自己的权益免受其他阶层侵犯的能力。某个阶层地位的升降，也都会带来国体的改变。

但所有不同的阶层和社会团体的稳定和发展都依赖于国家的保护。只有凭借国家的繁荣和独立，各个阶层才有立足之地。虽然所有阶层的成员都明白这个道理，但是在国家的生存发展需要牺牲他所属阶层的利益时，他就未必会顾全大局了。这种狭隘虽然是不合理的，但是也不是没有一点用处：至少它抑制了一味的开拓，保持了国家已经划分出来的各个不同阶层之间的平衡。有时它似乎阻碍了政治体制的变更，但实际上它却促进了整个国体的巩固和稳定。

爱国的情感牵涉到两条不同的原则：第一，对已经确立的国体和社会结构的尊重；第二，对维护同胞们的安全、荣耀和幸福的希望。至少，一个爱国的人不可能是一个不尊重法律和不服从行政官的公民，他也不可能不为增进同胞们的福祉而努力。

这两个原则常常保持一致并引发同样的行为：如果我们的政治体制能够切实维护同胞们的利益，为了增进同胞们的安全、荣耀和幸福，最好的办法就是维护现有的政治体制。

但是，当国内局面出现骚乱时，当公众间出现不满情绪、发生派别争端时，这两个不同的原则就会引发人们不同的行动。人人都会想到，眼下的这种政治体制显然不能维持社会的安定，需要进行某些改革。这是一个优秀的政治家要解决的难题：何时应该维护旧制度的权威，何时应该顺应改革的潮流。

对外战争和国内党派斗争两种环境，是公益精神最好的表现机会。英雄因为在与外敌的战争中建功立业，满足了全民族的愿望，而受到人们广泛的感激、赞美和爱戴；而国内派别斗争中的党派领袖虽说可能得到半数同胞的赞誉，但也会受到另一半人的咒骂。他们的品质和各自行为的是非曲直，却往往难以有一个标准的评判。因此对外战争带来的荣誉总是比国内党派斗争带来的荣誉更加绝对和纯正、无可非议。

然而，如果一个取得政权的政党领袖足以引导政府进行稳健而认真的改革，他为国家作出的贡献就会比战争更加重要和巨大。他可以建立新的国体，或者改进现有的国体。他有机会成为一个伟大国家改革进程中最优异、最杰出的人物。最重要的是，他可以用自己的睿智使同胞们获得很长一段时间内的安定和幸福。

在对自己同胞遭受的痛苦的同情上建立的爱是真正的人性之爱。在党政之争中，某个政治团体的精神和它所提倡的政治体制的理念，往往与对公众利益的关心联系在一起。高尚的公益精神就是这种体制的精髓，公益心在这里被催发到狂热的程度。某些在野党的领袖们总喜欢提出某些貌似可行的改革方案。他们宣称他们的方案不仅会消除人们的不便和痛苦，还可以防止这些不便和痛苦在将来重现。尽管现有的体制已经能让国家的公民们过上安定祥和的生活，但他们还是常常建议对国体进行改革，并要求改变最关键的环节。在他们的卓越辩才的鼓动下，他们政党中的大部分成员在并未亲身体会过这种体制的好处的情况下，都开始相信并陶醉于这种体制虚构的完美。这些领袖在鼓动别人相信他们过程中居然也被自己打动，和别人一起沉醉在自己虚构出来的美景中，虽然他们清楚自己的本意只是为使自己获得更大的权力。有些政党的领袖在这个方案推行的过程中虽然保持了清醒的头脑，但他们为了不让自己的追随者们失望而失去支持，在实际行动上也不得不按照大家的意愿行事，哪怕这种行动同他们自己的原则和良心相违背。他们拒绝一切调和、折中和合理的迁就通融，目标过于远大和虚幻，因此他们的计划也常常半途夭折，而那些只要稍加注意就能解决的问题反而被人忽略，迟迟得不到解决。

而真正热心公益的人，他尊重已经存在的各种权力乃至个人特权，尊重各个社会阶层和等级的传统权力。如果他认为某些根深蒂固的权力和特权在某种程度上被滥用了，他会努力用一种温和的方法去调和这种权力和特权。当人们的偏见无法通过理性来说服时，他也不会盲目地使用暴力。因为他总是谨记柏拉图的名言："不可用暴力对待你的父母，更不可用暴力对待你的国家。"他在推行自己的政治计划时，总会考虑人们根深蒂固的习惯和偏见。在无法制定正确的法律之前，他会努力修正现有法律带来的所有不便和错误。他会效法梭伦，尽力在人们能够接受的范围内制定最好的法律体系，然后思考如何建立完美的法律。

可在政府中掌权的人的行为总是与真正热心公益的人的行为相反。在政府中掌权的人总是自以为是地认为自己头脑中的政治计划是完美的，不容别人对它提出任何修改的意见。他强行推行自己的计划，却全然不去考虑会影响计划实施的各种重大利益或社群的意见。他过分自信地认为，他能够像摆放棋子那样轻松地去摆布社会中各个阶层的成员。他没有想到这些被他看成是棋子的人也有自己的想法和行动。他不明白在人类社会这个大棋盘上，每个棋子都有它自己的行动原则，而这行动原则完全不同于立法机关用来指导它们的那种准则。如果这两种原则能够达成一致并指向相同的行动方向，那么人类社会这盘棋就可以顺利和谐地走下去；而如果这两种原则彼此抵触，这盘棋就会下得十分艰难，并且会把我们的社会搅得一刻不得安宁。

一个优秀的政治家应该具备一套关于政策和法律的完整的设想和理念，这是他必须具备的见解。但是坚决要求实现他的设想和理念所要求的一切，不管时机如何都要立刻实现它，甚至无视所有的反对意见，是霸道和不现实的。在这个过程中，他想使他自己的判断成为辨别正确和错误的最高标准和权威，所有人都不应该抵触他。所以，在一切从政的人当中，处在权力顶峰的国君们的处境其实是最危险的。因为这种霸道在他们身上表现得尤为严重和突出——他们总是毫无理由地坚信自己的决断是唯一正确的。当这样的国君对国家的结构和体制实行变革时，他最不能容忍的就是那些可能影响他们的意志贯彻执行的力量。柏拉图的神圣箴言在他们看来毫无意义。他们认为自己才是整个国家的意义所在，而不是相反。而他们改革的伟大目标常常只是清除所有的障碍，削弱贵族的权势，剥夺城市和郡的特权，使地位高的一切阶层都丧失往日的力量，再也无力反对他。

第三节 普施众生及兼济天下的善行

虽然人们有效的公益行为很少能超出自己国家的社会范围，但人们的慈悲之心却不受任何限制地普施于天下的万事万物。对于有知觉、有益的生物，我们衷心期盼它们的快乐；对于它们遭遇的不幸我们也会同样感到难过。而对于有害的生物，我们则会自然而然地产生憎恨——这种憎恨实际上是由我们对于万物的仁爱之心产生的，因为我们对那些有益而有知觉的生物所遭受的不幸感到万分的同情。

不相信上帝存在的人会难以相信，这种普施万物的善行正是上帝这个伟大的神灵的旨意。他指导着我们的本性去关怀和保护天下所有的生物，无论卑贱的还是高贵的。他所具有的最纯正的美德使他时时刻刻都希望给人类带来幸福。但对于怀疑他存在的人来说，任何高尚的兼济万物的善行，都是一时的、靠不住的幸福假象。于是当他面对这个无人主宰、广阔的世界时，会产生令人伤感的怀疑和悲观，他会觉得未知的地方除了充满苦难和不幸以外什么也没有。悲观的阴影一直笼罩着他，让他不再相信一切美好的事物和幸运。但对于相信上帝真实存在的人来说，所有的痛苦和忧伤都不会磨灭他的乐观之情，因为他常常能够感受到上帝的美德和智慧。

有智慧和美德的人愿意在任何时候为了他所在的阶层或社会团体的公共利益而牺牲自己的个人利益。同样，他也随时准备为了国家或者君王的更大利益而牺牲自己所属的阶层或社群的局部利益。更进一步地说，他同样愿意为了全世界更大的利益，为了一切有知觉、有益的生物的利益，去牺牲上述一切次要的利益。他虔诚地相信上帝的存在，他相信这种局部的痛苦和邪恶也是那个仁慈而具有无上智慧的上帝设计的，那对于普天下的幸福来说是十分必要和不可避免的。因此，他心甘情愿地承担起落在自己、朋友、社群或者国家上的一切灾难，他认为那是为了世界的繁荣和进步而必须承受的。

这种对宇宙伟大主宰意志的高尚顺从也是出自人的天性。那些优秀的军人，如果将军命令他们去往一个没有危险的地方执行任务，他们只会产生一种单调沉闷的服从感；而如果将军的命令是开赴九死一生的战场，他们就能感受到自己正在为同胞做出最高尚的斗争和努力。他们知道，如果不是为军队的安全和战争的胜利所必需，他们的将军不会命令他们这么做。他们为了保护国家的安宁而宁愿牺牲自己微不足道的血肉之躯。告别了自己的战友，他们满怀激情与喜悦欢呼地出发，开赴那个为国捐躯的光荣战场。但是，任何军队的伟大管理者，都不会比上帝这个宇宙中最崇高的管理者得到更多的崇拜和爱戴。无论在个人的痛苦中还是在整个国家的灾难中，所有的人都是奉上帝的旨意来拯救人类的痛苦的，这是我们的责任，并且所有理智的人都会这么认为。于是，我们不仅会去顺从这种指派，还会让自己怀着愉快的心情心甘情愿地接受它。一个优秀军人随时准备去做的事情，我们也应该做到。

亘古以来，伟大的上帝就用他的慈悲和智慧设计制造了宇宙这架宏大而完美的机器，由此产生了所有的幸福。这是人类最应当努力探寻的道理，而其他思考在这种探索面前都显得平庸和肤浅。我们认为投身于这种思考的人，理应受到我们的尊敬。我们对他所怀有的敬意，常常比国家最勤勉和最热心公益的官员更进一步，虽然他的一生都投身于这种看似没有实际效果的冥思苦想中，但马库斯·安东尼努斯因此得到的赞美，比他在统治期间公正、温和、仁慈地处理一切事务所得到的更多。

当然，管理宇宙这个庞大的机体，关怀一切有灵性、有知觉的生物，这些都不是人的职责，而是上帝的职责。人对他自己的幸福，对他的家庭、朋友和国家的幸福的关心，被指定在一个很小的范围之内，而这是一个更适合人的有限的智力与能力的职责范围，所以我们不能以思考高尚的事情为借口而忽略我们职责范围内的小事情。阿维犹乌斯·卡修斯就曾经指责马库斯·安东尼努斯，说他不顾罗马帝国的繁荣昌盛，而忙于哲学推理和关心整个世界的繁荣昌盛。可见，即使哲学家的最高尚的思考，也不能成为忽略眼前小责任的理由。我们应当让自己免受这种指责。

自我克制

一个道德完善的人，总是能够按照完美的谨慎、严格的正义和恰当的仁慈去规范自己的行为。但很多人非常了解这些准则，在实际行动中却不能很好地贯彻它们。因为人的感情冲动会促使或者诱惑他不自觉地去违背那些准则。冷静清醒下来时，他是毫无疑问地赞成和支持这些原则的。但对这些道德准则的了解，如果得不到有效的自我控制，就不能很好地运用到实际行动中。

古代一些优秀的道德学家把人类的感情冲动分为两类：一是需要用克制力来进行抑制的一时的情绪冲动；二是可以在短时间内加以抑制，但终究会爆发的长久的激情。由于人类的感情冲动频繁地、持续地存在，在人生中的某个时刻我们可能很容易被它引入歧途。

第一种短时间的感情冲动主要表现为恐惧和愤怒的情绪，以及那些与它们交织在一起的其他情绪；而第二种难以抑制的激情则主要表现为对舒适、享受、恭维等使人得到满足的事物的渴望。强烈的恐惧和愤怒往往需要良好的克制力进行片刻的抑制；而对安逸、享乐、恭维等事物的渴望虽然可以得到暂时的压制，但它对我们的引诱却是不会停止的，它们常常诱导我们犯错误，并为此悔恨不已。这两种感情冲动都会以促使和诱惑的方式来使我们背离自己的原则。古代的道德学家把对前一种冲动的克制称为意志坚定和隐忍，而把对后一种激情的克制叫做节制、有节、严谨和稳重。

自我克制本身就是一种美。通过对自身冲动情绪的控制，我们会得到赞美和表扬。而这种通过自我克制得到的好处，以及通过谨慎、正义和仁慈得到的赞美，都与克制之美本身无关。克制之美得到人们的尊重和颂扬，是因为它表现出一种高尚的人格魅力以及那种长远的坚忍性和持久性。

坚忍的人总是能得到高度的赞扬和崇拜，因为他在痛苦和危险面前，在死亡和威胁面前，能保持同平时一样的镇定，不说违背自己良心的话。如果他为了国家的事业而捐躯，那么我们对他的同情，对陷害他的人的愤怒，对他的高贵气节的敬佩以及对他的人格的深刻理解，都融为一体并且转化为对他的狂热的崇拜。

从古至今，人们仰慕的英雄们都是这样，他们为了争取真理、自由与正义而不懈斗争，毫无畏惧地走向刑场，到死也无损自己的身份和尊严。他们的遭遇使人们对他们有了更多的赞誉。比如苏格拉底，如果他是安静地死在自己家里的床上，而不是为真理而死，那么后世对他的赞誉也就不会如此之高了。这种赞誉在后世的英雄志士身上也都有体现。在弗图和霍布雷肯雕刻的历史人物像中，托马斯·莫尔、雷利、罗素、西德尼等人头像下面的那把作为砍头标记的斧子，往往给这些人物带来了真正的尊贵和情操，那远比人们佩戴的纹章等无聊的装饰物要让人们感兴趣得多。

不仅仅只有高尚的人会因为这些高尚行为而增光添彩，就连一个囚徒也会因为具有这种品质而让人对他的印象改观。当一个罪犯凛然庄严地站在断头台上时，我们也难免会为他感到惋惜：这样的人怎么会干那样卑劣的事情呢？

锻炼这种高尚而坚忍的品质的最好场合是战场。正如我们以前所说，最可怕的事情莫过于死亡。而那些对死亡都不会感到惧怕的人，还会惧怕其他的灾难吗？人们一旦认识了死亡、熟悉了死亡，那种对死亡的迷信式的恐怖和意志薄弱都会被克服、驱逐。一个英勇的战士，他只是把生命看成一种追求向往的对象，而把死亡看成令人讨厌的生命终结。而许多经验和经历让他们觉得：一些看上去很可怕的灾难，实际上并没有我们想象得那么悲观。只要鼓起勇气、运用智慧沉着应对，就可以在困境中找到生机。因此，死亡并没有那么可怕，我们应该有应对它的信心和勇气。这样，当我们身处危险之境时，就不会那么慌张，急于摆脱，而是能镇定地经受考验。军人的职业在人们的眼中比其他职业显得更为高贵的原因，就在于这种习惯性的对危难和死亡的临危不惧。为国效命疆场，正是英雄们被我们爱戴的原因。

战争虽然违背正义、仁慈的道德原则，并且没有丝毫人性，但是有时也能让我们对它产生很大的兴趣，并且策划、发动、指挥战争的本不足取的人，反而能得到人们很大程度的尊敬，甚至为抢夺而战的海盗们也会引起我们的兴趣，我们带着尊敬和钦佩的感情把他们的故事到处传扬。这是因为他们在追求那些邪恶的目标时，忍受了常人无法克服的艰难困苦，他们用坚忍的智慧渡过了很多和军人同样面对的可怕的危险和灾难。

对愤怒的克制在许多场合往往不如对恐惧的克制显得更崇高。但在古今的著名雄辩和演讲中，许多正义的饱含愤慨的语段是最令人叹服的。雅典的狄摩西尼批判马其顿国王的演说，西塞罗控诉喀提林同党的演讲，都是因为激奋高尚的感情而流芳千古。但是对于这种恰当的愤怒的表达是经过了抑制的，这样才能引起旁观者的理解和同情，而过于激烈的勃然大怒和叫嚷的冲动，只会让人生厌。因为使我们产生兴趣的不是发怒的这个人，而是他发怒的原因、他愤怒的对象。恰当的愤怒能把我们的注意力引向这一点，而大声的叫嚷则会让我们在厌恶的情绪下对此失去兴趣。但是多数情况下，宽恕作为一种高尚的品质，要比愤恨更为合理。在出于公众利益的需要必须与最可恨的敌人进行合作来达到更为崇高的目标时，一个理智的、深谋远虑的人应当不计前嫌，和他们合作——无论敌人是否为他们让人愤怒的行为作出了令人满意的谢罪，这种具有高尚的品质和智慧的人应该得到我们的高度表彰和赞扬。

然而，对于愤怒的抑制并不是在所有的事情上都如此辉煌壮烈。我们常常也因为恐惧而去压抑我们的愤怒，但是这种怯懦的行为无法让我们把它说成是高尚的。在这种场合，愤怒使人勇于战斗，愤怒可以显示出某种胆量和高于恐惧的品质。人有时出于虚荣，会刻意地表现出愤怒，但从来不会表现出恐惧。比如底气不足又好面子的人，总爱在他们的下属面前，或者在不敢表达异议的软弱的人面前装出一副愤慨的样子，以为这样就显示了他们无畏的气魄，就连无赖也喜欢编造种种谎言，把自己描述得暴躁霸道。他们想，既然别人不可能把他当成一个可亲可敬的人，那么最好把他看成一个可怕的家伙。眼下有一种风气鼓励人们用决斗解决问题，从一定程度上讲可以说是鼓动复仇。这种风气在很大程度上让因恐惧而压抑愤怒的人的行为变得更加可鄙。对恐惧的抑制中总有某种让人觉得高尚的精神，而对愤怒的抑制则不会，那只会更加暴露自己的胆怯和懦弱。只有基于体面和尊严的抑制，才会得到人们的赞许。

在我们没有面对什么诱惑的时候，按照谨慎、正义和合宜的仁慈的要求行事，并不显得多么高尚。只有在面临危难时审时度势、量力而行；在面临威胁时仍然诚挚地按照正义的规范行事，不理睬那些使我们违反道德规范的诱人利益，也不理会那些可以激怒我们的种种伤害；在小人对我们忘恩负义或者恩将仇报时还坚持自己的慈悲之情，这才真正属于最高尚的品质和美德。自我克制本身是一种美德，而其他散发着光彩的美德也都是在自我克制的基础上才得到发挥的。

对恐惧和愤怒的抑制都来源于强大的自我克制力量。尤其当我们出于正义和仁慈而这么做时，不仅体现了伟大的美德，也为其他美德增添了光彩。然而在各种不同的环境下，自我克制会受到各种不同的动机的驱使。如果出于不纯的动机，这时自我克制就具有一种十分危险和可怕的力量。就像大无畏的勇猛，如果用于非正义的事业，会是一种极端危险的力量。所以，一个人用表面的平静去掩饰他坚定而残忍并且不正当的复仇之心，但还是常常受到许多人的高度钦佩，因为那实在需要很大的勇气和坚定的决心。渊博的史学家达维拉就经常称颂美第奇家族的凯瑟琳的超人伪诈；严肃认真的克拉伦敦勋爵也对迪格比勋爵及其后的布里斯托尔伯爵的虚伪掩饰作出很高的评价；见地非凡的洛克先生最钦佩沙夫茨伯里伯爵的隐忍；甚至西塞罗也似乎觉得这种欺骗功夫虽然未必崇高，但作为一种有效的斗争方式也有很大的价值，还是值得赞许和尊敬的。确实，这种隐忍和隐秘的欺骗在国内激烈的党派斗争和内战中无处不在。当法律已经失去它的尊严和效力的时候，当最清白无辜的人都难以自保的时候，大部分人为了自身的安危而使用这种方法进行自保，对任何有可能占上风的党派都拍马逢迎、见风使舵。这种品质实际上需要冷静坚毅的态度和决然果敢的勇气来支撑。它的效用在于，它可以用来加深对立派别之间的深刻敌意，而敌意正是伪诈生长的土壤。所以说，某些时候它确实可以派上一些用场，但害处是十分明显的。

因此，抑制那些看似不是很强烈和狂放的激情显得更有必要，因为这样自我克制就不容易被各种害人的动机所利用。节制、庄严、谨慎和中庸，这些受人喜爱的品质都不太可能导致有害的行为。而单纯的简朴、勤勉和节约，这些同样受人欢迎的散发着原始的朴实光彩的美德，也都来自和缓的但却坚持不懈的自我克制。那些过着幽僻而宁静的生活的人，他们的行为从自我克制中获得了很大程度的优美和优雅。这种优雅或许并不夺目，但却未必比那些英雄豪杰、政治家或者议员等大人物逊色。

在对自我克制进行了这么多探讨后，我认为没有必要再详尽论述这种美德了。现在我想探讨的是合宜的程度。旁观者所赞成的各种感情的程度是有所不同的。对某些情感来说，不足比过分更使人感到不快；而对于另一些感情，过分比不足更让人感到不快。也就是说，某些情感比较容易得到旁观者的赞同，而某些情感却是人们不太赞同的。我认为，某些情感之所以容易得到别人的赞同，是因为它符合当事人的心意；而某些情感不易被旁人认可，则是因为它不符合当事人的心意，让人觉得厌烦。这点可以看做一个普遍准则，因为根据我的考察，它基本是普遍存在的。下面举几个例子来论证这个观点。

仁爱、慈悲、天伦之情、友情、恭敬等这些有助于人们团结的感情，即使有时显得过分些，也不会让人讨厌。即使有的时候，我们可能会去抱怨它的过分，但仍会用积极的态度面对它。我们可能会为此感到苦恼，但却不会感到厌恶。而对于那些产生这种感情的人来说，放纵它们却是能带来快乐和愉悦的。即使这种感情被用到那些毫不知恩图报的人身上，他们也会觉得恼恨羞愧。但是即使如此，他们也会得到人们极大的同情，而那些不知恩图报的人只会招来愤慨。而那些对他人的痛苦无动于衷的人，常常会引起我们的愤慨和鄙视。我们把他们归为感情不足的一类人。因此他们不会拥有友谊与亲情，也享受不到我们都能享受到的最朴实的快乐。

而愤怒、怨恨、妒忌、仇恨这些感情使人们之间产生隔膜，并会阻碍人群之间的各种联系，它们的过分比不足就让人觉得更加不快。人们会认为一个心里怀有太多这类感情的人卑鄙可耻。而缺乏这类感情，虽然也有一些不完美，但是不会受到人们的苛责。对于男人来说，一点点这样的感情是十分必要的。一个软弱的男人最致命的缺点就是缺乏适当的愤怒，这样他就连保护自己或者亲友免受伤害的能力都没有。然而从另一个角度说，愤怒和仇恨又是有劣根性的。过分的愤怒与仇恨会演化为让人讨厌的妒忌，而妒忌会使人怀着恶意去看待那些优秀的人身上表现出来的一切优秀之处。

不过，这种容易产生妒忌心理的人又常常可以在某些关键事情面前容忍那些没有任何优势的人凌驾于自己之上。在这种时候他们表现出了骨子里的软弱：逃避斗争、害怕混乱和求饶，甚至过分的宽容大度。这种人在面临利益的纠缠时，因为软弱和害怕，会幻想这种利益对自己是无关紧要的，于是轻易地放弃它，而在这之后又开始沮丧、后悔，乃至演化为更深的妒忌和仇恨。所以，为了生活的安逸和心灵的平静，我们任何时候都要尽力维护自己的生命和财产，尤其是自己的尊严和地位。

还有一些比过分与不足更令我们感到可恨的感受，比如被挑衅和愚弄、经历危险和痛苦。懦夫是可鄙的，坚强和勇敢的品质值得我们赞美。因此那种以英雄气概和坚忍品质忍受这些可恨的感受的人，总能得到我们从心底的尊敬。反之，一个在痛苦和磨难面前只知道哭泣而无所作为的人，根本不会得到人们的尊敬。遇到微小的挫折就烦躁不安，更会招致别人的厌烦。坚定沉着的人不会让那些微小的伤害和小小的挫折来打搅自己内心的平静。在自然灾害或是道德沦丧中，适当地承受一些由它们带来的痛苦，对坚定沉着的人来讲似乎是一件幸事。他相信这会给他自己和朋友们带来更大的舒适和安宁。

通常，我们对于自身所受的伤害和不幸的感受会非常强烈，但也可能非常薄弱。对自己的不幸和痛苦都感到麻木的人，对他人的痛苦也会无动于衷，他不会热心地去帮助别人解脱这种痛苦。这种对生活的麻木不仁，会削弱对自己行为意义的一切热忱的关注，而美德的真正精髓恰恰在于这种关注。一个具有美德的人，能感受到灾难给自己带来的所有痛苦，也能意识到那些给自己带来伤害的恶劣品质，从而更强烈地明白自己应该具有的尊严；并且不受冲动的支配和摆布，按照自己的良心和上帝的指令冷静地规范自己的行为举止。这种高尚的坚定是以尊严和意义为主导的高贵的自我克制。而麻木不仁，只会使自我克制的品质所具有的一切价值消失殆尽。

虽说对伤害、危险与痛苦的无动于衷会使自我克制完全失去意义，但对伤害、危险与痛苦的感觉表现得过度也是不利的。而当人们的内心能够克制住对这种痛苦、伤害的过分感受时，这种自我克制的行为就会十分崇高和伟大。当然，要做到这样很难，不是每个人都可以做到的。要在自身的行为上表现得这样完美无缺，需要付出巨大的努力。同时，这种感受与克制之间的斗争会引起心灵的激烈冲突，使内心深处难以平静。上帝已经使聪明的人具有了强烈而敏感的内心感受，但我们可以在职责和理性许可的范围内尽量回避那些对自己有所伤害的环境。有些人的感情过于脆弱，对精神和肉体的痛苦都非常敏感。这种人是不适合投入任何形式的斗争中的。虽然他的理想会让他努力去克制那些感受，但在斗争中他的内心会首先受到伤害。当这种情感上的伤害屡屡到来时，理性也难以保持正常情况下的敏锐。虽然有些事情他在心里已经有了决定，但往往还是被莽撞、轻率和软弱牵制。所以，对于一直在进行自我克制的努力者来说，不管是先天的还是后天的，刚毅、勇敢和顽强的性格都是不可缺少的。

虽然战争是锻炼坚强性格的最好课堂，是治疗怯懦的最好良药，但如果这种激烈的斗争和考验提前到来，结果也是不容乐观的。生活中的快乐和享受时而过分、时而不足的感觉，也同样给我们带来种种不快。对快乐的感受不足总比过分更让我们郁郁寡欢，因为无论对谁来说，对快乐的追求，总比麻木不仁受人欢迎，就像人们总爱沉溺于孩童时代的游戏，却总是厌烦老年人的乏味和保守一样。当然，对快乐的极端过分追求对于个人和社会都是有害的。它会让我们过度沉溺于它而忘记了自己的职责。不过，理性和责任感的淡漠更容易引起人们的指责，而非对快乐的爱好与追求。如果一个年轻人只知道谈论教条和功业，而对那些适合于他年龄的各种消遣娱乐不闻不问，我们不会对他的清心寡欲感到赞同。即使他没有沾染那些堕落的生活方式，我们也对他的乏味和刻板也感到厌烦。

人们有时候可能会高估自己，有时候又会低估自己。在某种程度上，高估自己总比低估自己让人愉快。但是，对于一个旁观者来说，低估你自己往往要比高估你自己更让他觉得舒服。所以同样的道理，当我们身边的人总是对自己评价过高时，我们也会很反感。当他们在我们面前摆出一副自命不凡、高高在上的模样时，我们会感到自尊心受到了伤害。我们自身的自尊和自负会促使我们去指责他人的自尊与自负。这样我们就无法公正地去评价他们的行为了。奇怪的是，如果一些同伴能够容忍别人在他们面前摆架子，我们也会非常瞧不起他们。

但是，如果他们为了爬到常人难以企及的地位而努力去迎合别人，我们虽然并不赞同他们，但还是难免为他们感到高兴。如果排除妒忌的因素，他们连连高升所带来的不快，远远比他们在别人面前贬低自己时所带来的不快少很多。

我们在评价品质和行为的优劣时，有两种常用的标准。一种是绝对的毫无瑕疵的完美标准，这是我们每个人都认可的标准；另一种是一般意义上的完美，是世人只要肯努力就能达到的完美标准，是我们自己、同伴、敌人和竞争对手中的大多数都能够达到的标准。我感觉到，人们在进行自我评价时，大都会留心到这两种不同的标准。不同的人，在不同的场合也会使用不同的评判标准。有时使用前一个标准，有时使用后一个。在使用前一个完美的标准来进行评价时，最优秀的人也会发现自身的缺陷和不足。而使用后一个标准进行评价时，我们又会感到自己某方面实实在在地符合这个完美的标准。

具有智慧和美德的人总是完全投身于第一种标准。这种标准是他们在对自己和他人的行为品质进行长期研究的过程中慢慢产生的，是内心正义善良的品质经过长期的沉淀形成的自我要求。根据我们观察的细微和专心的程度，我们每个人都或多或少地持有这种标准。虽然持有的程度不一样，但基本轮廓还是差不多一致的。优秀善良的人天生就对这种标准的观察有着过人的洞察力，他比其他人更专心地投入到这种考察和思考中，他心中形成的理念会更加准确、系统，从而更加沉溺于这种超脱非凡的伦理之美。他会根据精确、完美的理念来努力塑造自己的品质，虽然他并不一定真的能做到那么完美，但他会为不断发现自己的欠缺和不足而感到惭愧。不过偶尔他也会转向第二个标准，这时候他才会发现自己的一些优点。可他的注意力立刻又会转移到对前一个目标的不懈追求上，以至于他所得到的安慰远远补偿不了他受到的打击。而正是因为他遭遇了这个过程中的种种困难，所以他不会傲慢地取笑、侮辱品质不如他的人。他只会通过自己的劝告和现身说法，以深切的同情心去督促他们和自己一起提高。他深刻地明白没有什么人的道德品质会完美无缺，在任何方面都超过别人。所以，当某些人在某些方面胜过他的时候，他不会因为妒忌而心理不平衡，相反，因为他能体会要达到那个高度是多么地不容易，所以他对超过他的人常常怀有格外的敬意和赞许。

总的来说，谦逊、公正和客观，这些良好的品质总会指导人的心灵和一切行为活动。在美术、诗歌、音乐、辩论和哲学等独创性的艺术中，最伟大的艺术家总是最谦逊的。他比别人更快地觉察出自己作品的不足，然后在理念中创作出完美的作品，他全力去模拟它，但永远无法达到那个精准完美的地步。而相比来说，那些对自己的作品颇感满意的艺术家，层次是相对较低的，因为他的头脑中没有尽善尽美的理念，他情愿与他进行对比的是更加不如他的艺术家们。像伟大的法国诗人布瓦洛，他的某些作品可能不比古往今来的同类诗歌差，但他还是经常说，没有哪个伟大的艺术家对自己的作品感到完美。而他的老朋友桑托伊尔爱写拉丁诗，虽然只创作了一些中学生水平的作品，但却对自己的作品感到很满意。布瓦洛曾说："桑托伊尔肯定是有史以来这方面唯一一个最伟大的人。"这虽然是一种狡黠的双关语，但至少表明布瓦洛总是用诗歌方面最完美的理念和标准来要求自己。这样看来，一辈子总用那个尽善尽美的标准来要求自己是很难的，相比之下，还不如制作一个简单精巧的工艺品来得容易愉快得多。

所以，当人们用第二种标准来评价自己时，他会发现自己在很多方面的优越性都远远超出了这个标准。这种结果是令人愉快的，并且也会得到旁观者公正而理智的认可。但是，当人们完全抛弃理念上的完美而专注于一般的完美标准时，他们就会慢慢地变得骄傲并且目中无人。他们会变得非常喜欢赞美自己，并且用极端自信和自欺欺人来展现自己，骗取他人的信任。不用说老百姓是多么容易相信他们的骗术，从而很快成为他们盲目的崇拜者；就连很精明的人也容易被他们愚弄。就像那些冒充大师的假内行，虽然没有什么真才实学，但经常受到众人的追捧。当这种自我吹嘘和他们身上某些优点联系在一起时，就更容易骗取别人的信赖，因此他们完全有可能得到位高权重的大人物的支持，也完全有可能因为偶然的成功而博得愚民的顶礼膜拜，这时这些骗子甚至被人们认为是伟人。可见，人的理性也往往容易被群众的愚昧所掩盖。当人们远远地观望这所谓的伟人时，他们果真是怀着真诚的仰慕和钦佩之情。但看透这一切的人则只会对此报以冷笑。几乎所有的时代都出现过这种人，许多声名显赫、威风八面的人物，都会在后世变得声名狼藉。

但是假如没有一定程度的这种过度的自我赞赏，很少有人能获得支配社会的巨大权力，然后取得巨大的成就。那些杰出的伟大人物之所以能够出人头地，大多数并非天赋异禀，而很大程度上是因为他们的这种充分的自信和自我欣赏。创立丰功伟业的领导人、最伟大的政治家和议员、最成功的政党领袖都是如此。或许，这种盲目的自信和自负，不仅让这些人投身于常人不愿问津的事业，而且使得追随者们有了顺从和崇拜他们的理由，从而帮助他们获得真正伟大的功业。而当他们屡获成功时，这种自负使得他们更加虚荣，并且接近愚蠢和疯狂的程度。亚历山大大帝就是一个很好的例子。他不仅希望别人把他看成是一个神，他自己也几乎把自己看做一个神。他临终前居然要求人们把他的朋友们和他年迈的老母亲奥林匹亚都尊崇为神。恺撒甚至愚蠢而天真地认定自己是维纳斯女神家族中的一员。而在恺撒自认的曾祖母维纳斯的神殿前，当地位显赫的罗马元老院把这种非凡的荣誉授予他时，他竟然不敢接受。这种难以理解的虚荣和他的其他一些不好的行为结合在一起，更加剧了百姓对他的怀疑和反对，导致他的政权被推翻。当今的宗教和习俗虽然不鼓励大人物们以神明自居，但成功的虚荣与百姓的欢呼爱戴仍然会使一些大人物陶醉于对自己价值和能力的高估中。像恺撒一样，这种盲目的自负是引发许多危险举动的原因，而一个谦逊、懂得自我克制的人却永远不会这样。伟大的马尔伯勒公爵取得的一系列辉煌的胜利，恐怕是一个普通人难以想到的，但他却没有因此而有片刻的得意忘形，这大概是他最难得的一个特性了。后世的另外一些伟大统帅如尤金王子、已故的普鲁士国王、伟大的孔代亲王，还有古斯塔夫二世，也都具备这种理性的冷静和自我克制。

建功立业的伟人往往因为优异的才能和巨大的成功而使他们的野心一发不可收拾，最终招致毁灭的命运。

我们总是对那些真正勇敢、大度和高尚的人表示由衷的钦佩。这是一种恰当而有根据、稳定而持久的感情，与人物的运气好坏没有任何关系。这不同于我们对那些自负和自我陶醉的大人物所产生的钦佩。当这些大人物声名显赫时，我们确实容易被他们的成功遮住眼睛而对他们产生极其神往的钦佩之情，从而忽略他们的行为中表现出的轻率、鲁莽和缺乏正义。如果这些大人物突然遭遇了失败，这种盲目的崇拜很快就会瓦解。他过去的那些被丰功伟业所掩盖的贪婪和邪恶就会被人们放大，使他们臭名远扬。假如恺撒在法萨卢斯战役中失败，那他只会被人们贬低得只比喀提林稍微好一点。有些愚昧的人可能还会作出更加恶毒的评价，把恺撒说成一个密谋反对国家法律的恶人。而其实恺撒和喀提林同样也具有人们公认的优点：合理的爱好和追求、优雅明白的文字、完美的修辞、指挥战争的娴熟技巧、危难面前指挥若定的能力、对朋友的忠诚以及对敌人的宽宏大量。但他不断膨胀的野心和不可一世的态度使得这些优点都失去了意义。这种人物得到的道德评价往往会受到他们命运的重大影响。正所谓“成者王败者寇”，同样的品质，成功能使它获得爱戴和崇拜，失败则会使它被人们厌恨和唾骂。这种道德的判断虽然有欠公正，但也并非一无是处。这也是英明上帝的成功创造，它的效用在于可以帮助确立各个阶层之间的区别和社会秩序。它也能够使我们更好地服从那些为社会带来发展的胜利者，引导我们接受这些伟大人物带来的残暴，引导我们带着一种有些愚昧却有利于我们的崇拜心理来服从这些强大的胜利者。

虽然自大自负的人有时候会显得比谦逊的人更容易成功，人们也更容易对那些自高自大却饶有成就的人赞美有加，但如果深入思考，我认为真正能带来长远利益的是谦逊而非自大。因为那些从不贪图虚名、从不自我吹嘘的人，从不担心有一天会身败名裂。虽然没有多少人会狂热地崇拜他们，但那些对他们有深刻了解的哲人，都会从心底由衷地赞赏他们的品质。而一个真正的哲人的公正赞誉，要比上万个无知的人表示的热情更让人鼓舞。据说巴门尼德曾经在雅典的一个集会上发表演说，当他看到只有柏拉图一个人在倾听，其他人都转身离开时，他继续演说。

贤达之人对大人物的赞美总是最少，他们对大人物身上的其他品质的一点客观公正的敬意，是远远满足不了大人物的自我期望的。他们真诚的敬意在他看来甚至是某种恶意的讥讽和妒忌。因此，他开始怀疑那些患难与共的老战友对他的忠诚，忘记他们曾经为他做出过的帮助和努力。那些曾经跟他患难与共、对他忠心耿耿的人，最终都成了他清理的对象，而那些对他阿谀奉承的小人，却最容易得到他的提拔。亚历山大大帝就在功成名就之时，为了把父亲菲利浦开拓疆界的功绩占为已有，杀死了他的朋友克立特斯；卡利斯塞纳斯拒绝按照波斯方式向他顶礼膜拜，也被残酷地杀害；还有父亲菲利浦的好友、年高德劭的帕尔梅尼奥也被他以莫须有的罪名处决了。而这位老人几乎所有的儿子都为亚历山大而战死，即使仅存的一个，也在受尽酷刑后英勇就义。菲利浦生前经常评价帕尔梅尼奥说：“雅典人真幸运，每年能选举出十名将军，而我一生中只有一个帕尔梅尼奥。”帕尔梅尼奥的能力和忠义让菲利浦感到轻松不少，他在宴会上常说：“让我们尽情痛饮吧，朋友们，因为帕尔梅尼奥从来不沾酒。”据说，没有帕尔梅尼奥的运筹帷幄，亚历山大大帝根本不会赢得远征的一系列胜利；没有他，亚历山大就不会有那么辉煌的功业。而那些受到亚历山大提拔的溜须拍马之徒，在亚历山大归天之后，不仅瓜分了他的帝国，还残害了他所有的亲属。但是，对于那些超凡脱俗、出类拔萃的优秀人物，即使他们常常喜欢作出过高的自我评价，我们也会报以体谅和宽容。因为他们在我们眼中仍然是勇敢、宽容和高尚的。而对于那些没有什么过人之处也要自命不凡的家伙，我们就会对他感到万分的厌恶。这种缺点，可以分为骄傲和虚荣两种。这两者之间虽然都包含了自大的情绪，却有着很大的区别。

骄傲的人总是没有理由地相信自己具有某种过人的优点和长处。他不要求得到别人太过夸张的赞美，但他希望你像尊重自己那样尊重他，否则他就会感到自尊心受到了伤害，从而心生怨气。但是他的自尊心太强，以至于他不会说出生气的理由，并且为了增强自己的信心，他会告诉自己博得你的尊敬是没有意义的，他要装作蔑视它。但他非常不愿意你用贬低自己的方式去抬高他，更不喜欢你用伤害自己自尊的方式去尊重他。

虚荣的人则希望得到种种夸张的尊敬和美誉，虽然他自己内心深处也不敢相信自己会得到这些。当你用朴实的眼光来看他的时候，他会感到非常不快。他希望人们用一种比较惊喜和夸张的眼光来看待他，所以他利用一切场合和机会，夸耀他那一点点的优点，并且不惜用低三下四的奉承手段来赢得你的好感和尊敬。他也鼓励别人作出很高的自我评价，并希望别人要用对他的吹嘘作为报答；他不遗余力地去奉承别人，只是为了自己得到奉承；他对人殷勤有加，只是为了博取别人的青睐；他不惜为别人提供真实的帮助，但只想通过这样卖弄自己的本领，并把别人哄得对他更加感激。

爱好虚荣的人看到人们对地位和财产的敬意，便很想得到这种敬意；看到人们对美德和慈善的敬意，便也想得到这种敬意。为了显示他的阔气，他从服饰、用具到生活方式，都要显示他的“地位”和“财产”。为了维持这种状况，他透支了将来的财富，以至于在往后的很长一段时间里他都将生活在贫困和拮据之中。但是只要他还能设法撑住台面，他就会为了虚荣而继续这么做下去。他既沉醉于人们对他那些富丽堂皇的家居服饰的羡慕之中，又时刻担心别人了解他的底细。这就是虚荣者普遍的心理状态。那些爱慕虚荣的无名之辈，总爱跑到外国游历或者从偏远的乡下跑到都城来游览一趟，以显示自己的生活水准，而这种行为比起打肿脸充胖子来，不那么容易被揭穿。

骄傲的人永远不会干这种打肿脸充胖子的愚蠢事。他的自尊心使他一直以来都坚决又小心翼翼地维持着自己的独立。当他的收入还不丰裕时，他会开源节流，以便早日通过自己的努力过上体面的生活。他认为爱慕虚荣的人的那种排场是一种对现实身份的无耻粉饰，他对此感到非常愤怒，经常毫不留情地对这种行为展开批评、责骂。

骄傲的人与自己身份地位相当的人打交道时，总是感到不太舒服；而和比自己的身份地位更高的人打交道，他就会感到更不舒服，因为他被那些人的气质的面容和高贵的谈吐深深地征服了，这使他觉得有一点自卑，因此他不敢在他们面前放言自己的抱负。为了寻找心理平衡，他会转向与那些地位比他低的人打交道——他的下属、侍从和有求者，在他们面前他总是能很好地维持他的骄傲。他也很少拜访地位比他高的人，即使偶尔这么做，也无非是为了显示他有资格同这种人打交道。就像克拉伦敦勋爵所说，他有时到宫廷里去，因为只有在那里才能发现比自己优秀的人；但是阿伦德尔伯爵却很少去，因为他在那里总能遇到比自己优秀的人。

相比于骄傲的人拼命逃避地位比他们高的人，爱慕虚荣的人则拼命贴近那些人。他们似乎固执地认为，大人物的光彩总会有一些辐射到接近他们的人身上，于是爱慕虚荣的人经常游走在君主们的宫廷和权臣们的府邸间，时刻摆出一副想得到肥缺和提拔的丑陋嘴脸。如果某天他有幸被大人物邀请参加他们的宴会，他会因此而欣喜若狂，认为从此又增加了一个可以向人炫耀的筹码。他会拼命拉拢上流社会的各色人物，且会立刻远远地躲开处境变得不利的他的最好的朋友。对于那些有望引荐提拔他的人，他会不择手段地使出浑身解数来讨好他们，而对于不能给他带来好处的人，他不太乐意理睬他们。骄傲的人虽然并不是对谁都彬彬有礼，但从来不拍别人的马屁。

尽管一切自我吹嘘都是毫无根据的，但虚荣的人往往总是带着一种轻松愉快的情绪，而骄傲的人则总是带着一种沉重严肃的情绪。爱慕虚荣的人常常会说一些没有太大危害的谎言，无非是为了抬高自己的身份而非贬低别人。而骄傲的人轻易不愿撒谎，可一旦撒谎的话，都会有非常直接的目的。骄傲的人撒谎本意似乎都是贬低他人，因为骄傲的人对于某些不正当地享有较高地位的人总是满怀愤怒，并且他总是以一种敌意和妒忌的语气来贬低别人的长处。无论什么有关他人短处的流言飞语传播开来，他都乐于相信它们，并且添油加醋地进行传播。所以，对于爱慕虚荣的人的即使是最恶劣的谎言，我们大多也会一笑置之；而对于骄傲的人的恶意的谎言，我们就没那么容易接受了。

骄傲和虚荣都是两种让人讨厌的情绪，所以人们一般认为骄傲或者虚荣的人的道德水准低于普通人的水平。但是我认为，这种想法是我们产生的一种错误印象。我认为骄傲和爱慕虚荣的人，一般或者绝大多数人的道德水平是远远高于一般人的道德水平的。虽然把他们和他们自我吹嘘的程度进行对比，他们毫无疑问是达不到的。但如果把他们和同类的竞争对手相比，就会发现他们其实远远高于一般的对手。骄傲和谦虚其实都具有与其伴生的美德。比如骄傲总伴随着诚挚、直爽、荣誉、正派、坚定的友情和坚韧的事业心，而虚荣往往伴随着仁慈、礼貌、知恩图报。法国人在 20 世纪常常被对手指责成爱慕虚荣的人，而西班牙人被指责成骄傲的人。而在外国人眼里，法国人其实很可爱，而西班牙人更值得别人尊敬。

人们很少用骄傲和虚荣来夸奖别人。但有时候，在谈起某一个人的好处时，说他是因为有些虚荣心倒往往更让我们觉得舒服些。可以说，虽然我们把虚荣心看做是一个有缺陷的、可笑的品质，但是事实上虚荣心带给人更多的感受是高兴，而非不快。而骄傲这个词常常被人当成一种赞扬。我们有时候会说某个人非常骄傲，从不肯做低三下四的事情，骄傲在这里其实代表一种高贵。伟大的亚里士多德在描述一个人的高尚品质时，就着重刻画了一种特色：所有下定决心去做的事情都是经过深思熟虑的，所有的行动都是从容不迫的，他的声调和谈吐是庄重、谨慎的，在对那些性命攸关的重大事务作出选择时，他往往有一种满不在乎的洒脱，他不喜欢莽撞地投身无价值的危险事业，但如果面临有意义的危难时，他也会不顾性命，赴汤蹈火。而这种特色，正是在 200 年以来常常被用来描绘西班牙人的特质——骄傲。

骄傲的人通常不认为自己的品质需要任何改善，他对自己感到非常满意。他轻视一切进一步的提高，那种对于自己优点的自信和狂妄的自高自大会伴随着他的一生。像哈姆雷特一样，他死时也不忏悔和接受临终涂圣油礼，于是只能带着所有的罪孽离开人世。

虚荣的人想要得到他人尊敬和钦佩的渴望，其实是一种对真实光荣的热爱，这种热爱是人类的本性和天生的激情中最好的一部分。虚荣心往往只是希望早点获得本该以后才享有的荣誉，那并不有伤大雅。所以，如果你有一个正值 25 岁的儿子，即使他现在只是徒劳地吹嘘自己具有聪明和高尚的品质，也不要对他丧失信心，因为他完全可能在 40 岁的时候成长为一个那样的人。把这种虚荣心引导到正确的轨道上，就是教育的宗旨和秘诀所在。微不足道的小小本领虽然没有什么值得夸耀的，但不要过分贬低这些本领，而让他觉取得成功所需要的才艺是那么遥不可及，使他对任何抱负失去信心。只有他热切地追求这些目标，他才可能真正在追求它们的过程中增强自己的本领，并最终得到它们。鼓励他的追求，并为此提供一切必要的条件，就是我们作为父母和教育者应该做的。如果有时他在功夫尚未炉火纯青时就装出一副已经获得这种才艺的自高自大的样子，请不要对此过于看重而生气。

综上所述，骄傲和虚荣心按照各自固有的品质发生作用时表现出不同的行为特点。不过，骄傲和虚荣常常是交织在一起的。骄傲的人通常会爱慕虚荣，而爱慕虚荣的人大多也会表现出一副骄傲的姿态。这并不奇怪，因为对自己评价过高的人，也希望别人同等地看待他；希望别人高看自己的人，对自己的评价也难免言过其实。因此浅薄和卖弄夸张的虚荣经常和最幼稚、最傲慢无礼的骄傲联系在一起，使我们不知道它到底是何种品质，到底该叫做骄傲还是虚荣，不过这并不是很重要。

那些明显比别人优秀的人，也会偶尔具有骄傲或虚荣的情绪，并因此而高估或者低估自己。虽说这些人不一定特别高尚，但和他们打交道一般会令人感到非常舒服——所有的人在和一个宽容温和的人打交道的时候，都会感到很轻松、很自在。但是如果不是因为这个人比别人有更好的能力和更好的品质的话，也没有那么多人愿意和他打交道。而如果碰到没有太多人对他表示敬意的情况，这个人就会觉得他的朋友怀疑自己的鉴赏能力和身份、地位是否相配。于是他转而亲近那些对自己的身份、地位不做任何质疑的愚蠢者，但在一段时间的忍耐之后，他就会渐渐对那些人的愚蠢和低俗变得不耐烦起来。他回想原来那些并不对他表示尊敬的同伴，倒感到非常幸福，于是，他可能从此学会公平地对待原来那些友好的朋友。所以说，骄傲和虚荣并不是完全没有好处的。但一个过于谦虚和过于朴实的年轻人常常随着岁月的流逝变成一个不被人看重、整天抱怨和心怀不满的老头。

那些不幸天分不足的人，往往比别人更容易低估自己的能力，这一般会使他们被人们称为傻瓜。但是，只要稍作观察就会发现，他们的理解力和创造力并不低于那些没有被看做傻瓜的人。许多人口中的傻瓜跟着别人读书上学，也磕磕绊绊地学会了读、写、算。然而许多没有被看做傻瓜的人，即使幼年时具备良好的教育条件，却到晚年也没有学会读、写、算中的任何一项。但由于骄傲感的促使，他只会拿自己与那些岁数、身份与自己相仿的人相提并论，如果有人质疑的话，他会毫不犹豫地站出来维护自己的尊严和地位。而人们眼中的傻瓜正是由于缺乏这种勇气，总觉得自己不如所有人。也许他也会因为受到蔑视和不公正的对待而大发脾气，但任何平等、善意和有礼的待遇，都没法使他相信他其实很不错，都没法使他挺起腰杆平等地和人对话。而一旦他有一天做到了，你会发现他的思维和谈话非常理性，并且一点也不缺乏条理，但他内心深处强大的自卑总是难以抹去，导致他很难鼓起勇气和别人面对面地交谈。他始终觉得自己很差劲，没有什么价值，哪怕别人在他面前表现出非常谦虚的姿态。大部分傻瓜可能是因为思维能力的麻痹迟钝，而缺乏维护自己尊严和地位的骄傲本能。但有些思维水平并不低的傻瓜，他们未必缺乏骄傲的本能，经过一段时间的努力，他们会摆脱“傻瓜”这种称呼的。

所以，良好的自我认识和自我判断十分重要，它能使本人得到幸福和满足，也能给别人带来愉悦。能够客观公正地评价自己的人，也容易得到别人的尊敬和认可。这是能为我们带来满足和快乐的。

骄傲或虚荣的人却很难得到这种满足。骄傲的人终日为别人名不副实的荣耀而愤愤不平，而虚荣的人则每时每刻都在担心自己那些凭空的吹嘘被人揭穿。骄傲或虚荣的人总是因为这不招人喜欢的情绪，而遭到别人的误解，使人们低估他们的品质。但对于一般人来说，除非我们受到了来自他们的人格侮辱，否则我们是不会随便跟别人动怒的。而对于那些低估自己能力的人，一般人会采取和他们一样甚至比他们还过分的方式回报他们，只有少有的睿智的人才不会那么做。那是因为相对来说，常常是低估自己的人比高看自己的人要阴暗一些。总的来说，过分的骄傲总比没有原则的谦让要好。不管对谁来说，过高的自我评价总比过低的自我评价更让人觉得舒服。

总而言之，与其他情感一样，一个人对于自我的评价如果能让公正的旁观者感觉恰当，也就会使当事人感觉愉快；如果旁观者感觉不合宜，本人也会感觉不快，而不管这种不快是由于情感的过多还是不足引起的。

结论

出于对自身幸福的关心，我们怀有谨慎的美德；出于对他人幸福的关心，我们形成正义和仁慈的美德。谨慎让我们自我克制，从而使我们免遭伤害和痛苦，而正义与仁慈让我们为他人谋得幸福。一般来说，如果不考虑他人的想法和感受，谨慎是自私的，而正义和仁慈才是无私的。但是，出于关心他人感受的天性，这些美德都将在理性的指导下产生。一个尊重自己内心深处永恒的良知和情感的人将会一辈子坚定不移地执行这三种美德。如果我们出于个人的私欲，没有遵守这三种基本的美德，那么我们就会受到自己良心的谴责，我们会为自己有损于自己和别人的幸福安宁而终生悔恨。

虽然谨慎、正义和仁慈这些美德会在不同的场合下要求我们关心自己和他人的幸福，但是在大多数场合，我们都应该坚定地遵守自我控制的美德，因为它几乎完全是出于对旁观者的情感的尊重。它只受一种原则的支配，那就是合宜感，或者说恰当感。如果没有自我克制的美德，在所有场合中，任何个人的情绪都会得到宣泄，狂热或焦躁、愤怒或恐惧，都会一发不可收拾。而在这种自我克制的品质下，在某些场合，人们的虚荣心会受到自我的压抑，从而不显得那么夸张和虚伪；人的生理欲望也会受到限制，表现得不那么张扬、下流或者放荡。在多数情况下，驾驭我们难以控制的情绪，即自我克制的唯一准则就是对一个问题的重视：考虑别人会怎么想、应该怎么想和在特定处境下会怎么想。

人们在大多情况下抑制自己的情绪，往往是考虑到发泄这种情绪会带来难以收拾的后果，而不是考虑到这种情绪不理性。而情绪或情感在这种时候只是受到了暂时的压制，常常伴随着怨恨和愤怒的倾向隐藏在内心深处，然后等待一个合适安全的时机更加汹涌地再发泄出来。所以，一个人应该学会向别人倾诉自己的不幸，别人的同情会使他那澎湃的情绪得到缓和，从而促使他用理性来代替原来的感情冲动。这样，他的愤怒在朋友的疏导和安抚下，不仅得到了疏解，而且在朋友的疏导和安抚下渐渐消失，不再成为他去报复的诱因。

人的各种情绪都可以用这种源于合宜感的自我克制的品质来克制。出于谨慎而压抑的情绪，往往会因为压制而越发激烈。也许在人们已经淡忘它的时候，它会出人意料地狂怒发作起来，并且带来难以预料的后果。

而愤怒也常常因为出于谨慎考虑而被抑制。果敢而自制地进行这种抑制是十分必要的，但是，这种谨慎的举动只会得到旁观者一种敷衍的敬意，而不会得到人们对待理性的那种赞赏和鼓励。虽然这种努力也代表了一种品质，但比起理性的合宜感的美德来，旁观者不太会觉得它有多么特别和高尚。

谨慎、正义和仁慈这些美德不会产生什么危害，它们只会为人们带来愉快的效果。而具备这些美德的人也得到了同等的回报：谨慎处世的人受人称赞，并且享受着在沉静和思虑美德保护下的安逸；正直的人也被人赞许，同样享受这种安逸；而仁慈的人不仅会得到受惠者的感激，他的优点也会被公众所熟悉，因而得到至高无上的荣誉。无论是行善之人还是冷静的旁观者，对美德的赞许总是来自它那让人愉悦和有用的感受以及与理性的合宜感的结合。

但是最后要提醒大家注意的是：我们赞美美德，只有一小部分是因为它的有效性。而美德的有效性有时是符合人们意愿的，有时候则与人们的希望恰恰相反。但是，即使在这种情况下，我们还是肯定和赞同这种美德。只会在当它符合我们愿望的时候，我们才会更加赞美它。拿英雄主义来举例，它可以运用在正义的事业中，也可以投入邪恶的事业。尽管在正义的事业中，人们会给予英雄主义更多的景仰，但是即使在邪恶的事业中，英雄主义也并不会被我们否定。所以，英雄主义之所以被人们崇拜，是因为坚定的信念所表现出来的合宜感，而它产生的影响力，却往往不会被人们太过重视。同样，其他所有的美德得到人们广泛的赞同，也主要是源于合宜的美感，而非其他。

卷七　道德的学说

第一章　与美善品性相关联的深刻问题

如果我们考察品类繁多的对人类道德本源做出的恰当与理性说明的那些卓越理论，我们便会发现，那些充满智慧光芒的理论都在不同程度上与我努力探寻的精神本源有着完美的一致，而且还会发现，倘若在前述中提及的每件事情都经过充分考察，我们就会非常清晰明白，那些智者是依循什么来确立自己独特的关于人类本性的观点，抑或他们对此所秉持的看法及其认识。在世界上享受着崇高礼遇和尊敬的有关道德的学说，与我试图阐明的某个人性的基本原则有着一脉相承的关系。从以天然的性情为学说基础这一视角来审视，这些道德学说是无可指摘的。然而，道德理论关于天性的观点存在着不可避免的局限性，从而有失它的完整，所以有关人性的道德学说存在着诸多问题。

有两个问题需要我们在探讨道德本源中加以明确。其一，被人们普遍赞同、尊敬的以性格和行为构成的美好品德存在于何处？其二，是什么原因让我们对这些美好品德加以赞同和尊敬，或是怎样的力量让我们对其有了深刻认识？换言之，人们普遍表现出来的厚此薄彼的倾向，即什么因素影响了我们对一种行为表现出来的道德品质加以赞同和尊敬，而对另一种行为加以非难和责备？这些倾向是通过何种手段得以实现的？

美好品德是否存在于人们的慈爱当中？和令人尊敬的哈奇森博士一样，我们也正在思考这一设想的可能性。也可以像克拉克博士做出的假定那样，将美好品德放置在与我们相联的各种不同的关系行为中进行探讨。当我们用人们固有的观念和角度来考察美德是否存在于对自己真实可信、体现我们对智慧和幸福的追求之中时，我们其实就是在对第一个问题进行探讨。

美好的品质可能存在于任何地方，也可能触摸不及它真实的身影。不过，这一品质的伟大之处在于，它能使我们从自身领悟增进爱惜之情、理性之光，以及判断对道德意志本身具有的弃恶扬善的领悟力。这一领悟力使人人有感于内在的满足，而对相反的品德产生厌恶，使我们在考量人的天生性情的同时，去发现其他附属的人格品性。这是智者有关道德学说给予我们的启示，也是我获得更大观察力的视点之一。

在此，我首先将就前一个问题考察与之有关的道德体系，而后再深入对我所关注的视点进行理论方面的讨论。

第二章　有关美德品性的各类学说

引　言

在有关美德本质，或者就构成这一本质的值得称赞的人性情感进行探讨的诸多理论中，我们可以归纳出三种类型。在一些学者看来，心性与情感存在于我们所能掌控的全部恰当的感情当中。因追求这种感情的程度及其最终达到的目标不同，心性和情感既有善良的内涵，亦有邪恶的意象，因而这些智者认为，美德与合适性相宜。

持不同观点的另一类学者认为，对于私利与幸福的追求是美德存在的必然土壤，美德必然隐含在对私利和幸福的独一无二、不容置疑地审慎支配之中。根据他们对此的认知，美德存在于个人的谨慎中。

在另一类学者看来，以他人幸福为情感满足的基础，并将此种利他性加以促进，是美德影响人之性情的唯一途径。据此看法，仁爱之心与慈善胸怀，是给予任何一种美誉德行最好的赞赏。

由此可知，美德的秉性，既存在于没有任何倾向的，但具有可控性的各种情感中，也存在于某一类乃至某一部分的具有相同性质的情感中。私人情感和仁慈品德是人类情感的两大分类。因此，倘若我们对于美德不能加以适当的控制，显然，它必将要么成为仅以有利于自己幸福为目标的情感归类，要么成为仅以有利于他人幸福为目标的情感归类。因而，假如美德不能与合适性相宜，那么势必存在于谨慎的个人追求之中，抑或存在于仁爱慈善之中。三者之外，实难有与美德品质更为契合的学说体系。

若干令人耳目一新的解释，在其本质上，与上述观点并无根本区别。以下，我将对此做出详细说明。

第一节　美善品性与合宜性相一致的那些体系

美德与行为的适合性相一致，或与情感的分寸感有关。这是依据柏拉图、亚里士多德以及芝诺的观点而得的结论。

1. 柏拉图认为，精神世界与某类小而完整的团体相类似。由三个各异的功能或体系组成。

首先是判断的功能，它既是对何种因素帮助我们实现目的的最恰当的确认，也是对哪些目的更适合我们去完成的确定，并且对完成这些目的给予合适的评价的功能。柏拉图将其明智地称为理性，并将其作为指导我们所有美好情感的基本原则。很明显，在理性情感的基本原则下，柏拉图将人们对于高尚与丑陋的判断功能及对于心愿和现实的判断功能的合适性归属其中。

不同表现形式的热情与欲望，即此原则所面对的自然属性，被柏拉图归纳为两种各异的类型。前一类型来自于骄傲和仇恨的那些激情，或发自于被学院派人士称之为易怒的激情，诸如野心、憎恶、超于常人的对名誉及胜利的渴望。这一类情感普遍认为是来自我们的语言隐蔽下的脾气或天然的激情。后一类型缘起于对快乐的爱好，或基于学院派人士称之为人性中对色欲部分的一切渴望，包括由身体的快乐而产生对精神欲望的满足。

除了这两种情感类型对我们的影响外，即在骄傲和仇恨给予我们以内心的激荡，或是令人满足的快感传递给我们的诱惑之外，我们很少违反柏拉图所指出的基本原则要求我们的、在情感冷静的状态下，做出符合追求目标的行为。需要指出的是，虽然这两种类型会让人们极其容易地落入不堪的境地，但是人们依然将其视作自身天性的必然组成部分。

前一类型是护身符，让我们在得到应有的荣誉与胜利时免于伤害，并以相等的方式去认识及对待他人；后一类型则让我们追求精神以外的东西。

依照柏拉图给予我们的基本原则中蕴含的对于道德品性的准确认知，会发现审慎的姿态亦为美德的内容。它依存于外在的公正与自我的清晰体认，并以相应的目标及其实现过程为主要观念。

易怒的激情，也就是前一类型，通过理性的指引，能使人们在追求适宜的高尚情感或是舒适体验时，会对突然而至的困难及挑战采取不顾一切的藐视姿态。以此构成坚忍不拔和宽宏大量的美德。

这种情感表现方式，在柏拉图的理论中，被认为比人类的其他天性更加激昂与高尚，它可以作为理性不可或缺的补充，而用于控制与适宜性相冲突的低俗的欲望。有智者指出，坏的情感如生气、郁闷、乃至暴躁，皆因我们常常为了响应激情而从事自己不认同的事情，此即为人性中易怒部分因欲望而引起的过度情绪。

当天生的性情中显现三个部分相互一致，当虽有易怒的情感，但依循理性的指引远离过度的热情，即以理性的原则去从事自愿的事情，而对此外的事情表示冷漠时，就形成了自制的美好品德。“自制”这个词语或许可以被更为合适地理解为内心的沉稳和平顺，或是精神意义上的和气。

根据以上所述，附属心灵的三种功能各安其分，并不试图去僭越它所不能亦无法涵盖的其他功能的职责时；当理性之光高昂，热情之火平顺时；当人所明晰的热情皆各依其轨迹，平和畅然，且以自身适宜的全部能量去尽力追求以正当代价为过程的目的时，就萌发人所共知的，被智者称为正义的，与柏拉图依循的某类古希腊思想相对应的美德与品性。

值得注意的是，希腊语中表述正义的那些字词有诸多不同的意义。在其他语言中表述相宜含义的字词也同样存在着类似情况。正因为如此，那些不同意义的字词间必然存在着一种令人感到奇妙的天然近似。在这个意义上，我们并未给予他人任何的实质性的损害，亦即对他人的人身、财产、名誉未造成直接的损害，这就是我所强调的正义的本意。前面我们已经讨论过，遵从正义可能来自外界强迫，若违反则会受到严厉惩处。就另一意义而言，假使他人具备令我们尊重的美好品德，而我们不以相应情感予以对待，那必是我们的情感采取了非正义的姿态。即便我们并没有对其身体造成伤害，但就我们将其安放于非公正的地位而言，那也是不公的。这一合宜性在于态度与行为的一致，也即与亚里士多德及其学派信仰者所遵循的正义相一致，也同格劳秀斯所说的 justitiaexpletrix 相一致。

正义包含于以恰当的姿态、合理的情感所表现的全部美德之中，也就是与慈善的本源相一致，也是合适性情感的组成要素。它适用于以慈爱为目的的对他人的关切中，适用于在我们看来较为合宜的情绪中。因此，我们所知的全部社会道德都是正义的内容，除此之外，正义这个具有光辉色彩的词语，其所延伸的意义被人们更为广泛地使用。就我看来，此种意义与前述的第二类颇为相近，在各种表述正义的语言中呈现多重意义。倘若不以此种意义对特定对象赋予我们特殊的敬意，抑或不以在他人看来应该有的热情程度去重视或追求恰当的热情，就正义这一字眼所引申的意义而言，我们的言行必当是非正义的，对一首诗或一幅画所表达的情感也是如此。赞誉过分会被认为言过其实，而让人不屑一顾，或在他人看来没有充分表达敬佩，甚至被认为态度不正。与此对应的是，倘若对我们自身有关的各种利益视而不见，也将被他人视为对己不公。由此而言，正义的标准在于言行的准确及恰当性。除了众所周知的广义与狭义的分类其及职责外，一切有关的美好品德，诸如审慎、坚韧以及自制，都囊括在这一标准中。

以上就是柏拉图对正义及与之相关联道德的领悟，亦是对包含全部无上美德的品质或对作为这一品质重要部分的适宜的称赞对象的说明。依他所言，美德的本源在于精神世界所处的状态，即人们的所有行为归属于自己的正当情感之列，不侵害其他功能，以它应当的执着与审慎履行适当的职责。这一表述与我们前面所言的对行为合适性的说明相一致。

2. 依照亚里士多德的观点，美德存在于理性包容下的中庸的习性之中。在他看来，无论以何种形式出现的美德，皆处于邪恶与善良之间。因偏于一方太过或对另一方不足，都会使人心生不快。因此，刚强坚毅的性格或称为勇气的品质，皆位于谨慎胆小、急功近利或与之相类似的对立情绪的两端。正因如此，称得上具有美德的人对节俭的追求，也时常处于贪婪吝啬和挥霍无度这两种相反的状态中间。它使恰当的理性的情感超出了应有的程度。与之相似的是宽大的气度同样处于骄傲自满和优柔寡断之间。前者强烈地表达了我们对于高贵身份和处世尊严的过分关注，后者则显示出对这两方面表现得过于冷漠。毋庸置疑，关于美德的这一阐释，与我们前番所述的对于行为本身的合适性的解读有着异曲同工之妙。

在亚里士多德眼里，与其将美德理解为适度合理的情感体现，不如将其视作适当的习惯更为恰当。有必要注意的是，美德既可看作具体行为的特征，也可视作个人具备的品质。就前一种而言，即便依照亚里士多德的观点，美德也完好地存在于表现丰富而理智的行为之中，它的自我克制并不以习惯与否为依据。而对后一种而言，美德与富有理性情感的并具有自我克制意识的习惯相一致，与人们常见的并予以接受的情绪及其倾向相关联。

就此而言，若干偶然发起的慷慨热情与慷慨行为有其本质的一致。需要注意的是，做出这一举动之人与慷慨的美德本身却不具有关联性，因为慷慨的行为对他来说可能是平生唯一的一次。即便目的纯净，动机简单，情感理性而又与合适性相调和，然而，因其事发的偶然性，并不以情绪的满足为出发点，亦非性格中稳定情感所引起的持久的以利他为原则的行为，因此，它不会给行动的实施者带来丝毫的令其感到自豪的荣誉。

有一类被称为仁善慈爱的高尚品质，我是说，名称表述的主题是有关实施行为的人身上常见的习性。而若具体至某一行为本身，则很难确切认知行为人具备何种习性。倘若通过某一个别行为便将美德的标记烙印在行为人身上，那么行为秉性最令人不齿者也以为自己有与高尚品德为伍的资格。因为没有人会在公共场合做出有悖于礼仪规范和道德约束的行为。因此，不管受到何种程度的褒扬，就行为的偶发性来说，人们也绝不会给予其持久热切的掌声。不过，倘若平常依道德规范行事之人偶为罪恶之行，便会极大损害，乃至完全剥夺我们以往对他在道德层面上形成的卓越印象，打破在此层面上所做的全部设想，并将其归类到不可信赖之人的行列之中。

在亚里士多德将上述有关道德存在的观点提供给人们的同时，也试图将反对柏拉图学说的观点纳入其中。后者认为，最为完备的美德构成在于对何种事情应当做、何种事情应当避免的具有正义与理性情感特质的研判。依照柏拉图的观点，美德即是智慧。在他看来，无人在真切地知晓何为正确、何为错误之后，而不依此而为。因为热情会令我们的行为与简单明确的判断保持同一步调，而与飘忽迷离、疑窦丛生的观点相背离。与其相反，亚里士多德认为，任何一种企图影响他人的观点都无法动摇其根深蒂固的习性。高尚的品德来自于行动而非学问。

3. 斯多葛派学说创始人芝诺认为，天然的秉性指引动物以自爱之心关照自己。此种天性不仅使它维持生命，而且也会在各种与之相连的构成仁爱德行的要素中寻求至高无上的情感境界并加以保持。

人的自我情感，包含了精神与物质的全部（倘若我能作如此表达），也包含了被心灵唤起的各种强大的能量和与之相配的功能。如此，人的纯然天性会告诉我们，与此类状态相适应的，并助其扩延的事物，都存在于我们易于发现的地方；而与之相悖的，或谓之非合理状态的事物，则将被智者所摒弃。因此，作为身体的客观存在，健康与舒适、灵活与适宜皆能促进我们对环境的亲近，而钱财、权势或是荣耀，以及他人给予我们的敬仰，都会被认为是适合我们理性情感得以存在的东西而被我们接受。

就相反的一面来讨论，疾病、灾难或是接踵而至的苦痛，且因此而加深的对外在状态的抗拒，诸如困顿的生活、荣耀的丧失，他人对我们的蔑视与不屑，都会极其自然地成为我们躲避远离的对象。

每一类事物中所体现的不同形式，作为一种选择更容易让我们取舍，很显然，在前一类中，健康与舒适较之灵活和适宜更让我们着迷；在后一类中，疫病、灾难和苦痛较之困顿的生活和被剥夺权利更需要我们去避免。

美德或天性在对相异事物的表现上都不同程度地显示出相宜的特性，继而将它作为易于选择的对象放诸于我们面前，这正如学院派人士所说，世界万物自有其生存之地，人们运用客观的判断和理性情感的力量对之做出去弊存利的取舍，以便对适宜的事物予以恰当的重视。这也一如学院派人士强调的那种观点，生活的缘起是依照秉性品德与自然界给予我们的依一定规则而形成的轨迹使然，就这一观点而论，芝诺与亚里士多德并不存在世人所知的那般遥远的距离。

人之本心所追求的，构筑家庭、友谊、国家、人类乃至宇宙万物的，是被称为幸福的情感。美德告诉我们，一个人的幸福远没有两个人或是多数人的幸福来得紧要，正因为如此，无比重要的并非独自的满足，而应寻求被更多人所看重的全体的幸福。

这世界上所发生的诸多事情，皆有明达、正义、圆通而博爱的万灵之神监督并安妥，于此我们可以相信，一些必然的发生皆有其必然之缘由。因此，当贫困、伤痛、疾患或其他使我们体验不幸的事物侵袭我们的身心时，我们所要做的是尽所能在理性的正义与合宜的职责范围内，从痛苦徘徊的境地中将自己解脱出来。不过，在竭尽所能之后，倘若境况依旧没有发生改变，我们就应当坦然接受万灵之神创立的宇宙的完美秩序并将旧况持续下去。而且，可以忽略不计的个体的幸福较之全体的幸福，在我们看来，显然微不足道。

由上述而言，假使在天然性情与理性情感之间保持合宜性，那么不管遭遇何种令人生厌的境地，都应当成为我们所满意的人生状态。假使在此过程中幸运地遇上解脱之法，那么将这一机会转成现实便是唯一之途。宇宙的秩序不再要求我们在逆境中多做停留，为此，它已经为我们指明了走出逆境的方向。前述所提及的家庭、国家，倘若遭遇逆境，所持态度亦为如此。在不与理性职责相冲突的前提下，我们能够帮助他们制止各类不幸事件的蔓延，此为行为的合宜性给予我们的充分依托。然而还需着重指出，如果我们的行为不能制止不幸的蔓延，我们就应当将这种不幸视作合理的最为幸运之事。它有助于全体幸福秩序的稳固，这是所有关于美德的论述中，我们最应看重的一面。因为个体的幸福依于整体而显现，故此，整体的幸福是我们追寻的唯一道德形式，而不仅仅只是作为一个原则为我们所遵循。

艾比克蒂德说："在什么意义上，某类事情被视作我们天性的天然组成部分，另一些则被视作与之相背离的部分？就这种意义来说，亦即我们将自己视作独特的与诸事毫无关联、彼此分裂的个体来讨论。据此，保持洁净是脚的天然性情，然而，假若你不只是视其为一只脚，而是作为整个的身体的重要部分，那么它就极有可能去亲近污泥，甚至与荆棘为伴，有时因整体需要而应当被割除。倘若不施以这般举动，它即失却‘脚’的属性。我们自身也应做如此考量。你是一个人。假使你视自己为与世界毫无瓜葛、单体独立的东西，那么，令你与天然性情达成一致的便是长寿、财富与健康。假如你将自己视作一个人，是这一整体的部分存在，那么，出于为整体的缘故，有时你必当生病，有时必当经受航海的困境，有时必当品尝贫匮滋味，有时必当在天年未尽之前离世。既知此，你又何来抱怨？你若因一己之身而抱怨，犹如脚已非一只脚，你也不再是一个人？”

明智的人从不抱怨命运。当他遭受不幸，也从不将此看作命运对他的戏弄。他用自己构成世界整体的纯然的天性来守护、看待自己，他领会到了精神性的情感——假如我能做这样的说明——将自身视作无限扩大的渺茫体系中微不足道的一颗微粒，从而依循这一体系的便利而欣然接受处置，对任何一种命运的眷顾都持同等的姿态，并心平气和地接受。倘若他明晰宇宙万物间那些关系与依赖的存在，那便是他所希望得到的命运。

假如命运令他活，他便甘心情愿地活下去；命运令他死，他也便会欣然走向死亡。宇宙万物已必要使他与这世界保持一致。某一智者——在这一方面他的学说同斯多葛派学说相类似——曾说：“富贵、贫穷、快乐抑或苦难——无论何种形式的命运亲近于我，我只高兴地接受，满意地面对，一切皆同。假使它发生，我并不希望它在某些方面有所改变，命运之外并无再多馈赠。我所得到的即是令我愉快接受的，不管处境是否如愿。”艾比克蒂德说：“如果我扬帆远行，我必将与最好的船只与最好的舵手为伴，等待与我的处境及职责相适应的最好天气。谨慎与适宜——这些神为了指导我的行为而给予我的原则——要求我这样做。命运关照我遵循它们的指引，并没给我太多的强求。假如遭遇暴风，最好的船只与最好的舵手都束手无策，我也将无所畏惧，不因后果的严重而自寻烦恼。我们是葬身鱼腹还是平安抵港，命运的指引早已为我们安排妥当。我并不考虑他是用何种方法来决定我们的悲伤与安定，我只怀着泰然之心去接受任何降至眼前的结果。”

斯多葛派哲人，笃信于与仁爱的本性相适宜的对宇宙万物都给与关爱的秩序，并遵循在此种秩序之上构建的完美的道德品质，所以，他自然地对周遭的事件表现出无关紧要的姿态，他所关切的是幸福的全部意义，在于考察伟大的宇宙体系之内的幸福，在于对组成众神之灵与人类心性这一高尚体系的沉思，在于在这一伟大的富有组织性、具有良好管理秩序的体系当中，去处理任何一件渺小微薄的事务。相宜与否在此过程中对其而言，或许关系重大，至于成功抑或失败，却无过多牵绊。那些缘由并不能决定他的喜乐与悲苦，亦不能使其产生欣然与厌憎的情绪。假若他钟情于某事而厌憎于另一些事，假若他倾向于某一境界，而抛弃另一境界，这并非是在他看来，前者在各方面都比后者来得出色，亦非认为自身所处的幸福情境会比不幸的情境拥有更完美的幸福。起引导的是行为的适宜。如前所述，这是命运所给予的礼物。

我们的全部理性情感，因此被吸纳于两种各具品质的情感中，即在一切理性的观念中思索富有情感体验的幸福。他无限地信任宇宙众神赐予的伟大智慧与力量，令他唯一忧虑的是，如何不停地丰富这种智慧与力量。他在考思考何种方式更具备适当的特征。不过，我们看到，他始终对智慧和力量显示出的情感意志保持令人惊喜的信任——不管最终结局如何——宇宙万物都以此来缩进与自身意愿的距离，并将此视为其最终的目的。

虽然我们早已指出合适性在选择中的作用，并阐述了这种作用对事物的影响。然而当我们对此种理解更具透彻的观察能力，那么，我们在合适性中体认的秩序、风度与品德，加之在言行中所体悟到的幸福，必当比获取另一种事物更具价值。对这种合适性的重视正是与人类天然性情相符合的幸福与荣耀的基点。

不过，对于一个智者而言，对于一个将各种热情控制在自己天性中的人而言，对合适性的精确遵循，在任何场合都是容易的。在顺境中，他会感谢丘必特让他置身于这一不费太多遐思，并无过多引诱的极易掌控的情境中，此番情境使其坚守正义而不入歧途；倘若身处逆境，他依然会对丘必特将其投身于这场激烈的比赛致以谢意。虽然对手强大，竞争激烈，但所能享受到的荣誉也是巨大的。重要的是，胜利因我们的理性而得以确认。假使不幸的遭遇或突然的困境因相宜的言行而降临到我们身上，我们也不会因此而感到羞耻。因而不幸绝不会亲近己身，而永恒的幸福则会相伴左右。

勇敢的人，在他面对并非由自己的莽撞所致，而是命运之手将其拽入其中的那些险境时，他不因胆怯而恐惧，反因惊喜而愉悦。险境给予他的是修炼胆魄、培养大无畏精神的良机，是他无限喜悦的源泉。这种喜悦来自自我的合宜与赞佩的获取。一个能经受各种考验的人不会逃避宇宙之力以最严厉的方式对其胆魄与力量的测试。同理，对自身情感的把控游刃有余的人，也不会拒绝宇宙之力将其放诸于相适合的任何情境。无限智慧的自然之力给予他克服乃至超越各种情境的美好品德。倘若得意之心陡升，他便用自我克制去约束；如果苦难袭身，他便用坚忍去承受；假如与死亡对视，他便用宽容果敢去藐视。他不会因为世事的多变而无所把持，抑或在茫然失措中失却对理性情感适宜性的维持，依他的观点，理性情感的适宜性与荣耀和幸福相一致。

很显然，斯多葛学派的学者将人生视作需以绝妙技巧为依托的游戏。不过，在其内部隐藏着与机巧及运气相类似的成分。就游戏而言，比之数量巨大的赌注，玩得富有情趣、玩得合理才是全部愉悦感的源泉。不过，由于偶然的失误导致聪慧的参与者一败涂地，这应当被看做其在享乐游戏而并非是苦痛的根源。他未曾有过错误的行为，未曾做过让自己蒙羞的事情，他享受着游戏所能给予的全部而又彻底的妙趣。而另一种愚笨之人，一步错，步步皆错，却因偶然的因素而获得最后的胜利，他赢取的并非是持久的享乐，而是无足称道的片刻满足。只要他念及曾犯下的过错，便会感到羞愧无地。由于对游戏规则所知甚少或一无所知，担心、疑虑或是不解这些令人无法产生愉悦之情的糟糕感受几乎伴随游戏的始终。当他意识到自己走错一步棋后，强烈的懊恼将使他的身体被极度的不快所填充。

人生及随之而来的种种益处，在一些智者看来，不过是渺小的、无人理会的两便士的赌注。我们所应关切的是游戏形式的正当，而不是时刻惦记那微不足道的两便士的赌注。假使我们将渴求的幸福寄托在赢得这两便士的赌注上，我们其实就是将幸福的获取寄托在了万分之一的偶然性上。这必然使我们承受不应当的烦恼与愁闷，且时常令我们感到无法掩饰的失望和摆脱不掉的难堪。假使我们将自身的幸福与游戏的乐趣、游戏所需的聪慧、游戏的技巧相联系，并于行为的合宜性上加以全然的寄托，也即将自己的幸福寄托于恰当的考验、合理的教育及应有的专注，并有能力支配这一合宜性的事物之上，我们的幸福才属于应得之份，与外界影响无涉。假若与我们相连的合宜性超出了我们所能支配的范围，同时也超出我们予以关注的范围，其结果必当是我们对于行为本身产生的结果会有过多的担忧与焦虑，亦会由此徒增伤愁。

斯多葛学派的学者们说，依据情况不同所做的有关合宜性的分类，是造成我们生活方便与否的重要参照。倘若有些事物能加深愉悦我们的纯然性情，并使之超出不快带来的恶劣影响，此便是生活作为选择对象所具备的合宜性。此合宜性使得我们的生活能够持续下去。从另一方面来讨论，对于逆境不能做出相应的改变，在这种情境下，纯然的天性所得以加深的无疑是多于愉悦的不快感。生活便从选择对象成为抛弃对象，我们不仅有权作出这样的取舍，也因合宜性的召唤及宇宙万物引导下的自然法则，使得我们需要作出这样的取舍。

艾比克蒂德说，尼科波利斯不允许我居住，我便不居住，雅典不允许我住，我便离开雅典，罗马不允许我住，我便不住。依指示我应栖身于狭小阴冷且怪石嶙峋的杰尔岛，我就住在那儿。但我会在那布满云雾的小岛上寻找一处能让我彻底安身的屋子。我不会离开那里，我的房门大敞着，向所有的世人开放。除了衣物和我的躯体，没有一个活着的人能够有凌驾于我之上的权力。斯多葛学派的学者们说，假使你的情境看上去是整体的不快，假使你的屋子被云雾笼罩而令你烦忧，那么走出来必当是你不二的选择。但你从屋子出来时，不要心怀怨恨，满腹牢骚，要以欣喜的、自得的、惬意的姿态走出来，并且对众神报以由衷谢意。出于对你富于创造性的生命的眷顾，众神才将你安置于远离恐惧与死亡的平和安详的这块岛屿，随时让你在这片土地上接纳逃离暴风侵袭的人们。感谢众神赐予了圣洁、不可侵犯、令人心安的避风港。它从未有关上大门的时候，我们随时可以与之亲近。它将合理的情境中所显现的暴虐与疯狂排除在意识之外。它的伟大足以接纳世间一切愿意来此的人们。生活的所有借口在这里绝无存身之地，当你驻足于此，甚至会消除对借口的依赖。

在斯多葛学派的学者流传下来的有关哲学的片段中，生命被认为可以在轻松甚至愉悦的情境下得以抛弃。在我们看来，那些遥远的智者可能是以此让我们相信并遵照他们的意识去想象生命。艾比克蒂德说："当你同这样的人共进晚餐时，你为他喋喋不休的讲述发生在迈西恩战争中的故事而深感无奈时，他还会在讲完如何占领某处战略要地之后，向你述说在另一处如何陷入包围的故事。如果你再也无意忍受他的冗长与啰嗦，你就不该去和他享受原本惬意欢快的晚餐。如果你已经身处其中，就应当忍受而无须去寻觅借口抱怨对方给你带来的烦恼。此类境况与你在生活中遭遇的不幸毫无差别。无需抱怨以你的力量本可避免的事情。"

看上去，虽然他的说法显得轻松有趣，甚至带有某种戏虐，不过，在智者看来，对生命的抛弃或保持，是需要以肃然之态及审慎之心去思量的事情。在提供给我们适宜生活的众神明白清晰地令我们远离乃至抛弃理性生命之前，我们不应有其他所想。但是我们不应仅在生命终结之际，才对此种召唤做出回应。无论何时，掌控万物的力量都已然将我们的生活幻化成整体的合宜性继而抛弃而非选择，我们的合宜行为得以被规范于它令人景仰的规则中。在此，我们聆听到众神明了清楚、肃穆而又慈详的召唤之声。

正因上述缘由，在斯多葛学派的学者看来，对生活的远离是幸福之举，但这或许源于他的本分；而对一个意志薄弱的人来说，与生活亲近，虽然必遭不幸，但这或许也源于他的本分。假使，身处智者的情境，纯然不适宜的现象多于纯然适宜的现象，那么，他所处的情境便是与之不相宜的情境。为了指引他适宜的行为，众神赐予相应的规则，使其如同在特定的情境中所能完成的那样快速地远离生命。在他看来，即便是继续亲近生命也是适宜的，远离生命对他亦为幸福的一种。他并未将自身的幸福寄托于适宜的对象抑或远离不适宜的情境，而是寄托于具有合宜性的取舍之间。而弱者，纯然适宜的现象多于纯然不适宜的现象，那么，他所处的情境便是与之相宜的情境，与生命亲近就是他的本分。然而，他终究是不幸的，因为他迷茫于那些存在的现实。如果他有一幅好牌在手，他也不知道如何利用好这副牌。这也注定，无论以怎样的方式呈现结果，适宜、充分的满足也不会属于他。

坦然地面对死亡，在比古代其他哲人更具坚定信仰的斯多葛学派的学者看来，显示出无与伦比的合宜性。不过，这种合宜性显然是各个时代哲人一致的观点。在古典时代各哲学门派的奠基者享有盛誉的时期；在伯罗奔尼撒战争期间及战后许多年里，希腊各城邦几乎始终处于激烈的派别冲突当中。对外，则陷入残酷血腥的战争泥沼当中。这些城邦所要的不仅是占领或统治他国，而是灭亡他国。即便心存有限的良善，也同样以残酷之法将其驱使于绝境，剥夺他们的意志，贬为低贱的奴隶，如同牲口那样驱使他人。那些城邦虽为国家却大多很小，所以时常陷入不幸的情境中。在这种混乱无序的情态中，即便是身家清白、地位崇高、担任重要官职的人也无法彻底保全他人的生命。即便是他所热爱的亲人、朋友、同胞，也终有因不同意志而产生的激烈斗争被处以最为严厉的惩罚。或者他在战争中被俘，假如他所处的城邦被攻占，更大的羞辱、更深的伤害便会确定无疑地降临在他身上。

但是，每一个人早已通过各自的联想得以熟悉那种成为不幸或是灾难的场景。海员会想到风暴侵袭、船只损坏、葬身海底，及他在那种情境下所能生发的非理性感受。同样，古希腊的英雄也会因联想而熟悉各种形式的不幸或是灾难。可以这样说，他时刻不处于动荡的场景中。正如落入敌手的美洲土著，在此之前早已为自己吟唱过了丧歌。当古希腊的英雄遭遇流放，遭受折磨，甚或被送至断头台，在这种种不幸降临到他的身上之前，他也早已为自己会采取怎样的行动，产生怎样的感受作过了一番审慎的思考。但是，各派的哲人将美好的品性，诸如智慧、正直、坚定以及自制，看做是通向幸福的明途，亦将这美好的品性看作必当与幸福相会的手段。不过，这种品性并不能消除，甚至还会累加其各种不幸的程度。因此，人们试图证明，所获的幸福同命运或者完全无关、或者相当程度上与之无关。持前一认知的是斯多葛学派的学者们，持后一认知的是学院派人士和逍遥派人士。对人们在各个领域取得成功起决定性作用的是那些高尚而无瑕的行为，即便在某一情境下会遭受困顿，也会得到适时的慰藉。被美德亲近的人了解因懂得自我欣赏而得到快乐，不管事物多么糟糕，他依旧会感到一丝平静安详。那些与理性情感保持一致的人们，对他也会加以褒扬，加深原本就以存在的希望，并以此安慰自己。

与此同时，这些哲人试图证明，相较于普遍的想象，对于接踵而至的最为深刻的不幸，人们更有忍受的力量。在被艰难的生活所压迫、被偏执的舆论所指责，或在耳聋目浊之时，人近残烛之际，他依然依靠这种慰藉得以平静。即便痛苦加剧，折磨加深，抑或疾病倾身，悲伤得不能自已，亦有助于其内心坚强意志的生成。哲人们就此而作的论述传于现在的片段，可视作最具裨益、富有情趣的古代文化遗产，与充斥着失望悲观情绪的当代理论有着质的区别。

然而，当这些古代哲人以弥尔顿所说令人叹为观止的强悍的耐心对这一需要谨慎考量的事情加以论述时，他们也尽自身最大的能力使自己的追随者相信，死亡不可能带给我们罪恶；倘若他们不能长久地忍受艰难处境的情境带来的难堪时，破解之道就在身边，大门开着，尽可以平和安然地跨出你的脚步。在此一世界之外——哲人们说，假如没有彼一世界，一旦远离生命，不幸便不复存在。倘若，在此一世界之外存有彼一世界，那么宇宙万物之神必当存于那端。公正严明之人，不会因神的眷顾而心神不宁。总的说来，古希腊的英雄们会在恰当的时候吟唱那些哲人为之准备的灵魂之歌。在这些哲学门派中，显然唯有斯多葛学派为之准备的灵魂之歌，是最为激越和令人振奋的。

不过，在希腊人当中以自杀方式远离生命的现象并不多见。此刻，除了克莱奥梅尼，我想不起来，还有哪个希腊英雄是通过自行了断来告别生命的。阿里斯托梅尼与埃阿斯的死亡，都发生在确实可信的历史之前，虽然人们所熟知的地米斯托克利之死发生在可信的历史时期，但因过多的情调而渲染上了美妙迷幻的特性。在所有被记录生平的那些与古希腊英雄相关的史诗中，人们知晓的似乎唯有克莱奥梅尼以自我了断来结束生命。塞拉门尼斯、苏格拉底和福基翁秉持令人敬佩的决断与勇敢，即使他人以错误的结论判决他们死刑，也依照理性情感的指引，安然接受此一命运，他们听任倒戈的兵士将自己交与敌人，不图反抗，而静待饿死；任凭丢入地牢，安享死亡。确如有关记载一样，一些哲人选择了自我了断，但这些记载凌乱而又笨拙，使人难以对其准确性投以赞同的目光。有三种不同的记载说明了芝诺之死。其一是，在与自然万物和谐共荣98载之后，有一次当他走出学校时突然跌倒，他没有爱到严重的伤害，除了一个手指骨折，也许是脱臼。他极其愤怒地以手捶打地面，并以欧里庇特斯笔下的喜剧人物的口气说道：“我来了，为什么你还叫我?”随即返回家中，上吊离世。普通的人会作如此想：年已耄耋，应有更多足够的耐心。其二是，在同一年龄，亦同为偶发事件，这位老人绝食而逝。其三是，他在72岁那年以平和之心去与统御万物的神灵相会。第三种记载是最令人信服的一种，而且也被同时代的某一伟大人物认可，这一伟大人物必当有充分的证据证明这一事实，他就是珀修乌斯，曾为奴隶，后与芝诺交往密切。第一种记载来自泰尔的阿波罗尼奥斯，他与声名显赫的凯撒为同一时代的人，在芝诺死后的三百多年间享有崇高的荣耀。有关第二种记载的来源，我不清楚。

对于那些饱学之士，人们会比谈论权高位重的统治者更多地谈论他们，不过，在他们理性情感得以存在的当日，却不被他人所关注。因此，有关这些人的奇妙履历很少被同时代的学者确切记录。出于满足大众窥探心理的考虑，同时，也因缺少确凿可信的文件支持或反对他们的论述，以致后世的历史学家往往依照自己的臆断来摹刻那些过去的饱学之士，并且总是不可避免地夹带一些令人称奇的经历。对于芝诺那些奇迹般的经历，虽未得到更进一步的确证，但似乎比之得到最可靠确认的事件更让人感到可信。显然，对于阿波罗尼奥斯的记述，更多的人表示了他们的赞同。

较之于我们上述讨论的，很显然，自杀的风气在骄傲的罗马人中间比在活跃的、机灵的、应变力强的希腊人中间更为盛行，虽然在被称为古典时期的标榜品德的时代尚未形成这一风气。雷古卢斯之死通常被认为与传说无异，但人们推测，其真实性也应予以适当考量。依我而言，在古典时代后期，羞耻与顺从相一致。在各城邦衰败之前，由于四起的内部争战，各敌对派系的伟大人物多选择自我了断而非被囚于敌营。被西塞罗褒扬而被凯撒责难的加图的死亡，可能已成为这两个令人瞩目的最伟大的权威人物之间极为重要的论争，自杀因而被烙印上一种被称之为荣光的痕迹。此种离世之法其后延绵而影响了几个世纪。西塞罗因论争的合宜而得以取胜于恺撒，褒扬也因而脱离于责难的束缚。之后几个世纪的理性情感的拥有者将加图视为因敬重而崇仰的古典时代的先驱。里茨红衣主教由此评论，一个团体的领导者可以为他所为，只要与友人的信赖保持相互一致，错误与罪过便不会近身。加图持有的高贵地位令自己在诸多场合有机会领会这条警言的实际效用。除了一些理性的美德外，加图嗜好饮酒，因此被嫉妒他的人指责为酒囊饭袋。不过，依塞内加所言，对酒精的特殊嗜好——无论加图是如何对此热衷，反对他的人都会发现，比之其他恶行，这一行为更容易也更应该被冠以品德的美好名声。

在君主时代，这种与世挥别的方式流行过很长时间。我们曾在普林尼的书信中见到过这样的记载，选择这种死法的人，多出于对浮华的过度追求，而并非出自纯然动机。这种动机在追求相宜性的智者眼中符合某种一致性。即便是与这种行为毫无瓜葛的女性，也经常选择这种离世之法。譬如，孟加拉的女性在她们的丈夫进入彼端世界后也会紧随其后。因此类风气的盛行而导致的死亡在无需当事人现身的情况下屡屡发生。

起某种引导作用的，与自杀这一行为相关联的准则被热衷哲学的智者视作与正面的认同相和谐的原则，这似乎完全是在哲学上的某种发挥。必须承认，一类低郁的情绪会给我们带来即使消泯自身也无法抗拒的对自杀的喜好。就我们所能见到的表象而言，诸多情境处于理性的幸福中，并且尽管当事者神情严肃，给人以静穆的宗教感，与你所知的一样，仍有人将这种姿态与不幸之人相对接。以这种悲剧性的方式选择离世之法的不幸者并不属于指责的对象，而是关怀的对象。

这些人不应得到人间的一切惩罚时却惩罚他们，这同不义一样荒谬。惩罚只能落在他们幸存在人间的朋友们和亲戚们身上。这些亲朋以无罪而存在。对不幸之人来说，他们的亲朋所遇最大的灾难便是凄凉而又灰暗地死去。与完善而美好相呼应的纯然心性，促使我们在所有场景中避免此种不幸，在所有场景中维护自己并对不幸予以打击。虽然在自我维护中难免遭遇险境，乃至出现生命的危难。但是，当我们不能完全避免不幸的到来，也没有因对自身的维护而远离生命时，理性情感所依托的准则，所联想的那个关注我们的他者给予我们的赞同与关切，乃至对我们内心举动的关切，似乎都在召唤我们以自我消泯的方式去避免不幸的降临。但是正因我们意志中薄弱一面的作祟，我们难以用适宜的胆魄去面对及忍受灾难的降临，以致难以下定自杀的决心。

一个美洲土著，我已忘了从哪里听说的，在落入敌人手中之前就已杀身成仁，以此避免在他认为是最大侮辱的敌人的嘲笑或是折磨中痛苦地死去。他将自己以勇敢之心忍受残暴之力，并以比之更甚的轻蔑与嘲笑来回应对敌人加诸在他身上的那些羞辱的行为视为对自己最高尚的酬答。

不过，对生死的不屑，对神赐予我们的命运的服从，满足于理性生活中出现的每一件事情可看作建立具有完整体系的道德学说的两大基础。肆意妄为却又情绪激昂，常以刻薄态度对人的爱比克泰德，可以视作前述学说的缔造者；而温和纯良，富有人情味又具慈爱特性的安东尼努斯，是后述学说的当然缔造者。

作为解除奴隶身份的厄帕法雷狄托斯，于年轻时曾遭受性情暴虐的主人的羞辱，在垂老之际，因他人的猜忌与自身情绪的反复，先后被逐出罗马和雅典而居于尼科波利斯，且不管什么时候都会被暴烈的君王处以极刑，轻者也需发配至杰尔岛。他以对自然万物最大的轻蔑之心才得以保存心灵之火始终燃烧。他的内心平静如水，他的言行坦荡平和。人生的悲欢喜乐在他看来都与自身无关联。

性情和善的、在世界上所有的文明之地拥有无上荣光的君王，因其地位的缘故当然没有理由埋怨所拥有的统御他人的权利。对万物的自然过程他会表示欣喜，进而会饶有兴趣地指出一般人通常会遗漏的美善之处。他指出，耄耋与年少，不同的情境存在着令人舒适的恰当的美妙之处。前者的龙钟老态与后者的意气风发，都是自然万物的本来面目。如同青年是童年的落脚地，成年是青年的落脚点，亡故（不管以何种方式）对雪发老者而言也是最为合宜的结局。在另一场所，他也如这般说道："与医者嘱咐病患常去骑马、常去洗浴、常去散步一样，统御宇宙万物的众神令他人去罹患疾病，去损伤肢体，甚或失却后代亦为我们所认同。"在日常的规范中，我们因得病而接受医生的疗治，吞服味道苦涩的汤药，经受痛彻心扉的手术，不过，也正因为有再度复原的指望，病人才忍耐一切煎熬。因而，病患期待众神之光能以最耀眼的投射照亮有助自身健康与完美幸福的道路。他由此可能确信，对世界上所有生灵的福乐安康而言，对认同并施行丘必特高尚期盼而言，众神之光的照耀不仅有益，且须臾不可少。若非如此，主宰宇宙的众神便不会开出这等药方。这个全知全能的万物的统治者便不会任不幸持续下去。如同与宇宙间互相和谐而营构适当性事物出于相同情境一样，如同它们的互相支撑与关联，依托同一个完整的体系一样，所有我们所能注意到的事物，甚或依表象所示无任何内涵的相继涌来的事物，组成了大部分由于因果关系而相连的细节。没有起点亦无终点是这一关系的特征，因它们的存在是宇宙众神必当的关照，因此，对世象的兴盛昌明，它们是必然的存在，对自身得以延存亦是如此。不论万物落于其身而他并不诚然接受，不论诸事近身而他心感怅然，不论他多么渴望不幸远离自己，都渴求在整个万物运行规律得以保存的情况下，去组织万物本身的运行，去碎裂构成其运转主轴的那道铁链，都渴求为了方便自己，而去对外部的各种物体进行毁灭性的破坏。在其他场合，他曾说过，对宇宙万灵而言是舒适恰当的，对我亦然。于你而言不合时宜的事情，一如对我来说不是太早便是太迟。阴阳转换所带来的变化对我而言皆为万物的灵动。我所做的便是唯你马首是瞻，投身于你给予的一切当中，为你而转动、而臣服。

依据上述几乎完美的学说，斯多葛学派的学者认为，或者说是这一学派当中某一类学者试图表述出他们认可的所有怪异论断，这个学派的智者也依此竭力对宇宙万物的这一存在进行解读，且竭力以众神所赐予的那种视角去看待以各种形式表达的事物。但是，依循统御宇宙万物的众神所给予的秩序而依次呈现的事件，在我们看来无足轻重或是关系重大的事情，对统御万物的众神而言，犹如蒲柏绅士论述的那样，与孩子们吹出的肥皂泡突然之间破裂毫无区别。万物的毁灭亦为如此，从自然界得以呈现美丽状态的那刻起，他便是这一存在不可磨灭的组成部分，都是令人可敬，超越国界的慈爱仁善的结果。正因如此，对斯多葛学院派的学者而言，不同的事物皆有同样的面目。

的确，在事物的发展过程中，他们所能加以把控的是其中一部分事件。他们竭力赋予这部分事件以合宜的形式，并且以他所明确的目标向这些事件发出自己的召唤。然而，他并不对自己真诚的努力是否成功加以深刻的关注。他所竭力赋予合宜性的那部分事件，是令人满意抑或遭到停滞，对他来说完全无关紧要。那些事件——倘若皆由他来处置，显然，他必当选择一些而抛弃一些；不过，那些事件即使是一小部分，并非由他主导，因此比起自己，他更信任智者，倘若发生以下状况，随之产生的意满自得会越发显著：他所知晓的因果关系正是他所掌控的那部分事件所呈现的形态，他以真诚热切的态度去迎接这种形态的产生。在这种原则的指引下，他所做的所有事情，在以上原则框架之内都可视作完美的象征。对祖国的忠诚，或说为之献出生命，其价值与他翘起手指表示这根手指将要从事某件事情一样。这其间包含明确的信任和无尽的称赞。最大程度地使用自己的权势和轻描淡写地看淡这些权势，或是新世界的缔造和毁灭与肥皂泡的吹起和破裂，对统御宇宙万物的众神来说，都不过是举手之劳，同样是非凡智慧和仁慈的美妙结合。对智者而言，与无足轻重的言行相比，所谓高尚，并不需要我们给予更多的关注，两者同样轻而易举，且与同一合宜性相一致，并无出奇之处，更不应得到许人们诚挚的赞誉。

幸福在于获取完美无瑕、仁爱慈善的人生境界，那些不足以与这种美德相亲近的人，无论其做出怎样的举动加以完善，都是远离幸福的不幸之人。斯多葛学派的学者指出，在水下一英寸的人与在水下一百码的人同样不能进行呼吸，因此，对个体的、局部的自私和非理性的情感不能有效克制的人、对个体膨胀的不能带来真实幸福的欲望穷追不舍的人、满足于一己之虚妄因而身陷深渊的无法逃脱的人，同那个远离这种深渊的人一样不能呼吸那种自由自在的空气，不能享受智者的那种安全和幸福。智者的言行与情感相合宜，故而形式与其质皆为完美，所以，与大彻大悟、尽善尽美毫无关联的人都不具备完美的品德，在斯多葛学派学者看来他们都有着相同的缺陷。这些人士指出，一类真理的伟大性与另一类真理并无差别，某类不当言辞的可耻程度与另一类充满诽谤言辞的可耻程度也并无异处。射击时偏离靶心一英寸同一百码都是说明没有击中靶心。因此，以非理性情感为依据而导致错误行为的发生，与依托这一非理性情感而导致重大事件的呈现，两者的错误性都是相同的。譬如，在不合宜的没有任何缘由的情况下将一只公鸡置于死地，与在不合宜的没有任何缘由的情况下将自己的父亲置于死地具有同样的令人不齿的巨大错误。

在这两个奇怪而又美妙的论断中，假如前一个被我们误读，那么后一个论断就显得荒唐无稽，并不值得对其详加考察。是的，它确为荒谬，对其是否存在某种形式的误读自然令人怀疑。至少他无法取得我的信任，然而，据说内心质朴但言语犀利的芝诺或克莱安西斯这样的人士，竟会是这些令人乍舌的论断的制造者。这些论断只能作为一般的悖论，而与具有智慧的理论体系毫无干涉，源于这个原因，对其的阐述我将不再继续。我看来，与其将这些论断归属在芝诺或克莱安西斯名下，不如归属于两者共同的追随者克里西波斯名下更具某种合适性。然而遍查流传至今的与他有关的文献，他不过是个具有奇特思维的空谈家，缺乏任何成系统的理论，甚至毫无有情趣的文采。有这样一种可能，他将他们理性的学说改头换面成让人食之无味弃之可惜的类似机械性的死板教条。这一行为不过是对存于理性情感之上的有关合宜性的美德的权宜维护，完全误解了他那两个充满智慧的导师对完美道德品行及其与之相关的幸福的生动阐释。

通常说来，斯多葛学派的学者对不具有完美品性的人同样具有令人尊敬的成就这一点不予反驳。依据这些或大或小的成就，斯多葛学派的学者将人们分成不同类型：他们不把一些有缺陷的德行称为正直的行为，而将其称为规矩、适当、正派和相称的行为，对这些行为可以加上一个似乎合理的或很可能合理的理性名称，西塞罗用拉丁文 officia 来表达，他的《论责任》一书对此有详细的论述。不过，宇宙众神赐予我们引导自身行为合宜的办法及其形式，与斯多葛学派的学者的论断似乎有着截然不同的意义。在众神看来，与我们切身关联的由自身掌控的对我们自己、对身边的亲朋甚或国家产生影响的那一部分事件，被我们投以最大的关注。它使我们得以激发欲望，产生被恐惧与欢快包围的复杂情绪。倘若这些情绪超出了我们关注的范围，众神便会以它认为合宜的方式加以处理，这个时候，作为适宜性引导下的那个毫无私利、客观公正的他者就会适时地出现在我们面前，帮助我们约束复杂的情绪，令它们尽快回转到与理性情感相适应的道德品性之中。

即便我们竭尽全力，那些在我们掌控中的部分依然会引出不幸的源头，酿成无法挽回的灾难，此时宇宙众神必将与我们亲近，给于我们无限的慰藉而令我们心感温暖。这种仁慈的智慧指导着人世间的一切事件，由此我们可以相信，如果这些不幸对整体的利益是毫无紧要的话，这种仁慈的智慧就决不会容忍这些不幸发生。

宇宙众神并没有强制我们将智慧的思维视作须臾不可少的生活内容，他不过是善意地提醒我们要将它视作消除不幸所必需的慰藉。而斯多葛学派的学者则将智慧的思维视作应当的生活内容，他们试图引导我们抛却存在于内心的祥和，抛却存在于内心的赋予合宜性的抉择，除此，没有任何事情会对我们炽热、诚恳而又迫切的情绪产生影响，这种影响与宇宙众神统御的自然万物毫无关联。斯多葛学派的学者希望通过他们的论述让我们的姿态得以平静甚或冷淡，让我们竭力克制事实上无法避免的个体性的被称作自私的非理性情感，即便对降临于我们自身的、亲朋的，甚或是国家的诸多不幸，也不能示之以同情，他们活着的目的是对于那些被赋予了合宜性的所有事情的成败保持远远的静观之态。

可以这么说，那些人士的论断足以使人们的理性情感混乱不堪，但是宇宙众神所赐予的世间因果不因他们而断裂。众神给予我们的与天然属性相合宜的欲念、希望及恐慌悲伤、喜悦，不依斯多葛学派的学者的论断有所增加或有所减少。依照这些情感给予我们的不同影响，每个人所体验的适宜与否必当有着不同的结果。不过，内在心灵的适宜与否却可能被外在的论断所左右，它以这些论断为依托，试图让我们对个体性的自私的非理性情感进行克制，使它们得以恢复到平静的状态。这是斯多葛学派的学者有关道德学说的重要依据。毫无疑问，这些人士对于追随自身的那些人的品德性情有着直接而深刻的影响。虽然他们的学说在某些状态下会促使他们以暴力行事，但激励他们以高尚荣光的慈爱善良为行动目标亦为他们所倡导。

在这些具有非凡创造性的有关道德品性及其适宜情感的论述之外，现代的道德体系也为我们所关注。在后者看来，美好的品德与合宜性相一致，或与理性情感相一致。正因合宜美德与理性情感的存在，我们才能据此对其特定对象采取行动。在克拉克博士的道德学说当中，美好的品德与事物及与之相关的行动相适宜，与我们合乎理性的情感相适宜，与一定事物或一定关系存在着必然的联系。在智者沃拉斯顿先生的学说当中，美好的品德与事物具备的真理及其所显现的本质相适宜，抑或与事物所具备的以真实本质统御虚假表象的特性相合宜。沙夫茨伯里爵士则相信，美好的品德与理性情感之间维系着微妙的相宜的平衡，与可掌控的理性情感的表现形式相平衡。不过，在对同一个现象进行描述时，这些美轮美奂的道德学说都不同程度存在着一些错误。

他们都没能指出，乃至没有自认为指出过对情感的合理与恰当进行明白无误的厘清的判定标准。在其他方面，我们也无从找寻这些标准的所在，而在那些具备诸多见识的观察者中，我们才能依稀见到那种一致的情感表达。除此之外，对道德学说的相关论述，即便是现在学识渊博的学者也不能以自己独到的见解对此作出适当的论述——就论述本身而言确实如此。美德存于合宜性当中，然而对美德加以正确论述的确困难重重。合宜性虽是每一具体德善的组成要素，但它并非全部。在我们熟知的仁善之外还存在着有待解读的另一种仁善。由此，对此类行为不仅应加以赞许，且应得到回报。在我看来，任何一种具备现代意识的道德学说，都没有完整地向我们道明该以何种姿态向仁爱慈善投以相当的尊敬，或表露我们应有的毫不做作的真实情感。对令人发指的犯罪行为，他们的解决显得更为混乱，这是因为犯罪行为包含着不合宜的成分，然而它并非是唯一的存在。显然，在各种温和安详抑或平凡的行为中，不合宜同样存在，或者甚至比在其他行为中更多地存在。在某些具有相同侵害性的包含着不合宜性的行为中，还隐藏着无法逃脱的责备。应受惩罚的行为，除了令人心生厌烦，这些可耻的行为也是人们宣泄不满情绪的对象。

第二节　美善品性与审慎相一致的那些体系

那些将美好的品德与理性的情感联系在一起，并试图让我们相信其合宜性的学说当中，伊壁鸠鲁学说是最为历史悠久的一种。不过据某种说法，这种学说的主要原则是从比之更早的智者，尤其是从亚里斯提卜那里抄袭得来。尽管这种说法冠冕堂皇，但就其基本思想与阐释原则而言，则完全出于他自身的研究。

伊壁鸠鲁认为，使人产生无限憎恶感的第一对象是追求肉体的喜悦和苦痛。不需要再详加论述——那些感受是人们天然生成的欲望。在他看来，喜悦有时会让人不愿去接近，这与喜悦本身无关，而是由于倘若我们亲近了这一喜悦，更大的喜悦会远离我们，或者苦痛会不期而至。为了不与苦痛发生交汇，人们便会刻意躲闪一些喜悦。同样，人们接近苦痛并非乐意忍受这种体验，而是为了避免更大苦痛近身，而且苦痛能为人们带来更大的喜悦，因此，在伊壁鸠鲁的论述中，追求肉体的喜悦和苦痛是人们付之憎恶感的第一对象，他不仅为此进行了有力的说明，而且还认为，他们还是非理性情感的执着对象。假如它囊括了其他需要执着的对象，必定是因其被喜悦或是苦痛接近。喜悦的情感将使人们无限度地去追逐权势与财富，与之相反，苦痛的降临使得贫困低贱成为人们唾弃的对象。名誉受到人们最高的珍视，是由于人们给予我们的敬爱和理解促使我们心生愉悦而免于苦痛。相反，可耻的言行被我们所鄙夷厌恶，是由于人们给予我们的轻蔑与不屑使一切可能的安全感丧失，而且必当让最大程度的苦痛降临在我们身上。

依伊壁鸠鲁而言，唯有肉身才是心灵的喜悦和苦痛的的源头。回想过往的肉身所得到的快乐，心灵便会感到舒畅，由此盼望更大的喜悦亲近；若回想过往的肉身所得到的痛苦，心灵便会感到悲伤，由此希望与可能到来的苦痛分清界限。虽然肉身是喜悦和苦痛之源，但是这些体验比原先存在于肉身的感受囊括的范围大得多。肉身只感应业已发生的和将要发生的体验，它以记忆和预感来感知这一存在，由此造成的结果，无论是喜悦抑或苦痛都比原先的肉身感受强烈得多。眼前的苦痛并非我们最大的恶敌，而不停地对过去的悲伤进行回忆才是苦痛的根本。倘若我们只就眼前的苦痛来说，几乎无足轻重。正因如此，肉身才能忍受外界所强加的烦恼与忧愁。与此相同，当无限的喜悦亲近于我们时，假如善于体会肉身所获取的滋味，不过是被喜悦包裹的微小的一部分，对往昔美好时光的回忆是这种喜悦，或者在将来可能获取的喜悦亦为如此。我们心灵的窗户总是给予我们明亮的景致以迎接喜悦，让我们尽可能多地体验它的存在。

正因为如此，由于心灵的每点感受均取决于喜悦和苦痛的分量，倘若我们纯然的那一部分天性位于合宜的一方，倘若我们所思、所想、所行均未曾受到影响，那么不管什么样的外力加于自身，都是无关痛痒的。

倘若占据我们头脑的是理性的智慧与明断的眼光，那么，即便苦痛不请自来，喜悦之情也不会因此而从心灵消退。喜悦之情得以存在，是由于业已有过的喜乐和对即将到来的快乐的期盼。回想曾经的喜乐是何种模样，这种工作能有效减轻苦痛所给予的沉重打击。因其仅是肉身上的滋味，是仅限于眼下的苦痛，其本身带给我们的创伤微乎其微。由于害怕苦痛反而致使更大的苦痛接踵而至，其原由皆因我们内心的恐惧。理性情感的运用能够使这种恐惧得以消泯，它友好地提示我们，倘若苦痛极大，那么所亲近的时间就可能极短，倘若时间超出了预期，那么这种苦痛可以被称作适度的感受，我们可以随时调节这一感受的程度。总之，死亡近在咫尺，且不会自动隐退。依伊壁鸠鲁所言，死亡是一切的体验，苦痛抑或喜悦的远去，都不是消泯罪恶的终点。倘若我们活着——他这样告诉我们——死亡就会远离，倘若死亡亲近，我们的肉身也会随之消失。因此，死亡是必然的结局。

假如眼前苦痛的程度并没有触及我们的全部，那么，眼前喜悦之感也无追求的价值。喜悦赋予的激情远比苦痛赋予的激情伤害少得多。因此，假如苦痛的滋味只能稍微影响喜悦给予我们的快乐体验，那么快乐的体验就无法给喜悦再增添任何有价值的事物。倘若肉身不受苦痛侵袭，心灵也不因此担惊受怕，所增加的喜悦之情便显得无关紧要，状况可能有所区别，但不能合理地将这种状况表述为一定情境中的幸福。

因此，伊壁鸠鲁认为，纯然天性的最佳状态，人所依存的灵魂的最佳体验，即幸福感的存在，依托于肉身所感应到的合宜与舒畅，依托于心灵所体察到的宁静安详。以此而去追求的最伟大的天性，是一切美德的不二选择。根据伊壁鸠鲁的说法，并非因本身具有的某类缘故，人们才对美好的品德心向往之，而是因为它是通往人性最伟大境界的唯一途径。

譬如谨慎，依据伊壁鸠鲁的学说，虽然它是美好品德的一切根源，但人们追求它并非因谨慎本身。勤勉、慎重的心理状态，亦即对一切言行的切实关注，使之成为感受喜悦带来的乐趣的恰当形态。它是促成最伟大的善行和消除最深刻的邪恶的倾向。

对喜悦的逃避，对天生享乐快感加以限制，即便是自制的表现，也无法成为追求其自身的缘由。美德的价值在于它的实际作用，在于舍下眼前的短暂快感而神往于将来可能获得的更大喜悦，在于避免因执着眼下的乐趣而忽略悄然近身的苦痛。言下之意，自制是与喜悦有关的谨慎方式之一。

能让我们坚忍的那些情境，譬如对苦痛的忍受，对危境的正视，实为人们不愿亲近的体验。之所以人们对此抱以喜乐，不过是为了避免更大的苦难。勤勉诚挚是为了远离穷困带来的无限耻辱，对危境的正视，也无非是为了对自己的财富加以刻意的保护，当然，也包括对业已取得的幸福的保护，甚或是对国家的保护。国家不受侵害，则我们平安无事。坚忍使得我们生发自觉的行动，做出在当下最适宜的最为恰当的行为。其实质不外乎对苦痛的合宜评价，对危局的理性判断，由此而避免此类不适宜的情境愈加剧烈。

有关正义的论述，也是如此。不占有他人之物，并非是因为人们追求这一行为本身。我对自己东西的占有欲与对他人东西的占有欲并无差别。因此，你不该对属于我的物品加以掠夺，倘若你这样做，将招致所有人的鄙夷与愤怒。你安详平和的心灵将会动荡不安。你一想及人们加诸于你的各种因不满而来的惩罚，且以你一人之力无从避免这一事情的发生，从而保护自己免遭苦痛，你就必当被恐惧和忧愁笼罩。有关另一种形式的正义，亦即依循与邻居、亲朋、上司和同辈的相处之道对他们施之相应的关怀与尊重，在这种合乎理性的关系中产生的行为，使我们得到相同的关怀与尊重。假如我们不应许这样的行为，必当让他们感受轻视与仇恨。前一类正义，使我们取得欲求中最大的渴望，即内心的舒适和祥和，而显然，危害这种舒适和祥和的必是后一类正义。正因如此，与正义相一致的美好品德，即包容一切善意的美德，与我们同周遭人相处时的慎重心理别无区分。

此即伊壁鸠鲁对美好品德及其心性的论述。令人费解的是，这个智者——一个和蔼可亲的人，却完全没有意识到，不管美德或是恶行在我们肉身上呈现何种形态，在他人身上所呈现的情绪的形态及其结果，必然是欲念与憎恨感的加强。我们肉身所能体会到的由和蔼可亲的性情、受人尊敬的品格、合宜恰当的行为导致的心灵上的安宁与和谐，是每个善良之人更为倚重的情感。相反，由灵魂黑暗、秉性不端、行为乖张导致我们遭受苦痛的折磨与玷污，其结果，是我们加剧对美好品德的渴求以及对恶劣行径的厌恶。除此不会有另一种选择。

毋庸置疑，伊壁鸠鲁的道德学说，与我一直在努力建立的学说全然不同。不过，必须直言的是，这类学说源于哪一方面我们一目了然，即源于对人类天性持有的认识。根据统御宇宙万物的众神那双富有创造性的双手，在所有合宜的场合，美好的品德与高尚的智慧相一致，是获取合宜的安全和适当的利益的最灵活性的手段。就此而言，自身事业的成败与我们对自己的看法的恰当与否息息相关，也与人们的支持或反对的立场相关。然而，获取前述的利益，不让消极的评价近身，最好的也最容易实施的办法，显然是让自己成为美德与智慧相通而非对立的合宜对象。“你想要得到优秀音乐家的所有赞誉吗”，苏格拉底这样说道，“那就首先成为一个优秀的音乐家”，同样，你想成为他人眼中如同政治家或军事家那样为国尽力之人，就必须先要获得治理国家的充分经验或战略头脑，并以此不断激励自己以达到人们的期许。

与此相同的还有，倘若你期望他人将你视作具备理性智慧、坚持真理，并以平正之心对待他人的人，那么显然，你必须先要成为那样的合宜对象，由此，你无须担心不会受到他人的关怀和敬重。正因倾向于美好的品德会给我们带来切实的益处，而倾向于恶行则危害我们诸多的利益，基于此，对这两种对立的姿态的深思，是对前者合宜性的最恰当表达，也为后者打下了与丑恶相连的烙印。因人类灵魂深处最本质的优点，如自制、宽容、良善所具备的高尚的智慧和最切身的慎重使人的纯然的心性得以声张而被人们所认同。同样，与之相对的恶行，如胆怯、畏惧及放任所体现出的各类毫无价值可言的卑劣性情使他人心生仇隙而遭遇非难。他只就合宜性的某一部分进行了细致深入的美德观察，就伊壁鸠鲁而言确为如此。这是那些秉持美德也想让他人亲近美德的人最容易产生同感的合宜性。假如，通过他的身体力行，或是他善意的提醒，人们得以确认美德与我们所具有的善良秉性毫无直接的联系，又如何能以指出他人不合理的情感而让他们亲近于天性的合宜？很多人正因恶行的蔓延最终让自己身败名裂。

伊壁鸠鲁通过相互表现为合宜性的所有美善强调了某种不理性的论调。然而，一类哲人对这样的美善特别热衷，以此标榜其聪慧与品德。毋庸置疑，在伊壁鸠鲁这位智者将纯然的天性与可耻的欲求都以喜悦和苦痛为归结点的同时，也陷入了其自我恩想的泥潭中。这个对原子论加以肯定的人，即将自身的喜悦建立在从最显著的微小处发现人类所有能量来源的人，当他以上述提及的方法对人类因循的所有理性和非理性的情感加以论述时，喜悦也同样在其身上生根发芽。

这位智者的学说与柏拉图、亚里士多德和芝诺的学说在诸多方面相一致。譬如，美好品德的存在是以纯然天性对各类欲求的相适宜为行为基础。但其具有的独特性也令人关注，其主要表现为对各类欲求做以详尽的说明，另外还在于对美德固有的高洁品性及其这种品性的产生原因做以详尽的说明。伊壁鸠鲁着重论述的是，与纯然天性相一致的纯然欲求其直指的对象是肉身的喜悦和苦痛，除此无他。而依照其他哲人的观点，其所指对象还包括亲友的幸福与整个国家的全部荣誉等，这些情感的存在源于人们本身的需要。

被伊壁鸠鲁反复强调的是，为了获取美德之名而去追求美德是全无意义的，亦非满足人生欲求的唯一目标，他不过是能让人们消泯苦痛以及亲近于无限的喜悦才成为具有理性情感而受人关注的东西。与此相反，其他三位哲人认为，人们之所以乐于接近美好的品德，是与纯然天性的表现形式有着恰当的契合，更是与人们能从其中体验更为善良的情感息息相关。那些智者认为，人因言行而存在，所以，幸福感不仅存在于具体的喜乐之中，也存在于人们为达到这一喜乐而付出的积极努力之中。

第三节　美善品性与仁慈相一致的那些体系

那种将美德视为与慈善相一致的体系，尽管在我看来不如我所谈及的那些学说历史悠久，不过，其本身也极具历史意义。这种学说大概是奥古斯都时代以及其后的大部分哲学家的体系。那些哲人将自己命名为折中派，他们标榜自己的观点主要源自柏拉图和毕达哥拉斯，并以此认为自己是他们晚期学说的不二继承者。

根据这些哲人的观点，在统御宇宙的众神所具有的性情中，慈爱仁善是行为合宜性的唯一标准，并且对其他恰当理性的情感加以指导。众神运用智慧来寻找满足自身善良天性所必需的那些过程，以此以合宜的行为来实现这一目的。但是，慈爱仁善还是一种高尚的支配其他行为的品格。众神的行为所表现出的美德皆来自这种品格，人类的纯善及其他美德，都与众神的这一品格相类似，或存在于其中，因此，亦与众神的所有善良言行及其论述的有关仁慈的原则相一致。出于这一原则的引导，不难发现这确为令人肃然起敬、值得称赞的举动，即便是在众神的意识中，也可称为独特的优点。唯有将博爱的胸怀与仁慈的行为付之于自身，我们才能与众神相对，因而对众神的荣种种美德表达我们内心的无上崇仰和赞美，并且通过对适宜情感富有的神圣的理性原则的培植，使之成为我们行为的一部分而达到同上帝直接交谈和交流思想的地步，这就是这类哲人的观点想要唤醒我们去达到的主要目的。

这类学说，如同受到基督教会的那些神父的高度尊敬一样，在宗教改革以后，也成为令他们接受的与神学相提并论的理论体系。不过，这种理论体系的任何一个支持者，特别是拉尔夫·卡德沃思博士、亨利·莫尔博士、剑桥的约翰·史密斯先生，都无法忽视哈奇森博士对它极具观察力的研究。毫无疑问，这位博士是那种细致的、敏锐的、富有哲思与创造力的智者，他的远见卓识同样无与伦比，这尤为重要。被人们用各类行为方式所证明的美德与慈善相一致的这一观点，一如前述，慈善的合宜是关于理性情感最令人倍感舒畅和愉快的感情，明显的同情让我们对这类情感予以欢迎。它与善行相适宜，因此，它是理性的激情和回报的适宜对象。基于以上这些因素，占据我们纯然天性的主要位置，并高于其他品格的情感便是这类慈善。如前所言，与慈善相关的秉性与我们而言有着合宜的快感。而其他类型的品性则往往使我们倍感憎恨。狠心、私利与仇恨，这些谁又能心平气和地接受呢？但是，偏袒的热爱，包括友情，则常使人乐于亲近。唯有慈善这一情感，才能使我们得以释放心灵，并为之保留心性的美好，甚至在人类的本能中亦有慈善的特征令人感受亲切，它的存在使我们不断行善积德，而对是否会遭致责难和应得的赞许都不会去思索。而其他的一些情感却无这样的特征，它们遭人怨恨，被人抛弃，无法取得他人的欢喜。

正因为慈善的情感赋予与之相连的行为一种与其他情感截然不同的高尚的美德，所以，缺乏这类情感，常常使我们原本的与此相反的品性，哪怕是蛛丝马迹的不合宜的品德上的缺陷暴露无遗。缺乏品德的行为遭人唾弃，是由于此类行为显示出人们对周遭事物漠不关心的冷酷一面。在这些论述之外，哈奇森博士还曾谈到，出于慈善这一天性使然的行为中假如隐含着其他行为，我们对其固有妙处的描述，便会依着人们的理解将其视为影响慈善天性的某类不当行为。这就好比，如果一个被认为出自感激之心的行动，被人们发现其用意在于得到新的恩惠，或者，一个人热心公益，被人发现其用意在于取得巨额的报酬。那么很显然，它必将打破对美善行为大加赞赏的倾向。因此，参杂各种杂念的行为，如同混有沙粒的黄金一样，削弱或完全消除了在没有任何杂质的侵扰下美德行为所包容的全部优点。哈奇森由此认为，美好的品德与纯粹无私且极具公益性的慈善相一致。

相反，倘若被人通常认为是卑劣自私的行为是源自被加以肯定的善良的行为时，那么显然会加深我们对于这些行为本身所具有的优点的认知。倘若我们相信，一个努力去增进自身幸福的人，心地纯净、不图私利，而一心以利他的行为处事，他势必会赢得我们更大的爱戴与尊敬。这种行为更加使以下的结论得以确定，即唯有慈善才能赋予美德以高尚荣光的特质。

除此哈奇森还曾想到，在怀疑论者就源于品德的相应行为的恰当性所进行的所有讨论中，究竟是什么能将美德所具有的纯粹的无私的秉性详细说明？他指出，在那些怀疑论者看来，唯一的标准就是这一行为是否符合公众的利益。由此论者认为，受人褒扬、值得称赞、富于价值的美德就在于促进整个人类得以享受幸福，任何与此相对的行为，因此被视作错误和不恰当的。在后来开始的有关无原则的依顺和抵制的合宜性的争辩中，唯一不能达成共识的看法是，在特殊利益受到侵害时，无原则的屈从是否会带来更大的灾难？总而言之，对人类亲近于幸福感有益的诸多行为是否在美德行为上同样有益？在他看来，这并不是重要问题。因此，慈善是唯一能赋予所有行为以美德的品性，所以，行为越具有慈善的意味，其行为本身越能得到人们的赞誉。

出于求取人类最大幸福感的那些行为，由于表现出比求取某一类团体的局部的幸福感的行为具有更大的慈善及合宜情感，因此，前者具有更多的美好品德。以所有人类的幸福感为终身的奋斗目标，是所有合宜情感和最大美德的表现形式，相反，以个体或极少数人的幸福感为目标，是一种不恰当的非理性的情感形式。

高尚的美德，存在于我们为增进更多人的利益而实施的某一行为的过程中，存在于我们为了追求人类更高的美善而放弃对底层的情感的追求的做法中，存在于清醒地认识到自身的渺小，认为个体的幸福感是依托于大众的幸福感才得以实现的这一意识当中。无论从哪一角度审视，自我爱护都无法被认为是与美好的品德相关联的合宜情感，它与众人的利益相冲突继而成为被鄙夷的对象。除了关心自己的那部分所得，从不考虑他人的幸福，倘若并没造成恶劣的后果，那也只算是无关痛痒的性情，它当然不应受到人们的赞誉，但对它进行非难也并不明智。人们因慈善之心而做的那些行动，其根源虽来自关照自身利益的需要，但因此也更具有美好的一面。上述的行为表明慈善所具有的强烈的人性愿望与力量。

在哈奇森博士的观念中，他并不认为自我爱护是一种促进美德行为的方式，也不认为是对自我的欣赏，并由此获取喜悦之情的形式、他坚定地认为，那纯粹是一种自私自利的表现，以它所能起到的有限作用而言，慈善具有某种人性缺憾。唯有无私而又利他的合宜情感，才是人们所追求的美善的最高形式。但是，人们普遍的看法是，对自我的欣赏并对这种行为加以关注，远未成为在美德层面上加以讨论而被视作是削弱了美德高尚性的东西，更多时候它被认为是为了获取美德之名而产生的不带情感的行为。

这就是在哈奇森还算平和的学说中有关美善仁慈秉性的说明，这种学说通过将自我爱护论述为一种自利而不会受其影响的人带来任何可能的荣誉，在人们的心中培养和助长一切感情中最高尚的和最令人愉快的感情，从而不仅有助于对非正义的自我爱护掌控自如，而且在相当程度上消减了它的负面影响。

正如我前述中提及的有关其他智者的理论学说未能对慈善这一最高的品德标准进行充分解释进而引导出它从何处产生的那样，这一学说似乎存在着与之相反的弱点，那就是，它并没有充分解释人们对于自制、坚韧、坚持等这些较低阶的美善表现人们之所以对其认可的必然原因。各类被赋予合宜性的情感的动机与意图，或最终影响到的利弊的结构，是此类学说最为关注的核心。激起这类情感的因素是否合宜，或是否与其他情感形式相一致，则被尽数忽视。

在诸多场合中，对自我幸福及利益的追求和关心，通常被认为是值得肯定的行为规范。而自利排他的意图所归结的后果则被认为是养成了勤勉与善于思考的习惯。当然，这也被看作是一种值得肯定的行为规范，两者都应得到最大程度的称赞。事实确实如此，自利排他的情感意图，看似会对慈善的美好情感加以破坏，不过，这种情况的发生，并非源自自我爱护之心的过分膨胀而损害了追求美善的良好动机，而是产生于慈善的高尚品德在此情境下明显丧失了它应有的道德，并且同它对应的对象毫不相称。正因为如此，这种品德的弱点是显而易见的，是应被非难而非赞同的对象。在某种本来只是自爱之情就足以使我们去做的行动中，混有慈善追求的动机，的确不会那么容易对我们慈善行为的合宜性加以破坏，抑或对我们实施这一道德的行为所得到的恰当的感觉造成困扰。我们不对他人道德品质是否存在自私排他的特性加以怀疑，乃至质问，这绝非我们所能轻易把握的隐藏在人类天性中的那些不良品行。不过，倘若我们真的探究某人对周遭人事是否漠不关心，并以非恰当的方式去爱护自己的生命健康与家庭财富，并促其去完成应做的事，那无疑是品德缺陷，虽然这种缺陷看上去无伤大雅，但它已将一个人视作了可被怜悯的对象，并且这种缺陷也使得他的尊严和关乎美德的品质大打折扣。奢靡浪费，并对此无动于衷，这被一般人所鄙视，但这并非是慈善之心的缺失，而是对自己恰当利益缺乏应有的关注。

虽然一些极具辩论才能的人将此类行为是促进社会的公平还是导致其堕落看成是判断人类情感合理与否的重要标准，但并不能就此认定，促进社会的公平是行为唯一显示其道德美感的原因，只能说，在任何具有冲突性的情境中，行为本身应当努力寻求与其他品质相平衡。

慈善与仁爱可能是众神所依循的最重要的标准，而且，在众神的行为中，有若干已经被认同的行为帮助我们对其加以赞誉。很难想象，一个神通广大、对他人无所求的神明，他本身的幸福感完全出于自己的追求，不过，神明尚且如此，对于芸芸众生的我们这一平凡的生命来说，想要维系自己基本的生活，则很大程度上必须依靠外在力量的帮助，而且必须依循这一帮助的原则去引导我们的行动。假如影响我们情感的与行为相关的情感，不与美善良德相一致，或无法获得他人的理解并加以赞许，显然，人们天性的依托对象，即外部的环境就会显得异常艰难。

那三种学说——美善良德与合宜性、审慎和慈爱仁义，相一致的学说、是到目前为止关于美好品德及其表现形式最为恰当合宜的也最为重要的理论说明。其他一切与之相关的论述，无论看上去种类如何繁多，都脱离不了上述所言及的理论学说范畴。

另一种学说——美好的品德与对神灵意志顺从相一致的学说，美好的品德与合宜的情感相一致的学说，皆可归入上述的理论范畴。倘若有人质疑：我们为何要顺从神灵的意志——如果我们只是就是否应当顺从神灵而提出这一疑问，显然是对神灵的大不敬。因此，只可有两种答案：其一，我们之所以顺从神灵的意志，是因为他具有最为伟大和无边的力量，倘若我们对他表示顺从，即可得享永久的关照，倘若以相反姿态对之，则只能得享永久的惩处。其二，暂且不论我们可能得到如何的幸福抑或如何的惩处，一个生命应当遵从于赐予他灵魂的缔造者，一个势单力薄、品行不完善的人，应当遵从于充满智慧和无限力量的神明，这两者之间必当有着亲密而又合宜的完美统一。除此之外，想象不出还能有何种回答能对应那个疑问。假如前一种答案是正确的，那么，美好的品德必当包含于审慎当中，抑或包含于人们对自身利益和幸福感到恰当的追求当中，原因在于，顺从神灵的意志是出于不情愿；倘若后一种答案是适当的，那么，美好的品德必当包含于一切的合宜性当中，原因在于，顺从伟大的力量是我们的义务，是保持人类情感的适宜与和谐必需的形式。

另一种学说——美好的品德与实际效果相一致的学说，美好的品德置于合宜性的学说——根据这一学说的理论，某一品德之所以受人赞赏，在于自己或他人因其而体验到喜悦或利于他人的品质，与此相反的全部品质，则被人们视作暴虐与邪恶而遭唾弃。然而，任何一种情感是否恰当，在于人们希望这份情感持续到何种程度，若是受到来自不管哪一方面的阻碍，那它必是恰当而又有效的，倘若超出了一定界限，显然是有破坏性的。由此，依据这一学说，美好的品德与任何形式的情感没有必然关联，而与其是否恰当相联系。这一学说与我努力构造的学说之间的最显著区别是：它将效用的程度，而非他人的同情或以与之相应的态度来审视这一情感，并作为其是否恰当合宜的最为理所当然的根本标准。

第四节　卓然超越的那些学说

迄今为止，我所论述的那些学说都在试图证明，不论美好的道德与丑恶的罪行存在于何处，在它们之间必当存在着真正本质上的区分。在某类情境下的合宜与否之间、在仁爱慈善与其他言行及其准则之间、在真实的审慎与鼠目寸光的愚笨及莽撞之间，本质的区分显而易见。除此之外，总体而言，它们都积极鼓励可投以赞许目光的言行并由此鄙夷对此进行破坏的恶行。

上述学说中可能确实存在想要打破各类情感形式间平衡的倾向，也可能确实存在使内心偏重于某种情境下的行为准则并使之更进一步的倾向。将美善与古时的那些道德学说相适应的体系，似乎主要在呼应那些有关高尚的和令人崇敬的自制的美好品德，所谓合宜恰当的行为就是在这样的美德中显露出来。相比较而言，古时的学说则对温和、亲切、令人舒畅的美德很少加以强调，相反，在斯多葛学派看来，那不过是一些缺点而已。这些人士认为，这些缺点对于具有理性思维的智者来说是无法容忍的。

另外的学说则强调仁爱慈善的一面。当它以最大程度的热情来培养并宣扬这些顺和美好的品德时，似乎对灵魂深处更应宣扬的那类注重和谐与尊重的美德予以忽视。这个学说甚至不将其视为美善之德，而只称作关于情感道德的某种能力，认为它们应该享有被认为同那类美德品质相同的敬重与赞赏——倘若有这种可能，它必将所有以个体为中心的益处、目的和行为方式看成是对道德更具破坏的东西。这种学说还认为，那些东西与优秀的品质毫无关系，当与秉持善良仁慈的理性情感相交汇时，必定会对后者的力量加以削弱。它甚至还断言，当审慎只和个体私利相一致时，那么与美德必然相差万里。

另一方面，即将美善之德认为与审慎相一致的学说，在它以最大程度将对谨慎、冷静的鼓励与自我克制相对应时，就某种意义而言，似乎也对基于上述论断的美善进行了贬损，并对后者的崇高与光荣加以彻底地否定。

即便有着这样明显的缺憾，上述三个学说的任何一个，都倾向于对人类最本源的高尚情操和品德进行鼓励与赞许，如果人类普遍地抑或少部分人宣称以其中某个学说为处世原则进而引导生活的规范，并对行为予以明确的指导——假如的确如此，那么这一学说便是对社会有利且可行的。我们可以通过这三者中的任何一个学说认识到那些价值与特点并存的东西。倘若用善良的规劝能使内心的坚毅和宽容的精神激发出来，那么古时学说中强调的恰当与舒适性就已经涵盖了这一形势，倘若我们用相同的方式能使人心变得善良，并能得以激发我们对周遭人事的仁爱与厚德的情感，那么那些关注于慈善仁爱的学说所显示的那些情景足以产生上述的效用。同样，虽然在三种学说中伊壁鸠鲁的体系可能是最不完善的一种，但我们依然能从他的学说中得悉慈善谦让的美德和让人钦佩的美德是怎样促进我们此刻的普遍利益，以使我们舒心、安康与宁静。伊壁鸠鲁将幸福置于对舒心安定的获取当中，因此，他试图以某种特殊的方式来论述，美德是无比高尚和无限荣光的情感品德和如何获取它的最有效方式。

我们心灵的平静与安宁来自美德的恩赐，亦是其他智慧人士所推崇的东西。伊壁鸠鲁对此投以同样的关注。这位智者曾经竭力宣传对我们现时的处境产生或平安或动荡的影响来自那些与温和的道德品质相一致的情感。因此，古时不同地域的智者与其学派才对他的学说予以研读。也正是从伊壁鸠鲁的学说当中，他平生最大的敌人西塞罗引用了被人们所一致称赞的论述——我们的幸福源于自身的美德。伊壁鸠鲁的另一敌对者塞内加更是比任何一个哲人都更多地对他的学说进行了引用。

但是，似乎还存在着一个试图对丑恶与善良之间的区别视而不见的学说，因而这一学说显示出其有害的倾向。我所指出的是孟德维尔博士的学说。很显然，这位学者在诸多方面暴露了其见解的错误性，但是，对人性中自然表现出的那类情感的观察则似乎在一定程度上有利于他的那些见解的传播。这些表现形式被他以看似粗鲁暴躁实则妙趣横生的口才近乎夸张地进行描述之后，铸就了他的学说在某种程度上的可信或说是部分真理。这种表面化极容易欺瞒那些心地善良的人。

在他看来，依据某种合宜性，或依据对某类方式赞许与否的态度而做出的行为，被视作对褒扬的爱好与肯定，当然，也可能被视作他所说的与虚荣心相关的行为。他认为，对自身幸福的确认和关怀势必要比对他人幸福的确认和关怀来得强烈，将他人的喜怒哀乐视作比自己的情感更为关注的对象这一事实并不存在。假如有人做此行为，人们便可认定那是在欺骗我们。我们也可就此认为，接下来他的行为必将依据满足私利为目的而行事。在这些自利的各类非理性的情绪中，最为明显的是虚荣心，因此，对人们给予的赞赏和夸赞，他会感到极大的满足和舒畅。当为了伙伴的益处而放弃自己的利益时，他很确定，这一行为的实施将最大程度满足伙伴的自我爱护之心。毫无疑问，伙伴们必当会给予自己无与伦比的赞美以此表达自己真挚的谢意。从这些行为中所获取的满足在他看来远要超出他为此而放弃的那些私利。由此可知，他的行为不过是自利排他意志的一种表现，与他在其他环境中表现的相同，皆出自利己的目的。然而，他本人对此深表满意，在他看来，自己的行为充满美德的光辉，是高尚德行的显现。倘若不这样想，无论是在自己还是他人看来，那种行为都不宜提倡。故此依据他的学说，一切利他的及其将他人的利益放诸于个人利益之上的行为，不过是欺诈世人情感的一种乖张的举动。因此，这种早已是夸张扭曲的所谓美善品德，这种被人们追逐模仿的美善品德，不过是虚荣与自满的衍生品。

对于最大方最具利他精神的行为是否与自尊自爱的品性相互冲突，我不想再做深入考察。依我之见，这一问题的探索对美善仁德本质的确认并无实际作用，因为自尊自爱之心往往会成为促进美善之德的行动机。我只想说明的是，那种想做出正义行为的念头，那种想使自己成为受人尊敬的恰当情感的对象的念头，并非虚荣心使然，甚至对于对真正意义的名望与声誉的追求，那种想要得到他人对自己所具有的崇高品德投以赞许之意的想法，也并非是虚荣心在作祟。前者是对品性美善的追求，是人类心性中最崇高也最合宜的情感形式，后者是对于真实的声誉的追求，显然这是比前者的情感弱一些的情绪，于崇高程度而言也似乎与前者有较大区别。渴求自身那些并没有被赞誉亲近的，自己也对获取赞誉并无多大把握的那类情感品质，能获得他人的正视继而表示赞许。一些人想依靠华丽的服饰，或与平日毫无区别的轻浮言行来表露自己的情感品质，他们无疑是最具有虚荣心的一类人。渴求对真正品德的真实赞许，但对自己是否相配这样的赞许心知肚明的人，也必是最具虚荣心的一类人。那些对自己显然无法与之相配的赞许全然知晓的毫无建树的富家子弟，那些对自己实际上并不存在的令人瞩目的冒险活动大加喧嚷以显其伟大的谎言者，那些让人无法原谅的对他人作品肆无忌惮地染指的剽窃者，被人们恰当地评论为具有虚荣心这一非理性的情感形式。这类人对人们并未投向其身的赞许并不表示接受，他们更愿意得到人们此起彼伏、喧闹华丽的喝彩与赞美，对于无声无息的赞美之情则露出不满之意。为了能切身体验那种近在咫尺的赞许，他甚至会强硬地索取人们对他所能表示的全部认同。头衔、赞扬、受人关注、被人敬仰——在所有的情境中都尊享如此的荣誉。毫无理性可言的情感形式，是与前述两种情感形式截然不同的虚荣心的表现，是最为浅薄和低劣的情感。

然而，上述三种情感形式，也就是使自己与合宜的赞誉和尊敬相一致的念头，抑或使自己试图成为赞誉与尊敬相投契的那种人的念头，依据真正应尊享这类赞誉和尊敬的情感形式，去赢得那类正面褒奖的念头——至少是想要获取那些褒奖的那类念头——是大异其趣的。前两者虽被大多数人所认同，后一种则被多数人所鄙视，但是，它们之间显然存在着一些微妙的必然联系，这种联系被那个头脑机敏的学者以诙谐有趣的夸张形式进行表述后，多数的听众被他蒙蔽。当虚荣的情感与真正对荣誉的欲求这两种对应的品质都将关注点落在获得最完美的尊敬时，两者间的相似性便出现了。但是，两者间也存有不同之处：前者是理性、正义而具公平意义的合宜情感，后者则是破坏、荒谬及可笑的非合宜情感。希望以真正能得到他人赞许的品质赢得人们敬重的人，不过是对那类原本属于自己的东西进行渴望而已。相反，在任何情境下希望被赞许的人，是在对没有资格获取的东西进行渴望。前者极易获得满足之感，不会怀疑他人是否没有给予足够的尊重，后者则不会得到满足，他时刻在内心猜忌：我们并没有给予他充分的哪怕一点他所希望的尊重。他的内心始终在追求这样一种意识，他所得到的赞许远远没有达到他所希望的程度。对于基本仪态的最小程度的漠视，在他看来是不可原谅的羞辱，是一种极端蔑视的表现，对此他躁动不安，始终担心失去我们对他的尊重。因此，对所有可能获得的褒奖他都向往，唯有不断地获得人们的赞扬与肯定，才能使自己的情绪保持稳定。

在使自己成为应当得到尊敬和荣誉的人或是只想获得这一荣耀的念头之间，在对美善的追求和对真正荣耀的渴望之间也存在相似之处。这不仅与他想成为真正配享尊荣和渴求赞誉的那个对象的念头相一致，而且在以下方面也彼此相一致：对真正赞誉的追求与恰当合理的被称作虚荣心的那类品质，即与他人的情感形式相关联的品质。但是，即便是对心胸最为宽广的人，即便是因为对美善的尊崇而去渴求美善的人，即便是他人如何看待自己这一点毫不在意的人，也会对他人对自己持有的姿态抱以平和的心态。他欣然地想到，自己虽然可能与真正的赞赏毫无关联，然而，那些赞誉与自身仍保持友好关系，并以此认识到，假如我们以静怡、确切与合理之态去了解那些言行的详细清情况，人们必当给予恰当的正面评价。他虽然对人们实际抱有的对他的看法不屑一顾，但他对人们施之于他的看法却非常重视。他或许会萌发这种想法，无论他人对自身的道德品德持怎样的姿态，自身应当具有那些被认可的情感形式。倘若将自己置于他人之上，对他人的看法漠不关心，而是考虑他人的看法应当是什么的话，他总是会获得有关自己的最高的评价。正因如此，在对美善品德的追求中，必将要纳入他人的意识与观点。虽然人们更为关注的是对于理性情感所具情感合宜性的考察，但是即便是在这一点上，对美善品德的追求和对真正荣誉的追求仍存有相似之处，然而，两者之间的巨大区别也显而易见。那种根据某类情感形式是否符合合宜的情感进而给予赞同、认可与褒奖的恰当性的对象与行为，始终依照人类天性中所能预想到的那种最为高尚也最为尊崇的那类目的行事。另外，假如一个人希望得到应得的那份赞许的同时，还迫不及待地对另一种肯定加以追求，那么即便他本身值得认可，但他所实施的行为则显示出人类天性的那些不可避免的弱点。他可能因为人们的不解或不仁感到委屈和羞耻，因对方的艳羡或愚昧。他自身的幸福有可能遭致损害，与之相反，另一类人的幸福却得到保障，与命运的无端折磨无关，也跟与他相处的那些人的奇怪念头的影响无关。他认为，那些因人们的愚昧无知而产生的蔑视与仇怨，与自身无关。他并不为此感到屈辱。人们之所以对他持蔑视与仇怨之态是依据他的品德与行为，倘若人们能更充分地了解他，对他便会自然赋予敬重与崇信。更准确地说，人们蔑视与怨恨的对象并非是他，而是被误认是他的另一个人。在各类化装舞会中，人们与乔装成我们敌人的亲友相遇，假如我们因对方乔装成敌人而真的对他施以最为严励的惩罚，他应感到欣然而非耻辱，一个真正心胸宽广的人在面对错误的责难时就应当是这样的情感形式。但是，在人的纯然天性中很难存有如此高尚的情操，除了意志不坚定和性情最卑劣的那类人，人类当中没有谁会对绝不存在的荣誉感到欣然，但令人费解的是，绝不存在的羞辱却经常会令那些原本以为性情刚毅且坚定的人感到羞辱。

孟德维尔博士对于将虚荣心这种低俗的情感方式看成是被公认的有关美善德行的源头并不认同。他从其他方面极力指出人类天性中美德的不完美性。他指出，在所有环境中，美善品德从未达到它应达到的那种与私立全然无关的境地，而且不是对我们的非理性情感加以约束，而是毫无顾忌地放纵我们这一情感。倘若对于喜乐之情没有给予应有的控制，他就将此视作最为严重的淫邪与放荡。他认为，所有事物都已超出其自身所应具有的正常界限，因此，在穿一件衬衫或住一座住宅时也存在着丑恶。在他看来，对男女结合这一合法的性交行为的肆意纵容，也是以最具破坏性的方式对这种非理性合宜的情感方式加以满足，因此也是淫邪的。对极容易做到的自制与节操他也予以嘲笑。如同在其他环境中一样，他那种无中生有、似是而非的推断，依靠着左右逢源的言语而被巧妙地遮掩了。

人类的一些情感，除了那些表示不合宜的、使身心皆感到无比痛楚的称呼外，没有其他合宜的称呼。旁人在这一情感而非其他情感上认识到这些非理性的情感形式，倘若这些情感形式触动了旁人内在的情绪，倘若他们因此而感到怨恨和愤怒，他必当不由自主地关注它们，也必当给予它们恰当的称呼。假如这些情感形式与他内心的某一状态相一致，那么，他就会对它视而不见，不会给予它任何的称呼，或者虽给予称呼，但因身处被限制、被约束的环境中，因此，与其说这些称呼代表了它所以存在的因素，不如说这种情感形式被抑制或被服从。因此，与对喜悦之情或男女结合的称呼，表明了对这些事物抱以鄙夷或回避的态度。此外，自制与节操这两个名词可能在表达：这些情感方式与其是被允许而存在，不如说是受到约束而存在，鉴于此，当他能明确这些非理性情感还在一定程度上存在时，那些与自制和节操有关的美善的可信度就被他全盘否定，那些美德不过是对人类天性中那一部分良知的欺骗，但是，对于美德试图约束的那些非理性情感而言，那些美德并没有强迫他们处于无动于衷的状态。美德只是限制这些非理性激情的狂热性，使其保持在不伤害个人，既不扰乱也不冒犯社会的范围内。

将这些激情，无论程度及其对象如何，都全部视作淫邪的非合宜的情感形式，这是孟德维尔著作中最大的荒谬所在。他将所有情感都与虚荣心相等同，依循这种论断，他得出了自己最满意的结论，即个人的卑劣言行与公共利益相一致。假若对富丽堂皇的屋舍、优雅别致的艺术、舒畅美好的生活以及全部与身心有关的那类追求与爱好都被看成是奢靡、无度与淫荡，乃至对于无所约束的前文提及的那些人而言亦为如此，那么显然，这种奢靡、无度与淫荡等同于公共利益。这是因为，倘若没有这类品德——在他看来这样的名称完全恰当——优雅别致的艺术便不会受人喜欢，并因无人问津而逐渐如花凋零。在他所处时代之前流行的那类有关美善之德是人们全部劣行彻底消除后的学说，是这种无所顾忌的体系的根本源头。孟德维尔博士极为容易地加以论述：首先，人们未曾真正约束过非理性的情感形式，其次，假如人们真的做到了这一点，那么其行为对社会则构成危害，它将损害一切商业活动的利益，并因此损害与人类生活息息相关的所有行业。只就其中一点而言，他大概认识到真正的美善之德并不存在，他由此确信，被认为与美德相关的事物，不过是对我们自身的欺骗。在后者的论述中，他大概认识到个人的卑劣也就是公共利益，假如个人失去了这种卑劣，社会就不可能实现繁荣安定。

以上就是孟德维尔博士倡导的学说。曾几何时，这种学说在世界范围内引起广泛关注，在它出现前后，恶行并未显著提升，但是它的存在某种程度上促使卑劣的行径表现得更加肆无忌惮，并以前所未有的放肆程度公开地表现它的丑恶面目。

然而，这一学说无论多么具有破坏性，假如不与真实的理性情感达成共识，那么它对世人的欺骗就无法达成，也不会在崇信更具说服力的学说的人们当中引起令人反感的恐惧。某一论述自然哲学的学说，看似充满理由，在某一段较长时间内被人们所欢迎，但实际上并无牢靠的根基，与真理相差万里。一个极富智慧的民族就将笛卡儿思想在近百年的时间内视作有关宇宙变化最为经典高尚的论述。不过，有人已经做出被所有人信服的论证，那些影响绝无存在的可能，不仅的确不存在，而且在以后也不会出现，假如存在，也绝无可能产生与其结果相一致的因素，然而对于道德品质相关的学说而言却非如此。宣称要对人类的道德品质如何起源进行说明的学者，对我们不会做这样的欺瞒，也不会对永恒的真理加以背叛。当远行者归来并对异域的情况加以描述时，他可能会利用人们容易相信他人的弱点，将荒谬绝伦、极其虚构之事说成异常可靠的业已存在的事实，然而当某人对我们讲述有关邻居及我们所处之地发生的诸多事情时，倘若我们不对事情本身不加以留心和观察，我们就会遭受来自他语言上的欺瞒。但是，他最大的谎言同事情的真相之间存在关联，亦即谎言中有诸多的事实。

研究自然哲学的某个学者告诉我们要对遥远国度所发生的所有事情加以说明，他可以任意妄为地向我们述说那些事情，前提是这种述说保持在一定可接受的范围之内，那么他必当获取人们的信任。然而，当他准备就情感和欲望产生的缘由，以及人们何以赞同的缘由向我们进行说明时，他不仅要针对我们的居住地的事情充分论述，也要针对我们自身的事情充分论述。虽然在这其间我们会像那些受佣人嘲弄的懒惰主人一样受到欺瞒，但是对于跟事实有关联的那些论述我们不可能完全忽视。文章的写作必有其充分的论据，那些充满各类夸张修辞手法的文章同样如此，不然欺瞒就会被轻易识破。对心智愚钝无任何判断力可言的人们来说，一个学者，倘若将某类本性与纯然天性产生的原因相等同，而那类本性不仅同此种原因无关联，也与别的本性不相关联。那么显然，那个学者就是一个荒谬可笑之人。

第三章　探讨赞许原理的学说

引　言

在对有关美好品德的本质进行一番探讨之后，与道德相关联的学说的下一个研究问题同对本能的赞许相联系。这是一种关于由道德品质而被我们乐于接受或产生厌恶的某种内心的力量。它使我们对某一行为表示由衷喜爱，而对另一种行为则持相反的态度；将某一行为视作正当，而对另一种行为则持相反的看法；将某一行为看成是应当加以赞誉并付之崇高敬意的对象，而对另一种行为则报以鄙夷乃至除之而后快的对象。

所谓对本能的赞许，有三类不尽相同的解释。根据某类人士的观点，我们不过是依照自我保护的原则，或依照他人对我们获得的幸福或是苦痛的某类情绪性倾向的认识来对自身或他人的行为加以赞许或反对。另一类人士则认为，人们辨别真理与谬论的能力，也即理性的智慧，使人们能够区分行为与情感是否恰当。其他人士则持这样的认识——这样的区分是非理性情感的表现，是作用于对因某种行为或情感的过分表露而激起的或赞同或否定的情绪。基于此，理性的智慧、自我的保护以及适当的情感皆被认为是对本能的赞许的根源。

在就这三种不同的理论加以说明之前，我需要指出的是，对于第二个理论的讨论，虽然争辩固然重要，但其在实践中的作用更加重要。对美德本质的讨论，在诸多场合当中，必定对我们有关真理与谬论的判断有深刻的影响，而讨论对本能赞许这一问题则不存在这一现象。探究那些不同理论中的不同见解如何作用于其自身和他人，不过是哲人或其他智者好奇心使然的结果。

第一节　由自我保护与本能的赞许推论出来的那些体系

以自我爱护来对本能的赞许进行论述的那些智者，所用的解释方式各有不同，因此，在他们依循的那些学说当中势必有大量的错误和不规范存在。根据霍布斯先生及其为数众多的支持者的看法，人之所以习惯于社会的保护，并非因为他对周遭的人有发自肺腑的自然情感，而是在于倘若失去他人的帮助，他舒适快乐的生活将会成为不可能的现实。因此，社会的存在于他而言最为重要，同时，对促进社会安定和谐，提升人们幸福感的那类东西，在他看来都有助于自身利益的提升。与此相反的是，对社会安定造成阻碍并对人们的生活加以破坏的那类东西，在他看来同样会对自己的利益造成危害。美善与仁德是维系社会最大的保障，而卑劣与邪恶则是最大的破坏者。正因为这个原因，前者显然令人心生愉悦，后者却让人感到不快。于前者他看到了繁荣的环境，于后者他预想到自已赖以生存的合宜舒适的社会坏境将遭致怎样一种支离破碎。

当对促进社会建立和谐秩序的美好品德以及对此造成破坏的不端的品性被我们冷静而又深刻地加以观察时，会对前者折射的美感由衷地赞美，而对后者则因它的丑恶而加以鄙夷。正如我之前论述的那样，这类判断是没有问题的。当人类存身的社会被我们以抽象的哲思加以特别地关注时，它就像一架充满奇特功能的大型机器呈现在我们面前，它的存在及富有天分的创造给予我们无数种心生喜悦的美好事物，因为在其他与人类活动息息相关的富于天分的大型机器中，对其的轻快运转有任何形式的一种促进，都将以这种结果为领取愉悦美感的源头。与此相反的是，任何有碍它顺畅运行的不良的事物，都因上述提及的原因而令人心生不快。基于此，对推动社会稳步前行的那种车轮似的东西来说，作为润滑剂的美善与仁爱，必然令人愉快，而如果毫无价值的废铁的丑恶罪行妨碍了这一车轮的顺利运转，以致干戈不断，必定使人反感丛生。

因此，与赞同和反对相关的解释及其说明，就其与人们对社会固有秩序的遵从引导出的赞同与否而言，与美善之德的效用原则有着密切的联系。关于这点，前述我已论及。正是在那段论述中，那一学说所具有的全部可能性完全显露出来。当那些文艺学者赋予平淡宽心而又充满个人情趣的生活以无限益处时，或比之孤独无味的生活更具亲近感时，当他们用笔墨将维系前者的存在描绘为美德与和顺的社会秩序所必需时，并充分地肯定倘若恶行遍地、荒谬横行，必当促使后者死灰复燃时，诸多读者便会欣然地沉醉于那些学者向他们灌输的看上去独特而又反复的论述中。人们在这种有关美善德行的论述中认识到了全新的美感，而在恶行中看到了全新的丑陋。人们全神贯注，并以前所未有的姿态注意到了学者们阐释的这一观点。人们对此抱持欣喜的姿态，故而很少将时间用于对未知环境的思考。它总是习惯于以此研究各类道德品质的异同，而不能成为赞同与否的依据。

在另一层面，当那些文艺学者从自我保护的角度推论出人们在社会福利中所享有的利益，以及人们因此而对美善的德行愈加认同与尊重时，他们并非是在指出，当人们在这一时代对加图的美德褒奖有加而对喀提林的邪恶嗤之以鼻时，我们所处的立场会因此在前者的确认中获取利益，在对后者的把握中免受它的伤害。按照那些哲人的观点，对美德的敬重及对违法行径的谴责，并非是由于过去时代的盛衰变迁对生活于此刻的我们的幸福与否产生影响。简单说来，那些文艺学者所探寻的并不能全然揭示的那种学说，是人们对从两种正相反的品质中得到利益或受到损害的那些人的感激或愤恨产生的间接同情。当他们说道：并非是我们自身已经获益或受到伤害才促使我们抱持赞同或愤怒的态度，而是因为，假如我们身处那样的社会环境，我们可能获取益处或受到伤害。他们所要指出的便是这种含糊其辞的情感。

但是，在任何可供讨论的意义上，同情都不是源于自利的本性。诚然，当我对你的悲苦与忧愤表示同情时，这种情感很可能被误认为源于我的自我保护，它的存在表明我对你的了解，所以设身处地地感受对你的不幸，并由此产生与你相同的情绪。然而，同情虽被视作与不幸的承受者有某种关联的心境变化，不过这种变化并不假设为只偶尔地发生于我们身上，确切地说，是发生在被我们施与同情的人身上。当我为你痛失爱子而致哀时，同情自然而发，我不必多加思虑。假设我也有一个儿子，而且我也痛失其生命，很显然，我必将遭受到什么。这亦为我所思虑——与你身处同样的情境、身份地位相应改变——因此，痛失爱子的悲伤并非来自我的自身，而是源于你的情感。因此同情并非自利，它并非因我的身份和地位建立起悲伤的情绪，甚至同我其他所有的消极情绪都不曾有过关联，而完全与你所遭受到的不幸相一致，这如何能视作自利的不理性的情感呢？对遭受分娩痛楚的妇女亦是如此，尽管一个男人不可能以妇女的身份来感受她的痛苦。但是，据我所知，由自我保护引导出的一切有关同情的情感，从未得到过充分的讨论，依我所见，这与人们对同情学说的某类混淆有关联。

第二节 理性情感与本能的赞许推论出的那些体系

如大众所知的那样，在霍布斯先生看来，自然环境与战争环境毫无区别。在建立起以市民阶层为主体的政府之前，与人们而言安定平和的社会丝毫不存在，正因如此，根据他的观点，对社会道德的保护显然与对政府权益的保护相一致，而推翻以市民为主建立起来的政府则意味着道德的堕落。然而这一市民政府是依靠对最高统治者的服从而存在，倘若统治者失去应有的权威，政府将不复存在。因此，由于自卫教人称赞任何有助于增进社会福利益的事物，而谴责任何可能有害于社会利益的事物；所以倘若他们能一如既往地就这一问题详加思考并做出有效表述，同样的情况就会赋予他这样一种本能——在任何情境下对统治者应服从，并对试图反抗的行为加以鄙夷。何种情境应予以赞许何种情况应予以谴责的这一理性观念与服从与否的观念是相同的。就上述所论，统治者指定的法律应被视作区分正义和非正义、正确与谬误最为根本的原则。通过有效的对这一观点加以阐释，霍布斯先生试图表明，听从市民政府的指令出于人们的良心，而不是宗教力量使然。他所处的那个时代发生的诸多事件使他明白，狂热的宗教徒极具破坏性的骚动是造成社会混乱的直接原因。基于这样一种原因，他所秉持的学说使神学家们对他产生了强烈的敌意，他们用最尖刻的方式在他身上发泄着不满。与此同时，他的学说还与正统的对道德意涵做出解释的智者形成了对立。霍布斯先生认为，真理与谬论的界限并不分明，两者之间随时发生着改变，这取决于统治者的意志。正因这种学说如此描述，它必须承受来自各阶层、各智者乃至普通人或激烈或严肃的毫不留情的攻击。

在对这一学说加以批驳之前，首先要证明的是，在基于法律而构造起的社会制度之前，我们的思想便存于我们的大脑之内，据此指引在一些行为与情感中划分出值得赞许、毫无错误的高尚品质，而在另一些行为与情感中划分出必须予以严惩的恶劣品德。

公正的卡德沃思博士曾说，做出这样的划分并非是法律的职责，依据法律的假设，即要么服从它以保持自我的正确，反对它以暴露自身的错误，要么服从与否都无足轻重，显然不能成为解释那种划分的依据。正确的是服从，错误的是反对——这一论述也无法成为划分的依据，因为它将前提置于对正确和错误的看法之中，亦即对法律的遵从是与对正确的观念相一致，触犯法律是与对错误的观念相一致。

因此，由于比起法律，心灵更早地具备了对那些划分标准的认识，所以人们似乎也能由此推论出它属于理性情感范畴这一论断。理性使它对正确与否的区分更加明确，不过，这一论断虽在一些环境下是正确的，但遗憾的是，在另一些环境下则显得粗糙了许多，但倘若有关阐述人性的学说尚处在初创之时，那么这一论断则很容易被人接受。被人们忽略的是，在与霍布斯先生进行争论时，除了大脑，人们的其他器官都能产生对是非的判断，所以美善仁德与深重罪行的根本，不在于人们的言行与规范其情感的法律相一致或冲突，而在于同理性相一致或冲突是那个时代通行的学说。如此，理性也就自然被视作赞许或反对的最为原始的依据。

美善仁德与理性相一致——在某一情境下这一说法无比正确，并在多数的情感体验中被看成是赞许与反对的源泉，或被看成是对赞许和反对加以判断的重要依据。凭借理性情感的帮助，人们发现了对自身行为起约束力的那些正义涵盖下的基本原则，由此，人们也形成了对审慎、高尚、或是公平的含混不清的认识，即我们对于是非的看法总是随时进行着调整，并依据这一看法对我们自身的行为和言论加以指导并使之成为习惯。同其他警醒世人的格言一样，有关品德的格言也是来自人们日常的生活经验。在较易发生变化的环境中，我们能对何种东西使我们体验喜悦或苦痛了如指掌，并以此对持赞许或反对的经验进行归纳总结，为此人们建立了相应的准则，但是这一行为被人们认为是理性的作用，因此，他们发表了这样的见解：要以理性来推论那些格言和经验。但是，正是因循这样的认识我们才对道德的判断进行了调整，这种判断或许并不完美，甚至错误百出。假如人们依靠这一标准来对包括身体与情绪健康在内的所有东西加以判断，其结果必将是走向其反面，因此，当理性的判断和归纳成为产生正确与否观念的主要依据并成为一种原则时，就能很容易地说明美好的品德存在于与理性情感相一致中，在此基础上，我们可以将它理解为判断赞许与反对的根本原因。

然而，虽然美善与仁慈的根基在于情感的理性，也是形成我们自身道德观念的根基，但将判断正确与错误的观点归结为理性，在一些特殊的环境下甚至将其视作推导一般规范的原则，则无疑显得颇为可笑。显而易见，同其他经验一样，这些观点抑或论断并不能成为理性的一致对象，而是个体感受的对象，正因有了这类变化，某类环境中的行为才始终给人以愉悦之感，相反，另一环境中的行为则让人反感，如此才能对有关美德的原则形成规范的认知。但是，理性不可能对在特殊环境下产生的因自身原因而产生的赞许或反对施加影响，在特殊的环境下，假如美善与仁德因自身原因使人感受喜悦，那么恶行势必让人心感愤怒，这就不是理性的作用而是感受的作用，使人们同喜悦相一致而区别于愤怒的感情。人们渴望喜悦而憎恨丑恶，这并非源自理性，而是以直接的内心感受来确认。因此，倘若美好的品德因为自己的原因而成为他人期待的对象，而丑恶则相反，那么，划分这些不同秉性的绝非理性，而是个人的体验。

但是，由于就某种意义而言，赞许和反对的根源是理性，所以在相当长的时间里，人们由于疏忽而普遍认为这些情感均源自个人体验的作用。哈奇森博士最大的功劳即是最先明确了哪些道德品质源于理性，哪些则以个人体验为依据。在他所做的对道德情感的无可辩驳的解释中人们看到了这一点。因而，假如有人还在这个问题上持续争论下去，我只能认为这些人并没有仔细考察哈奇森的有关著作，归结于他对某类论述的方式过于执着。对有这类缺点的学者，尤其是在这一问题上倾注过多精力、投入过多兴趣的学者来说，这种现象是极为常见的。有道德感的人士在讨论这一问题时，即便是简单的用语因其合宜的形式也不曾放弃。

第三节　由合宜情感与本能的赞许推论出的那些体系

那些对本能持赞许态度的学说依情感形式的不同可分为两种各异的类型。

其一，根据一些人士的观点，特殊情境下的特殊情感以及心灵对某一特定行为或情感形式的特殊感受造就了人们对本能的赞许。其中，某类赞许方式对感受施加影响，另一类则以反对的方式进行影响。前者被认为是正确的、值得褒扬的与美好品德相连的积极品质，而后者则被认为是不恰当的、应受谴责的与败坏的道德相连的消极品质。这种情感影响方式与其他情感性质有本质区别，是个人体验下的特殊结果。人们将这种体验冠之以“道德情感”的名称。

其二，根据另一些人士的观点，要阐释关于对本能的赞许，并不需要依附于新的甚至是闻所未闻的能力。事实上，一如在任何一种情境下一样，宇宙众神在这里以准确无误的行为做指引，以此导出相应的的结果，这些人士继而认为，以受人关注，并赋予内心力量为表现形式的同情感足以论证特殊体验在其中显示的不可替代的作用。

哈奇森博士以极大的努力试图充分说明对本能的赞许并非与自我保护相一致。对这一存在与理性无关联性也进行了论证。在他看来，对本能的赞许只能视作一种特殊的体验经历，宇宙万物的统御之神赋予了人们这种体验功能，以此显示其重要的作用。假如自我保护与理性情感都被排除在外，他想象不到还有什么体验能起到如此大的关键作用。

他将这一功能命名为道德情感，同时他认为这种情感和外在触及的感受有相似之处，犹如周遭的事物对我们的感受施之以某种影响一样，人们心灵千姿百态的情感形式，也同样对我们的感受施之以某种影响。根据这一学说，心灵赖以存在的全部价值所需的各种观念与体验可分为两种类型，一种为直接或先行的官能体验，一类为后天的或反射的官能体验。直接的官能体验是指心灵获得的对外在事物的最初感受，无需以相同事物的类比为先决条件，譬如，声响和色彩便是直接官能体验的对象，对声响的聆听或对色彩的注视并不需要先感受到其他对象的性质；后天的官能体验，显然与前者相反，它需以先对另一类相似的事物触发感觉为前提，譬如，和谐及富于美感的其他现象便是后天的官能体验的对象。某类声响是否在我们的接受之内，或是某类色彩是否符合大众的审美，必当预先对这类声响或色彩加以考察，于是道德情感自然就被视作后天的官能体验。哈奇森博士的观点是，从中获取与人的心灵相关的那种以简单认知为出发的情感，是直接的官能体验的代表。由此，我们再次对那些根植于不同情感中的美德与恶行的那种官能体验加以考察，发现其与后天的官能体验有相似之处。

这位先生试图通过自身努力论证他的学说与人类天性中的美德相一致，并且说明心灵层面的种种体验——直接的感官体验抑或后天的感官体验——其形式同道德情感相类似，尽管这位极具智慧的天才哲人倾注全部身心来论述对本能的赞许是源于某种特别的体验经历，亦即与从外部环境得到的感受相类似的东西。但他承认自己的学说存在一些自相矛盾的地方，一些人士因此而对其大加鞭挞。他也承认，假如将任何一种有关情感体验的对象放置于这些感觉之中，那将会显得十分荒唐。试想，有谁会将色彩只分为黑色或白色呢？有谁将声响只定义为高音或低音？又有谁将所有的味道只归纳为甜或苦？而且根据他的观点，这与将人们的道德品性简单地以善恶区分同样的荒诞。因此，假如一个人的性格荒诞到将残暴的行径看成是无比高尚的道德加以肯定，同时将社会的公平和基本道德原则视作最可鄙夷的对象加以否定，那么我们自然可将其视作对个人和社会双重不利的因素加以彻底地否定。它是令人不可思议、毫无理性的行为。不过，如果将此类行为称之为邪恶的事物或是道德上的败坏，则显得毫无理由。

但是，确如我们所想，倘若有人以崇敬佩服之心为某一暴君所做的极不恰当的事情拍手称快，我们就不会将其视作恰当合理而应受赞许的行为，尽管我们只是就其行为本身进行表述。依我之见，目睹这样一类人，有时我们会忘却对其应赋予同情之心。一旦想到他是如此可恶卑鄙的一个家伙时，对其卑劣的行径感到厌恶和憎恨之外我们全无其他感受。这一厌恶与憎恨的程度丝毫不亚于对暴君的痛恨。可能受了妒忌、愤怒或慌张等强烈情感的控制而做出非常之事，故而这样的暴君是可以原谅的，不过，那类人的情感倾向却显得毫无理由，因此遭人憎恨便也理所应当。人们最无法予以谅解的便是这类破裂、混乱的情感倾向。我们认为这不仅仅是一种简单的令人不解的破坏性倾向，也不仅仅是恶行或其他非道德行为的单一体现，而是是品德堕落最为明显和令人担忧的结果，与此相反，正确恰当的品德倾向在某些情境下都表现出人们加以自然赞许的行为，假如有人给予的赞许与苛责在一切场合下都极为准确地包括了被评价者的全部优点和缺点，那么，他必当获得某种恰当的与情感品质相一致的赞许。他对道德品质的敏锐把握令人钦佩。我们的认知受到它的指引，而且，因为不同寻常的恰当性，我们的内心甚至燃起前所未有的惊奇之感。诚然，我们不能总是抱以这样美好的愿望——他们的言行在任何一种情境下与对他人言行的判断始终保持一致。美善仁德需要内在的习惯和决心，需要情感的合宜性。不过令人遗憾是，后者尽管趋于完美，却并无前者那样受人推崇的高贵品质。但是，心灵的这种情感表达，有时虽略显粗糙，不过与那些粗暴的恶行却有着天然的区别，而且它也是促使道德品德这种高尚情操不断得到合宜与恰当的根本基础。一些人士内心纯良，想尽善尽美地完成好他们的职能所要完成的全部事情，然而却因为道德品性的低劣粗俗而令旁人反感。

这样说未尝不可——虽然对本能的赞许并非建立在心灵同外在情境保持一致性上，但它依然能与特殊情境下的情感形式保持舒畅，即这种情感属于道德的目的而不适合其他形式的目的。对于各种品德与行为的考察，我们发现，赞许与反对皆为内心产生的情感，而且怒气可以被称之为与伤害相一致的情感，抑或谢意可以被称之为与感恩相一致的情感，因此，赞许与反对也可以恰当地被我们表述为是非的判断，或称为品德的判断。

不过，这样理解虽不会遭到前述反对意见的指摘，但这种名称却可能受到同样不可反驳的意见的指摘。这首先在于，某一特定情绪无论发生何种变化。它仍能鲜明地表明自己区分于其他情绪的独特性，而且这种独特性总是比它在特定情境下的变化更为引人注目。这就好比，愤恨是特殊情绪的一种形式，而且它的一般特性比之在特殊情境下的特性表现的更为明显和突出。对男人动怒与跟女人动怒自然不同，也与对孩童动怒有区别，在这三种情况中的无论哪一形态，如同人们容易投注目光便能发现的那样，一般情形下的动怒会因对象的不同而发生不同变化，然而在所有的场合当中，这种非理性的情感形式仍旧处于从属地位。对这些特性的辨别无须做深入的观察，相反，发现它们之间的变化却必须投注十足的注意力。每个人都将视线投向前者，而对后者的关注远远不够，因此，假如赞许和反对与感谢和怒气相一致，都是与其他情感形式有着明显区分的特殊情绪，那么我们就会期待在这两者所经历的任何一次变化中，都能恰当地保留使之具备特殊情绪的一般性特征，换言之，也就是能使人一目了然地认清那些情绪的特征。然而事实上它远非如此。假若在各异的情境中，当我们表示赞许和反对时体验到自己的实际体验，就会明显发现，我们在某种情境下的情感形式与另一种情境下的情感性经常产生冲突的，而且不可能在这其中寻找共同点。譬如，对温婉和谐的情感形式加以观察并进而予以赞许时，这种情绪完全不同于我们出于为显得亲近、伟大、高尚的情感所打动而产生的赞许。在不同的情境下，对这两者的赞许，可能显示出完美和纯粹的两面，但是前者令我们变得平和，后者则使我们变得高贵，依照我始终在努力构建的那一种学说而言，这必当是无法改变的事实。因为我们予以赞许的情感形式，在那两种情境下显然是互不一致的，而且因为我们的赞同都来自对那些对立情绪的同情，以至于我们在某类情境下感应到的事物与我们在另一类情境下感应到的事物全然没有共通之处，但是，假设赞许存在于某一特殊情境之中，这种情境与我们深表赞许的那类情感形式并无交汇，那么，一如就其他情境下观察到的那类情感形式一样，产生于对那些情感的观察之中，那类形式就不可能出现。对于反对也可作如此说明。我们对残暴行为的恐惧与对卑劣行为的憎恨并无相同的地方。

另一方面，前述已提及，对我们源于天性的美善情感而言，人们赞成或反对的产生于心灵的各类情感形式不仅被表述为品德上的善恶，而且适当或冲突的赞许也被烙印上了相同形式的印记。因此，我不禁产生疑问，依据这一学说，我们是如何对适当或冲突的赞许加以认同或反对的呢？在我看来，唯有一个答案可能对此作出回应。当我们的邻居对介入婚姻的那个人的行为表示的赞许，同我们的态度相一致时，我们认同他的判断，并在某一情境将其视作符合道德标准的行为；相反，当它的姿态与我们的情感不一致时，我们对此持反对态度，并且在某一情境下将其视作对基本道德的反叛。正因为如此，我们必须承认，观察者与被观察对象之间情感方式的一致或冲突，构成了品德层面上的认同与反对。在此我还有疑问，假设在这一情景中它的形式如此，那么为何在其他情境下不做相同的表达？是何种目的使其要构建一种新的情感方式来论述那些东西呢？

有关对本能的赞许是建立在区别于其他情境下的某类特殊情境的基础之上的诸多论述，我将着重提出我的不同认识。此类情感方式，亦即使之成为理所当然的对道德品质进行指导的那些情感方式，至今因没有冠之以专有名词而遭致他人的忽视，这让人颇觉奇怪。道德感这一名词是新近出现的，还远未到成为英语一部分的重要地位，赞许这一名词不过是近几年才被特指某类特定的事物。我们以恰当合理的专有名词来称呼令自己满意的事物，称呼一座美观的建筑物，称呼一个设计精美的器物，称呼一碗美味可口的肉食。良心这一名词与我们对某种道德行为表示赞许与否并无直接联系，的确，良心彰显着某种内在体验的存在，并以此表达我们对业已发生的行为及其倾向或一致或对立的立场。当憎恨、欢快、悲苦、感动或是爱护、亲和连同其它许多被当做这一本能主体的激情，已使它们自己的重要性达到足以得到各种名称来区分它们的程度时，在它们中间占主导地位的情感形式却不为人所知或知之甚少，除少数哲人，没有人会认为值得花费时间给它赋予专有名词。这不是颇为费解的事吗？那不是令人奇怪的吗？

当我们对某类言行投以赞许时，根据前述的学说，我们的内心体验与四个原因相连，这些原因在某些方面互不相同。其一，我们对行为者的出发点予以同情；其二，对因他的言行而获取益处的那些人内心的感恩之情予以理解；其三，对他的言行与同情之心相契合并以合宜的原则出现予以关注；其四，当我们视其言行能有效促进个体与社会的繁荣平和并成为道德感的重要部分时，它们就从中获取了与实际效果显示出的品德的美感，一种与过去认为的美善之德并无差别的美感。

无论任何一种特殊情况，在将对某一本能的赞许皆出自上述四种缘由这一认定排除之后，我们极力想明确的是，什么东西留存了下来，如果有谁对这一问题有同样的探寻，我会非常率直地认为那留存之物与某类道德感有关。或与它所具备的特殊的外在体验有关。有些人士可能会有这种看法，倘若这样的道德感抑或特殊体验真实存在的话，我们就应该能切身体会到它与其他体验的不同或是相似，如同我们经常能体验到欢愉之声、悲伤之情、希望之光一样，这些体验纯粹而不参杂任何其他的情感形式。不过在我看来，这种情况是无法想象的。我从未听谁论述过有关这种情感的例子，这些例子必将有如下内容：赞许的本能可以视作自身竭力挣脱同情和厌恶的束缚、挣脱感激和愤恨的束缚、挣脱单一言行对特定情感形式的契合或相反的感受，抑或在其最后，挣脱因由无生命的与有生命的对象的不同而激发出的对美感和秩序的确切感知。

除此之外，还存有一种试图以同情感来论述人们道德情感起源的学说，它与我试图建立起的学说有所不同。那些学说将美善仁德归结于实际效用当中，借以明确旁人的同情受某一情境下的实际效果影响而对人们的幸福感予以论述，并以此审视实际效果中所存有的关于喜悦之情的原因。此类同情与我们据此明晰行为人的出发点的那种同情截然不同，同时也区别于据此对其行为的赞同而引导出的受到好处的人们的感激的那种同情。这也正是前述赞许的大型机器得以顺畅运行的某一特性与原则。然而，任何一部机器都难以成为我们提及的那类同情的对象，对此，早在本书第 4 卷，我已经对此作了详细说明。

第四章　不同学者以道德品性论述践行方式的原则

在本书第 3 卷中我曾经论述，正当性是唯一表达准确的有关道德的准则，而其他有关道德的定义则含糊其辞。前者与语法规则相类似，后者可与那些作家为求得良好的写作效果而定下的某些规范相类似，这类准则使得我们对应该努力达到的道德状态有大致的了解，而没有为如何达到这一目标提供哪怕一种有效的指导方法，因为任何一种品德标准的准确程度都可能存在很大差异，因此一些学者将他们尽可能地收在同一类当中而以两种不同方式来进行表达。一类人士一贯坚持以对全部美善仁德的思虑自然地对他们采用的那种不明确的方式加以引导，另一类人士只对其中某项有关道德品质的形式加以确认并竭力采用。前者与作家的写作方式颇为类似，后者与语言学家的工作方式相类似。就前者而言，我们可以将古时一切道德论者囊括在内，他们将对各类丑恶、淫邪和美德的描写视作自我满足的一部分。并且在恰当地指出其情感形式的缺憾与不幸的同时，也对它赋予明确的幸福感，但是对诸多无可辩驳的任何情境下的有关道德品质的准则的论述则持抗拒之态。他们仅以语言可能表述清楚的某种程度，试图对哪些方面存在与心灵相互对应的情感形式加以确认，并对哪种心灵的情感方式构成了人类生存赖以依托的诸如情意、公平、理性、崇高以及一切与美德有关的品质加以确认，其次，也同时对什么是对行动起指导意义的基本方法，以及是哪一类普遍意义上的行为模式引导我们认知一个友善的人、一个慷慨的人、一个正义的人加以确认，为了表达所有特殊美德据此树立心灵的情感方式的显著特征，虽然一只无与伦比的笔不可或氪，但是，这显然是一件可以确定顺利完成的差事。没错，依据所有环境可能发生的变动来对一切应当经历的动荡进行表述是不能实现的，有限的语言对姿态万千的它们无能为力。比如，对老年人的友好姿态与对年轻人的友好姿态必当不同；对庄重的人的友好姿态与对温柔优雅的人的友好姿态必当不同，也与对开朗和兴奋的人的友好姿态不同，与男人的友情和与女人的友情，即使与任何情欲上的不当情感无关也是如此。又有哪个学者能够将这种经历诸多变化的情感形式加以分辨论述呢？然而，通常持有的友好姿态以及平常的那种相互依存的关系依旧能清楚地加以确定。虽然在诸多情境下对这类情感形式的描绘并不完整，但是当我们与之相对，它的相似之处可能便会相继涌现，继而让我们得知它的源头，并由此将跟善心、关怀、敬重等类似的其他情感形式区分开来。

用普遍的形式来论述究竟是何种美善之德促进了我们采取某一行为，比之其他方式更为容易。假如没有从事过这类工作，而要将各种情境下的美善之德所据以树立的内在情感或情绪加以详细描述是绝无可能的。倘若我能够做这样的表述——因它们在内心当中呈现出的自由形态，仅以语言对不同环境下的不同情感形式的诸多变化进行表达，是不可能实现的。倘若全无因它们而引起的表象，全无因它们而引起的言行的变化，全无因它们而引起的决断，那么显然，除了对因它们而起的结果的描述，全无其他办法就它们的分界加以区别。因此，在西塞罗所著的《论责任》中，他极力将我们的关注力投射于对四项美善之德的践行当中。在《伦理学》这本亚里士多德的著作中，他赋予我们依自己的行为调整各类如崇高、宽容甚至善意的嘲笑等在那个著名的哲人看来归属于美德的所有的良好品质，虽然我们给予的光荣的称号与那些品质应得的尊敬的名称并无相称之处。

上述提及的著作为我们提供了某类与图画般生动恰当的论述，通过这一描述，引申出了我们对美好品德的最本真的热爱，并由此对丑恶愈加深恶痛绝。通过它们智慧而公正的论述，促使我们纠正和明确我们对于行为合宜性的自然情感，并以它们提供的周详的思虑，使我们做出比缺少这种指导时更为确切与恰当的行为。在对道德及其原则性的讨论中，这种方式构成了在人们看来与某类科学相一致的被称之为“伦理学”的学问体系，尽管它确如人们所指责的那样缺乏高度和远瞻性，但仍旧是一种极具价值与实际效用的使人心生喜悦之情的科学。尤为重要的是，伦理学很容易用争论来装饰，倘若这一说法成立，它便可施之于细致烦琐的责任基准以非凡的关键地位。经过它的装饰，就能对极具再创造性的青年人产生持久而深远的影响，正因为这些帮助与青年人激扬、高尚的情感形式相一致——至少能有助于短暂的强烈的决心的激发——从而为他们今后确立和巩固有益的价值与崇高的信仰建立规范，任何一种规劝与指引都是基于这种科学而完成的，或者说借以这种方式来进行恰当表达的。另一类道德论者，我们可以将中期和晚期的基督教教会的辩论家囊括在内，亦可将这一世纪和前一世纪对自然法则进行过探讨的那些学者包括在内，他们显然不满足以普通的方式来对介绍给我们的那类道德行为的特征加以论述，他们力图为我们指出各类道德行为关切的方向与精确的原则，因为正义是人们适合地恰当地为其制定精确准则的唯一可行的美德，上述两种学者所提及的正是对这一问题的考虑。但是，他们是以各自遵循的学说原则对此加以讨论的。

那些撰写过法律及其有关原则的人，仅对权利的担当者应行使怎样的暴力强求什么权力详加考虑。每个具有正当性的旁人都会对他的强求什么表示赞同，或者为他的提请公断而同意为他伸张正义的法官或仲裁的人。应该强使另一方承受或履行什么。此外，那些辩论家投注更多思考力的不是使用暴力的权力可以强求到什么，而是义务的承担者应该履行怎样的义务，那些义务的承担者之所以认为自己必当按照规定履行义务，不仅是出于对神圣庄严的正义原则的强烈遵守与敬重，同时也是出于内心深处为可能给邻人或自己带来可怕的不负责任的后果感到恐惧。给审判者及仲裁者设定做出判断的基本准则正是法律的最大目的，与此相同，给善良之人设定言行的基本准则正是辩论这门学问的目的。对所有法律的遵守——假设那些法律果真如想象中完美——其结果必当是对外界威胁与惩罚的避免，通过遵守辩论这门学问规定的那些准则——假设它们应当如此规定——我们可能因为自身行为的正确性而获得他人的充分肯定与赞扬。

这样的情景或许时常发生：一个善良之人，严肃认真地遵循正当性的基本原则，会强烈感受到有义务去从事许多原本极不愿意做的，甚或是那些审判者与仲裁者强迫他做的事情。或许这个例子更为合适——一个无恶不作的抢匪，以对一个旅行者生命的威胁迫使他允诺额外支出一笔钱财。这样一种在暴力权力驱使下所做的行为，是否应被视作必须承担的事情，历来有诸多的争议。

倘若我们将其视作法律的问题，所得论断就可能是不容置疑的。将那个抢匪迫使路人服从认为是正当的暴力无疑是荒谬的，迫使他人做出极不情愿的事情是该被严厉惩处的恶劣行径，强迫别人履行诺言是罪加一等的恶行。抢匪并不能抱怨受到了什么损害，由此认为审判者应当强行让路人交纳钱财，或者认为强盗的行为应在法律上得到承认，这无疑是最为荒谬和不可理喻的事情。因此，假如我们将这一问题视作与法律相一致的问题，我们就能很容易地做出确切的判断。

然而，假如我们将其视作辩论这门学科涉及的问题，就无法尽快作出评价。一个善良之人，真诚善意地遵照正义准则的指引——这种准则要求遵守一切严肃、郑重的诺言，是否不会想到自己有义务履行诺言，这是令人起疑的。值得肯定的是，对让他陷入这般处境下的那个丧失德行的抢匪的失落情绪不应得到我们应有的尊重。不履行诺言并不会给那个强盗造成任何损害，从而用暴力不能勒索到任何东西。然而，在此情况中是否不应尊重抢匪的品质中那些不可侵犯的最具尊严的部分，关于这一问题，在有关辩论的学问当中存有多种不同的意见。在某一包括西塞罗在内的意见当中，也包括文艺学者普芬道夫和巴比莱克，以及哈奇森博士——这一不同意见秉持这样的观点：对路人的诺言不应予以恰当的尊重，并且认为倘若不这样认为就是十足的软弱和迷信。在包括某些教会的神父们以及某些著名的现代辩论学家计在内的另一种意见则认为，路人的诺言必须得到履行。

假如我们以人类普遍认同的情感方式对此问题加以考察，会发现人们对路人的不幸遭遇都持同情之态，然而同时，我们也会发现，无法依据任何一种情境下的道德准则来对这一确定的立场加以适当应用。对于轻而易举确立这一诺言和随便违背诺言的人我们应予排斥，作为我们的友，心甘情愿允诺抢匪五镑钱而没有履行这一承诺的的人，会招致他人某种形式的责难，但是，假如承诺的金额非常大，就可怀疑什么样的行为才是适当的。比如，如果甘愿支付给抢匪钱财而招致杀身灭族之祸，如果这笔钱财足以使利他的行为发生，那么，因受局部利益影响而将钱财交纳于抢匪之手，就某一程度而言显然是一种犯罪，至少是与合宜性相悖的。假若那人为了诺言而交纳钱财致使自己沦落为乞讨者，或大方地给予抢匪超过他期望的钱财，就人类所能接受的基本规范而言，那个人的行为显然是荒谬的。这种行为显然与他应担当的责任相互对立。鉴于此，假如对被迫的行为投注以认可的姿态，会招致他人的反对。但是根据那类确切的道德原则，来明确应给予这种行为怎样恰当的态度，或应采取怎样的行动才与正当性相符，显然困难重重。这要与那个人的品德所呈现的具体情况而有所变化。假如人们以较为宽容甚至慷慨的姿态看待这一行为、来看待做出这个承诺的人，它就比之其他情况下更具正当性。我们可以这样认为，正当的合宜性需要与一切正当的言行相一致，只要与其他应得的尊重的神圣的责任不相冲突，比如对大众利益的承担，对那些我们应予帮助或照看或赡养的人应负有的责任。然而正如前面所述，我们缺乏任何情境下都适用的道德标准来对外在的言行出于何种目的加以确定并施之以尊重，因此也就无法确定美善之德与言行一致间是否存有冲突。

不过我们可以做如此的论述，不论何时，即便是为了最确定的立场而与这类言行决裂，对做出这种行为的人来说，这也无疑是不恰当的不光彩行为。我们认为，在作出这类诺言之后，遵守它们是不合宜的，当这一行为产生时，其存在错误，至少是对容忍和荣誉这种最高尚情感形式的违背。坚毅之人应该誓死不去做有悖道德品质的可耻的恶行，那类行为总是与某一程度的可耻相伴。背叛和欺瞒都是程度最深的可怕罪行，同时，也是容易让人沉湎其中的罪行，因此对于它们，我们应时刻处于戒备状态。鉴于此，在各类变化的环境和处境中，我们内心产生的念头就明显带有与道德原则保持一致的观念，在这一意义上，它们与破坏女性的节操相类似。女性的节操在我们看来是与有关道德品质相同的形式而被我们关注的美善之德，而且我们对前者的情感与对后者相差无几。毋庸置疑，背叛将显而易见地受到人们的鄙视，任何情境下的任何方式都不能使其避免惩处，任何悔过与痛苦也无法令人原谅。就这一方面而言，我们持谨慎的态度。因而，在我们的想象中，一次强奸会令我们倍感羞辱，即便内心纯净也无法抹去肉身蒙受的巨大伤害。如果人们曾经严肃正经地立下誓言，乃至对于人类当中那些最平庸的人来说，也与对诺言的违背相一致。忠贞诚恳则是急需立刻与之亲近的美善之德，我们甚至认为是那些无全所得的人唯一需要具备的品德，也是那些对这类人毫无怜悯之心的人所应具备的。为了某类原因而舍弃忠贞诚恳的品质是不恰当的，因某类诺言而舍弃本应获取尊重的责任道义也是不合宜的。这些情况能够减轻却不能全然消除给予你的耻辱。就人们的想象而言，他看来已经犯下了某种罪行，它同某一程度的耻辱不可分割地联系着。显然，他已经违背了曾经所立下的对道德原则遵守的誓言，而且即便他的品格没有因此而蜕变败坏，那么至少有一种附加于他的品格上的戏弄嘲笑是很难被抹去的。依我看来，没有一个经历过这些事情的人会愿意讲述这类经历。

通过这些论述，我们足以认清，当辩论的学问与法律的执行者都在以正当性研究责任义务时，两者之间的差异存在于何处。虽然这些差异是显而易见和真实可靠的，但是它们的相似之处也因主体相同而显现，因此对法律研读的那部分学者，有时所依的是法律的准则，有时却以辩论的学问为根本，在毫无意识下对不同问题做出了类似的观察及判断。但是，有关辩论的学问并不是简单与对普遍意义上的道德品质的尊重相联系，它还包括了宗教的和道德的其他方面的表现形式如责任感。人们之所以倾注全力对此加以研究，是由于在遥远的蒙昧时代因沉迷于罗马天主教而对自我忏悔习惯的皈依。由于对这种习惯的皈依，人们会将秘的事情，甚至会将那些可能对宗教的纯洁性造成损害的人的所思所想告之于神父。那个神父会提示他是否该对自己的行为承担责任，并告之他在何种情况下该得到怎样的惩罚。

犯了错误的意识，或是无限的猜忌，都属于人们内心的负担，都是那些并没有长期从事不正当行为进而养成冷酷习惯的人所具备的忧虑和恐慌。在这种忧虑和恐慌中——如同在其他愁苦中获取的一样，人们都极为自然地向那些性格坚韧、守口如瓶的人透露内心不为人知的苦痛，以此消除思想上的巨大压力。他们因这种透露而遭致的羞辱会因自信而赢得同情，因此，人们发现自己并非完全不值得他人敬重，过去那些行为虽然会遭受，但是此刻的行为至少会得到赞许，这些都令他内在的苦痛得以减弱。在那些受宗教影响的时代当中，那些众多性情狡黠的神父获取了几乎所有家庭的信任，他们掌握着那个年代几乎所有能掌握的知识，虽然这些知识在很多方面拙劣不堪甚至毫无章法，但是与那个时代比较而言，已是非常具有系统。正因为这个原因，那些神父不仅被视作宗教徒最为依赖的引领者，同时也被视作道德品质的规范者。倘若有人能有幸与他们接近，便会自然博取良好的名声，相反，倘若有人不幸被他们非难，必当遭受巨大的羞辱。由于那些神父被认为是正确与否的唯一裁断者，人们所存的全部疑难不解自然都会向他们求告。对几乎所有的人而言，他们赢得的他人的尊重源自对准确无比的神明的遵从与获悉他全部的秘密，并在这一行动中所做的每一件事情都来自对方的赞许与劝诫。因此，对那些神父而言，将这一行为确定为基本的原则是受名流欢迎的事情，即便没有确定这一原则，他们依旧能赢得人们的信任。从这刻起，他们也被引导去收集与善良、美好及险境请，情况的实例，这些实例很难与行为的恰当道德性发生关联。在他们看来，那些论述对于善良的引导者或被引导者或许有用，有关辩论学问的书籍由此陆续出现。

辩论学问所透射的与美善之德相联系的责任，即在某种程度上被基本准则约束的那些责任，伴随着人们的悔过与接受惩处而成为某种良好的品质。他们阐述这些基本理论的目的，是消除因与这些责任相违背而凸显的紧张与不安。但是，对某一特定美善的缺失并不会遭受严重的内心折磨，没有谁会因嫉妒、冷漠、小气或原本可以实行而未实行的行为去请求神父的原谅。正因有这样的缺憾，被违背的道德原则很难确定下来，同时它也显露这样的特性：虽然对道德原则的遵守能够获取赞许和回报，然而对它的违反似乎也不至受到严厉的惩处与折磨。那些有关辩论的学问将其视作无足轻重的事情，因此，在他们看来，就此而展开探讨是没有必要的。

正因如此，受到神父的约束，并以此被纳入辩论学问所囊括的观察范围内的对道德原则的违背，主要以这三种形式为体现。

其一，首先是对正当性的违背，在这当中，各类情境下的道德原则是全部明确而显然的。违背它必当伴有遭致神父或其他人的惩罚因而内心感受恐慌的意识。

其二，是与基本论辩学问不一致，在所有明白无误的例子中，都存在着对正当性原则的违背，当人们不对他人予以残忍的伤害，就不可能出现这样的情况。在较小的事例中，当这类行为仅仅只是与违反男女来往的那些基本礼仪相类似时，很显然都缺并不能将其视作对道德原则的践踏。但是，他们至少是对某一相当明确的道德原则进行了违背，导致他人遭受程度不同的伤害。

其三，是对挚诚原则的违背。它是违背正当性的另一体现，但亦存有各异之处——违背事实，却不总是违背正当性——因而很难受到来自外部的惩处。一般情况下存在的丑恶行径，即使是罪恶滔天的行为，也往往可能没有造成对他人的伤害。在这样的情况下，受骗之人抑或其他人不应有赔偿方面的过多要求，但是，即便对实际情况的违背与正当性的违背存在区别，但是对某一确定的道德原则的违背却为不可更改的事实。

在幼童中，似乎存在着对他人的言语全盘信任的本能倾向。为了呵护他们成长，统御宇宙的众神认为应该相信对于他们的童年以及那些对他们的童年富有教育职责的那些人予以关怀。因此，他们过度坚信，倘若要让那些人在某一合宜的程度上产生怀疑，必将让他们体验人类生活中那些诸多的恶行与虚妄。毋庸置疑，在成年人当中，容易相信他人的程度各有不同。最不易轻信他人的多为聪明和富有经历的人士。但是，完全相信别人抑或在各类情境下都不轻信流言的人并不存在。有种观点指出，生性怀疑是为了便于获取聪慧。

倘若我们在一些事情上轻易相信他人，那么，博取我们信任的那人必当是我们的生活的引导者，我们也一定以恰当的方式对其表达我们的尊重。但是，与因为佩服他人从而希望得到他人的佩服一样，由于我们的生活受到对方的引导，我们才意识到要让自己也成为那样的引导者，而且，就像我们不能总是沉湎在受他人的敬佩当中——除非我们坚信自己是真正值得敬佩的，我们不能总是沉湎在受他人的信任当中——除非我们坚信自己是真正地值得信任的。这也和被人赞许的愿望和应当赞许的愿望虽然极为类似，但其本质仍旧不同。被人信任的愿望和应当信任的欲望，虽然也极为类似，但就其本质而言也大相径庭。

被人信任的愿望、值得信任的愿望、抑或指引他人的愿望，大概是我们纯然天性中最强烈的一部分愿望。人们的言行或许正是据此而发挥某种本能，其他动物不具有这种本能，在那些动物身上我们也发现不了在同类中起到引导作用的那类愿望。引导者对于赢得真正优势地位的强烈愿望是人类所特有的品质，而语言是实现这一本能的重要手段，是赢得真正优势地位的重要手段、是引导他人判断和行为的重要手段。

令人感到羞辱的是难以获得他人的信任，当我们认为这是由于在他人看来我们不值得被信任，并可能随时哄骗他人时更是这样。被当众揭露某人正在撒谎，是最不可原谅的出丑行为。但是假如他随时在哄骗他人，那么他就必然考虑到自己应受这样的惩罚，必然考虑到自己不应取得他人的信任，同时也考虑到自己失去被赋予信任感的权利。这种权利能使他在同与自己地位相当的人的交往中获取各种情境下的安全和满足，而那个不幸意识到没人相信他无数谎言中的某一真话的人，会由衷感到自己无处依托的悲凉，因此而对这样的状态心生恐惧，或在这之前将自己的谎言暴露。同时在我看来，那个人几乎不可避免地会因羞愧与绝望而死去。但是大概从未有人有正当理由接受造成自己如此困境的看法，我更愿意相信，那个品性不端的撒谎者，为了不断地哄骗他人，至少说了部分真话，而且就像是在持审慎姿态的人当中，对于信任感的坚定不移使得一切疑惑不复存在一样，在多数情境下，在那些对业已发生的事实毫无尊重感可言漠的人当中，说真话的天然姿态将使使得对人欺骗的习惯发生改变

即便是在我们偶然地对他人实施欺骗时，我们也会感到羞辱，并因对他人欺骗这一行为而感到无地自容。虽然这一对基本道德原则的违背并不表示我们不诚实，但是在某种程度上它总是表现为对美德的缺乏判断，并表现出狂躁和不安的情绪，我们用以劝说引导他人的威信因它而丧失，也使得我们作为他人引导者的资格受到挑战。不过，因思想错误导致行为错误的人，与存在欺骗他人的人有着极大的差别。前者在诸多情况下必定受人信任，后者则在所有情况下都会遭受鄙夷。

赢得信任依靠的是诚恳与率直。我们对信任我们的人投以相同的感情。我们能清楚地认识到，他准备带领我们去向何处，也甘愿听从他的指引。与此相反，保留和欺瞒必当导致不和，我们担心对方会带领我们走向绝境。情感形式与思想情趣的相互一致是交往与交谈的最大乐趣，这正如众多乐器合奏出的和谐乐章一样。但是除非情感形式和思想情趣能自由交流，否则这种受人欢迎的和谐是不会来到我们身边的。正因如此，我们迫切地想明确两者之间是如何相互影响的，想透对方的心灵，想对存于其中的真正的情感形式与思想情趣加以探察。那个使我们沉湎于这类天生情感的人，那个使我们内心萌发好奇感的人，那个看似向我们敞开心扉的人，似乎始终在发挥一种比之任何情境下的情感更使人心生快乐的殷勤之情。那个生性善良的人，假如能有气魄向我们表达最为真实的思想情感，必将使他人给予赞许，正因这种绝无保留的诚挚之心，让原本毫无章法的言语也突然变得令人喜悦。率直的观点不论多么肤浅和有缺陷，我们都愿意表示最起码的理解，且会极力将自己的理解能力与他的智慧保持一致，同时以他们特有的考察问题的眼光来看待同类问题。正因想窥探他人内心想法的情绪如此强烈，以至于成为了使人生厌和遭人非议的不恰当非合宜的情感形式。在很多情况下，这无疑需要审慎的态度加以约束，以此将其降低到任何秉持正当性的旁人都能认可的程度。但是，假如这种窥探心保持在合宜的范围内，不去涉及有合适理由得以隐瞒的那些事情，不满足他人的窥探心则同样会遭致他人的不满。那个对我们简单的提问加以回避的人、那个对我们最为平常的询问心生不快的人，那个将自己的内心掩蔽在深不可测的境地的人，在他的心灵中无疑早已筑起了高墙。当我们用满怀善意的窥探心去叩开对方的心扉时，却立刻被其僵硬而粗暴地推挡了回来。

那个有所保留和隐瞒的人，虽然不具备全部的亲和品质，但是人们不因此而鄙夷他。他对我们显现冷淡，我们也同样对他冷淡。人们很少对其报以赞许和爱护，但同时也很少被他人怨恨和谴责。无论出于何种原因，他都没有充足的理由对自己的谨慎产生悔恨。因此，尽管从行为而言有所不当，有时可能是有害的，但是他几乎不会为此多加论述，甚或不会去请求辩论家们的宽恕并得到人们一致的谅解。

对因为荒谬的思想、鲁莽蠢动的言行而对他人偶尔造成伤害的那类人而言，实际情况又有所不同。譬如，告诉对方一个普通的消息，这一行为显然不会造成什么严重的结果，但是倘若对方是个对真理孜孜追求的人，就会对自己的疏忽大意感到愧疚，因此必当抓住机会予以承认错误。假如这类行为造成某种结果，他的愧疚就会愈加强烈，而且假如由于他提供的消息的不正确性导致致命伤害的发生，那么，他显然无法对自己的行为加以宽恕。虽然他本人不曾触犯法律，但他还是深感自己成了古代哲人所说的那种有罪之人。与此同时，他会竭尽所能弥补自己的过失。这样的人往往会在辩论家面前陈述情况，人们对他是持有关爱之情的，虽然有时会应性情的急躁不恰当地对其予以指责，但是一般不会给予他更为沉重的羞辱。

然而，经常求教于辩论家的人，是无法确认自我态度而内心悔恨的人，是真正对他人采取欺骗手段的人，但是在他看来自己是道明事情真相的人。人们以各种方式对待这类人，当人们对其欺骗行为采取赞许的立场时会为他的罪行开脱，但也会恰当地予以谴责。

因此，那些善于辩论的学者论述的目的在于对正当性原则真切实在地持以敬重，对邻人亲友的生命和财产该予以怎样的尊重，或什么使他们欲求过多，以及该如何切实履行各类契约和诺言。

就一般而言，那些学者的论述试图以确实的道德原则来对只能以思想情感判断的东西加以引

导。在各种情境之中，又如何能以那些原则来对处于微妙变化的哪怕是毫无意义的对善良的顾虑加以确定呢？从什么时候开始恰当的保留变成了有意的遮掩？令人感到开心的对无知的假装能够进行到怎样的地步？在哪一方面它又变成了招人厌恶的瞒骗？行动上的自由发展到什么样的程度仍能被视为恰当呢？什么时候变成了淫邪轻率的放荡的行为？探讨这些问题，在某一情境下可用的东西在其他情境下几乎不适用，并且在那些情境下能赋予行为以恰当合宜的事物都会因情境的不同而随时发生微妙的改变。因此，那些学者同他们本身令人厌恶一样毫无任何用处。在他们的论述中，虽然囊括了大量的实例加以说明他们的准确性，但是，由于情况迅速的变化，若想从这些实例中找到与自己相一致的事情，那几乎是不可能的。一个对自己的职责强烈追求的人，假如认为自己有诸多方面需要向他们请教，那么他必当是个性情柔弱的人，而对一个并不在意这一点的人来说，那些论述当中的事情对他毫无吸引力，没有任何一处能激发人们内心的高尚和信任，没有任何一处能让人们产生仁爱慈善的感情。相反，那些论述能使我们学会欺瞒的良心，并以它们认为适当的区分方式来为自己责任道义的丧失寻求推脱的理由。这种缺乏信念、毫无意义的精神状态，必然会导致他人走向与道德原则相反的境地，同时也愈加增强论述本身的无趣与枯燥，与有关道德品质的论述应激起的那类情感方式有着截然不同的特性。

因此，伦理学与法律是有关道德原则的两个基本部分。单纯辩论的学问应当被全部否定，遥远时代的那些道德论者也已做过恰当的评述。在研究相类似的问题时，对任何一种微妙的变化并不持赞许的态度，而将重点投注在以某类方法描绘何为正义、克制和诚实得以产生的情感，以及是怎样的美善之德引导我们做出怎样的行为反应。

的确，有些哲人似乎对与辩论的学问相似的事物进行过考察，在西塞罗的著作中就论述过这种事情。同那些善于辩论的人一样，在那些著作中，他极力以精巧的文字试图为我们提供言行一致的原则。以那些论述来确认什么是情感的合宜之处是很难做到的。在他的论述中，我们获悉同时代的其他哲人也曾试图对同一问题进行考察，不过，他们都没有太多奢求能为我们提供一套独立完善而明确的见解，不过是想阐述在各种形式的情境下，言行的合宜性是否与对原则的遵守或违背相互影响。

每条成文的法律都可视作对建立完善的法律体系及其各类有关正当性条文的尝试，当对正当性原则的违背与人们彼此厌恶的那类事情相一致时，统治者就会动用国家权力对美善之德进行强行的实践。倘若没有采取这类行为，社会必将充满血腥的杀戮。不管谁，一旦认为自己受到损害，都会以各种方式为自己讨回公道。为了避免因人们追求正义而造成的对社会更大的破坏，在一切行使权力的政府中，统治者应当成为所有人寻求正当性的引导者，并对有关损害的事例进行着重的关注。在所有有良好社会环境的国家当中，不仅赋予审判者解决个人争端的权力，并且对审判者的判决所采取的行为加以规范，并努力使这种规范与人类所持有的必然的正当性相一致。当然，它们并不是在所有情况下都与必然的正当性相一致，有时国家出于自身利益或因那些权力阶层的影响，使得每一项成文的法律都可能偏离正当性原则所引导的方向。在一些国家当中，人们的粗暴野蛮会妨碍纯然的正当性因循它的本应在文明国家当中自然显现的那种确切的高度。那些国家的法律如同当地人的生活状态一样，粗俗而具有破坏性。在另一些国家当中，人们逐渐改善的生活可能会使他们的法律达到某一精确的高度，然而不合宜的审判制度依旧会对一些正当的法律及其体系造成妨碍甚或破坏。无论哪个国家，依据成文法律作出的审判，都不可能完全与人类天性中的正当性原则相一致，正因如此，成文的法律可视作对不同时代与不同国家各类情感方式的有效记载——因而具有明显的不可忽略的巨大影响力——但也无法与人类天性中的正当性原则相提并论。

或许有人会这样认为，法律人士就不同国家法律的利弊所做的阐述，会对人们加强对正当性原则的讨论起到推波助澜的作用。他们还会认为，这些阐述会促使他们极为努力地去建立一个与正当性相适宜的法律体系。但是，虽然因法律人士对这些问题的阐述而产生了某类确切的东西，虽然无论是谁在对某一国家的法律加以论述时都会对天然的正当性原则加以强调，但是一直到较晚的时代人们才建立了与正当性原则相一致的法律体系，才将这一体系进行单独的归纳与讨论，而对任何一个国家的具体法律毫无涉及。西塞罗的《论责任》抑或亚里士多德的《伦理学》，都对正当性原则的讨论与其他美善之德的讨论相一致。在他们的学说中，人们十分期待他们论述每一国家的法律应体现出的那些善良品质如公平与正义，但遗憾的是，我们并没有发现这一论述。他们试图阐述的法律是统治者的法律，而不是与正当性原则相一致的法律，第一个为人们提供这一论述的似乎是格劳秀斯，这类论述应在所有国家的法律中得以体现，并成为制定法律的唯一基础。他那有所缺陷的讨论战争与和平法则的文章，可能是对这一问题最详尽的阐述。我将在另一论述中，详尽地阐释与正当性有关的国家收入以及国防军备及其他涉及此一内容的各类问题，努力说明法律与国家之间的那些基本关系，及在不同时代与不同社会时期所经历的各种剧烈或微妙的变化。因此，这里就不再对法律及相关问题进行详细地阐述了。

AN INQUIRY INTO THE NATURE AND
CAUSES OF THE WEALTH OF NATIONS

国富论